中国法学会刑事诉讼法学研究会

年会文集 2008 年卷

刑事诉讼制度的科学构建

卞建林　张国轩 ◎主　编

顾永忠　丁高保 ◎副主编

中国人民公安大学出版社
·北 京·

图书在版编目（CIP）数据

刑事诉讼制度的科学构建：中国法学会刑事诉讼法学研究会年会文集2008年卷/卞建林、张国轩主编．—北京：中国人民公安大学出版社，2009．5
ISBN 978－7－81139－536－5

Ⅰ．刑…　Ⅱ．①卞…②张…　Ⅲ．刑事诉讼法—研究—中国　Ⅳ．D925.204

中国版本图书馆 CIP 数据核字（2009）第 058334 号

刑事诉讼制度的科学构建
XINGSHI SUSONG ZHIDU DE KEXUE GOUJIAN

卞建林　张国轩　主　编
顾永忠　丁高保　副主编

出版发行：	中国人民公安大学出版社
地　　址：	北京市西城区木樨地南里
邮政编码：	100038
经　　销：	新华书店
印　　刷：	北京蓝空印刷厂

版　　次：	2009 年 5 月第 1 版
印　　次：	2009 年 5 月第 1 次
印　　张：	47
开　　本：	787 毫米×1092 毫米　1/16
字　　数：	1144 千字
印　　数：	1～2000 册

书　　号：	ISBN 978－7－81139－536－5/D・444
定　　价：	105.00 元

网　　址：	www.cppsup.com.cn　www.porclub.com.cn
电子邮箱：	cpep@ public.bta.net.cn　zbs@cppsu.edu.cn

营销中心电话（批销）：(010) 83903254
警官读者俱乐部电话（邮购）：(010) 83903253
读者服务部电话（书店）：(010) 83903257
教材分社电话：(010) 83903259
公安图书分社电话：(010) 83905672
法律图书分社电话：(010) 83905637
公安文艺分社电话：(010) 83903973
杂志分社电话：(010) 83903239
电子音像分社电话：(010) 83905727

前　　言

中国法学会刑事诉讼法学研究会 2008 年年会于 2008 年 9 月 20 日至 22 日在江西省井冈山市召开。本次年会由中国法学会刑事诉讼法学研究会与江西省人民检察院共同主办，并由人民检察博物馆和南昌铁路运输检察分院共同协办，本次年会的主题是"我国刑事诉讼制度的科学构建"。来自全国各地的 200 余位从事刑事诉讼法理论研究和司法实务的专家、学者以及媒体代表参加了会议。

本次年会共收到论文 110 余篇，会上已印刷成册供与会代表交流研讨。会后按照本研究会出版年会论文集的基本要求，由论文作者及研究会秘书处进行了修改、编辑，确定将 113 篇符合条件的论文交付出版。此外，该论文集还收录了开幕式上有关领导的致词、讲话及四位刑事诉讼法理论研究和司法实务的专家所作的专题报告。会后两位年轻学者所写的本次年会综述也收录其中。由于时间、字数及人力原因，编辑工作难免有疏漏之处，恳望作者、读者批评指正。

本论文集的出版得到年会协办单位的资助和中国人民公安大学出版社的支持，在此深表谢意。

中国法学会刑事诉讼法学研究会

2008 年年会论文集编辑委员会

2008 年 12 月

目　录

第一部分　刑事司法职权的优化配置

第二部分　宽严相济刑事政策的立法与司法化研究

第三部分 刑事诉讼法学研究 30 年回顾与展望

第四部分 其 他

中国法学会刑事诉讼法学研究会
2008年年会开幕式致词

中国法学会刑事诉讼法学研究会会长　卞建林

尊敬的各位领导、各位代表、各位来宾：

大家上午好！在这秋风送爽、丹桂飘香的金秋时节，中国法学会刑事诉讼法学研究会2008年年会在革命圣地——井冈山开幕了。这次年会在中国法学会的领导下，由中国法学会刑事诉讼法学研究会与江西省人民检察院共同主办，人民检察博物馆和南昌铁路运输检察分院协办。年会的顺利召开，得到了最高人民检察院领导的高度重视与大力支持，得到了最高人民法院、公安部、司法部等中央政法部门和江西省党政领导、政法部门的大力支持。中国法学会孙在雍副会长也亲自莅临会议指导。在此，我谨代表刑事诉讼法学研究会对他们表示崇高的敬意和衷心的感谢。同时，也对出席此次会议的各位领导、代表、来宾以及来自新闻媒体与出版机构的朋友们，表示热烈的欢迎。

自中国法学会刑事诉讼法学研究会2008年年会确定在江西井冈山举办以来，最高人民检察院的领导十分重视，特别是张耕副检察长、孙谦副检察长，亲自过问，亲自部署，最高人民检察院办公厅并专门发文，要求江西省检察院协助做好年会筹备工作。江西省人民检察院领导高度重视，党组多次开会专门研究年会的筹备事宜，精心准备，周密部署，保证了年会的顺利召开。由刑事诉讼法学研究会秘书长顾永忠教授牵头的秘书组，也为会议的筹备承担了大量的工作。在此，我代表研究会和全体与会代表对他们的辛勤劳动与热忱奉献表示衷心的感谢。

本次年会是中国法学会刑事诉讼法学研究会自2006年成立以来召开的第二届年会。参加年会的代表约200人，分别来自全国各地的法学高等院校、科研机构，中央与地方的公安司法部门，以及从事刑事辩护代理业务的律师代表。提交会议的论文110余篇。可以说，这次年会是刑事诉讼法理论界与实务界又一次学术交流的盛会。

本次年会的总议题是"我国刑事诉讼制度的科学构建"。这一议题具有重要的理论与现实意义。党的十七大报告指出，要"深化司法体制改革，优化司法职权配置，规范司法行为，建设公正、高效、权威的社会主义司法制度，保证审判机关、检察机关依法独立公正地行使审判权、检察权"。这是中央对当前司法工作提出的新的期望和总体要求，是我们党从开创中国特色社会主义事业新局面的高度，对全面落实依法治国基本方略、加快建设社会主义法治国家作出的新部署。刑事诉讼制度是中国特色社会主义司法制度的组成部分，刑事诉讼制度的改革完善是建设中国特色社会主义司法制度的重要内容。本次年会的重点就是贯彻党的十七大报告精神，立足中国国情，关注司法实践，着眼于中国实际需要，研究探索符合并适应公正高效权威的价值追求与发展目标的刑事司法体制、机制和制度创新，研究探索符合并适应公正高效权威的价值追求与发展目标的诉讼制度改革与诉讼程序完善。在总议题之下，我们分设了三个子议题，即刑事司法职权的优化配置；宽严相济刑事政策的立法与司法化研究；刑事诉讼法学研究30年回顾与展望。

本次年会将继续采取大会发言与分组讨论相结合的形式。开幕式结束以后，我们将邀请最高人民法院熊选国副院长、公安部法制局孙茂利副局长作大会专题发言，就刑事司法改革和刑事诉讼制度的科学构建发表真知灼见。今年适逢改革开放30周年，按照中国法学会的部署，我们要对刑事诉讼法学30年的发展经验进行认真的总结。为此，我们特别邀请了研究会名誉会长、中国政法大学终身教授陈光中先生作关于刑事诉讼法学30年回顾与展望的学术报告。今天下午和明天上午，与会代表将分成五个小组进行分组讨论。在分组讨论的基础上，明天下午将由各组派代表进行大会交流。各组代表大会交流以后，最高人民检察院孙谦副检察长将就刑事诉讼制度改革与检察权配置作专题发言。我们期望，与会代表能够本着解放思想、开拓创新的精神，坚持理论联系实际，立足中国国情，关注司法实际，充分开展学术探讨和争鸣，探寻刑事诉讼规律，研究刑事诉讼原理，为科学构建具有中国特色的社会主义刑事诉讼制度畅所欲言，贡献才智。我们相信，在全体与会代表的共同努力下，本次年会的学术交流、学术研讨一定能结出丰硕的理论成果，也必将对繁荣我国刑事诉讼法学研究、加强刑事诉讼法治建设起到良好的推动和促进作用。

最后，再一次对与会的各位领导、来宾和代表表示衷心的感谢。预祝本次年会取得圆满成功。谢谢大家！

在中国法学会刑事诉讼法学研究会
2008 年年会上的讲话

中国法学会副会长　孙在雍

各位领导、各位学者专家、同志们：

今天，中国法学会刑事诉讼法学研究会 2008 年年会在革命圣地井冈山召开，就当前刑事诉讼法学和法律实践中的重要问题进行研讨，很有意义。参加本次年会，与许多新老朋友见面，感到非常高兴。我代表中国法学会对中国法学会刑事诉讼法学研究会 2008 年年会的召开表示热烈的祝贺，向与会的广大学者专家和实务部门的同志们表示诚挚的问候，向对给予本次年会大力支持的江西省人民检察院、井冈山检察官学院表示衷心的感谢！

诉讼法学研究会是中国法学会成立最早的学科研究会之一，是中国法学会繁荣法学研究和组织推动法学研究的重要力量。多年来广大刑事诉讼法学学者专家以高度的责任感和敬业精神，坚持法学研究的正确方向，开拓进取，勇于创新，为推动我国刑事法律制度的不断发展和完善，发挥了重要的作用。

2006 年 10 月，根据形势发展和研究任务的需要，中国法学会在广泛征求意见的基础上，对原诉讼法学研究会的体制进行了改革，分设刑事诉讼法学和民事诉讼法学两个独立的研究会。刑事诉讼法学研究会成立之后，2007 年在兰州成功召开了第一次年会。年会传承了原诉讼法学研究会的好传统、好做法，坚持理论与实践紧密结合，围绕当前刑事诉讼实践中的重要问题开展研讨工作，收到了很好的效果。

2007 年 12 月，研究会又与其他科研单位和司法部门联合举办了"中国式对抗制刑事庭审方式模拟审判暨研讨会"，就"对抗制审判方式的基本要素及适用范围"、"交叉询问（证人等）与证据调查方式"、"法庭辩论的技能与在庭审中的作用"等议题进行了认真的研讨。2008 年 7 月，研究会又与其他单位联合主办了"刑事二审程序：难题与应对"论坛。就"刑事二审程序的价值与目标"、"刑事二审程序的难题与对策"以及"刑事二审抗诉程序中存在的问题与对策"进行了研讨。

研究会的上述活动表明，刑事诉讼法学的理论研究具有很强的实践性，刑事诉讼法学研究会的活动离不开立法、司法部门的大力支持。研究会一定要紧密结合刑事诉讼法学研究领域的自身特点，积极配合立法、司法机关急需解决的问题开展研究，才能发挥好研究会在立法司法实践中的智囊作用。

2008 年是我国实行改革开放战略决策的 30 年。30 年来我国在经济、政治、文化、社会建设方面取得的成就举世瞩目。刑事诉讼法学研究领域的广大学者专家为改革开放进程中的刑事法治建设的创建与发展，付出了辛勤努力，成果丰硕，取得了明显成绩。30 年来，大家立足中国国情，从实际出发开展研究，既坚持我们自己的优良传统和好的做法，又不故步自封，学习借鉴国外刑事诉讼法学理论对我们有用的成果，创建并逐步形成了具有中国特色的刑事诉讼法律理论，为构建中国特色社会主义法律体系作出了重要贡献，这是有目共睹，应该充分肯定的。

当前，全国政法系统，包括法学会、律师协会在内，正在深入学习党的十七大精神和胡锦涛总书记在2007年全国政法工作会议和大法官、大检察官座谈会上的重要讲话。学习贯彻好党的十七大精神，关系到党和国家的工作全局，关系到中国特色社会主义事业的长远发展。胡锦涛总书记的重要讲话，精辟地分析了政法工作面临的形势，深刻地阐明了新世纪、新阶段政法工作的职责任务和特殊重要性，全面论述了加强和改进政法工作的总要求，深刻揭示了加强和改善党对政法工作领导的重大意义，集中提出了关于政法工作及法治建设的一系列重大理论观点、重大战略思想和重大政治原则，是我们统一思想的有力武器，是推动政法工作创新发展的强大动力，是指导政法工作改革奋进的基本依据。学习好、贯彻好党的十七大精神和胡锦涛总书记重要讲话精神，是当前摆在我们面前的重大政治任务。我们一定要从全局的、战略的高度来认识并完成好这一任务。

下面我讲三点意见，供大家参考：

1. 法学研究一定要坚持正确的方向。

法学会的根本职责是繁荣法学研究，推进依法治国，建设社会主义法治国家。讲法治与讲政治是统一的。开展法学研究与进行法律实践同样有一个举什么旗、走什么路、为谁服务的问题。法学研究和法律实践坚持什么样的政治方向，直接关系到民主法制建设的性质和前途，关系到改革、发展、稳定的大局。作为法学工作者和法律工作者，一定要充分认识坚持正确政治方向的极端重要性，在大是大非问题上始终保持清醒头脑。切实加强政治理论学习，努力用中国特色社会主义理论体系武装头脑，提高用马克思主义的立场、观点和方法分析解决问题的能力。认真贯彻党的路线、方针、政策，始终把党的领导、人民当家做主和依法治国有机统一起来，增强政治意识、大局意识、责任意识，努力做到政治认同、理论认同、感情认同，这样才能保证法学研究和法律工作始终沿着正确的方向前进。

2. 法学研究一定要坚持理论与实际相结合的原则。

30年来，我国刑事诉讼法学理论与实践取得的成就，都是在改革开放的进程中，在"解放思想、实事求是"这一思想路线的指引下，在坚持理论与实际相结合的原则下取得的。刑事诉讼法学的研究逐步摆脱了注释法学的局限，伴随着各项改革不断向纵深发展而日益活跃，并在基础理论研究、应用对策研究与研究方法转型等方面一步步走向深入。

这次年会确定以"刑事司法职权的优化配置"、"宽严相济刑事政策的立法与司法化研究"、"刑事诉讼法学研究30年回顾与展望"为主题，就突出体现了理论与实际紧密结合的特点。这些议题都是当前我国司法体制改革、刑事法律制度改革与完善的重要问题，都是建设公正、高效、权威的社会主义司法制度急需解决的重要课题。刑事诉讼法学研究会将此作为自己的研究重点，既体现了理论与实际紧密结合的原则，也体现了围绕中心、服务大局的要求。

3. 加强研究会组织建设，努力建设一支高水平的法学研究队伍。

研究会是中国法学会繁荣法学研究的依靠和骨干力量，研究会的学者专家是政法战线优秀人才的重要组成部分。中国法学会历来十分重视加强研究会的建设。2007年10月专门召开了研究会工作会议，讨论研究加强研究会建设的问题，交流了经验，并讨论通过了《中国法学会关于进一步加强研究会建设的意见》。

这些年来，刑事诉讼法学研究会对加强研究会的自身建设是很重视的，能自觉地按照党和国家的总体要求和中国法学会的统一部署，不断地总结经验，努力探索规律，加强和完善研究会组织建设，积极探索繁荣法学研究新的、有效的方法和途径，推动研究会创新机制，提高组织推动法学研究的能力，使研究会的工作充满活力。这些做法都很好，今后仍应继续坚持。

研究会还应建立与完善成果的转化机制。法学研究开展得好不好，不在于形式，而在于内容，不在于数量，而在于质量。检验内容与质量的标准，就看研究成果能否运用于党和政府决策、立法司法实践、法学学科发展和法学教材的建设上，这是衡量繁荣法学研究有无成效、成效大小最重要的标准。要遵循人才成长的规律，完善符合组织推动法学研究特点的人才培养方式和管理办法，健全优秀人才评价标准和激励机制，为人才脱颖而出创造良好的环境，努力建设一支高素质的组织推动法学研究的工作队伍。

刑事诉讼法学研究会在过去一年中的工作是富有成效的。不论是理论研究、教学科研工作，还是自身的组织制度建设，都取得了明显成绩。研究会内部能够保持团结和谐、积极进取的精神，这是值得继续坚持和发扬的。希望研究会不断总结经验，继续发挥自己的优势，为建立和完善中国特色的刑事法律理论体系作出更多的贡献。

祝中国法学会刑事诉讼法学研究会 2008 年年会圆满成功！

宽严相济刑事政策在办理死刑案件中的具体运用

最高人民法院副院长　熊选国

宽严相济，是党中央在新形势下提出的一项重要的刑事政策，是我国在惩治犯罪、维护社会稳定的长期实践中积累的经验总结，是惩办与宽大相结合政策在新时期的继承、发展与完善，既是我国刑事立法的基本依据，也是我国刑事司法的重要指针。自2007年1月起统一行使死刑案件核准权以来，最高人民法院在党中央的正确领导和公安机关、检察机关、各地法院的大力支持、配合下，以及广大专家、学者的关心、支持下，死刑核准制度改革得以平稳实施。实践证明，党中央确定的死刑核准制度改革是完全正确的。最高人民法院依法严格、慎重、公正地复核死刑案件，对那些罪行极其严重、性质极其恶劣、社会危害性极大的犯罪分子，依法坚决判处死刑立即执行；切实执行党和国家"保留死刑，严格控制和慎重适用死刑"的死刑政策和宽严相济的刑事政策，对具有从宽情节的，慎用死刑立即执行，以突出打击重点，实现了死刑案件审判公正高效，严谨规范，平稳有序。死刑案件的质量与效率进一步提高，死刑适用标准逐步统一，证据裁判意识进一步加强，死刑复核程序和制度进一步完善，推动了死刑案件一审、二审程序的规范，带动了整个刑事审判工作水平的提高，为维护社会的和谐稳定提供了强有力的司法保障，取得了良好的法律效果和社会效果。

下面，笔者结合刑事审判工作尤其是死刑案件审判、复核工作，谈一谈宽严相济刑事政策的司法化问题，与同志们一起探讨。

一、正确理解和全面把握死刑政策和宽严相济刑事政策

"保留死刑，严格控制和慎重适用死刑"是党和国家一贯的刑事政策，必须一如既往地贯彻执行，确保连续性和稳定性，更加严格、慎重、公正地把握，保证更有力、更准确地依法惩罚严重犯罪。

首先，要深刻认识"保留死刑"的必要性和重要性。"保留死刑，严格控制和慎重适用死刑"是党和国家一贯的刑事政策，符合现阶段的中国国情，适应社会治安形势的需要，顺应人民群众的意愿。保留死刑并通过对罪行极其严重的犯罪分子适用死刑，匡扶正义，惩恶扬善，不仅符合广大人民群众的意愿和根本利益，而且能有效地震慑犯罪，预防犯罪。但死刑毕竟是剥夺犯罪分子生命的最严厉的刑罚，在保留死刑的前提下，必须严格控制和慎重适用死刑，以最严格的标准和最审慎的态度，适用这一最严厉的刑罚，确保死刑只适用极少数罪行极其严重的犯罪分子。周永康同志指出："严格控制死刑，少杀慎杀，是我们一贯的刑事政策。"王胜俊院长也指出："保留死刑，严格控制和慎重适用死刑，是党和国家一贯的刑事政策，必须一如既往地贯彻执行，确保连续性和稳定性。"周永康同志、王胜俊院长的讲话辩证地表明了我国对死刑慎重对待的原则立场，也清楚地表明了我们继续坚

持贯彻执行这一政策，保持其连续性和稳定性的态度。

其次，适用死刑必须贯彻宽严相济的刑事政策。胡锦涛总书记深刻指出："要从有利于遏制犯罪、稳定治安大局、增强人民群众安全感、促进社会和谐出发，准确把握宽严相济的刑事政策，防止片面强调从严和片面强调从宽两种倾向"。周永康同志也强调："宽严相济是我国在维护社会治安的长期实践中形成的基本刑事政策，基本含义就是针对犯罪的不同情况，区别对待，该宽则宽、当严则严、宽严相济、罚当其罪，既不能片面强调从严，以致打击过宽，也不能片面强调从宽，以致打击不力"。王胜俊院长指出："对那些危害国家安全犯罪、恐怖犯罪、黑社会性质的组织犯罪以及爆炸、杀人、抢劫、绑架、毒品等严重危害社会治安、严重影响人民群众安全感的犯罪，集团犯罪的首要分子、累犯、教唆犯、预谋犯罪，要毫不动摇地继续坚持依法严惩的方针，应当判处重刑，应当判处死刑的，要坚决依法判处。同时也要注意从宽的一面，对那些社会危害性不大、主观恶性不深，具有自首、立功等法定从宽情节的，处理时可以依法从宽。"王胜俊院长还强调，宽与严相互依存、相互补充，正确把握宽严相济应在"相济"上下工夫。即使是性质严重的刑事犯罪分子，在体现严的同时也要区分情况济之以宽。对于因民间矛盾纠纷引发的刑事案件，虽然总体上应体现从宽的政策，但也要区分情况济之以严。总之，只讲严而忽视宽或者只讲宽而忽视严都是错误的。

最后，适用死刑应当注重法律效果和社会效果的统一。周永康同志指出："适用死刑还要考虑社会效果，对于罪行特别严重，情节特别恶劣，不杀不足以平民愤，不杀不足以平息社会强烈不满的犯罪人，只要事实清楚，证据确凿就应当依法判处死刑。"王胜俊院长指出，"在考虑死刑量刑时，一定要根据被告人的罪责，充分体现刑事政策，注重刑罚适用的法律效果和社会效果的统一"。死刑既有特殊预防的作用也有一般预防的作用。适用死刑的必要性、正当性在很大程度上取决于死刑适用后的社会效果。不顾社会治安的状况，不考虑人民群众的社会安全感，孤立办案，就案办案，就会背离刑罚的目的，甚至起到相反的作用。我们在办理死刑案件时要努力追求法律效果和社会效果的统一，正确处理二者之间的关系。法律效果是社会效果的前提和基础，不符合法律规定，单纯追求社会效果而适用死刑，不仅是违法的，而且也不可能产生好的社会效果。反之，离开社会效果片面强调法律效果而对那些依法应当判处死刑的罪犯不判处死刑，或者不该判处死刑的判处死刑，不仅社会效果不好而且也不符合法律的基本精神。周永康同志还指出："判处死刑的案件和人数的多少是由犯罪本身的性质和严重程度来决定的，是以法律规定为依据的，不以我们的主观意志为转移。社会上犯死罪的人多，依法被判处死刑的人自然就多，反之就少"。这非常深刻地阐明了判处死刑人数的多少和犯罪状况的辩证关系。其精神实质在于适用死刑应当审时度势，根据犯罪事实和对社会的危害性程度，根据当地社会治安状况依法适用死刑，而不是以我们的主观意志为转移，不能为减少死刑数字而减少适用死刑，更不能以牺牲社会和谐稳定为代价而减少死刑。把这一精神真正落到实处，关键在于正确理解好、把握好死刑的适用标准，以最严格的标准确保死刑只适用于极少数罪行极其严重的犯罪分子，以最审慎的态度确保死刑案件的证据必须达到确实、充分的证明程度，保持对严重刑事犯罪的打击力度。

二、切实把握好适用死刑的法律、政策标准

关于死刑适用的法律标准，刑法已经作了明确规定，即死刑只适用于罪行极其严重的犯罪分子。"罪行极其严重"，是指犯罪性质极其严重、犯罪情节极其严重、犯罪结果极其严重、犯罪人的主观恶性和人身危险性极大。在适用死刑的政策把握上，我们要认真贯彻落实周永康同志、王胜俊院长的讲话要求，以及"济南会议"、"第五次全国法院刑事审判工作会议"的精神，将宽严相济刑事政策始终贯穿于死刑案件的审判工作中，做到该宽则宽，当严则严，宽严相济，罚当其罪，确保宽严都依法，宽严都到位。

（一）正确把握因婚姻家庭、邻里纠纷等民间矛盾纠纷引发的案件的死刑适用

将民间矛盾激化引发的案件与社会上严重危害治安的案件在适用死刑时加以区别，是我们一贯坚持的基本原则，也是对宽严相济政策精神的具体阐释。民间矛盾激化引发的案件，一般是公民个人之间在日常生产、生活中，因不能正确处理生活琐事、债权债务关系、相邻关系等民事关系或民事交往中发生的矛盾纠纷而引发的。这类犯罪往往事出有因，并且是针对特定对象实施的突发性、激情性犯罪，对社会治安的危害和群众的安全感影响相对较小。这是此类犯罪与其他严重危害社会治安的犯罪在性质上的重要区别，且被告人的主观恶性、人身危险性也与严重危害社会治安的犯罪分子有明显不同，因此我们在对这类案件的被告人适用死刑时应非常慎重。但我们并不是对所有因婚姻家庭、邻里纠纷等民间矛盾激化引发的案件，不分情况一律从轻处罚。不适用死刑立即执行的主要是那些被害人一方有明显过错或对矛盾激化负有直接责任，或者被告人有法定从轻处罚情节，或者被告方积极赔偿被害人损失，被告人真诚认罪悔罪等案件，才考虑对被告人依法从轻处罚。而对那些犯罪后果特别严重的、犯罪动机特别卑劣，如因奸情杀害本夫本妻的、滥杀无辜的恶性案件，即使是因民间矛盾纠纷引发的，也应"济之以严"，依法应当判处死刑的仍然要判处死刑。这样才符合法律、政策精神。

（二）正确掌握共同犯罪案件的死刑适用

我们对于共同犯罪案件总的处理原则是：充分考虑各被告人在共同犯罪中的地位和作用，及其主观恶性和人身危险性，准确地认定各被告人的罪责，区别对待适用刑罚，以体现宽严相济、控制和慎重适用死刑。具体的做法有：有多名主犯的，在主犯中进一步区分出罪责最为严重者。对于共同致一人死亡的案件，依法必须判处被告人死刑立即执行的，原则上只判一名被告人死刑立即执行。不能因为罪行最严重的主犯因有立功、自首等法定从轻处罚情节未被判处死刑立即执行，而对罪行相对较轻的主犯判处死刑立即执行。确须判处两名以上被告人死刑立即执行的，一般仅限于犯罪性质极其恶劣、犯罪手段特别残忍的案件，且被告人积极、直接实施犯罪，或者被告人罪行极其严重，又构成累犯等情形。对于被告人地位、作用相当，罪责相对分散，或者罪责的确难以分清，不易区分主、从犯的，一般不判处被告人死刑立即执行。如果确须判处被告人死刑立即执行的，也应充分考虑被告人在主观恶性和人身危险性方面的不同情况，审慎作出决定。对于家庭成员共同犯罪案件，适用死刑时应尽量避免判处同一家庭两名以上成员死刑立即执行。

（三）正确把握附带民事赔偿与适用死刑的关系

在办理死刑案件时，对于因婚姻家庭、邻里纠纷等民间矛盾激化引发、事出有因、侵害对象特定的案件，如果被告人积极履行赔偿义务，获得被害方的谅解或者没有强烈的社会反映，可以依法从轻判处。但对于那些侵害不特定公众、严重危害社会治安、严重影响人民群众安全感的暴力犯罪，如抢劫、绑架、强奸等，就不能仅仅因为进行了赔偿，或者得到了具体被害人的谅解就不判处被告人死刑。对于这部分案件，我们既要坚持刑事部分依法从严惩处，也要依法判决民事部分依法赔偿。在最高人民法院不核准的案件中，也有个别犯罪性质严重的案件，被告方进行了赔偿，被害方表示谅解而没有适用死刑立即执行。但主要理由并非仅仅是进行了赔偿，而是有其他可以不杀的理由。例如，共同犯罪中的地位、作用相对较轻，或者具有酌定从轻处罚的情节等。对于这种情况我们是非常慎重的，以免在社会上造成"以钱抵命"的负面影响。同时，我们特别重视死刑案件民事赔偿的调解工作，将调解工作贯穿于案件审理始终，通过做调解工作，对一些达成民事调解协议的案件没有判处死刑。但是，对于依法不应当判处死刑立即执行的案件，也不能因为被害方不接受赔偿或者达不成调解协议闹事闹访而判处死刑立即执行。

（四）正确把握自首、立功等法定从轻情节的适用

自首和立功是刑法明确规定的两项重要的量刑制度，也是司法实践中适用较多的两种法定从宽处罚情节。具备这两种情节，没有特殊情况的，都应依法体现政策。如果有法定从宽情节的还不能充分考虑从轻处罚，"严格控制和慎重适用死刑"的政策就不可能真正落实，党的宽严相济刑事政策的威力和效果也难免要打折扣。对于有自首情节的被告人在从重与从轻情节并存的情况下，如何体现党的政策依法适用死刑是实践中的一个难点问题。因为有的犯罪动机、性质极为恶劣，或者犯罪后果非常严重，有的造成了极为恶劣的社会影响、群众反映非常强烈等。这种情况下，我们会根据犯罪事实、情节及其社会危害性程度，区别自首的不同情节，综合予以考虑。自首的形式有多种，对于犯罪事实、犯罪人未被发现时的自首，量刑时我们充分予以考虑；对于其他情形的自首，则综合分析从重因素和从轻因素哪方面更突出一些。对于从重因素更突出的，可以依法判处死刑；反之，从轻因素更突出的，则依法体现宽严相济的政策，从宽处罚。对于累犯、有前科等人身危险性较大的罪犯，利用自首规避法律制裁的，就从严掌握；反之，对于那些没有前科劣迹的人实施的突发性犯罪，具有一定的自首特征，即使自首不认定，也可以作为酌定情节予以从宽处罚。

对于具有立功表现的犯罪分子，如果被告人罪行极其严重，只有一般立功表现，功不足以抵罪的，可不予从轻处罚。但黑社会性质组织的首要分子、毒品犯罪中的毒枭等，由于其犯罪的性质决定了其有可能掌握较多的犯罪线索，有的甚至为逃避法律制裁事先就有准备、留有后路，这类犯罪的人身危险性极大，即使检举揭发与其犯罪有关联的人或事构成重大立功的，从轻处罚也会从严掌握。被告人亲属为了使被告人得到从轻处罚，检举、揭发他人犯罪或协助司法机关抓捕其他犯罪人，客观上对打击犯罪有利，对这种情形虽不能视为被告人立功，但可作为酌定情节予以考虑。但是对于被告人亲属通过不正当手段获取他人犯罪线索后，严重违反监规甚至采用行贿手段帮助被告人立功的，则不予认定。在办理这类案件时，我们特别注意审查立功材料的真实性，警惕被告人及其亲属不择手段、弄虚作假搞假立功的

问题发生。对于是否构成立功存在争议的，应认真听取控辩双方的意见。

三、坚持"事实清楚，证据确实、充分"的证据裁判标准

证据是准确认定事实、正确适用法律、恰当裁量刑罚的基础，是保证案件质量的"生命线"。死刑案件人命关天，在认定事实和采信证据上绝对不容许出现任何差错。死刑案件的证明标准比其他刑事案件更高、更严，必须坚持最高的标准和最严的要求。在办理死刑案件时，我们必须坚决贯彻王胜俊院长在全国法院刑事审判工作座谈会上提出的要求："死刑案件的证据裁判标准是绝对的标准，必须达到确实、充分的证明程度，在任何时候、任何情况下都不能打折扣。"坚持最严格的证明标准，严把事实关、证据关。对证据尚未达到确实、充分的案件，不核准死刑；对于确有证据证明被告人实施了犯罪，但量刑证据有存疑或存在瑕疵的，根据有利于被告人的原则，坚持疑罪从轻原则，不应判处死刑的绝对不适用死刑。

（一）重视对客观证据的审查

刑事案件中物证与书证等客观性证据具有较强的可靠性和稳定性，在司法实践中通常比证人证言等主观性证据能更客观地证实案件的真实情况，更有说服力，对事实认定有着重大、甚至决定性作用。但是，不能简单迷信客观证据，不能忽视对客观证据的审查，特别是对于能确定被告人作案的客观证据，必须做到万无一失：

第一，重点审查重要客观性证据是否已依法提取，以及提取的程序是否合法、规范。例如，对现场或者物证、书证上遗留的血液、指纹、足迹等痕迹，尤其是能够证实被告人到过现场的血足迹、血指纹等痕迹是否已依法提取；对遗留在现场的作案工具、衣物及被告人生物物证等重要证据是否已依法提取；对被害人身体、尸体有关部位可能留有的被告人的皮屑、血液、精液等物证是否已依法提取；收集、提取、固定证据是否符合法定程序。现在很多案件中重要物证的提取没有提取笔录，很难判断物证来源的真实性。因此，我们在办理死刑案件时，亦应特别注意物证尤其是重要物证的提取笔录。

第二，重点审查已提取的应当鉴定的重要物证是否已进行司法鉴定，以及司法鉴定是否符合要求。例如，在案发现场、被告人抓获地等处发现证明案件关键事实的血迹、指纹、毛发、体液等客观证据是否已进行鉴定；检材来源是否清楚；鉴定报告标注的送检时间与案情是否存在矛盾；鉴定主体、鉴定过程、鉴定结论是否合法、合理、可靠。

第三，重点审查现场勘验、检查是否详细、规范。例如，勘查笔录记载是否详细，对现场提取的血迹、痕迹等物证是否已作记录，表述是否清楚，证据来源是否存疑；是否有现场照片，现场照片是否能反映出涉案情况全貌；勘验、检查是否及时。

第四，重点审查是否已组织辨认以及辨认是否规范的情况。例如，是否已依法组织有关证人特别是现场目击证人对有关物证、书证和涉案人员进行辨认；辨认是否符合有关要求；是否已制作辨认笔录，辨认笔录的制作是否及时、规范。

（二）对主要靠间接证据定案的案件特别慎重，要求必须形成完整的证据链，得出排他、唯一的结论

对于没有客观证据直接证明被告人有罪的案件，间接证据确实、充分的，也可以认定

被告人有罪，但在判处被告人死刑立即执行时我们是特别慎重的。根据间接证据定案的案件，必须做到：据以定案的间接证据已经查证属实，且与案件事实有重大关联性；据以定案的间接证据之间相互印证，不存在无法排除的矛盾和无法解释的疑问；据以定案的间接证据已经形成完整的严密的证据链条；依据间接证据得出的结论是唯一的，足以排除其他可能性；运用间接证据进行的推理符合逻辑。对于那些证据上存在瑕疵、被告人供述有反复、间接证据链条又不是非常严密的案件，不判处死刑立即执行。

（三）对被告人供述的采信特别慎重

对于被告人的供述，总的原则是：要重证据，不轻信口供。被告人的供述是否真实，要努力通过其他证据来印证。其他证据越充分，定案时对供述的依赖就越小，案件事实也就越可靠、越稳固。没有供述，或者供述反复，其他证据确实、充分的，可以认定被告人有罪；主要靠被告人供述定案，没有其他直接证据，全案证据单薄的，不能对被告人判处死刑。对于被告人的供述与现场勘验、检查吻合，但其他直接证据单薄的案件，如果是"先证后供"，如果不能完全排除串供、逼供、诱供等的可能性，一般不判处被告人死刑立即执行；如果根据被告人的供述提取到了隐蔽性、证明力很强的物证、书证，且与其他证明犯罪事实发生的证据互相印证，可以依法判处被告人死刑立即执行。在共同犯罪案件中，只有共同犯罪被告人的供述，没有其他证据的，如果排除串供、逼供、诱供、相互推卸责任等可能性的，可以采信，但判处被告人死刑立即执行也会特别慎重。总之，要立足于被告人翻供或者不供述，其他证据能够确定认定被告人作案的情况下，才能依法适用死刑立即执行。

（四）严格把握死刑案件的证明标准

在办理死刑案件中，我们始终坚持最高的标准和最严的要求，确保"事实清楚，证据确实、充分"，做到万无一失。有的死刑案件，根据现有证据是可以定案的，但有些证据仍有一些疑问或者欠缺。对于这种案件，关键是有无确定认定被告人作案的证据。如果不能确定是被告人作案，即使定案了也要在决定适用死刑时持特别慎重的态度，没有绝对把握的，就应当留有余地。当然，也要防止另一种倾向，就是对关键证据确凿本应重判的案件，仅因个别证据存在瑕疵导致一些枝节性的事实无法查明，就因此不敢重判，导致轻纵犯罪。同时，重视查明影响量刑的重要事实和证据。对于影响刑事责任的被告人的身份、年龄存在疑点又无法查清的，或者对鉴定结论存在重大分歧意见难以取舍的，一般不判处被告人死刑立即执行。对于多数案犯或者关键案犯在逃，根据现有证据虽可以定案，但罪责确实难以分清的，一般不对在案被告人判处死刑立即执行。

各位代表，宽严相济的刑事政策是新时期、新阶段的一项基本刑事政策，其顺应时代潮流，符合人民意愿，具有强大的生命力，我们必须研究好、贯彻好、落实好，更加有效地发挥宽严相济刑事政策的功能和作用，为构建社会主义和谐社会，实现国家长治久安作出新的更大的贡献！

最后，笔者代表最高人民法院，祝中国法学会刑事诉讼法学研究会 2008 年年会圆满成功！

刑事诉讼法修改与检察制度完善

最高人民检察院副检察长　孙　谦

各位老师、专家，各位来宾：

中国法学会刑事诉讼法学研究会 2008 年年会在雄伟壮美的革命圣地井冈山召开了，与会专家共论刑事法制发展完善之路，共叙法律学人之间的浓厚友谊。两天来，各位代表围绕我国刑事诉讼制度的科学构建畅所欲言，提出了许多有价值的观点、主张，为刑事诉讼制度的完善提供了可资参考的方向和路径。在本次年会即将落下帷幕之际，笔者谨代表最高人民检察院，对会议的圆满成功表示热烈的祝贺！

刑事诉讼法学研究会是我国法学界一个群英荟萃、非常活跃的研究团体。多年来，研究会和广大专家学者始终密切关注国家法治建设进程，注重理论与实践相结合，辛勤耕耘，开拓创新，通过承担国内外研究课题和出版论文专著，提出了许多富有建设性的主张与建议，对推动我国法学研究的繁荣发展和法制建设进步作出了突出贡献。对于刑事诉讼法的修改，刑事诉讼法学界长期以来就高度关注，大家建言献策，对修改的重点、难点、焦点问题进行了广泛深入的研讨论证，为修改工作提供了充分的理论准备打下了坚实的理论基础。借此机会，笔者谈几点意见。

一、全面贯彻科学发展观，通过完善刑事诉讼制度为构建社会主义和谐社会服务

党的十六大以来，中央提出了一系列重要理论和重大战略部署，特别是贯彻科学发展观，构建社会主义和谐社会，树立社会主义法治理念，实行宽严相济刑事政策等。这些理论和战略部署强调社会主义事业发展的全面协调可持续性，强调社会主义社会的和谐性，强调社会主义法治的公正性，强调以人为本，尊重和保障人权。特别是党的十七大从发展社会主义民主政治、加快建设社会主义法治国家的战略高度，作出了"深化司法体制改革，优化司法职权配置，规范司法行为，建设公正高效权威的社会主义司法制度，保证审判机关、检察机关依法独立公正地行使审判权、检察权"的战略部署。我们开展刑事诉讼立法工作、执法工作以及进行司法体制改革，都应当以此为指导，进一步解放思想，转变观念，从人民群众的司法需求出发，以维护人民利益为根本，以促进社会和谐为主线，以加强权力监督制约为重点，紧紧抓住影响司法公正、制约司法能力的关键环节，进一步解决体制性、机制性、保障性障碍，通过修改刑事诉讼法，发挥其在调整社会关系中的特殊作用，充分关注和保障民生，注重解决纠纷，化解矛盾，促进社会和谐，充分发挥社会主义司法制度的优越性。

基于这样的认识，笔者认为以下几点应当予以特别的关注：

一是在价值取向上，要更加突出"以人为本"的理念。刑事诉讼法的修改要坚持在人民根本利益一致的基础上关心每个人的利益要求，更加尊重人的价值和尊严，体现社会主

义的人道关怀和人文关怀，努力提高刑事诉讼法的科学性、协调性，将人文关怀等品格渗透到刑事诉讼立法当中，以更加有利于维护国家安全与社会和谐稳定，更加有利于保护广大人民群众平安宁静地生活和诉讼参与人的合法权益。

二是在立法目的上，要更加注重促进社会和谐。要把有利于解决社会纠纷、化解社会矛盾作为法律修改的重要追求，贯彻宽严相济的刑事政策，建立科学合理的诉讼机制。要增强刑事诉讼法修改的针对性、有效性，充分运用调解、和解、不羁押、不起诉等实践证明是行之有效的方式方法，真正通过刑事诉讼活动把已经发生的矛盾纠纷解决掉、解决好，确实发挥刑事诉讼程序的各项功能，更大程度地通过刑事诉讼机制实现个人与个人、个人与社会、个人与国家之间和谐发展的秩序，防止矛盾纠纷由诉讼内转向诉讼外。

三是在制度设计上，要更加重视各项权力之间的监督与制约，使各个诉讼主体之间的权利责任配置好、协调好、运行好。在刑事诉讼活动中，公安司法机关之间既要依法独立行使职权，又要实现互相制约。各项诉讼权力之间只有制约有力，才能防止独立行使职权被异化为滥用权力，确保权力的正确行使；各项诉讼权力也只有依法独立行使，才能防止监督权和制约权被其他权力所干扰，确保监督制约的有效和有力。

四是在立法效果方面，要更加注重对修改方案的预先评估。要对每一条修改方案进行深入论证，对可能产生的积极效果、负面效果进行评估，全面分析利弊，科学决策，防止片面、孤立地看问题。要协调刑事诉讼法保护国家、社会和个人的功能与保障被指控者免受国家权力不当侵害的功能之间的关系，使二者保持一种动态平衡，保证法律修改适应形势发展，符合现实需要。

二、刑事诉讼法修改中涉及检察机关的主要问题

（一）关于增加检察机关职务犯罪技术侦察措施

当前，与职务犯罪手段日益多样、犯罪行为日益隐秘、犯罪主体反侦查能力日益增强相比，我国当前的职务犯罪侦查手段相对比较落后，侦查取证工作十分困难，制约了反腐败工作的深入开展。个别办案人员为了达到侦破案件的目的，不惜采取不当手段甚至刑讯逼供等行为，造成侵犯人权的事件屡有发生，有的还造成严重后果。修改后的律师法规定律师会见犯罪嫌疑人不被监听，这也给职务犯罪侦查工作带来一定的影响。从国外的法律来看，许多国家都赋予职务犯罪侦查机关一些专门的侦查措施，《联合国反腐败公约》第50条第1款规定，为有效地打击腐败，各缔约国均应当在其本国法律制度基本原则许可的范围内，并根据本国法律规定的条件在其力所能及的情况下采取必要措施，允许其主管机关在其领域内酌情使用控制下交付和在其认为适当时使用诸如电子或者其他监视形式和特工行动等其他特殊侦查手段，并允许法庭采信由这些手段产生的证据。建议在刑事诉讼法中增加规定检察机关在职务犯罪侦查中可以使用技术侦察、秘密侦查措施，包括监听、电子监控等，同时明确技术侦察的使用主体、适用范围、适用条件、审批程序、证据效力以及所得信息材料的保存、使用程序等。特别是要建立严密的审批程序，可以考虑在最高人民检察院设立专门审查委员会，地方各级检察机关需要使用技术侦察措施的，逐级上报至最高人民检察院审核批准。

（二）关于改革完善审查逮捕制度

当前，我国的审查逮捕程序具有一定的行政化色彩，主要由检察机关单方面审查公安机关移送的材料，逮捕决定权由检察长行使等。建议刑事诉讼法作以下修改：

第一，明确规定检察机关审查逮捕时可以讯问犯罪嫌疑人，并听取犯罪嫌疑人的申辩。逮捕是最严厉的剥夺人身自由的强制措施，批捕案件质量的高低直接涉及社会秩序的稳定和人权保障，在作出逮捕决定前听取犯罪嫌疑人的意见，也是法治国家的通行做法。在审查逮捕时听取犯罪嫌疑人申辩，有利于进一步审核证据，全面了解案情，正确认定案件事实，保证正确适用逮捕措施，防止错捕或漏捕。同时，听取犯罪嫌疑人申辩也有利于及时了解侦查活动是否合法，有利于强化侦查监督。鉴于目前检察机关人少案多的矛盾比较突出，也有一些案件相对比较简单，检察机关审查逮捕时对每起案件的犯罪嫌疑人都进行讯问既无必要，也不可能。法律或者司法解释可以对检察机关必须讯问犯罪嫌疑人的案件种类作出规定，对可以不讯问犯罪嫌疑人的，规定检察机关应当听取犯罪嫌疑人的书面申辩。

第二，明确规定犯罪嫌疑人聘请律师的，应当听取律师的意见。听取律师意见有利于提高审查逮捕的质量，保障公民权利。最高人民检察院《关于在检察工作中防止和纠正超期羁押的若干规定》规定："犯罪嫌疑人委托律师提供法律帮助或者委托辩护人的，检察人员应当注意听取律师以及其他辩护人关于适用逮捕措施的意见"。建议刑事诉讼法修改时吸收相应的内容。

第三，完善职务犯罪案件的审查逮捕程序。对于检察机关直接立案侦查的职务犯罪案件的逮捕问题，一直以来都有不同的看法。目前主要有以下三种主张：第一种主张将职务犯罪案件的逮捕权交由法院行使。第二种主张省级以下（不含省级）人民检察院办理职务犯罪案件需要逮捕犯罪嫌疑人的，由上一级人民检察院审查批准。第三种主张是职务犯罪案件的逮捕仍由同级人民检察院审查决定，增加救济渠道，犯罪嫌疑人及其聘请的律师不服逮捕决定的，可以向人民法院申请复查。从目前的情况看，第二种主张比较受关注，但也存在一定的争论。建议进一步深入研究，使改革方案既符合我国政治体制和长期以来司法机关之间的分工，又有利于加强监督制约、保障公民合法权益。

（三）关于加强对侦查活动的监督

检察机关依法对侦查活动进行监督，是刑事诉讼法的要求，也是刑事诉讼活动的需要。现行侦查监督机制存在一些问题，影响了侦查监督功能的充分实现。目前，侦查监督活动范围有限。对公安机关不应当立案而立案、延长刑事拘留期限、捕后变更强制措施、采取除逮捕之外的其他强制措施以及搜查、扣押、冻结等涉及公民人身、财产权利的侦查措施等，没有设置相应的监督程序，对违法侦查行为难以发现，难以调查，检察机关发现线索的途径不畅通；对于已经发现的违法侦查行为线索，法律也没有规定检察机关如何进行调查。例如，检察机关对涉嫌犯罪的刑讯逼供、暴力取证等犯罪案件拥有侦查权，但对于尚未达到犯罪程度的违法行为，却没有相应的查证手段。法律赋予检察机关履行侦查监督的职责，但对有关部门不予纠正的情况如何处理却未作规定，监督效果不佳。

建议在刑事诉讼法修改时强化检察机关对侦查活动的监督力度，确保侦查权的正确行使。一是明确检察机关对刑事案件有引导侦查权，在法律适用、证据收集等方面引导侦查人员围绕公诉要求，准确适用法律，全面收集、固定证据。二是完善检察机关对侦查机关立案活动的监督。对于违反规定不应当立案而立案或者应当立案而不立案的，检察机关都有权通知纠正，侦查机关应向检察机关反馈办理情况。对应当立案而不立案或者立而不侦的，检察机关可以建议有关部门对责任人员进行处分。三是扩大检察机关对公安机关采取的侦查、强制措施的监督权，建立诉讼当事人提请检察机关进行监督的制度。除逮捕外，诉讼当事人对侦查机关采取的搜查、扣押、冻结等措施不服的，可以提请同级检察机关或者上一级检察机关进行监督纠正。四是明确检察机关在侦查监督纠错机制中的调查权、处分权。对公安机关的违法侦查行为，检察机关有权采取措施进行调查，有关机关应当配合。经调查核实的违法侦查行为，检察机关应有权建议予以处分。

（四）关于探索建立刑事和解、认罪协商制度

在刑事诉讼实践中，有些轻微刑事案件的加害人向被害方认罪悔过、赔偿损失、赔礼道歉，被害人对加害人予以谅解。对此，有关办案机关会对加害人予以从轻处理或者不再追究。这种做法注重恢复加害人、被害人与社会三者间的平衡关系，以当事人双方协商合作的方式，有效地解决了矛盾纠纷，修复了社会关系，有利于维护社会的和谐稳定，是一种"多赢"的制度，符合中华民族"和为贵"的文化传统，也是实现构建和谐社会的现实需要。按照现行法律规定，公安司法机关对公诉案件不能进行调解，对当事人和解的也没有相应保障措施。在这方面要转变观念，正确区分不同性质的社会矛盾，对轻微犯罪案件更多地从化解矛盾、促进和谐的角度创设一些新的制度，如刑事和解、认罪协商等。在刑事诉讼中建立和解制度，应当明确和解案件适用的范围、条件、处理方式、不同机关之间的协调、监督制约机制等。和解案件应当主要适用于那些侵害个人权益、有直接被害人、对社会公共利益和国家利益危害性程度较低的刑事案件。和解的基本要件是加害人认罪悔过、积极赔偿损失、赔礼道歉，被害人对加害人予以谅解，请求或者同意司法机关对加害人从宽处理。对于当事人双方达成和解的案件，办案机关可以根据所处的具体诉讼环节和实际情况，分别予以撤销案件、不批捕、不起诉等处理。除自诉案件外，对于符合一定条件的公诉案件，公安司法机关也可以根据情况予以调解，以更好地发挥和解制度的应有功能。在具体适用中，要加强监督制约，防止以"和解"之名，行逃避刑事追究之实。

长期以来，检察工作得到了刑事诉讼法学研究会及广大专家学者的大力支持和帮助。借此机会，笔者代表全国检察机关，向研究会和各位专家表示衷心的感谢！希望大家在今后一如既往地关心检察机关、支持检察工作。

关于这次刑事诉讼法学年会，江西省人民检察院的领导高度重视，并做了精心的组织和安排，会议工作人员付出了辛勤的劳动，提供了良好的后勤保障和服务，从而保证了这次年会的圆满成功，我们向江西省人民检察院的领导、工作人员以及所有为本次会议的顺利召开付出辛勤劳动的同志表示衷心的感谢！

谢谢大家！

侦查权配置的思路和基本原则探讨

公安部法制局副局长　孙茂利

在公安机关的职责中，对犯罪进行侦查是尤为重要的一部分，其对打击犯罪、维护社会稳定和保障公民人身自由和财产权利具有十分重要的作用。侦查权的配置必须符合及时高效、充分有效、依法行使、保障有力的原则，并且应建立在对本国国情和国外经验的全面了解和辩证分析的基础上。

一、公安机关完善、规范侦查权行使的主要做法

执法活动是公安机关的基本活动，刑事执法又是执法活动的重中之重，与人民群众的切身利益息息相关，不断完善、规范侦查权的行使是各级公安机关多年来一直致力的重点工作之一，主要做法有：

（一）推进执法规范化建设

改革开放以来，随着国家法治进程的发展，公安工作逐步由"粗放式"向规范化转变，由单纯追求"实质正义"向同时重视法律程序转变，执法规范化程度不断提高。特别是进入21世纪以来，各级公安机关越来越深刻地认识到，只有把公安执法工作全部纳入规范化、法制化的轨道，才能确保严格、公正、文明执法，才能切实维护人民群众的合法权益，保障社会公平正义。在刑事执法方面，为落实刑事诉讼法的规定，公安部制定了《公安机关办理刑事案件程序规定》，对侦查工作各个方面提出了比刑事诉讼法的规定更为严格，更为明确、细致的要求。为防止超期羁押，制定了《公安机关适用刑事羁押期限规定》，将刑事拘留期限的计算单位由"日"精确为"小时"，并对犯罪嫌疑人的权利、羁押期限的延长条件和审批程序、释放程序及时限等问题作出了进一步规定。为严格、公正地处理经济犯罪案件，保护公民权益，制定了《公安机关办理经济犯罪案件的若干规定》，对防止违法插手经济纠纷、地方保护主义等执法问题起到了规范作用。各地、各侦查部门结合本地实际，针对执法活动的各个环节制定了具体的执法制度，如搜查、扣押、讯问、鉴定、物证管理等工作均有可操作性的规定，要求民警的执法行为必须严格遵照规定进行。为使执法活动实现标准化，公安部正在编纂执法大纲，围绕执法的基本环节和流程，提出具有要点性、原则性、指导性的执法基本要求和刚性标准，便于民警了解、掌握具体执法行为和执法动作的基本要求，指导民警正确执法、规范执法和高效执法，力求将执法制度延伸到执法行为的各个环节，改变以往规定粗疏、工作粗糙的做法。

（二）健全执法监督机制

有效的监督是权力正确行使的保障，公安机关非常重视监督工作，《公安机关督察条

例》、《公安机关内部执法监督工作规定》、《公安机关人民警察执法过错责任追究规定》等一系列执法监督的法规、规章相继颁布实施，各地公安机关还普遍出台了执法监督工作的细则，构建了一个自上而下、内部监督与外部监督紧密结合的执法监督体系。2001 年以来，执法质量考评制度在全国公安机关得到深入推行，执法质量的优劣成为衡量整个公安工作和队伍建设的重要标准，对于考评结果连续两年不达标的，单位行政首长应当引咎辞职或者被免职。2002 年至 2006 年，对 9 名公安局长作了免职处理。近年来，许多地方公安机关还积极探索实行网上办案和网络执法监督，为实现对执法工作的动态监督、实时监督、全程监督和高效监督搭建了信息化平台。针对执法活动的一些薄弱环节，公安部和各地公安机关开展了多项专项治理活动，解决执法突出问题，如 2003 年，全国公安系统开展了清理超期羁押工作，所有超期羁押案件在 4 个月内全部清理、纠正完毕，此后超期羁押问题基本解决。各级公安机关在认真接受党委、人大、政府和法律监督机关监督的同时，还积极采取措施，主动接受社会各界的监督。1998 年起，公安机关建立了特邀监督员制度，从社会各界和媒体中聘请特邀监督员。目前，第三届公安部特邀监督员共有 113 人，全国县级以上公安机关共聘请特邀监督员 20 余万人。

（三）推行执法公开制度

从 1999 年开始，公安部在全国公安机关推行了警务公开制度，实行"阳光作业"，尤其是对于与人民群众切身利益密切相关的交通、消防、出入境、户证管理等公安行政管理工作，要以公开为原则，不公开为例外，除涉及国家秘密和警务工作秘密的，一律公开。在刑事执法领域，逐步改变过去"关门办案"的做法，从接受案件开始，包括立案、采取强制措施等侦查活动均告知当事人及其家属，如规定侦查人员在宣布拘留或者逮捕时，要将决定机关、法定羁押起止时间以及羁押处所告知犯罪嫌疑人，并在拘留或者逮捕后 24 小时内将拘留或者逮捕的原因和羁押处所通知家属或者所在单位。2003 年，公安部在国务院部委中率先建立了新闻发言人制度，主动向社会公开重大事项，对于社会关注的案件，第一时间准确、全面地发布信息。各级公安机关随后普遍建立了新闻发言人制度，深入推进信息公开工作，充分保障了人民群众的知情权，促进对执法工作的监督。

（四）加强侦查能力建设

提高侦查能力，是确保准确、高效打击犯罪，避免发生执法错误的关键，实践中一些案件久侦不破或者错误追究犯罪嫌疑人，除了责任心问题外，往往与执法能力不高有关。为此，各级公安机关积极适应时代进步的新要求，不断加强执法能力建设，通过开展培训和各种执法考试，提高侦查队伍的法律素质和业务素质。2007 年，全国公安机关开展了以"基本法律知识考试、执法办案卷宗考评、信访工作考查"为主要内容的"三考"工作，全面推动了公安机关法律学习制度的落实和创新。随着经济发展水平的提高，各级公安机关加大科技投入，提高侦查技术水平，普遍开展了 DNA 鉴定、电子证据、指纹库等各种数据库的建设，侦破能力大大提高。同时，各级财政也加大了对公安工作的投入，加强后勤装备保障，在一定程度上改变了过去"破车、危房"的局面。

经过多年的执法规范化建设，公安机关整体执法质量和执法水平稳步提高，执法问题大幅度减少，人民群众满意度逐年提升。从全国公安机关执法质量考评的情况看，2002 年至 2007 年，全国公安机关执法质量考评县级公安机关优秀单位比率上升了 2.14 个百分点，不达标比率下降了 3.62 个百分点。2000 年以来，在公安行政诉讼案件数量总体逐年上升的情况下，公安行政诉讼案件撤销率、变更率年均分别下降 4% 和 1%，维持率年均上升约 2.5%。从国家统计局发布的全国公共安全感抽样调查结果来看，人民群众对公安工作的满意率由 2002 年的 82.9% 上升至 2006 年的 88.2%，并在 2007 年首次超过九成。同时，我们也清醒地认识到，在全面落实依法治国方略、加快建设社会主义法治国家的新形势下，人民群众的法制意识和对公安机关执法活动的要求都在不断提高，侦查工作还存在很多不适应的问题，一些案件不能迅速侦破，一些侦查员不能够坚持严格、公正、文明执法。对此，除了需要公安机关继续加强执法规范化建设外，当前非常有必要进一步改革和完善对侦查权配置，使其更好地为打击犯罪和保障人权服务。

二、侦查权配置的基本思路

（一）科学认识我国法治进程所处的阶段

依法治国是宪法确立的治国基本方略，推进依法治国既是中国发展的必然方向，也是亿万中国人民的迫切愿望，作为国家重要执法机关之一的公安机关更加盼望加快法治化的进程，进一步改善执法环境。虽然我国经济发展水平较之改革开放初期有了巨大的提升，但是中国 2007 年人均 GDP 仅为 2460 美元，在世界上排第 104 位。值得我们注意的是，被法学界公认为法治水平比较高的国家，也是经济总量和人均收入都位居世界前列的国家。伴随着经济现代化，法治现代化是一个更加艰难的过程，特别是在中国这样一个有着几千年传统文化积淀的国家。依法治国，建设社会主义法治国家，是需要长期坚持不懈地努力奋斗的伟大目标。忽视法治发展的阶段性、艰巨性和国情特点，企图靠移植西方国家的法律制度而"速成"，对于法治建设是弊大于利的。在完善司法权配置方面，也需要有适宜的社会物质和思想条件。首先，应当有合理、明确、可操作性强的法律体系。不仅刑事诉讼的各项制度应当完备，相关的社会管理的法律制度也应明确、全面、有效，为侦查权的有效、合法行使提供具有可操作性的依据和保障。其次，需要有社会公众对法律的信仰和自觉遵守。法律的运行所依靠的力量固然是国家强制力，但根本上是来自公众对法律的信赖和自觉遵守，离开了公众的配合，执法就会寸步难行。最后，离不开良好、充足的司法保障。侦查员数量充足、素质合格，经费能够保证办案需要，装备先进，科技手段利用率高，是侦查权高效行使的基本条件。而在这三个方面，目前的状况与理想状态之间还存在较大的差距，需要较长时间的努力才能逐步改善。

（二）以"现实合理"作为推进刑事法治建设的基本思路

当前推进依法治国的基本思路应当是尊重客观现实，以现实合理的渐进方式推动法治建设，使制定的法律、建立的制度能够真正在实践中发挥作用，而不是无法执行，以至于成为"纸面上的法治"。有的学者看到一些经济发展尚不如中国的国家确立了一些我国还未确立的法律制度，就认为经济和社会发展状况对法律制度的制约不是很大。我们认为，应当研究这些国家法治的实际运行模式，社会公众的实际生活状态，而不应只看其法律条文写得怎样，如果将条文写得非常好，而现实中根本做不到，只能损害法律的威信而于法治的前途无益。现实合理是一种务实的态度，既坚持法治的理想，又关注中国的现实，更照顾中国百姓的观念和价值追求，寻求一条最适合中国现实的发展路径。具体来说，一是要以法治理想为最终目标，同时承认司法资源与司法能力的有限性，在实践中坚持脚踏实地，循序渐进；二是坚持以客观条件为基础的理性标准，追求适合而不盲目追求最好，避免因目标过高而代价过高；三是注重可操作性，坚持从程序到制度的改革策略；四是兼顾法律效果与社会效果的统一，不强求一切矛盾通过法律解决，而是适当运用非强制性司法手段，如调解、刑事和解等手段化解矛盾、促进社会和谐。

（三）各项配套机制应当同步完善

侦查工作并非在真空中进行，而是在复杂而现实的社会中进行，离不开社会各方面的保障和支持。社会高速转型给侦查工作带来极大困难，社会规范不完善，社会管理远远没有跟上，信用机制缺位。同时，刑事诉讼的法律制度不能完全适应遏制犯罪的需要，其他法律，如国家赔偿法不明确，给侦查活动的顺利开展造成困难。此外，犯罪受害人救助体系阙如，司法鉴定体制仍未理顺，因鉴定引发的矛盾依然屡见不鲜，警力配备严重不足，经费紧张问题长期不能从根本上解决等，都需要花费较长时间和力量来解决。

三、侦查权配置的基本原则

（一）及时高效原则

刑事诉讼活动的基本宗旨是维护公共秩序、保障社会安全、惩罚犯罪。因此，快速、高效地侦破刑事案件、依法追究犯罪分子，是侦查权行使的首要任务。司法应以正义为最终目标，但效率对于实现公正至关重要，对于侦查则更为关键。在刑事诉讼中，侦查机关必须在犯罪发生后立即启动侦查程序以追究犯罪，否则可能造成犯罪嫌疑人脱逃、证据灭失等不利后果，甚至可能会再次发生严重犯罪，危害公民人身、财产安全。侦查权的及时、高效行使，不仅有利于维护社会秩序，保护公民人身、财产安全，而且有利于树立法律的权威和培养公众对法律的信仰。"迟到的正义等于非正义"，在设计相关法律制度时，应当使有关程序尽可能简便，而不能为形式完美、制度严密而设计得太过复杂。所谓效率，就是资源配置达到最优状态的结果[①]，现在我们的一些诉讼制度在效率方面考虑得还不够周全，如对于简易程序的适用范围过窄，证据标准却与普通程序基本相同，致使占刑事案件大多数的轻微刑事案件占用了大量的司法资源，既影响了办案效率，也不利于保障当事人的权利。再如，诉讼各个阶段的证据标准没有明确的界定，实践中往往从批捕就适用定罪标准，使得侦查程序停留在拘留阶段的时间过长。

（二）充分有效原则

侦查活动的对象是形形色色、手段不断翻新、破坏力不断增强的犯罪，侦查机关的职

---

① 钱弘道：《论司法效率》，载《中国法学》2002 年第 4 期。

权必须能够保证有效地控制犯罪以及保证刑事追诉活动的有效进行，即侦查权必须达到足够的强度，以便与愈演愈烈的犯罪相抗衡。2000 年以来，我国刑事案件保持在每年 400 多万起的高发案阶段，2007 年全国公安机关共立各类刑事犯罪案件 474.6 万起，与 2006 年基本持平，传统犯罪有一定幅度的下降，但经济犯罪、网络犯罪等新型案件出现新的增长点。对于中国的犯罪形势，有的学者认为并不严重，但由于犯罪概念的不同，在中国认为是违反治安管理和交通管理的行为，在很多国家是统计在犯罪数字里的，因此不能简单地用刑事案件的数量与其他国家比较，如 2007 年全国公安机关查处违反治安管理处罚法的案件764.5 万起，查处交通违法则高达 2.93 亿人次。近年来，由于公安机关不断提高打击犯罪的能力，犯罪率增长的趋势得到一定的控制，社会治安局势基本平稳，群众安全感提高，但犯罪在整体上仍然处于高位。有人担心侦查权大了，会影响人权，但如果侦查权不足以对抗犯罪，人人自危，则人权就更无从谈起。对侦查权的规范以及制约并不能以削弱侦查权、放纵犯罪为代价，首先还是要赋予侦查机关足够的权力，然后再加以规范。从现实情况来看，我国法律赋予侦查机关的权力还不能适应现实需要，如一个立案程序，不但捆住了侦查机关的手脚，群众也抱怨立案难。再如，缺少国外普遍实行的无证逮捕制度，拘留也需要办证；逮捕条件不明确，实践中理解有歧义，导致拘留时限不够用；传统的侦查措施远远不能满足侦破恐怖主义犯罪、有组织犯罪和高科技犯罪的需要，技术侦察措施缺少具体制度等，都影响了侦查犯罪的实效。

（三）依法行使原则

任何一种权力，如果不以法律制度来规范，都有被滥用的可能，我国也设立了比较严格的法律程序来规范和制约侦查权，任何一项侦查权都必须有刑事诉讼法的明确授权；同时，检察机关作为国家的法律监督机关，从立案到采取侦查措施、批准逮捕、羁押犯罪嫌疑人、提起公诉的整个过程，都可以对侦查活动行使监督权。公安机关对于规范侦查权行使、防止权力滥用一直有清醒的认识，如前所述，建立了一系列的执法规范和监督制度。今后，在对侦查权的监督方面，还应当以更大的力度向执法公开和实时监督的方向发展，侦查机关要学会与社会公众特别是媒体交流，将更多的信息发布出来，让社会公众了解、理解、支持侦查工作，并有机会参与到对侦查工作的监督中来。我们相信，随着社会进步和观念更新，侦查机关与公众的关系会更融洽，侦查权的依法行使将有更适宜的社会环境。

以上是笔者对侦查权配置问题的一些理解。公安机关的宗旨是为人民服务，公安机关和侦查工作离不开理论界和实务界的专家、学者、前辈、同人的理解与支持，各位专家和相关单位同人的见解、著述以及批评、监督都给予我们很多启发，对于改进我们的工作起到了重要的、不可替代的作用。今后，公安机关将更多地向专家、学者敞开大门，邀请各位专家、学者参与到改进侦查工作的进程中来，多到基层公安机关调研，真诚希望大家为侦查能力和水平的不断提升献计献策，共同为实现法治建设的伟大目标而努力！

刑事诉讼立法与法学研究 30 年回顾与展望[①]

中国政法大学终身教授 陈光中

这个题目很大，很难讲，展望部分更难讲。我今天讲回顾部分，展望部分以后大家可以继续探讨。我准备分两块来讲，第一部分讲刑事诉讼法制的 30 年回顾，第二部分讲刑事诉讼法学的 30 年回顾。

一、刑事诉讼法制的 30 年回顾

1978 年至今的 30 年，是解放思想、改革开放，建设中国特色社会主义的 30 年，是从人治走向法治的 30 年，也是我国刑事诉讼法制建设与理论建设取得长足进步的 30 年。

30 年的刑事诉讼法制发展可以分为两个阶段：第一阶段从 1978 年到 1995 年，是刑事诉讼法制重建的阶段，从"文化大革命"结束以后，我们的法律界开始拨乱反正，走向复兴，重建法制之路。刑事诉讼法制同样如此。刑事诉讼重建的主要标志是 1979 年刑事诉讼法与刑法的同时制定颁行，这是新中国成立以来第一部刑事诉讼法。尽管条文只有 164 条，但它总结了我国从新民主主义革命到社会主义建设时期刑事司法建设的经验教训，特别是"文化大革命"的惨痛教训，借鉴了当时苏联和西方一些国家的经验，规定了我国刑事诉讼的任务、基本原则、重要的证据规则和侦查、起诉、审判等具体的刑事程序。从此，我国的法院、检察院、公安机关办理刑事案件开始有法可依，有规可循，使办案质量得到了初步的法律程序的保障。特别值得指出的是，中共中央在 1979 年 9 月发布了 364 号文件《关于坚决保障刑法、刑事诉讼法实施的指示》，明确要求各级党委要坚决保障"两法"的实施，而且明确决定废除党委审批案件的制度。我们认为，这一文件是党中央重视刑事法制的极大决心的表现，到现在我们仍然认为这个文件还是非常有现实价值的。在制定刑事诉讼法的同时，我们还制定了《人民法院组织法》、《人民检察院组织法》、《律师暂行条例》，这三个法律的制定是为实施刑事诉讼法进一步创造条件。我认为这是刑事诉讼法制发展的第一阶段。

第二个阶段从 1996 年开始至今，这一阶段是刑事诉讼法制发展的阶段。这一时期最大的标志性成就是 1996 年刑事诉讼法比较成功的修改。当时为了适应国家改革开放和法制建设的需要，同时也是为了适应刑事司法国际化的发展潮流，1996 年我们对刑事诉讼法作了重大修改和增补，条文增加到 225 条。当时修改的指导思想是推动刑事诉讼法制民主化、科学化，在注重惩治犯罪的同时，强化人权保障。改革的内容主要有：第一，规定了人民法院、人民检察院依法独立行使职权原则；第二，规定了具有无罪推定精神的"未经人民

---

① 根据 2008 年 9 月 20 日发言录音整理，并经本人审定。

法院判决，不得推定有罪"的原则，取消了免予起诉制度，取消了"人犯"的称谓，把被告人一分为二地改称为犯罪嫌疑人和被告人，确立了疑罪从无原则；第三，缩小了检察机关自侦案件的范围，并规定了人民检察院依法对刑事诉讼进行法律监督的原则；第四，取消了收容审查这一变相的强制措施，并对强制措施作了较大的修改；第五，提高了被害人的诉讼地位，使其成为当事人，诉讼权利也随之扩大；第六，改进了审判方式，吸收英美法系对抗制的因素，改庭审前的实体审查为程序审查，防止庭审走过场。除了这六个方面外，还有一些其他的重要改进，如死刑的执行方式由唯一的枪决执行改为注射与枪决并行等，这些都是主要的改进。通过这次修改，应该说在当时的历史条件下，是一个很大的进步，而且在国际上反应也是相当好的，得到了国内外的一致好评。当然，不能说它没有缺陷。现在来看，有些方面规定得还不尽完善，有的方面可能不切实际，有的方面应该规定还没有规定，但是在当时的历史条件下，我们认为已经做了很大努力。

在此之后，党中央提出了依法治国、建设社会主义法治国家的基本方略以及尊重和保障人权的主要方针，而且相继写入宪法，有力地推动了刑事诉讼法制的继续发展。在此期间，刑事诉讼法没有做大的修改，但是我们制定了一些规定和解释来进一步完善刑事诉讼法。值得提出的是，2007年通过了新律师法，在律师会见嫌疑人、阅卷等问题上突破了刑事诉讼法的规定，为实现有效辩护创造了一定的条件，这也是刑事诉讼法制的进步。但这部法律有可能陷于有法难依的困境。这里面有两个原因，一个是律师法中有的规定是不是务实，还值得讨论；另一个，直率地讲，就是我们的侦查机关和有关部门认为律师法的有些内容执行起来副作用过大，并不认真执行，甚至抵制执行。目前，新律师法就处于这样一种尴尬的局面，这个问题有待于进一步解决。

以上我简单地概述了刑事诉讼法制30年来的发展，总的来说，尽管有一些小遗憾，但是取得的进步还是非常之辉煌的。

二、刑事诉讼法学30年的发展

30年来，刑事诉讼法学与刑事诉讼法制一样，取得了很大的进步和成就。

第一，出版、发表了大批的理论成果。从没有教材到有统编教材，到现在先后有200种以上不同风格的教材，我们还有大批的专著。特别是近十年来，专著的数量每年都在大幅度增加，一些中青年学者有不少论著出版。此外，每年还有数以千计甚至更多的论文发表，具体的数字还有待于进一步统计。我们还出版了外国的一系列法典、联合国的有关规则，以及介绍、研究联合国刑事规则，外国刑事诉讼立法、法学的一些著作和教材，为我们了解、借鉴世界新情况、新潮流提供了许多参考资料。

第二，培养和形成了一支实力比较强大的、老中青结合的理论队伍。这个队伍不仅包括从事教学、科研的学者，也包括我们一些实务部门的专家。这支队伍是非常宝贵的。

第三，对刑事诉讼法学的各个方面进行了比较系统的探讨，并且在一些问题上形成了激烈的争鸣，有力地推进了刑事诉讼法学的繁荣和发展。

其一，我们在一些基本理念上取得了相当大的理论创新与突破，包括刑事诉讼目的论、构造论、公正论、和解论、效率论，等等。例如，公正论的研究，公正包括实体公正和程序公正，程序公正和实体公正的标准是什么，两者的关系是什么，这些问题过去都没有充分展开。近些年来，特别是近十年来，理论界对此进行了认真研究。尽管认识上不一定统一，有的主张程序与实体动态平衡，有的主张程序优先，有的主张程序本位，这说明程序的价值在改革开放 30 年，特别是在近些年来，得到了一定程度上的理论阐释，而且被实务界所接受，形成了他们的行动。理论界的许多工作使我们的程序价值提到了相当高的地位，至少在理论上已经纠正了过去重实体轻程序的倾向。这有利于促进立法进步，也有利于在实践中把握实体与程序的关系。另外一个是构造问题，构造问题涉及当事人主义、职权主义的适当折中，而且涉及公检法三机关的职权配置。公检法三机关职权配置的优化实际上与构造也是相结合的。检察机关在刑事诉讼中的地位是什么，是法律监督者，还是公诉人？这一次大家提交的论文，有不少是关于检察机关的。检察机关涉及在批捕、起诉、一审、二审、审判监督、死刑复核中的程序，这里都涉及构造问题。总之，构造涉及当事人主义和职权主义。我们是走完全的当事人主义道路，还是走折中的道路？这涉及制度设计。理论上认为构造设计有所谓线型的结构、三角形的结构、大三角形、小三角形的结构，等等。我觉得这些问题的讨论是非常有价值的，也正是因为这些讨论，使 1996 年刑事诉讼法修改就改变了完全的职权主义结构。再如，"真实论"这个问题涉及认识论、价值论，涉及证明标准的改革，既是程序公正问题，更是实体公正问题。刚才，熊选国副院长也讲到了，死刑案件要适用最高标准。最高标准是什么？怎么个提法？现在我们不能回避。就诉讼真实问题，诉讼界的争论是热烈的，甚至是激烈的。"客观真实"、"法律真实"、"客观真实与法律真实相结合"，大家知道，我是持第三种观点的。具体到证据标准上，西方叫"排除合理怀疑"。是用"排除合理怀疑"代替我们的"事实清楚，证据确实、充分"，还是不代替？排除合理怀疑怎么解释？是不是可以用"唯一性"来代替。肖扬同志在一次讲话里面既讲"排除合理怀疑"，又讲关键事实、关键证据的唯一性。那么唯一性与排除合理怀疑是否有矛盾？排除合理怀疑有没有确定性？是道德的确定性，还是真正的事实的确定性？要不要在关键事实上搞"唯一性"？刚才，熊选国同志讲了，死刑案件证据要达到"最高标准"，那么非死刑案件就降低一点标准。从理论、立法上看，这样讲恐怕不可以。到实践操作上，可能会有一点区别。但要防止再出现佘祥林案件、杜培武案件这类冤案。那些案件曝光以后，最高人民法院、最高人民检察院和公安机关作了认真的总结分析，冤案给了我们很大的震动。然而，现在的"真实论"问题，许多是哲学问题在诉讼中的运用，同时涉及价值论。现在我们在不断地争论，认识也不可能统一。实际上，根据我接触到的材料，这种争论是世界性的。最近，我看到一本书，叫做《司法错误》，美国人写的。书中指出美国死刑错判率太高，提出改"排除合理怀疑"为"排除一切怀疑"。但话又说回来，排除合理怀疑究竟怎么解释，"排除一切怀疑"又怎么解释？把每个问题都排除合理怀疑或一切怀疑，可能吗？你得抓住主要矛盾。我们现在有的学者也主张一般案件排除合理怀疑，死刑的证据标准采取排除一切怀疑，定罪标准和量刑标准公开。这些问题都很复杂，现在这些问题的讨论越来越深入。实际上，我希望这些问题继续讨论下去，世界上也在继续讨论。不久前检察理论研究所在绍兴搞了一次国际研讨会，德国教授许乃曼就强烈地主张客观真实。可见，这些问题是一个世界性的争论。这些问题必须要讨论，因为证明标准问题涉及人权保障和司法公正。像这种理论问题只有在挑战、反思、质疑和争鸣的情况下才能进步。

其二，对别国法学理论的介绍、研究，结合中国实际，形成了许多观点。简单地照搬外国的是行不通的，但是不借鉴、不研究外国的也是不行的。另外，联合国的东西同某一外国的东西是不一样的。1998 年 10 月 5 日我们签署了《公民权利和政治权利国际公约》，现在等待批准已经有十年了，什么时候批准仍不知晓。批准可能会有保留，但也不能保留太多。我们还是要正确对待联合国的东西，包括司法独立。联合国文件里明确规定，法庭要中立、独立地行使审判权。司法独立不单是国外有规定，联合国也有规定。我们中国有中国的实际，有中国式的司法独立，我将其简称为中国特色的司法独立。也就是宪法规定的司法独立。要有党的领导，要有人大监督，但法院独立行使审判职权，这是宪法规定的基本原则。我们怎么保障它的实行？要把两者结合起来。党的领导要保证司法机关独立行使职权，使它能够公正办案。

其三，我们理论研究的成果为刑事诉讼法律的制定和修改完善作出了积极的努力和重大的贡献。第一次刑事诉讼法的制定，我们理论界参加了，如陈一云、严端、张子培、王国枢等同志。第二次刑事诉讼法的修改，我本人受委托主持拟订了一个建议稿。前一段提出刑事诉讼法要再一次修改，大家积极参加，出现了许多刑事诉讼法修改版本。有徐静村、陈卫东、陈瑞华、田文昌主持的版本，我也有一个再修改建议稿。这些不是立法部门委托我们做的，是我们主动进行的研究。当然，还有理论探讨，以及一些建议文章。实际上，我们过去为立法作出了贡献，现在我们仍在继续为立法作出贡献，这是我们理论界应有的职责。把理论研究的成果转化为立法，是我们开展理论研究的一个非常重要的目的。在这方面，我们确实有贡献。

其四，我们建立和发展了诉讼法学研究会和刑事诉讼法学研究会。从 1984 年开始，在中国法学会的直接领导下，创建了中国法学会诉讼法学研究会。2006 年，根据形势发展的需要，诉讼法学研究会又一分为二，分为刑事诉讼法学和民事诉讼法学研究会。应该说，近 30 年来，我们以学会为研究平台，组织了理论界和实务界的刑事诉讼法学专家、学者，一年一度进行理论探讨。有的密切联系实际，直接探讨刑事诉讼法的修改，这为我们了解情况、沟通信息提供了一个好的平台。几十年来，我们的研究会确实发挥了比较好的作用。包括现在分开了以后，我们办得也是有声有色，可圈可点的。我们要继续办好年会。

总结刑事诉讼法学 30 年发展历程，有以上四点成就。我们刑事诉讼法学之所以能够不断取得进步，繁荣发达，总的来说是由于我们国家坚持改革开放，建设中国特色社会主义，具体而言，主要有三条体会：

第一，坚持正确的政治方向。政治方向也就是建设中国特色的社会主义。改革开放以来，我们坚持中国特色社会主义法治，中国特色的社会主义诉讼制度。另外，有正确的理论指导，我们的理论指导是马克思主义。对马克思主义可以有这样那样的理解，但我们的指导思想是马克思主义。在政治方向、理论指导上，我们总体上是沿着正确的道路走的。

第二，理论结合实际。我们的刑事诉讼法学研究紧密结合实际，推动立法、司法进步。我们理论联系实际，推动了公正、高效、权威的社会主义司法制度的建设。

第三，坚持解放思想，百家争鸣。30 年的改革开放就是从 1978 年讨论实践是检验真理的唯一标准开始的，然后是以十一届三中全会为起点，不断地解放思想，不断地改革开放，从而不断地推动创新发展。解放思想、改革开放，必然会有这样那样的观点，必然要开展百家争鸣。百家争鸣、学术自由，才能促使我们创新，推动理论不断取得进步，走向繁荣。如果没有解放思想、改革开放，没有在此基础上的百家争鸣，没有形成各个学派，就没有今天的诉讼法学理论的繁荣进步。不同角度的争鸣都有其合理性，相互吸收，相互促进。昨天，我把这次年会的论文集看了一遍，有的论文对我的观点提出了批评、质疑，我认为这是好事，真理面前人人平等。无论是老年人，还是我的学生，我的晚辈，无论是官员，还是学者，都应平等地参与争鸣，这是我们刑事诉讼法学年会一个传统的良好风气，也正是这个良好风气，使得我们的年会开得生动活泼，可圈可点，促进了刑事诉讼法学的繁荣。

刑事诉讼制度的科学构建

——中国法学会刑事诉讼法学研究会 2008 年年会综述

武小凤　封利强

中国法学会刑事诉讼法学研究会 2008 年年会于 2008 年 9 月 19 日至 22 日在峰峦叠嶂、林海茫茫的革命圣地井冈山举行。本次年会由中国法学会刑事诉讼法学研究会与江西省人民检察院联合主办，人民检察博物馆与南昌铁路运输检察分院联合协办。出席本次年会的有来自国内各有关高校从事刑事诉讼法学研究、教学的学者以及中央和地方公检法机关的有关人员、有关法制媒体的记者等近 200 人。中国法学会副会长孙在雍，最高人民法院副院长熊选国，最高人民检察院副检察长孙谦，江西省省委常委、纪委书记尚勇等领导出席了会议。

本次年会的主题为"我国刑事诉讼制度的科学构建"，分议题为：刑事诉讼法学研究 30 年回顾与展望；刑事司法职权的优化配置；宽严相济刑事政策的立法化与司法化研究。现就本次年会的讨论与交流情况综述如下。

一、中国刑事诉讼立法与理论研究 30 年的回顾与总结

关于这一议题，中国法学会刑事诉讼法研究会名誉会长、中国政法大学终身教授陈光中教授在大会上从 30 年来我国刑事诉讼法立法与理论研究发展两个方面作了详尽的专题报告，此后与会代表就这一议题也展开了讨论。

（一）关于中国改革开放 30 年来刑事诉讼法立法的回顾与总结

1978 年至今的 30 年我国刑事诉讼法制之发展，可分为以下两个阶段：

第一阶段：1978 年到 1995 年为刑事诉讼法制重建阶段。"文化大革命"结束后，我国法律界开始拨乱反正，走上了复兴重建法制之路。刑事诉讼法制重建的主要标志是 1979 年刑事诉讼法与刑法的同时制定。这部刑事诉讼法总结了我国新民主主义革命和社会主义建设时期的刑事司法建设的经验教训，特别是"文化大革命"的惨痛教训，借鉴了前苏联和西方国家的一些经验，规定了刑事诉讼的任务、基本原则、重要证据规则和侦查、起诉、审判等具体刑事程序。从此我国的公安司法机关办理刑事案件开始有法可依，有规可循，使办案质量得到了法律程序的保障。

在制定刑事诉讼法的同时，我国还制定了《人民法院组织法》、《人民检察院组织法》、《律师暂行条例》。这些法律法规为进一步实施刑事诉讼法创造了条件。

第二阶段：1996 年到 2008 年为刑事诉讼法制发展阶段。这个时期最大的成就是 1996 年刑事诉讼法的成功修改。为适应国家改革开放和民主法制的发展需要，也为了适应世界刑事司法的发展潮流，1996 年全国人大以"促进刑事诉讼制度进一步民主化、科学化，在

注意保持惩罚犯罪力度的同时强化人权保障"为指导思想对刑事诉讼法作了一系列重大修改和增补。此次刑事诉讼法之成功修改得到了国内外的一致好评。但客观而论，限于当时的历史条件，此次修改仍存在一定缺憾，而且尽管后来政法实务部门和立法机关制定了若干实施刑事诉讼法的规定、决定等文件予以弥补，刑事诉讼法在实践中的"失灵"现象仍多为世人所诟病。之后，随着党中央提出了依法治国、建设社会主义法治国家的基本方略以及尊重和保障人权等重要方针，并使之相继载入宪法，我国刑事诉讼法制也得以继续发展。其中最引人注目的当选 2007 年死刑核准权一律由最高人民法院收回统一行使。

另外，2007 年通过 2008 年 6 月生效的新律师法，在辩护律师会见犯罪嫌疑人、阅卷等问题上突破了刑事诉讼法的规定，为实现有效辩护创造了较好的条件。但一方面由于新律师法的个别规定不够务实；另一方面更主要的是由于有的实务部门工作人员对辩护权强化保障持抵触和拒绝执行的态度，致使当前新律师法有关规定陷于"有法不依"的困境，这正是为全社会所关注的。

（二）改革开放 30 年来我国刑事诉讼法学理论研究的回顾与总结

1. 改革开放 30 年来刑事诉讼法学的研究成果及研究队伍建设

（1）改革开放 30 年刑事诉讼法学研究成果丰硕，出版、发表了一大批教材、专著及论文。

在刑事诉讼法学教材方面，据不完全统计，共出版不同版本的刑事诉讼法学教材达 100多部。其中有些教材不仅很好地满足了高等院校的教学之需，而且也在一定程度上为理论及司法实务部门的研究工作提供了参改之便；除了刑事诉讼法学教材，随着证据法学研究的逐渐展开与深入，有关证据法学的教材出版也达到了一定数量。从内容上来看，刑事诉讼法学、证据法学教材经历了从单一性到多元化，从偏重法条注释到强调学理阐述的逐步发展过程。

就专著来看，改革开放 30 年来出版的刑事诉讼法学专著呈逐年递增之势，从一开始的每年出版几部、十几部逐渐发展到现在每年出版几十部专著。据粗略统计，2005 年、2006年和 2007 年出版的刑事诉讼法学专著数量均达到了 90 部以上，其中不乏具有一定质量、一定深度的学术精品。

在论文方面，据不完全统计，《中国社会科学》、《法学研究》、《中国法学》等近几十种有代表性的学术期刊在 1978 年至 1988 年共刊载刑事诉讼法学论文近 900 篇；1989 至1998 年，共刊载刑事诉讼法学论文约 3000 余篇；近年来虽然未做具体统计，但其数量只会逐渐增加，而且是大幅度增加。就论文质量而言，其中不乏具有真知灼见，并对国家立法、司法形成重大影响的精品文章。

（2）改革开放 30 年刑事诉讼法学研究队伍的建立与发展。

改革开放伊始，刑事诉讼法学教学科研力量较为薄弱、单一，多数研究人员是"文化大革命"后归队的老一辈刑事诉讼法学工作者。30 年过去了，刑事诉讼法学的研究力量不断增强和成长，形成了一支数量可观、力量雄厚的教学、研究队伍，其中既有来自全国各法律院校、系和科研机构的教学科研人员，也有从司法实际工作中涌现出来的刑事诉讼法学研究者。

刑事诉讼法学在专业人才的培养方面也取得了显著成绩，形成了较完善的博士、硕士研究生培养体系。自1986年国家首次批准在中国政法大学设立诉讼法学博士点以来，全国已有十几所高校设立了刑事诉讼法学博士点，几十所高校设立了诉讼法专业硕士。每年公开出版博士学位论文几十部。通过博士、硕士研究生的培养，刑事诉讼法专业为社会输送了大量高层次的专业人才，他们中有的在实务界取得了突出成绩，有的已经成为国内各大学及研究机构的学科带头人、学术骨干。

2. 改革开放30年来刑事诉讼法学研究的理论成就

改革开放30年来我国刑事诉讼法学研究所形成的理论成就，主要表现为以下三个方面：

（1）刑事诉讼法学体系初步形成并逐渐发展完善。

20世纪80年代以来，为了配合刑事诉讼法的制定、实施，我国学者编写出版了大批刑事诉讼法学教材，并随之逐渐形成了一定的刑事诉讼法学科体系。最初，刑事诉讼法学教材在内容上多以法条注释为主，在框架上也主要依循刑事诉讼法的体例结构。但后来随着法学理论的发展，80年代后期及其后出版的刑事诉讼法学教材逐渐突破了这种法条注释式的编写模式，增加了对刑事诉讼目的、结构、价值等基本理论范畴，侦查、起诉及审判等刑事诉讼程序一般理论，外国证据制度、诉讼制度概况等内容的阐述，同时也将刑事诉讼法尚未规定的程序（如刑事赔偿程序、涉外刑事诉讼程序、未成年人案件诉讼程序等）纳入研究范围。近年来，刑事诉讼法学界围绕诉讼主体、诉讼行为、诉讼关系等刑事诉讼基本理论范畴、刑事诉讼基本原则、辩护制度、审判前程序、审判程序、死刑复核程序以及外国刑事诉讼法学相关理论等内容进行了较为深入的研究，从而使我国刑事诉讼法学体系在初步形成之后有了进一步的发展和完善。此外，随着刑事诉讼法学者对证据问题的大胆探索、深入研究，在形成具有中国特色的刑事证据法学体系方面也取得了一定进展。

（2）刑事诉讼法学基础理论研究不断突破创新。

20世纪80年代以来，随着刑事诉讼法学的不断发展，学界对刑事诉讼法学诸多基本理论范畴进行了大胆而富有成效的探索，对基础理论的研究，不仅开拓了刑事诉讼法学的研究领域、深化了研究层次，也有力地促进了刑事诉讼法学体系的进一步成熟与完善。对此，可分为以下议题进行综述：

关于刑事诉讼的目的，学界最初是从单一的角度来认识的，认为刑事诉讼的目的就是准确、及时地查明案件事实，打击犯罪，保证无罪的人不受刑事追究。随着研究的深入，一些学者提出了刑事诉讼应具有"惩罚犯罪"和"保障人权"双重目的的新论断。如今，随着对刑事诉讼目的研究的不断深入，单纯的犯罪惩治论已经无人主张，而刑事诉讼保障人权的目的则越来越受到重视，刑事诉讼活动必须保障被追诉人的基本权利已经成为学界的共识。

关于刑事诉讼构造的概念，自20世纪80年代由日本引入我国。其后"如何归纳我国的刑事诉讼构造特点"，以及"如何完善我国的刑事诉讼构造"等问题逐渐成为学界探讨的热点。通过深入探讨，多数学者对我国完全采用典型的职权主义诉讼构造提出了质疑，认为应当同时吸收职权主义和对抗主义的合理因素，只有在此基础上才能构建适合我国国情的刑事诉讼构造。不过，对于引进的具体程度，各派主张有所不同。但从总体上来说，学者们普遍认为，在完善我国刑事诉讼构造的过程中要坚持传统，传承历史积淀下来的精华，关于公正或者说诉讼公正，是刑事诉讼法学界持续关注的重要议题之一。通过不断的探索、争鸣，学界关于这一议题的研究日益深入。过去"重实体、轻程序"的主张已不复存在，而代之以"实体公正与程序公正并重"、"程序优先"、"程序本位"等不同学说，其中"实体公正与程序公正并重"成为学界的主流观点。通过对公正问题的讨论，"程序公正的价值不仅仅限于保障实体公正、为实体公正服务，同时还具有独立的价值"以及"根据我国的实际情况，应当在观念上更加重视程序公正"等观点，已经成为大家的共识。同时，为了确立诉讼程序独立价值的法律保障机制，学界也开展了对程序性违法、程序性裁判和程序性制裁等新课题的研究，论证了在我国建立程序性裁判机制的必要性及其基本构成体系，从而进一步拓展了我国刑事诉讼法学的研究领域。

关于刑事证据中的证明标准问题，即"真实论"问题，传统的"客观真实论"受到了学界的广泛质疑和挑战。有学者主张以"法律真实论"取代"客观真实论"，也有学者主张对传统的"客观真实论"进行修正，提出了将"客观真实论"和"法律真实论"辩证地结合起来的观点。此外，关于证明标准，不少学者对以认识论作为证据法学唯一理论基础的传统观点进行了批驳，提出了证据法学理论基础是价值论而不是认识论的观点，其后又产生了认识论和价值论都是证据法学理论基础等新学说。对"真实论"的争鸣，为确立适合我国国情的刑事证明标准及证据法学理论基础提供了坚实的基础。

"诉讼效率"也是刑事诉讼法学界长期关注的焦点之一。对于诉讼效率和诉讼效益的关系界定，多数观点认为诉讼效率是诉讼中投入的司法资源与所取得成果之间的比例，而诉讼效益则还包括对诉讼过程及结果社会效益的追求。在司法公正与诉讼效率的关系上，刑事诉讼法学界形成了"公正优先说"和"两者并重说"等不同观点。在如何提高诉讼效率的问题上，学者们就刑事简易程序、辩诉交易、普通程序简化审等程序设计问题进行了广泛探索。虽然在具体问题上各派观点并不一致，但通过讨论，"要适当关注诉讼效率问题"已经成为学界的共识，围绕此问题形成的诸多研究成果也对立法和司法实务部门产生了积极影响。

关于刑事诉讼制度的科学化、民主化研究，也一直是我国刑事诉讼法学者关注的重点。随着国家在制定和修改刑事诉讼法、探索证据立法以及完善司法体制方面的前进步伐，刑事诉讼法学者们围绕改革、完善刑事诉讼具体程序、制度以及推进司法体制改革这些热点问题掀起了一波又一波的研究风潮。其中主要议题如下：

关于辩护权问题，针对我国立法没有明确律师在侦查阶段的诉讼地位，律师参与刑事诉讼辩护的比率不高，律师在办理刑事案件时"取证难"、"会见难"、"阅卷难"以及程序性辩护缺失等立法、司法实践中存在的各种问题，学者们进行了较为深入的探讨。随着研究的深入，"强化对犯罪嫌疑人、被告人辩护权的保障"已经成为学界的一致看法并完成了一系列具有代表性的著作和论文。

关于刑事审前程序的科学、完善问题，随着我国学者对刑事审前程序的关注，有关刑事审前程序的基础理论以及侦查程序、警检关系、沉默权、强制措施、起诉方式等具体问题的研究日益深入并取得了有一定影响力的成果。

关于证据规则，面对我国现有证据规则在数量和质量上都难以满足司法实践需要的客观实际，我国刑事诉讼法学者在学习、借鉴其他国家有益经验的基础上，就我国刑事证据规则体系的完善、具体证据规则的构建进行了具有一定深度的研究，取得了较有代表性的成果。

此外，长期以来，刑事诉讼法学者们针对刑事一审、二审以及再审程序立法及司法实践中存在的问题进行了深入探讨，在刑事案件庭前审查程序、庭审方式、审判公正、审判公开等诸多问题的研究上成果颇丰。

死刑复核程序是刑事诉讼法学界长期关注的重点问题之一，随着 2007 年最高人民法院收回死刑复核权决定的作出，学界有关于此的研究和讨论也掀起高潮。通过讨论，通过程序来制约死刑的滥用，以落实我国"少杀、慎杀"的刑事政策逐渐成为学界的共识。

此外，在构建社会主义和谐社会的大背景下，刑事和解制度作为继承我国调解等优良传统并借鉴国外恢复性司法等理念而产生的一种创新性理论和制度，受到了广大刑事诉讼法学者的高度关注。

（3）关于外国刑事诉讼法学、联合国刑事司法准则的研究成就。

改革开放以来，刑事诉讼法学界在研究、探索外国刑事诉讼法学理论、司法实践经验以及联合国刑事司法准则等方面开拓进取，不懈努力，取得了卓越成绩。刑事诉讼法学界通过多年努力，先后翻译出版了一系列具有代表性国家的 10 余个版本的刑事诉讼法典以及证据法、执行法等法典、规则；翻译出版了大量的外国刑事诉讼法、证据法方面的经典著作、教材及大量论文；发表了许多全面系统介绍、比较研究外国刑事诉讼、证据法学术理论、法制情况及新近司法改革趋势的著作、教材及数量可观的学术论文。此外，也形成了多部专门介绍我国香港、澳门及台湾地区刑事诉讼法、证据法理论及实践情况的学术成果。这些成果的问世，不仅大大开阔了刑事诉讼法者的研究视野，拓展了我国刑事诉讼法学的研究空间，同时也对我们更好地吸收、借鉴外国法制建设文明成果，为外国的先进经验、成熟理论为我们所用提供了丰富的资料依据。

随着在全球化进程中我国签署、加入的刑事司法国际公约越来越多，从 20 世纪 90 年代以来，刑事诉讼法学界开始系统、全面地研究联合国有关国际公约确立的刑事司法准则与我国刑事诉讼制度的完善问题并取得了一系列研究成果，从而对于推进我国刑事司法改革并减轻国际公约对我国刑事诉讼制度的震荡，以及为有关公约在我国的生效做了积极准备。

3. 刑事诉讼法这一学科为国家立法作出了重要贡献

从 1979 年刑事诉讼法制定到 1996 年刑事诉讼法修改，再到 2003 年刑事诉讼法再修改启动，刑事诉讼法学者在国家完善刑事诉讼法制的各个阶段热情参与，积极献计献策，在为国家立法活动服务方面取得了显著成绩。

在 1979 年刑事诉讼法出台以后，刑事诉讼法学界针对立法确定的原则、制度以及实践中存在的问题进行了广泛研究，为进一步完善刑事诉讼制度提出了许多大胆的设想。随着时代的发展，1979 年刑事诉讼法已很难适应新形势。在此背景下，刑事诉讼法学者纷纷发表文章、出版专著并在年会上展开热烈讨论，就刑事诉讼法修改问题进行了深入研究，提出了许多建议，有力地推动了刑事诉讼法修改的进程。1993 年笔者受全国人大法工委的委托，组织中国政法大学 20 多名刑事诉讼法学者成立了专门的刑事诉讼法修改研究小组，所完成的建议稿与论证提出的重要立法建议大部分被全国人大常委会和全国人民代表大会采纳和吸收。1996 年刑事诉讼法修改以后，各地学者和司法实务专家围绕实践中的实施问题提出了许多有益的建议，这些建议在 1998 年最高人民法院、最高人民检察院、公安部、国家安全部、司法部、全国人大常委会法制工作委员会制定的《关于刑事诉讼法实施中若干问题的规定》中也得到了一定程度的采纳。2003 年 10 月，十届全国人大常委会将刑事诉讼法的修改列入了本届人大常委会五年立法规划，由此也掀起了刑事诉讼法学界关注刑事诉讼法制进程、探讨刑事诉讼制度完善的又一轮高潮。围绕刑事诉讼法再修改的基本理念、途径、与宪法的关系、如何兼顾我国国情等宏观问题以及具体诉讼制度、诉讼程序的构建等微观问题展开了广泛的学术争鸣和探讨，涌现了一大批研究成果。其中，由陈光中教授主编的《中华人民共和国刑事证据法再修改专家建议稿与论证》、徐静村教授主编的《中国刑事诉讼法（第二修正案）学者拟制稿及立法理由》、陈卫东教授主编的《刑事诉讼法模范法典》、田文昌和陈瑞华主编的《〈中华人民共和国刑事诉讼法〉再修改律师建议稿与论证》等立法建议稿，对刑事诉讼法的再修改问题进行了全局考虑和系统研究，提出了许多新的设想，受到了立法和司法部门的高度重视。近几年，国家立法机关就证据立法问题组织了相关研讨，学界也对证据立法给予了高度关注，形成了《中华人民共和国刑事证据法专家拟制稿（条文、释义与论证)》、《中国证据法草案建议稿及论证》等成果。此外，有许多刑事诉讼法学者参与了《人民法院组织法》、《人民检察院组织法》的修改工作，出版了《中华人民共和国人民检察院组织法修改专家意见稿》等课题研究成果。在国家出台、修改国家赔偿法、律师法等法律、法规的过程中，刑事诉讼法学者通过撰写文章、参与学术研讨、提供立法咨询等方式，积极阐述观点、发表意见。

4. 刑事诉讼法学研究组织发挥的重要作用

1984 年，中国法学会诉讼法学研究会成立。2006 年，诉讼法学研究会分立为刑事诉讼法学研究会和民事诉讼法学研究会。作为全国性的学术团体，诉讼法学研究会和刑事诉讼法学研究会组织全国刑事诉讼法学者开展了大量学术活动，为我国刑事诉讼法学研究提供了宽广的交流平台，在贯彻"理论与实际相结合"，倡导"百家争鸣、百花齐放"的学术方针以及促进学术交流与合作等方面均发挥了重要作用。从 1986 年起，诉讼法学研究会及刑事诉讼法学研究会每年都要召开一次全国性的年会，围绕理论与司法实践中的重点、热点问题进行探讨，在此基础上出版年会论文集，并将重要的理论研讨成果经中国法学会向中央领导和中央主管部门发送。同时，诉讼法学研究会及刑事诉讼法学研究会组织召开了大量有关刑事诉讼法修改与完善方面的学术研讨活动，使得学者们的讨论趋于集中，相关问题的修改方案也日益成熟，改革刑事诉讼制度并使之朝科学化、民主化的方向变化成为刑事诉讼法学界的共同态度。同时，根据中国法学会的委托，诉讼法学研究会及刑事诉讼法学研究会先后组织了 7 届全国中青年（刑事）诉讼法学优秀科研成果评奖活动，并组织了多次"全国十大杰出中青年法学家"初评活动。这些活动使一批又一批的后起之秀脱颖而出，对整个刑事诉讼法研究队伍的水平的提升也起了积极的促进作用。除了全国性的学术团体外，各省、自治区、直辖市也相继成立了诉讼法学会，组织开展了多项学术研讨、交流活动，也对我国刑事诉讼法学的发展作出了积极贡献。

2000 年，依托中国政法大学诉讼法这一国家重点学科成立的中国政法大学诉讼法学研究中心（现名为中国政法大学诉讼法学研究院），成为第二批入选"教育部普通高等学校人文社会科学重点研究基地"的科研实体之一。在教育部的各项政策支持下，诉讼法学研究院作为我国诉讼法这一学科唯一的重点研究基地，在刑事诉讼法这一学科的学术研究、人才培养、提供立法服务以及组织学术交流活动等多方面起到了良好的带头、推动作用。

在重点研究基地建设的示范作用下，全国多个政法高等院校成立了研究刑事诉讼、证据及司法体制问题的相对独立的科研机构。这些机构的成立也对推动我国刑事诉讼法学的繁荣发展起到了重要作用。

（三）刑事诉讼法学发展取得的经验总结

总结改革开放 30 年来我国刑事诉讼法学从相对薄弱逐步走向繁荣的经验，可以归结为以下三条：

第一，坚持正确的政治方向和理论方向。所谓坚持正确的政治方向，就是要坚持中国特色社会主义的发展道路，构筑中国特色社会主义的刑事司法制度和刑事诉讼法学。为此，我们应从本国的实际出发，正确对待西方的刑事诉讼理论与制度，既要吸收、借鉴有益经验，又要避免照抄照搬。所谓坚持正确的理论方向，就是要以马克思主义来指导我们的刑事诉讼法学的发展。

第二，坚持理论联系实际。作为强调应用性的部门法学，刑事诉讼法学一方面要开展基础理论研究，另一方面也要坚持理论研究直接、间接地为实践服务，为不断推动立法、司法的提高而服务。只有理论与实践相结合，才能不断完善实践，也才能使理论研究不断深入。

第三，坚持解放思想、自主创新和百家争鸣。我国社会主义法治 30 年的发展过程就是解放思想的过程。在刑事诉讼法学今后的发展中，我们仍要坚持解放思想，只有解放思想，才能不断创新。所谓创新，就是要有自己的特色，而不是单纯的模仿；要有传承，有吸收；要有来自实践的体验，也要有来自交叉学科的不断渗透。只有这样，才能把刑事诉讼法这一学科不断地推向前进。而在解放思想、自主创新的探索过程中，必然形成不同的学术观点，这就要求我们形成"百家争鸣"、"各抒己见"的民主氛围。

二、刑事司法职权的优化配置

（一）宏观层面——刑事司法体制改革与政治体制改革

首先，有代表提出，刑事诉讼中的职权配置应当立足于两点：一是国情。忽视这一点就会导致制度、规则在实践中难以推行；二是规律。忽视这一点就难以在国际上进行对话与交流。

有代表认为，刑事司法职权优化配置的核心内容是司法权和国家其他权力之间的相互关系，这是政治体制改革的内容。而中国的一府两院制度与西方的三权分立制度存在着本质差别，中国的司法是一种诉讼活动，所有的刑事诉讼活动就是刑事司法活动。例如，劳动教养，如果由法院决定，就应当是一种司法活动，并主张劳动教养必须由法院介入，并认为中国的司法体制改革最终会涉及政治体制改革。

其次，中国的司法体制改革的总体目标是建立司法本位主义，使民众对司法信赖，但在追求专业化的过程中不能一味地追求司法专业化。中国的司法体制改革必须杜绝各部门的本位主义，避免权力扩张的趋势。司法改革应当朝着保障犯罪嫌疑人、被告人、被害人权利，乃至全体公民的利益的方向发展，因为每个公民都具有涉入刑事诉讼的潜在性。

最后，还有代表认为，中国司法体制改革必须坚持党的领导，但这不是一个空洞的口号，必须要提高公安司法人员的素质，审理和裁判案件必须严格按照现行立法规定。

代表们普遍认为，中国的司法体制改革必须立足中国国情，坚持中国传统，辩证地分析和看待国外的经验，在中国的语境下深化改革。

（二）微观层面——公检法三机关的关系及职权配置

1. 当前存在的问题

有代表提出，公检法三机关的关系在理论、法律规定与实践这三者间存在着冲突，即理论上强调法院至上，宪法规定的是检察至上，而实践中则是公安至上。实践中三机关在诸多问题上发生分歧、产生矛盾的原因在很多时候就是一种义气之争（如开庭时检察官该不该起立、如何起立的问题）。应该避免研究立法上的部门利益倾向，客观地思考三机关的权力配置，改革目前"流水作业式"并以司法裁判为中心的诉讼构造。

2. 关于审判权及法院改革

有代表提出法院的审判权过大，在目前法官的素质、品质尚不足以信任的情况下，不应赋予法院过大的权力，应将法院的一些权力向检察官和辩护律师分散转移，实现权力的重新配置。但是，另有一些代表对此则提出了质疑，认为目前我国法院的审判权不是过大而是过小，并提出审前程序中应当有中立的司法权介入，以实现对侦查权和检察权的司法控制，给当事人以法律救济，只有这样才能解决目前存在的"会见难"、"阅卷难"和"取证难"等诸多问题。并且，审前程序中应当建立预审法官制度和中国式的辩诉交易制度，在审判程序中贯彻传闻证据规则，以保证关键证人能够出庭作证。同时，还有代表根据联合国《公民权利和政治权利国际公约》最低限度标准的要求，提出了我国侦查行为应当实现可诉性和逮捕决定权交由法院统一行使的建议。

关于法院改革，有代表提出，法院的执行权属于行政权而非裁判权，应当从法院剥离出来交由行政机关统一行使；而就具体的刑事审判改革而言，应当对法院改判指控罪名的权力进行一定的限制，以保障被告人辩护权的实现。总体而言，法院的改革应该关注如何保证法官忠实地行使权力的问题，强调程序公开及纠错机制的设置，考虑如何加强司法制约，而不应该纠缠不现实的司法独立。

3. 关于检察权

关于检察机关统一行使监督权与追诉权的问题，有代表指出两种权力存在着内在矛盾，两者应该分开，不能由同一主体行使。有的代表认为改革检察监督权应从两个方面入手，一方面要强化对侦查权的监督，另一方面要尊重法院的审判权威，弱化对法院审判的监督权，同时提出抗诉权是诉权的延伸而不是监督权内容的观点。来自检察实务部门的代表认为抗诉权应该备而不用或少用，不应把追诉权作为监督权的内容看待，并进一步提出即使没有了检察机关的法律监督权，检察院的法律地位也不会因此受到削弱，只要控辩审诉讼结构合理，同样能够达到理想的司法效果，因此应从正当程序方面加强对司法权配置问题的研究。但同时也有代表认为，应该思考宪政体制下检察权的具体样态，可以考虑恢复检察机关的一般监督权，加强对政府强权的监督，以使检察机关的法律监督权名副其实。

关于具体的刑事诉讼程序的改革，有代表建议取消检察机关法庭审理阶段补充侦查的权力，认为这样既可以避免对法院审判权的侵犯，同时也可以避免因程序逆转给辩方带来的法律风险。此外，有的代表提出在司法权配置中应当体现对被害人权利的关注，赋予被害人独立的上诉权。但对此观点，也有代表提出不同意见，认为这样做会导致诉讼关系和诉讼结构的紊乱。

4. 关于侦查权

关于侦查权问题，代表们普遍提出对侦查权应当加以适当限制，同时侦查手段应当实现法制化，以保证所获取的证据的证据能力；实行逮捕与羁押相分离的制度，赋予紧急情况下公安机关无证拘留的权力。总之，既要赋予公安机关以必要权力去应对各类恶性犯罪，又要重视对被追诉人诉讼权利的保障，加强对侦查权和公诉权的制约。

关于刑事司法职权的优化配置及刑事司法改革，总体而言，不能超越目前我国所处的阶段以完美主义理想来设计制度，现在面临的问题是如何增强法院的权威，同时如何对侦查权力进行限制，应当拿出具有可操作性的方案。我们既要考虑基层公安、检察人员办案中遇到的各种实际困难，又要保障联合国刑事司法准则最低限度标准的落实，侦查权的配置将是今后一个阶段争议最大的问题。

三、宽严相济刑事政策的立法与司法化研究

1. 对宽严相济刑事政策的理解

与会的绝大多数代表都对宽严相济刑事政策的重要意义予以了充分肯定。有代表提出，我国从强调"稳定压倒一切"转向"构建社会主义和谐社会"，这是刑事政策由"严打"转向"宽严相济"的根本原因。有代表认为，"宽严相济"刑事政策是在反思"严打"政策和控制死刑适用的背景下提出来的，具有积极的意义。但也有个别学者对"宽严相济"的提法提出质疑，认为该提法和"坦白从宽、抗拒从严"一样具有有罪推定的意味，可能违反无罪推定原则。

来自实务部门的代表提出，宽严相济刑事政策的侧重点在于"宽"。这是因为，和谐社会应该是一个宽容的社会。我国每年被起诉到法庭的犯罪嫌疑人、被告人人数众多，对于其中危害性不大的可以考虑做宽缓的处理。实践中司法人员的观念有待转变，过去对于打击犯罪应该怎么严、怎么狠，我们比较有经验，但是如何实现宽缓，化解社会矛盾，我们的能力还有待提高。

有的代表对宽严相济刑事政策展开了反思，认为在立法不够规范的情况下，"当宽则宽"的思想容易导致司法自由裁量权的膨胀。刑事政策只能解决阶段性的矛盾，不能作为长远的治国思想。脱离了依法办案，片面强调刑事政策的贯彻是不可行的。针对这一观点，有代表给予了反驳，认为宽严相济刑事政策的提出有其特定的时代背景，是对过去"严打"刑事政策的矫正。过去的经验教训告诉我们，一味地强调"严打"并不能有效地根治犯罪率高发的症结，反而会刺激一系列恶性犯罪活动的频发，宽严相济刑事政策在处于犯罪高发期的现阶段，具有缓和人民内部矛盾，促进社会和谐的作用。

2. 宽严相济刑事政策的立法化

与会代表在宽严相济刑事政策的立法化问题上达成了共识。有的代表认为"宽严相济"政策主要体现在"宽"字上，应当从程序设计和立法上体现"从宽"的内容。还有的代表认为，贯彻宽严相济刑事政策必须坚持证据标准，不能突破现有法律规定。所以，应当积

极探索有利于贯彻宽严相济刑事政策的合法途径和程序设计。在具体制度设计上，有代表提出了建构"独立量刑程序"、检察官介入死刑复核程序等具体设想。

3. 宽严相济刑事政策的司法化

与会代表们纷纷围绕宽严相济在刑事司法中的落实建言献策。有的代表认为，贯彻"宽严相济"刑事政策关键是摒弃"严打"的惯性思维，重视人权的保障。有的代表提出，贯彻宽严相济刑事政策要从以下四个方面入手：一是要从严惩处严重的刑事犯罪，在人民内部矛盾凸显、刑事犯罪高发、对敌斗争复杂的情况下，对于黑社会性质犯罪等严重刑事犯罪应当加大打击力度；二是要从宽处理轻微刑事犯罪，对少年犯、轻微犯罪、偶犯和犯罪以后有重大立功情节的罪犯进行宽大处理；三是要完善宽严相济刑事政策的保障制度，从经费、人员等方面加大保障力度；四是要确立宽严相济的监督机制。还有的代表从司法实践的角度分析了宽严相济刑事政策面临的困境：一是现行考核机制过于僵化，很多考核指标不利于从宽政策的贯彻。二是实践中存在案件质量风险和职业道德风险。如果检察机关对于批捕从宽掌握，一旦案件出现了问题，会面临着来自侦查机关、被害人以及社会各界的谴责。三是法律规定不明确。刑事诉讼法规定的逮捕适用条件弹性过大，办案人员对"确有逮捕必要"的标准难以把握，不捕的责任远远大于逮捕的责任，使办案人员在可捕与可不捕的选择之间无奈地作出逮捕的决定。四是执法的内外部环境不配套。一方面，社会化监管措施的缺失导致司法机关顾虑重重；另一方面，决定不批捕需要投入更多的时间、精力，使有限的司法资源不堪重负。针对上述问题，有代表提出以下对策：一是回归逮捕作为刑事强制措施的本质属性，辩证地理解宽严相济刑事政策，坚持宽大与严惩的统一；二是协调好宽严相济刑事政策在理想与现实之间的冲突，使其在实践中更好地得以贯彻落实，防止宽严相济成为一个空洞的口号。

与会代表们还普遍关注宽严相济刑事政策在死刑程序中的适用。有的代表认为，我国死刑适用应当贯彻"宽严相济"的刑事政策，"少杀、慎杀"作为我国一项长期贯彻的方针不能动摇。在某些特殊情况下，个别案件"严"字当头也是可以的。同时指出，死刑只能"治标"而不能"治本"，我国的社会治安状况并未因死刑数量的下降而恶化，因此贯彻"宽严相济"的刑事政策只能向前走而不能走回头路。这一观点得到了与会代表的普遍认同，但也有个别代表认为，在目前我国治安形势严峻的情况下应当提倡慎杀，而非少杀。还有的代表认为，宽严相济刑事政策在办理死刑案件中的具体运用应当注意以下几个方面：一是保留死刑，严格控制和慎重适用死刑，确保死刑政策的连续性和稳定性。二是全面理解和把握宽严相济刑事政策，防止片面强调从严和片面强调从宽两种倾向。应当坚持该宽则宽，当严则严，宽严相济，罚当其罪。既不能片面强调从严，以致打击过宽，也不能片面强调从宽，以致打击不力。所以，关键是要在"相济"上下工夫。三是死刑适用应当注重法律效果和社会效果的统一。不符合法律规定，单纯追求社会效果而判处死刑，不仅是违法的，而且也不可能产生好的社会效果；反之，离开社会效果，片面强调法律效果，而对那些应当依法判处死刑的罪犯不判处死刑，或者把不该判处死刑的罪犯判处死刑，不仅社会效果不好，也不符合法律的基本精神。四是理解和把握好死刑的适用标准，以最严格的标准确保死刑只适用于极少数罪行极其严重的犯罪分子。首先，对于因家庭邻里纠纷和民间矛盾引发的案件，适用死刑时要非常慎重。其次，共同犯罪案件死刑适用总的原则是，充分考虑各被告人在共同犯罪中的地位和作用，以及主观恶性和人身危险性，区别对待适用刑罚。再次，处理好附带民事赔偿与适用死刑的关系。因家庭邻里纠纷和民间矛盾引发的案件，如果被告人积极履行赔偿义务，获得被害方谅解的，可以依法从轻判处，但对侵害不特定公众，严重危害社会治安，严重影响群众安全感的暴力犯罪，如抢劫、绑架、强奸等案件，就不能仅因为赔偿或者得到了具体被害人的谅解就不判处死刑。最后，严格把握自首、立功等法定从轻情节的适用，对不同情况予以区别对待。

4. 刑事和解

刑事和解是我国地方司法机关在新形势下开展的一项司法探索，对于贯彻宽严相济刑事政策具有重要意义。很多与会代表结合刑事和解来探讨如何贯彻宽严相济刑事政策。部分代表对刑事和解持谨慎态度。有的代表结合其所在检察机关刑事和解中存在的问题指出，检察官不宜过分介入刑事和解，和解的适用范围也不宜扩大，刑事和解应当谨慎推行。有些学者认为，刑事和解不应当被"运动化"，而应当实现规范化和制度化。但是，大多数代表呼吁进一步推动刑事和解工作的开展。有的代表认为，宽严相济刑事政策中的"宽"，具体到刑事诉讼中要通过刑事和解来落实。有的代表呼吁实现侦查阶段刑事和解的制度化。其理由在于，侦查阶段刑事和解的推行有群众基础，如交通肇事案件中双方相互达成谅解的可能性很大，而公安机关在日常工作中要花费很多精力来依法处理此类案件。尽管公安机关有推动刑事和解工作的愿望，但由于没有明文的法律规定，实践中公安机关采取和解方式处理案件要承担很大的社会压力。有的代表则建议从制度上推进起诉阶段的刑事和解。不少代表指出，现行立法规定的不起诉制度实际上体现了宽严相济刑事政策的精神，但检察机关运用得很不够，其原因除了检察官为避徇私枉法之嫌而不够积极以外，还在于实践中不起诉以后还面临上报案卷、接受检查等烦琐的内部环节。这些所谓的"规范化管理"使得简单问题复杂化，所以贯彻宽严相济刑事政策需要用足现有法律规定，减少对不起诉适用的隐性制约。

四、刑事诉讼具体原则和程序的科学构建

本次年会的总议题是"我国刑事诉讼制度的科学构建"，因此代表们除围绕以上三项分议题展开激烈的讨论外，还结合这一宏大命题对我国刑事诉讼具体原则与程序的科学构建开展了广泛而深入的讨论。

1. 对"科学"这一关键词的理解

与会代表对本次年会的总议题表现出浓厚兴趣并给予了高度评价。有代表认为，"我国刑事诉讼制度的科学构建"这一命题的提出具有深远意义，为全面落实科学发展观，推动刑事诉讼制度的完善指明了方向。围绕这一命题中的"科学"一词代表们展开了热烈的研讨。

有些代表从刑事诉讼制度设计的角度解读了"科学"的含义。有的代表认为，党的十六大以来，中央提出了一系列重大的理论和战略部署，特别是贯彻科学发展观、构建和谐社会、树立社会主义法治理念以及宽严相济刑事政策。这些战略部署强调社会主义事业的全面、协调和可持续性，强调社会主义社会的和谐性，强调社会主义法治的公正性，强调以人为本，尊重和保障人权。特别是党的十七大从发展社会主义民主法治，加快建设社会主义法治国家的战略高度，明确提出"深化司法体制改革，优化司法职权配置，规范司法

行为，建设公正高效权威的社会主义司法制度，保证审判机关、检察机关依法独立公正地行使审判权、检察权。"这就为刑事诉讼制度的科学构建创造了良好的条件。具体来说，应该从以下四个方面来构建科学的刑事诉讼制度：一是在价值取向上更加突出以人为本的理念，将人文关怀渗透到刑事诉讼制度中去；二是在立法目的上更加注重促进社会和谐，要把有利于解决纠纷、化解矛盾作为法律修改的重要追求，贯彻宽严相济刑事政策，建立科学合理的诉讼机制；三是在制度设计上要更加注意对权力的监督制约机制，使各个权力主体之间的权力配置好、协调好、运行好；四是在立法效果上要做好修改方案的预先评估，要对每一条修改方案进行深入的论证，对可能产生的正面效果和负面效果进行评估。有的代表认为，过去头痛医头、脚痛医脚的制度构建存在明显的弊端，应当综合运用多学科的知识来构建科学合理的刑事诉讼制度。有代表指出，实践中扭曲了的考核机制导致了刑事诉讼理论与实践的严重脱节。刑事诉讼是国家垄断的一种公共服务，其制度构建必须科学合理。有的代表提出，任何制度设计都不能脱离中国国情。我国当前最大的国情就是我国尚处于社会主义初级阶段。这个所谓的"初级阶段"不仅仅是生产力和市场经济的初级阶段，而且是社会、经济、文化、政治各个方面的初级阶段。同时，我国目前处于人民内部矛盾的凸显期、对敌斗争的复杂期和刑事犯罪的高发期。所以，刑事诉讼制度的科学构建应当从这些实际情况出发。还有的代表认为，我国的司法制度与西方国家存在着显著差异，因而刑事诉讼制度的移植存在很大的局限性，很多中国的问题在西方法治发达国家并不存在。即使确有必要借鉴西方制度，也应当考虑中西人士在思维模式方面的差异。

另有一部分代表则从刑事诉讼法学研究方法的角度来解读"科学"的含义。不少代表倡导在刑事诉讼法学研究中采用实证研究的方法。有代表提出，目前的理论研究已很难找到新的增长点，应该注重实证研究，推动研究方法的转型。有的代表对研究方法转型的必要性提出了质疑，但同时强调理论研究者要关注实践，熟悉实践的运作状况。在实证研究方法的具体运用方面，代表们普遍认为实证研究要注重收集、运用数据，并展开对比分析。对此，有来自实务部门的代表指出，由于实践中统计方法的局限性，如有的数据与地方官员政绩挂钩，所以研究者在利用数据时要保持应有的理性，进行必要的过滤。还有的代表认为，到实务部门听取意见，通过兼职、挂职等方式观察和参与实践，从中发现问题并提出有针对性的意见，也是一种较好的实证研究方法。此外，还有的代表指出，实证研究不应该抛弃注释法学，避免出现只描述不分析和只分析不提升的研究范式，而应当注重描述中的分析和提升。跨学科的研究方法也受到了不少代表的推崇，被认为有助于开阔学术研究的思路。有些代表提出，刑事诉讼法学研究应当与刑法学、犯罪学、监狱学等学科的研究相结合，进而倡导刑事法学的一体化研究。还有的代表提出，应该注重刑事诉讼法学与法学以外学科的交叉，如从管理学的角度看待法官的管理问题，从考古学的角度研究证据问题等。在研究范围方面，有的代表提出，执行制度也是刑事诉讼制度的重要组成部分，而目前我国对执行程序关注不够。在研究的视角方面，有代表提出，理论研究者在进行实证研究时往往带着理论的眼光或理论框框，看待问题有时是扭曲的，应该戴着本色眼镜来看待实践对象。还有的代表提出，理论研究者应当勇于修正自己的理论或观点，实务工作者也应当敢于正视自身存在的问题。在政治导向与学术研究的关系方面，有代表指出，学术研究需要正确的政治方向，这与自由平等的学术氛围并不矛盾。还有的代表认为，学术研究应该百家争鸣，但不应该脱离现有的宪法框架、司法实务的大方向和中国今后的发展趋势。不过，也有代表认为，宪法框架内也有技术性规定，良性违宪也是允许的。还有的代表提出，学术研究不应该讲求四平八稳，理论研究者从个人的学术兴趣出发研究某一问题，即使成为别人批判的靶子也是对学术研究的一份贡献。

2. 刑事诉讼原则的科学化

有代表提出，审判公开原则是审判制度的重心。对于维护司法的公正、高效和权威具有重要意义。实践中存在一些应当公开而不公开的审理活动，主要包括：院长、庭长审批案件；审判委员会讨论案件；案件请示汇报；二审书面审以及死刑复核书面审。针对其中的案件请示汇报制度，有的代表指出，科学在很多时候是与民主相结合的，而院长、庭长审批案件的做法不够民主。还有的代表指出，案件请示汇报制度容易导致上级法院干扰下级法院的独立审判，违反层级独立原则。为此，学者提出以下建议：（1）取消院长、庭长审批制度，还权于合议庭；（2）即使不取消审判委员会，也应将其转变为一个咨询机构，以便发扬民主，集思广益，或者考虑对于重大、疑难或复杂案件组建大合议庭；（3）案件请示汇报制度应当取消，对于下级无法审判的，可以请求移送上级法院审判；（4）二审案件应当开庭审理，死刑复核应当听取双方意见。

我国现行的劳动教养制度备受学者诟病之处在于其可能违反程序法定原则。在本次年会上，不少与会代表也对此给予了关注。有的代表认为，劳动教养制度在中国具有存在的必要性，由公安机关作出决定满足了效率的要求。并且，现行法律已经赋予了当事人救济的权利，对公安机关的决定不服的，可以向法院提起行政诉讼。还有的代表指出，劳动教养目前在实践中的适用比例已呈逐渐下降的趋势，并且公安部已经推出劳动教养听证程序，允许律师参与听证。但与会的大多数代表认为，劳动教养的决定应当由法院作出，因为它涉及人身自由的剥夺。按照联合国有关公约的规定，公民的自由必须由司法机关经过法定程序才能被剥夺。行政机关不应享有这项权力。

新律师法在保障被追诉人获得有效辩护方面取得了一定的进步。代表们普遍认为律师法的修改扩大了律师权利，给侦查工作带来了挑战，但从长远来看有利于促进侦查水平的提升和办案质量的提高。有些代表认为，新律师法与刑事诉讼法存在着不协调之处。尽管新律师法在立法上解决了律师会见难，但实践中这一问题仍然存在。公安局和看守所对律师会见犯罪嫌疑人的申请互相"踢皮球"，致使律师仍然很难会见犯罪嫌疑人。有的代表建议，应当在立法上对这两部法律的冲突尽快予以解决，从而保障律师的有效辩护。也有代表提出，应当建立律师和警察之间的相互信任关系，消除彼此的误会甚至是敌意。还有的代表提出，应当借鉴西方国家的有效辩护制度。如果在诉讼中律师未能尽责或者由于各种阻碍导致律师未能切实有效地维护当事人的权益，应当作为启动再审程序的法定理由。

3. 侦查程序的科学化

在职务犯罪侦查管辖方面，有代表指出，我国刑事诉讼法上有立案管辖、职能管辖和审判管辖的规定，但并未专门规定侦查管辖。然而，现行的将审判管辖作为侦查管辖依据的做法不符合我国国情。鉴于高官腐败案件的异地侦查与异地审判已经在实践中发挥了积极作用，建议上升到立法层面，通过静态的制度构建和动态的程序设计来完善我国的职务犯罪侦查管辖制度。

在侦查手段方面，有代表认为，我国刑法将"谋取利益"作为受贿罪的构成要件，这种苛刻的做法与其他国家有所不同。实践中对于是否"谋求利益"很难把握，并且此类犯罪往往是"一对一"，侦破比较困难，建议赋予侦查机关更多的侦查手段。还有的代表认为，对于流窜作案等案件应当规定特别侦查程序。

逮捕是最严厉的刑事强制措施，对于被追诉人的人身权利有着重大影响。与会代表围绕逮捕措施适用程序的科学化问题发表了各自的意见。有的代表认为，检察机关在见不到犯罪嫌疑人的情况下批准逮捕存在很大的风险，所以批捕阶段应当讯问犯罪嫌疑人。有的代表进一步指出，尽管讯问犯罪嫌疑人是侦查手段，但在检察机关审查批捕阶段，讯问犯罪嫌疑人不是为了侦查，而是为了增加强制措施的司法性。所以，检察机关在批捕阶段讯问犯罪嫌疑人是对强制措施的适用进行诉讼化改造的一种体现。另有代表指出，我国应当对羁押权加以必要的改造。根据《公民权利和政治权利国际公约》，警察在抓捕后应当迅速地将犯罪嫌疑人带到司法人员面前，由司法人员审查继续关押的正当性。所以，应当对检察机关的审查批捕活动进行程序化改造，听取犯罪嫌疑人的陈述。具体到犯罪嫌疑人在批捕阶段应当享有哪些权利，还值得进一步研究。还有的代表认为，我国目前公安机关在办案过程中对治安案件很少适用羁押，因此从整体上看，我国的羁押率并不高。机械地从数量比例上将我国的羁押率与西方国家的羁押率相对比，是不够科学的，因为在我国适用治安处罚的案件，在西方国家大多是刑事案件。目前我国羁押方面的问题主要是羁押程序不透明，因此亟须在程序的透明性上加以改善。

4. 起诉程序的科学化

有代表指出，我国在1996年修改刑事诉讼法之际为解决告状难的问题确立了公诉转自诉制度，但在实践中却没有发现过此类的成功案例。其原因在于公诉转自诉不仅涉及公检法三机关的关系，还受制于被害人及其律师的取证能力，并且司法解释的规定为法院任意滥用驳回自诉的权力埋下了伏笔，由此导致立法目的难以实现。为此，建议在法律上明确规定，法院经审查认为应当立案的，通知检察机关启动公诉程序，或者构建公诉律师制度，为被害人提供充分的法律援助。

针对相对不起诉制度，来自实务部门的代表提出，相对不起诉本应当是有助于节约司法资源的，但在实践中实施程序却非常复杂，既要得到来自部门领导和主管领导的审批，还要经过检委会讨论，因此承办人在适用相对不起诉方面比较消极。另有代表提出，为切实保障犯罪嫌疑人的权利，相对不起诉的适用应当征得犯罪嫌疑人的同意。同时，应当增设附条件不起诉制度，附条件不起诉并不会侵犯人民法院的审判权。

5. 审判程序的科学化

刑事二审程序的改革是与会代表普遍关注的问题之一。有的代表针对上级检察机关撤回抗诉的问题提出；可以考虑由下级检察机关在提起抗诉之前征求上级检察机关的意见。但有的代表指出，检察机关正在试图通过内部规定来解决这一问题。实践中有的检察机关向上级汇报，上级也会给予指导性意见，但这种意见一般由上级公诉部门作出，而不是经检察长或检委会作出，所以难以保证其不会发生改变。有的代表针对学界在二审审判范围问题上的分歧，主张从概念上区分"审理"与"审查"，采取有限审理与全面审查并行的双轨制模式。还有的代表指出，实践中有些二审法院针对棘手案件反复发回重审，导致案件周转而问题却得不到解决。鉴于我国一、二审之间不存在事实审与法律审的职能区分，建议法律规定二审法院对事实不清、证据不足的案件担负起查明事实的责任。

6. 死刑复核程序的科学化

有的代表指出，死刑核准权收归最高人民法院体现了以人为本、尊重和保障人权的宪法理念，有利于从程序上防止冤假错案的发生，有利于贯彻"慎用死刑，少杀慎杀"的方针。从实施情况看，总体上运转平稳正常，全国的治安秩序没有出现大的波折，死刑案件的质量得以提高，但目前产生了一些新的问题，主要表现为：一是公安机关羁押的压力增大；二是在一些地方有重大影响的死刑案件审理期限拖长。这些问题值得理论界关注。有的代表认为，加强死刑的程序控制要从强化辩护职能入手，目前实践中存在的问题是很多被告人无法获得有效辩护，甚至不知道案件何时进入死刑复核程序。针对死刑复核方式，有代表认为目前书面审的方式有必要改造，法官亲自审讯和听证。还有的代表认为，死刑复核应该有期限设计，无期限的复核不仅不符合效率原则，还会导致被告人精神上的煎熬。

7. 刑事诉讼证明的科学化

与会代表普遍认为，证据问题是困扰刑事司法的头号难题。这方面的讨论主要集中在死刑案件的证明标准问题上。有的代表指出，尽管我国法律对于死刑案件与其他案件在证明标准上没有作出区分，但在具体掌握上，死刑案件的证明标准要更为严格，必须坚持最高的证明标准。对于确有证据证明被告人实施了犯罪，但量刑情节存疑或者证据存在瑕疵的，根据有利于被告人的原则，应当依法不适用死刑。还有的代表指出，在我国，起诉和判决采取的是相同的证明标准，而证明标准要区分的是杀与不杀，所以死刑证明标准是关键。为此，有代表建议通过定罪标准与量刑标准的区分来解决这一问题。有的代表进一步从刑法理论的视角对定罪标准和量刑标准的区分给予了论证。依据大陆法系关于"选择的故意"的理论，行为人的主观状态依证明程度而定，这可以为我国提供一种思路。

但有的代表对于留有余地的做法提出了质疑：我国目前并没有专门规定量刑的证明标准，实践中有些案件采取了留有余地的做法，不判处被告人死刑，其原因就是证据不充分，然而，在此情况下给被告人定罪本身就是一种悖论。还有一些来自实务部门的代表认为，尽管留有余地的做法具有一定的现实合理性，但是究竟证据达到何种程度可以作出留有余地的判决，仍然是一个悬而未决的问题。

针对死刑案件证明标准所陷入的困境，有代表提出，在死刑适用方面，美国的一些州在被告人被确定有罪以后，还需要陪审团的一致裁决才能判处被告人死刑，这对于我国有一定的启示。有代表进一步提出，针对疑难死刑案件可以考虑采取陪审团的做法，将案件交给陪审团裁决，这样更有利于树立司法权威。

（作者单位：中国政法大学）

第一部分

刑事司法职权的优化配置

我国刑事诉讼制度科学构建论要

卞建林　田心则

1978 年，党的十一届三中全会召开，这一标志着我国政治生活进入到一个崭新时代的重大历史事件，也为我国法学研究的复兴和发展创造了难得的机遇和广阔的空间。从 1978 年至 2008 年这 30 年间，作为我国法学研究重要组成部分的刑事诉讼法学研究不仅取得了长足的进步与发展，而且也为促进我国刑事诉讼制度的改革完善作出了突出的贡献。本文将通过对我国过去这 30 年刑事诉讼法学研究的梳理与审视，凝练出对刑事诉讼制度科学构建具有重要影响的理论成果，并以此为基础探讨如何进一步发展和健全我国的刑事诉讼制度。

一、端正刑事诉讼目的，确立人权保障意识

刑事诉讼目的理论是刑事诉讼法学研究的一个重要命题，对刑事诉讼目的的完整理解和准确设定也是科学构建刑事诉讼制度的出发点和归宿。在 1978 年之前，受阶级斗争观念的直接影响，我国的刑事诉讼立法和司法奉行的是一切为了并服从于惩罚犯罪的一元目的观。在 1978 年之后，尤其是进入 20 世纪 90 年代以来，人们的权利意识的萌发促使刑事诉讼法学界开始对这种一元的片面的刑事诉讼目的观进行反思，并逐渐在所形成的各种二元甚至多元的刑事诉讼目的观中确立起了"保障人权"的诉讼观念。[①]

刑事诉讼目的的端正，保障人权观念的树立，对刑事诉讼制度的科学构建开辟了新的视角，提出了新的要求。首先，科学的刑事诉讼制度应该包括严密的公权力制约机制与完善的诉讼参与人权利保障体系。刑事诉讼的最大特征就是以国家权力为主导，以国家强制力作后盾，因此在诉讼的过程中加强对公权力的规制和对个人权利的保障显得尤其重要。而单纯以"惩罚犯罪"为目的的刑事诉讼体现的是国家权力对公民个人，尤其是被追诉人的单向度作用力，强调的是国家维护治安、恢复秩序的需要，公民个人缺乏对国家权力的防范能力。若要实现保障人权的刑事诉讼目的，就必须赋予刑事诉讼参与人以广泛的诉讼权利，使其通过行使权利而具有监督、规制权力的能力，切实有效地维护自身利益。其次，刑事诉讼中的人权保障应当以被追诉人为核心关切，这是因为被追诉人作为具有犯罪嫌疑、可能被定罪量刑的追究对象，受国家强制力的作用最为直接，影响最为严重。特别是，在实行强职权主义诉讼模式与长期受有罪推定思想影响的我国，如何改善被追诉人的诉讼地位，如何加强被追诉人的权利保障，是改革我国刑事诉讼制度最为急迫的任务之一。为此，必须确立无罪推定的原则，必须赋予被追诉人不受强迫自证其罪的权利，必须保障被追诉

[①] 例如，惩罚犯罪与保障人权的统一，实体真实与法律程序的统一，等等。参见樊崇义等著：《刑事诉讼法修改专题研究报告》，中国人民公安大学出版社 2004 年版。

人以辩护权为核心的各项诉讼权利。最后，要充分意识到"无救济则无权利"，如果法律赋予公民个人的权利得不到执法、司法机关的尊重，公民的合法权益受到侵害时得不到及时有效的救济，那么所谓的权利就只能是空中楼阁，法律的规定也只能是一纸空文，保障人权的刑事诉讼目的观更是无法实现。因此，科学构建我国的刑事诉讼制度，必须要加强诉讼参与人权利救济机制的健全与完善。从我国刑事诉讼的现状来看，强化诉讼参与人对办案机关程序违法行为的及时申诉和抗告，要求变更或解除，申请审查与救济等权利及保障，应当是构建诉讼中权利救济机制的重点。

二、弘扬程序法治理念，健全程序制裁机制

30年来，特别是近十年来，由于刑事诉讼法学界的大力弘扬，程序正义的理念正日益获得人们的接受和认同。在此理念影响之下，一方面，人们对程序的目的性价值进行了重新认识，将其提高到与程序的手段性价值等量齐观甚至更高一筹的程度。另一方面，人们也对刑事诉讼中程序的功能进行了全新的解读，认识到在现代法治国家的刑事诉讼中，程序的作用在于通过将国家权力的行使纳入恰当的程序运转场景而保持其理性和适度的运作，使公民据此建立起对权力行使的合理预期和适当监督，以达致限制权力恣意、保障权利实现的最终目的。在此，法治原则与程序正义相得益彰，最终形成了刑事程序法治原则。

刑事程序法治原则是科学构建刑事诉讼制度的基本指导方针。在刑事诉讼中要坚持这一原则，就要求参与诉讼各方牢固树立法律至上、程序至上的意识，尤其是对于国家专门机关而言，法无明确授权不可为，行使法定职权时则必须严格遵守法律的规定和程序的要求，对公民依法享有的诉讼权利必须予以尊重和保障。总之，尊重程序法律规定，恪守刑事诉讼程序，乃是刑事程序法治的基本要求。但是长期以来，受程序无用和程序附庸等观念的影响，在我国的刑事司法实践中，程序的价值却未得到应有的尊重，程序性违法行为，如非法取证甚至刑讯逼供时常发生而且得不到有力的制止。因此，为了贯彻并实现刑事程序法治，就必须要明确程序违法的法律后果，建立程序违法的制裁制度，通过对程序违法者不正当利益的剥夺促使其遵守法律所规定的诉讼程序，从而体现程序法的权威性、强制性和义务性。检讨我国现行刑事诉讼立法与实践，具有程序制裁性质的规定有一些，如上诉审法院针对一审法院违反法定程序行为撤销原判、发回重审的做法，以及最高人民法院、最高人民检察院通过司法解释确立的非法言词证据排除规则，但总体而言，制裁的范围比较狭窄，制裁的手段比较单一，而且实际执行的力度不大。为此，应当扩大程序性制裁的范围，使其能够涵盖所有严重违反刑事诉讼程序的行为，尤其是要明确侦查阶段的严重程序违法行为，如超期羁押、刑讯逼供、侵犯律师合法权利等，是程序制裁关注的重点。同时要丰富和增加程序性制裁的手段和方式，从其他国家的做法来看，程序性制裁的方式主要有撤销原判、排除非法证据、终止诉讼、诉讼行为绝对无效、诉讼行为相对无效、从轻量刑六种。[①] 在统一认识、坚定决心的基础上，我们要认真研究司法实践中程序违法的形式和原因，并借鉴国外有益的经验和做法，逐步建立起能够适应我国国情，能够适用于侦查、起诉、审判等不同诉讼阶段，轻重有别、手段多样的程序性制裁系统。

---

① 参见陈永生：《刑事诉讼的程序性制裁》，载《现代法学》2004年第1期。

三、遵循诉讼运行规律，理顺控诉审判关系

刑事诉讼制度的科学构建，应当以对诉讼客观规律及其内在运作机理的科学认知为基础。其中充分理解"诉"的现代性内涵，尊重和遵循"诉"自身的运行原理和要求，正确认识侦查与起诉、起诉与审判之间的应然关系，对于构建科学的刑事诉讼制度至关重要。刑事诉讼中存在两种基础关系，一种是国家与个人之间存在的具体的刑罚权关系；另一种就是"诉"，它是为确定具体的刑罚权而进行的诉讼关系，即裁判者与被裁判者的关系。现代诉讼在对犯罪案件的处理中，"诉"对程序的启动和发展均起着决定性的作用。从"诉"的视角来看，"刑事诉讼"作为一种追究犯罪的法律机制，静态地从空间向度上包含了"控诉、辩护、审判"三方诉讼主体及其相互间的关系，动态地从其作用方式上包含了"诉"之确定、提出、审理、消灭的完整流程。在满足惩治犯罪与保障人权这两项现代法治国家对刑事诉讼的基本要求方面，"诉"的理论对诉讼制度的民主性与科学性的弘扬均发挥了重大的作用。刑事程序中建立"诉"的机制，意味着作为可能被追究刑事责任对象的被告人成为了程序的主体，获得了"辩"的地位，可以与控诉一方相抗衡，从而与诉讼主体理论遥相呼应。刑事程序中建立"诉"的机制，将国家追诉权力易于膨胀和滥用的冲动巧妙地导入了一种程序的规制中，让其用法定的方式和谦抑的立场去表达和行使，使权力和权利之间的冲撞获得了一种理性的形态，这又与程序正义的理念不谋而合。

"诉"的机制的形成，使得诉讼活动成为了"法官、检察官和被告人之间持续性的交涉过程"[①]，而"诉"以及诉讼活动这种基本特征的维护有赖于"控审分离"和"不告不理"这两个重要的程序原则的支持——前者在组织和程序上对诉审机关进行了分离，从静态方面改变了国家和个人的二元对立，改变了纠问式程序的线形构造，使诉讼机制实现了对犯罪的追究由审判机关与被告人的直接对抗向控辩双方对抗、法官居中裁断的三方格局转化的本源性回归，从而有利于实现刑事诉讼构造的合理布局；后者要求审判以起诉为前提，未经起诉的案件，法院不得径行审判，同时审判受起诉范围限制，不得及于起诉以外的人与事，这样就从动态的方面改变了罪案在国家法环境中加工和运行的轨道和程式，科学引导了"诉"的启动和运行，从而确保诉讼机制"诉"的形态的维持。但是在实践中，由于刑事诉讼是一种公力救济制度，公诉机关和审判机关都是国家机关，公诉权力与审判权力均根源于国家权力，这种权力的同源性容易使上述理想的诉讼格局发生异化，破坏控审分离原则和不告不理原则的根基。这个问题在我国刑事诉讼的控审关系中表现得尤为明显，由于我国检察机关是国家的专门法律监督机关，检察机关与审判机关存在着法定的"互相配合、互相制约"的特殊关系，同时我国刑事诉讼法缺乏对起诉效力和审判范围的明确规定，从而容易导致起诉与审判的关系方面出现问题，或诉审之间的关系过于紧密，控审不分，或审判机关为实现国家刑罚权而主动追究，不告而理。因此，我们要在"诉"的理论主线的指引下，坚决贯彻控审分离，落实不告不理，理顺控诉与审判的关系，并通过相关制度的改革予以实施和保障。在规范和调整起诉效力与审判范围方面，有关程序的完善可以着重以下方面：第一，明确未经起诉的个人和事实法院不得径行审理并定罪科刑；

---

① 陈光中、徐静村主编：《刑事诉讼法学》（修订版），中国政法大学出版社 2000 年版，第 56 页。

第二，尽快建立撤销起诉、变更起诉与追加起诉制度；第三，变更或追加控诉应当即时通知被告人及其辩护律师，如果对被告人辩护权的行使有实质性影响，应当延期审理；第四，如果法院认为指控的罪名与指控事实不符，而检察机关不同意法院变更指控罪名的建议时，法院应当向控辩双方告知改变指控罪名的意图，在控辩双方进行必要的准备后，再行审理和判决。

四、发展诉讼主体理论，完善刑事诉讼构造

"主体"是一个重要的哲学概念，承认一个人的主体地位，就意味着承认他的目的性和人格尊严。刑事诉讼主体理论是因被追诉人的诉讼地位问题而发端的，与被追诉人的权利保障问题息息相关。"在历史上，被告人的诉讼角色经历了从仅仅一种诉讼客体到一种能够积极参与和影响诉讼程序进程的刑事诉讼主体的变化，由于拥有了逐渐增多的权利保障，而其中每一项权利的范围又不断扩大，被告人作为诉讼主体的诉讼角色也同时得到了巩固。"① 这一论断实际上提供了一种通过保障被追诉人的诉讼权利来实现被追诉人的诉讼主体地位的基本思路。同时，被追诉人的诉讼主体地位又为其应受保障的诉讼权利开出了明确的清单。人的主体地位具有四个价值向度，即人格尊严、意志与选择自由、主体意义上的平等以及维权与反抗，相应地，被追诉人在刑事诉讼中拥有四项重要权利：无罪推定权、程序参与及选择权、平等对抗权和辩护权。这四项权利可以视为被追诉人权利构成体系中最低限度的、本原的、起始的权利，是被追诉人在不同的诉讼阶段拥有其他相应的程序生成性权利的基础。在刑事诉讼过程中，这些被追诉人作为诉讼主体所享有的源权利又分别生成开放出像反对被迫自我归罪权、保释权、疑罪从无权、知悉权、质证权、辩解权等一系列重要的程序生成性权利。

所谓诉讼构造，是指诉讼主体在进行或参与刑事诉讼过程中所处的地位以及相互间的关系。从本质上说，控诉方与被告方是诉讼的两造，是讼争的双方，他们之间是天然的对立关系。要想使国家追诉机关与被告个人之间的争议在理性与秩序中得到解决，要想实现和保持控、辩、裁三方在诉讼中的理想格局，重要的是确认和维护被告人的诉讼主体地位。为此，现代诉讼有一系列的原则和制度予以保障，如无罪推定和疑罪从无，不得被迫自证其罪，律师辩护和法律援助等，以努力实现控辩双方的地位平等和力量平衡。需要指出的是，在我国，被告人为诉讼当事人因而成为诉讼主体，这一点在法律上毋庸置疑，早在1979年刑事诉讼法中就有明确规定，但在司法现实中却大有疑问。由于我国侦控机关的地位特殊和权力庞大，由于犯罪嫌疑人、被告人承担着应当如实回答侦控人员讯问的义务，由于辩护律师在诉讼中的地位弱小、作用受限，由于被告人权利救济保障机制的缺失或不力，由于侦查结论和公诉主张对法庭审判所具有的预决力……种种原因使得被告人主体地位受到冲击和贬抑，出现客体化的趋势。而所谓被告人与控方地位平等，平等武装，平等对抗，这些理念在1996年修改刑事诉讼法时尚未被大家普遍接受，也未被公权力部门认可。回顾1996年对刑事诉讼法的修改以及新法实施的过程，尽管立法修改时对被告方、辩护方的地位有所提高，对犯罪嫌疑人、被告人的权利保障有所加强，律师介入诉讼的时间

---

① 转引自陈瑞华著：《刑事审判原理论》，北京大学出版社1997年版，第221页。

有所提前，律师发挥作用的空间有所拓展，但客观地说，被告方或辩护方还远未达到与侦控方"分庭抗礼"的地步，更遑论已有的许多法律规定在实践中尚未得到真正的贯彻执行。辩护律师的作用得不到尊重，犯罪嫌疑人、被告人的权利得不到保障，权利受到侵害时得不到救济，实际上仍是被追究的对象，是定罪口供的证据载体。如何扭转与纠正被告人被客体化的现象，仍是我国刑事诉讼立法与司法面临的当务之急与重要使命。

此外，发展诉讼主体理论，完善刑事诉讼构造，亦需正确处理刑事被害人的诉讼地位，建立起适当的被害人权利保障机制。我国刑事诉讼制度科学构建的基本方向之一是要在人权保障刑事诉讼目的观的指导下加强对被追诉人权利的保障，但是在这一过程中也不能忽视甚至损害被害人的利益，而如何在符合诉讼规律的前提下对被害人的权利予以保障更是一个亟待澄清的重大理论问题。1996年修改的刑事诉讼法赋予了被害人、当事人的诉讼地位，并且扩大了自诉案件的范围，创设了公诉转自诉机制。但这些规定是否符合诉讼发展的规律和诉讼构造的原理，这些措施在司法实践中是否取得了预期的功效，均需要人们去认真总结和思考。我们认为，对被害人权利的保障应当以尊重诉讼基本原理为前提，以提升被害人的人格尊严、修补被害人因犯罪而受损的权益为重点。在具体制度构建上，可以从以下三个方面着手：一是要保障被害人的知情权和参与权，知情权是被害人行使其他权利的基础，保证被害人能够及时了解案件的进程并适当参与是对被害人基本利益诉求的满足；二是要在诉讼过程中对被害人加强保护，尤其是对家庭暴力的犯罪、性侵害的犯罪，要采取一些特殊措施以防止被害人在诉讼过程中再次受到伤害；三是要建立被害人的国家救助与补偿制度，即对被害人在犯罪过程中所遭受的物质损失甚至精神损失由国家给予适当的救助与补偿。

五、引入谦抑原则和比例原则，规制追诉权力行使

刑事诉讼中的国家权力是一把双刃剑：一方面它以权力的强制性和资源的无限性形成与犯罪作斗争的强大力量，保护社会秩序和公众利益；但另一方面，在对犯罪的追惩过程中，可能因权力行使的过度和扩张而使权力发生异化，对公民利益和社会秩序本身造成危害。随着社会的法治化与民主化进程，人们对国家权力负面作用的警惕之心会越来越强烈，有效规制国家追诉权力的行使便成为现代刑事诉讼制度科学构建的重要内容。

在刑事诉讼中引入谦抑原则和比例原则，对于规制国家追诉权力的正当行使具有重要意义。这两个原则均是公法上的重要概念，引入到刑事诉讼中可以作宏观与微观两种理解。宏观上的谦抑原则和比例原则表明了对刑事诉讼中国家权力运行方式的基本立场，要求合理确定国家权力行使的界限和尺度，要求诉讼中国家权力的行使总体上应当是克制内敛的，而不是放纵桀骜的；应当是温和谦恭的，而不是残暴跋扈的。微观上的谦抑原则可理解为必要性原则，是指刑事诉讼中对公民实施限制或剥夺其基本权利的强制行为，应当在用尽其他非剥夺公民权利的措施仍不能达至目标之后才宜采取；微观上的比例原则又称为适度性或相称性原则，是指刑事诉讼中公权力的行使在具备目的性和必要性的基础上仍要考虑是否会给相对人造成过度的侵害或过度的负担。例如，判断对犯罪嫌疑人、被告人是否需要采取强制措施以及决定采取何种强制措施，就要遵循谦抑原则和比例原则。

在我国刑事诉讼中贯彻谦抑原则和比例原则，将会对制度的构建和程序的设置产生以

下影响：首先，应当确立一事不再理、一罪不二罚原则，不允许对业经生效的判决确定有罪或宣告无罪者就同一行为再予追诉与惩罚。这一原则鲜明地体现了国家刑罚权的有限性和自我控制的意图，即国家对同一被告人的同一犯罪事实只应拥有一项刑事追诉权，只有一次追诉机会，无论结果如何，该追诉权都告耗尽，此后不得就同一被告人的同一犯罪事实再次追诉和惩罚。据此，应当检讨我国现行的刑事再审制度，对提起不利于被追诉人的再审事由作出严格限制。其次，应当区分任意侦查与强制侦查，实行强制侦查法定原则。任意侦查，是指侦查行为的采取以相对人自愿为前提，不对相对人的正常生活和基本权益强制性地造成损害。强制侦查则指为了收集或保全犯罪证据、查获犯罪嫌疑人而通过强制方法对相对人进行的侦查，如人身羁押、住宅搜查、财产扣押等。为了防止国家侦查权的扩张使用而对人权造成侵害，各国宪法和法律普遍要求侦查行为应当尽可能不用或少用强制手段，而强制侦查仅在例外情况下根据法定程序并经司法审查批准方得进行。这正是对国家权力行使的谦抑性方面的要求。最后，在采取强制性侦查行为或强制措施时，要进行必要性与适度性方面的考量，将强制性侦查或强制措施控制在必要的限度内，切实纠正有罪必捕、以捕代侦等滥用强制措施的现象。

六、贯彻宽严相济政策，探索新型诉讼程序

党的十六届六中全会提出要实施"宽严相济的刑事司法政策"。这一刑事政策的出台改变了在我国已经实行了二十多年"从重从严"的高压政策。在制度理念上，它既是我国刑事司法领域对构建和谐社会这一总体目标的呼应，也是在现代社会条件下对犯罪认识趋于理性化的反映，还是对我国惩治犯罪传统经验的扬弃与继承和对西方国家轻轻重重的复合刑事政策的学习与借鉴。可以预期的是，这一刑事政策会在相当长的时期内成为我国刑事司法领域的主导性政策，并对我国刑事诉讼制度的科学构建产生深远影响。

如何在刑事司法中贯彻宽严相济的刑事政策，是摆在刑事理论界与实务界面前的重大课题。当前有些部门已经开展了一些具体制度的改革探索与试点。我们认为，将来改革的重点可以围绕以下三个方面进行：其一，要实行轻简、重繁的程序设计，即对轻微刑事案件尽可能适用简易化的程序，以提高诉讼效率，节省司法资源，并使当事人尽快摆脱讼累，减轻负担；对重罪案件尤其是可能被判处死刑的案件的处理则应该严格程序，以充分发挥缜密的程序所具有的查明事实与保障权利机能，确保案件质量。其二，要推进协商性司法与恢复性司法，努力探索新型案件解决方式，如刑事和解制度、暂缓起诉制度等，以实现程序分流，及时化解矛盾，终结诉讼。其三，要充分认识检察机关在实施宽严相济刑事政策方面的重要作用，充分赋予检察机关起诉裁量权，在审查起诉过程中注意公诉权行使的目的性与谦抑性，同时要注意逮捕权运用的必要性与中立性，并在查处职务犯罪中认真贯彻宽严相济的刑事政策。

（作者单位：中国政法大学　最高人民法院研究室）

检察机关与行政执法部门监督配合关系初探

陈邦达

一、问题的提出

我国宪法赋予的检察机关法律监督机关的地位，一般认为法律监督包括立案监督、批捕、审查起诉、审判监督、执行监督五个部分，在立案监督方面检察机关通过对公安机关的立案监督防止有案不立，放纵犯罪的发生。随着市场经济的发展，由于市场经济建设相关法制不完善而造成的破坏市场经济秩序犯罪案件逐增，暴露了行政执法部门"以罚代刑"问题的存在，也揭示了检察机关既有的立案监督方式对督促行政执法部门依法移送涉嫌犯罪案件的不力。对此，最高人民检察院提出建立行政执法与刑事司法衔接工作机制的探索。笔者认为，该机制的推广和运作有待在理论上丰富检察机关对行政执法部门法律监督的具体形式，合理配置检察权和行政执法权的关系，使行政执法与刑事司法两种职能之间形成一定的制约张力，又呈一定契合接力的关系。以下笔者将从检察机关与行政执法部门监督和配合两个方面的关系进行分析。

二、关于检察机关诉讼外监督的合理性

明确检察机关对行政执法部门监督的具体形式，是我们丰富检察理论研究，认识行政执法与刑事司法衔接这一举措的理论基础。我们认为检察权对行政执法权的监督既包括诉讼内监督，[①] 也包括诉讼外监督，[②] 检察机关对行政执法活动的诉讼外监督是一种更为直接的监督，其合理性体现为：

首先，法律监督的内容专一和法律监督形式的多样化是统一的。宪法赋予检察机关法律监督权实际上是赋予法律监督权的内容，赋予检察机关为国家伸张正义、履行法律监督使命的灵魂，而法律监督的具体形式是由内容所决定并与监督权的内容相适应的。形式的多样化探索与内容的专一性并不矛盾。换言之，法律监督的具体形式可以在实践中丰富完善，不断创新。宪法没有对国家法律监督权的具体形式进行明确，这恰恰为我们完善法律监督权行使的形式留下了进一步思考和探索的空间。《人民检察院组织法》由于制定时间比

---

① 这里的诉讼内监督是指检察机关通过启动职务犯罪侦查程序对行政执法部门不移送涉嫌构成犯罪案件的违法犯罪行为进行追诉的行为，以及行政诉讼法律监督等方式的行为。

② 这里的诉讼外监督是指下文将要讨论的检察机关对行政执法部门在实施行政处罚活动时通过信息共享平台、提检察建议等方式实现同步监督的行为。

较早，某些规定落后于实践需求，[①] 从近年来我国检察实践的发展状况看，对该法规定的检察机关法律监督的具体方式还应当予以完善。刑事诉讼法规定检察机关主要通过诉讼的形式实施法律监督，即通过对立案、侦查、审判、执行的监督，而对国家行政执法部门工作人员的监督则体现在对职务犯罪的侦查程序上。我们不能因此而将检察机关监督的形式局限于诉讼方式。检察机关对行政执法活动进行诉讼外监督恰恰是对刑事诉讼立案监督的必要完善。现行的立案监督没有明确规定检察机关对立案活动享有知情权。我们认为，检察机关诉讼外监督能将行政执法部门在行政处罚过程中向公安机关移送案件的行为纳入监督的视野，从而将立案监督的触角向前推进一步，使检察机关对立案的知情权有了实现的可能性。

其次，检察机关对行政执法部门采取诉讼外的法律监督并不违背法律监督的理论依据。行政权具有天然的扩张性，对行政权的制衡也是随着其变化而呈现出的一种动态的制衡。针对目前整顿和规范市场经济秩序工作中，执法机关体现的行政执法权裁量空间过大，法律监督能达到权力制衡的目的和效果，实现检察机关根据法律监督权对行政执法机关的执法活动进行监督，作为诉讼外的法律监督与列宁的国家监督理论并不矛盾，与权力制衡理论也是相符的。拓展、完善检察机关对行政执法机关监督的方式是强化法律监督，推动依法行政，完善法治建设，促进社会和谐的必然举措。我们认为，宪法赋予的法律监督权是抽象的，具体监督方式是可以通过司法实践的探索不断完善的。

三、加强检察机关对行政处罚活动监督的必要性

（一）维护市场经济秩序的要求及保障公民合法权益的需要

检察机关作为国家法律监督机关在打击破坏社会主义市场经济秩序的犯罪活动、维护市场经济秩序健康发展、保护公民合法权益等方面卓有成效。在市场经济转轨的特定时期，我国相关的市场经济法律法规仍然存在薄弱环节，客观上造成各类破坏市场经济秩序的违法犯罪活动容易滋长，给国家社会发展及人民生活安定造成潜在的威胁。自在全国范围内开展了一场整顿和规范市场经济秩序的专项行动以来，对破坏市场经济秩序的违法犯罪活动依法进行打击的行动虽取得了一定成果，但也暴露出一些问题，如个别行政执法部门将应当移送司法机关追究刑事责任的案件以行政处罚的方式代替刑事处罚。[②] 这种放纵违法犯罪的行为损害了国家和社会利益，也引发了许多行政执法人员权钱交易、严重渎职行为。检察机关既肩负着打击破坏市场经济秩序犯罪活动的职责，又肩负着反腐倡廉的使命，在维护社会主义市场经济秩序的专项工作中负有义不容辞的责任，加强检察机关对行政执法部门的监督具有现实针对性。

---

① 《人民检察院组织法》的修改问题已得到学者的关注，可参见卞建林主编：《〈中华人民共和国人民检察院组织法〉修改专家意见稿》，中国检察出版社 2006 年版。

② 《国务院法制办负责人就〈行政执法机关移送涉嫌犯罪案件的规定〉答记者问》，载《人民日报》2001 年 7 月 18 日。

（二）解决经济犯罪案件在立案、取证以及线索渠道方面的难题

由于市场经济犯罪案件自身的特殊性，决定了经济犯罪案件在立案、取证方面有别于一般刑事案件。具体而言，经济犯罪活动具有较大的隐蔽性，事实难以发现，证据的收集较难，涉及的具体专业知识性强，这就对侦查人员提出了熟悉财务、管理、税收、市场营销等方面专业知识的要求。经济犯罪活动的这些特征，决定了公安机关在办理经济犯罪案件的侦查程序中存在着以下几个问题：首先，立案来源依赖于行政执法部门移送，公安机关主动发现涉嫌犯罪的经济案件的途径有限；其次，在调取证据方面，公安机关向有关的单位和个人调取证据依赖于行政执法部门前期的证据收集工作和移送的材料。而我国长期以来行政处罚与刑事处罚两条线运作，对在行政处罚过程中认为构成犯罪的，移送给司法机关追究刑事责任只作"号召型"的规定，难以保证行政执法部门依法移送案件以及证据材料。要解决这一问题，一方面要加强公安机关与行政执法部门之间的配合，另一方面要强化检察机关在该环节的监督作用，发挥检察机关作为行政执法部门和公安机关的共同监督主体的优势，通过检察机关的法律监督手段敦促行政执法部门依法向公安机关移送涉嫌犯罪的案件，以解决公安机关在调查经济犯罪案件中存在的立案、取证以及案件线索渠道等方面的难题。

（三）解决职务犯罪侦查线索信息匮乏的必要性

在查办行政执法部门不移送涉嫌犯罪的案件中必将牵涉到徇私舞弊不移交司法机关的问题，从司法实践来看，许多市场经济犯罪案件都暴露出了行政执法人员存在执法不严、以罚代刑、徇私舞弊，甚至贪污受贿的问题，1997年刑法修改增加了徇私舞弊不移交刑事案件罪的规定，足见我们打击市场经济犯罪和反腐倡廉的决心。职务犯罪侦查通过刑罚威慑力的作用，对行政执法部门在行政处罚过程中依法移送涉嫌犯罪案件起到了一定的警戒作用，但据有关统计，因涉嫌徇私舞弊不移交刑事案件罪被立案侦查的并不多。原因在于职务犯罪侦查方面，办案线索"瓶颈"问题突出，对于行政执法人员不移送涉嫌犯罪案件构成徇私舞弊不移交刑事案件罪的犯罪行为，由于其案件线索来源不同于一般刑事案件，往往没有明显的被害人，具有一定的隐蔽性，实践中这类案件大多通过"案中带案"的方式得以发现，但通过这种手段发现行政执法人员的渎职行为毕竟效果有限。因此，职务犯罪侦查作为监督行政执法部门依法移送涉嫌犯罪案件的手段，其发挥的作用并不理想。而加强检察机关对行政执法过程的监督，通过赋予检察院必要的知情权，可以有效地解决职务犯罪侦查的线索信息匮乏的问题。

四、强化检察机关对行政处罚活动的监督措施

加强检察机关在移送涉嫌犯罪案件环节对行政执法部门的监督，必须立足于检察机关法律监督职能这一本位，探索建立检察机关对行政处罚活动的监督机制，笔者将从建立发现机制、审查机制、处理机制的思路提出监督措施的构想。

（一）发现机制的建立

所谓发现机制，是指检察机关依照法律规定的程序对行政执法部门实施的行政处罚活动进行动态地了解和把握，从而实现检察机关对行政执法与刑事司法衔接环节知情权的工作机制，它是检察机关履行法律监督职能的工作起点，也是保障法律监督得以实现的必要前提。

信息共享平台是司法实践部门在推进行政执法与刑事司法衔接工作机制的过程中进行探索的新举措。[①] 它是通过网络技术为载体，由享有行政处罚权的行政部门，如工商、税务、药监、质检、文化、海关等单位会同公安机关、检察机关共同建立起来的。它的主要功能是由行政执法部门通过平台将案件信息录入平台，由检察机关对案件信息进行把关，对于认为涉嫌构成犯罪，应当移送给公安机关立案的案件提出监督指导的建议，执法部门在接到检察机关的监督建议之后必须将案件移送给公安机关处理，从而使行政执法活动纳入公安机关、检察机关可以掌控的范围，确保行政处罚的透明度和依法移送涉嫌犯罪案件得到实现，达到防止"以罚代刑"的目的。目前，上海市人民检察院与市整规办已制定了《行政执法与刑事司法"信息共享平台"的应用管理暂行办法》，对平台的专人专机登录、信息的及时输入以及案件流程处理、结果反馈等作了规范，并对查办案件达到刑事追诉标准进行具体规定，在实践中取得了一定的成果。

（二）审查机制的建立

所谓审查机制，是指检察机关根据掌握的案件信息，以事实为根据，以法律为准绳，对行政执法活动的合法性进行审查、判断，从而为启动相应程序作准备的工作机制，它是检察机关对行政执法活动在行政执法与刑事司法衔接环节知情权的必然延伸。

审查机制的建立可以在信息共享平台的基础上，构建检察机关对行政执法部门上报到信息共享平台的案件进行审查判断的工作机制。一方面根据行政执法部门上报案件的违法事实所涉及物品的数量、金额、违法事实的情节、违法事实造成的后果等因素进行监督审查，对涉嫌构成犯罪，依法需要追究刑事责任的，应审查行政执法部门是否及时移送给公安机关。另一方面对公安机关在接到行政执法部门所移送的涉嫌犯罪案件之后的立案活动进行监督审查，及时跟踪行政执法部门移送公安机关的涉嫌犯罪案件，对立案之后公安机关久侦不决的案件加强审查监督。对行政执法人员在行政执法过程中徇私舞弊不移交刑事案件或者有涉嫌贪污受贿、渎职等行为进行审查。

（三）处理机制的建立

所谓处理机制，是指检察机关在审查判断的基础上，依照法律程序对行政执法人员的严重违法行为采取必要的程序性制裁手段，从而产生对行政执法部门监督效力的机制。它是检察机关以国家赋予的权力为后盾，对行政执法部门和违法人员采取的有力监督手段，是法律监督权威得以实现的重要保障。

---

① 有关浦东建立的执法信息共享平台的内容参见徐燕平：《行政执法与刑事司法相衔接工作机制研究》，载《犯罪研究》2005 年第 2 期。

建立处理机制，可以通过强化检察建议效力来实现。一是规定当检察机关发现具体行政行为适用法律法规不正确，主要证据不足，严重违反法定程序，超越权限或未履行法定职责时，有权以检察建议的形式要求行政执法部门加以纠正，行政执法部门必须启动重新审查，并将审查结果反馈给检察机关。二是建立提请人大监督的制度。笔者认为，从法律制度、人事安排、财政经费上保证检察机关的独立地位，进而保证宪法赋予检察院的法律监督职能得以顺利有效实施的思路，是提高检察机关法律监督效力的根本途径。但是我们必须正视检察机关在人事安排、财政经费等方面依赖于地方政府的现状。因此，在不改变现行人事安排和财政经费制度的前提下，目前要提高检察法律监督的权威和检察建议的效力，还需要借助国家权力机关的力量。一旦检察机关在向同级行政执法机关发出检察建议之后，该部门不予重视，检察机关既可以提请同级人大进行监督，通过人大的权力监督职能，实现检察建议的监督效力。

以上三种机制，环环相扣，层层推进，共同对加强检察机关对行政执法部门处罚活动的监督职能起到促进作用。三种机制的具体实现有待我们在实践中进一步探索和充实。

五、强化检察机关同行政执法部门配合的必要性

检察机关和行政执法部门既有监督与被监督的关系，也有分工合作、配合制约的关系。这是同行政执法与刑事司法两种职能之间形成一定的制约张力、又呈现一定契合接力的客观需求相适应的。我们从最高人民检察院、全国整规办等部门于2006年联合下发的《关于在行政执法中及时移送涉嫌犯罪案件的意见》可以看到行政执法部门与公安机关、检察机关在移送案件环节存在相互配合关系，强化检察机关与行政执法部门配合十分必要，理由如下：

首先，行政执法部门与公安机关、检察机关共同的任务目标决定了两类机关分工合作、相互配合的必要性。行政执法部门与检察机关、公安机关在整治市场经济秩序的活动中存在着共同的任务目标——惩治破坏市场经济秩序的违法活动，对构成犯罪的依法追究刑事责任，保障市场经济活动有序进行。两者的共同使命为行政执法部门与检察机关在衔接机制中建立配合关系提供了前提条件。尽管行政执法部门与检察机关的职能不同，前者主要以行政法律法规为依据实施行政处罚活动，后者主要根据刑事法律打击犯罪活动。从行政性犯罪的特征看，使经济违法案件和刑事犯罪案件得到应有的法律惩罚和刑事追诉，可以有效预防和遏制违法案件恶化为刑事犯罪。可见，维护市场经济秩序中的共同利益为两类部门的配合提供了前提。

其次，行政执法人员与检察机关工作人员在各自领域的业务技能和专业素养各有千秋，决定了检察机关与行政执法部门分工配合、取长补短的必要性。行政执法人员有长期办理行政案件的工作经验，对该领域所涉及的行政法规以及具体专业知识，如财务、管理、税收、市场营销、商标等方面较为熟悉，对发生的经济违法案件特征较为了解。检察机关工作人员对刑事法律和刑事诉讼法律较为熟悉，对刑事案件如何从公诉角度准确定性、如何按照诉讼程序收集证据、证据链条如何环环相扣等方面较有优势。这说明行政执法人员和检察机关工作人员在办理涉嫌犯罪的经济案件业务技能上可谓尺有所短，寸有所长，需要行政执法机关与检察机关的配合。

　　最后，行政执法部门与公安机关、检察机关在办理涉刑经济违法案件的工作流程决定了两类机关分工配合的必要性。一方面，行政执法部门对于涉嫌构成犯罪的案件应当依法移送司法机关，对于行政执法人员而言，如果能借助于侦查机关的侦查手段获得案件线索，那么将有利于案件的查办。另一方面，公安机关、检察机关在办理刑事案件的过程中对不构成犯罪的案件，应当退回行政执法部门追究涉案人员的行政责任。如何处理公安机关和检察机关在侦查、审查起诉的前期工作与行政执法部门追究涉案违法人员行政责任的关系，这些问题都需要两个部门进行必要的配合。

六、强化检察机关同行政执法部门配合的措施

　　1. 建立执法信息共享平台。上文我们已对执法信息共享平台作了介绍，该平台对强化检察机关同行政执法部门的配合同样起着重要作用。从上海浦东新区人民检察院推行该制度的具体实施情况看，执法信息平台建立以来取得了一定的成绩，增强了行政执法机关与公安机关、检察机关之间的信息沟通和工作协作。据有关的数字统计，2006 年前 8 个月，上海各级检察机关共破获制假售假、侵犯知识产权案件 54 件 88 人，同比分别上升 29% 和 69%；共起诉此类案件 66 件 119 人，同比分别上升 53% 和 86%。同时，全市检察机关立案监督也有很大的发展，共监督立案 107 件 231 人，同比上升 40% 和 66.2%。[①] 当然，信息共享平台的运作还存在一些问题：如检察机关发现有应当移送而不移送的案件可以采取怎样的纠错措施。笔者认为应当完善相应配套措施，一方面要提高执法人员上报案件的管理水平，从组织上专人负责，责任到位。另一方面，如上文我们提出了加强检察机关检察建议的监督效力，从而使检察机关对行政执法部门的发现机制、处理机制相得益彰。

　　2. 建立联席会议机制。联席会议指行政执法部门、公安机关、人民检察院为加强联系和配合，针对面临的新问题、阶段性工作，定期召开工作议会。根据浦东新区人民检察院的司法实践，该联席会议的主要内容包括：一是办案情况通报、工作经验交流；二是司法与执法中遇到问题的研讨；三是制定和完善工作机制。[②] 笔者认为，联席会议是加强检察机关与行政执法部门配合的有效方式，我们可以在总结各地实践的基础上，进行完善，逐步推广，并对联席会议的启动（即由行政执法部门邀请检察院参加，还是由检察院主动提出进行）、召开联席会议的案件范围等问题做进一步探索。

　　3. 建立检方信息联络机制。从组织上在检察机关内部建立检方信息联络机制，在行政执法部门建立行政执法部门专人负责信息联络员。加强行政执法部门和公安机关、检察机关的业务联系，分工配合，必须建立长效的联络机制。笔者认为，可以在行政执法部门和检察机关内部分别设立联络员，联络员的具体职责是负责收集、整理本部门有关案件查处的信息资料，调查了解本部门在移送案件环节方面存在的问题。在检察机关设立检方信息联络员负责对行政执法部门上传到执法信息共享平台的案件进行分类、审查，鉴于检察院的工作业务情况，可以由检察院的侦查监督科完成这一工作。在行政执法部门设立信息联络员，通过责任到位，由联络员负责对符合要求的行政执法案件上传到信息共享平台，从

---

　　① 王彦钊、林中明、杨积林：《推广运行：浦东特点发展为上海特色》，载《检察日报》2006 年 10 月 9 日。

　　② 参见徐燕平：《行政执法与刑事司法相衔接工作机制研究》，载《犯罪研究》2005 年第 2 期。

而使该制度在人员组织上得到落实。

4. 建立检察机关提前介入配合规则。经济犯罪案件的侦查、起诉在一定程度上依赖于行政执法部门的前期工作，案件一旦进入诉讼程序，公安机关、检察机关将从公诉的角度对案件的证据进行重新收集，以公诉的标准对行政执法人员移送的证据材料做进一步筛选。但是，在行政处罚环节行政执法部门往往由于办案手段的限制，或出于办理行政案件成本的考虑，对案件相关证据的收集未能满足侦查机关追诉工作的要求。导致案件进入诉讼程序时，许多证据在侦查机关重新调查取证时因时过境迁无法收集。笔者认为，这一问题可以通过建立检察机关对部分重大行政处罚案件提前介入配合规则加以解决。通过发挥检察机关在证据意识方面的优势提前介入行政处罚程序，从而提高案件进入公诉程序之后的办案效率；另一方面也为行政执法人员准确地对案件进行定性提供帮助。我们从最高人民检察院、全国整规办等部门制定的《关于在行政执法中及时移送涉嫌犯罪案件的意见》第10条的规定"行政执法机关可以商请公安机关提前介入，公安机关可以派员介入。对涉嫌犯罪的，公安机关应及时依法立案侦查"可以看到，这一规则虽然为公安机关提前介入的规定，但笔者认为公安机关提前介入的做法可以为建立检察机关提前介入配合规则提供借鉴。

（作者单位：《中国司法鉴定》杂志编辑部）

职务犯罪侦查管辖的冲突与完善

——基于实证的多视角分析

陈凤超　丁天舒

职务犯罪侦查管辖在我国司法实践中是客观存在的法律现象，狭义上指检察机关利用侦查一体化的反腐败措施，在查处国家公职人员职务犯罪时行使侦查权的范围与方式。但刑事诉讼法中的有关规定却是不完善的，在理论研究上是薄弱的，在司法实践中更是存在很多冲突。科学合理地配置职务犯罪侦查管辖权，有利于高效准确地侦破职务犯罪案件和反腐败工作的有效开展。通过实证分析对职务犯罪侦查管辖问题进行多角度研究，理性分析其缺陷，有利于从立法规定、操作标准、诉讼程序等方面完善职务犯罪侦查管辖。

一、职务犯罪侦查管辖权能的表现及现实意义

（一）职务犯罪侦查管辖的含义

有观点认为侦查管辖，仅是指具有侦查权的机关，即侦查机关在案件侦查管辖上进行的权限划分，解决的是在侦查环节对具体案件的管辖分工问题。[1] 笔者从法学理论和司法实践相统一的角度出发，认为职务犯罪侦查管辖是以制度规范确立的职务犯罪侦查管辖权的归属与行使，亦即职务犯罪侦查主体对职务犯罪案件行使侦查管辖权的具体范围与行使方式。[2] 职务犯罪侦查管辖包括：不同的检察机关对职务犯罪的侦查权限；检察机关侦查管辖与审判管辖的关系。职务犯罪侦查管辖具体包括级别管辖、地域管辖、指定管辖、管辖权转移、管辖纠纷的解决机制等范畴。这些都需由法律或规则明确规定。

我国刑事诉讼法只有立案管辖、职能管辖和审判管辖的规定，而没有侦查管辖的概念。我国刑事诉讼立法将侦查管辖套用于审判管辖，而以审判管辖的规定作为侦查管辖的依据是不符合我国国情的。由于英美法系国家实行的是审判中心主义，相关刑事诉讼中的管辖通常是指审判管辖。而大陆法系的法国刑事诉讼法，有关侦查管辖的规定就有 40 余条。而我国刑事诉讼法有独立的立案程序和侦查程序却没有独立的侦查管辖规定，不能不说是立法的一个重大缺陷。立法规定侦查管辖是由我国刑事诉讼格局中侦查程序的重要性决定的。应结合我国国情并借鉴大陆法系的有关立法理念与立法操作，确立具有中国特色的刑事诉讼侦查管辖制度。可能有人认为，从立法上规定侦查管辖，尤其是规定职务犯罪侦查管辖是对以审判中心主义为主的审判管辖的挑战，会造成与审判级别管辖、指定管辖的冲突。但是，刑事立法如果脱离我国现阶段的国情，其立法本身可能也就失去了社会价值。因此，

---

[1]　王德光、马明惠：《论侦查管辖》，载《人民检察》2007 年第 19 期。

[2]　参见向泽选：《职务犯罪侦查管辖的完善》，载《中国司法》2007 年第 6 期。

笔者认为，侦查管辖制度的确立是司法机关互相配合、互相制约原则立法价值的具体体现。对于职务犯罪确定侦查管辖权，则是更好地体现诉讼经济原则，有利于公正司法。目前，在我国严峻的反腐败形式下，在保持现有刑事诉讼立法框架下，应该结合我国国情将成熟的司法实践进行制度化构建，即应对刑事诉讼法有关侦查管辖的规定加以完善，尤其应在《人民检察院刑事诉讼规则》中明确规定职务犯罪侦查管辖。

（二）确立职务犯罪侦查管辖权的现实意义

职务犯罪侦查管辖与审判管辖在遵循的原则等方面有所不同。职务犯罪侦查管辖，从主体上看是检察机关之间对职务犯罪案件侦查的管辖；从目的上看是追求有利于查清并证明犯罪，遵循的是有效侦查、诉讼经济原则；从结果上看是有利于推进实行职务犯罪侦查一体化，发挥整体作战的优势，有力和有效地打击腐败。因此，职务犯罪侦查管辖要适当放开，人为限制将削弱打击腐败的力度。而审判管辖的目的在于公正地适用法律，准确地定罪量刑。当然，职务犯罪侦查管辖与审判管辖是有联系的。从总体上看职务犯罪侦查管辖服从于审判管辖，但是职务犯罪侦查管辖与审判管辖不能混淆，只有很好地解决职务犯罪侦查管辖与审判管辖的冲突，才能既有效打击职务犯罪，为国家反腐败大局作贡献，又会促进法律的统一实施，有利于推进依法治国的进程。

二、职务犯罪侦查管辖的困境

职务犯罪侦查管辖中级别管辖、地域管辖、指定管辖、管辖权转移、管辖纠纷在《人民检察院刑事诉讼规则》中都有所规定，虽还不完善，但因争议较小，在本文不再详述。近几年来，越来越多的职务犯罪案件，特别是对级别和职务比较高的职务犯罪案件采取异地管辖的方式侦查和审判。陈光中认为"法律虽然没有明文规定什么情况下可以异地审判，但一般是省部级（或厅局级）干部犯罪才异地审判。一般省部级高官腐败是跨省异地审理，厅局级干部腐败是省市内异地审判。如果有例外，也有规律可循。如果厅局级干部跨省异地审判，背后肯定涉及更高级别官员。"[1][2] 高官腐败案件异地侦查与异地审判，有效地惩治了腐败，虽然没有制度化，但已经形成了惯例，并正在向制度化方向靠拢和发展。然而，因刑事诉讼法只有关于异地审判管辖的规定，对职务犯罪侦查管辖没有明确规定，在司法实践中造成检察机关与法院等部门在职务犯罪案件管辖上存在冲突，直接影响查处职务犯罪的效率与效果。

（一）立法规定之不足——以法律为视角的分析

1. 职务犯罪侦查指定管辖之不足

刑事诉讼法有关刑事案件指定管辖的规定侧重于审判管辖的角度。在司法实践中，对涉及职级较高官员的职务犯罪案件指定异地侦查、异地审判几乎已成为一种趋于固定的制度模式。但另一些职务犯罪案件的异地侦查管辖却与异地审判管辖存在很大冲突。职务犯

---

① 宋伟：《高官异地审判制度初露端倪》，载《政府法制·半月刊》2007 年第 2 期（上）。

② 王延祥、张少林：《刑事管辖常见争议问题析解》，载《法学》2007 年第 2 期。

罪指定异地侦查是当前查处大案要案的有效措施，但仅有最高人民检察院《人民检察院刑事诉讼规则》中的规定，而且这一规定还与刑事诉讼法关于管辖以犯罪地为主的原则及最高人民法院《关于执行〈中华人民共和国刑事诉讼法〉若干问题的解释》中异地审判管辖规定相冲突。由于刑事诉讼法没有对异地审判管辖"更为适宜"的情况进行规定，检察机关为加大反腐败力度而指定异地侦查管辖，绝大部分是基于以下原因：犯罪嫌疑人在本地有一定地位或影响，由本地检察机关侦查有一定困难；为最大限度地增强司法公信度而决定异地侦查等。在检察实践中，职务犯罪案件指定异地侦查管辖取得了十分良好的效果。

由于地方权力错综复杂，而司法机关受制于地方党政和人大。对涉及高级官员的职务犯罪案件指定异地侦查主要是排除权力及社会人际关系网干扰，着眼于维护社会公平与正义，是反腐败斗争形势发展的必然要求。作为检察机关可以采取的一种法律上的应对措施，得到了广泛而大量的应用。陈卫东认为，"随着反腐败的深入，从案件侦查到审判，都在制度层面进行了创新，但什么样的案件可以异地审判，还没有一个具体的评判标准。职务犯罪异地审判制度是一个较为复杂的工程，除了异地审判，还有异地侦查、异地羁押等问题，这些问题要综合考虑，而不是一个简单的指定问题。"因相关法律及规则对指定异地侦查管辖缺乏明确规定，对哪些案件应当异地管辖的规定不细致；职务犯罪侦查指定管辖套用审判管辖的规定更存在缺陷。从侦查和审判之间的时间间隔、遵循的原则、目的和结果上看，用审判管辖的标准要求职务犯罪侦查管辖也不合理，容易造成与异地审判衔接的障碍，影响高效、经济地审理案件。

2. 职务犯罪侦查职能管辖之缺陷

刑事诉讼中的各司法机关应互相配合，除诉讼程序中在侦查措施上给予的支持，主要的是在诉讼职能上所给予的配合。目前，我国现行刑事诉讼法没有将职务犯罪实施过程中相关的妨碍司法犯罪作为一个整体加以规定，最高人民法院、最高人民检察院、公安部、国家安全部、司法部、全国人大常委会法制工作委员会《关于刑事诉讼法实施中若干问题的规定》关于如果涉嫌主罪属于人民检察院管辖，由人民检察院为主侦查，公安机关予以配合的规定可操作性差。特别是将职务犯罪侦查与职务犯罪实施过程中的妨碍司法犯罪分别交由不同的侦查机关管辖，严重影响着一些职务犯罪侦查工作的迅速切入，导致侦查效率不高，这种现象在对渎职罪原案的侦查中表现得尤为突出。

渎职罪原案，是指检察机关在查处国家机关工作人员渎职犯罪过程中涉及的与渎职罪的侦查和认定密切相关的其他案件（与这些原案相对应，渎职案件本身可称为"本案"）。渎职罪中徇私枉法罪等六种主要犯罪的构成要素包含原案。侦查职能的直接目的是查获犯罪人，终极目的是追诉犯罪，国家追诉权应对侦查权具有支配性。检察机关不能对渎职罪原案并案查处不符合国家追诉的理论及牵连管辖的原理，不利于及时地查清渎职罪原案事实，不利于有效查处渎职犯罪及节约司法资源。确定牵连管辖的立法目的是为防止不同司法机关白耗时日的讼争，促进司法正确高效。赋予检察机关并案侦查权实际上是为了更好地行使控诉犯罪的职能，保障侦查效率，最大限度地实现侦查职能和惩治腐败犯罪。

（二）司法实践之困境——以实证为视角的分析

1. 异地侦查管辖的司法操作存在冲突

长期以来，为克服地域管辖所限使有的案件侦查贻误战机的弊端，检察机关建立了职务犯罪侦查一体化制度。例如，某省检察机关规定市、县（区）人民检察院辖区内实职副处以上干部的职务犯罪案件，原则上实行异地查办。司法实践中异地侦查职务犯罪案件在侦查终结后与异地审判管辖的衔接上出现了一些不同的认识和矛盾，很多案件在协调异地审判管辖时遭遇障碍。检法两机关存在互不承认相对方指定管辖的效力，甚至拒绝受理相对方指定管辖的案件等情形。面对大量的异地侦查案件，只能是与法院案案协调、次次协调，因而导致程序烦琐、效率低下。在对有管辖权的机关"无法或不宜行使管辖权"情形的掌握上，表现出极大的随意性，致使一些本可以正常审理的案件，被不适当地扩大适用指定管辖。尤其在某些涉及高级官员的职务犯罪案件中表现得尤为明显。例如，某省检察院指定某市检察院对另一城市中级法院原院长刘某受贿案审查起诉。案件进入审判阶段以后，因为某市中级法院提出不愿审理刘某一案，某高级法院又另行指定一个城市的中级法院管辖。这暴露出司法实践中指定管辖存在一定的随意性和不受约束的倾向，甚至恣意突破现行法律规定等问题。

2. 职务犯罪侦查管辖划分的绝对化造成侦查资源浪费

如某检察院在侦查张某的贪污案中，张某将其贪污的100余万元现金交给其朋友庄某藏匿，检察院在侦查张某的贪污犯罪时，将藏于庄某处的赃款全部缴获。同时，将庄某构成窝藏罪的全部事实及证据也已查清和获取。庄某的窝藏罪完全可以一并移送起诉，而根据刑事诉讼法的规定，却必须将庄某的犯罪线索移交给公安机关重新立案，侦查取证，移送起诉，这不利于提高侦查效率，更必然造成人力物力的浪费。另外，易造成侦查管辖疏漏，导致有罪不诉。在司法实践中，对于个别定性模糊，处于管辖边缘的案件，侦查部门相互推诿不予受理立案的情况并不鲜见。

3. 检察机关指定异地侦查管辖案件调查分析

异地审判制度的关键是检法两家的配合与协调。目前，省部级官员腐败案件，因为事关重大，异地审判一般不会出现问题和摩擦，但对其他官员的腐败案件进行异地审判，往往需要"好事多磨"。

2007年某省级检察院公诉部门共受理商请职务犯罪侦查指定管辖案件共76件92人，较2006年度的59件63人分别上升了28.8%和46%。部分地区指定管辖的绝对数量总体上有较大幅度上升，指定管辖中职务犯罪案件占改变管辖案件总数的90%以上。受理的案件中经商请省高级人民法院的有62件被指定到基层法院审理，14件被指定到中级人民法院审理。司法实践证明，指定异地侦查和审判管辖的案件，有利于排除干扰和阻力，达到提高办案效率，保证案件质量，挽回经济损失，有利于公正审判等效果。

检察机关对职务犯罪指定异地侦查的案件主要是：各级检察院在办案中发现或牵出的跨地域案件；上级检察机关、纪委交办的案件；社会关系复杂的案件；管辖地查办不力的案件等。但法院却认为检察机关提出的理由不明确，如以"情况特殊"笼而统之，以涉及国家机密且不能透露为由，以政法委关注为由等。对检察机关职务犯罪指定异地侦查案件提起公诉后不予配合。另外，从近两年的情况来看，虽然指定异地侦查案件占全省查处职务犯罪立案总数的比例并不大，但省级检察院直接立案或受案后交由下级检察院侦查的案件绝大多数都改变了管辖。长此以往，就有了违背刑事诉讼法管辖基本原则之嫌。

（三）诉讼操作之缺陷——以程序为视角的分析

根据刑事诉讼法的规定，涉及异地管辖的移送管辖和指定管辖都由法院决定，但由于缺乏相关程序性规定，在一定程度上不利于诉讼的进行。例如，异地管辖的具体审批程序等规定不细致；异地侦查的效力、管辖错误的诉讼后果法律没有明确规定；职务犯罪侦查管辖的监督机制没有建立，谁对侦查管辖进行监督没有明确规定；对于侦查管辖的冲突与救济解决机制不健全。管辖冲突的解决办法不明确，特别是不同机关（如检察院和公安机关）之间的管辖出现冲突时，没有解决机制；缺乏职务犯罪侦查管辖异议制度等。

当前，职务犯罪指定异地侦查管辖大量存在，这就造成与异地审判管辖的冲突有所加剧的倾向。例如，有的案件在指定异地侦查的同时，一并解决了审判管辖的问题；有的案件则是等到侦查终结或提起公诉时，再协调人民法院指定管辖；有的是上级人民法院根据同级人民检察院的意见指定管辖；有的是逐案指定管辖；有的是逐人指定管辖；还有的是在指定管辖决定采用的形式、指定管辖决定下达的途径和检法机关之间指定管辖案件的移送方式等方面的做法都极为混乱，如有的采用"决定书"的形式，有的采用"批复、公函、通知"等其他形式；有的是上级机关将指定管辖决定直接下达给案件承办机关，有的则是逐级和分次下达等。[①]

三、职务犯罪侦查管辖的完善

世界各国的刑事诉讼法，无论是大陆法系国家，还是英美法系国家，对侦查管辖没有过多的限制，如韩国、日本等国家刑事诉讼法明文规定：诉讼程序不因管辖错误而丧失效力。[②] 我国应借鉴世界各国关于侦查管辖的规定而加以立法与司法完善。

（一）完善相关立法规定

1. 完善异地侦查管辖制度

日本刑事诉讼法第18条规定，在由于犯罪的性质、地方的民心及其他情形而认为由管辖法院审判有可能妨碍公共治安时，检察总长应当向最高法院提出转移管辖的请求。[③] 日本的请求指定管辖和请求转移管辖有值得我国借鉴的地方。我国检察机关具有比日本检察官更大的监督权，所以有理由让检察机关指定管辖。刑事诉讼法应对异地侦查管辖作出明确规定，与异地审判管辖相衔接，即"对管辖不明的犯罪案件，可以由有关侦查机关在十日内协商确定管辖；协商不成的以及管辖权有争议的或者情况特殊的犯罪案件，应当由共同的上一级侦查机关指定管辖。"[④] 为有效解决刑事案件指定管辖实践中的问题，还有必要从指定管辖的原则、适用范围、权限和法律效力等方面加以完善，逐步实现刑事案件指定管辖的制度化和规范化。同时，应遵循法制原则加强科学的立法、司法解释。对指定管辖的

---

① 周常志：《刑事案件指定管辖制度的完善》，载《人民检察》2008年第3期。
② 郑广宇：《侦查管辖中存在三个诉讼障碍》，载《检察日报》2007年9月27日。
③ 江雁飞、钱进：《中、日、德刑事管辖制度比较研究》，载《汉中师范学院学报》2004年第1期。
④ 陈光中主编：《中华人民共和国刑事诉讼法再修改专家建议稿与论证》，中国法制出版社2006年版，第278页。

原则和适用范围有明确的限定，防止因立法过于原则或弹性过大而给执法机关过大自由裁量权而导致指定管辖权的滥用。因此，从便于及时与异地审判相衔接，保证公正、高效地审理案件的原则出发，可在相关规则中规定：对检察机关已经指定异地侦查管辖的职务犯罪案件，在侦查终结后提起公诉的，如有必要进行异地审判，应当由检察机关建议异地审判管辖，作出的决定应当书面告知法院并说明理由，法院不同意其理由的，应协商解决。另外，可以对管辖权异议加以规定"人民法院应当在审判程序开始之前审查是否对案件有管辖权，认为没有管辖权的，应当作出无管辖权的裁定，将案件退回人民检察院。"[①] 从而有效解决实务中侦查管辖不明和侦查管辖权争议。

2. 完善检察机关职能管辖

健全职务犯罪侦查制度是解决职务犯罪侦查环节高效执法的关键。对于职能管辖的争议，由于有关国家权力的配置问题，应该通过修改立法或者立法解释的形式予以解决。"为避免滥用牵连管辖，牵连案件的条件须立法明定"。[②] 我国刑事立法已将一般主体的行贿罪纳入人民检察院的管辖范围，因此检察机关在查处渎职罪过程中，对于与查处渎职罪有关的其他案件（渎职罪原案）应当并案查处。这符合牵连管辖的原理和诉讼经济原则，有利于节约司法资源，正确及时地查清渎职犯罪。另外，妨害司法的犯罪也应当由检察机关侦查，这是此类犯罪与职务犯罪侦查中兼有的内在逻辑关联性的必然要求。检察机关可以通过侦查妨害司法类犯罪，搜集职务犯罪的证据，及时侦破职务犯罪案件。笔者认为，现阶段赋予检察机关与职务犯罪侦查紧密相关的其他刑事犯罪管辖权，应当予以一定的制约，可以规定由省级以上人民检察院决定。将刑事诉讼法第 18 条作部分修改为："对于国家机关工作人员利用职权实施的其他重大犯罪案件，或者与查处国家工作人员职务犯罪相关联的其他犯罪案件，需要由人民检察院直接受理的时候，经省级以上人民检察院决定，可以由人民检察院立案侦查。"

（二）健全实体适用标准

当前，司法机关应立足于反腐败大局，完善指定异地侦查管辖制度标准，与异地审判管辖相衔接。达到既严格依法办案，保证案件质量，又提高诉讼效率。检察机关对具有下列情形的职务犯罪案件，可指定异地侦查管辖：（1）对于涉嫌共同犯罪的案件，主案已指定管辖的；（2）对于行贿受贿的对合型犯罪案件，一方犯罪嫌疑人已指定异地侦查管辖的；（3）对于已经决定指定异地侦查的案件（主案）中发现并牵连出来的犯罪线索（牵连案），有利于及时扩大战果的；（4）副处级以上领导干部的职务犯罪案件，应当指定市级院侦查管辖；（5）拟指定管辖案件在原管辖地办理过程中受到当地有关部门或个人严重干扰，可能影响案件的公正审判的；（6）拟指定管辖案件的涉案犯罪嫌疑人作为或曾是当地重要党政领导，或者有复杂的社会背景，为保证被告人受到公正审判或当地司法机关需要回避的；（7）拟指定管辖案件的涉案犯罪嫌疑人除涉嫌职务犯罪以外，还涉嫌组织、领导、参加黑社会性质组织犯罪，或者是恶势力团伙重要成员的，或者充当黑恶势力保护伞的；（8）案件影响重大，新闻媒体关注，群众反映强烈，可能影响公正审判的；（9）其他重大复杂且

---

① 徐静村主编：《中国刑事诉讼法（第二修正案）学者拟制稿及立法理由》，法律出版社 2005 年版，第 19 页。
② 陈永革、李志平：《论我国刑事审判管辖的完善》，载《江海学刊》2005 年第 4 期。

情况特殊的案件，经有改变管辖权的检察机关的检察长决定的。

（三）合理设计诉讼程序

为了规范职务犯罪案件的指定管辖，避免司法实践中的混乱，节约司法资源，检察机关和法院应对指定管辖的启动程序、所采用的方式和形式、指定管辖决定下达的途径和案件移送等方面的问题协商一致，作出统一的规定。笔者认为，一是明确规范异地侦查管辖和异地审判管辖的批准程序。对于公诉案件如有必要进行异地审判，应当由检察机关建议异地审判管辖，不宜由法院自己决定。二是法律应当明确规定，承认公检法机关在各自的案件管辖范围和权限之内，依据相同的法律原则，均可指定管辖，并具有同样的约束力。三是检察机关提起的公诉具有法定效力，法院必须接受。如果该法院确系没有管辖权的，应由法院接收案件后，在法院内部按照审判管辖的规定移送有管辖权的法院并通知原移送起诉的检察院。四是增加移送管辖后证据仍然有效的规定，不能由于侦查管辖的改变而否定证据的有效性。例如，意大利刑事诉讼法第26条规定，未遵守关于管辖的规范不能使已经取得的证据无效。韩国刑事诉讼法第2条规定，诉讼行为，在管辖错误的情况下也不影响其效力。笔者建议我国刑事诉讼法也明确规定此项内容，以合理利用司法资源。

另外，明确职务犯罪案件指定管辖的办理原则，使其制度化。省市两级检察院的侦查部门在各自管辖的区域内可以决定指定侦查管辖，指定侦查管辖后应当立即报同级公诉部门备案；同级公诉部门如对侦查部门改变管辖有异议的，应当及时提出，协商确定指定管辖的地区；公诉部门应对商请的内容进行审查，主要审查侦查指定管辖的情形、级别管辖是否适当、涉嫌罪名是否定性准确、是否超期羁押等；公诉部门在收到同级侦查部门的商请函后，应在5至7日内致函同级人民法院商请指定管辖；公诉部门收到人民法院的指定管辖决定后，以通知的形式指定相应院受理该案的审查起诉工作。

（作者单位：吉林省人民检察院）

关于司法体制改革的几点看法

陈光中

根据党的十七大"深化司法体制改革，优化司法职权配置，规范司法行为，建设公正高效权威的社会主义司法制度"的精神，笔者对我国司法体制改革之若干问题略陈己见，如下：

一、司法和司法体制的解读

在谈及司法体制改革之前，笔者先就"司法"和"司法体制"作词义上之解读。

"司法"一词，在汉语中的意思为"掌管、运用和执行法律"；在英文中则为"justice"，其通常意义有三：一为正义（公正）、公平、正当和正确；二为司法；三为法官。可见，从中外的词义来看，"司法"具有以下三项相关的内涵：第一，实施法律；第二，解决狱讼；第三，体现公正。

对于司法的内涵，中外学者观点不一，大体分为三类：第一类是将司法等同于审判。此观点以三权分立学说为基础，尤以英美法系为典型。第二类是将司法视为国家办理案件的诉讼活动。第三类是将司法理解为广义的解决纠纷。该观点强调司法的社会性，将诉讼和一些社会组织的活动，如仲裁、民间调解都看做司法。笔者认为，在现代社会，司法无疑具有政治属性、法律属性、社会属性等多样属性，但是从根本上说，司法是国家的一种职能活动，是国家行使司法权的活动。国家通过司法机关及相关机关处理案件，解决讼争，惩治犯罪，实施法律。

在将司法视为国家职权活动的前提下，既可将司法狭义地理解为审判，也可将司法广义地界定为诉讼，即国家解决纠纷、惩罚犯罪的诉讼活动。而后者更契合中国司法改革的实际。理由是：在我国三大诉讼的民事诉讼和行政诉讼中，并无审前阶段，诉讼就表现为审判，或者可以说，诉讼与审判实为同义。但在刑事诉讼中，不单是法院的活动，它涉及公安机关、检察院和法院及其他国家专门机关，如安全机关、监狱等。在程序上，刑事诉讼活动大体可分为审判之前阶段和审判阶段。审判之前阶段又称审前程序，包括立案、侦查和审查起诉各个阶段。由此看来，如果仅仅将司法狭义地理解为审判，那么刑事诉讼中的审前活动无疑只能定性为行政活动，这样，不但理论上对审前活动中公安机关和检察机关有关侦查、起诉行为的定位难以合理阐明，在实践中也会严重影响诉讼活动的进行。因此，我国的相关法律明确地将司法理解为诉讼活动，如刑法第94条规定："本法所称司法工作人员，是指有侦查、检察、审判、监管职责的工作人员"。《未成年人保护法》第50条规定："公安机关、人民检察院、人民法院以及司法行政部门，应当依法履行职责，在司法活动中保护未成年人的合法权益。"全国人民代表大会常务委员会通过的《关于司法鉴定管理问题的决定》则明确将司法等同于诉讼，其第1条规定："司法鉴定是指在诉讼活动中鉴定人运用科学技术或者专门知识对诉讼涉及的专门性问题进行鉴别和判断并提供鉴定意见的活动"。

在上述司法大体上等同于诉讼的语境下,我国的司法具有以下几个方面的主要特征:以审判为中心;以公正为灵魂;以严格法定程序为表象;以判断性为基本要求;以权威性为重要标志。司法除了以上五点特征外,有些学者在讨论司法的特征时会提到中立性、被动性。笔者认为,中立性、被动性并不是广义司法的特征,而是审判的典型特征。如前所述,在司法即为诉讼的大前提下,司法不仅包括审判,还包括侦查、起诉等审前活动。而侦查机关、公诉机关的职责就是要追究犯罪,提起诉讼,因而这些活动都具有主动性。

与上述广义司法相适应,中国的司法机关应包括法院和检察机关。公安机关是行政机关,但其侦查活动属于行使刑事司法权之活动。律师是参加诉讼的重要主体,律师体制亦应属于司法体制之列。基于以上内容,笔者认为,司法体制大体可理解为:参与司法活动的国家专门机关及其他机构在机构设置、组织隶属关系和管理权限划分等方面的体系、制度、方法、形式等的总称。或者说,司法体制主要是指与三大诉讼活动直接相关的国家机构及其他相关机构的设置及其权力配置。当然,除此之外,一些虽然不进行诉讼活动但与诉讼活动有关联的机构的设置及其权力配置也可以属于与司法体制有关的范畴,如劳动教养制度等。

二、腐败犯罪案件侦查权的改革

(一) 腐败犯罪案件的侦查管辖

在外国,由于腐败犯罪的政治性、隐蔽性和复杂性,很多国家并不囿于一般刑事案件的侦查模式,而是结合本国的法律传统、犯罪状况、侦查人员的素质等实际情况对腐败犯罪侦查权进行合理配置,以适应本国反腐败斗争的需要。有的国家实行检察机关负责的侦查模式;有的国家实行检察机关领导的侦查模式;有的国家由警察机关负责侦查;有的国家和地区则建立独立的专门机关负责腐败案件的侦查。可见,域外并不存在统一的腐败犯罪侦查机构设置模式。

笔者认为,我国腐败犯罪案件的侦查管辖改革主要有两种方案:一是设置独立的国家级专职反腐败机构——国家反腐败侦查局,该机构直接对中央负责。通过设立这种国家级专职反腐败侦查机构,将"双规"之类涉及基本人权的党内审查方式转化为依法实施的司法程序。但在现阶段,由于其涉及党内反腐败与国家反腐败的关系问题,此方案的实施不太具有现实性。二是维持现状,仍由人民检察院的反贪污贿赂部门行使腐败犯罪案件的侦查权。尽管此方案在目前也存在一些弊端和不足,但这些问题可以通过改革在一定程度上加以消解。因此,笔者认为,在这次司法体制改革中应以维持现行侦查管辖制度为宜。而且检察机关作为法律监督的专门机关,对贪官污吏的追诉乃其职责所在。

(二) 腐败犯罪案件侦查权的制约

在刑事侦查中,逮捕或者羁押、搜查和扣押是比较严重的侵犯人权的强制处分行为,因此在外国侦查机关进行此类侦查行为均要由法院批准。在我国，搜查扣押权由侦查机关自行决定，自行行使；批准逮捕权则统一由检察院行使。就一般犯罪案件而言，这种职权配置有其合理性和现实性。但是在腐败犯罪案件的侦查中，如果仍由检察机关自己行使逮捕权，则不符合权力之间相互监督与制约的基本原理，极易出现司法不公和腐败。因此，笔者认为，应对腐败犯罪案件的逮捕权配置进行改革。目前，主要有两种方案可供选择：一是将批准逮捕权交由法院行使。这也是目前我国大多数学者所持的主张。但这存在宪法的修改或者解释问题。宪法第 37 条第 2 款规定："……任何公民，非经人民检察院批准或者决定或者人民法院决定，并由公安机关执行，不受逮捕。"据此，人民法院只享有逮捕的决定权，而没有批准逮捕权。因此，若采用这一方案，应当对宪法进行修改或者作出宪法性的修改解释，否则就涉嫌违宪。另一种方案是仍由人民检察院行使决定逮捕权，但是如果被逮捕人及其法定代理人或者近亲属不服人民检察院逮捕决定的，可以向同级人民法院提出申诉。对此申诉，人民法院应当举行听证，听取人民检察院、被逮捕人及其法定代理人、辩护人的意见。听证结束后，法院应当根据不同情形作出维持逮捕或者撤销逮捕的决定。

（三）腐败犯罪案件侦查机构应拥有使用特殊侦查手段权

在我国的腐败犯罪案件侦查中，一方面是一些权力得不到有效的监督与制约，另一方面却是侦查手段不足，追究不力。根据刑事诉讼法，检察机关在侦查腐败犯罪案件时，可以讯问犯罪嫌疑人、询问证人和被害人、勘验检查、搜查、扣押物证和书证、鉴定等，而无权进行监听等特殊侦查手段。《联合国反腐败公约》第 50 条第 1 款规定："为有效地打击腐败，各缔约国均应当在其本国法律制度基本原则许可的范围内并根据本国法律规定的条件在其力所能及的情况下采取必要措施，允许其主管机关在其领域内酌情使用控制下交付和在其认为适当时使用诸如电子或者其他监视形式和特工行动等其他特殊侦查手段，并允许法庭采信由这些手段产生的证据。"该条款中明确提出了特殊侦查和技术侦察手段的三种主要方式：（1）控制下交付。该公约第 2 条第 9 款对控制下交付做了清楚的界定，即指"在主管机关知情并由其监控的情况下允许非法或可疑货物运出、通过或者运入一国或多国领域的做法，其目的在于侦查某项犯罪并查明参与该项犯罪的人员。"（2）特工行动。指运用秘密的侦查力量，收集证据，抓获犯罪嫌疑人的特殊侦查方法，主要包括特情耳目、卧底侦查、诱惑侦查等。（3）电子或其他监视形式。其中，电子监视主要指利用现代电子技术监控或听取他人的办公、住所等场所的谈话，或者对特定的人或物进行监视或秘密拍照、录像等秘密侦查方法。其他监视形式指利用电子技术以外的现代科技方法收取或截获犯罪信息，如卫星监控、红外线探测等。我国现行刑事诉讼法对上述特殊侦查手段以及技术侦察手段都没有作出明确规定。实践证明，特殊侦查手段以及技术侦察手段对查获赃证和犯罪嫌疑人非常有效，是侦破毒品犯罪、腐败犯罪等比较隐蔽案件的重要方法，是有效打击此类犯罪的一把利剑。因此，笔者建议，刑事诉讼法再修改应规定在腐败犯罪案件侦查中反贪污贿赂部门可以采用一定的特殊侦查手段，同时对其适用的范围、程序、救济程序作出明确规定。

三、建立刑事被害人救助制度

（一）建立刑事被害人救助制度的必要性

刑事被害人救助制度，又称刑事被害人国家补偿制度，是指国家对经济困难的刑事被害人予以救济和补助的制度。建立被害人救助制度从理论上讲源于国家责任论。作为人民主权的国家，保护人民权利不受非法侵犯是其重要职责，国家应当防止犯罪分子加害于任何一个民众，一旦犯罪侵权行为发生了，国家不仅有责任破获案件、惩罚犯罪，而且应当尽量弥补被害人遭受的损失。在我国，虽然刑法第 36 条第 1 款规定："由于犯罪行为而使被害人遭受经济损失的，对犯罪分子除依法给予刑事处罚外，并应根据情况判处赔偿经济损失。"刑事诉讼法第 77 条第 1 款也规定："被害人由于被告人的犯罪行为而遭受物质损失的，在刑事诉讼过程中，有权提起附带民事诉讼。"然而，实践中在刑事案件发生后，由于无法破案、犯罪嫌疑人逃逸或被告人没有赔偿能力等原因，很多被害人及其家庭得不到任何赔偿或救助，生活陷入困境。为此，一些全国人大代表已多次对建立被害人补偿制度提出立法议案。随着我国改革开放的不断深入和国力的不断增强，我国已经具备建立刑事被害人救助制度的条件。我国各地司法机关已经初步建立起被害人救助机制，并取得了较好的效果，这些也为我国建立刑事被害人救助制度提供了实践基础。从世界刑事司法制度发展状况来看，20 世纪 60 年代以后许多国家和地区相继建立了被害人补偿制度，1985 年联合国通过的《为犯罪和滥用权利行为受害者取得公理的基本原则宣言》也极力倡导对被害人的补偿和救助。

（二）我国刑事被害人救助的立法模式

从长远来看，应当制定专门的被害人救助法，具体规定救助对象、范围、条件、方式、数额、决定机关、救助程序及救济途径、救助金的来源等内容。但现在条件尚未成熟，单独立法必然需要更长的时间，因此在国家赔偿法修改之际，可"搭车"在其中对刑事被害人救助制度作出几条原则性的规定作为附则，先在立法上确立这一制度，然后由有关部门制定具体的实施细则，实践中先开始启动，在总结经验的基础上，再制定专门的刑事被害人救助法。

（三）构建我国刑事被害人救助制度的基本设想

1. 救助对象与范围

关于救助对象，首先涉及被害人的国籍和犯罪地的问题，对此各国做法不一。笔者认为，在这个问题上应以被害地为主，以国籍为辅。也就是说，犯罪发生在中国境内的，无论被害人是否有中国国籍，如果因犯罪而导致生活陷入困境的，其均有权申请救助。不过，无中国国籍的被害人如果在其本国申请并获得了救助，则中国不再给予救助；有中国国籍的人在外国被害却没有得到救助的，可向中国提出救助请求。其次，作为我国救助对象的被害人应为其合法权益受到犯罪行为侵害的人，而不包括非犯罪行为的受害者，且一般只适用于自然人。被害人存活的，只救助其本人；被害人死亡的，其近亲属或受养人可成为救助对象，具体包括配偶、父母、子女、兄弟姐妹、祖父母、外祖父母以及被害人生前的法定扶养对象。最后，我国的救助不应限制犯罪类型，而应以被害人生活陷入困境为条件，以确保真正困难的人获得救济。

关于救助的具体范围，从理论上讲，不论被害人所受到的侵害是身体的死伤还是财产的损失，均应得到救助。但鉴于我国的国情，救助范围应作严格限制。财产损失一般容易恢复，纳入救助范围会加重国家的财政负担，因此除非财产损失导致被害人陷入生活困境，否则不予救助。

2. 救助来源及救助程序

关于救助金的来源，可考虑建立专门的救助基金，并从多渠道筹集救助金，如国家财政、社会捐赠、没收罪犯的财产以及判处的罚金，等等。其中，国家财政预算至少应当由地级市以上财政承担，因为县级财政一般财力较弱，不宜参与分担。被害人救助基金由国家财政部门设立专门机构进行管理，保证专款专用。

救助程序的设计应当体现快捷、经济、有效的原则。由于最后确定被告人有罪的裁判权属于法院，而且我国的赔偿委员会设在法院，因而救助委员会也设在法院比较顺理成章。救助程序一般按照申请、审查、决定、执行的顺序进行。符合救助条件且有获得救助愿望的被害人或其近亲属、受养人，在法定期限内向管辖法院的救助委员会提出书面申请，并提交相应的证据材料。救助委员会收到申请以后进行审查，审查主要以书面方式进行，必要时救助委员会有权要求相关机构和人员提供帮助、配合调查。经审查后，救助委员会决定救助与否以及救助的数额。决定一经作出，立即生效。救助委员会作出救助决定的，交由救助基金会执行。被害人取得救助金的，可以免征个人所得税。

四、审判委员会制度

关于审判委员会的存废问题，理论界存在争议。一种观点认为应维持审判委员会讨论案件的制度。因为审判委员会是《人民法院组织法》和刑事诉讼法明文规定的审判组织，同时这种制度也是人民法院独立行使审判权，实行集体决策的优越性的体现，具有中国特色。而主张应该废除审判委员会制度的观点则认为，审判委员会讨论案件首先未能起到为案件把关的作用。这一方面是由于其组成人员水平不一造成的；另一方面是由于讨论案件时间有限造成的。其次是审判委员会成为某些审判人员推卸责任的制度，即把本应由自己承担的责任推给审判委员会，然后再利用汇报的机会去影响判决。另外，审判委员会讨论案件还会造成诉讼的拖延，不利于诉讼经济。

笔者认为，审判委员会造成了"审者不判，判者不审"的乱象，不符合诉讼活动的基本规律。随着中国法制建设的不断完善，审判委员会将会最终完成其历史使命，退出中国司法的舞台。但是在现阶段，仍有必要保留审判委员会制度。理由有两个：一是我国当前的法官素质不平衡，一些法官素质不高，较难承担独立审判的重任；二是在社会风气不正的环境下，审判委员会是保证司法公正的重要制度。因此，时下应当改革审判委员会，尽量减少其弊端。具体的改革措施至少有以下五点：（1）将现行统一的审判委员会一分为二，即分别成立刑事专业审判委员会、民事行政专业审判委员会；（2）审判委员讨论案件的时间应在合议庭评议案件之后，以防止庭审走过场；（3）提交审判委员会讨论的案件数量应当最小化，可提交可不提交的案件则不应提交；（4）重大案件应由审判委员会委员担任合议庭审判长和审判员，还可由部分审判委员会参加旁听；（5）各专业审判委员会委员对案件的处理应在讨论的基础上以无记名投票的方式表决，按少数服从多数原则决定。

五、劳动教养问题

中国目前的劳动教养，是指对严重违反治安管理，屡教不改，尚不够刑事处罚的人或者虽构成犯罪但不需要判处刑罚的人，收容于特定场所，实行强制性教育改造的一种措施。尽管我国的劳动教养制度在理论上一般被认为是一种非刑罚性的强制性教育改造的行政处罚，但它不同于一般的行政处罚，而是一种较长期剥夺人身自由的特殊行政处罚，在实质内容上与刑罚并无二致，甚至比刑法规定的一些轻刑严厉得多，而且没有纳入司法程序，它名义上由各地劳动教养管理委员会决定，实际上是由公安机关决定的。这种制度尽管在维护社会治安方面发挥了一定作用，但由于调查和决定职能集公安机关于一身，因此带来了不少弊端和问题。联合国《公民权利和政治权利国际公约》第9条第1项规定："……除非依照法律所确定的根据和程序，任何人不得被剥夺自由。"结合我国的劳动教养制度实行的经验教训并参照此规定，笔者认为，我国的劳动教养制度在保留的情况下必须加以改革。改革的要点如下：

（1）立法：将现行国务院制定的《劳动教养条例》改为由全国人大常委会正式制定的法律，并更名为"违法行为矫正法"。

（2）对象：限于情节显著轻微而不需要判处刑罚，或者可以免除刑罚危害社会治安的违法行为。

（3）期限：一般为3至6个月。

（4）权利：削弱限制人身自由的强度，赋予被处罚人更多的自由和权利，如可以与他人通信，可以会见他人，还可以与其配偶共度法定节假日以及周末等。

（5）程序：由谁决定劳动教养是该制度改革中的核心问题。2004年9月12日至19日在北京举行的"第17届国际刑法学大会"专题三"刑事诉讼原则在纪律程序中的适用决议"第3项规定："基于法律规定的明确的保障措施，对被告人的处罚决定的中立性必须得到保障。因此建议，控诉、调查的权力与审理、处罚的权力应当分离。"第4项规定："如果处罚决定不是由享有控诉、调查权的机关以外的机关作出的，或者决定处罚的机关不独立于纪律被违反的机关，那么被告人必须被赋予向独立的、无偏倚的法庭上诉的权利，并且该法庭必须拥有根据被告人的请求决定暂停执行处罚的权力。"结合该决议和中国具体情况，在决定程序问题上，笔者提出两条改革路径：一是明确决定机关为法院，即由公安机关提出，法院经庭审程序决定是否采取。法院的决定程序可以适当简化，但应当进行公开听证，被告人可以聘请律师为其申辩。此方案应为首选方案，但可能不太现实。二是考虑到该问题的复杂性，可以将已经虚化的劳动教养管理委员会（改名为违法行为矫正委员会）实质化，成员包括公安、司法行政、检察院和法院四部门，主任由法院领导担任。程序为先由公安机关举行听证作出初步决定，如被罚人不服，立即报请违法行为矫正委员会审查后作最后决定。此方案为程序正义的底线要求。

（作者单位：中国政法大学）

检察权的性质及其职权配置

——从刑事诉权角度的解读

程荣斌　陶　杨

长期以来，学术界对检察权性质的研究视野较为狭窄，往往局限于从行政权与司法权两者进行阐释，争议的焦点固守在公诉权究竟是一项行政权抑或是一项司法权，又或是两者兼具之上，迄今为止似乎一直未能在理论上获得重大突破。检察权的性质未明，相应的对于检察权的职权配置问题也就模糊不清。究其原因，最终还是我们对于检察权性质界定时的视角过于单一所致。事实上，对于某一个问题，并不一定要固守原有的分析路径来得出非此即彼的结论，而要通过拓宽视野，从别的侧面来观察，也许可能会有令人惊喜的发现。本文将立足于刑事诉权理论的视角试探性地对检察权的性质问题进行重新梳理，并在此基础上对检察权的职权配置进行深入分析，以求教于同人。

一、刑事诉权理论的提出及刑事诉权的内涵

"诉权"一词往往常见于民事诉讼法学的研究之中，它是在纠纷发生后，将纠纷诉诸司法解决的权利，与诉讼制度相伴而生，也是国家为国民提供的一种利用诉讼方式进行救济的权利。诉权理论在民事诉讼法学理论体系中具有基础性的地位，也是研究民事诉讼的必要的分析工具，但在很长一段时间内其似乎仅仅局限在民事诉讼法学领域中进行研究，并未扩展到其他领域。一方面，由于诉权理论的艰涩与深奥，同时民事诉讼法学者对诉权理论的研究又较为封闭，固守着以往的一些较为陈旧的研究思路，因此近些年来国内外对诉权的研究都未见有太大的突破，难以看到新的创见。而刑事诉讼法学长期以来也多属于一种自给自足型的研究，视野较为狭窄，也就是近几年来才开始有新的研究方法与研究对象逐渐引入，开始繁荣起来，在这种情形下，也亟须拓展研究视阈来丰富刑事诉讼法学的研究。这就提供了将诉权理论与刑事诉讼法学研究相结合的契机。

近年来，我国一些学者开始注意到诉讼制度之间的一些共性。将民事诉讼法学中的诉权理论借鉴到刑事诉讼中，通过刑事诉权理论来研究和分析刑事诉讼法学中的一些问题。我国台湾地区学者陈朴生曾经指出："德国刑法学，因受民事诉讼法上诉权理论之影响，创立刑事诉权（strafklagerecht）之理论体系。"[①] 但陈朴生教授并未对此进一步深入下去。此后，我国大陆一些学者对刑事诉权问题进行了一些较为深入的研究。[②] 这些学者对刑事诉权

---

① 陈朴生著：《刑事诉讼法实务》（增订版），台湾海天印刷厂有限公司1981年版，第336页。

② 如徐静村、谢佑平：《刑事诉讼中的诉权初探》，载《现代法学》1992年第1期；汪建成、祁建建：《论诉权理论在刑事诉讼中的导入》，载《中国法学》2002年第6期；孙宁华：《刑事诉权探微》，载徐静村主编：《刑事诉讼前沿研究》（第二卷），中国检察出版社2004年版。

进行界定，并在此基础上对刑事诉权理论所涉及的一些问题进行了初步的分析。这些分析对于拓展我们的视野起着一定的启发性作用。

在民事诉讼法学研究中，学者们认为，诉权是指国民之间的民事权益发生纠纷之后，双方当事人将纠纷提交至法院，并请求法院作出公正裁判的权利。诉权一词并非民事诉讼法学的专利，而是与诉讼制度相伴随的一项权利。只要有纠纷产生，用于解决纠纷的诉讼制度也存在，在这两个条件均具备的前提下，诉权就客观存在。因而，对于各类具体诉讼制度中的诉权的界定，可以将诉权与各类具体诉讼制度的特征相结合起来进行界定。具体来说，当诉权这一术语引入到刑事诉讼领域中，对于刑事诉权的内涵，也会随之在诉权本来含义的基础之上渗入一些刑事法领域的独有特征。借鉴民事诉权理论的研究成果，笔者认为，刑事诉权是指刑事法律纠纷利益双方所享有的请求法院对刑事实体纠纷予以解决，并对被告是否构成犯罪及如何定罪量刑进行公正裁判，对受害方予以司法救济和保护的权利。

相对于民事诉权和行政诉权，刑事诉权有一个较为明显的特点就是刑事诉权主体的多元化。民事诉权的主体一般而言相对固定，主要是民事实体法律纠纷的双方当事人。然而在刑事诉讼法领域中情况则较为复杂，其不仅仅是刑事实体法律纠纷的当事人，即被害人和被告人，另外还有并非实体法律纠纷的当事人的公诉机关参与到诉讼中来。故而刑事诉权主体的问题就相对较为复杂，呈现出一种多元性的特征。在笔者看来，刑事诉讼中按照诉权享有的主体为标准可以将诉权分为公共诉权与个体诉权。所谓公共诉权，是指以国家或社会作为刑事诉权的实际享有者，尽管在具体表现形式上往往要由国家公诉机关来代表国家行使诉权。国家和社会作为刑事实体纠纷的受侵害一方当然也应享有刑事诉权，国家与社会的利益可以合称为公共利益。但是国家和社会作为一个虚拟存在，不能亲自行使诉权，国家和社会的具体权利只能通过诉讼信托①让具体的国家机关代为行使。因此，公共诉权的具体表现便是公诉权，由公诉机关在国家和社会的授权与委托下代表国家和社会行使公共诉权。而个体诉权则是指以社会中的个体为诉权的享有主体，包括受到犯罪侵害一方当事人的诉权与实施犯罪侵害行为一方当事人的诉权。需要指出的是，所谓"个体"，指的是个人和社会团体或其他集体，是相对于国家和社会而言的。社会团体或其他集体虽然是多个个体的集合，但总体上相对于国家和社会而言仍然是一种社会个体，因此在这里分类时，社会团体或其他集体也从广义上涵括在个体里。对于个体诉权与民事诉权相类似，刑事诉权类型中较为特殊的则是公共诉权。在下文中，我们主要是结合公诉权来分析检察权的性质及职权配置的问题。

二、检察权的性质解析——从刑事诉权的角度

长期以来，我国刑事诉讼法学界对检察权的性质有所争议，而争议的焦点则固守在检察权究竟是一项行政权抑或是一项司法权，抑或是两者兼具之上，一直未能在理论上获得重大突破。这种属性争议的前提是将检察权本质定位于一种公权力，关于检察权是行政权

---

① 诉讼信托，又称为诉讼担当，是指非实体法律关系主体以诉讼当事人身份为保护争论实体法律关系主体的合法权益而进行诉讼，但是实体权利义务仍旧归属于争论的实体法律关系主体。

还是司法权的划分，是以机关职能属性为基础的。然而，检察权作为检察机关所享有的权力，是一个较为复杂的权力体系，因此对于其性质的定位就应当慎重对待。

谈到这里，我们还必须注意检察权与公诉权之间的区分。从我国的情况来看，事实上检察权与公诉权并非两个相同的概念，一些学者在研究中对此有所混淆，将二者完全等同，因而难免会在界定检察权的性质问题上出现一些误解。在笔者看来，事实上检察权与公诉权之间存在一种包容关系，即公诉权是检察权的一种具体表现形式，是检察权这一权力集合当中的一个元素，除了公诉权之外，检察权还包括批捕权、法律监督权、职务犯罪侦查权等诸项具体权力。"检察官从侦查犯罪到执行刑罚，在所有刑事程序阶段均发挥着重要作用。"① 可见，尽管公诉权是检察权的核心内容，但检察权在整个刑事诉讼过程中的具体表现形式并不仅限于此，仅仅将检察权限定于公诉权事实上缩减了检察权的外延。也就是说，检察权实际上是一项复合性的权力，在性质上势必也会呈现出复杂性，要对其性质进行界定还需要对构成检察权的各项具体权力的性质进行逐一分析。就刑事诉讼中的检察权而言，由于其具体表现形式众多，对于其性质的分析也就需要针对各种具体权力一一分析。其中，批捕权、职务犯罪侦查权等这些权力总体上而言呈现出单向性的特征，即都是一种具有主动性的行政权力。然而，作为检察权中核心内容的公诉权分析起来却相对较为复杂，很难将公诉权界定为行政性权力或者司法权。

学者们一般认为，公诉权由于行使权力的主体是国家公诉机关，因而带有强烈的公权力和强制性。然而，客观而言，这种强调国家权力在追诉之中意义的公诉权性质归属理论虽然能够体现刑事诉讼中国家为实现刑罚权主动追诉犯罪的特点，但是在理论上对公权力在追诉犯罪中的因素过分强调，以一种国家优位的态势来看待公诉权的行使，可能会增加公诉机关在诉权行使中的话语霸权，不利于刑事诉讼中公诉权与审判权、公诉权与被告方诉权之间的平衡。如果换个思路将公诉权中的国家权力要素剥离，从公诉权功能的角度将其本质属性定位在刑事诉权之上，在理论上是否能够说得通呢？

人类实行的最早的刑事诉讼制度是私人对犯罪告诉制度，由公民个人行使诉权，当时基本不存在国家主动追诉犯罪的情况，在古罗马中存在的"公诉"也不过是任何公众都有提起诉讼的权利，本质上仍是私诉。在人们认识到犯罪不仅仅是对个人权益的侵犯，而且侵犯了国家和社会利益以后，公诉权才逐渐产生。公诉权原来是国家和社会所享有的诉权，但是国家和社会只是一种虚拟的集合，不可能直接行使诉权而只能由国家的公诉机关代表行使。即使是公诉机关所行使的诉权，无论是从诉权的产生还是从诉权的功能来看本质上都只能是一种诉权。公诉权的产生也是基于刑事实体纠纷，是在国家和社会利益受到了犯罪行为的侵犯而产生了追惩犯罪，解决纠纷，恢复社会秩序的需要，从这一功能来看与公民个人所享有的诉权无异。同时，公诉权在刑事诉讼中最为重要的作用也是启动和推动刑事审判程序，是一种向审判机关要求对案件审判的司法请求权，在具体表现形式上，不仅包括了提起公诉的权力，还包括了撤回起诉、追加起诉、补充起诉、变更起诉等权力。同时，在法庭上作为诉权的一种，公诉权也可以制约刑事审判权的行使，虽然公诉权带有公权力的因素，但是如果过度地强调用公诉权所内含的公权力因素对审判权进行制约，可能会造成对审判独立的不当干预。另外，有些学说将检察权中的批捕权、检察监督权等也纳

---

① ［日］田口守一著：《刑事诉讼法》，刘迪、张凌、穆津译，法律出版社2000年版，第106页。

入到公诉权的功能之中，这种看法可能会造成公诉权内涵的复杂化，更不易把握公诉权的真正性质。笔者认为，批捕权、检察监督权等只能算是检察权的内容之一，而公诉权只能算作一种诉权。只有通过诉权理论，从公诉权的功能定位角度来回复公诉权的诉权本质，将检察监督权等无涉公诉权的公权力剥离，才可能不再引起公诉权行使中的角色冲突，才可能不再为公诉权是否可以干预审判权的行使，是否可以庭上监督，公诉人是否需要起立等问题争论不休，才能够贯彻控辩平等从而平衡控辩双方的诉权。可见，从刑事诉权理论的角度来对公诉权的本质属性定位不仅具有理论上的合理性，还可以促进公诉制度的完善。

如果将公诉权定位于诉权的一种，那么事实上，公诉权的行使主体虽然是法定的国家机关，客观上具有权力的属性，但是其行使权力的目的与功能事实上是与普遍诉权相类似，是要解决刑事实体纠纷，对受损害的权利予以救济，就这一点而言又具有权利的属性。就此而言，如果全面地来看，公诉权既像普遍诉权一样是一项权利，也由于其自身带有一定的强制性而具有权力的特征。因而，倘若以行政权或者司法权来对公诉权的性质进行界定，实际上是隐含了公诉权是一项纯粹的权力，而忽视了公诉权作为诉权之一种的权利的属性。可以说，公诉权兼具了权力与权利的双重属性，而且这两种属性互相渗透，不能明确地加以分离。

此外，有学者认为公诉权具有监督属性，"就某一具体案件来说，如果检察机关经过审查作出不起诉决定，则该案的公诉就只有监督功能而无控诉功能；如果审查后作出起诉决定，则该案件的公诉必然既有控诉功能又有监督功能"。"由检察机关向法院起诉，其目的就是为了实现对警察侦查权与法官审判权的双向监督。"[1] 这种观点在我国具有很强的代表性，是一种从刑事司法体制的角度探讨公诉权的观点，也是一种备受质疑的观点，但是在反驳这种观点的时候，鲜有学者从公诉权作为诉权的本质出发来进行探讨。事实上，让公诉权超脱于诉权的本质承载了过多的内容。公诉权作为一种刑事法领域中的诉权，其行使的目的主要是为了解决刑事实体纠纷，即追诉犯罪。在公诉权寻求审判途径解决纠纷的过程当中，公诉权不仅要与被告人的诉权对抗，而且也与审判权发生联结，但这种联结并不是一种监督权，而仅仅是一种制约关系，即公诉权的行使限定刑事审判权的范围，公诉权的处分也在一定程度上决定刑事审判程序的走向。这事实上就是对公诉权与刑事审判权的关系的一种基本描述，如果将监督权的因素加入进来，事实上使得二者的关系更加紊乱。上述学者的观点认为，如果是不起诉就只具有监督而不具备控诉功能，这种观点如果从刑事诉权的视角来看，也有欠妥帖。刑事诉权在行使的过程当中具有一定的处分性，这种处分可以是不起诉也可以是继续起诉，但总体上而言，都是刑事诉权行使的一种方式，很难说是一种监督权。如果说过分强调公诉权的监督属性，客观上容易导致一种"泛监督化"的倾向，使得公诉权的内容貌似丰满，实质上却很空洞。

由此看来，公诉权作为诉权的一种类型，事实上仅为检察权的下位概念，同时也是检察权的权力集合当中的核心部分，其本质上仅为一种具有鲜明特点的诉权，只不过是具有了刑事法特征的诉权，是一项包裹了公共权力外衣的权利，相对于个人诉权而言，带有一定的强制性，但这也仅限于大陆法系国家的检察官而言。在英美法系国家，检察官更多的是与当事人类似，其诉权从表现来看与当事人所享有的诉权没有明显的差别，强调诉权之

---

① 朱孝清：《中国检察制度的几个问题》，载《中国法学》2007 年第 2 期。

间的平等性与对等性。但无论是在英美法系抑或是大陆法系国家，公诉权都不是一项行政权，更不是一项司法权，而只能是一种诉请裁判，并在审判过程中与对方当事人诉权相对抗的另一项诉权。正如我们前面所提到的，检察权自身是多种权力的集合，其中还包括了批捕权、法律监督权和职务犯罪侦查权等几项主要的权力，尽管这几项权力具有较为明显的行政性特征，但是作为检察权核心构成要素的公诉权却并不具有这一特征，同时公诉权作为一项诉权对于案件事实的确定和纠纷的解决并不具有决定性作用，还要通过请求审判权来作出裁判，这也就反映出公诉权不具有司法权的性质。因此，要笼统地将检察权界定为行政权或者司法权其实并未真实地反映出检察权的原貌，实事求是地看，我们可以逐项地对检察权之下的各个具体权力的性质进行界定，但的确很难对检察权这一权力集合的整体性质进行准确的界定。我们以往对于检察权的研究，其实大部分时间或者仅关注了检察权的整体表现形式，而忽略了其中各项权力的特点，或者仅关注检察权之下的各项具体权利中的一项，这两种视角最终限制了我们的思路，导致了对检察权性质的误读。

综上所述，检察权是一个复合性权力，这就致使其性质在界定上较为困难，可以说很难进行准确的界定。简单地将检察权的性质归纳为行政权或司法权，抑或是二者兼备，谋求通过其中一个特点来概括检察权的整体性质都显得过于片面，可能会犯以偏赅全的错误。

三、检察权内部职权的配置与整合

检察权是一项复合性的权力，由多项具体权力所构成，这就使得检察权内部职权之间的配置较为复杂，只有对各项职权之间的内部关系理顺并整合，才能为检察权对外顺畅运行创造良好的内部环境。

尽管检察权统摄了公诉权、法律监督权、职务犯罪侦查权、批捕权等具体权力，但这些具体权力之间有严格的区分，并无交叉。具体来说，公诉权本质上是一种带有一定强制性的诉权，主要针对审判权行使，当然在诉讼过程中会涉及被害人和被告人的诉权。而法律监督权则主要是我国宪法当中所明确规定的检察机关的一项权力，在刑事诉讼过程当中，主要体现为侦查监督、审判监督和执行监督，虽然可以通过行使监督权启动再审程序，但其行使更多地表现为一种行政性的过程，而非诉讼过程，与公诉权行使的机制有着较大的差别。而职务犯罪侦查权与普遍侦查权相类似，不具有中立性、独立性和终局性，基本上表现为行政权。而批捕权在我国由于审查批捕的过程不具有司法程序的三方结构，因此事实上批捕权只能称得上为一种行政审批。从这四种权力的特征来看，职务犯罪侦查权和批捕权虽然在性质上都可归为行政权，但二者各自针对的对象不同，区分较为容易。然而对于公诉权与法律监督权而言却在很多情形下容易产生误解。公诉权与法律监督权在行使的场域都是审判程序，而且行使对象也主要针对审判权，其主要目的都是要启动审判权。但是，公诉权行使是要通过启动审判权来最终确定刑事实体纠纷，对受损害的权利进行救济，而作为法律监督权之一的审判监督权则是要通过启动再审程序，来改变原来已经确立的错误的刑事裁判。此外，公诉权仅仅针对审判权行使，而且行使的方式主要是启动审判程序和在法庭上支持公诉，请求法院作出裁判，客观上应当与普遍诉权相对应和对等，应当服从于审判权，但可以通过行使诉权来对审判权的行使有一定的制约，是以权利来约束权力。而法律监督权由于行使的主要目的是纠错，在审判阶段其行使主要也针对审判权，但却是对审判权进行监督，以纠正错误裁判，相对于审判权而言具有优势地位，是以权力来制约权力。从这一点来看，二者有着较大的区别，应当分属于两种不同性质的权力。但在司法实践中却常常出现公诉机关以法律监督机关的身份来行使公诉权，在本应是行使诉权的地方来行使法律监督权，对两种权力予以混淆。这种混淆势必影响到审判权的独立行使，尤其是当法律监督权在法庭上直接行使时，对于法官的权威性容易造成一定的损害。

可以说，对于检察权的职权配置，最为重要的就是要理顺公诉权与法律监督权之间的关系。在二者的关系问题上，更多的情况是法律监督权的滥用挤占了公诉权行使的空间。造成这种情况的原因主要是，公诉权是检察权的核心构成权力，但事实上检察机关更为推崇法律监督权，毕竟这一权力可以是无限强大的，甚至可以对审判权进行权力上的制约。在当前检察机关内部的机构设置上，对于检察权职权配置上的优化与整合上却有所欠缺，人为地泛化了法律监督权。一般来说，检察机关内部的职能部门主要有公诉部门、侦查部门、侦查监督部门等，公诉部门主要行使公诉权，侦查部门负责侦查，而侦查监督部门则主要行使批捕权，却唯独没有独立的法律监督部门。而公诉部门往往在行使公诉权的同时还要行使法律监督权，这样就人为地使得公诉权与法律监督权行使的主体完全重合，很难起到内部职能部门之间的互相制约效果，这就使得公诉权与法律监督权在行使过程当中被混淆，甚至使得法律监督权被滥用。

综上来看，整合检察权的职权关键还是要理顺公诉权与法律监督权之间的关系，而问题的症结又归到检察机关内部职务分工以及职能部门的设置上，只能明确地在职能部门之间将公诉权与法律监督权的行使主体分割开来，才可能真正地理顺检察权内部的职权关系。同时，应当明确在审判程序中，诉权与审判权之间的联结才是程序的主导，而非法律监督权，检察机关的法律监督更多地应当体现为一种后发性的权力，而非与审判程序同步，只有在审判程序及裁判结果出现瑕疵后，检察机关才能行使法律监督权。

（作者单位：中国人民大学　北京交通大学）

量刑公正与量刑程序改革探讨

冯卫国

一、量刑公正之内涵解读

刑事审判活动包括定罪与量刑两大环节。对于刑事法官而言，量刑与定罪是同等重要的工作，甚至在很多情况下量刑比定罪更具有挑战性。这是因为：首先，定罪解决的是对被告人行为的定性问题，除了个别疑难案件外，定性问题相对容易解决；而量刑则涉及定量问题，定量问题往往比定性问题更难把握。其次，相对于定罪而言，立法赋予法官在量刑上较大的自由裁量的空间，而自由裁量权越大就意味着责任和考验越多。最后，量刑比定罪需要考虑的因素更为广泛，定罪主要考虑已然的行为事实，而量刑除了要考虑客观的行为事实外，还需要关注被告人的人格因素，需要衡量被告人的人身危险性程度，因而需要对刑事政策更为深入地把握。正是从这个意义上讲，有学者指出，检验刑事法官能力的最好尺度不是定罪，而是量刑水平，判断一个刑事法官的基本功是否扎实也要看他在量刑方面的表现。在量刑过程中，自由裁量权的运用体现着法官的法治理念、法律素养、司法技能等各方面的能力与水平。[①]

量刑活动所追求的最高价值目标就是刑事个案的量刑公正。量刑公正，是指国家审判机关对刑事被告人依法裁量决定刑罚的过程及其结果在整体上能为当事人及社会所接受、认同、信赖和支持的价值目标。以往我们主要从结果意义上理解量刑公正，把它局限在实体公正的层面，而根据现代法治理念，量刑公正不仅仅是量刑结果的公正，也包括量刑过程本身的公正，因此它应是实体公正与程序公正的有机统一。

量刑的实体公正，概括来讲就是罚当其罪，同罪同罚。也就是说，被确定有罪的人应得到与其罪行相当的惩罚，同时，对于情节相同（或类似）的案件应处以相同（或相接近）的刑罚，避免量刑此轻彼重、忽轻忽重的现象。量刑在实体上的不公正通常表现为轻罪重判、重罪轻判，以及事实、情节大致相当的案件在量刑结果上过分悬殊。量刑在实体上的不公正必然背离罪责刑相适应的刑法基本原则，阻碍刑罚目的的实现。

量刑的程序公正，是指量刑活动过程所体现的合法性、平等性、公开性与参与性等。量刑程序公正是量刑实体公正的依托和保障，只有在量刑过程中充分贯彻程序公正原则，才能最大限度地促进实体公正的实现。量刑程序公正包含的基本内容有：一是量刑程序的合法性，即审判机关的量刑活动必须严格按法定程序运作。二是量刑程序的平等性，即各诉讼参与人的诉讼地位平等，审判机关须保障各诉讼参与人的诉讼权利，应使各诉讼参与

---

① 吕忠梅主编：《美国量刑指南——美国法官的刑事审判手册》，法律出版社2006年版，序言。

人都有机会发表对于量刑的意见，并认真听取各方的意见。三是量刑程序的公开性，即量刑过程应当透明、公开，实现"阳光"司法。四是量刑程序的中立性，即审判机关应依法独立行使量刑权，不偏不倚，不受外部力量的不当干预。量刑的程序公正同实体公正同样重要，缺乏程序公正的量刑判决，即使实体上没有问题，也可能引起人们的疑虑和不信任。

二、量刑失衡现象的程序分析

量刑失衡是量刑不公正的集中体现。量刑失衡又称量刑偏差，它包括两方面的含义，一是个案本身的量刑失衡，即对犯罪人所适用的刑罚与其所犯罪行不相当，畸轻畸重，罚不当罪；二是个案之间的量刑失衡，是指审判机关对性质相同、情节相当的犯罪，刑罚裁量相差悬殊，包括不同地区之间的量刑失衡、不同法官之间的量刑失衡以及不同时期的量刑失衡等。

量刑失衡是世界各国都难以彻底杜绝的现象，由于案件的纷繁复杂性和司法能力的相对有限性，在一定范围内存在量刑失衡的现象是正常的。但在我国刑事司法实践中，量刑失衡成为长期以来一个普遍、突出的问题，已经对刑事司法公正构成严重威胁，大大影响了刑罚适用的效果，并破坏了公众对法治的信仰。有数据表明，全国有60%的刑事上诉案件是因量刑不当而引起的。还有相当一部分案件的量刑失衡问题通过上诉程序仍得不到解决，导致大量的涉法上访现象。

量刑失衡现象形成的原因是多方面的，如刑事司法观念落后，重定罪、轻量刑的不良倾向普遍存在；刑法规定不够完善，许多条文法定刑幅度过大，量刑情节规定过于笼统，导致法官量刑的随意性；司法体制不健全，量刑活动易受外部的不当干预；量刑模式粗放、陈旧，"估堆裁量"的量刑方法仍占据主导地位；法官整体素质仍有待提高，等等。针对这些问题，学者们提出了各种解决路径，如修改刑法规范，细化量刑情节，增强刑罚适用的可操作性；建立量刑指导制度，统一量刑标准；加强法律职业教育，提高法官的专业素质等。显然，这些思路对解决量刑失衡都有着积极意义。然而，以往对量刑失衡问题的原因及对策的研究更多地侧重于实体层面，因而有很大的局限性。直到近年来，从程序角度研究量刑失衡问题才逐步引起学界关注。

从程序视角分析，量刑失衡的主要原因在于对法官的量刑自由裁量权缺乏有效的程序规制。量刑公正的实现有赖于法官自由裁量权的合理运用，但同时必须对这种权力进行必要的约束，而除了实体性约束外，严密的程序性约束必不可少。在我国，采取相对确定的法定刑的刑法立法模式，以适应个案差异的需要，同时考虑到地域辽阔，人口众多，各地经济、社会发展不平衡等因素，立法上赋予了刑事法官较大的自由裁量权。但另一方面，法律对量刑程序缺乏具体、合理的规范，导致量刑自由裁量权的行使存在相当程度的失范现象，从而影响到量刑结果的公正性。具体而言，我国量刑程序的缺失主要体现在以下几个方面：

（一）量刑程序在立法上缺乏应有的独立地位

我国现行刑事诉讼法没有规定独立的量刑程序，量刑程序被糅合到定罪程序之中。在法庭调查阶段，对定罪的证据、事实和量刑的证据、事实不作区分，控辩双方一并出示有关定罪和量刑方面的证据；在法庭辩论阶段，控辩双方往往就定罪问题和量刑问题一并发表意见。这种量刑程序与定罪程序合一的状况，使得量刑程序缺乏独立地位，量刑活动的重要作用难以显现。在我国刑事案件的审判中，法庭调查、法庭辩论往往更倾向于关注定罪问题，法官更是把主要精力集中于定罪问题。量刑程序不独立还容易导致另外两种负面影响：一是对法官来说，量刑证据和定罪证据一并提出的做法，有可能对准确定罪产生干扰作用。因为有些影响量刑的事实，如有无前科等，如果在最初的审判阶段就提出来，容易在法官内心形成先入为主的印象，不利于客观、公正地定罪。二是不利于被告人辩护权的有效行使。在一些案件当中，辩护人如果作无罪辩护，就可能承担法院一旦作出有罪判决而失去发表量刑意见的机会；无奈之下，出现了一些辩护人在作无罪辩护的同时又提出从轻、减轻处罚意见的情况，陷入辩护主张前后矛盾的尴尬境地。

（二）量刑过程缺少透明度，有关诉讼主体参与度不够

在我国现行刑事诉讼模式下，量刑是合议庭或法官封闭、独立地进行的一项裁判活动，控辩双方及被害人对量刑过程的参与极其有限，难以发表具体的量刑意见，更缺乏就量刑问题展开辩论的机会。法官主要凭借经验和感受通过主观估量来决定刑罚，不可避免地会产生主观随意性，背离罪刑均衡和量刑公正原则。同时，由于量刑过程缺少透明度，缺乏有力的外部监督，致使量刑结果缺乏可预测性，也影响到刑事判决的公信力。一些学者甚至将量刑问题称为"中国刑事诉讼中最大的暗箱操作"。改变这种不正常的局面，必须打破法官"办公室作业"、"闭门"量刑的状况，构建检察机关、被告人、被害人等各方都能参与量刑的机制。

（三）判决前的人格调查制度没有确立

第二次世界大战以来，受刑罚个别化思想的影响，各国量刑实践中日益重视对犯罪人人格因素的考量。为此，许多国家建立了判决前的人格调查制度，由专门机构对有可能影响被告人量刑的各种个人情况进行系统调查，内容涉及被告人的性格、精神状态、知识水平、健康状况、家庭背景、人际交往情况、犯罪的成因及犯罪后的态度等。在全面调查的基础上，有关机构对被告人的人身危险性进行综合评估，并将评估报告提交法庭以备在量刑时予以考虑。国际上普遍认为，人格调查对于促进量刑判决的合理性、科学性具有积极价值。但在我国，这一国外通行的量刑制度尚未在立法中得以确立。正如陈兴良教授所指出的，由于我国法律没有将人格调查作为刑罚适用的前置性程序，因而在量刑中，主要考虑的是所犯罪行大小，以及各种法定或者酌定的量刑情节。犯罪人的个人情况及其人格特征，一方面是没有人格调查制度因而缺乏了解；另一方面即使了解了犯罪人的个人情况，由于法律规定不明确因而对量刑影响也不大。在这种情况下，我国对犯罪人的刑罚适用存在一定的机械性，缺乏对症下药的针对性。[①]

（四）对量刑判决缺乏充分的理由阐述

判决书不说理或说理不充分，是我国审判活动包括刑事审判中一直存在的问题。在刑

---

① 陈兴良：《人格调查制度的法理考察》，载《法制日报》2003 年 6 月 3 日。

事审判中，相对于定罪而言，对量刑结果的理由阐述不够更是突出问题。例如，许多刑事判决书使用类似于"被告人作案手段残忍，性质恶劣，后果严重，民愤极大，应当依法从重判处"这样的表述，显得十分笼统、空洞，没有把法律规定同案件的具体事实和情况结合起来，展开有针对性的分析论证，使人们无法透过判决书了解量刑结果是如何形成的，从而影响到量刑判决的说服力。即使是一些结论可谓公正的量刑判决，由于说理性不强而难以使被告人或被害人信服，由此而导致上诉、申诉。

三、重构我国量刑程序的几点设想

（一）构建相对独立的量刑程序

从世界范围看，各国对量刑程序的设置不尽相同，一般来说，大陆法系国家则采取定罪与量刑程序合一的模式，而英美法系国家则采取定罪与量刑程序分离的模式。我国虽然在法律传统上更接近大陆法系，但在量刑程序的改革方面，笔者认为应当采取定罪程序与量刑程序适当分离的模式。大陆法系这种定罪与量刑一体化的模式，在正当性和合理性上正面临着越来越多的批评。而定罪与量刑程序相分离的主张，在国际刑事法学界呼声越来越高。早在1969年，在罗马举行的第十届国际刑法学大会上，就曾作出过专门的决议，认为至少在重大犯罪案件中，审判程序应分为定罪与量刑两个独立的部分。① 而从我国目前情况来看，量刑失衡问题的日趋严重，亟须健全的量刑程序加以保障。故此，构建相对独立的量刑程序应是我国刑事审判改革的方向。在刑事审判中设置相对独立的量刑程序，可使检察机关、被告人、被害人都有机会参与量刑过程，对量刑问题发表意见、提供证据并进行辩论，法官在充分听取各方意见的基础上作出量刑判决，这有助于纠正实践中普遍存在的重定罪、轻量刑的倾向，是促进量刑制度科学性、公正性的现实需要。需要指出的是，设置相对独立的量刑程序，似乎影响了诉讼效率，但从整体上看，随着量刑公正程度的提高，因量刑问题而提起的二审上诉、抗诉案件可以得到减少，反而有助于诉讼效率的提高。

我国最高人民法院已经开始关注量刑程序的改革问题，在《人民法院第二个五年改革纲要》中，即提出健全和完善相对独立的量刑程序，并将其作为人民法院刑事审判改革的一个重要内容。当然，在借鉴国外有益经验的基础上，我们应当根据我国国情来重构量刑程序。在具体的制度设计上，应考虑不同类型案件的性质和特点，进行多元化设置，而不能搞一刀切。具体来讲，可以分成下面几种情况；

一是对于判决无罪的案件，当然不存在量刑程序的问题。

二是对于以简易程序审理的公诉案件，一般事实比较清楚，证据比较充分，定罪方面的分歧很少，控辩双方关心的更多的是量刑问题。由于此类案件检察官一般不出庭，因此可以提出书面的量刑建议及理由。

三是对于普通程序审理的案件，如果被告人认罪的，由于定罪问题不存在争议，控辩双方自然会把精力集中在量刑方面，在开庭审理并确定被告人有罪后，即可立即进入量刑程序，控辩双方围绕量刑问题展开调查和辩论，法官在考虑双方意见的基础上，可以当庭

---

① 参见陈瑞华：《定罪与量刑的程序关系模式》，载《法律适用》2008年第4期。

宣判。

四是对于被告人不认罪的案件，应采取将定罪程序与量刑程序相对分离的做法，即通过开庭审判确定被告人被指控的罪名成立后，在规定的一段时间后，再次开庭解决量刑问题，由控辩双方向法庭提交关于量刑的意见，并进行公开的量刑答辩，法庭在听取双方的量刑意见后，再作出量刑判决。

（二）赋予检察机关量刑建议权

量刑建议权，是指在刑事诉讼中，检察机关就对被告人应适用的刑罚，包括刑种、刑期、罚金数额、执行方式等向审判机关提出具体要求的权力。以往我国公诉机关在庭审中也涉及量刑问题，但一般只是提出依照刑法有关规定进行从宽处罚或从重处罚，并不就被告人的刑罚种类和刑期提出具体的建议。这种笼统的量刑意见对于法官量刑活动起的作用很小。近几年，我国检察机关对量刑建议进行了有益的尝试。1999 年下半年，北京市东城区人民检察院率先试行量刑建议，这一做法引起了理论界与实务界的高度关注。2005 年 7 月，最高人民检察院出台了《人民检察院量刑建议试点工作实施意见》，正式将量刑建议列为检察改革项目，并指定了 11 个单位开展试点。量刑建议已成为检察制度改革的一项重要举措。

目前，关于量刑建议权的合理性问题，学界和实务界还有一定的争议。我们认为，量刑建议权是公诉权的应有之义，检察机关行使量刑建议权是其公诉权的必然内涵，是求刑权的具体体现。量刑建议权并不会侵犯审判权，因为量刑建议对法官只有参考的价值，并没有必然的约束力；对于公诉人提出的量刑建议，法官既可以采纳，也可以不予采纳，但应当答复并说明理由。实施量刑建议制度对于完善公诉职能、强化量刑监督具有重要作用。应当在刑事立法中将检察机关的量刑建议权明确下来，以便于其有效行使。

（三）赋予被告人量刑答辩权

在赋予检察机关量刑建议权的同时，必须同时赋予被告人量刑答辩权，这既是贯彻控辩平等原则的需要，也是刑事诉讼中人权保障的要求。被告人的量刑答辩权，是指被告人及其辩护人就刑种、刑期、罚金数额以及执行方法等向法庭提出具体的意见，并就量刑相关事实包括量刑情节等向法庭举证，并与公诉机关、被害人进行辩论的权利。

在我国目前的刑事诉讼模式中，被告人包括其辩护人只能对定罪提出辩护意见，对于量刑，尽管也可以提出被告人具有法定或酌定从宽情节的辩护意见，但不能就具体的刑种、刑期、罚金数额及执行方法等向法庭提出己方的量刑请求。赋予被告人量刑答辩权，可使被告人及其辩护人针对公诉机关的量刑请求进行有效防御，防范刑事责任的无端产生和刑罚的无端加重。这在一定程度上增加了公诉机关和审判机关审慎量刑的义务，尤其对审判机关的自由裁量权能起到一定的制约作用，有利于促进审判职能的谦抑性、中立性，确保个案的量刑均衡。需要说明的是，刑事审判中的量刑答辩是以公诉机关的量刑建议为前提的，但在对案件定性没有大的争议、公诉人没有提出量刑建议时，被告人及其辩护人也可以单方提出量刑意见以供法官参考，如辩护人认为被告符合适用缓刑的条件的，可以提出适用缓刑的建议。

（四）赋予被害人量刑参与权

被害人的量刑参与权，是指被害人就被告人应承受的刑种、刑期、罚金数额及执行方法等向法庭提出自己所期望的具体意见，并可就量刑相关事实向法庭举证及进行辩论的权利。作为犯罪行为直接侵犯对象的被害人，有对犯罪人追究刑事责任的强烈愿望，然而，我国现行法律对被害人的权利保障机制还很不健全，被害人尽管被现行刑事诉讼法列为当事人，但事实上缺乏应有的诉讼地位，往往只起着协助公诉方及法庭查清犯罪事实的证人的作用，其对被告人的刑事部分发表意见的权利很有限，更不能提出独立的诉讼主张，如不能对被告人具体应定什么罪、裁量什么刑罚种类、判多长的刑期等提出意见及举证。为了在刑事诉讼中更充分地保护被害人的诉讼权利，有必要提高被害人的诉讼地位，赋予其对被告人刑事部分的量刑参与权。

（五）建立量刑听证制度

听证制度起源于政府的行政行为，是指行政机关为了合理、有效地作出和实施行政决定，公开举行由全体利害关系人参加的听证会。在当今社会，听证制度作为一种体现民主参与的权力运作机制越来越受到关注，听证制度不再局限于行政领域，而正在向包括刑事司法在内的其他领域扩展。在国外，很多国家在刑事诉讼程序中引入了听证制度，在决定是否对犯罪嫌疑人适用保释等强制措施、对被告人适用缓刑、假释等社区刑罚措施等方面，都广泛地采取召开听证会的形式，充分听取各相关方面的意见。

在我国量刑程序的构建中，也可以在一定范围内引入量刑的听证程序，特别是对于那些涉及社区利益的犯罪处置方式，如决定是否适用缓刑的案件，就可以通过采取听证方式，参加听证的人员，不限于被告人及其辩护人、被害人等诉讼主体，还可以吸收社区代表参加，如与被告人日常生活密切相关的人，以及被告人所在单位、社区的代表等。通过听取社区代表关于被告人平时表现、悔罪态度、监管条件等情况的反映，作为决定是否适用缓刑的参考依据。因为缓刑等社区刑罚措施的适用是否妥当，直接关系到社区的安全；同时其适用效果，也同社区民众的支持和配合有直接关系。通过采取听证程序，可以扩大社会各方面的参与，满足社区民众的知情权，这样做也可以促进对量刑工作的民主监督，增强刑事审判的透明度，从而防止"人情案"、"关系案"等司法腐败现象，确保量刑判决的公正性，也有利于调动社区力量参与社区矫正工作。近几年来，我国一些地方对缓刑听证制度进行了探索，如 2003 年 6 月，杭州市萧山区人民法院本着"用制度降低缓刑适用的随意性"，就一起非法拘禁案件试行缓刑听证制度，成为全国首例缓刑听证案。① 此后，越来越多的地方开始试行缓刑听证的做法。在总结各地试点经验的基础上，可以考虑将量刑听证制度引入我国的量刑程序。

（六）建立判决前的人格调查制度

判决前的人格调查制度，被认为是量刑科学化、合理化的体现，是犯罪人处遇个别化

---

① 参见刘永水：《对未成年人实行缓刑听证可行性调查》，载中国法院网 2004 年 7 月 24 日。

的出发点。① 尽管该制度在我国尚未实现立法化，但有关的司法解释已涉及这方面的内容，如 2001 年最高人民法院颁布的《关于审理未成年人刑事案件的若干规定》第 21 条，就规定了对未成年被告人审前人格调查的内容。在实践中，一些地方的司法机关，如青岛、合肥、北京、上海等地，在办理未成年人刑事案件中，进行了判决前人格调查的探索（有的地方称"社会调查"或"品行调查"），均取得了较好的效果。但由于缺乏立法的具体规定，各地在调查的主体、调查的内容、调查的程序和方法等方面都不统一，以立法形式确认和规范判决前人格调查制度势在必行。笔者主张，可考虑由基层司法行政机构承担判决前人格调查的职能。从多数国家或地区的做法看，判决前人格调查大都是由一个专门的机构负责，而这一机构一般就是社区刑罚执行机构，因该机构及其工作人员植根于社区，在调查的开展上有着其他机构不具备的诸多便利。例如，英美的缓刑官的职责之一就是为法官提供判决前的报告，就对犯罪人适用监禁还是社区方案提出意见。在我国目前正在开展的社区矫正试点工作中，基层司法行政机构是实际上的工作主体。建议以现有的司法行政机构为基础，组建专门的社区行刑机构，并赋予其判决前人格调查的职能。

（七）增强量刑判决的说理性

刑事裁判文书是向公众展示司法公正的载体，集中反映着法官的司法理念和专业素养。在刑事判决中，应当简明而透彻地说明量刑的理由，对于控辩双方及被害人所提出的量刑意见，法庭无论是否采纳，均应在判决书中说明，并阐述采纳或不采纳的理由。这有利于提高被告人、被害人以及社会公众对于量刑判决的认同度，从而树立刑事司法的权威。笔者认为，对判决理由的阐释主要应通过制作高质量的判决书来实现，那种由主审法官直接面对当事人进行判后释疑的做法是不妥的，这可能有损法官的地位和形象，给法官带来不必要的压力甚至风险。当然，对于一些社会影响大、存在一定争议的案件，可以利用新闻媒体等形式进一步阐述判决理由。在全国瞩目的"许霆案"中，广州市中级人民法院第一次作出"无期判决"的判决书，就因缺乏说理性而受到广泛批评。而发回重审后的判决，在说理性方面有很大改进，法院还专门为该案召开通报会详解判决理由，起到了较好的社会效果。

（作者单位：西北政法大学）

---

① 参见［日］大谷实著：《刑事政策学》，黎宏译，法律出版社 2000 年版，第 182 页。

检察机关应当行使司法令状审查权

高峰

近几年来，特别是在司法体制改革过程中，对我国检察机关的性质、职能等问题提出质疑的声音时有所闻。其中一个重要表现是：一些学者对我国检察机关行使批捕权的正当性和合理性进行质疑。批捕权的归属问题本质上是逮捕令状审查权的归属问题。随着学界构建司法令状制度的呼声日益高涨，司法令状审查权归属问题的争论超出了批捕权的范围，扩大到搜查、扣押、监听、强制采样等多种需要司法令状授权的强制侦查行为范围。有些学者认为，法官审查签发令状是法治国家的共同做法，也是令状制度题中应有之义，因此不仅是检察机关现行的批捕权应当交由法院行使，而且将来有关强制侦查行为的一切司法令状也应当统一交由法院审查签发。事实上这是对令状制度本质的严重误解。本文拟对司法令状制度进行四个方面的考察，并在此基础之上论证检察机关行使司法令状审查权的正当性。

一、对司法令状制度的控权功能的历史考察

有学者认为，司法令状制度的控权功能是通过法官行使令状审查签发权来实现的，即法官掌握强制侦查行为决定权是令状制度的本质，因此欲实现控制侦查权的目的，必须由法官签发令状。然而，在考察令状制度的历史后，不难发现上述观点是片面的。

英国学者 Mattew Hale 爵士认为，搜查令状的发展与英国盗窃犯罪猖獗有关。[1] 随着盗窃、抢劫等案件的频繁发生，在治安法官数量变化不大的情形下，治安法官的工作压力明显增加。因此，需要将治安法官的搜查逮捕权力扩大到其他主体上。例如，失主可以到治安法官面前宣誓自己被窃之物就在某个确定的地方，如果控告显示了这一怀疑的合理性，治安法官就可以签发搜查扣押令状，由失主执行搜查、扣押，如果没有搜查到赃物，失主就必须承担侵权责任。因此，最早的令状申请者不是警察而是告发者本人，而当时的治安法官并非中立的裁判者，他作为英格兰地方政府的主要官员被称为"本地政府的老黄牛"肩负着行政与执法的职能。[2] 出于控制犯罪的需要，侦查令状使治安法官的权力得到了延伸。在中世纪的英国，即便是在较小的辖区内，治安法官出差办案既危险又困难，如果将执法任务交给治安行政官就可以免去其舟车之苦，而搜查令状正是这样的一个工具，它是权力的载体，是法官权力的延伸。[3] 因此，从搜查令状的起源来看，它具有强烈的工具性价

---

① Sir Matthew Hale, History of the Pleas of the Crown, Vol. Ⅱ[M]. London: Gyles, Woodward & Davis, 1736. 113.

② J. P. Kenyon, The Stuart Constitution, 1603 – 1688[M]. Cambridge: Cambridge University Press, 1966. 492.

③ R. Thomas Farran, Aspects of Police Search and Seizure without Warrant in England and the United States[J]. 29 U. Miami L. Rev. 502(1975).

值。搜查令状被视为控制犯罪的工具，而不是正当程序的保障制度。治安法官签发令状的行为与其说是保护犯罪嫌疑人，不如说是保护执行官员。①

英属北美殖民地17世纪晚期出现的协助令是由殖民地的高级法院签发的授权王室官员进入任何住宅以搜查禁品的令状。② 由于这种令状的签发程序不具有司法性质，对于搜查扣押的范围也缺乏明确的限定和授权，此外协助令的持有者享有不受约束的自由裁量权，因此协助令虽然由法官签发，但不具有控制侦查权的功能，它仍然是政府的专制统治工具，并成为了北美殖民地居住者所诅咒的对象，历史学家也将人民对协助令的抵制作为美国独立革命的主要原因。

在美国独立战争的推动下，特定性令状取代了协助令，在控制侦查权方面迈出了关键性的一步。前者要求根据执法者的誓言在令状中确定搜查的具体场所，并且令状必须载明需要逮捕的人的名字。此外，申请令状的官员必须满足"初步显示可能事由"这一条件。尽管特定性令状初步具有控权功能，但仍具有局限性。因为根据当时的立法，治安法官无权对是否存在实体要件作出评价，因此不能以不存在"足够怀疑"为由驳回令状申请。在大多数情形下，根据行政官员的怀疑以及其提供的宣誓，法官自动签发令状，而不是根据法官自身相信"某人或某地与犯罪有关"来签发令状，这严重影响了特定性令状的控权效果。直到1791年12月15日美国国会通过了美国联邦宪法第四修正案，该修正案对特定性令状进行了确认和改良，在保留了特定性令状的可能事由和特定性要件基础上，进一步赋予治安法官自由裁量权，赋予令状制度更多的司法审查性质，使令状成为一个独立的审查程序。至此，具有控制行政权、保障人权功能的现代意义上的刑事侦查令状制度得以正式诞生。

由此，我们不难发现，司法令状制度的控权功能以三方面的要件作为必要前提：一是侦查人员必须具备行使强制侦查行为的实质根据；二是令状必须对特定的强制侦查行为进行具体的司法授权；三是令状签发过程必须是中立的第三方依法行使自由裁量权的过程。只有符合上述条件，司法令状制度才具有控制侦查权的功能。司法令状制度是在依次具备上述条件的基础上，逐步发展成为控制侦查权的有效工具的。

由此可见，司法令状制度的控权功能并非来自于法官行使令状的签发权，而是来自于令状制度的实体要件、形式要件和程序要件。在构建我国的司法令状制度时，应当考虑的是：为侦查人员实施强制侦查行为设定实体性"门槛"；通过令状的形式对特定的强制侦查行为进行具体的授权；保证令状的签发程序是由中立的第三方进行自由裁量的过程三方面的内容。如果具备了上述要件，令状即便并非由法官签发，仍然具有控权功能。

二、对司法令状审查程序的考察

有学者认为，法官行使令状审查签发权能够实现侦查程序的诉讼化。笔者认为，此观点夸大了令状制度的司法审查功能，同时未能对令状审查程序的局限性给予足够重视。

① S. Sharpe, Search Warrant:Process Protection or Process Validation[J]. International Journal of Evidence and Proof,June 1999.

② Bryan Garner, Black's Law Dictionary[M].8th Edition, West Group,2004. 1616.

令状的签发程序是对强制侦查的第一次司法审查，又称为事前审查机制，它属于司法授权性质的司法审查。司法令状制度主要通过事前的司法授权审查来实现控制侦查权的目的。具体而言，事前的司法授权审查具有以下几方面的优点：对警察产生威慑效应，促使其严格执法；通过事前的筛选、淘汰过程，预防缺乏实体要件和必要性条件的强制侦查行为；防止警察作伪证；避免事后审查中法官产生偏见；便于公民申请救济，等等。事前审查使侦查程序在一定程度上被"诉讼化"，侦查过程在一定程度上呈现出"诉讼形态"，在这个意义上可以说，各法治国家的侦查程序大体上都采取了类似于控、辩、审三方组合的"诉讼"式构造，但这种诉讼形态是有限度的，它与审判程序有着本质的区别，因此不应对法治国家侦查程序的"诉讼化"进行过分夸大。① 这主要表现在两个方面：

一是从审查方式而言，令状审查虽然具有一定的司法性质，但它并不具有对审式特征。除羁押令状外，其他令状审查通常是通过单方面性质秘密进行的，法官只审查侦查一方的书面材料，而侦查相对人一方不享有听审机会，也不能事前获知侦查一方的证据。在令状签发程序中，由警察单方面提出申请，法官仅阅览警察所提出的书面资料，侦查行为的相对人不具有反驳的机会，此外，法官的审查程序过于快速、草率，② 难以保证审查的准确性，其效果也受到了各国学界的质疑。

二是令状审查对裁判主体的中立性要求明显低于正式审判程序中对审判主体的中立性要求。这一点不仅体现在相关的国际性人权文件以及国际人权组织的官方解释之中，还体现在各国的法律及判例解释中。③

令状签发程序不同于诉讼程序，不能完全适用诉讼程序中的要求。如果我们夸大令状签发程序的诉讼化特征，而忽视其局限性，那么可能会产生"只要将强制侦查行为决定权完全交给法官就可以彻底实现侦查程序的诉讼化和现代化，并彻底解决我国侦查程序中的人权问题"等片面观点。④ 笔者认为，令状签发程序的局限性为检察机关行使令状审查签发权提供了理论支撑，检察机关能够满足令状审查程序中对审查方式以及审查主体中立性两方面的要求。

三、对司法令状制度运行效果的实证考察

法官签发令状模式能否有效控制侦查权？回答此问题需要对法治国家令状制度的运行效果进行充分的考察。

在令状制度运行过程中，法官审查形式化问题一直困扰着西方法治国家，即法官成为侦查官的"橡皮图章"，很少拒绝侦查人员的令状申请。据美国全国州法院中心（NCSC）的调查，当警察递交令状申请后，在65%的案件中治安法官只花费不到三分钟的时间用以审查申请书，在11%的案件中治安法官用超过五分钟的时间来审查令状审查材料，而在所有的申请中只有8%的案件被治安法官拒绝，此外还存在警察专门寻找支持其观点的法官并

---

① 孙长永著：《探索正当程序——比较刑事诉讼法专论》，中国法制出版社2005年版，第58页。

② 以美国的实务为例，通常警察为取得令状，需要一天的时间从事文书准备工作，再加上在法院等候令状签发的时间，最后法院常常只用5分钟即签发。参见王兆鹏著：《美国刑事诉讼法》，北京大学出版社2005年版，第96页。

③ 高峰：《从〈欧洲人权公约〉看检察官的中立性》，载《人民检察》2006第11期。

④ 事实上，即便是英美法系国家也均未将控制侦查权的希望完全寄托在法官的身上。

向其递交令状申请的现象。① 法官审查形式化现象在监听令状审查中则更为突出,据美国电子隐私信息中心的统计,1968 年至 1996 年间在美国总共 2 万多宗电子监控令状申请中只有 28 宗被拒绝。② 德国也存在类似的现象。根据德国学者的实证调查报告,德国每 307 宗监听令状申请中被法官拒绝的只有 1 宗,此外,有学者批评羁押令状在德国已成为了形式上的要求,尤其是在经济犯罪、恐怖主义或有组织犯罪中,批准羁押的法官仅仅充当"公证人"的角色。③ 申请令状保持这么高的成功率并非正常现象,一个表象解释是:侦查质量高、申请材料充分的结果。有学者认为,令状签发率高的重要理由是法官认为大部分警察的工作是有功劳的、值得赞许的,同时高级警官以及检察官对申请材料的审查把关也是提高令状签发率的重要因素,并且实证调查表明,仅有 5% 的令状在签发后被确定为无效令状。但加拿大的实证调查报告却有不同的结论,加拿大司法部 1983 年在 7 个城市就令状的实施状况做过调查,发现在他们所抽查的所有的令状中有 39.4% 是合法签发的,而 58.9% 的令状是非法签发的,另外还有 1.7% 的令状是由于记载不完整、模糊、难以下结论的。④ 由此可见,法官审查形式化问题的症结在于:法官没有充分行使裁量权,令状审查程序成为例行公事的形式。具体的原因是多方面的,如为了提高办案效率;法官基于与侦查人员的长期合作关系而充分信任侦查官,违反中立原则;对治安法官违法签发令状行为缺乏相应的责任机制,致使法官不认真履行职责;侦查官在申请被拒绝之后,能够以相同材料反复提出申请直到被新的法官批准,即"挑选法官"(Magistrate shopping)。

前文已述,令状审查的实质化是司法令状制度的控权功能得以实现的重要保证,而令状签发程序中法官审查的形式化倾向严重削弱了令状制度的控权功能。在审查程序的实质化方面,与由法官行使批捕权的国家相比,我国现行的批捕制度取得了明显的成效。例如,日本从 1954 年到 1997 年,令状法官对"普通逮捕令"申请的驳回率不超过 2‰;对"紧急逮捕令"申请和"搜查、扣押、检验令状"申请的驳回率不超过 3‰。其中,1990 年日本的普通逮捕令的驳回率仅为 0.1% ,而签发逮捕令率为 99.7% ;而对于紧急逮捕在事后取得法官令状的占 99.9% ,驳回的占 0.1% 。⑤ 可以说,日本的令状法官对侦查人员的逮捕申请几乎是"有求必应",令状审查存在着严重的形式化倾向。而据我国最高人民检察院工作报告的相关数据显示,近三年全国检察机关的刑事案件批捕率始终维持在 90% 左右,不捕率占 10% 左右,明显高于日本。

由此可见,一方面法官签发令状模式并不必然保证令状审查的实质化,实践中因法官审查的形式化而削弱令状控权功能的现象在法治国家普遍存在;另一方面检察官签发令状模式在一定条件下仍然可以保证令状审查的实质化,从而确保令状控权功能的实现。

---

① Christopher Slobogin, AN EMPIRICALLY BASED COMPARISON OF AMERICAN AND EUROPEAN REGULATORY APPROACHES TO POLICE INVESTIGATION[J]. 22 Mich. J. Int'l L. 431(2001).

② Paul M. Schwartz, Germany and U. S. Telecommunications Privacy Law: Legal Regulation of Domestic Law Enforcement Surveillance[J]. 54 Hastings L. J. 790. (2003).

③ 陈光中主编:《中德强制措施国际研讨会论文集》,中国人民公安大学出版社 2003 年版,第 150 页。

④ Police Powers——Search and Seizure in Criminal Law Enforcement Working Paper 30[M]. Minister of Supply and Services Canada, 1983. 82.

⑤ [日] 西原春夫主编:《日本刑事法的形成与特色》,李海东译,法律出版社、日本成文堂 1997 年版,第 317 页。

四、对司法令状制度地方性经验的比较考察

有学者认为，法官签发令状模式是国际司法准则的强制性规定，也是实现侦查程序法治化、现代化的必由之路，同时还是我国刑事诉讼制度与国际接轨的必然要求。这一观点值得商榷。龙宗智教授认为，不同的价值观念可能导致在承认一般原则的时候强调某些原则而淡化另一些原则，同时也可能在不违背原则的情况下采用不同的实施方式。而法律方法的多元化则意味着在司法制度的设置和运行过程中，不同文化背景的社会共同体在同一目标之下可能采用不同的司法方式。① 因此，在不违反原则的基本精神前提下，允许对原则作出不同的理解，允许地方经验的存在，这一点同样适合于令状制度。国际人权组织和国际人权公约将令状制度视为控制侦查权的有效经验并予以提倡和推广，但并未将其作为强制性规定，要求成员国必须遵守。令状制度并非国际司法准则的强行要求，允许其实现方式上呈多元化特征，因此令状制度存在着地方性经验。此外，在国际人权组织的相关解释中和国际人权公约文本中均未将法官签发令状作为唯一的模式，而是承认在一定条件下检察官仍然具有签发令状的正当性。②

国内有学者将英美法系国家的令状制度奉为圭臬，将法官签发令状视为令状制度的唯一模式，将检察官行使令状审查签发权视为侦查程序现代化的障碍，这都是忽视了令状制度的地方性经验的结果。事实上，大陆法系国家（尤其是德国）的令状制度即为令状制度的地方性经验，对我国令状制度的建构具有借鉴意义。

受大陆法系国家根深蒂固的法律文化、司法体制的影响，其令状制度明显区别于英美法系的令状制度。大陆法系国家对警察、检察官的充分信任，其审前程序中侦查方与犯罪嫌疑人之间的对抗关系不如英美法系国家激烈。例如，德国的警察在选任和职业培训教育方面均优于美国警察，其执法能力受到了公众更多的信赖，就审前程序中侦查方与犯罪嫌疑人之间的对立关系而言，德国并不如美国明显。美国居高不下的犯罪率、枪支的普及化等问题给美国警察带来了更多的压力，而美国审前程序中的对抗性结构使警察更具有侵犯性，这加剧了警察与犯罪嫌疑人之间的对立关系，因此现实中存在着严格控制侦查行为的迫切需要。而上述对抗性特征在德国的审前程序中并不明显，因为侦查机关获取了社会更多的信任。在此前提下，大陆法系国家对签发令状主体的中立性要求明显低于英美法系国家，法官仅承担了部分控制侦查权的职能，此外，大陆法系国家通过警察内部控制以及检察机关的控制等方式加强对侦查权的控制，并取得了明显的成效。尤其是大陆法系国家检察机关对侦查权的控制效果是英美法系国家望尘莫及的。③ 例如，德国检察机关的控权功能引起了美国学界的广泛关注，甚至有权威学者呼吁美国借鉴德国的做法。④

---

① 龙宗智：《论司法改革中的相对合理主义》，载《中国社会科学》1999年第2期。

② 高峰：《对检察机关批捕权废除论的几点质疑》，载《中国刑事法杂志》2006年第5期。

③ 例如，德国的未决羁押率远远低于美国，这与德国检察官的侦查监督权密切相关。参见：Richard S. Frase, Thomas Weigend, German Criminal Justice as Guide to American Law Reform: Similar Problems, Better Solutions? 18 B. C. Int'l & Comp. L. Rev. 317(1995).

④ 例如，美国 Stuntz 教授建议美国取消法官的令状审查签发权，由检察机关监督控制侦查行为，参见 William J. Stuntz, "Warrant and Fourth Amendment Remedies", 77 Va. L. Rev. at 895(1991).

英美法系国家的令状制度将司法审查的权力交给消极的、危险最小的法官以控制侦查权，在侦查机关自身缺乏自上而下的控制机制的前提下，这种来自同一平面的司法权力的制约则显得尤为重要，因此法官签发令状是英美法系国家控制侦查权的主要途径。相反，大陆法系国家的权力组织是科层式理想类型，它倾向于职能上的专业分工，并具有严格的等级秩序，权力来自于最上方，沿着权力的等级序列缓缓向下流动，检察监督成为控制侦查权的有效方式。在此前提下，与英美法系国家不同，大陆法系国家并未对法官控制侦查权寄予过高的希望，而是以检察机关的侦查监督权弥补法官令状审查的不足。由此可见，检察机关并非侦查程序现代化的障碍，检察机关行使令状审查签发权本身就是控制侦查权的重要手段。

（作者单位：西南政法大学）

关于二审程序运行中检察权配置的两个问题

顾永忠

我国实行两审终审制，刑事二审程序在维护和实现司法公正方面肩负着非常重要的使命。其中，检察机关的检察权在刑事二审程序中如何配置，对于刑事二审程序中审判权和当事人诉讼权利的行使，以及依法维护和实现司法公正影响甚大。从我国现行立法及司法实务层面来看，检察权在刑事二审程序中的配置整体上没有太大的问题，但在刑事二审程序的运行中存在两个具体的问题，影响了刑事二审程序的功能发挥。本文拟就这两个问题从检察权科学、公正配置的角度进行探讨，与学界同人交流。

一、存在的问题及其原因

根据笔者的调查，当前检察权在刑事二审程序运行中存在的两个问题是[①]：

第一，检察机关派员出席二审法庭的检察人员对于原审检察机关的漏抗问题往往积极地提出并要求二审法院加以纠正。这个问题表现为两种情况：

其一，检察机关派员出席二审抗诉法庭时，对于原审检察机关提起的抗诉中存在的漏抗问题向法庭提出并要求纠正。但被告人及其辩护人对此表示反对，二审法院一般也不予支持。笔者在调研中了解到，检察人员对此也持有两种观点。一种观点认为，只要原审检察机关已经提出抗诉，二审检察人员对于发现的漏抗问题完全可以也应该提出。这既是检察机关依法行使抗诉权的体现，也是我国二审程序全面审查原则的要求。另一种观点则持反对意见，认为这样做首先违反了不告不理的诉讼原理，使抗诉这一严肃的诉讼行为庸俗化、随意化；其次将造成原审被告人无法进行有效的辩护，侵害其辩护权。但在实践中第一种观点占上风，检察人员大都是这样做的。

其二，检察机关派员出席二审上诉法庭时，对于原审判决确实存在而原审检察机关没有提出抗诉的问题，有的检察机关及其检察人员在二审上诉法庭上要求二审法院对此进行审判。例如，某市检察院派员参加一起仅有被告人上诉的案件时，检察人员发现该案中原审被告人牛某除与其他三名被告人共同犯有抢劫罪外，还与另案处理的其他五名被告人共同犯有盗窃罪。但原审法院在一程序中将检察机关对牛某起诉的（共同）盗窃罪改变定性判决为（共同）职务侵占罪。原审判决宣告后，牛某对共同抢劫罪和（共同）职务侵占罪都没有提出上诉，原审检察机关也没有提出抗诉，只是一审被判处共同抢劫罪的另外两名被告人提出了上诉。二审出庭检察人员认为，原审判决将牛某的起诉罪名（共同）盗窃罪改判为（共同）职务侵占罪，定性是错误的。虽然原审检察机关没有提出抗诉，但二审

---

① 笔者作为最高人民检察院检察理论研究重点课题——"检察人员二审出庭问题研究"的承担者，在完成本课题过程中，曾先后到五个省、市检察院进行调研，以下是调研中获得的部分问题。

检察机关及其出庭检察人员应当在二审上诉法庭上提出来，要求二审法院依法纠正。这是检察机关作为法律监督机关的职责所在，也是实事求是、有错必纠方针的要求。

但有的检察人员对此持不同主张，他们认为，即使原审判决确实存在错误，但由于原审检察机关没有在法庭抗诉期内提出抗诉，从不告不理的诉讼原理和上诉不加刑原则上讲，二审出庭检察人员不应提出这些问题。确实需要纠正的，应该日后通过提起审判监督程序加以解决。

第二，检察机关派员出席二审上诉法庭的检察人员，对于上诉人提出的正确的上诉意见和理由是否应当表示支持，在认识上和具体做法上分歧较大，有相当一部分人往往消极地不愿公开表示支持。

在实践中，检察机关派员出席仅有上诉没有抗诉的二审法庭，对于正确的上诉意见和理由究竟如何表态，检察人员在认识上有明显的分歧。有的主张对于正确的上诉意见和理由，出庭检察人员应当明确表示赞同和支持。有的人则认为明确表示赞同和支持哪怕是正确的上诉意见和理由，也与检察人员的身份不适宜，对其保持沉默或不提出反对即可。不仅在认识上存在分歧，而且在个案中的具体做法也不相同。例如，发生在某市的一起故意伤害致死案，被告人不服一审判决提出上诉。二审检察人员经过庭审前审查，认为原审被告人提出无罪上诉是正确的，便向领导做了汇报。经检委会研究，同意该检察人员在二审法庭上对无罪上诉表示支持，明确建议二审法院对该案改判无罪。但在某市另一检察机关也曾遇见过一起类似的案件，出庭检察人员及部门领导认为上诉人的上诉意见和理由是正确的，拟在法庭上公开表示支持，但向院领导汇报后，不同意这样做。

以上问题的存在，笔者认为主要原因是：

其一，在理论上对于检察机关及其检察人员在二审程序中的法律地位和诉讼职能缺乏明确清晰的定位，以致在实务上存在不同的认识、主张和不同的做法。[①]

其二，在实务指导层面，无论是最高人民检察院发布的司法解释还是其内部有关部门发布的指导性文件，在检察机关及其检察人员出席二审法庭的问题上，表现出明显的重抗诉轻上诉的倾向，对于检察人员出席二审抗诉法庭的问题作了比较多的规定，如最高人民检察院及有关部门先后发布了《关于刑事抗诉工作的若干意见》及《刑事抗诉案件出庭规则（试行）》两个文件，但对检察人员出席二审上诉法庭的问题几乎没有发布专门的司法解释或指导性文件。

其三，在思想观念上，对于检察机关作为法律监督机关的定位存在一定的认识偏差，具体表现在两个方面：一是重视和强调对被告人不利的抗诉和对不正确上诉意见和理由的反驳，而轻视和忽略对被告人有利的抗诉及对正确上诉意见和理由的支持；[②] 二是过分强调检察机关的监督而忽视遵循诉讼原理依法进行监督的问题。例如，《刑事抗诉案件出庭规则（试行）》第6条第2款规定，上级人民检察院不支持下级人民检察院提出的抗诉意见和理由，但认为原审判决、裁定确有其他错误的，应当在支持抗诉意见书中表明意见和理由，

---

① 多年来理论界对此问题主要有三种观点，参见陈卫东、李玉华：《刑事二审程序中检察机关的职能与定位》，载《法学杂志》2004年第11期；笔者对此提出新的观点，参见顾永忠：《二审出庭检察人员诉讼职能定位——维护法律的正确实施》，载《检察日报》2008年4月28日。

② 参见项谷：《刑事第二审程序审理方式之完善》，载《华东政法学院学报》2006年第3期。

并且提出新的抗诉意见和理由。其中"提出新的抗诉意见和理由"就是提出"漏抗"问题，这实际是对不告不理的诉讼原理和法定抗诉制度的冲击。

综上，无论以上所述存在的问题还是对造成这些问题的原因进行分析，归结起来涉及的是检察权在刑事二审程序运行中如何配置的问题，其中既有与审判权的关系问题，也有与当事人及其他诉讼参与人的诉讼权利的关系问题。笔者认为，在刑事二审程序运行中，应当科学、公正地配置检察权。所谓"科学"，是指检察权在二审程序运行中的配置应当遵循诉讼原理和诉讼原则；所谓"公正"，是指检察权在二审程序运行中的配置应当有利于维护和保障当事人的诉讼权利，有利于审判机关依法独立行使审判权，有利于实现司法公正。以下分别从二审程序运行中抗诉和上诉两个方面具体论述检察权的科学、公正配置问题。

二、二审程序运行中抗诉权的科学、公正配置

在刑事二审程序中，检察权的集中体现是抗诉权。我国现行刑事诉讼法将对一审裁判的抗诉权明确赋予检察机关，这种权力配置对审判权来说是很大的制约，对维护和实现司法公正具有重要意义。但是，抗诉权的配置及其行使并不是随意的，而应当是科学、公正的。前面所述司法实践中抗诉权的行使之所以存在那些问题，就在于对于抗诉权的科学、公正配置缺乏正确的认识和理解。应该说，我国现行刑事诉讼法对于抗诉权的配置实际上已经蕴涵着遵循科学的诉讼原理和追求公正的诉讼目标的内在要求。主要体现在以下几点：

其一，对一审裁判有权提起抗诉的只能是与第一审法院同级的地方各级检察机关，上级检察机关对于一审裁判无权提起抗诉。这是因为一审程序的启动及一审裁判的作出都是因与一审法院同级的检察院提起公诉而发生的，没有公诉的提起就不会有一审程序的启动和一审裁判的作出，这是控审分离、不告不理诉讼原理的基本要求和体现。上级检察机关并未介入或参与一审程序，对于一审裁判理应无权提起抗诉。

其二，原审检察机关对于一审裁判提起抗诉必须是基于"认为本级人民法院第一审的判决、裁定确有错误"，并且应当以"抗诉书"的形式提出。由此表明检察机关对一审裁判提出抗诉是以认为一审裁判"确有错误"为前提的，这是提出抗诉的正当性基础。而所谓"确有错误"不仅包括对被告人有利而需要提出抗诉的错误，也包括对被告人不利而需要提出抗诉的错误。也就是说，提起抗诉不仅要有对被告人不利的抗诉也要有对被告人有利的抗诉，这是我国检察机关作为法律监督机关的使命所在。

应当指出的是，我国现行刑事诉讼法对于当事人提出上诉与检察机关提出抗诉的法定理由的要求是不同的，前者是"不服地方各级人民法院第一审的判决、裁定"，后者则是"认为本级人民法院第一审的判决、裁判确有错误"。这意味着检察机关在考虑是否提起抗诉的时候，不能把自己看做一般诉讼意义上的当事人，只要一审判决没有支持自己的公诉主张，就可以表示"不服"进而提起抗诉，而应当跳出"一审公诉机关"的立场，从检察机关作为法律监督机关的高度重新审视自己的公诉主张是否正确，审视一审裁判是否确有错误进而作出是否提起抗诉的决定。此外，检察机关还必须以"抗诉书"的形式提出抗诉，而不能像当事人那样既可以书面提出也可以口头提出。

原审检察机关提起抗诉必须以认为一审裁判"确有错误"作为法定理由，并且必须以书面形式提出，这不仅是对行使抗诉权的内容和形式的要求，意味着对启动抗诉权本身的

约束，而且也是对抗诉程序运行的规制，表明审判机关对抗诉的审判活动应当在此范围内进行，原审被告人及其辩护人的辩护活动也将针对抗诉书表达的抗诉内容展开。否则，二审法院将无以审判，原审被告人及其辩护人也将无以辩护。这是控审分离、不告不理诉讼原理在二审程序中的必然要求和体现。

其三，原审检察机关对一审判决的抗诉必须在十日内提出，对一审裁定的抗诉必须在五日内提出，这不仅意味着在上述期限后不可以再提起抗诉，而且意味着即使在此时限内提起了抗诉，在此时限后也不可再对抗诉内容进行增加，即在原有基础上提出新的抗诉内容。如果抗诉的提出不受时间的限制，不仅可以在抗诉期限内提出，而且可以在抗诉期满后增加抗诉内容，那就丧失了诉讼活动的基本属性之一——时间性。任何诉讼活动、诉讼行为都必须是在法定的时间范围内进行或完成，这是诉讼的基本原理之一，也是诉讼的基本属性之一。

其四，上级检察机关对于下级检察机关提起的抗诉，有权进行审查。如果认为抗诉不当，可以撤回抗诉；相反则应当出席二审法庭支持抗诉。刑事诉讼法这样规定既体现了各国普遍实行的检察机关一体化的特征，也表明了上级检察机关在二审抗诉程序中的地位和作用。

综上所述，我国现行立法对于抗诉制度的规定，特别是其中对于检察机关抗诉权的配置，已经体现了遵循科学的诉讼原理和追求司法公正目标的要求。在司法实践中，上级检察机关及其检察人员在抗诉程序中或者在上诉程序中提出漏抗问题，包括已经提出抗诉的案件中的漏抗问题和在上诉案件中提出此前没有提出抗诉的问题，都是不符合刑事诉讼法对于抗诉权的科学、公正配置的要求的。

但是，笔者并不主张对于漏抗问题视而不见，放任不管。相反，笔者认为应当通过对检察机关系统内部的职权配置解决这一问题。实际上，漏抗问题的发生在实务操作层面源于下级检察机关在考虑是否对同级法院的一审裁判提出抗诉时，事先一般不与上级检察机关请示沟通，而是在正式提起抗诉后才向上级检察机关报告并移送有关案卷材料。这就使那些下级检察机关本应提出抗诉却没有提出的漏抗问题到二审程序运行中上级检察机关才得以发现并要求二审法院予以纠正，但往往遭到原审被告人或上诉人及其辩护人的坚决反对，法院通常也不予审判。

针对这一问题，笔者主张在检察机关系统内部，上下级检察机关应当建立一种针对一审裁判是否应当提出抗诉的事先请示沟通机制。通过这一机制，最大限度地消除上述两类漏抗问题。具体内容是，一审裁判宣告后抗诉期限届满前，在下列情形下，下级检察机关应向上级检察机关主动请示，就有关案件应否提起抗诉进行沟通：一是一审判决宣告被告人无罪的；二是一审判决改变指控罪名的；三是一审判决免除被告人刑罚的；四是一审判决在不具有或不成立法定减轻处罚情节下，减轻判处被告人刑罚的；五是一审判决适用法定刑幅度错误的；六是其他必要情形。

其实，这样处理漏抗问题，在《人民检察院刑事诉讼规则》中已有初步规定，但不够完备。该规则第403条第2款规定："上一级人民检察院在上诉、抗诉期限内，发现下级人民检察院应当提出抗诉而没有提出抗诉的案件，可以指令下级人民检察院依法提出抗诉。"但这一规定并没有落到实处，即上级检察机关如何发现下级检察机关应提出而没有提出抗诉的问题没有正常的机制或途径。如果如笔者所言建立起这一机制，这一问题在很大程度上就可以解决。至于上下级检察机关请示沟通的时间应该没有问题。据了解，现在全国检察机关上至最高人民检察院下至任何一个基层人民检察院都已实现联网。上下级检察机关完全可以通过网络视频系统解决这一问题。

对于在刑事二审程序中包括抗诉程序和上诉程序中，检察机关能否提出漏抗的问题，有人曾以现行刑事诉讼法第186条关于"第二审人民法院应当就第一审判决认定的事实和适用法律进行全面审查，不受上诉或者抗诉范围的限制"作为依据持肯定的态度。① 其实，这是一种错误的理解。全面审查原则是要求二审法院对案件进行审理时不能只审查上诉或抗诉提出的问题，还应当审查上诉或抗诉中没有提出的问题，但并不是完全抛开上诉、抗诉意见和理由，对案件重新进行全面审判。如果是这样，岂不等于没有上诉、抗诉的提出，二审法院也可以启动二审程序。同样，如果是这样，二审法院岂不可以对重罪轻判的上诉案件进行加重改判，而不受上诉不加刑原则的限制。显然，这是不可能也是不允许的。全面审查不等于全面审判，二审法院对二审案件的裁判必然要受上诉或抗诉范围的限制。漏抗问题超出了抗诉或上诉的范围，不属于二审法院依法应当裁判的问题。

此外，还有人认为，对于漏抗问题不应当一律不允许提出纠正，应当区别不同情况多元化处理。笔者不同意这种主张。任何多元化都应当以正当性为基础。前已指出，在二审程序中要求纠正漏抗问题不具有正当性，那么多元化的主张就是缺乏正当性基础的。

三、二审上诉程序运行中检察权的科学、公正配置

二审上诉程序是因当事人依法提起上诉而发生的。在二审上诉程序中，检察机关的职权是什么，我国现行刑事诉讼法对此问题的规定远不如对抗诉程序中检察机关的职权规定得那样清楚、全面。目前刑事诉讼法只是规定，第二审人民法院开庭审理因当事人提出上诉的公诉案件，同级人民检察院应当派员出庭，但是出庭检察人员的职权是什么，法律上没有规定。

由于刑事诉讼法对这个问题没有规定，以致一些检察人员对于检察机关在二审上诉程序中的职权是什么，在认识上和掌握上都存在相当的偏差。有的人把出席二审上诉法庭的检察机关及其检察人员等同于出席一审法庭的检察机关及其检察人员，认为检察人员在二审法庭上提出对上诉人不利的诉讼主张和理由是天经地义的，而提出对上诉人有利的诉讼主张和理由则有点"名不正，言不顺"，与检察机关的天职及检察人员的身份不符。笔者在调研中了解到，不少检察人员对于出席二审抗诉法庭心态积极行为主动，而对于出席二审上诉法庭则心态消极行为被动。特别是当他们认识到上诉意见和理由是正确的，一审裁判确有错误时，有的人往往感到难以表态，处境尴尬。有的检察人员还提出，检察人员对于二审上诉案件应当享有出庭的选择权，以避免出现这种尴尬的局面。

事实上，在仅有上诉没有抗诉的二审程序中，原审检察机关并不参与其中，只有与二审法院同级的检察机关才派员出席其中开庭审理的二审法庭。显然此时的检察机关既不是公诉机关也不是抗诉机关或支持抗诉的机关，而是维护法律正确实施的负有客观义务的检察机关。在这样一个定位中，检察机关的职权应当是依法维护法律的正确实施。具体表现

---

① 参见苗生明、赵永红：《检察机关办理刑事二审出庭案件的实证考察》，载《人民检察》2007年第10期。

为，从履行客观义务的立场出发，以事实为根据，以法律为准绳，在不违反上诉不加刑原则的前提下，明确表达对一审裁判和上诉意见及其理由的支持或反对态度，即对于一审法院正确的判决或裁定给予维护，对上诉意见及其理由进行反驳；相反，对于正确的上诉意见及其理由表示支持，对错误的一审判决或裁定提出纠正意见。[①]

这样对二审上诉程序运行中检察机关的职权进行定位和配置，是符合科学的诉讼原理和维护司法公正的目标的。首先，在二审上诉程序中，检察机关既不是公诉机关也不是抗诉机关或支持抗诉的机关，它的诉讼立场超脱，完全可以从客观义务的立场出发，决定自己对原审裁判及上诉意见和理由的态度，在不违反上诉不加刑原则的前提下，对则支持，错则反对。其次，检察机关在二审上诉程序中表达的上述诉讼立场和诉讼主张，既没有离开一审裁判的范围，也没有超越上诉意见和理由的空间，并没有提出新的诉讼主张和理由，因此不违背控审不离、不告不理的诉讼原理。最后，参与二审上诉程序的检察机关，虽不是公诉机关也不是抗诉机关或支持抗诉的机关，看起来与一审裁判及上诉人并无关系，但其作为依法维护法律正确实施的检察机关参与二审上诉程序，既是其职责所在，又有利于司法公正的实现。

检察机关在刑事二审程序中的检察权，不仅仅涉及上述两个方面，还包括对刑事二审活动的法律监督等其他方面。但笔者认为，目前比较突出的主要是上述两个问题。而解决问题的出路主要不是检察机关系统外部的职权配置，而是检察机关系统内部的职权配置。只要我们遵循科学的诉讼原理，遵守反映诉讼规律的诉讼原则，从有利于司法公正的目标出发，通过对检察机关系统内部职权的科学、公正配置，这些问题是可以或在很大程度上获得解决的。

（作者单位：中国政法大学）

[①] 参见苗生明、赵永红：《检察机关办理刑事二审出庭案件的实证考察》，载《人民检察》2007年第10期。

浅议中国检察权的合理配置

胡金国

检察体制改革是整个司法体制改革的重要一环。当前，就检察机关的性质、宪法定位及检察权在具体职权中如何配置问题，在理论界展开了激烈的讨论。笔者试从中国检察制度的历史沿革及与西方国家检察制度比较，着眼本国现行国家宪政制度和国情，对中国检察权的性质、地位及其在具体职权上的配置进行初步探讨。

一、中国检察权的性质、地位概述

中国国家机关政权组织形式是人民代表大会制度下的"一府两院"制。检察机关是独立于行政、审判机关的专门的法律监督机关。因此，检察权，就其实质而言，就是一种法律监督权，这与西方立法、行政、审判"三权分立"的宪政体制下的检察权有所不同。但由于其主要又是通过参与各种诉讼活动来实现，因此从这一角度上讲，它又是一种司法权。检察法律监督权的这种司法性，是检察法律监督权与人大及其常委会的全权性监督权的重大区别之所在；检察机关既是法律监督机关，又是司法机关，具有双重属性。

中国检察权一般包括公诉权、侦查权和诉讼监督权三项基本的职权。其虽借鉴于西方检察制度，但其法律监督权的宪法地位决定了其职权要大于西方国家的司法监督范围；虽直接渊源于前苏联的检察制度，但由于宪法确立了人民代表大会及其常委会的全权性监督权（如立法监督、抽象行政行为监督权等），因此其职权又小于前苏联的检察监督权，其一般监督权（如抽象行政行为监督权）则由人民代表大会及其常委会行使；虽始于中国古代御史制度，但又仅限于对国家公务人员（官员）职务犯罪活动进行法律监督，取消了类似于御史制度中带有行政色彩的监察权，对公务人员（官员）的一般违法违纪行为交由纪检监察机关行使。这就是在人民代表大会宪政制度下具有中国特色的检察制度。

因此，中国检察权的配置应遵循的规律是：立足于本国的宪政体制和历史法律文化传统等国情，紧紧围绕法律监督进行合理配置，有所拓展，有所限制。

二、赋予检察机关公益诉讼权，是检察公诉权的进一步拓展，是国家追诉权的应然范围

刑事公诉权作为基本内容存在于检察权中，是广大社会公众和绝大多数专家、学者所能接受和认可的。但是，在民事、行政诉讼中，是否赋予检察机关公益诉讼权却存在较大的争议。目前在理论界，有不少专家、学者建议赋予检察机关公益诉讼权，并旁征博引，详加论证。笔者也甚是赞同，认为无论是从检察机关的宪法定位，还是从维护国家、社会公共利益、保护作为社会弱势群体特定当事人重大利益的现实需要，抑或与西方国家的检

察制度比较、借鉴，均应当赋予检察机关民事、行政诉讼公诉权。

诚然，民事、行政诉讼遵循的是当事人"意思自治原则"，国家一般不予干预，当事人的民事权益受到侵害时，他有权选择"诉"与"不诉"。但是，基于"取证难"及遭遇"执行难"、"赢了官司输了钱"的尴尬等种种原因，当其"不知告、不敢告、不愿告"① 而选择"不诉"，主动放弃权利主张却有损于国家或集体（公共）利益时；当民事违法行为直接侵害国家利益或社会公共利益（如体制改革中出现的国有资产流失、环境污染等）受害人为不特定的多数人无代表人提起诉讼时，等等。这就在客观上迫切需要国家权力的介入，由一个既可代表国家利益，又可代表社会公共利益的国家权力机关，以国家公诉人的身份代为提起诉讼，以启动审判程序。而这个国家机关则非检察机关莫属。

首先，民事、行政诉讼当事人一方放弃起诉权或无当事人提起民事、行政诉讼，且不说其（国家、社会公众）权益得不到法律保护，其本身说明了代表广大人民意志通过国家制定或认可的法律得不到贯彻实施，由国家法律调整的权利义务关系、良好的法律秩序得不到维护，被破坏了的法律秩序得不到恢复。而我国检察机关是国家法律监督的专门机关，其通过各项诉讼的、非诉讼的职权活动行使国家法律监督权，旨在维护国家法律的统一贯彻实施，这正是检察机关法定职责范围内的事。

其次，公诉权本身就是检察权中的一项核心职权，是法律赋予检察机关代表国家行使追诉权的重要表现形式，故也有学者把检察机关称为公诉机关。在我国，虽然"公诉"仅指刑事公诉，这是因为一直以来，法律只赋予检察机关刑事公诉的职权，并未说明"公诉"这一概念的外延仅指刑事公诉活动。当用在刑事诉讼中，则属刑事公诉；当用在民事、行政诉讼中，则属民事、行政公诉。因此，公诉权理应涵盖民事、行政公诉权。这可理解为对现行中国检察权之公诉权的进一步拓展，统一于国家追诉权之中。

再次，检察机关是由人民选举的代表大会产生的国家权力机关，既是国家利益的代表，又是社会公共利益的代表。当这些利益受到不法侵害时，理应代表国家，以国家公诉人的身份行使国家民事、行政追诉权②，以启动审判程序，达到维护上述权益的目的。

最后，提起民事、行政公益诉讼并非中国检察机关所特有，无论是英美法系国家还是大陆法系国家，都有关于检察机关提起民事、行政公诉的规定。例如，美国检察官有权决定并参与他认为涉及社会利益的任何行政诉讼案件；英国检察官对于公共权力机构的越权行为损害公民权益和社会公益的行政案件可以随时介入诉讼；法国、德国、日本也有类似规定，这些都值得我们借鉴。

这里需要指出的是，检察机关以国家公诉人的身份提起的民事、行政公益诉讼案件应当严格限制在特定的少数案件范围内。毕竟这些属于"私法"范畴，国家不宜干预过多，应当遵循"意思自治"原则。只有当国家利益、社会公共利益受到侵害又无特定当事人提起诉讼，或者特定当事人的重大利益受到侵害，无力取得国家救济，放弃诉讼又将损害国家、社会公共利益时，方可由检察机关代表国家提起公益诉讼。

---

① 孙谦著：《检察：理念、制度与改革》，法律出版社2004年版，第148页。
② 孙谦著：《检察：理念、制度与改革》，法律出版社2004年版，第149~150页。

三、将刑事判决变更执行监督诉讼化，将民事、行政判决执行
纳入检察监督范围，是检察法律监督的应有之义

诉讼监督权也是检察机关一项重要的职权，其包括的内容较多，实现形式也呈多样化，有司法形式的，也有类似于行政的非司法形式的。检察机关对大部分诉讼领域的监督权是法律规定现实存在的，这是由检察机关法律监督地位决定的，也是检察机关行使国家追诉权的合理延伸，有其存在和保留的合理性和必要性。通过多年的司法实践，有些诉讼监督已比较成熟，制度比较完善，也取得了相应的监督效果。例如，刑事抗诉、不捕不诉、追捕追诉，甚至包括一些纠正违法通知、检察建议等，这些应当继续保持其应有的监督作用，在此不再赘述。但也有些监督效果不理想，甚至流于形式，如刑事判决变更执行监督等；有些属诉讼监督的真空地带，如民事、行政判决执行监督。在研究检察权配置时，对这些也应当给予充分考虑，该完善的继续完善，该增设的要予以增设。

（一）进一步完善刑事判决变更执行监督，将检察监督诉讼化

众所周知，我国检察机关对刑事判决执行的监督除对死刑立即执行的临场监督和对监管、执行场所的一般监督外，对判决执行的变更监督，如减刑、假释等，基本上是一种"事后"监督。按我国刑事诉讼法的规定，减刑、假释由执行机关或监管部门提出建议，由有管辖权的人民法院予以审核裁定。刑事诉讼法第222条规定："人民检察院认为人民法院减刑、假释的裁定不当，应当在收到裁定书副本后二十日以内，向人民法院提出书面纠正意见。……"从这一规定本身可以看出，将本该置于中间环节的检察监督权却置于了最后环节，且只有提出"纠正意见"权，这显然是对检察监督权的一种弱化，不符合刑事诉讼权力制衡的司法规律。从诉讼的角度看，执行是诉讼的最后阶段，执行变更是执行的延续，明显是一种诉讼活动。从这一制度的设置上看，执行、监管机关集监督改造，对被监管人现实表现的评价及启动减刑、假释审核裁定程序于一身（有些类似于普通刑事案件的立案权、侦查权、起诉权交由某一部门行使），加之法院多停留在书面审核上，其弊端是不言而喻的。因此，从权力制衡的角度考虑，应当将检察机关的监督权前置，将其纳入变更执行诉讼中去，而不是将其排斥在诉讼之外（提出"纠正意见"实际上是一种行政性非司法化的形式）。可以建构成：由执行、监管部门负责收集认为应当引起变更执行的事实材料和依据，并提出具体的意见交由有管辖权的检察机关审查（并赋予复核权），认为变更执行符合条件，再由检察机关提出变更执行建议移送相关法院，启动审核裁定程序，由法院在相关人员（如监管人员、被监管人员、原案被害人等）参加的情况下开庭审理作出变更与否的裁定。这既有利于防止不该变更执行的人由于缺乏监督而作出不恰当的变更执行裁定，同时通过检察机关提前主动介入又可防止确实符合变更执行条件的人得不到及时变更执行，从而彰显法律的公正性。

（二）将民事、行政判决执行监督纳入检察法律监督范畴

检察机关对于民事、行政判决的执行监督，在我国还是个空白，出现了权力监督的真空地带。在国外，不论是大陆法系国家法律还是英美法系国家法律，目前笔者也未发现有

类似规定，大概缘于民事、行政诉讼纯属"私权利"、充分尊重"意思自治"原则或"三权分立"下"司法"高度独立之故。我国实行的是人民代表大会制度下的"一府两院"模式，行政、审判、检察三权相对独立又互相制衡，且检察机关专司法律监督之职，确保国家法律统一贯彻执行。当前，民事、行政判决执行难在我国已不是新鲜事，原因是多方面的，有当事人规避执行义务，甚至暴力抗法的问题，也有执行部门自身的问题。但不管怎样，国家审判机关代表国家依法作出的判决得不到执行，当事人（国家、社会公共）利益本身得不到保障不说，法律的尊严、国家的公信力、社会的秩序将无一不遭到损害。在遭遇"执行难"困惑之际，适度确立检察机关介入制度，无论是协助法院的执行还是监督法院的执行无疑都有其积极意义。

四、职务犯罪侦查权是检察机关法律监督的另一种重要形式，应予保留并有所限制

职务犯罪侦查权是检察机关的另一项职权，也是目前争议较大的一项权力。可以说自从赋予检察职务犯罪侦查权以来，其一直受到质疑，特别是近年来围绕是否赋予检察机关职务犯罪侦查权争论不休。纵观多年来的检察实践，笔者认为，检察机关的职务犯罪侦查权之所以受到质疑，并不在于确立检察机关职务犯罪侦查权本身，而是检察机关在运行这一职权时有不尽如人意之处，特别是在 1998 年教育整顿之前，由于执法不够规范，甚至个别地方出现以权谋"私"（搞创收）等现象，在社会上造成不良影响。就权力配置来说，赋予检察机关职务犯罪侦查权是合理的。检察机关对职务犯罪行使侦查权，是检察机关对国家公务人员在公务活动中是否依法进行的法律监督，是法律统一实施的最低限度标准的保障，只有当其公务活动的职务行为构成犯罪，需要予以刑事追究时才予以监督[①]，这既符合中国检察权法律监督的宪法地位，同时也是对前苏联检察权和中国古代御史权的继承和发展。就是欧美等西方国家的机关（检察官）对公务人员的职务犯罪行为也拥有广泛的侦查权。如果职务犯罪侦查权也交由公安机关行使，基于我国现行体制和公安机关的宪法地位，显然是力不从心的。因此，检察机关职务犯罪侦查权的配置本身是合理的，无可非议。

我们应当把视角放在如何进一步规范检察机关职务犯罪侦查权的运行机制上。社会上曾一度提出"公安、法院办案由检察院监督，检察院办案由谁来监督"之类的质疑。说检察机关办案无人监督是有所偏颇的。从大的方面来说，有党委、人大、新闻媒体、社会公众的监督；从小的方面（内部）来说，有内部监督制约；从横向来看，有公安、法院之间的互相监督（公安的申请复议、法院的最终裁决）。但从另一种角度上看，这种质问也有其道理，主要是"缺乏"专门的法律监督。如果说有的话，由于法律专门监督机关只有一个，那就是检察机关自己，这无疑在说自己监督自己，难免有偏袒之嫌。尽管近年来，为了加强对检察权的监督制约，检察机关在这方面做了大量工作，先后推（试）行了特邀检察员制度、人民监督员制度和案件质量督察员制度等，并先后制定、完善了许多办案规范，形成了一整套监督制约机制和执法规范，这对规范检察机关办案、加强对各项检察权（含职务犯罪侦查权）运行的内外监督无疑发挥了重要作用。但是，上述一些监督措施都是检察

---

① 孙谦著：《检察：理念、制度与改革》，法律出版社 2004 的版，第 54 页。

机关自行设置的，说到底还是带有"内部"性质的。这些监督制约机制的力度仍然有限，难以从根本上取消社会公众的疑虑。

为了从诉讼制度上彻底解决这个问题，笔者拟提出一个大胆的设想：职务犯罪侦查权仍然交由检察机关行使，但有所限制。可构建为：立案决定权和决定逮捕权交由除检察系统以外，与检察机关系纵向、有监督或领导关系的有关机关，如人大及其常委会行使，并赋予相应的侦查质询权。其他侦查权（包括刑拘权）和诉与不诉（这是检察机关的当然权力，具有不可替代性）全由检察机关行使。这个机关，要么是人大及其常委会，要么是党的纪律检查委员会。这两个机关有一个共同的特点，那就是都对国家公务人员的职务活动有监督权。有大部分公务人员的职务都是由人大选举或任命的，人大有权选举或任命，也有权罢免和撤销，对职务犯罪行为也可以赋予其决定是否追究或采取强制措施的权力。纪律检查委员会也一样，不足的是对非党员干部行使这些权力有点名不正言不顺。他们行使这一权力的方式是非诉讼的行政决定形式，有点类似于英美法系国家基于"令状主义"发布逮捕令一样，不同的是他们是由法院发布（我们不能照搬他们的做法，因为法院或行政监察、行政司法部门是与检察机关并行的行政、审判机关）。因为职务犯罪是一种特殊主体的犯罪，不同于一般的普通刑事犯罪，所以在程序设置方面也应有其特殊性。这样一来，既可以防止草率立案、立凑数案等，又可以防止大事化小小事化了，最后不了了之的现象，最大限度地提高办案质量；既赋予了检察机关职务犯罪侦查权，又对之有所限制，也就不会再有人提出"检察机关办案谁来监督"的问题；同时，由于立案是他们决定的，逮捕令也是他们发布的，可以大大减轻检察机关的办案阻力。

五、确立检察"发案知情权"、完善检察"提前介入"制度、赋予检察机关特定案件侦查权对于加强侦查监督是十分必要的

在谈到检察机关侦查权时，除了职务犯罪侦查权外，有学者提出，检察机关对普通刑事案件也应拥有部分侦查权（恢复1979年刑事诉讼法关于检察机关侦查权的规定）、侦查指挥权，[1] 甚至有人提出公安机关立案决定权应由检察机关行使。[2] 无论是检察机关对普通刑事案件的立案决定权问题，还是侦查权、侦查指挥权问题，都属诉讼监督之侦查监督权问题，是侦查化了的监督权。基于现行法律和司法实践考虑，笔者认为，赋予检察机关立案决定权和侦查指挥权实在没有必要，为了切实加强侦查监督，赋予检察机关发案知情权和特定案件立案侦查权及撤案审查权却是很有必要的。

（一）赋予检察机关立案决定权对立案监督的作用其实并不大

立案决定权交由检察机关行使，无疑说明了侦查机关需要立案侦查的案件须由检察机关批准，旨在防止不该立案追究的进行了追究。从司法实践上看，侦查机关很少将不需要

---

① 白新潮：《中国检察权的定位及其权力配置》，载刘佑生、石少侠主编：《规范执法：检察权的独立行使与制约》，中国方正出版社2007年版，第99页。

② 吴早春、徐瑾、倪培兴：《司法体制改革中的中国检察权及其权力配置问题刍议》，载刘佑生、石少侠主编：《规范执法：检察权的独立行使与制约》，中国方正出版社2007年版，第117页。

追究刑事责任的案件立案侦查并予以追究，相反倒是应当立案侦查追究刑事责任的案件不予立案，甚至"以罚代刑"现象居多。因此，赋予检察机关立案决定权对于加强立案监督意义不大。况且，我国刑事诉讼法第 87 条已赋予检察机关"通知立案"权。

（二）"发案知情权"是检察机关实行立案监督的前提

如前所述，我国刑事诉讼法已赋予检察机关"通知立案"权，据此检察机关认为公安机关对应当立案侦查的案件而不立案侦查的，或基于被害人的申请，可以通知公安机关立案侦查。但是，这里有个前提，即检察机关如何发现公安机关应当立案而未立案的案件？立案监督的前提是要检察机关应当知道发生了什么案件。按照诉讼程序，检察机关的诉讼监督多为"流程式"监督，即案件"流到"检察机关，检察机关才能实行监督，如果案件根本就没有"流到"检察机关，检察机关想监督也难。试想一个根本就没有立案的案件，检察机关连到底发生了什么都不知道，怎么监督？因此，赋予检察机关"发案知情权"就显得尤为重要。而解决这个问题的办法就是建立检察机关"发案登记备案"制度，即当事人向公安机关报案后，在规定的时间内，公安机关应向检察机关报送备案。

（三）"提前介入"制度是中国式的"侦查指挥"机制

提前介入普通刑事案件侦查活动是检察机关长期以来一直坚持下来的，也是被实践证明了的行之有效的做法，主要是限于重大刑事犯罪案件，检察机关派员出犯罪现场，一方面引导侦查机关调查取证，另一方面监督侦查机关的侦查活动。而西方国家所谓的侦查指挥权，是基于"侦诉一体化"而设置的，其功能与我们的"提前介入"制度大体相仿，差别不大，只是它们的侦查机关对检察机关的依赖性大些，而我国的侦查机关独立性相对较强，对侦查的指挥只是停留在"引导"层次上，这是由我国国情决定的。我国刚步入法治社会，公安侦查机关在维护社会稳定方面仍然是十分重要的一支力量，具有较大的相对独立性，且治安警察与刑事警察未作严格分离，公安机关也具有行政、司法双重属性，因此要像西方国家那样，基于"侦诉一体化"而对公安侦查活动进行全面指挥是不现实的。"提前介入"就是中国式的"侦查指挥"机制，仍然可以发挥其应有的作用，可以通过立法形式加以确定和完善。

（四）赋予检察机关特定案件立案侦查权和撤案审查权是强化侦查监督的重要内容

目前，"补充侦查"权是检察机关对普通刑事犯罪案件享有侦查权的唯一形式。1979年刑事诉讼法赋予检察机关"认为需要由检察机关直接立案侦查的其他刑事犯罪案件"直接立案侦查权，刑法和刑事诉讼法修改时将这一规定予以删除。笔者认为，根据"权力制衡"理论，侦查权应当主要由公安机关行使，这是检侦分离的必然要求。但也应赋予检察机关对一些特定的刑事案件享有立案侦查权，这是加强侦查监督的需要，从而作为侦查权的一种补充，使国家追诉权得以充分的实现。在赋予这种权力时，又不能简单地恢复 1979年刑事诉讼法的规定。1979 年刑事诉讼法的规定太抽象、太笼统，弹性也很大，容易作无限制的扩张解释。应当采取列举式加以严格限制，如公安机关不立案侦查、经检察机关通知立案仍不立案的案件，不宜由公安机关侦查的其他案件，等等。

如果说赋予检察机关"发案知情权"可以有效地防止侦查机关"有案不立"的话，那么赋予检察机关"撤案审查权"则不失为防止侦查机关"立而不查、查而不破、破而不究"的一种有效措施。实践中，"久立不查、查而不破、破而不究"现象并不少见。除确系案情本身复杂，一时难以侦破、虽已侦破但关键证据未找到或销毁无法追究或出现了法定不能追究的等情形而作撤案处理外，还存在不少其他非正常原因作撤案处理的案件。如果赋予检察机关"撤案审查权"，在诉讼制度、程序上设置为：公安侦查机关拟作撤案处理的案件必须报同级检察机关审查批准。这样就可以大大地减少基于其他非正常原因作撤案处理的现象。

（作者单位：江西省鹰潭市人民检察院研究室）

实践视野下加强与完善检察权初探

蒋玲玲

一、检察权的定性与目前我国检察权的内容

（1）检察权的性质。关于检察权的定性之争由来已久，我国学术界存在较大争议，目前主要有以下几种观念：一是行政权说，即认为检察权就是行政权；二是司法权说，即认为检察官与法官同质但不同职，具有等同性，检察官如同法官般执行司法领域内的重要功能；三是行政、司法双重属性说，即认为检察权和检察官兼具行政与司法的双重属性；四是法律监督权说，即认为法律监督才是检察权的本质特点，司法属性和行政属性都只是检察权的局部特征[①]。笔者以为，以上四种观点均未能够准确、完备地说明检察权的性质。因为在我国检察权不仅包括法律监督权，还包括侦查权和公诉权。虽然宪法规定检察机关是我国的法律监督机关，但检察机关不仅仅行使法律监督职能。而且检察机关既不同于一般的行政机关，也不是纯正的司法机关。因此，关于检察权的定性，笔者认为其既不是行政权、司法权，也不是法律监督权，检察权就是检察权，是一种符合司法规律、服务司法实践的特殊权能。

（2）我国目前检察权的内容。我国目前检察权的基本内容可以概括为三个方面：一是对直接受理的刑事案件进行侦查，这部分侦查权由反贪污贿赂局和反渎职侵权局执行；二是对刑事案件提起公诉，公诉权是检察机关一项十分重要的权能，既包括对侦查机关侦查终结的案件进行审查的权力，也包括根据审查结果决定起诉或者不起诉的权力；既包括决定起诉后出庭支持公诉的权力，也包括对法院的裁判提出抗诉的权力；三是对诉讼活动进行监督。监督主要有四个方面：对刑事案件立案侦查活动的监督、对审判活动的监督、对裁判结果的监督、对裁判的执行情况的监督。随着时代的发展，通过几十年的司法实践和检察理论研究、学习和借鉴世界先进国家成功经验，反思我国目前检察权的内容，我们发现我国检察权存在着一些很不完善的地方，需要加强和完善。

二、检察机关在运用检察权过程中存在的几个问题

笔者作为基层检察机关的一员，从办案实践出发，对所在检察机关近两年来在运用检察权的过程中出现的典型案例进行分析。通过分析总结，找出问题，引发几点思考。

[案例1]：陈某妨害公务一案。2007年10月的一天，陈某无证驾驶一辆摩托车路过一

---

① 陈卫东：《我国检察权的反思与重构——以公诉权为核心的分析》，载《法学研究》2002年第2期。

十字路口，遇交警王某正在执行道路交通整治任务。王某上前要求陈某出示驾驶证等证件，陈某不予配合，并与王某发生争吵。此时在一旁协助执勤的交通协管员上前抓住陈某，并准备扣车。陈某将交警王某打伤，致其轻微伤。公诉机关审查后认为陈某犯罪情节轻微，可作相对不诉处理，但由于上级对不诉率的控制，最后决定移送法院判决。法院判决陈某构成妨害公务罪，判处有期徒刑1年，缓刑1年。

思考： 检察机关应该如何科学运用不起诉裁量权？如何完善这一制度，用好这一权利？

此案存在以下情节：一是交通协管员执法方式欠妥；二是犯罪嫌疑人陈某已深感悔悟，真诚认错。承办人经审查认为陈某符合相对不诉的条件，可作相对不诉处理。但在此期间该市违反交通规则的现象比较严重，正值道路交通安全专项整治时期，考虑到法律效果与社会效果的统一以及上级检察机关对不诉率的控制，从而没有作相对不诉处理。实践中有许多案件若作相对不诉处理，足以使犯罪嫌疑人得到教训、改过自新，符合教育、挽救之刑事政策，能够达到理想效果。然而，由于起诉裁量权制度的缺陷，致使其在实践过程中运行不畅，导致不能充分发挥作用、体现价值。

[案例2]： 李某故意伤害一案。2008年1月的一天晚上，李某的父亲在其店门口摆烧烤摊，被害人汪某因倒车要求李父避让从而与李父发生口角。汪某随即叫来同伴周某与陈某（三人均为城管人员），周某踢了李父的摊车，李某闻讯从店里赶来，打了周某一拳。之后李某见对方人多，于是迅速往自家店里跑，汪、陈二人前去追赶，进店后，汪、陈二人将李某扑倒在地。此时，正在李某店里玩耍的李某的朋友"阿飞"持啤酒瓶向汪、陈二人头部砸去，后致陈某重伤甲级。"阿飞"随后潜逃。公安机关接报案后将李某抓获。公诉部门审查发现就目前的证据而言，认定李某犯罪证据不足。检察机关将该案退回公安机关补充侦查，公安机关随即将李某释放。

思考： 检察机关如何加强对公安机关侦查取证活动的监督、引导？

本案中，检察机关经审查认为就本案案情和证据情况，李某构成故意伤害罪证据不足。其理由在于李某在被对方扑倒在地之时，没有证据证实其与"阿飞"通谋，或暗示请求帮助。事发突然，"阿飞"的行为超出了李某的预料。故李某因缺乏共同犯意而不构成共同犯罪。犯意的有无直接决定罪与非罪，因此在办理此类案件过程中，公安机关应注意收集犯罪嫌疑人主观犯意方面的证据。检察机关如何加强对公安机关侦查取证活动的监督和引导，以提高诉讼效率，值得思考。

[案例3]： 黄某、冯某、查某故意伤害一案。2007年5月的一天，因冯某与被害人李某的朋友发生纠纷，黄某、冯某、查某等人密谋，冯某留在宾馆等候，黄、查二人驾车持枪将李某致轻伤乙级，同时致一位过路群众轻伤甲级。该案起诉到法院以后，法院判决冯某有期徒刑2年、缓刑2年，判决黄某有期徒刑3年，判决查某有期徒刑2年。

思考： 除了抗诉，是否有其他更为有效的途径对法院量刑情况进行监督？

该案法院判决冯某有期徒刑2年、缓刑2年的原因是冯某没有到案发现场，未直接参与枪伤被害人。检察机关审查后认为，对冯某量刑偏轻。首先，本案案发系冯某引起，黄、查二人是在冯的手下做事，且冯某参与了策划与分工。其次，本案被告人在市中心人流量大的地段开枪伤人，无视他人安危，并致无辜群众受伤，造成恶劣的社会影响。

实践中有许多案件存在法院判决欠合理的情形，偏轻偏重的情况时有发生。抗诉当然是法律赋予检察机关对法院判决进行监督的法定方式，但事后监督显然不足以监督量刑的过程。且抗诉的提起需要满足必要的条件，并且其法律效果的产生需要经过复杂的诉讼程序。事后监督并不是最佳的方式。那么，什么样的方式更有利于对法院判决活动进行有效的监督呢？笔者以为，量刑建议能有效解决这一现实问题。

通过案例分析，归纳起来，主要存在以下几方面的问题：

（1）我国检察机关起诉裁量权运用不足。目前，我国检察机关起诉裁量权的范围仅限于犯罪情节轻微且依法不需要判处刑罚或者免除处罚的案件，适用范围比较狭窄。实践中，检察机关适用起诉裁量权的案件比较少。而国外法律规定的起诉裁量权的范围要远远大于我国①。另外，随着辩诉交易制度和暂缓起诉制度的逐渐兴起，其起诉裁量权正在扩大。目前进行辩诉交易和暂缓起诉的国家已取得了明显的效果，其有利于诉讼的顺利进行，也有利于社会公平正义的实现，具有很大的价值与作用。因此，辩诉交易和暂缓起诉也是我国公诉改革的一个可尝试的方向。而起诉裁量权作为检察机关一项重要的权能，既有法律依据，又有实践支撑，理应发挥最大价值。

（2）检察机关发挥公诉职能、指控犯罪依赖于侦查机关收集的证据，因此检察引导侦查十分必要。其中既包括公诉部门对办理职务犯罪案件和渎职侵权案件的检察机关反贪和反渎职侵权部门的指导，也包括对办理刑事案件的公安机关侦查活动的指导。特别是对公安机关侦查活动的指导，由于分处于两个机关，两个体系，其中存在协调和沟通的问题。目前学术界有观点提出检警一体化，对公诉引导侦查提供了一个具有可操作性的模式。国外有检察官指挥警察的模式，英美法系国家的检察官在侦查方面可以对警察进行咨询和指导，提出建议和法律意见；大陆法系国家实行"检警一体化体制"，检察官拥有更大的侦查权②。可以说，这是一个有利的尝试与开拓。但就目前司法实践来讲，公安机关在办案过程中对证据的把握存在的问题可能直接导致公诉人在公诉活动中陷于被动，直至指控的失败。另外，由于两机关对证据的证明标准理解不同，而且侦查人员不出席法庭，因此对辩护人抗辩的方向的重点缺乏了解。为避免这种情况出现，使检察官指导侦查成为一种制度并对公安机关具有约束力，才能有利于诉讼的顺利开展。

（3）检察机关对法院判决、量刑活动监督制约不够。法院判决是司法程序的终结，对法院的监督显得尤其重要。法院判决、量刑是否公正、合理、恰当，是否体现公平、价值，程序与实体是否合法，直接影响被告人的权益以及社会正义的实现。而如若对法院的量刑情况不能进行有效监督，那么可能会出现类似情况得不到类似处理，使新的不公正予以出现，让建立在公平正义大厦之上的司法体制为之动摇，其后果是十分严重的。因此，检察机关应加强对法院判决活动，特别是量刑环节的监督，以维护司法公正，实现社会正义。

三、加强与完善检察权现实途径与建构

通过上面的分析可以看出，检察机关在我国法制建设和社会生活中担任着重要角色，而在现有的司法体制框架下，检察权的有效运行存在不足与制约。因此，我们应当以强化法律监督为主线，适当充实和完善我国检察机关的职权。

---

① 郝银钟：《检察机关的角色定位与诉讼职能的重构》，载《中国人民大学学报》2000 年第 6 期。

② 张穹：《当代检察官的职权》，载《检察日报》2000 年 6 月 2 日。

（1）转变执法理念，加强对公安机关立案、侦查活动的法律监督。

检察机关通过审查逮捕，可以更好地对公安机关的立案、侦查等活动进行法律监督。通过监督，既有利于执法活动的合法公正，又有利于对犯罪嫌疑人权益的保护。而检察机关如何有效加强对公安机关的监督呢？一是必须转变执法理念，在审查逮捕工作中要摒弃一切私心杂念，排除干扰阻力，克服观念倾向和情感意识，应当严格遵守证据标准，坚持以事实为根据，以法律为准绳。二是要从程序和实体两方面进行监督。对人民检察院依法不批准逮捕的犯罪嫌疑人，要注意公安机关是否存在没有立即释放而是采取超期羁押的现象。对于依法批准逮捕的，要审查公安机关在执行逮捕时是否符合法定程序。三是要加强对公安机关侦查活动的监督力度。要及时发现并制止其违法情形，向公安机关发放纠正违法通知，并要求在一定期限内将纠正情况通知人民检察院。如果公安机关拒不执行或者不完全按照人民检察院的要求加以纠正的，人民检察院可以向人事、监察部门提出检察建议，由人事、监察部门对有违法行为的公安机关及其工作人员作出相应的行政处罚。人民检察院也可以向上一级公安机关提出书面纠正意见，由上一级公安机关指令有违法行为的下级公安机关加以纠正。涉及渎职犯罪的，依法将案件线索移交到渎职部门处理。

（2）赋予检察机关量刑建议权，加强对法院量刑活动的监督。

量刑建议权，是指公诉人在出庭支持公诉的过程中，根据被告人的犯罪事实、犯罪情节、性质和社会危害性程度代表人民检察院建议人民法院对被告人处以某一特定的刑罚、刑期、罚金以及是否应缓期执行等方面提出具体意见的权利。目前学术界对此正进行着如火如荼的探讨。赋予检察机关量刑建议权，要求法官在判决书中对量刑建议的情况进行说明，是否采纳及其理由。这样能够对法官量刑活动进行有效的监督并为之提供参考，有助于促进量刑的实体公正；有利于发挥检察机关的法律监督职能和制约法官滥用自由裁量权，是防止司法腐败的一种有效途径；同时量刑建议有效地限制了法官的自由裁量权，使量刑活动在一个合理的框架内进行，而不是自由无度，这样量刑程序更加精密，量刑结果更加公平，从而有助于量刑的程序公正。而量刑建议如何实施，需要从制度的设计、方式等方面谈起。

第一，赋予检察机关量刑建议权。在修改《中华人民共和国刑事诉讼法》时，将量刑建议权作为检察机关的法定权利予以确定。只有从法律上赋予了检察机关这一权利，才能在实践过程中有效运用；才能使法院接受量刑建议，在法官量刑过程中作为参考；才能使量刑建议发挥其积极作用。

第二，量刑建议权的实施。首先是量刑建议的实施主体。由承办检察官负责提出量刑建议。如果案件经过检察委员会讨论，则将量刑建议一并提交讨论后提出。其次是提出量刑建议的程序。对于适用简易程序的案件，由于公诉人不出席法庭，检察机关可以在案件移送到法院时以量刑建议书的形式，作为起诉书的附页，与起诉书一并移送法院。对于依照普通程序审理的案件，则是在法庭辩论终结后由公诉人提出量刑建议的书面意见。提出意见之后，法官在判决过程中要予以考虑，在判决书中对是否采纳检察机关量刑建议进行评议和阐述。公诉人要对法院判决结果是否采纳量刑建议进行审查。如果不符则应考虑究竟是量刑建议还是判决结果出现了问题。在确定判决结果有误的情况下检察机关就应积极抗诉，切实履行审判监督的职责。最后是量刑建议书的内容及要求。应在量刑建议书中阐述具体的量刑理由，并可以提出刑种、刑期和执行方式，但要限定在一定的幅度之内。

（3）赋予检察机关刑罚执行监督过程中一定的实体权利，加强对刑罚执行的监督。刑罚执行监督，是指人民检察院依法对国家司法执行机关执行已经发生法律效力的刑事判决、裁定情况以及执行刑罚活动是否合法所进行的监督。它是实施法律监督的重要环节，是履行检察职能的重要内容。检察机关刑罚执行的监督对保障判决依法执行，维护司法公正有着十分重要的意义。而目前我国法律对检察机关刑罚执行的监督没有确定可行性的规定，以致出现监督不力的局面。因此，笔者建议赋予检察机关在刑罚执行过程中的调查权，刑罚执行方式变更和刑期变更的建议权，对不当适用减刑、假释、监外执行纠正权等权利。通过赋予检察机关上述权利，使监督得以有效落实，有法可依。这样才能真正发挥检察机关监督权能，使刑罚执行活动得到切实有效的监督，切实保障司法公正。

目前理论界和实务界关于司法规律与检察权的配置方面的争议、讨论仍在继续，而加强和完善检察权具有迫切的现实必要。因此，检察机关要进一步完善检察权能，进一步强化法律监督，以充分体现出其价值和作用，促进司法进步和社会和谐。

（作者单位：江西省景德镇市珠山区人民检察院）

经济犯罪侦查权的优化配置

柯葛壮　车敏义

经济的快速发展引发了社会经济安全的许多新情况、新问题。经济犯罪呈现迅猛发展的态势，且其类型越来越复杂，手段越来越专业，规模越来越庞大，危害越来越严重，而目前的侦查权配置尚不能完全适应日益复杂的刑事犯罪形势的需要。现在亟须我们按照党的十七大提出的"深化司法体制改革，优化司法职权配置"的要求，积极探索改革侦查体制，采取科学、合理的方法，优化经济犯罪侦查权的配置，以充分发挥国家职能部门对经济犯罪的惩治作用，提高对日益猖獗的经济犯罪的打击力度。

一、行政执法机关配置经济犯罪侦查权的设想

侦查权，是指国家侦查机关对刑事案件依法进行专门的调查工作和采取有关强制性措施，以查明犯罪事实，收集证据，查获犯罪嫌疑人的一系列权力。作为国家权力的重要组成部分，侦查权在世界各国都具有十分重要的司法职能，是其他刑事司法权运作的基础。刑事诉讼法对侦查权的配置作出了明确规定，根据这些规定，各类经济领域的经济犯罪的侦查权由公安机关及检察机关行使（走私犯罪案件中除走私假币犯罪案件外，其他走私犯罪案件由海关总署走私犯罪侦查局受理）。① 如此规定虽然存在使侦查权高度集中，便于统一指挥、快速作战的优势，然而并不足以解决实践中的诸多问题。例如，相对于财政、税务、工商、知识产权等专门机关而言，公安、检察机关存在着经济业务知识与技能不足的情况，同时在侦查取证上严重依赖专门机关，这就在客观上增加了办案环节和监督难度。因此，借助行政执法机关的力量，赋予其行使部分侦查权，配合公安机关、检察机关一起进行经济犯罪的取证调查工作，将有效地弥补现有侦查力量的不足。

在我国，对经济犯罪也已经开始实行专业化的侦查模式，设立专门的犯罪侦查机构。例如，根据打击走私犯罪的实际需要，1998 年海关总署和公安部联合组建了走私犯罪侦查局，专门负责在海关业务管辖区域内的走私犯罪案件的侦查工作。为切实维护金融市场秩序，2003 年我国公安部又专门设立了证券犯罪侦查局及六地直属分局，专门侦查证券期货领域的经济犯罪案件。但在其他经济领域，尚无专门的侦查机构。为了有效打击各个领域的经济犯罪，我们可以根据实际需要，分别设立相应的经济犯罪侦查局，如税务犯罪侦查局、知识产权犯罪侦查局，等等。

当前，为了实现专业化侦查，除采用专设侦查机构模式外，我们设想也可在行政执法机关和公安机关、检察机关之间重新配置侦查权，整合各机关的资源，提升总体效率。其

---

① 参见《中华人民共和国刑事诉讼法》第 3、4、225 条，《中华人民共和国海关法》第 4 条。

主要做法是将部分经济犯罪侦查权从公安机关转移到行政执法机关，充分利用现有各行政执法机关的力量，承担起经济犯罪侦查工作，形成行政执法机关、公安机关、检察机关协同作战、全面打击经济犯罪的新格局。

由于经济犯罪侦查权与行政执法机关的调查权在调查的内容和对象方面有一定程度的重合，行政执法机关在调查违法案件时，可以赋予它们一定的侦查权，采取"一竿子到底"的办案方式，一并解决犯罪调查问题。调查后发现构成犯罪的，直接向检察机关移送起诉。这样就略去了公安机关这一周转环节及其重复劳动，提高了刑事诉讼效率。

在行政执法机关配置经济犯罪侦查权，必然牵涉到权力范围、权力监督、权力关系等问题，也涉及相关体制改革问题，需要统筹考虑和配套措施的跟上。

1. 行政执法机关的强制措施问题。赋予行政执法机关一定的侦查权，主要是发挥行政执法机关在该领域的专业特长，具有广泛的调查权和非强制的侦查权，但在涉及人身权的强制措施的实施方面应有严格的限制和区别，不可像公安机关那样自行决定、自行执行。行政执法机关在查处经济犯罪案件中，发现确需拘留、逮捕犯罪嫌疑人的，应提请检察机关审批，以方便检察机关对人身强制措施进行司法审查和监督，保障强制措施使用的合法性和必要性。但行政执法机关对已经批准拘留、逮捕的犯罪嫌疑人，有侦查讯问权。

2. 拘留、逮捕的执行问题。行政执法机关需要拘留、逮捕犯罪嫌疑人，提请检察机关审批后，由谁来执行呢？对此有三种解决方案：其一，参照检察机关自侦案件的模式，检察机关批准拘留、逮捕后，交由公安机关执行；其二，赋予行政执法机关拘留、逮捕的执行权，由行政执法机关自己执行；其三，为检察机关配置拘留、逮捕执行权，并相应地在检察机关组建直属的司法警察，由检察机关交付司法警察执行。三种方案各有利弊，但都是可行的，关键是解决好拘留、逮捕的审批权，执行是次要问题，但从保持改革的稳定性来讲，采用第一种方案比较稳妥。

3. 取保候审、监视居住问题。对于经济犯罪嫌疑人需要适用取保候审、监视居住的，行政执法机关无权直接决定，而也应报请检察机关审批，并交由公安机关统一执行。

4. 加强检察机关的法律监督问题。赋予行政执法机关一定的侦查权，还应加强检察机关的法律监督和指导，尤其是在刑事侦查取证方面，也可引入刑事诉讼实践中实行的"检察引导侦查"的新机制。检察机关不仅是我国的法律监督机关，也是唯一的公诉机关，行政执法机关侦查终结的案件最终能否提起公诉，完全由检察机关审查决定。因而由检察机关对行政执法机关的侦查取证事先给予一些指导是很有必要的，以利于使证据的收集符合起诉的要求，经得起庭审的考验，保障取证工作沿着刑事诉讼的轨道顺利进行。

二、经济犯罪侦查权优化配置的意义

我们认为，为行政执法机关配置经济犯罪侦查权，实行经济犯罪专业化侦查模式是可行的，其对增强经济犯罪侦查力量，有效打击经济犯罪具有重要意义。

第一，建立经济违法犯罪查处一体化模式，缩减侦查成本，提高侦查效率。

行政执法机关是具体行使国家行政管理权的机关，为了保证行政管理权的实现，法律法规已经赋予行政执法机关诸多具体的管理权力。此外，法律还赋予行政执法机关针对经济违法案件的行政调查权，而且行政执法机关在执法时可以采用的措施较为灵活。一旦赋予行政执法机关侦查权，将使行政执法权、行政调查行为与侦查权、侦查活动保持高度衔接，在案件侦查终结后，直接移送检察机关，也可减少周转环节，节省公安机关的重复劳动，有利于效率的提高，避免造成不必要的拖延。同时，由于行政执法机关侦查终结的案件同样要受到检察机关在审查起诉阶段的审查复核，故案件质量也可获得同等保障。

第二，由行政执法机关调查本领域犯罪更具专业化。

侦查经济犯罪需要对经济领域专业知识以及相关法律、规章、政策非常熟悉的人才，这恰恰不是公安机关的强项。一方面，侦查人员往往不具备经济专业知识。由于种种原因，公安机关的侦查人员大多只接受过常规法律知识和侦查技能的培训，缺乏掌握市场经济运行规律所必需的会计、经济、外贸、工商管理、经济法等专业知识，搜集和分析证明经济犯罪所需的证据和信息的能力较差，尽管公安机关有一支专门的经济犯罪侦查队伍，但是由于许多经济犯罪案件都属于新型案件，造成案件侦查工作总体上跟不上犯罪变化，不能适应打击经济犯罪的实际需要。

另一方面，侦查人员对经济法律规范不够熟悉。经济犯罪主要规定在刑法第三章。但仅根据这些条文并不足以对经济犯罪作出准确认定。因为犯罪往往与经济纠纷交织在一起，情况复杂，所以定性困难。在实际判断某行为是否构成犯罪，是否需要立案侦查时，往往要以是否违法为前提。然而，我国经济法律法规数量繁多，除了全国人大颁布的法律、国务院颁布的法规以外，还有经常出台的部门规章，各省级机关发布的各种经济规范性文件。它们不仅数量多，而且随着市场经济体制的确立与完善，与市场经济有关的法律法规更替发展速度很快。若非专业人员，难以详尽把握。

而行政执法人员在职权范围内非常熟悉相关法律法规和政策，并在行使行政管理权的过程中充分了解行政管理相对人的基本情况，掌握相关资料。而这些材料往往就是发现和查处经济犯罪案件的重要线索和依据。

第三，避免行政执法与公安机关互相扯皮。

现行的法律规定对行政执法机关、公安机关关于查处经济犯罪案件的职责划分不统一、不明确，导致两机关在案件查办的问题上互相扯皮。例如，在工作模式上，各地的做法不一，有的由公安机关独立办案，有的则由驻税务机关独立办案，还有的由公安机关与税务机关联合办案。[①] 管辖与侦办体制不顺畅严重影响了侦查职能的发挥。有时候，行政执法机关在对违法案件的查处过程中掌握了一定的证据，凭工作经验认为存在犯罪的可能性，只因证据不足而希望公安机关提前介入，以便全部查实。这时候如果两个机关关系协调得好，公安机关可能会提前介入，如果关系一般，公安机关就不会及时介入，致使许多犯罪案件被当做普通违法案件予以行政处罚。就算有的案件移交公安机关后，公安机关立案按程序办理，可是通常移交的经济犯罪案件都需要行政执法机关重新配合取证，责任又落到了原行政执法机关身上，而且使其感觉是在重复劳动，这无疑会挫伤行政执法机关的办案积极性。有的案件因此错过了最佳侦查机会，有的甚至导致犯罪嫌疑人趁机逃跑。正是有限的调查权和不合理的权力配置使行政执法机关在办理经济犯罪案件时处于如此被动的局面。如果赋予其一定的侦查权，就省去了不同机关之间多余的权力牵扯，将会大大提高经济案件的侦破率。

---

① 徐震：《涉税犯罪案件侦查机制研究》，载《侦查论丛》（第1卷），法律出版社2003年版，第373页。

第四，使公安机关集中更多精力办理危害社会治安的犯罪案件，维护社会稳定。

当前我国各地经济发展极不平衡，社会正处于深刻变化之中，侦查任务非常艰巨。与之相比，侦查权的配置远远不能适应打击犯罪、维护社会治安的现实需要。一方面受经济水平限制，我国对侦查机关的投入明显不足。主要表现在高素质执法人员少、办案力量严重不足、经费紧缺及装备匮乏，等等。中国的警力配置在世界上属于低水平，2007年公安机关实有人数约190万，按人口比例计算只有1‰多一点，而日本为2.2‰，美国为3.5‰，俄罗斯为8.46‰。紧张的警力使绝大多数民警常年超负荷工作，侦查人员每人手中同时要经办多起案件，这就使得往往只能先处置紧急情况，暂时放缓其他案件。经费紧张更是长期困扰公安机关的难题，国外警方普遍应用的高科技侦破手段在我国大部分地区都因经费原因而无法采用。

另一方面犯罪呈现高发态势。近年来，我国刑事案件发案数一直居高不下，犯罪立案数不断增加，从2000年的360万起不断增长到近年来的460多万起。同时，犯罪的手段不断更新，智能化、组织化、暴力化的程度不断提高，大大增加了侦查工作的难度，尤其是经济犯罪活动进一步加剧。由于新的经济体制的建立和完善是一个渐进的过程，因此在今后一段相当长的时期，经济犯罪案件的数量仍会不断上升。

在公安机关面对侦查资源不足和犯罪活动加剧的双重压力下，显然无法有效履行维护社会稳定的职责。而分流公安机关侦查的部分经济犯罪案件，能使公安机关有更多精力办理危害社会治安的犯罪案件。此举不但有利于维护社会稳定，也能有效提高经济犯罪案件的侦办质量。

第五，在经济犯罪领域强化检察机关监督权。

为行政执法机关配置经济犯罪侦查权，不仅可以极大提高经济犯罪案件侦查效率，而且有利于拓展检察机关的法律监督权。在现行体制下，虽然检察机关有权监督侦查机关的立案和侦查行为，但传统上检察机关的监督基本不涉及行政机关的行政执法行为。目前公安机关所立案侦查的大多数经济犯罪案件都来自于行政执法机关的移送。如果检察机关不能对行政执法机关移送案件之前的行为进行监督，那么实际上将无法阻止其将本来应该移送侦查的案件当做普通违法案件处理，从而使许多经济犯罪人逃脱惩罚。为行政执法机关配置侦查权后，则可以较好地解决这个问题。由于享有侦查权，行政执法机关在办案时将直接受到刑事诉讼法有关规定的约束。检察机关将可以直接监督行政执法机关的立案和侦查行为。例如，当认为不立案理由不能成立时，检察机关有权通知其立案，这样就有效地避免了在实践中长期存在的经济犯罪"实际发生多、查处少，行政处理多、移送司法机关追究刑事责任少"的现象。

三、行政执法机关配置侦查权的可行性分析

（一）行政执法机关具备行使侦查权的权力基础

在我国，行政执法机关本身均具有稽查和处罚经济违法行为的职能，而经济违法行为和经济犯罪行为往往只有数额大小、情节轻重的差别，在其他构成要件上均大体相同。因而行政执法机关调查收集经济违法行为的证据的活动同刑事侦查工作是相通的，行政执法

机关具备经济犯罪的调查取证能力，甚至在本业务领域内更胜一筹。

另外，行政执法机关在查处经济违法案件的过程中，实际上也承担着发现犯罪、追究犯罪的责任。2001年7月9日国务院公布的《行政执法机关移送涉嫌犯罪案件的规定》第3条规定："行政执法机关在依法查处违法行为过程中，发现违法事实涉及的金额、违法事实的情节、违法事实造成的后果等，根据刑法关于破坏社会主义市场经济秩序罪、妨害社会管理秩序罪等罪的规定和最高人民法院、最高人民检察院关于破坏社会主义市场经济秩序罪、妨害社会管理秩序罪等罪的司法解释以及最高人民检察院、公安部关于经济犯罪案件的追诉标准等规定，涉嫌构成犯罪，依法需要追究刑事责任的，必须依照本规定向公安机关移送。"第4条规定："行政执法机关在查处违法行为过程中，必须妥善保存所收集的与违法行为有关的证据。"这些规定表明，行政执法机关在移送涉嫌经济犯罪案件时，基础性工作均已做好，基本事实、基本证据均已具备。如果明确赋予行政执法机关以侦查权，则完全可以在现有基础上查清案件事实，达到移送检察机关审查起诉的要求。

（二）行政执法机关配置侦查权具有人力资源保障

将经济犯罪侦查权从公安机关转移到行政执法机关，可以有效缓解公安机关有限的人力资源问题。那么，此举是否会增加行政执法机关的人力资源压力呢？笔者认为，随着权力和责任的增加，相应地会增加一定的工作负担，但不会超出行政执法机关可以承受的范围。行政执法机关原本就拥有自己专门的稽查队伍。例如，税务机关有税务稽查队，知识产权管理机关有知识产权稽查队。各地的经济案件稽查组织依照法律规定对辖区内的经济活动进行审查、监督的活动。经济活动稽查的专业性很强。通常稽查人员的专业素养较高，并且熟悉法律知识。长期的稽查工作已经为他们积累了丰富的经济案件调查经验，而这些经验与侦查工作存在诸多相通之处。所以，赋予行政执法机关经济案件的侦查权，不但不会增加很大的负担，反而能充分调动工作人员查办经济案件的积极性，在发现涉嫌经济犯罪的案件中，利用手中的侦查权，一查到底，将违法行为和犯罪活动一网打尽。

（三）权力重新配置的冲击波不大

经济犯罪侦查权的配置是一项系统工程，其配置结果不但决定着整体侦查工作状况，而且对深化司法体制改革具有重要意义。在权力配置问题上，权力分配的平衡状况与由此所需的经济成本向来是需要重点关注的，同时，只有做到以上两点，才能使权力的重新配置在实践中得以平稳交接。从这一角度考虑，赋予行政执法机关经济案件的侦查权是具有可行性的。首先，经济案件数量的与日俱增，使公安机关经济侦查部门的工作压力不堪重负，直接影响了其办案的质和量的要求。如果分流部分经济案件的侦查工作，无疑相对减轻了公安机关侦查经济犯罪的压力，从而将有限的人力、物力资源投入其他的犯罪侦查工作。其次，赋予行政执法机关经侦权不会对其工作产生很大的冲击，反而有利于行政执法权威的增强，促进行政执法活动的开展，并使行政执法和刑事司法无缝衔接，有效解决"两法衔接"难题。最后，赋予行政执法机关经侦权不会引起大规模的人事变动，使改革成本降低。行政执法机关本来就拥有专业的稽查队伍，所以只需对相关稽查人员进行侦查工作的业务培训，即可依法行使经济犯罪侦查权。

（四）经济犯罪追诉程序可保持基本平稳

一般的犯罪案件通常由公安机关或检察院的侦查部门直接立案进行。而经济犯罪案件有其特殊性，实践中由于大部分的经济犯罪案件有赖于行政执法机关的移送，所以公安机关侦办的经济犯罪案件往往要借助于行政执法机关的力量。具体说来就是立案前要有前期调查证据，立案后仍需行政执法机关配合调查。这样的制度设计人为地增加了侦查环节、侦查程序上的烦琐，从而致使打击经济犯罪的效率低于其他犯罪。经济犯罪侦查权的优化配置能有效解决这个问题，使行政执法机关直接掌握刑事侦查权，达到打击经济违法和犯罪一体化的效果。在法律程序上，行政执法机关在侦查案件终结后，就可以将犯罪嫌疑案件直接移送至检察院审查起诉部门。检察机关在经济犯罪追诉程序中的地位保持不变，监督、指挥侦查的权能也不变，只是侦查机关发生了变化，总体上看，查处经济犯罪案件的程序变动不大，相对比较平稳。

四、行政执法机关配置侦查权的理论基础

（一）行政执法机关配置经济犯罪侦查权的国外经验

从世界范围看，在经济犯罪侦查中，许多国家都赋予行政执法机关一定的侦查职权。德国、日本等国的经验值得借鉴。在德国，对于税收犯罪案件，是交由财政机关负责侦查的。在对付税收犯罪方面，德国财政机关可以看成是德国检察机关的代理和下级。[1] 德国税法第 386 条第 2 款规定，德国财政机关有权对税收犯罪案件单独进行调查。财政机关在依法单独调查时，几乎享有与德国检察机关同等的职权职责，如按照法律规定的范围调查犯罪；收集行为人有罪和无罪的证据；有权讯问被调查人，等等。

在日本，在对付经济犯罪方面有一套颇具特色的程序称为"犯则调查"，"犯则调查"主要适用于逃税案件和违反证券交易法的案件。对于这两种经济犯罪案件，分别由国税厅调查部和证券交易等监视委员会进行调查。国税厅调查部和证券交易等监视委员会是行政机关，但是这些机关可以进行与一般的行政调查性质不同的、与刑事程序直接衔接的"犯则调查"，调查后认为犯罪事实确实存在时，可以向检察官进行告发。这种情况下，国税调查官或监视委员会的职员有权基于法官批准的令状采取搜查或扣押等强制措施。[2] "犯则调查"与经济犯罪的刑事追诉程序密切衔接，有力地配合了检察机关追诉经济犯罪，在及时打击经济犯罪方面发挥了积极作用。为此，有日本学者认为，"犯则调查"程序不应仅限于逃税案件和违反证券交易法的案件，今后应把它扩大到一般经济犯罪的调查中去。

（二）经济犯罪侦查权配置的专门化趋势

从历史角度考察，犯罪侦查职能经历了一个从一般化向专门化发展的过程。这种专门化进程突出表现在开始根据犯罪案件种类的不同进行侦查分工。一方面，同一侦查部门内

---

① 王世洲著：《德国经济犯罪与经济刑法研究》，北京大学出版社 1999 年版，第 208 页。
② ［日］芝原邦尔著：《经济刑法》，金广旭译，法律出版社 2002 年版，第 124 页。

部存在专业分工，如英国大伦敦警察厅就先后设立了凶杀、集团犯罪、机动车盗窃、危险物品管理和反恐等专业侦缉队。另一方面则是侦查权主体逐步扩展，多个主体分别行使不同种类案件的侦查权。例如，在美国，仅在联邦这一级就有数十个机构享有侦查权。[①] 最初我国法律也只赋予公安机关和军队保卫部门侦查权，之后根据法律规定，侦查权逐步扩大到安全机关、检察机关、监狱、海关走私犯罪侦查局等。侦查权主体的扩展实际上意味着将部分案件的侦查权不断从公安机关分离出来，转交其他机关行使。专门化侦查是有专业分工的侦查方式，侦查人员熟悉专业领域的业务知识，有利于提高破案率，因而成为侦查职能设置的发展趋势。

(三) 构建中国特色经济犯罪侦查模式的需要

我国正处于社会主义市场经济建设与经济体制改革的过程中，经济的飞速增长对经济犯罪的打击和防范工作提出了新的挑战和要求，进一步加强和改进市场经济条件下经济犯罪案件的打击防范工作，既是一个具有战略意义的理论课题，又是一个迫切需要解决的实践问题。而解决经济犯罪侦查效率的良策之一就是要对经济犯罪侦查权进行重新配置，赋予行政执法机关侦查权，并进行合理的制度设计。

侦查权的优化配置应立足于国情。目前我国投入到犯罪侦查的人力、物力资源有限，如果想通过加大对经济犯罪侦查部门的投入以缓解侦查压力，显然是不切实际的。然而一些行政执法机关却有必要的查处经济违法犯罪案件的人力和财力，在此基础上，利用现有资源，作出适当调整，充分发挥行政执法机关的潜力，让它们执掌一部分经济犯罪侦查权，完全是符合实际需要的，也是构建中国特色经济犯罪侦查模式的一项重大改革。我们应以科学发展观指导我国的司法体制改革，着力转变刑事法治领域不适应、不符合科学发展观的刑事观念，打破侦查权为公安独揽的局限，从中国的实际出发，从提高党的执政能力的高度出发，开创侦查权优化配置的新局面。

（作者单位：上海社会科学院法学研究所　上海社会科学院研究生部）

[①] 参见何家弘编著：《外国犯罪侦查制度》，中国人民大学出版社 1995 年版，第 104 页。

中国检察一体制之规制[①]

——中国检察一体化运行方式的另类思考

孔　璋

在检察制度史上，检察官独立与检察一体制两种观点的争论一直没有停止过。从组织特征、职权属性、活动方式等来看，检察一体制无疑是其应有的选择。笔者也赞同检察一体制[②]。但是，在理论上检察一体制成为主流观点，实务中检察上下级之间的领导和服从关系日趋强化的背景下，我们不得不对检察一体制进行另类思考。例如，检察一体制的本源和价值是什么，检察一体制语境下是否容易产生权力异化，以及如何才能有效地规制检察一体制等问题，都需要进行另类思考，以防止检察专权和滥权。正如张志铭教授指出："我们目前在谈论'检察一体化改革'时，笼统的主张多，反向性思考、具体操作的正当性考虑少"。"我们面临的问题是如何立足中国国情，将目前简单的甚至有点空谈的主张、建议，转化为一项细致的富有正当性的改革"[③]。

一、检察一体制的本源与价值取向

在政治与法律的演进过程中，检察权作为司法权的组成部分并非原生物。随着封建王权的加强和中央集权的形成，国家对整个经济社会的生活控制能力得到加强，进而也渴望对司法活动的控制与统一，因而出现了因王权的加强和中央集权的形成而导致司法集权化、统一化的趋势。欧陆史上的检察制度便是这种特定历史背景下的产物。中世纪时，英、法等国检察官最初是作为"国王的律师"、"国王代理人"或"君王的耳目"而出现的。可见欧陆检察制度从产生一开始便具备集权化、统一化和制约性某些内在特质。

但是，检察制度这种集权化、统一化的某些特征并非检察一体化的本源和价值所在。检察制度这种集权化、统一化仅是在封建王权和中央集权形成过程中被利用而已，是特定历史条件下的一种巧合。随着政治民主和法治的发展，检察制度很快又同封建王权和专制集权产生了强烈的对抗，检察制度作为王权和专制的衍生物异化为反对司法专权，强化诉讼分权制约的斗士。正如我国台湾地区学者林钰雄所指出："现代检察制度，乃'革命之子'及'启蒙之遗产'，其创设的主要目的乃废除当时的纠问制度，确立诉讼上的权力分立原则。创设检察官制度的另外一项重要功能，在于以一严格法律训练及法律拘束之公正客观的官署，控制警察活动的合法性，摆脱警察国家的梦魇"[④]。可见，检察制度的形成与

---

① 该文系 2007 年度最高人民检察院理论研究课题（编号：GJ2007D01）第三部分。
② 参见拙文：《一体与独立之争论及检察一体制论证》，载《法学杂志》2007 年第 6 期。
③ 张志铭：《对中国"检察一体化改革"的思考》，载《国家检察官学院学报》2007 年第 2 期。
④ 林钰雄著：《检察官论》，台湾学林文化事业有限公司 1994 年版，第 14～17 页。

发展经历了一个应司法集权统一而生到防止司法专权，主张诉讼分权的过程。在这个过程中，鉴于检察特殊阶层式的结构和上命下从的体制，如何防范检察自身专权和滥权便成为欧陆国家对检察一体制自身所要关心的首要问题。由于检察系统缺乏审判体系相同的监督机制，尤其是欠缺审级制度及合议制度，因此如何有效防范检察官独揽大权也成为检察一体制自身首先要解决的基本难题。正如林钰雄指出："不信任，乃最足以形容现代检察官制生成与演变的三字箴言。检察官乃因对法官及警察的不信任而诞生，在此氛围下，新生儿不但要防范法官恣意与警察滥权而奋斗，更须为自身不被相类的病毒感染而苦战"。①

在欧陆检察史上，有关检察一体的目的或价值争论一直不休，先后出现了打击犯罪说、防范下级检察官滥权误断说、国会责任说、统一追诉法令说，等等。林钰雄从"检察一体之积极功效，主要表现于便宜主义案件裁量标准，因为刑事诉讼法虽赋予了检察官便宜不起诉处分之权限，但为求立法之弹性，未进一步言明裁量之标准如何。便宜主义，本来以'合目的性'出发，因案制宜，惟若不订立参考基准，完全容忍各个承办检察官自行判断，则全国便宜不起诉之实务将会产生重大歧义，危及法之安定性和平等性。此时，检察一体，便有以一般性裁量规则防范个案恣意裁量之填补功能。此点可谓检察一体存在的根本理由"。② 可见，我们不能简单地把统一追诉法令、防范下级滥权误断、强化上下级之间领导与服从关系等作为检察一体的本源与价值，而应把加强检察一体内监督与制衡，防止包括上级和下级检察官在内的个案恣意裁量，确保法的安定性、平等性作为检察一体的本源和价值取向。如果说欧陆检察一体制的基本价值是以一般性裁量规则防范检察个案恣意裁量之填补功能。那么，渊源于欧陆一体制的中国检察一体制肯定也不能完全脱离这种价值取向。例如，2007年最高人民检察院发布了新修改的《人民检察院办理起诉案件质量标准（试行）》和《人民检察院办理不起诉案件质量和标准（试行）》，其出发点和宗旨主要是为了规范各级检察机关的起诉、不起诉工作，统一办案标准，提高办案质量，进一步限制检察个案裁量权，防范恣意裁量，这两个标准也在一定程度上体现了中国检察一体制在这方面的价值。但是，中国检察一体制不能停留在防范检察个案恣意裁量上，而应把视野放宽至中国检察的宪政定位上，应把强化法律监督作为其基本价值。在全国人民代表大会制度下设立法律监督机关，实行检察一体制，目的在于对外排除行政权、审判权和地方权力的干扰，并监督制约它们在国家统一的法制轨道上运行；对内强化检察权统一行使，防止检察权滥用。可见，检察一体制是法律监督的应有之义，法律监督是中国检察一体制的基本价值所在。

二、检察一体制的双面性

我国台湾地区学者林钰雄在研究欧陆检察一体中严肃地指出欧陆检察权运行过程中上命下从的合法界限乃是检察一体制的一个核心问题和先决条件。欧美国家一些学者担心检察一体会成为内阁干预司法的通道，尤其担心检察会成为行政干扰司法独立的工具。

检察一体制问题，从宪政层面上看，实质上涉及中央与地方的检察权力。上级与下级

---

① 林钰雄著：《检察官论》，台湾学林文化事业有限公司1994年版，第113页。

② 林钰雄著：《检察官论》，台湾学林文化事业有限公司1994年版，第126～127页。

检察权力、整体与个体检察权力之间的关系问题。我们不应片面地强调这些权力之间的对立或分立问题，也不应把检察一体制简单理解为上级检察权力对下级的领导和监督，而应从制衡的角度对检察一体制进行有效制约，以保障检察权的良性运行。

在当前检察体制改革中，通过强调检察权统一正确行使，强化检察机关领导体制等措施使检察一体化改革取得明显成效。但是，也应清醒地看到检察司法实践中因过分强调上下级领导和服从关系而致使检察一体制异化问题往往被我们忽视了。例如，在强调上级对下级监督，下级对上级服从的体制中，谁来防范和制衡上级的误断和滥权？下级检察官对上级检察官的异议制衡的途径和渠道是什么？上级检察官的个案指令权、职务取代权、职务转移权怎样才能通过法定程序予以制约？所有这些问题，都表明我们在深化检察一体化改革，加强检察一体上命下从时不得不表示出一定的警惕。

1. 要警惕检察一体制成为党政权力干预检察司法最便捷的通道

欧陆检察一体制诞生以来，备受责难的是内阁司法、政党司法，十分担心检察成为政府的传声筒。为了防止检察一体成为内阁干预检察司法的通道，设置了十分严格的界限和程序（下文将专门论及）。这些界限和程序不仅有利于防止检察体制被党政权力干预，而且也可以有效地防止检察内部首长借行政权干预下级检察官办案。当然，即便如此，党政权力借检察一体制干涉检察的事例在欧美国家、日本及我国台湾地区还是屡有发生的。

我国实行的是不同于西方三权分立的人民代表大会制度。从宪法层面上看，在一府两院的体制下，检察权与行政权、审判权分离，行政权不可能介入或干预检察权。人民检察院各自依法独立行使检察权，不受任何行政机关、社会团体和个人的干涉，但是我国检察权不可能独立受人民委托代表人民意志的执政党，即中国共产党的领导，也不可能独立于国家权力机关，即人民代表大会。在检察司法实践中，一些党政权力借检察一体制直接干预检察事务甚至发布个案指令，导致错立错捕错诉屡有发生的事例足以说明一切。

2. 要警惕检察一体制成为检察组织官僚化的温床

官僚制是任何一个现代组织结构中不可缺乏的合理形式，检察组织亦是如此。问题在于检察一体制同官僚制具有天然的一致性，两者一旦结合，处于一体制顶端的检察首长即为官僚化组织的顶点，极易操纵整个检察权，更易产生滥权与专权，损害检察司法公正性。因为在检察权运行过程中，官僚制通常表现为：一方面检察事务决策组织化，检察官集体负责制取代检察官个体负责制；另一方面检察事务运行等级化，上下级检察官之间不由审级加以制约，而由行政等级进行调整。在检察司法实践中，上级检察首长往往以集体讨论、组织决定干预下级检察事务决定权，并成为上级检察首长滥用检察权的遮羞布。下级检察官也往往以上级决定或已经上级审批等借口，掩盖自身滥权或逃避责任。这也就是我国检察司法中错案假案屡有发生，检察官个人受到追究却寥寥无几的原因所在。

3. 要警惕检察一体制成为检察职业精英化的障碍

在我国现行检察体制下，检察独立仅指检察院或检察官署独立而并非检察官个人独立。这种体制总体上讲是符合当代检察权运行规律和检察制度发展趋势的。当代世界各国有关检察改革的总体要求是在强化检察权公正正确行使的前提下，最大效能地发挥检察官个人作用。但在如何发挥检察官个人作用这一点上，各国相差比较大。有的认为检察独立首先以检察官个体独立为前提，没有赋予检察官个体独立，就谈不上检察权独立行使。有的只承认检察官署独立或检察官个体有限独立，以通过检察官职业精英化实现检察官个体效能发挥的最大化。例如，从严检察官职业准入关口，强化检察官业务考评，注意检察官素养培训等作为促进检察官个体效能发挥的重要措施。我国近年来在这方面也取得不少成效。但是，我们在深化检察一体化改革中，片面强调一体制中上命下从，忽视检察官个体的相对独立性，忽视对下级检察官个体业务决策和处理能力的培训，致使检察官职业精英化恐怕更为遥远。试想，在一个只需要行政命令，按照行政意志去行使检察权的官僚组织中，怎么容纳那些以服从法律为神圣职责的职业精英的存在呢？在当前的检察实务中，上级检察机关或检察首长制定一些行政指令色彩十分浓厚的工作措施，不仅会使本具司法性质的检察工作表现出强烈行政化的倾向，而且会使检察官成为行政的仆人，失去职业的追求。

三、检察一体制的规制

检察一体化改革实际上涉及检察机关的组织战略发展问题。在这种检察组织发展战略中，检察一体制的规制问题理应成为首先要解决的重大内容之一。如前文所述，检察一体制具有双面性，容易异化，各国都对一体制进行了必要的规制。

我国台湾地区一直延续着欧陆检察制度和检察一体制。近年来，检察改革的呼声也日趋高涨，"提出了'检察一体阳光法案'，拟修改现行法院组织法检察一体制之相关规定。将上命下从之实体与程序要件明文规定"。① 我国许多学者在对检察一体持肯定意见的同时，也对检察一体化进行了理性思考，纷纷提出了一些具体细致的改革设想。

（一）中国检察一体制应遵循的基本原则

1. 法定主义原则

欧陆国家把法定主义作为检察官法律义务的帝王条款，以约束包括检察首长在内的全体检察官。作为欧陆检察一体制底线的法定主义也理应成为中国检察一体制的基本原则。中央集权和成文法传统国家一般要求法制高度统一；司法官员应严格适用成文法，不能超越或创建法律，必须有一个机关承担起法律监督职责，以维护国家法律统一正确实施。从这个角度看，欧陆检察制度和中国检察制度在法律监督职能上具有某些近似性。我国检察制度最显著的特征是法律监督，检察官不仅自身要固守法定主义底线，而且还要肩负法律监督职责，起到法律守护人的作用，应该是也只能是以法定主义作为履行法律监督的唯一尺度。

2. 客观性义务原则

1990 年制定的《联合国检察官作用准则》专门对检察官履行职责作出了原则性规定，补充准则第 13 条第 2 项规定，保证公众利益，按照客观标准行事，适当考虑犯罪嫌疑人和受害者的立场，并注意一切有关情况是否对犯罪嫌疑人有利或不利，此项规定充分体现了检察官的客观义务。上命下从的规定很可能使检察首长存在滥用检察一体制而损害客观性义务的情况。欧陆国家在创设检察一体制时，已认识到了这个问题，并成为检察官制立法改革上具有很大争议的问题。为了防止利用检察一体而滥用检察权，要求全体检察官恪守客观义务，一旦上级命令与客观真实发生矛盾时，两者之间存在两律背反的情况，检察官

---

① 林钰雄著：《检察官论》，台湾学林文化事业有限公司 1994 年版，第 256 页。

必须严格恪守客观义务，检察官不应是一方当事人，应是法律守护人，不论是对犯罪嫌疑人有利的还是不利的证据都应收集。正如林钰雄所指出："赞成维持上命下从者，也以客观性义务为上命下从之界限"①。中国检察官的客观义务应从检察机关是国家法律监督机关的宪政定位去完善，检察官不仅仅是国家公诉人，不能局限于控诉职能，而应以法律监督职能充实客观义务，检察官不仅要做一个有效的控诉者，而且要做一个客观的司法者，以实现公平正义。

3. 程序公开原则

检察一体中程序公开的理论基础是民主法治价值。"现代社会是一个摆脱专制趋向民主的社会，执法行为的公开性是民主社会的一个基本特征"。"程序公开是民主的一个重要方面，公开性越高，就意味着程序的民主化程度越高，而程序的秘密性则总是与专制为伍"。②程序公开是程序公正的基本标准和要求，也是检察一体一项原则。因为在检察一体中，防范上级检察官以上命下从之由干预下级执法和下级检察官以上命为由掩盖恣意裁量，最有效的办法就是公开，公开是不公正的敌人，也是打击不公平的盟友。实践中大量的以权谋私案件的发生，往往也是由于权力运作不透明所致。"没有公开性，其他一切制约都无能为力。和公开性相比，其他各种制约都是小巫见大巫"。③在检察实践中，许多地方的检察机关推出的"检务公开"、"阳光检察"等公开化改革措施，是值得肯定的。但是从各地"阳光检察"、"检务公开"的实际内容来看，均没有涉及检察一体制内上命下从和监督制约层面。

4. 民主集中制原则

在比较中外检察一体制中，我们发现两者之间最大的差异在于中国检察一体制中的民主集中制原则。我国宪法第3条规定，中华人民共和国国家机构实行民主集中制原则。民主集中制既是我国检察机关一项基本的组织制度和领导制度，又是我国检察机关活动的一项基本原则，这是欧陆检察一体制所没有的。

（二）中国检察一体制应设定的实施性规则

欧陆检察一体化中的"上命下从"等诸多规则大多出于如何理清职权及防范滥用，并非片面强调上命下从。这种理清职权既包括上命权限，也包括下级职权，既防范滥用上命，也防范下级恣意裁量。特别强调设定实施性规则，明确哪些检察活动需要下达上命，哪些检察活动上命不得下达，下级检察官履行职务时，什么情形下需要请示上命，什么情形下不需要请示上级等。从命令发出的角度看，将上命区分为检察内部命令和检察外部命令，从命令本身内容看，将上命区分为检察事务和检察行政事务。

1. 检察行政事务与外部指令权规制

欧陆检察一体制中将检察人事、财物保障等归纳为检察行政事务，包括检察官考绩、任命、升迁、奖惩以及经费保障等，涉及检察行政事务下达的命令称为外部指令权。法务部部长等行政部门首长只能对检察官行使外部指令权，以检察行政事务为限。行政部门不

① 林钰雄著：《检察官论》，台湾学林文化事业有限公司1994年版，第35页。
② 徐鹤喃、刘林呐著：《刑事程序公开论》，法律出版社2002年版，第18~19页。
③ 王名扬著：《美国行政法》，中国法制出版社1995年版，第43页。

得对检察事务发布任何命令，只有具备检察官身份的检察首长才可下达检察事务之命令。

在检察一体化改革中，我们首先要严格区分检察行政事务与检察事务，设定明确的界限，不能混同内外检察指令权，杜绝外部指令权进入检察事务。同时，不能把检察一体化改革的着力点放在有关人事、经费等外部行政事务上，而应把检察一体化的重心放在检察内部指令权的界限理清和程序设置上。

2. 检察事务与内部指令权规制

涉及检察事务方面检察首长的指令又称为检察内部指令权，内部指令权一般分为一般指令权和个案指令权。世界各国为了统一规范检察执法需要，往往制定了一些检察官执法办案规则，这些规则具有政策性、可操作性和程序性特征，也是检察内部指令权的行使方式，因不涉及个案处理，因而称之为一般指令权。这也不是检察一体化关注的重心。在欧陆检察一体制中，最为关注的是个案指令权，而且对个案指令权予以了严格规定，以理清职权和防范滥用。例如，个案事实认定方面不得请示上级命令，上级也不得下达上级命令。因为检察官的任务仅仅是发现或查明已经发生的事实，检察官在事实面前只有一个真实、可靠的事实存在，且要基于内心确信，不得上命下从。又如法律适用方面，承办检察官已形成了内心确信，必须依法办案，不得请示上命。如果不能形成内心确信，或者心存疑虑的情形下，承办检察官应向上级请示，上级检察官可以就法律适用下达上级命令，下级必须服从。在我国检察一体制中，下级检察院或下级检察官往往以案情重大、影响范围广等事由将一些本不该请示的案件向上级请示，而上级也往往以案情影响范围广为由随意派员介入下级办案，以示重视。其实检察实践中的这些做法是行政化的体现，并非一体化本源所在。

3. 职务收取权与移转权规制

在欧陆检察一体制中，为了体现检察上命下从，对外统一赋予了上级检察首长职务收取权和移转权。职务收取权和移转权在检察一体制中是一项重要权力，一旦被滥用，那么就意味着原承办检察官被架空了职权。实际中，一些上级检察首长往往借此两种职权行使几乎不受节制的独断权。因此，欧陆检察一体制中对此两项权力十分警惕，予以了严格的规制。一是应当符合"必要性"之要件。二是统一法律解释的权限。否则，不能轻易启用取代权、移转权。我国台湾地区将检察官执行职务违法或明显不当情形作为启用此两项权力的实体规制。在我国检察实践中，一方面，上级检察院或检察首长启用职务收取权、移转权，体现了检察一体制的优势，防止了检察执法遭受地方行政势力干扰，强化了检察整体独立对外；另一方面，我们也应看到上级检察院和检察首长在行使职务收取权和移转权方面比较随便，特别在案件分配和指定管辖方面行政化色彩浓厚，规制不够，有的甚至与刑事诉讼法有关管辖的规定相违背。

4. 书面要式规制

欧陆及我国台湾地区检察一体制中，凡上级检察机关或检察首长指挥监督命令都涉及裁量权和强制处分权的行使，事实认定和法律之适用，其行使者应以书面理由附之。林钰雄指出："书面要式有一个无可替代的优点：透明性。书面理由附之门槛，事前可求慎重，使下令者三思是否介入个案；事中可臻明确，避之受命者误解指令人之内容及其形式效力；事后可理清权责，防范双方推诿，各谈各话，可谓促使权责相符的良方"。[①] 在我国检察司

---

① 林钰雄著：《检察官论》，台湾学林文化事业有限公司1994年版，第262页。

法实践中，上级检察机关或检察官口头指令下达情形标准普遍，有时即使下级书面请示，上级也仅以口头答复了事。为了防止口头指令的弊端，发挥上级检察机关或检察官监督方式的有效作用，应当改变上级口头监督的制约方式，建立书面化指令制度。当然，凡是涉及复杂疑难的法律和事实问题时，这种书面指令必须具有说理性。

（三）中国检察一体制应坚持监督与制约并举的保障机制

在权力监督与制约体系中，除了自上而下的纵向权力监督外，还有横向权力制衡，也有自下向上的权利制约，只有这样才能保证权力的正确运行。对于检察一体制中上命下从之权力亦应建立起监督与制约并重机制。

1. 下级制约

在任何一个权力结构中，上级的滥权可能性更大，权力越大滥权可能性就越大，即使上级恪尽职守，防范下级滥权，也还是无法解决本级自身的滥权。越是上级，离行政层峰越近，受行政干扰的危险越大，其专权滥权就越有可能。这无疑是检察一体的致命伤。因此，我们在强化上级对下级监督的同时，必须加强自下向上式下级对上级的制约。"监督作为保障权力正常运行的一个环节、一种形式，只有在制约机制健全的条件下，才能充分发挥其效力。因此，要建立健全有效的权力约束机制，仅有监督是不够的，非制约不可"。[1]

2. 横向制约

在比较中欧检察一体制后，我们发现在欧陆检察一体制内，检察职能比较单一，一般定位于公诉机关，检察一体制的基本价值即是对检察个案恣意裁量的防范。中国检察一体制的基本价值定位为强化法律监督。以法律监督为基本属性的中国检察权是一种复合性的国家权力：职务犯罪侦查、刑事犯罪检控、刑事诉讼监督、刑事执行监督等五方面职权。从我国宪政制度中检察权法律监督属性以及司法分权制约的机理来看，检察权各大职能之间应保持适度分离，特别是在一体制内要强化诸职能之间的横向制约，这也是确保检察一体化良性运行的必要条件。

3. 层级制约

我们在重视上级监督，下级制约、横向制约的同时，也不能忽视层级制约。在现有检察组织体制内，比较明显的组织特征是检察体制层级化管理。在层级化管理中，增加层级制约也是检察一体化规制中一种不可缺少的环节。在检察实践中，一些上级检察院的指令没有通过正常程序或途径直接越级下达，甚至一些上级检察院的业务部门也往往以业务一体化为由径直下达下级检察院业务部门。一些下级检察机关或检察官也往往越过层级径直向上级请示汇报，也在一定程度上破坏了检察一体化中层级制约机理，这些都是检察一体化中缺乏层级制约造成的，都应值得关注。

总之，一切权力都应得到强化，才能使之发挥应有的效用。一切权力都应得到制衡，才能在正常轨道上运行。检察一体化无疑使检察权力得到了强化，但随之而来的是其滥用和专权的危险性，因而，对其进行必要的规制是不可缺少的。

（作者单位：温州市人民检察院）

---

[1] 王寿林：《监督与制约问题探讨》，载《北京行政学院学报》2001年第3期。

我国建立独立量刑程序的几个争议问题

李玉华

一、关于量刑程序的"独立性"

当今世界的量刑程序存在两种模式：英美法系的独立式量刑程序和大陆法系的混合式量刑程序。独立式量刑程序，是指定罪与量刑程序相分离，即定罪与量刑程序都有独立的程序，一般是由陪审团或治安法官对被指控的事实进行裁判后，再由法官举行独立的量刑听证程序来决定对被告人的刑罚。混合式量刑程序，即不明确区分定罪与量刑程序，在同一个程序中既解决被告人是否构成犯罪的问题，又解决有罪被告人的量刑问题。

目前我国的量刑程序采用的是混合模式，即定罪和量刑程序不分。在这种模式下，定罪问题和量刑问题交织在一起，造成了重定罪，轻量刑的状况，使得控辩双方不能就量刑问题展开充分辩论；有时还会使辩护人陷入做无罪辩护的同时又做被告人具有从轻、减轻情节辩护的尴尬境地。其导致的结果就是当事人对量刑结果不服上诉、申诉的比例很大。因此，有必要建立相对独立的量刑程序。

那么，这种独立的量刑程序是一种什么样的独立呢？有人提出，根据案件的轻重程度不同将案件分为轻罪案件和重罪案件，对轻罪案件适用相对独立的量刑程序，对重罪案件适用绝对独立的量刑程序。相对独立的量刑程序即将我国现行庭审程序划分为相对独立的定罪程序和相对独立的量刑程序这两个子程序，这两个子程序都要经历法庭调查和法庭辩论两个阶段，两个子程序前后相继，中间没有时间间隔。是否有罪的审判结果可以由合议庭根据定罪子程序的审理情况当庭作出，也可以短暂休庭，经合议庭的评议后作出。被认定有罪的案件，在宣判罪名后，紧接着由法官主持量刑程序。绝对独立的量刑程序是指定罪程序和量刑程序为两个独立的程序，而且在量刑程序前应经历一定时间的休庭期以进行量刑程序的准备工作。

笔者认为，将量刑程序分为相对独立的量刑程序和绝对独立的量刑程序很有道理，但是以案件的轻重作为适用不同样式独立量刑程序的依据是不妥当的。不管是相对独立的量刑程序，还是绝对独立的量刑程序，其设立的目的都是相同的：让控辩双方对量刑问题有充分的准备，提供证据、发表意见、进行辩论，从而使量刑更加公正，更加有利于被接受。在被告人认罪的案件中，控辩双方对定罪问题没有大的分歧，对抗比较小，主要的对抗体现在量刑问题上，双方对审理的准备也主要体现在对量刑的准备上。为了提高诉讼效率，在解决了定罪问题之后，马上解决量刑问题，也不会因此影响量刑的质量。而对于被告人不认罪的案件，定罪和量刑程序之间必须留出足够的准备时间。因为量刑程序是以定罪程序为基础的，只有经过审理被判有罪的人才谈得上量刑的问题。如果被告人不认罪，审判首先要围绕被告人是否有罪展开，被告方所有的注意力都集中在论证自己无罪上，还无暇顾及量刑的问题。如果在定罪以后，接着进行量刑程序，被告方没有足够的准备时间，不利于充分展开辩论。"量刑程序的运行尤其需要控辩双方的参与与配合，如果控辩双方不愿参与、不予配合，则很难运行，即使勉强运行，也难以收到好的效果。"① 因此，对于被告人不认罪的案件采用绝对独立的量刑程序比较合适，在定罪程序结束后，被告人如果被判有罪，择日再进入量刑程序。因此，应当以被告人是否认罪作为适用不同类型独立量刑程序的依据，而不是案件的轻重。

此外，适用简易程序审理的案件和可能判处死刑的案件有必要单独说一下。对于适用简易程序审理的案件，被告人已经认罪，而且罪行比较轻，量刑也不重，出于诉讼效率的考虑可以直接进入量刑程序。而对于可能判处死刑的案件，则不管被告人是否认罪都必须适用绝对独立的量刑程序。之所以这样考虑是因为死刑是剥夺生命的极刑，为了慎重起见，要给控辩审各方留出充分的准备和考虑时间，在定罪以后，择日再进行量刑。

二、被害方参加量刑程序的权利

在建立我国独立量刑程序时，是否让被害方参加量刑程序是一个有争议的问题。有人认为，应当让被害方参与量刑程序，其目的是维护和尊重被害人权利，实现司法公正。也有人认为，被害方参与量刑程序会带来负面影响，理由是："考虑到我国被害人目前整体的法律意识和法律水平较低，特别是多数被害人不可避免地怀有报复情结———这虽然可以理解，但是在这种情形下允许其参与量刑，对人民法院实现公正量刑的益处就值得探讨。"② "因为允许被害人参与量刑，在一定意义上讲也增加了被害人的诉讼负担，在庭审过程中对量刑事实和情节的调查有时还可能对被害人造成二次伤害。在这种情形下，如果被害人不愿意参与量刑，是否就属于程序缺陷？"③

笔者认为，应当规定被害方有权参加量刑程序并享有发表意见、辩论等权利；同时规定如果被害人明确表示不参加量刑程序的，应当允许其向法庭提交书面意见或者不发表任何意见。之所以规定被害方有权参加量刑程序主要是因为被害人具有诉讼当事人的地位，案件的审理结果——定罪和量刑与其有切身的利害关系，允许被害方参加量刑程序便于被害方充分发表自己的意见，成为影响量刑生成的因素之一。这样有以下优点：

一是有利于审判公正。审判公正不仅包括定罪的公正，也包括量刑的公正。司法实践中，量刑的公正与否对当事人的影响更大。被害方参与量刑程序，就量刑的有关问题发表意见，有利于审判人员全面考虑案件情况，作出更公正的裁判。此外，审判的公正不仅仅表现为裁判结果的公正，还表现为审判程序的公正。量刑是审判的重要组成部分，量刑程序的公正是审判程序公正的必然要求和体现。公开、透明、当事人参与是程序公开的基本要求。因此，将被害方排除在外的量刑程序，无论结果如何，都不能说是公正的。

二是被害方亲自参加量刑程序，了解量刑的过程，能够看到正义的产生，有利于被害方接受量刑的结果，减少申诉、涉讼上访，减少不安定因素进而促进社会和谐。我们不能

---

① 胡云腾：《构建我国量刑程序的几个争议问题》，http://www.sfyj.org/list.asp? unid=5103.
② 胡云腾：《构建我国量刑程序的几个争议问题》，http://www.sfyj.org/list.asp? unid=5103.
③ 胡云腾：《构建我国量刑程序的几个争议问题》，http://www.sfyj.org/list.asp? unid=5103.

因为被害方可能具有报复情节就不允许其参加量刑程序，这样虽然量刑时的对抗有所减少，但是程序外的对抗依然存在，如果量刑结果与被害方差距较大反而会强化被害方与被告方的对抗情绪，不利于从根本上化解纠纷。让被害方参与量刑程序，使其充分了解影响量刑的种种因素，如从轻、从重、减轻等情节，有利于被害方接受裁判结果。我们通常讲，裁判要让人民满意。谁是人民呢？其实，在一个具体案件中，最能够代表人民的就是当事人及其亲属——具体说就是被告人和被害人及他们的亲属。如果剥夺被害方参与量刑程序的权利，被害方不满意是难免的。

三是为被害方表达宽恕提供机会，利于实现和谐。"被害人宽恕是指对加害行为人具有宽恕权限和宽恕能力的人，在行为人实施了侵犯法益的行为后、法院生效判决作出前，基于自己的真实意愿作出的谅解并愿意放弃或减轻对行为人的惩罚的意思表示。"① 在刑事诉讼程序中被害方和被告方通常是对立的，但是在有些案件中，被害方会对被告人表示谅解，被告人会对被害方表示忏悔，这是最理想的一种情况。我国的刑法没有规定被害方的宽恕是法定的量刑情节，司法实践中多作为酌情情节考虑。允许被害方表达宽恕，将有利于实现社会关系的恢复，有利于被告人悔过自新，有利于实现社会的和谐。

此外，考虑到诉讼效率、防止被害人二次被害等因素，允许被害人放弃参与量刑程序的权利。如果被害人不想经历量刑程序带来的痛苦，其可以放弃参加量刑程序的权利，只提交自己的意见或者明确表示不发表意见即可。在有些已经和解的案件中，有些被害方不再关心量刑结果的，也允许其放弃参加量刑程序的权利，只提交自己的意见或者明确表示不发表意见。

美国被害人影响陈述（Victim Impact Statement）的发展也表明让被害人参加量刑程序是有积极意义的。在1987年的"布思诉马里兰州"（Booth v Maryland）一案中，联邦最高法院认为被害人影响陈述在死刑谋杀案件审判的量刑阶段的采用违反了联邦宪法第八修正案的规定，马里兰州的法律在要求考虑该信息的范围内是无效的。在1989年的"南卡罗莱纳州诉盖瑟兹"（South Carolina v Gathers）一案中，联邦最高法院同样对被害人影响陈述持否定的态度。但是，时隔两年之后，在1991年的"佩思诉田纳西州"（Payne v Tennessee）一案中，联邦最高法院推翻了自己原来的主张，确认了被害人影响陈述的合宪性。1997年《被害人权利保障法》规定了被害人出席和旁听审判的权利。在非死刑案件中，不管任何法律、规则或其他法律条款如何，法院都不得将犯罪被害人排除在对控以该罪的被告人的审判之外，因为在量刑听证期间，被害人可以作出陈述或者提交对被害人及其亲属的影响作证或者就《美国法典》第3593条（a）款中所要求检察官告知的因素作证。②

---

① 罗猛、温国帅：《被害人的宽恕与量刑》，载《时代法学》2008年第2期。

② 参见吴启铮：《美国被害人影响陈述制度的启示》，载《国家检察官学院学报》2008年第3期。

三、陪审员是否参加量刑程序

我国的审判包括定罪和量刑两项内容。根据我国的刑事诉讼法和全国人民代表大会常务委员会《关于完善人民陪审员制度的决定》，陪审员与法官在审理案件时行使相同的职权：既行使定罪权，又行使量刑权。如果建立独立的量刑程序这是否要改变？有人提出，应当取消陪审员的量刑权，理由是量刑问题本质上属于法律问题，没有经过专业学习而且不具备丰富审判经验的普通民众难以承担量刑重任，所以在量刑程序的合议庭中要排除人民陪审员。

这种观点乍一听似乎顺理成章，但细细想来就觉得过分牵强：量刑问题是否比定罪问题更加专业、更加复杂？定罪仅仅是事实问题吗？它涉及的法律问题比量刑少吗？引进陪审员的目的究竟是什么？

笔者认为，这种观点可能是受了英美法系通常由陪审团认定是否有罪，由法官进行量刑的影响。但是，也应当注意到这种情况也在发生着变化，如在美国，"目前，大多数州规定由陪审团量刑决定是否适用死刑，也有少数一些州规定由陪审团向法官提出建议，然后法官作出最终的量刑选择。还有一些州则规定，法官可以否决陪审团的死刑判决，或将之改成终身监禁不得假释。"①

证据裁判主义是现代诉讼的一项基本原则，认定案件事实必须以证据为根据，证据有无证据能力、证明力以及证明力的大小、证明责任的承担、证明标准、犯罪构成要件等均需要裁判者在定罪时进行衡量。在进行量刑时，裁判者掌握量刑幅度、从重、从轻、减轻等法定情节和酌定情节的法律规定，进而结合具体案件适用刑罚。就定罪和量刑的实际运用而言，很难说定罪与量刑哪一个更容易，哪一个更需要法律专业知识。因此，笔者认为以量刑更专业、更复杂为理由剥夺陪审员的定罪权是缺乏说服力的。

在讨论是否让陪审员参与量刑程序时，必须弄清楚为什么让陪审员参加到审判程序中。在我国，之所以复兴陪审制度让陪审员参加审判程序是因为陪审员的民众身份、民众感知。近年来，陪审制度之所以从衰落走向繁荣，其中很重要的一个原因就是民众的民主意识在增强，而以陪审员的身份直接参与审判就是民众行使司法民主权的重要体现。作为民众的陪审员对量刑的轻重也会有一种最直接的感知，这种感知是连接司法裁判和民意的桥梁，是民意的试金石。在笔者看来，在我国建立独立量刑程序时应当保留陪审员的量刑权，这将促进我国陪审制度的发展，进而推动司法民主的进程。

当然，量刑不单单是一个简单的感知过程，而是一个认定事实和适用法律的过程。陪审员在行使量刑权之前还需要得到必要的法律指导，保证量刑在法律的框架内进行。在美国，陪审员在对死刑案件进行量刑时也必须得到必要的法律指导。在 1972 年福尔曼案件的审理中，美国联邦最高法院以五比四的微弱优势判决：将死刑判决的权力交给陪审团，而没有实质性的法律标准约束他们在什么情况下，对谁判处死刑作出决定是"任意的、专横的"，因而违反美国宪法第八修正案关于禁止残忍的、异乎寻常的刑罚的规定以及宪法第十

---

① Acker Lanier: Beyond Human Ability? The Rise and Fall of Death Penalty Legislation, from American' Experiment With Capital Punishment. p. 91. 转引自虞平：《美国死刑量刑制度的统一性与个别化的协调》，载《法学》2007 年第 11 期。

四修正案关于正当程序的要求。1976 年，联邦最高法院在格拉格案件中正式对什么样的死刑法律符合宪法的要求作出具体回应，即任何死刑法律必须要满足最高法院对宪法第八修正案解释的两个要求：第一，死刑审理程序必须保证陪审团有足够的法律指导以防止最后的死刑判决不会过于任意和变化不定；第二，在判决是否适用死刑前，法律要对被告人的犯罪情节、个人品行及其经历予以足够的考虑，以体现死刑量刑的个别化。①

四、检察机关量刑建议权的性质

量刑建议权，是指检察机关有权根据被告人的犯罪事实、性质、情节和社会危害性程度，结合有关刑事政策和案例，请求人民法院对被告人处以某一特定的刑罚，即在刑种、刑期、罚金数额及执行方法等方面提出具体的量刑意见。② 在建立了相对独立的量刑程序以后，检察机关的重要职责就是提出量刑建议。那么，量刑建议权是公诉权，还是监督权？存在不同的认识。有人把量刑建议权看做监督权，认为"量刑建议是检察机关行使刑事监督权的另一种重要方式。"③ "在刑事诉讼中，检察机关进行量刑监督时所采取的方法是多样化的，不仅仅指传统意义上的抗诉，还包括量刑建议、量刑答辩等内容。"④ 笔者认为这种观点是值得商榷的。

控审分离是现代刑事诉讼的一项基本原则，在该原则下，控诉方行使的是公诉权。公诉权是一种司法请求权，即请求法院对指控的被告人进行审理并定罪量刑的诉讼权力。公诉权既包括定罪请求权，也包括刑罚请求权。我国传统上也是这样认为的，如"提起公诉，是指人民检察院代表国家要求人民法院审理指控的被告人的行为，以确定被告人刑事责任并予以刑事制裁的诉讼活动。"⑤ "一般认为，提起公诉是人民检察院代表国家将案件起诉到人民法院，要求人民法院通过审判追究被指控的人的刑事责任的一种诉讼活动。"⑥ 审判权包括定罪权和量刑权。控诉是审判的前提，没有控诉就没有审判，具体说来没有控诉方对犯罪的指控，就没有法院的定罪；没有控诉方对量刑的请求，就没有法院的量刑。在现有的法律规定下，公诉方在起诉意见中也有对量刑的意见，如"在法院宣判以前，检察机关对量刑的影响仅仅限于对定罪条款的定性引用以及对累犯、自首、立功、不完全刑事责任能力等法定情节的论述⑦。"这种量刑意见只不过不是具体的量刑建议，而是一种抽象的倾向性意见。在我们将来构建的相对独立量刑中，公诉机关将提出具体的量刑建议。不管量刑建议的内容如何，量刑建议权都是公诉权的应有之义。

公诉机关的量刑建议权是法院量刑的基础，没有公诉机关的量刑建议就没有法院的量刑，但是法院行使量刑权并不是完全听命于公诉机关。法院是独立行使审判权的，包括独立行使定罪权。法院应当在公诉机关提出量刑建议，被告方和被害方发表意见的基础上进

---

① 参见虞平：《美国死刑量刑制度的统一性与个别化的协调》，载《法学》2007 年第 11 期。
② 张智辉、吴孟栓：《2001 年检察理论研究综述》，载《人大复印资料》2002 年第 9 期。
③ 参见《中国量刑建议制度八年探索历程披露》，http://law.cctv.com/20071130/101998_4.shtml.
④ 沈新康：《量刑监督制度研究》，载《法学》2007 年第 6 期。
⑤ 陈光中、徐静村主编：《刑事诉讼法学》（修订二版），中国政法大学出版社 2002 年版，第 252 页。
⑥ 宋英辉主编：《刑事诉讼法》，清华大学出版社 2007 年版，第 311 页。
⑦ 欧卫安：《检察机关对刑罚裁量的合理参与模式研究》，载《西南大学学报》2007 年第 2 期。

行量刑，作出裁判。在公诉机关提出量刑建议之时，法院还没有也无法就量刑作出裁判，如果说量刑建议权是对量刑权的监督难免有些牵强。虽然宪法赋予了检察机关法律监督权，但把检察机关的职权都放入监督权的大框中并不妥当。这样非但不能强化检察机关的权利，反而不能凸显检察机关的具体职权。量刑建议权应当属于公诉权的一个重要组成部分，而不是监督权，但量刑建议权的行使在一定程度上制约了量刑权。

（作者单位：中国人民公安大学）

论检察权的优化配置

李泽新

我国宪法和检察院组织法规定检察机关是国家的法律监督机关，但同时却没有规定检察机关独立行使法律监督权，而是规定依法独立行使检察权。党的十五大、十六大、十七大报告中使用的也是"检察权"的概念，而没有使用"法律监督权"的概念。这表明，法律监督机关行使的检察权，是作为一项独立的国家权力，存在于国家的权力结构中，成为立法权、行政权、审判权及军事权之外的第五种权力。正因为如此，中国检察权在维护国家长期稳定、科学发展中的作用越来越突出，检察制度的发展空间也越来越广阔。当前，为促进国家权力的良性运作，必须从以下三个方面对检察权进行优化配置。

一、保障检察权独立运行

我国实行"议行合一"的宪政体制。依照现行宪法的规定，国家全部权力属于最高权力机关全国人民代表大会。最高权力机关依照分工原则，在自己保留立法权的同时，将行政权、审判权、检察权和军事权分别授予国务院、最高人民法院、最高人民检察院和中央军事委员会行使。作为最高权力机关对这些被授权的机关有监督权。这即是学者们所称的"二级五权结构"。① 在这种二级五权结构的宪政体制中，检察权和审判权、行政权是并列的，行政机关、审判机关和检察机关是并列于最高权力机关之下的。这与西方"三权分立"宪政体制中立法、司法、行政三权分立而检察权归属于行政权（英美法系国家）或归属于司法权（实为审判权）（大陆法系国家）完全不同。也就是说在宪政层面，我国政府机关的行政权、审判机关的审判权和检察机关的检察权具有完全相同的独立的宪法地位。虽然学术界有观点认为人民代表大会的宪政体制有很多需要完善的地方，但目前为止，还没有人从根本上否定这种宪政体制的正当性。而且，没有任何证据证明"三权分立"的模式就一定比"议行合一"的模式更适合中国国情。事实上，我国改革开放30年来，生产力的发展速度远远高于西方法治国家。著名法学家高铭暄教授指出，"现在，我们实行的政治制度仍然是人民代表大会制度，这一制度不仅没有弱化的趋势，而且还强调必须加强，那么作为人民代表大会制度的核心内容的'一府两院'的政治体制只能强化，而不能削弱。现在有的人提出解散检察院或者弱化检察权，这与我国的宪法和宪法规定的国家政治体制都是背离的。"② 因此，在司法理念的确立和检察制度的设计上，我们当然应当坚持在现行宪政框架内来优化配置检察权，以推进和维护司法公正。

---

① 汤向明等：《我国检察机关法律监督制度的反思与重构》，载《中国检察》（第6卷），北京大学出版社2004年版。

② 刘立宪、张智辉：《司法改革热点问题》，中国人民公安大学出版社2000年版，第57页。

目前，检察权的独立运行常常受到来自体制内的不当制约，以至于人们对检察机关法律监督的实效颇有微词，这与涉及检察权行使的人事、财政体制安排不当有很大关系，迫切需要优化解决。一是检察经费供给应当法定化，应当根据当地经济社会发展水平作出相应安排。立法机关应通过行使对检察经费、决算的决定权和监督权，就政府基于财政供应关系，对检察权的不规范制约，转变成规范的制约。检察机关每年应根据工作需要，提出检察经费预算及追加，报人大审议，一旦获得人大通过，地方政府必须予以保障。人大审议的重点应该是检察经费前一年的执行情况及当年的安排并作出决议，对检察机关经费的使用及政府经费在供应中存在的问题，提出监督处理的意见。二是检察官履职保障也应当法定化，非因法定事由不得调职。第一，应确保检察官在没有任何不正当干预或不合理地承担民事、刑事或其他责任的情况下履行其检察职责。第二，在检察官及其家属的安全因履行检察职权而受到威胁、恐吓、干扰时，有关机关应向他们提供人身安全保护。第三，检察官服务的条件、报酬以及任期、退休年龄、退休金等均应由法律加以规定。第四，检察官职位的升降应以各种客观因素，特别是专业资历、能力、品行和经验为根据，并按照公平和公正的程序加以决定。

二、强化对审判权、行政权的制约

检察权的优化配置，最基本的原则是要根据检察权的属性，尊重行政权、审判权的行使，合理、科学划定检察权的范围。检察权是公诉和监督两种权能的异质同构，是一种新型的国家权力。一方面，检察机关是法律监督机关，其权力来源于权力机关的授权，而所授之权是法律监督权；另一方面，法律监督机关行使的职权是检察权，而检察权最根本的权力是公诉权。[①] 如果将检察权和法律监督权等同，就有可能在扩张法律监督权时迷失方向，转而把检察机关的侦查、起诉的执行权也交由其他有关司法机关行使。[②] 张智辉博士认为，检察权的基本要素包括四个方面：调查权、追诉权、建议权和法律话语权。[③] 这是目前检察理论界对检察权属性的最具代表性和权威性的见解。立法机关应当授予检察机关更为广泛的法律监督权力，如违宪调查权，启动违宪司法审查权，[④] 弹劾建议权，[⑤] 民事、行政法律监督权等，以改变目前检察权权能构成单一的状况，实现检察权的理性回归。检察权不论是扩张还是调整，都需防止行政权、审判权滥权，达到法律监督的目的，确保国家的法律能够正确执行。

1. 对侦查权的制约。侦查是公诉的一方，侦查机关仅处于为公诉服务的诉讼地位，在国外，多数国家在法律和理论上规定检察官可以控制警察的侦查活动，对于警察侦查的案

① 冯景合：《法律监督权能否与检察权兼容——从法治的角度对中国检察权的反思（中）》，载《中国检察官》2006 年第 8 期，第 29 页。

② 周其华：《检察机关司法配置研究》，载《国家检察官学院学报》2000 年第 4 期，第 92 页。

③ 张智辉：《论检察权的构造》，载《国家检察官学院学报》2007 年第 4 期。

④ 按照立法法的规定，有权启动违宪审查的主体是国务院、中央军事委员会、最高人民法院、最高人民检察院和各省、自治区、直辖市的人民代表大会常务委员会。其他国家机关、团体、企事业组织以及公民只有建议权，没有启动权。

⑤ 曹呈宏：《分权制衡中的检察权定位》，载《人民检察》2002 年第 11 期，第 17 页。

件，检察官可以决定自行侦查，即使是在英美法系国家，检察官也可指导警察的侦查活动。而且许多国家还规定了比较有效的检察官监督警察侦查活动的手段。但在我国，"侦查机关完全有权按照自己的意愿，采取自认为需要的诸如刑事拘留、搜查、扣押、秘密侦查等手段，对侦查活动的启动、运行和终结拥有独立的决定权。"① 虽然法律规定了检察机关对公安机关的立案、侦查活动的法律监督，监督手段是通知公安机关立案和通知纠正违法，但对于公安机关是否立案、纠正，法律并没有规定进一步的监督措施。对此，邱学强同志提出："通过赋予当事人相关申诉权，强化检察机关对公安机关侦查工作的制约的途径解决。例如，公安机关采取指定居所的监视居住、扣押物证书证、查封、冻结等措施后，有关利害关系人认为这些措施不当的，可以向检察机关申请予以撤销。检察机关经审查或者必要的调查，认为采取上述措施不当的，有权决定予以撤销并通知公安机关执行，公安机关应当在一定期限内将执行情况通知检察机关。"② 为了使刑事公诉获得成功，检察机关应该有领导指挥侦查的权力。"应赋予刑事检察官对侦查活动享有指挥权，并规定如果警察无正当理由拒不执行检察官指挥的，要给予纪律处分或辞退等处理；侦查机关的秘密侦查手段、搜查权、刑事拘留权、扣押权等强制性措施的批准权一律划归检察机关；对应当立案而侦查机关拒不立案的，检察机关有强制侦查机关立案的权力。"③ 在条件成熟时，我国刑事诉讼中的侦查权应当从行政权中剥离出来，进一步充实和完善国家公诉权，解决侦查与起诉脱节的问题，提高国家公诉的效率。

2. 对审判权的制约。众所周知，司法权不属于民意权力，作为世俗权力的一种类型，它不可避免地具有权力的一般特性，"审判权的行使者法官，如果不受任何约束，难免出现专断和滥用法律"的情形。我国法律将司法权分置给审判机关与检察机关行使，审判机关侧重实体的司法裁判，检察机关侧重程序的司法裁判，通过检察权对审判权的制约分权，实现司法公正、保障人权的目标。但"由于有关法律对检察权与审判权的权力范围界定不明确，从而导致检法两部门权力冲突。一方面，司法权配置不合理导致审判权不独立，影响司法公正，另一方面，导致检察权难以有效行使，同样影响到公正司法。"④ 基于检察权具有的提示性、程序性、事后性的特点，未来检察机关对法院审判权的监督，仍然只能针对生效裁判提出抗诉，在程序启动后，再由审判机关重新依法审查并独立作出新的裁判。法院的这种检察监督权，并没有超出国外检察机关相关职权的范围。在刑事方面，检察权配置的重点应放在对刑罚执行的监督上，如赋予检察机关对生效判决、裁定拥有执行批准权，以有效地制止不正确执法的枉法裁判行为。在国外，多数国家都明确规定，检察机关具有指挥行刑的权力。在民事、行政诉讼方面，检察权的配置不应只限于对已生效判决、裁定的抗诉权。而应赋予检察机关民事、行政诉讼的调查取证权，以强化发现和制止不正确执法行为的措施。作为民事诉讼法起草参与人之一，江伟教授指出，应该拓宽检察院对民事诉讼的监督权，使检察院有权参与、提起诉讼，特别是公益诉讼。⑤ 因此，在民事、行

---

① 陈瑞华著：《看得见的正义》，中国法制出版社 2000 年版，第 184～185 页。

② 邱学强：《论检察体制改革》，载《中国法学》2003 年第 6 版，第 15 页。

③ 陈文兴：《司法权配置的两个基本问题》，载《法学杂志》2007 年第 5 版，第 88 页。

④ 陈文兴：《司法权配置的两个基本问题》，载《法学杂志》2007 年第 5 版，第 88 页。

⑤ 张建升：《立足宪政体制合理配置民事行政检察权——民事行政诉讼中检察权配置问题专家研讨会综述》，载《人民检察》2005 年第 9 期（下）。

政诉讼的关键环节上，应当考虑配置相应的检察权，以确保国家民事、行政法律的正确实施。首先，对于民事、行政诉讼案件，当事人申请人民检察院派员出庭的，开庭审理时，应当通知同级人民检察院出庭监督审判；其次，对于当事人向人民检察院申诉、人民检察院抗诉的民事、行政诉讼案件，人民检察院有权向人民法院调卷审查，决定是否抗诉；最后，生效判决、裁定的执行由检察机关批准，并且监督人民法院执行。此外，对于属于法院权限范围内的事项，检察官从职务的角度认为有必要时，可以要求法院通知或发表意见。这是为维护法律适用的统一和尊严而"以保护公共利益为唯一宗旨督促法官适当适用法律。"①

3. 对行政权的制约。在中国，行政权超级强大，行政滥权对国家、公司、企事业单位及公民合法权利造成的损害相当严重。但我国法律规定的制约行政权的外部权力却十分缺乏，在所有行政法中都没有设置检察权，检察机关几乎不能对行政机关及其工作人员的执法活动进行监督。检察机关通过公诉权制约侦查权追诉普通刑事犯罪，以及检察侦查权独立侦查、起诉行政机关（包括审判机关）的职务犯罪，仅占对行政权制约的一小部分，且由于监督手段及监督效果的保障缺失，远不能达到避免行政滥权的目的。从一定意义上说，我们强调检察机关对于民事、行政诉讼的监督，其监督的对象主要是法院的审判权，而强调对行政权的监督，其监督、制约的对象则主要是政府的行政权，因为政府在社会公共利益出问题的地方，往往是政府管理空白的地方，或者是滥用权力的地方。虽然我国各级政府机关都享有独立完整的民事、行政诉权，但在政府或行政机关放弃特定诉权的情况下，或者政府不作为、实施抽象行政行为和违法行政许可、行政救济等，法律应赋予检察机关有权通过民事、行政公诉手段，保护国家与社会的经济利益、行政利益等。同时，检察机关以公共利益代表的身份，参与、提起涉及国家利益和公共利益的民事诉讼，还应包括在环境污染、产品质量、市场行为等受害者为不特定当事人的重大公害案件中，代表公众向致害者提起民事、行政"公诉"。这实际上是对行政权力部门违法（包括不当）行为的司法救济，是对国家利益的一种更充分的保护方式。需要指出的是，"检察权对行政权的制约只宜涉及行政权行使的程序和行政权行使的结果。换句话说，就是对于正在运行的行政行为，检察机关要实施程序控制；对于运行完毕的行政行为，检察机关要实施结果审查。"②这是由行政权的特点及其运行规律所决定的。

三、完善对检察权的制约

任何权力必须接受制约，不存在绝对权力，这是法治社会的应有之义，检察权也不例外。"在理论上，任何国家权力都有被滥用和进行自我扩张的属性，尤其是在诉讼中。检察权的产生本身就是对权力进行制衡的结果。那么，作为一项形成了的国家权力，它仍然有自我扩张等权力属性，特别是在诉讼环境下，国家权力作为一种救济性介入的机制其本身就带有了一定的自主性和自发性，如果不进行必要的立法和政策的规制，它将会失去公力

---

① 唐素林：《对检察权属性定位的重新认识》，载《江汉论坛》2002年第8期，第91页。
② 王学成等：《我国检察权制约行政权的制度构建》，载《行政法学研究》2007年第4期。

救济的本性，而变为侵犯和牺牲公民权益的手段。"① 因此，我国检察权除必须接受中国共产党的领导、最高权力机关即人民代表大会的监督、新闻媒体的监督、人民监督员的监督和检察机关的内部监督以外，还必须同时接受行政权、审判权及公民权利的制约。

首先，建立强制措施审查机制，制约检察侦查权。检察机关办理直接受理自行侦查的案件，在对犯罪嫌疑人、被告人采取拘留、逮捕、搜查、扣押、冻结等涉及公民人身自由权利和财产权利的强制措施时，如当事人提出异议，则必须接受法院的审查裁决。法院经审查认为强制措施适用不当的，有权裁定撤销。

其次，建立非法证据排除法则，制约刑事追诉权。虽然刑事诉讼法第 43 条规定，严禁刑讯逼供和以威胁、引诱、欺骗以及其他非法的方法收集证据。但对于以上述方法收集到的证据如何处理，法律并没有明确规定。而实践中据以定案的多，予以排除的少。在日本，宪法和刑事诉讼法都明确规定，用强制、拷问或威胁的方法获得的自白或者因长期不当羁押、拘留后获得的自白，不能当做证据。对于排除法则的实质性根据，多数学者坚持抑制效果说，即排除违法收集的证据的实质在于抑制将来的违法侦查。② 我国法律应当明确规定禁止使用非法强制措施获得的证据，或者通过非法强制措施收集的证据无效。对于通过刑讯逼供、诱供、胁迫或者超期羁押获得的口供应明确予以排除。对于刑事追诉权来说，排除违法收集的证据是一种事后的制约，也是审判权对检察权的制约。

再次，增强权利对追诉权力的制约。在提高案件当事人和其他诉讼参与人的权利和地位的同时，将新律师法关于律师会见权、阅卷权、调查取证权等执业保障的内容写入即将修改的刑事诉讼法中，在侦查阶段便形成公检法与律师"分工负责、互相制约"的新型诉讼结构，增强权利制约追诉权力的实效。

最后，划定权力范围，制约检察监督权。检察机关认为行政决定违法或者不当的，有权发出检察建议或者提起行政公诉，但无权直接改变行政决定。通过启动行政复议程序或者行政诉讼程序，由行政机关重新作出决定，或者由法院审查撤销。对于民事、行政、刑事生效判决执行，检察机关不批准的，应当提出抗诉，启动新的程序，由法院重新审查并作出裁判，检察机关无权直接变更生效判决的内容。

（作者单位：江西省新余市人民检察院）

---

① 孙谦：《中国的检察改革》，载《法学研究》2003 第 6 期。

② 关于排除法则的实质性根据，在日本共有三种学说：规范说认为使用违法收集的证据是违反程序的；司法廉洁说认为，使用违法收集的证据是司法机关违背了公民的信赖；抑制效果说则认为，为了抑制将来的违法侦查行为，排除违法收集的证据是最佳方案。参见［日］田口守一著：《刑事诉讼法》，刘迪、张凌、穆津译，法律出版社 2000 年版，第 243 页。

刑事司法管辖权的本质与结构[①]

梁玉霞

在一般意义上，刑事司法管辖权是指对刑事案件所享有的侦查、公诉、审判和刑罚处罚的权力。管辖权是国际、国内刑事司法中一个非常重要也相对复杂的问题，因为它常常受政治意识形态和国际、区际关系的影响而变得敏感。从不同的侧面，我们可以对刑事司法管辖权给予全方位的透视，以深刻认识其内在属性和外在表现。

一、刑事司法管辖权的权属范围

刑事司法管辖权根据权属范围可分为四种情况：

（一）联合国刑事司法管辖权

依据《联合国宪章》和一些国际公约的规定，联合国可以对特定的刑事案件行使司法管辖权。第二次世界大战结束后，国际社会先后组成了欧洲国际军事法庭和远东国际军事法庭，对德、意、日的法西斯分子、战争罪犯进行了审判，这就是著名的纽伦堡审判和东京审判。国际军事法庭开创了联合国刑事司法管辖的先例。在半个多世纪的国际政治斗争中，联合国又先后组织了若干刑事审判机构行使司法审判权，包括：（1）前南斯拉夫国际刑事法庭；（2）卢旺达国际刑事法庭；（3）国际刑事法院。其于2002年7月1日在荷兰海牙正式成立，是根据联合国通过的《国际刑事法院规约》创建的世界上第一个常设国际刑事司法机构。

（二）国家刑事司法管辖权

国家刑事司法管辖权，是指根据国内法以及国际公约或国际惯例，特定国家对刑事案件享有侦查、公诉、审判和刑罚执行的权力。国家因为拥有土地、人口、资源和主权而成为独立的实体，一般都享有独立、不受强制、不受侵犯的主权。在独立的国家，作为国家主权重要组成部分的司法管辖权，也是独立的和不受强制、不受侵犯的，而且因为实施刑事犯罪的人和发生刑事犯罪的地点一般都是属于特定国家的，所以国家就成为刑事司法管辖权的基本享有者和行使者。

（三）法域刑事司法管辖权

顾名思义，法域刑事司法管辖权是指同一个国家之内，各个独立的法域对刑事案件所

---

① 本文为暨南大学人文社科基金项目阶段性成果。

享有的侦查、公诉、审判和刑罚执行的权力。法域在这里只能是指一国之内实行不同法律的地区。这种情况比较多见，在实行联邦制的国家，就存在因各联邦自行立法而产生的不同法域，如英国、美国、德国、加拿大、澳大利亚等。美国在联邦宪法和法律之外，各州也有立法权，自行创制州宪法和法律，因而不同的州也就是不同的法域，各法域拥有各自独立的刑事司法管辖权。我国不是联邦制国家，但由于历史的原因也形成了多个法域。目前有内地、香港地区、澳门地区和台湾地区四个法域，各法域都有适用于该法域的刑法、刑事诉讼法，依照这些法律，四个法域都享有刑事司法管辖权。法域刑事司法管辖权小于国家刑事司法管辖权，是国家内部刑事司法管辖权的划分。法域刑事司法管辖权不能发生在国家之间。不同国家之间法律的不同，以及由于这些不同的法律而产生的刑事司法管辖权，是国家之间法律的差异，由此引起的是不同国家的刑事司法管辖权。

（四）地区刑事司法管辖权

从刑事司法管辖权涉及的地域范围来看，地区刑事司法管辖权最小。它是指国家内部施行相同法律的不同地区之间划分出的刑事司法管辖权，如中国大陆各省、市、自治区所拥有的刑事司法管辖权。这种刑事司法管辖权是与行政区划相对应的，与政府的行政管理权限相辅相成，共同构成地方的治理权。无论是联邦制国家的各州，还是像我国的内地，以及香港、澳门特别行政区，都有大片的土地和生活于其上的人群，因而就设置一些市、县或区等政府来实行层级管理，分而治之。与这些政府相对应的是，设置了各级司法机关，专门处理各种案件，解纷止争，保一方平安稳定。国家刑事司法管辖权和法域刑事司法管辖权在实施过程中就具体化为地区刑事司法管辖权，通过各地区对刑事个案的处理得到落实。我国刑事诉讼法规定，刑事案件由犯罪地人民法院审判，如果由被告人居住地的法院审判更为适宜的，可以由被告人居住地的人民法院审判。这里虽然是审判管辖的规定，但实际上也辐射到刑事案件的侦查、起诉方面。这可以说是我国刑事司法管辖权的法律分配。犯罪地或者被告人居住地的司法机关，依法对刑事案件的侦查、起诉、审判和执行就是对该地区刑事司法管辖权的行使。

二、刑事司法管辖权的本质

（一）刑事司法管辖权在本质上是国家统治权

在由统治权、人民、领土构成的国家里，统治权居于支配地位。统治权就是国家统治者对人民所实行的保护、领导、管理、控制、影响的权力，对领土所实行的保卫、占有、支配、开发、利用的权力。在国家演进的历史中，统治权的内涵和形式都发生了深刻的变化。在现代民主法治国家，之所以还要保留国家机器，是因为国家仍然是马克思主义所认为的"暴力集团"。列宁曾指出："国家是阶级矛盾不可调和的产物和表现。在阶级矛盾客观上达到不能调和的地方、时候和程度，便产生国家。反过来说，国家的存在表明阶级矛盾的不可调和。"① 这一论断表明了马克思主义对于国家的基本观点。第一，国家是阶级社

---

① 《列宁选集》第 2 卷，人民出版社 1995 年版，第 168 页。

会的特有现象。阶级和阶级斗争的存在与发展决定着国家的存在与发展。第二，国家是一个阶级对其他阶级的统治。第三，国家是一个拥有国家机器的暴力集团。国家与其他社会组织的不同之处，正在于其拥有强迫被统治阶级服从国家意志的国家机器，包括军队、警察、法庭、监狱等。这些国家机器是国家的强制力实现的保证。

国家统治权可分为政治权力、经济权力、社会权力和文化权力等。统治者在管辖人民和领土的过程中，必须借助于相应的组织、机构。在土地辽阔、人口众多的大多数国家，一般都实行分级管理，如设州、县或省、市、县（区）、乡镇、村社等，由此就形成了中央与地方层层叠叠的权力关系。而且根据现代民主政治的要求，每一级政权都是由若干不同的职能部门所构成，形成分权制衡的权力运行格局。在分层统治的权力结构中，中央拥有较多的权力资源，位于权力宝塔的顶端，具有制定宪法、法律和政策，组建、指挥军队，决定国家的内政外交，决定、处理一切重大事项的权力。地方机构的权力依次递减，在所管辖的人民和土地的范围内行使法律、法规或上级机关授予的权力，以此将国家统治权传递到社会基层，影响到每一个人，每一寸土地。

刑事司法管辖权属于国家政治权力的范畴，是国家对其人民和领土实行的刑事司法上的统治权。现代国家，通常都在其中央和地方的权力体系中，根据需要设有行使司法权的机关，包括警察机关、检察机关、法院、司法行政机关、监狱等。在多数国家，刑事司法管辖权既指向人民，也指向领土，即凡属于本国的公民都受本国刑事司法管辖，凡在本国领土上发生的刑事案件，都归本国刑事司法管辖。国家的刑事司法管辖权与其统治权在覆盖的空间范围上具有一致性，在内容上刑事司法管辖权相对单一，而统治权则是综合全面的。

（二）在国际关系中，刑事司法管辖权首先表现为国家的司法主权

主权是一个国家独立自主地处理对内对外事务的最高权力，是国家的根本属性。司法主权是国家主权在司法方面的体现，它由三个方面构成：（1）司法管辖权，即主权国家有权对其本国国民和在其领域内发生的一切诉讼纠纷给予司法上的管辖；（2）司法豁免权，是指一国的代表在他国可免受司法追诉，因为"平等者间无裁判权"，这已被国际社会所公认；（3）司法防卫权，是指当外国对本国国家或者国民进行司法侵害时，有权抗议，甚至给予对等报复。[①] 国际间刑事司法权的划分是以国家刑事司法管辖权为基础的，涉及的是国家刑事司法主权的边界。在涉外刑事案件中，享有刑事司法管辖权也就意味着本国的司法主权能够延伸到该案，能够覆盖该案的人和事，本国的法律制度、政治理念能够通过侦查、起诉、审判和执行而得到宣示和贯彻。

所以，涉外案件的刑事司法管辖权在许多时候都成为国家间争夺的焦点，如开平中行原三任行长携巨款逃往国外的腐败犯罪案件，经过我国的各种努力，最后将余振东引渡回国接受审判，而另外两人至今仍在国外。为引渡余振东，实现我国的刑事司法管辖权，中国不得已作出了"不对其判处死刑"等多项承诺。厦门"远华"案主犯赖昌星逃往加拿大后，中国政府几年来一直力争将其引渡回国审判，但至今未能如愿。这些都从一个侧面说明，国际间的案件刑事司法管辖权对于相关的国家来说，显得非常重要。由于意识形态、

---

① 参见阎建国、梁玉霞著：《最新涉外涉台港澳法律顾问大全》，北京广播学院出版社1992年版，第6~7页。

政治制度和法律制度上的差异，各国在刑事司法管辖权上都会表现出明显的主权立场，主权让予的可能性不大，即使让步，也可能是有条件的。还有一个例子是，欧盟的高度统一，使得欧盟国家之间"可以分享一切，但不能分享具有主权象征的刑事管辖权。"①

（三）联合国刑事司法管辖权是对国家刑事司法管辖权的补充

正如联合国及其他国际组织的权力来自于其成员国主权的让渡一样，联合国特别设立的法庭以及联合国刑事法院的刑事司法管辖权，也都是相关主权国家刑事司法管辖权的让渡。在此基础上形成了超越国家刑事司法管辖的特殊形式。这种现象在国际间实践了一种新的刑事司法理念，即只要刑事司法的目的和手段相同，刑事司法管辖权的让渡和转移也是可能的。半个世纪以来，联合国在多个国际公约中，对危害国际社会共同利益的严重犯罪，如劫机、海盗、战争犯罪、恐怖犯罪、腐败犯罪等，以及危害人类自身安全的犯罪，如反人类罪、灭绝种族罪、奴役罪、贩卖妇女儿童罪等，均规定了"或起诉或引渡"的条约义务。这是对国家刑事司法管辖权的有效扩展和灵活运用，体现了人类社会共同的价值追求和利益表达。

国际刑事法院于 2002 年 7 月 1 日正式成立。② 有资料显示，至 2005 年全世界已有 99 个国家批准加入了国际刑事法院。中国和其他一些国家之所以没有加入，主要原因是不能接受《国际刑事法院规约》（简称《罗马规约》）中所规定的"国际刑事法院的普遍管辖权"、检察官有自行调查权以及关于"侵略罪"、"战争罪"的定义等。中国代表团认为，《罗马规约》规定的这种管辖权"不是以国家自愿接受法院管辖为基础"，而是国家一旦批准、加入了该规约，就要自动接受国际法院的管辖。这就可能导致以惩治侵略战争犯罪为宗旨的国际刑事法院，对国家安全与主权构成威胁。当然，《罗马规约》中的"补充性管辖原则"还是摆正了国际刑事法院与缔约国之间在刑事司法管辖权上的位置。依据该原则，如果具有刑事管辖权的国家正在或者已经对案件进行调查或起诉，或者嫌疑人已经或正在接受审判，则国际刑事法院不能对该罪行或者该嫌疑人行使司法管辖权，除非有关国家对罪行"不愿意或不能够"切实地进行调查、起诉或审判。③ 用国际刑事法院的管辖权"补充"而不是"替代"国家刑事司法管辖权，体现了对国家主权的尊重。

（四）区际刑事司法管辖权体现为各独立行政区的司法自治权

尽管从根本上说，刑事司法管辖权属于国家的统治权，但该权力在国家权力位阶中的表现是不同的，因而其地位和作用也大相径庭。在国家主权之下，就是中央和地方的统治权分工。区际统治权一般具有相对独立的特点，根据法律的规定和中央的授权，享有高度的自治权，如美国、加拿大的州即是如此。我国《香港特别行政区基本法》和《澳门特别行政区基本法》分别在第 2 条明确规定，全国人民代表大会授权特别行政区依照本法的规定实行高度自治，享有行政管理权、立法权、独立的司法权和终审权。与区际自治权相适

---

① 引自高铭暄、赵秉志主编：《国际刑事法院：中国面临的抉择》，中国人民公安大学出版社 2005 年版，第 148 ~ 149 页。

② 按照《国际刑事法院规约》第 126 条的规定，在 60 个国家批准加入该规约后，国家刑事法院即告成立。

③ 参见《罗马规约》第 17 条。

应，区际刑事司法管辖权就体现为区际刑事司法自治权。这种司法自治权因为需要立法的确认和规范，需要通过司法不受干涉的独立性和法院的终审权加以保障，因而就向区际立法权和终审权延伸而形成了统一体。所以，区际刑事司法管辖权因为获得了区际立法权和法院终审权作为依据和保障，因而其司法自治性就显得更为明显，更为完整。

区际刑事司法管辖的目的和作用在于：

第一，确保独立行政区或独立法域的司法自治权不会因为管辖权的旁落而出现空心化。区际刑事司法管辖权的获得和实现，是实现区际刑事司法自治权的基础。一个独立行政区或独立法域，如果没有对特定案件的刑事司法管辖权，也就没有对于该刑事案件的侦查、起诉、审判和裁判的执行权，那么区际刑事司法自治权也就无法在该案中得到实现。

第二，确保区际刑事司法自治权不受外来干涉。自治权从来就是独立的，不受干涉或约束，如果名义上自治而实际上并不享有独立的自治权，那将是一种制度的失败。当然，自治不等于分裂。法治社会的自治权是建立在法律基础之上的，是根据法律的授权实施的，所以自治可以理解为"依法独立治理"。我国香港、澳门特别行政区就是依据《香港特别行政区基本法》和《澳门特别行政区基本法》的授权而享有高度的自治权的。但是，司法上的自治权需要靠管辖权来保护，对刑事司法管辖权的重视历来也是区际刑事司法关系中一个普遍的现象。

第三，确保各独立行政区或法域不同的价值理念、法律原则和制度能够通过具体的案件而得到贯彻。在立法权不同的情况下，法律制度肯定存在差异，如我国内地和香港、澳门、台湾地区，由于不同的发展历程和文化背景，在政治、经济、法律、文化等各方面都存在一定的差异，"一国两制"就是对这种差异的承认和正确对待。区际刑事司法管辖权可以有效地保证各个不同法域获得相应的案件处理权，处理案件的过程也就是相应法域的价值理念、法律原则和制度得到实现和彰显的过程，所以司法管辖权这种程序性权力背后潜藏着的实际是各不同法域的价值准则、人文精神和法律的具体制度。

（五）地区刑事司法管辖权是国家刑事司法管辖权的落实

国家刑事司法管辖权的行使，是由从中央到地方一整套司法机构的运作体现的，具体表现为各个法域、各个地区刑事司法管辖权的运用。地区刑事司法管辖权是最基层的权力，是地方治理权的组成部分。我国刑事诉讼法对各级人民法院的刑事司法管辖权都作了范围不等的划分，在基层平行的人民法院之间，实行以犯罪地管辖为主、居住地管辖为辅的原则确定管辖权。

三、刑事司法管辖权的结构

从权力结构看，刑事司法管辖权有内外两重结构：

（1）内在权力结构。在刑事司法管辖权的内部，包含了对刑事案件的立案权、侦查权、公诉权、审判权和执行权五个部分，是公权力的重要组成。从权力效能上讲，属于对既有刑事法律的执行，是立法之后的司法权，是以解决矛盾纠纷为核心的裁判权和惩戒权，体现着打击犯罪、保障人权的价值追求。刑事司法管辖权的内在结构决定了其存在的价值合理性，是实现国家刑罚权的基本手段。在马克思主义看来，国家是实现阶级统治的暴力机器，它所拥有的警察、监狱、刑罚权等是维护政治统治的支柱，是法律得以实现的强制力保证。一个国家或一个地区，拥有了刑事司法管辖权就等于拥有了对刑事犯罪的刑罚权，就可以将其法律中的国家意志付诸实现。所以，刑事司法管辖权的争执，在根本上就是对刑罚权的争夺。

（2）外在权力结构。刑事司法管辖权外在表现为两种权力：对刑事案件处理上的独占权或优先权以及排他权。独占权或优先权，即刑事案件只能由拥有管辖权的一方依法处理或优先处理。如果没有这种权力优势，管辖权的确定就没有实际意义。管辖权在多数情况下表现为独占权，即对刑事案件享有唯一的受理、处分权，确保一个案件的侦查、起诉、初审和执行，都只有一个相应的有权机关进行，避免管辖重复或者管辖遗漏。这是确立刑事司法管辖权的初衷和目的。但是，在价值追求日益多元化的当今社会，基于不同的法律原则，对同一个刑事案件，仍然可能有多个司法管辖权存在，即无法实现管辖权的独占性或唯一性，在此情况下，刑事司法管辖权就只能表现为优先权，即在数个司法管辖权之间确立优先管辖权。司法管辖上的优先权可以在很大程度上接近于独占权，因为在国际社会，多数国家都确立了"一事不再理原则"或称"禁止双重危险原则"，依据该原则，已经合法的机关依据正当法律程序确定为犯罪并受刑罚处罚的人，不得因为其同一个犯罪行为而再次受到追诉和刑罚惩罚。当然，该原则并不是在所有国家都得到了贯彻，有时重复追诉仍然是存在的，从这个意义上讲，优先权仍然逊色于独占权，只能是独占权之后退而求其次的选择。排他权是相对于独占权而言的，某地的司法机关一旦拥有了司法管辖上的独占权，就自然排斥了其他地方司法机关对该案件的管辖处理。

刑事司法管辖权从内容上可分为实体和程序两个方面，也就是刑法管辖和刑事诉讼法管辖两种情况。

（1）实体管辖权。即刑法意义上的管辖权，是指根据所参加的国际公约、条约或区域协议确立的原则，以及刑法所确定的空间效力范围而实施的刑事追诉与审判权，体现的是刑罚权的运行。实体管辖权以刑罚权为核心，解决的是在特定刑事犯罪发生后，能否适用本刑法给予定罪处罚的问题。确定实体管辖权的根据有两种：一是所参加的国际公约、所签订的国际条约或者区域间协议的规定。联合国通过一系列的国际公约，对严重危害人类自身和国际社会安全的犯罪，确立了普遍管辖原则，实际上就是扩展了各国的刑罚权，缔约国可以根据本国刑法对这些犯罪给予定罪量刑。二是刑法的空间效力范围。在各国或各法域刑法中，通常都有空间效力范围的规定。刑法的空间效力范围也就是一个国家或者一个独立法域行政区的刑罚权可以伸展、运行的空间范围，是实体管辖权的主要方面。其范围与国家或者独立法域行政区的统治权相适应。因此，日本有学者指出："必须将刑法的场所适用范围与裁判权区别开来。除了根据特别条约等被扩张的情形外，原则上限于在一国的统治权所及的领域内，才承认裁判权。因此，在刑法的场所适用范围也包括国外犯的情形下，为了能够对在国外的犯罪人行使自国的裁判权，必须从其所在国得到犯罪人的引渡。"[①]

（2）程序管辖权。刑事司法管辖权，在程序意义上是指特定的司法机关对刑事案件进行侦查、起诉、审判和刑罚执行的权力，体现了刑事司法管辖权的外部运行机制。程序管

---

① 转引自时延安著：《中国区际刑事管辖权冲突及其解决研究》，中国人民公安大学出版社2005年版，第8页。

辖权以司法权为核心，解决的是刑事犯罪发生后，由哪些司法机关，以法律规定的措施和程序，追究、惩罚犯罪的问题。程序管辖权从大到小有四个层次，依次是：联合国刑事司法管辖权、国家刑事司法管辖权、法域刑事司法管辖权和地区刑事司法管辖权。每一个层次都有一套程序规范作基础。刑事司法管辖权的法律依据也主要有两个方面：以刑事诉讼法为核心的程序法规范；国际公约、条约或法域协议规定的司法原则与程序规范。程序管辖权的特点是：动态运行，具体可视。

实体管辖权与程序管辖权二者互相依存，密不可分。一方面，实体管辖权是程序管辖权的前提和根据。一般来说，没有刑罚权也就不可能有程序上的追诉权，刑罚权是刑事司法权存在的法律根据。例如，对于非犯罪行为，国家不具有刑罚权，因而也就没有对此行为进行追诉的一系列程序性权力。在国际上，当国际公约赋予缔约国对某些犯罪享有刑事追诉权时，也就同时赋予了该国对这些犯罪的刑罚权。另一方面，程序管辖权是实体管辖权的体现和保障。刑罚权或实体管辖权是隐性的，需要通过一系列的程序给予表现。任何国家或地区，要实现其对犯罪的实体管辖权，就必须启动刑事追诉程序，否则实体管辖权就只是一种权力预设。由于跨国、跨区域犯罪的复杂性，实体管辖权的拥有和实施常常是分离的，有权力不等于有权力的实施。反过来看，刑罚权适用的场合也是刑事诉讼法跟进的场合，在民主法治社会，刑罚权的适用是不可以离开程序的，刑事程序法对实体法的保障与促进价值也就体现于此。

（作者单位：暨南大学法学院）

我国刑事司法职权优化配置的理性分析

屈　新　全兴平

一、刑事司法职权的优化配置在深化司法体制改革中的作用

党的十七大报告强调指出："要深化司法体制改革，优化司法职权配置，规范司法行为，建设公正高效权威的社会主义司法制度，保证审判机关、检察机关依法独立公正地行使审判权、检察权。"[①] 在司法改革、司法体制改革的基础上，党的十七大报告提出深化司法体制改革，这标志着我国司法改革已由浅入深，意味着未来司法体制改革将向纵深发展。深化司法体制改革的着眼点、突破点和关键点就是优化司法职权配置。"司法职权配置的科学、合理与否，是检验司法体制改革是否深化的重要尺度，是司法行为能否得以依法、有序实施的前提条件"。[②] 司法职权秉承科学、合理的原则，最优化的配置可以明确各司法机关的权力、义务和责任，避免职能错位；可以使各司法机关和部门各司其职、各尽其责，避免重复司法；可以让有限的司法资源得到最充分合理的运用，避免重复投入；可以充分发挥各司法机关的能动性，避免相互推脱。科学合理地配置司法职权是我国社会主义法治国家建设进程顺利进行的推进器，也是建设公正高效权威的社会主义司法制度的前提。

司法职权的优化配置必然涉及刑事司法职权。刑事司法权具有其自身的一些特性，如刑事司法权是国家公权力，体现国家的刑罚权，必须由专门的司法机关行使。与其他形式的司法权相比，刑事司法权有更强的国家力量为后盾，在其外化的动态的实现过程（诉讼）中，有更多的国家权力普遍、主动、深刻地导入和作用。[③] 因此，刑事司法权的优化配置在整个司法权权力系统的优化配置中具有举足轻重的作用。

刑事司法职权的优化配置能够保障刑事诉讼程序的顺利开展以及国家正常司法秩序的稳定。近现代刑事诉讼理论认为，刑事诉讼的一个重要作用就是通过设置一系列的规则和程序来保证国家刑罚权得到正确、适度的行使和实现。正如孟德斯鸠指出："有权力的人们使用权力一直到遇到界限的地方才休止。"[④] 所以，在现代法治社会，在对待权力时，一方面要科学合理地对权力进行分配和配置；另一方面要设定严密、高效的权力监督和制约机制以保证权力合法有效的行使。在我国的刑事诉讼中，主要是人民法院、人民检察院和公安机关三大机关行使刑事司法职权。我国宪法第 135 条规定："人民法院、人民检察院和公

---

① 胡锦涛：《胡锦涛在党的十七大上的报告》，载《中国共产党第十七次全国代表大会文件汇编》，人民出版社 2007 年版。

② 陈卫东：《优化司法职权配置　建设公正司法制度》，载《法制日报》2007 年 12 月 9 日。

③ 徐静村主编：《刑事诉讼法学》（修订本）上册，法律出版社 1999 年版，第 4 页。

④ ［法］孟德斯鸠著：《论法的精神》（上册），张雁深译，商务印书馆 1985 年版，第 66 页。

安机关办理刑事案件，应当分工负责，互相配合，互相制约，以保证准确有效地执行法律。"刑事诉讼法第 7 条规定："人民法院、人民检察院和公安机关进行刑事诉讼，应当分工负责，互相配合，互相制约，以保证准确有效地执行法律。"因此，在刑事诉讼中，怎样合理地配置公检法三机关之间的权力，在形成办理案件互动的同时又能够没有冲突和重叠，让三者的权力配置形成最优化，不仅关系到刑事诉讼程序的顺利开展，也是我国司法秩序稳定的关键。

刑事司法职权的优化配置能够明确各司法机关的职责，保障刑事诉讼诉求机制的畅通，避免有案不立、立而不破、违法撤案等阻塞公民诉求途径的现象。司法是社会正义的最后一道防线，畅通的诉求机制可以使复杂的社会矛盾和冲突及时纳入司法程序之中，通过对各种职权进行合理的分工配置以保证刑事诉讼程序的和谐和理性，使犯罪受到追究，被害人的权利得到保障，实现诉讼结果的公平正义，社会秩序得到维护。

刑事司法职权的优化配置有利于在刑事诉讼中保障公民的合法权益。刑事司法职权的配置和运用主要体现在刑事诉讼中。刑事诉讼作为一种国家活动，涉及国家和公民之间的关系，几乎宪法规定的有关公民的政治权利、人身权利和财产权利，在刑事诉讼中都会有所涉及。刑事诉讼法作为调整国家同公民关系的法律，在保障公民的人权方面也有其独特的法律价值。通过规则的设计，刑事诉讼法使作为个体的诉讼参与人（尤其是犯罪嫌疑人和被告人）在诉讼过程中的合法权益得到保护。由于刑事诉讼是一种国家活动，在很多层面都带有浓重的司法职权的主导性。科学合理地配置刑事司法职权能够保证司法机关的职权在确定的范围内行使，防止其滥用；使参与到诉讼之中的当事人能够充分表达他们的诉求和意见，其依法享有的各项诉讼权利能够得到实现，其合法权益能够得以维护。如果刑事司法职权得不到科学合理的配置和运用，当事人的合法权益则很难得到保障。

刑事司法职权的优化配置最终旨在实现和完成刑事司法的目标和任务。根据刑事诉讼法的规定，我国刑事诉讼的具体任务包括：准确、及时地查明犯罪事实，正确应用法律，惩罚犯罪分子；保证无罪的人不受刑事追究等。这些任务是国家刑罚权实现的过程，也是刑事司法职权实现的过程。"准确、及时"是我国司法资源有限的现实状况和提高诉讼效率的要求，而同时在这一过程中又要做到有罪必罚、罪当其罚、无罪者免罚、无辜者的合法权益不受非法侵犯，这是司法公正的必然要求。"公正是司法的最终和最高目标；效率是通过司法实现公正的最佳状态。在保证公正的前提下，效率是司法的内在追求之一。如果失去公正，效率也就没有意义"。[①] 公正与效率都是我国刑事诉讼追求的目标，怎样在刑事诉讼中有效率地实现司法公正，换句话说，就是怎样在保证司法公正的前提下实现效率，这是刑事司法职权优化配置所要解决的问题之一。

二、我国现行刑事司法职权配置存在的问题

对于我国现行刑事诉讼的模式而言，我国宪法第 135 条和刑事诉讼法第 7 条规定，公安机关、检察机关和人民法院在刑事诉讼中分工负责，互相配合，互相制约。对于公安机关、检察机关和人民法院的司法职权的配置，主要是由我国的刑事诉讼法来进行规定。从

---

① 王晨光：《关于司法公正与效率的思考》，载《人民法院报》2001 年 3 月 29 日。

刑事诉讼法第 3 条和第 8 条之规定我们可以看出：公安机关享有侦查权，人民检察院享有部分侦查权、提起公诉权和法律监督权，人民法院享有审判权，这是法律赋予公检法三机关的权力，也就是国家对司法权力的分工、配置。① 这样的司法权力配置在 1979 年制定的刑事诉讼法中第一次作了专门、明确的规定，并在具体诉讼程序的规定中加以贯彻和体现。刑事诉讼法修订时对此司法权力配置的基本格局并没有太大变动。这种刑事司法职权的配置模式在近 50 年的司法实践中对协调公检法三机关的关系，保证准确及时地打击犯罪，确保圆满完成刑事诉讼任务，加强社会主义法制建设发挥了积极作用。但是，随着司法体制改革的不断推进，这种模式的合理性也引起越来越多的关注。我国刑事司法职权配置存在以下主要问题：

首先，对刑事司法职权的性质认识不清。英国学者詹宁斯指出："要准确地界定'司法权'是什么，从来都不十分容易。"② "司法权从其内部结构来看，是由一系列子权力构成的。在这些子权力中审判权居于核心地位，其他权力都是由审判权派生出来的。"③ 司法权的裁判权性质是得到公认的，也就是审判权。但是，从严格意义上讲，司法权与审判权在意义和范围上并不完全相同。④ 因不同的国家和不同的法律制度，刑事司法权的内涵也不尽相同。在具体的刑事案件发生后，国家专门机关需要进行逮捕、讯问、公诉、审判、执行等一系列的司法程序，以制裁违法行为、保护公民的合法权利不受侵犯和维护社会秩序与法律秩序。在这一系列的司法程序中都涉及国家司法权力的运用，诸如侦查权、提起公诉权、审判权、监督权等。在我国，从具体刑事案件的诉讼进程来看，本应在刑事诉讼中居于核心和支配地位的审判权被边缘化，变成了审判围绕着侦查和起诉转，往往是案件在侦查和起诉阶段就定下了审判的基调，这一方面是由我国"流水作业式"的诉讼构造所导致，这样的诉讼结构产生的原因就是对刑事司法权的性质认识不清，侦查权和起诉权在隐性地越俎代庖，这样的体制造成的结果就是刑事司法权体系的紊乱，"在刑事司法当中，作为裁判者的法院，不仅不能对侦查和起诉形成有效的制约，反而却处处受制于侦查和起诉。"⑤ 所以，正确认识刑事司法权中的审判权、侦查权、起诉权等权力的性质，对其进行正确的定位是刑事司法权优化配置的关键。

其次，刑事司法职权配置不尽合理，权力范围界定不明确，不能充分发挥权力的作用和功能。为了防止刑事司法权力的侵权和越权等滥用权力的行为，引入权力制衡机制，对刑事司法权进行适当的、明确而又科学的划分是必要的。刑事诉讼有侦查、控诉、辩护、审判、执行、预防和监督七种职能，每一种职能称为一种司法权，使七种权力分立为若干系统由不同的人员和机关掌握，使之达到相互独立、彼此牵制和互相平衡的制衡状态。⑥ 我国的刑事司法权分别由公安、检察、法院以及监狱四大机关享有并执行。公安机关行使刑事案件的侦查、拘留、执行逮捕、预审职能，除此之外公安机关还有治安管理、政治保卫

---

① 张溪：《刑事司法公正与司法权力的配置》，载《南方论刊》2007 年第 10 期。

② ［英］W. 詹宁斯：《法与宪法》，龚祥瑞、侯健译，生活·读书·新知三联书店 1997 年版，第 165 页。

③ 张卫平等著：《司法改革：分析与展开》，法律出版社 2003 年版，第 147 页。

④ 童兆洪：《司法权概念解读及功能探析》，载《中共中央党校学报》2004 年 5 月第 8 卷第 2 期。

⑤ 谢佑平、石伟：《配置与运行：论刑事诉讼中的权力关系》，载《社会科学》2007 年第 1 期。

⑥ 谌东华：《论刑事诉讼的制约机制——制约机制下的司法职权重构》，载《甘肃联合大学学报》（社会科学版）2006 年 9 月第 22 卷第 4 期。

和一部分执行权职能；检察机关负责批准逮捕，检察机关直接受理案件的侦查，提起公诉和依法对刑事诉讼实行法律监督；法院独立行使审判权并有一部分执行权；司法行政机关内的监狱承担对监狱内犯罪的侦查职能。我国的刑事司法职权如此配置有我国特殊国情的因素在其中，然而这样配置也造成我国公安、检察、法院和监狱四大机关所享有的刑事司法权相互交叉、重叠，甚至是冲突，从而影响到刑事诉讼的顺利进行，也容易导致权力滥用、滋生腐败。

从我国现行的法律规定和刑事诉讼的司法实践来看，公安机关所享有的侦查权十分广泛：除了可以在刑事诉讼中采取搜查、扣押、查询、冻结、窃听、通缉等诸多侦查措施，还可以采取拘传、取保候审、监视居住、拘留和逮捕这五种强制措施。这些措施的采取除逮捕外只需要公安机关的领导决定和批准即可，也就是说，公安机关既是决定者，又是实施者。因此，除了法律应对公安机关侦查活动的程序进行严格的规定外，还应当对公安机关的这种广泛的侦查权进行监督和制约。虽然从刑事诉讼法法律条文的规定来看，检察机关对公安机关的监督有所体现，如第 76 条规定了对公安机关逮捕中违法情况的监督；第 87 条规定了立案监督；第 59 条、第 68 条、第 69 条、第 73 条、第 130 条对审查批捕的有关程序作出了严格的规定，第 140 条规定了补充侦查。实质上，我国的检察监督的范围只限于立案，在具体程序上缺乏可操作性，检察权对侦查权的监督性质没有充分体现出来。就侦查的过程和侦查的结果而言，公安机关对于刑事案件的侦查掌握了主导权。

在我国，检察机关是法律监督机关，行使司法监督权，这是我国宪法明文规定的，刑事诉讼法第 8 条也规定："人民检察院依法对刑事诉讼实行法律监督"。依据刑事诉讼法，检察机关所享有的权力并不仅仅限于司法监督，它还享有部分侦查权（《刑事诉讼法》第 18 条）；同时，检察机关还要负责代表国家提起公诉（《刑事诉讼法》第 3 条）。"这些不同的权力集于检察机关一身，决定了检察机关在刑事诉讼当中，要在不同的角色之间不停地切换，而这些角色往往又有着不同的，甚至可能会是相反的利益诉求。"[1] 这样一来自然会形成权力真空，导致不良后果的发生。例如，对于检察机关自行侦查的案件，却没有任何机关可以对它实施监督。由于我国的检察机关实行的是上下级领导体制，同时也奉行"检察一体"原则，由此导致检察机关的内部监督苍白无力。检察机关在公诉机关和监督机关之间形成角色冲突，"检察机关作为国家的公诉机关，承担着控诉职能，它的诉讼请求能否成立，理应由审判机关进行裁决。然而，法律又授权检察院要对人民法院的审判活动实施法律监督，这就好比是运动员又兼任了最终的裁判员，这就完全违背了诉讼原理"。[2] 我国刑事诉讼法所规定的检察机关对审判机关实行法律监督主要是以抗诉的方式进行的，甚至对最高人民法院的终审判决，最高人民检察院仍然还可以提出抗诉，这种抗诉主要针对的是案件实体问题，如定罪量刑等，这样的监督方式容易导致审判权不独立，影响司法公正。[3]

现代刑事诉讼的合理构造必须体现控辩平衡的理念与原则，应当是控辩审三方构建成一个以法官为顶点、控辩双方平等对抗为底边的"等腰三角形结构"的理想图形。作为审

---

① 谢佑平，闫自明：《宪政与司法：刑事诉讼中的权力配置与运行研究》，载《中国法学》2005 年第 4 期。
② 崔敏：《论司法权力的合理配置》，载《公安学刊》2000 年第 12 卷第 3 期。
③ ［德］拉德布鲁赫著：《法学导论》，米健、朱林译，中国大百科全书出版社 1997 年版，第 96 页。

理方的法院（法官）应不偏不倚，保持中立，保持司法的公正性和权威性。法院（法官）的职责就是在控辩双方及其他诉讼参与人的参加下，按照司法独立的原则，依照法定的权限和程序，站在第三者中立的立场上进行审理裁判。然而，按照我国刑事诉讼法的规定，法庭有庭前审查权、调查取证权、采取强制措施权等权力。这些都违背了诉讼原理和规律，偏离了刑事审判的本质，偏离了法院中立的属性，行使或侵犯了控方的权利，或者审判偏向控方，明显不利于辩方。同时，在办理具体案件时，下级法院向上级法院打报告请示、征求意见的现象已经成为公开的潜规则。按照我国现行法律的规定，上下级法院之间本应是监督与被监督的关系，然而在司法实践当中监督却逐渐演变成为隶属，表现出司法权的行政化趋向。

最后，刑事司法职权的地方化问题。我国是单一制国家，国家的司法权也是统一行使的。根据我国宪法的规定，国家在地方设立司法机关，代表国家行使司法权。宪法第125条和第131条都规定了检察院、法院独立行使职权，不受任何行政机关、团体和个人的干预。但是，现行的制度却没有为这一规定提供支撑和保障。我国一些地方在利益驱动下地方保护主义盛行，司法职权地方化的倾向十分明显。"地方各级司法机关在行使国家司法权力的过程中受到地方因素的不当影响、干预，使得地方各级司法机关难以独立、公正地行使司法权力，司法公正难以实现"。[1] 就法院人事任免和司法资源管理体制而言，地方各级司法机关对地方党委和行政机关有着强烈的依附关系，法官的任免要有党委的推荐。由于受我国现行财政体制的影响，"地方法院的办案经费、物资装备等财政预算由行政机关单独决定，并与其他预算统一报送人大批准的现状，无疑为行政机关干涉审判提供了便利"。[2] "甚至诉讼费的收入亦取决于地方经济发展状况和当地企业纳税水平，这就使得司法权的行使既在客观上掣肘于地方当局，又在主观上看重地方利益"。[3] 因此，解决好司法权的地方化问题，从制度上保障司法职权的独立行使，对于优化配置刑事司法职权具有根本性和全局性的意义。

三、我国刑事司法职权优化配置的思考

（一）刑事司法职权优化配置的原则

1. 刑事司法职权的优化配置应当符合诉讼原理，遵循刑事诉讼的一般规律。刑事司法职权的优化配置，就是要对国家司法机关的设置、职责、权限以及相互关系作出适当的调整。这种调整既可以是从宏观的制度层面进行，如某一司法机关的设立或撤销；也可以是微观层面具体权力的实际分配。这都要求必须认真研究刑事诉讼原理和我国的社会现实状况，而不能只凭主观意志随意设置和分配，从而造成制度畸形，影响我国的社会主义法制建设进程。

2. 刑事司法职权的优化配置既要从我国的社会现实状况出发，又要善于借鉴和吸收国

---

① 陈卫东：《优化司法职权配置 建设公正司法制度》，载《法制日报》2007 年 12 月 9 日。

② 颜茂苏：《论司法权的结构与优化》，苏州大学硕士学位论文。

③ 薄振峰、陈飞：《论当代中国司法权的异化及其克服》，载《中国四川省委党校学报》2004 年 12 月第 4 期。

外先进的、有益的理论和经验。如果不以我国的司法实际状况为出发点，就不能够"对症下药"，甚至可能"药不对症"，导致更加严重的后果。国外的先进理论和经验是人类法律文化的共同成果，只要是对我国有帮助的都可以加以借鉴和采用。对于已经被中外司法实践证明不合理、不科学的司法职权的配置，都应当及时对其重新调整。

3. 刑事司法职权的优化配置应当讲究效率和效益。"刑事诉讼作为一种特殊的社会活动，要通过消耗一定的社会资源方能实现其既定的价值目标。司法资源稀缺与社会需求之间的矛盾，要求在刑事诉讼活动中对可供投入的有限的司法资源进行合理配置"。① 刑事司法职权优化配置的目标之一就是要让各司法机关在各自享有的权力范围内合理充分地利用有限的司法资源，不仅可以保证刑事案件得到公正的办理，同时也能提高刑事案件办理的效率，获得良好的效益。

4. 刑事司法职权的优化配置应当循序渐进。我国现行司法职权的配置已形成了很多既得利益和定式，重新配置和调整的阻力很大。鉴于我国国情，应当选择适当的时机，以薄弱的环节作为突破口，采取分步推进、分层推进、由易到难、由点到面的稳妥的策略，渐进式地推进刑事司法职权配置的优化。在推进这一改革的过程中，应始终将保持社会政治稳定作为一项重要的基本国策，在稳定的前提下推进改革，减少改革的阻力，使改革赢得广泛的支持，最大限度地降低改革的风险，较好地解决可能遇到的利益冲突和矛盾。如果采取过于激进的改革方式，只会导致各种矛盾的集中凸显，反而会造成司法秩序的混乱。

（二）刑事司法职权优化配置的路径

1. 优化刑事司法职权的配置，首先要正确认识刑事司法权的性质，明确界定侦查权、检察监督权、审判权等权力的概念和范围，理清这些权力之间的关系。在明确这些权力的性质和范围的基础上，对公安机关、检察机关和审判机关的性质、任务、作用、地位、组织活动原则进行重构，明确各自职权的范围，达到真正的各司其职、各尽其责、职责分明，从而避免警检冲突、法检冲突，以及权力"越位"、"错位"现象的出现。

2. 建立和完善对公安机关侦查权进行监督和制约的机制，对公安机关行使侦查权时的各种涉及公民的财产权利和人身自由权利的强制行为进行司法授权。实行司法审查（司法令状）制度，"建立侦查权力受司法机构有效审查和控制的机制，将公安机关对于刑事拘留、监视居住、取保候审、逮捕、搜查、扣押、窃听等一系列涉及在刑事侦查领域剥夺、限制公民个人基本权益和自由的措施，一律纳入司法权的控制之下"。② 侦查机关只有在获得法官签发的令状授权后，才有权实施扣押、搜查、监听及拘捕等强制侦查行为。侦查人员即使在紧急情况下采取强制侦查措施，也必须事后得到司法官员的认可，否则应立即纠正。在侦查程序中建立强制侦查行为的司法审查授权制约机制，能够对侦查机关的侦查措施和强制措施进行有力的监督，从而有效地防止刑讯逼供、非法羁押、非法搜查和扣押等严重侵犯公民人身自由和财产的行为的发生。

3. 应当对检察机关的权力重新进行合理的配置。宪法把检察机关定位为法律监督机

---

① 陈卫东、王政君：《刑事诉讼中的司法资源配置》，载《中国法学》2000年第2期。
② 陈卫东、石献智：《警察权的配置原则及控制》，载《诉讼法学、司法制度》2003年第12期，中国人民大学资料中心。

关，检察机关的法律监督是有特定对象、范围和内容的专门的法律监督。同时，检察机关负责提起公诉，公诉权可以说是检察机关的根本性权力。公诉权和法律监督权同为检察机关的"立命之本"，这两者同等重要，必不可少。对于检察机关在现行法律规定下所享有的部分侦查权，[①] 可以由国家监察部门接管，由国家监察部负责此类案件的办理。同时，人民监督员制度的稳步推进对从外部更好地监督检察机关的工作也能够发挥重要作用。在检察机关对审判机关的监督这一问题上，检察机关的监督应当保证审判机关的独立审判权，应当主要针对审判机关的刑事审判活动的程序是否合法进行监督：法庭组成人员是否合法；法官是否具有需要回避的情形；法院对刑事案件的受理是否符合管辖规定；法院审理案件时的程序是否符合法律的规定，等等。

4. 刑事司法职权的优化配置需要消除各级人民法院之间关系的行政化倾向，杜绝下级人民法院在审判中向上级人民法院请示、报告等行为，使各级人民法院能够真正地在司法独立的原则下审理案件，使得不同层级的司法部门之间逐步回归原本意义上的审级关系。同时，要改变法院内部院长、庭长对审判工作行使指导权的方式，"解决行政权制约审判权，审判不独立的问题，使得法官个体能够真正依法独立公正地作出判决"。[②]

5. 优化刑事司法职权的配置还需要从地方司法机关与地方政府的关系入手，解决好司法权地方化的问题。在管理体制上采取必要措施，应当"在法院的组织体系与机构设置、法官的选拔与任免、法院的经费支出等方面凸显司法权的中央性，以确保各级司法机关能独立、公正地行使司法权，不受地方权力机关的影响"，[③] 从而确保地方司法权与国家司法权的统一。例如，可以改革司法机关的财政预算拨付方式，由权力机关、行政机关、司法机关共同参与混合委员会制订计划，并报经权力机关批准，由此得出的经费预算列入国家预算，由中央财政统一划拨，这样从制度上截断了司法权地方化的倾向，有利于刑事司法权的优化配置。

（作者单位：中国政法大学）

---

① 根据刑事诉讼法第 18 条的规定，检察机关享有对下列犯罪的侦查权：贪污贿赂罪、渎职罪、国家机关工作人员利用职权进行的侵权犯罪和国家机关工作人员利用职权实施的其他重大犯罪。
② 陈卫东：《优化司法职权配置　建设公正司法制度》，载《法制日报》2007 年 12 月 9 日。
③ 薄振峰、陈飞：《论当代中国司法权的异化及其克服》，载《中国四川省委党校学报》2004 年 12 月第 4 期。

寻求侦查需要与辩护权保障之间的合理平衡

——侦查阶段律师辩护制度立法的三大疑难问题管见

孙长永

完善侦查阶段律师辩护制度的立法，涉及侦查权力的重新配置、犯罪嫌疑人和辩护律师权利的扩大、司法权力的适度介入、证据规则的修改等诸多方面的问题，其核心在于寻求侦查需要与辩护权保障之间的合理平衡。限于篇幅，本文仅从扩大辩护律师权利的角度，就侦查阶段律师与犯罪嫌疑人的会见交流权、调查取证权以及侦查讯问时的在场权三个疑难问题，结合 2008 年 6 月 1 日起实施的新律师法的有关规定，略陈管见。

一、会见交流权

侦查阶段律师的会见交流权，是指辩护律师与在押犯罪嫌疑人之间通过会见、通信等方式进行交流的权利。它既是犯罪嫌疑人的一种基本权利，也是律师展开辩护工作的基础性权利，因而不仅在法治国家得到普遍承认，而且已经被国际刑事司法准则所确认。《公民权利和政治权利国际公约》第 14 条第 3 款规定："在判定对他提出的任何刑事指控时，人人完全平等地有资格享受以下的最低限度的保证：……（乙）有相当的时间和便利准备他的辩护并与他自己选择的律师联络；……"联合国人权事务委员会指出："足够"的时间取决于个案的具体情况；"便利"必须包括获取被告人准备其案件所需要的文件和其他证据，同时有机会聘请辩护律师并与其交流①。概括而言，国际刑事司法准则对犯罪嫌疑人与其辩护律师之间的会见交流权提出了三项基本要求：（1）有权会见交流是原则，限制会见交流是例外；（2）第一次会见交流的时间最迟不得晚于拘捕后的 48 小时；（3）会见交流的情况对外完全保密，执法人员最多可以监视，但不得监听。

对照这些要求不难发现，我国刑事诉讼法第 96 条的规定至少有两个问题：其一，关于涉及国家秘密的案件，犯罪嫌疑人聘请律师以及受聘律师会见在押犯罪嫌疑人"应当经过侦查机关批准"的规定，仅仅考虑了侦查机关侦查涉密案件的特殊需要，而对犯罪嫌疑人的律师帮助权却未予适当兼顾，以至于实践中涉密案件的犯罪嫌疑人基本上"无权"聘请律师，更谈不上与律师之间进行会见交流。其二，"律师会见在押的犯罪嫌疑人，侦查机关根据案件情况和需要可以派员在场"的规定，导致在押犯罪嫌疑人与律师之间的正常会见交流受到不适当干扰，属于对会见交流权的不合理限制。

针对上述问题，新律师法参照国际刑事司法准则的要求作出了积极的回应。该法第 33 条规定："犯罪嫌疑人被侦查机关第一次讯问或者采取强制措施之日起，受委托的律师凭律

---

① See General Comments of the Human Rights Committee of the international Convention of Civil and Political Rights, GENERAL COMMENT 13, Para. 9. at http://www1. umn. edu/humanrts/gencomn/hrcom13. htm.

师执业证书、律师事务所证明和委托书或者法律援助公函，有权会见犯罪嫌疑人、被告人并了解有关案件情况。律师会见犯罪嫌疑人、被告人，不被监听。"根据这一规定，受聘律师会见在押犯罪嫌疑人，只要凭"三证"（律师执业证书、律师事务所证明和委托书或者法律援助公函）即可，无须经过侦查机关批准；而且律师在会见犯罪嫌疑人时，侦查机关不得以任何方式进行监听。显然，这一规定是对刑事诉讼法"批准"及"在场"制度的突破，它意味着律师在侦查阶段会见在押犯罪嫌疑人时不再受侦查机关的任何限制，也不受时间、次数的限制。这对于保障律师在侦查阶段及时与在押的犯罪嫌疑人进行会见交流，保护犯罪嫌疑人的合法权益，无疑具有深远的意义。

然而，对律师与在押犯罪嫌疑人之间的会见交流权是否就不能进行任何限制？换言之，新律师法第33条的规定是否"过犹不及"？学术界和实务界尚有不同意见。律师界普遍支持新律师法第33条的规定，反对就律师会见在押犯罪嫌疑人进行限制[1]；而侦查实务部门则认为，考虑到我国社会转型时期的治安形势，在涉及国家秘密的案件或者"涉黑"案件中，律师会见在押犯罪嫌疑人还是经过侦查机关批准更为稳妥，学术界也有人倾向于实务部门的意见[2]。

笔者认为，在修改刑事诉讼法时，对律师与在押犯罪嫌疑人会见交流权的规定，必须尊重有关国际准则的要求，充分考虑我国现阶段以及今后一段时期侦查特殊案件的特殊需要，并且认真借鉴西方法治国家的相关经验。从国际准则的相关要求来看，保障会见交流的权利是一条基本原则，但这一原则并不禁止对特殊案件中的会见交流权进行一定程度的限制。从我国现阶段的犯罪情势、侦查条件以及侦查模式来看，如果允许律师在所有案件中随时凭"三证"会见在押犯罪嫌疑人，一些重大疑难案件的侦查必然难以突破，而且可能引发律师与侦查人员之间的尖锐冲突，尤其是在侦查阶段的初期。即使在法治国家，对于侦查阶段的律师会见也不是完全没有限制的。例如，2004年10月修改后的法国刑事诉讼法第63-4条在保障被拘留人与律师会见交流权利的前提下，又对这一权利进行了多种限制：（1）在24小时的拘留期间内，被拘留人只能会见律师1次，时间不得超过30分钟；（2）在法律明文列举的有组织犯罪案件中，被拘留人在被拘留48小时以后才能会见律师；（3）在法律明文列举的毒品走私或恐怖犯罪案件中，被拘留人在被拘留72小时以后才能会见律师。

日本刑事诉讼法第39条规定：身体受到拘束的被告人或者被疑人，可以在没有见证人的情况下，与辩护人或者受可以选任辩护人的人委托而将要成为辩护人的人（不是律师的人，以已有第31条第2款的许可时为限）会见，或者授受文书或物品。

关于前款的会见或者授受，为防止被告人或者被疑人逃亡、毁灭罪证或者授受于戒护有妨碍的物品，可以法令（包括法院规则。以下同）规定必要的措施。

检察官、检察事务官或者司法警察职员（指司法警察员及司法巡查。以下同）为实施侦查而有必要时，以提起公诉以前为限，对第1款的会见或者授受，可以指定日时、场所

---

[1] 参见田文昌、陈瑞华主编：《〈中华人民共和国刑事诉讼法〉再修改律师建议稿与论证》，法律出版社2007年版，第66~67页。

[2] 参见《检察日报》2008年1月21日的报道：《新律师法：叫好之后还有隐忧》，http://www.jcrb.com/n1/jcrb1541/ca672668.htm（最后访问时间：2008年2月17日）。

及时间。但这项指定不得不适当地限制被疑人进行准备防御的权利。

显而易见，第1款规定的是会见交流的一般"权利"，第2款规定的是基于安全需要的限制，第3款规定的是基于侦查需要的限制。但与此同时，对限制的根据、方式、主体、内容及限度等均有明确要求，以防止权利原则与限制性例外之间的关系发生颠倒。

鉴于上述原因，笔者认为，新律师法第33条关于会见交流权的规定的基本精神是可取的，但是这一规定显得过于理想化，难以得到落实；同时对律师与在押犯罪嫌疑人之间的通信权又缺乏规定，因而需要在修改刑事诉讼法时继续加以完善。根据我国现有的法律解释以及侦查取证的实际需要，参酌国际刑事司法准则的相关要求和法治国家的经验，建议在修改刑事诉讼法时对犯罪嫌疑人与辩护律师之间的会见交流权作出如下规定：

除本条另有规定的以外，接受犯罪嫌疑人或者其近亲属委托的辩护律师，在犯罪嫌疑人被第一次讯问以后，凭律师执业证书、律师事务所证明和委托书或者法律援助公函，有权同在押犯罪嫌疑人会见、交流。

在下列犯罪案件中，辩护律师同被拘留的犯罪嫌疑人之间的会见不得超过两次：(1)组织、领导、参加黑社会性质组织罪；(2)组织、领导、参加恐怖组织罪；(3)二人以上实施的重大走私犯罪、毒品犯罪和贪污贿赂犯罪；(4)跨国、跨境实施的严重犯罪。自犯罪嫌疑人被逮捕之日起，辩护律师有权随时会见犯罪嫌疑人。

在涉及国家秘密的犯罪案件中，辩护律师会见在押犯罪嫌疑人，应当经过侦查机关批准。但在侦查终结以前，辩护律师有权会见在押犯罪嫌疑人至少两次。

辩护律师在会见犯罪嫌疑人时不受监听，但侦查机关认为必要时可以采取适当的安全保障措施。

辩护律师有权同在押犯罪嫌疑人通信，但在第2款和第3款规定的犯罪案件中，经县级以上侦查机关负责人批准，可以对辩护律师与在押犯罪嫌疑人之间的通信进行检查。

以上规定第1款确认了所有犯罪案件中辩护律师同在押犯罪嫌疑人会见交流的一般权利，这是基本原则；第2款吸收了现有法律解释中相关规定的精神，对部分重大复杂案件的犯罪嫌疑人在拘留期间与辩护律师之间的会见交流权作了限制；第3款在尊重现有规定的基础上，明确了涉密案件中犯罪嫌疑人与辩护律师之间在侦查阶段至少有两次会见交流的权利，辩护律师会见在押犯罪嫌疑人时，除必须有必要的"三证"以外，还必须提供侦查机关批准会见的书面依据，侦查机关可以根据案件的具体情况限制会见的日期、时间和次数，但至少必须批准会见两次，不得完全禁止会见；第4款吸收了新律师法第33条的规定，同时考虑到国际刑事司法准则所允许的必要监视措施；第5款明确了辩护律师与在押犯罪嫌疑人之间的通信权，但为了保证对重大复杂案件的侦查工作顺利进行，允许经过批准程序对通信进行检查。综合分析这五款的规定，总的来说，对侦查阶段辩护律师会见交流权的保障比现行刑事诉讼法的规定更为充分，比新律师法的相关规定更加明确、具体，同时也在最大限度上体现了对现实条件的尊重，既有利于犯罪嫌疑人及其辩护律师依法准备辩护，也有利于侦查机关依法有效地侦查重大复杂案件。

此外，为了保障会见交流权的有效落实，刑事诉讼法还应当强化侦查机关的告知义务，同时确立相应的证据排除规则，如规定，凡是案卷材料中没有合法有效的书面证据证明侦查机关已经依法履行了告知义务的，或者侦查机关违法阻止辩护律师依法会见在押犯罪嫌疑人的，犯罪嫌疑人在会见辩护律师之前向侦查机关所做的陈述一律不得作为控方的证据使用。

二、调查取证权

根据现行刑事诉讼法第 37 条和第 96 的规定，只有"辩护律师"才可以收集调查证据，而在侦查阶段受聘为犯罪嫌疑人提供法律帮助的"律师"是无权进行调查取证的。刑事诉讼法实施以来，学术界普通主张为侦查阶段的律师"正名"，因为律师作为被追诉者的法律代表，其身份本质上就是"辩护人"。在此基础上，学术界主流意见一致呼吁赋予辩护律师在侦查阶段以调查取证权，以便及时、有效地收集有利于犯罪嫌疑人的证据，更好地保护犯罪嫌疑人的合法权益。有的学者在对侦查阶段律师调查取证的利弊进行权衡之后，主张赋予律师在侦查阶段有限制的调查取证权，即聘请专家对侦查机关已经勘察过的犯罪现场进行再勘察，对侦查机关尚未询问的证人和被害人进行询问，收集侦查机关尚未收集的有利于犯罪嫌疑人的实物证据以及委托鉴定。[①]

新律师法仍然没有明确侦查阶段犯罪嫌疑人聘请的律师是否具有辩护人的地位，其中第 35 条规定："受委托的律师根据案情的需要，可以申请人民检察院、人民法院收集、调取证据或者申请人民法院通知证人出庭作证。律师自行调查取证的，凭律师执业证书和律师事务所证明，可以向有关单位或者个人调查与承办法律事务有关的情况。"这一规定虽然取消了刑事诉讼法第 37 条关于辩护律师调查取证要经过检察院、法院"许可"以及被害人、证人"同意"的规定，但从本条前后两款的关系来看，并没有明确授予律师在侦查阶段调查取证的权利，甚至没有授予律师申请侦查机关调查取证的权利，就这一点而言，它与刑事诉讼法第 37 条没有本质区别。因此，新律师法第 35 条并没有解决律师在侦查阶段的调查取证权问题。

从比较法的角度来看，在强调正当程序的当事人主义刑事诉讼中，律师在接受犯罪嫌疑人的委托或者法院指定之后，可以随时调查取证，至少在非强制调查取证方面，控辩双方的调查权是基本平等的；而在更强调真实发现的职权主义刑事诉讼中，辩护律师的调查取证权基本上是理论上的，实际上辩护律师很少进行调查。魏根特教授指出："德国的辩护人也不经常使用原则上存在的、自己进行侦查的可能性——要么是出于经济原因，要么他们担心，这可能被看做对'官方'调查的不适当干涉。"[②] 我国刑事诉讼至少在真实发现的程序方面仍然倾向于"官方调查"，对辩护律师的调查取证行为相对比较排斥，即使在起诉和审判阶段，虽然律师的调查取证权已经在法律上得到确认，但实际上至今也未完全落实。当然，如果能够赋予侦查阶段接受犯罪嫌疑人聘请的律师以收集、调查证据的权利，对于更加有效地保护犯罪嫌疑人尤其是在押犯罪嫌疑人的诉讼权利，促进侦查机关客观公正地收集证据，可能会有一定的积极作用。然而，由于我国公检法三机关尤其是公安机关与律师基本上处于互不信任的状态，"纠问式"的侦查构造在短时间内难以得到根本改变，即使将来法律确认了侦查阶段律师的辩护人身份，侦查机关与辩护律师之间也还有一个互相适

---

① 陈光中主编：《中华人民共和国刑事诉讼法再修改专家建议稿与论证》，中国法制出版社 2006 年版，第 309～310 页。

② ［德］托马斯·魏根特：《德国刑事诉讼程序的改革：趋势和冲突领域》，载陈光中主编：《21 世纪域外刑事诉讼立法最新发展》，中国政法大学出版社 2004 年版，第 242 页。更详细的阐述请参见［德］托马斯·魏根特著：《德国刑事诉讼程序》，岳礼玲、温小洁译，中国政法大学出版社 2004 年版，第 152～155 页。

应的过程；如果一并赋予侦查阶段辩护律师以调查取证权，不仅会增加犯罪嫌疑人或者法律援助机构的经济负担，而且必然进一步加剧收集取证方面的"控辩"冲突，其实际结果也必将对辩方更加不利。鉴于此，笔者认为在下一次修改刑事诉讼法时不宜赋予律师在侦查阶段的调查取证权。

但是，为了借助律师的力量防止和纠正侦查机关在侦查取证方面可能发生的偏差，较好地发挥律师在侦查阶段的应有作用，笔者建议赋予侦查阶段的辩护律师以下三项权利：（1）查阅讯问犯罪嫌疑人的笔录、诉讼文书和鉴定意见的权利；（2）申请侦查机关组织鉴定、补充鉴定或者重新鉴定的权利；（3）申请侦查机关保全有利于犯罪嫌疑人的证据的权利。第一项权利有利于对侦查机关讯问犯罪嫌疑人以及适用强制措施的行为加以制约，同时也便于律师及时发现侦查机关在侦查取证方面的重大缺陷，以便决定是否申请鉴定或重新鉴定，是否申请保全证据。第二项权利是对现行刑事诉讼法第121条的扩展，既然犯罪嫌疑人有权被告知鉴定结论并申请补充鉴定或者重新鉴定，犯罪嫌疑人的律师当然也应当有这样的权利；同时，辩护律师通过会见或者与其家属交流，如果发现犯罪嫌疑人可能存在精神疾病或者其他影响其行为能力的情形，也应当有权申请侦查机关组织鉴定。第三项权利是对没有赋予律师调查取证权的一种弥补，即律师发现了有利于犯罪嫌疑人的证据或者证人，如果不立即收集取证，将来可能难以收集时，有权申请侦查机关保全证据。在笔者看来，与其让律师承受直接调查取证可能面临的压力和风险，还不如允许律师利用侦查机关的强制力调查、收集有利于犯罪嫌疑人的证据，何况中国的侦查机关也有客观、全面地收集调查证据的义务。

为了保障律师查阅讯问笔录或鉴定意见、申请鉴定和保全证据的权利得以落实，立法应当规定：辩护律师依法要求查阅侦查机关讯问犯罪嫌疑人的笔录或鉴定意见，侦查机关拒绝其查阅的，该讯问笔录或鉴定意见不得作为控方的证据使用；辩护律师依法申请侦查机关进行鉴定、补充鉴定或者重新鉴定、保全证据，侦查机关除确认没有必要或者明显是为了故意拖延诉讼的以外，应当在3日以内作出同意申请的决定，并在收集取证时通知申请人到场；侦查机关不同意申请的，应当书面说明理由；申请人不服驳回申请的决定时，可以申请上一级侦查机关进行复议；驳回申请的，辩护律师除了可以要求复议以外，还可以在案件进入审查起诉阶段后继续向检察机关提出申请或者直接委托鉴定，或者在审判阶段申请人民法院通知证人出庭作证。

三、侦查讯问时的律师在场权

在讨论侦查讯问程序的完善时，学术界普遍主张确认辩护律师的在场权，以便增加讯问过程的透明度，借助于律师的力量防止刑讯逼供和其他违法讯问行为，同时也可以防止犯罪嫌疑人事后翻供。与学术界立场针锋相对的是，侦查实务部门的研究人员反对建立侦查讯问时的律师在场制度，他们认为，口供在我国刑事诉讼中仍然占有重要地位，侦查讯问时律师在场不利于犯罪嫌疑人如实供述犯罪事实，不利于实现控制犯罪与人权保障的平衡，即使在发达国家也没有被普遍规定；确立律师在场制度不仅会严重影响侦查效率，而且还会引发公众对社会公正正义的质疑；至于律师在场的正面作用，可以通过实行侦查讯问全程录音录像制度、改革刑讯逼供案件的举证责任制度、完善非法证据排除规则等途径来实现。①

笔者认为，从防止刑讯逼供等非法侦讯的角度来看，赋予律师在侦讯时的在场权，应当是一种比较有效的措施；而且目前的国际趋势也是越来越多的国家确认了律师的在场权，特别是具有大陆法系传统的意大利以及曾经对我国刑事诉讼制度产生过重要影响的俄罗斯，都在最近的刑事诉讼法典中确认了律师于警察侦讯时的在场权②；德国 2004 年由执政党的议会党团提交的《刑事诉讼程序改革讨论草案》也建议，在警察讯问犯罪嫌疑人时，应当维持辩护人"参与的机会"③；传统上对犯罪嫌疑人的律师帮助权比较重视的英美法系国家，也逐步加强了律师在场权的保障。④ 但是，基于以下几点理由，笔者主张，我国法律应当规定在审查起诉阶段检察人员讯问犯罪嫌疑人时，犯罪嫌疑人的律师有权在场；至于侦查阶段的律师帮助，关键在于落实犯罪嫌疑人与律师之间的会见交流权，保证犯罪嫌疑人能够尽快地、在侦查人员不在场的情况下会见自己的律师或者"值班律师"；至于律师于侦讯时在场的"权利"，以暂不确认为宜：

第一，现有的国际刑事司法准则只要求保障犯罪嫌疑人有足够的便利和条件获得律师的法律帮助，没有明确规定律师有权在侦讯时到场，而且法国、日本等相当一批法治水平远远高于我国的国家都还没有确认这一权利。我国立法没有必要超越国际刑事司法准则的要求，也不可能落实现实条件所无法保障的"权利"。

第二，我国目前的律师人数严重不足，参与刑事诉讼的律师更是非常之少，即使确立律师于侦讯时的在场权，能够受益的犯罪嫌疑人也非常有限。而且从防止刑讯逼供的需要来说，与其确立律师于侦讯时的在场权，不如规定重大案件的侦讯过程由中立的技术人员进行同步录音、录像，因为同步录音、录像可以公平地适用于法律所明文规定的全部重大案件，可以比律师在场更有利于在必要时再现侦讯的内容和场景，从而也更有利于检察院或法院审查判断口供的可采性与可信性。

第三，侦讯过程并不是人才招聘市场上的"面谈"，而是侦查人员与犯罪嫌疑人之间的一个斗智斗勇的过程，不可能要求侦查人员每一句问话都那么"和风细雨"。鉴于我国目前及今后相当长一段时间内口供对于侦查破案乃至定案仍然具有举足轻重的作用，而侦查机关收集实物证据的能力相对有限，加之其他多种复杂因素，如果把律师在场作为犯罪嫌疑人或者辩护律师的一项"权利"确立下来，很可能会对侦讯过程造成不应有的消极影响。

当然，不把侦讯时律师在场确立为一项"权利"，并不意味着完全禁止律师在侦讯时在场。从我国的实际情况出发，并考虑到外国人在我国犯罪有逐步增多的趋势，可以规定在以下三种情形下，侦查机关"应当允许"律师于侦讯时在场：（1）对未成年的犯罪嫌疑人进行侦讯时；（2）犯罪嫌疑人在被采取强制措施时已经有律师，并且通知其律师到场不影

---

① 参见朱孝清：《侦查讯问时律师在场之我见》，载陈光中、汪建成、张卫平主编：《诉讼法理论与实践：司法理念与三大诉讼法修改》，北京大学出版社 2006 年版，第 280~285 页；刘国祥、蒲文涛：《我国刑事法律援助制度现状对律师在场制度的影响》，中国法学会刑事诉讼法学研究会 2007 年年会论文。

② 参见《意大利刑事诉讼法典》第 63 条和第 350 条；《俄罗斯刑事诉讼法典》第 53 条和第 75 条。

③ ［德］托马斯·魏根特：《德国刑事诉讼程序的改革：趋势和冲突领域》，载陈光中主编：《21 世纪域外刑事诉讼立法最新发展》，中国政法大学出版社 2004 年版，第 242 页。

④ 英国学者埃德·凯普教授指出："由于拘捕讯问在本质上具有强制性，咨询律师权必须扩展至讯问时有律师在场的权利，必须赋予律师为防止警方的胁迫或不正当行为的干预权或者为犯罪嫌疑人提供咨询和支持的权利。"参见［英］麦高伟、威尔逊主编：《英国刑事司法程序》，姚永吉等译，法律出版社 2003 年版，第 101 页。

响及时讯问的；（3）犯罪嫌疑人坚持要求有律师在场陪同，否则不愿意接受讯问的。另外，侦查机关认为有律师在场，有利于犯罪嫌疑人如实陈述的，经犯罪嫌疑人同意，也"可以允许"律师于侦讯时到场。在场律师对侦讯活动如无异议，应当在讯问笔录上、录音带或录像带的封条处签名，但是除对侦查人员使用刑讯逼供等直接侵犯犯罪嫌疑人人身健康的违法方法可以当场加以制止以外，不得妨碍侦讯的正常进行；如对违法侦讯有异议，应当在侦讯结束时提出，并且记明侦讯笔录。在场律师不适当地干涉侦讯活动时，侦查人员经县级以上侦查机关负责人批准，有权要求律师离开讯问现场。

（作者单位：西南政法大学诉讼法与司法改革研究中心）

刑事诉讼分工刍议

孙　远

一、问题之提出

孟德斯鸠在其巨著《论法的精神》中，将保障自由的不二法门归结为权力分立。时至今日，这一伟大发现已被奉为现代法治社会的金科玉律。法律之所以必要，乃在于权力分立这一基本前提，法律便是作为协调分立的各权力之间关系的规则而存在。若所有权力集于一点，规则便不需要了。这就仿佛在宇宙大爆炸的"奇点"时刻，所有物理学上的规律都不具有任何意义。

刑事诉讼法作为法，其核心"精神"原本亦无非是为刑事诉讼中各个分立的权力之间设定规则。资产阶级革命之前，欧洲大陆奉行"纠问式"诉讼模式，此种模式的最大特点便是，所有诉讼职能集于法官一身。由于纠问式诉讼容易导致专制和暴虐，遂在资产阶级革命之后被推翻。近代以来的刑事程序明确区分了控诉、辩护和审判三项基本诉讼职能，并由专门的诉讼主体分别行使。当三项职能集于一体时，诉讼法基本没有存在的必要。而当诉讼职能被区分开来之后，才逐渐发展、完善成一套调整各种诉讼职能运行关系的规则，这套规则便是现代意义上的刑事诉讼法。

自西法东渐以来，我国刑事司法体制亦效法西方，照猫画虎地建立起由法官、检察官、辩护人组成的刑事诉讼结构框架。但观其程序具体运作，却显得矛盾重重，似是而非。中国素有"三个和尚没水吃"之说，盖因我们尚未充分认识到明确规则的重要性。从纠问式诉讼发展到现在，刑事诉讼程序中的"和尚"从一个变成三个。要想使他们都有水吃，就必须建立相应的规则。没有规则的职能分立是无法维持的。在这个意义上，笔者更倾向于将刑事诉讼法视为一系列有关各项诉讼职能之间分工的规则。无论何种诉讼模式，究其本质，无非是一种关于不同诉讼职能分工的具体方案。

前些年，许多学者发现我国刑事诉讼秉承的是一种"流水作业式"的纵向构造，而西方各国则采行"以审判为中心"的诉讼构造。如果从诉讼分工的角度来分析这一现象，笔者认为，它反映出的问题其实是我国现行刑事诉讼中根本不存在真正意义上的诉讼分工，充其量仅仅是一种"分段"——整个刑事诉讼过程被人为地分成三段，公检法三机关分别负责各自诉讼阶段的几乎所有事务。这在很大程度上无异于仅仅是把原来纠问式法官所做的事情重复三遍而已，既无法达到真正意义上的诉讼分工之功效，又大大降低了刑事诉讼的效率。

本文准备从四个方面入手探讨刑事诉讼中的分工问题。而且笔者认为，这四个方面也是我国刑事诉讼法再修改过程中的当务之急。具体而言分别为：控审职能的实质分离，侦查权的司法控制，检警关系之调整，审级制度之重构。其中，前两个方面事关刑事诉讼基本职能之间的关系，姑且称之为职能分工；后两个方面是在某一单独职能内部的分工问题，笔者称之为职能内分工。需要指出的是，上述四个方面仅仅涉及刑事诉讼三大职能中的两项，即控诉和审判，至于辩护则不在本文的主要思考范围之内，这是因为控审职能的分工与本次年会议题（司法资源优化配置）具有更为直接的关系。

从西方各国刑事诉讼程序的历史发展来看，职能分工上的变革更带有根本性，在法学理论上往往是用"革命"一词来指称此类变革。例如，控审分离是通过资产阶级革命推翻纠问式诉讼而实现的，而对侦查权的司法控制则是在 20 世纪 60 年代，凭借美国联邦最高法院掀起的那场"正当程序革命"而最终完成，并迅速在世界范围内产生深远影响。

与职能分工相比，职能内分工则带有更多的技术性，即在现有的职能分工框架之下，依照合目的性的要求，对行使同类职能的不同诉讼主体之间关系的调整。职能内分工尽管不像职能分工那样具有根本性，但由于其涉及更为复杂的专业性问题，因此往往也成为制约刑事诉讼程序完善的关键性因素。

必须承认的是，上述问题包含的内容非常复杂，限于篇幅不可能展开深入讨论，因此本文仅仅是提出一个大致的思路，以求与学界同人共同探讨。

二、职能分工——刑事诉讼法的"任督二脉"

打通任督二脉是练功人的说法，传说当两条经脉的"气"连成一体，从而突破限制在体内循环的话，功法可以达到大成的境界。现在用打通任督二脉来泛指因为采取有力的手段而使工作、环境或者情况取得明显效果。在刑事诉讼法历史发展过程中，先后发生过两次革命性变动，这两次重大变革所指向的问题，堪称现代刑事诉讼法的任督二脉。我国为法治后进国家，任督二脉尚未贯通，因此导致刑事司法问题丛生、屡遭诟病。所谓刑事诉讼法的任督二脉，简言之，一为控审分离之保障，二为侦查行为之控制，即本文所称的职能分工。

（一）控审分离从形式到实质

控审分离是资产阶级革命之后针对纠问式诉讼的弊端而确立的一项诉讼原则，它要求控诉与审判两种基本诉讼职能应当分别由不同的机关行使。详言之，该原则具有两个层面的含义：一方面是形式的控审分离或机构的分离，即分别设置专门的公诉机关与审判机关，取代由同一机关执掌两种职能的局面；另一方面是实质的控审分离或诉讼职能上的分离，即公诉机关与审判机关的职权范围应当有实质的区分，且相互制衡，彼此不得混淆或取代。在上述两层含义当中，实质层面即诉讼职能上的分离更为关键。

在我国现行刑事诉讼法中，形式的控审分离已经确立，但由于实质控审分离缺乏规则上的保障，导致程序运行出现非常严重的控审合一之色彩。对此问题，学界以往大多从法官职权调查权力过于强大这一点入手，主张削弱法官职权，加强当事人对庭审进程的主导性，认为唯其如此方可实现真正意义上的控审分离与法官中立。但笔者的观点与此颇有不同，欧陆各国职权主义诉讼中控审的实质分离也自有一套行之有效的规则保障，只不过我国的程序规则设置不尽合理，才造成了目前的局面，问题似乎不应归咎于职权主义诉讼本身。对此笔者已发表专文论述，这里不再展开。①

笔者在此所欲阐释的是一个诉讼法上的基本范畴，在此范畴之下，诞生了一系列复杂的程序规则，均与控审职能的实质分离密切相关。该范畴若不建立，实质上的控审分离则永无实现之日。此一基本范畴即刑事诉讼中的审判对象。

近代以来的刑事诉讼与此前的纠问式诉讼之间的一个重大区别在于，前者乃是一种对"事"的诉讼，而后者则是一种对"人"的诉讼。二者相比，"对事不对人"是程序理性原则的一个基本要求；而"对人不对事"的纠问式诉讼则鲜明地体现出一种狂热的非理性色彩，想想这一制度曾被中世纪宗教法庭用于镇压异端，就不难明白了。

那么，近代以来的刑事诉讼程序究竟是如何做到"对事不对人"的呢？首先有赖于它将审判的对象明确限定为"事实"。所谓审判对象，又称"诉讼标的"，该标的必须是一件事情，而不能仅仅是某一个人。而且，作为审判对象的事实必须是足够明确的。须知一人终其一生，所做的事不下千万数，若在追究其刑事责任时，作为审判对象的事实未能加以明确，则与追究其本人并无本质区别，即名为"对事"，实则"对人"。我国刑事诉讼法第150条要求起诉书中要有"明确的指控犯罪事实"，即是出于这一方面的考虑。

一旦审判对象明确下来，控审职能的实质分离便有了确定的依据。因为通过此种程序机制，审判对象的范围便被严格限定为起诉的事实，控审相互分离的同时实现了彼此制约。若少了这层制约，控审职能合一，则难免又回到"对人诉讼"的老路上去。正如德国学者罗科信指出："法院不得任意独断地将调查范围扩张，被告在此需受保护。经此对诉讼标的（客体）的认定，即是要免去昔往在纠问程序时的弊端。"②

可见，审判对象这一概念具有框定起诉和审判范围的重要功能。若无此概念的话，我们将无法判定审判的范围究竟是否超越了起诉范围，控审分离抑或合一都无从谈起。而当这一概念得到明确限定之后，便可据此要求审判的范围既不能大于也不能小于起诉范围。如果大于则属不告而理，违反控审职能实质分离精神；如果小于则属告而不理，简称为"漏判"。上述两种情况均为违法判决。

我国学界多年来未对审判对象这一概念给予足够重视，传统刑事诉讼法教科书中甚至亦未见有关这一概念的只言片语。这使得尽管我们早已建立了名义上专司起诉和审判的机关，但在实质上，控审职能的区分依旧是混乱的。因此笔者认为，在目前的情况下，我们对控审分离的讨论，绝不能满足于理念层面的阐释，而应当进一步研究如何从规则设置上使控审职能的实质分离得以实现。在这一问题上，对有关审判对象或曰诉讼标的的研究是其中最关键的一点。

（二）侦查权的司法控制

近代以来，如何对侦查机关的职权行使加以规范，一直是刑事司法程序发展过程中的另一条主线。时至今日，各国在这一问题上的普遍趋势，是将侦查过程中的强制处分权纳入司法权的范围之内，即由司法机关对强制措施的实施进行授权，并对其执行过程之合法性加以裁判。从一种分工的视角来看，这其实是就强制性措施问题，在司法机关与侦查机

---

① 参见孙远：《论检察官审判阶段强制取证权的废除》，载《烟台大学学报》2007年第3期。

② ［德］克劳思·罗科信：《刑事诉讼法》，吴丽琪译，法律出版社2003年版，第366页。

关之间的一种分工，也属于广义上的控审职能区分的范畴。

针对这一分工的具体方案，学界有两种不同的意见。多数意见认为，应当将刑事诉讼中强制性措施的决定权赋予法院，因为法院才是真正意义上的司法机关，司法审查由法院负责乃属天经地义。但亦有部分学者认为，应当将这一权力交给检察院行使，把检察院塑造为"法官之前的法官"。① 产生上述争论的原因主要是在检察院的性质问题上纠缠不清。其中，前者认为行使控诉职权的检察院属于行政机关，当然不具有司法审查的资格；而后者则认为，检察院在我国亦属司法机关，因此由其承担该项职责是合适的。

笔者认为，在我国当前条件下，究竟是由检察院还是由法院行使司法审查的权力并不重要，重要的是要通过一种"司法"的方式去启动强制性措施。若仅仅停留在某机关的"性质"或"定位"的角度去解决问题的话，恕笔者直言，即使把所有的强制处分权都交给法院这个看上去似乎根正苗红的"司法机关"，恐怕也难以奏效，盖此"法院"非彼"法院"也。

美国宪法第四修正案仅仅规定："无正当理由，不得签发令状"，但对于令状应当由哪一机关签发，宪法亦无明文规定。直到 1948 年，联邦最高法院才在一个判决中指出，只有"中立及超然的司法人员"有权签发令状。② 不难看出，该判决只是从实质特征角度提出的要求，而没有指名道姓地规定由法院承担该项职责。之所以美国目前都由法院来扮演此种"中立及超然的司法人员"，实在是因为在美国的权力架构中，只有法院才符合这一"中立及超然"的要求，但在其他国家则未必如此。

自废除纠问式诉讼之后，欧陆各国更多的是倚重其新建的检察官制度，来绘制其刑事诉讼的蓝图。检察官制度诞生的重要目的之一，便是"以一受严格法律训练及法律拘束之公正客观的官署，控制警察活动的合法性，摆脱警察国家的梦魇。"③ 因此，检察官在各大陆法系国家历来被视为革命的成果而寄予厚望。控制警察，主导侦查的进行，决定强制性措施的发动，都是欧陆检察官的重要权力。这一点使得他与英美法系国家专司起诉的检察官之间存在重大差异。

与此相适应，欧陆各国科以检察官的义务亦相当严格。检察官绝不仅仅是刑事诉讼的一造当事人，同时还应当负有法定性义务和客观性义务。这些都使得检察官这一角色带有非常浓厚的司法官的特征。因此，在检察官的定位问题上，德国曾经出现过极为盛行的"等同法官说"。④ 依据此说，在刑事诉讼中，至少存在"一个半"司法机关，检察官在保障侦查行为的合法性上，要承担半个司法官的职能，而法院作为"一个司法机关"则专司审判。这便是在资产阶级革命之后，欧洲各国逐渐确立的诉讼职能分工模式。

但是，上述分工模式从产生之后，便处在不断的变化之中。导致变化的一个重要原因在于，检察官毕竟与法官不同，实践证明，其所承担的控诉职能往往对司法职能构成干扰，从而导致其丧失应有的客观中立立场。因此，各大陆法系国家在强制措施问题上，逐渐产生不同程度的法官保留原则。所谓法官保留，是"将特定的强制处分之决定权限委托法官

---

① 参见陈兴良：《从"法官之上的法官"到"法官之前的法官"》，载《中外法学》2000 年第 6 期。

② 参见王兆鹏著：《美国刑事诉讼法》，北京大学出版社 2005 年版，第 97 页。

③ 林钰雄著：《刑事诉讼法》（上册），中国人民大学出版社 2005 年版，第 102 页。

④ 林钰雄著：《检察官论》，台湾学林文化事业有限公司 1994 年版，第 85 页。

来行使，并且也仅有法官能够行使，其他担当刑事诉讼程序的国家机关，仅具声请权限而已。"① 作为各国通行的做法，审前羁押这种最为严重的强制措施已经实行绝对的法官保留；而对于其他强制性措施，目前各大陆法系国家和地区，普遍采取混合型的立法模式，即由检察官和法官分享强制措施的决定权。

我国检察院是宪法规定的法律监督机关，与英美法系国家明显不同，因此笔者认为，在对侦查权的控制问题上，应当充分发挥检察院的作用，若一味仿效英美，则既不现实，又不经济，而且与我国宪政体制亦多有不合。欧陆各国混合型的立法模式似乎可以作为我国刑事司法改革的借鉴。

三、职能内分工

如果说职能分工是从实现程序公正的角度来安排诉讼结构，那么职能内分工则是在维持基本的控辩审三角结构之下，更多地考虑如何提高诉讼效率。当前，效率低下已成为我国刑事诉讼程序的顽疾之一，各界同人提出的解决思路往往是从所谓公正与效率的矛盾入手，认为应在有限的程度内牺牲一定的公正以换取效率。例如，主张扩大简易程序适用范围，即是在这一思路之下提出的观点。但笔者认为，我国现行刑事诉讼法还远没有达到必须以公正换效率的程度。当前许多重大程序设置既与公正无关，又严重妨碍了效率，只要把这一部分问题妥善解决，诉讼效率必将大大提高。本文接下来将要提出的便是其中最为重要的两个问题。

（一）检警关系之调整

检警合一还是检警分立？这一问题在我国学界曾经引起过不小的争论，但最终却又不了了之。笔者坚持认为，若要提高刑事诉讼效率，实有把这一问题拿出来旧话重提的必要。当初那场讨论的参与者都已注意到，欧陆各国普遍采行检警合一的体制，原因何在？原因就在于如果不实行所谓检警合一，检察官就根本没有存在的必要。检察官制创设的首要目的便是让检察官担当"侦查程序之主导者"。之所以如此，原因已如前述，即由作为法律专业人士的检察官通过主导侦查的进行控制警察，以保障侦查程序的合法性。

而在我国"检警分立"的模式之下，检察官却被安排在侦查和审判之间，成为一个"审查起诉"的部门。此种与任何国家都不同的制度安排很容易让人产生如下疑问：

第一，有无必要？在绝大多数国家，起诉仅仅是一种行为，它在整个刑事诉讼过程中是位于侦查之后审判之前的一个"点"。当然，控方在决定是否起诉的时候，一定会对证据加以反复审查，但这种审查应当属于侦查取证过程的一部分。而在我国，起诉则成了一个最长可由一个半月时间构成的"段"，在这个时间段里，检察官要在不具备侦查手段的情况下，专门对警察的侦查结果进行审查，以决定是否提起公诉，这实在不能不说是杀鸡用了牛刀。

第二，有无可能？侦查终结之后，警察便退出刑事诉讼程序，检察官基本上完全凭借警察移送的卷宗材料对侦查的真实性以及合法性进行审查。笔者不禁怀疑，此种审查究竟

---

① 林钰雄著：《刑事诉讼法》（上册），中国人民大学出版社 2005 年版，第 227 页。

有没有可行性？对于这一问题，前些年名噪一时的所谓"零口供"规则已经以另一种方式给出了答案。当初这一规则曾被好事者追捧为"中国式的沉默权"，但在笔者眼中，零口供规则真正体现的其实是检察机关对侦查机关的一种不信任态度：由于我国未采取检警一体模式，而是侦查机关与检察机关各守一方，因此检察机关无法断定侦查过程中获得的有罪供述当中是否有逼迫、引诱的成分，于是只好采取对其视而不见的策略。[①] 可见，检警分立造成了控诉机关内部的隔阂，这种隔阂造成了不必要的猜疑，而猜疑必然又会带来巨大的司法资源浪费。

总之，将侦查、起诉隔离开来，由两个分立的机关行使的做法，在必要性和可行性上都非常成问题。诉讼效率在这些人为设置的不必要的诉讼环节中大量流失。将侦查与起诉这两个同属控诉职能的机构融为一体，由检察官主导侦查，应当是下一步改革的方向。

（二）审级制度之重构

审级制度是审判职能部门内部的分工模式。我国实行四级两审终审制，乍看上去，与多数国家奉行的三审制尽管存在不同，但似乎亦不失为一种独特的分工方案；但若进一步分析则会发现实际情况并不是这样。我国当前的不同审级之间仅仅存在一种级别的差异，而并不存在真正意义上的职责分工。因为根据我国刑事诉讼法，二审程序以及审判监督程序均奉行全面审查的"铁律"，这使得不同审级在审判范围上没有任何区别，自然谈不上所谓分工的问题，上级法院只是将下级法院已经做过的事情重复一遍而已。

这种审级制度究其实质，是将行政权力的级别划分模式简单地套用到司法机关身上。须知行政上下级之间基本上是一种命令与服从的关系，但司法机关由于其专业性特征，以及在司法独立方面的要求，上下审级之间的关系远非如此简单。

在现代司法体制之下，不同审级之间在职责上的分工要远比其级别上的区分更为重要。各国法院体系一般分为初审法院、上诉法院和终审法院三级。初审法院又被称为审判法院，对案件事实问题和法律问题进行全面审判。而上诉法院对于事实审查的范围则受到相当大的限制，英美法系国家的上诉法院仅仅负责法律问题的审查，事实问题完全以初审法院的审判结果为依据；大陆法系国家的上诉法院尽管对事实问题和法律问题都有审查权，但也只是以当事人上诉的范围为限。终审法院仅仅审查具有重大意义的法律问题，它所担负的职责与其说是解决具体的纠纷，不如说是统一法律适用。[②]

当不同审级之间有了上述职责分工之后，首先可以避免法院无休止的重复劳动，提高诉讼效率。在我国现行上诉全面审查原则之下，存在一个无法克服的矛盾。那就是，上级法院对于案件结果掌握更大的决定权，但同时其查明案件事实、获得实体公正的能力却比下级法院更为薄弱，可谓公正与效率两败俱伤。

其次，只有不同审级的法院之间存在职责分工，审判独立才有实现的可能。因为职责分工既是分工，同时又意味着不同审级法院之间的相互制约，即使上级法院亦无从通过任何方式干涉专属于下级法院的职责范围。反之，在我国目前这种只有级别区分、没有职责分工的审级制度之下，一审程序必然会被架空，下级法院向上级请示报告的现象更是防不

---

① 汪建成、孙远：《关于"零口供"规则的思考》，载《人民检察》2001 年第 5 期。
② 参见傅郁林：《审级制度的建构原理——从民事程序视角分析》，载《中国社会科学》2002 年第 4 期。

胜防。也正是在这个意义上，苏力教授才一针见血地指出，中国并不存在真正意义的上诉法院。

因此，在审判机关内部，不同审级之间的职责分工也应当成为刑事诉讼法再修改过程中的一个重大课题。只有改变目前在审级设置上的这种过于简单的行政化模式，刑事诉讼程序方可公正、高效地运行。

（作者单位：中国青年政治学院法律系）

论侦查权的配置与制约

谭世贵

在我国，侦查是指国家专门机关为收集证据、查明案情、证实犯罪和缉拿犯罪嫌疑人而依法进行的专门调查工作和采取的有关强制性措施。侦查是国家专门机关遏制和控制犯罪的强有力手段，也是我国刑事诉讼程序中一个独立的诉讼阶段，它是提起公诉和审判的基础与前提，在整个刑事诉讼中占有十分重要的地位。同时，侦查权的行使也关系到公民人身权利、民主权利和其他合法权利的保障。因此，侦查权的配置与制约显得尤为重要，既要合理配置侦查权，又要有效监督与制约侦查权，以保障侦查权的正确合法行使。

一、我国侦查权配置与制约的特点

我国侦查权的配置与制约，概括起来，主要有以下几个特点：

第一，侦查权被纳入司法权范畴。在我国，侦查是刑事诉讼程序中的一个独立诉讼阶段，这一阶段的主要任务是收集证据，查明犯罪和查获犯罪嫌疑人，为起诉和审判提供确实、充分的证据，以惩罚和预防犯罪。同时，通过侦查活动，保护国家、集体的利益和公民个人的合法利益不受侵犯。换言之，侦查是我国刑事司法程序的重要组成部分，在整个刑事司法程序中具有基础性地位；侦查权被看做司法权的重要组成部分，是一项基础性的刑事司法权，由享有侦查权的国家专门机关负责实施。法律对侦查权的行使主体作了明确规定，其他任何机关、团体和个人都无权行使侦查权。法律还规定，不得对刑事侦查行为提起行政诉讼。这均是由侦查权作为刑事司法权的基本属性决定的。

第二，多个主体享有侦查权。根据刑事诉讼法和其他法律的有关规定，我国有权进行侦查的机关和部门有公安机关、人民检察院、国家安全机关、海关缉私部门、军队保卫部门和监狱六个。其中，公安机关是最主要的侦查机关，承担着多数刑事案件的侦查任务；人民检察院主要负责对国家工作人员贪污贿赂、渎职犯罪和国家机关工作人员利用职权实施的犯罪案件进行侦查；国家安全机关依照法律规定，办理危害国家安全的刑事案件；海关缉私部门则负责对走私犯罪案件进行侦查；军队保卫部门和监狱分别对军队内部发生的刑事案件和罪犯在监狱内犯罪的案件进行侦查。

第三，侦查手段灵活多样。在我国，侦查行为包括专门的调查工作和有关的强制性措施。所谓专门的调查工作，是指刑事诉讼法规定的为收集证据、查明案情而进行的讯问犯罪嫌疑人、询问证人和被害人，勘验、检查、搜查、扣押物证书证、查询冻结存款汇款、鉴定、通缉等活动。所谓有关的强制性措施，是指为保证刑事诉讼活动的顺利进行而对犯罪嫌疑人、被告人采取的暂时限制或剥夺其人身自由的强制性措施，既包括拘传、取保候审、监视居住、拘留和逮捕，也包括在专门调查工作中必要时采取的强制性措施，如强制搜查、强制检查、强制扣押等。而且，除了逮捕犯罪嫌疑人必须报请检察机关审查批准外，侦查机关有权自行决定其他一切侦查手段和强制性措施的运用。这种强职权主义的侦查模式有利于灵活运用侦查手段，提高侦查效率。

第四，人民检察院对侦查权的行使实行法律监督。人民检察院是国家的法律监督机关，依法有权对侦查机关的侦查活动是否合法进行监督。人民检察院对侦查权的行使进行法律监督的方式主要是审查批捕、审查起诉，以及审查侦查活动是否合法。从广义上而言，人民检察院对侦查权的行使进行法律监督，还表现在立案监督上。刑事诉讼法第87条规定，人民检察院认为公安机关对应当立案侦查的案件而不立案侦查的，或者被害人认为公安机关对应当立案侦查的案件而不立案侦查，向人民检察院提出，人民检察院应当要求公安机关说明不立案的理由；人民检察院认为公安机关不立案的理由不能成立的，应当通知公安机关立案，公安机关接到通知后应当立案。

二、我国侦查权配置与制约存在的问题

经过长期的实践与探索，我国确立了一套基本适合我国国情的侦查权配置与制约机制，这一机制在打击犯罪、保护人民、维护社会秩序等方面起到了极其重要的作用。然而随着法治建设的深入，我国侦查权配置与制约也暴露出诸多问题。

1. 侦查权的行使较少受到限制与制约

与其他国家相比，我国侦查机关在行使侦查权时较少受到限制与制约。主要表现在：

首先，除了逮捕犯罪嫌疑人必须报请检察机关审查批准外，其他一切侦查手段和强制性措施均由侦查机关自行决定、自行实施，在事先很少受到制约。特别是人民检察院作为法律监督机关，有权对公安机关等侦查机关的侦查活动是否合法进行监督，但作为侦查机关，对于直接受理的案件，则自己侦查、自己决定逮捕、自己决定提起公诉，几乎不受任何制约。这是极其不合理的。

其次，在我国，由于律师在场权的缺失以及律师在侦查阶段行使权利缺乏有效的程序保障，因而律师对侦查权的制约基本处于虚置状态。

最后，犯罪嫌疑人的权利有限，且缺乏程序保障。在侦查过程中，犯罪嫌疑人即使发现侦查机关和侦查人员违法进行侦查活动，也难以通过合法途径寻求司法救济。这不仅是由于我国缺乏对侦查中侵犯犯罪嫌疑人合法权利的行为的追究机制，而且是因为"中国的司法裁判仅仅是法院对被告人是否有罪进行裁判的活动，而不是针对审判前追诉活动的合法性进行裁判的活动"。[①]

2. 侦查主体分散，效率不高

如前所述，在我国，有权进行侦查的机关和部门有公安机关、人民检察院、国家安全机关、海关缉私部门、军队保卫部门和监狱六个，而且上述侦查主体从中央到地方均按四级或三级设立。可见，我国的侦查主体具有明显的分散性。更为严重的是，同一侦查权主体内部又实行分散办案。根据《公安部刑事案件管辖分工规定》，公安机关管辖刑事案件的部门主要是国保、经侦、刑侦和禁毒部门，治安、边防、消防和交通管理部门管辖与其行

① 陈光中、［加］丹尼尔·普瑞方廷主编：《联合国刑事司法准则与中国刑事法制》，法律出版社1998年版，第235页。

政管理职责相关的部分刑事案件。公安机关人为地分割侦查权，将部分案件的侦查权赋予了相关行政主管部门，使得具体行政行为与刑事侦查行为之间的界限不清，造成利用刑事侦查行为不可诉性而肆意扩张其行政权。多头侦查还造成侦查机构重复设置，侦查资源严重浪费，侦查效率难以提高，侦查质量也无法保证的后果。检察机关的侦查也存在类似情形。各级人民检察院均设置反贪污贿赂部门和反渎职侵权部门，分别负责侦查贪污贿赂案件和渎职侵权案件。然而这两类犯罪本质上都属于滥用和亵渎国家权力的行为，往往彼此交织在一起。在这种情况下，两个部门要么争夺办理，要么互相推诿，容易产生侦查部门之间的内耗和摩擦，从而使检察机关难以形成打击职务犯罪的合力。

3. 法外侦查正当化

在我国，除了法定的侦查机关有权实施侦查行为外，各级纪检监察部门成为事实上的侦查职务犯罪的重要机构，在一定程度上代行了部分侦查权。由于它们可以自行决定采取"双规"、"两指"等剥夺或限制公民人身自由的措施，加之我国确立了以纪检部门为主导的反腐败体制，因此人民检察院已由职务犯罪侦查的主力军逐渐退化为纪检监察部门的"配角"，并在办案过程中"自觉摆正了自己的位置"。

4. 侦查监督虚置化

在刑事诉讼中，人民检察院依法有权对侦查活动是否合法实行法律监督。但由于检察机关与公安机关同属控诉方，在诉讼目标和诉讼角色上是一致的。因而检察机关对公安机关的侦查监督实质上是一种同体监督，难以发挥实质性的约束作用，以致造成侦查监督虚置化。具体表现在：

第一，人民检察院自侦案件缺乏有效监督。人民检察院职务犯罪侦查部门虽然接受侦查监督部门的监督，但是两个部门具有共同的上司，即检察长和检察委员会。侦查部门的大多数侦查措施特别是强制侦查措施，都由检察长或检察委员会讨论决定，而侦查监督部门作出的逮捕决定、提起公诉决定以及制作的纠正违反通知书也同样必须报请检察长批准或由检察委员会讨论同意。这种内部监督的有效性难以令人信服。纵使推行人民监督员制度，但是逮捕、起诉的最终决定权仍然掌握在检察长或检察委员会手中，并没有改变内置式侦查监督的实质。

第二，侦查监督具有事后性与被动性，实质意义不大。根据刑事诉讼法的规定，检察机关主要通过审查批捕和审查起诉，发现公安机关等侦查机关的侦查活动是否合法，并提出纠正意见。这种事后监督以及缺乏制裁手段的监督经常被公安机关置之不理，实际上发挥的作用十分有限。而且由于体制性问题，许多地方的公安机关主要负责人兼任该地方党委政法委书记，成为同级检察院检察长和法院院长的直接领导，这也往往导致人民检察院的侦查监督流于形式，甚至在有些地方，检察人员成为公安机关办案的配角，随时应公安机关的要求参与侦查，毫无监督制约可言。

三、我国侦查权配置与制约应当遵循的原则

（一）保障人权原则

尊重和保障人权，已成为世界各国的普遍共识和刑事诉讼的价值取向，我国也已将其

确立为一项重要的宪法原则。在侦查权配置与制约上贯彻保障人权的原则，意义重大。首先，它是防止侦查权滥用的需要。人权与侦查权存在着一定的矛盾性，忽视人权，则侦查权必然被滥用，只有在侦查权行使过程中贯彻保障人权的原则，才能有效地防止侦查权的滥用。其次，它是保证侦查程序正义的需要。保障人权既是程序正义的目的和指向，又是程序正义的主要内容，程序正义的实现过程贯穿着保障人权这条鲜明的主线。通常地，人们是通过感受到人权被有效保障来感受程序正义的。例如，严禁刑讯逼供以及非法搜查、非法扣押等非法取证行为，这既是程序公正的基本内容，同时也是保障人权的根本要求。最后，它是侦查权行使的本质要求。侦查是查明犯罪、打击犯罪的活动，从另一个角度说就是保障全体人民的人权。而且，侦查行为直接涉及公民的人事自由，与公民的人权密切相关，因侦查而侵犯人权实非设立侦查权的本意，即使是犯罪嫌疑人，也应保障其基本人权。由此可见，遵循保障人权的原则是侦查权配置与制约的重要价值取向。

（二）控辩平衡原则

平衡强调的是一种同等对抗、势均力敌的状态，控辩平衡揭示了在刑事诉讼过程中控诉和辩护双方的法律地位及相互关系。控辩平衡是刑事诉讼文明进步的必然产物，是实现刑事诉讼公正的前提条件，也是纠正国家追诉权力与被追诉人权利先天失衡的有效方式。不可否认的是，在侦查阶段，控诉方的侦查权和被控诉人的辩护权在事实上严重失衡。首先，侦查权的行使以强大的国家力量为后盾；其次，侦查主体作为国家专门机关具有传统的优越地位；最后，侦查主体具有维护社会公共利益而为公众心理认同的天然优势。相反的，被控诉人在各个方面都处于劣势。因此，在侦查权的配置与制约中，坚持控辩平衡原则既是改变这一不对等状态的有效方法，也是实现刑事司法程序正义的有力保障。

（三）资源整合原则

资源是人类生存和发展的基础，也是社会成员活动的前提。资源具有稀缺性、有限性的特点。侦查资源是社会资源的一种形态和其中的重要组成部分，同样是有限的。这就要求我们合理整合侦查资源，有效而充分地利用侦查资源。在刑事诉讼过程中，侦查权的行使就是利用资源的过程。目前，我国共有六个机关、部门行使侦查权，资源分散，重复劳动，相互掣肘，不仅浪费严重，而且不利于侦查权的有效行使。因此，应当遵循资源整合原则，对侦查资源进行有效整合，以实现侦查权的合理配置和最优利用，提高侦查效率。

（四）权力受制原则

在侦查阶段，权力受制原则主要包括三方面的内容：一是公安机关、人民检察院的互相制约关系，即权力制约权力。人民检察院可以通过审查批捕、审查起诉的方式对公安机关的侦查活动进行制约；公安机关认为人民检察院不批准逮捕决定有错误的，可以要求复议、复核；人民检察院在自侦案件中作出逮捕、拘留决定的，应交由公安机关执行。二是被控诉一方对侦查权的制约，即以权利制约权力。在侦查阶段，被控诉人享有辩护权利以及聘请律师提供法律帮助的权利，从而发挥对侦查权的制约作用。三是其他主体对侦查权的制约，如本级人大常委会可以要求同级人民政府就公安机关的侦查工作作专题报告，并进行审议，作出相应决定等。坚持权力受制原则，有利于保障侦查权的正确合法行使，防止权力滥用与发生腐败现象。

四、优化我国侦查权配置与制约的若干构想

（一）建立廉政署统一行使职务犯罪的侦查权

为了加强对贪污贿赂、渎职侵权犯罪的打击力度，理顺人民检察院与其他国家机关的关系，确立人民检察院作为专门法律监督机关的宪法地位，笔者建议对现行侦查体制进行改革，将侦查权由行政机关和检察机关共同行使的体制改为由行政机关统一行使的体制（军队保卫部门除外），实行侦查与监督分离模式，即人民检察院的反贪污贿赂机构、反渎职侵权机构和行政监察机构、预防腐败机构合并，组建国家廉政机构，可定名为廉政署。廉政署专门负责所有贪污腐败和渎职侵权案件的查处工作，并实行垂直领导，分设两级，即国家廉政署和省、自治区、直辖市廉政署，市县实行派驻制。具体设想是：

（1）在国务院之下设立国家廉政署，在总理领导下进行工作。这样做，一是借鉴香港设置廉政公署的成功经验，使廉政署不仅是一个贪污渎职案件的侦查机关，而且也是一个预防贪污渎职的专门机构，实现预防腐败和查处腐败一体化，充分体现其在国家廉政建设和保持国家工作人员纯洁性方面的职能作用；二是使其与审计署一起成为社会公众易于认同的两大行政监督机关；三是在腐败渎职案件的查处上，避免检察机关的侦查部门重复劳动、浪费国家资源。

（2）省、自治区、直辖市设立廉政署，由国家廉政署对其实行垂直领导。这样可以有效地避免地方党委、政府和其他机关对反腐败工作的干涉，从而充分发挥廉政机构的职能作用。

（3）市县实行派驻制。参考澳门检察院的"一院建制，三级派驻"的机构设置模式，[①]每个省、自治区、直辖市只设一个廉政机构，然后由省级廉政机构选派廉政官员到市县任职。这样既有助于精简机构及人员，又便于统一领导，提高廉政工作效率，还有利于建立一个较为庞大的省级廉政机构，从而提高廉政机构的独立性和威慑力。

在实行上述新的体制下，廉政机构有权对同级法院、检察院的工作人员的贪污渎职行为依法予以查处，从而形成行政机关对检察权、审判权的有效制约，以防范检察领域和审判领域的腐败现象；对于各级廉政机构工作人员贪赃枉法、徇私舞弊等贪污渎职行为，检察机关享有法律监督权，有权依法通知同级廉政机构立案侦查，从而实现检察机关对廉政机构的制约；对于廉政机关立案侦查的贪污渎职犯罪案件，检察机关可以通过审查批捕、审查起诉的方式进行制约与监督。这样就能够在"一府两院"之间建立起以权力制约权力的有效机制，彻底改变长期以来检察机关可以监督公安机关等侦查机关，而检察机关自己侦查贪污渎职案件却不受监督与制约的不正常现象。

当然，这一改革要求党的纪检部门不再行使"双规"的权力，以避免党政不分，以党代政的现象发生，并将廉政署的侦查活动纳入法制化的轨道，进而在国际上树立起我国尊重和保障人权的良好形象。

---

① 谭世贵、李建波：《试论澳门检察制度对内地的启示》，载《河南省政法管理干部学院学报》2007年第5期。

（二）扩大被控诉方的权利

为实现以权利制约权力的目的，我们可以通过赋予被控诉方以下两项权利来制约侦查权，以保证其行使的合法性。

一是赋予犯罪嫌疑人在接受讯问时申请律师在场的权利。律师在场权最直接的作用就是将侦查机关的讯问置于外界的监督之下，使犯罪嫌疑人免遭不法侵害的威胁。在我国，刑讯逼供以及其他侵犯犯罪嫌疑人人权的行为时有发生，但由于侦查活动具有高度的秘密性，在侦讯过程中发生的违法侵权行为很难为公众所知晓，检察机关也无法对公安机关的侦讯活动及时进行监督。赋予犯罪嫌疑人在接受讯问时申请律师在场的权利，可以对侦查讯问行为起到比较有效的监督和制约作用，从而有利于防止侦查权的滥用，维护犯罪嫌疑人的合法权益，也在一定程度上使律师与侦查机关形成良性互动，共同促进刑事司法的文明与和谐。

二是赋予被控诉方向检察机关申请人身保护的权利。当被控诉人受到刑讯逼供、超期羁押等非法侵犯时，被控诉人及其聘请的律师应当有权向驻所（即看守所）检察官提出进行健康检查、伤病治疗、变更强制措施、予以释放等人身保护方面的申请，驻所检察官应当立即进行审查或调查，然后根据不同情况作出相应的处理。

（三）强化人民检察院的侦查监督职能

实行侦查与监督分离模式，刑事案件的侦查权全部由行政机关行使（军队保卫部门除外），亦即分别由公安机关、国家安全机关、国家廉政机关、海关缉私部门和监狱行使。这样对于刑事案件，就形成了行政机关负责侦查、人民检察院负责检察（包括提起公诉）、人民法院负责审判的刑事诉讼格局。为了保障侦查权的正确、合法行使，有效地惩罚犯罪与保障人权，防止腐败现象的发生，在侦查权完全由行政机关行使的情况下，极有必要进一步强化人民检察院的侦查监督职能。具体可以采取以下几项措施：

第一，完善立案监督制度。如前所述，现行的立案监督仅限于公安机关应当立案而不立案的情况，至于公安机关不应当立案而立案侦查的，则未列入人民检察院立案监督的范围。必须指出，公安机关对于不应立案侦查的案件而立案侦查，极有可能使无罪的人受到刑事追究，从而严重侵犯公民的人身权利、财产权利和其他合法权利，不符合刑事诉讼的目的。因此，对于公安机关不应当立案侦查的案件而立案侦查的，也应当赋予人民检察院以监督的权利，以使立案监督制度趋于完善，公民合法权益得到有效保护。

第二，增设撤销案件监督制度。根据刑事诉讼法的规定，在侦查过程中，发现不应对犯罪嫌疑人追究刑事责任的，应当撤销案件；犯罪嫌疑人已被逮捕的，应当立即释放，发给释放证明，并且通知原批准逮捕的人民检察院。在实践中，不当撤销案件的情况时有发生，特别是在人民检察院已经批准逮捕的情况下不当撤销案件，将严重损害刑事法制的尊严和权威，破坏国家法制的正确统一实施，并有可能涉嫌腐败犯罪。为此，有必要增设撤销案件监督制度，规定侦查机关在侦查过程中作出撤销案件决定的，应当报人民检察院备案；人民检察院经过审查，认为侦查机关撤销案件不当的，应当通知侦查机关予以纠正，侦查机关应当将纠正情况通知人民检察院。

第三，建立强制性措施的检察审查制度。由于在刑事诉讼过程中采取的拘传、取保候审、监视居住、拘留、逮捕和强制搜查、强制检查、强制扣押等强制性措施均限制、剥夺或影响了公民的人身权利和财产权利。为严格保障公民的人身权利、财产权利不受非法侵犯，许多国家的刑事诉讼法规定，侦查机关采取上述强制性措施，须获得法院事先同意。联合国关于人权的公约亦有这方面的明确要求。为此，我国刑事诉讼法亦应增设这方面的规定，但考虑到我国人民检察院是国家法律监督机关，对刑事诉讼活动实行法律监督是其法定职责。因此，对侦查机关在刑事诉讼过程中需要采取强制性措施的，应当规定由人民检察院审查批准，即建立强制性措施的检察审查制度，而不是照搬照抄国外的由法院进行司法审查的做法。

第四，赋予检察机关实施监督的应有权力。在实践中，公安机关对检察机关要求其纠正违法的意见置若罔闻、不予理睬的情况时有发生，严重影响了检察机关法律监督效能的发挥。为了克服这种现象，维护检察机关法律监督的权威性，法律应当赋予检察机关实施监督的应有权力。可以考虑作出如下规定：对于公安机关拒不纠正违法的，人民检察院可以向上级公安机关或者监察、人事机关提出检察建议；接受检察建议的机关应当根据有关规定进行处理，并将处理情况告知人民检察院。

（作者单位：浙江工商大学法学院）

对我国检察机关法律监督权的几点质疑

——基于对刑事司法权的优化配置

王长水　周　丽

随着刑事司法体制改革的深入，党的十七大关于优化刑事司法权力配置目标的确立，有关刑事司法权力配置上所存在的问题不断浮现，如司法权与行政权的关系，检察权的性质，检察机关的法律监督权的存废等，理论界和实务界对之也都展开了激烈的争论。举个简单的例子，笔者在学术期刊网上仅输入"检察监督"一词，即搜索到相关文章708篇，且时间是截止到2007年，尚不包括2008年新发表的文章。由此可见专家、学者们对检察监督问题讨论的热烈程度。而在所见文章中，绝大部分是对于检察院行使法律监督权合理性的论证，并要求加强检察机关监督的力度，不仅要"事后监督"，还要"事前监督"和"事中监督"，对这些观点、看法，笔者并不敢苟同。在此笔者对我国检察机关所享有的法律监督权提出几点质疑，并构筑了相应的司法改革路径，以使刑事司法权力得到更加优化的配置和合理的运作。

一、检察权的性质与法律监督权存在功能性冲突

（一）检察权的产生渊源及性质界定

检察权，顾名思义，即国家赋予检察机关职务范围内的权力。从检察权的历史起源上来考察，检察权的产生是为了在制度上弥补肆意纠问、控审不分、诸权合一等种种不足而从审判权中分离出来的一项权力。在奴隶社会的弹劾式诉讼模式下，控诉由私人提起，此时国家权力并未介入控诉领域。但是由于私人追诉的不力，大量的犯罪行为不能得到惩罚，妨害了社会的安全与秩序。到了封建社会开始实行纠问式的国家追诉主义，纠问式诉讼模式将追诉犯罪的权力赋予了国家专门机关，但却并未将司法与行政、控诉与审判分开，通常是侦查、起诉和审判集中于同一机关，导致权力过于集中从而失去制约而被滥用。在这一时期，也没有独立的检察机关和检察权存在，但是这一时期的实践使人们产生了将控诉权与审判权分离的愿望与探索，为分权制衡原则的最终确立提供了条件。例如，法国从14世纪起就开始设立检察官，代表国王对罪犯起诉，被视为现代检察制度的端倪，1808年法国又在其第一部刑事诉讼法典中明确规定了检察制度的具体内容，即检察官有权侦查犯罪，有权向法庭提起公诉。随后，世界上许多国家先后在刑事程序中采取由检察官以公诉方式追诉犯罪的检察制度，检察权彻底从审判权中独立出来成为一项独立的权力。

由检察权的产生渊源可以看出，它的原始含义仅指在刑事诉讼中承担控诉职能的国家官员，即检察官所享有的公诉权。它的产生也是在私人追诉不力，实行国家追诉的情况下，为避免控审不分造成对被告人权利践踏的必然要求。因此，检察权的产生历史就是控诉权

与审判权分离的历史，它的产生与发展也是控诉权的行使不断完善，控诉权不断独立的过程。因此，检察权的本质是一种控诉权。因为它与私人控诉的区别在于它的公益性质多被称为公诉权，在实行三权分立政体的现代西方国家，检察权与公诉权几乎是同义词。① 公诉是检察机关的基本职能和检察官的基本职责，② 检察机关所享有的其他权力都被视为公诉权的派生，如检察机关享有侦查权、侦查指挥权，其目的是为了更好地服务于公诉的需要，是控诉权的向前延伸；而指挥、监督执行的权力也是为了最终解决处理案件，属于控诉权的向后延伸；至于上诉权、抗诉权、非常上诉权、再审申请权等则更是控诉权的直接延伸。③

（二）我国刑事诉讼中检察机关的监督职责

在我国，检察是指由特定机关代表国家向法院提起诉讼及维护法律统一实施的司法职能。对于我国检察机关的定位还可以从现有的法律规定中寻见端倪，"中华人民共和国人民检察院是国家的法律监督机关。"这种法律监督表现为诉讼监督的形式，是一种专门监督而非一般监督。在履行公诉职能的过程中，检察机关有权对公安机关的侦查活动和人民法院的审判活动是否合法进行监督。在对侦查活动的监督中，公诉人在提前介入侦查时和审查起诉过程中，都要注意侦查活动是否有违反法律规定的情形；对审判活动的监督则涉及两个方面：一是对审判程序的监督，公诉人在庭审中应当对法庭审理活动是否合法进行监督；二是对刑事判决、裁定的监督，检察院发现人民法院刑事判决、裁定确有错误的，可提出抗诉，甚至还有学者认为检察机关所行使的公诉职能也是法律监督权的一种，国家在警察和法官之间设立检察官旨在通过检察官的活动对整个诉讼活动进行制约。

（三）公诉权与法律监督权的功能冲突

我国的检察理论通说一直将公诉权视为法律监督权所派生出来的诉讼权力，即上段所言的公诉职能是法律监督权的一种。其实二者是两种完全不同性质的权力，它们之间存在功能性的冲突。法律监督权是基于公权力而设立的，与国家的公诉权、审判权、立法权等一样，均派生于国家主权，它的设置目的是保证国家宪法、法律和法规的正确实施。因此，法律监督权具有上下性和单向性的特征，即在权力位阶中，监督者与被监督者的法律地位是不平等的；在监督方向上，监督者可以监督被监督者，而被监督者却不能反监督监督者。④ 而公诉权却是检察官代表国家请求审判机关追究被告人刑事责任的一种法定诉讼权力，受刑事诉讼的规制，具有明显的对等性和双向性。公诉权主体与辩护防御权主体的诉讼地位平等，诉讼权利对等，中立的法官平等地保障和便利控辩双方当事人行使诉讼权利，对控辩双方在适用法律上一律平等，控辩双方在刑事诉讼中都应当得到公平的机会来对另一方提出的论据和证据作出反应。由此可见，公诉权与法律监督权是两种性质完全不同的权力形态，二者不可能存在所谓的包容关系。

---

① 杨春洗、高铭暄、马克昌、余叔通主编：《刑事法学大辞书》，南京大学出版社1990年版，第246页。
② 金明焕主编：《比较检察制度概论》，中国检察出版社1991年版，第16页。
③ 谢佑平著：《刑事司法程序的一般理论》，复旦大学出版社2003年版，第350页。
④ 郝银钟著：《刑事公诉权原理》，人民法院出版社2004年版，第178页。

而我国的检察机关，同时将法律监督权与刑事追诉权这两种相互对立的权力集于一身，既无法保证公正的法律监督所必需的中立性和超然性，又影响了刑事追诉时所应具有的客观性及其与被追诉方的对等性。法律监督者的角色要求检察机关尽可能地保持中立、超然和公正，而作为国家追诉权的行使者，要求检察机关尽可能地积极、主动和介入，尽量使被告人被判有罪，从而实现惩治犯罪、维护社会秩序等国家利益的目的。显然，这两个角色是直接矛盾的。从逻辑上看，从事着相互矛盾的职能的检察机关要么会偏重法律监督而忽视追诉犯罪，要么倾向于侦控犯罪而疏于法律监督，而不可能对二者加以兼顾。在现实中，庭审改革后明确了检察机关的举证责任，加强了被告人的辩护能力，公诉人支持公诉的任务大大增加，检察官要在履行出庭支持公诉职能的同时，履行法律监督职能，这既直接影响了公诉效果，又削弱了庭审法律监督的力度。① 而面对当前不容乐观的社会治安状况，检察机关承担的打击犯罪的压力增大，其法律监督职能往往服务于控诉职能，而不再具有最起码的独立性。

检察权的本质和最基本的职能是公诉权，它与法律监督权存在本质上的对立和功能上的冲突。将公诉权与法律监督权直接结合，公诉权的客观公正性难以保障，法律监督也丧失了其应有的独立性，未能发挥应有的作用，最终影响诉讼程序的客观与公正。

二、检察机关权力过大，控、辩、审关系失衡

我国检察机关的设置，是 20 世纪 50 年代时照搬的苏联的模式，"一府两院"（国务院和最高人民法院、最高人民检察院）被列为平行机构。然而就最高人民法院和最高人民检察院的关系而言，由于宪法规定人民检察院是国家的法律监督机关，即法律授权检察机关可以对审判机关实行法律监督，使检察权在一定程度上高于审判权。在控、辩、审三方的诉讼法律关系中，检察机关作为拥有法律监督权的控方，诉讼地位不仅远高于辩方，甚至检察权大于审判权，造成三方关系失去平衡，有悖于分权制衡原理和诉讼公正原则。

（一）检察机关的法律监督权违背了权力相互制约的宪政原理

孟德斯鸠指出："一切有权力的人都容易滥用权力，这是万古不易的一条经验。"② 因此，对权力的分权与制衡是必要的。但是，我国检察机关法律监督权的行使却导致了分权制衡的严重失衡。根据我国的政治体制，一切权力来源于人民，人民代表大会是国家的权力机关，"一府两院"受其监督并向其汇报工作，即检察机关、法院和政府三者之间的权力在人大之下是平行的，但是我国的检察机关是被赋予法律监督权的唯一机关，有权监督行政机关和法院，致使检察机关凌驾于行政机关和法院之上。同时，检察机关对行政机关和法院进行监督，目的是保障法律的统一、公正实施，但监督者对法律的实施情况由谁来监督呢？在已经形成分权制衡的三种权力之外又引入第四种权力，势必会破坏权力相互间的平衡，违背权力相互制约的宪政原理。

---

① 陈吉生：《论公诉权与法律监督权的独立行使》，载《政法论丛》1998 年第 1 期。
② ［法］孟德斯鸠著：《论法的精神》（上），张雁深译，商务印书馆 1961 年版，第 164 页。

（二）法律监督权的存在破坏了控辩平等

1．刑事诉讼中的控辩平等

在刑事诉讼中，控辩平等是指控诉方与辩护方的平等武装和平等对抗。从性质上看，控辩平等是实质平等和形式平等的统一，它要求辩护方获得与控诉方同等的对待，双方应被赋予对等的攻防手段，法官也应对控辩双方给予平等保护，给予双方平等的参与诉讼的机会，对双方的主张和证据给予平等的尊重和关注。而实质上，在刑事诉讼中，作为控诉方的国家公诉机关与作为辩护方的被告人之间在力量上是明显不平等的。但控辩双方力量上的不平等不应当成为双方法律地位不平等的理由，通过刑事诉讼法对控辩双方的权利和义务进行合理分配，使代表国家追诉的检察院与作为个人应诉的被告人之间在法律上，即在权利、义务的配置上实现平等。① 因此，刑事诉讼中的控辩平等是完全可以实现的。

2．法律监督权对控辩平等的破坏

法律监督是一种单向性的法律行为，往往以被监督行为的违法性为实施法律监督行为的条件，监督者的权威性不容置疑，监督者与被监督者的法律地位是不平等的，它与诉讼法律关系中诉讼主体的平等性及权利义务相一致的原理是大相径庭的。在法庭审判中，检察机关在履行公诉职能的同时承担对审判活动的监督，并且在诉讼活动中，监督者的角色认同是检察官群体最主要的角色认同。按照我国法律的规定，人民检察院在审判程序中有权对被告人及辩护人等诉讼参与人实行法律监督，此时此刻作为公诉方的检察机关因拥有了法律监督权而凌驾于辩护方之上，控辩双方平等对抗的格局被打破，控方明显处于优势，辩方明显处于劣势，使诉讼的程序公正无从谈起，案件的处理难保质量。有学者认为，法律监督在审判程序中并不会破坏控辩平衡，并不必然不利于辩方，因为"检察机关在审判程序中的监督权辩方均对等地具有，所不同的仅是检察机关拥有的是法律监督权，被告人所拥有的是监督权，而且一为权力，一为权利。"② 该学者的这种说法混淆了权力与权利在质上的差别，将两种监督说成同一性质、同一作用，这种观点值得商榷。

（三）法律监督损害了裁判权威

裁判方作为纠纷的权威解决者，处于控、辩、审三角结构的中心位置，中立听证，消极裁判，作为裁判者的第三方在纠纷解决过程中应与双方当事人保持同等的距离，利用其利益无涉的超然地位来引导和促成纠纷解决。然而，根据我国法律规定，人民检察院可以在审判阶段对法院进行监督。"实质就是以监督权对法院的审判权进行干预，目的是通过这种干预影响法院的裁判"。③ 检察院对法院的这一监督将破坏审判中立与控、辩、审三方平衡制约的刑事程序运作的空间结构。因为一旦审判权成为检察权的监督客体，审判权将难以实现中立，司法的独立性也将荡然无存。基于监督者与被监督者的现实考虑，法院在审判中可能自觉不自觉地趋向于采纳作为控诉方的检察院的意见，使被告方的意见难以得到法院的平等关注与重视，控辩平等、审判中立成为空谈。

---

① 谢佑平著：《刑事司法程序的一般理论》，复旦大学出版社 2003 年版，第 58 页。
② 朱孝清：《中国检察制度的几个问题》，载《中国法学》2007 年第 2 期。
③ 黄松有：《检察监督与审判独立》，载《法学研究》2000 年第 4 期。

诉讼程序的真正永恒的生命基础在于它的公正性，在现代诉讼程序内部本身为保证程序的公正，防止司法权力的异化，设置了控审分离、控辩平等对抗、审判中立等制衡机制，自然地无须来自承担控诉职能一方的检察机关的法律监督。从检察院和法院在审判中的关系来看，检察院拥有控诉权，而法院拥有审判权，二者分工负责，检察院不起诉法院就不能审理，由此可见检察院的控诉权对法院是一种制约；对检察院的控诉，法院认为不成立的，可作出否定性评价予以否决，即作出无罪判决，因此法院对检察院也有一种制约，二者的制约是互动、等位的，但如果不顾诉讼机制内在公正性和规律性的要求，在其内部再设立一种由检察官主持进行的法律监督机制，不但会完全打破诉讼程序自身的平衡性，虚化了权力的分立制衡机制，还容易使检察权演变为一种失去制约的专断性权力，滋生司法专断和司法腐败。

三、以法律监督权为核心配置的警检关系混乱

根据宪法和刑事诉讼法的规定，我国侦查机关与检察机关的基本关系是"分工负责、互相配合、互相制约"，因此我国的警检关系模式是侦检分立的独立协作模式，同时又有与世界其他许多国家不同的特点，即检察机关是法律监督机关，对于侦查机构有法定的监督权力，而且这种监督并不仅仅是基于公诉权而享有的监督制约权，检察机关对公安机关、法院的监督权都是建立在宪法规定的法律监督权之上的，因此我国的警检关系也是以法律监督权为核心配置的。

但是，正是由于这种以法律监督权为核心而非以公诉权为核心进行配置的警检关系，在现实操作中产生了许多问题。

（一）法律监督的权力虚化

一方面，因检察机关的角色使然，对侦查机关的法律监督不力，致使对侦查机关的监督制约流于形式，使宪法所赋予的权力被虚化，如检察机关拥有对公安等机关侦查案件的审查批准逮捕权，但是由于检察机关的追诉倾向使它并不能在审查批捕中保持超然态度，而容易漠视或纵容诉讼中出现的刑讯逼供等违法行为，与侦查机关间的配合多于监督制约，打破了控辩平衡，使程序的正当性缺失。

另一方面，立法虽然规定检察机关作为法律监督机关监督侦查机关刑事诉讼行为的进行，但实践中检察机关缺少一定的要求警察补充调查相关证据的法定权力和相关的制约机制，而在我国又未能建立由法官控制侦查的司法审查机制，导致公安机关在侦查中的活动缺乏外部制约。侦查实践中，公安机关刑讯逼供、非法取证等违法侦查、侵犯人权的现象较为突出，侦查程序的法治化程度低，并且检察机关需要通过警察协助采取的某些行为、措施，由于无立法的强制性规定，实践中经常出现推诿与扯皮，一定程度上也导致了检察机关的法律监督被虚化。

（二）刑事诉讼的效率低下

以法律监督权为核心配置的警检关系，没有体现检察机关的公诉权与侦查机关的侦查权的互动，未能反映出侦查对于公诉的从属性和检察的主导性，不利于高效追究犯罪和救

济被害人利益，不利于刑事诉讼效率的提高。检察机关的审查起诉部门在要求警察补充侦查或补充调查相关证据时，侦查机关往往推脱或不完全按检察机关对证据的要求去做，而检察机关自行补充侦查往往又得耗费更大的人力、物力与时间。另外，检察机关发现侦查中有违法取证时有权发出纠正违法通知书，但立法却未规定如何纠正。[①] 检察机关对侦查机关的法律监督权只是程序上的权力，却无实质上的对侦查的控制权，既影响了刑事诉讼的效率，又不利于对犯罪予以及时准确的打击。

立法上的规定均非以公诉权而是以法律监督权为核心对检警关系进行分工配置。这种配置模式既未有效地发挥法律监督的功用，也不利于刑事诉讼效率的提高。真正合理、高效的检警权力关系的设置应是以检察机关的公诉权为核心来对侦控关系进行配置，检察机关在刑事诉讼中以公诉职能为核心，从公诉的角度、证据运用的角度对侦查机关的侦查结果进行审查，使检察机关基于公诉需要对侦查有一定的控制权。

四、我国的检察制度改革道路

随着我国司法体制改革的深入，由检察机关兼控诉与法律监督职能存在的诸多难以克服的弊端越来越明显地暴露出来，如笔者上文所提到的二者的功能冲突，致使诉讼结构的失衡以及对侦查权的监督不力等。改革的办法便是将公诉权与法律监督权分离，以公诉权为核心重构检察权力，以审判为中心来配置司法权力。

（一）公诉权与法律监督权的分离

检察权本质上是国家公诉权，它与法律监督权存在功能性的冲突，公诉权与法律监督权的直接合而为一已严重影响了诉讼程序的科学性与公正性，因此有必要将法律监督权从检察机关的权力中分离出去，重新确立人民代表大会依法享有法律监督权的唯一主体资格，废除检察机关的法律监督权，并建立相应的保障机制，使人民代表大会的法律监督真正具有最高性、权威性、根本性和内容的普遍性。[②] 因为根据我国宪法规定，全国人民代表大会作为国家最高权力机构拥有立法权，同时也有权监督由它产生的行政机关与司法机关，这样人民代表大会的监督首先就有了宪法的依据。其次，法律监督是一种单向性的、绝对的国家行为，监督者的法律地位应然地需要高于被监督者，以保障监督主体的绝对的法定权力和监督的权威性。在我国的权力机构体系中，只有人民代表大会具有这种超然的地位和绝对的权力。因此，由人民代表大会专门行使法律监督权符合宪法规定又有利于加强法律监督的力度，同时将检察机关的职能单纯地定性为国家的公诉机关，也有利于增强公诉效果。

（二）以公诉权为核心重构检警关系

将法律监督权从检察权中分离出去以后，应将公诉权作为我国检察机关的基本职权予以强化并以公诉权为核心重构我国的检警关系，即由检察机关领导指挥公安机关进行侦查

---

① 刘涛著：《刑事诉讼主体论》，中国人民公安大学出版社 2005 年版，第 214～215 页。
② 郝银钟著：《刑事公诉权原理》，人民法院出版社 2004 年版，第 242～243 页。

工作，构建检警一体化的行动模式，以加强公诉权对侦查工作的领导指挥，按照诉讼的要求收集证据，保证刑事追诉的质量和效率。同时，加强检察机关对侦查机关的有效制约，借鉴日本、法国的做法，赋予检察机关对不服从指挥的刑事警察的处罚权，包括以警告、停止侦查、建议警察机关给予行政处分等处罚措施来保障检察机关的命令、指示得到有效执行。[①]

（三）以审判为中心配置司法权力

法律监督的职能退出检察机关的职能范围后，诉讼领域中的法律实施应当通过控、辩、审三方相互制约和平衡的机制加以解决，发挥公诉权在诉讼构造中的制约功能，形成整个诉讼程序的制约机制，由控、辩、审三方良性互动。在刑事审判前阶段，凡涉及剥夺、限制公民人身自由、财产、隐私等权益的事项，不应由行使侦查、起诉权的机构来实施，而应纳入司法裁判权的控制范围，由庭前的预审法官（非庭审法官）根据行为的性质及危害性作出程序性裁判。这样，检察机关所享有的审查批准逮捕的权力，及其作为自行侦查案件中所行使的涉及限制个人基本权益和自由的强制处分权，也应被纳入法院的司法裁判权中，真正实现以审判为中心来合理配置司法权力。

结　语

司法权力的合理配置所追求的目标是保证司法机关依法独立公正地行使审判权和检察权，因此我国检察制度的改革也应极力确保司法的独立与公正，改善检察机关形象，树立司法机关应有的权威。关键则在于将法律监督职能从检察机关的职能范围中剥离出来，加强检察机关公诉权的行使，恢复控辩审平衡制约的诉讼构造，以审判为中心来合理配置司法权力。改革的道路是艰辛而又漫长的，需要我们法学界同人们的共同努力。

（作者单位：郑州大学法学院）

---

① 刘涛著：《刑事诉讼主体论》，中国人民公安大学出版社 2005 年版，第 216～217 页。

模式与特色

——论检察权的宪政属性

王 戬

英国学者维尔在《宪政与分权》一书中指出："分权学说始终没有独自为一个有效的稳定的政治制度提供一个足够的基础。他已经结合了其他政治观点，如混合政治理论、均衡观念、制衡理论，从而构成了多种复合的政治理论（宪政理论），为现代西方政治制度提供了基础。"① 分析西方国家的宪政制度发展过程，我们会发现这样一个事实，无论是平面化的权力结构模式，还是半平面化的权力结构模式，其权力的实际运行是以权力与规范间的关系为依据所作的划分，即制定规范的权力是立法权，执行法律的权力是行政权，对行为的合法与非法作出规范性判断的权力是司法权。这种形式意义使"三权分立"成为权力哲理的基本分析工具，并实际形成了这些国家的分权形态，即不论各种权力是否完全处于同一平面，是否有相对的优位效力，均强调权力间的分立与制约。在不断的批判和改造过程中，以三权分立来制约与组合权力已超越了不同权力结构的个体差异，它作为一种精神在宪政理论中存在，并作为碎片在宪政实践中运行。

一、"三权分立"权力模式下的检察权

检察制度是现代法治秩序的重要制度因素。检察制度在国家实现法治的过程中所起的作用，以及检察制度的进一步改革完善，在根本上是其宪政地位的确定和发展问题。法治作为现代秩序的本质特征，其实现是以建立起一系列的制度和机制为条件的。制度的形成和演变离不开其他社会要素的支撑与互动，这些制度和机制的不同组合方式表现出法治的不同实现路径，也决定了作为其制度支持的检察制度特有的权能与属性。西方国家检察制度的发展和存续深深根植于其国家权力结构和社会构成的土壤之中，这是我们认识西方国家检察制度所必须牢记的一个前提性命题。

许多学者在比较我国的检察制度与西方检察制度时通常借助"三权分立"的理论为论据。"三权分立"作为一种权力分配与运作样态，是近代民主政治在国家结构上的一大特点。从国家政治结构来看，西方主要国家在文艺复兴之前，并没有形成类似于中国古代长时期的国家集权政体。这一时期，法治国家的社会自治因素萌芽并渐成。所以，当霍布斯、洛克、孟德斯鸠等近代思想家正在思考和设计资产阶级的民主政体时，对国家权力加以分割、彼此制约以保障社会自治和公民权利，而不是对集中化的政府权力加以监督，成为其思考的主题。而恰恰是这一点政治理念上的微妙差别，决定了中西方国家在权力结构模式

---

① ［英］维尔著：《宪政与分权》，苏力译，生活·读书·新知三联书店 1997 年版，第 2 页。

上的不同选择，并直接影响形成检察制度的重大差异。"西方国家由于不存在集权政治的历史传统，相反社会自治的土壤弱化了权力的聚集效应，由此在其政体设计上考虑最多的问题是如何将包含人性恶伦理认识在内的公权力加以分割，并使其互相掣肘、制约，以换取国家权力体系的平衡。即使在人民主权原则得以确立之后，立法机关实际上也没有获得至高的地位以至于需要一个特定机构来监督它。宪法之下的国家权力配置体系需要的不是监督而是分立"。① 由此，通过三权之间的相互制衡来实现权力制约，是这些国家法律监督实施的方式。

在三权分立的结构体系下，检察机关的权力归属一直是争论不休的问题，至今也没有达成共识。例如，认为检察权系行政权，检察人员系行政人员的观点，可以从检察机关的组织体制、行动原则具有的行政特性及三权分立体制下，检察权既不属于立法，也不属于具有依法裁判功能并受宪法独立性保障的司法，检察官是政府在诉讼中的"代言人"，是代表第二权（行政）对第三权实施监督制衡的机关等角度进行论述。而认为检察权是司法权的观点，亦可从检察权与审判权的"接近度"，检察官与法官的"近似性"，即检察官与法官"同质但不同职"的"等同性"出发找到其理论支撑的论据。例如，德国学者戈尔克称，检察官虽非法官，但"如同法官般"执行司法领域内的重要功能；研究检察制度的著名专家洛克信教授称，检察官具有法律守护人的地位，对检察官及法官而言，事实的查明与法律的判断，应依同一目标行事。② 单纯地将检察权的属性定位于行政权或司法权都存在一些理论与实践上的悖论，行政权说虽然看到了检察权所具有的某些行政特性，但却忽略了检察权的司法特性，很大程度上抹杀了检察官所享有的独立判断权和处置权，并且忽视了检察官受法制原则的严格限制，应当将依法办事置于上命下从的组织关系之上这一根本要求。司法权说虽然从检察权与审判权的近似性方面来论述检察权具有司法权的属性，但"相似"或"接近"毕竟有别于等同。虽然可以通过法制原则排除或在相当程度上排除行政权的外部干预（现代各国管理检察官的司法或法务部长通常就检察事务的干涉十分谨慎），即外部指令权的失效与部分失效，但内部指令权，即检察机关内部的服从关系仍然是各国检察机关组织结构的基本原则之一，其行政性难以抹杀。例如，法国学者卡斯东·斯特法尼等称："检察院在组织方面的基本特征是，检察院有上下隶属的级别关系，也正因为如此，检察官员的队伍隶属于政府管辖。"③ 双重属性说虽然较为全面地指出了检察权所具有的内在特征，但却没有将检察权进行具体定位，忽略了检察权作为一种实存的权力，它必然要求具备完整的表现形式，即或者归属于一种权力之中，或者独立成另一种权力，而

---

① 蒋伟亮：《国家权力结构中的检察监督权》，载《法学杂志》2007 年第 4 期。
② 转引自林钰雄：《谈检察官之双重定位》，载《刑事法杂志》第 42 卷第 6 期。
③ ［法］卡斯东·斯特法尼等著：《法国刑事诉讼法精义》（上），罗结珍译，中国政法大学出版社 1998 年版，第 373 页。

不能既属于此种权力，又属于彼种权力。①

我们认为，对检察权属性的正确理解不能局限于固有的定义性的认识，应当结合其赖以依存的权力结构、政治体制和社会结构因子来进行正确认知。西方国家的检察制度在承担维护社会公益、行使公诉权，并在一定程度上制约司法审判权和警察权的同时，没有为自身角色划定更多的监督色彩，立法、行政、司法三权分立的权力体系和社会自治的深厚土壤已经担负起法律监督的职责。因此，西方国家不管是将检察权定位为行政权，还是定位为司法权，只是表象上的差异，其基本的理念与机理没有质的分别，即在三权分力的结构下，一个权力的存在，它的外在张力必然与其他权力发生制约关系，如果把检察权归位于司法权，它就必然制约立法权与行政权，如果归位于行政权，它就必然对司法权和立法权产生规制。由此，在三权分立结构下的发展完善的检察权，其运行的公诉行为本身就具有制约与监督性质，只不过这种监督与制约是其分权模式的当然表现方式，不会被冠以"法律监督"的名号，其"监督"功用作为权力存在的当然本质，并不会被单独强调。这种监督不具有任何特殊和优势地位，蕴藏于权力结构分配与权力运行机理当中。

二、"一元多立"权力模式下的检察权

为了防止权力的非理性扩张，对权力进行制约，按照一定的原则将权力进行职能分解，逐渐成了各国政权组成的基本形式，也反映了一国在历史发展和特殊文化、国情背景下的艰难选择。通常平面化和半平面化的权力结构模式均强调权力的分立和制约，无论是否有优位权力，权力运行体系中的"三权"动态守衡。但是在层级化的权力模式中，由于最高权力不参与分权，并构成其他权力的来源与基础，权力归属与运行位于不同的层级，因此其形成的是"一元多立"的权力架构方式，即在一元权力——人民代表大会下，分设出立法权、行政权、审判权、法律监督权等，其中立法权由人民代表大会行使，行政权、审判权、法律监督权分别由行政机关、审判机关和检察机关行使，这些机关都由人民代表大会产生，向人民代表大会负责。

在马克思主义者看来，一切权力都最终属于人民，如果仅仅从权力运行的表面上来探寻权利间的相互制约，那么这种细枝末节的争论会使人们忘记权力的本质和根本来源，最终使权力制约问题成为不同权力执掌者们之间的权术和游戏，而权力应该为谁服务的问题始终却得不到根本的解决。所以，马克思主义者不愿空谈所谓三权分立的权力制约问题，而是谋求现实的权力监督途径。认为只有人民群众实现了权力的监督，才是真正有效的制约，离开了人民群众的监督来谈所谓制约的问题，永远都无法找到权力制约的有效途径。

---

① 检察权的双重属性的观点，如有主张："检察权一方面因其有执行法律的机能，本质上属于行政权。但另一方面因公诉权与审判直接关联，从而又具有与审判权同样的司法性质……由于检察官和检察厅是兼有行政和司法双重性质的机关，所以在组织和机能上也是具有行政、司法两方面的特征。"参见［日］法务省刑事局编：《日本检察讲义》，杨磊等译，中国检察出版社1990年版，第7页。台湾地区学者林钰雄对检察官法律地位问题研究所得出的结论性意见是："余非上命下从之行政官，亦非独立自主之法官，余乃处于两者之间，实现客观法意旨并追求真实与正义的司法官署！"参见林钰雄：《谈检察官之双重定位》，载《刑事法杂志》第42卷第6期。美国学者琼·雅各比也认为，美国检察官是政府在刑事诉讼中的代表，然而他行使着一半是司法的，一半是行政的那种特殊的混合权力。参见［美］琼·雅各比著：《美国检察官研究》，周叶谦等译，中国检察出版社1990年版，第1页。

所谓"议行合一"，从法律上讲，人民代表大会是国家权力机关，所有其他国家机关都由人民代表大会产生，向它负责，受它监督。人民代表大会的立法和决定事项，由其产生的政府及法院、检察院等国家机关执行。从实际上看，人民代表大会主要是由各级政府的首长及执政党的各级机关的负责人组成。这种权力架构的优越性在于权力集中，效率高，便于统一协调。但也存在一些弊端，主要表现为权力容易过于集中，缺乏长效具体的制约机制等。虽然根据相关规定，人大监督下的行政权、审判权、法律监督权都有各自的权力领域和范围，然而在实际规范中一些权力的分界过于模糊、原则，因而在具体运行中常常出现故障。与三权分立的权力架构相比，"一元多立"的权力架构不含有动态守衡的权力规制因素，制度安排体系中的权力运行具有单向性特质。为了弥补制约监督的不足，保证国家权力在法治轨道上正确运行，这就需要在人民代表大会下设立专司监督的法律监督权能，并将该权能赋予某一机关，使其成为专门的法律监督机关，行使专门的法律监督权力。此外，在我党内部设立党的纪律检查委员会，在政府内部设立行政监察部门，从而形成对权力的监督网络。因此，设立包括法律监督机关在内的监督体系，是"一元分立"权力架构下对权力运行和制约的必然选择。

在"一元多立"的权力架构下，一国专司法律监督的权能通常赋予检察机关行使，这是权力设置与运行的必然要求，也是各国综合各种因素选择的必然结果。从渊源上考察，由检察机关享有法律监督权能的法理依据，直接来源于列宁关于社会主义国家检察机关职能的认识和阐述。作为国家权力，列宁第一次提出了检察权的概念，他认为检察权是违法监督权，是包括对民事、刑事、行政所有法律行为的监督权。列宁本人秉持的是一种"大检察观"，即突出和强化检察机关在国家法律体制甚至社会生活中的作用和影响。它基本的理论要点是基于保障社会主义国家的法制统一性，将检察机关定位为专门的法律监督机关。为此，"检察机关以法律监督为专职专责，不执行任何行政职能，受中央垂直领导，行使中央检察权"，"检察长的责任是要使任何地方当局的任何决定都不与法律相抵触"。① 正如前苏联学者所言："保障有效的法制保障制度是最重要的政治和法律任务之一。作为准确而严格的执行最高权力机关的法令的保证形式——检察机关的监督，应该列为最有效的法制保证，在任何一个资本主义国家中都没有类似于我们这样的检察机关，它在苏维埃国家机构中处于独立自主的地位，维护着统一的、为全国制定的各种法令。检察机关在代表国家对执行和遵守法律实行最高监督时，拥有广泛的权力，这些权力使它得以顺利地完成四项相互联系的任务，保证法制的统一；在对公民完成自己的义务实行有组织的监督之中，维护公民的自由和权利；同违法行为作斗争并防止其发生；积极参与法纪教育工作。1977 年的苏联宪法用独立的一章专门论述检察机关。在各章中规定的检察机关活动细则具有政治性意义，它指出了作为国家活动的特殊形式的检察机关的独立性质。"②

由于意识形态方面的影响，权力结构模式的相似以及据以建立的政治体制的同质性，列宁对检察权力的定性及对检察机关的权力配置在社会主义国家中影响深远。新中国成立后，如何在新型权力架构中确定检察机关的职能属性是一个新鲜事物。由于我们缺乏相应的理论支撑与成功经验，因此借鉴、吸收甚至一定程度地照搬前苏联有关检察机关的相关

---

① 《列宁全集》（第 33 卷），第 266～328 页。

② ［前苏联］K. C. 帕弗里谢夫等：《论苏联检察机关法》，陈森译，载《外国法学》1981 年第 1 期。

规定，把前苏联的检察模式作为主要参照系数就成了顺理成章之事。我国在1978年起草检察院组织法时，就趋向于将检察机关定位为"国家的法律监督机关"。彭真同志在就起草检察院组织法向五届全国人大二次会议作说明时明确指出：确定我国检察院的性质是国家的法律监督机关，这是我们运用列宁坚持的检察机关的职权是维护国家法制统一的指导思想，结合我们的情况而作出的规定。但是需要注意的是，中国检察制度的形成和发展并不是完全"苏化"的，新中国的奠基者和领导人都始终强调马列主义理论与中国革命实践的结合。中国检察制度的理论基础不仅源于列宁的法律监督思想，还吸收借鉴了包括中国古代的御使监督思想及五权宪法思想等分权思想。在这些理论的指导下，经过半个多世纪的探索与改进，中国已形成了有别于前苏联的检察制度。

综上，"一元多立"权力架构下的检察权，其本质属性就是进行法律监督。在分设的权力体系中，检察权并不依附于任何一种权力之中，而是作为独立的法律监督权，参与保障权力的有效运行。这种独立的法律监督权力的存在及对检察属性的预设，其突出的特点在于解决了在不实行"三权分立"的社会主义国家如何实现权力制约问题。"三权分立是资产阶级国家遵循权力制约规律配置国家权力的有效尝试，是对规律的一种反映形式，但是规律本身与体现规律的形式不能混同。规律不以人的意志为转移，而形式是客观规律经过人对客观世界认识这一中介而逐渐形成的，它反映了人们的意志，是可以以人的意志为转移的。也就是说，同一规律在不同的条件下可以有不同的表现形式。"① 现代意义上的三权分立，是从两种职能及两权分立的基础上发展而来的。从逻辑上来说，一个依法而治的政府内在地就有两种不同的职能——法律制定和法律实施。洛克在《政府论》中虽然将国家权力依照其职能分为立法权、执行权和对外权，但认定执行权和对外权应该由同一个机构来行使，可归为一种行政权，与立法权和立法机构相独立。② 将司法职能独立于行政职能的工作，是在17世纪英格兰的政治生活中完成的，并由孟德斯鸠进行了总结和发挥。孟德斯鸠在《论法的精神》中将裁判权和裁判职能视为与政府其他权力地位同等，以一种现代公认的形式提出政治权力的三重划分：立法就是制定法律，执行就是将法律付诸实践，司法就是宣布纠纷解决的法律是什么。但是，我们在观察这一理论时不能舍本而逐末。法治的要害在于如何合理地运用和有效地制约公共权力的问题。和洛克相比，孟德斯鸠分权理论的特色不在于他的分权思想，而在于他提出的制衡理论。梁治平先生也认为："孟德斯鸠的三权分立赖以建立的前提具有广泛的适用性和包容性，它所关心的主要不是三权或四权分立而是为权力制定界限，与其说孟德斯鸠的理论是三权分立的学说，倒不如说它是权力制衡的学说。至少孟德斯鸠对近代政治理论最持久、最重要的贡献是在后一面。"③ 由此，我们可以说孟德斯鸠三权分立学说的精义或核心是确立权力制约体制，而不是一定要机械地将国家权力划分为三部分，更不是以一个国家的权力结构来附会这种理论。三权分立作为一种分权模式存在，更作为权力协调的一种精神，其精髓不在于权力的真正分离，而在于保证国家权力的和谐、有效运行。

① 邓思清著：《检察权研究》，北京大学出版社2007年版，第44页。
② ［英］洛克著：《政府论》（下），叶启芳、瞿菊农译，商务印书馆1964年版，第89页。
③ 梁治平著：《法辨》，贵州人民出版社1992年版，第321页。

三、不同权力结构模式下检察权的属性与归位

即使在西方国家，三权分立与制约也面临着各种挑战和怀疑。在美国，分权制度在实际政治运作中仍有与其设计初衷相冲突的地方，其原因已经超越了分权制度本身，根源在于分权制度的安排与美国总统制政体、美国的选举制度及权力机关合法性和任期之间的内在张力。因此，进一步完善分权制度的着眼点不能仅仅局限在制度本身，应注重与其他制度之间的磨合，避免产生权力机关间的摩擦引起统治力的下降甚至宪政失控。在英国，形式上议会是最高国家权力机关，内阁居于从属地位。但近来的发展趋势是内阁的力量逐渐加大，内阁在一定程度上控制着议会，主要表现为议会通过的议案绝大多数是由内阁提出的。所谓"审议"、"三读"有走形式的嫌疑。此外，由于执政内阁由下院多数党领袖组成，所以议会对内阁的监督、质询等制约手段都不能被认为是实质性的。再加上英国司法权的独特属性，日益加强的内阁势力与正在扩张的行政权力正悄悄改变着传统意义上的三权关系，也影响着权力模式内的结构调整。

"结构特性具有自身调整性，这种自身调整性带来了结构的守恒性和某种封闭性，其意义是，一个结构所固有的各种转换不会越出结构的边界之外，只会产生总是属于这个结构并保存该结构的规律的成分，如在由实数组成的数群结构里，任何两个数相加得出的一定是实数，不会产生一个实数数群结构之外的数字，而且这个数字仍然遵守加减律。结构的这种自身调整性，是按照不同的程序或过程才能实现的，具有一定的级次，不同的级次之间按照一定的方向通过非常有规则的运算（即构成结构的转换规律）而起作用。"[①] 三权分立的权力架构为各种权力运行设置了结构的最终边界，分权运行下的检察权，无论法律属性最终如何界定，也无论这一权力具有怎样的特殊性，检察权都在其权力结构边界之内，实现对其他权力的制约。可见，在三权分立的架构下，监督与制约是任何一种权力存续的根本，检察权亦不例外。不同于西方的三权分立，"一元多立"的权力架构下各种权力不具有制约与监督的当然属性，在彼此缺少权力关联链条，权力难以动态守衡的前提下，单设一种独立的法律监督权力，有利于权力的良性运行，是科学分权的必然要求。因此，在"一元多立"的权力架构体系下，对检察权的正确理解，必须明确以下几点：

首先，"一元多立"的层级化权力结构要求检察机关行使法律监督的职权，以保障国家法律的统一正确实施。以权力架构的不同样态作为对检察权研究的出发点与落脚点，意味着我国检察权应当用人民代表大会制度来解释权力的性质，而不能以西方法理学说作为应然性的依据来给中国检察权定性。

其次，检察机关的性质和职权具有特殊性、专门性和独立性，它既不归位于行政权，也不隶属于司法权，它的活动的根本宗旨就是维护法制。

再次，检察机关的法律监督范围，应当与国家法制的发展状况相适应，即检察机关应当全面承担起保障法律实施的责任，而不是仅仅保障某一方面的法律的实施。

---

① 参见［瑞士］皮亚杰·詹著：《结构主义》，倪连生等译，商务印书馆1984年版，第1~25页。

最后，国家检察制度的确立和检察机关权能的设置，要从本国的国情出发，要根据国家的体制特点、历史传统和法制状况来学习和借鉴外国的经验，而不能机械地照搬。如同社会主义国家没有固定的模式一样，社会主义国家检察制度也不存在固定的模式。只有把检察制度的基本规律同具体的国情相结合，才能充分发挥检察制度在国家活动中的法律监督效能。

（作者单位：华东政法大学　中国政法大学博士后）

刑事庭前程序的司法权配置研究

王圣扬

一、刑事庭前程序的司法权配置之内涵

（一） 刑事庭前程序的时间界定

刑事庭前程序是刑事诉讼过程中连接公诉和审判的重要环节。其有广义和狭义之分。狭义上的刑事庭前程序指的是案件经审查认为符合起诉条件被提交法院之后，所进行的开庭前准备。"诉讼关系人在第一次庭审期日前进行的诉讼准备，叫做庭前准备。"① 广义上的刑事庭前程序指的是案件提起公诉后所进行的公诉审查以及为开庭进行的准备活动。所谓庭前程序，是指公诉机关已经向法院提起了诉讼并将有关材料或者文书移送法院之后，法院在决定正式开庭之前对移送过来的材料或者文书进行的初步审查或者为保证庭审的顺利展开和充分审理而进行诉讼准备活动的程序。② 庭前程序，主要指法院的审判程序，包括庭前公诉审查、庭前准备等。③

本文所讲的刑事庭前程序，比广义刑事庭前程序的内涵更为丰富，其内容包括人民法院所进行的案件审查、审判准备工作，以及控辩双方、诉讼参与人在其间进行的诉讼行为；其时间应为案件起诉到法院后、法院开庭审判前这一时段。

（二） 司法权及其配置的内涵

最初意义的司法权与行政权、立法权相对应，是由专门机关审判被告人并最终作出具有法律效力的裁判的权力。我国学者对于司法权的含义存有不同见解。有学者提出司法权为判断权，"司法权以判断为本质内容，是判断权。"④ 大多数学者认为，司法权是裁判权，"相对于立法权而言，司法权是一种裁判权，并且是通过将一般的法律规则适用于具体案件来发挥其裁判案件这一功能的。"⑤

在司法权的配置中，我国检察机关所行使的权力值得关注。"中国目前实行的'人大领导下的一府两院'体制，决定了检察机关是一种并列于法院的司法机关；而中国宪法和检察院组织法所确立的检察机关的法律监督地位，则决定了检察机关有权对法院的审判活动

---

① [日] 松尾浩也著：《日本刑事诉讼法》，丁相顺、张凌译，中国人民大学出版社 2005 年版，第 221 页。
② 王永明：《我国刑事庭前程序的再改革》，载《广西社会科学》2005 年第 4 期。
③ 龙宗智著：《刑事庭审制度研究》，中国政法大学出版社 2001 年版，第 145 页。
④ 孙笑侠：《司法权的本质是判断权——司法权与行政权的十大区别》，载《法学》1998 年第 8 期。
⑤ 陈瑞华：《司法权的性质——以刑事司法为范例的分析》，载《法学研究》2000 年第 5 期。

实行法律监督，它所行使的司法权不仅十分重要，甚至还略微高于法院所行使的审判权。"①

在我国刑事诉讼中，被害人指控被告人的权利大多由检察机关代为行使，最终对被告人的定罪量刑也不再以被害人的损失和意见为主要参考依据，而是以社会危害性程度为标准。这种奉行社会本位的做法，导致我国国家对于犯罪的控诉与案件的裁判具有绝对的垄断权。而被害人以及犯罪嫌疑人、被告人在其间的程序参与权和案件处理权却极其有限。

"应当永远记住，正义总是存在于个别的案件中。如果司法机关不能高效率、低成本地运作，在交由它处理的具体诉讼中不能有效发挥作用，那么就谈不上任何实践和理论的完善。"② 当前，我国案件数量大幅增加，庭前程序流于形式，案件分流的改革目标尚未实现；导致大量问题都要在庭审程序中解决，庭审任务繁重，诉讼效率低下，司法资源损失。因此，有必要对庭前程序中的司法权配置进行研究，从而科学配置司法权，以实现新时代下的和谐司法。

（三）我国司法权在刑事庭前程序中的运行现状

我国司法权在刑事庭前程序中的运行呈现出以下特点：

首先是法院审判权过大。关于我国的公诉审查，我国刑事诉讼法第150条和最高人民法院《关于执行〈中华人民共和国刑事诉讼法〉若干问题的解释》第116条、第117条作了规定。从这些规定来看，法院的权力体现在：指定审判员对所有的案件进行审查；审查的内容集中在管辖权、起诉书内容、案件和材料的齐备等方面；审查的结果包括退回案件、退回补充材料、不予受理、依法受理。在庭前准备程序方面，法律条文规定的亦均为法院的活动。我国刑事诉讼法第151条以及最高人民法院《关于执行〈中华人民共和国刑事诉讼法〉若干问题的解释》第119条、第120条规定了法院可以进行审判前的准备工作。这些规定多为人民法院单方面的程序性事务，缺少其他诉讼主体的参与。可见，无论是公诉审查，还是庭前准备，均表现出法院的单方性和强职权。

其次是检察机关权力相对较少。根据《人民检察院刑事诉讼规则》第284条的规定，检察院对于人民法院要求其补充材料认为不当的，可以要求人民法院开庭审理，必要时可以向人民法院提出纠正意见。可见，检察机关在这一阶段的案件实体权全无，程序性权力相对乏力。

最后是辩方权利十分有限且得不到有效实现。我国刑事诉讼法第36条、第37条规定了辩护律师在庭前程序的权利：辩护律师自人民法院受理案件之日起，可以查阅、摘抄、复制本案所指控的犯罪事实材料，可以会见被告人。但并未规定辩护律师的程序选择权、案件实体处理建议权等，且其具有的调查取证权因为要经过多方主体的同意而很难有效实现。

二、域外刑事诉讼庭前程序的司法权配置之考察

庭前程序是刑事诉讼正式审判前的一个重要环节。各国都对此项制度作了规定，然而

---

① 陈瑞华：《司法权的性质——以刑事司法为范例的分析》，载《法学研究》2000年第5期。
② ［美］罗斯科·庞德著：《普通法的精神》，法律出版社2001年版，第39页。

由于两大法系刑事诉讼制度传统及其观念的不同，其庭前程序中有关权力（利）的配置存在着较大的差异。

（一）对公诉案件的审查——撤销案件的裁定或移送刑事法院审判的决定

在英国，由治安法官对那些以公诉书起诉的可诉罪案件进行审查，以确定检控方是否有充分的指控证据，案件是否有必要移送刑事法院需举行正式的法庭审判，从而避免使被告人受到无根据的起诉和审判。经过审查，法官可以作出撤销案件的裁定或者移送刑事法院审判的决定。

美国对公诉案件的审查实行"双轨制"，由大陪审团或治安法官对公诉案件进行庭前审查。大陪审团审查后可以视案情分别作出"受理此诉状"、"不受理此诉状"或"减轻指控"等裁决。[1] 治安法官主持的预审，是公开进行的抗辩式程序。经过预审，治安法官认为怀疑被告人有罪是有可成立的理由的，被告人就得在有管辖权的法院答辩控诉并受审；法官认为不具有可成立的理由的，则释放被告人。多数州还允许治安法官经过预审将重罪控诉减为轻罪控诉。

意大利刑事程序中的第二阶段是初步庭审。初步庭审由法官主持，公诉人和被告人的辩护人必须参加，各方可以发言，进行辩护讨论。讨论结束后，法官立即进行裁决，宣告不追诉判决或者提交审判令。

（二）刑事案件的裁判权——认罪答辩的裁判

在英国，除了严重欺诈案件以外，"答辩和指导的听审"程序已经成为一般刑事案件所必经的程序。主持这一程序的法官将不参与随后的法庭审判。在这一程序中，被告人如果作有罪答辩，法官将直接考虑量刑问题。而根据其1996年《刑事诉讼与调查法》，这种量刑裁定一旦作出，就对整个法庭审判具有效力。

美国的法院在收到正式起诉书或简易起诉书后，即按照迅速及时的原则传唤被告人到庭，在告知被告人所享有的诉讼权利后，要求被告人就指控的每一项犯罪进行答辩。这就是"罪状认否程序"，又称为"传讯程序"。[2] 通过罪状认否程序获取被告人的答辩，是决定是否正式审理的前提。被告人若作有罪答辩，经法官辨析确系出于被告人自愿而且被告人是在懂得作此答辩的后果和意义上予以接受的，则对该案不再进行正式审理，而直接进入判刑程序。有罪答辩是被告人及其辩护人与控方经过充分讨论、协商甚至"讨价还价"的结果，其发挥了控辩双方的诉讼积极性且各方诉讼权力（利）一般都得到了较为充分的行使。

（三）程序的选择权——立即审判令

英国的刑事案件适用何种审判程序主要视犯罪的性质而定，较轻的犯罪适用简易程序，严重的犯罪适用起诉程序，对于既可以适用起诉程序也可以适用简易程序的案件，当事人具有较大的主导权。法院认为采用简易程序较为合适时，必须向被告人作出解释，被告人

---

① 汪建成、甄贞主编：《外国刑事诉讼第一审程序比较研究》，法律出版社2007年版，第26页。
② 王以真主编：《外国刑事诉讼法学》，北京大学出版社2004年版，第367页。

如接受简易程序审判，则可依此程序定罪判刑；但是如果被告人拒绝采用简易程序，要求按起诉程序审判，法院必须按照被告人同意的程序进行审判。

美国设有预审程序，但是对于重罪案件的被告人来说，预审不是必经程序，被告人也可以选择放弃预审而直接进入审判阶段。

意大利的初步庭审程序，对被告人而言是一项可选择的权利，被告人可以放弃参加初步庭审。如果被告人放弃此项权利，并且至少提前3日提交声明要求立即审判，则法官发布立即审判令。

（四）调查和排除证据的权力——排除证据的决定

职权色彩较为浓厚的法国、德国，庭前审查包含有实体性审查内容。[1] 在法国的预审程序中，预审庭可以传唤当事人到庭接受讯问，并提出物证，对犯罪的基本事实和情节及定性进行评议，最后就对被告人的指控有无充分理由作出裁定。在德国的中间程序，检察官必须向管辖法院提交起诉书和移送卷宗，法院还可依职权或依申请补充侦查、收集证据，在此基础上，法院最终决定是否开启审判程序。即使在英美法系国家中，治安法官在被动听取控辩双方的意见及证据材料的基础上，作出的是否具结移送审判的裁决，也必然涉及一定程度上的实体性审查。英国的预先庭审程序和美国的证据禁止动议都可以排除不符合法律规定的证据。

三、我国刑事庭前程序司法权配置改造之理论基础

当前，对我国刑事庭前程序的司法权配置进行研究，有其深刻的理论背景和现实需求。

（一）诉讼结构理论

合理的诉讼构造对于明确我国刑事程序完整的方向、实现刑事诉讼目的以及实现诉讼正义的理念，具有十分重要的意义。诉讼构造理论要求庭前程序应该是在控、辩、审三方的参与下共同完成的，而不应当是法院的单方行为，这是现代诉讼民主化的要求。而在我国，现行的刑事庭前程序只是审判的准备程序，其主体单一化、目的一元性的状况，导致其实质性内容和实体性效力不足，因此审前程序结构的改革必须从权力分流、权力改造和权利增设入手，在审前程序中形成控辩审三方组合的诉讼格局。换言之，刑事庭前程序司法权配置改造所追求的现实诉讼格局恰恰是刑事诉讼结构在理论上的理想状态——控辩平等、控审分离和审判中立的等腰三角形形态。因而后者堪称为前者的理论基础。

（二）宽严相济刑事政策

"宽严相济"刑事政策的提出与构建社会主义和谐社会的执政理念有着密切的联系，可以说，"宽严相济"是构建社会主义和谐社会的应有之义和必然要求。在宽严相济刑事政策的语境中，对犯罪人既不能宽大无边或严厉过苛，也不能时宽时严，宽严失当。[2] 贯彻宽严

---

① 汪建成著：《冲突与平衡——刑事程序理论的新视角》，北京大学出版社2006年版，第253页。

② 陈兴良主编：《宽严相济刑事政策研究》，中国人民大学出版社2007年版，第11~13页。

相济的刑事政策，做到重罪重罚，轻罪轻罚，罚当其罪，毫无疑义地是一种公正的体现，而公正的结果便又自然保护了各方当事人的人权。同时，针对各种不同轻重的罪行给予不同程度的处理，如对一些轻罪案件，在被告人认罪的前提下，将其分流到简易程序，使真正进入审判程序的只是少数案件。这无疑会降低诉讼成本，提高司法效率。而实现审判公正、保障人权以及提高诉讼效率恰恰也是刑事庭前程序司法权配置的价值目标。

（三）恢复性司法理论

相对于传统的刑事司法而言，恢复性司法将重点放在对被害人的经济补偿、被害人与犯罪人关系的修复以及被告人重新回归社会等方面。恢复性司法之所以能够兴起，有诉讼效率与诉讼成本方面的原因，同时也是对传统司法模式无法充分保护被害人利益的一种回应。恢复性司法要求刑事诉讼法中任何权利的设定都不应仅仅关注单方的利益（包括国家利益），更应着眼于被告人与被害人之间的而非仅仅是被告人与国家之间的和睦与安宁，要在"国家—被告人—被害人"三方关系中实现平衡。而刑事庭前程序司法权配置的目的之一也便在于让被告人在一定条件下更好地回归社会，通过平衡利益关系来保护各方当事人的合法权益。因此，二者在根本上是契合的，恢复性司法理论不失为刑事庭前程序司法权配置之改造的理论基础。

（四）和谐司法

和谐司法是一种理念，它是在建设和谐社会的视野下，国家司法机关有效解决纠纷的价值、机制、方式和过程的总和。而如何促进国家司法机关有效解决纠纷，或者说怎样才能确立其有效解决纠纷的机制？这正是刑事庭前程序司法权配置所要解决的问题之一。在我国当前庭前程序中，法院的程序性审查一方面难以有效制约国家追诉权，导致被告人的人权容易受到侵犯；另一方面，难以实现庭前审查程序的过滤功能，使得几乎所有案件都得以涌入正式的审判程序中，从而导致有限司法资源的浪费。因此，对刑事庭前程序的司法权配置进行改造，以平衡各方利益关系，保障各方当事人的人权，使得诉讼各方在诉讼过程中实现一种动态的和谐——而这也正是我国当前和谐司法的要义。

四、科学配置我国刑事庭前程序的司法权

庭前程序中权力配置的总体规划是，在保持现有司法机构格局不变的前提下，各方诉讼主体均有机会和权力（利）介入庭前程序，审判权在其中的作用应予削减，适当扩充检察权而更加发挥公诉人的作用，增加辩方（含被告人及辩护人）的权利，增加被害方的权利，使庭前程序成为一个科学有序、互动有为的环节。

（一）建立完善的证据开示制度

证据是判断、认识案情和正确处理案件的基础。刑事案件经侦查、起诉阶段，到达庭前程序后，对于控方来说，如果按照刑事诉讼法第141条的规定，已经移送公诉的案件，应当是犯罪事实清楚，证据确实、充分，即认定犯罪的证据已收集完毕，案情清楚。但对于辩方来说，根据刑事诉讼法第150条的规定，他们仅知道指控犯罪的证据目录、证人名

单和主要证据复印件；而并不十分清楚控方对犯罪证据的实际掌握程度，从而难以在改革后的庭前程序中判断和决定自己的诉讼行为。另外，如果辩方在庭前阶段即已掌握了对被告人有利的证据，控方对此却不甚了解，而按照我国现行刑事诉讼法，却没有要求辩方在庭前必须向控方开示证据的强制性规定；这样，亦致使控方不能在改革后的庭前程序中正确判定自己的诉讼行为。因此，为了使重新配置后的司法权能够很好地得以运行，必须建立完善的证据开示制度。

所谓证据开示，"它是一种审判前的程序和机制，用于诉讼一方从另一方获得与案件有关的事实情况和其他信息，从而为审判作准备"。① 我国的证据开示，应该是控辩双方的互相开示。控方将其掌握的证据材料展示给辩方；而辩方也将己有的证据告之控方。从所展示证据的范围和内容来说，双方开示的应是毫无保留的所有证据材料，并且辩方还应把自己的主要辩护观点展示给控方。关于证据开示的时间，应安排在案件移送到法院至法院开庭前五天这段时间。证据展示的地点宜规定在检察机关。之所以对证据开示的对象、内容、时间、地点如此设计，目的在于让控辩双方尽快、便利、全面地了解案情，以决定在庭前阶段采取何种诉讼行为。

（二）增设控辩双方对案件实体处理的建议权

我国检察机关在刑事庭前程序中的职责一般通过公诉人行使。公诉人在此阶段代表检察机关行使职责的标志性法律文书为《起诉书》。《起诉书》均注明被告人所涉嫌的罪名，对于量刑问题，《起诉书》一般不予明确；除非被告人所犯罪行涉及刑法中规定的"数额较大"、"数额巨大"、"数额特别巨大"，"情节严重"、"情节特别严重"等法定量刑情节，《起诉书》才予以注明，即便如此，公诉人亦不会向法官提出具体的量刑年限。而在司法权重新配置后的庭前程序中，公诉人应当拥有关于定罪量刑的更大的建议权。通过证据开示，公诉人把握了全案的事实和证据，了解了辩护观点，他可以据此决定是否仍然坚持自己的公诉罪名，可以对具体的量刑年限提出建议，可以与辩方磋商从而就实体问题达成一致意见。

在国家代替被害人及其亲属追诉犯罪之前，社会实行的是同态复仇。诚然，以国家而不是个人名义追诉犯罪，使刑罚超越个人报复而成为维护社会秩序的手段，这无疑是社会的巨大进步。然而，目前似乎过多地强调犯罪"对国家、社会的侵害"的属性，而忽视刑事诉讼有代替被害人及其亲属实现正义的一面。事实上，作为刑事犯罪的受害者，被害人对犯罪所造成的损害有最深刻的感受，与案件处理结果有着直接的利害关系，他们对刑事诉讼的参与权，对被告人犯罪行为的实体处理提出具体建议，具有天然的正当性。② 因此，在重新配置庭前程序的司法权时，拟将国家司法权的部分内容转换为"权利"，其中被害人及其亲属应当拥有对案件实体处理的建议权。

在司法权重新配置后的庭前程序中，辩护人拥有对案件实体处理的建议权应当在情理之中。经过证据开示，辩护人了解了全部案情，通过对事实、证据，以及案件所应适用法律的全盘考虑，辩护人可以在庭前程序中慎重地提出自己对本案是否定罪，应定何罪，以

① 《布莱克法律辞典》，1979年英文版，第418~419页。
② 参见李曙明：《被害人亲属，该不该有量刑建议权》，载《检察日报》2008年7月16日第5版。

及如何量刑的建议。辩护人应尽量与公诉人达成一致意见，从而考虑下一步选择何种程序审结本案。当然，辩护人对案件实体问题的意见应当与被告人交流，若被告人不予认可，辩护人则有义务对被告人分析证据，讲解法律，预测结局。辩护人应在被告人同意其意见且十分明了该意见将会使自己得到什么样实体处理结果的情况下向公诉人及法官提出自己的实体意见，以免与被告人产生矛盾、失去被告人的信任而影响自己的辩护工作。

在当前倡导建设和谐社会的时代背景下，应正确运用宽严相济的刑事政策和恢复性司法理论，充分发挥社区组织和基层民众在改造犯罪、修复关系中的积极作用。对那些发生于社区的熟人犯罪案件、亲属间犯罪案件以及未成年人犯罪案件和情节轻微、社会危害性不大的犯罪案件，在如何处理问题上可以征询社区的意见及相关民众的看法。目的在于适当惩治犯罪人，合理补偿被害人，化解社会矛盾，修复社会关系。

（三）增设当事人尤其是被告人及其辩护人在程序方面的相关权利

我国刑事诉讼法中没有设立"不开庭审结案件"程序①，而开庭采用普通程序审理还是采用简易程序审理，按照现行法律的规定，则由人民法院依职权予以决定，当事人及辩护人没有选择权。笔者认为，首先，我国有无必要设立"不开庭审结案件"程序？其节约诉讼成本，提高诉讼效率，以及体现和谐司法等价值不言而喻，但其弊端何在，值得进一步研究。其次，在开庭采用普通程序还是简易程序的问题上，应当尊重当事人、特别是被告人及其辩护人的意见，赋予他们选择权。我国立法应当扩大适用简易程序的案件范围，对于被告人认罪的普通刑事案件②，一般均可以采用简易程序。另外，在庭前程序的权力（利）重新配置过程中，还应当为辩护律师增加一些有关程序方面的权利，如保全证据和调取证据申请权、中止审理申请权、变更管辖申请权③等，并在法律上规定完备的配套措施以确保这些权利的实现。

（作者单位：安徽大学法学院）

---

① 所谓"不开庭审结案件"程序，是指经过辩护律师的参与，在被告人认罪的情况下，法官可以不经开庭而直接对被告人定罪量刑的程序。当然，这种程序是经过控辩双方同意后而采用的程序。
② 当然，这类案件必须是有辩护人参与的，"认罪"必须是在被告人了解法律规定之后的真心实意的认罪。
③ 详见王圣扬：《论辩护律师的申请权及其法律保障》，载《诉讼法学、司法制度》2004年第12期。

论刑事第二审程序检察监督职责

——基于诉权受制约论的解构

王新环

一、基于抗诉权受制于起诉权的理论分析

在我国，检察机关参加第二审诉讼程序，虽然与第一审程序中提起公诉的检察机关具有相同的诉讼利益，但是等级科层制设置天然具有上级监督下级的属性，第二审程序中的检察机关能够独立地判断原审判决公正与否，能够纠正不当指控，完成维护原起诉与监督审判的双重任务。那么，在双重功能下，二审检察机关能否扩张原控诉请求？这关乎诉权问题。依据诉讼理论，成为严格证明对象的是犯罪构成要件的诸项事实，成为自由证明对象的是程序问题。严格证明与自由证明对第二审程序中的检察官约束力的强度是不同的。作为检察机关的控方所担负的严格证明责任，引起的直接法律后果是，依据严格的证明所认定的事实，原则上足以约束第二审程序。而依据自由证明所认定的事实，则不足以约束上级审。因为自由证明所解决的程序问题具有相对性，在诉讼过程中随机发生，其解决也属于各审级本身的职权范围，彼此之间相互尊重互不干预①。相对于自由证明，无论是对于事实审还是法律审，严格证明都具有较强的约束力。在实行事实审的国家，除我国实行全面审查，不受上诉或者抗诉范围的限制外，其他国家或者地区均不同程度地对第二审法院的调查范围进行限制。德国刑事诉讼法第 327 条及我国台湾地区"刑事诉讼法"第 366 条规定，第二审法院只能对原判决要求上诉的部分进行审理。日本对此更为严格，其刑事诉讼法第 392 条规定，审理范围只限于控诉理由。在原判决经上诉的部分之外，第二审法院必须尊重下级法院依据严格证明所认定的事实，应当以裁定驳回上诉或者抗诉，维持原判，而不能置原审判决于不顾，自行作出新的判决。例如，我国刑事诉讼法第 189 条第（一）项规定，原判决认定事实和适用法律正确、量刑适当的，应当裁定驳回上诉或者抗诉，维持原判。在法律把上诉审定位为法律审的程序中，这种拘束力表现得尤为明显。第二审法院必须在原审法院依据严格证明所认定的事实的基础上对程序是否合法以及适用实体法有无错误进行审查，而原则上不得对原审法院依据严格证明所认定的事实提出异议。在第二审程序中，检察官莅临二审法庭，发表对一审判决、裁定的意见，不受一审检察机关意见的限制。对一审遗漏从宽情节、二审期间发现有新的从宽情节以及被告人无罪的，应当依法向二审法院提出纠正意见。从法条规定及其蕴涵的精神分析，参加第二审程序庭审的检察员发表意见不受原审公诉人意见的限制，但是根据诉审分离和两审终审制原则，二审检

---

① 陈朴生著：《刑事诉讼法》，台湾三民书局 1980 年版，第 180 页。

察员所发表的不同于一审公诉人意见里并不包括一审遗漏从重的事实情节等不利于被告人的情形；如果一审遗漏从重的事实情节，对量刑具有重大且实质性影响，应当依照审判监督程序提起再审抗诉来纠正。

诉权受制约在诉讼程序中体现在两方面：一方面，案件一旦起诉，诉权没有张力，检察机关的控诉内容不应当进行非程序性的随意变更，尤其在法庭辩论终结后的诉讼阶段不能扩张指控内容。从诉讼理论上讲，基于检察机关上下级之间是领导与被领导的关系，上级检察院有权变更下级检察院的决定，但这种变更应当遵循两个前提：应当尊重层级权限，按照对应诉讼对应监督原理依照法定程序变更；变更是在检察院系统内部进行而不涉及法院，如果涉及法院，那么要受到诉讼中控审分离原则的制约。也就是说，横向关系上诉与审受控审分离的限制，纵向关系上上级的诉讼内容受下级诉讼内容的限制。虽然我国刑事诉讼法没有对控审分离原则予以明确规定，但是一般认为法院审判应当贯彻这一精神。根据法律规定，如果发现上诉或抗诉之外原判决确有错误的，应当予以纠正。当然，这里有两个问题：其一，如果对抗诉请求之外进行审查并纠正，其纠正的根据是什么？其二，判断错误的标准是什么，什么样的错误才需要纠正？对此，学界及实务界多有争论，实践中对于相同的情形法官作出的判决也呈现迥异状态。原因（仅限诉权方面）有：法院的审理和判决可否超出检察官的请求范围，刑事诉讼法第一审程序中没有规定；第二审程序中有实行全面审理而不受上诉与抗诉范围的约束，但是否受原审起诉书请求范围的约束，法律也没有相应规定。这不可避免地就会衍生出这样的问题，即在公诉案件中，检察官没有在起诉书中公诉某一犯罪，法官可否根据其法庭调查中查明的事实径自予以认定，也就是以检察官指控罪名之外的其他罪名对被告人作出有罪判决？刑事诉讼构造中的控审关系，一般有如下几种情形：（1）被告人犯数罪，检控方只起诉其中部分犯罪事实的，法官只就该部分犯罪事实予以审理并判决。（2）被告人犯数罪，检控方起诉了全部犯罪事实，但起诉的罪名较少的，法官可以建议控方追加遗漏罪名或者以起诉罪名进行审理与判决。（3）被告人犯甲罪，控方以乙罪起诉的，法官有权在犯罪事实基础上直接变更起诉罪名。（4）控方起诉的事实不构成犯罪或者证据不足的，法官应当宣告被告人无罪。法官认定的罪名与检察官公诉的罪名不一致有两种情况：一是法官僭越控诉主体指控事实的范围认定新的罪名；二是在控诉主体指控的事实的范围内改变抑或增加罪名。对于前者，与现代刑事诉讼控审分离原则从根本上相悖，各国法律均持否定态度；对于后者各国立法例不同。当事人主义诉讼构造中，即便在检察官起诉的事实范围内，法官变更检察官指控罪名时，无论是检察官就一起犯罪事实以甲罪起诉，法官认为构成乙罪的情形，还是检察官认为构成一罪而法官认为构成数罪的情况，法官如果直接变更起诉的罪名，都是行使了一定的检控职能，均会破坏控辩平衡，导致辩护方对事实认定与适用法律问题丧失辩护的机会，等于剥夺了被告人的辩护权。如此判决是在控辩双方均未发表意见的情况下径行作出的，违背了程序的正当性原理。在我国，法院可否在检察院指控犯罪事实的范围内改变抑或增加罪名，法律没有限定，理论上有分歧。但是，一般认为，在指控犯罪事实的范围内，法院有变更罪名的权力，只是这种变更应遵循一定的程序，给予控辩双方平等陈述主张的机会，尤其是变更重罪名时应当听取控辩双方的意见。

另一方面，与二审法院相对应的检察院支持抗诉时，支持抗诉的范围受制于原起诉内容，即二审抗诉的内容由第一审起诉请求内容所决定，原审抗诉的上级检察机关不能增加第一审审级的抗诉内容，但是可以减少或者缩小原公诉机关起诉书中的指控请求或者范围。原则上，一审检察院提出抗诉的主张和上一级检察院支持抗诉的主张不能与原起诉书指控内容相矛盾，一审检察院提出抗诉的主张和上一级检察院支持抗诉的主张也不得扩大原起诉书指控的内容。不得扩大原起诉书指控的内容包括不得追加新的被告人和不得追加新的犯罪事实两个方面。但是，上一级检察院支持抗诉的主张可以扩大一审检察院提出抗诉的内容，因为原起诉书指控的内容是刑事审判的根据和前提，它构成控与辩和审判的实体性基础。最高人民检察院《刑事抗诉案件出庭规则（试行）》（2001 年高检诉发第 11 号）第6 条规定："上级人民检察院支持下级人民检察院提出的抗诉意见和理由的，支持抗诉意见书应当叙述支持的意见和理由；部分支持的，叙述部分支持的意见和理由，不予支持部分的意见应当说明。上级人民检察院不支持下级人民检察院提出的抗诉意见和理由，但认为原审判决、裁定确有其他错误的，应当在支持抗诉意见书中表明不同意见和理由，并且提出新的抗诉意见和理由"。这表明了两方面含义：其一，上级检察院对下级检察院具有层级领导关系与诉讼监督关系；其二，一审检察院提出抗诉只具有启动第二审的程序性意义，上一级检察院完全可以置一审检察院提出的抗诉主张于不顾，提出新的抗诉主张。变更所扩大的抗诉请求是否适当，要以一审检察院提起公诉内容的范围来确定：支持抗诉的检察院应当维持一审检察院起诉请求的范围，如果一审检察院提起的抗诉内容缩小了原起诉范围，而上一级检察院认为这种缩小没有证据或者法律上的根据的，支持抗诉的检察院可以进行变更，扩大抗诉请求，不受提起抗诉请求内容的限制；二审检察院扩大抗诉请求的主张，如果是事实认定错误往往以建议同级法院发回重审的路径来实现，而如果是法律适用错误往往以建议同级法院以直接改判的形式来实现。

因此，从诉权受制约的角度上讲，支持抗诉的检察院变更扩大抗诉请求时，无论如何扩大也不能逾越原起诉范围。由于体制决定上下级检察院之间所具有的领导与被领导的关系，又由于依照上诉程序提起的抗诉实际担当者是上一级检察院，也就是说，上一级检察院既可维持原检察院的抗诉请求，又可撤销原检察院的抗诉请求，但不能扩大原控诉的范围，这是因为层级设置及其公诉权的行使具有独立性与起诉内容具有程序制约性的特点。从诉讼理论上讲，上一级检察院可以收缩抗诉范围，然而收缩抗诉范围仍然受制于诉讼严格证明法则的约束。如果不是这样，而是上一级检察院可以随意更改抗诉内容，就会形成诉权缺乏严肃性，进而影响当事人权益的保护。

二、第二审程序中检察机关的诉讼地位及其法律职责

在刑事第二审程序中，法庭审理的基本诉讼构造仍然是控辩审三方架构，相比第一审起诉职能，二审检察机关所享有的权力样态与权力内容仍有变化。二审检察机关的职能从根本上受制于检察院组织法、刑事诉讼法，其职责是围绕一审裁判履行法律监督职能，维护法律的正确实施。出庭的检察员实现双重诉讼职责的具体方式是：除具有与第一审程序相似的指控犯罪外，还具有对刑事案件的侦查、审判和执行进行监督的权力。刑事公诉案件第一审程序由检察院启动后，第一审检察官的职责始终围绕起诉书所指控的犯罪构成事实与适用法律而展开诉讼活动，起诉书成为审理的客体，检察官的主要职责是代表国家行使公诉权；但是，第二审检察官主要围绕第一审判决与裁定而展开诉讼活动，第一审判决

与裁定成为第二审程序的客体，检察官的职责是基于起诉书指控的内容，对一审判决与裁定认定事实和适用法律进行监督。

根据刑事诉讼法的规定，刑事案件实行两审终审制，启动第二审程序的法定原因有被告人的上诉和检察院的抗诉。无论是抗诉还是上诉，第二审程序审理的客体只能是一审判决与裁定，检察员发表意见的基点只能是建立在审查一审判决与裁定中认定证据和事实以及一审判决适用法律是否适当的基础之上。根据刑事诉讼法规定，第二审程序的功能是对原判决事实与法律适用维持和纠错，以统一法律的适用，实现公正。在第二审程序中，检察员拥有指控犯罪与诉讼监督双重职责。指控犯罪是诉讼监督职责的基础，诉讼监督是指控犯罪的延伸，但是诉讼监督职责又具有独立性。指控与监督是一审公诉检察官和二审检察员的基本职业立场，只不过一审公诉人承担更多的指控职责，二审检察员承担更多的监督职责。在刑事二审程序中，检察机关派检察员出庭支持抗诉或参加被告人上诉案件，承担着完成公诉人证明犯罪责任和诉讼监督的双重职责，该双重职责要求检察官参加庭审既要在二审程序中，对需要加以证明的事项完成举证责任，对一审判决的对和错、罪名是否成立、上诉人提出的上诉理由是否成立等，继续表明控告者的职业立场，完成对一审裁判的支持职责，这是由指控诉讼地位所决定的公诉职能。同时，又要积极切实地履行诉讼监督职责，维护国家法律统一适用，这种监督具有双向性，即对原审法院作出的错误判决或裁定提出纠正意见（纠错的对象尽管可深究到起诉但绝不可能是原指控起诉内容），同时监督二审法庭依法正确履行审判职能。这时，出席二审法庭的检察员所承担的监督任务的实质内容不同于原指控机关的监督，这种实质变化表现在：通过参加诉讼活动，监督下一级检察院指控、监督下一级法院的判决，同时监督二审法院的审判活动。依据刑事诉讼法第181 条规定："地方各级人民检察院认为本级人民法院第一审的判决、裁定确有错误的时候，应当向上一级人民法院提出抗诉。"第188 条规定："人民检察院提出抗诉的案件或者第二审人民法院开庭审理的公诉案件，同级人民检察院都应当派员出庭。"二审检察员在法庭上应当切实履行指控犯罪与双向监督职责，应针对上诉人的无理上诉予以反驳，维护原指控机关正确的指控内容；如果上诉理由成立，原判决确有错误，且这种判决据以成立的原指控也存在错误或不当，二审检察员可针对事实不清楚或者适用法律错误问题，相应地建议法院"发回重审或依法判决"，依法纠正原指控和第一审裁判错误的内容。

（作者单位：北京市人民检察院公诉一处）

论刑事执行权性质与职权配置

卫跃宁　张建华　陈兵

　　刑事执行关系到刑事法律目标和价值的实现。在司法改革过程中，为刑事执行权的合理配置提供正当性理由是其应有之义。否则，刑事执行权重新配置只不过是国家权力的重新分配而已，在具体配置方面也会产生许多不必要之争议。所以，在讨论刑事执行权究竟该如何分配之前，应当先明确刑事执行权究竟是一种什么性质的权利？并以此为出发点，解决刑事执行权的主体分配问题。

一、刑事执行权的概念

　　首先，刑事执行与刑事诉讼中的执行有着本质上的不同，在刑事执行还被认为是惩罚刑、目的刑的阶段，其并未取得独立的形态，而是主要作为裁判的必然结果存在。因此当时刑事执行只是作为刑事诉讼的一个阶段，这就是传统的刑事理论中所说的"刑事裁判的执行"，是"凭借国家权力将已发生法律效力的判决、裁定按照其内容和要求付诸实施的程序，执行是刑事诉讼的最后阶段"[①]。而现在对刑事执行更注重于教育、改造、人权保护的大背景下，作为刑事诉讼的最后一个阶段，"执行"并不严格地与"刑事执行"等同：刑事诉讼中的执行，是指人民法院、公安机关及刑罚执行机关等将已经发生法律效力的判决、裁定所确定的内容依法付诸实施及解决实施中出现的变更执行等问题而进行的活动。属于刑事诉讼活动的，仅指人民法院的交付执行、监狱及其他执行机关对刑罚执行和刑罚变更等活动。而执行机关等对罪犯进行的监管、教育、组织劳动等活动，则属于司法行政活动，不具有诉讼活动的性质。[②]

　　刑事执行的传统概念认为，刑事执行即刑事诉讼中的执行，是指刑事执行机关为了实施已经发生法律效力的判决和裁定所确定的内容而进行的活动[③]。随着刑事执行新理念的发展，更多的学者越来越趋向于赞同新的刑事执行概念，即刑事执行是指国家刑事司法机关实施已经发生法律效力的刑事裁判，对犯人执行刑罚的活动。刑事执行有广义和狭义之分。广义的刑事执行包括对生效的刑事裁判的执行和刑罚执行两个部分，狭义的刑事执行则指刑罚执行，又叫行刑。[④]

　　笔者认为裁判的实现和裁判的确定是相衔接的，生效裁判的执行又可分为诉讼上的刑事执行，即对裁判的贯彻开始及一般的监督和裁判同刑罚执行两方面。

[①] 《中国大百科全书＊法学》1984 年版，第 657 页。
[②] 陈光中主编：《刑事诉讼法学》，北京大学出版社、高等教育出版社 2002 年版，第 361 页。
[③] 樊崇义主编：《刑事诉讼法学》，中国政法大学出版社 2002 年修订版，第 332 页。
[④] 张绍彦：《刑事执行新探》，载《现代法学》1998 年第 3 期。

诉讼上的刑事执行首先包括从判决和裁定效力确定至开始实施判决裁定内容的过程，以及对其实行的一般的监督及裁判，具体刑罚执行则应当体现对于罪犯个别特殊情况的差异而采取的不同的执行措施，除了执行判决书所确定的刑罚之外，不可忽视的是，在具体执行过程中所采取的一些更为细节化、人性化的非刑罚性质的具体细则，更体现出对被执行人的人文关怀，更有利于对罪犯的改造和教育。

刑事诉讼中的执行通常被视为刑事诉讼程序的最后阶段，而刑罚执行则不属于刑事诉讼程序。

故对刑事执行可以做如下定义：刑事执行是指国家刑事司法机关，实施已经发生法律效力的刑事裁判，对犯人执行刑罚的活动。刑事执行又可以分为刑事诉讼意义上的执行和刑罚执行，刑事诉讼中的执行是指人民法院、人民检察院、公安机关及刑罚执行机关等将已经发生法律效力的判决、裁定所确定的内容依法付诸实施及进行一般的监督和裁判的活动。刑罚执行是指人民法院、公安机关等刑罚执行机关所实施的具体执行活动。

二、刑事执行基本性质研究现状

国内对于刑事执行权基本性质定位的几种主要观点：

（一）司法权说

有学者认为刑事执行权是司法权，"行刑权与量刑权—刑罚的裁量或适用一样，同属国家的司法权，而与制刑权—国家的立法权的行使相对应。"[1]

（二）行政权说

有学者认为刑事执行权应当定性为行政权。行政权是由国家宪法、法律赋予的国家行政机关执行法律规范、实施行政管理活动的权力，是国家政权的组成部分。刑事执行权具有主动性、单方制裁性等特征，如在减刑过程中由执行机关向中级以上人民法院提出减刑建议书，这明显有别于罪刑法定原则下的刑事司法权，因此刑事执行权宜定性为行政权[2]。

（三）司法行政权统一说

行刑权作为刑罚权的一个重要组成部分，它的直接属性是国家的一种司法权……但是由于行刑活动是一个将法院生效的判决和裁定交付执行的过程，具有一定的时间持续性，因此不可避免地要涉及被执行罪犯日常生活起居的管理，这时的行刑权就带有一种行政管理的性质，由此行刑权也包含着行政权，所以可以说行刑权是一种司法权和行政权的统一。[3]

（四）刑事行政权说

刑事执行权不属于司法权，虽然其表现出某些行政权的特征，但又不是一般的行政权。

① 金鉴主编：《监狱学总论》，法律出版社1997年版，第228页。
② 冯殿美、候艳芳：《刑事执行权及其制约》，载《河南社会科学》2005年1月第1期。
③ 夏宗素：《狱政管理问题研究》，法律出版社1997年版，第68页。

从其的产生看，它是由于犯罪现象的存在而产生的。从其的归宿看，它致力于预防和减少犯罪，并且把从根本上控制犯罪作为其追求的终极目标；从其运作的手段和内容看，它以刑罚和非刑罚处罚方法以及保安性措施作为活动手段，并以对特定的刑事违法犯罪人实现国家施加的刑事制裁为活动目标；从其运作的结果看，它往往直接表现为对公民生命财产和人身自由等重大权利的剥夺或限制……刑事执行权是一种刑事行政权。①

（五）分类说

持此种观点的学者认为，"罚金刑、没收财产刑和死刑的执行纯粹是一种刑事司法权的运作，行刑权仅仅表现为司法权，丝毫不具有行政权的性质。但对于死缓、无期徒刑、有期徒刑和拘役的执行……不仅有司法权的运作，而且还有行政权的运作。行刑权在此不仅表现为司法权，而且也表现为行政权，并且主要是一种行政权。"②

三、刑事执行权性质新探

（一）行政权和司法权解析

孟德斯鸠认为：每一个国家有三种权力：立法权力；有关国际法事项的行政权力；有关民政法规事项的行政权力。根据第一种权力，国王或者执政官制定临时的或永久的法律，并修正或废止已制定的法律。依据第二种权力，他们媾和或者宣战，派遣或接受使节，维护公共安全，防御侵略。依据第三种权力，他们惩罚犯罪或裁决私人讼争。我们将后者称为司法权力，而第二种权力则简称为国家的行政权力。③

行政权主要有以下特点：第一，行政权具有公益性。第二，行政权具有强制性，即行政权是以国家强制力作为保障的，不以相对人的同意为要件。第三，行政权具有优先性，即行政主体享有在职务和物质上的优益条件，称为行政优益权。第四，行政权具有能动性，即行政权的运行要根据社会需要及时、主动地作出反应。第五，行政权具有不可自由处置性，行政权是行政主体的权力，同时也是其职责。

司法权本质上是一种司法裁判权，其要素可以分解为若干个基本要素：（1）存在着一项特定的利益争端或者纠纷；（2）特定的两方或多方（当事者）卷入上述争端之中；（3）争端的一方将争端（案件）提交给享有司法权的机构、组织或者个人（裁判者）；（4）裁判者作为独立于争议各方（通常为双方）的第三方，参与并主持对争端的解决……（8）裁判者须在听取争议各方主张、证据、意见的基础上，对争议的事实作出认定，并将实体法确立的有关原则和规则适用于该事实；如仅系法律争端，则须按照法律原则、规则、先例或者有关理论，对有争议的法律问题作出裁决。④

从行政权和司法权的特点我们可以总结出司法权与行政权、立法权本质上的差别：

---

① 邵名正、于同志：《论刑事执行权的性质及理性配置》，载《中国监狱学刊》2002 年第 5 期。

② 邵名正、于同志：《论刑事执行权的性质及理性配置》，载《中国监狱学刊》2002 年第 5 期。转引自储槐植、汪永乐：《论刑事执行主体的合理配置》，载《犯罪与改造研究》2000 年第 10 期。

③ ［法］孟德斯鸠著：《论法的精神》（上册），张雁深译，商务印书馆 2005 年版，第 185 页。

④ 陈瑞华：《司法权的性质——以刑事司法为范例的分析》，载《法学研究》2000 年第 5 期。

（1）权威性，即司法权是国家司法机关对一项特定的利益争端或者纠纷所作的最终的裁判的权力，除非经过其自身的纠错程序，其他任何立法或行政机关不得改变司法机关对于纠纷所作出的最终定论。（2）被动性，即司法权所有者不能主动发动司法程序，而是只能由争端的一方将争端提交才能运作。（3）公开性和透明性，行政权可以秘密的方式行使，而司法活动则须具有必要的公开性和透明性，要以可以为公众所知晓的方式进行，正义要以人们所能看见的方式实现。（4）多方参与性，司法权主体一般作为第三方裁判者参加司法活动，裁判活动要在争议各方同时参与的情况下进行，而行政活动仅由管理者与被管理者双方关系构成，并无中立第三方，行刑主体在作出决定时通常采取一种单方面运作的形式。（5）独立性与中立性，各级司法机关之间并没有从属关系，所存在的只是业务指导关系而已。司法权主体对于相对事项并没有任何利害关系，此为中立性。

在分清楚行政权和司法权的特点之后，笔者拟探讨一下刑事执行权的特点和性质，笔者上文所列举的诸多对刑事执行权的探讨的前提，即探讨的对象究竟是什么存在一定的误区，显然上述一系列观点是把刑事执行权作为一个笼统的概念来进行探讨的，虽然有一定的合理之处，但没有细分的方法必然会导致诸多观点的产生，因为在刑事执行权范畴内，有的执行权具有司法权之性质，其他执行权则具有行政权之性质，两者要是不严格区分开来，而是看做一个整体来进行讨论的话，争议在所难免。而刑事行政权说本质上仍然是行政权说，分类说是没有分清行政权和司法权的本质区别，仅仅就实践中的情况就事论事，对于刑事执行权配置的指导作用非常有限。

（二）刑事执行权性质的两分探析

笔者认为，对刑事执行权性质的研究应当建立在对其概念充分理解并详细区分的基础之上。

首先，刑事诉讼意义上的执行权，包括从判决和裁定效力确定至开始实施判决裁定内容的过程，以及对其实行的一般监督及裁判。从判决和裁定的效力确定时开始至开始实施判决裁定内容的过程乃为刑事司法裁判之自然延伸。生效的刑事裁判作出后，司法裁判机关并不能马上就将其束之高阁，否则裁判作出就没有任何意义了，程序性措施交付过程必不可少。纵观世界各国的刑事执行措施，如美国法院并没有设立"执行庭"，对法院的判决是由行政机关依照法院的指示而进行的。[①] 德国法院虽然设立了专门执行刑罚的法庭，但是其主要的管辖权乃是在执行自由刑时（即个别实施判决事项，在实务上即自由刑之执行）为一些必要的、事后的法院裁判，实际刑罚执行之官署为检察机关，因此刑罚执行的效力确定开始后，法院应立即交付检察机关执行。[②] 在法国，执行法官与刑罚执行庭管辖刑罚执行，其主要职责为按照法律规定的条件确定剥夺自由的刑罚或某些限制自由的刑罚的主要执行方式，并引导和监督这些刑罚的执行条件，具体执行措施仍然由专门的执行机关进行，因此交付执行必不可少。[③] 其他诸如日本的执行，我国台湾地区生效裁判的执行，法院的交付程序虽然并没有作相关的具体规定，具体的执行行为由检察官主导，但作为执行的前奏

---

① 参见宋冰编：《读本：美国与德国的司法制度及司法程序》，中国政法大学出版社 1998 年版。

② 参见［德］克劳思·罗科信著：《刑事诉讼法》，吴丽琪译，法律出版社 2003 年版。

③ 参见《法国刑事诉讼法典》，罗结珍译，中国法制出版社 2006 年版。

程序，显然是必不可少的。因此，对于从判决和裁定生效至开始实施判决裁定内容的过程为司法裁判的外延所应包括之义，当无疑义，其性质为司法权。

诉讼意义上的执行权中包含对判决裁定内容实施的一般裁判及监督，所谓一般裁判，在我国即为对执行的变更和处理的裁判权，执行之变更，是指人民法院、监狱及其他执行机关对生效的裁判在交付执行或者执行过程中出现法定需要改变刑罚种类或执行方法的情形后，依照法定程序予以改变的活动。① 其具体包括死刑执行的变更，死刑缓期二年执行的变更，暂予监外执行、减刑和假释，对新罪、漏罪的追诉程序，对错判和申诉的处理，按照法定程序予以改变。他们所具有的共同特征则都是需要法院作出裁判（暂予监外执行例外），而这一点是司法权最根本的特征，而权威性（法院作出的裁判非经其自身纠错程序其他机关是不得改变的）、被动性（如刑事诉讼法第210条第2款规定，被判处死刑缓期二年执行的罪犯，在死刑缓期执行期间，如果没有故意犯罪，死刑缓期执行期满，应当予以减刑，由执行机关提出书面意见，报请高级人民法院裁定……）等其他特征在这些程序中也有所体现，因此对判决裁定内容实施过程的一般的裁判为司法权。

诉讼意义上的执行权中还包含对判决裁定内容实施过程的监督。在我国，人民检察院是执行的主要监督机关，其对执行的监督在法律上主要体现在：刑事诉讼法第212条第1款的规定，人民法院在交付执行死刑前，应当通知同级人民检察院派员临场监督；刑事诉讼法第215条规定，批准暂予监外执行的机关应当将批准的决定抄送人民检察院。人民检察院认为暂予监外执行不当的，应当自接到通知之日起一个月内将书面意见送交批准暂予监外执行的机关，批准暂予监外执行的机关接到人民检察院的书面意见后，应当立即对该决定进行重新核查；第222条规定，人民检察院认为人民法院减刑、假释的裁定不当，应当在收到裁定书副本后20日以内，向人民法院提出书面纠正意见。人民法院应当在收到纠正意见后1个月以内重新组成合议庭进行审理，作出最终裁定；第224条规定，人民检察院对执行机关执行刑罚活动是否合法实行监督。如果发现有违法的情况，应当通知执行机关纠正；宪法第129条也规定了"中华人民共和国人民检察院是国家的法律监督机关。"可见，虽然在我国，学者对于检察机关究竟是否司法机关尚存争论，但是检察机关确实负责对执行具体实施过程的监督。在具体实施过程中如有对具体执行机关的执行措施不服的，其最终救济也只是向检察院提出申诉而已。而根据我国现行司法实践，实行救济更多依靠的是检察院按照职权主动进行，被告人的申诉、控告、检举所起的作用非常有限。因此，现行的监督更多地存在着行政权的特征。这显然与现代应当以裁判型司法作为最终救济手段的刑事司法理念不符。西方国家多以法院作为具体实施过程的最终监督机关，具体而言，法国的执行法官与刑罚执行庭管辖刑罚执行，其主要职责为按照法律规定的条件确定剥夺自由之刑罚或某些限制自由之刑罚的主要执行方式，并引导和监督这些刑罚的执行。德国受监禁之人除得向典狱长之外，尚有权在执行自由刑的范围内，不服行政行为时得向地方法院的刑罚执行庭提出请求法院裁判之申请；在日本，被判处刑罚的人对判决执行可以以书面的形式向宣告该判决的法院提出疑义。我国台湾地区也与日本大体相同。因此，对于内容实施的最终监督应当为司法审查，性质应当为司法权。被判处刑罚的人也应当赋予其对执行措施不服的起诉权利。

---

① 陈光中主编：《刑事诉讼法》，北京大学出版社、高等教育出版社2002年版，第371页。

刑罚执行，即具体负责刑罚执行的机关针对各个具体案件的特殊性所实施的不同措施，正如行政权论者支持其主张的论点一样，第一，刑罚执行有着突出的执行性特征，执行主体不仅要实现已经发生法律效力的判决裁定内容，还要对执行对象的日常生活根据不同情况，按照教育与惩罚相结合的方针，并考虑到执行的具体效果而进行日常生活分类、奖励、处罚等，并且这种带有明显的行政权力运作特征的管理活动构成了刑罚之执行的绝大部分内容。第二，刑罚执行具有明显的单方性特征，执行主体享有与行政机关相匹配的很大的自由裁量权，而且其执行行为的效力不以被执行方的参与为必要条件。第三，与司法机关所具有的独立性和中立性特征不同的是，刑罚执行具有命令性特征，执行主体对于执行对象是命令和服从的关系，即便执行主体上下级之间也是领导和被领导关系，上级执行机关可以对下级执行机关具体的执行事务进行监督和指导。第四，刑罚执行决定之非权威性，正如行政机关的不当行为可以提起行政诉讼一样，被执行人对刑罚执行决定认为不服的可以向上级机关申诉，乃至申请司法救济。第五，主动性，对被执行人进行监督、管理、教育等具体执行措施既是刑罚执行机关的权力，同时也是其职责。可见刑罚执行决定了执行具有行政权的一切特征，所以应当将其归入行政权范畴之内。

四、刑事执行权的优化配置——从基本性质谈起

刑事诉讼意义上的执行权显而易见地具有司法权之性质，所以其行使主体为司法机关当无疑义。对现行法律进行详细考察可以得知，对人民检察院和人民法院诉讼意义上的执行权的规定基本是完备的，所欠缺的就是对被执行人对于刑罚具体执行措施存在异议的最终救济手段，即起诉权的规定。刑罚权为行政权，具体刑罚措施虽然有其特殊性，但在本质上为行政行为。在注意到刑罚措施为行政行为的同时，我们也要留意其司法权参与的特殊性。因此，应当在检察院更积极地对刑罚具体执行措施主动履行监督职权的同时，明确赋予被执行人对执行有异议的申请行政复议权及向检察院提出申诉权，更为重要的是赋予其和针对其他具体行政行为一样的申请司法救济权即起诉权。

在确定刑罚执行权是行政权之后，其主体自然应该为行政机关。在我国，具体而言是指公安、监狱等机关。但是从法律规定来看，我国刑法、刑事诉讼法等有关法律规定，我国行使刑罚执行权的主体除了有监狱、公安机关以外，还有人民法院。其中，死刑立即执行、罚金、没收财产由人民法院执行；死刑缓期二年执行、有期徒刑、折抵入狱前羁押时间剩余刑期一年以上的有期徒刑由监狱执行；拘役、管制、剩余刑期不足一年的有期徒刑、缓刑由公安机关执行；剥夺政治权利、对外国人适用的驱逐出境也由公安机关执行。可见人民法院、公安机关等刑罚执行机关均有刑罚执行权。目前在刑事执行权配置方面存在的主要问题是刑罚执行主体的多元化，由此导致了执法标准和力度的不协调和不统一，从而削弱了刑罚的严肃性、严厉性和权威性，影响了刑罚执行的效果。① 人民法院作为司法机关，主要职责应当限于消极性的裁判工作。如果参与到刑罚执行中来，不仅违背了其司法机关的性质，而且在增大了对原本就捉襟见肘的司法资源的压力的同时，也严重影响了司法机关的权威性。从另一方面来说，对被执行人而言也是不公平的，是变相地剥夺了被执

---

① 国林：《论合理配置刑事执行权》，载《政法论坛》2001 年第 3 期。

行人的申请司法救济权利,"任何人不得为自己的法官",由法院来审查自己的执行行为合法与否缺乏法理依据。因此,应当将人民法院的具体刑罚执行权转移到相应的具有行政性质的执行机关,将执行权从法院的职能中剥离出来,把刑事执行权交由司法行政机关统一行使,逐步实现刑事执行专门化,不仅能有效解决实践中普遍存在的"执行难"的问题,而且能够为将来的刑罚执行统一化①打下良好的基础。

理清刑事执行权的性质对于刑事执行权力形式上之合理建构具有高屋建瓴的理论指导作用,笔者对刑事执行权的性质提出了自己的一些观点,并从性质出发对执行权应有之配置作了一定的探讨,希望能够对司法实践中对于刑事执行权合理配置起到一定的作用。

(作者单位:中国政法大学刑事司法学院 成都市青白江区人民检察院)

---

① 对于刑罚执行权的具体配置前景目前主要有两种主张:第一种是建议建立统一的国家刑事执行机关;第二种主张是仍然维持目前的分散状况,具体分工要做一定的调整。笔者赞同建立统一的刑事执行机关的主张。

我国侦查权的优化配置

——以规范和加强监督制约为导向

吴春平

一、我国侦查权配置方面存在的问题及原因

(一) 刑事侦查权在侦查机关内部配置比较散乱，不够科学

在公安机关内部，除刑侦、经侦、缉毒等侦查专业部门外，治安、边防、消防、交通、出入境、网络监察等警种都可以行使侦查权。这样造成的弊端有：全警皆侦，不利于侦查工作向专业化方向发展，影响办案质量；有些部门既有行政管理权，又有侦查权，容易导致权力混淆和滥用；一些警种滥用侦查权插手经济纠纷，解决民事、治安纠纷，或者以行政处罚的方式对刑事案件搞"以罚代刑"、"降格处理"。

在检察机关内部，除反贪、反渎部门有侦查权外，监所、民行、控申部门也应有相应的侦查权。因此，时常会出现有的部门为了部门利益对有价值的线索抢先侦查，打草惊蛇，做"夹生饭"，贻误查处时机的情况；有的部门出于利益驱动，以刑事立案插手经济纠纷，或用刑事手段解决民事纠纷，或者利用刑事调查手段配合民事检察监督，这些都不利于强化职务犯罪侦查职能。国家安全机关、军队保卫部门、监狱等部门侦查权的行使也存在类似问题。

(二) 检察机关职务犯罪侦查权配置不顺

在实践中，对人民检察机关行使侦查权存在较大争议。检察机关作为法律监督机关，对职务犯罪案件自己侦查、自己批捕、自己起诉，既当裁判员又当运动员，形成了"监督者不受监督"的现象，不符合对权力的制约监督，社会方方面面意见较大。如果仍然维持现行检察机关对职务犯罪的案件侦查权，应将检察机关对职务犯罪案件的批捕等强制措施的决定权予以调整。

(三) 对侦查权的监督制约力度不够

在现行侦查活动中，法官基本不介入侦查活动，检察机关的侦查监督不够理想，律师介入的空间也很小，其他公民的个人监督更是无从谈起。这主要表现为：检警关系没有完全理顺，侦查监督不力。一方面，囿于检警之间的配合关系，加之所承担的打击犯罪的共同使命，侦查结果直接影响甚至左右后续程序，形成警主检辅，以侦查为中心的现象，检察机关的审查起诉基本上成为对公安机关侦查结论的确认和维护，影响公诉质量和效果。另一方面，检察机关对侦查机关的监督软弱无力。这体现在：第一，法律既没有将侦查机

关的所有侦查手段和强制措施（包括对"人"的逮捕、拘留、搜查、监听和对"物"的查封、扣押、冻结等）全部列入监督范围或者列入司法审查范围（在一些国家侦查机关进行此类侦查行为均需由法院批准），刑讯逼供、超期羁押、滥用强制措施和侦查措施等违法现象长期得不到纠正，也没有明确侦查机关拒不纠正违法侦查行为，或者不理睬检察监督的法律后果，检察监督的权威性不足。第二，检察机关缺乏及时发现、查实和有效纠正侦查违法行为的措施。以刑讯逼供为例，其的发生一般都很隐秘，除非造成犯罪嫌疑人伤残、死亡后果的严重刑讯逼供行为不易掩饰外，一般的刑讯逼供行为外界很难获知，即便获知也很难调查取证。这是因为：一是目前绝大多数刑讯逼供行为发生在留置盘问期间和现场抓获犯罪嫌疑人环节，由于此时尚未立案，审讯活动具有很强的封闭性，检察机关和律师均无法介入。近年来，检察机关着力从依法介入侦查、强化证据审查、排除非法证据、建立违法行为调查机制等方面探索遏制刑讯逼供等侦查违法行为的措施，取得一定成效。但是，由于这些措施尚未上升到法律层面，实施起来困难较大。二是法院审判作为最后一道防线的功能没有发挥出来。法院在侦查活动的监督主要体现在对证据的审查上，但目前法院对有程序瑕疵的证据进行排除还比较困难。由于缺失刑事证据规则，法院对刑事证据合法性的要求甚至还低于民事案件，这就导致非法取证的现象屡禁不止。三是律师对侦查活动的监督没有得到落实。律师会见犯罪嫌疑人需要公安机关的批准，会见时公安机关派人在场监督。四是公安机关内部监督制约机制尚不完善，有的考核评价指标不尽科学，只有具备破案条件的才进行立案，一些办案单位和人员盲目追求破案率，造成纠错机制缺失。

（四）对特殊犯罪形式缺乏特别的侦查程序

目前在侦查环节缺乏繁简分流机制，对轻重难易不同的刑事案件不加区分地都适用相同的程序。一是对以黑恶势力犯罪为代表的有组织犯罪，实践中必须采取秘密逮捕、集中办案、异地关押等特殊措施，但现行法律规定缺乏特别的侦查程序规定。多年来行之有效的"下打一级、异地用警、异地侦查、异地起诉、异地审判"等办法，也常因管辖问题需要协调相关部门。二是对当前盗窃、抢劫、抢夺等多发性侵财犯罪、流窜犯罪，块块管辖、画地为牢的诉讼管辖模式已严重滞后。我国刑事诉讼法只对审判管辖作出规定，并无侦查阶段管辖规定，司法实践中有的检察机关以"无管辖权为由"不接案、不受理、不批捕。

（五）审前羁押率偏高，强制措施运用不尽合理

我国司法实践中审前羁押率偏高，基本都在80%以上，而在流动人口较多的地区，羁押率甚至达到90%以上。而本来应当大量采用的取保候审等措施因各种原因适用甚少，只有10%左右。因为法律规定取保候审适用的前提"不致发生社会危险性"比较抽象，公安机关难以把握。监视居住适用更是少之又少，如新疆地区2006年监视居住的适用率还不足1%。

（六）侦控一体容易导致侦查权的滥用

刑讯逼供、超期羁押屡禁不止，从根本上看与未决犯羁押权的配置有关。在实践中，有的公安机关存在将犯罪嫌疑人提到派出所外长时间讯问、超期羁押、妨碍律师正常会见、检察机关作出不批捕决定后不及时放人等问题。

（七）侦查手段和信息管理相对滞后

"秘密力量侦查"、"诱惑侦查"、"监听"等在实践中频繁使用，但我国法律对此没有规定。关于窃听、密照等技术侦察措施，只在国家安全法和人民警察法中作了原则性规定。这就导致一方面在实践中出现滥用现象，另一方面获得的证据不能作为定案的根据，影响了对犯罪的打击。实践中，检察机关在侦查腐败犯罪案件时，需要使用技侦措施时，只能请求公安机关或国家安全机关帮助实施。这种做法既缺乏法律依据，在实践中也很不规范。《联合国反腐败公约》第50条第1款规定，为有效打击腐败，各缔约国均应在其力所能及的情况下采取必要措施，允许其主管机关适当使用电子或者其他监视形式等特殊侦查手段，并允许法庭采信产生的证据。我国已经签署和批准该公约，这些规定需要转化为国内法。

此外，我国尚未建立完整的公共信息监控制度。实践中侦查部门获取信息的渠道不畅，协调成本很高，侦查机关本身不仅没有建立起可操作性很强的统一案件线索信息数据库，也没有同金融、工商登记、税务、房地产管理、车辆管理等行政执法部门建立起涉案信息查询制度，缺乏有效的执法协作机制、情报信息证据交流协调制度。

二、优化侦查权的基本理念

（一）落实宽严相济的刑事政策

宽严相济的刑事政策是我国当前的基本刑事政策。侦查权配置坚持宽严相济，就是根据犯罪的不同，对犯罪人的处理要当宽则宽、当严则严、宽严适度；对程序的运用要当简则简、当繁则繁、繁简分流；坚持区别对待，轻重有别，抓必须或应当抓的，放可以或必须放的，对严惩的刑事犯罪予以严厉打击，依法快捕快诉，对轻微犯罪乃至普通犯罪要依法充分发挥取保候审、监视居住的作用，减少羁押措施的适用。在立案侦查阶段，对于一些轻微犯罪可立可不立的坚决不立，可移送可不移送的坚决不移送。鼓励引导律师对刑事案件进行和解，修复被破坏的社会关系，对于和解后的轻微刑事案件，侦查机关应当撤案。

（二）公检法三机关办理刑事案件实行分工负责、互相配合、互相制约

我国宪法规定，公检法三机关办理刑事案件实行分工负责、互相配合、互相制约。因此，科学合理地分配刑事司法职权，必须继续坚持"分工负责"，实行公安机关作为侦查主体、承担主要侦查任务，使公安司法机关各司其职，分工协作，运转高效。同时，公安机关又属于行政机关，必须实行决策权、执行权、监督权相互制约又相互协调的权力结构和运行机制。

（三）结合实际，提高侦查能力

我国尚处在社会主义初级阶段和人民内部矛盾凸显、刑事犯罪高发、对敌斗争复杂的特殊历史时期。刑事案件数量高位运行，使得各级公安机关任务繁重，打击犯罪难度越来越大，案多人少的矛盾突出，社会需求的无限与司法资源有限的矛盾突出。因此，优化侦查权，决不能以抑制甚至削弱侦查机关的侦查能力为代价，而应在有效提高侦查能力的基

础上进一步加强规范和监督。

三、几点建议

（一）顺应侦查专业化发展趋势，整合侦查机关内部侦查权配置

在公安机关，建议取消治安行政管理部门的侦查权，将侦查权集中交由专业性的侦查部门统一行使。在现行公安体制下，可考虑将刑侦、经侦、缉毒、技侦等侦查部门整合为统一的侦查机构，在各级公安机关内部设立比同级公安机关低半级的侦查局，并在侦查系统内强化"条条"管理，建立上下联动、整体作战、快速反应的新型专业化侦查体制。

在检察机关，要重点解决检察业务部门与职务犯罪侦查部门职权混合使用、交替使用的问题，充分发挥职务犯罪侦查的优势和资源，改变多个部门行使职务犯罪侦查权的现况，确立反贪、反渎部门集中、统一、专门行使职务犯罪侦查权的工作机制。坚决克服其他部门随意取代侦查部门，任意扩大侦查范围，影响侦查权统一行使。国家安全机关、军队保卫部门、监狱等享有侦查权的部门也要适当集中行使侦查权。

（二）改革检察机关职务犯罪侦查权体制

应当改革检察机关对职务犯罪案件的审查逮捕制度，将市级和基层两级检察院办理的职务犯罪案件的决定逮捕权改由上一级检察院行使。这种改革是在检察系统内部进行的，没有改变现行公检法三机关的分工格局，简便易行，可操作性强。从国外和有关地区的做法看，也未必都由法官行使批捕权，如苏俄刑事诉讼法规定的检察长、我国台湾地区"刑事诉讼法"规定的检察官都有批捕权。也可以在条件成熟时，将职务犯罪案件的批捕权交由人民法院行使。

（三）改革和完善侦查监督制度

1. 准确定位检察权，加强检察机关对侦查活动的监督。

（1）加强检察机关对侦查活动的引导和监督，确立检察引导侦查同步监督机制。我国法律规定的批捕制度与审查起诉制度都是书面审查和事后监督。为提高诉讼质量和效率，要研究建立检察机关引导侦查的工作机制，把检察机关法律监督的关口前移，对侦查活动全过程实行监督；侦查机关在依法的前提下，对于案件定性、取证要求把握不准的，也可以采取主动协商的形式邀请检察人员参与案件；进一步明确侦查监督的范围，即检察机关对侦查机关勘验、搜查、扣押、讯问犯罪嫌疑人、询问证人等活动的合法性进行监督。有的专家提出，拘留、取保候审、监视居住、扣押、冻结等涉及人身自由和财产权利的强制性侦查措施要报检察机关备案。考虑到公安机关办理刑事案件程序规定以及内部审核把关机制，公安机关采取这些侦查措施，内部审批手续已十分严格复杂，要经过侦查部门、法制部门和公安机关负责人的层层审核、批准。而且这类措施使用频繁，数量巨大，如果都要报检察机关备案，工作量太大。因此，应当考虑一种简便的方式便于检察机关进行监督。

同时，要赋予检察机关对侦查违法情况进行调查和处理的手段；明确侦查机关接受检察机关法律监督的义务，追究拒不接受检察监督的侦查机关及其工作人员的责任。与此相

关，可考虑将检察机关的机动侦查权扩大到整个刑事案件，原则上各级检察机关基于法律监督的需要，可以自行决定对管辖不明或执法不力的刑事案件等行使侦查权，或者强制公安机关立案侦查。

（2）建议在刑事诉讼法中明确规定检察机关对公安机关不应当立案而立案的监督程序。立案在我国是一个独立的刑事诉讼阶段，是侦查的前提。当前，检察机关对公安机关刑事立案活动的法律监督存在的主要问题是监督范围不完整。刑事诉讼法只规定检察机关对公安机关应当立案而不立案进行监督（这项规定在实践中落实得也很不到位），而未规定对不应当立案而立案的监督，需要进行完善。

（3）建立刑讯逼供举证责任倒置制度。由于刑讯逼供发生过程具有隐秘性，实践中对于刑讯逼供行为，不仅犯罪嫌疑人难以举证，即使检察机关也很难以调查取证。因此，应当建立刑讯逼供举证责任倒置制度。犯罪嫌疑人提出侦查人员（不特指警察，含公安机关、检察机关等部门的办案人员）有刑讯逼供行为，检察机关经审查不能排除刑讯逼供可能的，应当要求侦查人员证明取证过程的合法性，侦查人员有义务作证。如果侦查人员拒绝作证或者提出的证据不能排除对刑讯逼供的合理怀疑，检察机关应依法排除其获取的口供。在审判阶段，被告人提出受侦查人员刑讯逼供的，人民法院可以传侦查人员出庭就取证合法性作证。如果侦查人员拒绝出庭作证或者不能证明取证合法性的，其获取的口供就应予以排除。

2. 加大法院对侦查权的制约，完善非法证据排除制度。在我国，审判作为刑事诉讼活动的最后环节，对侦查活动的合法性有着最终评价功能，是事后制约侦查活动的有力途径。目前有关司法解释将非法证据范围限定在言词证据上，将物证、书证等实物证据排除在外，应当进一步明确非法证据的范围，制定系统的非法证据排除规则和程序规定，明确排除申请的提出、证明责任、审查主体、救济途径。同时，建立人民法院对证据的实体和程序审查，对以刑讯逼供等非法手段获取的证据予以排除，或者直接宣告被告人无罪。

3. 赋予律师在侦查过程中更多权限。新修订的律师法进一步完善了律师会见权、阅卷权和调查取证权，律师有效行使这些权利也就获取了对侦查权的另一种监督途径。

4. 加强公安机关内部的监督。要建立严格的内部审核制度，侦查部门在办案过程中，从立案开始，每一项侦查措施，法制部门或侦监部门都要严格把关，适时调取案卷进行查阅审核，充分发挥审核把关的"第一道防线"，确保侦查活动依法进行。

（四）改革完善侦查程序，加强规范化建设

1. 进一步完善立案前调查程序。现行刑事诉讼法对立案前调查措施没有明确规定，导致立案前进行的询问、现场勘查、检验鉴定等必要的调查措施缺乏法律支持。建议规定侦查机关受理案件后，可以采取询问、勘验检验、鉴定等一些非强制性侦查措施；对侦查机关初查工作有妨碍行为的，侦查机关可以按照一定的审批程序，采取一定的强制侦查措施或秘密侦查措施；确认立案前调查获取的材料可以作为证据使用。

2. 建立与职务犯罪关联的犯罪并案侦查制度。在实践中，属于检察机关立案侦查的贪污贿赂和渎职侵权等职务犯罪，有些需要在查清所涉及的前案原罪后才能认定。按照现行刑事诉讼法的规定和1998年中央六部门《关于刑事诉讼法实施中若干问题的规定》，这类与职务犯罪相牵连的刑事犯罪系由公安机关管辖。但是公安机关因为各种情况，可能没有查办或查办不及时，非常不利于及时查处和侦破。因此，应当设立并案侦查制度，明确规定检察机关对于正在侦查的与职务犯罪案件相交织的（或密切相关或派生的）属于公安机关管辖的刑事犯罪，经省级以上检察院批准后可以一并立案侦查。

3. 建立特别侦查程序。一是建立办理"黑社会性质组织犯罪"的特殊机制，对立案程序、侦查手段、强制措施、羁押场所、律师会见、指定管辖等方面作出特殊规定。包括对涉黑案件立线侦查、秘密经营，对使用秘密力量侦查涉黑犯罪作出明确规定；将"下打一级、异地用警、异地侦查、异地起诉、异地审判、提前介入"等做法以法律的形式固定下来；制定公检法三机关统一的指定管辖规定，对重大涉黑犯罪嫌疑人经适当的审批程序，可以羁押在专门办案场所。二是建立"多发性侵财案件"办理机制。对多发性侵财案件，规定一般由主办地或抓获地公安机关、检察机关和法院统一侦查，统一提起公诉和审判；在对认定整体犯罪无影响的情况下，对个案采取较低的证据规格，并规范异地公安机关获取的证据材料采信、认可的要件；建立快速办理3年以下有期徒刑、拘役、管制或者单处罚金的轻微侵财案件机制，即对事实基本清楚，证据基本充分，犯罪嫌疑人对所指控的基本犯罪事实没有异议，依法可能判处3年以下有期徒刑、拘役、管制或者单处罚金的轻微侵财案件，建立与检法机关简易审理程序相对应的快速办理机制。对未成年人、学生等偶尔、初次实施轻微犯罪的，公安机关可以依法不认定为犯罪，案件不进入刑事诉讼程序。

4. 建立侦查人员出庭作证制度。当前，刑事案件证人出庭率太低是我国刑事司法的一大顽疾，不利于建立公正高效权威的刑事司法制度。警察作为侦查职能的承载者，应当首先出庭作证，接受控辩双方的质询。在英美法系国家，侦查人员出庭作证是一种通例。而且，我国刑事诉讼法第48条第1款规定："凡是知道案件情况的人，都有作证的义务。"据此，若侦查人员在犯罪现场目睹了犯罪事实的发生，或者当场抓获犯罪嫌疑人，该侦查人员就应出庭作证。目前，四川、厦门、南京等地的公检法机关已开始试行侦查人员出庭作证制度，效果良好。

5. 建立重大案件录音录像制度。对重大案件进行录音录像，是一种规范侦查权的有效措施，而且能够证明讯问过程的合法性，为英国等多个国家普遍采用。目前，全国检察机关办理职务犯罪案件的讯问已全面推行全程同步录音录像制度。公安机关讯问过程中实行全程同步录音录像也逐步得到认同。越来越多的地方公安机关对命案犯罪嫌疑人的审讯实行了全程录音录像，特别是在东南沿海发达地区。但是，应当看到，英国推行全程录音录像制度用了十多年的时间，在我国这样一个处于社会主义初级阶段、经济文化不发达、侦查装备落后、司法资源紧缺、刑事犯罪高发的国家，推行这项制度还要有一个具体考虑。在公安机关推行这项制度需要解决以下问题：一是确定适用比例问题。从实际出发，将命案和涉黑案件定性为重大案件。二是确定适用时间问题。必须坚持全程连续录音录像。三是规范程序问题。必须坚持法定的程序，什么时候开始录、如何录、如何结束等都应当有相应的规定。四是确定是录音还是录像问题。西方国家对于录音是必需的，对录像则是提倡和鼓励的。根据我国国情和区域特色，可以规定二者选一即可，有条件的地方争取全程录像，没有条件的地方至少应当全程录音。

6. 改进逮捕、取保候审和监视居住等强制措施。明确逮捕条件，合理适用逮捕措施。对于轻微犯罪，应当依法充分发挥取保候审、监视居住的作用，减少逮捕措施的适用。健全取保候审和监视居住制度，一是进一步明确取保候审和监视居住的条件，将社会危险性等主观标准具体化为客观标准，有效限制侦查机关滥用羁押措施。二是加大对违反取保候审和监视居住规定的处罚力度。故意违反规定逃避刑事处罚的，应当追究刑事责任或加重刑罚处罚，而不仅仅是没收保证金、逮捕等。三是加大执行机关对未羁押犯罪嫌疑人的监督考察力度，加大执行机关硬件建设，建立有效的非羁押控制手段，增强对非羁押犯罪嫌疑人的控制能力。

（五）改革看守所管理体制

为了避免侦查权的滥用，确保侦控分离，必须从制度上改变侦控一体的模式，将侦查和羁押分离。在当前情况下，可将看守所的管理权上提一级，即将现阶段公安机关所属的看守所改由上一级公安机关管理。这种方案在公安机关内部实施，简便易行，改革成本比较小。条件成熟时可移交司法行政部门管理。

（六）运用科技手段，提高侦查工作水平

明确技术侦察和秘密侦查措施的法律地位及获取证据的法律效力，必要时可考虑制定《秘密侦察（侦查）》法，或者在刑事诉讼法中增加一节"特殊侦查措施"，统一就公安机关、国家安全机关和检察机关使用技术侦察作为一种独立的侦查行为来规定，并明确其适用条件、审批程序、制约机制、证据的法律效力等内容，使立法与实践需要相适应。

建立涉案信息快速查询制度，进一步完善公共信息监控制度，规范公共信息的采集、使用，规定旅馆住宿、网络信息、通信邮政、金融税务、交通运输等主管部门和运营商必须向侦查机关提供后台接口；建立信息快速查询制度，明确相关部门配合侦查机关查询的法律义务和处罚措施，为侦查机关及时、准确地打击犯罪提供有力的信息支持；建立与行政执法部门的信息共享平台，以便侦查机关直接掌握相关政策法规、行业技术标准、操作规程等信息资料，提高侦查工作的效率和水平。公安机关、国家安全机关、检察机关、军队保卫部门要建立相关的信息共享和协调配合机制。

（作者单位：中央政法委）

司法权的国家地位与刑事诉讼

谢佑平

一

自有人类社会，就有纠纷；而有纠纷，就必然有纠纷的解决机制。司法作为一种解决纠纷的社会机制，虽然与人类社会的存在一样久远，但是作为独立样态的司法权，却是在近代启蒙运动之后才从行政权中分离而产生出现的。然而，饶有趣味的也正在于，司法权一旦具有了独立的身份，它就不再单单停留在定纷止争的社会层面，而是以一种自信、超越的姿态，登堂入室于国家的权力结构当中：它不但要在其中拥有自己的一席独立地位，而且还要对政治权力加以制约和平衡，以此来维护公民的平等、自由和尊严，维持一个国家和社会的稳定性、连续性和一贯性。

孟德斯鸠是最早在理论上系统阐述三权分立的政治哲学家。孟氏认为："有权力的人们使用权力一直到遇有界限的地方才会休止"，因此"要防止滥用权力，就必须以权力约束权力"。基于这样的认识，孟德斯鸠从观念形态对国家权力进行了细分。他认为，每一个国家都有三种权力，即立法权力、行政权力和司法权力；只有这三种权力分立存在，互相制衡，公民自由才能有切实可靠的保证。"如果司法权不同立法权和行政权分立，自由也就不存在了。……如果司法权同行政权合而为一，法官便将握有压迫者的力量。"① 权力的分立构成了自由的前提和保障，因此专制政体与自由政体的区别，也就并不在于是由少数人统治还是由多数人统治，而在于是不是建立起了分立的司法权，是不是存在分权制衡的政治制度。

继孟德斯鸠之后，美国的政治理论家，立宪主义者汉密尔顿、麦迪逊等人，进一步发展了权力分立制衡的理论，并把这种理论第一次落实为具体的政治实践。美国宪法、美国的联邦政府体制就是按着这样的政治理论而设计产生的。但是，对于汉密尔顿等人来说，分立的司法权固然重要，但是更加重要的却是必须清醒地认识到这样一个现实，那就是："司法部门既无强制，又无意志，而只有判断；而且为实施其判断亦需借助于行政部门的力量。"② 在此情况下，司法部门如何防止行政权力对其的侵扰呢？为了避免司法权沦落为受行政权监护的对象，也为了防止在特定情形下，行政权假借司法权之手，以法律的名义打压和毁灭每一个公民，司法权在国家权力结构中就必须具有自己独立的地位。这种独立性可以借助于法官的职位固定、薪俸固定等来获得保障。

美国联邦政府体制、尤其是美国宪法的产生，在政治和法律史上产生了深远的影响，它代表了一个通过宪法来实现国家治理的连续性、稳定性和可预见性的宪政时代的到来。

---

① 引文均出自［法］孟德斯鸠著：《论法的精神》，张雁深译，商务印书馆1963年版，第154~156页。

② ［美］汉密尔顿等：《联邦党人文集》，程逢如等译，商务印书馆1980年版，第391页。

作为这部宪法所产生的思想，宪法至上、司法独立以及下面将要详细谈到的司法审查制度，已经远远超越了美国的疆界，而在世界范围内产生了深远的影响。宪法既非只组织而不约束特定政体中政治权力运转之规则的集合，也非冠冕堂皇但却常被置之不理的金字招牌，而是能够被实施、具有制约思想、最重要的是遵循了保障主义的政治社会的框架，其目的是为了制约绝对权力。① 换句话说，宪法规范之下的国家政治权力，特别是行政权力，应当是一种有限的权力，其目的只是为了保障公民的基本权利和自由，而不得借口多数同意，或者以多数的名义，侵害公民的这种权利与自由。

但是，宪法文件虽然可以规范社会生活，但社会生活却并不总是按照宪法文件来展开。逻辑与生活之间并不总是一致的。权力的扩张性决定了政治权力不会安分守己，固守在其"权域"以内，一时的冲动，或则为善，或则为恶，前者固然可喜，而后者则可能会给公民带来毁灭性的灾难。因此，在政治权力之外，还必须有独立的法院，时时提防和监督这种权力的滥用和腐败。"现代国家庞大的立法和行政部门有时压制性地对大范围的活动进行干涉，给作为国家第三部门的司法机构带来新的责任。……强大的立法和行政之间的平衡机制同样需要一个强大的司法，这对于司法来说似乎是一项重要任务，因为其对于类似的社会自由的存续是至关重要的。"② 此外，由于宪法只是一个制度结构，而法律也不可能朝令夕改，因此要让宪法和法律适用于变动不居的社会生活，对其进行解释就成为不可避免的事情。美国的立宪主义者们认为："解释法律乃是法院的正当与特有的职责。而宪法事实上是，亦应被法官看做根本大法。所以对宪法以及立法机关制定的任何法律的解释权应属于法院。"③ 德国著名的法哲学家拉德布鲁赫也说道："法律不仅想成为用以评价的规范，而且欲作为产生效果的力量。法官就是法律由精神王国进入现实王国控制社会生活关系的大门。法律借助于法官而降临尘世。"④ 在将法律当做一种阐释性的概念的同时，美国著名的法理学家德沃金则说得更为干脆："法院是法律帝国的首都，法官是帝国的王侯。"⑤

由法官来解释宪法（法律），首先必须保证法官从其他国家权力中解脱出来，使其在服从于法律之外，再没有其他的上司。宪法（法律）蕴涵着自由、平等、人权、正义等价值，这些价值的阐释，首先取决于阐释者所具有的立场和态度。法院的完全独立在限权宪法中尤为重要。⑥ 如果司法不独立，发生司法与立法的合流，立法机关违反宪法的立法就会畅通无阻，在此情形下，宪法对立法的限制荡然无存，人民的权利与自由将被鲸吞蚕食；如果司法不独立，发生司法与行政的混同，行政机关违反宪法的行为就会有恃无恐，在此情形下，宪法对行政的限制形同虚设，人民的权利与自由也将被巧取豪夺。因此，一个独立的司法权，乃是对以保障人权、自由、平等和正义为内容的宪法的最好的守护神。当然，解

① 意大利宪法学家萨托利据此把宪法分为三种类型：保障性的宪法、名义性的宪法和装饰性的宪法，只有后者与宪政的目的相关联，而前两者则是毫无意义的、欺骗性的术语重复。参见其《"宪政"疏议》，载刘军宁等编：《市场逻辑与国家观念》，生活·读书·新知三联书店1995年版，第114页。

② ［日］小岛武司等著：《司法制度的历史与未来》，汪祖兴译，法律出版社2000年版，第209页。

③ ［美］汉密尔顿等：《联邦党人文集》，程逢如等译，商务印书馆1980年版，第392~393页。

④ ［德］拉德布鲁赫：《法学导论》，米健、朱林译，中国大百科全书出版社1997年版，第100页。

⑤ ［美］德沃金著：《法律帝国》，李常青译，中国大百科全书出版社1996年版，第361页。

⑥ 所谓限权宪法，系指为立法机关规定一定限制的宪法，如规定立法机关不得制定剥夺公民权利的法案；不得制定有追溯力的法律等。在实际执行中，此类限制须通过法院执行，因而法院必须有宣布违反宪法明文规定的立法为无效之权。参见［美］汉密尔顿等：《联邦党人文集》，程逢如等译，商务印书馆1980年版，第392页。

释宪法和法律已不仅仅是分权理论与司法独立原则的指示器或内在需要，更重要的是，通过对宪法和法律的解释，由此产生了支持现代社会宪政理论的一个基石——司法审查原则。

以限制政治权力和保障公民权利为出发点，现代各国都确立了司法审查原则。司法审查制度最早可以追溯至 17 世纪爱德华·柯克爵士与詹姆斯一世之间关于司法权与王权之间关系的著名争辩，在那次争辩中，柯克为现代的司法审查制度塑造了一个雏形：柯克认为，国王固然不服从任何人，但他却应该服从上帝和法律。而法律是一门艺术，在一个人能够获得对它的认识以前，需要长期的学习和实践。这样，循着柯克的逻辑思路，就会自然而然地得出一个结论，即司法权应当构成对王权的限定和制约。不单如此，柯克还认为，《大宪章》之"大"，"不是由于它的篇幅，而是由于它所包含的内容至关重要且崇高伟大，简而言之，它是整个王国所有的基本法律的源泉"。① 柯克的这一思想被美国的立宪主义者所吸纳，成为了美国限权宪法的内核。但是，现代意义上的司法审查制度，却真正得益于 1803 年马歇尔大法官对"马伯里诉麦迪逊"一案进行审判所确认的原则而建立起来。在"马伯里诉麦迪逊案"中，马歇尔主要依赖了如下三个论点：（1）宪法是法律，而不仅仅是一套政治理论或者一个政治理想；（2）宪法是最高的法律，可以推翻法律体系内任何与其相冲突的法律渊源；及（3）法官的责任与权威不仅仅适用于一般法律，也适用于宪法。② 这就提出了一个超越国界的永恒命题：要实施宪法，实行宪政，就必须建立某种形式的司法审查制度；没有司法审查，宪政就根本不可能实现。

司法审查制度的确立，其一开始的目的主要是为了防止立法机关制定违反宪法的法律，要求代议制政府当中授权立法的机构所通过的较为具体的法律必须符合作为"高级法"的宪法的一般性规定。这使得司法审查制度似乎是作为一个法律原则而存在。但是，司法审查制度的真正价值，却在于它所追求的有限政府，进而最大限度地维护和保障公民的基本权利与自由。从这个层面讲，它同时又是一个政治原则，是与分权制衡、司法独立相表里的一个原则。由于司法审查所追求的这些目的，在确立以后的政治和司法实践中，其指向向度就不再限于违宪的立法，而且也包括行政机关不当的行政行为，只要这些法律或行为对于公民的基本权利和自由构成了威胁或侵害，司法机关就可以宣布违宪而使之无效。

事实上也不难理解，对于立法机关来说，它以民意代表的身份寻求制定、通过一项法律时，并不足以保证该法案在实体上的正当性和道德性。如果背离了实体性的正当程序，制定出限制或剥夺公民基本权利与自由的法律，以人类的共同天性而言，这种法律是不可能获得人民的同意的，而所有这一切，在人民与国家的契约——宪法当中，是一个不证自明的道理，因而作为宪法看护者的法院，宣布其违宪就是情理当中的事情。③ 而对于行政机关来说，其执行的法律，即使是经过多数人同意而产生，但多数人的同意并不意味着少数人就不值得考虑，他们的利益就可以被忽略不计；恰恰相反，也许正因为是少数，是极其容易忽视的对象，所以法律才应当给予格外的关注。这表明，即使行政权追求的是大家的利益这样一个目标，但它也应该遵循程序性的正当程序，尊重公民的人身、财产和自由。

① ［美］爱德华·考文著：《美国宪法的"高级法"背景》，强世功译，生活·读书·新知三联书店 1996 年版，第 11 页。

② 宋冰编：《读本：美国与德国的司法制度及司法程序》，中国政法大学出版社 1998 年版，第 77 页。

③ ［美］汉密尔顿等：《联邦党人文集》，程逢如等译，商务印书馆 1980 年版，第 392～393 页。

特别是在刑事司法领域，由于犯罪侵害了社会之一定法益，在打击犯罪、维护公共秩序的时候，行政机关在物质技术、道义等方面占据着绝对的优势，犯罪嫌疑人、被告人处在弱者的地位和立场，因而更加需要一个中立的司法部门，对行政权力予以必要的限制，对其不当行使及由此获得的结果予以排除或撤销，以维持二者之间攻防平等这样的一种自然正义，实现通过犯罪嫌疑人、被告人的人权保护，保障作为整体公民的基本权利与自由。①

加强对人权的保护、尤其是刑事被告人人权的保护，是20世纪中后期司法审查在法治国家出现的一种新的趋向。以美国为例，由于从经济领域中退让出来，法院转而加大了在公民基本权利和公民自由之保护等方面的力度。美国联邦最高法院通过对宪法第十四条修正案规定的正当程序原则和平等保护原则的解释，给权利法案注入了新的生机，而最显著的则是，它发展出了一系列保护被告人的权利和证据规则，如隐私权、非法证据排除规则，等等。② 德国、意大利、日本等国在第二次世界大战结束以后建立起来的宪法与司法审查制度，也体现出了同样的一种价值取向。可以说，对被告人人权的保护，不但成为了当代宪法史上的一个新现象，而且也构成当代宪政国家司法审查的新内容。以被告人人权保护的程度为标尺，我们大致上可以判断出一国的人权状况；而人权的好坏又基本上能够表明该国政治权力与公民权利之间的界域，也即表明该国是否为一个宪政国家。这里，我们又不得不服膺于萨托利的这一看法："所有国家都有一部'宪法'，但只有某些国家是'宪政'国家。"③④ 因为有宪法而无人权保障的国家，可以称得上比比皆是。

二

犯罪作为社会冲突的一种极端表现形式，历来是几乎所有国家都要投入最大量的司法资源去加以解决的对象。但是，问题的关键并不在于该不该发现和查处犯罪，而在于以什么样的方式来发现和查处犯罪。发现和查处犯罪所具有的道义上的优越性，并不足以说明或保证国家在发现、查处犯罪时所采取的一切手段和行为都符合道义，都具有充分的正当性。其理由，正如古典刑法学家李斯特所说的那样，刑法不只是反对犯罪人，也要保护犯罪人，它的目的不仅在于设立国家刑罚权力，同时也要限制这一权力，它不只是可罚性的缘由，也是它的界限，因此表现出悖论性：刑法不仅要面对犯罪人保护国家，也要面对国家保护犯罪人，不单面对犯罪人，也要面对检察官保护市民，成为公民反对司法专横和错误的大宪章。⑤

由于宪政视野下的行政权力是一种受制约的有限的权力，且为防止其陷于滥用或专横

---

① 邦亚曼·贡斯当认为，在任何一个社会，如果个人毫无价值，全体人民也就毫无价值。整体权利的维护来自于对个体权利的首先承认和维护，而公共利益的实现则依赖于对个人利益和局部利益的保护（详见其《古代人的自由与现代人的自由》，阎克文、刘满贵译，商务印书馆1999年版）。以这种自由主义思想为起点，西方社会在刑事司法领域普遍确立了无罪推定原则，这就为犯罪嫌疑人、被告人的隐私权利、财产权利和人身自由等的保护提供了坚实的理论基础。

② ［日］小岛武司等著：《司法制度的历史与未来》，王祖兴译，法律出版社2000年版，第13页。

③ ［意］萨托利：《"宪政"疏议》，载刘军宁等编：《市场逻辑与国家观念》，生活·读书·新知三联书店1995年版，第106页。

④ ［美］汉密尔顿等：《联邦党人文集》，程逢如等译，商务印书馆1980年版，第264页。

⑤ ［德］拉德布鲁赫著：《法学导论》，米健、朱林译，中国大百科全书出版社1997年版，第96页。

的可能而必须进行合宪性审查，因此作为刑事司法领域的行政权力，同样也要体现出一般行政权力所应具有的这些品格。这就是说，在刑事司法领域当中，作为行政权力的侦查权和起诉权，不但要受到实体法和程序法的限定，而且同样还要接受法院的司法审查。

首先是实体法方面的限定，具体来说也就是宪法和刑法当中罪刑法定原则的限定。罪刑法定原则的基本内涵是费尔巴哈那句经典性的表述："法无明文规定不为罪，法无明文规定不处罚。"质言之，只有刑法明确规定为犯罪的行为，行政机关才可以立案侦查与起诉，并且不得为谋求起诉的胜利而任意提高法定的罪名和刑罚，否则就构成了行政权力的滥用（当然，对于刑法明确规定为犯罪的行为，行政机关也必须予以立案侦查或起诉，不立案侦查或起诉，便构成行政不作为，同样也属于权力的滥用）。[①] 例如，1994 年生效的《法国刑法典》第Ⅲ－3 条规定："构成要件未经法律明确规定之重罪或轻罪，不得以其处罚任何人；或者构成要件未经条例明确规定之违警罪，不得以其处罚任何人。"[②] 1966 年联合国大会通过的《公民权利和政治权利国际公约》第 15 条第 1 款也规定："任何人的任何行为或不行为，在其发生时依照国家法或国际法均不构成刑事罪者，不得据以认为犯有刑事罪。"然而，例外的是，基于刑事政策的考虑和追诉犯罪时的现实压力，美国、意大利等国在刑事司法活动中出现了所谓的辩诉交易制度，该制度允许指控方和被告人就减轻罪名或量刑达成一定的交易。但是，这种交易必须以被告人的同意为前提，并且达成交易客观上对被告人存在实际的利益，因而，该制度不妨仍可看做有利于被告人的一项制度。至于辩诉交易当中可能出现的弊端，如指控方的"过度起诉"、透明度低等问题，则可以通过法院证实被告人认罪是出于"自愿、明智和理解"的基础，以及检察官向法院提交有罪证据摘要等而得到一定程度的克服。[③]

在程序法上，侦查权和起诉权则要受到正当法律程序主义、控辩平等原则和参与辩护原则等的约束。正当法律程序本来是英美法上的一项古老的法律理念，但随着宪政主义的普遍确立，它逐渐被大陆法系国家所继受，从而成为一项普适性的法律准则。在英美法系国家，特别是美国，正当法律程序在实践中日益精细化，而有了所谓实体性正当法律程序和程序性正当法律程序的区别。作为保护公民权利不受国家非法侵害的一件强有力的武器，正当法律程序不但要求国家剥夺公民生命、自由或财产的行为必须遵守法定的程序，而且这些程序和程序规则还只能由作为国民代表集合体的立法机关所制定的法律即刑事诉讼法来加以明确的规定，刑事诉讼法没有明确赋予的职权，国家机关不得行使；国家机关也不得违背刑事诉讼法所明确设定的程序规则而任意决定诉讼的进程。[④] 在此，我们可能会发现这样一个事实：宪法设定了行政权力的范围，凡宪法没有明确规定的权力，行政机关就无权行使；刑事诉讼法设定了侦查权和起诉权的范围，凡刑事诉讼法没有明确规定的权力，

[①] 虽然罪刑法定原则在其初始阶段，也有防止司法擅断的意味在里面，但随着审判原理的改进和发达，以及纠问式诉讼模式的彻底废除，法院越来越倾向于从一个独立、中立的立场来看待和评判诉讼。诉因制度（英美法系与日本等国）和公诉事实制度（大陆法系与日本）的建立，更使得"公诉确定审判范围"成为一种普遍现象，在此情况下，笔者以为，通过罪刑法定原则限制司法权实际已失去了意义。

[②] 《法国刑法典》，罗结珍译，中国人民公安大学出版社 1995 年版。转引自杨春洗、杨敦先主编：《中国刑法论》，北京大学出版社 1998 年第 2 版。

[③] 宋冰编：《读本：美国与德国的司法制度及司法程序》，中国政法大学出版社 1998 年版，第 395～401 页。

[④] 参见谢佑平、万毅著：《刑事诉讼法原则：程序正义的基石》，法律出版社 2002 年版，第 109 页。

侦查机关和起诉机关就无权行使。如果将宪法视为公民权利的宣言书，那么刑事诉讼法也就成为了被告人权利的大宪章。刑事诉讼法被称为"实用的宪法"，正是基于这样的意义。

控辩平等亦在于防止行政权力为单方面谋求治罪而成为专制的警察权力。在现代社会，由于刑罚思想的转变和刑事政策的调整，犯罪被理解为社会冲突的一种，而刑事诉讼则被理解为国家和公民个人之间解决冲突的方式。在解决这种冲突的活动中，"显然，国家更为强大有力，故而，这里的关键问题不是如何解决此冲突，而是如何保障手无寸铁的公民个人的人权特别是宪法权利。实际上，通过人为创造这种（国家与公民个人之间）在法律面前的平等，刑法在这里创造了一种'冲突'。当然，刑法这样做的同时，也创造了公民个人所享有的针对国家的一种自由。"① 国家在保卫社会的同时，还必须学会保卫每个个人，国家不能凌驾于个人之上。宪政体制下的政府第一步做的就是把公民当成自己的对话对象，而不是被监护的无行为能力人，更不是其压制的客体。

参与和辩护不仅是法院审判的原则，亦是在侦查和起诉阶段所应采取的格局和构造。现代行政权自身寻求的正当化机制，在刑事司法领域当中，体现为其侦查和起诉构造的当事人主义，以及对沉默权和自白任意性规则等的肯认。"正义不仅要实现，而且必须眼见着被实现"，眼见意味着在场，不在场是看不见什么东西的，其中也包括正义。因为正义不仅是一个善的伦理价值，也是人们的一种主观感受和判断；而人们只会对自己有权参与和有权发表意见以及其意见被倾听、接受或认可的这样一种决策机制的公正性，才能表现出信任，并在心理上准备服从和接受。② 那些认为社会的参与、当事人的沉默或抗拒，将会影响到对刑事案件事实的发现和正义的实现的人们或国家，不仅说明了法律神秘主义在他们的头脑中作祟，而且还表明：他们既不相信人民，也不相信正义。

然而，无论是实体法上还是程序法上的限定，都不足以保证司法领域当中的行政权力的正确、有效运行。道理正如孟德斯鸠、阿克顿勋爵所说的那样，权力容易趋向于腐败③，而不论这种权力是法律之下有限的权力，还是法律之上无限的权力。因此，宪政所追求的保障主义，除了分权以实现"有限政府"外，还必然地内在地需要制衡的权力机制。而司法权恰可以作为这样一种平衡器。司法权通过对行政机关的行为和决定进行合宪性审查，保证了行政权力始终在宪法的框架内行使。如果宪法和法律是公民自由的宣扬或确认，那么司法审查则在解释和发展着宪法与法律。"如果审判权是自由的核心，且审判权属于法律事务，那么就必须维护法律，反对专断意志。最能捍卫法律的机构，从前是而且仍然是，一个诚实、能干、博学、独立的法院。"④ 在刑事司法领域，法院对行政权力的制约是由令状制度和非法证据排除规则等来实现的。

（作者单位：复旦大学司法与诉讼制度研究中心）

---

① ［斯洛文尼亚］卜思天·M. 儒攀基奇著：《刑法——刑罚的理念批判》，何慧新、邓子滨等译，中国政法大学出版社2002年版，中文版序言第2页。

② 参见季卫东著：《法治秩序的建构》，中国政法大学出版社1999年版，第73页。

③ ［法］孟德斯鸠：《论法的精神》，张雁深译，商务印书馆1963年版，第154页；［英］阿克顿著：《自由与权力》，侯健、范亚峰译，商务印书馆2001年版，第286页。

④ ［美］C. H. 麦基文著：《宪政古今》，翟小波译，贵州人民出版社2004年第2版，第118页。

刑事司法职权的合理配置

熊秋红

从 20 世纪 90 年代初到现在，我国的司法改革已经进行了将近二十年。司法改革的内容，大而言之，涉及国家司法权力乃至立法权力、行政权力的重新配置；中而言之，涉及司法机关内部机构的调整、司法程序的改革；小而言之，涉及司法人员的选拔和使用。1997 年，党的十五大明确提出了"推进司法改革，从制度上保证司法机关独立公正地行使审判权和检察权"的任务。2002 年，党的十六大提出要"加强对执法活动的监督，推进依法行政，维护司法公正，防止和克服地方和部门的保护主义。推进司法体制改革，按照公正司法和严格执法的要求，完善司法机关的机构设置、职权划分和管理制度。"2007 年党的十七大报告提出要"深化司法体制改革，优化司法职权配置，规范司法行为，建设公正高效权威的社会主义司法制度，保证审判机关、检察机关依法独立公正地行使审判权、检察权"。司法改革在中央主导、各部门紧密配合和社会各界的广泛参与下，正逐步走向深入。

司法改革重在司法体制改革，因为中国司法所面临的主要矛盾和问题都与司法机构与其他权力机构边界不清或权力关系不合理相关，如果仅在具体制度层面修修补补，这种改革将只是鸟笼里的改革，不足以从根本上解决司法实践中所存在的地方保护主义、部门保护主义、司法不独立、司法不公、司法腐败等问题。最高层面上的司法体制改革——立法权、行政权与司法权之间关系的调整属于国家政治体制改革的组成部分，在严格意义上的分权尚未被完全接受的国家体制内，务实的司法改革应将重点放在构建明确的司法功能，在组织上和程序上，让司法的中立、被动、事后、个案、争议等特质得到彰显，随着未来政治体制逐步改变，水到渠成地走向"司法"的独立。优化司法职权配置应当成为现阶段司法体制改革的重点。本文拟就刑事司法职权的合理配置问题略抒己见。

一、刑事司法体制改革——回顾与反思

1996 年的刑事诉讼法修改，其内容主要包括：增加司法机关依法独立行使职权原则，确立未经人民法院依法判决不得确定有罪原则，加强人民检察院的法律监督作用，调整侦查管辖与自诉案件范围，扩充犯罪嫌疑人、被告人的辩护权，加强对被害人的权利保护，完善强制措施制度，改革一审审判方式，增设简易审判程序，完善第二审程序，改革死刑执行方式，等等。

1996 年的刑事诉讼法修改针对 1979 年刑事诉讼法本身存在的缺陷和司法实践中存在的问题，比较集中地解决了一批长期没有解决和难以解决的问题，如收容审查、免予起诉、庭审走过场等，在刑事诉讼的民主化和科学化方面向前迈进了一步。但是它并没有解决司法实践中存在的所有问题，在辩护问题上甚至出现了"进一步、退两步"的现象，学术界

所提出的不少改革建议也未被立法机关完全采纳。

修改后的刑事诉讼法存在着立法技术不成熟和配套措施不完善等问题。该法实施后不久，有关机关就根据实际工作需要，对刑事诉讼法进行了相应的解释，形成了一系列规范性文件。① 这些文件有的对刑事诉讼法条文中过于原则的地方作了比较具体的规定，有的对立法没有规定但司法实践中经常遇到的一些问题予以明确规定，弥补了立法本身的不足。② 但是，有的解释未必符合刑事诉讼法的原意，甚至个别问题的解释与立法明显不符。③

最高人民法院先后推出了《人民法院五年改革纲要》和《人民法院第二个五年改革纲要》，最高人民检察院制定了《检察改革三年实施意见》和《关于进一步深化检察改革的三年实施意见》。中央司法体制改革领导小组于 2004 年底出台了《中央司法体制改革领导小组关于司法体制和工作机制改革的初步意见》。2006 年 5 月，中共中央作出了《关于进一步加强人民法院、人民检察院工作的决定》。

1997—2007 年，就法院系统而言，与刑事司法体制有关的改革主要包括：贯彻实施人民陪审制度；强化立法机关对审判机关的监督；健全新闻发布制度，深化审判公开，拓宽社会监督渠道（外部关系）。最高人民法院收回死刑案件核准权；关于人民法庭的立案管理、巡回办案、诉讼调解和适用简易程序等工作，形成了制度性规定；对审判委员会的工作方式、表决机制、委员任职资格等作了修改（内部关系）；完善法官管理、选任、培训制度。涉及刑事司法程序的改革则主要包括：全面推行审判方式改革，完善合议庭和审判委员会制度；完善死刑案件二审程序和核准程序，所有死刑二审案件全部开庭审理；推行人民法庭直接立案制度，解决偏远地区当事人申请立案不便问题；完善巡回审判制度，方便群众参加诉讼；扩大简易程序适用范围；对经济上确有困难的当事人提供司法救助；加强司法调解工作，最大限度地化解社会矛盾纠纷；建立涉诉信访案件处理协调机制，解决申诉难、申请再审难问题；完善少年审判工作机制；清理超审限案件；改革和规范裁判文书的制作，加强说理性；制定司法解释工作规范，完善司法解释机制；等等。④

就检察院系统而言，刑事司法改革主要包括以下内容：开展人民监督员制度试点工作；完善接受人大及其常委会监督的制度；推行检务公开，设立新闻发言人制度；完善刑事司法与行政执法的衔接机制；建立侦查指挥中心，完善查办职务犯罪的内部制约机制；完善检察机关司法鉴定机构和人员的管理体制；改革检察委员会制度，建立专家咨询制度，完善特约检察官制度；实行主诉检察官办案责任制；清理纠正超期羁押；推行审查逮捕方式的改革；健全对侦查取证活动的监督机制；推行讯问职务犯罪嫌疑人全程同步录音录像制

---

① 这些文件主要包括：最高人民法院、最高人民检察院、公安部、国家安全部、司法部、全国人大常委会法制工作委员会 1998 年 1 月 19 日公布施行的《关于刑事诉讼法实施中若干问题的规定》；公安部 1998 年 4 月 20 日通过、1998 年 5 月 14 日发布实施的《公安机关办理刑事案件程序规定》；最高人民检察院 1998 年 12 月 16 日修订、1999 年 1 月 18 日起施行的《人民检察院刑事诉讼规则》；最高人民法院 1998 年 6 月 29 日通过、1998 年 9 月 8 日起施行的《关于执行〈中华人民共和国刑事诉讼法〉若干问题的解释》。

② 如最高人民法院《关于执行〈中华人民共和国刑事诉讼法〉若干问题的解释》第 61 条规定："严禁以非法的方法收集证据。凡经查证确实属于采用刑讯逼供或者威胁、引诱、欺骗等非法的方法取得的证人证言、被害人陈述、被告人供述，不能作为定案的根据。"该司法解释初步建立了排除违法证据的规则，弥补了刑事诉讼法的不足。

③ 参见陈光中：《刑事诉讼法实施三年的回顾与展望》，载陈光中主编：《刑事诉讼法实施问题研究》，中国法制出版社 2000 年版，第 4 页。

④ 参见最高人民法院 1998—2007 年工作报告。

度；完善刑事赔偿确认程序；贯彻宽严相济的刑事政策；等等。①

刑事司法体制改革贯穿了"司法为民"的指导方针，体现了对司法公正的追求。但是，该改革侧重于对司法权的内部关系和司法程序进行调整，基本未触及司法权与行政权的关系、执政党与司法机关的关系、检察权与审判权的关系等体制性问题，作为现代司法制度基石的司法独立原则未能通过刑事司法制度改革而得到明显加强。刑事司法职权的合理配置是一个需要明确思路，在刑事诉讼法的再修改过程中加以考虑的关键性问题。

二、刑事司法体制的基本架构——公检法关系之重塑

刑事司法职权的合理配置问题，突出地体现在刑事诉讼中公安机关、检察机关以及审判机关的相互关系。对此，刑事诉讼法第7条规定："人民法院、人民检察院和公安机关进行刑事诉讼，应当分工负责，互相配合，互相制约，以保证准确有效地执行法律"，这是指导和处理公检法三机关在刑事诉讼中的相互关系的一项重要原则。此外，刑事诉讼法第8条规定："人民检察院依法对刑事诉讼实行法律监督"。反映出检察机关对公安机关、审判机关的监督地位。我国刑事诉讼法学界对上述规定存在着诸多的争议，如认为"互相配合"的规定可能导致司法实践中的"提前介入"，消解刑事诉讼法所建构的程序制约；检察院同时承担公诉职能与监督职能，将会导致诉讼结构的失衡；检察院超越法院之上的监督地位，将会对司法权威构成威胁，等等。

公检法三机关之间的相互关系在理论上体现为诉讼构造问题。关于我国刑事诉讼的纵向构造及其存在的问题，已有学者作了深入的分析。从总体上看，我国的刑事诉讼在纵向构造上体现为一种"流水作业式"的构造。侦查、起诉、审判属于三个独立而互不隶属的诉讼阶段，侦查、起诉、审判机关在这三个阶段分别进行流水作业式的操作，共同实现刑事诉讼的目的。具体表现为：（1）公安机关、检察机关和法院在刑事诉讼中各自独立地实施诉讼行为，它们事实上属于互不隶属的"司法机关"；（2）审判前的诉讼活动既没有法官的参与，也不存在司法授权和司法审查机制，司法机关不能就追诉活动的合法性举行任何形式的程序性裁判活动；（3）在法庭审判中，法院针对追诉行为的合法性而举行的司法审查极为薄弱，难以对审判前的追诉活动进行有效的司法控制；（4）追诉机关的案卷材料对法院的裁判结论具有决定性的影响；（5）公检法三机关一旦发现案件事实不清、证据不足，就可以推动程序"逆向运行"；（6）法院在公安机关、检察机关追诉活动完成之后，发挥着继续追诉的作用；（7）侦查、起诉和审判三阶段的划分具有较大的弹性，在外界因素的干预或推动下始终存在相互交叉甚至完全重合的可能。这种"流水作业式"的诉讼构造造成审判前程序中缺少独立的司法裁判机构，审判阶段的司法裁判机能明显弱化，公检法三机关之间法定的职能分工在一定程度上流于形式，遭受不公正对待的公民不能获得有效的司法救济。

改造现行的刑事诉讼纵向构造的关键在于建立以司法裁判为中心的刑事诉讼构造。这主要表现为：（1）在侦查程序中由一个中立的司法机关负责就所有涉及个人基本权益的事项进行司法授权和审查；（2）在整个诉讼过程中，那些权益受到限制或剥夺的公民可以向

---

① 参见最高人民检察院1998—2007年工作报告。

法院提起诉讼，从而引发法院就此事项进行的程序性裁判活动；（3）对于检察机关所作的起诉或不起诉决定，司法机关可以进行一定的司法审查；（4）法院通过法庭审判，可以对审判前活动的合法性进行司法审查；（5）包含着控方证据和结论的案卷材料，对法院不具有任何预定的法律效力，法庭可以通过进行直接和言词辩论式的听审，就被告人是否有罪作出独立的裁判；（6）基于司法裁判在刑事诉讼中所处的中心地位，法院与公安机关和检察院在组织和运作方式上都具有极为明显的区别。①

从横向构造来看，检察机关在庭审中不是与辩护主体平等对抗的一方当事人，而是处于与审判机关共同作为国家专门机关追查犯罪并且又对审判活动进行监督的特殊诉讼地位。检察机关"一身二任"，背离了其当事人属性，削弱了审判的权威。2004年，联合国任意拘留问题工作组应邀对中国进行了访问。该工作组在提交给联合国人权委员会的报告中指出：公诉人的地位不符合国际要求；把审判机关置于检察机关之下的规定与国际规范不一致；2005年，酷刑问题特别报告员诺瓦克应邀对中国进行了访问。在他的报告中，他建议检察官批准逮捕的权力应当移交给法院。我国检察机关的地位需要进行调整。

重构公检法三机关的关系，其着眼点应当放在突出刑事诉讼制度的司法功能，实现司法的本我定位：即司法的核心是审判，检验司法的本我定位，是要确立审判就是司法，司法就是审判（司法系统中非审判的功能，只能是为了服务于审判而存在）；审判功能不能割裂，也不能与其他非审判部门的功能混同或混淆，否则司法将不成其为司法。理想的司法要与上下指挥、主动行使权力的行政权有所区别，也要与通过开放讨论的表决方式制定法律规范的立法权有所区别，否则司法既会失去本我，也无法建立本我。

三、刑事司法机构改革——内部关系之调整

我国刑事诉讼法第5条规定："人民法院依照法律规定独立行使审判权，人民检察院依照法律规定独立行使检察权，不受行政机关、社会团体和个人的干涉。"依此规定，人民法院、人民检察院作为一个整体，集体对审判权、检察权的行使负责。根据宪法和人民法院组织法的有关规定，在行使审判权上，上下级人民法院之间是监督与被监督的关系；在行使检察权上，上下级人民检察院之间是领导与被领导的关系，即人民法院以审级独立的方式依法独立行使审判权；人民检察院以系统独立的方式依法独立行使检察权。

调整司法机构的内部关系是近些年来我国刑事司法改革的主要内容之一。1996年的刑事诉讼法修改扩大了合议庭的权力，明确赋予合议庭对除"疑难、复杂、重大的案件"以外的"一般案件"拥有独立自主的审理权和判决权；对于疑难、复杂、重大的案件，在未经开庭审理之前，院长也不得将案件提交审判委员会讨论决定，只有在合议庭开庭审理之后，认为难以作出决定时，才由合议庭提请院长决定提交审判委员会讨论决定。在一定范围内保留审判委员会处理案件的权力，其积极意义在于：（1）在实体法和程序法尚不完备的情况下，可以通过审判委员会对办案的指导和监督，解决适用法律中的疑难问题；（2）在法官素质偏低、独立执法能力较差的情况下，可以发挥法院的整体优势和集体智慧，弥补法官个人的知识、经验和执法能力方面的不足；（3）在法制环境较差、对法官的法律

---

① 参见陈瑞华著：《刑事诉讼的前沿问题》，中国人民大学出版社2000年版，第220～255页。

保护不充分、外部干扰较多的情况下，有利于以法院整体的力量抵御外部对审判活动的干扰。在我国目前的情况下，对一些重大疑难的案件由审判委员会进行把关是十分必要的。但是，审判委员会讨论决定案件，是采取间接原则，使审理权与判决权相脱节，这有其局限性和不合理性。而且，这样做也使得法官的个人职务责任制难以实行。扩大合议庭的权限是贯彻审判独立原则的重要一步。随着法官独立执法能力的提高，应当逐步减少提交审判委员会决定的案件数量。此外，审判委员会在审理案件时可以经过阅卷，在讯问被告人，听取被害人、辩护人、诉讼代理人意见的基础上再讨论作出决定，从而避免完全的书面审理。

2005 年最高人民法院发布的《人民法院第二个五年改革纲要》对于改革和完善审判组织与审判机构提出了如下设想：改革审判委员会的组织制度和程序制度，完善审委会审理案件的程序，切实做到审理与裁判的有机统一；审委会委员可以直接组成合议庭审理重大、疑难、复杂案件或者具有普遍法律适用意义的案件，全面发挥审委会的作用；建立法官依法独立判案责任制，要求院长、庭长参加合议庭审理案件，逐步实现合议庭、法官负责制；健全人民陪审员管理制度，充分发挥陪审制度的功能；改革和完善人民法庭工作机制，密切人民法庭与社会的联系。上述举措对于进一步理顺合议庭与审判委员会之间的关系，无疑具有积极意义。

在人民法院内部，值得关注的另一个问题是司法的行政化。司法的行政化体现在司法机关地位的行政化、司法机关内部人事制度的行政化、法官制度的行政化、审判业务上的行政化、审级间的行政化、司法机关职能的行政化等诸多方面。司法的行政化为行政权干涉司法权提供了可能，严重影响了法官的独立审判，严重威胁到审级监督体系，进而对司法公正造成严重影响。未来的刑事司法改革应当将去行政化作为改革重点之一，全面实现司法行政和司法审判的分立，严格按照刑事诉讼法规定区隔不同审级，保障审级独立；排除行政对司法的干扰，保障法官独立。

我国现行刑事诉讼法凸显了人民检察院的地位，而作为实际操作者的检察官在刑事诉讼法中却隐而不显。在我国的检察改革中，出现了加强检察一体和检察官独立两种改革思路。2000 年最高人民检察院发布的《检察改革三年实施意见》确立了六项改革目标，其中包括：改革检察机关的机构等组织体系，加强上级检察机关对下级检察机关的领导；改革检察官办案机制，全面建立主诉、主办检察官办案责任制。检察一体与检察官独立并非完全合拍，如若处理不当，两者之间甚至会发生难以克服的冲突。这是因为检察一体带有浓厚的行政化色彩，要求上命下从、左右联动，这种运作方式限制了作为个体的检察官的独立性与积极性。值得注意的是，检察一体有时被用来论证检察独立，这种论证方式有其道理，但适用范围有限，从贯彻检察一体有助于形成合力共同抵制外来干预的角度来讲，检察一体有助于检察机关的集体独立，但是在检察官独立行使职权这样一个层面上，检察一体与检察官独立存在严重的冲突与对抗，对检察一体的过分强调完全有可能侵蚀检察官的个体独立。

在刑事诉讼中应当保障检察官独立行使检察权，这种独立是与作为检察体制建构基础原理的检察一体原则相调和的产物。对于检察事务，贯彻法定主义，规定检察官独立行使职权的范围，严格防范上级对于下级权力的侵分与限制；对于检察行政事务，应当贯彻检察一体、上命下从的原则。当然，为了预防检察官独立行使职权所带来的弊端，应当建构相应的诉讼监督机制。①

四、结语

在我国，刑事司法职权的合理配置涉及对公检法三机关及其司法机构内部关系的调整，这种调整是司法体制改革的重要组成部分。如何进行调整，与司法改革的大方向有关。

许多国家进行的司法改革，改革的动力来自于不同的社会经济条件，并由此决定了改革的总体方向。在建立法治的国家（以前苏联和东欧国家为代表），司法的功能因为法治作为基本国家原则的确立而重新定位，司法在国家政治力退出、社会生产力解放后，必须承担起维系新秩序的主要责任。在深化法治的国家（以拉美和南欧后威权主义国家为代表），司法改革被赋予的主要意义，是巩固民主和落实法治所追求的核心目的——保障人权，提升人民对司法的信赖与尊崇。在简化法治的国家（以美国和西欧工业国家为代表），司法改革主要围绕减轻司法负担、提高司法效率进行，改革的主要方向在于司法资源的更有效分配。在转化法治的国家（以日本为代表），司法改革的目标是寻求司法供给面的扩大，让司法的利用更为便捷，使司法从"官僚的司法"向"市民的司法"转变。各国社会经济条件的差异，导致司法改革大方向的不同；而司法体制背后的基本理念，则左右着司法改革的具体内容。②

我国属于从计划经济向市场经济转型的国家，司法改革是我国政治民主化、法治化的表现之一，因此从大的方向上来说，司法改革应当将构建中立、独立的法院作为主要目标，将其塑造为依"法"审判的第三者角色。只有如此，司法才能承担起对公民权利进行救济的功能。过去一些年来，我国司法改革的实际措施主要集中在对司法机关的内部关系进行调整，逐步减弱乃至消除行政化的色彩，这符合加强法院中立、独立地位的总体目标。统一司法考试在加强司法专业化方面迈出了重要一步，未来的司法改革应当朝着进一步加强司法专业化的方向努力。值得注意的是，司法在追求专业化的同时，也要通过适当的方式——包括加强人民陪审员制度、探索人民监督员制度等，避免专业因素加深民众对法律的排斥，减轻专业化改革所可能造成的社会对司法的疏离。

以刑事司法职权的合理配置为目标的刑事司法改革，在理念与原则上应当贴近司法改革的大方向。公检法三机关关系的重塑，关键在于建立以司法裁判为中心的刑事诉讼构造；在司法机构的内部关系上，应处理好司法机构的整体独立与司法人员的个人独立之间的关系，彰显刑事司法功能的特质，实现司法的本我定位。

（作者单位：中国社会科学院法学研究所）

---

① 参见陈卫东、李训虎：《检察一体与检察官独立》，载《法学研究》2006年第1期。

② 参见苏永钦：《飘移在两种司法理念间的司法改革——台湾司法改革的社经背景与法制基础》，载张明杰主编：《改革司法》，社会科学文献出版社2005年版，第417～419页。

刑事司法职权优化配置论

徐美君

公正和效率这一对看似矛盾的价值观，却要求在诉讼制度上得到尽可能的统一，这本身就宣告了诉讼制度改革的艰难。中国刑事诉讼制度的改革，从 20 世纪 90 年代开始，在经历了审判制度改革、诉讼价值和目的、证据制度改革等系列命题的讨论之后，在相关制度不断完善，当然也出现许多新问题的今天，如何优化配置刑事司法职权就摆在了我们的面前。在笔者看来，这一命题的出现主要有以下几个原因，一是民众对诉讼的依赖和预期提高。中华民族曾经是一个厌讼、弃讼的民族，但是随着社会民主程度的提高以及民众法律意识的增强，越来越多的人喜欢运用诉讼来维护自身的权益，这从每年不断增加的案件量就能得到充分的说明。而在不断运用诉讼解决争议的同时，对司法的质量以及诉讼的预期也有了进一步的要求。显然，人们诉诸法律寻求保护是基于对司法的信赖，当不断地运用诉讼来解决争议，随之而来的是对司法提出了更高的要求。二是目前的诉讼制度确实面临着一些问题，与民众对司法的预期相反。当冤假错案一次次地出现在民众眼前，司法腐败成为最流行的话语之后，我们清醒地认识到现行诉讼制度确实面临着一些问题，而这些问题中有很多与检察权、审判权的行使密切相关，如检察机关的监督为何不能充分有效？无罪的被告人为何能在法庭上被定罪？这些问题只能通过对司法职权的改革加以纠正。三是资源的紧缺。越来越多的案件诉讼量，同时高标准的诉讼质量，结局必然是诉讼资源的紧缺。资源紧缺是现今任一领域面临的问题，刑事诉讼领域也不例外。如何在有限的资源条件下保证诉讼的公正有效，最直接的原动力在于对刑事司法职权的配置进一步优化，使在单位时间内能够又好又快地解决案件。显然，刑事司法职权配置的进一步优化是刑事诉讼发展到现阶段的必然要求。反思我国现行的诉讼制度，检察庭审监督权、检察机关享有有限的不起诉权以及绝大多数案件必须按照普通程序进行审判，是制约我国目前刑事诉讼价值实现的关键。从这三方面优化司法职权的配置，将有助于解决目前我国刑事诉讼面临的问题。

一、取消检察机关的庭审监督权

近年来，检察机关的法律监督权是刑事诉讼法学界的热门话题之一。主张取消和要求保留检察机关法律监督权的论争，各自都有充分的理由，谁都很难说服另一方。但是如果从微观的角度，将视角仅仅局限在检察机关在庭审时对审判权的监督上，我们可以直白地发现，因为检察机关的监督权，导致审判时所有诉讼职能错位，借此引发诸多弊端。

检察机关作为控诉方出席庭审，其行使的是公诉权，即将案件提交给法庭并作为控方指控被告人，请求法庭作出有罪判决。而作为相对的辩方，则针对控方的指控作出辩护，请求法庭作出无罪和罪轻判决。现代刑事诉讼理论认为，为了求得审判的公正，控辩双方应当平等，而审判方则居中，对控辩双方提交的争议予以裁断。但是，如果检察官对法官予以监督，那就打破了这种平衡。控辩双方不再平等，显然控方将变得比辩方更具有优势；而法官也将不再居中，为避免受到控方的监督而更愿意讨好控方。这种现象在现行的法律规定中已表现得非常明显。例如，审判时检察人员可以要求对案件进行补充侦查，虽然立法没有规定此要求必须获得法官的准许，但最高人民法院的司法解释则明确规定，对检察机关的要求，合议庭应当同意。① 但相反，辩方如果提出调取新证据，立法则明确规定必须要获得法庭的同意，如果法庭不同意，将无法调取。② 无疑，检察官对审判权的监督首先是破坏了控辩审三方的诉讼构造，使得控方的力量变为最强。定罪变得容易，就可能伤及无辜。

另外，有损审判权威。近几年，我国学者广泛讨论树立司法权威的重要性，并且认为现今司法实践的诸多问题皆可归结于司法权威的缺乏。在笔者看来，司法权威的核心是审判权威。审判权威来自审判的独立性和终结性。如果审判权必须接受检察权的监督，那么审判的独立性就受到威胁，终结性也存在危险，因为这意味着检察权凌驾于审判权之上。审判权不再具有独立性和稳定性，那审判的权威就荡然无存，法律本身也就丧失了应当具有的稳定预期。

实际上，规则制定者也意识到检察权在庭审时对审判权实施监督具有不当之处，因此要求检察院在庭审后提出纠正意见。③ 这种由庭审时直接提出纠正意见到庭审后指出的形式转变，不仅不能实质性地改变检察权凌驾于审判权之上的局面，并且还导致诉讼的重复，因为现行刑事诉讼法已经规定了如果法院违反法律规定的诉讼程序审判，检察院可以通过抗诉启动二审程序。并且从最高人民检察院的司法解释来看，检察机关审判监督的内容与提起抗诉理由一部分是重合的。④ 当然，按照目前的做法，只有违反程序的做法达到严重程度，检察机关才可提起抗诉。但这样的规定存在着显而易见的缺陷：一是庭后就审判活动中的违法情形要求法院纠正，可又不允许启动程序，那么就已经过去的审判而言，是不可能有机会得到纠正的，最多是对今后的审判起到警示作用。二是要求违反法定诉讼程序的行为必须达到影响公正裁判的结果时才能被抗诉，体现了对程序的不尊重，程序自身的价值没有被关注。

从诉讼角度来看，对违反规定的诉讼程序，莫过于启动新的诉讼程序来加以纠正，这也是当今世界各国的普遍做法。如果检察官在庭审后通过提出纠正意见来纠正错误的诉讼程序，这行为本身就不具有诉讼的特性，而是一种典型的行政行为。俄罗斯作为检察机关享有法律监督权的原始国，在对刑事诉讼制度进行改革时，首先针对的便是改变检察官在法院审理时的"监督者"身份，而仍然保留其在审前的监督地位。⑤ 在德国，检察机关并

① 最高人民法院《关于执行〈中华人民共和国刑事诉讼法〉若干问题的解释》第157条。
② 《中华人民共和国刑事诉讼法》第159条。
③ 最高人民法院、最高人民检察院、公安部、国家安全部、司法部、全国人大法工委《关于刑事诉讼法实施中若干问题的规定》第43条。
④ 最高人民检察院《人民检察院刑事诉讼规则》第392条，最高人民检察院《关于刑事抗诉工作的若干意见》二（三）。
⑤ ［俄］К.Ф.古岑科主编：《俄罗斯刑事诉讼教程》，黄道秀等译，中国人民公安大学出版社2007年版，第133~134页、第179~180页。

非法律监督机关，也没有向法官提建议的做法，但是检察官作为公诉人，通过可以启动上诉第三审，也在监督法院遵守程序规则。① 因此，认为取消了检察机关庭审监督，就使法院的审判活动缺乏监督，是不明智的；同样，认为只有坚持检察机关庭审的监督，才能稳固检察机关的法律监督地位，也过于天真。在我国传统的诉讼理论中，我们也一直认可检察机关出庭支持公诉和提起抗诉是在履行监督职能，如果有充分的机制能够保障检察机关有效地行使对审判活动的监督，我们就应当废除这种行政式的庭后建议监督方式。而事实上，目前这种机制早已确立，这种行政式的监督方式显然是画蛇添足。废除刑事诉讼法第169条理所应当。

二、扩大检察机关不起诉自由裁量权

现行刑事诉讼法对提高诉讼效率作出的努力主要体现在简易程序上，对罪行轻微的案件适用比普通程序简易的程序来审理。但除此之外，现行刑事诉讼法并没有在效率上更下工夫，相反检察机关不起诉权的相对有限以及法院对检察官起诉的案件只要符合形式要件就必须开庭的制度设计，使得绝大多数的案件必须进入审判程序，这就基本上抵消了由简易程序节省下来的资源。

按照普遍观点，目前我国检察官的自由裁量权主要体现在刑事诉讼法第142条，即对于犯罪情节轻微，依照刑法规定不需要判处刑罚或者免除刑罚的，人民检察院可以作出不起诉决定。很显然，目前检察官的自由裁量权是非常有限的，并且如此有限的自由裁量权，在实践中，还经常因检察机关内部设定的不起诉率而受到限制。出现这种状况，主要是因为修改刑事诉讼法之前检察机关滥用免予起诉的现象比较突出，为避免再次滥用，立法于是尽量缩小检察官的自由裁量权。

其实，在任何一项法律制度内，自由裁量权都面临着被滥用的风险，而对此的解决方法，并不是简单地予以取消或限制，因为"法不是针对个别人而是针对一般人而设计的"，② 法律的空隙必须依靠司法人员予以弥补。明智的做法应当是建立一套完善的机制，对自由裁量权加以制约。回溯1979年刑事诉讼法，当时对免予起诉的制约主要有三种途径：一是公安机关向作出免予起诉决定的检察机关要求复议、提请上一级检察机关复核；二是被害人向作出决定的检察机关申诉复查；三是被告人向作出决定的检察机关申诉复查。很显然，这些制约途径和方式缺乏第三方的参与，其所产生的效果当然不会明显。

自追求诉讼效率、刑罚目的刑理论取代报应刑理论以来，检察官基于自由裁量权作出的不起诉决定已被各国承认，也得到国际社会的认可。以德国为例，《德国刑事诉讼法典》尽管在第152条第2项规定："在有足够的事实根据时，检察院负有对所有可予追究的犯罪行为进行追究的义务"，但这一条款却包含"除法律另有规定外"的但书。德国检察官的起诉裁量权体现在两个方面：一是刑事诉讼法第153条规定，如果行为人责任轻微，不存在追究责任的公共利益的，检察官可以不起诉；二是1975年修改刑事诉讼法时增加的第

---

① ［德］托马斯·魏根特著：《德国刑事诉讼程序》，岳礼玲、温小洁译，中国政法大学出版社2004年版，第38页。

② 孙笑侠编译：《西方法谚精选》，法律出版社2005年版，第8页。

153 条 a，规定经法院和被指控者同意，检察院可以对轻罪暂时不予提起公诉，如果犯罪嫌疑人在规定的时间内履行了义务。这一条款赋予了检察官中止轻微案件诉讼程序的权力，尽管罪行已经发生并且也已经发现了被告人。目前这种有条件中止的结案方式在实践中已经越来越普遍。2001 年，德国共有 327000 件诉讼以这种方式被结案；① 2003 年，在石勒苏益格—荷尔斯泰因州的一个地区法院，共有 253132 件被检察官不起诉，占所有刑事案件的5%。② 1990 年联合国《关于检察官作用的准则》第 18 条明确指出："根据国家法律，检察官应在充分尊重嫌疑者和受害者的人权的基础上适当考虑免予起诉、有条件或无条件地中止诉讼程序或使某些刑事案件从正规的司法系统转由其他办法处理。为此目的，各国应充分探讨改用非刑事办法的可能性，目的不仅是减轻过重的法院负担而且也可避免受到审前拘留、起诉和定罪的污名以及避免监禁可能带来的不利后果。"

基于上述的诉讼考量，进一步扩大检察官的不起诉自由裁量权是关键。借鉴其他国家规定，在保留目前法律规定的"犯罪情节轻微，依照刑法规定不需要判处刑罚或者免除刑罚的"这种不起诉情形之外，还应当针对犯罪情节轻微的案件，扩大不起诉的适用范围。陈光中教授的观点较具代表性：应该设立附条件不起诉制度，对犯罪嫌疑人可能判处 3 年以下有期徒刑、拘役、管制、单处罚金的案件，检察机关根据犯罪嫌疑人的年龄、品格、近况，犯罪性质和情节、犯罪原因以及犯罪后的赔偿情况等，认为不起诉更符合公共利益的，可以确定 1 年以上 3 年以下的考验期，除本法另有规定的以外，期间届满，检察机关就不再提起公诉。但被不起诉人应履行以下义务：（1）书面悔过；（2）向被害人道歉；（3）对被害人的损失作出赔偿或者补偿；（4）向指定的公益团体支付一定数额的财物或者提供一定时间的公益劳动；（5）不得侵害被害人、证人，不得打击报复或变相打击报复。③这样的规定借鉴了德国暂缓起诉的做法，具有可行性，不仅体现了不起诉的价值追求和宽严相济的刑事政策，同时也兼顾了被害人的利益。

但这种附条件的不起诉是否分割了法院的定罪权？对于这一问题，在 1996 年免予起诉制度存废的讨论中就出现过。但在今天看来，对何谓分割了法院的定罪权，应当有更科学的态度。现代刑事诉讼的无罪推定原则，强调的是被告人在法院定罪之前应当被推定为无罪。附条件的不起诉是一种程序性的处分。被不起诉的被告人实质上仍然是无罪的，因为被告人不会有犯罪记录。因此从终极意义上说，它并没有行使法院的定罪权。再退一步，如果附条件的不起诉是篡夺了法院的定罪权，那么现行法律规定的相对不起诉不也在行使法院的定罪权吗？甚至包括法定不起诉。这样的逻辑不能说明不起诉制度具有正当性。但德国的讨论却提醒我们在设计附条件不起诉时，应当关注被害人的利益，建立制约机制，防止检察官滥用。具体设想是，附条件不起诉的运用必须征得被告人的同意，甚至应当征得法官的同意，以免检察官威胁被告人采用附条件不起诉；同时对被告人科处的条件必须征得被害人的同意。被害人要求补偿的，或者被告人有能力补偿的，必须以补偿被害人作为必要条件，以充分照顾被害人的利益。

---

① Eigene Berechnungen；Quelle：Stat. Bundesamt, Fachserie 10, Reiche 2；Rechtspflege；Gerichte und Staatsanwaltscahften 2001, 2003, S. 106.

② JÖrg – Martin Jehle and Marianne Wade. Coping with Overloaded Criminal Justice System. Springer Berlin · Heidelberg 2006. 223.

③ 王凯、方明：《优化司法职权配置 完善不起诉制度》，载《检察日报》2007 年 12 月 6 日。

三、构建多元化的结案方式

与其他国家相比，我国刑事诉讼的一个突出特点是普通审判程序的启动和适用率很高，法律可供选择的案件解决方式有限。根据现行的刑事诉讼法，对提起公诉的案件，除了可能被判处3年以下有期徒刑的案件，可被适用简易程序，其他的案件必须适用普通程序。现行刑事诉讼法之所以如此规定，应当回到当时的立法情形加以审视。1996年修改刑事诉讼法时的一个主要原动力是1979年刑事诉讼法打击犯罪的色彩很浓重，忽略了刑事诉讼中程序的独立价值，因此修改后的刑事诉讼法致力于引入一系列刑事诉讼规则，体现程序的公正。而审判，尤其是普通程序，显然是传统刑事诉讼最能体现诉讼价值的集中地，在当事人集聚、各项证据轮流出场、各种诉讼规则相继发挥作用的景象下，审判程序一直被认为是刑事诉讼的高潮。当时急需建立一套尊崇程序价值的机制，因此修改后的刑事诉讼法就必然钟情于审判程序，尤其是普通程序。但是这种经典的刑事诉讼方式显然是要付出代价的，如它需要大量成本和依赖大量的诉讼资源。而如今，当我们明确了诉讼的目的不仅仅是公正，同时还有效率，那么诉讼市场就不仅只提供能保证公正的产品，同时还要提供可以促进效率的产品。

经济学家用"配置效率"（Allocative Efficiency）表示物品和服务在众多消费者中的均衡分配。实践中案件的情形总是不同。对案件实施类型化管理，设计多种不同的结案方式，提供法官、被告人多种选择的机会，无疑能满足效率的需求，同时也能最大限度地实现诉讼的公正。

现行立法规定有两种结案方式：普通程序和简易程序，显然前者是出于公正的需求，后者是为满足效率的需求。但是如果细究，我们会发现，现行的这两种结案方式，在公正和效率的实现上均存在严重缺陷。普通程序之所以"普通"，题中之义是它应当涵盖体现刑事诉讼公正的所有元素。例如，控辩双方平等、直接言词原则、审判不间断原则等，这些无论是抗辩式诉讼抑或职权式诉讼模式普遍认可，并被认为是程序公正必不可少的保障机制，在我国的普通程序中都应当体现，但实际情况却正相反。在我国的普通程序中，检察官的地位明显高于辩方；在各国都普遍实行的证人出庭作证制度，在我国却只是纸上的规定。当庭宣读证词普遍，证明力也不会因为证人的不到庭而受到任何损害。所以，我国目前的普通程序并不"普通"，它是严格意义上的普通程序的简化版。

再来看我国的简易程序，简易程序的简化主要集中在庭审时，检察机关可以不派员出席庭审，并且不受普通程序中关于讯问被告人，询问证人，鉴定人，出示证据，法庭辩认程序规定的限制。但是简易程序的适用范围很有限，相关的司法解释均要求适用的案件不仅是可能被判处3年以下有期徒刑的案件，并且被告人必须承认被指控的犯罪事实，[①] 而且在审前，尤其是在审后的资源节省上并不显著。[②]

---

① 2003年最高人民法院、最高人民检察院、司法部《关于适用简易程序审理公诉案件的若干意见》第1条；2006年最高人民检察院《关于依法快速办理轻微刑事案件的意见》第3条。

② 根据2006年最高人民检察院《关于依法快速办理轻微刑事案件的意见》第7条的规定，对于适用简易程序快速审理的案件，检察机关可以在制作审查逮捕意见书和审查起诉终结报告时加以简化，但同时又增加了检察官制作快速移送审查起诉建议书的工作。而对于审后，迄今尚未有任何简化的规定出台。

鉴于意识到现行法律在诉讼效率上的不足，2003年，最高人民检察院、最高人民法院和司法部联合出台了《关于适用普通程序审理"被告人认罪案件"的若干意见（试行）》。被告人对被指控的基本犯罪事实无异议，并自愿认罪的案件，适用比普通程序简化的程序进行审理。实践的经验表明，普通程序简化审仅体现在庭审时间的缩短，审前和审后的投入都不比普通程序少，对效率的提高非常有限。①

从上述的结案方式来看，其实我国已经充分注意到了效率和公正在诉讼市场中的分离，但是公正的产品不够公正，效率的产品也不够效率，是目前我国刑事诉讼司法职权优化配置中急需解决的问题。基于案件的类型化管理，笔者认为，应当建立多元化的结案方式，针对严重复杂的案件建立完善的普通程序，让其更具公正元素；针对被告人认罪案件和轻微案件，则应从效率的角度多下工夫。具体应从以下四方面着手：

第一，建立完善的普通程序，适用于严重复杂的案件，确保刑事诉讼公正价值的实现。依据我国的传统、社会安全的重要性以及普通程序的适用对象，我国普通程序应当定位为对实体公正的追求。当然在实现这一价值的同时，也应当注意保护被告人。两大法系普遍接受的诉讼规则，如直接言词规则、非法证据排除规则、庭审集中原则等，刑事诉讼法都应当明确规定，法官制作的判决书也应当更加详尽，使普通程序真正"普通"。

第二，完善普通程序简化审。我国已经充分注意到了被告人认罪案件对于分流审判、提高诉讼效率具有的显著作用，但是显然在程序的设计上还不够大胆。针对普通程序简化审，笔者认为，在现有规定的基础上，应当更注重庭审时对被告人认罪真实性的审查，以此保障被告人的认罪是自愿的而非胁迫，并明知认罪后的后果。除了缩短庭审时间之外，还应当考虑节省审前和审后的时间。例如，尽量减少对审前认罪的被告人适用羁押性强制措施；所有的普通程序简化审均由法官在庭审时针对当庭承认有罪的被告人发动，免去检察官审前建议的做法；对适用普通程序简化审的案件，法官的判决可以适当简化。立法的同时还应当明确规定认罪的被告人可以获得减轻的刑罚，取代目前"酌情予以从轻处罚"的规定，使普通程序简化审能够与普通程序竞争，从程序上激励被告人认罪，提高诉讼效率。

第三，建立简易程序的快速办案机制。司法解释将刑事诉讼法规定的可适用简易程序的案件范围进一步予以限制，并没有依据。在笔者看来，简易程序的适用范围限为"可能判处三年以下有期徒刑，事实清楚、证据充分"比较科学，因为将这部分轻微的案件分流出来，适用比较简易的程序来审理，符合诉讼效率的要求。但按照目前的规定，简易程序的简化比较有限，可以考虑建立公检法三机关轻微案件快速办理机制，在制作侦查终结报告、起诉书、判决书等环节都相应予以简化。目前最高人民检察院的规定仅适用于特定案件，范围太过狭窄，起到的作用比较有限，应当考虑对所有适用简易程序的案件都适用这种快速办案机制。但必须强调，适用这种机制处理案件，必须征得被告人的同意。

第四，对判处1年有期徒刑以下同时被告人认罪的案件，增设书面审。根据目前的制度设计，一旦案件被提起公诉，就都要开庭审理，这是一笔巨大的资源支出。对部分案情显然简单同时被告人又认罪的案件，实行书面审，将有效减少庭审资源的支出。

（作者单位：复旦大学法学院）

---

① 徐美君：《刑事诉讼普通程序简化审实证研究》，载《现代法学》2007年第2期。

刑事司法职权配置的几个问题

杨旺年

自党的十七大提出优化司法职权配置的司法改革具体要求以来，如何进行司法职权的优化配置成为人们关注的一大焦点。各级人民法院、人民检察院在工作计划中都把优化司法职权作为一项任务在工作安排中提了出来，学术界也展开了如何进行司法职权优化配置的研究。在实践部门的研究中，多是就其系统内部的职权如何配置进行的，而且有些是把司法职权与司法权等同起来看待，还有人将一些省、市、自治区的高级法院院长，省级人民检察院检察长的调配也看做司法职权配置的表现等，实质上是没有将司法职权及其基本含义弄清楚的表现。中央提出优化司法职权配置说明我国的司法改革在向纵深发展，涉及司法职权的划分，司法机关职责的承担、司法职权分配等基本问题。如果进行得好，无疑会使我国的诉讼制度进一步科学化，如果调整得不理想，不但收不到预期的效果，还可能造成混乱。本文试就刑事司法职权配置的几个问题谈点粗浅的看法。

一、刑事司法职权及其配置

研究刑事司法职权配置，首先应当弄清楚什么是刑事司法职权，其范围包括哪些方面。党的十七大在提出司法职权配置时，表达的语境为：深化司法体制改革，优化司法职权配置，规范司法行为，建设公正、高效、权威的社会主义司法制度，保证审判机关、检察机关依法独立行使审判权、检察权。如果把这一问题提出的整个体系与我国刑事诉讼法的规定结合起来分析，司法职权所包含的内容相当广泛，实质上涵盖了刑事诉讼从立案到执行的整个过程中的相应职权。理解司法职权的含义，关键在于把握"职权"一词。我们理解，职权实质上包括职责和权力两大部分。职责是基础，有职责才赋予其相应的权力，权力是履行职责的保障。司法职权与司法权有联系亦有区别。司法权与司法机关相配套。在英美法系国家，它们的司法机关仅限于法院，即便是代表国家控诉犯罪的检察官也被视为一方当事人。我国的情况则不同，法律明确规定人民法院、人民检察院是司法机关，它们分别代表国家独立地行使审判权、检察权。审判权和检察权属于司法权自当没有争论，但如公安机关等负责对刑事案件进行立案侦查的机关，在设置上属于政府的一个部门，其性质属于国家的治安保卫机关，从这个角度上看，它们是行政机关，但是法律又规定他们对绝大多数刑事案件具有立案、侦查的权力。根据我国刑事诉讼法的规定，对刑事案件的立案侦查活动属于刑事诉讼活动，这样便出现了行政机关参与刑事诉讼的问题，如何解释这一现象，就有了对公安机关属性的如下定位："公安机关是国家的治安保卫机关，是武装性质的国家行政力量和司法力量。"① 尽管如此，在理论上的争论并不能完全平息。党的十七大关于司法改革中司法职权的用语，使人们避开了司法机关、司法权的争论，而且也与我国刑事诉讼法的规定相符合。所以，我们说司法职权包括诉讼全过程中的与立案、侦查、起诉、审判和执行相应的职权。优化司法职权配置，实质上就是对现有的职权配置进行调整，增减、重新组合等，目的在于使其运作更加高效，保证实体和程序更加公正，使我国的司法制度更具权威性。

司法职权配置，是指对司法职权的设置与分配。司法职权包括一系列的职责和权力。这些职责和权力不能由一个机关或一个部门承担和掌握，否则就不能形成一种科学机制，对实践是有害的，严重的可能形成专制。纠问式诉讼形式开始由国家追究犯罪，但其对犯罪的追究诸种职能合一，同一机关及其官吏对犯罪的追诉实行侦查、起诉、审判乃至执行的一条龙式的程序过程，没有职责和权力的划分。在这种机制下，即使是办理案件过程中出现了错误自己也难以发现并进行纠正，因为人最难发现的错误是自己的错误。资产阶级看到了封建社会对司法职权没有进行划分配置的弊端，所以在取得政权后建立了辩论式诉讼机制，实行控审分离，控审职能分别由不同的机关负责，开了分权配置之先河。我国从新中国成立之初就将参与刑事诉讼的国家专门机关的职责与权力分离开来，侦查、起诉、审判的职责与权力分别由不同的机关承担和行使，即侦查由公安机关负责，起诉由人民检察院负责，审判由人民法院负责，其间对侦查权进行过调整，即危害国家安全的犯罪案件由国家安全机关负责立案侦查，监狱内的犯罪由监狱进行侦查等。这样就形成了不同系统之间的职权配置。在此基础上，对各系统内部的上级与下级，同一机关内部的各职能部门之间的职权都进行了设置与分配，并且随着形势的变化，对一些机关内部的机构进行了调整，如各级法院原先设立有执行庭，近年来改设执行局，这不仅仅是一个名称的变化，职责和权力都有相应的调整，意在优化执行权力的配置。以上情况说明，我国早就对司法职权进行了配置，并根据实践的变化和需要，进行过不同情形的调整。

二、优化司法职权应考虑的因素

司法职权包括一系列的职责和权力，这些职责和权力不能由某一单一的主体承担和掌握，应当在不同的机关或部门之间进行分配。这一点已被我们认识并得到运用。然而，司法职权的分配绝不是简单地、随意地划分，否则不但起不到良好的作用，还会妨碍司法职权的运作，使诉讼活动不能顺利地开展。所以，对司法职权要进行科学的配置。我们已经对司法职权进行了整体性的分配，多年来的实践表明，现在的配置在实际中起到了基本的作用，但也存在诸多问题，诸如有学者认为现在的司法职权配置在中央和地方、不同性质部门之间、相同性质的不同层级之间的配置或多或少都存在着问题②，实践也证明我国现在的司法职权配置有一些不利于诉讼活动进行的地方，所以要进行改革，进行优化配置。优化配置就是对现有的配置进行调整，使之搭配合理化。当然，对司法职权的调整是一项涉及宏观与微观、横向与纵向、上级与下级等多头绪的变动，但是无论如何变化，我们认为

① 陈光中主编：《刑事诉讼法学》，中国政法大学出版社2002年版，第50页。
② 陈卫东：《优化司法职权配置 建设公正司法制度》，载《法制日报》2007年12月9日。

都必须考虑以下因素：

（一）必须遵循诉讼规律和原理

优化司法职权配置的目的在于更好地发挥司法职权在诉讼活动中的作用，人类社会几千年的诉讼活动已经发现、总结出了进行诉讼活动的基本规律和原理，进行司法职权配置就必须遵循这些规律和原理，诸如人们从诉讼实践中发现了无论是当事人诉讼主体还是专门机关诉讼主体，都必定承担一定的诉讼职能，这些诉讼主体都是依其职能为基础开展和进行诉讼活动的。诉讼职能是诉讼主体参加诉讼活动的基础。人们公认的诉讼职能是控、辩、审三大职能，除当事人所承担的诉讼职能外，专门机关的基本职能有承担控诉职能的检察机关及侦查机关和承担审判职能的法院。对我国刑事诉讼职能虽然在认识上还有分歧，但这些分歧并没有实质区别，如四职能说将我国的刑事诉讼职能分为侦查、起诉、辩护、审判四种职能，五职能说将我国的刑事诉讼职能分为侦查、控诉、辩护、审判和监督（或执行）五种职能。我们认为这些划分与控、辩、审三大基本职能的划分基本上是一致的，不过后者更具体一些，而且与我国刑事立法相照应。在进行司法职权优化配置时，应当遵守不同部门所承担的职能和在其职能基础上所形成的职责和权力。例如，我们不能赋予审判机关收集证据的职责和权力，只能赋予其调查核实证据的职责和权力，这种权力是审判机关裁判权所必需的，而收集证据是控、辩主体的职责和权力（利）。在1997年修改刑事诉讼法时，在审判程序部分没有法院收集证据的规定，结合审判方式的改革，人们一般都认为取消了法院主动收集证据的权力，但在刑事诉讼法总则部分的第43条仍然保留了审判人员收集证据的规定，显然与审判中立的诉讼原理不相符合。所以，在优化司法职权时应予修改，因为这一规定与诉讼原理有矛盾。

（二）贯彻先进的司法理念，使其具体化

司法制度发展到现今阶段，伴随着社会文明发达的进程，司法观念已发生了很大的变化，如过去奉行的是国家权力至上，在诉讼中突出国家权力轻视个人权利。现在追求的是司法为民，诉讼民主，追求公平正义、程序公正等司法理念。这种理念在刑事司法领域的表现如对国家权力的适当限制，对当事人权益的伸张与保障，特别是对当事人程序权利的伸张和保障。在进行司法职权配置改革时，应当把这些先进的司法理念体现出来，否则再好的理念也是空想的、空洞的。要具体地贯彻这些理念，应当对公权力性质的司法权力进行必要的、适度的限制，如刑事诉讼中剥夺人身自由的强制措施在适用条件上还有压缩的空间，在诉讼中给予当事人更多一些程序性的权利，等等。

（三）明确分工，增强制约关系

刑事司法职权包括一系列的权力，这些权力都属国家权力的一部分。由于诉讼职能和结构所决定，这些司法职权被分为不同性质的权力。有控诉的，有中立的。由于基本职能所决定，这些权力被不同的机关行使，此即为分工，这些权力在运行过程中又互相牵制，此即为制约。司法职权的分工和制约对诉讼的健康运行是必要的。我国现行立法规定的司法职权配置无疑是包含了分工和制约内容的，在分工方面，立案与侦查、起诉、审判等职权分由不同的机关行使就是分工的具体表现，在制约方面，也是有充分的体现的，如检察

机关批准逮捕权对公安机关逮捕犯罪嫌疑人的制约，人民法院审判权对检察机关起诉权的制约，人民检察院依其法律监督权对立案、侦查、审判及执行活动的法律监督，等等。但从实践中的情况看，在分工和制约方面还有不能令人满意之处，如在分工上有些地方不甚明确，实践中一些案件被互相推诿就是因分工不明造成的。与此相比较，司法职权在制约方面存在的问题较多，最为突出的是检察机关对立案监督职权和侦查监督职权的行使显得疲软等，说明制约职权应当予以增强。

三、司法职权配置的分类

优化司法职权配置实质上是对现在的配置进行调整。所以，对整个司法职权配置只要有必要，就可以动手术。总体来看，其涉及的范围可以分为两大类：即横向和纵向两个方面。

（一）横向配置及其调配

总体看来，我国现行的刑事司法职权分为几个大的系统，即立案与侦查、起诉、审判和执行，各系统之间的关系是横向连接的。负责这些职权的机关之间就形成了横向的职权配置。按照刑事诉讼的演进过程，上一程序进入下一程序，必须具备相应的条件。上级阶段工作进行得如何，关系到本身工作的效果，也关系到下一阶段的程序能否顺利向前推进。从实践中暴露出来的问题看，表现最为突出的是侦查与起诉的配合问题。按照诉讼流程，侦查机关将案件侦查终结后，认为需要起诉并符合起诉条件的要移送检察机关起诉，但许多案件，侦查终结移送起诉后，检察机关认为不符合起诉条件，退补侦查后仍不符合起诉条件，两家往往为此扯皮不决；有些案件起诉到法院之后因事实不清或证据不足被做无罪处理。究其原因，很重要的一点是侦查机关在侦查过程中没有按照起诉的要求收集证据，不懂得起诉的要求。有时因时过境迁再回头收集有关证据非常困难，或者再也根本无法收集。针对这种情况，理论界近年来提出了学习外国立法，由检察机关指导公安机关侦查，实行检警一体化的改革思路。有些人在这一思路下提出了不同的具体措施，如将刑事警察统辖到检察机关之内，设刑事侦查部门，等等。我们认为，检察指导侦查，及在此思路下的改革措施，都是有可取之处的。虽然我国刑事诉讼法将侦查与起诉分开来规定，但两者同属控诉一方，虽然具体职能有别，但基本职能一致，故由检察指导侦查，实践上有利于侦查活动的有效性，在基本职能上也不矛盾，是可取的。这就是典型的跨系统的横向配置调整。

对司法职权的横向调整、调配，不仅可以在上述大的系统之间进行。在同一机关内部的不同部门之间也可以进行。

（二）纵向配置及其调配

中央司法机关与地方司法机关，上级司法机关与下级司法机关的职权配置是司法职权的纵向配置，亦是优化司法职权配置应着眼的重要方面。在中央与地方、上级与下级之间的司法职权配置上，我们认为该放权的应放权，该收权的应收权。具体应由司法工作的实际情况决定。例如，在中央与地方之间，中央机关主要的职责是指导地方司法机关的工作，具有一般性的特点，而地方司法机关担负的工作非常具体。当然一般也好，具体也好，都是非常重要的，各有各的作用，但在职权配置上就应有区别。中央和地方工作的这一特点就决定了应当给地方司法机关或部门配置充足的处理具体问题的权力，使其便于开展工作。另外，对一些重大的需要全局性把握标准的权力，应当归于中央司法机关。此点在我国最为突出地表现在死刑立即执行案件的核准权问题。我国对死刑立即执行案件的核准权归属，新中国成立以来进行过多次调配，有时下放，有时收归。在新的时期，最后选择了收归最高人民法院统一行使。死刑核准权归属的变化，是为了贯彻死刑政策，严格限制死刑适用和实际尽少执行死刑而在权力配置上所做的调整。在上级与下级职权的配置方面，我国的立法是有规定的，如公安机关和检察机关的上下级之间是领导关系，法院的上下级之间是领导与被领导的关系。但在实际执行时，时不时会有违反这种关系的情况发生，如下级法院向上级法院请示具体案件的法律适用的做法，就是违反审判权上下级关系的配置的，所以对法院上下级之间在审判业务的相互职权关系上应当作出更加明确的规定，并增加禁止下级法院向上级法院"请示"的做法。

四、优化司法职权的方式与途径

优化司法职权配置，就是要使司法职权的设置、分配达到一种最佳运行状态。如前所述，司法职权的配置涉及面十分广泛，在刑事司法领域更加复杂，涉及的机关和部门众多、司法职权的性质和表现多样，有总体的系统性的划分和配置，有横向与纵向的划分与配置，有局部的划分与配置。优化司法职权配置就是要对现行的配置进行改革。那么，以什么方式来进行这项改革，就成为应当解决的现实问题。鉴于我国已有了现行的司法职权配置的基本情况，所以应在现有职权配置的基础上采用以下方式进行：

其一，调整型配置。调整型配置，是指对现行的职权配置进行调整，使其更加合理地搭配，更能发挥其作用。职权的设置是最基础的配置，在职权设置基础上实行的职权组合、搭配也有十分重要的作用。不同的组合、搭配，其效果也就不同，要使某种职权高效，有效地发挥作用，与其他职权的有机协调是很重要的。如前述检察权对侦查权的指导或实行检警一体化，就是很好的职权组合与搭配。对刑事司法职权的调整应在有直接联系的职权之间进行，可在跨系统之间进行，也可在同一系统内部进行。

其二，强化型配置。强化型配置，是指现行配置中的某项配置的力度不够，不能适应实践的需要，对其予以增强。如前述检察机关对立案监督、侦查监督在立法上赋予的职权力度不足，应当予以加强。

其三，增加型配置。增加型配置，是指在现有法律为某一司法机关配置的职权中，按照其诉讼职能的要求，在具体职责和权力规定上处于缺失状态，应当增加予以规定的配置方式。例如，现行法律对侦查监督、审判监督中的一部分，执行中的减刑假释的监督，规定的只是指出纠正意见的方式，实际上作用有限，对其中的减刑、假释赋予相应的抗诉权要强有力一些。

其四，废止型配置。废止型配置，是指对现行配置中的某些职权，由于其不利于诉讼的进行或其他价值选择的实现，或者形同虚设、不起作用的，予以废止的配置方式。例如，检察机关在国家和集体财产遭受损失的情况下，在提起公诉的同时，可以提起附带民事诉讼的规定，在实践中基本上形同虚设。这一规定应予废止，同时规定国家财产因犯罪行为遭受损失的，该财产所在单位应当提起附带民事诉讼，这样也可以为国家挽回因受犯罪行为侵害而受到的财产损失。

其五，缩减型配置。缩减型配置，是指对现行法律规定某项职权，由于与刑事诉讼在人权保障、程序公正、诉讼效率等方面有冲突，与国际刑事诉讼发展方向相矛盾，但在我国还有一定需要的，将其缩小、减弱，在条件具备时再予以废止的临时性的配置方式。其表现众多，不再举例。

确定了优化司法职权配置的方式之后，还应当探讨优化的途径问题。从过去对司法职权调整的情况看，可采用两种途径：一是通过对立法修改的方式；二是通过内部调整的方式。前者可适用的范围广泛，但程序复杂；后者主要是通过对系统内的机构设置进行职权调整，如法院、检察院对其内部的一些庭室的设置与调整。这种途径简便易行，但适用面有限。上述两种途径都可在法律规定的范围内选择。

（作者单位：西北政法大学）

弱化审判监督，强化侦查监督

——我国检察权改革刍议

杨文革

一、引言

检察权应当如何配置，是中国司法改革的重点和难点。这一问题涉及两个基本方面：一是检察权司法性质的去留；二是检察监督权的存废。这两个基本方面互相交织，既可一并研究，又可分别讨论。其中，检察监督权的存废又是当前激烈争论的焦点。

对检察监督权持异议的学者，一般也对检察权的司法性质持否定态度。持此观点的学者主张，应当将公诉人当事人化，解除公诉人"审判监督者"的特殊身份和"身兼二职"的双重职责。[①] 检察制度改革的基本思路是，检察机关的司法机构色彩应当逐渐弱化，法律监督应当逐渐淡化并在条件成熟时最终退出检察机关的职能范围。[②]

学界的种种质疑引起了检察系统的高度重视。近年来，检察系统加强了对检察理论的研究，研究结论基本一致：强化检察监督。[③]

可以预见，论战仍将继续。虽然人民检察院的监督权是宪法所确立的，但并不意味着检察监督权是不能讨论和质疑的。然而，检察监督权事涉宪法制度，短期内要取消人民检察院的监督权也是不现实的。但不管检察监督权今后何去何从，从理论上对其进行严肃认真的研究都是必要的。本文不想触及检察权的司法性质这一重大理论问题，也无意对检察监督权的存废发表意见，只拟在保留检察监督权的前提下，就检察监督的方向做一些分析。本文的基本观点是：检察监督应当有所侧重，既有所为，又有所不为，具体来讲，就是应当弱化审判监督，强化侦查监督。

---

① 卞建林、李菁菁：《从我国刑事法庭设置看刑事审判构造的完善》，载《法学研究》2004 年第 3 期。陈卫东、李奋飞二位先生亦主张，为实现控辩双方程序对等，应当弱化乃至取消检察机关的法律监督权。陈卫东、李奋飞：《论刑事诉讼中的控审不分问题》，载《中国法学》2004 年第 2 期。

② 陈瑞华：《司法权的性质——以刑事司法为范例的分析》，载《法学研究》2000 年第 5 期。

③ 参见谢鹏程：《论检察权的性质》，载《法学》2000 年第 2 期；朱孝清：《中国检察制度的几个问题》，载《中国法学》2007 年第 2 期；向泽选：《刑事审判监督机制论》，载《政法论坛》第 26 卷第 1 期；肖亮、崔晓丽：《对检察机关法律监督权的司法诠释》，载《政治与法律》2008 年第 2 期；陈正云：《法律监督与检察职能改革》，载《法学研究》2008 年第 2 期。

二、关于弱化审判监督

为什么应当弱化审判监督？

首先，检察监督破坏了控辩平衡的诉讼机制。刑事诉讼是在法官主持下控辩双方就犯罪事实所进行的攻防活动。作为控方的检察官处于进攻一方，被告人处于防守一方。虽然被告人在多数情况下是有罪的，检察官的多数指控也是正确的。但在法官作出有罪判决之前，检察官的有罪指控却不具有法律效力，被告人的法律地位是无罪的，即对于被告人是否构成犯罪的攻防，控辩双方是在平等的基础上进行的。

但事实上，代表国家进行指控的检察官的实力和势力远远胜过作为个人的被告人，如果没有一套公平的程序设置，这场较量将无异于一场"屠杀"。人类几千年纠问式的诉讼程序已经证明了这一点。因此，现代社会通过一系列的程序设置，扭转了控辩不平等的状况，使控辩双方的攻防较量在一个平等或者大体平等的竞技平台上展开。这样的程序设置包括：控审分离；裁判中立；控方承担证明责任；非法证据排除法则；辩方享有无罪推定的权利、辩护的权利、保持沉默的权利、律师协助的权利（包括获得法律援助的权利）；等等。这就好比是，法律在授予检察官一把矛的同时，也给予被告人一张盾。

控辩平衡是公正审判的特征，也是案件质量的保证。在我国刑事诉讼中，控辩双方一直处于很不平等的状态。近年来，随着法制的不断进步，这种不平衡的天平在渐趋平衡，被告人获得了较过去越来越公正的审判。但控辩双方的地位仍很不平等，仍有需要改革的余地。其中，针对审判活动所进行的检察监督，就是造成控辩不等的重要因素之一。如果说控辩对抗好比矛与盾的较量的话，检察监督权的存在好比又另外授予了检察官一件利器。这不仅破坏了控辩双方的平等对抗机制，还可能影响到审判结果的公正性。

其次，检察监督损害了裁判的中立性。控辩双方能否做到真正的平等，除了取决于双方的诉讼法律地位和权利义务的配置外，还取决于裁判者是否中立。在我国三大诉讼中，民事诉讼是平等民事主体之间的争讼，因此民事诉讼中原被告双方的平等性和法官的中立性贯彻得较好。但是，在行政诉讼和刑事诉讼中，情况就有所不同了。在行政诉讼中，由于被告总是作为管理者的行政机关，其与审判机关同为国家机关，二者之间有着不少联系，因此审判机关在行政诉讼中多数情况下是偏向作为被告的行政机关的。在刑事诉讼中，情况则相反，原告是代表国家行使追诉权的检察机关，与法院（还有公安机关）一起被定性为政法机关，因此常常存在法检亲近的问题，共同对付被告人和辩护律师。

在这种体制下，法官的中立性本来就先天不足，检察监督则更加损害了法官的中立性，使得法官在审判中常常过多考虑检控方的意见和利益，而多多少少忽视辩护方的意见和利益。因为允许一个专司控诉职能的公诉人同时还"附带"承担一定的庭审监督职能，就意味着检察官可能拥有比辩方更多的影响法官的权力，意味着检察官可以对法官的行为进行裁决，这将使法官难以在控辩双方之间保持中立。长期的司法实践表明，正是人民检察院的法律监督，使得法院在审判过程中不得不倾向于追诉方。[①]

再次，检察监督有损于法官的独立性。所谓法官独立，是指法官在诉讼活动中以及制

---

① 陈卫东、李奋飞：《论刑事诉讼中的控审不分问题》，载《中国法学》2004 年第 2 期。

作司法裁判时，只凭法律的规定与其良心的命令，而不应当受到来自其他方面的压力和干扰。法官独立是司法公正的前提。在刑事法领域，法官独立与罪刑法定、无罪推定是人权保障的三大支柱。在我国，法官独立同样先天不足，干扰法官独立审判的因素复杂多样。检察监督就是影响法官独立的重要因素之一。

由于担心来自于检察监督以及抗诉引起二审改判可能影响到自己的内部考核，一些法官在审判活动中可能会不适当地过多考虑检控方的意见，忽视被告人的意见，从而影响审判的公正性。

最后，检察官对于法官的审判监督不符合世界潮流。检察制度出现之初，检察官是作为国王的代理人出席法庭的，为了维护国王的利益，国王自然要赋予检察官监督法庭审判的权力。但是，随着君主制的衰落，民主制的兴起，世界各国纷纷取消了检察官监督法官审判的做法。因为在一个民主法治国家，法院是首都，法官才是国王。而检察官监督法官的做法是与这一民主法治趋势相悖的。近代以来，仍然有一些国家的检察官拥有监督并凌驾于法官之上的权力，如苏联在20世纪三四十年代，当时的总检察长由维辛斯基担任，凡是由他起诉的案件，法官不敢不为有罪判决。正是这种凌驾于法官之上的检察制度，配合了斯大林对反对派的大清洗，被法庭及非法庭机构判处"反革命"罪者达3778324人之多，被判处死刑者达786098人。[①] 前苏联检察监督的情形恰恰印证了埃尔曼教授所说的："社会越是趋向专制，检察机构的地位便会越高，他们的对手受到的限制便会越多。"[②] 如今的俄罗斯经过司法改革，已经废除了这种检察官凌驾于法官之上的制度，取消了检察官对于法官的审判监督权。[③] 当今世界，几乎很少再有检察官监督法官审判的国家。

为证明检察监督的公正性与中立性，有些检察官提出应当指派公诉人以外的专门检察官出席法庭对庭审活动实行监督。[④] 这样做的公正性仍然值得怀疑。例如，巴西队与阿根廷队踢球，如果巴西队队员同时兼任裁判，阿根廷队肯定不能接受，反之亦然。但是，如果不是巴西队队员兼任裁判，而改由别的巴西人担任裁判，其公正性同样也不能为阿根廷人所接受。总之，不论公诉人兼任监督者也好，还是另派专门监督者出席法庭也罢，都是检察院"一身二任"，其监督的公正性值得怀疑，受到质疑也就不足为奇了。

当然，目前在我国，司法腐败、裁判不公等问题仍然较为严重。这些问题出现的原因是复杂的，其中就有缺乏监督的问题（如审判很少公开）。但却不能归咎于缺乏检察监督，更不能说唯有加强检察监督才能解决这些问题。解决司法腐败、裁判不公的根本之道，在于尊重司法规律，从诉讼原理入手，构建完善的诉讼程序和审判制度，如实行法官精英化、法官高薪制、贯彻审判公开、司法独立，健全审级制度、程序性裁判机制、合议制等。

当然，弱化乃至取消对于法官的检察监督，要求法官独立裁判，并不意味着法官可以为所欲为，胡裁乱判。正如有学者所说："独立并不是我国期望法官应具备的全部特征。我们还期望法官依法而不是任意定案。我们期望法官不偏不倚。我们期望法官'独立'，但并

① 吴恩远：《廓清一个历史真相——苏联三十年代大清洗人数考》，载《读书》2003年第11期，第47页。

② ［美］埃尔曼著：《比较法律文化》，贺卫方等译，中国政法大学出版社1994年版，第177页。转引自郝银钟：《批捕权的法理与法理化的批捕权》，载《法学》2000年第1期。

③ 在当今俄罗斯，检察官在法庭上，只对审理时发生的问题有提出意见的权力，而没有监督权。参见《俄罗斯联邦刑事诉讼法典》，苏方遒、徐鹤喃、白俊华译，中国政法大学出版社1999年版，第146页。

④ 向泽选：《刑事审判监督机制论》，载《政法论坛》第26卷第1期。

非独立得无法无天。""一个法官对其作用的自我界定应包括这样的信念：法官不可为所欲为、应受法律约束、受遵循就职誓言义务的约束、公正无畏地伸张正义、遵循正当程序、撰写合理的裁判书——简单地说，就是做一名'法官'。"①

三、关于强化侦查监督

为什么应当强化侦查监督？

首先，我国当前的侦查权急需法治化控制。在现代社会，警察的存在一方面为公民的安全提供了保障，但另一方面又可能沦为侵犯公民权利的新威胁。因此，许多国家在建立警察机构的同时，无不对其保持警惕。正如有学者所说："警察权力与公民权利在一定条件下成反比例关系，即警察权的扩大意味着公民权的缩小，警察权的滥用往往使公民权化为乌有。"② 为了防止警察异化为侵犯公民权利的邪恶力量，许多国家都对警察权的运行进行规范和控制。例如，在美国社会，警察被认为是"必要的恶魔"。经过近两百年的摸索与实践，以权利法案中正当法律程序为武器，美国联邦最高法院逐渐降伏了这个恶魔。③

在我国，长期以来，一直将公安机关与检察机关、审判机关并列为政法机关，视为广义的司法机关，因此在刑事诉讼中赋予其几乎不受限制的广泛权力，主要有：（1）传唤权；（2）讯问犯罪嫌疑人权；（3）询问证人、被害人权；（4）勘验、检查权；（5）搜查权；（6）扣押物证、书证权；（7）鉴定权；（8）通缉权；（9）技术侦察权。在公安机关所享有的所有权力中，几乎都是自己决定，自己执行，不受司法控制。唯有逮捕需要检察官批准。这种很少受到司法控制的警察权设置，不仅是刑讯逼供、非法拘禁、违法取证现象屡屡发生的根源，也是不时出现的导致在押犯罪嫌疑人莫名死亡的重要原因。④ 因此，有学者指出，中国司法改革所面临的重大课题之一，就是确立警察权的行政权性质，实现公安机关的非司法化。对于刑事拘留、监视居住、取保候审、搜查、扣押、窃听等一系列涉及剥夺、限制个人基本权益和自由的措施，也应一律纳入司法权的控制之下。⑤

其次，加强对于侦查权的检察监督符合国际社会的做法。就目前世界各国的情况看，基本上不存在类似我国的检察官监督法官的做法。但是，检察官监督警察侦查活动的做法则较为普遍。在大陆法系国家，这种监督更为明显和突出，在英美法系国家则不很明显。

在欧洲大陆许多国家，侦查权属于检察官，司法警察归检察官指挥，是检察官的辅助机构，向检察官负责，自然要受检察官的监督和领导。

在英美法系国家，检察官和警察各自独立，互不隶属。例如，在英国，检察署同警署是一种建议与合作的关系。根据1985年犯罪起诉法成立的皇家检察署属于政府部门，负责检控警署移送的刑事案件。虽与警署有密切的工作关系，但相互独立、各司其职。但检察

---

① ［美］葛维宝著：《法院的独立与责任》，葛明珍译，载《环球法律评论》2002年春季号。

② 陈兴良：《限权与分权：刑事法治视野中的警察权》，载《法律科学》2002年第1期。

③ 参见曹立群：《改变美国警察执法的三大案例》，载《政法论坛》第22卷第2期，2004年3月。

④ 据2004年6月22日中央电视台《今日说法》栏目报道：西安市新城区看守所内，许共青在被羁押一个月零四天后死亡。其家属接到通知说是发高烧死亡。但尸体有内出血，口鼻部有棉球。经省高级人民法院法医鉴定为钝器外力造成颈错位死亡。检察院在看守所设有检察室，并有监控设备，但却说不清死亡原因。类似案例在全国各地时有发生。

⑤ 陈瑞华：《司法权的性质——以刑事司法为范例的分析》，载《法学研究》2000年第5期。

署就有关刑事诉讼的问题向警署提出意见，警署一般都会采纳检察官的意见。在实践中，检察官可以要求警署调查他们有所闻的案件，尽管检察官无权下达这样的命令，但警署一般不会拒绝。然而，任何调查，是否移交检察署都由警署决定，检察署无权干涉。当然，在两者的关系中，隐藏着某种监督的因素，因为检察署不起诉的决定本身就意味着对警署决定的否定。但这是一种被动的监督，不能涉及警察工作的敏感部位：案件的调查。①

检察官对警察侦查活动的监督，受到了国际法文件的认可。1990 年 8 月 27 日至 9 月 7 日，在古巴首都哈瓦那召开了第八届联合国预防犯罪和罪犯待遇大会，通过了《关于检察官作用的准则》。该准则规定："检察官应在刑事诉讼、包括提起诉讼，和根据法律授权或当地惯例，在调查犯罪、监督调查的合法性、监督法院判决的执行和作为公众利益的代表行使其他职能中发挥积极作用。"2000 年 6 月 26 日至 30 日，欧洲理事会犯罪问题委员会第 49 次全会修改并通过了《欧洲各国检察官在刑事司法制度中的作用》，这是有关国际组织关于检察官作用的新文献，代表了欧洲各国关于检察官性质、作用、地位的主导观点。其"检察官的职权"一节规定了检察官的权力，包括两部分：所有国家刑事司法制度中的权力、某些国家刑事司法制度中检察官的权力。前者包括：（1）决定是否起诉或继续追诉；（2）出庭支持公诉；（3）对法院的全部或部分裁判可以上诉或进行上诉。后者包括：（1）对执行国家刑事政策进行调整，以适应各地和地方的实际情况；（2）进行侦查、指导或监督侦查；（3）保证被害人得到有效的帮助；（4）监督法院裁判的执行。其"检察官与法官的关系"一节规定："检察官必须严格尊重法官的独立性和公正性。特别是检察官既不能怀疑司法裁决，也不能阻止司法裁决的执行，但应当保留检察官行使对司法裁决上诉的权利或援引适用其他宣示性程序的权利。"其"检察官与警察的关系"一节规定："一般而言，检察官应当监督、审查警察的最终侦查结果的合法性，决定是否提起公诉或继续追诉。在这方面，检察官应当监督警察确保对人权的保护。""在警察隶属于检察机关的国家，或在警察的侦查由检察官指挥或监督的国家，有关各国应当采取有效措施保证检察官有权：……（3）必要时，为监督警察服从法律和检察官对警察的活动应当进行评价和控制；（4）如果警察确实有违法行为或违背指令，检察官有权对之惩处或建议予以惩处。""在警察独立于检察机关的国家，有关国家应当采取有效措施确保检察机关和警察进行有效、切实的合作。"② 可见，检察官监督警察侦查，而不是监督法官审判是国际社会的共识。

最后，强化侦查监督符合我国国情，亦与诉讼原理不悖。"行政是国家利益的代表，司法是权利的庇护者。"③ 为了防止国家以维护其利益为名，侵犯公民的权利，必须由司法对行政权力的行使加以审查。在刑事诉讼中，司法审查原则表现为令状主义，即凡是警察要对公民的基本权利采取某种强制措施时，必须取得法官的令状。

在我国，人民法院和人民检察院都是司法机关，究竟是由人民法院还是由人民检察院来掌握令状的签发？不少学者主张采取国际通行的做法，由法官签发令状。也有不少学者主张由人民检察官来签发。例如，有学者认为："从刑事法治的长远发展来看，将司法审查机制延伸到审判之前，从而有效地保障被告人的正当权益是完全必要的。但在当前，可以

---

① 李洪朗：《英国检察制度评介》，载《法学评论》2000 年第 1 期。
② 参见陈国庆译：《欧洲各国检察官在刑事司法制度中的作用》，载《中国刑事法杂志》2001 年第 1 期。
③ ［德］拉德布鲁赫著：《法学导论》，米健、朱林译，中国大百科全书出版社 1997 年版，第 100 页。

通过强化检察机关对于公安机关的制约，使检察官担负起一定程度上的法官之前的法官之职能，未必不是一种可行的办法。"①

由人民检察院而不是人民法院来签发令状，可能更符合中国的国情，也更具有可行性。通过签发令状，人民检察院应当加强对于警察的侦查监督，保障公民的基本人权。当然，加强对于侦查的检察监督并不局限于令状的签发。检察官还可以通过引导侦查等措施，预防错案的发生，而不仅仅是重效率，重形式。②

但是，由检察院而不是法官实施令状的签发，还有一个问题需要解决：由人民检察院立案侦查的案件如何贯彻令状主义？这就需要将人民检察院的侦查职能分离出来。考虑到职务犯罪的特殊性，负责此类案件侦查的部门必须独立于政府机构。

四、结语

在我国目前，要对司法体制和司法权力的配置进行伤筋动骨的大改革，几乎不具有现实可能性。但是，进行局部的小调整则是可能的。在保留检察监督权的前提下，尊重司法规律和诉讼原理，调整监督的方向，"不求最好，只求较好"③ 可能是最为现实的选择。我国1996年刑事诉讼法的修改，就体现了弱化审判监督和强化侦查监督的思路。④ 在司法实践中，近几年来，一些人民检察院也认识到了对于审判监督的不现实性，减少了对于人民法院无罪判决的抗诉，这无疑是正确的。在我国公检法三机关中，人民检察院和人民法院同属司法机关，公安机关是行政机关，检察院和法院在行政级别上高于公安机关半级。但事实上，无论是检察权还是审判权，都难以与警察权相抗衡（谁见过法院院长或者检察院检察长兼任政法委书记的）。在这三大权力中，警察权是急需约束的权力，而检察权和审判权都是需要"扶持"的权力。看不清这一现实，两院却在争坐司法机关的第一把交椅，是我国司法的悲哀，更是法学人的耻辱。只有两大司法机关联手，共同努力，通过必要的立法与司法，制约警察权，将警察权的运行纳入司法轨道，才是我国刑事法治的正道和希望。

（作者单位：南开大学法学院）

① 陈兴良：《限权与分权：刑事法治视野中的警察权》，载《法律科学》2002年第1期。
② 李建明：《刑事错案的深层次原因》，载《中国法学》2007年第3期。
③ 龙宗智著：《相对合理主义》，中国政法大学出版社1999年版，第1页。
④ 参见刑事诉讼法第87条、第169条。

刑事检察权的合理拓展与限制

尹丽华　潘爱仙

我国正处于司法改革不断深化的历史进程中，包括检察制度在内的各项改革措施在立法和司法领域中层出不穷。而司法改革是一个宪政问题，"宪法的意义在于确立制度安排，限制政府的权力，保护个人的自由。"① 因此，我们所倡导的司法改革实质上是国家权力和个人权利之间关系的调整和公共权力的重新配置。刑事检察制度的改革，其核心问题是科学配置检察权，对检察权的内容加以合理的扩展与控制，使刑事检察权的行使既有利于发挥诉讼职能作用，又避免由于检察权的膨胀而影响国家其他权力的正常行使。

一、刑事检察权的合理拓展

宪法及其他法律所规定的刑事检察权包括公诉权、侦查权、审查批捕权和诉讼监督权等多方面的具体职权与职能。我们认为，应当在符合诉讼规律和检察权的职能不变之前提下，对刑事检察权之诉讼职能范围作出适当的扩展。

（一）检察机关不起诉裁量权的拓展

检察官享有起诉与否的裁量权是现代法治国家的通例，是起诉便宜主义原则的体现。我国检察机关也具有一定程度的不起诉裁量权，即刑事诉讼法第 142 条第 2 款规定的酌量不起诉，其核心是检察机关具有对涉嫌犯罪的行为人追诉与否的自由裁量权，允许其在法律规定的范围内，根据案件的具体情况，本着公平、正义的理念，或向法院提起公诉，或不予起诉，享有自由裁量之权，它是检察机关公诉权的组成部分。

然而与其他国家相比，检察官裁量不起诉的范围过窄，而且其裁量适用不起诉的方式单一。由于法律只允许检察机关对于犯罪情节轻微，不需要判处刑罚或者免除刑罚的微罪案件，才可以裁量不起诉，即便如此，适用上又受种种烦琐制约程序的限制，以至于检察机关的裁量不起诉难以起到分流案件和节约司法资源的应有功效。为此，有必要扩大检察机关自由裁量权的行使空间，改革现有的相对不起诉，并增加附条件的不起诉，即暂缓起诉制度。该制度也是公诉机关行使自由裁量权的一种形式，在司法实践中，已开始进行暂缓起诉的尝试，并取得较好的效果。有必要在今后的刑事诉讼立法中加以规定和完善。扩大裁量不起诉的范围，既有利于对犯罪嫌疑人的挽救教育，也有利于缓解犯罪嫌疑人和被害人之间的冲突与矛盾，符合构筑和谐社会的大环境。

---

① 刘军宁著：《共和民主宪政——自由主义思想研究》，生活·读书·新知三联书店 1998 年版，第 124 页。

(二) 增加检察机关的量刑建议权

量刑建议权是检察机关在法庭上根据被告人的犯罪事实、性质、情节和社会危害性程度，结合有关的刑事政策，请求人民法院对被告人处以某一特定的刑罚，即在刑种、刑期、罚金数额及执行方法等方面提出具体的量刑意见的权力。[①]

增设检察机关的量刑建议权法理基础为：第一，量刑建议权是公诉权的组成部分，公诉权作为司法请求权，是实现刑罚权的前提和基础，而公诉权的核心是定罪请求权和量刑请求权。定罪请求权是请求审判机关对其起诉的犯罪予以确认；而量刑请求权则是请求审判机关在确认被告人犯罪事实的基础上予以刑罚制裁，因此这两部分内容具有不可分割的关联。既然检察机关具有公诉犯罪的职能，就应当享有量刑的建议权。第二，量刑建议权也是顺应庭审方式改革的必然要求。修正后的刑事诉讼法形成了以控辩双方互相对抗、法官居中裁判的庭审模式。这种庭审模式不仅加重了公诉方的举证责任，而且增加了庭审的对抗性，同时也为检察机关正确行使量刑建议权提供了运行基础。公诉人在居中裁判的法官面前，只有全面地阐释定罪和量刑意见，并与辩方展开辩论，才能为法官最终准确定罪量刑提供充分有利的参考。由于量刑建议权仍是一种量刑方面的建议，而不是量刑的裁断，对于法官作出裁断并无法定的效力，不会侵犯法院的审判权。

增设检察权之量刑建议权，不仅有利于深化庭审方式的改革，强化法庭辩论的抗辩性，也可以有效保障法官公正裁判案件，防止法官自由裁量权的滥用。由于增加检察机关的量刑建议权，需要在程序上启动和设置量刑的听证程序，要求出庭公诉的检察人员全面掌握案情，熟悉法律和刑事政策，不仅要掌握刑法的相关理论，还要了解审判机关对相关案件的定罪量刑的实践。在斟酌量刑建议时，既要维护量刑标准的统一性，又要考虑具体案件达到量刑的个别化。因此，这一权力的增加可以促使检察人员增加出庭公诉的责任，加强专业知识的学习，提高业务素质，保证案件的质量。

(三) 强化检察机关对侦查权的有效控制

当今世界各国在强化对侦查权的监督与控制方面，普适性的做法，或者建立法官对审前羁押等强制措施的司法审查制度；或者普遍加强检察机关对侦查活动的实际监督和控制；再或者建立当事人的权利救济制度。相比之下，在我国侦查程序中，既缺少法官介入侦查的司法审查制度，也无专门的权利救济程序。在法官不能介入侦查的前提下，侦查监督的重任由检察机关承担，但是从实践情况来看，目前我国有关侦查监督的法律规定尚存在许多不够完善之处，检察机关的监督力度因此受到一定的影响，特别是侦查机关的自主性过强，检察机关法律监督的措施缺少刚性，导致追诉权力滥用、侵犯诉讼参与人权利的现象时有发生。

为加强对侦查活动的有效控制，减少侦查侵权行为的发生，应当对现行侦诉与检警关系进行修改，按照侦诉一体或者检警一体的模式改革侦查程序，建立以担负公诉职能的检察机关为核心的侦诉体制，以检察机关的自行侦查权、侦查指挥权为基点，实现公诉统率侦查。为此从立法上赋予检察机关主导和指挥侦查活动的权力和地位。具体在监督内容上，

---

① 参见张智辉、吴孟栓：《2001 年检察理论研究综述》，载《人大复印资料》2002 年第 9 期。

检察机关有权决定立案、撤销与终结案件，对于公安机关坚持不予立案的案件，应当赋予检察机关直接立案侦查的权力；对监视居住、取保候审及刑事拘留等强制措施的实施有权进行干预；对收集证据、固定证据的活动有权进行指挥和控制；而对窃听、电子监控、搜查与扣押财产以及逮捕和羁押等直接涉及公民权利和自由的强制措施，需由侦查机关先报经检察机关同意后再获得法官的批准。在监督手段方面，检察机关有权随时介入侦查，以保证及时获得监督线索和信息，并赋予检察机关刚性监督手段，如发现侦查行为违法并经指出不改的，有撤换侦查员并将案件交由另一侦查员进行的权力等。

二、对刑事检察权的合理限制

为协调检察权在发挥法律监督的作用和作为诉讼主体参与诉讼活动时符合现代诉讼之原理，并保证检察权的行使与公民个人权利保障的平衡，又有必要对刑事检察权作出适当的限制与制约。

（一）限制检察机关对审判活动的监督权

检察机关的诉讼监督职能在司法改革的研讨中颇具争议，有学者认为："我国检察机关的法律监督职权的行使打破了现代诉讼的基本格局。其主要原因在于，它在控、辩、审三方之外设置了一个独立的监督者，这就好像在法官之上还站着一个法官。它既违背了诉辩双方平等抗辩原理，同时也严重影响了法官的中立裁判地位，从而导致整个诉讼构架的瓦解和破坏。"[1] 因此，应当取消检察机关的法律监督职责。我们认为，检察机关的法律监督地位由宪法确定，它在国家权力配置中的地位与功能应当得到维护。事实上就检察机关的监督权问题，争议的焦点在于检察机关是否应当对法院的审判活动进行监督，其对执行活动、侦查活动监督都不成问题，但是就检察机关的审判监督方面，如果不加限制地强调其监督者的地位及扩大监督范围，将会导致与司法权冲突，导致司法系统的不协调。

检察机关的法律监督职责重点应当体现为监督侦查活动的合法性，对侦查活动进行有效控制，以防止侦查权恣意行使而造成对公民权利的侵犯和对国家法制秩序的破坏。而对于法院监督，应当受到严格的限制。通常理解检察机关对于审判活动的监督，表现为两个方面：一是检察机关的抗诉，这是监督的主要形式；二是对审判活动过程合法性的监督。我们认为，对于检察机关的抗诉，不能一概而论。在刑事诉讼中，二审程序中检察机关的抗诉是诉权的延伸，是检察机关公诉权的组成部分。因为在刑事诉讼中检察机关是控诉一方，当它认为法院的判决"确有错误"时，基于司法救济原则和诉权救济原则，有权对法院判决提出抗诉，从而引起第二审程序，是公诉被审判机关所否定或者部分否定后采取的一种救济性措施。因此，此种抗诉与被告人的上诉没有本质区别。[2] 检察机关按照审判监督程序提起抗诉，主要也是基于诉权，它是二审程序抗诉的继续，相对应的是被告人的申诉。但是检察机关的抗诉必然引起再审，而被告人的申诉只是法院发现裁判错误而可能再审的

---

① 胡夏冰：《我国检察机关职权的检讨与重构》，载《社会科学》2001 年第 10 期。
② 参见龙宗智：《相对合理主义视角下的检察机关审判监督问题》，载《四川大学学报》（哲学社会科学版）2004 年第 2 期。

材料来源。因此,这里的抗诉显然带有审判监督的意味。

因此,检察机关的二审抗诉应当看做公诉权的组成部分,而不应看做检察机关对法院审判监督权的行使。而对于引起再审程序的抗诉,也主要是基于公诉职权,是检察机关在再审程序的非常救济之手段。然而由检察机关提起抗诉后而必然引起法院再审程序的启动的法律规定的本意,显然是出于检察机关的监督的属性而非诉权的属性。未来的刑事司法改革,也应当将检察机关对于法院生效裁判的抗诉纳入诉权框架内运行。在此基础上,对于法院已发生法律效力的裁判的抗诉,必须在程序公正和维护法的确定性和安定性的前提下运行检察机关的抗诉权,对再审抗诉设定严格的条件,非有必要不得随意启动再审程序。

在刑事审判中,除去检察机关作为诉权意义范围的抗诉权中的监督属性,检察机关对审判活动合法性的监督范围,在《人民检察院刑事诉讼规则》(以下简称《规则》)中作出具体规定。刑事诉讼法第 169 条规定:"人民检察院发现人民法院审理案件违反法律规定的诉讼程序,有权向人民法院提出纠正意见。"这里的"提出纠正意见"是检察机关对审判机关,而不是公诉人对合议庭,是程序外的监督纠正,而非程序内以抗诉形式对裁判提出的异议。也只是这种监督,是构成真正意义上的对法院审判活动合法性的监督,同时也是最具争议的命题。在刑事庭审中,参加公诉的检察人员,事实上处于控诉一方的当事人地位,与被告方一样,都应当服从法院的裁判,而如果允许公诉方对法院的审判活动进行监督,将会使其成为高位于审判机关的监督者,从而构成对法院权威性的挑战,违背了诉讼中的平衡结构。也正因为如此,1996 年刑事诉讼法在修正时,将公诉人发现法院的审判活动违法时有权当庭提出纠正意见修改为检察机关在庭后提出纠正意见。这种立法的变化本身说明了人民检察院的审判监督权与审判权之间存在着诉讼上的冲突。而如果当庭发现违法却不能纠正,任由错误在庭审中存续,事后再提出纠正意见则变得没有意义。

因为检察机关对法院审判活动中的违法行为之监督本身不具有程序启动功能,而是一种诉讼外的意见反馈,也无实体改变的作用,因而缺乏实效性。但如果为体现实效性而将其程序化,则会与检察机关作为公诉机关的实质当事人的地位相冲突,对诉讼结构造成冲击。因此在现行法未作改变的情况下,应当逐步弱化和虚置对审判活动违法性的监督,在将来刑事诉讼法再修正时,取消对审判活动的监督权。对这方面的改革,我们不妨从俄罗斯刑事诉讼法的变化中寻求到某些启示。在前苏联时期,检察机关有权对刑事诉讼程序包括对法院活动实施监督,一直是苏俄刑事诉讼法中一项基本的诉讼原则,但是 2001 年俄罗斯联邦在颁布新刑事诉讼法典时,废除了这一原则。相应地,俄罗斯检察机关在刑事诉讼中的地位与职权也发生了变化。这种变化导源于 1993 年联邦宪法第 123 条确立的辩论和平等原则以及依据联邦宪法修改的苏俄刑事诉讼法典。[①] 传统俄罗斯司法中实行的检察机关全面监督原则使得检察长在刑事诉讼中处于绝对优势的地位,不仅使被告人难以与控诉一方相抗衡,法律确定的控辩双方在法院面前平等辩论的原则根本无法实现,也由于对审判活动的监督,使检察长在刑事诉讼的实际运作中的地位和权力高于审判机关,以致难以保持法院中立的诉讼立场。俄罗斯在司法改革的进程中逐步认识到检察机关的至高无上的监督地位与控诉职能集于一身的理想主义的观念,不能适应现代诉讼原理和诉讼结构,故而逐

---

① 前苏联解体后,俄罗斯并没有立即宣布原有法律失效,而是不断地对原法进行修改,并于 1993 年的刑事诉讼法律改革中重新设立了陪审团制度,要求法庭审判建立在平等辩论原则基础之上。

渐从理论上和立法上淡化与取消检察长对法院刑事审判活动的监督职能。[①] 新的刑事诉讼法典正式取消了苏俄法典第 25 条规定的"检察长对刑事诉讼程序的监督"这一几十年未变的基本原则，并重新确定了检察长在刑事诉讼中的地位和职权。在新法典中检察长是控诉方的当事人，与犯罪嫌疑人和被告人处于平等对立的地位，是实施刑事追究以及对调查人员和侦查员的诉讼活动实行监督的公职人员。从这一规定来看，检察机关在刑事诉讼中由原来的全面诉讼监督职能转变为以追究刑事犯罪为目的的控诉职能，并在控诉职能的实施过程中负有对侦查和调查行为合法性进行监督的责任，检察机关虽然作为追诉机关，仍然有权监督侦查行为，以保证审前程序的合法进行。但是在刑事庭审中，检察机关与被告人分属于诉讼中对立的双方，都必须尊重法院的审判权。如果认为法院作出的裁判有错误，包括审判违反法定程序，作为诉讼中的一方当事人有权提起抗诉，从而通过启动诉讼程序纠正法院审判中的错误，而不是在庭审中或者庭审后提出纠正意见。俄罗斯刑事诉讼中的这一变革，对于我国未来刑事诉讼法中的检察机关的职权行使的范围及诉讼地位的界定，应当具有启示和借鉴作用。

（二）对检察机关强制处分权的限制

关于检察机关的强制处分权，目前我国学者提出的问题主要集中在检察机关的逮捕权上，并就此提出相应的改革主张：取消检察机关的批捕权，将其交由中立的法院行使；[②] 也有学者提出在目前的司法体制和诉讼制度的构架下，检察机关的批捕权有其存在的合法性和合理性，但是应当赋予犯罪嫌疑人申诉救济权；[③] 还有学者提出保留检察机关对公安机关侦查案件的批捕权，对于检察机关自行侦查案件中的逮捕和羁押由法院来决定。[④]

逮捕权由检察机关批准与决定的理由，通常被归结为检察机关作为国家的法律监督机关，因而由其进行审批，是法律监督职能的一种体现。然而，检察机关在刑事诉讼中的职能更直接体现为追诉机关，虽然从理论上说，检察机关也应恪守客观中立的义务，但是由于控诉职能使然，其追诉倾向是必然的。所以应当加强对逮捕权在内的涉及人身自由重大问题的司法控制。由于逮捕羁押以及搜查、扣押等强制性措施及侦查行为直接涉及人的尊严、自由，人的生命和财产权利，因此应当按照国际惯例，交给中立的法院行使。在法院中设立专门的预审法官，以区别于庭审法官，负责批准逮捕与羁押，以及搜查、扣押等侦查行为的审查批准权。同时，为了充分保障诉讼参与人的权利，预审法官还应拥有审前程序中的程序性裁判之功能和权利救济功能。对于侦查、检察机关在审前程序中的违法行为，有权向预审法官提出申请裁判认定行为无效，并排除非法取得证据的证据能力。

（三）限制检察机关撤回起诉与再起诉权

检察机关的撤回起诉是公诉变更的一种形式，是公诉权的组成部分。检察机关在符合法定条件下撤回起诉是起诉便宜主义的应有之义。然而刑事诉讼法对检察机关的撤回起诉

---

① 参见 Н. В. Мельников：ПРОКУРОРСКАЯ ВЛАСТЬ，ГОСУДАРСТВО И ПРАВО，2002，NO 2。

② 这一观点的代表性著作有陈瑞华著：《刑事诉讼的前沿问题》，中国人民大学出版社 2000 年版，第 282 ～ 283 页。郝银钟：《论批捕权的优化配置》，载《法学》1998 年第 6 期。

③ 参见张智辉：《也谈批捕权的法理》，载《法学》2000 年第 5 期。

④ 樊崇义主编：《诉讼法学研究》（第 2 卷），中国检察出版社 2002 年版，第 167 页。

问题没有规定，以至于在司法实践中，某些检察机关肆意撤诉后又随意再行起诉的现象多有发生，影响到刑事司法的严肃性和公正性。有鉴于此，我们认为，有必要对检察机关的撤回起诉与再起诉问题进行探讨，限制其行使的范围和条件。

最高人民检察院在《规则》第 351 条规定："在人民法院宣告判决前，人民检察院……发现不存在犯罪事实、犯罪事实并非被告人所为或者不应当追究被告人刑事责任的，可以要求撤回起诉。"人民法院有权审查人民检察院撤回起诉的相关理由，并作出是否准许的裁定。由于这种裁定属于程序性裁定，不是法院的实体裁判，更不是终局判决。因此，撤回起诉不受一事不再理原则的约束，公诉机关撤诉后，在追诉时效期间内，对同一案件可以再行起诉。按照《规则》的要求，对于检察机关重新起诉的案件，在没有新的事实、证据时，法院不予受理。可见，撤回起诉后再行起诉的条件应当是有新的事实或者新的证据。根据最高人民法院的司法解释，还存在一种判决无罪后再行起诉的问题，也即刑事诉讼法第 162 条第（三）项规定的"证据不足、指控的犯罪不能成立的无罪判决"作出且生效后，检察机关掌握了被告人犯罪的新证据时，有权重新对该被告人提起公诉。

从《规则》及最高人民法院的司法解释看，检察机关的撤回起诉及重新起诉都有一定条件限制，然而在司法实践中检察机关向法院提起公诉后，一经发现案件事实不清、证据不足，指控被告人有罪的证据不可能达到法定的证明标准时，往往以事实、证据发生变化为由，向法院提出撤诉的要求，法院出于种种考虑，通常也给予配合，以裁定准许其撤诉。而这种裁定并不禁止检察机关对同一事实重新提出起诉，甚至这种撤回后又起诉的行为还可能重复发生。事实上，按照《规则》的规定，对于事实不清、证据不足的案件，不属于检察机关撤回起诉的范围，而是应当由法院按照第 162 条第（三）项的规定作出被告人无罪的判决。但是检察机关为了避免法院作出无罪判决而选择撤回起诉的做法，于是在实践中对于证据不足，本应作出无罪判决的案件，最终却以撤回起诉处理。而本来可以获得无罪判决的被告人由此陷入不利的境地。因此，如果对检察机关的撤诉与再行起诉不加限制，不仅会造成公诉权的滥用，导致对被告人的重复追诉而侵犯其合法利益，更违背了"疑罪从无"的基本原则。因此，对于检察机关公诉权的行使，需要加以必要的限制。

其一，对撤回起诉的时间限制。根据《规则》的规定，在法院宣告判决前，检察机关可以撤回起诉，这一规定显然不尽合理。因为在法院审理结束到法院作出判决并宣告往往有一段时间，尤其是证据不足的案件，法院通常也较难作出判决。为了防止检察机关利用这段时间撤回起诉而规避败诉的风险，应当将撤回起诉的时间限制在提出公诉后法院开庭审理前的阶段。在法院审理过程中，检察机关不得以证据不足为由提出撤诉申请。同时，在二审程序和再审程序中，由于审查的不是案件事实本身，而是法院裁判的正确合法与否，更不能允许检察机关提出撤诉。

其二，对撤回起诉的次数与理由的限制。在司法实践中，检察机关采取的"本案事实、证据有变化"这一撤诉理由过于笼统，应当严格按照在《规则》规定的三种情况下才允许撤回起诉。对于在审判过程中，检察机关发现案件需要补充侦查而申请法院延期审理的案件，按照延期审理处理。延期审理后的补充侦查以一次为限，并在侦查终结后法院重新进行开庭审理并作出判决而非撤回起诉。

其三，严格限制再起诉的条件。对于法院作出无罪判决后能否再行起诉的问题，学术界存在不同的认识，有学者根据一事不再审的诉讼原则，认为不得对被告人再行起诉加以追究，这既是对被告人权利的保障，也是诉讼程序安定性价值的体现。我们认为，刑事诉讼包含着多种价值，其中追求实体真实也是重要的诉讼价值之一。对于已经作出无罪判决的被告人，如果确实掌握其实施犯罪的新证据而不予追究，则不符合诉讼之实体真实和社会利益之维护的价值目标。因此，检察机关在掌握足够的新证据时，可以对被告人再行起诉。同时必须对再行起诉加以限制。这包括：严格遵守追诉时效期限的规定；对于需要重新起诉的案件，应当报经上一级检察机关审查决定；重新起诉只能以一次为限。

（作者单位：中南财经政法大学法学院）

关于量刑建议存在的问题和研究现状

张国轩

量刑建议，是指检察机关在刑事诉讼活动中，在对被告人的犯罪事实进行审查、指控的基础上，依法对被告人所应判处的刑种、刑期、附加刑以及刑罚执行的方式向人民法院提出相对特定的请求意见的诉讼行为。当前关于量刑建议存在哪些问题？理论界对量刑建议具体关注哪些问题？本文特对其作一介绍和分析。

一、关于量刑建议存在问题的调查

笔者近两年设计了 24 个有关量刑建议的基础性、程序性、实体性问题并先后在检察院、法院等部门对 1886 人（其中检察官 1435 人，占 76.09% ；法官 345 人，占 18.29% ；其他 106 人，占 5.62%）进行了问卷调查。[①] 下面将对 1876 人的具体调查结果[②]作一介绍，并将其与 345 名法官的调查结果进行比较：

（一）关于量刑建议的基础性问题

1. 您对量刑建议的认识和熟悉程度。知道的占 53.24% ，知道一些的占 42.86% ，不知道的占 3.90% 。其中：345 名法官的回答：知道的占 53.91% ，知道一些的占 36.52% ，不知道的占 9.57% 。不知道的相差 6% 多。

2. 关于我国开展量刑建议的试点情况。知道的占 71.96% ，不知道的占 28.04% 。其中：345 名法官的回答：知道的占 61.16% ，不知道的占 38.84% 。不知道的相差 10% 多。

3. 关于量刑建议是否可行。认为可行的占 60.39% ，认为不可行的占 39.61% 。其中：345 名法官的回答：认为可行的占 46.09% ，认为不可行的占 53.91% 。相差 14% 多。

4. 关于量刑建议是否有法律依据。认为有的占 36.89% ，认为依据不充分的占 42.91% ，认为没有法律依据的占 20.2% 。其中：345 名法官的回答：认为有的占 33.04% ，认为依据不充分的占 31.02% ，认为没有法律依据的占 35.94% 。认为法律依据不充分的相差 11% 多，认为没有法律依据的相差 15% 多。

5. 关于量刑建议是否需要由法律明确规定。认为应当规定的占 81.6% ，认为不应当规定的占 18.4% 。其中：345 名法官的回答：认为应当规定的占 74.49% ，认为不应当规定的占 25.51% 。两种情况均相差 7% 多。

---

① 本部分的数据统计得到了江西省人民检察院教育培训处张玉华助理检察官的帮助，在此表示感谢。
② 当然调查的主体是检察官，占 76.49% ，其中含有少部分不具有检察官资格的检察机关的干部。

（二）量刑建议与控、辩、审三方，相关诉讼主体的关系

1. 关于量刑建议对检察官是否增加了额外工作任务。认为增加的占 32.52%，认为没有增加的占 67.48%。其中：345 名法官的回答：认为增加的占 40.87%，认为没有增加的占 59.13%。两种情况均相差 8% 多。

2. 量刑建议对检察官是否增加了工作难度和压力。认为增加的占 53.57%，认为没有增加的占 46.43%。其中：345 名法官的回答：认为增加的占 52.17%，认为没有增加的占 47.82%。两种情况均相差 1% 多。

3. 公诉人应当从哪些方面着手量刑建议。认为学习和研究刑罚的占 40.94%，认为熟悉量刑技巧的占 39.29%，认为应当改变公诉观念的占 19.87%。其中：345 名法官的回答：认为学习和研究刑罚的占 41.74%，认为熟悉量刑技巧的占 39.13%，认为应当改变公诉观念的占 19.13%。三种情况相差均不足 1%。

4. 量刑建议是否侵犯了法官的审判权。认为侵犯的占 16.04%，认为没有侵犯的占 83.96%。其中：345 名法官的回答：认为侵犯的占 37.68%，认为没有侵犯的占 62.32%。两种情况均相差 21% 多。

5. 量刑建议是否减轻了法官的量刑压力。认为是的占 29.8%，回答否的占 70.2%。其中：345 名法官的回答：认为是的占 23.19%，回答否的占 76.81%。两种情况均相差 6% 多。

6. 量刑建议是否会误导法官的量刑裁判。认为会的占 33.74%，回答否的占 66.26%。其中：345 名法官的回答：认为会的占 22.32%，回答否的占 77.68%。两种情况均相差 11% 多。

7. 法官对量刑建议采取什么态度。认为不受影响的占 17.06%，回答作为主要裁量参考意见的占 18.39%，认为应当冷静分析和区别对待的占 64.55%。其中：345 名法官的回答：认为不受影响的占 20.87%，回答作为主要裁量参考意见的占 14.49%，认为应当冷静分析和区别对待的占 64.64%。认为不受影响的和回答作为主要裁量参考意见的均相差 3% 多。

8. 量刑建议是否不利于被告人。回答是的占 10.13%，回答否的占 64.29%，认为与被告关系不大的占 25.59%。其中：345 名法官的回答：回答是的占 22.61%，回答否的占 44.64%，认为与被告关系不大的占 32.75%。回答是的相差 12% 多。

9. 律师对量刑建议采取什么态度。反对的占 12.15%，认为应冷静分析和对待的占 74.14%，认为无所谓的占 13.71%。其中：345 名法官的回答：反对的占 17.97%，认为应冷静分析和对待的占 65.22%，认为无所谓的占 16.81%。认为应冷静分析和对待的相差 8% 多。

（三）量刑建议的具体操作

1. 是否应当征求被害方的同意。认为是的占 33.1%，回答否的占 66.9%。其中：345 名法官的回答：认为是的占 38.84%，回答否的占 61.16%。两种情况均相差 5% 多。

2. 当前实施量刑建议面临的主要问题。认为是观念的占 10.66%，认为是法律依据的占 51.6%，认为是对刑罚理解存在差距的占 20.95%，认为是法院的认可和配合的占

16.79%。其中：345 名法官的回答：认为是观念的占 13.04%，认为是法律依据的占 49.28%，认为是对刑罚理解存在差距的占 24.06%，认为是法院的认可和配合的占 13.62%。相差 2%～4%。

3. 量刑建议的实施采取什么态度。认为应立即实施的占 20.58%，认为应分阶段实施的占 65.88%，认为应暂缓实施的占 8.1%，认为不应当实施的占 5.44%。其中：345 名法官的回答：认为应立即实施的占 22.9%，认为应分阶段实施的占 44.93%，认为应暂缓实施的占 13.62%，认为不应当实施的占 18.55%。认为应分阶段实施的相差近 21%。

4. 量刑建议是否应当在公诉时向法庭提出。认为应当的占 38.91%，认为可以的占 33.8%，认为需具体分析的占 27.29%。其中：345 名法官的回答：认为应当的占 39.13%，认为可以的占 26.67%，认为需具体分析的占 34.2%。认为可以的和需具体分析的均相差 7% 左右。

（四）关于量刑建议的实体问题

1. 对某一具体犯罪在适用量刑建议时，遇到的主要法律问题。认为刑罚种类过多的占 17.11%，认为刑罚幅度过大的占 79.96%，认为刑期太长的占 2.93%。其中：345 名法官的回答：认为刑罚种类过多的占 25.22%，认为刑罚幅度过大的占 71.01%，认为刑期太长的占 3.77%。认为刑罚种类过多和认为刑罚幅度过大的均相差 8% 多。

2. 您认为对未成年人是否可以建议适用无期徒刑。认为可以的占 37.9%，认为不可以的占 58.26%，认为无所谓的占 3.84%。其中：345 名法官的回答：认为可以的占 48.12%，认为不可以的占 46.96%，认为无所谓的占 4.92%。认为不可以的相差近 12%。

3. 如果被告人犯故意杀人罪，应当判处死刑，但是有自首和重大立功表现，依法应当减轻处罚。您认为对被告人应当如何提出量刑建议。认为无期徒刑的占 35.61%，认为无期徒刑或者 10 年以上有期徒刑的占 56.98%；认为判处 3 至 10 年有期徒刑的占 6.08%，认为判处 10 年以下有期徒刑的占 0.9%；认为判处 10 年以下有期徒刑、拘役或者管制的占 0.43%。其中：345 名法官的回答：认为无期徒刑的占 35.36%，认为无期徒刑或者 10 年以上有期徒刑的占 59.42%；认为判处 3 至 10 年有期徒刑的占 4.35%，认为判处 10 年以下有期徒刑的占 0.58%；认为判处 10 年以下有期徒刑、拘役或者管制的占 0.29%。最大相差 2% 多。

4. 被告人共同参与抢劫，系从犯，应当在 3 年以上 10 年以下有期徒刑的幅度内量刑。您如何提出量刑建议。认为比照主犯从轻处罚的占 57.57%，认为应处 3 至 4 年有期徒刑的占 13.85%，认为应处 3 至 5 年有期徒刑的占 17.32%，认为应处 3 至 7 年有期徒刑的占 9.54%；认为应处 3 至 10 年有期徒刑的占 1.72%。其中：345 名法官的回答：认为比照主犯从轻处罚的占 52.75%，认为应处 3 至 4 年有期徒刑的占 14.49%，认为应处 3 至 5 年有期徒刑的占 18.26%，认为应处 3 至 7 年有期徒刑的占 10.73%；认为应处 3 至 10 年有期徒刑的占 3.77%。认为比照主犯从轻处罚的相差近 5%。

5. 您认为量刑建议是否包括对适用缓刑及其考验期的具体建议。认为包括的占 72.65%，认为不包括的占 27.35%。其中：345 名法官的回答：认为包括的占 63.19%，认为不包括的占 36.81%。两种情况均相差 9% 多。

6. 您认为量刑建议是否应包括对附加刑提出的具体建议。认为包括的占 67.96%，认为不包括的占 32.04%。其中：345 名法官的回答：认为包括的占 57.94%，认为不包括的占 42.06%。两种情况均相差 10% 多。

二、国内硕士论文关于量刑建议的研究分析

在"中国知网"（http：//www. cnki. net/index. htm）之"中国优秀硕士学位论文全文数据库"（1979 - 2008 年）以"量刑建议"、"求刑权"为题目关键词的硕士论文选题的有 21 篇（其中：量刑建议 16 篇、求刑权 5 篇），包括诉讼法学、刑法学等专业的硕士学位论文。①

（一）关于 21 篇硕士论文的基本情况和主要研究的问题（见表 1 和表 2）

表 1：21 篇硕士论文的基本情况

序 号	作 者	导 师	学 校	专 业	题 目	时间（年）
1	徐伟	左卫民	四川大学	法 律	量刑建议制度研究	2003
2	周光富	左卫民	四川大学	诉讼法	量刑建议制度研究	2004
3	赵 萍	靳建丽	郑州大学	诉讼法	量刑建议制度可行性研究	2004
4	胡焕宏	李洪欣	苏州大学	法 律	求刑权研究	2004
5	龙兴盛	孙宁华	西南政法大学	法 律	量刑请求权研究	2004
6	郑 燕	杨兴培	华东政法学院	刑法学	论量刑建议权和量刑建议制度的理论与实践	2005
7	周 伟	赖 宇	吉林大学	法 律	量刑建议权制度研究	2006
8	杜先祥	鲁雪英	安徽大学	法 律	论我国量刑建议制度的构建	2006
9	王野飞	余经林	安徽大学	诉讼法	检察机关求刑权问题研究	2006
10	柳 燕	杨可中	华东政法学院	法 律	检察机关量刑建议制度研究	2006
11	张 林	卫跃宁	中国政法大学	法 律	量刑建议制度研究	2006
12	王令源	郑 旭	中国政法大学	法 律	量刑建议权制度研究	2006
13	孙红霞	徐静村	西南交通大学	马思政	量刑建议制度研究	2006
14	朱 淦	李 力	南京师范大学	诉讼法	论检察机关的量刑建议权	2006
15	房东风	李 洁	吉林大学	法 律	检察机关求刑权的制度设计	2006
16	梅丽红	张成敏	苏州大学	法 律	论我国检察官的求刑权	2006
17	姜正平	刘根菊	中国政法大学	诉讼法	公诉机关量刑建议制度研究	2007
18	张 勇	罗智勇	湖南大学	法 律	检察量刑建议制度研究	2007
19	谢 莉	王燕飞	湖南大学	法 律	量刑建议制度研究	2007
20	潘怀香	杨文彬	安徽大学	法 律	检察机关量刑建议权研究	2007
21	郝晓宇	孙维萍	上海交通大学	诉讼法	我国检察机关量刑建议制度研究	2007

---

① 目前在"中国知网"中国优秀博士学位论文全文数据库（1979—2008 年）还没有搜索到专题研究量刑建议的博士学位论文（搜索截止时间为 2008 年 8 月 3 日）。

表 2：21 篇硕士论文主要研究的问题

序 号	作 者	题 目	研究问题
1	徐伟	量刑建议制度研究	一、量刑建议权概述； 二、量刑建议权与"辩诉交易"； 三、国外检察机关量刑建议制度启示； 四、量刑建议制度的法理依据； 五、我国目前现有的检察官量刑建议状况； 六、量刑建议制度的价值分析； 七、量刑建议制度的构建； 八、需要注意的问题。
2	周光富	量刑建议制度研究	一、量刑建议制度的比较法考察； 二、量刑建议权的理论基础； 三、量刑建议制度的价值——兼议我国量刑建议的必要性； 四、量刑建议制度与其他诉讼制度的协调运作； 五、我国量刑建议制度的理论建构。
3	赵萍	量刑建议制度可行性研究	一、量刑建议制度的理论基础； 二、量刑建议在我国的实践； 三、量刑建议制度在国外的实践； 四、确立量刑建议制度的构想。
4	胡焕宏	求刑权研究	一、前言； 二、求刑权理论概说； 三、求刑权的实证考察与调研结论； 四、推行求刑制度的障碍与对策。
5	龙兴盛	量刑请求权研究	一、量刑请求权概论； 二、量刑请求权的运作机制； 三、量刑请求权与辩诉协商； 四、量刑请求权运作的制度要求。
6	郑燕	论量刑建议权和量刑建议制度的理论与实践	一、量刑建议权的理论探讨； 二、量刑建议制度的运作实践； 三、完善量刑建议制度的思考和建议。
7	周伟	量刑建议权制度研究	一、量刑建议权概述； 二、量刑建议权基础与诉讼价值； 三、量刑建议权现实考量； 四、量刑建议权制度构建。
8	杜先祥	论我国量刑建议制度的构建	一、量刑建议制度的基本理论； 二、量刑建议制度的现实意义及其诉讼价值； 三、我国量刑建议制度构建。
9	王野飞	检察机关求刑权问题研究	一、求刑权的概念及其本质属性； 二、求刑权的理论基础及其价值取向； 三、国外求刑权制度考察； 四、我国检察机关求刑权的现状及评析； 五、全面构建我国检察机关求刑权制度。

续表

序　号	作　者	题　　目	研究问题
10	柳　燕	检察机关量刑建议制度研究	一、检察机关量刑建议制度的现状； 二、量刑建议制度的理论基础； 三、国外量刑建议制度考察； 四、构建我国检察机关量刑建议制度的设想。
11	张　林	量刑建议制度研究	一、量刑建议制度基本理论概述； 二、国外量刑建议制度考察； 三、构建有中国特色的量刑建议制度。
12	王令源	量刑建议权制度研究	一、量刑建议权制度建立的诱因和基础； 二、量刑建议权制度构建的诉讼价值分析； 三、国外有关量刑建议权制度立法与实践简介； 四、我国量刑建议权制度的改革和发展趋势。
13	孙红霞	量刑建议制度研究	一、量刑建议制度的理论基础； 二、我国量刑建议实践方式考察； 三、国外量刑建议制度对我们的启示； 四、我国量刑建议制度的构建。
14	朱　淦	论检察机关的量刑建议权	一、检察机关量刑建议权的概念和特征； 二、检察机关量刑建议权的理论分析； 三、公正与效率：量刑建议权的价值基础； 四、检察机关量刑建议权的比较分析； 五、我国量刑建议制度建构设想。
15	房东凤	检察机关求刑权的制度设计	一、求刑权理论概说； 二、国内外求刑制度考察； 三、我国求刑权的制度构建； 四、推行求刑制度的障碍与对策。
16	梅丽红	论我国检察官的求刑权	一、检察官求刑权的现状； 二、检察官求刑权的正当性； 三、我国部分地区检察官求刑的情况； 四、检察官的求刑需要其他相关制度的配合； 五、检察官的求刑规则。
17	姜正平	公诉机关量刑建议制度研究	一、量刑建议权概述； 二、两大法系和我国台湾地区的量刑建议制度； 三、我国量刑建议制度的现状与改革实践； 四、确立量刑建议权的利弊分析； 五、在我国确立量刑建议权的设想。
18	张　勇	检察量刑建议制度研究	一、绪论； 二、量刑建议制度概述； 三、国外有关量刑建议制度立法与实践简介； 四、量刑建议制度的应有价值与未实行的弊端分析； 五、确立量刑建议制度的构想。

续表

序号	作者	题目	研究问题
19	谢莉	量刑建议制度研究	一、绪论； 二、量刑建议制度的概念及价值； 三、国外量刑建议实践之考察； 四、我国建构量刑建议制度的具体内容； 五、我国"量刑建议制度"实践的机制分析； 六、我国"量刑建议制度"有效运行配套制度的确立。
20	潘怀香	检察机关量刑建议权研究	一、量刑建议权理论基础研究； 二、国外量刑建议制度适用情况概述； 三、关于量刑建议制度相关问题的探讨； 四、建立健全量刑建议制度的几点构想。
21	郝晓宇	我国检察机关量刑建议制度研究	一、量刑建议制度的理论基础； 二、我国检察机关量刑建议制度实施现状及评析； 三、域外量刑建议制度考察及对我国的启示； 四、检察机关量刑建议制度在我国建构的设想。

（二）关于21篇论文的情况分析

1. 从题目和内容来看。有的研究分为三个部分，有的最多分为八个部分，大多数分为四至五个部分。21篇硕士论文题目的关键词主要是："量刑建议权"、"求刑权"、"量刑建议制度"、"量刑建议权制度"。

从题目的内容来看，可以分为三种：第一，称"量刑建议（权）制度研究"的14篇。其中：量刑建议制度研究11篇，量刑建议权制度研究2篇，求刑权制度1篇。第二，称"量刑建议权"的6篇，其中：求刑权3篇，量刑建议权2篇，量刑请求权1篇。第三，同时称量刑建议权和量刑建议制度的1篇。笔者赞成对量刑建议可以有不同的表达，"量刑建议"、"求刑"、"量刑请求"这几种称谓是可以在同一意义上来使用的。①

2. 从专业分布来看。诉讼法学6篇；法律硕士13篇；刑法学1篇；马克思主义理论与思想政治专业1篇。

3. 从学校分布来看。中国政法大学、安徽大学各3篇；华东政法大学、四川大学、吉林大学、湖南大学、苏州大学各2篇；西南政法大学、郑州大学、南京师范大学、西南交通大学、上海交通大学各1篇。

（三）关于21篇论文的主要特点

第一，量刑建议在2003年至2007年成为研究的热点，2003年1篇、2004年4篇、2005年1篇、2006年10篇、2007年5篇，特别是在2006年共有10篇。但是，到目前为止还没有专门的博士学位论文通过答辩。第二，多数在题目中将"量刑建议"、"量刑建议权"作为一种法律制度，很少将"量刑建议"作为一种具体的诉讼活动或者诉讼行为。第

---

① 参见曹振海、宋敏：《量刑建议制度应当缓行》，载《国家检察官学院学报》2002年第4期。

三，从内容上看，主要论述的问题包括量刑建议的基本问题，其他国家和地区的量刑建议制度述评，我国量刑建议的开展及其利弊分析，我国量刑建议制度的构建等。第四，每篇论文多将两大法系的量刑建议制度单独进行分析和比较，并对其借鉴意义进行积极评述。第五，研究的问题多集中于量刑建议的程序性问题，而从实体上涉及量刑建议问题的比较少，刑事一体化的结合研究不明显。

三、关于量刑建议研究的现状和评析

（一）研究特点

目前在"中国知网"之"中国期刊全文数据库"（1979—2008）以"量刑建议"为题目的文章共有46篇；"中国重要报纸全文数据库"（2000—2008）以量刑建议为题目的文章共有69篇（包括《法制日报》、《检察日报》等全国重要报纸）。两者相加共计100多篇。[1]这些文章既有专题研讨会的综述，也有个人对量刑建议的独特思考；既有量刑建议的理论探讨，也有对量刑建议开展情况的报道、介绍和总结；既有从国内法角度研究量刑建议的，也有对两大法系的量刑建议进行介绍和评述的。

当前研究的主要特点是：

第一，研究主体虽然比较多，但主要是刑事诉讼法学界，刑法学界几乎不介入，学科单一性、分界性特别明显。第二，研究内容主要是相关的程序问题，对相关的实体问题涉及较少，缺乏刑事一体化的研究。第三，关于怎样提出量刑建议的问题研究不充分，特别是关于刑罚的具体适用范围、幅度、方式的建议问题研究较少。第四，目前虽然有21篇直接涉及量刑建议的硕士论文或者与量刑建议有关的硕士论文，但是还没有关于量刑建议的博士论文和相关著作在国内出版，因此研究的广度和深度还需加强。

（二）关于能否将量刑建议作为一种"制度"

有人认为，量刑建议制度是检察机关对于自己所享有的量刑建议权如何行使以及行使的目的、价值、程序、监督等一系列问题和措施的总称。它是现代国家法律制度的重要组成部分，是保护公民诉讼权利的有效措施。量刑建议制度的健全和完善成为刑事诉讼法程序民主化和科学化的重要标志。[2] 也有人认为，量刑建议制度就是指公诉人在刑事诉讼活动中，代表检察机关就被告人的定罪问题提出明确请求的同时，就被告人的量刑问题向审判机关提出具体主张的法律制度。[3]

笔者认为，量刑建议制度中的"制度"一词应当是指"法律制度"。而法律制度应当是法律明确规定的、指导法律适用的准则性规范。量刑建议制度，应当是指法律明确规定的，对刑事诉讼活动具有指导性的活动准则。然而，从我国现行刑事法律来看，对量刑建议没有明确的规定，在刑事诉讼法和相关的司法解释中，都没有"量刑建议"这一"法律

① 搜索截止时间为2008年7月5日。
② 参见孙红霞：《量刑建议制度研究》，西南交通大学2006年硕士论文，第6页。
③ 参见谢莉：《量刑建议制度研究》，湖南大学2007年硕士论文，第6页。

术语"。目前在司法实践中检察机关主要是在进行试点,检察机关的相关文件也提及的是进行量刑建议的"试点工作"。《检察日报》2008 年 7 月 9 日以《检察 30 词扫描检察三十年》为题,列举了 30 个词,其中就包括"量刑建议",并且将其与"法律监督"、"检察改革"、"检察建议"等词并列,但是该词并没有将"量刑建议"表述为"量刑建议制度"。从上面关于量刑建议是否需要由法律明确规定的问卷调查的结果可以看出,认为应当规定的占 81.6%,认为不应当规定的占 18.4%。其中 345 名法官的回答:认为应当规定的占 74.49%,认为不应当规定的占 25.51%。因此将量刑建议称为法律制度明显缺乏依据。

(三)关于量刑建议研究问题的思考

1. 研究思路。对量刑建议的研究思路:是什么(量刑建议是什么)→为什么(为什么要开展量刑建议)→怎么样(怎样开展量刑建议)。

2. 研究方法。坚持刑事一体化。

3. 研究内容。从刑罚权和诉权的结合上来探讨量刑和量刑建议的关系,探讨量刑建议的依据,揭示量刑建议的原则;从刑种、刑度、刑罚裁量的原则和方法上来揭示量刑建议的具体开展;从相关程序的原则和制度来探讨量刑建议与相关诉讼制度的关系;从诉讼的各个阶段和环节来分析量刑建议的不同发展阶段;从刑事立法上来探讨量刑建议的立法确认和完善;等等。

当然,以上内容仅为个人不成熟的看法,只是希望以此得到学界对量刑建议理论和实践问题的进一步关注。

(作者单位:江西省人民检察院)

以系统论为统摄　构建科学的刑事诉讼制度

周国均　宋志军

　　系统科学是以系统及其规律与系统方法为研究对象的科学，其方法论被人们称为一般科学方法论。何为系统论呢？系统论的创始人贝塔朗菲指出："系统的定义可以确定为处于一定的相互关系中并与环境发生关系的各个组成部分（要素）的总体（集）。"① 也就是说，系统是指由部分或者要素组成的具有一定层次和结构并与环境发生关系的整体，其具有整体性、综合性、层次性、结构性、环境关联性和功能性等特性。系统科学发展到今天，已经发展成为一个以系统论为核心，以信息论和控制论为支柱，具有不同层次内容的复杂科学体系。从学科分类的理论上来看，系统科学是一门横断科学，其学科属性介于哲学和具体科学之间，它不仅注重应用自身的理论和方法去解决实践中的各种问题，而且注重应用哲学和众多具体科学知识去解决实践中的问题。系统科学是理论知识和方法论的统一，带有极强的方法论性质。系统科学方法的内容很多，就大的方面而言，主要有系统方法、信息方法和控制方法三类，而在每一类方法下面，又包括众多的具体方法。系统范畴具有普遍性，自然界、思维领域、人类社会及其各种制度都可以看成是不同的系统。刑事诉讼制度也概莫能外。由于篇幅所限，笔者仅以系统方法为分析工具，对刑事诉讼制度建构的方法论进行研究。刑事诉讼制度的科学构建是一个复杂的系统工程，除关涉刑事诉讼本身之外，还涉及宪政体制、社会环境、经济发展和文化传统等多方面的问题，是一部刑事诉讼法典难以完全承载的，因此以系统科学理论尤其是系统科学方法论为视角研究刑事诉讼制度科学构建问题，并将其作为一项系统工程来建设，就成为一个亟待深入研究的课题。近年来，虽然学术界和司法实务界关于刑事诉讼法再修改的学术成果十分丰硕，但缺少从方法论层面或者技术层面的深入研究，为此笔者在此提出刑事诉讼制度构建的系统化问题，并尝试运用系统科学方法及系统规律对该问题进行探讨。

一、刑事诉讼制度的系统论观照

　　据《辞海》和《现代汉语词典》解释："制度有两种含义：其一制度是指要求人们共同遵守的办事规程或行为准则，如工作制度、财务制度；其二，是指在一定历史条件下形成的政治、经济、文化等方面的体系，如封建主义制度、资本主义制度、社会主义制度等。"② 韦伯说，制度应该是任何一个圈子里的行为准则。③ 我国学者林毅夫认为，从一般

---

① ［奥］贝塔朗菲：《普通系统论的历史与现状》，载中国社会科学院情报研究所编译：《科学学译文集》，科学出版社1981年版，第315页。

② 参见《辞海》，中国书籍出版社2003年版，第1381页；《现代汉语词典》，商务印书馆1997年版，第1622页。

③ ［德］马克思·韦伯著：《经济与社会》（上），林荣远译，商务印书馆1997年版，第345页。

意义上讲："制度既可以指具体的制度安排，即指某一特定类型活动和关系的行为准则，也可以指一个社会中各种制度的总和，即制度结构。"笔者认为，他的这种定义与《辞海》和《现代汉语词典》所作的解释大同小异，小异是他指出了制度所包含的具体内容，有一定的可取价值。何为刑事诉讼制度，作为制度的下位概念，它是刑事诉讼程序中的制度。对此，学界曾有两种理解：其一是指刑事诉讼体系中的规章和程序，如侦查制度、检察制度、审判制度等；其二是狭义上的刑事诉讼制度，是指诉讼主体和诉讼参与人在刑事诉讼中必须遵守的规程或行为准则，从属于刑事诉讼基本原则，如审判中的含义制、独任制、回避制、公开审判制和两审终审制等。刑事诉讼基本原则和刑事诉讼制度不同：前者的规定贯穿于整个刑事诉讼（立案、侦查、起诉、审判、执行等）的各个阶段，后者只适用于某一个或某几个诉讼阶段；前者的内容比较概括，后者的内容比较具体。① 笔者认为，这种分类的观点有一定的代表性和可取性。本文所言之刑事诉讼制度是指广义上的概念，即刑事诉讼制度是关于刑事诉讼体系、程序、原则、制度、操作规程等的总和，在一定意义上讲，也可以说是刑事诉讼的构造或模式。当前，立法机关、司法部门、学术理论界正在热议和研究为何修改、完善我国刑事诉讼法，对此笔者认为应当从整体上来观察、透视、审视、分析、检讨和研究刑事诉讼制度，以防止片面性和急功近利。

刑事诉讼制度犹如一座大厦，各个部分和结构上下相撑、左右相依、纵横交叉，动一处会牵动整个大厦，改一处会影响全屋，因此修缮者必须眼观整座大厦，着眼全局，顾及部分与整体、部分与部分，上部与下部、左部与右部等的环环相扣、互依互存、互支互补的关系，以此为出发点考虑如何修缮、完善刑事诉讼制度这座大厦。鉴于系统论特别是系统科学方法是指导、指引人们全面、系统、主体、纵横地观察、分析、研究、解决问题的有效方法，因此以它为统摄研究刑事诉讼制度是一种不错的选择。

刑事诉讼制度又像一个人的身体，它由相貌和心、肺、肝、肾、胆等器官构成，它们相互依赖、共生共存。若某一种重要器官不健康或者生病，必然牵动到相邻器官和影响全身。要治疗某个器官的疾病，医学上有两种方案：第一种是选择西医用药，以快速、靶向定位之方法进行治疗（俗称"头痛治头，脚痛医脚"的疗法）；第二种是选择中医用药，它虽药效稍慢，但能作用全身进行治疗。著名中医在决定科学处方时，讲究主、辅、平、佐四个字。"主"，是指处方中治疗某种疾病的"主药"；"辅"，是指辅助主药起作用的中药；"平"，是指保证使身体气血平衡的中药；"佐"，是指克减、抵消已出处方药会产生毒效的中药。这样就能充分起到使用中药治疗既能靶向治病，又不或者很少产生副作用的作用。笔者认为，在修改、完善刑事诉讼制度时，主张者也应当像中医看病一样，从人身整体结构和病灶之处的情况出发，全面地、辩证地考虑修改、完善刑事诉讼制度中存在问题的某个程序、某个原则、某个措施、某种方法等，防止修改、完善某处，但又产生了新的矛盾或者不协调的弊端发生。而采用系统论特别是系统科学方法，对刑事诉讼制度进行改、增、废，正是防止上述弊端出现的有效思辨和处事方法。刑事诉讼制度是由一系列理念、原则和规则等构成的规范系统，具有系统的一般属性，下面我们将从宏观和微观两个视角进一步分析刑事诉讼制度系统的要素和应当遵循的系统规律。

---

① 《中华法学大辞典·诉讼法学卷》，中国检察出版社1995年版，第636页。

二、刑事诉讼制度系统要素的宏观分析

在约定俗成的理解中，学者总是把制度仅仅理解为一系列的成文规则，因而出现制度和规则混同的问题。其主要原因是没有将制度作为一个系统来看待。从自然界和人类社会整体而言，某一制度只是其中的一个部分，是整个大系统中的一个子系统，但就某一制度自身而言，它又是一个独立的系统，拥有其构成要素组成的内部结构，也同样拥有其子系统。从宏观上来分析，完整意义上的制度应包含理念、原则、规则和载体四大要素的系统。从系统角度认识制度，有助于我们克服把制度仅仅作为一些规则的集合而导致的对制度认识的偏差。在此，笔者尝试分析理念、原则等四大要素在刑事诉讼制度体系中的地位和作用。

(一) 刑事诉讼制度与规则

在现代汉语中，制度是指"要求大家共同遵守的办事规程或行动准则。"① 由此可以看出，制度的概念是通过规则来表述的，任何规则的出现、发展或进化的过程都可能是制度的出现、发展或进化的过程。规则之间的协调性、不矛盾性和和谐性也是作为制度要素的规则的内在要求，对同一类主体和对象所适用的规则，必须具有逻辑上的一致性，不能出现同一层次的规则之间的冲突，否则不仅会使得规则失效，而且会严重影响制度的权威性和存在的理由。规则是以法律、法规、契约、公约等形式规定下来的准则，这些准则成为社会主体的行为规范，或者说，规则的实质就是把各主体的行为合理化、有序化和契约化。规则作为制度的内容，更多的是一种逻辑的规定，它使得制度具有了形式化的内容，也使得制度具有了规范化的意义，如果规则缺失，制度就失去了规范的基础。然而，规则并不是制度的全部内容，在系统论视野中，制度作为一个系统，除了规则之外，还应当包括统领规则的理念、贯穿规则始终并在规则出现空白或者漏洞时起到弥补作用的原则等要素。

(二) 刑事诉讼理念与原则

理念与原则是处于不同层次上的两个范畴。理念是制度、规则所体现出来的价值判断与目标定位，不同理念引导下的制度会呈现出不同的性质。制度理念一般是不独立体现出来的，它要与一定的规则、规范相联系。一定的理念是一定制度得以产生的观念先导，是某一制度得以产生和发展的价值观念，每一时代的主要制度都是其时代精神的体现。理念本身并不直接体现为制度，但作为制度的灵魂却必须间接地体现在一切规则之中。每一制度的具体安排都要受到制度理念的支配。在很大意义上，制度不过是一定价值理念的实体化和具体化，是结构化和程序化了的价值观。原则是比理念低一层次同时也是更具体的原理和准则。在理念这一最高层次也最抽象的价值目标之下，分化出一系列的原则，不同的理念将产生不同的原则。而原则与理念应当是协调的、一致的，如果原则与理念相抵触，不但无法制定出充分体现制度理念和原则的规则，反而会产生原则、规则之间的冲撞从而使制度无法发挥应有的功能。和谐、人道、人权是刑事诉讼制度秉承的基本理念，而无罪

---

① 中国社会科学院语言研究所词典编辑室编：《现代汉语词典》(增补本)，商务印书馆 2002 年版，1622 页。

推定、禁止重复追诉、比例原则等则可以作为刑事诉讼的基本原则。

（三）刑事诉讼制度的载体

载体是制度的实现形式，有什么样的载体就有什么样的制度形式，否则就无法把握制度的现实样式。制度的载体是具体的、可感知的，它最普遍的形式就是条文，条文可以表达一种制度的基本内容，将这一制度的内容以具体化的、可了解的方式表达出来，当然条文并不是制度的唯一载体。[①] 现代社会，法律形态成为制度的主要载体，不同的载体使得制度具有了不同的形态，以法律为载体，制度就体现为法律，以规章为载体，制度就体现为规章，以司法解释为载体，制度就体现为司法解释，以习惯为载体，制度就体现为习俗这种非正式的制度，以不可言传的心理认同为载体，制度就形成了潜规则。其中，除了刑事诉讼法是刑事诉讼制度的主要载体之外，对于刑事诉讼制度影响最大的是司法解释和潜规则。

就目前我国刑事诉讼制度的载体而言，其形式是丰富多样的，体现了我国法律制度和政治体制的特点。从最高层面而言，我国宪法是刑事诉讼法律制度的基础，不仅规定了我国刑事司法体制，而且规定了公民现有的基本人权。但是，宪法中所规定的其他公民基本人权的保障如何在刑事诉讼制度中得以体现是一个需要研究的重大课题。在修改刑事诉讼法的过程中，如何处理好宪法与刑事诉讼法、刑事诉讼制度中司法体制及权力分配的关系是一个复杂的问题。除了宪法之外，刑事诉讼法的载体还体现为法律、司法解释以及地方性的规定。这些规则尽管在不同程度上弥补了刑事诉讼法的不足，但也存在不少与刑事诉讼法相抵触的问题。最近新修订的律师法关于律师刑事诉讼权利与刑事诉讼法相关规定的差距所产生的问题就是突出的例证。因此，再修改刑事诉讼法时，从系统方法论出发，在总结实践经验的基础上，只有注意各个组成部分和要素的协调统一，才能较好地解决法律本身存在的问题以及实施过程中产生的问题，使不同的刑事诉讼制度或程序之间保持协调，使刑事诉讼法在全国范围内得到统一的、畅通的实施。

三、建构刑事诉讼制度应遵循的系统规律

根据系统论原理，系统的发展变化过程是整体与部分、层次、结构、环境相互作用的过程。一方面，系统整体的发展变化是构成其要素（部分）、层次、结构、环境诸因素共同起作用的结果；另一方面，系统整体的发展变化又必然会引起要素、层次、结构及环境的改变。[②] 建构科学的刑事诉讼制度，应当遵循系统科学的一般规律，运用系统的方法去认识和解决刑事诉讼制度中的问题。

（一）整体性原则

整体性原则是系统方法的核心，它包含两层含义：其一是指系统内部的不可分割性；其二是指系统内部的关联性，系统内部任何一个要素的改变都会引起其他要素的变化。从

---

① 辛铭：《系统论视野中的制度要素研究》，载《自然辩证法研究》2005年第10期。
② 常绍舜编著：《系统科学方法概论》，中国政法大学出版社2004年版，第49页。

宏观要素上来说，刑事诉讼制度由理念、规范、载体和对象四大要素构成，这四个要素之间不可分割并且密切关联。理念是体现一个国家建立刑事诉讼制度的价值取向，规范是制度的核心具体内容，而其内容必须通过一定的载体——法律、法规、判例或者习惯甚至潜规则来体现，无论是刑事诉讼规范，还是制度规范的载体都受理念的统摄。其中任何一个要素的变化都会影响其他要素以及整体功能的发挥。系统的整体性表现为三种形式：空间整体性、时间整体性和逻辑整体性，这在刑事诉讼制度中体现得更为明显。从微观上来说，刑事诉讼程序是刑事诉讼制度的核心要素，而刑事诉讼程序具有典型的空间整体性、时间整体性和逻辑整体性。刑事诉讼程序由立案、侦查、审查起诉、提起公诉、一审程序、二审程序、再审程序、死刑复核程序、执行程序组成，这一系列程序在空间上具有不可分割性和关联性，在时间上前后相继不能颠倒，在逻辑上层层递进，环环相扣，充分体现了刑事诉讼程序整体性的特性。

以整体性原则来衡量 1996 年刑事诉讼法，可以发现三个明显的问题：第一，某些程序机制之间的协调性不够，有的甚至存在较大的冲突。例如，"控辩式"庭审方式与"纠问式"侦查程序之间的机制冲突，检察机关的审判监督职能与"控辩式"庭审方式之间的冲突。第二，一些问题解决得不够彻底，如辩护权的充实问题、强制措施的滥用问题、程序性违法的救济问题、公诉方式等问题。第三，遗留的问题主要表现在证据制度、上诉程序、审判监督程序、死刑复核程序未作任何实质性修改。

刑事诉讼法在整体性上存在的上述问题，应当足以引起反思。待再修改刑事诉讼法时，应当从整体性上予以加强，任何一项制度或者原则的建立或修改都要从整体上考虑与其他环节的协调问题。例如，禁止重复追诉原则应贯穿于刑事诉讼制度的始终，如果确立该原则，那么应当从整体制度上通盘考虑，在审查起诉阶段是否应取消检察机关在作出疑罪不起诉决定后发现新证据可以重新起诉的规定？是否相应地禁止检察机关在第二审程序中提出新的支持控诉的证据？是否将二审法院以事实不清、证据不足为由裁定发回重审的次数限定为一次？是否禁止在再审程序中发回重审？是否禁止已作出有罪判决或无罪判决的案件重新起诉和审判都是需要加以研究的问题。这样从审前程序一直到再审程序中的一系列制度都应当协调，否则将出现制度之间的冲突，也难以将原则贯穿始终。

（二）层次性原则

层次性原则要求人们遵循事物的层次性，注意层次数量的调整。层次的数量对系统整体有着重要影响，如果层次过多，就会增加层次间信息传递的时间从而影响系统的效率；层次数量太少，又会使各层次处理的信息量过大，以至于穷于应付，这样也会影响系统效率。应当使系统层次数量保持在一定水平之上，使系统整体功能得到最佳发挥。刑事诉讼制度的层次性，是指要素之间按照整体与部分的构成关系而形成的不同质态的分系统及其排列次序。具体来说，体现为数量关系的层次性、空间关系的层次性、时间关系的层次性和逻辑关系的层次性。例如，强制措施是刑事诉讼制度中的一个子系统，它的层次性十分明显。针对不同危害性程度和采用的必要性，主要分为非羁押和羁押两个层次，前者包括拘传、取保候审和监视居住，后者涵盖拘留、逮捕；从适用的具体对象来看，同样属于剥夺人身自由的拘留和逮捕也有层次性。同时，各种强制措施之间在特定条件下可以相互转换，打破了各层次之间的机械划分从而更加灵活，使得强制措施体系的层次性更加分明，适应性更强。

在构建刑事诉讼制度体系时，不仅应关注每个程序的设置，而更应注意到程序之间的联系，注意其在这种联系中所发挥的作用。例如，单看简易程序，由于诉讼步骤的缺省，似乎贬损了公正价值，但是从整个程序体系来看，在司法资源总量一定的前提下，它节省出部分司法资源给正式程序，使正式程序在充足的司法资源支持下有效地实现公正。反之，正式程序由于其烦琐的程序似乎有伤效率的实现，但效率价值已在简易程序中得到满足。虽然单看一种程序，公正、效率价值难以兼得，但是整个程序体系确实实现了两者的双重功效，并且刑事诉讼程序体系应是一个开放运作的最优状态。

我国刑事诉讼程序体系的建构在层次性上存在较大的问题，需要引起足够的重视，主要体现为程序间的区分度不大，层次不分明。简易程序与普通程序在审前程序上没有差别，除死刑案件外，简易程序与普通程序在二审程序和审判监督程序上也是相同的，两者的区别仅仅体现在一审程序上。这一问题引起的不良后果是程序体系吸纳分流案件的功能较弱，案件分流时间较晚，并且能够分流出的案件较少。因而，整个程序体系在吸纳、分流案件功能上较弱。

（三）结构性原则

结构性原则，是指通过建立科学的结构并随着系统的其他要素的变化不断调整结构来改善整体的特性和功能。由于刑事诉讼案件种类繁多，情况复杂，因此需要确立合理的程序结构来适应不同案件对于程序的特殊要求。从结构上来说，我国刑事诉讼程序体系中仅有普通程序、简易程序等四种程序，包容性较差。以结构性原则来衡量我国刑事诉讼程序体系，会发现其结构不是很完整以致影响了整体功能的发挥。首先，这种设置未考虑诉讼主体的特殊性，未单独规定未成年人犯罪诉讼程序、单位犯罪诉讼程序、强制医疗程序、军人刑事诉讼程序以及死刑案件程序。其次，在简易程序和普通程序中也未构造出合理的结构。

笔者认为，关于刑事诉讼程序体系的结构，可以分为适用于一般刑事案件的一般程序和适用于特殊主体的特殊程序。一般程序又可以进一步分为简易程序（适用于辩诉协商、被告人认罪程序及和解）和普通程序。特殊程序适用于特殊犯罪案件和特殊犯罪主体，主要包括：死刑案件程序、未成年人案件程序、军事刑事诉讼程序、强制医疗和强制戒毒程序。以军事刑事诉讼程序为例，军事刑事诉讼在管辖、诉讼原则上与一般刑事诉讼案件有较大区别。我国刑事诉讼法仅规定了军事诉讼的侦查权和侦查适用刑事诉讼法，而对于军事检察院的审查起诉、军事法院的军事刑事审判活动这些具有军事特点的军事刑事诉讼的核心程序未作详细规定，导致侦查后的军事诉讼程序在法律层面上缺失。1997 年刑法实现了一般刑法与军事刑法的统一，提高了刑法的完整性、统一性。与此相适应，应将军事诉讼程序纳入刑事诉讼法之内，实现一般刑事诉讼法与军事刑事诉讼法的统一。

（四）环境关联性原则

任何事物的发展都是在一定的环境中形成的，并通过与环境进行能量与信息交换获得发展。任何系统都处于一定的环境之中并与环境发生着物质、能量或信息交换关系，脱离一定环境的系统是不存在的。从前文所述的系统定义可以看出，环境是构成系统的内在因素。所谓环境，是指系统整体存在和发展的全部条件的总和。从外部环境来说，我国政治体制、司法体制、经济发展水平、文化传统等对于刑事诉讼制度的生成具有重要的影响，这些因素是建构刑事诉讼制度必须加以考虑的。从刑事诉讼制度本身的内部环境来说，公检法三机关之间的地位和相互关系这一重要的因素对于刑事诉讼各项制度的运行具有重要的影响，实践中出现的刑事诉讼法条文无法充分发挥应有作用和实现预期的目的就是突出的例证。无论是刑事诉讼法的修改还是刑事诉讼制度的建构，都离不开我们所处的政治、经济、文化环境甚至国际环境。刑事诉讼法和刑事诉讼制度只有做到与环境良性互动，从环境中吸收能量，对环境的变化作出积极的回应，才能为刑事诉讼制度创造良好的环境。

刑事诉讼制度所处的环境十分复杂，我们必须深入研究环境与刑事诉讼制度的关系。例如，从我国刑事诉讼制度所处的大环境上来说，构建科学的刑事诉讼制度必须考虑国际环境，与国际环境良性互动。我国政府表示认同或者已经签署的国际公约或者其他国际规范性文件很多，其中不少都与刑事诉讼密切相关。这些国际规范性文件中有些内容如无罪推定等，在我国现行刑事诉讼法中尚未得到认可。按照国际惯例以及我国的法学理论，国际公约或条约一旦对缔约国生效，缔约国就有义务在其国内保证执行。[①] 由此可见，学界和立法界必须认真对待我国政府承担的国际法义务问题，其中最重要的无疑是通过修改刑事诉讼法，对公约确认又适合我国国情的国际刑事司法准则予以借鉴或者采纳。

（作者单位：中国法学会　西北政法大学）

---

① 李浩培著：《条约法概论》，法律出版社 1997 年版，第 329 页；沈宗灵主编：《法理学》，高等教育出版社 1994 年版，第 313 页。

司法权制约及其中国语境①

朱　静　王　魁

近些年来，无论是在反映群众呼声的社会层面抑或由行政官员主导的政治层面，司法公正都受到了前所未有的关注——有人对现实中司法不公正的状况提出质疑和批评，有人则对其的实现给予对策和建议。就社会呼吁而言，随着民主、自由、开放、公平等现代观念的不断渗入，民众对司法公正的要求越来越迫切，这从每日充斥报端与网络的各种报道可见一斑；就政治话语而言，党的十七大报告指出，我国民主法制建设的进程和人民对司法公正的要求还不完全适应，因而提出要"深化司法体制改革，优化司法职权配置，规范司法行为，建设公正高效权威的社会主义司法制度，保证审判机关、检察机关依法独立公正地行使审判权、检察权"。②

然而，如何将司法公正的理想的光芒照进事实上纷繁芜杂的社会现实呢？

一、关于司法独立及其保障的理论

一种颇占主流的观点认为，只要能保障司法机关及其工作人员不受外界干扰地从事司法活动也许就能达到目的。这种观点将现实中司法不公现象的存在归咎于司法机关从事司法活动中受到了太多不正当的干扰，进而认为为保证司法裁判的公正性，"就必须要求行使该权力的机关和个人必须中立于争执双方，与争执双方及所争执的问题没有感情和利益的纠葛，更不能从属于或受制于其中的任何一方。"③ 有学者直言："从中外各国数百年社会发展正反两方面的经验来看，审判独立不仅是实现司法公正不可缺少的基本条件和手段，而且是实行法治的必要条件。""司法公正和审判独立可谓目的和手段的关系，二者之间存在着高度的依存关系，审判独立本身隐含着司法公正这一目标；司法公正的实现必须依赖于审判独立，而审判独立为司法公正的实现提供了前提条件。"④

作为一项宪法原则，司法独立调整着国家司法审判机关与立法机关、行政机关等其他职能部门的关系，确认司法审判权的专属性和独立性，是现代法治的基石和法院组织制度的基础；作为一项司法审判活动准则，它确保法院审判权的公正行使，防止法官的审判活动受到外界的不当干预、影响和控制，其核心目的是保障司法官的中立无偏。换句话说，司法独立是司法裁判者应该不偏不倚、居中裁判这一司法中立原则的逻辑推导，保障司法

---

① 在我国，向来存在狭义司法权和广义司法权之说。鉴于本人对检察权和司法权性质的认识，本文采狭义司法权的概念。

② 胡锦涛：《在中国共产党第十七次全国代表大会上的报告》，人民出版社 2007 年版，第 31 页。

③ 高德亮：《现代司法理念与司法独立》，http://www.dffy.com，2008 年 3 月 1 日访问。

④ 陈瑞华：《检察监督与审判独立》，载《北大法律评论》第 1 卷第 1 辑。

— 258 —

公正的最直接源泉是司法中立。美国学者福布森就曾指出："不论成败，也不论好坏，裁判总是法官的使命。不过裁判的正义总是与中立者联系在一起。"① 这说明，就保障司法公正这一目的而言，司法独立要随时听命于中立的要求。人们不免有些担心：独立后的司法机关会基于自身的利益考量而背弃中立的要求吗？或者，司法权作为一种独立的权力在行使过程中存在着异化的可能吗？

二、司法权制约：历史的、西方的与当下的

无论就理论而言还是从社会上存在的司法腐败现象来看，这种担心都并非多余。"一切有权力的人都容易滥用权力，这是万古不易的一条经验。有权力的人们使用权力一直到遇有界限的地方才休止。"② 作为独立形态存在的司法权力当然也不例外。就公民一般权利的保障和救济而言，司法权可以说是影响公民权利最甚的权力类型。尤其在法治国家，司法权是公民权利的最后保障，司法权的异化或者腐败由于"弄坏了水源"，较其他权力对法治社会的动摇与践踏更为严重。因而，有必要像制约其他任何权力一样对司法权力进行规制。

（一）我国传统司法权的制约机制

事实上，我国历史上已经认识到对司法权制约的重要性并发展出了在当时相当有效的司法权制约机制。"在民本主义的原则下，'信'和'慎'是古代司法的最本质的特征，为了实现'信'和'慎'，历代建立并逐步完善司法的多重监督机制。"③ 早在奴隶制时代的西周时期，司法制度就已经有了强化司法官责任的规定。例如，周穆王在其制定的《吕刑》中规定了司法官惟官、惟反、惟内、惟货、惟来的"五过"制度，④ 也有类似于西方誓言引证法的宣誓、诅咒等司法仪式⑤。到了封建社会，发展出更为强势的司法权制约机构——御史，以加强对司法权的钳制。在对地方审判监督方面，御史对地方司法官工作的检查，包含着司法审判权监督的重要内容。"按临所至，必先审录罪囚，吊刷案卷，有故出入者理辩之。"⑥ 在中央，御史有参与重大案件审判的职能。设有"治书御史……冠法冠，有印授，与符节郎共平廷尉奏罪，当其轻重"⑦。应该说，尽管御史制度囿于封建主义专制制度的本质，具有一定的局限性，但是，作为一种古代法律监督制度和司法制约机构，御史制度自秦至清，延续两千余年，从未间断。其制度完备，沿革清晰，规范详密，特点鲜明，在实现封建社会权力制约尤其是司法权力制约，促进司法公正方面发挥了重要作用，也是对世界法律文明、政治文明的重要贡献。⑧

---

① 转引自龙宗智、李常青：《论司法独立与司法受制》，载《法学》1998 年第 12 期。

② ［法］孟德斯鸠：《论法的精神》（上册），商务印书馆 1995 年版，第 151 页。

③ 尤韶华：《课堂漫谈之二：中国传统司法权及其制约机制》，http://www.cass.net.cn/cass/show_News.asp? id = 50636，2008 年 3 月 1 日访问。

④ 陶舒亚主编：《中国法制史》，浙江大学出版社 2006 年版，第 47 页。

⑤ 熊先觉著：《中国司法制度》，中国政法大学出版社 1986 年版，第 22 页。

⑥ 参见《续文献通考》，转引自王桂五主编：《中华人民共和国检察制度研究》，法律出版社 1991 年版，第 34 页。

⑦ 参见《册府元龟》，转引自王桂五主编：《中华人民共和国检察制度研究》，法律出版社 1991 年版，第 34 页。

⑧ 参见王桂五主编：《中华人民共和国检察制度研究》，法律出版社 1991 年版，第 41 页。

（二）西方司法权制约的模式

与我国历史上对司法权制约、监督的方式不同，西方对于司法权的制约走上了一条分权的道路。被誉为西方法治主义奠基人的洛克在其传世之作《政府论》中，系统地阐述了分权理论。他认为为保障个人的自由，法治社会的政治权力，在法律上应是有限的、独立的和负责任的。对政治权力应划分为立法权、执行权和对外权，并由不同的部门执掌。洛克认为司法权只是执行权的内容，执行权应对立法权负责，并应受议会的监督。可见洛克为提高国会地位并抑制王权，强调立法权制约司法权的重要性。

孟德斯鸠关于三权分立与制衡的理论奠定了整个资产阶级政治学的理论基础，成为西方国家普遍采纳的宪政体制。[①] 从西方国家三权分立的实践尤其是从美国的政治和法治实践来看，司法权主要从以下几个方面接受立法权和行政权的制约。其一，行政权对司法权的制约。总统有权监督各级法院对法律是否认真执行；有权任命联邦法院法官；有权下令缓刑或赦免等。其二，立法权对司法权的制约。主要机制有：一是通过立法建立和规范司法制度。司法统一是现代法治国家遵循的一条基本司法准则，它要求一国司法体制的统一，只有拥有立法权的议会才能通过制定宪法和法律来建立和规范本国统一的司法制度。议会通过立法，规定法院和检察制度、司法组织、审判管辖权和司法程序，规定法官制度、律师制度、陪审制度、诉讼程序和司法的基本原则。二是任命、弹劾、罢免法官。在西方国家，法官的任命一般都会受到议会的影响，如美国所有联邦法院系统的法官均由总统提名，参议院批准，总统在提名前都要征求国会的意见。三是控制法院预算。在西方国家，法院的经费都由中央财政负担，列入国家预算。议会对法院的监督，一个重要的方面是对预算使用情况的监督。四是在特定情况下行使准司法权。在一些西方国家，议会对涉及国家元首、政府首脑的案件享有准司法权，如美国宪法规定国会有权对犯叛国罪、贿赂或其他重罪和轻罪的总统、副总统和合众国所有文职官员进行弹劾。法国宪法规定国会可以对总统和政府部长进行弹劾。总而言之，以行政权和立法权来制衡司法权是三权分立的必然要求，也是西方司法权制约的基本模式。

（三）当代中国司法权制约的结构

我国现行法律关于制约司法权的结构规定得较为缜密，其内容也十分丰富。

1. 人民代表大会的一般监督。根据相关法律的规定，人民代表大会制约司法权的途径和方式主要有：一是立法监督，国家立法机关通过制定法律、法规，确定司法机关的行为和法律责任，从而监督司法机关。二是通过代表视察和人民代表大会召开期间对法院工作报告的审议，对司法机关的工作成效进行监督。三是通过对法官的任免，实现对司法工作的监督。四是依照法定程序提出质询案，对司法工作进行监督。五是成立调查委员会，通过对司法领域特定问题的调查，对司法工作进行监督。应该说，宪法关于人民代表大会监

---

① 尽管西欧国家和美国关于三权分立体制的具体实践有所不同，西欧国家受卢梭"主权在民"观点的影响坚持"议会至上"、立法权的优越，而在美国，其宪政体制完全接受了三权分立和制衡理论，并且受美国开国元勋杰弗逊和汉密尔顿思想的影响，确立了司法审查的制度，司法权甚至一度比立法和行政权更为优越，但是它们从本质上都没有脱离三权分立的核心内容。

督司法权的规定是比较全面的。但是，严格地讲，人民代表大会对司法权的监督不是西方宪政意义上的立法权制约。其一，根据我国现行政治体制的结构，人民代表大会是我国的最高权力机关，立法只是人民代表大会诸多功能之一种，人民代表大会和司法机关之间不是平等意义的权力主体。其二，上述法律关于人民代表大会监督权的规定"由于众所周知的原因，特别是由于这些宪法的规定未制度细则化，导致了权力机关对司法机关监督的悬置。"① 其三，更为重要的是，鉴于制约对于平等主体相互性的一般性要求，司法权中由于司法审查权的缺位所造成的司法权对立法权的审查监督的制度空缺也为立法权制约司法权的无效埋下了制度性隐患。有学者形象地比喻说，"在力学中，张力是发生在两个相邻的垂直界面的力，如果只有一个界面，就不可能形成张力。"因而，基于同样的道理，"在权力领域任何两个独立的权力之间要形成一种权力监督关系，也必须保持必要的张力。而权力间张力形成的前提是两种权力的均衡。如果一种权力握有对另一种权力随意干涉的权力，而另一种权力却无对抗这种干涉的权力，这两种权力间就不可能形成监督与被监督的关系，而只能是一种行政式的命令与服从关系。"正是"由于司法权对立法权监督的缺位导致了立法权对司法权监督的虚软"。基于上述理由，可以稳妥地得出结论：我国立法权对司法权的制约基本上处于"虚位"状态。②

2. 检察机关的专门法律监督。我国法律还规定了人民检察院——这一特设的国家专门法律监督机关对人民法院的监督制度。检察机关对司法权的制约主要有两个方面：一是通过对刑事案件提起公诉、支持公诉制约审判机关；二是通过对人民法院刑事、民事、行政审判活动进行合法性监督来制约审判机关。应该说，检察权对于司法权的制约是我国法律的一大特色。这种特色具有深刻的历史渊源和现实根据，实践中，检察权对于司法权制约的效果也较为明显。③

3. 司法权的内部制约。司法权的内部制约主要体现在以下两个方面。其一，上级法院对下级法院的监督。在人民法院的组织体系中，上级法院通过二审程序、审判监督程序、死刑复核程序维持下级法院的正确的判决和裁定，纠正其错误判决和裁定，实现对下级法院的制约。其二，本级法院内部的监督与制约，具体表现为强化案件审判流程管理，实行"书""审"分离、"审""查"分离、"立""审"分离的三分离办案程序，以切实维护审判的公正性。④ 需要指出的是，司法权的内部制约在一定程度上实现了具体权力的分化，有利于促进司法的公正，但是并不能有效避免司法权作为一个整体的利益倾向，不能从根本上解决司法权异化的可能，因而只能是一种辅助性的制约方式。

4. 公民基本权利和社会一般舆论对司法权的制约。从法理意义上来讲，公民基本权利是任何公共权力赋予的目的，是所有公共权力行使的界限，因而公民基本权利的存在与保障是司法权的内在性约束。我国法律也赋予了公民建议权、批评权、上诉权、辩护权、申诉权、控告权等广泛的权利，这些权利是制约司法的任意和专横，促进司法公正的潜在力量。另外，可看做公民权利集中行使的社会一般舆论也对司法权的制约起到了一定作用。

---

① 徐显明、齐延平：《论司法腐败的制度性防治》，载《法学》1998 年第 8 期。
② 参见徐显明、齐延平：《论司法腐败的制度性防治》，载《法学》1998 年第 8 期。
③ 关于中国检察权制约司法权的合法性、现实合理性与有效性下文将有详细论证，在此不再赘述。
④ 参见江伟、廖永安：《论审判独立的制度保障及其与审判监督的关系》，载《河南大学学报》（社会科学版）2002 年第 5 期。

现代政治理论认为，社会舆论作为一种独特而独立的力量是国家权力结构中第四种权力。新闻舆论反应迅速、洞察深入、传播广泛，能及时将司法进程介绍给大众，将司法机关的行为及整个司法进程置于广大民众的监督之下。美国杰出的民主斗士托马斯·杰弗逊曾指出："我深信预防此类对人民不正当的干预办法，就是通过公共报刊的渠道向人民提供关于他们自己事务的全部情况，并且力争做到使这些报纸深入到全体人民群众之中。"① 尽管舆论监督可能因其对实情的掌握、对问题的合理分析以及对民意的反映而促进司法公正，但又可能因妄评错议而破坏司法威信，损害司法独立。并且，新闻舆论对司法权的监督零散而不成系统、随意而未成制度，我国新闻舆论遏制司法腐败的效能远未充分发挥出来。

三、中国检察权对于司法权制约的合法性与有效性

关于合法性的一般性理解大致包括两个层面，一是合乎实证法规定。这一点毫无疑问。我国宪法、刑事诉讼法、民事诉讼法等法律都对检察机关制约司法权的职能作出了明文规定，在此不再赘述。

关于合法性第二个层面的理解是合乎一般法理，或者说，符合现代法律精神的价值性规定。有权力必有制约是现代法律精神的一般原理之一，对于司法权同样适用。但是，就我国现行的政治体制以及运行现状来看，除检察机关的制约外，司法权基本上处于不受实质性约束的状态。首先，如上文所述，人民代表大会的监督不具有专门性和平等性，且存在监督的形式化、虚位化弊端，因而现实中未能发展成为司法权的有效约束性力量。其次，司法系统的内部制约尽管起到了一定作用，然而不能有效避免司法权作为一个整体的利益倾向，不能从根本上解决司法权异化的可能，因而只能是一种辅助性的制约方式。再次，公民基本权利和社会舆论机构的零散性和非强制性也使这种制约仅能处在一种辅助性的地位。最后，我国法律排除了行政权对司法权的约束。我国宪法和三大诉讼法都明确规定，审判机关独立行使审判权，不受任何行政机关的干涉。实践中出现的行政机关以权、以人事、以财物制约司法权的现象实质上是非法律化甚至非法的制约，是我国司法体制本身存在的弊端，显然不是本文讨论的司法权制约的应然状态，这样看来，行政权对于司法权的制约处于缺位状态。检察监督正是在我国政治体制及其运转现状所带来的司法权制约的立法权虚位和行政权缺位的语境中找到了合法的理由，同时也凸显出其重要地位。

换一个角度来看，如果我国的检察监督对于司法权的制约非常有效，那么这种有效性本身就可以证明其存在的正当性。从司法运作的实践来看，在上述我国制约司法权的立法权虚位、行政权缺位的现实性条件下，检察监督对于有效遏制司法腐败，维护国家利益和保障公民权利起到了巨大的作用。

首先，刑事审判监督有效保障了被告人人权，切实维护了国家法律尊严。保障人权与惩罚犯罪是刑事诉讼目的的两个方面。检察机关通过对审判和执行等司法活动的监督，对于侵害犯罪嫌疑人及其他诉讼参与人的合法权益，采取强制措施不当以及审判程序违法、量刑不当等行为提出质疑并要求纠正，根本目的在于，确保有效地揭露、证实和惩罚犯罪，实现社会公平和正义，同时防止为片面强调刑事诉讼活动追诉与惩罚犯罪功能而过分地侵

---

① 转引自蔡定剑著：《国家监督制度》，中国法制出版社 1991 年版，第 30 页以下。

害和牺牲公民的合法权利。这也是刑事诉讼中重要的权力制衡机制。2003 年至 2007 年 5 年来，全国检察机关共"对依法不应当追究刑事责任或证据不足的，决定不批准逮捕 255931 人、不起诉 34433 人；对侦查活动中滥用强制措施等违法情况提出纠正意见 50742 件次。对认为确有错误的刑事判决、裁定提出抗诉 15161 件，对刑事审判中的违法情况提出纠正意见 9251 件次。"[①] 其次，民行审判监督有效维护了当事人权益，大力促进了司法公正。有文章曾经指出，我国的两审终审制度限制了当事人的权利诉求，不利于达到司法公正的价值目标。民事诉讼法赋予检察机关民行审判监督权，在一定程度上很好地弥补了我国上述审级制度的缺陷。2003 年至 2007 年 5 年来，全国检察机关"积极开展民事审判和行政诉讼法律监督。对确有错误的民事、行政裁判提出抗诉 63662 件、再审检察建议 24782 件。"[②] 对比而言，民事执行监督的缺失与现实中严重存在的执行难问题也为民行审判监督的存在对于保障当事人合法权益与维护国家法律尊严的必要性提供了反证。最后也是最重要的，检察监督的职务犯罪侦查对于有效遏制司法腐败，树立司法权威，塑造司法信仰起到了巨大作用。司法监督过程中的职务犯罪侦查就像一把利剑，时刻悬在司法不公与司法腐败者的面前，以确保司法权的廉洁运行。同时，对于已经出现的司法腐败现象，检察机关通过职务犯罪侦查的行使，彻底清除了司法队伍中的毒瘤。2003 年至 2007 年 5 年来，全国检察机关共立案侦查涉嫌犯罪的司法工作人员 17270 人，[③] 有效维护了司法权威，重新塑造了民众对于法律的信仰。总之，"检察机关恢复重建 30 年来的实践充分证明，我国检察制度是符合我国国情的，有利于保证宪法和法律的统一实施，有利于维护社会公平正义，有利于促进社会和谐稳定，为保障和促进中国特色社会主义事业发展进步发挥了重要作用。"[④]

结论：保障司法公正的两驾马车

如前文所述，司法独立对于司法公正的保障非常必要。但是，当我们呼吁司法独立及其保障的时候，也必须指出司法独立所隐含的两个前提性条件。其一，独立后的司法权能按照预想的价值规定性运行——这需要司法部门的高度自觉和司法人员的自我利益超越。诚如考夫曼所言："司法独立原则只有在法官们通过他们的模范行为和业务工作上的自我克制，继续不断地争得它，而且无愧于它的时候，这一原则才会坚持下去。"[⑤] 其二，独立后的司法权已经或者即将以他的公正美德赢得人们的认同和信任。如果这两个前提条件在现实的中国语境下暂时无法满足，或者恰恰与此相反，那么请不要忘记给司法权合理的、必要的制约。就这两个前提性条件的保障而言，司法独立与司法权制约并不矛盾，前者让司法权的运行中立于任何其他个人或机构，后者让司法权也超脱于司法机关的自身利益。或者说，司法独立与司法权制约是拉动司法公正的两驾马车，对任何一个方面的偏漏都可能使司法的过程偏离公正的轨道。

（作者单位：天津市人民检察院）

---

① 参见《最高人民检察院工作报告（摘要）》，载《检察日报》2008 年 3 月 11 日第 2 版。
② 参见《最高人民检察院工作报告（摘要）》，载《检察日报》2008 年 3 月 11 日第 2 版。
③ 数据来自《最高人民检察院工作报告（摘要）》，载《检察日报》2008 年 3 月 11 日第 2 版。
④ 周永康：《在深入贯彻党的十七大精神　全面加强和改进检察工作座谈会上的讲话》，载《检察日报》2008 年 7 月 10 日第 1 版。
⑤ 龙宗智、李常青：《论司法独立与司法受制》，载《法学》1998 年第 12 期。

检察权配置问题研究

左德起　王　斌

检察权，是指依据宪法、《人民检察院组织法》、各类诉讼法以及其他法律中对检察权限的规定，检察机关在法律上及实际活动中所享有的权力。① 检察权配置则是当前检察制度改革和发展的重要课题。没有检察权的合理配置，就没有检察权的有效运行。② 在深化司法体制改革的背景下，必须适应我国检察制度发展的客观需要，根据检察机关的宪法定位，以强化法律监督为主线，科学配置检察权。

一、检察权配置的理论基础

检察权是检察制度的核心内容。正如世界各国在政治制度上存在多样性一样，检察制度在世界范围内也是纷繁多样的，并由此使得各国对检察机关的职权配置内容不一，并且在不同的时期也存在差别。③ 我国检察制度有别于其他国家的检察制度，与此相适应，检察权配置具有较强的独特性。

检察权作为一项独立的国家权力与我国现行宪法所确立的人民代表大会制度紧密相关。④ 我国的根本政治制度是人民代表大会制度，国家权力统一由人民代表大会行使。在人民代表大会下，设立行政机关、审判机关和检察机关，分别行使国家行政权、审判权和法律监督权。在这种宪政结构中，无论是从宪法的刚性规定上看，还是从权力运作的实践情况上看，检察权都是作为一种独立的国家权力即法律监督权存在的。在人民代表大会制度框架中，议行合一原则下的国家权力往往比较集中，这在提高了权力运行效率的同时，往往又因为权力缺少制约而容易滋生腐败。因此，在人民代表大会制度下同样存在着监督和防止国家权力被滥用的问题。⑤ 人民代表大会作为国家权力机关，它在国家权力结构中的地位决定了人大对宪法和法律实施情况的监督是宏观的监督，主要通过权限监督、人事监督、工作监督、财政监督以及质询监督来实现，而不是就法律实施中的具体问题进行监督。这就需要在人大制度下必须设立专门的机关，对权力的运行实行监督，这就是检察机关。⑥ 检察机关通过对行政、审判活动的法律监督，保证权力正常运行而不被滥用。由此可见，人民代表大会制度在客观上决定了检察权独立宪法地位的合理性，检察机关成为我国专门的法律监督机关，"检察机关的设置主要是考虑到国家权力机关实现法律监督的价值取向，以

① 龙宗智著：《检察制度教程》，法律出版社 2002 年版，第 83 页。
② 陈光中：《刑事诉讼中检察权的合理配置》，载《人民检察》2005 年第 7 期（上）。
③ 王守安：《检察权的科学配置》，载《中国检察》（第 9 卷），北京大学出版社 2005 年版，第 47 页。
④ 莫纪宏：《论检察权的宪法地位》，载《中国检察》（第 2 卷），中国检察出版社 2001 年版，第 118 页。
⑤ 石少侠：《论我国检察权的性质——定位于法律监督权的检察权》，载《法制与社会发展》2003 年第 3 期。
⑥ 刘树选、王雄飞：《关于中西检察权本源和属性的探讨》，载《国家检察官学院学报》2002 年第 4 期。

检察权来实现国家权力机关的专门法律监督。"① 当然，检察机关的法律监督需要通过一系列具体的检察职权来完成。

检察权的宪法地位决定了检察权的法律监督属性。我国宪法第129条规定："中华人民共和国人民检察院是国家的法律监督机关。"这一宪法规定具有特定的含义，"是指专门的国家机关根据法律的授权，运用法律规定的手段对法律实施情况进行监察、督促并能产生法定效力的专门工作。"② 从宪法的规定进行分析，法律监督具有如下特性：第一，具有国家性。检察机关的法律监督是一项国家权力，即法律监督权作为国家权力的一部分，是通过立法的形式，由国家最高权力机关授权检察机关行使的。同时，它渊源于国家最高权力，是国家权力机关实行法律监督的一种间接形式，并且是以国家的名义进行的法律监督活动，具有很高的权威性、严肃性和强制性。第二，具有专门性。从宪法的规定看，我国只有检察机关才是国家的法律监督机关，检察机关以法律监督为职责。其他任何机关、团体或个人，虽然有权监督法律的实施，但是不享有检察权即法律监督权，不能作为法律监督的主体。第三，具有规范性。即法律监督的对象、范围、程序、手段等均由法律规定。按照法律的规定，检察机关的职权范围仅限于对法律的适用和执行情况进行监督，对法的遵守则不属于检察监督的范围。第四，具有程序性。相对于行政管理权和审判裁判权所产生的实体效力而言，法律监督只有作出某项程序性的决定，才引起一定程序的权力。法律监督的程序性具体表现在各项检察职权之中，其本质在于以程序性的制约权来实现对实体的监督。第五，具有强制性。即法律监督具有法律效力，以国家强制力为保证。检察机关在履行法律监督职能的过程中，依法作出的决定或采取的法律措施是严肃的执法活动，必须产生相应的法律后果。这表明检察机关的法律监督具有独特的性质，是其他形式的监督不能替代的。

我国检察权的宪法地位以及检察权的法律监督属性直接决定着检察权配置。检察权配置应当紧紧围绕实现法律监督的目的来设置。离开了法律监督的目的要求，检察权的构建就会迷失方向。③ 也就是说，检察权的具体权能即检察机关的各项职权，必须按照法律监督的需要来配置。

二、检察权配置的现状评析

检察权在我国是一种独立的国家权力，由法律加以规定，④ 从宏观上看具有充分的合理性和极大的优越性。但是，由于现行检察权在具体运作层面上存在着微观制度和机制支撑不足，检察权配置存在着立法缺陷及完整性不够的问题，从而直接影响了检察机关法律监督职能的有效发挥。

从法学基础构造研究的角度来看，法律上的权力可以分为职能性权力和结构性权力两种类型。⑤ 职能性权力反映法律职权的内容和外延，如检察机关的法律监督职权包括职务犯

① 刘方著：《检察制度史纲要》，法律出版社2007年版，第283页。
② 张智辉：《法律监督三辨析》，载《中国法学》2003年第5期。
③ 张智辉：《论检察权的构造》，载《国家检察官学院学报》2007年第4期。
④ 莫纪宏：《论检察权的宪法地位》，载《中国检察》（第2卷），中国检察出版社2001年版，第117页。
⑤ 朱名胜、蒙旗：《论检察权的结构与完善》，载《中国检察论坛》2004年第4期。

罪侦查权、公诉权、诉讼监督权等。结构性权力是某一具体领域的法律职权所必备的基本法律要素，如侦查权中必须具备人身自由限制权、物证与财产强制权、强制协助取证权，等等。尽管检察权的各项职能性权力的具体内容不同，却都是由相同的、不随具体职权内容的改变而改变的法律要素所构成。这些在所有检察职权中所共同具备、必不可少的基本法律要素就是检察权的结构性权力。上述基本法律要素的组合形式，即检察权的结构。检察权的结构性权力，反映了检察职权内在的构成的基本内容，是检察职权能够客观存在和发挥作用的理论基础，为检察权立法提供成熟的理论依据和技术支持。

检察职能性权力与结构性权力之间是辩证统一的关系。职权性权力反映检察权的内容，是决定性、方向性的权力，它指导着结构性权力的具体构建；结构性权力反映检察职权的内在构成要素，是职权性权力的具体化和规范化，也是检察职权赖以存在和发挥效能的理论基础。因此，结构性权力的完整性是构建检察权的重要内容，结构不完整的权力不是真正意义上的法律权力。原则上规定检察机关享有各项法律监督职权，而没有相关的具体制度，缺乏完整的结构性权力构建，这样的检察职权是难以行使的。只有把这两方面有机结合起来，才能保障检察权的有效行使，取得预期的法律监督效果。

根据现有法律规定，检察配置基本上是以职能性权力为主。目前学术界有关检察权的研究，也主要是从职权性内容方面进行探讨，通常将检察权分为公诉权、公务犯罪侦查权、逮捕权、诉讼监督权，非诉讼监督权五项。[1] 这种划分基本上是从法律监督的职能的角度去分析和研究，缺乏对检察权结构的深入分析，甚至将检察职权等同于检察权的内容，认为可以把检察权划分为四类：公诉权、公务犯罪侦查权、逮捕权和对诉讼的法律监督权。[2] 这种划分没有对检察权进行法学基础构造研究，将检察权的结构与内容混同，影响着检察权的科学配置。

我国检察机关的职能性权力主要包括公诉权、职务犯罪侦查权、诉讼监督权三类。但由于检察权的法律监督性质和检察工作的需要，还有预防职务犯罪职能以及最高人民检察院特有的司法解释权、国际和区际司法协助与合作职能等派生权力。从检察权的现行法律规定和运行情况来看，前三类检察权都存在不同程度的缺陷，限制和弱化了检察职能的发挥。另外，现行检察机关的法律监督基本上局限于对司法权的监督，即对司法活动的监督工作开展得比较规范，实体和程序法律规定也比较完善。但对行政活动的法律监督则缺乏全面、具体的法律规定，理论准备不足，实践中仅限于对严重违法行政行为——构成渎职侵权犯罪行为监督。这种监督虽然严厉，却属非常态监督且适用面窄，并且这种监督并不是对行政权力行使本身的监督。在深入推进依法治国的背景下，探索对行政权的检察监督，对于实现权力制约和权利保障，完善检察权配置，健全法律监督体系，进而对完善有中国特色的宪政体制有着重大的理论价值。

三、完善检察权配置的重点和方向

检察权配置事关中国特色社会主义法治的建立与完善。根据我国检察机关的宪政地位

---

① 刘国媛、袁平凡：《论检察机关宪法地位的合理性》，载《中国检察》（第9卷），北京大学出版社2005年版，第39页。

② 王守安：《检察权的科学配置》，载《中国检察》（第9卷），北京大学出版社2005年版，第54页。

及其性质，应当紧紧围绕检察权的法律监督属性来确立检察权配置的重点和方向，同时必须按照法律监督的内在需求配置检察权，以保证检察机关拥有履行法律监督职责所必需的各项具体权能。

（一）科学配置检察权的结构性权力

从我国检察权的法律监督性质及其复合性的权力结构出发，我国检察权的结构应当由知情调查权、案件程序决定权、纠正违法及责任追究程序启动权和检察建议权四项法律要素构成。这四项法律要素是检察权各项具体的职能性权力共同必备的法律要素，形成检察机关完整的结构性权力。

1. 知情调查权。知情调查权，是指检察机关在法律监督活动中拥有对客观事实的知晓权力，它是检察权结构性的、前提性的法律要素。检察权的行使必须建立在享有充分知情调查权的基础之上，没有知情调查权或者知情调查权得不到充分保障，检察机关作出的程序性决定就难以符合客观事实和法律要求。检察机关在启动某个具体法律监督程序的整个过程中，都离不开知情调查权；没有知情调查权就谈不上法律监督。

2. 案件程序决定权。检察机关法律监督权以程序性为本质特征，对案件作出程序性处理的决定权，可以说是检察机关法律监督的核心权力。无论是刑事立案监督权、刑事侦查监督权、审判监督权，还是公诉权、国家工作人员职务犯罪侦查权或者其他具体的职能性权力，都包含有案件程序决定权。这种权力的行使，必然引起某项法律程序的启动或者终止。因此，案件的程序决定权应作为检察机关的法律监督职权的一个结构性权力。

3. 纠正违法及责任追究的程序启动权。这是保障检察机关法律监督权效力的重要权力。法律监督权是一种必然引起一定的程序、被监督者必须作出法律规定的反应的权力，而不是对被监督者产生一般影响的权力。[①] 由于检察机关对诉讼违法行为或者行政违法行为没有实体处分权，只有赋予检察机关依法指令有关机关启动纠正违法和责任追究程序的权力，检察权才能免遭其他权力的抵制和非法干扰，才可能实现与行政权、审判权的有效制衡。检察机关通过行使违法纠正和责任追究程序启动权，才能有效地进行法律监督，确保国家法律得到统一正确的实施。

4. 检察建议权。检察建议不仅是检察机关履行法律监督职能的一种重要形式，[②] 而且是检察权的结构性权力之一。检察机关对国家工作人员情节轻微的不依法履行职责的行为，向其单位提出要求其改正的建议；对国家机关工作制度中存在的可能诱发职务犯罪的缺陷，提出完善制度和规范运作的建议。实践证明，用检察建议的方式，针对有关单位的具体问题，依据事实和法律，慎重、适时地提出并督促落实检察建议，是检察机关实现法律监督职能的重要方式。

检察权中的四项结构性权力虽然各具功能，但有着密切的内在联系。知情调查权是法律监督权的基础和前提条件，是其他结构性权力赖以存在的基础；案件程序决定权是法律监督权的核心，是知情调查权的发展结果；纠正违法及责任追究的程序启动权是法律监督权的必要效力和其他结构性权力的法律保障；检察建议权是检察机关在法律监督中必不可

---

① 周理松：《论检察监督的程序性和实效性》，载《人民检察》2001 年第 6 期。

② 金波：《论法律监督方式》，载《检察实践》2005 年第 2 期。

少的拓展性权力，是知情调查权和程序决定权社会效果的深化与延伸。上述各项权力相辅相成，构成了检察机关有效实施法律监督的基本要求。①

（二）完善检察权的职能性权力

相比较而言，检察权的职能性权力配置较为丰富，基本符合检察权运行的客观需要，但随着检察权内容的发展变化，这种职能性权力必须予以适当调整和完善。

1. 完善公诉权。根据公诉制度发展规律和公诉工作实际，应从以下几个方面完善公诉权：

第一，扩大起诉裁量权。包括扩大相对不起诉的适用范围和建立暂缓起诉制度。有必要将相对不起诉的范围扩大至可能判处 5 年有期徒刑以下刑罚的案件。暂缓起诉在决定直接起诉和直接不起诉之间设置了一个缓冲地带。关于暂缓起诉制度，需要制定相关法律来规定适用暂缓起诉案件的具体条件、暂缓期限以及暂缓期间监管等问题。

第二，健全撤回起诉机制。由于目前只有相关司法解释对刑事撤回起诉制度进行了规定，且相关规定之间存在矛盾，致使刑事撤回起诉在司法实践中运作不规范。这需要将撤回起诉的时间限制在检察机关提起公诉之后，法庭进行审理之前，同时严格限定撤回起诉的条件。

第三，适当缩减对已生效判决的抗诉权。抗诉权的行使，形式上是针对法院的判决和裁定，实质上涉及对案件事实的认定与处理，是关系到公民的财产、人身权利的重要的法律行为。从国家权力的性质、司法的价值等角度考虑，应当适度地收敛和节制。②

2. 适当扩充职务犯罪侦查权。职务犯罪侦查权是检察权的重要组成部分，是实现检察机关法律监督职能的必然要求，即赋予检察机关机动侦查权。机动侦查权，是指人民检察院在履行法律监督的过程中，在特殊情况下依特殊程序对自侦案件范围以外的刑事案件决定自行立案侦查的权力。③ 根据我国刑事诉讼法的规定，对于国家机关工作人员利用职权实施的贪污贿赂、渎职侵权以外的其他重大犯罪案件，需要直接受理的时候，可经省级以上人民检察院决定直接立案侦查。实践表明，将检察机关特别案件管辖权的范围限定为"国家机关工作人员利用职权实施的其他重大犯罪案件"，不利于检察机关有效地行使法律监督权，应立法赋予检察机关对与职务犯罪相关联犯罪的机动侦查权、代位侦查权，以及对妨碍法律监督和诉讼活动的刑事犯罪侦查权。

3. 确立检察机关职务犯罪技术侦察权。技术侦察，是指侦查机关运用现代科技设备秘密地收集犯罪证据、查明犯罪嫌疑人的强制性侦查措施的总称，④ 被西方学者认为是一种能够实现控制犯罪和保障人权兼顾的理想侦查方式。⑤ 职务犯罪的特点决定了对其使用技术侦察比对普通犯罪更具必要性。立法应当尽快地赋予检察机关独立的技术侦察权，对技术侦察的种类、适用条件和程序、监督机制及由此获取证据的效力等作出规定，以提高检察机关的侦查取证能力，推动职务犯罪侦查模式的转变。

---

① 林明枢：《从权力结构要素看检察机关法律监督权的配置》，载《国家检察官学院学报》2006 年第 2 期。
② 孙谦：《中国的检察改革》，载《法学研究》2003 年第 6 期。
③ 关英彦：《检察侦查权若干问题探讨》，载《中国检察官》2006 年第 1 期。
④ 朱孝清著：《职务犯罪侦查学》，中国检察出版社 2004 年版，第 512 页。
⑤ 樊崇义、陈永生：《论反贪侦查模式的转化》，载《检察日报》2000 年 2 月 2 日。

4. 强化诉讼监督权。诉讼监督权作为检察权的一个核心组成部分，其地位与功能之重要性自不待言。强化检察机关诉讼监督权应当从以下三个方面着手。

第一，完善诉讼监督权的立法。监督程序和监督手段是诉讼监督权得以实施和监督有效性的重要条件。有必要在法律中设立专章或专节，对检察机关诉讼监督权的作用范围、内容、活动原则和活动方式等作出详细规定。应该强调的是，完善诉讼监督程序，除应注重完善诉讼监督权运作空间的广度，还应重视拓展其深度，即针对各个诉讼环节的不同任务和特点明确检察机关的权力和义务。检察机关的诉讼监督手段不能仅局限于具体的诉讼事务，还应作用于诉讼监督对象，要注意把监督案件与监督人结合起来，把诉讼监督与查处少数司法人员职务犯罪结合起来，对司法不公、司法腐败案件要严肃查处，切实维护法律的尊严。

第二，健全诉讼监督的工作机制。在对检察机关内设机构进行改革的基本方向上，可以考虑从业务部门和非业务部门的设置两方面入手，根据职能划分部门原则、效率原则和监督制约原则，通过精简和统一内设机构，设立诉讼监督部门，使检察权具体权限与机构设置相配套，明确其内设机构的职权分工，进而明确检察机关作为专门诉讼监督主体的权威性及其所作决定的强制性。与此同时，建立与检察机关内部机构设置相适应的诉讼监督工作机制，也是加强诉讼监督权的重要内容。

第三，构建科学的诉讼监督模式。诉讼监督模式是进行诉讼监督活动的基本方式以及诉讼监督双方在诉讼监督活动中形成的法律关系的基本格局，它集中体现为诉讼监督主体、诉讼监督对象在诉讼监督活动中的地位及其相互间的法律关系。诉讼监督模式是实现诉讼监督目的的手段和方式，诉讼监督目的决定诉讼监督模式。因此，构建诉讼监督模式时，既要考虑到诉讼监督模式与目的的内在一致性，又要充分估量到诉讼监督权存在和发展的制度土壤，即一国占主导地位的关于诉讼监督的法律价值观的深刻影响。①

（三）探索行政检察监督权

在我国，众所周知，与立法权、司法权相比，以及与其他法制发达国家的行政权相比，我国的行政权不仅十分强大，而且在运行过程中暴露出不少问题：行政主体行使权力背离职责，行政越权、行政侵权、滥用职权、玩忽职守等违法现象突出；不合理的规范性文件（抽象行政行为）时有出台，侵害公民的合法权益的现象时有发生。检察机关是国家的法律监督机关，对行政权进行制约是法律监督的应有之义。探索和建立检察机关行政监督权已成为完善和发展检察权配置的现实课题。

笔者认为，需从以下两个方面明确和建立行政检察监督权：

1. 检察机关对行政行为监督的范围。

（1）对严重违法行政行为的监督。根据刑法和刑事诉讼法的规定，检察机关有权对违法行政行为中的严重违法行为，即渎职侵权犯罪行为进行监督。这是检察机关对违法行政行为监督的最重要的内容。

（2）对一般违法行政行为的监督。除了对渎职侵权犯罪行为进行监督外，检察机关也应对一般违法行政行为进行监督。考虑到现有的行政监察制度和检察机关的实际情况，对

---

① 赵永红：《强化诉讼监督权的对策》，载《中国刑事法杂志》2002 年第 2 期。

一般违法行政行为的监督应当突出重点，应包括：对限制人身自由的行政强制措施和行政处罚是否合法实行监督；对侵害国家、公共利益以及侵害公民人身、民主权利的，尚未构成犯罪的违法行政行为实行监督。

（3）对违法的行政人员的责任追究实行监督。检察机关认为有关行政执法人员在对违法行政行为负责时，应按照干部管理权限向纪检、行政监察机关或该行政执法人员所属机关发出给予有关人员予以党政纪处分的检察建议。同时对检察建议的落实情况进行监督。

（4）对抽象行政行为的法律监督。抽象行政行为是行政机关针对不特定的人和不特定的事制定的具有普遍约束力的行为规则，是行政权运行的一种方式。政府的产生源于权力机关的选举，人民代表大会有权对政府的行政行为进行监督，因而行政立法、行政规范性文件也应当受到权力机关的监督。依据宪法关于人民检察院是国家的法律监督机关的规定，检察机关是人民代表大会授权的专门法律机关，检察机关有权代表国家对抽象行政行为开展监督。

2. 检察机关对行政行为监督的方式。

（1）检察建议。检察建议主要适用于对行政机关工作制度中存在的可能诱发职务犯罪的缺陷，提出完善制度和规范运作的建议，及时纠正并予以制止，防止造成更大的危害后果；向有关部门发出纪律处分建议，要求追究违法行政行为责任人员的党政党纪责任。检察机关在对违法行政行为进行监督的过程中，发现行政机关工作制度和运作机制中存在导致违法行政行为和职务犯罪的缺陷的，应依据事实和法律，审慎地提出完善制度和规范运作的建议。

（2）立案查处。查处是对行政机关工作人员严重违法行为，即构成渎职侵权犯罪的违法行政行为的监督，是最严厉的监督方式。对于由于行政主体和行政人员的作为或者不作为行为造成公民的人身权利、民主权利受到侵害或者国家和人民的利益遭受重大损失构成犯罪的，检察机关应当立案侦查，追究有关人员的刑事责任。这种对行政人员渎职侵权的犯罪行为予以立案侦查的权力，是我国法律赋予检察机关用以监督、制约和控制行政权的一种重要权力。

（3）行政公诉。从世界范围来看，检察权对其他国家权力的制衡主要限定在对行政权范围，通过行使行政公诉的方式对行政权进行制衡。在美国，检察官可以对涉及政府利益的案件和公共利益的案件提出诉讼。在日本，检察长可以作为公益代表人提起行政诉讼。[①]对于因行政主体和行政人员的作为或不作为行为致使公民的人身权利、民主权利受到侵害或者国家和公共利益遭受重大损失但是难以认定为犯罪的，应当赋予我国检察机关在无人起诉时有权对有关行政主体提起诉讼。这种提起诉讼的权力实质上是一种行政公诉权。

（作者单位：深圳大学　广东省珠海市人民检察院）

---

① 种松志：《从权力制衡视角看检察权之配置》，载《检察日报》2007年12月11日。

第二部分

宽严相济刑事政策的
立法与司法化研究

宽严相济刑事政策的程序立法及司法化研究

樊学勇　郭　振

一、刑事政策概念的广义理解

刑事政策是刑事立法与刑事司法的灵魂和依据，它对于一个国家的刑事法制建设具有重要的指导意义。良好的刑事政策对提高刑事立法质量和刑事司法效能具有直接的促进作用。对刑事政策进行科学的研究又是控制犯罪这一社会系统工程不可或缺的组成部分。这种研究，既应包括刑事政策应用研究，如对某项现行刑事政策进行背景分析和功效评价从而提出修改建议甚至设计新的刑事政策等，也应包括刑事政策基础研究，如对刑事政策的基本范畴，刑事政策概念、刑事政策结构与功能等问题，进行理论探讨；既应包括刑事政策立法化的研究，如对某项现行刑事政策进行背景分析和功效评价从而提出立法建议甚至设计新的法律规定等，还应包括刑事政策司法化的研究，如对刑事政策的基本要求的贯彻、基本功能的实现，以及对刑事政策的实施过程等问题进行研究和探讨。

自从 18 世纪末 19 世纪初费尔巴哈提出刑事政策的概念①以来，学者们为刑事政策这一概念提出了多种多样的定义。如今，学者们在对刑事政策进行研究和讨论的时候，对于刑事政策的主体、对象、手段、目的、内涵与外延等基本问题仍然存有广泛的争论，从而对刑事政策概念的界定也不尽相同。然而，在不同的意义上使用刑事政策概念，容易给研究带来混乱。为了避免这种状况的出现，当我们在刑事政策论题下对某些课题进行研究的时候，需要首先界定一个基本的刑事政策的概念，设立一个基本的前提，表明是在何种范围之内讨论刑事政策，以期研究成果能够得到大多数学者的认可和信服。

有关刑事政策的概念存在两种观点：一种是传统的、狭义的观点；另一种是现代的、广义的观点。狭义的刑事政策，是指国家为打击和防止犯罪而运用刑事法律武器与犯罪作斗争的各种手段、方法和对策，就是刑事惩罚。它涉及的内容主要是刑事立法、司法及与司法机关的刑事惩罚对策，不包括社会对有关犯罪的各种其他对策，仅限于直接的以防止犯罪为目的的刑事惩罚对策。我们比较赞同广义的刑事政策概念。广义的刑事政策，是指国家基于对本国犯罪现象和犯罪原因的科学分析，依据本国犯罪态势制定的，依靠其权威推行的，通过指导刑事立法和刑事司法，以打击和防止犯罪的各种手段、方法和对策，不仅包括以直接防止犯罪为目的的各种刑罚对策，还包括能够间接防止犯罪的各种社会对策。这种观点实际上是认为，刑事政策包括目的在于遏制犯罪的一切活动。持这种观点的人越

---

① 费尔巴哈认为，刑事政策是国家据以与犯罪作斗争的惩罚措施的综合，"刑事政策是立法国家的智慧"。参见[法] 克里斯蒂娜·拉塞杰：《刑事政策学导论》，卢建平译，载卢建平著：《刑事政策与刑法》，中国人民公安大学出版社 2004 年版，第 143～175 页。

来越多，占主导地位。

预防和减少犯罪现象的客观需要是给刑事政策下定义的根据：犯罪是由社会造成的，它不仅是法律问题，而且更是严重的社会问题，只有从社会入手，以各种社会对策措施与刑事惩罚相配合，才能更好地预防犯罪。因此，刑事政策应该是广义的。德国著名刑法学家李斯特提出的"最好的社会政策就是最好的刑事政策"① 就是一个广义的论述。本文对宽严相济刑事政策程序立法及司法化的研究，就是建立在广义刑事政策概念基础之上的。

二、宽严相济刑事政策的解读

宽严相济刑事政策是我国现阶段惩治与预防犯罪的基本刑事政策。它是我们党和国家长期以来惩罚犯罪、预防和控制犯罪实践经验的深刻总结，是刑事法律对当前构建社会主义和谐社会这一伟大目标的回应。实施宽严相济的刑事政策，有利于实现惩罚犯罪与保障人权的有机统一，保护犯罪嫌疑人、被告人的合法权利与保护被害人的合法权益的有机统一，特殊预防与一般预防的有机统一，法律效果与社会效果的有机统一，维护社会和谐稳定与解决纠纷化解矛盾的有机统一。宽严相济是对刑事犯罪区别对待，做到既要有力打击和震慑犯罪，维护法治的严肃性，又要尽可能减少社会对抗，化消极因素为积极因素，实现法律效果和社会效果的统一。要贯彻好宽严相济的刑事政策，应当从"宽"、"严"、"济"的含义等方面理解它。

首先，宽严相济的"宽"，是指宽大处理。具体表现为两个方面：一是在实体法上，对于那些较为轻微的犯罪，即罪行较轻、犯罪人主观恶性较小的，处以较为轻缓的刑罚，特别是对失足青少年、初犯、偶犯和过失犯，贯彻教育、感化、挽救方针，根据条件可以免予处罚，也可以适当多判一些缓刑或者安排到社区矫正。这是罪责刑相适应原则的题中应有之义，也合乎刑法公正的要求。至于轻罪的界定及轻刑的判处，则应根据犯罪的具体情况加以判断；对于罪行较重，但行为人具有坦白、自首或者立功等法定或者酌定从轻、减轻处罚情节的，法律上予以从宽处罚，在本应判处较重刑罚的情况下，判处较轻之刑罚。尤其是那些罪当判处死刑的，如有从轻、减轻处罚情节或者不是必须立即执行的，应依法判处死刑缓期二年执行、无期徒刑或者 10 年以上有期徒刑。二是在处理这些案件的程序上设置对被告人有利的方式、手段以体现宽大（下文将提出具体的设想），或者"可捕可不捕的不捕"、"可诉可不诉的不诉"、"可判可不判的不判"。

其次，宽严相济的"严"，是指严厉处罚。具体表现在两个方面：一是在实体法上适用重刑，从重惩处，当然是在罪刑相适应原则的指导下判处重刑。二是在程序法上适用对被追诉者人身、财产影响较大的方式、手段，如对有些犯罪嫌疑人不适用取保候审这样对人身限制力度较小的措施而采用剥夺人身自由的逮捕措施。

再次，宽严相济的"济"，是指宽严有度、宽严审势。宽严有度，是指保持宽严的限度以及二者之间的平衡，既不是宽大无边也不是无限加重。不论宽严都必须在法律的范围内进行，不能超越法律的规定。宽严审势，是指宽严的程度不是一成不变的，应当根据一定时期的形势和社会情况及时地进行调整。

---

① 转引自由新久：《刑事政策与刑法适用》，载《国家检察官学院学报》2007 年第 3 期，第 149 页。

三、宽严相济刑事政策的程序立法化及司法化的建议

宽严相济刑事政策的贯彻需要立法和司法化。宽严相济刑事政策的立法在实体法和程序法中加以规定和体现，是我们贯彻宽严相济刑事政策的规范依据，本文主要研究宽严相济刑事政策的程序立法；宽严相济刑事政策的司法化，即在刑事司法中如何体现该政策的精神。本文对宽严相济刑事政策的程序立法及司法化提出以下建议：

（一）在强制措施的适用中多采用非羁押性措施，减少羁押性措施的适用

强制措施涉及公民的重要权利——人身自由，宽严相济刑事政策有贯彻的巨大空间。目前在强制措施的适用中贯彻宽严相济刑事政策的主要问题是"严"的体现有些"过"，而"宽"的贯彻不够。我们的建议是应当减少逮捕这种羁押性措施的适用，多采取取保候审、监视居住这样的非羁押性措施。逮捕是较长时间内剥夺人身自由的强制措施，是强制措施中最严厉的一种，因此能用其他强制措施的应尽量适用其他强制措施，即对于案件事实清楚，犯罪情节轻微，采取取保候审、监视居住等方法足以防止发生社会危险性的犯罪嫌疑人，应采取取保候审、监视居住。这就要求在提请逮捕和审查批捕的时候，要严格依据法律规定的逮捕条件，在把握事实证据条件、可能判处刑罚条件的同时，全面衡量犯罪嫌疑人的社会危险性，注重对刑事诉讼法规定的"有逮捕必要"条件的正确理解和把握。对于可以作轻缓处理的犯罪，可捕可不捕的坚决不捕。对于不采取强制措施或采取其他强制措施不至于妨害诉讼顺利进行的，应当不予逮捕。

为减少"严"的方式的适用，为"宽"的方式的适用提供较大的空间，立法上可以对不予逮捕的情形作出一些规定。例如，对具有下列情形之一的，可以认为没有逮捕必要，不予逮捕：所犯罪行较轻的未成年人犯罪案件；所犯罪行较轻的老年人或残疾人犯罪案件；所犯罪行较轻的初犯、偶犯；所犯罪行较轻的共同犯罪中的从犯、胁从犯；所犯罪行较轻的投案自首、有立功表现的犯罪嫌疑人；非暴力性过失犯罪的犯罪嫌疑人。

（二）在审查起诉阶段确立起诉便宜主义原则，增加暂缓起诉制度

审查起诉阶段具有控制案件进入审判阶段的过滤功能，在将被追诉者是否交付审判时有必要贯彻宽严相济刑事政策。对案件的起诉存在着起诉法定主义和起诉便宜主义两个适用原则。起诉法定主义强调的是有罪必诉，与有罪必罚的报应主义密切联系。而起诉便宜主义则是授予检察官一定的自由裁量权，对构成犯罪的案件不是必诉，当检察官认为虽然犯罪案件具备起诉条件，但考量各种情形，认为不必要起诉时，可以决定不起诉。为体现宽严相济刑事政策，我国应在法律上明确规定起诉便宜主义原则。

目前在审查起诉阶段贯彻宽严相济政策的问题上，应该起诉的基本上都起诉了，"严"的体现问题不大，而"宽"的体现还不到位。因此，我们建议适当扩大不起诉的适用范围，可诉可不诉的不诉；增加体现"宽"的方式，即规定暂缓起诉制度。我国刑事诉讼法第142条第2款规定："对于犯罪情节轻微，依照刑法规定不需要判处刑罚或者免除刑罚的，人民检察院可以作出不起诉决定。"这是法律赋予人民检察院相对不起诉权的依据。在检察机关的审查起诉工作中，应当正确把握起诉的条件，充分考虑起诉的必要性，可诉可不诉

的不诉，并适当扩大相对不起诉的范围。对于符合刑事诉讼法第 15 条规定情形之一的，应当不起诉。对于犯罪情节轻微，依照刑法规定不需要判处刑罚或者可以免除刑罚的，可以作出不起诉决定。为贯彻宽严相济刑事政策，对于初犯、从犯、预备犯、中止犯、防卫过当、避险过当、未成年人犯罪、老年人犯罪以及亲友、邻里、同学、同事等纠纷引发的案件，符合前述条件的，一般可以尽量多适用不起诉。

暂缓起诉，是指检察机关根据犯罪嫌疑人的犯罪性质、年龄、处境、犯罪危害性程度、犯罪情节以及犯罪后的表现等情况，认为没有必要立即追究刑事责任时，作出暂时不予提起公诉的决定，给予其一定的考验期限，责令其进行自我改造和反省，以观后效，根据其悔罪表现决定最终是否起诉。暂缓起诉制度符合刑罚个别化和轻刑化的刑事政策，是起诉便宜主义在司法中的体现。暂缓起诉目前虽无法律明文规定，但实践中所做的有益尝试表明其效果明显，并有利于经济合理地使用司法资源。刑事诉讼程序环节的减少缩短了诉讼时间，减轻了讼累，节省了人力、物力等司法资源，使检察机关和审判机关将主要精力投入到更为严重的刑事犯罪案件的起诉和审判中去，以提高诉讼质量和效率。暂缓起诉制度有利于保护当事人的合法权益。

（三）在审判阶段，扩大简易程序的适用范围和增加被告人认罪案件简化审的规定，适当地多判处管制等较轻的刑罚

因为宽严相济刑事政策的贯彻与社会治安的好坏有着直接的关系，所以很多人认为，只有严厉打击犯罪，才能震慑罪犯；而宽大处理多了往往会导致治安状况的恶化。因此，关于贯彻宽严相济刑事政策中"严"的体现有很多人关注，如果有问题会及时发现，并给予纠正；而对"宽"的体现则重视不够，或者不关心，或者不敢体现。鉴于此，我们认为在审判阶段贯彻宽严相济刑事政策的基础上，应重视对"宽"的体现。

在审判阶段刑事诉讼法目前关于简易程序的适用范围还比较小，此外还没有被告人认罪案件简化审的规定，这样既不利于提高刑事诉讼效率，也不能从程序上使有些认罪的被告人得到实惠从而体现宽严相济刑事政策。因此，我们建议刑事诉讼法应扩大简易程序的适用范围、增加被告人认罪案件简化审的规定，在程序上快速结案，使认罪的被告人尽快从被追究刑事责任的不确定状况中解脱出来，以体现宽严相济刑事政策中"宽"的精神。

人民法院在适用刑罚的过程中为体现宽严相济刑事政策中"宽"的精神，对校外未成年人、在校学生所犯轻罪案件应多从轻判处。未成年人和在校学生是目前犯罪率较高的两类特殊主体，其涉嫌的犯罪通常是轻罪，主观恶性一般不大。同时，未成年人犯罪与他们的生理、心理发育不成熟有直接关系，若仅因一次情节较轻的犯罪而对其简单地作出刑罚，将他们抛向社会，必然造成社会资源的浪费，不利于对其进行教育改造并可能增加社会的不稳定因素。因此，审判中应贯彻宽严相济刑事政策，多判处管制、拘役、罚金等轻刑，适当扩大缓刑制度的适用比例。缓刑有利于被判刑人复归社会，且可以避免在监狱中因某些犯罪人的恶习而导致的交叉感染，在国际上很受一些国家的重视。我国在刑事审判中也判了一些缓刑。此外，对偶犯、初犯、过失犯等犯罪人员，根据条件也可多判一些缓刑，以贯彻对轻型犯罪从宽处理的思想。

（四）建立刑事和解制度

刑事和解，是指在刑事诉讼中，加害人以认罪、赔偿、道歉等形式与被害人达成和解后，国家专门机关对加害人不予追究刑事责任、免除处罚或者从轻处罚的一种制度。这一制度是体现宽严相济刑事政策的一个制度。允许一些案件中加害人与被害人和解，一方面能使被害人得到经济赔偿和精神抚慰，另一方面又能促使被告人积极悔罪服法，减少社会中的对抗因素，有利于社会和谐，基于它的这些作用，应当对加害人体现"宽"的精神。在程序设计上，我们建议对一些犯罪案件，当加害人与被害人和解后在侦查阶段由侦查机关撤销案件，在审查起诉阶段由检察机关作出不起诉决定，在审判阶段由法院予以认可，并对被告人非刑罚处理或从轻判处。

（作者单位：中国人民公安大学）

论刑事从宽政策的困境与出路

——以审查逮捕为例的分析

巩富文　姚宏科

当前，宽严相济作为我国最重要的刑事政策之一，反映了我国在构建社会主义和谐社会目标下司法理念的精髓与方向，宽严相济亦成为各司法机关及各项具体司法工作的主要指导方针之一。然而，笔者通过对检察机关审查逮捕工作贯彻宽严相济尤其是落实刑事从宽政策的实证考察，却发现实践中问题重重，不容乐观。在此，尝试对这些问题做一点初步探讨，以求抛砖引玉之效。

一、宽严相济刑事政策在审查逮捕中运用的实证分析

笔者通过调查发现，在审查逮捕工作中贯彻宽严相济刑事政策的步履异常艰难，其面临的困境主要有：

（一）僵化严苛的考核机制

作为一项纳入岗位目标责任制的具体职能，审查逮捕部门必须迎接上级部门的业务考核。现行各地对审查逮捕工作考核的主要指标有三点：（1）批捕率。为了体现对刑事犯罪的"严打"态势，各地对批捕工作纷纷规定了具体指标，要求逮捕率必须达到一定指标，不批率则严格限制在一定范围之内，如果不批捕案件超过规定比率考核时就要扣分。近年来人为控制不捕率的规定在多方责难之下虽然予以取消，但强调逮捕职能的思维并未根本改变，许多地方换汤不换药，重新确定了逮捕人数的考核指标，如某省检察机关2007年的考核办法就规定："审查逮捕犯罪嫌疑人数达全省人均数的，得2分，每高于、低于0.1人加、减0.02分。"这种考核办法仍在引导办案单位：只有尽可能地多逮捕人在考核时才能多加分，否则如果平时不捕，考核时就有扣分之虞。（2）追捕。各地检察机关在考核办法中还规定了对漏捕的监督。对于某些案件侦查机关没有提请但检察机关认为应该逮捕，就有权要求补充提请继而批准逮捕。一般情况下追得越多加分就会越多，如前述某省检察机关考核办法规定："纠正漏捕达全省平均数，得1.5分，每高于、低于1件加、减0.02分。"（3）立案监督。对侦查机关未做刑事处理的案件要求侦查机关进行刑事立案，纳入刑事诉讼中来。立案监督同样是办案数量越多加分越多，再如前述某省检察机关规定："办理立案监督案件数达全省人均办理0.1件的，得1分。人均办案数每超过0.01件，加、减0.01分。"笔者在调查时有部分基层干警坦言：人均数比过去规定固定的指标更难办，固定指标只要完成即可，而平均数只有年底上级检察院核算后才能知道，基层检察院平时不知道全省的平均数可能会是多少，所以只好马不停蹄地多办案、多捕人，这样才可能达到或超过平均数，否则稍一松懈低于平均数就会被减分。

不管上级政策层面的构想多么美好，落实到具体工作的考核中，总会具体而现实，对

于办案单位而言，名次才是硬道理。在考核机制引导下，批捕工作经常走向严苛化。为了本单位的考核加分和工作名次，在同样的情况下案件总会倾向于作出批准逮捕决定，可捕可不捕的案件大多批捕并不如刑事政策要求和学界期望的可捕可不捕的不捕。例如，笔者对某地级市检察机关近三年来办理的批捕案件进行了调查，情况如下表：

年度	受案数（件）	批捕数（件）	不捕数（件）	追捕数（件）
2004	1037	983	20	35
2005	967	915	23	25
2006	920	886	9	35
2007. 1－6	508	484	5	38

由上表可以看出，虽然中共中央政法委员会和最高人民检察院从 2006 年年底就开始全面部署落实宽严相济的刑事政策，但根据 2007 年 1 至 6 月的实际运行情况看，刑事从宽并没有得到充分体现，2007 年上半年的批捕数高于 2005 年和 2006 年的半年数，而不捕案件数却明显下降，远远低于 2004 年和 2005 年的数据，"可捕可不捕的不捕"这项响亮的政策并未得到实践的有效回应。[①] 特别是追捕案件，2007 年上半年已经达到 38 件，居然远远高于前三年的全年数，办案活动舍宽求严的情况可见一斑。

（二）此起彼伏的工作风险

虽然上级单位和有关主管机关全面推行宽严相济的刑事政策，但承担审查逮捕职责的检察机关却无法轻松面对，在实践中因为种种潜在的风险使得从宽政策经常打了折扣。

1. 案件质量风险。审查逮捕受理案件是在刚刚立案的调查期，案件尚没有侦查终结，许多情节和事实尚处在未经查实的不确定状态，诸多可变因素尚在其中。如果此时从宽行使不批捕权，万一侦查终结后罪责严重，或者当事人不捕后失管或者出现新的社会危害性，检察机关都要承担办案质量不高甚至审查错误的风险。

2. 道德风险。检察机关的审查工作既要保证刑事诉讼的顺利进行，同时还必须承担社会道德和舆论的评判。刑事案件发生后，如果对提请的案件检察机关作出不逮捕决定，侦查机关会认为自己辛辛苦苦抓获的犯罪嫌疑人，检察机关一句话就给放了。受害人也认为检察机关没有站在自己一边，未能维护自己的利益因而心存不满，有时受害人甚至四处申诉上访散布对检察机关及办案人不利的言论。笔者调查时发现一起抢劫案件，由于犯罪嫌疑人系未成年人且为初犯，情节不严重，且没有抢到任何财物，基于上述几点检察机关作出不捕决定，但释放后犯罪嫌疑人不按时到案接受调查，拒不赔偿受害人损失，并对受害人进行语言威胁。后法院决定对其进行逮捕。本案中公安机关和法院都受到了好评，唯独检察机关最后成为受害人、社会舆论、侦查机关、审判机关等多方指责的对象。基于这样的风险，检察机关决定不捕时，总是非常慎重，尤其是单位领导，考虑得会更全面一些。

（三）办案人的无奈选择

上级要求贯彻宽严相济刑事政策，在批捕工作中能不捕就不捕，但每一起案件都要由

---

① 发人深省的是该地级市检察机关共有 13 个基层检察院，不批捕案件最多只有 23 件，最少只有 9 件，2004 年和 2005 年每个单位年平均不到两件，2006 年平均还不到 1 件。

具体的办案人审查办理，不接触案件的学者和不具体办理案件的决策者无法体会到办案人的困惑和无奈，面对宽严相济的要求他们往往左右为难。

1. 法律规定至今朦胧不清。刑事诉讼法第 60 条规定了逮捕的适用条件，但这些条件一经适用到具体的案件中就会发现似是而非、模糊不清。例如，"采取取保候审、监视居住等方法，尚不足以防止发生社会危险性，而有逮捕必要的"这一必要性条件，到底何为必要何为不必要，实践中不敢妄言。同样的案件检察机关认为没有逮捕必要，但处在办案一线的侦查机关则认为必须逮捕；犯罪方认为不会有危险性，受害方则认为有危险性；司法机关认为无危险性，群众则认为有危险性。在这种情况下，许多介于两者之间的案件，办案人常常会忐忑不安，为了减少不必要的麻烦，只好快刀斩乱麻干脆批捕，以批捕求稳求安。

2. 责任无可推卸。近年来检察机关实行严格的倒查式责任追究制度，这对无罪的人进行错误逮捕的办案人自然责无旁贷，同时对有罪的案件，如果办案人员没有作出批捕决定使之流入社会，不管是发生犯罪嫌疑人失管、脱逃、重新犯罪还是受害人缠诉上访等后果，办案人都要承担一定的法律责任或工作责任。可捕可不捕的案件，实践中不捕的责任会远远大于逮捕的责任。在这种困境下，办案人会形成这样一个共识：在保证案件不出错（指事实和证据没有根本变化）的情况下对可捕可不捕的案件，标准掌握越严办案人自身会越安全，承担的责任和风险会越少。反之，如果办案人对介于两者之间的案件贯彻从宽政策不捕处理后，将在以下方面承受更多的责任以及风险：（1）侦查机关愠怒；（2）受害人指责；（3）社会舆论议论；（4）可能引发对办案人在个人廉政方面的不良评价。可想而知，处在这样的困境中，办案人舍宽求严的趋向会不言自明。

（四）执法的内外部环境未能配套

宽严相济作为一项基本的刑事政策，必须体现于整个刑事诉讼的过程中，检察机关不可能单刀直入，该政策的实施必须依赖于诸多内外部条件。但是，由于以下三方面的制度缺失或条件不具备，检察机关贯彻宽严相济刑事政策会因种种制约因素而无法通行。

1. 社会化监管措施缺损。当我们对西方国家极高的非监禁率和异常宽泛的保释制度津津乐道的时候，决不能忽略西方国家在社会控制方面的完善和周密，犯罪者虽然不被监禁，但由于健全的信用体系及完善的社会控制网络，当事人会处在严密的司法控制之中。而根据我国逮捕制度的法律规定，对不捕的犯罪嫌疑人大多只能采取取保候审或监视居住的措施，并由公安机关执行，公安机关由于治安职能的烦冗和手段的单一对这两种措施的落实不佳是不争的事实。由于我国村镇社区等基层管理职能的整体弱化，目前尚没有合适的主体对活动于社会上的犯罪者实施管理监控。上海市等地区虽然探索过社区矫治的刑罚新模式，但仅限于刑罚，对侦查过程中释放到社会上的犯罪嫌疑人管理仍是空白。所以，敢不敢放、放了谁来管、出了问题怎么办的顾虑经常使检察机关在做不捕决定时缩手缩脚，而最省心省力的办法就是对嫌疑人限制或剥夺人身自由。

2. 公安机关施压。为了更好地贯彻宽严相济的刑事政策，最高人民检察院 2006 年 12 月 28 日出台了《关于在检察工作中贯彻宽严相济刑事司法政策的若干意见》，规定对七种情形不予批捕。但公安机关至今没有出台落实宽严相济刑事政策的具体规定，故使得检察机关落实七种情形的不捕经常会与公安机关的意见相左，检察机关的不捕决定经常遭到公安机关的不满。近年来，在检察机关逐步淡化批捕率指标的同时，公安机关在本系统的考核办法中，却不断凸显"打击人数"指标，热衷于批捕率的追求，因为批捕的人数越多说明打击率越高，工作质量越高，成效也越大。例如，某地级市公安机关在对下级办案单位的考核办法中就规定不捕率不能超过2%，如果超过3%局领导要到上级机关作检查。有些山区县全年发生刑事案件数不到50件，不捕1件局长就要作检查。公安机关这样的考核办法，会促使检察机关在审查批捕时，为了维护侦查机关和检察机关良好的工作关系以及照顾并肩战斗的个人情谊，尽可能地作出批捕决定。

3. 检察资源的有限性。同样的案件，如果案情介于可捕和不捕之间，那么作出批捕和不捕决定所耗费的人力资源和物力资源将大不相同。如果批捕，办案人只要作出《批准逮捕决定书》送公安机关执行即可，最多到看守所提审一次犯罪嫌疑人。而如果不捕，工作量将明显增加，工作程序也变得烦琐不堪：（1）必须进行相应的实地调查，如案件的具体情形、受害人的态度、有无不良后果等，未成年人必须找到监护人，在校学生要与学校沟通，对农民可能到村组了解情况，要多方面判断是否符合从宽条件；（2）许多基层检察院为了控制不捕率，不捕案件均提交检委会研究讨论，准备大量的材料并接受委员们反复的盘问，是一项很烦琐的工作；（3）近年来上级检察院严格了监督不捕案件的质量，有不捕案件的单位每年要被专项检查，案件会被反复挑毛病，办案人得准备非常烦琐的材料接受检查。在上述情况下办理不捕案件单位要耗费大量的人力物力。在检察机关办公经费普遍紧张、检察官编制紧缺、普遍案多人少的情况下，对可捕可不捕的案件作不捕决定，抛开内部考核、办案风险、公安机关施压等因素不顾，仅仅过多的司法资源支出，就会让检察机关不堪重负。笔者在调查时发现，许多基层检察院对宽严相济的新做法仅仅尝试一下就急忙结束，根本不敢全面、长期适用。

二、在审查逮捕中贯彻宽严相济刑事政策的基本路径

由前述可知，宽严相济这一构想美好的刑事政策，在实践中却遭遇到诸多困境和障碍，在学术界与实务界之间、决策层与实践层之间存在比较严重的脱节与冲突问题。在审查逮捕中，落实宽严相济的从宽要求，许多情况下变成一种理论上的良好愿望，甚至成为一朵飘浮在空中的祥云。实践有实践的规律，它总是按照自己的规则走自己的路。笔者以为，在审查逮捕中贯彻宽严相济刑事政策，必须处理好以下问题。

（一）逮捕工作回归本位

逮捕是刑事侦查工作中强制措施的一种方式，只是侦查过程中具体而短暂的一个片段性环节，它的根本目的是为了保证刑事侦查活动的顺利进行。例如，英美法系国家主要把逮捕作为保证被告人能够出庭接受审讯的手段。英国法律规定，法官有权对可以起诉的犯罪人或者应处以监禁的，或者被告人的地址十分不确切、发出传票不能有效保证被告人出庭的签发逮捕证。大陆法系国家也主要把逮捕作为排除妨碍侦查的手段。例如，德国刑事诉讼法规定，被指控人有逃避刑事诉讼的危险，将产生难以侦查事实真相的危险时，准予

逮捕。① 但是在我国，检察机关对逮捕制度常常被作出超出其内涵的扩大化解释，如有人认为，批捕对侦查活动具有放行、引导、叫停和纠错四种功能。放行，是指检察机关对侦查活动认可，允许对犯罪嫌疑人进行羁押审查。引导，是指检察机关不批捕并提出补充侦查意见后体现对个案侦查活动的引导；同时亦促使侦查机关将案件的事实、证据标准与检察机关对接，从而实现类案引导。叫停，是指不捕决定体现了对侦查活动的叫停。纠错，是指发现侦查活动中的违法行为后要求侦查机关纠正。与此相适应，不少人对逮捕制度进行了更为宽泛化的诠释，最突出的表现就是把逮捕制度与构建社会主义和谐社会联系起来，对审查逮捕赋予远远超越其职能的政治含义，把办理逮捕案件作为构建和谐社会、服务党和国家大局的手段和途径，使审查逮捕工作在受宠若惊和惶恐不安中无所适从。笔者认为，逮捕就是逮捕，它只是刑事诉讼中一种强制措施的审查决定，没有必要非得把它与和谐社会联系起来，对于案件的办理，该捕就捕，该不捕就不捕，不能在和谐社会的旗号下，人为地对一些案件从宽不捕或从严批捕，司法工作有其自身的规律和要求，不要刻意地人为改变它。

（二）从宽与从严归于统一

宽严相济作为一项基本的刑事政策，具有宽和严两个方面。对此，陈兴良教授认为，贯彻好宽严相济刑事政策，关键是"济"，具体包括救济、协调、结合三个方面，基本意思是当宽则宽，当严则严。② 但是，在我国当前的司法实践中，由于多年紧绷的严峻刑事政策遽然舒缓后，有人对严厉化的刑事政策开始莫名其妙地厌恶和排斥，甚至把"严打"政策与宽严相济刑事政策对立起来。在实践中，无论是理论界还是实务界，对宽严相济刑事政策的关注重点，似乎主要集中于从宽的一面，而淡化、疏远甚至排斥了从严的一面。结果是打击的力度明显下降，有些地方对某些严重犯罪也"赶新潮"地作不捕决定，丧失了法律的严肃性，群众颇有微词。对此，决策层及部分学者已发出警示，指出："严打是宽严相济刑事司法政策的重要内容和有机组成部分，是贯彻宽严相济刑事司法政策的重要体现。……要防止脱离我国实际情况，片面强调'非犯罪化'、'低羁押率'和'轻刑化'。"③ 新中国成立以来我国司法活动有一种不正常倾向，上级管理部门总是喜欢发起一项项专门的司法活动，下面则喜欢一哄而上，一次次的司法运动对整个国家的民主法治建设或多或少都会有些影响。笔者以为，宽严相济确实是一项科学的刑事政策，但贯彻时决不能成为一种新的执法运动，应该理性而审慎对待之。尤其是在当前"从宽"一边倒的情况下，在贯彻刑事从宽的时候，千万不能忘记从严的一面。因为"仁慈是立法者的美德，而不是执法者的美德；它应该闪耀在法典中，而不是表现在单个的审判中。如果让人们看到他们的犯罪可能受到宽恕，或者刑罚并不一定是犯罪的必然结果，那么就会煽惑起犯罪不受处罚的幻想。"④ 我国应该顺应国际刑事司法轻缓化的趋势，但必须立足于中国的国情，不能简单地用西方标尺来衡量我国的实际，也不能脱离我国现实操之过急、大起大落地走轻刑化

---

① 林志慧、漆世红：《试论放宽逮捕条件——兼谈逮捕权行使中的人权保护》，载《中国检察论坛》2007年第3期。

② 陈兴良著：《宽严相济刑事政策研究》，中国人民大学出版社2007年版，第401页。

③ 黄海龙、张庆彬：《审查逮捕工作与宽严相济刑事司法政策之适用》，载《人民检察》2007年第4期。

④ ［意］贝卡里亚著：《论犯罪与刑罚》，黄风译，中国大百科全书出版社1993年版，第60页。

道路。对此，许多学者予以警示，如最高人民检察院理论研究所张智辉教授指出："轻刑化问题不仅仅是一个刑罚的轻重问题，更是一个与刑法的严密性密切相关的问题。只有在法网严密的制度设计中才可能实现轻刑化。"① 在我国刑事救治尚不完善、立法漏洞遍存的情况下，匆忙地走轻刑化道路，显然与国情不符。张明楷教授也指出："在社会主义国家，将刑罚当做摧残人、折磨人的报复手段，固然是错误的，但如果超越我国社会主义初级阶段的国情、社会的平均价值观念以及社会主义人道主义所能允许的限度，把刑罚视为仁慈的东西，似乎不应有任何剥夺性痛苦，甚至把服刑人的生活待遇提高到超过劳动群众的一般水平而令人向往的地步，这也是背离刑罚的基本属性，不能为国家和人民所容忍的。"② 故笔者以为，在诉讼过程包括审查逮捕中，对刑事案件的办理在适当从宽的同时，决不能忽略了从严的一面。要更好地落实"从宽"，首先要落实好"从严"，严是基础和保证，只有对严重犯罪保持了从严的有效控制，从宽才能水到渠成且长期坚持，否则如果单方面为了从宽而从宽，将使执法活动变得混乱，从宽又可能成为一种短期的"运动式"行为而夭折，从宽决不是递给犯罪分子的一面全身而退的盾牌。

（三）弥合两种结构性的缺陷与冲突

笔者阐述刑事从宽的种种困境，辨析宽严相济政策的执行偏失，并不是反对对刑事犯罪从宽处理，而是希望以理性的思维、在合理的范围内、对适格的犯罪者落实好从宽政策。落实从宽必须解决两个方面的冲突。

一是处理好理想与现实的冲突问题。歌德说："理论是灰色的，只有实践之树常青。"在法治进程中，学术界和实务界虽然目标一致但具体进路总是存在不同程度的落差。比如对于刑事犯罪的轻缓化处理，学术界总是表现出更多的热情和更高的期望，提出更为激进的设想。但是学界的理想到了具体的司法实践中，尤其是到了具体的办案单位以及具体的办案人手中，许多问题会变得复杂不堪，比如逮捕案件到底捕不捕，办案人必须自己反复掂量。在这种情况下不论学术界在可行性、科学性、先进性方面提出多么严谨、周密以及具有强大说服力的理论支持，办案单位和办案人总是小心翼翼、非常谨慎。所以，在贯彻宽严相济的刑事政策中，应该更多地理解司法现实，理解办案单位及办案人的思路和想法，不能用理论推演苛求实践做法，也不能用理论的美妙理想指责现实的滞后和迟缓。

二是处理好刑事政策与司法实践的关系。虽然刑事政策是刑事司法的灵魂，但二者毕竟不同。中央提出贯彻宽严相济的刑事政策后，笔者通过实证调查发现许多问题在基层单位并没有完全、及时地积极落实，或者只是变成一种口号式的落实，即单位可能积极表态落实，学习讨论，甚至出台一些具体规定，但到了具体案件中该怎么干还是怎么干，办案实践与上级要求心口不一、表里抵牾。刑事从宽的要求之所以趑趄不前，许多情况下是由于司法政策与诉讼实践存在冲突，二者在理解和执行的过程中龃龉不合。对此，笔者以为，对刑事政策应如梁根林教授所主张的进行"应然的刑事政策"和"实然的刑事政策"之界分，对理论上推导论证的归于应然层面，而只是对那些实际可行、可以现实应用的视为实

---

① 张智辉著：《刑法理性论》，北京大学出版社 2006 年版，第 322 页。
② 张明楷著：《刑法格言的展开》，法律出版社 2003 年版，第 291 页。

然政策。① 对宽严相济的刑事政策，也应分为实然可行和应然该行两个层面，不能要求一步到位全部落实。宽严相济的贯彻落实，必须渐次而行，不可一蹴而就，否则可能会欲速则不达。

（作者单位：陕西省人民检察院　陕西省宝鸡市人民检察院）

---

① 参见梁根林著：《刑事政策：立场与范畴》，法律出版社 2005 年版，第 23～42 页。

和谐社会语境下的我国刑事速决程序之构建

侯建军　刘振会

一、刑事速决程序的发展历程考察

（一）域外刑事速决程序的主要类型及发展状况

刑事速决程序，是指与刑事普通程序相比，程序简化、速度快捷的刑事案件处理程序。刑事速决程序应各国快速处理刑事案件的实际需要产生后，经历了不断完善、规范运作、相互借鉴、广泛适用的发展过程。下面以美、英、德、意等国为例简述刑事速决程序的主要类型及发展历程。

1. 美国

美国的速决程序主要是辩诉交易。辩诉交易是刑事案件中被告人和检察官协商达成令双方满意的案件处理方案的程序。[①] 辩诉交易最早出现于美国建国之初，20 世纪 70 年代得到了正式确认并被广泛适用，成为美国司法机关处理刑事案件的主要方式。到 20 世纪 90 年代，通过辩诉交易形式结案的刑事案件所占的比例不断增加，"80% 到 90% 的被告人普遍地请求认罪"[②]。辩诉交易已成为美国刑事司法制度得以正常运行的基本保障。

2. 英国

英国的速决程序主要是简易程序。英国 1952 年出台的《治安法院法》确立了简易程序。根据该法律，英国的简易审判只能由治安法院按简易审判程序进行，这种审判无陪审团参加。例如，被告人已被逮捕，审判依控告产生，被告人若未被逮捕，审判则依传票产生。由于所需费用较少，20 世纪 90 年代，整个英国每年按照简易程序审理的案件占全部刑事案件的 97%。[③]

3. 德国

德国的速决程序主要是处罚令程序。处罚令程序是由 19 世纪德国刑事诉讼法创设的一种特别刑事程序，也译作处刑令程序，"是一种无起诉书、无开庭决定、无法庭审理的书面性程序，从性质上讲，属于简易程序"。[④] 在这种程序中，法官只对检察官提出书面申请的案件进行审查即可，并对被告人处以罚金等轻微刑罚，而不再进行正式的法庭审判程序。

---

①　BLAC K' S LAW DICTIONARY, 1990 年版，第 1152 页。

②　[美] 斯蒂芬. J. 斯卡勒胡弗尔：《灾难性的辩诉交易》，载《外国刑事诉讼制度探微》，法律出版社 2002 年版，第 261 页。

③　程味秋主编：《外国刑事诉讼法概论》，中国政法大学出版社 1994 年版，第 28 页。

④　卞建林、刘玫主编：《外国刑事诉讼法》，人民法院出版社、中国社会科学出版社 2002 年版，第 36 页。

在德国，一半左右的刑事案件是按处罚令程序处理的，适用的比例相当高。[1]

4. 意大利

意大利的刑事速决程序有五种，是 1989 年意大利新刑事诉讼法所设置的。这五种简易程序分别为：（1）简易程序。法官仅根据侦查案卷就可以对案件作出迅速的判决。如果被判定有罪，刑期可减少 1/3。（2）意大利式辩诉交易即依当事人的要求适用刑罚。在审判开始前检察官和辩护律师可以就判刑达成协议，请求法官按此论处。（3）快速审判程序。在有强有力的证据证明被告人应受惩罚时，检察官可以在犯罪被发觉后的 48 小时至 14 日之内要求快速审判。（4）立即审判程序。在开始对犯罪进行侦查的 90 日之内，调查表明已有真凭实据证明被告人有罪并且被告人已作了有罪供述，检察官可要求免去初步庭审而由负责指挥侦查的法官决定立即审判程序。（5）处罚令程序。它是法官根据公诉人的建议而发布的独立适用财产刑的命令，它既无侦查也无审判，而是直接处以罚金，而且罚金减少 50%[2]。

从上述各国刑事速决程序的考察可以看出，由于政治、法律制度背景的不同，速决程序的表现形式多种多样，但在简化诉讼程序，提高诉讼效率，节约司法成本上却是一致的，换言之，速决程序无论采取什么形式，采用何种称谓，程序简化是其本质特征，节约司法资源是其根本目的。

（二）我国刑事速决程序的发展历程

我国的刑事速决程序经历了从无到有，不断发展的过程。在 1979 年我国第一部刑事诉讼法颁布之前，因为没有完整的刑事诉讼程序，更谈不上普通程序与速决程序之分。1979 年刑事诉讼法仅规定对一些简单轻微的刑事案件可以由法官独任审判，但没有设立专门的速决程序。1983 年 9 月 2 日全国人民代表大会常务委员会通过了《关于迅速审判严重危害社会治安的犯罪分子的程序的决定》，针对一些严重危害社会治安和公共安全的刑事犯罪案件，建立了一种与法定程序不同的"速决程序"，实践中又被称为"从重从快程序"、"严打程序"。对此，有学者认为："尽管没有人明确对此加以定性，但这一'速决程序'实际上就是中国的刑事简易程序"。[3] 但由于这一速决程序旨在从重从快严厉打击严重的刑事犯罪，并非传统和规范意义上的速决程序。我国规范意义上的速决程序创设于 1996 年我国修正后的刑事诉讼法中，在该法中明确规定了刑事简易程序。2003 年 3 月 14 日最高人民法院、最高人民检察院、司法部联合下发了《关于适用普通程序审理"被告人认罪案件"的若干意见（试行）》和《关于适用简易程序审理公诉案件的若干意见》，创设了另一速决程序，即普通程序简易审，使我国的速决程序向多元化方向迈出了一大步，形成了简易程序与普通程序简化审并存的二元速决程序。

---

① 刘立宪、谢鹏程主编：《海外司法改革的走向》，中国方正出版社 2000 年出版，第 63 页。

② 黄风译：《意大利刑事诉讼法典》，中国政法大学出版社 1994 年版，第 157～167 页。

③ 陈瑞华著：《刑事诉讼的前沿问题》，中国人民大学出版社 2000 年版，第 418 页。

（三）我国刑事速决程序的运行现状

1. 简易程序

根据现行刑事诉讼法和相关司法解释的规定，适用简易程序的案件类型主要有三种：一是对依法可能判处3年以下有期徒刑、拘役、管制、单处罚金的公诉案件，事实清楚、证据充分，人民检察院建议或同意适用简易程序的公诉案件；二是告诉才处理的案件；三是被害人起诉的有证据证明的轻微刑事案件。但是，公诉案件在四种情形下不宜适用，即比较复杂的共同犯罪案件；被告人、辩护人作无罪辩护的；被告人系盲、聋、哑人的；其他不宜适用简易程序审理的情形。对适用简易程序审理的要求主要有五点：一是在公诉案件中，无论是检察院建议适用或法院主动决定适用简易程序的，都要征求被告人、辩护人的意见；二是简易程序只适用于基层法院，可以实行独任审判；三是适用简易程序的公诉案件，检察机关除法定情形外可以不派员出庭，辩护人也可以不出庭；四是庭审中的法庭调查和法庭辩论阶段没有明确的界限，除被告人最后陈述和辩护环节保留外，其他环节都可以简化或者省略。特别是被告人在庭审中表示认罪的，可直接作出有罪判决；五是对适用简易程序的公诉案件，在判处刑罚上可以酌情从轻处罚，但无具体的从轻幅度限定。

2. 普通程序简易审

根据《关于适用普通程序审理"被告人认罪案件"的若干意见（试行）》的规定，被告人对被指控的基本犯罪事实无异议，并自愿认罪的第一审公诉案件，除七种情形外，都可适用普通程序简易审；对于指控被告人犯数罪的案件，对被告人认罪的部分，可以适用普通程序简易审。七种不适用普通程序简易审的情形为：被告人系盲、聋、哑人的；可能判处死刑的；外国人犯罪的；有重大社会影响的；被告人认罪但经审查认为可能不构成犯罪的；共同犯罪案件中有的被告人不认罪或者不同意适用简易审的；其他不宜适用简易审的。普通程序简易审只能对普通程序的审理环节作部分简化而不能省略，是介于普通程序与简易程序之间的一种审理程序，是在司法机关仅靠简易程序不能实现刑事案件繁简分流目标的情况下而采取的另一速决程序，但因其未得到国家立法确认而受到质疑。

对照国外刑事速决程序，审视我国的审判实践发现，我国的刑事速决程序还有待改进和完善。一是对当事人主体地位和权利重视不够。在我国的刑事速决程序中，被告人、被害人不是程序提起主体。相反，本应相对消极中立的法院反而是程序提起主体；二是对被告人认罪的从轻幅度模糊，只是"酌情予以从轻处罚"，不足以鼓励被告人依法主动认罪；三是现行刑事速决程序配套制度不完善，如法律援助制度、证据展示制度等还未规范建立，在很大程度上影响了刑事速决程序的适用。以山东省为例，据统计①，2003年至2007年全省各级法院适用简易程序率仅为37.27%，普通程序简易审的适用率也不尽如人意，未能充分发挥"分流案件、节约司法资源"的应有作用。可以说，我国的刑事速决程序在理论界与实务界的热切期盼中诞生之后，正陷入高开低走的境地。

---

① 本文所使用的有关山东省法院的统计数据均来自司法统计。

二、刑事速决程序的价值分析

德国哲学家黑格尔说过，"存在的即是合理的"。反之亦然，合理的才能存在，才有生命力。刑事速决程序之所以在世界各国司法实践中被广泛适用，成为一项重要的法律制度，是因为其有着巨大的社会价值。

（一）刑事速决程序具备刑事审判程序的正当性

正义是人们用来评价一项法律制度是否具备正当性的价值标准。刑事审判程序作为法律制度的重要组成部分，只有符合正义的要求，才具备应有的正当性。从世界各国的刑事速决程序看，速决程序本身包含了程序正义的内在要求。其一，从程序的启动看，速决程序是在控诉的前提下，应控方要求而启动的；其二，在速决程序中法官始终保持中立地位，控辩双方平等行使控诉、辩护权；其三，从程序自主性看，速决程序因为有双方的选择权作保障，符合人权保障的要求；其四，速决程序的裁决生效后具有与普通程序的裁决同等的效力。可见，刑事速决程序符合审判程序正义性的要求，具备刑事审判程序的正当性。

（二）刑事速决程序具有普通刑事审判程序所不可比拟的效益性

程序的效益性，是指刑事审判程序的运行符合经济效益的要求。一项符合经济效益要求的刑事程序必须确保司法资源的耗费降到最低程度。速决程序一方面因其对案件处理环节的简化或省略，有效地提高了裁判效率；另一方面因其对案件处理人数和时间的最低要求，大大节约了司法资源，很好地实现了速决程序的效益性。例如在英国，按简易程序审判的案件平均每起花费 500 至 1500 英镑，而按正式审判程序审理的案件每起则要花费13500 英镑。[①] 美国学者波纳斯说过，"正义的第二种意义，简单地说来就是效益。"[②] 可见，速决程序在效益意义上实现了正义。

（三）刑事速决程序实现了程序正义与程序效益（即公正与效率）的衡平

对程序正义的追求，需要大量司法资源的投入，过度会背离效益性；对程序效益的追求，会限制当事人权利的行使，过度会背离正义性。刑事速决程序却在这一对矛盾中找到了最佳契合点，实现了正义与效益的有机结合。因为刑事速决程序在满足程序正义的前提下，通过简化诉讼程序提高诉讼效率，实现了程序效益的最大化。同时，刑事速决程序将适用范围科学限定为罪行轻微的案件，无损于诉讼正义。简言之，刑事速决程序实现了程序正义与程序效益最佳结合的平衡正义。

---

① ［日］田口守一著：《刑事诉讼法》，刘迪、张凌、穆津译，法律出版社 2000 年版，第 134 页。
② ［美］理查德．A．波斯纳著：《法律的经济分析》（上），蒋兆康译，中国大百科全书出版社 1997 年版，第 31 页。

三、构建我国科学的刑事速决程序

（一）构建科学刑事速决程序的必要性与可行性

当前，我国正处于人均国民生产总值刚刚突破 1000 美元的发展阶段，各种社会问题进入"矛盾凸显期"，犯罪高发势头难以在短期内得到遏制。[①] 最高人民法院工作报告中的统计数据显示，2003 年至 2007 年，全国各级人民法院共审结一审刑事案件 338.5 万件，比前五年上升 19.61%。[②] 在案件逐年增加的情况下，司法机关的办案压力逐年增大，致使诉讼周期延长，司法公正实现的时效性大打折扣。在这种情况下，仅依靠增加司法投入不具有太大的现实可能性，而借助于诉讼程序创新以提高诉讼效率无疑是务实的态度。因此，对我国现行刑事速决程序进行改造完善，创设新的速决程序，构建我国科学的刑事速决程序成为司法体制改革的紧迫任务。

如上所述，我国刑事速决程序经历了从无到有，从一元到二元的发展过程，十多年的司法实践为我们积累了丰富的经验，实践过程中的挫折为我们找到了症结所在，理论界与实务界的热议为我们明确了改革的方向。同时，随着各国理论研究的不断融合与国内外司法机关的互相学习、沟通，增进了对各国刑事速决程序的认识和了解，为构建科学的刑事速决程序奠定了坚实的基础。

（二）构建科学刑事速决程序的主要内容

对我国刑事速决程序的科学构建既不能局限于现有的速决程序，也不能照搬外国的模式，而是应当在对现有速决程序进行改造完善的基础上，借鉴外国的成功经验，创设新的速决程序，形成符合科学的刑事速决程序体系。

1. 完善刑事简易程序和普通程序简易审程序

如上所述，我国现行简易程序与普通程序简易审程序在程序设计与配套制度上有待进一步完善。笔者认为，应通过立法的方式从以下几方面进行完善：

（1）科学界定简易程序的适用范围。为确保将司法资源更多地用于社会危害性大的重罪案件，对简单案件应尽可能多地适用简易程序。1989 年 10 月维也纳国际刑法协会的决议中指出："对简单的案件，可能采取也应该采取简易程序"。[③] 从世界主要法治国家适用速决程序的案件比例看[④]，适用速决程序审理的刑事案件占全部刑事案件的大多数甚至绝大多数。据统计，2003 年至 2007 年，山东省各级法院判处 3 年有期徒刑以下刑罚的被告人占全部生效判决判处人数的 73.29%。可见我国现行刑事诉讼法对简易程序适用范围的规定"依法可能判处三年以下有期徒刑、拘役、管制或者单处罚金的案件"符合国际刑事司法的要

---

① 熊选国：《最高人民法院统一行使死刑案件核准权的背景与意义》，载最高人民法院 2006 年编辑的《刑事审判法官培训讲义》，第 84 页。

② 《中华人民共和国最高人民法院公报》2008 年第 4 期，第 4 页。

③ 陈光中、严端主编：《中华人民共和国刑事诉讼法修改意见稿与论证》，中国方正出版社 1995 年版，第 307 页。

④ 本文在对美英等国刑事速决程序的考察中写明了它们的适用比例。

求，符合我国的实际，应该坚持①。但适用范围的科学不等于适用效果的理想，要想达到预期的适用比例与效果，必须强化对该程序的适用。因此，可将法律对适用简易程序的要求由选择性要求的"可以"改为强制性要求的"应当"，以确保简易程序适用率达到立法要求和目的。

（2）合理调整普通程序简易审程序的适用范围。当前，简易审程序的适用范围包括了死刑案件以外的可能判处3年有期徒刑以上的被告人认罪的所有案件，范围过宽，应予以适当调整。具体可将不适用简易审程序的范围由原来的"可能判处死刑的案件"调整为"可能判处无期徒刑、死刑的案件"，从而将可能判处无期徒刑的案件排除在适用范围之外。因为判处无期徒刑的案件是很严重的犯罪案件，对于这类案件应按照普通程序进行审理，才能充分体现对被告人人权的尊重和保护，确保案件审判的公正。

（3）确立简易程序检察官参加庭审制度。根据我国刑事诉讼法的规定，适用简易程序的案件检察院可以不派员出庭。这种做法不符合刑事诉讼基本的三角结构，也限制了辩论作用的发挥，不利于案件真实的发现，也不利于维护被告人的合法权益。因此，应当确立简易程序检察官参加庭审制度，规定适用简易程序审理的案件公诉人应当出庭。

（4）赋予被告人程序选择权和变更权。按照程序主体性原则，"纷争程序当事人亦应为参与形成、发现及适用程序之主体"②，当事人有权处分自己的程序权利。因此，应改变现行法律对被告人程序选择权漠视的做法，赋予被告人简易程序和简易审程序的选择权和变更权，在法院告知被告人适用简易程序或简易审程序时，被告人可以提出异议，要求按照普通程序进行审理。在案件的审理过程中，被告人也可以提出变更程序的申请，一般情况下，法院应当尊重被告人的程序选择权和变更权。

（5）建立简易程序和简易审程序法律援助制度。在简易程序或简易审程序中，由于审理环节的简化，被告人的诉讼权利容易受到侵犯。被告人对案件适用简易程序或简易审程序审理可能会产生的法律后果，需要其信赖的专业法律人员进行解释说明，才能避免对该程序产生误解。因此，应当建立简易程序法律援助制度，对因经济困难不能委托辩护人的，以法律援助的形式为其指定辩护人。

（6）建立庭前证据开示制度。通过建立庭前证据开示制度，在决定适用简易程序或简易审程序前，组织控辩双方进行庭前证据展示，为决定是否适用简易程序或简易审程序做参考并为庭审做准备。建立庭前证据开示制度也可为检察官与律师的辩护工作提供相互沟通的途径，有助于提高庭审的质量和效率。

（7）明确从轻处罚幅度。为鼓励被告人同意或选择适用简易程序或简易审程序，要明确其选择该程序的从轻幅度。可将现行司法解释"酌情从轻处罚"的模糊规定明确为"从轻处罚的幅度为应处刑罚1/5到1/4"③，这样既可提高对被告人选择该程序的积极性，又可增强审判人员对被告人量刑的可操作性，避免随意性，有利于增强裁判的公信力。

（8）设立简易程序和简易审程序的救济程序。因为简易程序和简易审程序在某种程度

---

① 对简易程序的适用范围，争议颇多，有人主张将现行的宣告刑条件改为法定刑条件予以缩小，有人主张应当扩大到适用于5年有期徒刑以下刑罚从而予以扩大。

② 邱联恭：《程序选择权之原理》，载《民事诉讼法之研讨》（四），台湾地区三民书局1993年版，第569页。

③ 参考大陆法系国家的立法例，结合我国国情笔者认为确定这一幅度比较合适。

上忽略了当事人的部分诉讼权利，将被告人置于某种权利被侵害的危险境地，因此必须建立相应的救济机制，才能解除被告人选择适用简易程序和简易审程序的后顾之忧。前述被告人的程序选择权与变更权在一定意义上是一种审理过程中的救济制度，被告人在审理过程中可通过行使程序选择权与变更权使其在诉讼程序中的风险降到最低。对适用简易程序或简易审程序案件裁判生效后的救济，可通过审判监督程序获得。可通过立法把法院适用"简易程序和简易审程序"作为提起再审的正当事由之一，对于被告人在合理期限内（比如1年内）以原审适用"普通程序简易审"未使其得到公正审判为由提出再审的，人民法院应当受理。同时规定，提起再审的，被告人不再享有原来的"从轻处罚"待遇，按其应处刑罚重新定罪量刑。这样，既能保证被告人有对简易程序和简易审程序的救济途径，又因启动再审程序可能获得比原判更重的刑罚而使其不会滥用该权利。

2. 设立处理轻微刑事案件的处罚令程序

如前所述，处罚令程序是大陆法系国家在一些简单、轻微刑事案件中所适用的一种刑事速决程序。适用于最终量刑为拘役、管制、单处罚金、缓刑或免予刑事处罚的轻微刑事案件。据统计，山东省各级法院2003年至2007年适用这些刑罚的案件占全部案件的50%左右，适用处罚令程序审理这些案件必将大大提高审判效率。但是对该程序的引入应充分考虑我国的政治、法律、文化等各方面的传统因素，进行适合我国国情的本土化改造。在我国引入该程序，可从以下几方面进行规范设定：

（1）处罚令程序的适用范围。根据当前我国的实际，不能直接移植外国的适用范围，可将适用案件的性质定位于最轻微的刑事案件，将适用范围确定为"可能判处拘役、管制、单处罚金或免予刑事处罚的轻微刑事案件"。据统计，2003年至2007年山东省各级法院判处拘役、管制、单处罚金或免予刑事处罚的轻微刑事案件的比例为12.4%。将这一比例的案件适用处罚令程序处理，既能起到分流案件、提高审判效率的作用，又不至于因适用范围过宽超出社会公众的接受程度。

（2）处罚令程序的适用条件。可将处罚令程序的适用条件设定为：一是案件符合上述适用范围。二是提起主体为检察机关。检察机关提起时要取得犯罪嫌疑人的同意。犯罪嫌疑人可主动向检察机关提出适用处罚令程序的申请，如检察机关拒绝申请，犯罪嫌疑人可向上级检察机关申请复议一次。犯罪嫌疑人不具有独立提起处罚令程序的权利和资格，只具有向检察机关的提起申请权。因为处罚令是一种具体的处罚方式，赋予犯罪嫌疑人主体资格无异于使其成为了自己行为的裁判者，有违程序公正的基本要求。三是检察机关向法院提交的处罚令申请必须是书面申请，申请内容包括案件事实、证据和具体量刑建议。事实、证据的要求要达到事实清楚、证据充分、从而与简易程序的要求相统一。

（3）法院对处罚令的审查要求。一是适用的法院为基层法院。因为这些轻微刑事案件都是属由基层法院管辖，处罚令程序只能在基层法院适用。二是审判组织为独任庭。因适用处罚令程序的是最轻微的刑事案件，由法官或法官助理独任审理即可。三是法院对处罚令申请的审查为实质性审查，审查方式为书面审查。认为符合处罚令条件的，按申请签发处罚令。不符合条件的，应视具体案情将案件转为简易程序或者普通程序。需要指出的是，对于处罚令申请，独任庭人员经审查只能作出同意或不同意两种处理结果，不能对申请内容作任何变更。对于不同意的，要转为简易程序或普通程序审理，而且无论是转为简易程序还是普通程序，都必须另行组成合议庭审理，原独任庭人员要自行回避，不得再参与合议庭审理该案。

（4）处罚令的救济与效力。为保障被告人的程序权利不被侵害，应赋予被告人对处罚令提出异议的权利。具体内容为，被告人收到处罚令后，在 10 日①内可提出异议。提出的异议成立的，法院作出决定撤销处罚令，视情况转为简易程序或普通程序审理。如果 10 日内未提出异议的，处罚令将产生与判决相同的法律效力。

处罚令的适用，从规范意义上说，是以检察机关具有求刑权为前提的，在当前我国法律尚未确定检察机关求刑权的情况下适用处罚令难免有违法之嫌。但上述处罚令程序的设计较好地解决了当前检察机关求刑权缺失的问题。因为按上述处罚令程序设计，检察机关的处罚令申请中对犯罪嫌疑人的处罚内容是受法官审查制约的。法官既可以接受，也可以不接受。因此，在这个意义上，并不能说已赋予了检察机关求刑权。当然，通过修改刑事诉讼法以法律形式予以确认是适用该程序的最好方法。

总之，通过以上对我国简易程序、普通程序简易审程序、处罚令程序三种刑事速决程序的设计，使我国的速决程序形成了层进式的科学构架：处罚令程序适用于可能判处拘役、管制、单处罚金或免予刑事处罚的轻微刑事案件；简易程序适用于除适用处罚令程序以外的可能判处 3 年有期徒刑以下刑罚的较轻刑事案件；普通程序简易审程序适用于可能判处 3 年以上有期徒刑的案件。据此，绝大多数刑事案件被纳入了刑事速决程序的适用范围，普通程序只适用于极少数罪行重大、案情复杂、可能判处无期徒刑以上刑罚以及被告人不认罪的案件，可以最大限度地实现司法资源的合理配置，最大限度地提高司法效率，在最完整的意义上实现司法公正，以最佳的法律效果与社会效果服务于和谐社会建设。

（作者单位：山东省高级人民法院）

---

① 设定提出异议期为 10 日，与刑事案件的上诉期相一致。因为处罚令本质上是一种刑事裁判方式。

侦查阶段刑事和解问题的实证分析

——以湖北省 J 县交通肇事案件为样本

黄洪 万飞 陈实

正如一位学者所言，"作为一种自生自发的刑事司法改革试验，刑事和解制度从一开始就不是法学家们倡导下的产物，而是各地公检法机关进行制度探索的结果。"[1] 在成为理论界的热门话题前，它已悄悄地被实务部门大量使用。实践证明，作为刑事诉讼的私力合作模式[2]，刑事和解具有深厚的现实利益基础，有利于和谐社会的构建。本文拟选取我国湖北省 J 县公安机关办理的交通肇事案件为分析素材，对侦查阶段的刑事和解问题进行剖析，并提出相关制度建设的设想，供法学理论界和法律实务界参考。

一、适用现状

（一）逼出来的招数

通过调查证明，J 县公安机关执法中的刑事和解做法并不是舶来品，在尝试这一做法之前，当地的领导和民警对西方恢复性司法理论并不熟知。作为一项工作模式，完全是在处理复杂的交通事故案件过程中逐步摸索形成的。J 县有 150 万人口，3500 余公里长的省、县、乡道，交通岔道口多，是湖北省交通事故高发地区之一。2004 年以前，每年因交通事故索赔问题引发的聚众堵塞交通要道的群体性事件 20 余起，到县委、县政府、县政法委等部门集体上访事件近百起，县公安局垫付赔偿款每年逾 50 万元。当时，办理此类案件的模式是对构成犯罪的案件一律立案并对肇事者采取强制措施；符合起诉条件的，均移送审查起诉。由于事故发生后，受害方急需医疗费或安葬费，肇事方因对赔偿总额和处理结果感觉不可预期，大多缺乏赔偿积极性。受害人的亲属们情绪极易波动，在基本的利益诉求得不到满足时，将不满的矛头对准政府，动辄以堵路相威胁，导致当地群体性事件频发。由于肇事者赔偿能力和动力不足，导致一些案件即使经法院判决也拿不到赔偿款，受害方便通过上访的途径寻求救济。

传统意义上的严格执法并没有带来预期的社会效果，相反频发的群体堵路事件不仅消耗了公安机关大量的警力、财力，而且严重损害了地方政府形象。现实逼迫公安机关的领导和执法人员从制度层面寻求解决办法。要解决根本问题，必须从及时给予受害方精神抚慰和经济赔偿入手。但现实情况是，一方面，被害人的伤残或死亡不仅使其家人陷入极大的精神痛苦之中，也使部分家庭失去了主要劳动力，从而在经济上陷入困境。另一方面，肇事者因本人无力赔偿或即使赔钱也无法预见处理结果而不愿配合交警的调解工作。要想

---

① 陈瑞华：《刑事诉讼的私力合作模式》，载《中国法学》2006 年第 5 期。

② 陈瑞华：《刑事诉讼的私力合作模式》，载《中国法学》2006 年第 5 期。

安抚受害方，必须先调动肇事方的赔偿积极性，而他们的期望是：赔钱结案。2004 年年初，该局领导决定，进行交通肇事案件处理模式的变革，出于合法性上的顾虑，没有下发正式文件，只以局长办公会议纪要的形式作出规定，主要内容有三点：一是实行交通事故处理上的和解制，除逃逸、特大事故外的所有交通肇事案件，只要双方当事人达成民事赔偿调解协议，受害方提出不追究对方刑事责任的，一律不予立案；已采取强制措施的，一律解除强制措施，作撤案处理。二是所有办案活动全力为化解矛盾服务，交警在取证的同时，负责通知、动员肇事方成员主动上门向受害者亲属致歉，积极筹措医疗费或安葬费；积极主持双方就民事赔偿问题进行调解；办案民警在犯罪嫌疑人被执行逮捕后，也要积极促成双方协调，原则上要求在逮捕后 45 天内不得移送审查起诉。三是调解时注重引导肇事方向受害方真诚道歉，以求得其谅解；计算出赔偿标准供双方参照，实际赔偿数额由当事人自行协商确定。现实的治安形势迫使执法者在理念上实现了从单纯强调法律效果到兼顾社会效果的转变；从强调对犯罪人的惩罚向注重教育、感化创造回归条件转变；从忽视被害人诉讼主体地位向尊重犯罪嫌疑人、被害人诉讼意愿转变。这种做法得到了县检察院、法院的认可和支持，也得到了事故双方当事人的积极响应，收到了较好的效果，过去那种因交通肇事案件严重影响社会治安形势的局面得以扭转。

（二）尝试的理由

在作出以上尝试之前，J 县公安局进行了论证，认为这种处理方式有以下依据：

1. 犯罪定量因素所提供的判断空间。我国刑法第 13 条和刑事诉讼法第 15 条规定的"情节显著轻微危害不大的，不认为是犯罪"是对犯罪定量因素的概括。对"情节显著轻微危害不大的"的判断过程就是对行为的社会危害性进行评价的过程。[①] 交通事故发生后，如果加害人竭力救助受伤者，想方设法筹集资金赔偿，发自内心地向受害方道歉，寻求对方谅解，则受害方的精神损伤程度会相应减轻，因犯罪行为带来的经济困境会得到缓解。本来，违反交通运输管理法规而发生重大事故，致人重伤、死亡或者使公私财产遭受重大损失的行为，构成交通肇事罪。倘若肇事者投案自首、真诚悔过、积极赔偿，赢得对方谅解，对方主动表示不追究肇事者刑事责任，则该肇事行为应属"情节显著轻微危害不大，不认为是犯罪的"行为。刑事诉讼法第 130 条规定："在侦查过程中，发现不应对犯罪嫌疑人追究刑事责任的，应当撤销案件；犯罪嫌疑人已被逮捕的，应当立即释放……"这说明在侦查阶段，出现法定情形，可以作撤案处理。

2. 侦查活动本身具有感召和教化作用。多数交通肇事案件的犯罪行为人在案发后都会承受精神上的巨大压力，既会考虑自己今后的处境，也会担心因自己被羁押使其家庭失去主要经济来源而陷入困境。如果办案民警在调查取证的同时，帮助肇事者分析事发原因，总结惨痛教训，并极力促成双方达成和解，则可以让双方感受到侦查活动并不只是以恶去恶的强力手段，而且是具有理性和善意的行为。侦查活动的伦理效益会因此得到彰显。[②] 加害方因受到较轻处罚的激励而极力修补因其犯罪行为造成的损害，通过自身的努力赢得社

① 李翔：《刑事和解制度的实体法冲突》，载黄京平、甄贞主编：《和谐社会语境下的刑事和解》，清华大学出版社 2007 年版，第 382 页。

② 杨正鸣：《侦查行为的伦理效益》，载《中国人民公安大学学报》（社会科学版）2006 年第 5 期。

会的谅解，也加速了自己回归社会的进程。从这一角度来观察，侦查行为可以替代刑罚的部分功能。

3. 刑事和解一般能够收到较好的社会效果。从表面来看，交通肇事犯罪行为危害了公共安全，破坏了社会秩序，将犯罪人非犯罪化处理可能会使社会面临被这些人再次伤害的潜在危险性，进而损害公共利益。但实际情况是，有过事故教训的司机"一朝被蛇咬，十年怕井绳"，他们的交通规则意识、安全意识会明显增强。J县 2000 年至 2007 年间发生的交通肇事案件中，肇事司机无一人有肇事前科，没有证据表明作非罪处理后的肇事者会有较大的社会危害性。事故双方如果能够达成和解，可以化解受害方对肇事方的夺亲之恨，也可以消除肇事方对司法机关给予其刑事追究的怨恨，同时可以让部分肇事司机家庭不至于失去主要经济来源，这必将有助于社会秩序的修复和维系。

二、实际效果

（一）肇事方的赔偿积极性显著提高

通过分析近年来的统计数据，在 J 县所发生的交通肇事案件中，一方为摩托车、农用车的约占 70%，负主要责任的一方为摩托车、农用车的逾 40%。这类车辆一般没有买交强险，极少有人买商业险。即使买了交强险、商业险的，保险金也一般不足以支付实际赔偿数额。因而，绝大多数的事故赔偿需要肇事司机自己支付。过去，赔钱还要判刑，肇事司机及其亲属对赔偿问题缺乏积极性。在实行和解方式处理之后，肇事司机亲属大多全力组织筹款，主动上门向被害方道歉并协商赔偿事宜。为了支付赔偿金，有的卖房子、口粮，有的借高利贷，有的发动宗族摊派，尽量满足被害方要求。在 J 县 2004 年至 2007 年破获的 452 起交通肇事致人死亡案件中，有 426 起在侦查阶段实行了和解。其中，超过规定标准赔偿的 80 起，占总和解数的 18.7%；按规定标准赔偿的 42 起，占总和解数的 9.8%。

（二）受害方的行为方式变得更加理性

实行和解工作模式之后，受害方变得较以前更加宽容且更有耐心，对公安机关的信任度也明显增强。2004 年，J 县因交通肇事案件引发的堵路事件骤降到 3 起，其后三年中，平均每年只有 1 起，因索赔引起的上访案件平均每年不到 1 起。办案部门在主持调解的过程中，受害方一般能够对家庭困难的肇事司机予以体谅，在赔偿数额上作出让步。在 2004 年至 2007 年达成和解的 426 起案件中，低于规定标准赔偿的达 304 起，占总和解数的 71.5%，且没有一起事后悔约。有的案件中即使实际赔款远低于规定标准，受害方也对肇事司机给予了谅解。

（三）没有造成"富人赎罪、穷人坐牢"的不公结果

有人担心刑事和解会沦为有钱人逃避罪责的"安全通道"，在实行中将损害法律的公平性。其主要理由是，刑事和解以物质赔偿为主要内容，金钱必然会成为决定性的因素，贫穷的加害方因为缺乏谈判的砝码而难以成为和解的主体。但事实并非如此，J 县的实践表明，只要加害方主动、真诚地向被害方表达歉意，中间方（包括办案单位及民警、社区、

村委会、族人）做好矛盾化解工作，被害方一般都会在承受失亲阵痛的同时，对家境贫穷的加害方产生怜悯之情，自愿降低赔偿要求。即使有个别漫天要价的当事人，见加害方突破了承受能力极限，也会理智地接受实际可能得到的赔偿数额。例如，J 县公安局办理的何某交通肇事案，何某腿部残疾，开一三轮摩托车从事短途客运，维持全家生计。事故中致死一人，按该省标准应赔偿 7 万余元，何某家徒四壁，根本无法支付赔偿金。于是 J 县交警部门筹措 6000 元安葬费，村委会筹措 1 万元抚慰金，促使双方达成了和解协议。2004 年至 2007 年间，在 J 县已破获的 452 起交通肇事致人死亡和 6 起致人重伤案件中，有 426 起在侦查阶段达成和解，有 22 起在审判阶段达成和解，真正分文未赔而被判实刑的只有 10 起，不到总数的 1.8%。这 10 起案件的加害人之所以被判实刑，除经济原因外，最主要的是其内心并未真诚悔过，而是认为受害方在乞求其施舍，其不当言行激怒了对方，以致形成了受害方宁可不要钱也要让加害人坐牢，加害人宁可坐牢也不赔钱的僵局。例如，吴某无证驾驶摩托车致 1 人死亡案，法院判决赔偿 1.78 万元。由于吴某及其亲属在案件处理过程中与死者亲属发生争吵，死者亲属表示不要赔偿而只想看到吴某坐牢，结果吴某被判有期徒刑 2 年。

（四）提高了刑事诉讼效率，节约了办案成本

一方面，个案的处理效率得以提高。2004 年至 2007 年，J 县法院判决的 32 人从被关押起至一审判决时止平均羁押 111.2 天。而同期以和解方式处理的案件，184 人被羁押的平均时间为 18 天，242 人未被羁押。诉讼过程的缩短节省了大量的人力、财力。此外，肇事人员提前回归社会，对家庭的稳定、社会财富的再创造所产生的正面效应则是难以用金钱衡量的。另一方面，大量案件被分流处理，降低了司法资源消耗。2004 年至 2007 年，J 县公安局交通肇事案件立案 282 起，另有 176 起符合立案条件因及时达成调解协议而未立案。在实行和解模式后，只有 32 起案件进入审判环节。同期，该县审理并判决的公诉案件平均每年 160 件 235 人。在侦查阶段实行和解，平均每年为公诉、审判机关分流了 100 余起案件（人）的审查、审理工作量，节约了大量的司法资源。

三、不容回避的问题

（一）因法律规制不足而遭受合理性质疑

在侦查阶段进行刑事和解，是公安机关积极探索贯彻宽严相济刑事政策的主要途径。近几年，公安部和部分省市相继出台有关规定①，对故意伤害案件的刑事和解问题进行规范，但这种做法的合理性和合法性遭到了学界质疑。有的学者认为，"在我国现行刑事司法模式下，侦查过程缺乏法官的控制，检察院的侦查监督也难以实际到位，如果在侦查阶段

---

① 如 2003 年，北京市委、政法委联合发布了《关于北京市政法机关办理轻伤害案件工作研讨会纪要》；2004 年，浙江省公检法三部门联合发布了《关于当前办理轻伤害案件适用法律若干问题的意见》；2005 年，安徽省公检法三部门联合发布了《办理故意伤害案（轻伤）若干问题的意见》；2005 年，公安部下发了《公安机关办理伤害案件规定》；2008 年，河北省公安厅下发了《河北省公安机关调解处理轻伤害案件暂行办法》。

进行和解，则侦查机关将会拥有事实上的审判权，极易造成权力的滥用和专断"，因而在侦查阶段不宜进行刑事和解[1]。部分学者认为刑事和解在审判阶段进行为宜。[2] 此外，在我国法律体系中，对刑事和解没有相应的法律制度予以规范，如在刑事诉讼的哪个阶段可以和解，和解的案件范围如何界定，和解应依怎样的程序进行，如何对和解进行监督等，在刑事诉讼法中都没有规定。刑事和解的适用是否一律免除加害人的刑事责任，实体法上也没有相应的规定。这些制度的欠缺使实务部门所实施的刑事和解处于灰色状态之中。

（二）刑事和解的适用范围容易失控

在我国的农村地区，摩托车有着较高的保有量，而相当多的驾驶者不具备驾驶资格。例如，J县已登记的摩托车有43053辆，据初步分析登记车辆不到实有数量的三分之一。2004年至2007年，在已破获的458起交通肇事案件中，无证驾驶者肇事达215人，占事故总数的47.4%。无证驾驶属严重违反交通法规的情形，构成犯罪的理应追究刑事责任。而这215人中有189人因通过与受害方达成和解被免予追究刑事责任。更有甚者，J县发生的个别逃逸案件也通过和解得到处理。例如，外地司机张某驾驶货车在J县撞死一人后逃逸。一年后，张某被人举报从而被公安机关抓获。张某到案后问能否和解处理此案，并称如能通过和解方式处理，他就承认自己的罪行并给予受害方超额赔偿；如不能通过和解方式处理，他就拒不承认肇事事实。由于J县交警大队在张某到案之前，为了避免受害方上访闹事而垫付了5万元。考虑到收回这笔垫付款，同时也为了节省继续调查取证而支付更多的经费开支，交警大队主持双方进行调解达成协议后，对该案予以撤销。诸如此类的做法明显属于法外降格处理，但由于没有统一的法律规定，各地只能根据具体案情，自行决定和解的范围。

（三）强制措施的适用偏离立法初衷

适用刑事强制措施是为了保证刑事诉讼活动顺利进行，依法对犯罪嫌疑人暂时限制或者剥夺其人身自由。但侦查机关在适用中出现了偏离法定功能的现象。具体表现为两方面，一是错误使用。例如，一些因受害人原因造成死亡后果的交通事故，司机实际上应负次要或者同等责任，但为了能控制住司机，以促进赔偿问题的解决，往往在作出责任认定时，违心地认定司机负主要或者同等责任（司机一般认同，因为想获得更高的保险赔付比例），进而立为刑事案件，对司机予以拘留。例如，司机王某驾客车靠右正常行驶，陈某酒后驾小轿车载4人对向行驶，将小轿车驶入客车前部底下，车上4人全部死亡。为便于事故的处理，认定王某负事故的同等责任，对其予以拘留。二是不当使用。有的案件中肇事车辆有高额保险，可以保证超额支付赔偿金，司机也投案自首，应当适用非羁押性强制措施，因对被害方可能采取过激反应有所顾忌，也对司机采取了拘留。在部分案件中，强制措施变成了保证执行民事赔偿的工具。

① 任江海、刘晓虎：《刑事和解运行范围的思考》，载黄京平、甄贞主编：《和谐社会语境下的刑事和解》，清华大学出版社2007年版，第54页。
② 高铭暄、张天虹：《刑事和解与刑事实体法的关系》，载黄京平、甄贞主编：《和谐社会语境下的刑事和解》，清华大学出版社2007年版，第9页。

四、改进思路

（一）更新刑事司法观念

1. 刑事裁决权的适当分割。刑事裁决权，是指国家对刑事犯罪行为进行判定与处罚的权力。刑事裁决权主要分为积极裁决权和消极裁决权，前者是指判定有犯罪构成的事实，确认违法和有罪以及处以刑罚；后者则是对上述情况的否定，包括有罪否定和刑罚否定。[①]它是由法院独占，还是对公安机关、检察机关适当分配，一直是存在争议的问题。传统的刑事司法理论认为：对刑事案件所作的最后处理决定，只能由法院作出；对被告人有罪或者无罪，非经人民法院审判确认，其他任何机关都无权确定。以上观点是否合理值得探讨。根据"刑事诉讼的两重结构"理论，刑事诉讼存在由侦查到起诉再到审判的线性传递关系。根据刑事诉讼法规定，侦查机关享有这种线性关系意义上的消极裁决权，如在初查中认为缺乏犯罪要素而不立案，就是基于有罪否定。在立案后的侦查过程中发现犯罪嫌疑人的行为不构成犯罪，决定撤销案件，前提也是侦查机关的无罪判定。

司法实践需要侦查机关享有更多的消极裁决权。一是为回应被害人对司法效率的期望。受到人身、财产损害的当事人都渴望快速、足额地获得经济赔偿，轻微刑事案件在侦查阶段结案，更能满足人们的这种司法需求。二是为顺应司法习惯。"在案件数量大、检察机关内部不起诉率的限制、作出不起诉决定的程序复杂等原因的影响之下，实践部门选择了更为便宜的处理方式。"[②] 对于和解的案件，检察机关的第一选择是退回公安机关作其他处理，而极少作出不起诉决定。

如果对刑事裁决权进行有限的分割，并予以严格的法律规制，不仅不会对审判权造成侵犯，而且有利于审判权的高效、权威行使。

2. 刑事司法活动的国情考量。本文也赞同我国的司法活动应向法治化迈进，但在可预见的未来，有三个因素必须考虑：第一，我国司法人员数量、素质与日益增长的案件量、人民群众对司法的期望值不相适应。第二，国家财力暂不能保障司法部门办公经费，更无法满足现代社会法治的经济成本需要。第三，传统法律文化中"无讼"、"少讼"的价值观让人偏爱用非诉讼手段解决矛盾和纠纷。这就要求司法机关在办理刑事案件时，应合理使用司法资源，在工作策略上做到化繁就简、抓大放小，对严重犯罪集中力量予以打击；对轻微犯罪，则有条件地在侦查、起诉、审判阶段适用刑事和解。

（二）健全执法监督机制

公安机关对刑事和解都有较严格的内部审核监督，但出于维护本机关整体利益考虑，内部监督有时容易走样。为了确保刑事和解工作的公正性、合理性、合法性，应当对公安机关的刑事和解权力进行有效的监督和制约。建议在现行的司法体制下，赋予检察机关对

① 龙宗智：《试论刑事裁决权的分割与独占》，载《法学研究参考》1995 年第 4 期。

② 黄京平、张枚、莫非：《刑事和解的司法现状与制度构建》，载黄京平、甄贞主编：《和谐社会语境下的刑事和解》，清华大学出版社 2007 年版，第 209 页。

侦查过程中的和解工作以更为有效的监督措施。有学者建议，增设人民检察院对公安机关撤销案件的监督，即通过立法明确，人民检察院认为公安机关对不应当撤销的案件而撤销的，或者被害人认为公安机关对不应撤销的案件而撤销，向人民检察院提出的，人民检察院应当要求公安机关说明撤销案件的理由。人民检察院认为公安机关撤销案件理由不能成立的，应当通知公安机关恢复侦查，公安机关接到通知后应当恢复侦查。[①] 本文认为应对刑事和解的检察监督更进一步，除以上监督规定外，对犯罪嫌疑人已被批准逮捕的案件和解，应当提请人民检察院审查，人民检察院认为可以和解的，公安机关才能撤销案件。对犯罪嫌疑人已被采取其他强制措施的案件因和解撤销案件，人民检察院认为不符合和解条件应当移送起诉的，公安机关应当恢复侦查并将案件移送审查起诉。

以上措施除监督功能外，还可起到分担侦查机关执法风险的作用。因为不同部门对案件事实认定和法律理解上常常发生分歧，为了避免因认识上的分歧影响刑事和解的适用，公安机关应当与检察机关进行协调，征求意见，形成共识，从而促进案件稳妥处理。检察机关应当充分发挥其法律监督机关的作用，适当对公安机关刑事和解的权力进行监督和限制，防止以和解的名义放纵犯罪、损害社会利益。

（三）完善刑事和解制度立法

有学者已建议将刑事和解制度视为刑事诉讼中的一项原则予以规定。[②] 与其放任实务部门自行操作，不如通过立法加以规范。对执法实践中的做法应进行认真总结，探究其中的社会规律、经济规律，以法律的视角进行分析，汲取其中的合理因素，剔除其中的不当成分，将这种现实存在且符合当代国情的执法模式转化为法律制度，并与现行的刑事诉讼法律制度进行对接，以实现刑事和解的规范化和合法化。在刑事诉讼法修改中，可以明确两个问题：一是合理界定侦查阶段刑事和解的适用范围。侦查阶段的刑事和解只能适用于轻微刑事案件，范围可以一个前提和一个标准来界定。一个前提就是被害人为自然人；一个标准就是加害人可能被判处 3 年以下有期徒刑、管制或者拘役。此外，还有两类禁止情形：一是多次作案的；因犯同类行为曾被判刑、刑事和解的。对符合以上条件的案件，只要加害人作有罪供述并有悔罪之意，双方有和解意愿，即可和解结案。二是明确侦查阶段刑事和解的适用程序。适用程序包括和解的提出、适用的时间、处理方式。和解建立在双方自愿的基础上，当事双方都可提出申请，只要有一方提出，侦查机关均应受理。刑事和解，是指在刑事诉讼中加害人以认罪、赔偿、道歉等形式与被害人达成谅解后，国家专门机关不再追究加害人的刑事责任，或者对其从轻处罚的一种制度。[③] 因而，和解只能在已立案并查清基本案件事实之后进行。双方达成谅解后，侦查机关以撤销案件结案。

（作者单位：湖北省公安厅、湖北省监利县公安局）

---

① 陈光中主持的教育部重大攻关项目《司法制度基础理论研究》课题组成果《我国司法制度改革研讨会会议材料》（讨论稿）第 72 页。

② 陈光中主持的刑事诉讼法修改课题成果《中华人民共和国刑事诉讼法修改专家意见稿与论证》第 20 条。

③ 陈光中、葛琳：《刑事和解初探》，载《中国法学》2006 年第 5 期，第 3 页。

附条件不起诉的价值取向及制度构建

乐绍光　周彬彬

一、附条件不起诉：注重效益

（一）附条件不起诉的概念

在刑事诉讼法修改的前夕，有关检察机关关于不起诉裁量权的探讨方兴未艾，特别是附条件不起诉制度的移植、构建问题，更是吸引了学者、专家、实务部门法律工作者的眼球。鉴于附条件不起诉制度是一种"舶来品"，[①] 众多学者基于不同的学术立场及研究目的，对于附条件不起诉制度存在着各种内涵不一、外延差异的理解。为便于本文的研讨，我们将附条件不起诉制度的内涵限定于以下几个方面：第一，附条件不起诉权是公诉权的一部分，专属于检察机关。第二，附条件不起诉的适用范围主要为轻罪。附条件不起诉制度的构建目的之一在于：能够适度扩大便宜起诉原则的适用范围，即在现有酌定不起诉的基础上增加一个等级，要求其情节比酌定不起诉情节稍重些但还属于轻罪范围的刑事案件，通过附设若干条件，决定是否适用附条件不起诉制度。第三，附条件不起诉制度的适用，通常对犯罪嫌疑人附设一定期限并设定一定义务。是否最终提起公诉，要看犯罪嫌疑人在该期限内承担、履行义务的情况。由此可见，附条件不起诉的效力具有不确定性。

总之，附条件不起诉，是指对于触犯轻罪的犯罪嫌疑人，人民检察院根据犯罪嫌疑人的年龄、品格、近况，犯罪性质和情节，犯罪原因以及犯罪后的赔偿情况等，认为不起诉更符合公共利益的，有权力确定一定期限并设定一定义务，视犯罪嫌疑人的表现情况来决定是否提起公诉的诉讼制度。

（二）附条件不起诉的缘起：法治的无奈

古典刑事法律制度的建立，源于反对封建时代罪刑擅断主义的需要。在罪刑擅断的封建时代，法律的作用可有可无，不可能存在真正科学研究法律的空间和需求，因而近代意义上的刑法学也就不可能产生。贝卡里亚所著的《论犯罪与刑罚》一书，极力倡导罪刑法定原则。只有在实行罪刑法定原则的情况下，才需要法律的确定性，才需要法律及法律适用的科学性，才有了刑法学产生的需求和可能。由此产生的近代刑法学，其理念在于法秩序，即注重作为法治基本表现形式和观念内容的法律和法律逻辑。作为研究刑事法律和刑事法律制度的刑法学，法律的基本品格是法律操作上的一律性（一般性），因而无论如何，

[①] 也有人认为，附条件不起诉制度并非对西方起诉制度的移植，而是我们自己的"创造"。参见刘桃荣：《对暂缓起诉制度的质疑》，载《中国刑事法杂志》2001 年第 1 期。

作为研究法律的刑法学，它必须保持法律的基本品格及由此形成的基本理论框架和原则，不可能离得太远。① 它的直接目标在于实现法治，最高价值追求是公正。表现在刑罚的适用上，古典学派以报应刑论作为刑罚根据论，即注重刑罚的应报性。起诉法定主义正是以这种报应刑思想作为其理论根据，严格排斥检察官的自由裁量权，通过敦促检察官进行的积极起诉行为，将有罪必罚的观念传播到社会的各个角落，以此来实现一般预防的目的。但是该项原则的实行也存在诸多的缺陷：第一，实现起诉法定原则容易造成轻微犯罪人遭受短期自由刑的弊害；第二，实行起诉法定原则容易给无辜和不适于刑罚处罚的犯罪嫌疑人带来莫大的诉讼负担。② 尤其重要的是，古典刑法学、刑法制度及其诉讼制度，不仅未能有效地遏制、减少犯罪，反而在应对不断增加的犯罪时表现出令人失望的客观现实。

如何应对、减少不断增加的犯罪现象？这是犯罪学诞生的动力和机会，可以说，犯罪学从其诞生的那一刻起就承载着解决现实犯罪剧增的使命。虽然犯罪学的研究也注重理论上的一般性，但由于它是从法律之外的更为宏观的社会角度去研究犯罪问题，更为重视社会实际问题的解决，因而对依照法律解决的问题，它更为重视和强调法律的灵活性，其基本品格是：法治观念淡薄，总是将解决犯罪问题的社会效果放在首位，总是希望具体问题具体分析，甚至期望一事一决。一般认为，刑事实证学派正是运用了犯罪学所采用的社会学方法对刑事古典学派的学说、制度进行评判。刑事实证学派的兴起，不仅仅产生于刑事古典学派过于强调法治从而在应对剧增的犯罪时所表现出来的不足，也为刑法的新生创造了条件。正如耶赛克所说："在近代刑法史中，许多刑事政策的重大进步均要归功于犯罪学。少年刑法、限制自由刑的适用、对罚金刑的改革、缓刑和假释、缓刑帮助、保留刑罚的警告、矫正及保安处分和刑罚执行的改革等，在很大程度上均是建立在犯罪学研究工作的基础上的。"③ 犯罪学，或者说是刑事实证学派的一项重大理论贡献，便是向世人展示了这样一条真理：刑罚并非万能的。由此，国家在设置刑罚以及适用刑罚的过程中，开始更为理性地审视刑罚的作用。刑罚再不是犯罪的必然结果，刑罚应报性的观念及制度设置开始松动。这种刑罚思想表现在诉讼制度的设置上，便是作为起诉法定主义的重要补充——起诉便宜主义开始兴起，由代表国家的检察机关，对部分刑事案件，在综合考察犯罪情节、犯罪人个人情况后，行使提起公诉与否的裁量权。也正是这个时候，附条件不起诉权作为公诉权的一部分，开始粉墨登场。

总而言之，刑事诉讼制度与刑罚思想密切相关，后者奠定了前者的理论基础及法理依据。附条件不起诉制度的诞生，正是源于刑事古典学派过分强调实现法治、实现公正所引发的在应对剧增的犯罪问题上的不足。

（三）附条件不起诉的价值取向

起诉便宜主义诞生于僵化、刻板的起诉法定主义原则已不合时宜的 19 世纪后期，是社会检讨刑罚绝对应报思想的产物，它以刑事实证学派刑罚理论为基础，又与当代的诉讼经

---

① 参见王牧：《犯罪学与刑法学的科际界限》，载《中国法学》2004 年第 1 期，第 133 页。
② 参见陈岚：《论检察官的自由裁量权——兼析起诉便宜原则的确立及其适用》，载《中国法学》2000 年第 1 期。
③ ［德］汉斯·海因里希·耶赛克、托马斯·魏根特：《德国刑法教科书》，徐久生译，中国法制出版社 2001 年版，第 61 页。

济理论相契合，体现了刑事诉讼中刑事政策的运用。虽然起诉便宜主义与诉讼经济理论密切相关，但并非意味着诉讼经济的考虑是附条件不起诉制度的价值诉求，更为确切地说，诉讼经济仅是附条件不起诉制度的一种结果，且远非是一种必然性结果。比如日本，附条件不起诉虽然缘于诉讼经济的需要，即附条件不起诉制度萌芽于日本明治时代后期，当时由于日本刑事犯罪数量剧增，国家财政难堪重负，因而如何缩短刑事诉讼程序、减轻司法和财政压力就成为执政者亟待解决的重大问题。在这种情况下，附条件不起诉制度成为了选择。但是将目光投放到当代的日本，从数量上着眼，附条件不起诉制度远非像过去那样重要。更多的轻罪案件，如交通肇事案件，是运用简易程序进行处理的。由此观之，该制度得以延伸的关键毋宁说是立法者对于其"所带来的刑事政策上积极效果的认识"。①

附条件不起诉具有刑事政策上的积极效果，这已然成为共识。然而，附条件不起诉制度之适用，是以特殊预防为主，抑或是以一般预防为优先考虑。有学者认为，因为具体刑事案件的复杂性，很难就此做一种整齐划一的规定。② 我们认为，这种认识模糊了有关附条件不起诉制度的设置及运行价值。从附条件不起诉的缘起、制度设置、运行状况来看，附条件不起诉的价值取向在于特殊预防。

第一，附条件不起诉作为起诉便宜主义的一种制度，缘于消弭法律采行单一的起诉法定主义之缺陷。而起诉法定主义作为刑事古典学派的主张，重在通过有罪必罚的司法实践来实现一般预防的目的。作为一种弥补，附条件不起诉不可能再是注重一般预防的制度设置。

第二，作为受到刑事实证学派重大影响的附条件不起诉制度，就其运行方式而言，沿袭了刑事实证学派具体问题具体分析，甚至一事一决的传统，总是将犯罪嫌疑人的年龄、品格、近况，犯罪性质和情节，犯罪原因以及犯罪后的赔偿情况作为考虑是否适用附条件不起诉的根据。在此，犯罪嫌疑人非常具体，而非是刑事古典学派所主张的"大写的人"。

第三，将附条件不起诉的价值取向定位为特殊预防，也有立法上的依据。众多国家和地区，为了促进程序分流，缓和资源矛盾，督促被不起诉人悔过自新，都规定了附条件不起诉制度。比如，我国台湾地区"法务部"指出，缓起诉制度的意旨，主要是给予初犯轻罪又有弥补诚意的犯罪者改过自新的机会，让他们有机会补偿对社会或被害人造成的损失，不致留下前科记录。③

二、附条件不起诉的三大悖论

（一）悖论之一：破坏法治

附条件不起诉缘于僵硬法治在应对日益剧增的犯罪问题上的不足，能够起到弥补起诉法定主义缺陷的重要作用。然而，附条件不起诉毕竟是以刑事实证学派理论为根据的，后

---

① 参见［日］松尾浩也：《关于裁量起诉主义》，载西原春夫主编：《日本刑事法的形成与特色》，李海东等译，法律出版社、日本成文堂1997年版，第154、158页。

② 参见陈岚：《论检察官的自由裁量权——兼析起诉便宜原则的确立及其适用》，载《中国法学》2000年第1期。

③ 参见潘金贵：《我国台湾地区的"缓起诉"制度及其借鉴意义》，载《西南政法大学学报》2006年第2期，第90页。

者往往视法律本身为刻板的教条，它的逻辑极点实际是否定法律的一般性。在适用附条件不起诉时，如果脱离实际地过分强调和发展这种观念，并以此为依据，就会破坏甚至否定法治。在一个法治缺失、社会动荡不安的环境里，人们终日生活在朝不保夕、惶惶不可终日的惊慌之中，谈论以附条件不起诉制度来缓解僵硬的法治在预防、减少犯罪上的不足，难谓不是一种奢望。

就具体操作而言，虽然各国都对附条件不起诉设定了诸多限制，但这并不泯灭附条件不起诉制度在运用上的灵活性。这种灵活性既是附条件不起诉的价值所在，使得检察机关有途径综合考察犯罪情节及犯罪人个人情况、悔罪表现裁量起诉与否；也为实力竞争、破坏法治埋下了祸根，这在我国目前表现得较为明显。我国虽然不存在附条件不起诉制度，①但通过考察酌定不起诉的司法运作，发现贪污贿赂犯罪案件的涉案人员被不起诉的比例远远高于其他类型的案件。可以大胆地推测，附条件不起诉制度也可能滋生涉案人员进行实力竞争的现象，违背宪法平等原则，进而破坏法治。

（二）悖论之二：侵犯人权

检察官乃社会公平正义的守护者，恪守客观性义务，以适用法律为唯一目的，从不显露对于权力的热衷。即使附条件不起诉制度赋予了检察机关巨大的自由裁量权，检察机关也能安之若素，谨慎行使权力。然而，这种谨慎行事的态度也可能为侵害犯罪嫌疑人人权埋下伏笔。正如有学者所言："对于刑事被告之特别预防刑事政策如何实现，应由法院审查及裁量，苟提早在侦查中即允许侦查机关基于特别预防刑事政策考量，得对被告之性格、犯罪情状等作彻底调查，则将造成侦查程序长期化、纠问化，其结果对被告人权保障言，反而更受侵害之畏惧感。"② 虽然我们并不赞同该学者否定附条件不起诉的观点，但其有关检察机关谨慎引导侦查活动所可能引发的弊端的论述，确实一针见血。加之我国当前对于犯罪嫌疑人大多采取羁押性强制措施，如果在这种情况下，过于谨慎地行使裁量权，便有可能造成犯罪嫌疑人被长期羁押的后果。在此，犯罪嫌疑人的经历类似于被判处短期自由刑的场合，难免遭受"交叉感染"，客观上给附条件不起诉的适用增加了难度。

（三）悖论之三：促进犯罪

附条件不起诉又可以称为暂缓起诉，但附条件不起诉却是更为通行的称谓，因为附条件不起诉落脚点在于"不起诉"，相较暂缓起诉给人"要诉，只是缓一缓"的感觉要好。③由此观之，附条件不起诉制度的适用，出于特殊预防的考量，更倾向于"不起诉"。在此，国家公权力抛弃了"以刑去刑"的传统做法。可以说，这源于刑罚功能有限性的认识。然而，如果在刑事实证学派所主张的道路上行进得过于遥远，主张放弃刑罚，完全实行非刑罚化，也可能滑向另外一个危险的极端。因为刑罚是永远不可缺少的，"理性地看，刑罚的真正作用主要不体现在对犯罪的一般预防和特殊预防上，因为刑罚在这方面的作用非常有限，而主要体现在刑罚可以满足被害人和普通大众对犯罪和犯罪人愤恨的心理需求上，通

---

① 我国虽有附条件不起诉的司法运作，但就立法层面上讲，并无相关规定。

② 朱朝亮等著：《刑事诉讼之运作》，台湾五南出版社 1986 年版，第 301 页。

③ 参见陈光中：《关于附条件不起诉问题的思考》，载《人民检察》2007 年第 24 期。

过对犯罪人的惩罚平息社会矛盾，从而安定社会秩序"。[1] "滥用免除刑罚措施导致的最主要负面效应，就在于直接降低了犯罪与刑罚之间因果关系的必要性程度，加重了犯罪人对于刑罚认知的'缺乏远见'感，增强他们对犯罪后'可能被免除刑罚'的信心，因而可能成为促进犯罪的动力之一。"[2]

<h2 style="text-align:center">三、附条件不起诉的制度构建</h2>

附条件不起诉的制度构建应当着眼于特殊预防，也能够适当兼顾到促进程序分流，缓和资源矛盾的需要，同时也要能够设定有效的制约机制，防止附条件不起诉所可能造成的破坏法治、侵犯人权，甚至于变相促进犯罪的危害性。

（一）适用范围

附条件不起诉并无立法层面上的依据，因而从其被基层检察院适用的第一天开始，便遭受了学界诸多的诘问，认为该种司法实践缺乏正当性与合法性基础。我们并不回避这些弱点，但并不因此完全否定附条件不起诉在司法实践中所取得的重大成果。鉴于附条件不起诉在日本产生开始很长时间内并未获得立法认可的事实考虑，我们认为，或许以一种继续改善而非全盘否定的态度对待附条件不起诉制度及其实践，将更有助于我国目前进行得如火如荼的司法体制改革。

1. 关于何种刑事案件能够适用附条件不起诉制度，目前一种甚为有力的观点认为，可以在酌定不起诉的基础上判处有期徒刑 3 年以下的刑事案件为适用范围。[3] 该种修法建议，对刑事诉讼法的变动较小，有利于保持法律的稳定性，同时两种制度（酌定不起诉与附条件不起诉）的法定适用条件泾渭分明，有利于约束检察官的自由裁量权。虽然在案件分流上起到的作用有限，但是诉讼经济并非是附条件不起诉制度的主要价值诉求。

该种观点也存在着些微缺陷，即对于"可能被判处有期徒刑三年以下的标准"在理解上存在分歧的可能，虽然这种标准的提出在于确定飘忽不定的"情节轻微或是轻罪标准"，但也可能将部分重罪拉进来。毕竟"可能被判处有期徒刑三年以下"仅是检察机关的认定，可能受到审判机关的诘难，认为该种标准过于扩张检察权，侵犯了法院的审判权。因而，在实践中推行该种标准存在一定的困难。我们建议，可以将"可能被判处有期徒刑三年以下"修改为"法定刑在有期徒刑三年以下"，可以使得标准更为确定，易于实践操作。

当然，从特殊预防的角度出发，在过失犯罪案件中适用附条件不起诉的必要性及正当性远远超过故意犯罪案件，但并非就此将故意犯罪案件排除在外，只是应当将一些主观恶性较大，如杀人、强奸、抢劫、放火、爆炸、投毒等严重危害社会的恶性案件排除，当是附条件不起诉制度的应有之义。

2. 关于适用对象的问题。当前很多基层检察院的做法是，将附条件不起诉的适用对象限定为未成年犯罪嫌疑人。有学者就此发出诘难，认为该种做法违背了宪法的平等原则。

---

[1] 王牧主编：《犯罪学论丛》（第一卷），中国检察出版社 2003 年版，编者前言第 4 页。

[2] 于志刚著：《刑罚消灭制度研究》，法律出版社 2002 年版，第 36 页。

[3] 参见陈光中：《关于附条件不起诉问题的思考》，载《人民检察》2007 年第 24 期。

我们认为，这些学者的看法未免偏颇。附条件不起诉的价值取向在于特殊预防，因而其在选择适用对象的时候，首要考虑的就是矫正、改造犯罪嫌疑人的效果。近现代犯罪学的研究成果证明，未成年犯罪人的可塑性比较强，易于矫正、改造。这也是诸多基层检察院选择未成年犯罪嫌疑人作为附条件不起诉适用对象的正当化理论基础。此外，基层检察院的做法也是进行试点所采取的一种策略，审慎推行，不搞冒进，值得赞同。所需注意的应当是在制度成熟之时，附条件不起诉的适用对象不能仅限定为未成年犯罪嫌疑人。比如，我国台湾地区就将适用对象限定为"触犯轻罪的有弥补诚意的犯罪人"，可资借鉴。我们认为，附条件不起诉的适用对象当不作限定，只要案件性质符合上述要求，原则上都可以适用。只是从特殊预防的刑事政策出发，一些屡教不改的惯犯、累犯，主观恶性大的主犯，当不在适用对象范围之列。

（二）适用条件

合理地框定附条件不起诉的适用条件，并严格实行，不仅有利于促成附条件不起诉制度的推行，也可以将其对法治可能造成的侵害降到最低限度。

1. 实质条件。应当包括如下几点：（1）犯罪情节轻微，但并不具有"依照刑法规定不需要判处刑罚或者免除刑罚"的情况，否则属于酌定不起诉的适用范围。（2）犯罪嫌疑人一般应当是初犯、偶犯或者是共同犯罪中的从犯、胁从犯，这些涉案人员，其主观恶性较小，在矫正、改造等方面较有可期待性。（3）犯罪后有悔改表现，不致再继续危害社会。所需注意者，这种判断应当基于犯罪嫌疑人当时的表现，由此而形成的预期、判断，并不能将其定位为将来的客观事实，否则将徒增检察人员的压力，从而不适当地降低附条件不起诉制度的适用率。此外，可以将附条件不起诉与刑事和解进行适当结合。（4）具有较好的帮教条件。

2. 程序条件。（1）案件事实清楚，证据确实、充分。在司法实践中，由于检察人员对于附条件不起诉权的行使尤为谨慎，凡是有关犯罪嫌疑人的更生保护情况，事无巨细，都要调查清楚。这可能会造成犯罪嫌疑人被长期羁押的情况，与特殊预防的初衷相违背。因而，所需注意的应当是在审查决定是否适用附条件不起诉制度时，及时变更强制措施，如取保候审。由此，避免长期羁押给犯罪嫌疑人带来不当的影响。（2）规定1年以上3年以下的考验期，并设定一定义务、负担，如向被害人道歉，立悔过书，赔偿损失等。（3）附条件不起诉决定应当由检察长或者检察委员会作出，并报上级检察机关备案。这是检察一体的应有之义，同时也可以通过这种内部监督的方式来保障权力公正、有效地行使。（4）定期帮教、考察、报告与回访。

（三）监督制约机制

1. 刑事诉讼当事人的制约。（1）犯罪嫌疑人如果不服附条件不起诉决定，有权向检察机关申诉。（2）被害人享有知情权，如果对决定不服，可以向上一级检察机关申诉。（3）附条件不起诉决定的作出，无须当事人的同意。当事人同意的事实只可以成为驳回申诉的理由。（4）至于当事人能否向法院提起诉讼的问题，我们认为，该种类似日本"准起诉"的做法并不可取，因为法院并无凌驾于检察机关之上的权威。尤为重要的是，能够适用附条件不起诉的刑事案件，全部满足提起公诉的条件，只是出于更生保护的特殊预防考虑，才将案件消化在检察机关审查起诉环节。如果允许当事人向法院提起公诉，无疑等于取消了附条件不起诉制度。当然，如果检察人员在作出决定时有徇私舞弊、受贿等情节，可以成为推翻附条件不起诉的法定理由。

2．公安机关的制约。对于公安机关移送起诉的案件，人民检察院决定附条件不起诉的，应当将附条件不起诉决定书送达公安机关。公安机关认为决定不当的，可以要求进行复议，如果意见不被接受，可以向上一级人民检察院提请复核。

3．日本针对附条件不起诉制度还设置了检察审查会制度进行监督。这实际上是立法权对司法权进行的监督，反映了民主之于司法的监督。这与我国的人民监督员制度比较类似，实践中的效果也比较明显。基于此，可以考虑将附条件不起诉制度纳入人民监督员的监督范围。当然，随着附条件不起诉制度实践的推进，也可以依据具体情况决定是否成立特别机构进行监督。

（四）法律效果

附条件不起诉的落脚点在于不诉，但并非意味着只要决定一旦作出，立即具有不起诉的效力。事实上，附条件不起诉决定仅有待定性效力。如果犯罪嫌疑人在考验期限内不遵从规则、履行义务，甚至再犯新罪，应当立即撤销附条件不起诉决定，并向人民法院提起公诉。且原考验期不折抵刑期。由此可以向犯罪嫌疑人澄清、申明犯罪行为与刑罚之间的因果关系，消除他们的侥幸心理，促成他们的更生、矫正、改造。由此，不至于使得附条件不起诉制度的初衷落空，反而会促进犯罪的产生。

如果犯罪嫌疑人在考验期满后，并无违反规则、触犯刑律，且能够有效地履行义务、改造自我，应当宣告对其的犯罪行为不再起诉。该决定具有"一事不再理"的法律效力。

（作者单位：浙江省人民检察院）

检察官的"铁面执法与侠骨柔情"

——对 S 省适用宽严相济刑事政策优秀案例的点评

李兰英

引　言

　　为了推动宽严相济刑事政策的深入贯彻，S 省检察院在全省范围内评选贯彻宽严刑事政策十佳优秀案例，邀请相关的领导和专家参加点评。笔者是被邀请的专家之一。有感于典型案例中对宽严相济刑事政策的理解和创造性的运用，遂将其做法及点评意见整理成文，供读者品味与思考。[①]

一、量刑的轻重更能体现宽严的尺度

　　宽严相济刑事政策从形式表述上不难理解，该政策的目的也十分清晰。然而，在司法实践中，如何准确把握宽严的尺度却不容易。宽严的尺度既体现在罪与非罪的认定上，也体现于刑罚适用的轻重上。A 市人民检察院提供的谢某淼贩卖毒品抗诉案经验材料，令人称道的是：办案人员以教育和挽救未成年人罪犯为出发点，不满足法院在量刑幅度内的有罪判决，而是以"量刑畸重，应适用缓刑"为抗诉切入点并获得改判。一改检察官冷酷无情的面孔，为其增加了宽缓、人性的柔情。

　　案例回放：15 岁的被告人谢某淼，父亲早年去世，母亲改嫁。2006 年 2 月 27 日，其从某县的乡下进城投奔其亲哥哥谢某旺。而谢某旺此时正跟着毒贩子被告人阮某华。两天后，阮某华提出一起去 A 市将 300 粒摇头丸及两盎司 K 粉卖出，因为谢某淼兄弟这两天吃住均是由被告人阮某华安排的，阮某华叫其前往，碍于情面，不好拒绝，遂陪同阮某华前往 A 市贩卖毒品后被公安机关当场抓获。A 市人民检察院审查起诉，于同年 8 月 30 日向 A 市中级人民法院提起公诉。A 市中级人民法院经过不公开审理，于 2006 年 10 月 8 日作出判决，采纳了起诉指控的事实，判决如下：1. 被告人阮某华贩卖毒品摇头丸 169.949 克、K 粉 150.619 克，处有期徒刑 12 年，罚金 1 万元。2. 被告人谢某旺明知他人贩卖毒品而参与共同贩卖摇头丸 83.649 克、K 粉 55.719 克，处有期徒刑 5 年，罚金 3000 元。3. 被告人谢某淼明知他人贩卖毒品而参与共同贩卖摇头丸 83.649 克、K 粉 55.719 克，处有期徒刑 3 年，罚金 1000 元。

　　案件宣判至此，被告人并没有表示上诉。然而，令被告人及其律师感到意外的是，A 市人民检察院于同年 10 月 18 日以对被告人谢某淼量刑畸重为由向省高级人民法院提出抗

---

① 感谢 S 省检察院提供相关的案例和经验材料。

诉。省人民检察院于同年 12 月 21 日支持抗诉。省高级法院于 2007 年 1 月 17 日经过不公开审理，于 2007 年 3 月 5 日判决认定原判未对被告人适用缓刑，应予纠正。检察机关抗诉理由成立，予以采纳。改判原审被告人谢某淼有期徒刑 3 年，缓刑 3 年。

案件点评：毒品犯罪是重点打击的刑事犯罪，而未成年人是宽严相济刑事政策重点适用的对象，提倡适用刑罚轻缓化。本案一审判决已经注意到未成年人的特殊性，量刑上也予以考虑从轻。通常在这种情况下，很多检察官可以接受，不再抗诉。但是，A 市人民检察院却发现判决中不易察觉的错误而提出抗诉，一改"不满足有罪判决，不拘泥抗轻不抗重的抗诉思路"，这种态度是令被告人和律师感到意外和感动的。这不仅体现了一个检察官的责任心，而且是一种追求公正，追求刑罚适用合理，体现罪刑相适应原则，力求量刑精确的表现。

本案的第二个特点表现为不避讳情理因素对量刑的影响。检察官既是法律人也是社会人，他们既有法律铁面无私的一面，又有普通人同情、善良、期待的情感。基于对被告人的家庭背景、被告人被迫参加贩卖毒品的原因进行调查，办案人员将自己的感情融入了办案的过程。这是一种可以融化犯罪人的绝望、抵触、抗拒改造的感情，是激起犯罪人重新做人的勇气和信心的感情，真挚而感人、威严而深情。正如辩护律师的感慨："在我的印象中，检察官是代表国家指控犯罪，打击犯罪，在法庭上与辩护人处于对抗状态，是辩护人的对立面，给人的感觉都是一幅铁面无私的冷峻面孔。而今天法庭审理的全过程，让我感受到的不仅仅是检察官的严谨办案作风，更多的是检察官的侠骨柔情。"①

二、"严"之有理，"宽"之有据，体现司法衡平艺术

在刑事司法的层面，宽严相济的"宽"，是指宽大、宽缓，包括非犯罪化、非刑罚化以及非监禁化、非司法化，等等。"严"的含义表现为刑事追究的严格化和刑事处罚的严厉化。而"宽严相济"刑事政策最为重要的在于"济"，即结合、互补、协调，所解决的宽和严之间的相互关系，即在宽严之间要有一定的平衡。② 在 B 市人民检察院办理的一起刑事案件中，既体现了严格、严厉的一面，也注意到了宽缓、宽大的适用，充分体现了宽严相济刑事政策力求达到司法衡平的理念。

案情回放：2005 年 3 月，B 市人民检察院受理了公安机关移送审查起诉的省公安厅挂牌督办的"7·9"枪杀案。该案于 1993 年 7 月 9 日发生，被告人薛某获悉被害人陈某来和朱某春（另案处理）于当天下午在方某洪等人承包的荔枝园闹事并殴打看场人员后，即纠集同案犯林某辉、方某洪、方某（均已判刑）及同案人方某辉、方某华、林某泉等人策划报复陈某来。最终造成一死两伤的悲剧。事隔十几年，侦查人员几经更换，即使公安机关补充侦查后仍然案件事实不清、证据不足，同案犯的处理情况也不太清楚。案件一时陷入僵局。这时，承办人可以选择"再退了之"，也可以选择就案办案简单省事。但是，本着对法律负责、对事实负责和对被害人负责的态度，承办人员毅然选择了自行补充侦查。经过多方调查，最后终于查清了案件的真实情况（略）。

---

① 感谢 B 市人民检察院提供的《办案融入检察官的感情——谢某淼贩卖毒品抗诉案》材料。
② 钱舫：《公诉环节贯彻宽严相济刑事政策的思考》，载《人民检察》2007 年第 20 期，第 2 页。

最后确认：原审判决书只认定原审被告人林某辉、方某洪、方某对造成其他被害人轻伤的后果承担刑事责任，没有对造成被害人陈某来死亡的后果承担刑事责任，所以认定事实确有错误，导致适用法律错误，量刑明显畸轻；原人民检察院认为方某辉、方某华、林某泉没有共同或个别的杀人或伤害的行为，证据不足、事实不清，作出的不批准逮捕决定是错误的。同时在审查中发现原人民法院在审理中没有履行依法告知被害人亲属权利的义务，剥夺了被害人亲属参与诉讼的合法权利，在审理程序上明显违法。在对该案件情况和法律适用全面分析的基础上，认定原审被告人林某辉、方某洪、方某和被不批准逮捕人方某辉、方某华、林某泉与同案犯薛某系共同故意犯罪，都应对被害人陈某来的死亡后果共同承担刑事责任。

经报检委会研究决定，直接追诉同案犯方某辉、方某华和林某泉；以对同案犯方某洪、方某、林某辉的原判决"认定事实错误，导致适用法律不当，量刑明显畸轻和程序违法"为由，按照审判监督程序依法提出抗诉，得到法院全部采纳改判。其中原审被告人方某从原有期徒刑1年零6个月改判为有期徒刑10年，原审被告人林某辉由原有期徒刑10年改判为有期徒刑18年。

案件点评：薛某故意杀人、方某洪等人故意伤害案的抗诉成功是一个体现"法网恢恢，疏而不漏"；"不畏艰辛，伸张正义"的典型范例。本案案情重大，是S省公安厅挂牌督办的"7·9"枪杀案件，社会影响深远。其特殊之处还在于本案当地法院已经错判，事隔13年，取证调查充满困难。能否查明真相，伸张迟到的正义？这是检察机关面临的重要挑战。难能可贵的是，检察机关充分履行法律监督职能，不畏艰难，深挖细查，不仅审查实体法认定（本案为共同犯罪）有错误，而且发现程序适用上也有问题。最终纠正错案，使凶犯依法得到严惩，让被害人及其周边百姓感受到了司法正义的力量。

应该肯定，检察机关的这种不畏艰难、维护公平正义的精神无疑是值得赞扬和钦佩的。突出了检察机关铁面无私的"严厉"一面。我们还注意到，本案发生在1997年刑法颁布之前，如果按照1997年刑法，伤害罪和故意杀人罪最高法定刑都是死刑。检察机关仔细斟酌了新旧刑法的相关法条，在量刑建议上遵循"从旧兼从轻"的原则，最终对犯罪分子适用了相对比较轻的法定刑，即判处了有期徒刑。这一案件，既严格、严厉，又宽缓、宽大。充分体现了"相济"的司法衡平的艺术，使原本掩盖了的正义揭开面纱，使迟到的正义得到最终的彰显。

悖论言词：然而，本案也有令人质疑之处：距离案件发生已经过去了13年。犯罪嫌疑人在原审判决下达后，度过了十几年的岁月，其人身危险性和社会危害性是否还存在？他们当中有的已经娶妻生子，安居乐业，转化为守法的公民，把他们重新审判和处以严厉的刑罚，究竟是给社会带来了安康还是带来了新的不和谐？是否只满足了被害人及其家属的报复心理而忽略了被告人一家酿成了新的悲剧？是否符合恢复性司法的理念，体现了刑罚报应和教育的双重目的？宽严相济刑事政策与和谐社会构建一脉相传，其目的就是改变过去重打击、轻保护的不当做法，最大限度地化解矛盾，促进社会和谐。检察机关的深挖细查，追求公正价值是否得到了社会最好的效果？笔者不揣冒昧，对点评时的肯定开始发生怀疑。同时认为，如果检察官对被告人13年的表现（人身危险性）作了调查和评估之后再予以起诉和提出量刑建议，那么这就是一个完美的适用宽严相济刑事政策的典范。

三、宽严对象的平等适用以及宽严对象的风险评估

陈某菊盗窃案是C市人民检察院适用宽严相济刑事政策具有开拓性和借鉴性的优秀案例。

案件回放：被告陈某菊，女，1976年生，汉族，初中文化，无固定职业，系贵州省贵阳市某镇人。案发时在C市某洗车店当洗车工。因涉嫌盗窃罪于2007年1月25日被C市公安局刑事拘留，同年2月9日被取保候审。

鉴于外来犯罪人员具有流动性大，脱逃后难以抓捕，提供保证人或担保财产都有一定的困难等特点，如何保证对其不捕后能在接续的诉讼环节中及时到位，保证诉讼的顺利进行，是检察环节对外来人员适用宽缓刑事政策的难点。陈某菊作为外来犯罪人员，处理此案时，C市法院突破对外来犯罪人员惯有的思维定式和办案模式，一致认为，对其同等适用宽严相济刑事政策，有助于避免宽缓刑事政策对本地犯罪人员和外来犯罪人员适用上的"内外有别"，消除司法层面上的不平等，避免产生新的不和谐因素。针对这一案件，检察机关采取了两项体现"宽缓"政策的措施。第一，作出对被告人不予批捕而采取直诉方式的决定；第二，建议法院适用简易程序审理。

案件点评：在检察工作中贯彻好宽严相济刑事政策，其中一个重要的体现环节就是"审查逮捕机制"的创新。按照刑事诉讼法的规定，只有满足"有犯罪事实，可能判处徒刑以上刑罚，确有必要的"这三个条件的，才可以采取逮捕措施。但目前司法实践中衡量应否逮捕的重点仅是行为是否构成犯罪，对有无逮捕必要考虑得十分有限，即构罪即捕。"宽严相济"刑事政策强调区别对待不同的犯罪和犯罪人，在衡量是否构成犯罪的同时更关注是否确实有逮捕的必要，要根据案件的不同情况，分别实施对轻微刑事案件直接起诉制度和慎捕制度。坚持"无逮捕必要的不逮捕。"

但如何判断有无逮捕必要性？目前学术界存在两种判断的视角：一是客观主义，即以犯罪行为性质为标准；二是主观主义，即以犯罪人的人身危险性程度为标准。这两种标准理论上看似简单，实践操作中却很繁杂。采用前者，在立法技术上困难重重。采用后者，我们不难发现：对人身危险性程度的判定缺少一套公认的科学的衡量标尺。[1] 即使有的检察院采取"注重对犯罪嫌疑人的品行调查，将品行调查报告作为适用'宽严相济'的基础"的做法也是一个比较难以把握的标准。因此，学者们呼吁：要健全建立犯罪嫌疑人调查和评估机制。注重对犯罪嫌疑人生活经历、职业经历、家庭资料、经济状况、犯罪经历、悔改表现、对被害人赔偿情况以及主观恶性和人身危险性方面的调查。同时也要听取被害人的意见阐述，重视被害人的作用等，再作出相对不起诉、不捕直诉等宽缓措施。[2] 具体到检察环节的强制措施的适用，"严格把握'有逮捕必要'的逮捕条件，慎重适用逮捕措施"的精神摸索出一套科学并具有可操作性的办法。

对于这一难题，C市人民检察院尝试设立了"不捕直诉风险评估"机制，为符合条件的犯罪嫌疑人作出不捕直诉处理提供一个具体可以操作的判断标准，这一做法更加具体化，是一种非常有参考价值的尝试。

---

① 陈晓明：《施行宽严相济刑事政策之隐忧》，载《法学研究》2007年第5期，第133页。
② 李赞、张凤军：《不起诉案件的实证分析》，载《国家检察官学院学报》2007年第10期。

具体做法："不捕直诉风险评估"机制，简单称为："三见面"、"二协调"、"一审核"，即对不捕直诉的条件进行全面审查。"三见面"即要求办案人员必须与被害人、担保人、犯罪人员的近亲属见面，查明犯罪人员是否确已得到被害人的真心谅解，不捕后有无发生矛盾激化的隐患；担保人是否自愿担保，有无能力协助监管；近亲属是否有能力协助监管，保证犯罪人员在不捕期间遵纪守法、随传随到。"二协调"即与公安机关和犯罪人员的务工单位协调。要求公安机关在变更强制措施后，加强对犯罪人员在不捕期间的监管，及时掌握不捕人员的动向，防止出现脱管现象；与犯罪人员的务工单位进行协调，要求配合监管，保证犯罪人员在工作期间随传随到。"一审核"是强调对担保人资格的审核，要求对外来人员犯罪的不捕直诉一律采用"人保"，并对担保人员的情况进行必要的审查。①

　　具体到本案，经认真评估后认为，对犯罪嫌疑人陈某菊不羁押不会发生社会危险性，遂决定对其不予批捕建议直诉。一是调查陈某菊丈夫吴某贵，为其提供担保，对其妻子取保候审，做到随传随到。二是向洗车行老板取证，其表示陈某菊夫妻二人平时表现良好，陈犯罪出乎意料。经说服后其表示愿意为陈某菊提供担保，并让陈继续在其洗车行工作。三是再次询问被害人叶某，其表示已收到退回的赃款，希望对陈某菊从轻处理，对适用不捕直诉措施没有异议。四是通过再次讯问、教育犯罪嫌疑人陈某菊，其对自己行为的违法性有充分认识，悔罪表现明显，表示自愿接受司法机关的处理。并且经调查陈某菊是初犯，没有前科、劣迹。符合"不捕直诉风险评估"的条件。

　　该案经C市公安局侦查终结移送本院审查起诉后，经以下几方面综合审查决定对被告人陈某菊提起公诉，但建议法院适用简易程序审理。在诉与不诉问题上，一是考虑到对此类盗窃案不诉不足以让当事人本人、社会公众对此种行为危害性有正确认识；二是对于类似案件以往的司法实践均提起公诉，如对本案作不起诉处理，则有同类案件不相同处理之嫌；三是今后处理类似案件如参照本案作不起诉决定，则有扩大不起诉范围之弊。在普通程序与简易程序选择上，认为该案事实清楚，证据确实、充分，且对陈某菊应在3年以下量刑，符合适用简易程序条件，适用简易程序也有利于快速审理结案，让司法正义早日实现。在建议适用简易程序的同时，公诉部门根据被告人陈某菊的表现建议法院对其从轻处罚，得到法院采纳，在受理案件后10日内审理完毕，依法从轻判处被告人陈某菊拘役4个月，罚金人民币1000元。

　　案件点评：从陈某菊案的处理过程看，本院始终秉承"宽严并济、法情相融"的理念，突破了对外来犯罪人员长期不能有效适用宽缓刑事政策的瓶颈，取得了良好的执法效应。做到了宽严有理有度，保证了平等意义的公正，取得了良好的法律效果和社会效果。

　　站在被告人陈某菊的角度，不捕直诉、提起公诉建议适用简易程序以及相应的帮扶措施，一方面让她充分认识到自己行为的社会危害性、应受刑罚惩罚性，另一方面让她感受到司法机关对其人格的尊重和对其实际处境的关怀，她以积极的悔罪表现回应检察机关的宽处和耐心细致的工作。正可谓宽严相济刑事政策同等适用取得多赢效果。

四、"民意代表"化解矛盾，创新适用刑事和解

　　最高人民检察院《关于在检察工作中贯彻宽严相济刑事司法政策的若干意见》中肯定

---

　　① 参见S省C市人民检察院的陈某菊盗窃案适用宽严相济刑事政策的经验材料。（尚未出版）

了在检察环节可以适用刑事和解的方式。实践中如何运用还有待于探索。

案情回顾：2007年5月1日下午在S省D县发生一起故意伤害案件。经D县检察院公诉科审查认定，犯罪嫌疑人高某务的行为构成故意伤害罪的基本犯罪事实清楚，证据充分，犯罪嫌疑人应承担刑事责任。但鉴于：1. 本案受害人在本案中也存在一定的过错；2. 被不起诉人系初犯，是同自然村邻里间因山林纠纷引起的轻伤害案件；3. 主观恶性较小，且犯罪嫌疑人已满71周岁，案发后，犯罪嫌疑人已赔偿被害人医疗费用等1.1万元，并取得了受害人的书面谅解。D县检察院拟对高某务作出相对不起诉决定，并尝试适用刑事和解。然而，被害人高某宗虽基本同意检察机关的决定，但担心犯罪嫌疑人顽固不化，今后会进一步肆意阻挠被害人的正常经营劳作情况，故担心正当合法权益得不到有效保证。

承办人员在进行了深入的调查之后，认为被害人的担心不无道理，只有解决了遗留问题之后才可以得到真正的和解。有鉴于此，检察长批示因案制宜，想办法化解双方多年来的矛盾。之后，案件承办干警组织了"纠纷解决协调会"。调解会上，双方亲属代表、"民意代表"围坐在一圆桌边听取公诉干警审查该案的基本情况并提出案件拟处理意见，并就该案民事赔偿及息访息诉等后续问题请"民意代表"参与探讨。随后，在"民意代表"的配合下，就双方当事人赔偿问题、山林权属纠纷问题，通过多方动之以情、晓之以理，耐心的开导，细心调解，这让双方当事人与其亲属都感受到了检察机关的诚意，高某务一方对法院的民事判决心服口服，表示不再打扰高某宗的正常经营，同时愿意接受森林公安的行政处罚，并赔偿高某宗林木损失。最终双方当事人握手言和，表示要互助互爱，和睦相处，守法致富，并在调解协议上郑重签字。就这样，一起持续26年的林权纠纷在检察干警、"民意代表"们的和风化解下得以圆满解决。

案件点评：刑事和解，是指在刑事诉讼中，加害人通过认罪、赔偿、道歉等形式与被害人达成协议后，国家机关对加害人不追究刑事责任的一项制度。[①] 刑事和解通常被认为是司法上的一种非犯罪化的措施，其成功的关键在于双方当事人的合作，希望通过双方真诚的交流达成和解。到目前为止，我国对于刑事和解的含义、基础、意义等观念性问题不存在太大争议。但是，对刑事和解适用的对象、范围、启动程序、运作程序、结案方式如何加以规范，以保证办案人员着眼于贯彻宽严相济刑事政策、构建和谐社会，充分行使不起诉裁量权等问题和机制有待设计。[②] S省D县检察院在处理一起因双方当事人持续20余年的林权纠纷导致发生的故意伤害案件中，创造性地引入了"民意代表"协助处理矛盾纠纷机制，使刑事和解制度得到有效的发挥。本案的创新之处在于：在调节的主体上引用了由"官方"和"民间"共同介入的混合的调解方式。

避免了如果案件只是由检察机关主持参与刑事和解，可能因为案件牵涉许多陈年旧事，邻里之间的是是非非而难以断清"家务事"的尴尬局面。本案邀请"民意代表"来共同参与纠纷的解决，为刑事和解提供了有效的路径。

---

① 陈光中、葛林：《刑事和解初探》，载《中国法学》2006年第5期。
② 黄世斌、洪星：《宽严相济刑事政策下裁量不起诉制度的价值取向及其运行》，载《河北法学》2007年第11期。

五、宽严相济的适用不等于刚柔并济的演示

在推荐的 10 个优秀案件中，有 6 个经验材料的题目出现了"感情"、"人文关怀"、"真情感动"、"法情相融"等关键词。似乎对"宽"的理解是"情感"的代称，对"严"的理解是"法治"的内涵。笔者不禁要问："宽严相济"的"宽"是否包含了"宽容"、"同情"、"善良"、"人性化"的内涵？"宽严相济"是否等同于成语"刚柔并济"？

且看学术界和司法界对宽严相济做如何阐释："概括地讲，宽严相济就是该严则严，当宽则宽，严中有宽，宽中有严，宽严并用，宽严有度。六句话三层含义。第一层含义，该严则严，当宽则宽，讲的是要区别对待，按刑法的规定，对应当从严的，要严厉打击，对应当从宽的，要从宽处理；第二层含义，严中有宽，宽中有严，讲的是区别对待，要根据案件的具体情况合理区分当事人的刑事责任；第三层含义，宽严并用，宽严有度，讲的是要平衡执法，在宽严问题上要有限度，要保持刑罚适用的均衡性。"[①] 陈兴良教授认为，宽严相济刑事政策体现了非犯罪化、非刑罚化以及刑罚个别化的趋势。"宽严相济"之宽，来自"惩办与宽大相结合"中的"宽大"，确切含义指轻缓。……"宽严相济"之严，指严格或严厉。严格，即司法上的犯罪化与刑罚化，指应该作为犯罪处理的一定要作为犯罪处理，该受刑罚处罚的一定要受到刑罚处罚。[②] 综合上述界定和阐释，我们形成以下的认识：

第一，宽严相济不完全等同于刚柔并济这一成语的含义。宽严相济是一种基本的政策，是指导刑事立法、司法的方向指南。而刚柔相济则是指人做事的刚性、柔性之态度。浏览 S 省的适用"宽严相济"刑事政策优秀案例的题目："办案彰显人文关怀，爱心重塑幸福家庭"；"真情感动，呼唤回归"；"办案，融入检察官的感情"等；确实起到了突出主题、具有引人注目之效果，但还不能确切地讲是对"宽严相济"中"宽"的理解和演示，而是运用感情、真情和关怀使犯罪嫌疑人成为可以"宽大、宽缓"适用的对象，是刚柔相济中"柔"的体现，是办案中的经验方法和态度的总结。

第二，宽严相济并不意味着从宽和从严两种手段的地位和作用必须相同。从以上的典型案例中我们体会到，同一个案例中，宽和严之间并没有固定的比例指数。但在不同时期、不同地区、不同的社会形势下，特别是在特殊的犯罪群体、犯罪态势的背景下，可以在宏观上和微观上分别把握宽严的比例。

第三，宽和严自身具有力度和尺度。宽严尺度的把握程度受到罪刑法定原则的约束，但在刑事政策司法适用的空间，则可以根据具体情况总结出类型化的规律以及适用的尺度和力度标准。

第四，宽严相济刑事政策适用对象的平等性和适用形式的多样性是实施宽严相济刑事政策需要关注的话题。前者是体现司法公正，引发良好社会效果的必然之举；后者是一个期待建立创新机制的动力之源。

（作者单位：厦门大学法学院）

---

① 张智辉：《宽严相济刑事政策的司法适用》，载《国家检察官学院学报》2007 年第 6 期。

② 陈兴良：《宽严相济刑事政策研究》，载《法学杂志》2006 年第 1 期。

宽严相济刑事政策探讨

——以污点证人作证免责为视角

李秀娟

在刑事司法工作中，"宽严相济"的刑事政策既体现了运用刑罚手段"严惩"犯罪分子的"治标"效果，又体现了分化瓦解犯罪分子，集中人力、财力、物力打击重大犯罪的"治本"措施。是公正、人权、效益的平衡与统一。

一、建立污点证人免责制度的合理性分析

法律范畴属于社会科学的问题，无外乎描述社会如何存在运行的实证理论和应该如何的规范理论，只有二者的结合才有规范社会的政策主张和制度建构。

（一）制度的合理性探讨——博弈理论分析

笔者试图提供一种思考法律规则的新视角——博弈理论来分析该制度建构的合理性。

不完全信息问题是博弈理论和法学的中心问题。当必要的信息未知，或通常地并不是所有的当事人或者法庭都知道这些信息时，法律规则面对的是澄清问题引致信息的揭示、信号显示及信息甄别等问题。

1. 信息不对称的模糊性

信息不对称的模糊性与信息对称的确定性正相反，可以引发以下系列问题：

（1）信息的模糊性：社会正义的减损——放纵犯罪。

我国因犯罪信息的模糊性导致案件发现机制的偶然性，进而导致放纵犯罪的必然性循环往复，给侦破案件带来了困难。通过以下对微观个案进行分析来看：

例一：山西原省委副书记侯伍杰涉嫌受贿案。

与其他省级高官腐败案不同的是，侯伍杰案的案发缘于山西省黑社会集团案，即黑社会头子李满林的覆灭。2003年12月，被称为"三晋涉黑第一案"的李满林案在太原市中级人民法院开审，2004年1月李满林被判处死刑，正是一审被判处死刑后，李满林随即供出多年来为自己提供保护的原太原市公安局局长邵建伟。也正是邵建伟涉案，才牵涉出时任太原市市委书记的侯伍杰。侯伍杰利用职权为副局长邵建伟谋取到公安局局长的位置，并收受邵建伟10万美元、一块价值58320港元的百达菲利牌手表和两万元礼金的贿赂。原来，黑社会的"保护伞"并不是只有一把，更大的、无形的"遮阴部分"却是在公安局局长之上的市委书记。从李满林案到邵建伟案再到侯伍杰案，"接力式"的贿赂从小鱼小虾到大鳄大鲨，才逐渐浮出水面。如果李满林与邵建伟不出事，侯伍杰还当着他的高官，是不会被发现的，因为信息的闭塞性所导致此案的发现纯属偶然性。

例二：贵州省长顺县原政协副主席胡方瑜案。

该人被小偷深夜从窗外偷走所穿长裤，小偷搜尽裤袋后将裤子扔掉，天亮后小学生捡

到裤子交给了公安局。公安人员发现裤子皮带异常，遂割开检查，里面藏有几张巨额存单，其存款人即为胡方瑜及其直系亲属。有关部门顺藤摸瓜，一举查出胡方瑜贪污受贿十几万、挪用私分公款和涉及其他违纪金额 500 多万元的腐败大案。正是后院遭贼的偶然性才暴露出腐败的"庐山真面目"。

信息的模糊性导致证据不足放纵犯罪的情况在此不一一列举。

从宏观上看，2003 年检察机关共立案侦查各类职务犯罪案件 39562 件 43490 人，代表国家提起公诉的案件 22761 件 26124 人。[1] 依此推算，2003 年我国就有 16801 件 17366 人因证据不足没有起诉而不能追究犯罪。[2] 而 2004 年，各级检察机关立案侦查涉嫌职务犯罪的国家工作人员 43757 人，提起公诉 30788 人；[3] 依此推算，有 12969 人因证据不足没有起诉而不能追究犯罪。[4]

（2）信息模糊性：人权的缺失——超期羁押。

我国因信息模糊不确定，导致证据不足、对犯罪嫌疑人超期羁押、侵犯人权的情况更是比比皆是。

从微观个案分析来看，在全国最有轰动效应的佘祥林案，在此案例不一一列举。

从宏观上看，2003 年检察机关对检察环节纠正超期羁押的涉案人员 555 人，监督纠正侦查、审判环节超期羁押 25181 人。[5] 2004 年检察机关纠正超期羁押 7132 人。[6] 全国各级法院全年共清理旧存和新增超期羁押案件 873 件 2432 人[7]。

由上述分析可知，信息模糊的不确定性，导致社会正义损减，人权受到侵犯，进而使法律的公正性受到严峻的挑战。

因此，解决信息模糊性及不对称性是侦破腐败案件的重中之重，是获取犯罪证据的关键之举，更是保障人权的重要环节。而建立污点证人免责制度正是解决如上问题的法制之策。

2. 博弈分析

博弈理论作为对人类行为规律的系统研究，正日益渗透到经济学、政治学、法学、社会学等社会科学领域之中。我们这里把控辩双方之间的相互作用看做独立存在的博弈。

（1）选择函数——利益的均衡性。

A. 污点证人的利益均衡——得与失。

从法律经济学分析角度看，法律的目的之一就是建立清晰的权利界限，使权利能在此基础上通过市场进行转移与重新组合。而污点证人所掌握的信息也是一种资源。其本人对这种资源拥有所有权，这种所有权的转让应当得到报酬……即对个人的刑事免责或减轻处罚为对价。它体现的正是产权界定与市场交易的一般关系。"失"去不得自证其罪的保护原则，"得"到减轻惩罚的法律后果。这一过程就是博弈过程达到的一种均衡。

---

① 数字来源于《最高人民检察院 2004 年工作报告》，载新华网→新华资料。
② 当然，这个数字既包括因证据不足导致放纵犯罪的情况，也包括清白无辜、无罪释放的情况。
③ 数字来源于《最高人民检察院 2005 年工作报告》，载新华网→新华资料。
④ 数字来源于《最高人民检察院 2005 年工作报告》，载新华网→新华资料。
⑤ 数字来源于《最高人民检察院 2004 年工作报告》，载新华网→新华资料。
⑥ 数字来源于《最高人民检察院 2005 年工作报告》，载新华网→新华资料。
⑦ 数字来源于《最高人民检察院 2005 年工作报告》，载新华网→新华资料。

B. 国家的利益均衡——得与失。

在代表国家的追诉方与污点证人博弈的过程中，国家将"失"去惩罚较小犯罪的社会正义减损，"得"到追诉更大犯罪社会正义的张扬。因此，无论从经济、政治、社会安定等方面的利益来说，都会得到以较小的代价换取较大的利益。另外，从有效预防和减少腐败犯罪来说，对犯罪行为的威慑除取决于其实际遭受的处罚当量外，还在很大程度上取决于发现并遭受惩处的概率和给予的处罚，即预期的处罚当量。而要实现这一目的，在很大程度上取决于知情人报告腐败犯罪行为。但是，当知情人本身也牵涉腐败犯罪时，只有区分制裁的"失"，才能鼓励其积极报告腐败犯罪的"得"。

（2）策略形式博弈——利益的双赢性。

现用一个传统的博弈理论模型——正规形式博弈来模型化污点证人和检控官之间的相互作用，正规形式博弈也被称为策略形式博弈。包括三个元素：

A. 博弈的参与人。此处的参与人是污点证人和代表国家的追诉人。

参与人可能的策略（规范术语称策略空间）。在此策略可能的空间：一是污点证人是否合作，二是国家是否对于证人的行为给予相应的免责。

B. 每一组策略下参与人的收益，如果参与人的收益最大化，那么实施此制度的可行性是不言而喻的。

现在用二元矩阵（bimatrix）来表示涉及两个参与人的正规形式博弈，每个参与人在为数不多的不同策略中精心选择。二元矩阵的每一格给出了相应策略支配下每个参与人的收益情况。

假设：污点证人的决策有两种选择：合作为1；不合作为0。

追诉人的决策有两种选择：免责为1；不免责为0。（见图1）

<table>
<tr><td rowspan="4">追诉人</td><td></td><td colspan="2" align="center">污点证人</td></tr>
<tr><td></td><td>0
不合作</td><td>1
合作</td></tr>
<tr><td>免责 1</td><td>IV
(0, 1)</td><td>III
(1, 1)</td></tr>
<tr><td>不免责 0</td><td>I
(0, 0)</td><td>II
(1, 0)</td></tr>
</table>

图1：二元矩阵：追诉人与污点证人策略选择

I：表示证人不合作，追诉人则得不到相应的信息，对侦破案件产生巨大的阻碍，且证人得不到相应的免责，其利益为（0, 0）。

II：表示证人不合作免责，追诉人则得不到相应的信息，对侦破案件还是有阻碍，但证人却得到免责，这样即对公平度产生影响，其利益为（1, 0）。

III：表示证人合作，则追诉人能得到相应的信息，对侦破案件有益，对证人相应的免责，对证人也有益。因此双方利益最大化（1, 1）。

IV：表示证人合作但是不免责，这只能使国家得到短暂的收益，以后长期得不到污点证人的信息，其利益为（0, 1）。

由以上分析可以看出，建立污点证人免责制度能得到证人和国家双赢利益的最大化。

（二）制度的可行性探讨——以数学模型为考量

污点证人的免责分析，拟合参变量对我国是否应当制定相关法律规定进行量化研究和利益分析，在这一过程中，以立法决策为变量，以国家法益（公正与效率）最大化为目标函数，以法律政策制定的基本原则为约束，建立立法可行性数学模型分析。

从某种角度来看，立法的目的是实现社会的控制，是对社会利益的保护，是实现社会的正义。然而，在一些法律政策制定的过程中会出现各种利益上的冲突，包括法律直接影响的社会经济效益、社会秩序与安全、国际关系、法律本身所应遵循的一些原则等，它们之间可能出现直接的矛盾或冲突，有些矛盾是无法调和的，这就需要一个取舍的过程，如污点证人免责问题，如果不建立这样一种制度，那么可能因信息闭塞而不能实现有效地惩罚犯罪，如果建立这样一种制度，可能会以放纵已掌握的犯罪为代价，那么取舍的原则是什么呢？通常意义下，人们容易主观判断利弊得失进行取舍，这样虽然简单易行，但很容易出现误判以致法律政策制定不合理，从而对社会利益保护起到消极的影响。针对这一问题，本文力图将法律政策获得的国家法益（公正与效率）、社会利益（包括社会经济利益和社会安定利益）最大化为目标函数，建立立法可行性数学模型量化分析，进而使国家立法建立在更科学、更符合中国国情的基础之上。

在这一过程中，首先，应考虑对国家法益的量化，国家法益由法律公正度和法律效率两部分组成，因此量化的时候可以将国家法益考虑为它们的加权和。[①] 下一步就是要从数学角度定义法律的公正度，公正度表现为大多数人的满意程度，如果所有人都满意，定义公正度达到最大，50%的人满意是最小的满意程度。当满意人数低于50%时，法律政策的制定将不尽合理。

其次，需要考虑的是以上定义几个量之间可能存在的相互作用关系。主要考虑的量包括法律公正度、法律经济效益、法律安定效益等，这些效益之间确实存在着一定的联系，如，经济效益发挥作用促进经济发展，经济发展带来社会的进一步安定和外交政策的强硬；再如，法律公正度提高会提高法律在人们心中的地位，从而增大法律长期的执行效益。这些关系都包含着大量的随机因素，很难量化。注意到这些量起作用都需要比较长的时间和空间因素，可以考虑简化随机因素的关系。

模型分析 i：

证人免责的立法，应考虑成本与收益的分析。成本，即免除惩罚的成本，如个案的不可罚性不能恢复犯罪给社会带来的诸如经济、人们对法律正义的期望值降低等损失；收益，即获取案件线索的收益，如放弃小的社会损害性换来弥补或避免大的社会损害性，也就是说，用放弃追诉小的案件承诺换取更大的案件线索，进一步说，用小的损失换取大的利益。

证人免责制度的立法限制条件：一定要用小的代价换取大的利益，不能相反。

国家法益 $F = f(J, E)$，其中 J 表示公正度，E 表示法律的效率，J 与满意人比例 R 有关，则 $R \leqslant 1$。对于 E，可以简单地写为 $E = \alpha M + \beta S + \gamma W$，$\alpha + \beta + \gamma = 1$，其中 M 表示经济效益，这里具体理解为促进经济的增长率，S 表示社会安定利益，具体指社会安定指数，W

[①] 法律的效益从几个角度来看，不同种类法律可能涉及社会利益、社会安定利益和外交利益等，本文将忽略其他一些效益，主要从法益考虑其加权平均值。

表示外交利益，α，β，γ是它们的权重。

让我们分析函数f应该满足的条件：

J、E是增函数，这一点可以由帕累托效应保证。

①公正度小于某个限定范围的时候，公正度在国家法益中占的比重将远远大于法律效益。简单说来，就是一项法律条文，如果公平度低于一定水平，那么即使带来的社会经济或者其他效益再高也不会有较好的效果，因为这将破坏法律的公正性。

②与上面类似的当$E \leqslant 0$的时候，与法律的目的相悖，因此当法律没有正面效应的时候不会被采纳。

首先确定J与R的确切关系，J关于R递增，且增加速率随R增大而减小，而且0.5之前的增加率远大于0.5之后，我们可以近似得到下面的方程式：

$$\begin{cases} \dfrac{dJ}{dR} = e^{N(0.5-R)} \\ J(0.5) = 0 \end{cases}$$

这里，N是惩罚指数，N越大J关于R在0.5后变化越快，不同N取值如图2：

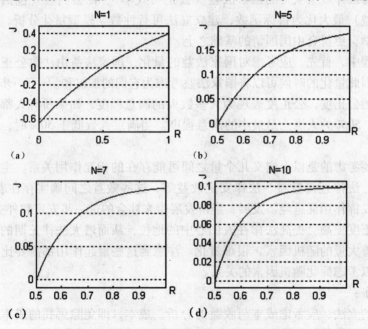

图2：探讨惩罚指数不同取值变化的四种情况

解得，$J = \dfrac{1 - e^{(0.5-R)N}}{N}$，$0 \leqslant R \leqslant 1$，$\dfrac{1 - e^{0.5N}}{N} \leqslant J \leqslant \dfrac{1 - e^{-0.5N}}{N}$，将$J$变换到$[0, 1]$区间，

有$J = \dfrac{2 \times \dfrac{1 - e^{(0.5-R)N}}{N} - \dfrac{1 - e^{0.5N}}{N} - \dfrac{1 - e^{-0.5N}}{N}}{\dfrac{1 - e^{-0.5N}}{N} - \dfrac{1 - e^{0.5N}}{N}} = \dfrac{e^{0.5N} + e^{-0.5N} - 2e^{(0.5-R)N}}{e^{0.5N} - e^{-0.5N}}$，这样就得到了满意比

率与公正度的函数关系，这里满意比率可以通过民意调查的方式获得，惩罚系数N反映不满意过半的严重性，N越大表示越严重。

不同 N 取值如图3：

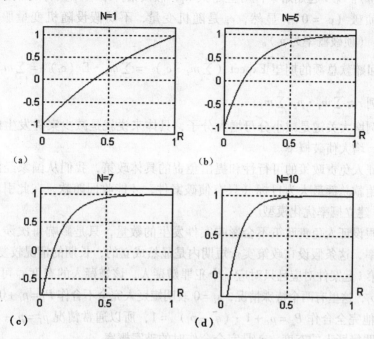

图3：惩罚系数 N 反映不满意过半的严重性

下面具体描述法律效率的实际含义：$E = \alpha M + \beta S + \gamma W$，$\alpha + \beta + \gamma = 1$，如可以取 $\alpha = \beta = \gamma = \frac{1}{3}$ 表示三者权重相等。M 体现法律对经济的作用，也是因为法律政策社会财富增加（减少）的比例，取值范围变换到 $[-1, 1]$，S、W 类似。

$$F = f(J, E) = \eta J + \xi E = \eta \frac{e^{0.5N} + e^{-0.5N} - 2e^{(0.5-R)N}}{e^{0.5N} - e^{-0.5N}} + \xi(\alpha M + \beta S + \gamma W)$$ 公式1，其中 $\eta + \xi = 1$ 分别是二者权重。

这样，我们就得到了国家法益的整体公式，针对不同问题，取定参数我们就可以给一条法律条款打分，计算它的可行性。

模型分析 ii：

一般来说，污点证人案件多出现在贿赂犯罪案件中。由于刑法同时规定行贿罪与受贿罪两种惩罚，这就使行贿人和受贿人原本比较紧密的利害关系演变成为更加密切的唇齿相依、唇亡齿寒的关系，即无论哪一方以证人身份出现，他在证明对方犯罪的同时，也在供述自己的犯罪。正缘于此，不少行贿人心存顾虑，在侦查机关要求其作证时，由于担心"引火烧身"而不敢作证，许多行贿者在接受调查时，都采取"投石问路"的方法，在得到侦查机关的"只要把问题讲清楚，保证不抓"的承诺后，方开口作证。再加上目前证人作证存在安全措施不力的情况，以及事不关己心理的影响，使得行贿人顾虑重重，作证者寥寥。

针对上述问题，在此通过建立污点证人免责模型，用数学量化分析的方法阐述污点证人政策的可行性和必要性，同时对采取怎样的污点证人政策更合理给出具体建议。

为叙述方便，以贿赂犯罪案件为例，假设一年内全国共查处贿赂案件共 n 起，组成集合 C（｜C｜$=n$）。第 i 起贿赂案件对应贿款 m_i，假设案件结果 c_i 只有两种可能情况：侦破（$c_i=1$）和未侦破（$c_i=0$），显然，c_i 是随机变量，不妨假设随机变量服从下面分布：P（$c_i=1$）$=p_i$（侦破概率为 p_i）。

一年内追回贿款总额的期望 Expect（$\sum_{i=1}^{n} m_i \cdot c_i$）$=\sum_{i=1}^{n} m_i \cdot E(c_i)=\sum_{i=1}^{n} m_i \cdot p_i$，追回贿款占总贿款比例 $r=\sum_{i=1}^{n} m_i \cdot p_i / \sum_{i=1}^{n} m_i$。

使追回比例增大关键是减小分母增大分子，具体来说就是减少案件发生的数量和每次涉及赃款数额，增大侦破概率。

为了说明证人免责政策的可行性和提出免责的具体政策，我们从国家经济利益的角度出发，以追回贿款总额最大为目标（只有侦破案件，才能收回贿款，在此引申说明案件侦破率的提高），建立概率优化模型。

模型暂时假设证人免责政策不会影响案件发生的数量，只是影响每次涉及贿款数额和案件侦破的概率，这条假设在政策实行短期内是显然成立的，长期的情况较复杂暂不考虑。

模型假设第 i 起案件对应且只对应一个犯罪嫌疑人，该嫌疑人的态度 s_i 可以影响贿款追回概率的大小 p_i，这里有两个特殊情况，$s_i=0$ 表明嫌疑人完全不合作 $P_i=p_i+0 \cdot (q_i-p_i)=p_i$，$s_i=1$ 表明他完全合作 $P_i=p_i+1 \cdot (q_i-p_i)=1$，所以通常情况 $p_i=p_i+s_i \cdot (q_i-p_i)$，其中 s_i 反映犯罪嫌疑人的态度，q_i 是完全合作时的破案概率。

模型假设实际追回的贿款数额同污点证人免责前所受处罚的严重程度成正比，追回数额越大所受惩罚也越大。追回贿款数额的期望为 $m_i \cdot p_i$，我们用追回的贿款数额表示证人免责前应受的惩罚。

模型假设免责政策的力度取决于证人的态度，令表示免责比例，则污点证人实际受的惩罚程度与（$1-k$）$\cdot m_i \cdot P_i$ 相对应。

如果取 $k-k_{max}s_i$，从污点证人角度出发得到

$$\min \{(1-k) m_i P_i\}$$
$$=\min \{(1-k_{max}s_i) m_i (p_i+s_i(q_i-p_i))\}$$
$$=\min \{m_i[-(q_i-p_i)k_{max}s_i^2+(q_i-p_i-p_ik_{max})s_i+p_i]\}$$

上面是二次函数求极小值的问题。显然，极值必然在两端点达到。得到结论：污点证人要么完全合作要么守口如瓶。

令 $s_i=0$，（$1-k$）$\cdot m_i \cdot P_i=p_im_i$，令 $s_i=1$，（$1-k$）$\cdot m_i \cdot P_i=m_iq_i(1-k_{max})$，当 $p_i<q_i(1-k_{max})$

即

$k_{max}<1-p_i/q_i$ 时，$s_i=0$，否则 $s_i=1$。也就是说，当 $k_{max}<1-1-p_i/q_i$ 时，嫌疑人完全不合作，否则他完全合作以获得免责。

下面从国家的角度，模型假设制定证人免责政策的目的是使破案的概率最大，我们暂时不考虑法律公正性，也就是让 $s_i=1$，所以取 $k_{max}>1-p_i/q_i$。显然，当 $k_{max}=1-p_i/q_i$ 时，既能收回最大利益又能在最大限度上惩罚犯罪。

从以上数学模型分析可得知，为维护国家和社会的利益，通过对罪行较轻或显著轻微的人免予追诉或减轻指控而换取追究罪行更为严重、对社会危害性更大的犯罪人，是在不

得已的情况下的最佳选择。因此，我国建立污点证人免责制度具有合理性。

二、构建我国污点证人制度的具体设想

如果我们不仅仅成为一个对现行法律的注释者，还要尽力推动它的改善和进化，那么我们就不仅要知其然，还要知其所以然，不仅要知道已经被设计的制度是怎么样的，还应该知道它是如何设计的。

（一）建立污点证人免责制度的设计原则

无论是国外运用污点证人的实践证明，还是上述理论及实证的探讨，都可以说明它的确是打击犯罪的一种有效手段。但我们应该看到它同时也是一把双刃剑，如果污点证人使用不当，可能会妨碍社会正义的实现，轻纵犯罪，也可能会冤枉无辜或者侵害被告人定罪的公平审判权。因此，对于污点证人的使用原则，应当予以规范。

1．依据发现犯罪的概率设计免责的幅度原则

哈耶克曾言："理性是我们进化的产物，而不是相反"。随着现代法治的进程，设计一项法律制度一定要体现理性的原则。笔者认为，设计污点证人免责制度的理性原则应把握以下几个方面：

（1）发现概率大、预期免责小。即二者成反比例关系。也就是说，正常获取追诉犯罪的信息，尽量不减免或少减免污点证人责任，以体现不偏不倚的公正惩罚原则。

（2）发现概率小，预期免责大。由于二者的关系同以上所述成反比例关系。对于正常侦查困难，如无污点证人的配合则不能突破案件的情况，则给予污点证人宽幅度的减轻惩罚或免除惩罚。以较小的损失换取较大的利益。

（3）发现概率居中状况，可考虑给予污点证人适当的免责，使其符合比例原则。

2．依据污点证人的"污点程度"设计免责幅度原则

所谓"污点程度"也是污点证人的社会危害性程度。之所以称为"污点证人"，是因为此证人与彼证人的区别在于存在"污点"，也即社会危害性，对污点证人的免责幅度应考虑其社会危害性程度的大小酌定。

（1）社会危害性大，免责幅度小。一般应对从犯、胁从犯，一般的轻微犯罪给予免责。对于社会危害性大的犯罪不适宜免责。

（2）社会危害性小，免责幅度大。在体现罪刑法定原则的基础上，进一步体现刑事政策与实施刑罚相对称的立法策略。

（3）社会危害性适中，则免责适中，符合比例均衡性原则。

3．依据提供信息的价值衡量免责的幅度原则

（1）污点证人提供的信息价值大，则免责幅度大。体现免责的代价一定要换取较大的利益。

（2）污点证人提供的信息价值小，则免责幅度小。提供信息价值的大小与给予其免责的大小成正比。

（二）污点证人免责制度的适用条件

1. 适用的案件范围：形式条件

污点证人作证豁免是国家与罪犯之间的司法交易，是为了更大的司法利益而牺牲较小的司法利益，可能使国家从根本上丧失对某些犯罪分子进行刑事处罚的机会，其适用必须慎之又慎。从犯罪性质或案件范围来看，作证豁免应仅适用于重大、复杂、疑难和社会危害性大的犯罪。

2. 作证豁免适用的实质条件

参照有关国家和地区的立法，我国作证豁免适用的实质条件可限定为：其一，污点证人拒绝提供证言或其他证据，即证人行使"拒绝自证其罪特权"。此时为了解除这一特权，必须适用刑事免责制度，从而强迫证人提供证据，即以刑事免责来换取证据强制；其二，欲追诉的犯罪非常严重，污点证人的证言及其提供的其他证据是成功追诉此类犯罪所必需的，除此别无他法，这表明了使用污点证人的必要性和不可替代性。其三，对污点证人的豁免符合社会公共利益，不损害司法公正。污点证人作证免责是国家放弃对部分轻微犯罪的追诉，必须符合社会的整体利益，不得损害司法尊严和法律威信。

（三）污点证人作证免责的类型

从世界范围来看，污点证人作证免责的类型有罪行豁免和证据使用豁免两种。笔者主张我国建立有限的罪行豁免制度，不宜采用证据使用豁免制度。证据使用豁免获得的证据信息的质量较差，而罪行豁免由于彻底免除了证人的刑事责任，为证人提供了更好的保护，所获得证言的质量较高，真正达到了设立作证豁免制度的目的。[①]

另外，豁免的罪行仅限于证人所实施的与正在调查的犯罪有关的罪行，与被调查的犯罪无关的罪行则不得豁免。这样可以防止证人滥用豁免制度，不当地逃避追诉与惩罚。

（四）作证豁免的法律后果

适用作证豁免的污点证人因向主管机关提供了实质性配合而获得罪行豁免的承诺，从而解除其拒绝自证其罪的特权，污点证人不得拒绝供述、作证或提供其他证据，其必须履行如实作证的义务。如果污点证人拒绝供述、作证或提供其他证据，则应承担相应的法律责任，如立法上可规定按藐视法庭罪处理；如果污点证人故意提供虚假供述或提供虚假证据的，经人民法院查证属实的，可以取消其污点证人的资格，并根据其所犯罪行追究刑事责任。

（作者单位：北京吉利大学法学院）

---

① 徐静村、潘金贵：《"污点证人"作证豁免制度研究》，载《人民检察》2004 年第 4 期。

宽严相济刑事政策的坐标辩证

林 林

一、宽严相济刑事政策的渊源

刑事政策，是指国家或执政党依据本国犯罪态势制定的，依靠其权威推行的，通过指导刑事立法和刑事司法，对犯罪人和有犯罪危险者运用刑罚和有关措施，以期有效地实现预防犯罪目的的方针、策略和行动准则。① 刑事政策得以指导刑事立法与司法，其原因在于：首先，其内容符合刑事立法和司法的目的、原则、价值；其次，较刑法而言刑事政策具有更广阔的空间，更灵活的弹性，更强韧的张力。

《辞源》对宽猛相济的注释是宽大与严厉互为补充。② 宽严相济的语词含义与之大致相同，在理解上也鲜有分歧。宽严相济刑事政策的渊源可追溯至古代先贤的治国方略，据《左传·卷十昭公二十年》记载，春秋时郑国执政子产论治国方略时引用孔子的为政思想，仲尼曰："善哉！政宽则民慢，慢则纠之以猛；猛则民残，残则施之以宽。宽以济猛，猛以济宽，政是以和。"宽严相济作为刑事政策的萌芽形成于党和国家与反革命和犯罪分子的长期斗争之中。早在第二次国内革命战争时期，党中央曾明确提出对反革命分子实行区别对待，感化教育的政策。1956 年党的第八次全国代表大会的政治报告中提出："我们对反革命分子和其他犯罪分子一贯地实行惩办与宽大相结合的政策。"其内容由罗瑞卿表述为："首恶必办，胁从不问，坦白从宽，抗拒从严，立功折罪，立大功受奖。"1979 年我国制定的第一部刑法第 1 条将惩办与宽大相结合的政策作为制定刑法的依据，标志着惩办与宽大相结合作为刑事政策的正式确立。这一政策的基本精神是：区别对待，宽严相济，惩办少数，改造多数。③ 在 2005 年 12 月 5 日至 6 日召开的全国政法工作会议的讲话中，时任中央政法委书记的罗干同志提出并阐述了宽严相济的刑事政策，他论道："宽严相济指对刑事犯罪区别对待，做到既要有力打击和震慑犯罪，维护法制的严肃性，又要尽可能减少社会对抗，化消极因素为积极因素，实现法律效果和社会效果的统一。"他指出："宽严相济是我们在维护社会治安的长期实践中形成的基本刑事政策。在和谐社会建设中，这一政策更具现实意义。我们要立足于当前社会治安实际，审时度势，用好这一刑事政策。贯彻宽严相济的刑事政策，一方面，必须坚持'严打'方针不动摇，对严重刑事犯罪依法严厉打击，什么犯罪突出就重点打击什么犯罪，在稳、准、狠上和及时性上全面体现这一方针；另一方面，要充分重视依法从宽的一面，对轻微违法犯罪人员，对失足青少年，要继续坚持教

---

① 转引自王文生：《论宽严相济刑事政策的实践方向》，载《法学家》2008 年第 2 期。
② 《辞源》第二卷，商务印书馆 1986 年版，第 861 页。
③ 参见马克昌：《宽严相济的刑事政策与死刑的完善》，载《和谐社会的刑事法制》上卷，第 706 页。

育、感化、挽救方针，有条件的可适当多判一些缓刑，积极稳妥地推进社区矫正工作。"

二、宽严相济刑事政策的价值向度

1. 宽严相济合本质性

任何一部法律更多体现的是其刚性特质，刑法也不例外。刑法设立罪名，刑期，量刑幅度，法定量刑情节等，但这些规定远远无法契合个案千差万别的情节，即便像卡多佐这样的法官也摆脱不了量刑带来的困扰。裁判者在司法过程中对证据的取舍、考量直至作出裁判，此过程中宽严相济以其弹性特质发挥着不容置疑的作用，它使证据的面目清晰，功用分明，令裁判者在纷繁的变量中理清脉络，形成心证。由此可见，宽严相济乃是司法过程规律性的体现，内化于司法过程之中，外显于裁判方法之用。宽严相济因此具有普适性，它存在于任何国家或地区的刑事领域之中，它像一只无形的手，在司法过程中舞动着正义之剑；它似一条金线，维系着正义与法律的神圣。宽严相济具有长效性，它不会因为被表述为刑事政策而局限于某时期，它的属性决定了它将长期存在并发挥作用，无论受青睐还是遭冷落都不会消弭它的功用。

2. 宽严相济合目的性

宽严相济刑事政策与刑事立法和司法的目的相一致，即通过刑罚和其他相应措施达到预防犯罪的目的。"刑罚的目的既不是要摧残折磨一个感知者，也不是要消除业已犯下的罪行。刑罚的目的仅仅在于：阻止犯罪再重新侵害公民，并规诫其他人不要重蹈覆辙。因而，刑罚和实施刑罚的方式应该经过仔细推敲，一旦建立了确定的对应关系，它会给人以一种更有效、更持久、更少摧残犯人躯体的印象。"[1] 贝氏在此经典论断中阐释了刑罚的目的与手段的关系，即刑罚本身仅是实现刑罚目的的手段，通过实施刑罚可以"阻止犯罪再重新侵害公民"和"规诫其他人不要重蹈覆辙"从而达到刑罚的双重目的———一般预防与特殊预防。同时贝氏指出，"刑罚和实施刑罚的方式应该经过仔细推敲"，刑罚的种类轻重和实施方法有较大差异，针对不同的犯罪，对不同的犯罪人应当实施不同的刑罚，即采取区别对待的方式，不能一刀切。继而贝氏阐明："一旦建立了确定的对应关系，它会给人以一种更有效、更持久、更少摧残犯人躯体的印象。"一旦针对不同犯罪和犯罪人建立了与之相应的刑罚关系，将有助于维护法律的权威性、长效性、稳定性，有助于消除人们对于法律过于严苛的错觉，缓和社会矛盾，收到更佳的社会效果。宽严相济刑事政策的核心意涵就是区别对待，区别犯罪行为和犯罪人，对于严重犯罪，如有组织犯罪、黑恶势力犯罪、严重暴力犯罪等依法及时立案，快捕快诉，从严惩处，应当判处重刑的，依法判处重刑；应当判处死刑的，依法判处死刑。即使是严重刑事犯罪，但具有法定或酌定从轻、减轻处罚情节的，应给予从宽处罚。对于轻微刑事案件，不立案、不逮捕、不起诉。对于诉至法院的轻罪，依法从宽处罚，直至免予处罚。罪行虽轻，但有法定从重处罚情节的，则应依法从重处罚。区别犯罪人：对于累犯、犯罪集团的首要分子，犯罪后拒不悔改的犯罪人，应当依法从严制裁；对于过失犯、中止犯、从犯、胁从犯、正当防卫、紧急避险过当、偶犯、自首犯、立功犯、未成年人、聋哑盲人、孕妇、哺乳期妇女、严重疾病患者等罪犯实行从

---

① ［意］贝卡里亚：《论犯罪与刑罚》，黄风译，中国大百科全书出版社 1993 年版，第 42 页。

宽处罚。宽严相济刑事政策的长效性、稳定性，以及其对维护与缓和社会矛盾的作用也正在人们的期待之中。

3. 宽严相济合正义性

每个人都生活在一个共同体之中，都需要根据道德和法律的"契约"约束，获得个体的幸福、安宁和生殖繁衍。为此，人们之间必须相互信任，"讲真话，守协议，抑制暴力、盗窃和欺诈，更一般地说，就是不相互获取不公平的利益"。① 每一个人都要成为共同体中的道德主体。罗马时期乌尔比安所引述的名言，正义是"给予每个人他法律上应得部分的坚定而恒久的意愿"；而法律的基本原则是："体面生活，不损害他人，给予每个人他应得的部分"。② 法律根据正义分配个人的权利与义务，对于侵犯和损害他人或社会利益的行为以实施制裁或其他适当的方式体现正义、匡扶正义。在实现正义的过程中，正义的元素通过裁判者的考量进入裁判结果。宽严相济本身就是正义的元素，它要求对每个犯罪行为和犯罪人综合考量，主客观要件相结合，去除偏颇与武断，以使形成的裁判结果趋向公平正义。

4. 宽严相济合谦抑性

平野龙一教授认为，谦抑性应为刑法的法律性质。刑法的谦抑性包含以下基本内容：其一是刑法的有限性；其二是刑法的宽容性。刑法的有限性界定了刑法的适用范围，即只有当行为造成严重社会危害性时方构成犯罪，从而将犯罪与一般违法行为区别开来。在认定行为的社会危害性时，必须遵照主客观相统一的原则，审查行为的性质、手段、结果的同时结合行为人自身以及行为实施时的情况、行为人主观方面等，综合考量，适当裁判。刑法的宽容性，是指给任何人以人文的关怀，刑法要尊重人的自由与尊严，能不干涉的领域尽量不去干涉，能用较宽和的刑罚手段就尽量用较宽和的手段。③ 非犯罪化和非刑罚化是实现刑法谦抑性的重要途径。将轻微犯罪行为非犯罪化反映了刑法的性质和内在需求，同时也顺应了刑事立法发展趋势，一些国家不同程度地将轻微犯罪从刑法中剥离出去就是一个有力的佐证。非刑罚化，是指用刑罚以外的比较轻的制裁替代刑罚，或减轻、缓和刑罚以处罚犯罪。④ 宽严相济刑事政策从刑法谦抑性出发，对于轻微犯罪，对于过失犯、中止犯、从犯、胁从犯、正当防卫、紧急避险过当、偶犯、自首犯、立功犯、未成年人、聋哑盲人、孕妇、哺乳期妇女、严重疾病患者等罪犯实行从宽处罚。具体策略包括刑事立法上的非犯罪化，刑事司法上的非刑罚化。

5. 宽严相济合修复性

从 20 世纪 50 年代开始，西方各国犯罪率上升，尤其是累犯率大幅攀升。学界在研究这一现象和思考对策的同时，也在反思一个不得不面对的难题：监禁刑是一把双刃剑，在隔离、惩罚的同时带来了一系列问题。监禁对于道德缺失，精神偏执，玩世不恭，很少悔恨和自责的反社会人格的罪犯无疑是合适的；而对于冲动或其他非人格因素导致犯罪的犯罪人，监禁刑有时会导致其产生恐惧、对抗、逆反甚至报复心理。因此，修复并增强其健

---

① ［英］A. J. M. 米尔恩著：《人的权利与人的多样性——人权哲学》，夏勇、张志铭译，中国大百科全书出版社 1995 年版，第 44 页。

② ［爱尔兰］J. M. 凯利著：《西方法律思想史》，王笑红译，法律出版社 2002 年版，第 64 页。

③ 参见王明星著：《刑法谦抑精神研究》，中国人民公安大学出版社 2005 年版，第 103 页。

④ 转引自王明星著：《刑法谦抑精神研究》，中国人民公安大学出版社 2005 年版，第 198 页。

康的人格心理，使其重返社会就显得尤为重要。20 世纪末，修复性司法应运而生。它的目标包括：（1）充分地满足被害人和其他受到犯罪影响的人在经济、情感和社会方面的需求；（2）使加害人重新融入社会以防止其再次犯罪；（3）促使加害人主动承担责任；（4）重建一个有利于加害人回归、被害人康复的主动预防犯罪的社区环境；（5）创建一条避免司法运作成本不断攀高以及正义被不断延迟的新路径。① 修复性司法通过提供加害人与被害人面对面交流的机会，使加害人切身感受到其行为给他人造成的损害和影响，进而主动承担责任，赔偿损失，并对自己的行为进行反思与检讨，杜绝再犯。修复性司法的路径有利于弥补被害人的损失，避免监禁刑可能给加害人带来的耻辱和心理影响，消除加害人与被害人的冲突，使社区更加和谐、安宁。宽严相济刑事政策强调区别对待，对于主观恶性小、处于人格形成期的未成年人实行宽缓的处罚方式，以利于其改造自己，重返社会。同时，宽严相济刑事政策对修复性司法的认同，也体现了对被害人的主体性权利的关照与保护，在不同主体间搭建沟通的平台，在司法领域营造和谐的环境与氛围，这无疑对于缓和社会矛盾，构建和谐社会具有积极的意义，这也是党和国家在新的历史时期贯彻宽严相济刑事政策的宗旨之一。

三、宽严相济的关键词

解读宽严相济刑事政策，不妨回顾一下单纯的"宽"与"严"招致的后果，这样做既用"证伪"的方法印证了宽严相济这一命题的科学性，也以实证提醒我们不要重蹈覆辙；与此同时，重申宽严相济不同于将"宽"与"严"割裂的两极化命题，指出"济"的不可或缺。

"第二次世界大战后，世界各国的刑事政策朝着所谓宽松的刑事政策和严厉的刑事政策两个不同的方向发展，这种现象称为刑事政策的两极化。"② 这种趋势的形成有其特定的背景和原因。西方国家在经历了将剥夺自由作为标准刑罚之后，意识到监禁常会对犯罪人的心理产生不良影响，对于某些人是缺乏人道的处罚方式，各国于是进行了向矫正和教育刑方向的刑法改革，轻缓的处罚并未收到预期的效果，相反出现了犯罪率增高，尤其是暴力犯罪、有组织犯罪和恐怖犯罪等给各国的治安带来了极大的威胁，迫于遏制犯罪势头的压力，各国对严重刑事犯罪适用更加严厉的惩罚，以期震慑和预防犯罪；同时针对监狱人满为患，司法资源有限的现实，对于轻微犯罪适用更加轻缓的处罚，这种形势促成了两极化的刑事政策。我国目前贯彻的宽严相济刑事政策与上述两极化刑事政策不同：首先，两极化有违罪刑均衡原理；其次，国情迥异，我国未经历忽视惩罚带来的影响。相反，我国却过分强调刑罚带来的影响。

我国历来重视刑罚的作用，重刑主张几乎被作为济世方略为历代政权沿用。20 世纪 80 年代初，我国正处于改革开放的初期，社会矛盾比较突出，犯罪数量增加，治安形势严峻，1983 年 8 月，中共中央作出了"关于严厉打击刑事犯罪活动的决定"开始了为期 3 年的"严打"斗争，组织了 3 次战役，从重从快打击严重危害社会治安的七类犯罪，此次"严

---

① 陈晓明著：《修复性司法的理论与实践》，法律出版社 2006 年版，第 12 页。
② ［日］森下忠著：《犯罪者的处遇》，白绿铉译，中国纺织出版社 1994 年版，第 4 页。

打"在短期内遏制了犯罪的增长势头。1988 年以后，重大恶性案件猛增，黑恶势力出现，1996 年 4 月中央在全国范围内再一次发动了一场"严打"斗争，但此次"严打"没有收到预期的效果。在其后的几年中，爆炸、杀人、抢劫、绑架等恶性案件不断增加，经济领域的犯罪活动也十分猖獗，黑社会性质的犯罪团伙活动频繁，国家决策机关于 2001 年 4 月又在全国范围内进行了声势浩大的"严打"斗争。不难发现，在"严打"几年后，治安形势依然严峻。我们在对"严打"的检讨中逐步认识到，极端的惩罚方式不可能带来长久的效果，因为这种做法违背了法律运行的内在规律，破坏了罪与刑之间的均衡关系，导致刑罚的过度膨胀和功能失调，从而激发犯罪人铤而走险。"严打"中通常忽视程序正义的价值，对被追诉人的权利疏于保障，损害了公众对司法的公信力，个案中的某些被告人因受到严惩而心态失衡，抗拒改造，报复社会。正如贝卡里亚所言："严峻的刑罚造成这样一种局面：罪犯所面临的恶果越大，也就越敢于规避刑罚。为了摆脱对一次罪行的刑罚，人们会犯下更多的罪行。"[1]

我国宽严相济刑事政策的关键词是"济"，它表明了"宽"与"严"之间的辩证关系。这里的"济"，是指救济、协调和结合之意。因此，宽严相济刑事政策不仅是指对于犯罪应当有宽有严，而且在宽与严之间还应当具有一定的平衡，互相衔接，形成良性互动，以避免宽严皆误结果的发生。换言之，在宽严相济刑事政策的语境中，既不能宽大无边或严厉过苛，也不能时宽时严，宽严失当。在此，如何正确把握宽和严的度以及如何使宽严形成互补，从而发挥刑罚最佳的预防犯罪的效果，确实是一门刑罚的艺术。[2]

四、宽严相济的程序前置

以往论及宽严相济，人们大多将视线聚集于审判阶段，尤其是在量刑中。实际上，审前阶段最能凸显宽严相济刑事政策的程序价值，而且随着审前分流机制的确立，审前程序不仅是为实体裁判准备材料和对象，而且决定着相当一部分案件的实体裁判结果。宽严相济刑事政策在立案、强制措施适用和酌定不起诉裁量中都具有十分重要的指导意义。

立案是我国刑事诉讼的启动程序，刑事诉讼活动的开始必须履行一定的手续，即立案决定。我国刑事诉讼法第 86 条规定："人民法院、人民检察院或者公安机关对于报案、控告、举报和自首的材料，应当按照管辖范围，迅速进行审查，认为有犯罪事实需要追究刑事责任的时候，应当立案……""有犯罪事实"并"需要追究刑事责任"是公安司法机关立案的条件和标准，他们必须审查案件事实是否构成犯罪，是否需要追究相对人的刑事责任。在立案决定作出的过程中，公安司法人员需要对案件材料进行分析、判断，将不构成犯罪的案件和不需要追究刑事责任的人过滤出去，正是立案决定将罪与非罪、应否追究刑事责任区别开来。其间，公安司法人员除了依据法律，宽严相济刑事政策也发挥着不容替代的作用。

现代刑事诉讼理念强调避免和限制强制措施的适用。在审前程序中，强制措施的适用必须遵循比例原则，比例原则包括适合性、必要性和相称性三个子原则。在《德国刑事诉

---

① ［意］贝卡里亚：《论犯罪与刑罚》，黄风译，中国大百科全书出版社 1993 年版，第 43 页。
② 参见陈兴良：《宽严相济刑事政策研究》，载《法学杂志》2006 年第 1 期。

讼法典》的译本引言中，赫尔曼教授在论述相应性原则，禁止过度时指出："按照相应性原则，刑事追究措施，特别是侵犯基本权利的措施在其种类、轻重上，必须要与所追究的行为大小相适应……对于轻微的刑事犯罪行为，不允许根据调查真相困难之虞而命令逮捕，是相应性原则的一个范例。"① 根据宽严相济刑事政策，强制措施的适用要有必要性，针对不同的行为和行为人适用不同的强制措施。最高人民检察院法律政策研究室主任陈国庆在解读最高人民检察院《关于在检察工作中贯彻宽严相济刑事司法政策的若干意见》时指出："对于不采取强制措施或者采取其他强制措施不至于妨害诉讼顺利进行的，应当不予批捕。对于可捕可不捕的坚决不捕。"

我国传统上属于大陆法系国家，但我国采取的是起诉法定主义与起诉便宜主义相结合的原则，起诉法定主义不考虑个案差别，忽视犯罪人的个体差异，有罪必诉；而起诉便宜主义甄别不同的犯罪和犯罪人，将不具有起诉价值或无须判刑的人在审判程序前分流出去。程序分流使无罪的人摆脱了讼累，免受短期自由刑带来的弊害，实现了具体正义；程序分流还使无追诉价值的案件及时止步于审判前，节省了诉讼资源，提高了诉讼效率。早在1956 年我国就基于刑事政策的需要，赋予了检察机关免予起诉的权力，此项权力在 1979 刑事诉讼法中得到确认。1996 年刑事诉讼法虽然废止了免予起诉制度，但赋予了检察机关对于一定案件的不起诉裁量权。检察机关须对酌定不起诉案件的条件作出裁量："犯罪情节轻微"，应在公安司法机关查清犯罪事实的基础上，对犯罪的性质、情节、对象、手段、结构、主观恶性、社会刑事综合考量分析的基础上，判断犯罪的社会危害性程度，从而确定是否属于"犯罪情节轻微"。"不需要判处刑罚或者免除刑罚"同样要求检察机关全面考虑各种量刑情节和因素，作出合理判断。不起诉裁量与法官量刑有诸多相似之处，证明标准均为："案件事实清楚，证据确实、充分"；两种裁判结果均具有实体裁判的性质；裁判形成过程中须考量的内容和方法也近乎相同，宽严相济刑事政策是量刑的指针，同样也是不起诉裁量的指导政策。最高人民检察院办公厅主任、新闻发言人童建明在解读最高人民检察院《关于在检察工作中贯彻宽严相济刑事司法政策的若干意见》时指出："对于初次实施轻微犯罪，主观恶性小的犯罪嫌疑人，特别是对因生活无着落偶然发生的盗窃等轻微犯罪，犯罪嫌疑人的人身危险性不大的，一般可以不予逮捕；符合法定条件的，可以依法不起诉。"

宽严相济刑事政策的特点和属性决定了它是一个科学命题，具有长效性和普适性，它植根于中国传统的法文化中，又与国际刑法改革与发展的趋势相吻合。它不仅适用于实体法，而且也适用于程序法；不仅适用于审判阶段，而且也适用于刑事诉讼的全过程。

（作者单位：中国政法大学中美法学院）

---

① 参见［德］约阿希姆·赫尔曼：《德国刑事诉讼法典》中译本，李昌珂译，中国政法大学出版社 1995 年版，第13 页。

宽严相济刑事政策的司法化研究

——以检察工作服务和谐社会为视角

刘建国

刑事司法过程中对政策性因素的考量，在古往今来的司法实践中都有不同程度的体现。在现代法治社会，司法活动不仅要严格地遵守实体法和程序法，而且还要恪守执政党及政府制定的刑事政策。"刑事司法的主要依据是刑事法律，但不能否定刑事政策对刑事司法的指导作用。……离开刑事政策的指导，刑事法律就会变成僵死的条文，刑事司法也会毫无生气。"① 宽严相济是我国在维护社会治安的长期实践中形成的基本刑事政策，集中反映了党和国家对司法工作的根本政治主张。这一政策要求刑罚的适用要结合国家在不同时期的状况，有选择地对关系国家稳定和发展的社会关系体现重点保护。宽严相济刑事政策是构建和谐社会理念在刑事司法领域的体现，也是党和国家在总结既往运用刑事法律调控社会关系的经验教训基础上，对新时期、新形势犯罪处理对策作出的理性调整。检察机关作为国家的法律监督机关，检察工作不仅要维护社会稳定，而且要促进社会和谐。检察机关只有科学地把握好宽严相济的刑事政策，将党中央的政策安排融入检察工作实践中去，才能发挥检察职能，维护公平正义，服务和谐社会建设。

一、宽严相济刑事政策的科学解读

（一）宽严相济刑事政策的基本内涵

刑事政策的基本矛盾是国家或公共安全与个人自由之间的矛盾。过度追求公共安全，以求彻底消灭犯罪，就必然会牺牲个人的自由、权利和尊严，陷入国家专制、集权或者极权主义的灾难之中；而过于推崇个人的自由权利，强调个性的张扬，又很可能诱发极端的个人主义和无政府主义，导致社会动荡不安。② 宽严相济作为在构建和谐社会这一大背景下形成的刑事政策，就是试图在公共安全和个人自由之间保持适度的平衡，以奉行法治、保护人权、追求效率为基本原则，合理地在犯罪化与非犯罪化、刑罚化与非刑罚化、重刑化与轻刑化之间进行取舍，以达到良好治理的目标。宽严相济刑事政策的基本内涵可以概括为：该严则严，当宽则宽；严中有宽，宽中有严；宽严审势，宽严有度。"宽"，是指宽大、宽缓和宽容。"严"，是指严格、严厉和严肃。"济"具有以下三层含义：一是救济，即所谓以宽济严、以严济宽。宽严具有相对性，没有宽则没有严，没有严也就没有宽。以宽济

---

① 赵秉志主编：《刑法基础理论探索》，法律出版社 2002 年版，第 349 页。

② ［法］米海依尔·戴尔玛斯－马蒂著：《刑事政策的主要体系》，卢建平译，法律出版社 2006 年版，译序第 4 页。

严就是通过宽以体现严，以严济宽就是通过严以体现宽。二是协调，即所谓宽严有度、宽严审势。宽严有度，是指保持宽严之间的平衡：宽，不能宽大无边；严，不能严厉无比。宽严审势，是指宽严的比例、比重不是一成不变的，而应当根据一定的形势及时地进行调整。三是结合，即所谓宽中有严、严中有宽。① 理解宽严相济的含义，一方面要以独立的眼光审视，即分别从"宽"和"严"两个角度认识问题；另一方面，要以系统的眼光审视，即将"宽"和"严"结合起来看待，实现"宽"与"严"之间相互协调。

（二）宽严相济刑事政策的精神实质

宽严相济刑事政策的精神实质是利用刑事司法手段最大限度地增加社会和谐因素。对犯罪的人依法能争取的尽量争取，能挽救的尽量挽救，给犯罪人以出路，给他们改过自新的机会，最大限度地减少社会对立面，最大限度地减少社会不和谐因素，以实现社会长治久安。在刑事诉讼中，就是要依法充分保障当事人的诉讼权利，尊重当事人的人格，保障其人格尊严不受侵犯，严禁刑讯逼供、侮辱和其他非法的、不文明的行为；就是要改变办案作风和办案方式，为当事人及其他诉讼参与人参与诉讼提供便利和帮助，体现诉讼中的人文关怀；就是在诉讼中提供沟通、交流、协商与和解的机制，为达成各个方面的相互理解、有效化解矛盾提供保障。

（三）宽严相济刑事政策的基本内容

宽严相济刑事政策的基本内容就是区别对待。由于犯罪行为的社会危害性不同，对不同犯罪的处理也应当有所区别。因此，要综合考虑社会危害性、犯罪人的主观恶性、犯罪的原因以及案件的社会影响，予以从宽或者从严处理。对于严重危害公共安全和社会治安的犯罪、严重破坏市场经济秩序的犯罪以及国家工作人员利用职权实施的犯罪，应当依法从严打击；对于轻微犯罪，尤其是未成年人、弱势群体实施的轻微犯罪，亲友、邻里、同事间发生的轻微犯罪，应当予以从宽处理。在程序方面，应当根据案件及犯罪嫌疑人、被告人的不同情况，予以从宽或者从严，正确适用法律规定的措施和程序处理。

（四）宽严相济刑事政策的基本要求

宽严相济刑事政策的基本要求是对宽和严进行全面把握。宽严相济政策中的宽与严是一个有机统一的整体，必须全面理解，全面把握，全面落实。在具体办案过程中，既要考虑犯罪行为的社会危害性，又要考虑犯罪人的主观恶性；既要考虑法定的从轻、从重情节，又要注意酌定的从轻、从重情节；既要考察案件本身的犯罪事实，又要把握被害人态度、民意、舆论等案件以外的各种因素；既要防止只讲严而忽视宽，又要防止只讲宽而忽视严，防止一个倾向掩盖另一倾向。

二、深刻理解贯彻宽严相济刑事政策与服务和谐社会建设的关系

构建社会主义和谐社会，强调以人为本，既要实行民主法治，体现公平正义，又要注

---

① 陈兴良：《宽严相济刑事政策研究》，载《法学杂志》2006 年第 1 期。

意化解矛盾，使社会安定有序。党中央审时度势，在提出建设社会主义和谐社会的宏伟目标的同时，对刑事司法工作也提出了新的任务，要求刑事司法工作顺应社会形势，贯彻落实宽严相济的刑事政策，减少社会对抗，促进社会和谐。由此可见，宽严相济的刑事政策体现了和谐社会建设的根本要求，是和谐社会语境下刑事司法工作的深化，两者之间具有内在的必然逻辑联系。

（一）实施宽严相济刑事政策，是构建和谐社会的内在要求

和谐社会并非没有矛盾，而是能够始终将各类矛盾维持在一个社会可以容忍的界限以内，并且以良性、有序、常态的手段和方式逐渐化解矛盾。我国现阶段的社会矛盾，涉及多层次的社会关系、多样化的矛盾主体、多领域的利益冲突以及体制、机制、政策、法律、观念等多方面的因素。大量的社会矛盾纠纷以案件的形式进入司法工作领域，法律手段已成为调整社会关系的重要手段之一，政法机关已成为调节社会矛盾的重要渠道。宽严相济刑事政策着重体现了突出重点、区别对待、和谐有序的刑事司法精神，一方面通过严密刑事法网，有力打击各类刑事犯罪，另一方面强调综合运用政策、法律、经济、行政等手段，实施调解、协商、教育等人性化执法方法，对社会冲突和矛盾进行及时、合理、有效、实质性地调节和解决，从而促进社会的和谐与稳定。

（二）实施宽严相济刑事政策，是构建和谐社会的重要保障

刑事政策是一个科学体系，具有政策导向与政策调控的基本功能。刑事政策的导向功能，是指刑事政策通过设计斗争方略和行动艺术，引导惩罚和预防犯罪的政策目标，在刑事司法实践中起到统一执法思想，明确司法活动的行动目标，指导具体刑事司法行动的作用。刑事政策的调控功能，是指刑事政策可以根据犯罪活动与刑事实践的具体情况，适时调整和控制应对犯罪的方略和措施，以最大化和最优化地实现预定刑事政策目标。[1] 宽严相济刑事政策必须在构建和谐社会的进程中发展和完善，必须服从和服务于构建和谐社会的目标要求，充分体现了政法机关维护稳定、促进和谐、保障发展的根本职责。贯彻宽严相济刑事政策，既有力地打击和震慑了犯罪，维护了法律的权威和威严，又坚持区别对待，重视犯罪人的改造与回归，对特定类型案件依法从宽处理，从而最大限度地化解了社会矛盾，化消极因素为积极因素，从根本上缓解了社会冲突，减少了社会对抗，实现了社会和谐。

（三）实施宽严相济刑事政策，是协调社会利益的必要手段

随着我国经济体制的深刻变革、社会结构的深刻变动、利益格局的深刻调整、思想观念的深刻变化，经济社会生活中不断出现新的问题和矛盾。社会矛盾的关联性、聚合性和敏感性不断增强。据调查，一些地方的社会矛盾呈现出"无直接利益冲突"的特殊现象：社会冲突的众多参与者与事件本身无关，而只是表达、发泄一种情绪。[2] 刑事司法活动直接关系到刑罚的裁定与执行，稍有不慎，可能影响到犯罪人、被害人及社会公众的利益平衡

---

[1] 参见梁根林著：《刑事政策：立场与范畴》，法律出版社 2005 年版，第 89~94 页。
[2] 参见《报刊文摘》2007 年 1 月 8 日第 1 版。

问题，继而使矛盾深化或引发新的矛盾冲突。宽严相济刑事政策充分体现了司法衡平的艺术，强调在处理犯罪的问题上要两手抓，两手都要硬，既要突出刑罚打击的效果，又要发挥刑罚教育的功能；既要考虑到对犯罪分子的公平定罪量刑，又要重视对被害人一方的利益补偿；既要充分考虑到一般社会公众对犯罪的容忍度，又要依法稳步探索实行轻刑化、非监禁化、非犯罪化等恢复性司法举措，协调好多方社会利益。

三、在检察工作中贯彻宽严相济刑事政策的实现途径

宽严相济刑事政策对检察机关打击犯罪、保障人权、正确履行法律监督职责具有全面的指导意义。要从本地区治安情势的实际出发，有的放矢，对某一类犯罪如何具体落实宽严相济的刑事政策要做到审时度势；从有利于打击犯罪、有利于社会稳定、有利于社会公众认同的标准出发衡量宽严之度；要在检察工作的各个环节贯彻落实宽严相济的刑事政策，使该政策贯穿于检察业务的全过程，做到实体公正与程序公正并重。

（一）依法慎用逮捕措施

有逮捕必要是我国刑事诉讼法规定检察机关审查批准或决定逮捕犯罪嫌疑人的法定条件。逮捕作为一项最为严厉的刑事强制措施，在使用时必须遵循依法、慎重、必要的原则。对没有达到逮捕必要或者不具备逮捕条件的犯罪嫌疑人，不应批准逮捕，而要代之以取保候审、监视居住等非监禁性强制措施。要积极运用人保与财保相结合的取保候审手段，鼓励犯罪嫌疑人的亲属、同乡或犯罪嫌疑人所在单位负责人等为其提供保证，以有效减少羁押率。首先，要审查案件的性质，对未成年人犯罪案件，邻里纠纷引发的轻微刑事案件，亲戚朋友之间的轻微故意伤害案件，社会弱势群体实施的轻微刑事案件，要全面衡量，对确有悔罪表现，并已取得被害人谅解的，采取取保候审等强制措施不至于发生社会危害性的，要大胆不予逮捕。其次，要剖析案件的情节，注意发现犯罪嫌疑人是否有自首和立功的情节，供述是否具有连续性和稳定性，通过讯问了解其认罪态度和悔罪表现，对确认没有逮捕必要的，作出不予逮捕的决定。对严重刑事犯罪案件，要对其"社会危险性"进行全面评估，对罪行较重，但患有严重疾病，生活无法自理的，采取取保候审措施不致发生社会危险性的，要大力发挥人性关怀，可以不予逮捕。

（二）正确适用不起诉

检察机关在行使公诉权时，要克服重起诉轻不起诉的倾向，过于追求起诉率，对一些可诉可不诉及不应起诉的案件提起公诉，既浪费了宝贵的司法资源，也不利于对刑事被告人的挽救和教育。不起诉制度是刑事诉讼法赋予检察机关的一项重要权力，正确适用不起诉制度，有助于节约司法成本，集中提高严重刑事案件的办案质量和办案效率。在审查起诉工作中，要正确把握起诉的条件，对符合法定起诉条件的要及时起诉，对符合法定不起诉条件的犯罪嫌疑人，应当作出不起诉决定。对于初犯、从犯、预备犯、中止犯、防卫过当、避险过当、未成年人犯罪以及亲友、邻里、同学、同事之间因纠纷引发的案件，只要符合不起诉条件的，可以依法不予起诉，并可以对不起诉人责令具结悔过，赔礼道歉，赔偿损失等。即使确实需要起诉的，也应积极建议法院从宽处理，以体现司法的人文关怀。

对于某些轻伤害案件，当事人在起诉前已经达成赔偿协议，并已经履行的，还可以建议侦查机关撤销案件。在公诉环节适用宽严相济，使犯罪嫌疑人体会到社会的关爱，正确运用相对不起诉制度，将有效预防和震慑犯罪，有利于挽救一时失足的行为人，帮助其回归社会和改过自新。

（三）职务犯罪侦查中注重"宽严结合"

一是要突出查办重点，集中打击锋芒。检察机关要根据反腐败斗争的形势，高扬利剑，集中力量依法严厉打击一些社会影响大，民众反映强烈，对国家造成重大损失的贪污贿赂、渎职侵权案件。对群众反映强烈的案件，即使是检察机关掌握的事实比较少，只要符合立案标准，要大胆决策，果敢立案；对罪行严重、拒不认罪、拒不退赃或者负案潜逃以及进行串供、毁证等妨害诉讼活动的，要果断采取必要的侦查、控制手段或者拘留、逮捕等强制措施。二是要坚持区别对待，当宽则宽。对犯罪数额不大、情节轻微、有自首或立功情节、认罪态度好、积极退赃的，可以视情况作出不立案、不移送起诉或撤案决定，移送纪检监察机关或者行业主管部门处理；对行贿案件、单位犯罪案件、渎职侵权犯罪案件要具体情况具体分析，慎重立案，依法处理；要正确认识强制措施的功能作用，对采取逮捕以外的其他强制措施不影响侦查活动顺利进行的，可以不予逮捕。

（四）深入开展"人性化"执法

检察机关应坚持以人为本，牢固树立"立检为公，执法为民"的理念，自觉增强检察工作的人民性，把化解社会矛盾，促进社会和谐，维护社会稳定，满足人民群众的合理诉求作为工作的出发点和追求目标，把人民群众满意不满意作为检验工作水平和工作质量的重要标尺。在履行法律监督职能过程中，结合宽严相济刑事司法政策的贯彻落实，深入开展"人性化"执法活动，不断改进和完善"人性化"执法的途径和工作机制，充分体现检察执法的人文关怀，彰显司法文明，切实把检察工作的政治性、法律性、人民性有机结合起来，努力实现检察执法的法律效果、政治效果、社会效果的有机统一。

（五）完善检察业务考核标准和要求

检察机关应从有利于贯彻宽严相济刑事政策出发，科学确定考核各项业务工作的指标体系，防止为追求办案数量而办案，避免简单地以诉讼结果作为衡量办案质量的标准。不批捕、不起诉应当严格依照法律规定的条件去适用，改变过于严格控制不捕率、不起诉率等数字指标的管理模式以及错案追究机制中不科学的内容。一是考评机制要有科学性。考评体系在体系设置、标准设定、运行措施等各个方面要充分体现现代管理科学的基本原则和要求，同时又要符合检察工作发展规律。二是考评机制要有公正性。考评体系是评定各级检察院具体工作的规范性标准，必须能够客观、准确地反映实际工作情况，要求评定标准、组织实施等各环节必须体现公正性。三是考评机制要有长效性。考评体系是协调各级检察机关正确开展工作，保证检察工作有序深入开展的保障机制，要求在一定时期内保持相对的稳定性，必须着眼于检察工作的长远建设规划。只有把各项检察工作纳入科学的管理之中，通过实施科学的考核评价，才能保证宽严相济刑事政策在检察工作中得到良好的落实。

四、建立健全落实宽严相济刑事政策的办案机制和工作方式

要把宽严相济刑事政策落到实处，检察机关必须抓好办案机制建设，创新工作方式，注重政策落实的实际效果，从有利于维护社会稳定、促进社会和谐的角度，合理配置诉讼资源，实现司法和谐与诉讼经济，提高办案的质量和效率。

（一）实行繁简分流机制，扩大简易程序和简化审理的适用范围

对刑事案件实行繁简分流机制，对于案情简单，事实清楚，证据确实、充分，犯罪嫌疑人、被告人认罪的轻微刑事案件，在遵循法定程序和期限、确保办案质量的前提下，简化工作流程、缩短办案期限。启动繁简分流机制，一是有利于节省司法资源，把有限的司法资源集中于办理重大、疑难、复杂的案件，从而可以提高刑事诉讼效率，保证办案质量，促进司法公正。二是有利于保护人权，使轻微刑事案件的被告人在诉讼过程中羁押期限缩短，防止不当超期羁押现象的产生。对符合法定条件的案件，能够适用简易程序或者可以简化审理的，要积极主动建议人民法院适用；对于被告人及辩护人提出建议适用简易程序或者简化审理的案件，经审查认为符合条件的，应当同意并向人民法院建议适用。

（二）探索推行刑事司法和解制度

传统的刑事诉讼程序是国家为了追诉犯罪、维护公共利益而设置的，通过一系列严格的程序步步推进，最终实现刑罚权。在此过程中，无论是被告人还是被害人都难以左右诉讼的结果，只能按照法定程序完成诉讼，并且按照诉讼角色的安排继续保持一种对抗关系。[①] 然而，在现实生活中，有些当事人基于维护自身利益的考虑，在发生刑事案件之后不愿激烈对抗，希望通过协商平和地解决纠纷。一些被害人重赔偿甚于报复，一些被告人也希望通过积极弥补自己行为所造成的伤害换取轻缓的惩罚。而刑事和解弥补了常规的刑事案件解决方式忽视被害人意愿的不足，以加害人和被害人的直接商谈为特征来解决刑事纠纷，有利于化解矛盾，稳定社会，促进公民之间的宽容、和解。对大量的轻微刑事案件，过失犯罪案件，初犯、偶犯且主观恶性小社会危害性不大的犯罪案件，通过司法机关作为中间人，在犯罪方和被害方之间建立一种对话、沟通关系，以犯罪人主动承担责任消除双方冲突，化解矛盾，促成犯罪嫌疑人修复受损的社会关系，达到最大限度地防止社会对立，最大限度地减少社会不和谐因素。刑事司法和解制度作为处理轻微刑事案件的一种方法，为双方解决冲突、消除矛盾提供了机会。对此类轻微犯罪案件，在侦查、审查批捕和审查起诉阶段，应当允许当事人和解，或由检察机关促成其和解，案件的处理由检察机关建议侦查机关撤案或由检察机关作不起诉处理。

（三）对未成年人、在校学生轻罪实行非刑罚化处理机制

未成年人、在校学生既是祖国的希望又是父母的寄托，一个孩子犯罪往往会牵动一个家庭甚至是几个家庭。未成年人和在校学生涉嫌的犯罪主要是轻微犯罪，通常其主观恶性

---

① 陈光中、葛琳：《刑事和解初探》，http://www.studa.net/xingfa/080407/11515276.html.

和社会危害性不大。未成年人和在校学生无论是生理上还是心理上都处于不稳定阶段，辨别是非能力和自我控制能力较差，犯罪往往是一时盲目和冲动造成的，因而可塑性较强。他们在触犯法律后，经过教育、感化、挽救工作往往能够很快觉悟，迷途知返。未成年人、在校学生犯轻罪后若简单地对其处以刑罚，往往不但达不到教育的目的，反而会使一些未成年犯和他们的父母梦想破灭，有可能产生对社会的仇视心理，增加社会的不安定因素。因此，对这类特殊犯罪主体实行轻罪非刑罚化处理，既有利于教育、感化、挽救，又能体现刑事政策的人性化。检察机关应尽可能地在与学校达成共识、征询被害人的意见、并在与公安机关协调配合的基础上，对涉嫌轻罪的未成年人和在校学生进行非刑罚化处理，坚持做到能不捕的不捕、能不诉的不诉，或退回公安机关作撤案处理。

（四）健全公检法三机关协调机制

公检法三机关在刑事诉讼过程中分工负责、相互配合、相互制约，是实施宽严相济刑事政策的重要保证。只有司法机关之间统一思想认识，做好司法衔接，才能更好地发挥宽严相济刑事政策惩治犯罪、保护人民、化解矛盾、促进和谐的作用。一是认识要统一。公检法三机关应在适用宽严相济刑事政策上更好地形成共识，解决执法分歧，统一执法尺度，形成落实合力，做到在工作部署上体现宽严相济，在执法程序上体现宽严相济，在执法效果上体现宽严相济。二是机制要协调。公检法三机关要加强联系与协调，建立健全经常性的协调配合工作机制，共同研究在刑事诉讼活动中贯彻宽严相济刑事政策的具体工作措施，及时解决在贯彻宽严相济刑事政策中出现的问题。三是制度要衔接。公检法三机关应在充分调查研究的基础上，改革和调整不科学、不合理的工作制度，共同出台贯彻落实宽严相济刑事政策的实施意见，便于在司法实践中掌握和操作，防止各自为政的现象发生。

（作者单位：河南省信阳市人民检察院）

论宽严相济刑事政策在刑事诉讼中的适用

刘少军　李锋

在党中央提出宽严相济的刑事政策之后，有关司法实务部门积极响应，纷纷制定内部文件、推行制度改革，对政策的实行付诸了极大的热情和努力。然而，宽严相济是一项涉及刑事立法和司法、刑事实体法和程序法、刑事程序每一诉讼阶段的综合刑事政策，由此引发的改革注定是一项复杂、庞大的系统工程，远非某个司法机关制定一个文件、推行某项制度改革就可以实现的。由于没有统一的标准和要求，也没有一个统一的协调部门，改革难以取得实质性的突破。更为尴尬的是，司法机关目前正在进行的制度改革还面临着法律依据不足的质疑。因而，学术界和司法界只有加强这方面的理论研究和实证调研，争取早日将有关制度进行立法，才是解决上述问题的根本途径。鉴于此，笔者拟对宽严相济刑事政策的具体适用问题作初步分析和探讨，希望能对当下进行的司法改革有所裨益。

一、宽严相济刑事政策概述

2004 年 9 月，党的十六届四中全会提出了"构建社会主义和谐社会"的命题。围绕这一主题，2004 年 12 月和 2005 年 12 月，罗干两度在全国政法工作会议上提出要正确运用宽严相济的刑事政策。2006 年 10 月党中央在《关于构建社会主义和谐社会若干重大问题的决定》中明确要求实施宽严相济的刑事政策。因而，宽严相济已成为我国现阶段惩治与预防犯罪的一项基本刑事政策。

笔者认为，宽严相济的刑事政策主要包含两方面含义：一是区别对待，宽其所宽，严其所严，即区别对待不同种类的犯罪和不同情况的犯罪人，不搞"一刀切"，强调对严重犯罪依法从严惩处，对轻微犯罪依法从宽处理。二是宽严协调、宽严结合。对严重犯罪中的从宽情节和轻微犯罪中的从严情节要依法分别予以宽严体现，在刑事实体法和刑事程序运作过程中也要实行宽严不同处置。不过，鉴于我国刑事立法和司法中一向有以惩罚犯罪为主的传统，笔者认为，现阶段宽严相济刑事政策的提出，主要是为了纠正过去过于严厉的立法与司法倾向，宽严相济的主要出发点是"宽"，而非"严"，该政策的重点是"以宽济严"。不过，也不能矫枉过正。在一些严重犯罪的打击和处理上还要坚持从严（但不能违背法律的规定）的做法。

宽严相济刑事政策的提出具有重大的理论价值与实践意义。一方面，该政策符合国际刑法"轻轻重重"的总的发展趋势，有利于丰富我国刑事法律基础理论，促进我国刑事立法和司法的科学化进程。另一方面，该政策符合我国构建社会主义和谐社会的现实国情和要求，有利于更好地协调和保障各种不同的社会利益，促进社会和谐局面的形成。

二、宽严相济刑事政策在侦查程序中的适用

由于侦查程序中国家权力的行使具有主动性、广泛性和深刻性的特点，侦查人员又具有较强的追诉犯罪的倾向，因而相对于其他程序而言，侦查程序中对于宽严相济刑事政策的适用相对较难。但这并不代表就没有该政策实施的空间。笔者认为，侦查机关对于宽严相济刑事政策中"宽"的适用主要体现在两个方面：

一是在强制措施的采取上，应当尽量不采用或少采用强制力度大的强制措施，即在强制措施的采取上实行"谦抑"的原则，降低逮捕率，提高取保候审等非监禁强制措施的适用率。我国目前在侦查程序中普遍存在着审前羁押率高、取保候审适用率偏低的情况。这与侦查机关从严把握逮捕的适用条件是分不开的，即不管对于何种类型的犯罪、何种类型的犯罪嫌疑人，也不管适用取保候审、监视居住能否防止发生社会危险性，侦查机关都尽量对犯罪嫌疑人采取羁押措施。但是，无论是从人文关怀和节约司法资源的视角，还是从维护诉讼程序的正当性和国家司法权威的维度，都应当对逮捕的条件从严把握、从宽适用，即对"可捕可不捕的坚决不捕"。特别是对于一些轻微犯罪、偶犯、过失犯、未成年犯罪嫌疑人，一般情况下不应考虑适用逮捕等强制力度大的强制措施，以防止国家公权力的超强行使所带来的社会心理层面的对立以及司法公信力与权威的下降。

二是在对案件的处理结果上，即在移送检察机关审查起诉时，可将案件和犯罪嫌疑人的一些基本情况、犯罪嫌疑人的认罪态度和悔罪表现、被害人对于案件的基本态度，以及侦查机关对于案件处理的具体建议与理由包含在起诉意见书中一并向检察机关提出。对于性质不是非常严重的，属于邻里之间或者一时冲动犯下的罪行，或者属于偶犯、过失犯、犯罪主体为未成年人或 70 岁以上老年人的案件，犯罪嫌疑人已经向被害人认罪道歉并赔偿损失的，侦查机关可向检察机关提出从宽处理的建议。对于被害人与犯罪嫌疑人之间有和解倾向的，侦查机关可进行适当的引导，以促成双方和解协议的达成。但是，无论是侦查机关向检察机关提出的从宽处理的建议，还是被害人与犯罪嫌疑人之间达成的和解协议，对检察机关都没有约束力。这又体现了宽严相济刑事政策中"严"的要求。因为如果赋予侦查机关单独的对于刑事案件处理的决定权的话，就极有可能造成缺乏监督而滥用权力的恶果。同时，这也会降低侦查机关与犯罪作斗争的积极性与主动性，于惩罚犯罪极为不利。就笔者了解的情况看，在实践中客观存在着公安机关对当事人已经达成协议的案件作撤案处理的情况。对于这样的情况，笔者建议应当交由检察机关作最终处理，既可以避免对于严重犯罪违反法律达成和解协议而轻纵犯罪，也可以避免无罪之人被迫认罪和解而冤枉无辜，同时有利于将这方面已然存在的客观做法制度化、规范化，并引入制约机制，而不至于侦查权力一权独大，损害诉讼程序法治化。

三、宽严相济刑事政策在审查起诉程序中的适用

由于审查起诉在刑事诉讼程序中居于特殊的承前启后的地位，加之检察机关所具有的相对中立的诉讼身份，审查起诉可谓为宽严相济刑事政策的贯彻提供了良好的程序空间。近年来，对宽严相济刑事政策的改革探索主要是由检察机关在审查起诉程序中进行的。就

笔者看来，在审查起诉程序中，以下几个方面突出体现了宽严相济刑事政策中"宽"的要求：

1. 刑事和解制度。该制度是指在调停人的帮助下，由加害人与被害人之间进行协商，通过加害人悔罪认错、赔礼道歉、赔偿损失，被害人给予谅解和宽容，双方达成和解协议，检察机关对其作相对不起诉的一种案件处理方式。目前，该制度已在全国较大范围内的检察机关中试行。有关统计资料显示，该制度对于较好地处理加害人与被害人之间的矛盾，修复二者的关系，避免缠讼、上访等有一定的积极意义，但也存在一些问题。

（1）和解人的选任。在目前的司法实践中，主要有三种模式：检察机关主持的和解、人民调解委员会主持的和解、一般社会组织主持的和解。其中，检察机关主持的和解占有较大比重。笔者认为，由检察机关担任和解人弊大于利。理由是，刑事和解的适用条件之一是加害人与被害人自愿，而由检察机关作为和解人进行调停，难免会出现检察机关强迫和解的现象。这极大违背了设置刑事和解制度的初衷。更为重要的是，检察机关往往不能有充足的时间、精力和耐心对双方当事人进行有效的调停。因而，在和解人的选任上，笔者认为，无论是从诉讼角色，还是从实际力量来看，检察机关都不能作为刑事和解的调停人。而这个角色如果交由人民调解委员会似乎更为妥当。因为首先，这是一个民间性的组织，身份较为中立，不存在利用职权强迫加害人与被害人进行和解的情况。其次，该组织相对于检察机关而言，时间更为充裕，在经过专门的心理和技能培训后，能够对双方当事人的矛盾冲突给予较好的引导和处理。

为了更好地发挥人民调解委员会在刑事和解中的作用，提高刑事和解的质量，真正做到既能妥善解决加害人与被害人之间的矛盾，又能有效防范不该适用的案件进入和解程序，建议在人民调解委员会内部设置一个犯罪人信息调查小组，专门负责收集加害人的有关个人信息、以往犯罪的前科情况、加害人在当地社区的表现与社会评价等资料，以正确分析和评估加害人的人身危险性和社会危险性的大小，判断适用刑事和解的可能性。这方面的资料不仅可为适用刑事和解提供信息，也可帮助法院在该案件进入审判阶段后对其正确量刑。同时，也可为加害人制定社会矫正方案提供参考依据。

（2）刑事和解的适用对象和案件范围。从目前的实践来看，适用对象主要是未成年犯罪嫌疑人以及成年犯罪嫌疑人中的过失犯、偶犯、初犯。适用范围限定为轻罪案件，即可能判处 3 年以下有期徒刑、拘役、管制刑的案件。这一适用对象和案件范围的限制还是较为合理的。因为刑事和解在性质上属于诉讼外解决途径，案件不经过起诉和审判程序就可以获得相对较轻的处理，所以对于累犯、惯犯等人身危险性和社会危险性较大的，以及社会危害性较大的，如严重危害国家安全与社会安全、毒品犯罪、恐怖活动犯罪、黑社会性质组织犯罪以及贪污贿赂等方面的犯罪案件不宜适用。

（3）和解协议的效力与反悔的处理。加害人与被害人在人民调解委员会的调停下就认罪赔偿问题达成的和解协议，必须在检察机关对和解过程和结果的明知性、自愿性和明智性以及协议内容的履行情况进行审查和确认后才能取得法律效力。这既是对当事人合法权益的保障，也是对国家机关权力的监督与制约。和解协议在经检察机关确认后就产生了与法院判决相同的法律效力，即当事人不得以同一事实和理由要求检察机关提起公诉，或者直接向法院提起自诉，检察机关在确认和解协议后不得基于同一事实和理由向法院提起公诉，法院也不得直接受理已经和解协议处理过的案件，以充分保证和解协议具有确定的法律效力。

在和解协议反悔的处理上，如果反悔是在协议已经检察机关确认之后作出，由于此时和解协议已发生法律效力，为了保证程序的安定性，反悔不予接受。只有在当事人有证据证明刑事和解过程和结果没有事实基础，或者存在强迫和解、恣意和解、和解人员或检察机关人员有贪污受贿、徇私枉法、滥用职权情形的，当事人才能向法院提出撤销和解协议的申请。法院在对申请进行审查后，发现情况属实的，应当作出撤销和解协议的决定，并要求检察机关按照正规司法程序进行案件处理。如果反悔是在检察机关进行审查确认前作出的，应当予以准许。并且，为了充分保证加害人的合法权益，加害人在和解协议中作出的有关认罪赔偿的意思表示不能适用于将要进行的刑事正规司法程序中。检察机关不能因加害人之前表示认罪而现在不认罪而向法院作出从重处理的量刑建议。检察机关和被害人也不能将之前达成的和解协议的内容作为支持本方控诉的证据和理由。

2. 不起诉制度。笔者认为，为了配合刑事和解制度的运作，应当在我国刑事诉讼法规定的三种不起诉类型之外再增加一种新的种类，即暂缓起诉。该制度是指检察机关对于可能判处 3 年有期徒刑以下刑罚的案件，或者对于属于未成年人犯罪、成年犯中的过失犯、偶犯、初犯，即有明显的犯罪行为，但综合考虑各种因素，认为加害人的人身危险性和社会危险性不是很大，起诉利益不是很突出的案件先不予起诉，应当事人一方或双方的要求将案件交由人民调解委员会进行刑事和解处理。如果和解协议未达成，或者达成后当事人一方或双方反悔或协议内容未得到履行，检察机关再作出起诉的决定。增加暂缓起诉这一不起诉类型，有利于避免正式司法程序给加害人带来的讼累、伤害和阴影，给予加害人一个不通过普通司法程序进行处理、进行自我挽救、重新回归社会的机会，充分体现了宽严相济刑事政策中"宽"的要求。同时，被害人往往能够在审查起诉程序中平静下来，并接受刑事和解的案件处理方式。[①] 从这点看来，暂缓起诉给了加害人与被害人一个相对冷静的时空条件，这对于缓解、消除二者的矛盾和冲突，寻求一个理性的、彼此都能接受的处理结果是非常有帮助的。而对于检察机关而言，暂缓起诉不仅是分流案件、提高司法效率的一种有效途径，也是实现司法资源优化配置的有力保障，以便将更多的人力、物力和精力投入到重大、疑难、复杂案件的侦破和起诉上，这在某种程度上来说也体现了"严"的精神。

四、宽严相济刑事政策在审判程序中的适用

由于处于中立地位的法官的参与，以及法院裁决的终局性和权威性，刑事审判程序为宽严相济刑事政策的实施和贯彻提供了更为广阔的舞台。具体而言，主要表现在以下几方面：

1. 对于可能判处 3 年以下有期徒刑的案件，被告人如果在审判阶段主动向被害人认罪道歉并积极赔偿损失，被害人也原谅了被告人的罪行，法院就可以对其罪行不作犯罪处理，或者采用非监禁刑的方式进行处理。例如，判决其承担一段期限的社区服务，判处有期徒刑缓期执行等。但在法院作出判决前，应当委托有关的社会组织，如人民调解委员会中的

---

① 相关数据详见封利强、崔杨：《刑事和解的经验与问题》，载《中国刑事法杂志》2008 年第 1 期。

犯罪人信息调查小组，先对被告人的人身危险性和社会危险性，以及再犯可能性进行评估和分析，再观察其在审判中的各项表现，包括对待所犯罪行与被害人的态度、赔偿被害人损失的情况、被害人对于对被告人从宽处理的意见、结合犯罪行为的危害程度以及可以从宽处理的各种法定和酌定量刑情节等，综合分析、全面衡量，最后作出既符合被害人与被告人双方利益，又能达到较好的法律效果与社会效果的判决结论。

2. 对于可能判处 3 年以上有期徒刑的案件，可适当采用辩诉协商的方式处理。也就是说，对于可能判处 3 年以上有期徒刑的案件，由于所涉案件性质较为严重，犯罪行为的社会危害性和被告人的人身危险性都相对较大，不允许当事人进行和解由检察机关作出相对不起诉的方式进行处理。但这并不意味着这部分案件就丧失了从宽处理的机会。这部分案件的从宽处理除了要遵循被告人主动认罪、向被害人赔礼道歉、积极赔偿损失并表示以后不再犯，被害人对被告人的行为给予谅解等前提条件以外，还应当由检察机关认可并向法官提出从宽处理的量刑建议，法官对辩诉协商中被告人认罪有无事实和法律基础，被害人是否参与并同意进行协商，被告人在进行协商时的自愿性、明知性和明智性有无得到保障，辩诉协商的内容有无超越法律允许的限度等进行审查，最后作出是否从轻量刑的决定。辩诉协议对法官不具有预先的约束力。法官应当在辩诉协商过程中起到重要的监督与把关的作用，这有利于防止有关机关滥用权力而导致司法不公正。在辩诉协商的案件范围上，笔者认为可以不作限定，即使是可能判处死刑的案件，如果被告人真诚地认罪道歉并赔偿损失，被害人也宽恕和谅解了被告人，检察机关也认为不必判处死刑，法官同样可以遵照辩诉协商的内容对被告人从轻处理。而就辩诉协商的具体内容而言，笔者认为，借鉴外国相关立法，应当作出如下限制：

（1）控辩双方不能就被告人有无罪行进行协商，也不能就罪名进行协商，只能就量刑的幅度进行协商。

（2）控辩双方只能在原有法定刑的基础上协商降低 1/3 至 1/2，而不能任意协商量刑幅度。

（3）在有被害人的案件中，控辩双方应当在被害人的参与下进行辩诉协商，如果被告人坚决反对，则不能够进行协商。

（4）对于危害国家安全犯罪、毒品犯罪、贪污贿赂犯罪、恐怖活动犯罪、黑社会性质组织犯罪等当下严厉打击的犯罪行为，原则上不适用辩诉协商。

此外，法院应当尽量限制短期自由刑的适用，扩大非监禁刑的适用面，以防止适用短期自由刑所带来的弊端以及监狱执行监禁刑的压力。

五、宽严相济刑事政策在执行程序中的适用

由于宽严相济刑事政策中"宽"的一项重要内容就是非监禁化，因此刑罚执行就成为贯彻和实施该政策的重要阶段。行刑方式决定行刑效果，宽严相济的行刑方式注定会带来良好的行刑效果。笔者认为，刑罚执行中的"宽"主要体现在以下几方面：

1. 大力推行社区矫正制度。社区矫正已被世界各国广泛使用，我国最高人民法院、最高人民检察院、公安部和司法部也于 2003 年 7 月 10 日联合下发了《关于开展社区矫正试点工作的通知》，正式启动了社区矫正的试点工作。我国所称的社区矫正，是指将符合条件

的罪犯置于社区内，由专门的国家机关，在相关社会团体和民间组织以及社会志愿者的协助下，在裁判确定的期限内，矫正其犯罪心理和行为恶习，促使其顺利回归社会的一种非监禁刑罚执行活动。① 社区矫正主要适用于下列五类人：被判处管制的、被宣告缓刑的、被暂予监外执行的、被裁定假释的以及被剥夺政治权利并在社会上服刑的。在符合上述条件的情况下，一般对于罪行轻微、主观恶性不大的未成年犯、老病残犯，以及罪行较轻的初犯、过失犯等，也尽量适用社区矫正。社区矫正制度是宽严相济刑事政策在行刑过程中的具体适用，体现了将罪犯区别对待的精神，杜绝了监禁环境下罪犯之间的交叉感染，避免了服刑过程带来的消极后果，也使罪犯继续保持与社会和家庭的联系，为其能够顺利回归社会奠定基础。

从社区矫正在实践中的运作来看，存在着各部门分工不明确，运行机制不顺畅、管理措施不到位，矫正措施片面化等问题。这些问题如果得不到解决，社区矫正很难取得预期效果。因而，社区矫正的立法迫在眉睫。只有在立法对上述问题进行明确规定后，社区矫正才能在全国顺利推广，以真正改变我国目前仍以监禁为主的刑罚执行状况。

2. 改革刑罚执行的考核机制。在我国目前的刑罚执行实践中，减刑、假释都是先由监狱提出建议后才能得以适用，而监狱启动减刑、假释建议的一个基本根据就是罪犯的考核得分以及根据考核得分所获得的授奖情况。罪犯的考核得分越高，名次越靠前，就会被视为"确有悔改表现"，从而获得越多的被减刑、假释的机会。否则，就无法适用减刑和假释。这就是所谓"唯分是举"的一元化操作模式。该模式将"确有悔改表现"的主观判断客观化为生产劳动、生活表现等一些外在指标，尽管具有较强的可操作性，但不能完全反映出罪犯的主观心理改造状况，难以杜绝罪犯为了达到减刑、假释的目的而刻意隐瞒、伪装自己从而蒙混过关。并且，这种操作模式是封闭性的，完全与社会隔绝，罪犯基本不与社会和被害人接触，这就会在某种程度上导致罪犯对被害人和社会仍然存在对抗心理，不利于其真正认罪服法，以及在刑罚执行完毕后顺利回归社会。笔者建议，在原有的罪犯考核机制上，应当增加与被害人见面，与社区进行联系的考察环节。如果在此环节中，罪犯能够向被害人真诚认错悔罪，主动赔偿损失或者采取其他的弥补方式，并能够积极参与社区的一些活动或提供一些社区服务，就应当被认为是"确有悔改表现"，从而获得减刑、假释的机会。

3. 扩大罪犯的减刑、假释的适用比例。在行刑实践中，我国普遍存在着减刑、假释比例不高的问题。从司法部监狱管理局 1999 年公布的全国监狱系统在押犯情况统计数字②来看，1995 年到 1999 年的罪犯减刑率平均为 22.39%，而该段时期内的罪犯假释率平均仅为 2.42%。某些地区比例更低，如 2003 年重庆市获假释的服刑人员仅占当年服刑人员总数的 0.45%，2004 年更是只占 0.2%。③ 从笔者目前的调查情况来看，这一情况目前也没有太大变化，整体情况是减刑适用率相对较高，而假释适用率极低。而在外国，情况正好相反，假释得到了较为广泛的适用。例如，在美国，有大约 85% 的罪犯离开监狱重返社会是通过

① 冯卫国、江献军、高艳青：《论社区矫正的理论基础与发展构想》，载《中国监狱学刊》2004 年第 5 期。
② 王利荣：《关于假释适用的若干问题》，载《广西政法干部管理学院学报》2003 年第 1 期。
③ 张波：《假释制度的困境与出路——一个实证的考察》，载《法律适用》2005 年 11 期。

假释。1997 年澳大利亚在押犯假释率为 42.2%，我国香港为 65.9%。[①] 造成减刑比例高于假释比例的原因主要在于，假释过程中监督与帮教机制的缺乏导致被假释的罪犯长期处于无人监管的状态中，极易引发犯罪行为，对社会秩序造成隐患。在我国实行社区矫正制度后，假释被纳入社区矫正的范围内，对假释罪犯监管不力的情况可望得到好转。因而，在未来的刑罚执行过程中可以增大假释的比例，适当扩大减刑的适用面。这对于增强罪犯的改造信心，提高罪犯的改造质量，帮助罪犯改过自新以及减轻监狱的监管压力都是极为有利的。另外，对未成年罪犯，要坚持以教育改造为主的原则，尽量适用减刑和假释，幅度也可以更大一些。但是，对于在监狱内抗拒改造或重新犯罪的罪犯，则应当坚决从严处理。

（作者单位：安徽大学法学院　安徽省未成年犯管教所）

[①] 屈耀伦：《完善我国假释制度之建议——以社区矫正为视角》，载《上海政法管理干部学院学报》2006 年第 6 期。

宽严相济刑事政策指导下的逮捕制度的改革与完善

刘仲一　胡云霞

一、宽严相济刑事政策的解读

（一）宽严相济刑事政策的提出

刑事政策是惩治犯罪的重要手段。新中国成立以后，党和国家一直都很重视治理犯罪的政策问题，相继实行了惩办与宽大相结合、"严打"等刑事政策。尽管惩办与宽大相结合、"严打"等刑事政策在当时的司法实践过程中发挥了一定的积极作用，对遏制犯罪也有过不小的贡献，但是这种侧重于严厉的刑事政策并没有改变我国犯罪率持续升高的趋势。在这种背景下，社会各界开始对严格的刑事政策进行深刻的反思。与此同时，许多地方的司法机关开始自发地开展地方性司法改革，如暂缓起诉、刑事和解、社区矫正等，这不仅符合世界各国刑事政策轻缓化的趋势，也是对犯罪规律、刑罚功能科学化的认识，符合我国社会发展和刑事司法实践的需要。随着和谐社会建设目标的提出，符合世界两极化刑事政策发展潮流，适应和谐社会发展目标的宽严相济刑事政策应运而生。

（二）宽严相济刑事政策的程序性解读

宽严相济刑事政策的核心是区别对待，它包括该严则严、当宽则宽、宽中有严、严中有宽、宽严适度、宽严适时等内容，不同的学者从不同的角度都有不同的界定。但是，无论如何界定宽严相济刑事政策都离不开两点：第一，在"宽"与"严"之间进行区别对待，对于不同的犯罪人，根据不同的犯罪情节、不同的主观恶性等采取不同的处理方式；第二，在"宽"与"严"之间保持相对平衡，即在从宽或从严时应全面理解全面把握，全面落实，而不能一味地从宽而忽略从严，也不能一味地从严而忽略从宽。故宽严相济刑事政策的基本含义应包括以下几个方面：1. 该宽则宽，是指对于轻微犯罪或者具有从轻情节的犯罪行为，在立法、司法和执行过程中进行从宽处理。而该严则严，是指对于严重犯罪或者具有从重情节的犯罪行为，在立法、司法和执行过程中进行从严处理。2. 宽中有严、严中有宽，这里的宽和严是相对的概念，在不同的情况下两者可能存在交叉，即对于严重的犯罪也可能有从轻处罚的情节，对于轻微的犯罪也可能具有从重处罚的情节。3. 宽以济严、严以济严，是指"宽"与"严"是一个统一的整体，两者之间相互依存，相互补充，即从宽处理要以从严作为后盾，而从严处理则以从宽作为基础。只有宽严互济才能体会到宽严相济刑事政策区别对待的功能，否则宽严失济可能导致从严处理者感觉不到严格，从宽处理者感觉不到宽大，从而丧失其应有的实施目的。4. 宽严有度、宽严适宜，是指对犯罪行为或者犯罪人的处理，不论是从宽还是从严都应当以事实为依据、以法律为准绳，尽量做到宽而不纵，严而不厉。

目前对宽严相济刑事政策一般都是从实体上进行理解，很少从程序的角度进行解读、分析。虽不可否认刑事实体处理在贯彻、落实宽严相济刑事政策中的关键性地位，但是仅仅从实体角度来理解宽严相济刑事政策肯定是有失偏颇的。其一，刑事诉讼程序本身就体现了对犯罪嫌疑人、被告人处理的是宽还是严。刑事诉讼某些程序或措施的适用虽然不能在实体上对犯罪嫌疑人、被告人是否有罪作出最终的裁决，但它的适用与否往往影响到当事人的合法权益，改变当事人的处境。所以，是否对犯罪嫌疑人或被告人适用某种程序或措施实际已经体现了对该当事人的处理是宽还是严。最具有代表性的例子即是对犯罪嫌疑人、被告人采取的强制措施，由于各种强制措施的严厉程度是不一样的，对犯罪嫌疑人适用的是逮捕还是取保候审，就已明显地体现了处理是宽还是严。其二，诉讼程序是保证宽严相济刑事政策得以顺利贯彻实施的重要前提条件。刑事政策与法律规范最大的不同点即是刑事政策比较灵活，而法律规范具有相对滞后性的特点。故灵活性是刑事政策的本质。"刑事政策的变动性与刑事法律的稳定性之间形成一种互动关系，恰恰是刑事政策发挥作用的一个基本前提。"刑事政策的这种灵活性在宽严相济刑事政策中的体现即是司法机关可以在法律规定的范围内根据犯罪人的犯罪行为、犯罪人的主观恶性以及犯罪的社会危害性等，结合当时的犯罪与社会治安等情况综合决定是从宽处理还是从严处理。这种选择决定权也就是我们常说的自由裁量权。因此，实行宽严相济的刑事政策在一定程度上意味着刑事法律必须赋予司法机关相应的自由裁量权，如果这种自由裁量权不赋予刑事司法机关，刑事政策在司法中就没有了存在的余地。但自由裁量权也是一把双刃剑，合理使用可以克服法律形式正义的缺陷，实现实质上的正义；如果自由裁量权被滥用则容易引起腐败或反复无常①，刑事政策的目的难以达到。为了克服宽严相济刑事政策消极性一面带来的弊端，必须通过刑事诉讼程序来规范司法机关自由裁量权的运用。因为程序实际上是一种角色分派体系，其内容在很大程度上是一种角色规范，主要的目的是使管理和决定非人情化，从而限制恣意、专断和不正当的裁量，从而保证一种更加理性的选择②。因此，通过诉讼程序使法官保持不偏不倚的中立地位，使诉讼当事人有机会参与到法官的决定过程中来，将对犯罪行为人的处理过程和结果置于广大公众的监督之下就可以使宽严相济刑事政策在刑事司法实践中被正确地贯彻和实施，对犯罪行为人真正做到"严"得恰当，"宽"得合理。因此，我们认为，宽严相济刑事政策不仅是个实体法问题，亦是个程序法问题。

二、我国逮捕制度存在的问题分析——以宽严相济刑事政策为视角

根据我国刑事诉讼法的规定，为了保障刑事诉讼的顺利进行，公安机关、检察机关可以对犯罪嫌疑人采取强制措施。这些强制措施从轻到重依次为拘传、取保候审、监视居住、拘留、逮捕。从相关规定来看，强制措施只是一种保障刑事诉讼顺利进行的程序性的保障措施，但是其的适用会对犯罪嫌疑人的人身自由造成不同程度的限制，所以强制措施的适用有必要在宽严相济刑事政策的指导下进行。由于逮捕是强制措施中最严厉的一种，其适

---

① ［美］劳伦斯. M. 弗里德曼著：《法律制度》，李琼英、林欣译，中国政法大学出版社1994年版，第41页。

② 季卫东著：《法律程序的意义——对中国法制建设的另一种思考》，中国法制出版社2004年版，第25～26页。

用直接关系到犯罪嫌疑人的人身自由和人权保障问题，而现实司法实践中逮捕的滥用亦是比较严重的，故下文将从宽严相济的视角来对我国逮捕制度存在的问题进行分析。

我国有关逮捕的法律规定在一定程度上对宽严相济的刑事政策已经有所体现。2006年12月通过的最高人民检察院《关于在检察工作中贯彻宽严相济刑事司法政策的若干意见》第7条针对司法实践中存在的逮捕措施滥用的问题，提出在审查批准逮捕时，除了要把握事实证据条件（有证据证明发生了犯罪事实，有证据证明该犯罪事实是犯罪嫌疑人实施的，证明犯罪嫌疑人实施犯罪行为的证据已经查证属实）和可能判处的刑罚条件（可能判处有期徒刑以上刑罚），还要正确、准确地理解"有逮捕的必要"这一条件，要求在审查批准逮捕时要综合考虑多方面的因素，并对要考虑的因素予以具体的界定，从而使逮捕的前提条件更加明确化，减小适用逮捕措施时不当的自由裁量权。但是从审查逮捕工作的实际情况看，逮捕的刑罚条件和必要性条件几近于虚置，出现了逮捕适用的普遍化和工具化的非常态现象。在我国出现这种状况不是偶然的，有其深层次的和现实的原因。

其一，从立法层面上来看[1]：首先，逮捕的司法救济途径虚无。我国刑事诉讼法第52条规定："被羁押的犯罪嫌疑人、被告人及其法定代理人、近亲属有权申请取保候审。"第96条规定："……犯罪嫌疑人被逮捕的，聘请的律师可以为其申请取保候审。……"据此，在被逮捕人羁押期间，犯罪嫌疑人、其法定代理人、聘请的律师都有权为其申请取保候审。但是，是否允许取保候审的决定权在侦查机关，而非中立的第三方机构，且法律上并没有对是否允许取保候审的具体标准或者是原则性规定，批准与否完全取决于侦查机关的自由裁量，而羁押被逮捕人给侦查机关带来的便利（羁押之后的讯问犯罪嫌疑人成为侦查机关获取口供、核实证据的手段），决定了侦查机关对取保候审的申请一般会倾向于驳回。其次，我国没有建立捕后最长期限的制度。联合国《公民权利和政治权利国际公约》第9条第3款明确规定，被羁押人有在合理的时间内接受审判或被释放的权利。联合国刑事司法准则则以被羁押人权利的形式规定了审前羁押程序所必须包含的羁押期限等内容，其中羁押期限的制度规定与上述规定一致。英国、德国、日本等国家在各自的羁押制度中，对于羁押期限等也都有相应的规定[2]。我国的刑事案件，无论是在某一诉讼阶段还是在整个刑事诉讼进程中均无最长羁押期限的规定，不仅如此，我国刑事诉讼法还以较多的条款规定了延长羁押期限、重新计算羁押期限的情况，从而导致了羁押期限的任意性，为实践中侦查机关规避法律提供了可能。正因为如此，造成羁押期限在轻罪和重罪方面没有区别，羁押不能很好地体现比例原则，不能很好地体现宽严相济的刑事政策。

其二，从执法层面来看：首先，执法人员对逮捕的正当性认识不全面，缺乏权利保障意识。在审查逮捕中，司法机关往往过分强调打击犯罪对于维护社会稳定、实现社会和谐的作用，而忽略对犯罪嫌疑人合法权益的保护。很多执法人员认为只有实际控制了犯罪分子，判处刑罚才能更好地实现，在这种理念的支配下，普遍存在着"有罪逮捕即不错"的认识。侦查人员出于有罪推定的惯性思维，疏于利用侦查技术、手段和智慧去侦破案件，而是通过逮捕羁押犯罪嫌疑人对其进行讯问等，使之成为进一步获取证据最有效的途径。所以，要想真正改变逮捕率高的现状，执法人员应转变自己的执法理念，用宽严相济的刑

---

① 陈兴良主编：《宽严相济刑事政策研究》，中国人民大学出版社2007年版。

② 陈卫东主编：《保释制度与取保候审》，中国检察出版社2003年版，第680页。

事政策来武装自己。其次，现有的执法办案考核、评价机制不合理。现行的考核制度，公安机关过于重视批捕率，许多公安机关无论是基于上级机关的压力还是出于平级机关之间的竞争，往往把犯罪嫌疑人的批捕率作为衡量工作优劣的一项重要的职能。这样就导致了公安机关为了取得数据上的进步，将不需要逮捕的案件提请逮捕。

其三，从现实层面来看：首先，犯罪率持续高升导致政策失衡。我国自改革开放以来，伴随着经济和社会的转型，社会的治安状况相当严峻，对社会的和谐、稳定构成了威胁。针对这种问题，我国打击犯罪实行过从重、从快的"严打"刑事政策。虽然"严打"的刑事政策并没有改变犯罪率一路趋高的势头，但是随着司法机关打击犯罪数量的飙升，表面上对犯罪抑制又更加巩固了"重刑"思想的地位，导致我国刑事政策的失衡。其次，外来人口犯罪严重的社会现实。随着我国经济的高速发展和城市化进程的加快，大批农民涌入城市谋求发展，城市和城市之间的流动化也在日益加强。正是目前社会的这种现状导致了取保候审强制措施适用率极其低下，在这种情况下，为了刑事诉讼的顺利进行，不得不对一些轻罪犯罪嫌疑人适用较重的刑事强制措施。

其四，从制度层面来看：主要是逮捕的替代性措施——监视居住、取保候审存在缺陷。根据我国刑事诉讼法的规定，监视居住和取保候审的适用条件是相同的，而且适用的前提条件也存在很多的问题。第一，适用条件相同不能很好地体现两者的区别，而监视居住和取保候审是两种严厉程度不同的强制措施。第二，适用的条件过于宽泛，在实践中不好操作。对何谓不致发生社会危险性规定的不够全面，执行过程中有比较大的随意性。第三，取保候审的正当化程度较低。没有救济就没有权利。而取保候审的决定权在侦查机关，没有其他的救济途径，缺少相应的制约机制。第四，缺乏应对流动人口的配套执行措施。执行取保候审、监视居住首先要求犯罪嫌疑人有较为固定的住所，而这是大量的外来人口所不具备的条件。第五，对犯罪嫌疑人脱保和保证人不认真履行保证义务的惩罚不到位，而且对承办人缺乏相应的免责机制。第六，缺乏适用监视居住的基本保障——公安机关的警力严重不足。

逮捕权的适用是以剥夺犯罪嫌疑人的人身自由为代价的，长年的司法实践证明，不对犯罪按照严重程度进行区分，直接适用逮捕的强制措施会产生很多的负面效果，特别会激发新的社会矛盾，不利于促进人的全面健康发展，维护社会的和谐稳定；不利于保持司法的统一，维护社会公平正义；不利于降低诉讼成本，保证诉讼的效益。所以对逮捕制度存在的问题予以完善亟须解决。宽严相济刑事政策的提出为逮捕制度的完善提供了一个新的视角。

三、逮捕制度存在问题的解决方案——以宽严相济刑事政策为指导

在刑事案件持续高发的态势下，如何通过对严重犯罪和轻微犯罪适用不同的刑事政策，从而实现化解矛盾、促进和谐的目标，以最大化地落实宽严相济刑事政策，是司法机关面临的一个重要课题，立足于逮捕制度存在的问题，应该做以下调整：

（一）区分重罪和轻罪，对轻微犯罪慎用逮捕措施

构建和谐社会，要求在刑事司法中区分重罪和轻罪，对于轻微犯罪慎用逮捕措施，对

于可捕可不捕的坚决不予逮捕，尽量化解社会矛盾，减少社会的对立面。此是构建和谐社会的应有之义，亦是落实宽严相济刑事政策的体现。司法实践中存在的滥用逮捕权的现象反映了执法观念的陈旧、落伍——重视惩罚犯罪、淡化人权保护。从落实宪法关于"国家尊重和保护人权"的规定和构建和谐社会的角度出发，对犯罪嫌疑人合法权益的保障是人权保障的重要内容，也是司法进步、文明的重要体现。表现在强制措施上，对严重犯罪严格适用逮捕措施，对轻微犯罪慎用逮捕措施。

（二）对强制措施体系按照比例原则进行改造，适度提高逮捕的起刑点，并严格区分重罪和轻罪的羁押期限

在法治发达的国家，羁押的适用一般都遵循比例原则。比例原则的基本内涵是要求国家立法、行政和司法机关在实现其法定职能的过程中，如果出于对国家利益、社会利益的保护而不得不对公民的个人权益进行限制的时候，要尽可能选择对公民个人权利造成最小损害的方式，并且其行为对公民个人权利造成的损害不得大于该行为可能保护的国家利益和社会利益①。具体到强制措施的适用，比例原则，是指强制措施的选择和适用，应当与犯罪嫌疑人的犯罪行为及人身危险性、主观恶性相适应，不能笼统地适用某一种强制手段来对待所有的犯罪嫌疑人。比例原则是宽严相济刑事政策的法理学表达，它们都强调区别对待，即对不同的犯罪嫌疑人适用不同的强制措施，只有针对不同的情况采用不同的处理措施，才能真正做到对症下药。

基于比例原则，各国都有一个由轻重程度不等的强制办法构成的强制措施体系，在每个具体的案件中，都应该考虑对犯罪嫌疑人应适用哪一种强制措施，要尽量做到对轻微的犯罪不羁押或者短时间羁押，最大限度地避免由于适用过重的强制措施而给犯罪嫌疑人造成的侵害。比如，在意大利，对于可能判处3年以上的刑罚，才使用羁押②，意大利除了对羁押期限予以规定以外，还根据罪行的轻重，按照比例规定了对不同的罪行适用不同的羁押期限，使比例原则落到了实处。反观我国的现行法律，只要被判处6个月以上的犯罪就可能适用逮捕的强制措施，起刑点明显偏低，不利于保障人权，而且我国的现行法律亦未根据犯罪的轻重程度对羁押期限作出明确的划分，不利于宽严相济刑事政策的落实。

根据我国现行的刑事诉讼流程，羁押期限和办案期限是不单独计算的，所以在司法实践中就有可能出现羁押的时限超过应判处刑罚的情况，结果是审判机关迫于侦查和起诉机关的压力，一般是羁押多久就判多长时间，为此给许多被告人的权益造成严重的侵害。为防止羁押期限超过被追诉人可能判处的刑罚情形的出现，立法应将羁押期限从办案期限中剥离出来，两个期限分别规定，分别计算时间，同时在规定轻罪和重罪的羁押期限时应做适当的区分：轻罪羁押的期限应当相对较短，而且一般不得延长；重罪羁押期限可以相对较长，在符合一定条件下可适当延长。除此以外，法律还要建立羁押复查制度，各个诉讼阶段的羁押都要设置专门的审查和批准程序，而且还要存在专门的适用理由。

---

① 杨雄：《宽严相济刑事政策与刑事强制措施运作模式转变》，载《法学论坛》2007年5月。
② 樊崇义主编：《刑事审前程序改革与展望》，中国人民公安大学出版社2005年版，第103页。

（三）完善羁押的替代性措施，引入保释的理念，同时适度提高取保候审的利用率

为了保障刑事诉讼的顺利进行，对犯罪嫌疑人进行逮捕、羁押是在所难免的，但由于羁押将对个人的人身自由进行剥夺，因此极大地侵害个人的权益。所以，如何降低羁押率，如何在维护社会安全的前提下适用羁押的替代性措施，如何最大限度地维护犯罪嫌疑人的权利，是世界各国刑事诉讼制度重点要研究的问题。而上述问题的研究对于我国当前的司法实践尤其重要，因为我国有对犯罪嫌疑人高羁押率和超羁押率的现实。正是因为我国当前的这种现状，学者们提出了解决的方案——引入保释理念，完善羁押的替代性措施，而适当的提高取保候审率就是这种思路的具体体现。

保释制度，是指在刑事诉讼过程中，将被逮捕或被羁押的犯罪嫌疑人附条件予以释放的制度。基于公民享有自由权利的原则和无罪推定的原则，保释制度被视为被追诉人的一项诉讼权利。自保释制度产生之日起就一直发挥着重要的作用，如在英国保释的适用率达到90%以上。由于保释给被追诉人带来的不仅仅是程序上的权利，而且在实体上也会有所体现，因此，随着法治理念的普及，保释作为被追诉人的一项诉讼权利在诉讼程序中逐渐予以确认。在一定程度上可以说，一国被追诉者的审前释放率已经成为衡量是否达到刑事诉讼文明程序的标准之一。虽然我国存在与保释制度相类似的制度——取保候审制度，但是它们无论是在性质上还是在适用范围上都有明显的不同。英国把保释制度看做一种自然的权利和保障自由的司法机制，而我国的取保候审是一种强制措施，是国家本位价值观下实现控制犯罪的措施之一。取保候审在现实的司法实践中存在诸多的问题，因此有学者建议，借鉴国外的保释制度，完善我国羁押的替代性措施，进而扩大我国取保候审的适用范围，或许能从根本上解决逮捕措施滥用的问题。随着宽严相济刑事政策的确立，我国最高司法机关也表现出积极的态势，表示对重罪和轻罪要区别对待，对轻罪罪犯要采取更为轻缓的刑事政策，对重罪罪犯也要综合考虑各方面的因素，能不逮捕羁押的就不逮捕羁押，能取保候审的就取保候审，最大限度地维护被追诉者的权益，进而减少社会的对立面，实现社会和谐的最终目的。

（四）宽严相济刑事政策的法律化

在逮捕制度的改革完善过程中，宽严相济刑事政策以其独特的视角发挥了重要的指导作用，但是宽严相济刑事政策的落实、贯彻离不开司法机关的理解与自由裁量，司法机关理解的是否正确，自由裁量权行使的是不是合理，没有统一的标准，所以为了更好地发挥宽严相济刑事政策的指导作用，我们应该将该政策法律化，使该政策在司法实践中的某些合理的做法获得国家法律的认可，转化为法律，从而获得更强的合法性。宽严相济刑事政策的法律化具有重要的意义。主要体现在以下几个方面：其一，宽严相济刑事政策法律化有助于防止该政策的贯彻落实大打折扣甚至被异化。对于该问题，我国曾经实行过的"严打的刑事政策"就有过比较深刻的教训。在20余年的"严打"实践中，之所以出现大量的违法现象，与"严打"刑事政策的法律化程度不高是分不开的。其二，宽严相济刑事政策的法律化可以提高该政策的权威性、指导性和规范性。作为一项公共的刑事政策，从理论上来讲，其本身就具有指导性和规范性的特点，但是刑事政策的法律化可以将政策上升到法律的高度。法律和政策的区别还是异常明显的，法律的强制性更强，适用范围更广。所

以，把政策上升到法律的高度可以更好地发挥指导作用。其三，宽严相济刑事政策的法律化可以使该政策获得更强的稳定性和更强的合法性。法律一经制定就具有稳定性的特点，不能朝令夕改，而政策具有灵活性的特点，为了更好地贯彻实施宽严相济刑事政策，使该政策获得更强的稳定性还是十分必要的。①

（作者单位：黑龙江大学法学院　中国政法大学 2006 级刑事诉讼法学研究生）

---

①　朱立恒著：《宽严相济视野下的刑事诉讼程序改革》，中国法制出版社 2008 年版。

论认罪案件诉讼程序的构建

陆镇养

长期以来，在我国的刑事诉讼立法和司法实践中，都忽略了一个极其重要的因素：犯罪嫌疑人、被告人（为简便起见，下文统称被告人）的认罪态度，即无论被告人是否认罪都一律适用相同的诉讼程序和制度。这既与坦白从宽、宽严相济的刑事司法政策不一致，也不利于实现司法公正和提高诉讼效率。值此刑事诉讼法修改之际，重视被告人认罪态度的价值，鼓励被告人自愿认罪应作为制定刑事诉讼法的指导思想之一。为此，笔者认为，我国刑事诉讼法应把刑事案件分为两大基本类型：认罪案件和不认罪案件，然后再根据被告人的认罪态度对案件进行程序分流，选择适用不同的诉讼程序和制度，认罪案件适用认罪案件的诉讼程序，不认罪案件适用不认罪的诉讼程序。而目前我国尚无认罪案件的诉讼程序，因此构建被告人认罪案件诉讼程序应是我国修改刑事诉讼法时的当务之急。

一、我国刑事诉讼法对刑事案件分类的现状及其弊端。

综观我国包括 225 个条文近三万字的刑事诉讼法，既没有严格的案件分类标准，也没有统一的案件分类标准，另外该法中也没有使用"案件分类"或"案件分类标准"这些词语。但从法律条文的含义来看，又的确存在对案件进行分类的情形，而且在不同的诉讼阶段有不同的分类标准可将案件分成不同的类型。在侦查阶段，是根据案件的严重程度进行划分的。根据刑事诉讼法第 124 条至第 127 条的规定，大体上可以把案件分为一般刑事案件、特殊刑事案件、重大复杂刑事案件和重刑案件，或称特别重大复杂刑事案件这四种类型，其程序意义在于不同案件适用不同的侦查羁押期限。在审查起诉阶段，基本上是根据起诉与否进行分类，根据刑事诉讼法第 141 条、第 142 条的规定，大体上可分为这几类案件：一是起诉案件和不起诉案件；二是在不起诉案件中，又可分为法定不起诉案件、酌定不起诉案件和证据不足不起诉案件；在审判阶段，（仅就第一审程序而言），是根据案件情节的复杂程度来划分的，分为普通刑事案件和简易刑事案件，并规定相应的普通审判程序和简易审判程序。综观以上法律规定，我国刑事诉讼法在刑事案件进行分类上有三大缺陷：一是案件分类标准不统一。如前所述，不同的诉讼阶段根据不同的标准进行分类，缺乏案件分类的一致性以及前后程序的衔接性。且以上所述不同阶段的分类标准都带有较强的主观色彩，缺乏可操作性和客观性。二是分类不科学。这些分类标准不能体现案件的本质特点，也不符合实践的情形和司法实际工作的需要。例如，就侦查阶段而言，一般案件和复杂案件，侦破前者所需的人力、物力、时间等并不见得就比侦破后者耗费少，是否耗费更多的时间和更多的司法资源，往往取决于被告人是否配合，即取决于被告人的认罪态度。三是不利于鼓励被告人自愿认罪。纵观世界，即使是规定了沉默权的欧美各国，也都鼓励并在实体法和程序法上采取各种措施奖励被告人自愿认罪，而按我国现行刑事诉讼法的规定，由于案件分类标准的不科学，没有把案件分为认罪和不认罪这两种类型，没有规定被告人自愿认罪可以得到相应实体法和程序法的优惠回报，这就不利于鼓励被告人自愿供述。即使在侦查阶段获取了被告人口供，但由于这种口供并非真实、自愿的供述，因此在刑事司法实践中，被告人庭上翻供的情况屡见不鲜。

2003 年 3 月 14 日，为缓解人民法院案件积压造成的压力，最高人民法院、最高人民检察院、司法部联合颁布了两个法律文件，即《关于适用简易程序审理公诉案件的若干意见》和《关于适用普通程序审理"被告人认罪案件"的若干意见（试行）》，以上两个意见正式使用了"被告人认罪案件"这一提法，并且对被告人认罪的案件规定了专门的诉讼程序，这无疑是一种进步。概其要旨，两个意见的主要内容包括：1. 强调了被告人自愿认罪作为适用简易程序和普通程序简易审的前提条件；2. 对自愿认罪的被告人，人民法院在量刑时酌情予以从轻处罚。毫无疑问，这两个意见对解决案件在审判阶段的积压、提高审判效率有重大作用。但由于其不是立法，仅是两项司法解释，因此其效力不高，其局限性也是明显的。

首先，两意见仅适用于审判阶段，而不适用于侦查、审查起诉阶段，这极大地限制了它的作用。根据我国刑事诉讼法规定，我国刑事诉讼分为侦查、起诉和审判三个基本的诉讼阶段，审判阶段固然需要提高诉讼效率，固然需要鼓励被告人供述，侦查阶段和审查起诉阶段同样需要提高诉讼效率，同样需要鼓励被告人自愿认罪，从某种角度而言，侦查阶段和审查起诉阶段可能比审判阶段更需要鼓励被告人自愿认罪。

其次，两个意见都规定，对于自愿认罪的被告人，可以酌情予以从轻处罚。自愿认罪仅作为酌定从轻情节而不是法定从轻情节不利于鼓励被告人真诚坦白。因为从字面含义来说，酌定从轻，法官可以从轻，也可以不从轻，而法定从轻，法官就应当从轻。本来两个意见的精神都是鼓励被告人自愿认罪，积极配合司法机关，但这一精神又有所保留，这容易让被告人在决定是否认罪时有所考虑，有所顾虑。当其以为认罪也不一定能够得到从轻处罚时，基于自身的利益考虑，就可能不认罪或不全部认罪。

最后，两个意见只规定被告人对法官认罪可以从轻，而对侦查人员、检察人员认罪则不适用，这不利于鼓励被告人早日认罪，不利于真正实在地提高诉讼效率。如果被告人认为对侦查人员认罪与否都不会影响自己的量刑，认罪得不到好处，不认罪也没有不利于自己之处，只要将来在法庭上认罪就可以的话，基于避重就轻的心理，被告人就有可能不主动、不自愿认罪，因为他认为反正在法院认罪就可以了。而实际上，被告人在侦查阶段主动、自愿认罪比在审判阶段自愿认罪有更大的价值和更积极的意义。

二、构建认罪案件诉讼程序的价值分析

在我国学术界，基于提高诉讼效率的需要，许多学者主张对案件进行程序分流，从学界主流观点看，普遍认为对案件进行程序分流的依据或标准就是案件的"繁简"，即案件的复杂程度，主张复杂程度不同的案件适用不同的程序、不同的方式处理。这种观点虽有一定的合理性，但笔者不敢苟同。笔者认为，对案件依"繁简"进行程序分流，比不上对案件依"认罪与不认罪"进行程序分流更有意义，即认罪案件适用认罪诉讼程序，不认罪案件适用普通程序。

首先，构建认罪案件诉讼程序有利于提高诉讼效率。在刑事司法领域，犯罪率的上升和刑事司法资源有限性之间的矛盾是当代世界各国所共同面临的问题。虽然世界各国根据各自的国情采取不同的对策来解决这一问题，但有一点是共同的，即都鼓励被告人认罪，并对被告人认罪案件规定优惠的处罚程序来提高诉讼效率。在我国，近年来诉讼效率是学界热烈讨论的话题之一。笔者在此不想就效率问题再作系统的探讨，仅对被告人认罪与诉讼效率的关系进行分析。限于篇幅，以侦查为例，被告人自愿认罪可以从两方面提高诉讼效率：一是为侦查机关节省相应的人力、物力。被告人自愿认罪，不仅可以让侦查人员获得真实的口供，同时通过其口供就能够比较容易地收集其他证据，或获取其他证据的线索，从而容易查明案件事实。如果被告人不配合，那么为收集某一证据，侦查机关可能就要付出数倍乃至数十倍的人力、物力，甚至花费大量的人力、物力也无法收集到相关证据。二是缩短了办案时间，衡量诉讼效率高低的标准之一，就是案件的诉讼时间。一般而言，时间短效率就高。被告人自愿认罪，积极配合侦查机关，必然缩短侦查机关查清案件事实的时间，从而提高诉讼效率。

其次，被告人认罪有利于司法公正。公正与效率共同构成我国当代司法工作的两大基本价值目标，一般而言，公正更高更利于提高效率。对于公正一词，不同的人有不同的理解。笔者认为，就刑事司法工作而言，就个案而言，公正的实现是一个动态的过程，即从案件侦破开始到法院作出的判决得到完全的执行为止。从这个意义上说，刑事司法公正与破案率的高低有着直接的联系，案件破不了（所谓破案，就是指侦查机关查清了案件事实，收集了充分的证据，把该抓获的犯罪人追捕归案），司法公正就无从谈起。从全世界来看，破案率不高是个普遍问题。从中国法律年鉴近几年来的统计数字看，从公安机关刑事立案数、人民检察院刑事立案数和人民法院一审刑事案件数对比来看，我国的刑事破案率并不高。事实上，破案率的高低在很大程度上与投入的司法资源有关。被告人自愿、主动认罪，一般情况下都会或多或少地节省司法资源，把被告人认罪案件节省的人力、物力资源用于侦破其他案件，就会使侦破案件更多，破案率更高，从而刑事司法公正实现得更多。

最后，构建被告人认罪案件的诉讼程序是贯彻坦白从宽、宽严相济刑事司法政策的要求。坦白从宽是我国几十年来一直坚持的刑事司法政策，通俗地说，坦白就是认罪，从宽就是作有利于被告人的处理，包括实体法上的优惠，也应包括程序法上的优惠。2006 年 9 月党的十六届六中全会和随后于同年 11 月召开的全国政法工作会议，明确提出了"宽严相济"的刑事司法政策，按笔者的理解，根据宽严相济刑事政策，该从宽的要从宽，该从严的要从严，不是任何案件一律从宽或一律从严，而是根据实际情况来区别对待。基于被告人认罪对提高诉讼效率和实现司法公正的巨大价值，把坦白从宽、宽严相济刑事政策落实到具体的刑事立法和司法实践中去，就要求对不同情节的被告人作不同的对待。对于自愿配合司法机关、主动认罪的被告人，除了在实体上给予从轻处罚的优惠外，在程序法上也应给予一定的优惠，而构建被告人认罪案件的诉讼程序正体现了这一刑事政策的要求。

三、构建被告人认罪程序的具体设想

在欧美各国，刑事程序立法和刑事司法实践对被告人是否认罪都很重视，事实上，有许多专门为认罪案件设计的诉讼程序、制度。案件的程序分流，首先取决于被告人是否认罪，对认罪案件规定相应的诉讼程序。在我国，也有学者开始关注被告人认罪的诉讼价值，关注认罪案件诉讼程序的构建，并进行了具体的探讨，如顾永忠的《构建被告人认罪案件程序要论》①，刘中发的《轻罪刑事政策在诉讼环节中的运用》②，冀祥德、吴江的《刑事审判改革的基本立场：简者更简、繁者更繁》③，陈国庆的《试论构建中国式的认罪协商制度》④ 等。以上学者都主张对被告人认罪案件适用专门的程序，但又几乎都立足于构建被告人认罪案件的审判程序，仅仅主张在审判阶段把被告人认罪与不认罪区别开来，而没有涉及同样重要甚至更有价值的审前侦查、起诉程序。笔者认为，对于被告人认罪的案件，在整个诉讼过程中都应区别开来，而不仅只在审判阶段区分。我国刑事诉讼法把刑事诉讼分为侦查、审查起诉、审判三个基本阶段，因此笔者在提出构建认罪案件诉讼程序的设想时，为便于理解，也分别从这三个阶段进行分析。

（一）侦查阶段

在侦查阶段，对于被告人归案后的案件，经过第一次讯问后，笔者主张就按被告人认罪与否对案件进行程序分流，被告人认罪的按认罪案件程序处理。构建认罪案件在侦查阶段的诉讼程序，应包括以下内容：

1. 对认罪案件的被告人与不认罪案件的被告人适用不同的侦查羁押期限。我国刑事诉讼法第 124 条至第 127 条是以案情轻重为依据区分被告人的侦查羁押期限的，笔者认为，这一规定不科学、不合理，不利于鼓励被告人自愿认罪。对于被告人认罪的案件，侦查机关很容易在较短时间内收集证据、查明事实，完成侦查任务。而对于被告人不认罪的案件，侦查机关可能需要花更多的时间去收集证据、查明事实。从司法实践的情形看，收集证据、查明案件事实所需时间的长短，往往不是因为案情的复杂程度，而更多的是取决于被告人的认罪态度。因此，笔者主张，侦查羁押期限的长短，不再以案情为划分标准，而是以被告人是否认罪作为划分标准。对于认罪的被告人，建议在 1 个月内移送检察机关审查起诉，而对于被告人不认罪的案件一般侦查羁押期限为 6 个月。

2. 取消刑事诉讼法第 93 条犯罪嫌疑人负有如实供述义务的规定，增加自愿认罪从轻处罚的规定。根据我国刑事诉讼法第 93 条的规定，犯罪嫌疑人负有如实供述的义务。在近十年来要求确立沉默权呼声日益高涨的趋势下，被告人如实供述的义务迟早会被取消。事实上在陈光中教授主持起草的《中华人民共和国刑事诉讼法修改专家建议稿与论证》和徐静村教授主持起草的《中华人民共和国刑事诉讼法（第二修正案）学者拟制稿及立法理由》中都已不再保留这样的内容，而分别代之以"不得强迫犯罪嫌疑人违背自己的意愿进行陈述"⑤ 和"对于侦查人员的询问，犯罪嫌疑人可以回答，也可以拒绝回答"⑥ 这样的规定。笔者认为，学界两位前辈的观点很好，但笔者又同样认为，两位前辈的观点还不够积极，因此笔者建议增加以下规定：对于犯罪嫌疑人自愿供述的，应当得到从轻处理。笔者

① 卞建林、王肃元主编：《刑事诉讼法修改问题与前瞻》，北京大学出版社 2008 年版，第 343 页。
② 陈光中、汪建成、张卫平主编：《诉讼法理论与实践》，北京大学出版社 2006 年版，第 201 页。
③ 陈光中、汪建成、张卫平主编：《诉讼法理论与实践》，北京大学出版社 2006 年版，第 448 页。
④ 陈光中、汪建成、张卫平主编：《诉讼法理论与实践》，北京大学出版社 2006 年版，第 466 页。
⑤ 陈光中主编：《中华人民共和国刑事诉讼法再修改专家建议稿与论证》，中国法制出版社 2006 年版，第 475 页。
⑥ 徐静村主编：《中国刑事诉讼法（第二修正案）学者拟制稿及立法理由》，法律出版社 2005 年版，第 158 页。

主张对自愿认罪的被告人给予实体法和程序法上的优惠，理论依据就是被告人自愿认罪，表明其有悔罪表现，同时也节省了办案的人力、物力，节省了司法资源。

3. 立法上应明确规定，侦查人员在第一次讯问时，应当告知被讯问人认罪与不认罪的不同法律待遇，让被告人感受到自愿认罪能得到实在的好处。而且笔者主张，司法机关在考虑给予被告人实体法和程序法上的优惠时，应考虑被告人认罪的时间，认罪越早，得到的优惠就越多。

4. 允许侦查机关在侦查阶段对案件适用刑事和解。刑事和解是恢复性司法理念下的一种刑事案件的处理方式，对维护被害人、被告人合法权益，消除社会矛盾，构建和谐社会有积极意义。但从以往学界的讨论中，学界基本上都主张在审查起诉阶段和审判阶段才能适用刑事和解，在侦查阶段不能适用和解，笔者实在不敢苟同。事实上在侦查阶段适用和解既有必要性，又有可行性，无论是从国家、社会的角度来看，还是从被害人、被告人的角度来看，在侦查阶段适用和解可能比在审查起诉或审判阶段适用和解更有价值，意义更大，效果更好。因此笔者主张侦查阶段也可以适用刑事和解，对被告人认罪而又得到被害人谅解的，可以通过刑事和解来解决。

（二）审查起诉阶段

1. 立法上应明确规定，侦查机关把案件移送审查起诉时，检察机关应迅速讯问被告人，以确定被告人是否认罪，把案件分为认罪案件和不认罪案件，然后对案件进行程序分流，进入不同的处理程序。在国外，起诉机关在起诉案件前，几乎都存在一个"问罪"程序（尽管有些国家不叫"问罪"程序，但其意义是一样的），即询问被告人是否认罪，首先要解决的第一个问题就是被告人是否认罪，其目的就在于根据被告人认罪与否对案件进行程序分流，国外的做法值得我国借鉴。

2. 审查起诉的期限，不应再作一刀切，即所有案件都是一个月或一个半月，而是根据被告人认罪与否区别对待。认罪案件审查时间应短，以半个月为适宜，不认罪案件适用现行审查起诉期限的规定，即最长可达一个半月。

3. 对刑事诉讼法第 142 条第 2 款进行适当修改，即酌定不起诉以被告人认罪为前提条件。根据刑事诉讼法第 142 条第 2 款规定，对于犯罪情节轻微，依照刑法不需要判处刑罚的，人民检察院可以作出不起诉决定。据此规定，即使被告人不认罪，人民检察院也可作出不起诉处理。这一规定是不尽合理的。本来酌定不起诉就包含着国家对被告人的从宽处理，而从理论上说，对被告人从宽处理应以被告人有好的表现为前提，最低限度应以被告人认罪为前提条件。被告人不认罪，表明其没有悔罪表现，给予没有悔罪认识、悔罪表现的人以不起诉，是令人难以信服的，也是毫无意义的，因此笔者认为刑事诉讼法第 142 条第 2 款应作出相应修改，只有对认罪的被告人才能作出酌定不起诉处理。

4. 对认罪案件，建议引入多种处理机制。对于拒不认罪的案件，人民检察院只能通过正式的起诉程序向人民法院起诉。而对于被告人认罪的案件，为了鼓励被告人自愿认罪、早日认罪，在程序法上应有相应的对被告人更为有利的案件解决方式，如暂缓起诉、刑事和解、辩诉协商等，鉴于这些制度在学界都已有较深的研究，限于本文主旨和篇幅，笔者在此不再对这些制度的内容加以展开。但笔者主张，这些对被告人带有优惠性质的制度的运作，都必须以被告人认罪为前提条件。

（三）审判阶段

为了使案件分类和案件处理程序与审前的侦查程序、审查起诉程序相衔接、相一致，审判阶段不应再把刑事案件分为普通刑事案件和简易刑事案件，不应再把审判程序分为普通审判程序和简易审判程序，而是把案件分为认罪案件和不认罪案件，与此相对应，审判程序分为认罪案件的审判程序和不认罪案件的审判程序。对于刑事案件的审判，笔者赞成有学者提出的"简者更简，繁者更繁"① 的方式，对于不认罪案件，笔者主张按不认罪案件审判程序审理，审理期限相应长一些，以 3 个月为适宜，而对于认罪案件，全部适用认罪案件审判程序审理，审理期限不应超过 1 个月。

（作者单位：广西民族大学政法学院）

---

① 陈光中、汪建成、张卫平主编：《诉讼法理论与实践》，北京大学出版社 2006 年版，第 448 页。

和解不捕：宽严相济刑事政策司法化新视角

马进保　黄瑞栋

在完善社会主义法治的进程中，我国适时推出宽严相济的刑事政策，强调对犯罪情节比较轻微，加害人又有悔罪愿望的应考虑用调解的方式结案。如果将这一理念延伸到侦查和批捕阶段，在当事人达成和解或经办案机关调解，犯罪嫌疑人真诚悔罪并实施经济赔偿的，可以采取轻罪不捕，重罪从宽考量的处理原则。这样既能张扬刑事司法的人文精神，更能慰藉被害人的创伤，为刑事纠纷的彻底解决创造有利条件。

一、和解不捕的诉讼特征

每一项司法制度的成功实施都有与之相适应的社会基础和深厚的文化积淀，对于刑事和解实行方式——和解不捕制度来说也不例外。我国多数学者认为，刑事和解的理论与实践源自西方国家 20 世纪后期的"恢复性司法程序"，其先驱性存在是加拿大于 1974 年作出的"加害人和被害人之间的和解"判例。[①] 并在此基础上发展延伸为被害人与加害人和解计划、社区修复委员会（Community Reparative Boards）、家庭小组会议、社区矫正等实用模式。随后，德国、俄罗斯、新西兰等国都在法律中确立了刑事和解制度。然而，另有一部分学者却肯定地指出，刑事和解制度根本不是舶来品，它最早产生于我国，是"东方经验"的典型代表，如中国政法大学的樊崇义教授就认为，将刑事和解的起源理解为加拿大的判例是一种误解，中国博大精深的"和合"思想就蕴涵了和谐司法的理念，这种理念较之于恢复性司法，无论是内涵还是外延都更加全面和科学，而且在民主革命时期和新中国的司法实践中都有使用。[②] 在对中华法制文明继续发扬光大的今天，刑事和解所独有的诉讼特征更显得弥足珍贵。

一是安抚性。随着政治民主化、法治宪法化的迅速推进，诉讼理念也在发生着深刻变化，"权力本位"开始向"权利本位"转变。这意味着司法不再单纯是国家实现其社会政策的工具，正在成为个人解决纠纷，寻求正义的神圣路径，传统的司法机关主导逐步转向当事人主导，使诉讼活动更能体现人文关怀。把刑事和解引入诉讼机制，首先应关注的是被害人是否得到了安抚，只有加害人真诚悔过并实施物质赔偿，才能抚平犯罪行为给被害人造成的创伤，才能使刑事诉讼在解决纠纷的同时释放积压在民众心头的不满。

---

① 1974 年，加拿大安大略省基陈纳市的两个实施了一系列破坏性犯罪的年轻人，在当地缓刑机关和宗教组织的共同努力下，与 22 名被害人分别进行了会见，他们从被害人的陈述中切实了解到宗教的行为给他人造成的危害。于是，6 个月后，两人交清了全部赔偿金。这种被害人与犯罪人的和解程序被视为恢复性司法的起源。

② 黄京平、甄贞、刘凤岭：《和谐社会构建中的刑事和解探讨——"和谐社会语境下的刑事和解"研讨会学术观点综述》，载《中国刑事法杂志》2006 第 5 期。

二是恢复性。从刑事和解的目的可以看出，它所追求的结果就是要使被破坏的社会关系尽可能恢复到犯罪发生前的状态。因此，笔者认为，恢复性是刑事和解最基本的法律特征，其导致的法律后果，包括案件被撤销、犯罪人不被逮捕或者不起诉、免予刑事处分、从轻或减轻处罚，都能体现出这一精神。

三是自主性。很明显，只有在双方当事人自愿的前提下才能进行刑事和解，也只有在双方当事人的意愿达到最低程度的满足时才可能达成和解协议。国家专门机关及其工作人员，只能在刑事和解过程中对和解的条件、内容、方式等进行合法性审查，而不得干预和解协议的达成。

四是博弈性。加害人与被害人双方要达成互利双赢的和解，就必须经过一番利益的争夺和放弃。在这一相互交流、争论、切磋、磨合的过程中，其合理的要求不但可以获得一定程度的满足，还能缓和双方因犯罪引发的紧张关系，避免出现传统诉讼方式的种种弊端，可以在不留后遗症的情况下实现互利双赢。

二、和解不捕的法理基础

建立刑事和解不捕制度不仅符合现代法治精神，而且具有坚实的法理基础。

（一）和解不捕体现了现代刑罚的价值观

维护社会的公平与正义是法律的最基本价值目标，而刑罚是实现这一目标的重要手段之一。因公平和正义内涵的多重性，不同的人从不同的角度去解读就会演绎出不同的刑罚价值观。在近代刑事法律制度下最早产生的刑罚正义观是报应说，认为国家应当通过运用刑罚手段来对犯罪实行对等回应，让犯罪人承受和犯罪相同甚至更大的痛苦，以阻止或预防犯罪。随着社会人文关怀精神的勃兴与发展和报应主义无法解决犯罪日益高发的问题，人们开始寻找并最终确立了一种新价值观——恢复正义理论[①]。该理论认为，"法律的最终权威来自所保障的社会利益，因此要强调法律所要促进的社会目的，而不在于制裁"，"刑罚本身就是一种恶，用刑罚来控制犯罪是以恶制恶"，所以刑罚应当具有谦抑性，其重心在于恢复受损的社会关系，将被犯罪行为破坏的社会关系恢复到一种平等、尊严、尊重、关心的程度，而不仅仅是确认某人的罪责和给予处罚。在这一恢复性司法理论指导下提出的刑事和解不捕制度，就是希望执法人员能着眼于恢复，通过促进加害方和受害方的和解来修补失衡的社会关系，用被害人得以慰藉，加害人受到人道待遇的方式来减少犯罪诱因和犯罪行为的发生。而尽量放宽强制措施的适用比例，更能从根本上促成这一价值目标的实现。

（二）和解不捕有利于刑事纠纷的全面解决

传统刑罚理论认为犯罪侵犯的是双重法益，即直接受害者的私人利益和以国家为代表的社会公益。与此同时，犯罪也引发了行为人和国家之间的纠纷，加害人和被害人之间的

---

① 美国犯罪学家约翰. R. 戈姆在《刑事和解方案：一个实践和理论架构的考察》一文中指出，刑事和解的理论基础是恢复正义理论、平衡理论和叙说理论。

纠纷。毋庸置疑，拿国家和个人进行对比国家力量明显强大，而且国家又是以公共利益维护者的面目出现，在人们眼中自然也代表了被害人的利益，于是便形成了刑事诉讼国家主导的机制。受这一理念影响，一些人开始将犯罪现象概括为"孤立的个人反对统治关系的斗争"，把对犯罪人科处刑罚作为刑事诉讼的唯一目的，从而忽视了犯罪方和受害方之间纠纷的解决。为对这种二元纠纷解决机制作出正确评价，需要先来解读国家和受害人，也即国家和个人之间的关系。马克思主义认为"一切权力属于人民"，按照卢梭的"社会契约"学说，国家是社会契约的产物，其权力由人民让渡而产生，所以说个人权利是国家权力的本源和目的。在解决刑事纠纷中，国家权力的直接介入只能是手段，其最终目的是要维护个人的私权，包括犯罪人、受害人和其他人的合法权益，并通过对个人权利的保护来实现社会公共秩序的稳定与安全。然而，国家权力作为公共产品有其独特的一面，在一些情况下会出现与公民权益相背离的倾向，因此扩大刑事诉讼受害方的参与，注重对被害和犯罪两个诉讼主体的权益保护，也是现代法治对公权力进行制约，防止其滥用的必然要求。刑事和解不捕就是在侦查环节引入被害人的参与，在被追诉方与其达成和解的情况下，实行轻罪不捕、重罪从宽考量的处理方式，以便更有效地促进两种权能的和谐互动，使个人权利在国家司法权的运作中得到最大限度的保护。

（三）和解不捕有利于提高司法效率

公正是司法活动永恒的价值追求，而"效益、秩序"被视为继公正之后的第二大价值目标。从一定意义上说，公正与效率之间是相互依存，对立统一的辩证关系，公正是效率的基础和前提，效率是确保公正得以实现的手段。所谓"迟来的正义非正义"，便是没有效率即无所谓公正的经典论断。正如经济分析法学家波斯纳所说，"公正在法律中的第二种含义就是效率"。因此，衡量诉讼制度完善与否的标准除了看其是否有利于公正之外，还要看其是否有利于效率。诺思认为，"有效的制度能够提供一组有关权利、责任、利益的规则，为人们制定一套行为规范，为人类的一切创造性活动和生产性活动提供最大的空间，以最小的投入取得最大的产出，并让生产、交换和消费获得帕累托最优效率。"[①] 刑事和解不捕制度促进加害方和受害方达成刑事和解，迅速解决两者之间的纠纷，可以减少当事人投入诉讼的精力和物力，还能最大限度地节约司法资源。

（四）和解不捕是构建完整的刑事和解制度的前提

刑事和解制度在我国已受到广泛的重视，如果能在案件的侦查阶段就采用和解不捕的诉讼手段，将对和解协议的自愿达成和实际执行产生积极的影响，并能为起诉和审判活动中的和解提供一个良好的基础。被称为审前程序的侦查和起诉是审判程序的基础和前提，如果不构建完善的刑事和解不捕机制，则可能出现已逮捕的犯罪嫌疑人在起诉和审判阶段因和解而不起诉或判处非监禁刑的尴尬，所以和解不捕是建立和解不起诉与和解从轻判刑的基础，是构建完整的刑事和解制度的突破口和切入点。从学术的角度来看，对和解不捕的可行性进行研究，也可以为和解不诉与和解轻判等制度的构建提供理论参考。

---

① ［美］诺斯著：《经济史中的结构与变迁》，陈郁等译，生活·读书·新知三联书店、上海人民出版社 1999 年版，第 12 页。

三、和解不捕的现实根据

建立具有中国特色的刑事和解不捕制度不仅必要，而且具有法律、政策、文化、实践等方面的客观根据。

（一）和解不捕可以缓解逮捕率过高的问题

据统计，2003 年 1 月至 2006 年 5 月，全国检察机关共批准逮捕刑事犯罪嫌疑人 2746757 人，提起公诉 2953418 人①，逮捕占整个强制措施的比例高达 93%。某市 2004 年被逮捕的轻罪案件共 8931 件 12116 人，占轻罪案件总数的 75% 和 74.29%，同年该市共有 5089 件案件 6907 人被法庭宣告缓刑、判处拘役、单处附加刑或免予刑事处罚，占轻罪案件总数的 42.99% 和 42.72%②。也就是说有高达 40% 以上的轻罪案件犯罪嫌疑人可以不适用逮捕措施。可见，实践中过度使用逮捕措施，造成侦查程序中采用强制措施的严厉程度竟然超过法院的最终判决，这不仅违反了"适度原则"③，也是对犯罪嫌疑人的不公平。为了避免出现这种不正常的现象，除了要求检察人员正确把握逮捕条件，慎用逮捕措施外，还有必要在规范性文件中明确规定，"犯罪嫌疑人与被害人达成和解协议的，可以不采取逮捕措施"，通过明示的规定将这部分案件排除在逮捕之外，用限制逮捕自由裁量权的方法来遏制逮捕率过高的现象。

（二）和解不捕与实然法的精神相一致

和解不捕制度与现行的法律原则和基本诉讼程序并不冲突。我国刑事诉讼法第 60 条规定的情况，都要由检察官和法官自由裁量。对于达成和解协议并开始履行赔偿义务的案件，说明犯罪嫌疑人已确有悔意，既然是自觉认罪和进行赔偿就不可能再出现逃跑等有社会危险性的行为，自然也符合"没有逮捕必要"这一立法精神。因此，和解不捕并不违背现行法律制度，而是对现行法律规定的进一步完善和具体化。此外，和解不捕制度又有自己的独特功能，其主要表现集中在：一是被害人在诉讼中的地位和作用得到增强，更有利于他获得精神安抚和损害赔偿，解决了长期困扰司法机关的被害人权益保障问题；二是明确了和解后可能达到的实际效果，使犯罪嫌疑人明白只要达成和解协议并进行实际赔偿，就可能得到不被逮捕的处遇。这相对于现行法在和解的效果上缺乏具体规定，犯罪方即使同意并积极赔偿也不一定可以得到减轻强制处分来说是一个历史的进步，将会促使更多的案件通过和解解决。

（三）和解不捕贯彻了宽严相济的刑事政策

宽严相济是我国刑事政策的核心内容之一。在由计划经济向市场经济过渡的社会转型期，我国政府一直坚持对严重危害社会治安和经济秩序的犯罪实行从重从快打击，同时根

---

① 参见张建升：《第十二次全国检察工作会议综述》，载《人民检察》2006 年 7 月号，第 20 页。
② 参见刘中发：《轻罪刑事政策在诉讼环节中的运用》，载《诉讼法理论与实践》2006 年卷，第 202 页。
③ 参见易延友著：《刑事诉讼法》，法律出版社 2004 年版，第 181 页。

据世界刑事司法发展的趋势对轻罪案件采取非犯罪化、非刑罚化，适用轻缓刑的刑事政策，已取得了明显的成效。近年来，因社会管理机制的改革和职能调整，旧体制下积累的各种矛盾集中暴露出来，导致刑事案件呈高发势头。1996 年我国司法机关起诉、审判的案件为 50 万起①，2006 年仅公诉的刑事案件就达 99.9 万起②，在这些案件中轻罪占了较大比例。因进入司法程序的案件激增，导致司法资源严重短缺，为缓解压力，一个比较现实的做法就是将轻罪和重罪案件分流。刑事和解制度可以促使加害方和受害方达成和解协议，降低刑罚运用的几率和强度，使一部分真诚悔改并受到道义谴责和经济惩罚的加害方尽快回归社会，更能体现我国"轻轻"法治思想的人道化和宽严相济刑事政策的法治精神。

（四） 和解不捕具有司法实践基础

实践是理论的源泉，也是检验真理的唯一标准。近年来我国司法实践中出现了"检调对接"、"不捕直诉"③ 的做法，如南通通州市检察院就曾对一起因邻里建房纠纷引发的刑事案件，经调解促使双方当事人达成和解协议后不捕而直接向法院起诉。这一既不违反法律规定又能充分体现人文精神的做法得到了社会各界的积极评价。福建省石狮市检察机关 2006 年不捕直诉的犯罪嫌疑人 103 人，占审查逮捕总数的 11%；2008 年前 4 个月，侦察监督科减少了 8% 的工作量。不可忽视的是，"不捕直诉"的实践也出现了一些问题，因其省略了审查批捕环节，就难以避免公安机关对一些应当报捕的案件没有报捕。福建省晋江市自 2002 年实施不捕直诉以来共"在逃"6 人。④

之所以出现这种"脱逃"与"无法归案"的问题，笔者认为原因之一是由于"不捕直诉"中缺乏当事人和解的程序，检察机关无法判断犯罪嫌疑人是否真正悔罪，过于绝对地将一切轻罪案件都不予逮捕。而在"检调对接"中，犯罪嫌疑人在承认犯罪的同时与被害方达成和解协议，说明他已知错悔改，并受到赔偿损失的实际惩罚，在此后的审判中还可能得到缓刑判处，如果再采取"脱逃"方式逃避侦查，所面临的将是严厉惩处。由此可见，刑事诉讼中的"检调对接"对于促进犯罪嫌疑人悔过自新具有无可替代的作用。"检调对接"与和解不捕具有内在的联系，唯一区别是通过"检调对接"达成和解并不必然导致不捕，而和解不捕则是和解了就不捕。在"检调对接"的基础上再推行和解不捕，将更有利于发挥刑事司法止争、息诉、矫正的功能。

（五） 和解不捕具有广泛的人文基础

"法律是被创造出来的，人在创造他自己的法律的时候，注定在其中贯注了他的想象、信仰、情感和偏见"⑤。我国和解不捕制度的构建必须立足于基本国情，根植于自身的文化土壤之中，并符合传统的伦理和道德信念。

在中华文明发展史中始终贯穿着"中庸之道"的哲学思想，从奴隶制时期的"礼治"

---

① 参见陈光中、汪建成、张卫平主编：《诉讼法理论与实践》，北京大学出版社 2006 年版，第 466 页。
② 参见《最高人民检察院工作报告——2007 年 3 月 13 日在第十届全国人民代表大会第五次会议上》，载《检察日报》2007 年 3 月 22 日。
③ 参见《不捕直诉，检调对接成了新名词》，载《检察日报》2006 年 5 月 17 日第 2 版。
④ 参见《不捕直诉，检调对接成了新名词》，载《检察日报》2006 年 5 月 17 日第 2 版。
⑤ 参见梁玉霞著：《论刑事诉讼方式的正当性》，中国法制出版社 2002 年版，导论部分第 3 页。

到秦汉之后的"独尊儒术"，形成了一脉相承的"和为贵"的传统道德观。中国古代的法制理念一直是遵循"德主刑辅"的价值观，德治、礼治成为法治的思想基础，并共同构成治国安邦的基本方略。而"在弥漫着宗法人伦的脉脉温情和政治专制的凛凛寒气的乡土秩序中，普通民众更乐于接受的是平心静气地止纷和事，而不是剑拔弩张地对簿公堂"①。虽然自"五四运动"之后传统的价值信仰被部分瓦解，但是中华文明的博大精深已根植于社会生活的方方面面，追求社会的和谐稳定是绝大多数人的心愿。新中国成立后的法制建设和政治教化如影随形，当前党中央在把"依法治国，建设社会主义法治国家"确定为基本国策的同时，还大力倡导"以德治国"，为建设和谐社会十分重视民事调解和做好刑事案件的转化工作。在这一前提下倡导刑事和解，重视道德等非法律因素在解决刑事纠纷中的作用，是在一定程度上向传统价值观的回归，使司法重新获得了道德伦理的支撑。

再从社会层面来看，刑事案件的"私了"长期存在于民间，这种亚文化状态更容易为以农民为主的社会群体所接受。然而，这种不报警不上法庭的"私了"方式只能解决被害人和犯罪人之间的纠纷，在排斥了国家参与的情况下使公共利益得不到应有的保护，对法治的社会化进程和全民法制观念的形成将产生消极影响。当事人之所以愿意"私了"，是因为如果将该案交由国家处理，在诉讼中被害人将被边缘化，他们既不能获得体面的精神安慰，又难以得到实际上的损害补偿，甚至在诉讼中还可能出现"二次被害"②。很显然，"私了"是受害人反对国家刑罚垄断权的极端表现，这也提醒我们在刑事诉讼中要注意解决当事人间的冲突，保障被害人惩罚请求权和补偿请求权的实现，使之能通过正当途径表达自己的诉求，从而变"私了"为"公判"。

四、和解不捕的制度设计

（一）和解不捕的适用范围

1. 适用对象范围。一是未成年犯。未成年人正处于身体发育和价值观形成的时期，其思维不成熟，可塑性强，往往会出于好奇或者冲动而实施犯罪，对其适用和解不捕有利于他的悔过自新和健康成长。同时对未成年人适用刑事和解方式结案也是世界各国的普遍做法，如德国、日本等。二是过失犯。过失犯没有犯罪的主观故意，社会危害不大，一般都有真诚悔过和主动赔偿的意愿，对其实施和解不捕的社会危险性极小。三是偶犯和初犯。此类犯罪常与法制观念不强有关，在遇事与人发生争执而不能控制感情时容易触犯刑律，当其头脑清醒后又感到后悔，通常会主动采用赔礼道歉和赔偿损失的方式来争取对方谅解，采取不捕的处理方法比较适当。四是其他危害性不大的案犯，如被教唆犯、胁从犯、中止犯、未遂犯、正当防卫和紧急避险过当或者有坦白自首情节的案犯，等等。而所有的惯犯、累犯、主观恶性大的犯罪嫌疑人，原则上都应当排除在适用范围之外。

2. 适用的案件范围。和解不捕主要适用于犯罪侵害的是私益，或对公共利益损害较小

---

① 参见张晋藩主编：《中国司法制度史》，人民法院出版社2004年版，第594页。

② 在2005年发生的一起强奸案中，被害人王某从五楼坠下，致颈椎以下瘫痪，因迟迟得不到赔偿和治疗而陷入绝境。最终以王父掐死被害人而告终。参见《南方周末》2006年4月27日。

的轻罪案件。这类犯罪行为的社会危害性程度和人身危险性较小，适用和解不捕不至于造成社会危险，一般可以界定为"法定刑为三年有期徒刑以下的案件"。按照特殊情况特别处理的原则，某些可能判处10年以下有期徒刑的犯罪案件，以及个别职务犯罪案件，可以在综合评价的基础上进一步放宽适用条件。而那些严重危害社会的集团犯罪、涉黑性质的犯罪、具有国际背景的恐怖犯罪、走私犯罪、毒品犯罪等，一般情况下不能轻易相信他们的悔过承诺，更不能随便适用和解不捕的处理方式。

3. 适用的例外规定。对于符合上述适用对象范围、案件范围的，只要加害人和被害人达成和解协议并履行义务的，可以作出不批准逮捕的决定。但具有较大的社会危险性，确有逮捕必要的，尽管达成了和解协议并已实际履行但还应当予以逮捕，这些情况可以在起诉时提请法院注意，作为从轻量刑的情节予以考虑。为严格把握这种和解不捕的例外情形，有必要将此类案件提请检察委员会讨论决定。

（二）和解不捕应遵循的原则

1. 法治原则。依法治国是我国的基本国策，提倡刑事和解、进行恢复性司法并不是如某些学者所说，"我认为法治是一种恶，不认为是好的，我们以后的社会肯定不是法治状态，应为恢复性司法的状态"。① 笔者主张当事人之间实现和解，但不是违背法治原则的和解，而是在司法机关主持下，依照实体法规定和程序法要求进行的，而且和解协议的内容和效果要接受法律审查，不能突破法律所设定的界限。

2. 自愿、合法原则。和解是当事人对自己的权利的处分，任何人不能强迫当事人和解并达成违背其意愿的和解协议，司法机关在调解过程中也不能以从严处罚相要挟，强迫加害人接受显失公平的和解协议。对于犯罪嫌疑人来说，和解应建立在真正认错、自觉悔罪、愿意道歉和实际赔偿的基础之上。

3. 以事实为基础原则。和解不能脱离客观事实，要以查明的案件事实为依据，在此基础上由当事人协商解决各自应承担的权利和义务。依据法律规定，提请批准逮捕的案件必须"有证据证明有犯罪事实"，从这个条件可以看出，进入逮捕环节的案件事实已基本清楚，这也为进行和解提供了事实基础。

4. 调解原则。和解包括自行和解和经第三方从中斡旋达成的和解。在审查批捕过程中，检察机关对于符合条件的案件要主动进行调解。首先要询问犯罪嫌疑人是否承认犯罪，有没有进行调解并达成和解协议的意愿，然后再就实体内容进行调解。人民检察院在进行调解时，为营造一种良好的和解气氛，也可以吸收其他社会机构和人员参与，包括人民调解委员会成员和双方的近亲属等。

5. 及时转化原则。当犯罪人和被害人无法协商达成和解协议时，应当终止和解程序，迅速转到正常的审查批捕进程中来，依法作出批准逮捕或不批准逮捕的决定。

（三）和解的程序

1. 启动阶段。侦查机关可以根据情况采取逮捕之外的强制措施。对于提请逮捕的案件

---

① 参见张绍彦：《刑事司法改革初探——刑事一体化暨恢复性司法国际研讨会摘要》，载《犯罪与改造研究》2004年第3期。

检察机关应审查当事人双方是否达成了和解协议，对于尚未达成和解协议，检察机关经审查认为符合和解条件的，应首先征求双方当事人的意见后才能启动调解程序。如果一方持犹豫或否定态度，主持人可以进行耐心的解释。总之，只要有一方坚持不同意调解就应当立即转入批捕程序。

2. 和解协议的审查。侦查批捕机关要审查经调解达成的和解协议是否当事人的真实意思表示，是否显失公平，力求使最终达成的协议合情合理合法。既要防止被害人提出过高的要求，又要制止犯罪嫌疑人对被害人实施威胁和拖延的手法。

3. 和解协议的执行。和解协议所确定的内容是否能付诸执行，是检验犯罪嫌疑人是否真诚悔过的重要标志。只有加害方切实履行了和解协议所确定的义务，刑事和解才算真正成立，侦查批捕机关才能落实不予逮捕的承诺。但由于审查批捕阶段只有 7 日，有些赔偿数额较大的案件，和解协议可能难以履行完毕，因此除赔礼道歉可以立即进行外，赔偿损失有时不可能一次履行完毕，只要犯罪嫌疑人执行了部分协议内容，就可以给予充分的信赖，为其履行剩余义务设定必要的宽限期。与此同时，检察机关应对协议执行情况进行跟踪监督，一旦发现犯罪嫌疑人有不履行协议的迹象并有逃跑可能的，应当迅速采取相应措施，确保这一制度取得良好的实际效果。

（作者单位：广东商学院法学院）

宽严相济刑事政策的内涵与实践

马秀娟

宽严相济刑事政策是在构建和谐社会的背景下确立的我国当前及今后相当长的时期内应当坚持的刑事政策。2004 年 9 月，党的十六届四中全会提出"构建社会主义和谐社会"的命题。同年 12 月，中共中央政治局常委、中央政法委书记罗干在全国政法工作会议上提出要正确运用宽严相济的刑事政策。2005 年 12 月，罗干在全国政法工作会议上要求政法机关要更加注重运用多种手段来化解矛盾纠纷，更加注重贯彻宽严相济的刑事政策，促进社会的和谐稳定。2006 年 10 月召开的十六届六中全会通过的《中共中央关于构建社会主义和谐社会若干重大问题的决定》正式确立了宽严相济的刑事司法政策。当前我国宽严相济刑事政策的确立有其原因和背景，体现了司法理念的变化，对我国的立法和司法实践也将起到重要的作用。

一、刑事政策对刑事活动的导向功能

刑事政策是刑事立法和司法的灵魂，对一个国家的刑事法治建设具有重要意义。从刑事政策的诸多权威表述中，我们可以看到其与犯罪和社会控制的内在联系。费尔巴哈认为："刑事政策是国家据以与犯罪作斗争的惩罚措施的总和，是立法国家的智慧。"[①] 法国学者米海依尔·戴尔玛斯－马蒂认为："刑事政策就是社会整体据以组织对犯罪现象反应的方法的总和，因而是不同社会控制形式的理论与实践。"[②] 我国有学者将其定义为：刑事政策是国家或执政党依据犯罪态势对犯罪行为和犯罪人运用刑罚和有关措施以期有效地惩罚和预防犯罪的方略。[③] 因此，可以说刑事政策的直接目的是预防和控制犯罪，而其根本目的则是社会的秩序与安全，这与刑事法律的目的是一致的。

在法治社会中，刑事政策因对刑事活动的重要影响而被关注。一是价值导向功能。例如，德国刑法学家希泊尔所说："刑事政策者，系由目的合理性之立场以观察刑事法之效果之谓也。"[④] 刑事政策体现了国家和社会对付犯罪现象的一种有倾向性的选择。刑事政策不仅对有关刑事立法起着价值导向作用，而且在很大程度上决定着刑事司法的前进方向。二是调节功能。尽管法律规定了犯罪构成和刑罚制度，规定了追究犯罪的程序。但在刑事司法活动中，警察、检察官、法官和执行人员等司法裁量权的正确行使需要刑事政策根据社会形势进行调节，使得法律惩治犯罪、预防犯罪的功能收到预期的最佳效果。三是解释和

① ［意］米海依尔·戴尔玛斯－马蒂著：《刑事政策的主要体系》，卢建平译，法律出版社 2000 年版，第 1 页。
② ［意］米海依尔·戴尔玛斯－马蒂著：《刑事政策的主要体系》，卢建平译，法律出版社 2000 年版，第 2 页。
③ 杨春洗主编：《刑事政策论》，北京大学出版社 1994 年版，第 7 页。
④ 转引自谢瑞智：《刑事政策原论》，台北文笙书局 1978 年版，第 4 页。

补缺功能。法律是一个静态封闭的系统，法律的有些规定比较原则和模糊，由于观念、条件或其他原因的限制，立法时对一些需要规定的内容没有规定或者规定得不完善，司法实践中就需要刑事政策发挥作用。

二、宽严相济刑事政策的内涵

相对于封闭的法律系统，刑事政策是一个具有动态性和开放性的系统。可以说，刑事政策是一定社会对犯罪反应的集中体现，随着犯罪态势的变化而不断地调整。新中国成立以来，我国长期坚持的是"惩办与宽大相结合"的刑事政策，其经历了从革命根据地到社会主义革命与建设的不断完善，对保护人民、惩治犯罪起到了重要作用。从 20 世纪 80 年代开始，我国进入了一个社会转型时期，由于犯罪压力剧增，出现了社会的失范现象。我国的刑事政策开始以"严打"为主线，强调依法从重严厉打击刑事犯罪分子。自 1988 年以后，尽管"严打"斗争仍然在如火如荼地进行，严重犯罪反而以前所未有的速度持续增长。"严打"刑事政策指引下的司法实践表明，"严打"在短时间内具有压制犯罪的效应，在一定程度上遏制了犯罪的恶性增长趋势。但只是暂时遏制住了犯罪分子的嚣张气焰，没有也不可能解决在改革开放条件下从根本上决定犯罪浪潮出现的社会结构性矛盾。其社会控制力的局限性也非常明显。贝卡里亚曾说："对于犯罪最强有力的约束力量不是刑罚的严酷性，而是刑罚的必定性。"[1] 这也给我们以启发：解决刑事案件高发的问题仅靠严厉打击是不够的，而应根据形势的需要确定打击的重点和法律规范的内容，宽严相济的刑事政策开始进入我们的视野。

宽严相济刑事政策的内涵非常丰富。罗干同志指出："宽严相济是指对刑事犯罪区别对待，做到既要有力打击和震慑犯罪，维护法制的严肃性，又要尽可能减少社会对抗，化消极因素为积极因素，实现法律效果和社会效果的统一。"宽指"宽大"，其确切含义应当为轻缓；而"严"是指严格或严厉；"济"则意指救济、协调与结合，即在宽与严之间应当具有一定的平衡，互相衔接，形成良性互动，以避免宽严失衡。也有学者认为宽严相济刑事政策的内容可归结为：该严则严，当宽则宽，严中有宽，宽中有严，宽严有度，宽严审势。

宽严相济的意思当然是宽其宽者，严其严者。但笔者认为，当前宽严相济刑事政策的侧重点是"宽"，以宽济严。第二次世界大战后，世界各国的刑事政策朝着所谓"宽松的刑事政策"和"严厉的刑事政策"两个不同的方向发展，这种现象被称为刑事政策的两极化。刑罚轻缓化已成为世界范围内的一种普遍认识和理想。之所以说侧重于"宽"是指我国偏重于对犯罪进行报复和惩办的传统社会观念有深远的影响，普通民众习惯于对犯罪分子严厉打击惩办，而不习惯于对犯罪分子予以宽缓处理。因此，当前的宽严相济刑事政策更应强化"宽"的概念。有学者就认为，宽严相济刑事政策强调更多的是非犯罪化、轻刑化和非监禁化。当前，宽严相济的刑事政策要求司法机关要最大限度地化消极因素为积极因素，对未成年人犯罪、过失犯、偶犯、初犯及主观恶性小、情节轻微的犯罪，加害方和受害方已经和解，或者加害方真诚悔罪、积极赔偿并得到谅解的轻微犯罪案件，要区别对

---

[1] ［意］贝卡里亚：《论犯罪与刑罚》，黄风译，中国大百科全书出版社 1993 年版，第 59 页。

待，采取轻缓的刑事政策从宽处理，对能不捕的依法不批捕，能不诉的依法不起诉，能从轻减轻的依法从轻减轻，做到以宽济严。

三、宽严相济刑事政策的理念

（一）刑法谦抑理念

现代刑法理念的进步和发展，是提出宽严相济刑事司法政策的理论基础。传统刑法出于报应主义与威吓观念的考虑，往往表现出泛刑主义和重刑主义的特征。传统的刑罚制度存在的弊端也是很明显的，如犯罪人与国家和社会的对立严重，重犯率高，成为社会的边缘群体。而近现代刑法观念在强调罪刑相适应、刑罚人道主义原则的同时，更多的是强调刑罚的谦抑性，反对重刑而主张轻刑和缓和刑。在发挥刑罚惩罚犯罪、预防犯罪的功能的同时，也体恤到社会利益和公共利益。正如贝卡里亚所说："刑罚的目的既不是要摧残折磨一个感知者，也不是要消除业已犯下的罪行。"① 在现代法治社会，谦抑性是刑法应有的价值意蕴。刑罚是解决社会矛盾的一种措施，但应是维护社会秩序的最后的惩罚手段。立法者应当力求以最小的支出——少用甚至不用刑罚（而用其他刑罚替代措施），以获取最大的社会效益——有效地预防和控制犯罪。刑事政策的宽和性正是从刑法的谦抑性出发，主张对犯罪人实行较为轻缓的刑罚措施，甚至对情节轻微、危害性不大的犯罪人作非犯罪化处理。落实宽严相济的刑事政策，进一步顺应了刑罚目的从报复、惩罚到更加理性的教育、挽救和修复的司法改革潮流，将促使刑罚产生积极、正面的社会效果和导向作用，有利于实现打击犯罪与保护人权的有机统一。

（二）人权保障理念

宽严相济刑事政策还体现了对人的关注和尊重。主要体现为对当事人自主权利的尊重和实际需要的满足。对犯罪人来说，传统中的报复主义刑罚观对其教育和复归社会往往关注不够。在宽严相济刑事政策中，对轻微犯罪的人实施较轻的刑罚，可以避免犯罪者在心理上产生逆反情绪，使其能真正地认罪服法，接受处罚和改造，为早日回归社会而尽力；同时也能加深其悔罪心理，让其进行必要的自我反省和支付必要的代价，强化其改过自新的心理体验和动能。同时宽严相济刑事政策也更加关注被害人。因为我们越来越认识到犯罪不仅仅侵害了国家秩序，更侵害了被害人的个人利益。陈光中教授就主张："刑事案件公共权力不应该膨胀到双方当事人连最起码的权利都没有，当事人应该有一定的自主权，在某种程度上讲，当事人的这种权利就是人权在程序上的一种体现。"例如，赋予当事人一定的程序选择权，多听取当事人的意见和诉求，多考虑当事人的实际物质和精神需求等。以往的刑事活动中，在行使国家刑罚权的时候，虽然也体现了对当事人意思的尊重及部分诉求的实现，但被害人在诉讼中的权利和地位未得到足够的重视。宽严相济的刑事政策体现了对被害人切身利益和需要的关注。国家在行使刑罚权的过程中，不应让被害人成为无助的旁观者。而要体恤被害人，使被害人在精神上得到安慰，物质上得到及时满意的赔偿，

---

① ［意］贝卡里亚：《论犯罪与刑罚》，黄风译，中国大百科全书出版社 1993 年版，第 42 页。

从而也强化其谅解的心理体验和动能。使最大限度地化解冲突，促进社会和谐成为可能。

（三）和谐理念

"和谐"表达的是一种关系状态，是一种稳定的生活方式，是稳定的最高状态。整个社会的和谐，是指社会发展符合人类社会发展规律，社会内部各个要素相互包容，协调运作，良性运行，文明和谐的、自发的、良好的、融洽的运转状态。一个和谐的社会，即法治文明、社会稳定、团结友善、谅解宽容的社会。随着改革开放的深入和社会主义市场经济不断向纵深推进，人与人之间的利益冲突就会加剧，社会矛盾也会越来越多样化、复杂化，不稳定、不和谐的因素也会不断增加。构建社会主义和谐社会，既要求妥善处理各种社会矛盾和问题，又要求不断消除各种不和谐因素。在刑事司法活动中，有效打击和及时遏制违法犯罪，促进违法犯罪人员悔过自新，对于构建社会主义和谐社会具有重要的意义。宽严相济刑事政策的基本精神，是根据社会形势和犯罪分子的不同情况，具体分析，区别对待，有宽有严，打击少数，争取、分化、教育、改造多数。对于那些并不直接影响社会秩序或影响不大的犯罪，可以采取轻缓化的处理方式，不仅有利于犯罪人改过自新、回归社会，也有利于化解犯罪人与被害人之间的冲突，维护整个社会秩序的和谐与稳定。我国刑事司法未来的发展趋势之一就是将工作的重心从犯罪发生之后的打击转向犯罪发生之前的预防，从对罪犯的惩罚和报复转向对罪犯的教化、改造，对受害人的抚慰、赔偿和对被犯罪破坏了的社区关系的恢复，从而达到减少社会冲突、促进社会和谐的目的。

四、宽严相济刑事政策的程序设置

（一）构建刑事和解制度

刑事和解制度的建立是实施宽严相济刑事政策的重要举措。刑事和解，是指犯罪发生之后，经由调停人使受害人与加害人直接商谈，对刑事责任问题达成协议，受害人一方不追究加害人一方的刑事责任，加害人一方则可能为此对受害人一方进行物质性赔偿。刑事和解制度给冲突双方提供了解决矛盾的机会，能够有效地减少和钝化矛盾，尽可能地减少法院判决后的消极因素，有助于在全社会增进和谐协调的社会关系。刑事和解在美国称为"社区司法"，在法国称为"和解普遍化运动"，在新西兰称为"家庭群体会议"。我国现行的刑事司法制度中还没有形成制度意义上的刑事和解，但已开始一些可贵的探索。实践中应把握以下几点：1. 适用条件：一是加害人做有罪答辩。加害人承认犯罪行为是自己所为，认识到犯罪行为对被害人造成的实际后果。二是双方当事人自愿。只有在和解中体现自由意志才能达到实质上的以和求解。2. 适用对象：对于侵犯个人权益且法定刑为拘役或3年以下有期徒刑的轻罪可以适用刑事和解制度；对于未成年人犯罪，可以放宽和解程序适用的范围。3. 适用阶段：可以适用于每一诉讼阶段，即从立案到执行阶段，都可以体现刑事和解的精神。具体在犯罪的侦查阶段，可以撤销案件或不移交起诉；在起诉阶段，可以不起诉或有条件不起诉；在审判阶段，可以适用缓刑或从轻量刑；在执行阶段，可以对罪犯给予减刑或假释。4. 当事人和解不得违反国家法律强制性规定和社会公德。

（二）积极推进社区矫正试点工作

社区矫正工作是我国刑罚执行制度的新尝试，也是落实宽严相济刑事政策的具体举措。将犯罪人监禁起来的刑事责任模式，使犯罪人承担的是抽象的刑罚责任，而忽视了现实的、具体的责任，如向被害人道歉、向被害人提供赔偿和帮助等。国外的实践证明，社区矫正不仅有利于提高对罪犯的教育改造质量，促进社会治安秩序的良性循环，而且有利于合理配置行刑资源，减轻国家的行刑成本。早在 2003 年，最高人民法院、最高人民检察院、公安部、司法部就联合印发了《关于开展社区矫正试点工作的通知》，该通知规定社区矫正的适用对象是：被判处管制的，被宣告缓刑的，被暂予监外执行的，被裁定假释的，被剥夺政治权利并在社会上服刑的五种罪犯。在刑事司法实践中，应稳妥地推进社区矫正工作：首先需要尽快完善社区矫正立法，让社区矫正有法可依，提高社区矫正在刑罚体系中的地位；其次要推动各社区矫正试点的规范化，对各试点加强指导；最后要建立专门的社区矫正机构，培养专业的社区矫正人员，推动社区刑的良好执行。要适当扩大社区刑的适用范围。把轻刑犯罪人员的帮教、矫正工作纳入社会治安综合治理工作中，进一步强化社区、学校、相关单位的帮教矫正责任，对未成年人要制定和实行法定监护人的监护制度，让他们充分履行监护人的法定义务。充分利用各种社会资源和社会力量，提高轻刑犯罪人员的矫正质量。

（三）扩大不起诉范围，引进暂缓起诉措施

由于诸多因素的影响，不起诉制度在司法实践中运行不畅，适用率较低，没有发挥其应有的功能。因此，应拓展相对不起诉的案件范围，充分发挥我国现行检察起诉裁量制度的程序分流功能，将社会危害性不大的犯罪作"宽大"处理，发挥相对不起诉对犯罪的预防、改造、震慑的功能。根据犯罪嫌疑人及其犯罪的具体情节，不予追究更有利于其改造的，就可以不起诉。司法实践中对于可能被判处 3 年以下有期徒刑的犯罪，以及未成年人犯罪、过失犯罪和初次犯罪的案件都可以列入不起诉的范围。确立暂缓起诉制度。暂缓起诉作为一种介于"起诉"与"不起诉"之间的中间措施，实际上体现了刑罚经济思想，程序上体现了起诉方便之义。我国司法实践中已经开始了这方面的探索，并收到了积极的效果。当然，暂缓起诉的适用范围应当予以严格控制，主要从犯罪性质、犯罪情节、年龄和悔罪等方面考虑实施。对于轻罪案件，具有犯罪中止、自首、立功等情节的案件；犯罪人系未成年人，或初犯、偶犯或有悔罪表现的，积极退赔或者协助挽回损失的情形，可以采取暂缓起诉措施。

五、结 语

在大力倡导创建社会主义和谐社会的今天，人际的和谐、社会的安宁和政局的稳定是人们的普遍愿望和刑事司法的努力方向。正如拉德布鲁赫所说的，"法律秩序所关注的是，人类不必像哨兵那样两眼不停地四处巡视，而是要能使他们经常无忧无虑地仰望星空和放

眼繁茂的草木。"① 我国当前的社会正处于转型期，犯罪总数有增无减，暴力犯罪增多，财产犯罪增多，疑难复杂案件增加，司法机关面临的压力逐步增大。如一味保持对犯罪处理的高压、强硬态度，则无益于社会矛盾的化解。因此，在坚持对严重的刑事犯罪进行必要的依法惩罚的同时，就其中的一些轻微的犯罪，一些人身危险性不是十分严重的犯罪，宽和的刑罚也能产生良好的社会控制力。通过宽缓的刑事程序来化解社会矛盾，符合法治的根本精神，是建设和谐社会的应有之义。

（作者单位：山西警官高等专科学校）

---

① ［德］拉德布鲁赫著：《法学导论》，米健、朱林译，中国大百科全书出版社 1997 年版，第 11 页。

宽严相济刑事政策与公诉环节改革

秦宗文

所谓"宽严相济",是要求在刑事司法活动中对刑事案件以及刑事被告人的处理,当宽则宽,当严则严,宽严相济,宽严有度。宽严相济刑事政策是对我国自 20 世纪 80 年代以来长期执行的"严打"刑事政策的扬弃。"严打"政策最初仅被设想为解决当时社会治安恶化的短期战役,但后来成为实际执行的实然刑事政策,宽大与惩办相结合的刑事政策被架空,成为应然的刑事政策。"严打"政策对于短期内治安形势的好转虽有一时之功,但"严打"政策并没有带来所预期的社会治安的根本好转。

刑事司法的本质是国家与个人之间最激烈冲突的解决方式,是国家与个人之间的对抗过程,但这并不意味着国家与个人之间毫无妥协的余地。同时,犯罪并非仅侵犯国家与社会利益,受害者个人往往是犯罪行为后果的直接承受者。"严打"刑事政策过分强调了国家与犯罪者个人之间的冲突一面,并且过分强调国家对犯罪者个人的高压和控制,以达到彻底驯服不良分子的目标,而忽视了受害人利益的保护问题,也忽视了国家与犯罪者个人之间可能合作,在最大限度上减小对立面实现多赢的可能性。"严打"政策的长期实践表明,这一政策并非平息犯罪行为引起的社会裂痕的最佳方式,在一些情况下,甚至激化了原有的社会矛盾。因而,随着社会整体转型,在建设和谐社会成为我国社会整体建设目标的情况下,对"严打"政策进行纠偏,提出宽严相济政策成为必然。

由于长期执行"严打"刑事政策,我国刑事司法不但在实体法的适用上偏重,在程序运行上也侧重于对犯罪人的打击,注重国家权力运用的有效性和快捷性,对程序的其他价值关注不足。因而,宽严相济刑事政策的贯彻不但要体现在实体法的适用上,刑事程序的运用也要作适度调整,通过程序实现宽严相济刑事政策是当前司法改革应重点关注的课题之一。[①]

通过程序实现宽严相济的司法政策应贯穿于司法的全过程,但就我国当前司法运行情况而言,公诉程序处于承前启后的阶段,法律监督机制也相对完备,在公诉程序大力推行宽严相济刑事政策对于通过程序实现宽严相济刑事政策具有重要意义。因而,本文集中探讨在公诉环节如何贯彻宽严相济的刑事政策。由于我国传统的刑事程序重在严,所以本文的探讨重点在于如何对公诉程序向宽的一面转化。

---

① 龙宗智:《通过程序实现"宽严相济"政策》,载《社会科学》2007 年第 5 期。

一、公诉阶段贯彻宽严相济刑事政策的重点环节

（一）起诉与否的衡量

被检察机关作不起诉处理的犯罪嫌疑人在法律意义上是无罪的，虽然还存在被重新提起公诉的可能性，但司法实践中这种可能性甚微，所以被不起诉处理就意味着犯罪嫌疑人摆脱了刑事司法程序的羁绊。由于法律规定和各方面因素的影响，我国刑事司法定罪率长期保持在99%以上，提起公诉基本上就意味着将被认定有罪，而定罪对公民个人生活和社会活动有着深刻的影响。因而，相对于起诉，不起诉处理体现着宽的一面。

（二）量刑建议的倾向

量刑建议是近几年来司法实践中强化法律监督的重要做法，对促进司法公正有积极意义。相对于法院，检察机关也是法律专门机关，就我国当前而言，检察机关与法院的进入门槛是一样高的，虽然法律最终适用权由法院掌握，但检察机关的量刑建议代表着另一专门机关对案件处理的看法，对法院对案件的处理有重要的参考意义。检察机关创设的目的之一即在于由检法两机关对案件进行双重把关，借助这两个专门机关的共识来保证案件处理的正确性。虽然量刑建议在一些地方被法院认为侵犯自己的职权而受到冷落，但检法两机关在长期的实践中也发展了一些不成文的沟通方法，法院也不可能完全置检察机关的看法于不顾。因而，检察机关在量刑建议或通过类似的方法向法院提出的处理意见对案件的最终处理偏向宽或严有一定的影响。

（三）羁押与否

理论上讲，逮捕作为强制措施仅为诉讼的顺利进行服务，本身不带有惩罚性，不能以羁押作为对犯罪嫌疑人、被告人的惩罚措施。但事实上，羁押所带来的人身自由的丧失与自由刑在实质上并无二致。在司法实践中，羁押的惩罚性也不能一概否认。法律规定的抽象性和含糊性为办案人员是否羁押犯罪嫌疑人、被告人留下了很大的裁量空间，对处于裁量范围内的案件是否羁押犯罪嫌疑人、被告人很大程度上取决于办案人员对刑事政策的理解贯彻程度。对可羁押可不羁押的采取羁押措施，则是从严，反之则是从宽。

此外，抗诉环节也能体现检察机关贯彻宽严相济刑事政策的力度，但在司法实践中，检法两机关往往通过相关渠道将分歧事前消灭，真正事后抗诉的案件数量不大，因而，抗诉环节虽有如何贯彻宽严相济的问题，但不是一个突出问题。此外，有学者认为简易程序的选择适用也是贯彻宽严相济的一环，①笔者认为不然，简易程序的适用主要体现了诉讼的经济性，对通过简易程序审判的被告人在法律适用上予以一定的优惠实际是一种对其与国家配合行为的一种奖励，是其应得到的。公诉机关是否同意或建议适用简易程序并非主要着眼于被告人是否能得到从轻处罚，而主要是为解决人手不足的问题，在宽严相济政策提出之前，简易程序的适用率已相当高，因而简易程序的适用与否不是"宽"、"严"的区别标志。

---

① 钱舫：《公诉环节贯彻宽严相济刑事政策的思考》，载《人民检察》2007年第20期。

二、当前公诉阶段贯彻宽严相济刑事政策面临的问题

由于长期执行"严打"刑事政策，加之其他因素对司法公正的影响，在公诉阶段贯彻宽严相济刑事政策还面临不少问题，主要体现在以下几点：

（一）相对不起诉适用中存在偏差

从法律规定和司法实践的情况看，法定不起诉、证据不足不起诉都存在一定的问题和需完善之处，但就贯彻宽严相济刑事政策而言，影响最大的是相对不起诉。相对不起诉的适用情况如何对宽严相济刑事政策在公诉阶段的落实具有重要意义。就当前情况而言，相对不起诉的适用存在不少问题：

1. 相对不起诉适用率偏低，难以体现宽严相济刑事政策"宽"的一面。据中、西部某两个省会城市的统计，两个城市的相对不起诉率都只有0.4%。即使是未成年人犯罪案件，该中部省会城市自2006年5月实行对未成年人犯罪案件集中管辖以来至2007年8月共移送案件165件388人，不起诉5件17人，不起诉率也仅为4.38%，而起诉的案件中被告人被判处缓刑的占41.5%。从全国范围看，全国公安机关移送案件平均裁量不起诉率只有1.2%左右。① 整体看来，相对不起诉率是偏低的，这与相对不起诉制度设立的初衷相差甚远。

作为起诉法定主义的纠偏，起诉便宜主义赋予检察机关对个案可根据案件情况裁量是否提起公诉，这一方面符合诉讼经济原则，另一方面也有利于贯彻个别化方针，及时终止诉讼，将犯罪嫌疑人从诉讼程序中解脱出来，减少其回归社会的难度。从上述数据可以看到，提起公诉的未成年人有41.5%最后被判处缓刑，对这部分案件，提起公诉并无多大意义，反而因为被贴上了罪犯的标签，增大了其回归社会的难度，不利于和谐社会的建设。从世界各国情况看，自20世纪60年代开始，西方法治国家普遍推行"轻轻重重"的刑事政策，对重案犯严厉打击，对轻罪实行更宽松的政策，以避免短期自由刑的弊端，其中措施之一就是对轻罪大量不起诉。这对我国如何在公诉环节贯彻宽严相济刑事政策有很强的借鉴意义。

2. 不起诉适用不当，难以体现宽严相济刑事政策"严"的一面。相对于一般刑事犯罪，职务犯罪由于主体的特殊性，惩治不力对社会导向会产生更不利的影响，理应予以严惩。但从有关数据看，全国公安机关移送案件平均裁量不起诉率只有1.2%左右，而全国职务犯罪的裁量不起诉率却在10%左右。② 也就是说，本应受到严厉惩治的职务犯罪在公诉阶段反而得到了更宽松的处理，不符合宽严相济刑事政策"严"的一面，"宽""严"没有很好地相济。

3. 不起诉缺乏配套措施，不利于持续实现"宽"的最终目的。不起诉在程序上具有终结诉讼的效力，虽然在理论上被不起诉人还有被再次起诉的可能性，但实践中这种情况发生的概率甚低。因而，不起诉后，国家权力就对被不起诉人失去了约束力。这导致部分被

---

① 满铭安：《宽严相济刑事政策下裁量起诉权的运行》，载《人民检察》2007年第24期。
② 满铭安：《宽严相济刑事政策下裁量起诉权的运行》，载《人民检察》2007年第24期。

不起诉失去反省的压力，使不起诉措施的目的有落空的危险，不利于实现"宽"的最终目标。此外，部分地方在运用不起诉措施时，对被害人的权益保护不够，引起被害人一方的不满，不利于矛盾的化解和社会关系的和谐。

（二）量刑建议实践情况不尽如人意

当前量刑建议主要存在两方面的问题：一是部分检察院提出的量刑建议偏重。由于长期执行"严打"政策和职业角色的影响，部分检察官视被告人为对手，对自己肩负的客观义务注意不够，存在较为严重的追诉倾向，在量刑建议中没有很好地贯彻宽严相济的刑事政策。二是部分法院将量刑权视为自己的禁地，视检察院的量刑建议为侵犯审判权之举，对检察院的量刑建议不接受、不配合，导致部分地方量刑建议试验无果而终。这一方面可能导致检察院对判决事后提出抗诉，不利于及时终结诉讼；另一方面，检察院事后抗诉的毕竟是少数，基于检法合作关系的重要性考虑，如果法院判决不是实在与预期差距过大，检察院一般不会提出抗诉，这使借助检法两机关达成合意促进判决合理性的机制失去了效力，不利于正确贯彻宽严相济刑事政策。

（三）公诉阶段羁押率过高

刑事诉讼中羁押率过高是我国刑事诉讼中的老大难问题，虽然理论界不断探寻解决路径，但效果并不明显。据有关资料显示，在侦查阶段，我国羁押率超过95%。在侦查终结移送起诉后，先前的羁押决定依然有效，检察机关无须另办羁押手续。从办案方便和避免承担责任角度考虑，检察机关一般都不会变更先前已采取的羁押措施。实际上，案件进入公诉阶段，证据基本上都已固定，犯罪嫌疑人妨碍诉讼的可能性已大大降低。同时，从实践情况看，有65%左右的被告人被判处了3年以下有期徒刑的处罚，这部分人中有相当一部分逃避诉讼的愿望并不十分强烈。由于审前较长时间的羁押，为避免承担国家赔偿责任，有相当一部分案件是羁押多长时间就判多长时间，严重损害了被告人的合法权益。公诉阶段的高羁押率显然不符合贯彻宽严相济刑事政策的要求。

三、公诉阶段贯彻宽严相济刑事政策应做的几项主要改革

（一）平衡起诉与不起诉的关系，做到"宽""严"相"济"

起诉与否是公诉阶段检察机关贯彻宽严相济刑事政策的最主要手段，恰当地掌握起诉或不起诉对公诉阶段实现宽严相济刑事政策具有重要意义。由于我国刑事司法传统上注重对犯罪的打击，对不起诉的适用持慎重态度，因而现有机制多围绕如何防止不起诉滥用而构建。贯彻宽严相济刑事政策，在起诉与不起诉的把握上，应重点向提高不起诉率方面进行改革，以体现"宽"的一面。

1. 在立法上扩大相对不起诉的适用范围。我国现行刑事诉讼法第142条第2款规定："对于犯罪情节轻微，依照刑法规定不需要判处刑罚或者免除刑罚的，人民检察院可以作出不起诉决定。"从刑事诉讼法修改的前后变化可以看出，规定"犯罪情节轻微"的出发点是限制相对不起诉的适用范围，以"犯罪情节轻微"限定"不需要判处刑罚"和"免除刑

罚"的案件性质，事实上将我国检察机关的不起诉裁量权限定在了极小的范围之内。① 这使一些性质特殊的案件、一些情节较轻的具有免除刑罚情节的案件、一些由于社会公益原因或政治原因需要作出不起诉决定的案件等被排除在外。为贯彻宽严相济的刑事政策，应对相对不起诉的范围作较大范围的扩展。笔者认为，对于可能判处 3 年以下有期徒刑、拘役、管制、单处罚金的犯罪行为，不起诉更符合公共利益的案件，可以适用相对不起诉。对虽可能判处 3 年以上有期徒刑，但根据案件情况可能判处缓刑的，也可由检察机关作不起诉处理。因为将此类案件起诉至法院，除了程序上的耗费外，还会使被告人背负罪犯的标签，不利于其回归社会。若能在公诉阶段作不起诉处理则可避免这种弊端。此外，对于初犯、未成年人犯罪、过失犯罪、偶犯以及年龄在 70 岁以上的老年人犯罪，在起诉考量时，应优先考虑作不起诉处理。

转变观念，树立能不诉即不诉的观念，并在制度上作相应改革。

虽然立法上明确了不起诉制度，但由于长期执行"严打"政策，检察机关形成了能起诉就起诉的观念，在相关制度设置、业绩考核上都以起诉为导向。1998 年最高人民检察院下发的 12 号文件要求各级检察院："符合酌定不起诉（即相对不起诉）的案件，除极个别外均应起诉。"各级检察机关都严格控制不起诉案件的比例，尤其是相对不起诉案件的数量。相对不起诉案件的数量也是上级检察机关重点检查的项目之一。在具体操作程序上，不起诉决定的作出要经过烦琐的程序：一是审查程序。人民检察院对于移送起诉或者不起诉的案件，要审查全部的事实、情节和证据，查明犯罪事实、情节是否清楚，证据是否充分。承办人通过审查，认为犯罪情节轻微，依照刑法规定不需要判处刑罚或免除刑罚，符合相对不起诉条件的，提出不起诉处理的审查意见。二是决定程序。对于承办人提出不起诉处理的审查意见，必须经部门领导审查后经检察委员会讨论决定。此外，对于人民检察院直接受理侦查的案件拟作相对不起诉处理的案件，还要由人民监督员审查，由人民监督员评议表决后再报上级检察机关批准。这种以起诉为导向的大氛围和繁杂的程序使办案人员作出不起诉决定比起诉还要耗费时间和精力，导致办案人员缺乏适用不起诉制度的积极性。因而，要贯彻宽严相济刑事政策，让办案人员愿意作出不起诉决定，就必须改革检察机关内部的考核机制，简化过于繁杂的程序过程。

不起诉适用率低的另一个原因是检察机关未注意协调与侦查机关的关系。在侦查机关的考核指标中，案件最终能否起诉是重要内容。对于侦查机关侦查终结的案件过多地适用不起诉会影响到侦查机关的成绩考核，损害检察机关与公安机关之间的关系。为协调与侦查机关的关系以便为以后的工作创造良好条件，检察机关不能不考虑侦查机关的要求。因而，贯彻宽严相济是一个系统性的工作，各诉讼阶段要协调合作，侦查机关的考核指标体系也应以宽严相济刑事政策为导向作相应的调整。

2. 当严则严，防止以偏赅全。由于我国长期执行"严打"政策，作为对其纠偏的宽严相济刑事政策一经提出，许多人在对其理解和适用中充分重视了其宽的一面，一些实务部门搞的一些改革也主要是如何贯彻从宽政策。从纠正原来过于从严的传统惯性看，大力提倡宽的一面是必要的，但这并不意味着可以忽视严的一面。从既往成功的经验看，对严重犯罪要坚持从严方针，在不起诉方面要慎重，没有特别情况，应一律起诉追究。同时，要

---

① 张穹著：《人民检察院刑事诉讼理论与实务》，法律出版社 1997 年版，第 276 页。

纠正以往对职务犯罪不起诉适用率偏高的现象，对这种往往与腐败相联系，侵害多种客体，社会危害性更大的犯罪应慎用不起诉决定，以贯彻从严方针。

（二）建立附条件不起诉制度

不起诉制度在适用中遇到的一个突出问题就是不起诉决定作出后，由于缺乏相应的司法预防和矫正机制，往往是宣布了之，事后对被不起诉人放任自流，不闻不问，司法行政部门及基层组织等民间力量也未将其纳入社区矫正的范围，从而导致相当数量的被不起诉人由于其行为及心理未得到必要的矫治，不能很好地回归融入社会，只能在违法犯罪的边缘徘徊。近年来，被相对不起诉人员逐渐成为一个重要的群体，屡见报道的被不起诉人重新犯罪现象也正说明了这一问题的存在及严重性。这显然不利于实现宽严相济刑事政策中"宽"的一面的最终目的。解决这一问题，国外成功实践的附条件不起诉（缓起诉）制度有重要的借鉴意义。附条件不起诉通过对被不起诉人附加一定期限的考验期，要求其履行特定的义务，以考察其是否真心悔罪，促其回归社会。由于面临可能被重新起诉的可能性，被起诉人必然承担一定的压力，减少相对不起诉后无任何改造压力，重新走向犯罪道路的情况。

（三）大力推行刑事和解制度

犯罪行为不但侵害了国家与社会的整体利益，也往往对被害人造成伤害，被害人是犯罪后果的直接承受者，因而对被告人是否起诉，应考虑被害人一方的意见。我国刑事诉讼法也有这样的要求。如果犯罪嫌疑人真诚悔罪，能对被害人的损害进行弥补，并取得被害人一方的谅解，和被害人一方达成和解，犯罪行为的社会危害性将降低，对其进行追诉的必要性也相应降低。这时由国家对犯罪嫌疑人作出不起诉处理，一方面体现了国家对其悔罪行为和犯罪危害性降低这一事实的肯定，落实了司法政策中"宽"的一面，另一方面也避免了程序继续进行产生的司法成本，是一种三方共赢的解决方式。目前各地实务部门进行诸多尝试，取得了不少有益的经验，但总体说来，由于程序的复杂性和缺乏有力的激励机制，通过刑事和解进而作出不起诉处理的案件比例还相当低。在贯彻宽严相济政策中，刑事和解还有很大的潜力可挖。

（四）推进量刑建议改革

量刑建议的改革应进一步重视宽严二者如何相济，注意检察官肩负的客观义务，不但要对严的案件提出建议，同时要注意从宽的一面提出量刑建议。要进一步理顺检法两机关的关系，法院不应视量刑建议为对其职权的侵犯，同时检察机关在提出建议时也可注意避免过于具体的建议，避免造成不必要的争执。可考虑由最高人民法院和最高人民检察院联合发布司法解释对相关事项作出规定，以实现由检法两机关合意来保证司法公正和刑事政策正确贯彻的目标。

（五）降低公诉阶段的羁押率

降低羁押率一直是我国刑事司法的一个难题，贯彻宽严相济刑事政策要求降低羁押率，实现非羁押诉讼是保障人权的重要体现。公诉环节羁押的犯罪嫌疑人、被告人多是侦查阶段被逮捕而延续下来的,因而降低羁押阶段的羁押率应从侦查阶段逮捕条件的严格把关入手,可不捕的不捕,慎重使用逮捕措施,防止惯性作用造成的羁押。另外,从侦查到公诉,案件情况不免发生变化,原来逮捕的现在可能已无逮捕的必要,因而除应强化犯罪嫌疑人、被告人申请解除羁押的权利保障外,还应建立定期审核机制,由检察人员定期审核,对已无必要羁押的及时变更强制措施,以充分体现刑事政策中"宽"的一面。

（作者单位：南京大学法学院）

对农民工犯罪嫌疑人、被告人适用
刑事诉讼法若干问题研究

——以宽严相济刑事政策为视角

宋桂兰　梁知博

一、宽严相济刑事政策与农民工犯罪嫌疑人、被告人适用刑事诉讼法的特殊性

宽严相济刑事政策是我国现阶段的基本刑事政策，与传统的惩办与宽大相结合的刑事政策相比，更加注重多元化的价值取向，既保障了人权又兼顾了社会安全，能够最大限度地增加社会和谐因素，缓解社会冲突。宏观而言，这一政策对于我国构建社会主义和谐社会具有重大意义。具体而言，这一政策对我国刑事实体法和程序法的改革也起着十分重要的指导意义。

宽严相济的"宽"具有以下两层含义：一是该轻而轻，二是该重而轻。该重而轻，是指所犯罪行较重，但被告人具有坦白、自首或者立功等法定和酌定情节的，法律上予以宽宥，在本应判处较重之刑的情况下判处较轻之刑。宽严相济的"宽"，表现为以下三种情形：一是非犯罪化。二是非监禁化。三是非司法化。非司法化是就诉讼程序而言的，在某些情况下，犯罪情节较轻或者刑事自诉案件，可以经过刑事和解，不进入刑事诉讼程序案件便得以终结。宽严相济的"严"，是指严格、严厉和严肃。这里的严格，是指法网严密，有罪必罚。严厉，是指刑罚苛厉，从重惩处。严肃，是指司法活动循法而治，不徇私情。宽严相济的"济"，具有以下三层含义：一是救济，即所谓以宽济严、以严济宽。二是协调，即所谓宽严有度、宽严审势。三是结合，即所谓宽中有严、严中有宽。①

最高人民法院和最高人民检察院均明确指出在执法过程中要严格贯彻宽严相济的刑事政策，如2007年2月，最高人民检察院出台了《关于在检察工作中贯彻宽严相济刑事司法政策的若干意见》。随后最高人民检察院还出台了《人民检察院办理未成年人刑事案件的规定》、《关于依法快速办理轻微刑事案件的意见》，使各地检察机关掌握"宽严相济"有了具体尺度。

而当前在我国的城市地区，农民工犯罪已经日益成为一个比较严峻的问题，也日益成为法学界关注的热点问题之一。2006年的全国刑法学术年会上，"宽严相济的刑事政策"是年会主题之一。中国人民大学法学院教授黄京平提出："对农民工等弱势群体初犯且轻微的，应在量刑上实行宽容。"② 在2008年召开的以"中国社会发展新阶段的犯罪问题研究"为主题的中国犯罪学学会第十七届学术研讨会上，农民工犯罪问题成为与会人员关注的焦

---

① 陈兴良：《解读宽严相济的刑事政策》，载《光明日报》2006年11月28日。
② 载《浙江工人日报》2006年10月12日。

点。据中国法学会《中国法学》杂志社副编审白岫云介绍，在一些经济发达的城市，农民工犯罪占犯罪案件的比例，已经从 20 世纪 80 年代的 30% 多上升到了现在的 80% 多；在有些地区，2005 年农民工犯罪率甚至达到了 85.71%，2006 年递增到了 88.94%。① 从杭州各大法院的统计数字中可以发现，民工犯罪呈逐年上升之势。以余杭法院为例，2003 年该院共受理农民工刑事犯罪案件 507 件，占全年刑事案件七成多。②

二、对农民工犯罪嫌疑人、被告人的管辖制度存在的问题及其完善

刑事审判管辖，是指审判机关内部审理第一审刑事案件的权限划分，主要包括级别管辖和地区管辖。刑事审判管辖制度是开启刑事审判程序的制度，科学的审判管辖制度有利于国家审判资源的合理配置，有利于及时、公正地处理刑事案件，有利于实现公正与效率的诉讼价值目标。对农民工犯罪嫌疑人、被告人而言，在管辖制度上的特殊性主要体现在地区管辖方面。根据刑事诉讼法的规定，刑事案件由犯罪地的人民法院管辖。如果由被告人居住地管辖更为适宜的，可以由被告人居住地的人民法院管辖（犯罪地，是指犯罪行为发生地。以非法占有为目的的财产犯罪，犯罪地包括行为发生地和犯罪分子实际取得财产的犯罪结果发生地）。几个同级人民法院都有权管辖的案件，由最初受理的人民法院管辖。在必要的时候，可以移送主要犯罪地的人民法院管辖。由犯罪地的法院管辖刑事案件，便于收集证据，便于诉讼参与人参加诉讼。可见，我国确立地区管辖的原则主要是便利诉讼，并未过多考虑当事人尤其是犯罪嫌疑人、被告人的权利保障。

在现行立法和司法实践中，对农民工犯罪嫌疑人、被告人的地区管辖存在的主要问题包括：确立地区管辖的原则过于教条化，忽视对农民工犯罪嫌疑人、被告人的权利保障；未确立管辖权异议制度。针对上述问题，立法应当予以完善。

（一）确立地区管辖的原则过于教条化，过于重视诉讼的便利，对农民工犯罪嫌疑人、被告人的权利保障有所忽视

鉴于农民工高度流动性的特点，其居住地和犯罪地往往不一致，大多数情况下，犯罪地都是其打工所在的地区，而在启动及进行刑事追诉的过程中，农民工犯罪嫌疑人、被告人可能已经逃回了居住地，或者逃到了其他地区（这其中也包括流窜作案的情况），也可能是在犯罪地。如果对农民工犯罪嫌疑人、被告人也实行一刀切，一般都以犯罪地法院管辖为主，以居住地管辖为辅（居住地管辖的情况一般适用于流窜作案等情形）；以最先受理的法院管辖为主，以主要犯罪地法院管辖为辅，难免有过于教条之嫌，农民工的天然的流动性决定了应当具体问题具体分析，根据个案的不同情形，确定由哪个地区管辖。在确定管辖时，应当既考虑到诉讼的便利，也考虑到人权的保障；既顾及公检法三机关行使职权的需要，又顾及犯罪嫌疑人、被告人基本权利的保障。

首先，犯罪嫌疑人、被告人仍在犯罪地的，一般由犯罪地的法院管辖，因为在犯罪地更容易收集证据，诉讼参与人也更加便于参加诉讼。原则上不由居住地法院管辖。但农民

---

① 参见上海《东方早报》2008 年 7 月 16 日。

② www.zjol.com.cn 浙江在线新闻网站，2004 年 1 月 17 日。

工在犯罪地属于弱势群体，无论是社会地位还是经济能力均处于较低的层次，如果在犯罪地追诉可能会对犯罪嫌疑人、被告人不公正，则经犯罪嫌疑人、被告人申请，可由居住地法院或其他同级法院管辖，即特殊情况下可确立由上级法院指定下级的异地法院管辖的制度。① 其次，犯罪嫌疑人、被告人逃回居住地的，要综合考虑全案情况，从人权保障和便利诉讼两个角度出发，可采取犯罪嫌疑人、被告人申请，同级法院之间协商以及上级法院指定三种不同的方式，在犯罪地和居住地之间确定地区管辖。最后，如果犯罪嫌疑人、被告人逃到了犯罪地和居住地以外的其他地区，一般应基于前一种情形中所述原则在犯罪地和居住地之间确定地区管辖。而对于其中的流窜作案一般应由居住地法院管辖。在后两种情况中，亦应充分考虑犯罪嫌疑人、被告人的权利保障，作为确立地区管辖的主要依据之一。例如，鉴于各地区的盗窃案件量刑标准的差异，对同一被告人的同一盗窃行为，不同地区的法院依据本地确立的具体数额标准进行量刑，将出现刑罚差异。② 因此，确定地区管辖会对被告人的实体权利产生很大的影响。

（二）未规定对管辖制度的救济程序——管辖权异议

管辖权异议制度，是指犯罪嫌疑人、被告人认为刑事案件的管辖有错误而要求将刑事案件移送有管辖权的机关的制度。在德国、日本、意大利等国家的刑事诉讼法中对管辖权异议制度都有规定。③ 在犯罪嫌疑人、被告人处于弱势群体（包括农民工）时，我国更应该借鉴这一制度，更好地保障人权。基于诉讼效率的考虑，管辖权异议应仅适用于审判阶段，而不是在整个诉讼阶段。从提出异议的主体来看，犯罪嫌疑人、被告人及其律师、辩护人均有权向法院提出。管辖权异议只能针对地区管辖提出，不适用于级别管辖。人民法院经审查，认为异议成立，则裁定将案件移送有管辖权的人民法院审理；认为异议不成立，则裁定驳回管辖权异议。被告人对驳回管辖权异议的裁定不能上诉。

三、对农民工犯罪嫌疑人、被告人的强制措施制度存在的问题及其完善

刑事诉讼法规定的强制措施包括五种：拘传、取保候审、监视居住、拘留和逮捕。在对农民工犯罪嫌疑人、被告人适用强制措施时，与普通犯罪嫌疑人、被告人相比，其特殊性主要体现在取保候审、监视居住和逮捕三种强制措施中，而且主要是在打工所在地被追诉的农民工犯罪嫌疑人、被告人在适用上述三种强制措施时有其特殊性。主要体现在：

---

① 其法律依据可以是我国刑事诉讼法第 26 条规定："上级人民法院可以指定下级人民法院审判管辖不明的案件，也可以指定下级人民法院将案件移送其他人民法院审判。"

② 最高人民法院《关于审理盗窃案件具体应用法律若干问题的解释》第 3 条第 2 款规定："各省、自治区、直辖市高级人民法院可根据本地区经济发展状况，并考虑社会治安状况，在前款规定的数额幅度内，分别确定本地区执行的'数额较大'、'数额巨大'、'数额特别巨大'的标准。"

③ 德国刑事诉讼法第 16 条规定，审判程序开始之后，法院只有根据被告人的异议才允许宣告自己无权管辖。被告人只能在审判程序中对他就案情予以讯问之前提出异议。日本刑事诉讼法第 331 条规定，如果没有被告人的申请，法院不得就地区管辖作出错误管辖的宣告。管辖错误的申请，在被告案件已经开始调查证据后，不得提出。意大利刑事诉讼法第 21 条规定，无地域管辖权的情况应当在初步庭审结束之前或者在未进行初步庭审的情况下在第 491 条第 1 款规定的期限届满之前提出抗辩，过期无效；在后面提到的期限内可以重新提出在初步庭审中被驳回的无管辖权抗辩。

（一）对农民工犯罪嫌疑人、被告人的逮捕适用率过高，极少适用取保候审和监视居住

农民工在城市中属于外来人员，他们大都处于工作不稳定，住所不固定的状态，在对其犯罪进行追诉的过程中，公检法三机关由于担心农民工的流动性会影响到诉讼程序的正常进行，因此往往无论罪行轻重，无论情节如何，一律逮捕。这种做法存在着严重问题。

首先，从理论上讲，实际上是违背司法公正的要求的，不利于对犯罪嫌疑人、被告人人权的保障，是对农民工的一种特殊的不公待遇。

其次，不符合立法的规定，根据刑事诉讼法规定，以下两种情况下可以适用取保候审或监视居住：可能判处管制、拘役或者独立适用附加刑的；可能判处有期徒刑以上刑罚，采取取保候审、监视居住不致发生社会危险性的。而逮捕的适用条件是有证据证明有犯罪事实，可能判处徒刑以上刑罚的犯罪嫌疑人、被告人，采取取保候审、监视居住等方法，尚不足以防止发生社会危险性，而有逮捕必要的。可见，根据立法规定，轻微犯罪应以适用取保候审或监视居住为主，除非可能发生社会危险性，而不应一律逮捕。

最后，导致加重羁押部门的负担，以及在羁押场所的交叉感染。据笔者了解，在北京某区的看守所关押的未决犯中，绝大多数都是外来人员，其中以农民工居多。一方面，由于被关押人员数量多，而看守所地方小、人手少，所以导致人满为患，大大增加了看守所的各项负担，场所拥挤，经费紧张。另一方面，对于农民工犯罪嫌疑人、被告人而言，其犯罪的原因，除了少数主观恶性因素以外，更多的是源于其较差的生存环境和较大的生存压力等客观因素以及淡薄的法律意识。如果一律逮捕，在羁押场所很可能会造成交叉感染，在其他涉嫌严重犯罪的犯罪嫌疑人、被告人的消极影响下，可能会更加倾向于重新犯罪；而且如果作为家庭经济支柱的农民工被关押，其家庭也会失去主要生活来源，影响社会的稳定与和谐。

因此，实践部门应当改变目前的司法现状，对于符合取保候审和监视居住条件的，尽可能适用取保候审或者监视居住。现在已经有司法实务部门意识到了这一问题，并着手改进，如浙江省瑞安市检察院在 2006 年推出"法律同城待遇"，提出让外来人员享受与本地人同等的"法律待遇"，轻微刑事犯罪不捕机制就是一次尝试。2006 年至 2007 年 4 月底，该院已对 22 名外来轻微刑事犯罪嫌疑人作出有罪不捕决定，在已诉讼终结的 9 人中，没有 1 人被判处实刑。该院规定对外来人员轻微犯罪不捕的主要因素包括：犯罪事实单一、清楚，证据收集到位，嫌疑人属初犯、偶犯；犯罪性质、情节轻微，法定刑在 3 年有期徒刑以下，涉及的犯罪主要是过失犯罪；犯罪嫌疑人必须有悔罪表现，对自己的行为有正确认识，坦白交代问题，自觉接受司法机关裁判；嫌疑人已经赔偿被害人的经济损失，或者需要赔偿数额不大，在犯罪嫌疑人可承受的范围内；在瑞安有相对固定的工作单位或住址的，未成年人犯罪的，应有亲属在瑞安工作或居住的；有符合法律规定的担保人。① 事实上，减少逮捕的适用率最根本有效的措施是扩大取保候审和监视居住的适用。

（二）适用取保候审和监视居住存在的问题及其完善

如前所述，当前对农民工犯罪嫌疑人、被告人适用取保候审和监视居住，存在的最严

---

① http://www.66wz.com 2007 年 05 月 09 日 14:31。

重的问题就是适用率极低，因此亟须改进的就是要扩大二者的适用面，从而降低羁押率。对于严重暴力犯罪等不符合取保候审和监视居住适用条件的，应及时逮捕；对于符合二者适用条件的，尽量要适用取保候审或者监视居住。对符合取保候审和监视居住适用条件的农民工犯罪嫌疑人、被告人，有以下几个问题需要解决：

一是对于适用保证金方式的，应当根据犯罪嫌疑人、被告人的经济状况来决定保证金数额，而不能以当地的平均经济收入水平作为衡量标准。刑事诉讼法并未规定保证金的具体数额，《人民检察院刑事诉讼规则》第 44 条规定，检察院可以根据犯罪的性质和情节、犯罪嫌疑人的人身危险性、经济状况和涉嫌犯罪数额，责令犯罪嫌疑人交纳 1000 元以上的保证金，但没有规定上限。公安部《关于取保候审保证金的规定》第 7 条规定，保证金的数额，应当根据当地的经济发展水平、犯罪嫌疑人的经济状况以及案件的性质、情节、社会危害性以及可能判处刑罚的轻重等情况，综合考虑确定。各省、自治区、直辖市公安厅、局应当根据不同类型案件的性质、社会危害性，结合当地的经济发展水平，确定本地区收取保证金的数额标准，以及需经地、市以上公安机关审批的数额标准。其中，对经济犯罪、侵犯财产犯罪或者其他造成财产损失的犯罪，可以按涉案数额或者直接财产损失数额的 1 至 3 倍确定收取保证金的数额标准；对其他刑事犯罪，根据案件的不同情况，保证金的数额标准可以确定在 2000 元以上 50000 元以下。第 8 条规定，保证金必须在公安机关决定取保候审时一次性交纳。显然公安部的规定更详细一些，但在其规定的确定因素中，当地的经济发展水平是其中的重要因素。对于农民工犯罪嫌疑人、被告人来说，他们的收入较之当地的经济发展水平存在很大差距，如果也以此为依据，显然数额过高。而且要求必须要一次性交纳，这一要求对于农民工犯罪嫌疑人、被告人也过于严苛。司法实践中经常出现公检法三机关要求的保证金数额过高，超出犯罪嫌疑人、被告人承受能力的情况，而保证金数额过低，又很难真正起到保障诉讼顺利进行的作用。尤其是对于农民工，经济水平偏低，在确定保证金数额时，不应参考当地经济发展水平，而应参考当地农民工的经济状况，仔细权衡，并在法定情形下，可以允许其分期交纳保证金。

二是对于适用保证人方式的，相对于普通的犯罪嫌疑人、被告人，应当适当降低保证人的条件要求。实践中，保证人方式原本适用率就很低，取保候审大都采用保证金方式，而对于农民工犯罪嫌疑人、被告人来说，保证人方式更是难上加难。作为外来打工人员，本来就人地生疏，社会地位又低，很难找到合适的保证人。刑事诉讼法第 54 条规定的保证人的条件包括四个：（1）与本案无牵连；（2）有能力履行保证义务；（3）享有政治权利，人身自由未受到限制；（4）有固定的住处和收入。其中，对于（2）和（4）在具体适用中，较之普通犯罪嫌疑人、被告人的保证人，可以适当降低要求。

三是对于无法适用取保候审的，应当采取监视居住。根据公安部印发的《〈关于取保候审保证金的规定〉的通知》第 2 条的规定，对同一犯罪嫌疑人不能同时适用保证人担保和保证金担保。对符合取保候审条件的犯罪嫌疑人，如不愿找保证人或者提出的保证人不符合法定条件，又无力交纳保证金的，应当采取监视居住措施。在适用监视居住措施时，尤其要注意不能将其变为变相羁押，监视居住的场所必须是被监视居住人在当地的住所或者指定的生活居所。

四、对农民工犯罪嫌疑人、被告人的辩护制度存在的问题及其完善

"辩护",是指犯罪嫌疑人、被告人及其辩护人为维护犯罪嫌疑人、被告人的合法权益,从事实和法律方面反驳控诉,提出有利于犯罪嫌疑人、被告人的证据和理由,证明犯罪嫌疑人、被告人无罪、罪轻或者应当减轻、免除其刑事责任的诉讼活动。辩护的种类包括自行辩护、委托辩护和指定辩护三种。具体到农民工犯罪嫌疑人、被告人适用辩护制度的特殊性,主要体现在指定辩护。我国刑事诉讼中指定辩护,是指对于符合法定条件的被告人,法院应当或者可以为其指定辩护人帮助其行使辩护权。对于盲聋哑或者未成年的,以及可能被判处死刑的农民工被告人,依法应当为其指定辩护。对于因经济困难或者其他原因没有委托辩护人的农民工被告人,法院可以为其指定辩护。对于这一点,在司法实践中,对农民工的法律援助可以适当放宽条件。因为农民工在城市的弱势地位以及普遍受教育水平低,他们更加需要律师的帮助。而在侦查阶段聘请律师,以及审查起诉阶段和审判阶段委托辩护人,各地也应当本着人性化的精神,为其提供相关律师事务所信息、与律师的联系渠道等。保障农民工犯罪嫌疑人、被告人的辩护权能够得到充分行使,从而维护其合法权益。

五、构建对农民工犯罪嫌疑人、被告人的刑事和解制度

刑事和解制度类似于西方司法中的辩诉交易,但它又不完全等同于辩诉交易。所谓刑事和解的含义就是犯罪嫌疑人、被告人以具结悔过、赔礼道歉、赔偿损失等方式得到被害人的谅解,被害人要求或者同意司法机关对犯罪嫌疑人、被告人依法从宽处理而达成的协议。实现刑事和解的,检察机关可以依法对犯罪嫌疑人、被告人不批准逮捕,或者不起诉,或者起诉后建议人民法院从轻、减轻判处。[①] 刑事和解符合当前宽严相济的刑事政策和构建和谐社会的要求。我国现行刑事诉讼法中对于前两类自诉案件和附带民事诉讼案件都规定了调解制度,实际上也是一种刑事和解。而在公诉案件中,不适用和解。近年来,刑事和解制度受到了越来越多的关注,国内法学界也开始探讨刑事和解制度在我国刑事诉讼中的可行性,并提出在我国刑事诉讼法修订中增加规定刑事和解制度的立法建议,在北京、上海、浙江、江苏和山东等地也就刑事和解制度展开了试点。

农民工犯罪嫌疑人、被告人实施的相当一部分犯罪是由于其首先是受害者,排除农民工自身素质原因,严重侵害农民工的合法权益等问题也是诱发犯罪的重要原因,如拖欠工资,不履行事故责任,强迫超体力劳动,不执行劳动合同等。由于此类刑事案件被害人自身有过错在先,控辩双方存在和解的基础;而农民工犯罪中也有很多是侵财类的犯罪,此类刑事案件中并无人身伤亡,只要采取金钱或其他被害人可以接受的方式赔偿了被害人的财产损失,得到了被害人的谅解,也存在和解的基础。因此,笔者认为,在引入刑事和解制度的同时,立法和司法也应当关注农民工这一特殊群体,建立在法定情形下对农民工犯

---

① 滕斌、罗家欢、江望:《湖南试行刑事和解制 轻微刑事案件可私下和解》,载《三湘都市报》2006 年 11 月 23 日。

罪嫌疑人、被告人的刑事和解制度，既能够保障农民工犯罪嫌疑人、被告人的合法权益，又能够满足被害人的意愿，促进社会的稳定与和谐。

综上，在宽严相济刑事政策下，农民工犯罪嫌疑人、被告人作为一个特殊的利益群体，在刑事诉讼领域的诸多制度中理应得到特别的关注。囿于篇幅，本文只选取了其中的典型问题进行了简要的论证，以期抛砖引玉，引起法学界对这一特殊群体的重视。

（作者单位：北京农学院　中共陕西省委党校法学部）

宽严相济刑事政策视野下的刑事和解制度

——论对轻微刑事案件进行刑事和解的必要性与可行性

谈江萍 沈慧红

刑事和解是西方于 20 世纪 70 年代兴起的司法改革措施之一,是犯罪嫌疑人、被告人通过对话与协商,以忏悔和谅解作为纠纷解决的主要前提,犯罪嫌疑人、被告人赔偿被害人令其满意的损失,取得其谅解,被害人要求或同意从轻处罚犯罪嫌疑人、被告人,经国家专门司法机关审查同意后依法对犯罪人作出从宽处理,从而终止刑事诉讼的一项诉讼制度,又称被害人—犯罪人和解(Victim—Offender Reconciliation,简称 VOR)。近几年我国人民检察院等司法实务部门亦在积极探索对轻微刑事案件运用该纠纷解决机制,在理论界有学者称之为私力救济模式或刑事法治的第三领域,但不论如何对其定性,我们都需以当事人自愿合意为前提,司法机关审查为终端控制,以确保该和解的合法和合理性,这一解决刑事纠纷的新方式事实上已成为赔偿性的公诉的替代程序,我们认为虽然现行立法中还无明确确立刑事和解制度,但以刑事和解制度作为轻微刑事案件的解决途径有其必要性和可行性。

一、对轻微刑事案件进行刑事和解的必要性

1. 刑事诉讼的正义法律价值目标的充分实现要求对轻微刑事案件进行刑事和解

正义是社会制度的首要价值,正如真理是思想体系的首要价值一样。① 从诉讼的角度来看,正义的实现应当包括实体与程序两方面且缺一不可,即诉讼既有程序的自身内在价值又有其外在价值,而法律程序的价值标准在于是否有好的结果效应和程序本身是否为善的价值标准,诚如我国有学者所言刑事诉讼的价值不仅在于得出客观真实的结果,更在于提供一种能产生公信力的"善"程序,而"善"程序的标准从当事人的角度可归纳为参与、合意、中立、理性、及时、止争、人道等十个方面。② 具体来说,在诉讼活动中就应保障当事人的主体地位的实现,尊重当事人的意思选择,要求与诉讼结果有利害关系的人有机会参与诉讼并提出有利于自己或反驳对方主张的证据,同时确保国家对程序的有效控制,排除各种不良因素对当事人的干扰,保证当事人自我决策、自我归责与结果的公正性。对轻微刑事案件进行刑事和解时,其前提是经过公安部门立案侦查,案件事实已清楚,证据确凿充分,当事人双方都愿意面对面地公开协商沟通,在和解过程中要求营造一个平等的氛围以使受害人能充分倾诉其感受与损失,同样重要的是要让犯罪人在倾听时亦有机会说出他们对自己的行为可能造成了他人的不幸的真实想法并真诚表示悔罪与积极地赔偿,取得

---

① [美] 约翰·罗尔斯:《正义论》,何怀宏等译,中国社会科学出版社 1988 年版,第 1~2 页。
② 参见孙笑侠著:《程序的法理》,商务印书馆 2005 年版,第 102 页、第 107 页。

受害人的原谅从而愿意放弃对其的刑事处罚主张,使该公诉案件不必再经过复杂的庭审程序而结案。同时在对轻微的刑事案件进行刑事和解时,当事人的程序选择权并未削弱公权力的作用,使公诉与自诉混淆,相反为保证刑事和解过程与结果的公正性,检察院必须予以监督与最终审查,防止钱权交易等有损司法公正的程序与实体结果的发生。检察官作为公共利益的代表与中立的法律监督者,不仅站在被害人的立场而且当然会考虑到犯罪给社会带来的影响,以及对犯人的刑事政策能否从公正的立场来决定起诉或不起诉。[①] 因而对轻微刑事案件进行刑事和解这一"在法律阴影下的交涉"能体现公力和私力的合理互动,弥补民间私了与国家垄断司法二者的不足,更有利于刑事诉讼的正义法律价值目标的实现,即在正当的程序中实现实体真实。

2. 刑事诉讼的效率价值目标的顺利实现要求对轻微刑事案件进行刑事和解

刑事诉讼从整体上应当实现的价值目标除了公正还有效率,有学者认为诉讼效率是国家在设计建构刑事诉讼程序时首先须考虑的价值目标,所谓迟来的正义非正义。以波斯纳等人为代表的经济分析法学派主张从程序经济角度设计刑事诉讼程序,因为法律在运作过程中会耗费大量的经济资源,为提高司法活动的经济效益,应将最大限度地减少这种经济资源耗费作为对法律程序进行评价的一项基本价值标准,并在具体司法活动中实现这一目标。近年来,随着犯罪数量的居高不下和刑事诉讼程序的复杂化,刑事司法资源的高消耗及社会对惩治犯罪又呈无限性的特点,刑事司法资源日益显现稀缺状态,这就使刑事诉讼的效率理念日益突出。刑事诉讼效率,是指以一定的司法资源处理的刑事案件数量。在司法资源有限化的前提下,为了良好地完成诉讼任务,必须高效地利用有限的司法资源,追求效率也正是解决司法资源无法绝对满足刑事诉讼活动需要的根本途径。当前各国在刑事诉讼实践中一般以缩短诉讼期间等方法减少诉讼成本和在诉讼成本不变的前提下优化司法资源的途径来提高诉讼效率,后者即以区别对待的原则依犯罪的性质轻重及其处理的难易程度等投入多少不等的资源。各国刑事诉讼中确立的普通与简易程序之分、美国广为适用的辩诉交易制度、日本的起诉犹豫程序等经实践证明有效地化解了现今司法资源的不足与社会需求的无限矛盾,提高了司法效率。[②] 在我国轻微刑事案件占较大比例,虽然这类案件与重罪案件有共性但更有其特性从诉讼原理来看应区别不同程序运作,而据 1998 年至 2003 年间司法调查的有关数据表明,我国刑事犯罪案件上升幅度越来越大,但仍有 75% 的轻罪案件与其他重罪一样走完了整个刑事诉讼程序。这几年间各级人民检察院共批准逮捕各类刑事犯罪嫌疑人 3601357 人,提起公诉 3666142 人,比前 5 年分别上升了 24.5% 和 30.6%,各级人民法院共审结一审刑事案件 283 万件,比前 5 年上升了 16%,判处犯罪分子 322 万人,上升了 18%,其中判处 5 年以上有期徒刑、无期徒刑和死刑的 81.9 万人,占 25%,为打击各种犯罪,我国每年都需要投入大量的社会资源,仅关押一个犯人每年就需要花费一万元以上的费用。[③] 当前检察机构的人员设置和物资配备有限,公诉机关不可能也无必要对任何犯罪全面干预,通过刑事和解有条件地合理地放弃对轻微罪行的追诉能够使

---

① 黄道主编:《诉讼法》,知识出版社 1981 年版,第 234 页。

② 左卫民著:《价值与结构——刑事程序的双重分析》,四川大学出版社 1994 年版,第 57 页。

③ 参见段明学:《选择起诉若干问题研究》,载樊崇义主编:《诉讼法学研究》,中国检察出版社 2005 年版,第 210 页。

部分司法资源被节约出来投入对严重罪行的指控，更有效地打击严重犯罪，促进社会和谐，有利于实现司法资源配置的最优化和效益的最大化。

3. 当前刑事司法理念的变化和改革趋势要求对轻微刑事案件进行刑事和解

随着 20 世纪中叶刑事被害人学的兴起和被害人要求刑事程序保护呼声的高涨，加强被害人在刑事司法中权利的保障的范围和力度，在当事人之间实现权利保护的平衡成为各国司法改革的重要目标和发展趋势，联合国 1985 年通过了《为罪行和滥用权力行为受害者取得公理的基本原则宣言》，以专门立法强化对被害人的权利保护。西方国家盛行的恢复性司法理念，即主要源于以被害人为导向的刑事保护理论的兴起和以罪犯为中心的监禁、矫正政策的失败。该司法理念改变了传统的刑事司法体制中人为地将被害人与犯罪人设计为绝对的对立关系和过分强调国家利益和犯罪人的人权保障的缺陷，改变了传统公诉中被害人的边缘地位，而视被害人与犯罪人双方为中心，更加关注被害人利益，尊重其体验和视角，其价值目标正如英国学者马塞尔所言是预防再犯罪，更有效地帮助被害人，重建被犯罪破坏的社会关系，如恢复社会成员的物质和情感损失、人们的安全感以及被犯罪破坏的尊严和自尊等。① 在此理念的指导下很多国家尝试以刑事和解来解决刑事纠纷，并取得了积极效果，2002 年联合国亦认可了该刑事纠纷解决机制。我国现行的刑事诉讼法虽然确立了被害人的当事人地位，但其诉权及作用较之其他当事人而言只能算"准"当事人，对轻微刑事案件进行刑事和解，强调被害人的参与和减轻消除因犯罪给其带来的物质、精神损失，可以说刑事和解的运用将有效改善目前对被害人保护不力的局面。

第二次世界大战后，各国亦逐渐认识到减少犯罪的首要问题在于预防改造，现代刑罚的目的不再是简单的报复与惩罚，而是注重犯罪者的回归社会问题，强调教育和改造。执行刑罚的根本目的在于化解冲突，修复被犯罪行为破坏了的社会秩序，最终目标是建立和谐的社会关系，且刑罚不是万能的，它还有其谦抑性、经济性等特点。刑事和解的产生正是刑罚价值追求的理性回归，能通过非刑罚的处罚方式修整恢复受损的社会关系，就无必要进行繁杂的刑事程序和严厉的处罚，该纠纷解决机制既能使加害人真切了解被害人的痛苦感受，使其内心真正悔悟，又免于受"犯罪标签"的不利影响，有助于其顺利重返社会。

二、对轻微刑事案件进行刑事和解的可行性

1. 我国现行的刑事立法的相关规定为对轻微刑事案件进行刑事和解提供了法律依据

在程序法方面，我国吸纳了当今世界刑事诉讼的理论成果，在修订的刑事诉讼法第 142 条第 2 款规定："对于犯罪情节轻微，依照刑法规定不需要判处刑罚或者免除刑罚的，人民检察院可以作出不起诉决定"，即赋予检察院一定的不起诉裁量权，又称起诉便宜主义，司法实践中称之为相对不起诉。检察院对轻微刑事案件进行刑事和解后对加害人作出不起诉的决定，从而终止诉讼合乎相对不起诉的精神实质，其实就是灵活运用了体现起诉便宜主义精神的相对不起诉。同时刑事和解以当事人的自愿选择或接受为前提，而未完全将其适用与否的决定权予以司法机关，贯彻了现代刑事诉讼程序所必备的参与精神，突出了被害人与被告人的程序主体性，加强了当事人对诉讼过程及其结果的认同和服从，减少上诉和

---

① ［英］麦高伟·杰弗里·威尔逊主编：《英国刑事司法程序》，姚永吉等译，法律出版社 2003 年版，第 476 页。

申诉率，恰与刑事诉讼追求效率、与公正的世界性发展潮流相一致。台湾地区法学家蔡墩铭所言，如何使迅速裁判之目的与其他刑事诉讼目的相配合，不失为今日刑事司法最迫切之课题，而刑事和解就是对这一课题的成功探索。它既避免了诉讼资源的浪费和诉讼时间的延长，体现了效率又确保了当事人享有最基本的诉讼权利和最低限度的公正要求，程序主体性原理与正当程序并未发生冲突，却可以说是得到了有机的统一。在实体法方面，刑法第 61 条规定："对于犯罪分子决定刑罚的时候，应当根据犯罪的事实、犯罪的性质、情节和对于社会的危害程度，依照本法的有关规定判处。"第 72 条规定："对于被判处拘役、三年以下有期徒刑的犯罪分子，根据犯罪分子的犯罪情节和悔罪表现，适用缓刑确实不致再危害社会的，可以宣告缓刑。"这些规定虽未直接规范刑事和解，但其蕴涵的量刑须参照多个因素，将罪行较轻的罪犯放在社会上教育改造的思想同样可以作为对轻微刑事案件进行刑事和解的立论依据。

2. 宽严相济刑事政策为对轻微刑事案件进行刑事和解提供了政策依据

党的十六届六中全会提出的宽严相济刑事政策体现了以人为本，公平公正的理念，对有效打击犯罪和保障人权，最大限度地遏制、预防和减少犯罪，促进社会和谐有十分重要的现实意义，其内涵与恢复性司法理念有相融之处。该政策要求对重罪依法从严惩处，对轻微犯罪依法从宽处理，该严则严，当宽则宽，宽严互补，做到既要有力打击和震慑犯罪，维护法治的严肃性，又尽可能减少社会对抗，化消极因素为积极因素，实现法律效果和社会效果的统一，它是"和谐社会"这一总体理念在刑事司法上的落实和体现。该政策在对重罪实行"严打"的基础上完善了对轻罪宽松的一面，其精神实质是要求对不同犯罪行为人坚持区别对待策略思想。[①] 在司法实践中对犯罪的实体处理和适用诉讼程序都应体现宽严相济的精神，而对轻微刑事案件进行刑事和解正是贯彻落实该政策的有效途径之一。轻微刑事案件虽有犯罪的共性但更有其主观恶性小、人身危险性小、社会危害性较小等特点，多为过失犯与初犯，量刑可能为 3 年以下有期徒刑、拘役、管制或单处附加刑的罪犯，加害人积极真诚悔罪与积极赔偿，取得受害人的谅解，人民检察院在双方当事人自愿和解的前提下依法作出不起诉的决定或建议人民法院予以轻判，有效化解社会矛盾，最大限度地增加社会和谐因素，使情节较轻的公诉案件可以经和解而不诉，或由法院判以非监禁刑的宽大处理，体现了对轻微犯罪的宽缓处理。2004 年 12 月召开的全国检察长会议亦明确提出对轻微犯罪采取轻缓的刑事政策从宽处理的要求，而实务部门以刑事和解解决轻微刑案正是该政策的具体化。

3. 司法实务界的探索为以刑事和解解决轻微刑事案件提供了实践基础

我国昆明、上海、北京等地的司法实务部门都在积极探索运用刑事和解这一新刑事处理方式解决罪行性质较轻，主观恶性不大，加害人又真诚悔过、积极赔偿的刑事案件，湖南省人民检察院于 2006 年 1 月率先在全国出台了第一个关于刑事和解的规范性文件，对刑事和解的范围、条件、程序等作了较为系统的规定。在试行半年多的时间里有 373 人受益，适用该制度办理的轻微刑事案件共计 317 件，占公诉案件的 21.7%。据宁乡县检察院介绍，在实施这一司法新机制后 2006 年的逮捕率下降为 50%，公安机关没有一件案件因为不予批准逮捕而要求复议和复核，也无一个被害人因不服而上访。同时办案效率也大为提高，

---

① 陈兴良：《宽严相济刑事政策研究》，载《法学杂志》2006 年第 1 期。

2006年23件审前羁押轻伤害案件在7天内结案的就有8件，20天内结案的17件，23天内结案的22件，没有一件延期或退补，移送起诉的50件轻伤害案件全部建议适用简易程序进行了审理。2006年的轻伤害案件的撤案率达到了43.5%，而2004年、2005年分别只有4%、6%，不起诉率达到了14%，而2004年、2005年的不起诉率分别只有1%、5%①，同时2004年北京市海淀区人民检察院对轻罪犯罪人监禁的效果的实证研究亦反证了单一的刑罚不利于预防矫正目的的实现，总之司法实务界的成功探索为以刑事和解解决轻微刑事案件提供了实践基础，但笔者认为结合我国的刑事诉讼结构、案件性质等由人民检察院来监督审查刑事和解的正当性更为适宜。

4. 对轻微刑事案件进行刑事和解在我国有深厚的传统文化资源和经验积累

对轻微刑事案件进行刑事和解不单合乎刑事司法的国际发展趋势，也契和了我国和为贵、谨刑慎刑的传统诉讼文化观念，和合文化强调社会关系的和睦融洽，孔子云："礼之用，和为贵"；"听讼，吾犹人也，必也使无讼乎。"诉讼着眼于过去，而和解强调未来，刑事和解对重视友情、亲情的国人来说早在中国古代就持续地发挥作用，真正通过官府处理的犯罪案件很少，大量的刑事案件都以和解的方式在民间化解。我国春秋战国时期即已创立的处理伤害罪的保辜制度体现了立法上人性化的一面，对现代解决刑事纠纷有借鉴意义，该制度规定殴人致伤后给加害人一定期限，看其金钱支付与感情表现等再行决定是否定罪量刑，若犯罪人对受害人积极安慰探视、医治伤病，取得了对方及其家属的原谅，缓解了双方的对立情绪，则化干戈为玉帛，无须对加害人用刑。不论是和合的传统文化还是保辜制度，其蕴涵的内涵其实和西方盛行的恢复性司法理念都是相通的，对现代社会以和解解决轻微刑事案件都有积极的借鉴意义。

随着构建社会主义和谐社会政治纲领在中国的确立，可以预见这一刑事纠纷解决机制在我国必将有发展前景，但和解不能牺牲正义，当前有必要在立法的层面对刑事和解的范围、条件、程序、救济等加以统一规范以合乎程序法定原则的要求，使之正当化并在理性中前行，从而确保该制度对和谐社会的建设发挥更加积极的作用。

（作者单位：江西司法警官职业学院　宁波市海曙区人民检察院）

---

① 参见2007年2月26日新华网湖南频道。

论侦查程序中的宽严相济刑事政策

唐文胜

宽严相济是我国在维护社会治安的长期实践中形成的基本刑事政策，其基本含义是针对犯罪的不同情况，区别对待，该宽则宽，当严则严，宽严相济，罚当其罪，既不能片面强调从严，以致打击过宽，也不能片面强调从宽，以致打击不力。宽严相济是刑事立法政策、刑事司法政策和刑事执法政策三位一体的刑事政策，本文拟从刑事司法的角度论述侦查程序中的宽严相济刑事政策。

一、宽严相济刑事政策在侦查程序中的体现及意义

（一）宽严相济刑事政策在侦查程序中的体现

1. 侦查的任务体现宽严相济

侦查的任务是查明犯罪事实、查获犯罪嫌疑人和收集证据，以揭露、证实犯罪，保障无罪的人不受刑事追究。一方面，侦查机关在侦查过程中，采取各种调查手段和强制措施，查明犯罪事实、查获犯罪嫌疑人，从而揭露犯罪、证实犯罪，使犯罪嫌疑人受到应有的惩罚，特别是对于黑恶势力犯罪、严重暴力犯罪等严重刑事犯罪进行有力的打击，体现了"严"的一面。侦查机关通过打击犯罪、惩罚犯罪，还可以起到震慑犯罪、预防犯罪的作用，也体现了"严"。另一方面，侦查机关在侦查过程中要保障犯罪嫌疑人、被告人的人权和诉讼权利，保障无罪的人不受刑事追究，保障被害人的人权和诉讼权利，体现了"宽"的一面。

2. 强制措施的适用体现宽严相济

侦查机关在侦查过程中，为了保证侦查的顺利进行，防止犯罪嫌疑人逃避、妨碍侦查，会按照犯罪的社会危害性和犯罪嫌疑人的人身危险性，采取拘传、取保候审、监视居住、拘留、逮捕等强制措施，这些强制措施不同程度地限制甚至剥夺了犯罪嫌疑人的人身自由，具有强制性，体现了"严"。但是，侦查机关采用强制措施必须按照法定的程序，同时还要符合比例原则。对于不需要采取强制措施的案件，侦查机关就不必采取强制措施；对于需要采取强制措施的案件，侦查机关也应当根据案件的具体情况，采取相应强度的强制措施，体现了"宽"。对于"可拘可不拘"的可以不拘、"可捕可不捕"的可以不捕，也体现了"宽"。在侦查过程中，侦查机关还应根据案情的变化，及时变更强制措施，如将逮捕变更为取保候审或者将监视居住变更为逮捕等，体现了"宽严相济"。

3. 侦查手段的采用体现宽严相济

侦查机关在侦查过程中，可以采用询问、勘验、检查、辨认、鉴定、侦查实验等一般性侦查手段，也可以采用搜查、扣押、讯问、通缉等强制性侦查措施，均体现了宽严相济。

对于危害国家安全的犯罪、黑社会性质的犯罪、有组织犯罪、恐怖犯罪、毒品犯罪、跨国犯罪以及严重的职务犯罪，侦查机关可以运用特殊侦查手段，如监听、秘密搜查、秘密力量侦查、控制下交付等，以加大对这些犯罪的打击力度，体现了"严"。

4. 对案件的处理体现宽严相济

侦查机关侦查终结以后，如果犯罪事实清楚，证据确实、充分，应当向人民检察院移送起诉，并制作起诉意见书，连同案卷材料、证据一并移送同级人民检察院审查决定。通过移送审查起诉，对犯罪嫌疑人进行刑事追诉，实现了国家刑罚权，体现了"严"。根据刑事诉讼法的规定，在法定的六种情形下，侦查机关应当撤销案件，其中对"情节显著轻微、危害不大，不认为是犯罪的"和"其他法律规定免于追究刑事责任的"两种情形规定得比较模糊，侦查机关享有一定的自由裁量权；在司法实践中，侦查机关对某些轻微犯罪也作出了撤销案件的决定，体现了"宽"。

（二）宽严相济刑事政策对侦查程序的意义

1. 实现刑事诉讼的目的

我国刑事诉讼的目的是实现惩罚犯罪与保障人权的统一，在侦查程序中贯彻宽严相济的刑事政策有助于这一目的的实现。一方面，侦查机关依据刑事诉讼法规定的程序，行使侦查权，及时采取强制措施，开展侦查活动，收集犯罪证据，及时揭露、证实犯罪，向人民检察院移送起诉，从而实现刑事诉讼惩罚犯罪的目的。另一方面，侦查机关在侦查过程中要保障无罪的人不受刑事追究，保障被害人、证人等诉讼参与人的合法权益，保护一般公民的合法权益，从而实现刑事诉讼保障人权的目的。

2. 保障侦查机关依法行使职权

法律赋予侦查机关侦查权，并对侦查权的具体内容作了详细而具体的规定，然而法律规定不可能面面俱到，也不可能及时地反映现实社会生活的变化，因为不周延性和滞后性是法律的重要特征。所以，侦查机关在刑事诉讼过程中享有一定的自由裁量权。当侦查机关的自由裁量权遭到滥用时，刑事司法的公正性和犯罪嫌疑人的人权保障就会受到不良影响。宽严相济刑事政策作为一项比较科学的刑事政策，不仅可以弥补刑事诉讼立法的缺陷，而且可以给侦查机关的刑事诉讼活动提供正确的指导，从而促使它们能够正确地行使其自由裁量权。[①] 宽严相济的刑事政策也有助于侦查机关正确地行使其职权，实现刑事侦查的任务。

3. 保障犯罪嫌疑人的人权

长期以来，为了实现惩罚犯罪的目的，侦查机关往往忽视对犯罪嫌疑人的人权保障。有些时候，侦查机关为了收集犯罪嫌疑人有罪的证据，不惜采取刑讯逼供等非法取证的手段；为了争取办案时间，经常出现超期羁押的现象；对于犯罪嫌疑人聘请的律师提出的会见申请，以各种理由进行阻止，妨碍犯罪嫌疑人行使其权利。宽严相济刑事政策强调"可拘可不拘"的可以不拘、"可捕可不捕"的可以不捕，在这种比较宽松的刑事政策环境中，犯罪嫌疑人的人权比较容易受到重视。尤其是对于轻微犯罪来说，在侦查机关按照宽严相

[①] 朱立恒著：《宽严相济视野下的刑事诉讼程序改革》，中国法制出版社 2008 年版，第 73~74 页。

济刑事政策采取从宽处理的情况下，犯罪嫌疑人的人权更有可能得到充分的保障。[①]

4. 保障被害人的合法利益

贯彻宽严相济的刑事政策不仅有利于保障犯罪嫌疑人的人权，也有利于保障被害人的合法利益。在以往，侦查机关往往比较重视惩罚犯罪，从而忽视对被害人利益的保护。在宽严相济的刑事政策指导下，通过刑事和解、刑事调解等制度，犯罪嫌疑人与被害人之间进行协商，犯罪嫌疑人诚恳悔罪，积极赔偿被害人的损失，向被害人赔礼道歉，取得被害人的谅解，不仅使被害人在经济上得到一定的补偿，还能够使被害人的心理创伤得到修复。

5. 节约侦查资源，提高侦查效率

当前，我国刑事案件发案率逐年上升，而侦查人员数量、侦查技术装备等侦查资源又相对有限，而且又不可能在短时间内大幅增加，因此对于轻微犯罪，可以通过刑事和解、刑事调解、撤销案件等方式，使案件得到及时、快速的处理，从而节约侦查资源。侦查机关可以将有限的侦查资源用在严重犯罪上，提高侦查效率，加大对严重刑事犯罪的打击力度。

二、当前侦查程序中贯彻宽严相济刑事政策方面存在的问题

（一）对宽严相济刑事政策存在认识上的偏差

一方面，部分侦查人员害怕承担打击不力、放纵犯罪的责任，片面强调"从严"而忽视"从宽"，忽视矛盾化解工作，形成"可拘可不拘的要拘、可捕可不捕的要捕、可诉可不诉的要诉"，"拘了要捕、捕了要诉、诉了要判"的指导思想，使一批可以从宽处理的人员受到超过限度的惩罚，导致矫枉过正的结果，增加了不必要的社会矛盾。[②] 其原因主要是一些侦查人员受传统重刑思想和长期以来"严打"思想根深蒂固的影响，认为侦查机关是人民民主专政的"刀把子"，任务就是打击犯罪，"从重从快"、"快捕快诉"已经成为某些办案部门、办案人员的惯性思维，忽视对犯罪嫌疑人的人权保障，忽视区别对待和宽严相济，忽视办案的社会效果。

另一方面，宽严相济刑事政策是我国刑事政策领域的最新形态，党和国家给予了高度关注和重视，在这种政治和法治氛围综合作用的大环境下，宽严相济刑事政策中强调"从宽"的方面较之以往越来越频繁地进入人们的视野。受此影响，司法实践中又出现了另一种新的倾向，即过度重视"从宽"的适用，将宽严相济刑事政策等同于轻缓化的刑事政策，认为贯彻宽严相济刑事政策就是应当对犯罪从宽处理。这无疑也是对宽严相济刑事政策的另一种理解偏差。[③]

（二）滥用羁押性强制措施

现代国家基于无罪推定原则，普遍认为审判前的羁押只是一种例外的程序上的预防性

---

① 朱立恒著：《宽严相济视野下的刑事诉讼程序改革》，中国法制出版社 2008 年版，第 75～76 页。

② 赵亚云：《公安机关贯彻宽严相济刑事司法政策思考》，载《江苏警官学院学报》2007 年第 5 期。

③ 梁彤、霍丽娜：《宽严相济刑事政策司法透视——以海淀检察院侦查监督部门的司法实践为视角》，载《中国检察官》2008 年第 3 期。

措施，以避免使在法律上无罪的人承受有罪处罚的待遇。各国在法律上限制羁押的实质要件和形式要件及期限，并且不同程度地允许在符合法定条件时以其他方法代替羁押或者停止羁押的执行力，正是出于这样的考虑。① 但在司法实践中，我国侦查机关过度适用甚至滥用羁押性强制措施。侦查机关普遍采用羁押性强制措施，即拘留和逮捕，往往是"可拘可不拘的一律拘、可捕可不捕的一律捕"，很少考虑犯罪的性质和严重程度以及犯罪嫌疑人的人身危险性，基本上达到了有罪必拘、有罪必捕的程度，几乎不采用取保候审、监视居住等强制措施，而不使用强制措施的更为罕见。羁押性强制措施变为侦查机关的一项侦查措施，适用强制措施的比例原则、必要性原则几乎没有被考虑。即使法律规定犯罪嫌疑人及其聘请的律师可以申请取保候审，但是一旦侦查机关对犯罪嫌疑人采取了逮捕措施，申请取保候审就很难得到实现。侦查机关滥用羁押性强制措施的原因是多方面的，诸如警力不足、侦查水平落后，取保候审、监视居住等强制措施执行效果不佳等。

（三）侦查模式、手段落后，过于依赖犯罪嫌疑人的口供

我国侦查机关警力严重不足，警察素质相对较低，办案经费紧张，侦查技术装备落后，导致侦查水平落后。从侦查模式看，我国侦查机关普遍采取由供到证的传统侦查模式，侦查机关在立案以后，往往不是收集足够的物证，而是首先讯问犯罪嫌疑人，然后再根据犯罪嫌疑人的口供去收集其他证据，侦查机关的侦查活动始终围绕犯罪嫌疑人的口供展开。侦查机关过分依赖犯罪嫌疑人的口供，为了获取口供甚至不惜采取刑讯逼供等非法取证措施。产生这一现象的原因是多方面的，其中之一是法律规定的侦查手段不完善，难以满足侦查的需要，刑事诉讼法只规定了常规的侦查手段，而对特殊侦查手段缺乏明确的规定，如控制下交付、秘密力量侦查、技术侦察等。尽管侦查机关在司法实践中也常常采用这些侦查手段，但缺乏完善的法律加以规制，这不仅影响到侦查机关通过上述侦查手段获取证据的效力，而且很容易侵犯公民的合法权益。②

（四）犯罪嫌疑人的合法权益没有得到有力的保障

犯罪嫌疑人是侦查机关追诉的对象，在侦查程序中处于特殊的地位，犯罪嫌疑人的口供对犯罪事实的证明起着十分关键的作用。侦查活动具有较强的强制性，犯罪嫌疑人的人身自由常常受到限制，犯罪嫌疑人与侦查机关之间存在直接的冲突。为了保障犯罪嫌疑人的合法权益，各国法律通常都赋予犯罪嫌疑人相应的权利，以维护其合法权益。我国法律也赋予了犯罪嫌疑人以辩护权为核心的各项诉讼权利，规定犯罪嫌疑人可以委托律师为其提供法律帮助。但在司法实践中，侦查机关往往忽视对犯罪嫌疑人的权益保障，为了取得犯罪嫌疑人的口供，不惜采取刑讯逼供、诱供等非法取证行为，滥用逮捕、拘留等强制措施，甚至超期羁押犯罪嫌疑人。对于犯罪嫌疑人委托律师为其提供法律帮助的权利也进行种种限制，如不批准聘请律师的申请、拒绝律师会见、限制会见时间和次数等。

---

① 孙长永著：《侦查程序与人权——比较法考察》，中国方正出版社 2000 年版，第 192 页。
② 朱立恒著：《宽严相济视野下的刑事诉讼程序改革》，中国法制出版社 2008 年版，第 214 页。

三、加强侦查程序对宽严相济刑事政策的贯彻落实

侦查程序是刑事诉讼的重要环节，在侦查程序中贯彻落实宽严相济的刑事政策具有十分重要的意义，虽然我国侦查程序中已经体现了宽严相济的刑事政策，但还应得到进一步的加强。

（一）转变观念

侦查人员作为预防与打击犯罪的主要力量，其执法观念直接影响着公民的具体权利，刑事政策的转变必然要求侦查人员转变执法观念。一方面，侦查人员要转变以往单纯的"重刑"和"严打"的思想，正确理解宽严相济刑事政策的精神实质，树立宽严相济的执法观念，坚持"以人为本"，树立人性化的执法观念，在侦查活动中体现出宽严有度、宽严结合、宽严互补的观念，做到打击与保障并重。另一方面，也不能片面理解宽严相济刑事政策，认为宽严相济就是对犯罪嫌疑人一律从宽，宽严相济是当宽则宽，不是宽大无边，必须宽大有据，不能借贯彻宽严相济刑事政策之名，行放纵犯罪之实，对于严重危害社会治安和严重破坏经济秩序的犯罪，必须严厉打击，以维护社会稳定。

（二）提高侦查水平

首先，要加大经费投入。保证侦查机关的办案经费，改善侦查的技术装备，尤其是要改善基层侦查机关的技术装备，将先进的技术装备运用到侦查活动中。加强侦查信息化建设，建立健全侦查信息网络系统，实现侦查信息共享，提高侦查效率，在全国范围内建立一张打击犯罪的"天网"，让犯罪嫌疑人无处藏身。

其次，要提高侦查人员的素质。刑事警察是高风险、高强度的职业，要建立激励机制，吸引优秀的人才从事刑事侦查工作，从来源上提高侦查队伍的整体素质。加大对侦查人员的培训力度，定期开展业务培训，提高侦查人员的法律素质、业务素质，不断提高侦查人员的侦查能力。既要关心侦查人员的身体健康，更要关注侦查人员的心理健康，开展经常性的心理咨询活动，有针对性地进行心理治疗。

最后，要完善侦查手段。为适应犯罪活动日益智能化、组织化的特点，要完善侦查手段。对于常规的讯问、勘验、搜查、扣押等侦查手段，要加以规范化。对于监听、控制下交付、秘密力量侦查、技术侦察、网络监控、测谎等特殊侦查手段，要加以立法规定，明确其适用范围、适用条件、适用对象、适用程序等。为了达到分化、瓦解犯罪分子，争取轻微犯罪分子，达到打击严重犯罪的目的，可以建立污点证人作证制度，对于那些对侦破案件起到关键或较大作用的轻微犯罪嫌疑人，可以从轻或免除处罚，既宽大处理轻微犯罪，又打击了严重犯罪，体现了宽严相济。

（三）适度采用强制措施

过多过滥地采用羁押强制措施，既无诉讼上的必要，又不利于人权的保障。在实践中，要高度重视和充分适用无逮捕必要等方面的规定，准确把好确有逮捕必要的报捕关，从适用的主体、涉嫌的罪名、可能的量刑及情节、犯罪嫌疑人认罪及悔罪态度等方面进行把握，

以减少报捕的任意性。要根据无罪推定原则和国际上的通行做法，根据《公民权利和政治权利国际公约》有关"等候审判的人被羁押只是例外"的规定，并按照适用强制措施的必要性和比例性原则，对于未成年人或在校生犯罪案件，轻微犯罪案件，具有自首立功等法定从轻、减轻或免除处罚情节的或属于初犯偶犯的案件，涉及公职人员的轻罪案件，犯罪嫌疑人患有严重疾病或是怀孕、哺乳自己婴儿的妇女的案件犯罪嫌疑人，应逐步实行一般不羁押、羁押是例外的原则。[①] 要进一步明确取保候审和监视居住的适用条件、适用对象和限制条件、限制对象，借鉴国外发达地区的先进经验，用先进的技术设备来加大监视居住和取保候审的执行力度，发挥监视居住、取保候审的作用。对于不需要采用强制措施的轻微刑事案件，可以不采用强制措施，尽快开展侦查工作。但是，对于有组织犯罪、黑社会性质组织犯罪、暴力犯罪和多发性犯罪等严重危害社会治安和社会秩序以及有可能妨碍侦查的犯罪嫌疑人，一般应予逮捕。

（四）充分保障犯罪嫌疑人的合法权益

在我国侦查程序中，犯罪嫌疑人尤其是被羁押的犯罪嫌疑人权利较少，部分侦查人员存在重惩罚犯罪、轻人权保障的倾向，对保障犯罪嫌疑人的合法权益认识不足，甚至有少数侦查人员认为犯罪嫌疑人是被打击的对象，导致侦查阶段犯罪嫌疑人的合法权益容易受到侵犯。贯彻宽严相济的刑事政策，必须充分保障犯罪嫌疑人的合法权益，确保犯罪嫌疑人的合法权益免受侦查行为的任意侵犯。[②]

为维护犯罪嫌疑人的合法权益，要充分发挥律师对侦查阶段犯罪嫌疑人的帮助作用，应明确律师在侦查阶段的辩护人诉讼地位，赋予律师不受监控的会见通信权、获取案件信息权、调查取证权、申请证据保全权、申请变更强制措施权等权利。按照《公民权利和政治权利国际公约》的要求，赋予犯罪嫌疑人"不被强迫自证其罪权"，规定犯罪嫌疑人供认自白证据规则，鼓励犯罪嫌疑人自愿供认犯罪事实，对自愿供认的犯罪嫌疑人予以相应的宽大处理。认真对待犯罪嫌疑人及其近亲属、聘请的律师提出的变更强制措施的申请，予以及时的答复，并赋予犯罪嫌疑人采取救济手段的权利。对于未成年的犯罪嫌疑人，要采取特殊的侦查程序，予以特殊的保护。要尽量少采用强制性侦查手段，慎重使用羁押性强制措施，充分保障未成年犯罪嫌疑人的各项权利。

（五）完善案件处理方式

对大量的案情简单，事实清楚，证据确实、充分，可能判处 3 年有期徒刑以下刑罚，犯罪嫌疑人认罪的案件，在保证办案质量的前提下，可以按照繁简分流、促进专业化的原则，简化办案工作流程，缩短办案时间，提高办案效率，改进办案分工，指定专人对轻微犯罪案件进行快速、及时、有效地处理，以集中力量办理重大、疑难、复杂案件。这样既可以节约司法资源、减少司法成本，也可以使刑罚的法律效果和社会效果得到有机统一。[③]

根据刑事诉讼法的规定，侦查机关侦查终结以后对案件的处理方式有两种：移送检察

---

① 王祥生：《公安机关实施宽严相济刑事政策的理性探讨》，载《公安研究》2007 年第 9 期，第 67 页。
② 朱立恒著：《宽严相济视野下的刑事诉讼程序改革》，中国法制出版社 2008 年版，第 241 页。
③ 高继明：《职务犯罪侦查工作中如何正确贯彻宽严相济的刑事政策》，载《中国检察官》2008 年第 1 期。

机关审查起诉，或者撤销案件。《公安机关办理刑事案件程序规定》规定，对于犯罪嫌疑人未达到刑事处罚需要行政处理的，公安机关可以对犯罪嫌疑人予以行政处理或者移交其他有关部门处理。侦查机关享有一定的自由裁量权，但侦查机关的自由裁量权较小。有必要扩大侦查机关的自由裁量权，对于轻微犯罪，可以考虑采取非刑罚化的处理方式。对于轻微犯罪案件，如果犯罪嫌疑人能够与被害人达成和解的，侦查机关可以作出撤销案件的决定；侦查机关也可以居中进行调解，达成调解协议的，也可以撤销案件。

（六）加强侦查监督

侦查活动涉及公民人身、财产权利的强制性处分，必须受到一定的制约。一方面，要完善上级侦查机关对下级侦查机关的监督，发挥上级侦查机关的监督作用，但要改变目前一味地强调破案率、批捕率、移送起诉率的考核办法。另一方面，要强化检察机关的监督地位，检察机关要对侦查活动进行全程监督，对于侦查活动的开展、强制措施的适用、案件的处理进行全面的监督，特别是对侦查机关行使自由裁量权的侦查行为进行监督。检察机关对侦查活动的监督要变事后监督为侦查过程中的监督，侦查机关应自觉接受检察机关的监督。

（作者单位：安徽公安职业学院）

刑事和解的研究现状与反思

王宏璎

对某一个（类）问题的集中关注和研究是刑事诉讼法学界研究的普遍现象，一段时间内关注什么样的问题取决于知名学者的影响或者政策的导向。受构建和谐社会的影响，近几年在刑事诉讼法领域开始大规模地研究刑事和解，本人也颇感兴趣。但是随着了解和思考的深入，许多疑问油然而生，面对这些疑问有必要对和解的研究现状进行总结，在总结中反思，在思考中前行。

一、刑事和解的研究现状

（一）形式上的总结

由于是刑事诉讼法学研究领域的新生事物，所以现有的研究成果百花齐放，已有研究成果数量之多，居近三年来刑事诉讼研究之首，[①] 也有学者开始进行系统和深入的研究，在2007年全国哲学、社会科学规划项目中，北京师范大学宋英辉教授的《刑事和解制度研究》被列为一般项目，2008年4月葛琳以《刑事和解研究》命名的专著出版。从研究成果的内容上来看更是五彩纷呈：仅和解的定义就有多种，即使同一个人在不同的时间和场合对和解也有着不同的认识和思考。从研究成果的关注点上来看，不同的学者关注的层面是各不相同的，有的仅仅将公民个人之间的"和解"作为自己的研究对象[②]；有的比较关注和解的理论问题[③]。在对待和解的态度上，有人对刑事案件的和解持否定态度，认为以加害人的物质金钱与正义进行交换，实乃违背法治原则之举。即使当事人"私了"的满意率达到100%，也只是一种表面和谐的幸福幻觉，[④] 绝大多数学者对此持赞成态度，认为这一新型制度由于克服了传统刑事司法中的一些固有缺陷，使得被害人、被告人和司法人员都可以从这一程序的适用中获得显著的收益，并有助于促进社会关系的修复和社会的和谐，因此它将继续显示出强大的生命力[⑤]。在和解与其他相关问题的关系上，有的人认为和解就是

---

① 在百度中输入"刑事和解"，显示有6523篇相关的文章，92500个相关的网页，用时234毫秒，输入与刑事和解有关的"协商性司法"和"恢复性司法"分别有7073篇、20564篇，用时为1125毫秒、1953毫秒。

② 王晓红、庄亦正、丁柯佳：《刑事和解：阳光下的"私了"》，载《江苏法制报》2007年5月11日。

③ 陈瑞华：《刑事诉讼的私力合作模式》，载《中国法学》2006年第5期。高铭暄、张天虹：《刑事和解与刑事实体法的关系———一种相对合理主义视角的考察》；樊崇义、陈惊天：《和合思想与刑事和解制度的构建》，载中国人民大学刑事法律科学研究中心、北京市检察官协会编印：《和谐社会语境下的刑事和解学术研讨会文集》2006年7月版。

④ 欧阳晨雨：《刑事和解只是一种和谐幻觉》，载《民主与法制》2006年第4期。

⑤ 陈瑞华：《刑事诉讼的私力合作模式》，载《中国法学》2006年第5期。

"私了"①，也有的人认为和解与私了是完全不同的两个概念，有实质性的差别，"私了"是纠纷双方不经过国家专门机关自行协商解决纠纷的统称②。在对待和解的案件范围、和解的主持者、和解的阶段、和解的法律后果上观点更是差之千里。

（二） 对基本问题的梳理——研究内容上的总结

1. 和解的定义

每位关注此问题的学者，根据自己的不同理解，对刑事和解下了不同的定义，具有代表性的有以下几种：

（1）刑事和解，是指在刑事诉讼程序运行过程中，被害人和加害人（即被告人或犯罪嫌疑人）以认罪、赔偿、道歉等方式达成谅解以后，国家专门机关不再追究加害人刑事责任或者对其从轻处罚的一种案件处理方式。③

（2）刑事和解，也称被害人与加害人的对话、被害人与加害人会议、被害人与加害人的和解或者恢复正义会商，是指犯罪发生之后，经由调停人（通常是受过训练的社会志愿者）使被害人与加害人面对面交谈，共同协商解决刑事纠纷④。

（3）刑事和解，即犯罪行为发生后，经由调停人（一般由专业人士）的帮助，使被害人与犯罪人直接商谈，解决刑事纠纷，其目的是恢复犯罪人所破坏的社会关系，弥补被害人所受到的伤害，以及恢复犯罪人与被害者之间的关系，并使犯罪人改过自新，复归社会。⑤

（4）刑事和解，也称被害人与加害人的和解、被害人与加害人会议、当事人调停或者恢复正义会商。它的基本内涵是在犯罪发生后，经由调停人（通常是一名社会志愿人员）的帮助，使被害人与加害人直接商谈、解决刑事纠纷，其目的是为了恢复被加害人所破坏的社会关系，弥补被害人所受到的伤害，以及恢复加害人与被害者之间的和睦关系，并使加害人改过自新、复归社会。⑥

上述几种定义，在和解的主体、主持和解的机关（个人）以及和解的方式上各有所侧重，有的是集中在后果和目标上，如第一种；有的是集中在和解的方式上，如第三种；有

① 刑事和解：逐步被接纳的"私了"，"刑事和解"又称加害人与被害人的和解，一般指在犯罪后，经由调停人的帮助，加害者和被害者直接相谈、协商，从而解决纠纷或冲突的一种刑事司法制度。载《中国青年报》2006 年 7 月 25 日。

② 葛琳、陈光中：《刑事和解初探》，载《中国法学》2006 年第 5 期。

③ 陈光中：《刑事和解的理论基础与司法适用》，载《人民检察》2006 年第 5 期。但是，对同样一个问题，陈光中教授在不同场合给了不同的定义，在 2006 年 7 月 21 日至 22 日中国人民大学刑事法律科学研究中心和北京市检察官协会共同举办的"和谐社会语境下的刑事和解"全国学术研讨会上，陈光中教授给刑事和解下的定义是：刑事案件的犯罪嫌疑人、被告人和被害人如果达成协议，前者在认罪、认错并同意赔偿被害人一定损失的基础上，由双方共同向公安、检察院或者法院提出申请，犯罪情节较轻的可以不再追究，犯罪情节稍重的可以从轻追究法律责任。同时双方表示不再上诉和申诉。参见 http://www.chinalawedu.com/zhuanti/yth/index.htm，访问时间 2008 年 5 月 12 日 14：35

④ 郭小锋、李旺城：《刑事和解不诉制度的倡导与研究》，http://www.law-lib.com/Lw/lw_view.asp? no=6837 访问时间 2008 年 5 月 20 日 13：50。

⑤ 李茂春、李志强：《构建我国刑事和解制度之探讨》，载《学习论坛》2005 年第 12 期；甄贞、陈静：《建设和谐社会与构建刑事和解制度的思考》，载《法学杂志》2006 年第 4 期；刘凌梅：《西方国家刑事和解理论与实践介评》，载《现代法学》2001 年第 1 期。

⑥ 马静华：《刑事和解制度论纲》，载《政治与法律》2003 年第 4 期。对同一问题马静华博士在 2002 年完成的硕士学位论文《刑事和解制度论纲》中对刑事和解下的定义应用了刘凌梅老师的观点，采用了第 3 种表述方法。

的是把这个术语用到了具体的程序或计划上，如第四种。但其共同点是：刑事和解是一种通过恢复性程序实现恢复性后果的非正式犯罪处理方法，和解的主体是加害人（犯罪人）和被害人（受害人），和解的目的是使由于犯罪而破坏的社会关系得以恢复，受害人和犯罪人重新融入社会。

2. 和解的案件范围

在关于可以和解的案件范围的研究上有这么两种模式：一种是应然性的研究。包含两种观点，一是宏观的，认为关于什么样的案件可以和解，只需规定一个大的条件，只要符合这个"大"前提的案件就可以和解[①]；二是微观的，认为什么样的案件可以和解，一定要从立法的角度进行具体详细的规定，避免和解的随意性和不公正性[②]。另一种是从已有的司法实践入手，分析各个地方的不同规定而进行的实然性研究[③]。

关于哪些具体案件可以进行和解，在现有的论著中从3类到8类的表述各不相同[④]，但在和解的基本前提条件上观点又是基本一致的：应当具备犯罪人主动认错、犯罪人和受害人双方自愿。

3. 和解的阶段

现行的和解方式有两种：一种是没有主持者的被害人与加害人自行和解；另一种是有主持者的和解。没有主持者的和解完全由被害人本人，被害人的监护人、近亲属或者被害人委托的人员[⑤]和加害人本人，加害人的监护人、近亲属或者加害人委托的人员双方自行见面，互相协商，达成一致意见形成书面的或者口头的和解协议。有主持者的和解，主持的人员各不相同，主要有人民调解委员会和司法机关，在农村还包括村委会的成员，在少数民族地区还包括宗教人士。无论是有主持者的和解还是没有主持者的和解，协商的内容基本包含以下几点：首先，加害方明确承认自己的错误，并向被害方赔礼道歉；其次，被害方提出自己的情感和物质需求；再次，反复进行协商，直至达成一直意见；最后，约定履行的方式及期限。

和解方式的选择在一定程度上决定着"调解人"的选择。关于是将刑事和解纳入刑事诉讼程序还是在刑事诉讼程序之外设立一个独立的刑事和解程序也有着不同的观点。有人认为选择在刑事诉讼之外设立一个独立的和解程序，人民调解委员会、社区、治安、民间纠纷调解联合接待室等，都可以纳入和解机构之中。[⑥] 但是这样设计的结果是：人员复杂、标准不一、结果多样，更容易导致调解和判决同时出现的情况，所以在现阶段绝大多数学者选择将刑事和解纳入刑事诉讼程序更具有可操作性。但是，对诉讼过程中的哪一个或哪几个阶段进行和解又有不同的观点：在2006年7月由中国人民大学法学院主办的"和谐社

---

① 樊荣庆、吴孟栓、李建明：《刑事和解适用的案件范围和条件》，载《国家检察官学院学报》2007年第4期。

② 王敏远、李爱君、周伟、李哲、李贵方、杨宇冠：《刑事和解的模式和程序》，载《国家检察官学院学报》2007年第4期。

③ 封利强、崔杨：《刑事和解的经验与问题——对北京市朝阳区刑事和解现状的调查》，载《中国刑事法杂志》2008年第1期。

④ 王金贵、刘国华：《关注刑事和解促进社会和谐——和谐社会语境下的刑事和解学术研讨会综述》，载《人民警察》2006年第8期。

⑤ 委托的人员一般是自己一方或者双方共同认识的有威望的人员，或者自己一方具有一定文化知识和法律意识的人员，也有双方各自委托律师参加。在协商过程中被害人和加害人不一定要亲自参加。

⑥ 李育新：《关于刑事和解制度设计的思考》，http://cache.baidu.com/c? m =9f65cb4a8c8507ed4fece763105392230e。

会语境下的刑事和解"研讨会上，陈光中教授、贾宇教授认为刑事和解在侦查、起诉、审判的各个阶段都可以进行[①]；还有的学者认为不仅在侦查、起诉、审判阶段可以，在执行阶段也应当是可以的[②]；有的认为只有在侦查阶段才可以[③]；大多数主张在审查起诉阶段比较合适[④]；陈卫东教授提出二审阶段可不可以和解。如果可以，那和解协议是不是能够推翻一审判决？贾宇教授认为基于刑事和解解决纠纷的理念完全可以[⑤]。

4. 和解的主持者

刑事和解虽然强调发挥双方当事人的主体性和决定性作用，但并不将犯罪的处理视为私人之间的事情，在所有程序中，都有一位中立的协调人负责程序的具体实施。联合国《关于在刑事事项中采用恢复性司法方案的基本原则》第5条规定："调解人"，系指其作用为公平和公正地促进当事方参与恢复性程序的人。关于什么样的人可以成为"调解人"，众说纷纭。有人认为调节机构应当是人民调解委员会；社区矫正；治安、民间纠纷调解联合接待室。[⑥] 有人认为应当是公安机关、人民检察院、人民法院。[⑦] "调解人"的选择决定着刑事和解的运行模式（也可以说运行模式的选择决定着"调解人"的确定），也就是说是将刑事和解纳入刑事诉讼程序还是在刑事诉讼程序之外设立一个独立的刑事和解程序。

如前文所述，绝大多数学者主张将和解纳入刑事诉讼程序之中进行，这样一来，不同诉讼阶段和解的主持人是不同的。

5. 和解的结果

现有研究成果在刑事案件和解的后果上观点是一致的：在受害人的意愿得到完全满足或者基本满足的情况下，经被害人同意可以免除处罚或者减轻、从轻处罚。

二、刑事和解制度的反思

（一）移植抑或本土

现有有关刑事和解的论著中，在谈到刑事和解的起源时都提到了这个案件：1974年，加拿大安大略省基陈纳市的两个年轻人实施了一系列破坏性的犯罪，他们打破窗户，刺破轮胎，损坏教堂、商店和汽车，共侵犯了22名被害人的财产。在法庭上，他们承认了被指控的罪行，但后来却没有将法院判决的对被害人的赔偿金交到法院。在当地缓刑机关和宗教组织的共同努力下，这两名犯罪人与22名被害人分别进行了会见。通过会见，两人从被害人的陈述中切实了解到自己的行为给被害人造成的损害和不便，并意识到赔偿金不是对

① 陈光中、葛琳：《刑事和解初探》，载《中国法学》2006年第5期。

② 葛琳著：《刑事和解研究》，中国人民公安大学出版社2008年版，第339～359页。

③ 樊学勇、刘荣：《公安刑事侦查中和解问题研究》，载《中国人民公安大学学报》（社会科学版）2007年第1期。

④ 杨涛：《刑事和解在检察阶段的实务问题》，载《上海政法学院学报》2007年第6期；谭义斌：《刑事和解面临的问题与选择模式》，载《检察日报》2007年4月16日。

⑤ "和谐社会语境下的刑事和解"研讨会，http://www.chinalawedu.com/zhuanti/yth/index.htm，2008年7月12日14:35。

⑥ 白世平、纪丙学：《刑事和解制度构建的实证研究》，载《法学杂志》2006年第6期。

⑦ 诸葛炀、陈丽玲：《构建刑事和解制度探讨》，载《西南政法大学学报》2006年第6期。

自己行为的罚金，而是给被害人的补偿，于是 6 个月后，两个人交清了全部赔偿金。① 有学者认为这个案件不仅是西方刑事和解的起源，也是我国引入刑事和解的渊源，也就是说，大多数人认为刑事和解起源于西方，在我国是舶来品。可是，也有学者认为刑事和解并非起源于西方，在我国本身就有着深厚的历史渊源，不仅在陕甘宁边区的时候就有关于刑事和解的相关立法②，而且新中国成立之后也有相关的立法。③

对此本人表示赞同，刑事和解应当是我国司法实践的结果，在我国有着深远的历史传承。它从一开始就不是法学家们倡导下的产物，而是司法实践的一种经验总结，是直接来自于乡土的，不是西方国家的创造和发明，而是我国几千年中华文明的结晶，只是由于众所周知的历史原因没有得以连续发展而已。

（二）创新抑或落实

随着对刑事和解这一问题的思考，脑海中一直有一个疑惑：和解的适用，在刑事司法领域是一个大胆的创新，还是对现有的法律规定进行系统而又细致的落实？

刑事案件通过和解方式解决的基本前提条件是：（1）犯罪嫌疑人、被告人承认所犯罪行，并真诚悔过，自愿向被害人赔礼道歉；（2）犯罪嫌疑人、被告人与被害人及其法定代理人或继承人就赔偿、补偿等事项协商一致，并且已经按照刑事和解协议书、刑事和解调解书实际履行，或者提供了有效的履行担保；（3）被害人基于自愿，明确表示对犯罪嫌疑人、被告人给予谅解，要求或者同意司法机关对犯罪嫌疑人、被告人从宽处理或者不追究刑事责任；（4）被告人为社区提供一定的义务劳动（对这一条件在实践中根本没有实施）；（5）和解没有损害国家、集体和其他公民的合法权利，没有损害社会公共利益，没有违反法律和社会公德。那么，在现行的刑事诉讼法中有没有相应的规定呢？

刑事诉讼法第 77 条第 1 款规定："被害人由于被告人的犯罪行为而遭受物质损失的，在刑事诉讼过程中，有权提起附带民事诉讼。"

刑事诉讼法 139 条规定："人民检察院审查案件，应当讯问犯罪嫌疑人，听取被害人和犯罪嫌疑人、被害人委托的人的意见。"《人民检察院刑事诉讼规则》第 291 条第 1 款规定："人民检察院决定不起诉的案件，可以根据案件的不同情况，对被不起诉人予以训诫或者责令具结悔过、赔礼道歉、赔偿损失。"

听取被害人及其委托的人的意见。这是审查起诉的必经程序，应当由 2 名以上办案人员进行，并制作笔录；直接听取被害人和犯罪嫌疑人、被害人委托的人的意见有困难的，可以向被害人和犯罪嫌疑人、被害人委托的人发出书面通知，由其提出书面意见，在指定期限内未提出意见的，应当记明笔录。对于听取意见的范围，法律没有明确的规定，结合刑事诉讼法的全部规定以及刑事诉讼的原则，可以认为听取的意见范围包含：对损失赔偿的意见；对被告人处罚的意见；对检察机关拟对案件处理方案的意见；对侦查阶段办案程序是否合法的意见。如果检察院作出不起诉决定，应当要求被告人赔礼道歉、赔偿损失。

---

① 王金贵、刘国华：《关注刑事和解促进社会和谐——和谐社会语境下的刑事和解学术研讨会综述》，载《人民检察》2006 年第 9 期。

② 贾宇：《继承陕甘宁边区成功经验，构件我国刑事和解制度》，中国法学会网 http://chinalawsociety.org.cn，访问时间 2008 年 6 月 22 日；葛琳著：《刑事和解研究》，中国人民公安大学出版社 2008 年版，第 107 ~ 112 页。

③ 葛琳著：《刑事和解研究》，中国人民公安大学出版社 2008 年版，第 112 ~ 113 页。

最高人民法院《关于刑事附带民事诉讼范围问题的规定》第4条规定："被告人已经赔偿被害人物质损失的，人民法院可以作为量刑情节予以考虑"。最高人民法院、最高人民检察院、司法部《关于适用简易程序审理公诉案件的若干意见》第9条规定："人民法院对自愿认罪的被告人，酌情予以从轻处罚"。

通过分析上述刑事诉讼法以及相关司法解释的规定可以看出，现有的规定本身就蕴涵着和解的基本要件，所以可以理解：我们关注的、研究的刑事案件的和解，不仅在我国历史上存在过，不是外来的，在现行的法律法规中也有着相应的规定，故不是创新，而是对现有法律规定的一个仔细、全面的落实。

（三）法学研究的任务

记得在一个期刊上看到过一片文章（遗憾的是无法找到原文），那是一个研究政治学的人写的，其中有这样一句话："法学是不是独立的，从法学研究者关注的问题就可以看出，当依法治国的时候，法学家研究依法治国的好处，当以德治国的时候，法学家又开始研究以德治国的必要性……"这句话不得不让人反思：法学研究的任务是什么？

武汉大学教授、博士生导师孟勤国教授认为法学研究的主要任务有：（1）必须研究现行法律的不足。（2）必须研究社会中新出现而法律没有作出规定的问题。（3）研究现行法律的正确性。（4）研究司法解释与案例。以上四个任务可以归结为一句话：法学的目的，就是要制定好的法律，为社会生活提供良好的规则。他同时也指出中国学者最欠缺的就是对中国现实问题的关注。这是个浮躁的社会，往往有人动不动就说现行法律不好，需要修改。这很不好。是正确的法律规定就要坚持；抄人家的东西，不是法学研究；法学研究一定要为世（俗生活）为民。[①]

所以说什么是中国的，什么是民族的，什么是历史的，什么是需要的才是我们要解决的。

（作者单位：甘肃政法学院）

---

① 孟勤国：《中国需要什么样的法学研究》，http://www.bnusgl.com/SpecialtyNav/SN4/zylw/200604/20060406221126.htm.

论宽严相济指导下未成年人案件不诉裁量权之扩大

魏　虹　张志国

未成年人是刑事诉讼中的特殊主体，如何在以惩罚犯罪和保障人权为目的的刑事诉讼中，使未成年人获得较成年人更多的权利保护，从而尽可能地免受或少受刑事诉讼的干扰或追究，尤其是在起诉阶段，对一些犯罪情节较轻、社会危害性不大的未成年人尽可能地不予起诉，是目前我们应当关注和解决的重要问题之一。然而，我国现行的刑事诉讼法对未成年人犯罪案件不起诉的适用情形和方式，与成年人无任何差异，从而无法体现法律对未成年人的特殊关怀和宽容、挽救的政策精神。因此，笔者认为，在世界各国对未成年犯罪人均采取不同程度的政策关怀的国际背景下，我国应当顺应国际化的保护未成年人刑事诉讼权益的国际潮流，在宽严相济刑事政策指导下扩大检察机关在未成年人刑事案件中的不诉裁量权，以体现出刑事诉讼对未成年人的特殊保护，从而达到"教育、感化、挽救"未成年人的目的。

一、宽严相济刑事政策及其在未成年人案件中适用之必要

（一）宽严相济刑事政策的含义解析

"宽严相济"刑事政策是我国在建设和谐社会的背景下提出的，对我国的刑事立法以及刑事司法均具有重要的指导意义。因而只有正确解析其内涵，才能准确将其运用于刑事司法实务。

宽严相济刑事政策，从字面理解包含三层含义：第一，"宽"即宽大、宽缓、宽宥，具体在刑事诉讼中就是对于罪行较轻、社会危害性不大、主观恶性较小的犯罪分子，该从宽的应当从宽处罚，以争取、教育、改造为主。特别是对于未成年人或者具有自首、立功等法定的裁量情节的，应当依法予以从宽处理。第二，"严"即严厉、严格、严密，具体在刑事诉讼中就是对于罪行严重、社会危害性较大、主观恶性较大的少数犯罪分子，必须予以严惩。第三，"相济"是指结合、互补、协调，具体在刑事诉讼中就是宽中有严、严中有宽、宽严并用、宽严有度、宽严平衡。

笔者理解，宽严相济刑事政策的基本要旨是在刑事司法中应当根据犯罪分子的不同情况，具体分析、区别对待、有宽有严、宽严结合，目的是为了争取、分化、教育、改造多数犯罪分子，同时更好地打击少数严重犯罪分子。因此，宽严相济刑事政策的政策本质就是对刑事犯罪要区别对待，当宽则宽，当严则严，而重点在"相济"，要宽严结合、宽严互补、宽严协调。具体到未成年人犯罪案件，笔者认为，在理解和贯彻宽严相济刑事政策时，应当区别于成年人犯罪案件，充分体现宽严相济之"宽"的政策精神。

（二）宽严相济刑事政策在未成年人刑事案件中适用的必要性分析

1. 宽严相济刑事政策的适用是由未成年人刑事案件的特点所决定的。从古到今、从国内到国外，"恤幼"的思想理念充分体现在刑事立法与司法之中，这就使未成年人刑事案件具有其应有的"宽"的因素，因而宽严相济的刑事政策之"宽"也自然运用其中。因为，首先，未成年人具有不同于成年人的生理和心理特点，即身体正处于生长发育期，社会经验欠缺，不能很好地辨别是非，并且容易冲动，缺乏自控能力，容易受到社会不良环境的影响和侵蚀，从而实施危害社会的违法犯罪行为。同时，未成年人思想观念还没有定型，可塑性较大，若及时采取恰当的宽缓的补救措施（如不起诉、定罪免刑、缓刑等），对其改过自新、重返社会无疑大有裨益。其次，法律规定为宽严相济刑事政策的适用留下了足够的空间。我国刑法规定，未成年人犯罪的应当从轻、减轻或者免除处罚。至于如何从轻、减轻或者免除处罚，法律并未作出具体规定，司法机关可以根据未成年人刑事案件的具体情况来加以把握。因此，笔者以为，对于未成年人犯罪案件应当秉承"能宽则宽"的理念，使宽严相济的刑事政策更好地适用于未成年人刑事案件之中。

2. 宽严相济刑事政策的适用符合国际化保障未成年人刑事诉讼权利的趋势。在未成年人刑事案件中，适用宽严相济的刑事政策，尽量采用非犯罪化、非刑罚化的处理措施符合保障未成年人权益的国际标准。《联合国少年司法最低限度标准规则》第18条规定，主管当局可以采取各种各样的处理措施，使其具有灵活性，从而最大限度地避免监禁，有些可以综合起来使用。这类措施包括：照管、监护和监督的裁决；缓刑；社区服务的裁决；罚款、补偿和赔偿；中间待遇和其他待遇的裁决；参加集体辅导和类似活动的裁决；有关寄养、生活区或其他教育设施的裁决；其他有关裁决。同时，《儿童权利公约》第40条第4款也规定："应采用多种处理办法，诸如照管、指导和监督令、辅导、察看、寄养、教育和职业培训方案及不交由机构照管的其他办法，以确保处理儿童的方式符合其福祉并与其情况和违法行为相称。"上述国际法律文件都在强调一点：即在处理未成年人刑事案件的过程中，应尽量采取非犯罪、非刑罚的处理措施。因此，宽严相济刑事政策的适用无疑可以很好地指导司法机关运用上述措施来处理未成年人刑事案件。

3. 宽严相济刑事政策的适用有利于维护未成年人的合法权益并促其健康成长。未成年人犯罪案件是刑事诉讼中的特殊案件，对于这类案件，笔者认为，不仅要服务于打击并惩罚犯罪，从而实现社会正义的需要；同时也应将维护未成年人的合法权益作为其追求的价值目标来实现。而且由于未成年人的身心方面的显著弱点和劣势，在刑事诉讼中就要更加注重对未成年人的权利保护。具体在刑事诉讼中，就是国家专门机关通过贯彻"教育、感化、挽救"的方针和"教育为主，惩罚为辅"的原则，使未成年人充分认识到其犯罪行为的社会危害性，从而形成正确的人生观和价值观，避免以后再次犯罪。另外，在刑事诉讼程序的设置上，还需要通过特殊诉讼程序的迅速简便性使未成年人尽快摆脱讼累，从而减少诉讼时对其产生的"负面效应"。① 相反，如果轻易地对罪行轻微或社会危害性不大的未成年人予以刑事追究或处罚，就可能会对其成长历程造成极为不利的影响，甚至有可能成为其健康成长的羁绊；而且也会使其社会评价降低，甚至会受到周围人们和社会的冷遇。

---

① 樊崇义主编：《刑事诉讼法实施问题与对策研究》，中国人民公安大学出版社2002年版，第628页。

因此，为了更好地维护未成年人的合法权益，检察机关应以宽严相济的刑事政策为指导，对于那些可诉可不诉的犯罪嫌疑人应尽量作出不起诉决定，从而更好地保护未成年人的合法权益，使之早日回归社会，恢复正常的学习、工作和生活，以免受诉累之苦。司法实践证明，将一些不必要判定为犯罪的人贴上犯罪人的标签，就会加深其犯罪人身份的认同，从而更易于再次实施犯罪行为；将不必要判处刑罚的犯罪人送入监管场所，极易发生交叉感染，在犯罪烙印下巩固其犯罪心理，使其难以融入正常社会，从而极易导致重新犯罪。[①]

4. 宽严相济刑事政策的适用有利于节约诉讼资源和提高诉讼效率。众所周知，刑事诉讼程序耗费大量的人力、物力和财力，是一项成本高昂的国家行为。而我国现在正处于社会主义初级阶段，能够投入到司法领域的资源十分有限。随着犯罪形势的日益严峻，未成年人犯罪案件也急速上升，成为公认的严峻社会问题。据来自中国青少年犯罪研究会的统计资料表明，近年来，青少年犯罪总数已经占到了全国刑事犯罪总数的70%以上，其中未成年人犯罪案件又占到了青少年犯罪案件总数的70%以上。[②] 因而，合理配置未成年人刑事案件中的诉讼资源已成为司法机关必须解决的难题。在众多的未成年人刑事案件中，绝大多数是情节并非特别严重的轻微案件，犯罪嫌疑人的人身危险性也相对较低。因此，对于那些轻微的未成年人犯罪嫌疑人，由检察机关酌情尽量作出不起诉决定，能够节省许多司法资源，从而集中精力办好重大的未成年人刑事案件以及成年人刑事案件，实现司法资源的合理配置，提高诉讼效率。

二、不起诉裁量权及其在未成年人刑事案件中的适用现状

（一）不起诉裁量权的含义及其产生

不起诉裁量权，是指在案件具备法定起诉条件时，检察官依法享有的根据自己的认识和判断选择起诉或不起诉的权力。[③] 从不起诉裁量权的发展历程来看，它与起诉便宜主义有着密切的联系，是起诉便宜主义的应有之义。

在人类刑罚史的历史长河中，有罪必罚、有罪必诉的观念长期居于统治地位，追诉机关在是否起诉的问题上是没有选择余地的。因此，对于那些具备起诉条件的刑事案件，追诉机关是必须要提起公诉的，此谓起诉法定主义。然而，随着人类对刑罚本质认识的加深，人们逐渐认识到，刑罚并非预防犯罪的唯一手段也并非最为有效的手段；同时，随着刑事人类学派与刑事社会学派的兴起，犯罪作为一种社会现象在一定历史时期内有其存在的历史必然性，单纯地依靠刑罚不足以消灭犯罪的观念以及非犯罪化、非刑罚化与轻刑化的观念逐渐得到人们的认可，报应刑罚观也逐渐向教育刑罚观过渡。与此相适应，在起诉问题上，人们也不再像以前那样十分强调有罪必诉；同时，由于犯罪数量急速增加而导致的诉讼效率日益低下的司法现状促使人们对起诉法定主义加以反思，即对一切犯罪（不分轻重）都加以起诉是否有必要。正是在这一背景下，起诉便宜主义原则出现了。该原则赋予公诉

---

① 樊崇义、叶肖华：《论我国不起诉制度的构建》，载《山东警察学院学报》2006年第1期。

② 孙国祥：《保护与惩罚：未成年人犯罪刑事政策之选择》，载《江苏行政学院学报》2005年第3期。

③ 宋英辉、吴宏耀：《不起诉裁量权研究》，载《政法论坛》2000年第5期。

机关一定的起诉裁量权，允许检察官在斟酌被告人与被害人的具体情况、犯罪的轻重与情节、公众意见和特定时期的犯罪状况与刑事政策等因素后，再决定对被追诉人是否提出公诉。司法实践表明，该原则有利于合理地运用司法资源，大大加快了轻微刑事案件的处理速度，减少了案件积压，也使得检察机关能够集中更多的人力、物力和财力来处理严重的刑事案件，从而在整体上提高了刑事诉讼效率；同时该原则也有利于犯罪嫌疑人尽早脱离诉讼程序，恢复正常的工作、生活和学习，实现刑罚的特殊预防功能。

（二）不起诉裁量权在未成年人刑事案件中的适用现状

不起诉裁量权，顾名思义，是检察官在审查起诉阶段享有的一项权力，是公诉权的一项权能。但此种权力只有依附于具体的诉讼制度才能发挥其应有的效能。具体到我国，不起诉裁量权是由检察官通过酌定不起诉制度来加以适用的。

我国刑事诉讼法第 142 条第 2 款对此作了明确规定，即对于犯罪情节轻微，依照刑法规定不需要判处刑罚或者免除刑罚的，人民检察院可以作出不起诉决定。然而，由于法律所固有的缺陷，即法律在制定时所考虑的对象永远是具有普适性的情形，对于某些特殊群体的刑事案件来说，相关法律的适用便会出现难以维济的尴尬境地。以我国酌定不起诉制度为例，其适用条件是以成年人的犯罪情形为基准的，"犯罪情节轻微，依照刑法规定不需要判处刑罚或者免除刑罚"的规定并没有考虑到未成年人刑事案件的特殊性，并且"犯罪情节轻微"的规定过于抽象以至于理论界与实务界对此都有着不同的理解。这就使得检察机关在未成年人刑事案件中拥有的不起诉裁量权十分有限。有资料显示，检察机关对未成年人刑事案件作出不起诉决定的只占检察机关受理起诉未成年人案件总数的 10%。[①] 绝大多数未成年犯罪嫌疑人都被起诉到了法院。此种情形不仅难以应对司法实践中出现的大量未成年人刑事案件，由此造成此类案件的大量积压；同时，也与国际上处理未成年人刑事案件的通行做法背道而驰。需要知道的是，在德国只有 4% 的少年犯被判处监禁刑，日本的比例更低，只有 1%。[②]

三、在宽严相济刑事政策指导下扩大不起诉裁量权

通过上文的分析可以看出，宽严相济的刑事政策与不起诉裁量权之间有着异曲同工之妙，即两者均注重刑罚的个别化与刑罚的教育功能。但同时，我们也应看到，宽严相济的刑事政策较之不起诉裁量权，其适用范围更广，对司法实践的指导作用更具直接性。而且由于我国不起诉裁量权的行使是通过酌定不起诉制度的适用来实现的，而这一制度存在着适用范围过于狭窄和未关注未成年人刑事案件特殊性的弊端也是学界的共识。因此，笔者认为，以宽严相济刑事政策为指导，扩大不起诉裁量权在未成年人刑事案件中的适用，是在修改刑事诉讼法之时应当关注的一个重要问题。

[①]　孙胜歌、张寒玉：《多环节进行未成年人刑事检察改革》，载《检察日报》2003 年 9 月 2 日。

[②]　湖南省长沙市人民检察院公诉处：《关于未成年人犯罪刑事检察工作开展情况的调研报告》，载《人民检察》2003 年第 11 期。

（一）明确并扩大不起诉裁量权在未成年人刑事案件中的适用范围

依据现行刑事诉讼法的规定，"犯罪情节轻微，依照刑法规定不需要判处刑罚或者免除刑罚"是检察官行使不起诉裁量权的前提条件，但此项规定过于笼统并且没有注意到未成年人刑事案件所具有的特殊性，因而将其直接适用于未成年人刑事案件不太合适，检察机关亦无法对成年人与未成年人犯罪案件区别对待。因此，有必要结合未成年人刑事案件的具体特点，同时以宽严相济刑事政策为指导，对未成年人刑事案件中不起诉裁量权的具体适用加以规定。具体包括：

1. 明确界定未成年人刑事案件中不起诉裁量权的适用范围。从立法的角度看，以刑罚的"不需要判处"或者"免除"来衡量整部刑法的有关规定，可以由检察官自由裁量是否起诉的情形有20种（其中，总则13种，分则7种）。但在未成年人刑事案件中，考虑到未成年人的自身特点，这20种情形并非能够全部出现，如贪污罪、挪用公款罪、偷税罪（此罪有例外情况）对于未成年人来说是不可能构成的，更何谈刑罚的不需要判处或者免除。因此，笔者以为，与其让这些名不副实的规定干扰检察机关的视线，还不如对未成年人刑事案件中不起诉裁量权的适用情形加以明确，以便于检察机关的实践操作。这样，不仅可以使检察机关放手大胆地适用该制度，而且能够体现出党和国家对未成年人的特殊关爱。但法律本身所具有的稳定性使得我们这一要求不能得到很好的满足。然而，宽严相济刑事政策的及时出台则为我们提供了一个契机。根据最高人民检察院《关于在检察工作中贯彻宽严相济刑事司法政策的若干意见》（以下简称为《若干意见》）第8条的规定①，笔者以为，在未成年人刑事案件中，对于具有下列情形之一的，检察机关均可依法适用不起诉：（1）又聋又哑的人或者盲人犯罪；（2）防卫过当；（3）紧急避险过当；（4）犯罪预备；（5）犯罪中止；（6）初犯；（7）从犯；（8）胁从犯；（9）自首；（10）立功；（11）因亲友、邻里及同学、同事之间纠纷引发的轻微刑事案件。

2. 扩大未成年人刑事案件中不起诉裁量权的适用范围。对于那些依照刑法规定具有"免除刑罚"情节的未成年人刑事案件，可以纳入检察官不起诉裁量权的适用范围，而不必一味地拘泥于"犯罪情节轻微"这一狭小的空间范围内。未成年人刑事案件本身就具有从轻、减轻处罚的情节，如果再辅之以其他"免除刑罚"的情节，足以说明未成年犯罪嫌疑人并不具有严重的社会危害性。检察机关可以依法作出不起诉决定。然而，由于涉嫌犯罪的未成年人作为一个特殊群体在刑事诉讼法的立法、修改过程中并没有受到立法者应有的重视，所以法律只在部分制度中作了些简单规定。例如，未成年人的强制指定辩护。但对于刑事诉讼法的绝大部分内容来说，未成年人与成年人均适用相同的法律规定。正是由于这种立法上的疏漏，使得我国未成年人刑事案件适用不起诉的情形非常之少。原因就在于，"犯罪情节轻微"的限定使得检察机关在未成年人刑事案件中不起诉裁量权的适用空间十分有限。而我们知道，在未成年人刑事案件中，侵犯财产罪与激情犯罪居多，行为人的主观恶性并不严重，对社会造成的危害也不像成年人犯罪那样严重。针对这种情况，在未成年

---

① 对于初犯、从犯、预备犯、中止犯、防卫过当、避险过当，未成年人犯罪、老年人犯罪以及因亲友、邻里、同学、同事等纠纷引发的案件，符合不起诉条件的，可以依法适用不起诉，并可以根据案件的不同情况，对被不起诉人予以训诫或者责令具结悔过、赔礼道歉、赔偿损失。

人刑事案件中，有必要适当放宽酌定不起诉的适用范围，以区别于成年人的适用范围。因此，笔者建议，以"依照刑法规定可以或者应当免除刑罚"作为未成年人刑事案件中检察机关适用不起诉裁量权的范围。

（二）增加不起诉裁量权的适用形式，建立未成年人刑事案件的暂缓起诉制度

综观国外，不起诉裁量权有着多种适用方式，其中以酌定不起诉（有的国家称之为微罪不起诉）与暂缓起诉最为典型。如上文所述，酌定不起诉已为我国刑事诉讼法所确认。但由于其只能适用于犯罪情节轻微的刑事案件，因而在司法实践中较少适用。然而，现实生活中也会出现一些情节严重的刑事案件，如校园内因同学纠纷而引发的故意伤害案件，此类案件依据现有法律制度是不能适用不起诉的。然而，如果对此类案件不加分析一律诉至法院，对于个案来说，则可能意味着正义的缺失。因此，笔者认为，在未成年人刑事案件中，有必要率先引入暂缓起诉制度，以扩大检察机关不起诉裁量权的适用。这是因为，从理论上讲，暂缓起诉比单一的酌定不起诉有以下优点：第一，暂缓起诉存在一定的考验期，同时在多数情况下还对行为人规定了一些附加义务，如对被害人作出损害赔偿和（或者）赔礼道歉，等等。这就使得暂缓起诉的犯罪预防功能较之酌定不起诉要强许多。因为在暂缓起诉期限内，检察机关始终保留有起诉的可能性，而这种起诉与否不确定性的存在，对犯罪行为人来说，既是一次改过自新的机遇，同时也是促使其弥补过错的一种外在压力与动力。它时刻警醒着行为人要远离违法犯罪行为，从而能够很好地实现刑罚的特殊预防功能。第二，暂缓起诉可以进一步扩大检察机关在未成年人刑事案件中的不起诉裁量权。酌定不起诉已经赋予检察机关一定的不起诉裁量权，但范围有限，这一点在未成年人刑事案件中尤为明显。有鉴于此，对于那些犯罪情节并非特别严重、特别恶劣的未成年人刑事案件，检察机关应尽量适用不起诉。因为挽救一个失足的未成年人不仅是其家庭的责任，同时也是国家和社会义不容辞的责任。然而，现行酌定不起诉对此类案件却无能为力。相反，暂缓起诉可以弥补这一空白。

笔者认为，司法实践中的需要与制度上的优势强烈地呼唤着立法对暂缓起诉加以确认。因此，根据宽严相济刑事政策的精神以及《若干意见》第8条的规定，检察机关可以率先在未成年人犯罪案件中适用暂缓起诉制度。同时根据案件的不同情况，对被不起诉人予以训诫或者责令具结悔过、赔礼道歉或者赔偿被害人损失。具体的制度设计包含以下两个重点：（1）暂缓起诉的适用范围。笔者认为，为了较好地贯彻既保护社会利益又保护未成年人利益的双向保护原则。对于暂缓起诉的适用范围宜规定为"可能判处五年以下有期徒刑、拘役、管制、单处罚金的案件"。这是因为从我国司法实践的实际情况来看，对于可能判处5年有期徒刑以上刑罚的刑事案件，一般性质比较严重，应适用起诉法定主义，从而实现刑罚的一般预防与特殊预防之功能。（2）暂缓起诉期限的确定。笔者认为，对于暂缓起诉的考验期，可以初步界定为"6个月以上，1年以下"。这是因为，考验期限过短不宜于考量行为人的悔罪表现，不能对未成年人起到很好的约束和导向作用；而时间过长则会使未成年人感觉不到希望所在，从而打击其改过自新重新做人的积极性。

综上所述，未成年人刑事案件本身所具有的特点，使得宽严相济的刑事政策能够天然地适用于其中并指导此类案件的处理，以更好地维护未成年犯罪嫌疑人的合法权益和提高处理未成年人刑事案件的诉讼效率。但作为一项刑事政策，宽严相济必须依赖于一定的诉

讼制度才能发挥其应有的效用。而基于相同价值取向的不起诉裁量权同样也在未成年人刑事案件中有着广泛的适用空间，但由于相关法律规定得不完善，使得不起诉裁量权虽有制度可依却终究没有得到充分发挥。从中我们可以发现，只有在宽严相济刑事政策的指导下，不起诉裁量权才能在未成年人刑事案件的处理中获得旺盛的生命力，也唯有如此，不起诉裁量权才能得到充分的发挥。

（作者单位：西北政法大学）

宽严相济政策下的刑事和解制度

吴　靖　孔祥雨

目前，我国刑事司法制度实行以国家起诉为标志的刑事司法模式和以监禁刑为主体的刑罚执行制度，一般预防和特殊预防相结合的刑罚目的价值定位居于统治地位。但近年来，基于对国家单方司法权力行使的反省和对刑事司法制度改革的展望，刑事和解制度进入人们的视野并逐渐成为法学界的热点话题。刑事和解作为一种解决刑事案件的程序性机制，在尊重受害人，促使被告人认罪悔罪、改过自新等方面显示了其优势。[①]

一、刑事和解的含义解析

刑事和解（Victim – Offender Mediation）在西方是一个发展得相当成熟的制度，也称为被害人与加害人的和解，一般是指在犯罪后，经由调停人的帮助，使加害者和被害者直接相谈、协商，解决纠纷或冲突的一种刑事司法制度。其目的是为了恢复被加害人所破坏的社会关系，弥补被害人所受到的伤害，以恢复加害人与被害人之间的和睦关系，并使加害人改过自新，复归社会。[②] 由于刑事和解制度在寻求公共利益、被追诉人利益与被害人利益这三者之间的平衡保护方面有特殊的价值，自 1974 年加拿大门诺教派设立第一个"被害人—加害人"调解程序以来，它已在美洲、欧洲得到迅猛发展，特别是 20 世纪 80 年代初期以后，成为西方犯罪学界研究的主题。[③] 纵观刑事和解在西方的发展以及我国的司法实践，我们可以看出，刑事和解是一种以协商合作形式恢复原有秩序的案件解决方式，它是指在刑事诉讼中，加害人以认罪、赔偿、道歉等形式与被害人达成和解后，国家专门机关对加害人不追究刑事责任、免除处罚或者从轻处罚的一种制度。

二、刑事和解在我国的司法实践

（一）刑事和解在我国的萌芽

首先让我们看一组数据。目前，广东省有 3 万多个人民调解组织、23 万多名俗称"和事佬"的人民调解员，2001—2003 年，全省调解民事纠纷 383563 件。仅 2002—2003 年，全省各类调解组织共成功调解民事纠纷 246943 件，防止 1360 人因民事纠纷而自杀，防止

---

① 高铭暄、张天虹：《刑事和解与刑法价值实现》，载《公安学刊》（《浙江公安高等专科学校学报》）2007 年第 1 期。

② 向朝阳、马静华：《刑事和解的价值构造及中国模式的构建》，载《中国法学》2003 年第 6 期。

③ 刘凌梅：《西方国家刑事和解理论与实践及介评》，载《现代法学》2001 年第 1 期。

民转刑案件 3380 件，制止械斗 2298 件，平息上访 3093 起，涉及 193999 人。

北京市在 2003 年 7 月 1 日至 2005 年 12 月 31 日期间，检察机关和解适用率为 14.5%。轻伤害案件经和解后，作移送公安机关撤回（撤案）处理的共 534 件，占 80.1%；作相对不诉处理的共 129 件，占 19.3%；作起诉处理的仅 4 件；和解程序基本上依托主诉检察官办案责任制，但检察机关不在最后的协议书上签字。

可见，实践部门允许当事人进行协商，对以赔偿协议作为量刑的重要依据展开了众多的实验。在实践中，各地具体做法有的单位是主张当事人自己和解，检察机关只起一个牵头的作用。有的机关主持调解，有的是交由其他的机关处理。① 其共同效果表现在办案速度提高很快的同时也有效地解决了纠纷，使逮捕率大幅下降，避免了传统刑事司法中侵犯人权的弊端。从刑事和解的适用范围来看，有快速扩大的趋势，北京、浙江、安徽、上海②等地的省级政法部门相继发布了有关办理轻伤害案件适用和解程序的规范性文件，河南及湖南等地地市或县级政法部门也出台了类似的政策性文件，山东省烟台市推行了"平和司法"程序。这种以被害人利益为突破口的和解制度，在实践上有推广的趋势。刑事和解从主要适用于轻伤害案件，发展到适用未成年人犯罪、过失犯罪、在校大学生犯罪、交通肇事、盗窃等案件，所涉及的刑事案件类型也从最初的轻伤害案件扩展为盗窃、抢劫、重伤、杀人等案件。

（二）评析：制度的缺失

从法律依据来看，实践中依据的相关法律规定包括：刑事诉讼法第 172 条："人民法院对自诉案件，可以进行调解；自诉人在宣告判决前，可以同被告人自行和解或撤回自诉……"第 142 条第 2 款："对于犯罪情节轻微，依照刑法规定不需要判处刑罚或者免除刑罚的，人民检察院可以作出不起诉决定。"刑法第 37 条："对于犯罪情节轻微不需要判处刑罚的，可以免予刑事处罚，但是可以根据案件的不同情况，予以训诫或者责令具结悔过、赔礼道歉、赔偿损失，或者由主管部门予以行政处罚或者行政处分。"最高人民检察院在 2006 年 12 月 28 日通过的《关于在检察工作中贯彻宽严相济刑事司法政策的若干意见》中明确规定，对于轻微刑事案件中犯罪嫌疑人认罪悔过、赔礼道歉、积极赔偿损失并得到被害人谅解或者双方达成和解并切实履行，社会危害性不大的，可以依法不予逮捕或者不起诉。

可见，从国家制定法的角度来看，广东、北京等地所表达的轻伤害案件可以和解的态度并没有什么特别之处，更没有突破现行法律的规定。因为现行刑事诉讼法第 172 条作出了自诉案件可以和解的规定，而轻伤害案件一般又是被害人有证据证明的轻微刑事案件，自然就可以和解。但是，实践中的这些情况依然值得重视，因为其向我们传递了这样一个重要的信息：在轻伤害案件中，国家对当事人的和解不再是简单的予以认可，而是有限制地摆出了鼓励与支持的姿态。这充分说明国家已经开始重视和解这种纠纷解决模式在刑事

---

① 《刑事和解在中国——"和谐社会语境下的刑事和解"会议综述》，载法律教育网，2006 年 7 月 31 日。

② 2003 年，北京市政法委员会出台了《关于处理轻伤害案件的会议纪要》；2004 年 7 月，浙江省高级人民法院、浙江省人民检察院和浙江省公安厅联合发布了《关于当前办理轻伤害案件适用法律若干问题的意见》；2005 年，安徽省公安厅会同省法院和省检察院共同出台了有关《办理故意伤害案（轻伤）若干问题的意见》；2005 年，上海市高级人民法院、上海市检察院、上海市公安局和上海市司法局联合下发了《关于轻伤害案件委托人民调解的若干意见》。

案件中的运用。另外，上海检察机关已在全市未成年人刑事案件中，逐步推广试点刑事和解制度。毋庸置疑，国家在对待刑事和解的问题上已经并且正在发生一些微妙的变化。但是，作为一项制度，我们只能说刑事和解还处于萌芽状态，制度性的缺失则是我们不能不面对的问题。这一制度在西方具有先进性，在中国具有一定程度的自发性①，那么它的正当性基础是什么呢？下面笔者予以简要分析。

三、刑事和解制度的正当性分析

（一）实践中的反思

1. 国家对刑事司法权的独占

民事、刑事、行政三大诉讼的划分，代表了国家对纠纷的不同态度。传统刑法学认为刑事纠纷解决是由国家垄断的，除自诉案件外，私人和解被予以禁止和抛弃，国家独占了对罪犯的量刑权，也独占了刑事司法程序的启动权。

2. 对国家独占刑事司法权的质疑

（1）司法权让渡的可逆性——也就是说人民对某些权利予以保留。

英国启蒙思想家约翰·洛克认为，人民在建立政权时仍然保留着他们在前政治阶段的自然状态中所拥有的生命、自由和财产的自然权利。在社会契约论对国家起源的论述中，国家权力本身就来源于公民权的让渡，而国家享有的司法权不过是源于个人纠纷解决权的让渡。因此，一定条件下的刑事和解可以视为当事者个人所保留的自然权利的行使，国家仅仅是对这一行使方式的承认而已；国家恢复守夜人的角色，赋予人们纠纷自我解决权而已。

（2）司法资源的有限性与传统刑罚的无效性。

一方面，案件数量在不断增多，如英国从20世纪50年代初开始犯罪率就一直处于上升状态。1967年刑事案件的总数为1200000起，1977年则超过2400000起，为1967年的2倍。日本战后的三年，违反刑法的犯罪率就增加了一倍。② 另一方面，监禁和矫正政策在西方国家不断遭受失败，国家也不得不开始反思实践以寻求新的出路。我国同样面临这个问题，20世纪80年代初到90年代末，每年全国刑事立案从50万起快速增长到300多万起，从2000年以来，每年全国刑事立案保持在400多万起以上。③ 并且有关统计显示，罪犯监禁释放后的再犯比例一般在66%至68%之间。④ 虽然现代社会将司法谓之"纠纷解决的最后手段"，但是法律在各国大规模地激增在一定程度上也反衬了民众对司法的沉醉，所以应当允许对以刑事和解为代表的"合作式"司法的并存，从而实现效率以及和谐的社会价值。

---

① 关于刑事和解自发性的分析，可参见陈瑞华：《刑事诉讼的中国模式》，法律出版社2008年版。
② 陈光中著：《外国刑事诉讼程序比较研究》，法律出版社1988年版，第30～31页。
③ 《中国刑事犯罪发展概述》，载公安部网站（http://www.mps.gov.cn）2006年2月11日。
④ ［德］汉斯·约阿希姆·施奈德著：《犯罪学》，吴鑫涛等译，中国人民大学出版社、国际文化出版公司1990年版，第924页。

（二）刑事和解制度的价值基础——刑事司法哲学的转向

1. 刑事司法理念——从报应性正义到恢复性正义

何谓报应正义？通俗地说就是追求一种"以眼还眼，以牙还牙"的效果。在报应性正义观念的影响下，传统刑事司法将实现报应和刑罚作为主要目标，从而在相当程度上忽略了被害人与社会的利益诉求。而且报应性司法的成本非常高，但其取得的积极效果却相当有限。例如，犯罪人再犯率仍然居高不下，犯罪人在改造以及回归社会方面仍然存在很多障碍等。恢复性正义主要体现了一种被害人的宽恕心理和要求补偿的心理。报应性正义关注的核心问题在于犯罪和刑罚的因果关系，具体而言就是要解决"犯罪人违反了什么法律"、"我们应当如何惩罚犯罪"等问题。因此，在报应性正义这里流行的是国家、犯罪人的单向惩罚型结构模式，其带来的直接后果就是犯罪人被标签化。与之不同的是，恢复性正义关注的焦点则是被害人和社会的利益诉求，具体而言就是要解决"谁受到了犯罪的侵害"、"他们是否遭受了损失"、"我们应当如何修复犯罪造成的这些损害"等问题。霍华德·泽尔说过："与其将司法限定为报应，不如我们把司法界定为恢复。如果犯罪是一种伤害，那么司法就应修复伤害和促进康复。"①

2. 被害人学的兴起

在英美法系国家，在被害人保护运动之前，"甚至至少在 19 世纪中期的时候，美国刑事司法制度的主要目标是确认、起诉和惩罚犯罪人，而不是满足犯罪被害人的需要。"② 在大陆法系国家，直到第二次世界大战后随着国际人权保障运动的广泛开展和被害人学研究的蓬勃兴起，加强对被害人的权利保障才成为了各国刑事司法改革的重要目标。相应地，刑事和解作为一种新的纠纷解决样式，它始终将被害人的利益作为中心，试图将被害人和被告人的保护并重，③ 通过鼓励犯罪人以积极承担责任的方式向被害人真诚道歉以及补偿，从而减轻被害人的精神负担，弥补被害人因犯罪所遭受的物质损失，最终真正起到修复犯罪创伤的功效，所以它在本质上是与兼顾对被害人与被告人之保护的新司法模式相契合的，刑事和解制度恰恰就是这一刑事司法模式变革过程中的一个必然产物。

3. 刑事和解体现了当事人自治意识，提高了诉讼效率

刑事和解是一种契约式治理，它不仅以纠纷的真正解决为出发点，而且充分考虑诉讼主体的现实利益，能让当事方在现实地考虑自我利益的出发点上，通过对话与协商，达成双方都满意的处理结果，即通过当事者之间的"合意"完结诉讼。刑事和解不仅为正义的多面性提供了现实基础，避免了单一正义的不足，并且能缓和基于"事实"与"规则"之间的矛盾而产生的程序公正与实体公正之间的紧张关系。另外，刑事和解在尊重被害人、满足被害人利益与需求的同时实现诉讼分流，提高刑事诉讼的效率，保护被追诉者的权利，

---

① 房保国著：《被害人的刑事程序保护》，法律出版社 2007 年版。

② 房保国：《以被告人保护为中心的刑事司法的反思》，来源于 http://www.148cn.org/data/2006/1201/article - 28940.htm，最后浏览日期为 2007 年 1 月 10 日。

③ 从 1963 年起，美国、英国、加拿大、新西兰、澳大利亚等国就开始对受到暴力犯罪行为侵害的被害人提供国家补偿。到 1992 年，已有新西兰、英国、美国、加拿大、澳大利亚、瑞典、奥地利、芬兰、德国、荷兰、法国、日本、韩国等 14 个国家建立了对被害人的国家赔偿制度。在第七届关于犯罪预防和犯罪人待遇的联合大会上，被害人保护与补偿也成为其中的一个重要议题。

因而这一制度对于刑事诉讼程序价值的实现具有非常重要的意义。刑事和解还凭借缩减诉讼中的事实或法律错误，起到保障整个司法制度信誉及其正当性的作用。

四、刑事和解制度在我国的构建

在现有的刑事司法制度中融入刑事和解的基本精神，使之成为我国刑事法制的有机组成部分，从而确立"对抗式"与"合作式"司法模式的二元共存，体现了一种中国式的表达社会宽容、体现刑罚人道、报应和功利相统一的刑事制度。然而，如何构建这一制度则存在着进路选择、模式选择、配套制度的完善等一系列的问题，下面笔者予以简要分析：

（一）我国刑事和解制度构建的进路选择

笔者认为，我们所要构建的刑事和解模式，是以被告人自愿认罪、放弃诉讼对抗为前提，通常包括：被告方向被害方赔礼道歉，对被害方提供足以令其满意的高额赔偿，被害方则放弃对被告方刑事责任的追究，或者不再提出严厉追究被告人刑事责任的要求。在这种模式下，和解发生在被告方与被害方之间，国家只是对双方达成的和解协议给予高度的尊重，从而按照协议内容作出相应的"宽大处理"。[①]

刑事和解虽然在我国具有一定的自发性，在现实生活中存在着大量的案例，但是作为一项制度来说，其还处于萌芽阶段。考虑到我国现在正处于法治建构的初级阶段，我们有必要采取谨慎的态度与循序渐进的方式，分别从近期和远期两个层面来考虑其构建。

1. 近期——适用的案件应以轻微刑事案件和未成年人犯罪案件为突破口

根据我国的实际情况，近期所适用的案件主要是针对侵犯被害人个人人身及财产利益的犯罪，主要包括：（1）轻微刑事案件，包括轻伤害、普通交通肇事、财产犯罪，如盗窃、数额不大的诈骗、抢夺、敲诈勒索等。（2）未成年人犯罪的各类案件。对未成年人适用刑事和解是各国通例，也是刑事司法国际准则少年司法特殊要求的具体化。从整个社会利益考虑，对未成年人的犯罪行为进行古典刑法式惩罚的任何措施和方法，都不利于防止他们再犯。为了防止再犯，应当宽容其犯罪，宁可放弃对其已犯罪行的惩罚，而施之以教育。（3）可能被判处5年以下有期徒刑的、社会危害性比较小的激情犯罪、偶犯、初犯、老年犯或过失犯罪。（4）预期法定刑为3年以下有期徒刑、拘役、管制、罚金等罪行较轻的刑事犯罪。（5）预备犯、中止犯、团伙犯罪中的胁从犯等。当然，考虑到刑事案件的复杂性，即便是属于可以和解范围的刑事案件，也不是必然要提交和解，对于不适合进行刑事和解的，依然适用公诉程序。

2. 远期——引入刑事契约一体化

其实，根据司法实践的需要是不需要区分重罪和轻罪的，在我国法治相对成熟的时候，我们可以在辩诉协商制度的基础上，充分吸收刑事和解的合理内核，最终在刑事契约一体化的模式下实现对和解远期方案的构建。这一方案，在适用范围、对象和条件上，以辩诉交易为标准，在制度重构中，吸收刑事和解的理性成分，增加被害人参与，以满足被害人的利益要求作为辩诉交易达成的条件之一。这种模式是从辩诉交易的视角来调整刑事和解

---

① 陈瑞华著：《刑事诉讼的中国模式》，法律出版社2008年版，第81页。

的，基于一种功利主义、以结果为中心的价值观，建立刑事契约一体化模式。这一模式的好处是扩展了刑事和解的适用范围，而且纠正了辩诉交易以效率为主要导向及漠视被害人利益的价值取向，这样带来的负面后果也就比较小，对形式法治的冲击也能降到最低。

（二）刑事和解的模式选择

对于刑事和解制度的实践模式，在西方国家主要存在以下四种：（1）社会调停模式；（2）转处模式；（3）替代模式；（4）司法模式。① 西方各个国家刑事和解的实践模式都与其国情相适应，无所谓优与劣，其在各国司法中所处的地位也不同，有的没有纳入刑事司法中，如社区调停模式；有的则作为刑事司法的一部分，如转处模式；有的则作为量刑和执刑的方式，如替代模式和司法模式。

对于我国目前实践中的和解模式，主要有以下三种模式：一是"加害方—被害方自行和解模式"，是指犯罪嫌疑人、被告人在认罪悔过的前提下，与被害人经过自行协商，就经济赔偿达成书面协议，使得被害方不再追究加害人刑事责任的纠纷解决方式。二是"司法调解模式"，是指司法人员通过与被害方、加害方的沟通、交流、教育、劝解工作，说服双方就经济赔偿标准、赔礼道歉等事项达成协议，从而促使被害方放弃追究刑事责任的纠纷解决方式。三是"人民调解委员会调解模式"，是指公检法三机关对于那些加害方与被害方具有和解意愿的轻伤害案件，委托基层人民调解委员会进行调解，对于经过调解达成协议的案件，可不再追究加害人的刑事责任②。笔者认为，我国在现阶段没有必要强求模式的统一，如针对那些冲突双方积怨不深的轻伤害案件，双方当事人本身又有着自行达成和解的强烈愿望，可以用第一种模式，针对那些加害方和被害方在经济赔偿方面存在较大的分歧，或者被害人无法与加害人自行达成谅解协议，这时候就需要司法机关的介入，可采取第二种模式。总之，依据案件的不同可以采取不同的模式，但是无论哪种模式的刑事和解协议都应该得到司法机关的认可，在和解协议的基础上决定刑罚的适用。

（三）刑事和解制度的配套措施

在我国刑事诉讼向当事人主义模式改革的过程中，可以也应当推进以刑事和解这一合作式司法模式来改造和完善我国现行刑事司法制度。刑事和解制度如果得以良性实行，那么它必须有相应的配套措施，如非监禁刑的广泛适用；建立并完善国家救助制度；赋予被害人提起民事诉讼的选择权；扩大公诉裁量范围，建立相应的控制机制③；改革不起诉制度和缓刑、减刑、假释制度；实行刑事案件的繁简分流，完善简易程序；建立前科消灭制度，进一步完善未成年人司法程序，等等。通过这些改革，我们可以在现有的刑事司法制度中体会刑事和解（协商型司法）的基本精神，使之成为我国刑事法制的有机组成部分，从而确立"合作式"司法与"对抗式"司法并存的二元司法体系。

---

① 关于四种模式具体可参见：刘凌梅：《西方国家刑事和解理论与实践介评》，载《现代法学》2001年第1期；刘方权：《刑事和解与辩诉交易》，载《江苏警官学院学报》2003年第18卷第4期。

② 陈瑞华：《刑事诉讼的私力合作模式》，载《中国法学》2006年第5期，第16～18页。

③ 相关论述参见左卫民等著：《中国刑事诉讼运行机制实证研究》，法律出版社2007年版，第232～252页。

五、结　语

刑事和解是一项在西方发展相对成熟的制度，而其在我国也具有一定的自发性，笔者认为，刑事和解符合人性的需要，符合当下世界司法多元化、民主化的趋势，顺应了我国构建和谐社会的历史潮流，有效地平衡了国家与个人、被害人与犯罪人之间的利益，提高了司法效率，可在相当大的程度上缓解司法困境。并且我国具备了适用刑事和解的社会条件和人文环境，实践中的适用也取得了明显的成效，表现了强大的生命力，其未来的适用前景广阔，本着关怀被害人和犯罪人的人文品格，以修复和重建社会关系为目标，刑事和解制度的前途必定风光旖旎。

（作者单位：山东省高级人民法院）

宽严相济刑事政策的司法适用

——以司法人员的刑事裁量权为视角

严本道

"宽严相济"刑事政策的提出,体现了我国在防控犯罪领域进入了一个新的历史时期。在宽严相济刑事政策的司法适用过程中,由于现实中的案件事实往往是复杂多样的,这就必然存在许多新情况,法律没有规定或者规定得过于笼统,为了适应惩罚犯罪的需要,法律特意作了一些弹性的、灵活的规定。在这种情况下,司法机关如何以宽严相济刑事政策为指导,恰当地行使刑事裁量权,对具体犯罪、具体犯罪人进行定罪科刑,就成为这一刑事政策能否得以实现的关键,以司法人员的刑事裁量权为切入点,对研究宽严相济刑事政策的司法适用具有现实意义。

一、宽严相济刑事政策的内涵

关于"宽严相济"刑事政策的内容,最早的具体论述是罗干同志在 2005 年 12 月的全国政法工作会议中的讲话,他指出:"宽严相济是指对刑事犯罪区别对待,做到既要有力打击和震慑犯罪,维护法制的严肃性,又要尽可能减少社会对抗,化消极因素为积极因素,实现法律效果和社会效果的统一。"此后,最高人民法院、最高人民检察院工作报告和党的十七大报告都有涉及。最新的表述体现在最高人民检察院《关于在检察工作中贯彻宽严相济刑事司法政策的若干意见》中"宽严相济刑事司法政策的核心是区别对待。针对不同性质、不同严重程度的犯罪行为,在刑事诉讼程序的处理上体现区别对待","检察机关在批捕、起诉、查办职务犯罪等各项工作中,都要根据案件具体情况做到该严则严、当宽则宽、宽严适度,使执法办案活动既有利于震慑犯罪、维护社会稳定,又有利于化解矛盾、促进社会和谐"。这些权威表述揭示了宽严相济刑事政策内容的精髓,为我们理解其内容提供了指导。学术界从多个角度对宽严相济刑事政策进行了分析,如有学者指出,"宽"即指"宽大",其确切含义应当为轻缓;而"严"是指严格或严厉;"济"则意指救济、协调与结合,即在宽与严之间应当具有一定的平衡,互相衔接,形成良性互动,以避免宽严皆误的结果发生。[①] 也有学者认为,宽严相济刑事政策的内容可归结为:该严则严,当宽则宽,严中有宽,宽中有严,宽严有度,宽严审势,[②] 并且指出对不同犯罪者要施以不同的处罚。[③] 还有学者认为,"宽严相济政策强调更多的是非犯罪化、轻刑化和非监禁化"。[④]

可见,宽严相济刑事政策的内涵是非常丰富的。就其在司法适用中的实现形式而言,

① 陈兴良:《宽严相济刑事政策研究》,载《法学杂志》2006 年第 1 期。
② 马克昌:《宽严相济刑事政策刍议》,载《人民检察》2006 年第 10 期。
③ 马克昌:《"宽严相济"刑事政策与刑罚立法的完善》,载《法商研究》2007 年第 1 期。
④ 黄京平:《宽严相济刑事政策的时代含义及实现方式》,载《法学杂志》2006 年第 4 期。

在侦查阶段，能作为治安处罚的就不作为犯罪追究；严格逮捕条件，公开逮捕程序，允许不服的逮捕人申诉；增加逮捕的非监禁替代措施，取保候审增加人保与财保的结合。在起诉阶段，慎用逮捕强制措施，能不起诉的就不起诉；建立缓诉制度，探索刑事和解和污点证人豁免制度。在审判阶段，要用足用好法官手中的刑事裁量权，在刑罚总量处于高位状态的情况下，实现刑罚的相对轻缓化；探索审判环节的刑事和解和恢复性司法；扩大适用非监禁刑，尽可能多地适用缓刑、假释，完善减刑制度。在执行阶段，扩大监禁刑的行刑社会化，推广非监禁刑的社区矫正适用。

刑事政策与法律规范相比较，灵活性是其本质。这种灵活性在宽严相济刑事政策中的体现就是在法律规定过"严"的情况下，司法人员可以在法律规定的范围内根据犯罪行为、犯罪人的主观恶性以及社会危害性等，结合当时的犯罪与社会治安情况选择从宽处理，以矫正法律的严厉性；而在法律没有规定或者规定过"宽"的情况下，司法人员可以适当选择从严处理，以增加法律的权威性和威慑力。这种选择权也就是我们常说的自由裁量权。宽严相济刑事政策着眼于构建社会主义和谐社会，注重刑罚的实际效果，注重人道主义的司法观，在对严重犯罪依法严厉打击的同时，对犯罪分子依法能争取的尽量争取，能挽救的尽量挽救，能从宽处理的尽量从宽处理，最大限度地化消极因素为积极因素。可见，在宽严相济刑事政策视野下，裁量主义的适用就有了更为广阔的空间。实行宽严相济的刑事政策意味着刑事法律必须赋予司法人员相应的刑事裁量权，没有这种刑事裁量权，刑事政策在司法中也就没有存在的余地。

二、宽严相济刑事政策和检察裁量权

检察裁量权是司法裁量权的重要组成部分，是检察官在行使检察权过程中的斟酌处理权，其意义就在于弥补起诉法定原则之不足。在起诉法定原则的支配下，检察机关对于符合追诉条件且证据充分的犯罪，均必须依法起诉，无酌情裁量的余地，这与现代刑事政策及刑事诉讼之根本目的相违背。当某些犯罪确无必要追诉，或不追诉反而对感化、改造犯罪行为人及防卫社会更为有益时，检察官采用自由裁量权，可不予起诉，更符合刑事政策的要求，即所谓的起诉便宜主义。各国在刑事诉讼制度中为了保证刑事追诉的正确行使，原则上检察官应当严格按照法定条件，依法对犯罪嫌疑人提起公诉，但同时也赋予检察官在处理某些案件时，对犯罪嫌疑人决定是否提起公诉有一定的自由裁量权。从世界范围来看，不同的国家因为法律规定和司法制度的不同，检察裁量的适用范围也各有差异。在我国，根据刑事诉讼职权的划分，检察机关在刑事诉讼过程中，只能行使控诉职能，而没有具体刑事案件的实体定罪权。因此，检察刑事裁量权是一种程序权力，而非实体权力。这种权力集中体现在以下几个方面：第一，侦查行为的裁量权，主要是自侦案件的侦查权运用；强制措施适用方面的裁量权，包括自侦案件强制措施运用和公诉案件是否批准逮捕的选择。第二，是否起诉的裁量权；对特定案件的污点证人是否予以豁免。第三，程序方面的裁量权，对提起公诉的案件有权斟酌是否适用简易程序，从而向人民法院提出建议，或者是否同意人民法院适用的意见等。

检察裁量权以"目的刑"为理论基础，较好地体现了宽严相济刑事政策的要求。首先，关于侦查阶段的裁量体现：在立案环节上，对职务犯罪线索要不要初查、要不要立案，就有一个宽严相济政策把握的问题。对影响恶劣、危害严重的，或有其他从严情节的，就要高度重视犯罪线索，认真负责地进行初查，防止严重犯罪的漏网。相反，对一般犯罪线索需从宽地量力而行。在初查的基础上决定要不要立案，也同样体现了裁量余地。对严重犯罪、影响恶劣的犯罪，坚决立案，保证使这些犯罪得到及时查处。对应当从宽掌握的，在立案标准上就可以考虑从宽。例如，刑法分则把贪污贿赂类职务犯罪的数额作为立案标准，起刑点规定为5000元，又规定个人贪污贿赂虽然不满5000元，但情节严重的，也可判处刑罚。这样，在遇到个人贪污受贿不满5000元，但是犯罪情节严重，如对国家和社会造成了难以挽回的巨大损失时，检察官就可以裁量立案，以此体现执行宽严相济政策的力度和水平。在侦查环节上，检察机关在运用侦查手段时，在组织力量进行案件侦破时，对于应当从宽的条件，运用一般力量查办即可。对于应当从严的案件，就要集中力量重点查办。在批捕环节上，不管是自侦案件的批准逮捕还是公安机关请求的批准逮捕，都应当体现宽严相济的要求，即根据案件性质，综合考虑案件的各种因素，确定是从严对待还是从宽对待，需要从严对待的就要坚决逮捕，需要从宽对待的可适用其他强制措施。当然，这里的"宽"或"严"不是随意的，而是必须符合法律规定的条件，同时需借助检察裁量权的行使来实现。

其次，关于审查起诉阶段的裁量体现，我国刑事诉讼法赋予检察机关拥有自由裁量权是根据刑事诉讼法第142条第2款规定的："对于犯罪情节轻微，依照刑法规定不需要判处刑罚或者免除刑罚的，人民检察院可以作出不起诉决定。"这就是通常所说的相对不起诉。检察机关要根据案件性质，综合考虑案件的各种因素，确定是从严对待还是从宽对待，需要从严对待的就要坚决起诉，需要从宽对待的可考虑适用不起诉。在宽严相济刑事政策下，相对不起诉正是体现对轻微犯罪宽大处理的有效途径，对于可诉可不诉的，实行不诉的原则。因此，检察机关不应片面地追求起诉率，而是应当对相对不起诉的质量加以监控，避免其滥用。但是，我国检察机关作出的相对不起诉仅限于轻微刑事案件，为了更好地发挥检察裁量权的功能，今后可以通过立法适当扩大相对不起诉的适用范围，综合考虑社会危害性和情节，认为犯罪较轻，不必追究刑事责任时，亦可作出不起诉的决定或者根据犯罪嫌疑人的犯罪性质、年龄、处境、危害性程度、犯罪前以及犯罪后的表现等情况，没有必要立即追究刑事责任时，作出暂缓起诉的决定，给予其一定的考验期限，责令进行自我改造和反省，根据其悔罪表现决定是否起诉，这就是所谓的暂缓起诉，目前对于暂缓起诉虽无法律明文规定，但实践中所做的有益尝试表明其效果明显。①

相对不起诉同时也为控辩协商提供了条件。一方面，根据法律规定，适用"相对不起诉"案件的范围是犯罪情节轻微，依照刑法规定不需要判处刑罚或者免除刑罚，这些案件的被告人为了避免被移交法庭审判的命运，实现在检察环节上的无罪处理，一般都会认真悔罪、如实交代犯罪事实，积极赔偿。另一方面，对犯罪情节轻微的案件，检察官通常也会考虑犯罪嫌疑人的认罪态度，包括是否真心悔过、是否对被害人进行赔偿等。可见，裁量不起诉决定的作出是控方与被告方都有相同意图并积极努力实现的结果。因此，从这一

---

① 我国首次尝试暂缓起诉的司法实践是2003年南京市浦口区人民检察院对南京工业大学一名涉嫌盗窃的大学生暂缓起诉。该检察院规定了暂缓起诉的实质条件：一是无前科劣迹，在校表现良好；二是符合刑事诉讼法第15条、第142条的规定。实践表明，对犯罪情节轻微，不再具有社会危害性的大学生实行暂缓起诉制度，取得了较好的社会效果。

点上来说，我国立法上的"相对不起诉"制度和国外的"辩诉交易"制度有异曲同工之妙。今后应当赋予检察机关更大的裁量权，而不仅仅局限于不起诉的决定权。借鉴国外进行辩诉交易所需要的检察裁量权的内涵，完善检察裁量权的内容，检察机关不仅应具有不起诉的决定权，而且还有与被告人进行协商促使其认罪的权力以及向法院请求降格处刑的权力，以便更好地在检察实践中落实宽严相济的刑事政策。

此外，实践中采用的对污点证人豁免又是检察裁量对宽严相济刑事政策的诠释。在我国，刑事诉讼法没有明确赋予检察官对污点证人的刑事豁免权。但在司法实践中，检察官在查处集团犯罪、重大的共同犯罪、行贿受贿等对合犯罪案件时，为获取重要证据，往往对从犯、胁从犯等污点证人给予一定的刑罚豁免。这种有效打击重大犯罪而放弃轻微犯罪的做法，在现代法治公平与效率的整合理念下，日益显现出利益权衡的价值所在。尤其在宽严相济刑事政策的视野下，这种利益权衡就是区别对待的内在要义。考虑到我国对污点证人豁免尚无立法的规定，今后我们应当通过立法加以确认和规范。一是明确规定作证豁免的范围。将其范围限定在恐怖犯罪、贿赂犯罪、有组织犯罪、毒品犯罪以及其他社会影响较大、取证比较困难的严重共同犯罪案件。二是明确规定作证豁免的对象。该制度只适用于在犯罪中处于次要地位、罪行轻微的犯罪人，如从犯、胁从犯；而不能对处于主要犯罪地位、罪行严重的人予以豁免。三是加强检察官对污点证人豁免时的监督和制约。由于豁免权是对某人罪行的免除，因而检察官只有为了追诉其他更为严重的犯罪，在不得已的情况下，才能行使该项权力，否则豁免权制度就失去了存在的合理性。

三、宽严相济刑事政策和法官裁量权

法官刑事裁量权，是指法官在审理刑事案件过程中，在法律授予法官予以自由裁量以及缺乏法律规定或法律不明确的情形下，在两个或两个以上的选项中进行斟酌并就实体问题和程序问题作出合理决定的权力。[1] 在刑事司法中，法官可以说是享有完整、实质的定罪权与量刑权的司法官员。他既可能裁量被告人有罪，也可能裁量被告人无罪；既可能裁量被告人重刑罚，也可能裁量被告人轻刑罚。所以对于被告人来说，其被定罪量刑的决定性主体是法官。也正是因为这一点，很多人认为刑事裁量权也可以说就是法官的刑事裁量权。[2] 在英美法系国家，发达的判例制度造就了"法官造法"的司法传统。赋予法官较大的自由裁量权一直是英美法系国家的主流观点。在早期的大陆法系国家，法官没有创制法律的传统，因此也没有裁量的余地。但进入20世纪后，大陆法系国家逐渐意识到成文法的滞后性和法官造法的合理性，纷纷扩大了法官在审判中的自由裁量权。从两大法系国家法官刑事裁量权的范围来看，涵盖了实体和程序两大方面。在宽严相济刑事政策的语境下，我国法官刑事裁量权主要体现在以下几个方面：一是准确定罪，区分此罪和彼罪的界限，准确界定刑法中关于犯罪构成要件的模糊规定。二是重视酌定量刑情节的适用，如对刑法分则中许多"情节较轻"、"情节严重"、"情节特别严重"或"情节恶劣"的理解。三是注重犯罪人承担责任的方式和承担责任幅度方面的裁量，尽可能多地适用缓刑，扩大非监禁

① 王在魁著：《法官裁量权研究——以刑事司法为视角》，法律出版社2006年版，第23页。
② 张素莲著：《论法官的自由裁量权》，中国人民公安大学出版社2004年版，第74页。

刑的适用，完善社区矫正，探索审判环节的刑事和解。四是扩大对适合条件的刑事案件运用简化审程序和简易程序审理。

定罪方面的裁量权，是指法官在案件事实既定的情况下，认定被告人行为是否构成犯罪、构成何种犯罪的裁量权。实践中，法官在定罪方面的裁量权是一个不容回避的问题。因为关于定罪的问题，法律不可能规定得非常具体，很多罪名之间没有截然分明的界限，存在由复杂的交叉竞合或包容等关系构成的模糊地带，这些都要求法官有刑事裁量权，如被告人构成盗窃罪还是诈骗罪，是故意伤害还是故意杀人罪等。在宽严相济的刑事政策较为鲜明地凸显刑法适当性、目的性原则的情况下，法官对那些立法模糊地带究竟在何种层次和境况下进行揭示和阐明，不再是在"严打"刑事政策指引之下对所有刑事犯罪给予一味的打击，而是要根据宽严相济刑事政策的精神以及对轻重不同的刑事犯罪问题予以区别对待的实际需要来确定。在定罪方面，法官的刑事裁量空间突出表现为刑法第 13 条"但书"规定的"情节显著轻微危害不大的，不认为是犯罪"的理解上。"情节显著轻微危害不大"的认定就是一个较大的法律空间，而且是针对所有犯罪的法律空间，因为犯罪定义不涉及任何具体犯罪，总则规定适用分则的所有犯罪。什么是"情节显著轻微危害不大"？刑法中没有任何具体的规定，笔者赞同，它是一个要件的两个要素，"情节显著轻微"是形式要件，"危害不大"是实质要件，犯罪构成往往是实质要件与形式要件的统一。[①] "情节显著轻微危害不大"在刑法中的意义是标明了行为的社会危害性只有达到一定程度才构成犯罪。判断一个行为情节显著轻微，是认定危害性不大的前提。首先要看情节是否严重，同时还要从实质上分析行为危害性是大还是小，这个问题与贯彻宽严相济政策紧密联系，需要法官运用刑事裁量权去判断。

量刑方面的裁量权，是指法官根据既定的犯罪事实决定对被告人判处何种刑罚以及决定刑罚幅度的裁量权。我国刑法赋予法官在量刑方面的重要裁量权就是酌定量刑情节的运用。酌定量刑情节是刑法总则和分则都没有作出明文规定的情节，因此具体酌定量刑情节的内容，只能由审判人员从实践中进行概括总结。常见的酌定量刑情节，体现在我国法律上主要是：刑法第 37 条（非刑罚处罚措施）、第 52 条（罚金数额的裁量）、第 61 条（量刑的根据）及第 63 条第 2 款（酌定减轻处罚）中所称的"犯罪情节轻微"、"犯罪情节"、"情节"或"特殊情况"，除此之外，我国刑法分则中许多以"情节较轻"、"情节严重"、"情节特别严重"或"情节恶劣"等来确定犯罪的法定刑幅度的条款中，所谓"情节"也包括了酌定量刑情节。[②] 酌定量刑情节与宽严相济的刑事政策具有天然的密切联系。在刑事司法各项工作中，与犯罪人关系最为直接的便是量刑。因此，宽严相济能否得到实现，量刑是一个至为关键的环节。而根据刑法规定，在量刑中协调刑罚轻重的，除个罪的法定刑幅度之外，最重要的就是法定量刑情节。然而，法定量刑情节的根本特征在于，它已经是法律明确规定的，不允许司法者进行任意取舍的量刑情节，因此法定量刑情节是刚性的、固定的。而与之相对，酌定量刑情节则没有具体规定在刑法中，法官可以依据自由裁量权进行甄别取舍。因而，酌定量刑情节一旦受到充分重视，必然对宽严相济刑事政策的实

---

① 张智辉：《宽严相济刑事政策的司法适用》，载《国家检察官学院学报》2007 年第 6 期。
② 许利飞：《略论酌定量刑情节》，载《国家检察官学院学报》1999 年第 3 期。

现起到不可小觑的作用。①

　　量刑方面的裁量权还体现为法官对于犯罪人承担责任方式的选择。就裁量犯罪人承担责任的方式而言，重在非监禁化刑罚措施的裁量。根据我国刑法规定，非监禁化措施既包括管制、罚金、剥夺政治权利、没收财产、驱逐出境等非监禁刑，也包括缓刑、假释等监禁刑的变更措施。法官在审判阶段应当根据个案情况对犯罪人裁量适用管制、罚金等非监禁刑或者缓刑、假释等监禁刑的变更措施。例如，适当扩大缓刑的适用比例，将那些符合缓刑条件的人，特别是偶犯、初犯、过失犯、少年犯等尽量不收监。我国从 2003 年开始试行的社区矫正，对非监禁化刑罚措施进行了有益探索。社区矫正是与监禁矫正相对的行刑方式，是促进犯罪者顺利回归社会的非监禁刑罚执行活动。在宽严相济的刑事政策中，社区矫正主要体现的是刑罚轻缓的一面，它有利于对罪行较轻的犯罪人的教育矫正。一些地方的经验表明，效果是好的，今后法官在选择执行方式时对特定的犯罪人员可以选择社区矫正的方式，通过刑事裁量权来贯彻宽严相济刑事政策时尽量采用轻缓刑、非监禁刑的行刑要求。此外，还要提及刑事和解的处理方式。相对于采用判刑的方式结案，刑事和解是一种处理轻微犯罪案件较好的结案方式，符合宽严相济刑事政策的要求，同时在刑事和解过程中，法官居中调解，对争议的实体事项和程序性进程都有较大的裁量权，存在制度上的裁量空间。我国在民事诉讼中历来强调调解，但在刑事诉讼中，如何更好地发挥调解的作用就是一个值得研究的问题。

　　宽严相济刑事政策还要求法官刑事裁量权贯穿于刑事案件简化审程序和简易程序中。2003 年 3 月最高人民法院、最高人民检察院、司法部联合公布的《关于适用普通程序审理"被告人认罪案件"的若干意见（试行）》、《关于适用简易程序审理公诉案件的若干意见》，都涉及了关于对被告人自愿认罪的处罚问题。在简化审程序中，被告人承认起诉书指控的事实和罪名，检察机关向审判机关提出酌情从轻处罚的量刑建议。而实际上在这两个法律文本出台之前，各地检察机关和审判机关已经开始了简化审的尝试。一些法院和检察院开始自发地探索对被告人认罪的适用普通程序的刑事案件采取简化处理的办法，并在实践中起到了提高诉讼效率的较好效果。② 刑事案件简化审的整个过程可以用一句话总结，即被告人自愿认罪，检察官提请适用简化审程序并向法庭提出量刑建议，法官采纳检察官的建议判处刑罚；可见，在这一过程中检察裁量权和法官裁量权有较大的运用空间。简易程序能避免犯罪人进入繁杂的审判程序，同时其本身蕴涵的程序分流功能对于节约诉讼资源，提高诉讼效率也发挥着重要作用。为此，在具体的办案过程中，对符合法定条件的公诉案件，能够适用简易程序或者可以简化审理的，一则法官要同意检察官予以适用；法官也可以向检察官提出适用的建议。二则对于被告人及辩护人提出建议适用简易程序或者简化审理的案件，法官经审查认为符合条件的，也应当同意适用。

---

　　① 高铭暄：《刑事政策与和谐社会构建》，载《法学杂志》2006 年第 1 期。

　　② 有研究者认为，扩大被告人认罪案件简化审和简易程序的适用，既可以节省刑事司法资源，提高司法效率，又有利于被告人权利的保障，有利于减少刑事司法程序对被告人的不良影响，符合宽严相济刑事政策的要求。请参见孙力、刘中发：《"轻轻重重"刑事政策与我国刑事检察工作》，载《中国司法》2004 年第 4 期。

　　应当承认，目前我国刑法在总体上重刑色彩比较浓厚，而以"宽"济"严"又必须在法律的幅度内，因而这种"戴着脚镣跳舞"对刑事司法人员提出了更高的要求，所有这些都考验着作为法律和政策执行主体的司法人员的综合素质。它需要司法人员对法律的精神有一种透彻的把握，在深厚的专业功底支撑下，准确行使刑事裁量权以实现宽严相济刑事政策的目的。

（作者单位：中南财经政法大学）

宽严相济刑事政策的司法适用

杨波 金石

刑事政策是国家依据犯罪态势对犯罪行为和犯罪人运用刑罚和有关措施，以期有效地实行惩罚和预防犯罪目的的方针、方略和行动准则，是人类理性和社会法制文明程度在刑事司法领域的集中反映，其核心是预防和减少犯罪，终极目的是为了维持社会秩序，促进社会和谐发展。不同国家在不同时期，刑事政策具体内涵的侧重点会有所不同，从而在刑事立法和司法中也会有不同的反映。我国宽严相济的刑事政策是党和国家适应社会发展形势，在总结与犯罪进行有效斗争经验的基础上，从社会主义初级阶段的实际出发，反映社会主义法治理念和构建社会主义和谐社会本质要求而确定的国家刑事司法活动的基本准则。它秉承了宽严相济的法律传统，契合了和谐社会的时代精神，顺应了保障人权的世界潮流，集中体现了依法治国、维护社会公平正义的理念，是落实科学发展观、坚持以人为本、民主法治的应有之义，也是中国刑事司法实践对世界司法文明的一大贡献。

宽严相济刑事政策涉及刑事诉讼的各个环节，贯穿于刑事诉讼的始终，不仅体现在实体方面，也体现在程序方面，需要公检法三机关的协调配合和一体遵行。但在实践中，由于各种因素的影响，导致公检法三机关在执行该政策时存在不协调、不统一的情况。

一、公检法三机关适用宽严相济刑事政策不统一的原因分析

（一）司法侧重点的不同和本位主义的影响制约着宽严相济刑事政策在公检法三机关的适用

首先，作为国家追究刑事犯罪的主体，公安、检察、法院在刑事诉讼中分工负责，互相配合，但正是因为分工不同，客观上决定了三机关对刑事案件的执法理念存在差异：公安机关需以有罪推定为前提展开侦查活动，侧重于对犯罪嫌疑人的追究，更多地体现了"严"的一面；检察机关为了保证案件侦查活动的顺利进行，对批捕案件不能过分苛求，有"严"的要求，同时在审查起诉中又要按照起诉的标准去衡量案件的事实和证据，又表现为对犯罪嫌疑人、被告人的"宽"；法院则充分考虑有罪与无罪证据的采用，特别是以疑罪从无为指导，必然会使"宽"的成分更加突出。上述司法理念的差异，使刑事案件在不同诉讼阶段体现宽与严的因素各不相同，从而影响到宽严相济刑事政策的实际操作，破坏了宽严相济刑事政策的整体性，削弱了政策实施的合力。其次，取保候审等非羁押性措施在适用中存在障碍。取保候审本是对没有社会危险性的犯罪嫌疑人适用的强制措施，体现了刑法的宽缓精神和人性化的执法理念，但由于公检法三机关执法思想的差异，尤其是受本位主义的驱动，三机关对"三道工序"案件很少适用取保候审，公安机关认为符合适用取保候审条件的案件，检察机关公诉部门认为不适合；公诉部门认为符合适用取保候审条件的

案件，法院认为不适合，造成取保候审措施适用困难。以致出现公安拟取保的案件要事先和检察机关公诉部门协商沟通，公诉部门又要和法院协商沟通，否则就会出现诉讼障碍。最后，"同案不同刑"现象突出。受地域因素和执法个体因素的影响，实践中较普遍地存在着同一案件中罪行相同的犯罪嫌疑人往往出现不同的处罚结果，同样事实情节的案件常常使用不同的处理措施的现象。处罚尺度的不统一，导致了司法机关司法公信力的弱化。

（二）法律、司法解释的规定不甚明确，缺乏统一的适用标准

当前，我国法律、司法解释中虽然也体现着宽严相济刑事政策的要求，但多为一些原则性规定，指导性和可操作性不强，在是否适用以及如何适用的问题上，没有明确、具体的要求，缺乏统一的适用标准，而是依赖于司法人员的主观裁量，这就使得该政策的适用受人为因素影响较大，造成执法不统一，无形中影响了该政策运用的效果，如关于职务犯罪嫌疑人的自首、立功问题，检察机关与审判机关的认识往往不一致，影响了对案件的处理，又如刑事诉讼法规定对于没有逮捕必要的，可以适用取保候审、监视居住，但由于对有无逮捕必要缺乏明确的判断标准，不同地区、不同部门对此存在不同认识，造成有些检察机关为了避免与公安机关认识不同而产生麻烦，干脆一捕了之。实践中根据"无逮捕必要"不予逮捕的比率偏低，影响了宽严相济刑事政策功能的发挥。[1] 并且，公检法三机关在贯彻宽严相济刑事政策时，仍然停留在按照各自上级机关的文件和规定精神，在狭小的范围内针对一些个案进行宽严相济刑事政策的摸索。由于没有统一、具体的标准，即使在一些个案的处理上，也常常会出现在某一环节、某一单位按照宽严相济的刑事政策被从宽处理后，在另一环节、另一单位可能因对宽严相济刑事政策的理解不同，提出不同的意见，造成诉讼环节的反复。

（三）公检法三机关内部考评机制存在不协调之处，制约宽严相济刑事政策的统一适用

近年来，为强化对案件的管理，公检法三机关通过对工作指标的细化量化，将管理层对工作绩效的政策要求、价值取向、目标追求等以指标分解、量化考核、绩效评定等形式表现出来，从而为民警的执法行为提供行为导向。办理刑事案件牵涉到公检法三个机关，虽然目前各机关的考评机制总体上是科学合理的，但也存在一些不协调之处，如一些地方的公安机关把逮捕数作为打击犯罪的一项重要指标，不批捕案件多了，就会影响考核名次，为追求立案数、逮捕数，对构成犯罪的案件一律提请逮捕，并极力要求检察机关予以批捕，对不捕案件要求复议、复核的较多。而一些检察院为了确保案件质量，把捕后判处管制、拘役、免予刑事处罚和缓刑的案件均作为质量有瑕疵的案件予以减分。部分检察院受本地不捕率、捕后不诉率、捕后轻刑判决率、监督立案率、追捕率等的限制，特别是公安机关逮捕任务的影响，在办理审查逮捕案件时顾虑重重，一方面要慎用逮捕措施以体现宽缓的刑事政策，另一方面又受到各种办案指标的限制，要及时采取逮捕措施以保证刑事诉讼活动的顺利进行，批捕工作面临两难困惑。在公诉环节，对于那些轻微案件——尤其是介于两可之间的案件，公诉机关可能会按照执行宽严相济刑事政策的内在精神和要求而作出不

---

① 陈国庆、石献智：《检察机关贯彻"宽严相济"刑事政策的实践要求与制度完善》，载《人民检察》2006年第12期。

起诉处理决定，但势必会对公安机关侦查人员的考核带来负面影响。

（四）公检法三机关衔接机制不健全，影响宽严相济刑事政策的统一适用

作为国家重要的刑事政策，宽严相济刑事政策贯穿于刑事诉讼活动的各个环节和刑事诉讼活动的始终，执行主体包括公安、检察、法院等多个机关，任何一个职能主体都不应单纯地从本部门的角度出发来执行宽严相济的刑事政策。总体上，公检法三机关能够形成共识，最高人民法院和最高人民检察院分别结合审判、检察工作实际，制定了相关工作意见，但由于缺乏统一的部署和操作规范，公检法三机关各自执行本系统的相关规定，在案件处理上，理解和把握的尺度有时会出现不一致，如公检法三机关对有关刑事案件是否从宽或从严、如何从宽或从严在程度把握上经常出现认识上的分歧；有的对快速办理的轻微刑事案件缺乏沟通，出现办案期限不协调的情况；有的对从轻、减轻处罚条件的理解、认定不一，在此诉讼环节上适用了从轻、减轻处罚，而在彼诉讼环节上则有可能不予认定。一些办案程序衔接不紧密，如有的轻微刑事案件在公安机关和法院适用普通程序，而在检察环节上快速办理，很不协调；在起诉环节和解成功后，有的检察人员为降低不起诉率，退回公安机关撤案，而有的公安人员为保持较高的逮捕率不愿撤案，加上撤案还要上一级公安机关批准，操作起来比较困难，又如对未成年人犯罪案件，在检察环节对未成年人与成年人共同犯罪案件已经实行分案起诉制度，如果补充侦查事项不涉及未成年犯罪嫌疑人所参与的犯罪事实，不影响对未成年犯罪嫌疑人提起公诉的，可对未成年犯罪嫌疑人先予提起公诉，但由于公安侦查环节没有将未成年人与成年人共同犯罪案件实行分案处理，在实际工作中对分案起诉制度不愿操作、不想操作，导致检察机关在审查起诉中为贯彻宽严相济刑事政策而强行人为地将案件实行分案，大大降低了分案的效果。此外，法院同样为了节省时间和精力，对分案起诉的做法觉得必要性不大，也在一定程度上影响了对未成年人犯罪案件适用宽严相济的刑事政策。

二、解决对策

宽严相济不仅体现在个案和刑事诉讼某个环节上宽严标准的统一协调，更应体现在全部案件和刑事诉讼各个环节之间的宽严标准的统一协调。

（一）统一公检法三机关对宽严相济刑事政策的理解和认识

实践中，对宽严相济刑事政策的理解主要存在两种倾向：一种是将宽严相济刑事政策等同于轻缓化的刑事政策，认为贯彻宽严相济就是应当对犯罪嫌疑人从宽处理；另一种是仍然局限于"严打"的思维定式，强调从严从重打击。产生这两种偏颇认识的根本原因是机械执法、部门化执法。因此，公检法三机关首先应当讲政治、讲大局，确立以人为本的和谐司法理念，在执法办案的各个环节都应既着眼于维护当前的社会秩序，又着眼于化解矛盾、解决纠纷、促进社会的和谐稳定，注重宽严并用，反对人为割裂宽与严的关系。要牢固树立社会主义法治理念和"稳定压倒一切"的观念，把促进社会的和谐稳定作为检验司法工作的重要标准，强化分工负责、互相配合、互相制约的司法要求，对公检法三机关意见分歧较大的案件，应加强沟通与协调，把宽严相济刑事政策切实贯彻到侦查、起诉、

审判等环节，从而有效遏制、预防和减少犯罪。

（二）联合制定规范性文件，统一公检法三机关对宽严相济刑事政策的适用标准和执法尺度

通常来讲，大部分刑事案件都要历经侦、诉、审三个环节，对犯罪嫌疑人采取的各种措施具有很强的连贯性，如果在司法实践中公检法三机关各自掌握的宽严标准有所不同，势必会影响到宽严相济刑事政策的科学贯彻。目前，虽然最高人民法院、最高人民检察院针对宽严相济刑事政策分别出台了相关实施意见，但实践中执法标准不统一的问题仍然很突出。这就决定了在适用宽严相济刑事政策的标准上，公检法三机关必须统一认识，协作配合，增强宽严相济刑事政策适用的指导性和可操作性。应建议最高人民法院、最高人民检察院和公安部联合下发规范性文件，制定贯彻宽严相济刑事政策的指导性意见，对下列内容加以明确：1. 有无逮捕必要的具体判断标准；2. 应当依法严厉打击的犯罪判断标准和案件类型；3. 可作轻缓处理的案件判断标准和案件类型；4. 对未成年人犯罪以及"民转刑"中的轻微刑事案件、轻微犯罪中的从犯适用宽严相济刑事政策的从宽政策和具体标准；5. 刑事和解的方法与途径；6. 可作轻缓处理案件（如未成年人犯罪案件、刑事和解案件）的具体办案程序和制度等确立统一的适用标准。以消除在贯彻宽严相济刑事政策时的认识分歧。同时，通过建立和完善制度，从机制上保障宽严相济刑事政策的实际运行，如重大的涉黑、有组织犯罪等，公安机关、检察机关对案件性质在认定上意见不一致的，应报请上一级机关审批；公检法三机关对轻微刑事案件的宽缓处理意见不一致的，检察机关在作出处理决定后，应报送上一级机关备案等。有条件的地方，公检法三机关亦可依照法律和司法解释的规定，就贯彻宽严相济刑事政策中的具体问题进行协调和统一，联合会签发相应的规范性文件，以规范本地区范围内宽严相济刑事政策的适用，尽量统一执法尺度和标准。同时，建议立法或司法解释尽可能地细化各种犯罪量刑的标准，减小自由裁量的空间，尽量减少宽严相济刑事政策执行的随意性。

（三）加强公检法三机关之间的协调配合，保持宽严适用的一致性

要进一步完善公检法三机关之间的协调衔接机制，针对实践中需要解决的问题，加强联系与协调，建立经常性的协调配合工作机制，共同研究制定公检法三机关统一的操作规范和执法标准，及时解决实行非羁押诉讼、建议撤销案件、未成年人犯罪案件分案起诉、量刑建议等工作中程序操作和法律适用等方面的问题，消除分歧、达成共识，促使宽严相济刑事政策在刑事诉讼的各环节得到全面落实。公检法三机关的相关业务部门要建立健全执法办案工作的联席会议制度，通过座谈会或刑事案件信息通报等形式互通情况，加强交流，共同研究在执法过程中碰到的重大问题、带有普遍性的问题、复杂疑难案件定性等方面的问题，及时提出并制定适用法律的意见，统一执法思想和执法标准，对何种犯罪、何种犯罪主体、何种犯罪情节等可以适用宽严相济刑事政策以及具体的工作流程达成一致，商讨解决对轻微犯罪实行轻缓刑事政策涉及的法律适用和程序操作问题。对有争议的案件，公检法三机关要及时沟通，通过"大三长"、"小三长"联席会议等形式进行协调。要结合办案实际切实做好对不（予）批捕案件的说理工作，通过加强对不（予）批捕的三种类型案件分别有所侧重地进行分析说理，提升引导侦查的能力。

（四）完善业务考评机制，统一适应宽严相济要求的评价体系

执法办案考核评价体系既是一种行为导向和激励机制，同时也反映了办案的价值判断和目标取向。公检法三机关的考核评价体系必须与贯彻宽严相济刑事政策的要求相适应。应当指出的是，改进和完善考核评价体系，并不是完全放弃原有的考核方法和标准，而是要按照司法工作规律，从有利于贯彻宽严相济的刑事政策出发，更加科学地确定考核各项业务的指标体系，确保依法正确地行使职权。[①] 目前，公检法三机关的相关考核标准不统一，甚至个别地方的考核指标与宽严相济刑事政策完全背离，还是以"严打"为基础，在很大程度上影响了宽严相济刑事政策的贯彻实施效果。要科学确定考核各项业务工作的指标体系，改进考评办法，使之符合办案实际，符合司法规律，防止为追求办案数量而办案，避免以简单的诉讼结果作为评价案件质量的主要标准。要依法正确地适用不批捕、不起诉，改变不适当地控制撤案率、不捕率、不起诉率等做法，确立正确的执法导向，更好地实现办案数量、质量和效果的有机统一。要按照宽严相济刑事政策的要求，坚持打击处理数量与执法质量、依法办案与化解矛盾、执法的法律效果与社会效果并重。考虑到过高的撤案率、不起诉率将严重影响社会对检察机关查办职务犯罪工作的评价，应继续保留职务犯罪案件撤案率、不起诉率的要求。

（五）加强公检法三机关适用宽严相济刑事政策相互之间的制约

在宽严相济刑事政策尚未具体转化为刑事法律的情况下，宽严的界限在很大程度上依赖于司法人员的自由裁量。不同的知识背景，不同的工作经历，不同的司法环境，会使司法人员对刑事政策有不同的理解，进而导致同一案件由不同的司法人员来裁判会有不同的处理结果，有些甚至是有天壤之别。[②] 检察机关要充分发挥法律监督机关的职能作用，加强对公安机关和审判机关贯彻宽严相济刑事政策执法尺度和政策界限的监督。要强化对公安机关执行宽严相济刑事政策的监督制约。针对立案监督和侦查监督的现状，应从完善任意侦查权和赋予机动侦查权方面入手加大对公安机关管辖案件的法律监督力度，防止在执行宽严相济刑事政策过程中出现过宽、过严或擅自突破法律规定的偏差。要对群众反映强烈的随意变更强制措施等侦查活动环节进行监督，防止在适用宽严相济刑事政策中的过宽、过滥倾向。要强化对公安机关自立自撤案件的监督，建议从法律上规定：公安机关立案的案件应向检察机关备案；立案后又撤销案件的，应及时将相关情况通报检察机关。要健全完善检察长列席审委会工作机制，对法院适用宽严相济刑事政策办理案件的讨论和决定过程实施法律监督。确立检察机关的量刑建议权，强化对审判权的制约，防止法官在执行宽严相济刑事政策中出现偏差。要建立量刑听证制度，凡法官拟对职务犯罪判处免予刑事处罚或缓刑的，必须先举行听证，充分听取检察机关、缓刑执行机关、社区代表和被告人的意见；凡法官拟对职务犯罪判处免予刑事处罚或缓刑的，须报请法院审委会讨论决定，同时通知检察长列席审委会等。充分运用抗诉权，加大对职务犯罪案件审判活动的监督力度，将法院认定自首、立功、确有错误和量刑畸轻的缓刑、免刑案件作为审判监督的重点。建

---

① 叶青：《检察机关贯彻宽严相济刑事司法政策的思考》，载《政治与法律》2008 年第 1 期。

② 龚永强、张亚力、贾永强：《宽严相济与检察实践》，载《昆明理工大学学报》（社科版）2007 年第 3 期。

立上诉不开庭审理案件备案审查制度。为防止在适用宽严相济刑事政策上缺乏监督，建议对法院拟不开庭审理的案件应当报同级检察机关备案审查，赋予检察机关对部分认为需要开庭审理案件提请开庭审理的建议权。同时，要针对宽严相济刑事政策执行中可能出现检察机关自由裁量权扩大的实际，不断健全和完善公安、法院对检察机关的制约机制，如为了制约起诉裁量权，可以引入法院的司法审查，建立庭前预审制度，对不起诉案件实行庭前审查；建立公诉转自诉机制，努力维护被害人的合法权益；强化公安机关的复议权、复核权，避免不诉权的滥用。

为防止公检法三机关在贯彻实施宽严相济刑事政策中出现宽严失衡的情况，还应强化对公检法三机关执行宽严相济刑事政策的外部监督。

（作者单位：甘肃省人民检察院）

以宽严相济为指导，完善刑事证明体系

杨明芳　张建国　杨佩正　李　光

2006 年 10 月 11 日，中共中央十六届六中全会通过的《中共中央关于构建社会主义和谐社会若干重大问题的决定》提出："实行宽严相济的刑事司法政策，改革未成年人司法制度，积极推进社区矫正"，宽严相济作为执政党制定的刑事政策正式出炉。同年 11 月，全国政法工作会议提出，在和谐社会建设中，各级政法机关要善于运用宽严相济的刑事司法政策，最大限度地遏制、预防和减少犯罪。

刑事证明制度作为解决被告人刑事责任的原则和程序，宽严相济的指导作用不可或缺。当前刑事证明体系中的具体规则和程序存在三个问题：第一，失之过宽。表现在证据资格或称证据能力上，即什么样的证据符合法律规定，解决的是庭审中作为裁判依据的证据准入问题。我国现行法律规定对证据标准没有系统规定，只是在相关章节中对若干证据种类作了一些规定，如证人证言、鉴定结论等。即使是在规定这些证据种类的相关要素时，也未从证据标准的角度进行全面规范。第二，失之过严。体现在证明标准上，刑事诉讼法第 129 条规定："公安机关侦查终结的案件，应当做到犯罪事实清楚，证据确实、充分，并且写出起诉意见书，连同案卷材料、证据一并移送同级人民检察院审查决定。"第 141 条规定"人民检察院认为犯罪嫌疑人的犯罪事实已经查清，证据确实、充分，依法应当追究刑事责任的……向人民法院提起公诉。"第 162 条第（一）项规定人民法院对"案件事实清楚，证据确实、充分，依据法律认定被告人有罪的，应当作出有罪判决。"可见，侦查、起诉、审判的证明标准为同一标准，即"事实清楚，证据确实、充分。"第三，宽严失衡。体现在证明主体上，经典的证明主体表述是这样的：刑事诉讼中的证明，通常是指国家专门机关在刑事诉讼中运用证据认定案件事实的活动。具体地说，即侦查、检察、审判人员依法收集证据，审查判断证据，运用证据确定是否发生了犯罪、谁是犯罪人、犯罪人罪行轻重以及有关事实的活动。[①] 这种对证明的表述中包含了对证明主体的认定。侦查、检察、审判机关在各自主导的诉讼阶段以被告人为相对一方的诉讼活动，简化成为双方的敌对，在缺乏第三方的诉讼构造中，被告人只能成为治罪活动的对象，也就是诉讼客体。否认被告人的证明主体地位，违背了诉讼构造理论中的控辩平等原则。[②]

一、刑事证明主体，由单极化向两极化发展

刑事证明主体上存在着宽严失衡的弊端，总体上否认被告人一方的证明主体资格，只是在例外情形下（如关于巨额财产不明罪的证明责任规定），由被告人承担证明自己无罪的

[①]　陈光中主编：《刑事诉讼法学》（新编），中国政法大学出版社 1996 年版，第 156 页。
[②]　黄永著：《刑事证明责任分配研究》，中国人民公安大学出版社 2006 年版，第 54 页。

责任，否则将作出有罪的推定。刑事诉讼法第35条规定："辩护人的责任是根据事实和法律，提出证明犯罪嫌疑人、被告人无罪、罪轻或者减轻、免除其刑事责任的材料和意见，维护犯罪嫌疑人、被告人的合法权益。"但是，在"辩护与代理"一节中提及辩护律师取证时均使用"收集……材料"的表述，而收集证据则只能申请司法机关进行。并且，向被害人一方收集材料时还要经过司法机关的许可。可见，在刑事证明制度中，辩方不具有实质意义证明主体资格和相应的权利保障。这一单极化的主体构造，使控辩的格局倾向了控方，辩方辩护职能的发挥受到极大的限制，背离了"控辩平等对抗、法官中立裁判"的基本诉讼原理。

辩护律师调查取证权的缺失导致我国抗辩式庭审模式严重失衡，对抗的效果难以实现，具体表现为：第一，辩护律师在办理案件时绝大多数情况下不敢调查取证，即便有极少数的律师开展了调查取证工作，也收获甚微，更有个别律师因调查取证而惹祸上身；第二，因为调查取证难，导致辩护律师在庭审中只能就公诉机关提供的证据材料被动地提出辩护观点，合议庭在判决时往往因"辩护人未能就自己的辩护观点提出证据予以证实"而不予采纳辩护意见。使辩护权受到根本性限制和损害，辩护人的作用无法发挥，被告人的合法权益无法得到保障；第三，被告人及家属认为判决不公，对判决不服，上诉、申诉案件比率居高不下，严重影响了社会公众对我国司法公正的评价；第四，被告人及家属对辩护律师工作不满，认为请律师无用，纯属走形式，还是走后门管用，不仅严重影响了律师的社会形象，而且容易加重司法腐败；第五，导致很多律师不敢从事刑事辩护工作，很多案件没有辩护律师。致使社会公众对我国辩护制度失去信心。

为保障律师辩护权的完整性，建议修改刑事诉讼法的规定：第一，取消辩护律师向证人或者有关单位和个人取证须经同意的限制；第二，取消辩护律师向被害人及其提供的证人取证须经检察院或者法院同意的限制；第三，取消刑法第306条的规定，消除律师取证的顾虑；第四，辩护律师难以调取并且必要的证据，可向检察院或者法院提出申请，检察院或者法院应当及时调取。

赋予辩护律师完整的证明主体资格，只有取证权是不够的，还要具备与控方平等的举证权和质证权。明确辩方提出的材料为证据，按照证据的标准予以审查，同时辩方有权要求证据开示，在庭审前获悉对方全部的证据情况，有权要求进行证据交换。当前的情况是公诉机关只向人民法院移送"主要证据复印件或者照片"，而且何谓"主要证据"由公诉机关确定，这就为公诉机关"偃旗息鼓""蓄势待发"埋下伏笔，创造条件。① 为了使控辩双方能够在庭审中公平对抗（fair play），应当赋予辩方在提起公诉后有查阅、摘抄、复制所有证据的权利，做到全面的证据开示。在法庭调查过程中，辩方应当有权申请法庭对控方提出的证据之能力进行审查，要求控方证人、鉴定人出庭接受质证。

约束控方的指控犯罪和诉讼监督的双重角色，也是控辩双方平等制衡的重要保证，在庭审中既是运动员又是裁判员的双重角色，造成控方的强势地位，即使是中立的裁判者也

---

① 最高人民法院、最高人民检察院、公安部、国家安全部、司法部、全国人大常委会法制工作委员会《关于刑事诉讼法实施中若干问题的规定》第36条规定："主要证据"包括：（一）起诉书中涉及的各证据种类中的主要证据；（二）多个同种类证据中被确定为"主要证据"的；（三）作为法定量刑情节的自首、立功、累犯、中止、未遂、正当防卫的证据。人民检察院针对具体案件移送起诉时，"主要证据"由人民检察院根据以上规定确定。

无可奈何，因为他也是被监督者。由于检察机关的法律监督地位是由宪法规定的，取消是不可能的，但可以考虑改革行使的方式。例如，可以分别行使或者分时行使，分别行使是由检察机关内部的两个部门去行使；分时行使是在庭审中只行使控诉职能，而监督职能放在庭审之后，即事后监督。

二、刑事证明标准，由单一化向多元化发展，建立多层次的证明标准结构

在证明制度的概念体系中，证明标准是一个控制性的范畴，它是指导当事人举证活动应当达到的目标，也是裁判者在进行证明评价时必须信赖的尺度。证明标准是衡量案件事实是否真实的尺度，是启动法官证明责任判决的临界点；从诉讼程序角度来看，证明标准却体现为一定的程序规范，而不是一套停留在认识论领域的话语，是主观和客观交融替换的技术；从司法制度来看，作为体系的证明标准却是平衡因证明责任而造成的控辩实力不均衡的重要杠杆，不同的证明标准并不能说明不同情况下事实清楚的程度，而是因为在诉讼政策上要体现一定的倾斜。[①] 证明标准的确定直接影响到宽严相济刑事政策的执行，过高的证明标准必然导致出罪的可能性加大，反之亦然。单一的证明标准则导致重罪与轻罪同等对待，不符合宽严相济的基本要求。因此，要在宽严相济精神的指导下，科学界定证明标准。对于重罪案件证明标准要高，而对于轻罪案件可降低证明标准。我们主张根据罪行轻重实行不同的证明标准，同时将证明标准尽可能地具体化。

（一）对于轻罪，即应判处 3 年有期徒刑以下刑罚且被告人认罪的，适用"盖然性证明标准"

盖然性（probability）证明标准，是指构成内心确信的一种证明标准。盖然性规则，是指由于受到主观和客观上的条件限制，司法上要求法官就某一案件事实的认定依据庭审活动在对证据的调查、审查、判断之后形成相当程度上的内心确信的一种证明规则。"在证据法领域，近几十年来出现的盖然性说正是人类长期社会实践在司法审判上的一种必然产物。该种学说将人类生活经验及统计上的概率适用于当待证事实处于不明之情形。它认为，凡发生之盖然性高的，主张该事实发生的当事人不负举证责任，相对人应就该事实不发生负举证责任。因为在事实不明而当事人又无法举证时，法院认定盖然性高的事实发生，远较认定盖然性低的事实不发生更能接近真实而避免误判。"[②]

我们认为，对于轻罪，即应判处 3 年有期徒刑以下刑罚且被告人认罪的，可以引进"盖然性证明标准"。因为大量的轻罪案件情节简单，证据较少，有时可能就是一个被告人供述和被害人陈述或者是一个间接证据，适用过严的证据标准，可能导致事实难以认定，运用更多的司法资源，也不符合诉讼效率原则和诉讼经济原则，适用较为宽松的盖然性证明标准，只要被告人认罪，法官判断证据之间能够印证并符合常理，就可作出有罪判决。

① 黄永著：《刑事证明责任分配研究》，中国人民公安大学出版社 2006 年版，第 54 页。
② 毕玉谦：《举证责任分配体系之构建》，载《法学研究》1999 年第 2 期，第 35 页。

（二）对于中罪，即应判处 3 年有期徒刑至无期徒刑刑罚的，以及轻罪但被告人不认罪的，适用"排除合理怀疑证明标准"

中罪，即应判处 3 年有期徒刑至无期徒刑刑罚的，以及轻罪但被告人不认罪的，对于这类案件应当坚持宽严适度的证明标准，而排除合理怀疑证明标准则是必然的选择。

"排除合理怀疑"（beyond rational doubt）是普通法系刑事诉讼证明标准的经典表述，它是指只有在证据达到按通常情理无可置疑时，法院才确信指控的犯罪事实能够成立。联合国《公民权利和政治权利国际公约》指出："有罪不能被推定，除非指控得到排除合理怀疑的证明。"该法律文件使"排除合理怀疑"成为一种国际标准。

根据我国的刑事诉讼现实，为了弥补现行证明标准自身的不足和在实践中难以操作等问题，应当在坚持以"事实清楚，证据确实、充分"为证明目的的同时，建立"排除合理怀疑"的证明标准。因为"排除合理怀疑"的证明标准较之"案件事实清楚，证据确实、充分"抽象而单纯的标准，增添了法官自主判断的因素，有效地缓和主体证明标准追求客观真实的绝对化倾向，更符合案件事实诉讼认定的固有规律，也更有可信度和可操作性。在客观上，这是将"排除合理怀疑"作为我国刑事诉讼的证明标准的重要补充。首先，这一辅助标准的核心在于"合理怀疑"，即确有理由、确有根据的怀疑，经得起理性论证的怀疑，能够通过司法程序，存在依据证据确认现实可能性的法律事实怀疑。一切案件的定罪标准都要达到排除其他任何可能性，包括不合理的可能性，是不可能也是不必要的，"合理怀疑"的表述是以当前科学的发展程度和常识、常理为前提和基础的，是符合人类认识论原理和诉讼固有特点和规律的。对合理怀疑的界定要把握两点：一是合理的怀疑应该是盖然性比较大，可能性程度比较高，能够从整体上推翻对方的证据结论；二是如果合理怀疑中有积极主张的，特别是怀疑他人有违法行为、犯罪行为的，要有一定的证据材料证明，或者提出证据线索据以调查核实。其次，这一辅助标准有利于提高刑事诉讼效率。如果不提供这一辅助评断标准，一味地追究客观真实标准，很容易造成诉讼的负效率。"排除合理怀疑"作为辅助证明标准，正是通过从"论假"的方向上对犯罪事实不成立的合理怀疑予以排除，从而实现从"论真"的方向上能够推断指控的犯罪事实成立。最后，建立定罪适用"排除合理怀疑"的辅助证明标准，有利于调动控辩双方的积极性，促使控辩双方全面收集证据，遏制刑讯逼供，保证案件质量。在目前的司法实践中，疑罪往往不是从无而是从有、从轻，而确立"排除合理怀疑"作为辅助定罪证明标准，就可以使刑事诉讼中的无罪推定原则在司法实践中得到真正的贯彻。

在司法实践中，具有下列情形之一的，可以确认犯罪事实已经查清，证据确实、充分，且排除合理怀疑：一是犯罪构成要件的事实已经查清，法定从重、从轻、减轻和免除处罚的事实、情节存在与否均已查明；二是据以定案的全部证据均已经法庭举证、质证，经过法定程序查证属实；三是证据之间、证据与案件事实之间的矛盾已得到合理排除；四是根据证据推断案件事实的过程符合逻辑规则，结论准确无疑，对案件事实的证明结论排除其他可能性；五是前条所列的基本事实、量刑情节均能得到证据的印证；六是据以定案的证据均能得到其他证据的印证或补强。

（三）对于重罪，即应判处死刑刑罚的，适用"排除可能性证明标准"

死刑是一种极端严厉的刑罚，涉及生命权的剥夺，一旦错误适用便无可挽回。因此，我们建议将"排除可能性"（beyond any doubt）作为死刑判决的证明标准，"排除可能性"贯彻了"杀者不疑，疑者不杀"的原则，这里的"疑"是指任何疑问，包括合理怀疑，也包括不合理怀疑。合理怀疑要予以排除，自不必谈。对于不合理怀疑，为什么也要予以排除呢？其原因在于人的主观认识的局限性，合理与否的判断是人的主观活动范畴。客观世界的发展变化是无限的，人的主观认识是有限的，这就决定了主观认识难免会出错，因此必须限制主观判断。在死刑判决上，只要具备可能性，不管是合理的还是不合理的，均应予以通过调查和证明予以排除，防止不合理的怀疑成为现实。这就有必要通过提高证明标准的途径解决，具体地讲，死刑案件的证明标准，除了做到"排除合理怀疑"的六条要求外，还应具备下列两点要求：一是被告人方面的无罪、罪轻的辩解，均有确实、充分的证据证明不成立；二是"罪行极其严重"和"必须立即执行"的量刑情节，亦有确实、充分的证据予以证明。在证据规则上，特别规定下列规则的适用：一是自白任意规则。严格审查被告人供述的自愿性，不符合自愿性要求的供述一律排除适用。二是传闻证据规则。禁止书面证言在死刑案件中得到认证（极特殊的情况除外），禁止控辩一方有异议的鉴定结论在死刑案件中未经鉴定人出庭接受质证而认证。三是非法证据排除规则。对非法的言词证据一律不得适用，实行法定排除。对非法的实物证据，以排除为原则，以适用为例外，实行裁量排除。另外，专为死刑案件审理设立"程序性裁判制度"，包括以下基本要素：（1）诉讼行为合法性的异议提起；（2）对诉讼行为合法性问题的受理；（3）对上述程序性请求的答辩；（4）有关诉讼程序合法性问题的审查程序；（5）独立的证据规则；（6）程序性裁决；（7）救济机制。①

三、刑事证明程序，建立重罪程序、普通程序和轻罪程序并存的科学架构

宽严相济的刑事政策体现了区别对待的指导原则，区别对待不仅要体现在实体上，也要体现在程序上。因为其背后的价值追求，不仅有刑罚的轻重，还有诉讼过程的正当性，正所谓"看得见的正义"；还有诉讼结论的及时问题，正所谓"迟来的正义非正义"。因此，证明程序亦即审判程序对于宽严相济的实现具有至关重要的意义和独立的价值。

我国目前审判程序是以普通程序为主、简易程序为辅，2003年3月14日最高人民法院、最高人民检察院、司法部《关于适用普通程序审理"被告人认罪案件"的若干意见（试行）》开始试行，这就在普通程序范围内又增加了"认罪程序"。认罪程序与简易程序二者虽然都是普通程序的简化，但也有所不同。认罪程序的简化体现在：（1）被告人可以不再就起诉书指控的犯罪事实进行供述。（2）对被告人的讯问、发问可以简化或者省略。（3）控辩双方对无异议的证据，可以仅就证据的名称及所证明的事项作出说明。合议庭经确认无异议的，可以当庭予以认证。简易程序的简化主要体现在：（1）人民检察院可以不派员出席法庭。（2）不受关于讯问被告人，询问证人、鉴定人，出示证据，法庭辩论程序

---

① 陈瑞华著：《刑事诉讼的前沿问题》，中国人民大学出版社2000年版，第315页。

规定的限制。但在判决宣告前应当听取被告人的最后陈述意见。

目前的审判程序格局存在三个问题：一是简易程序适用范围略窄。[①] 在当前刑事犯罪数量逐年升高的形势下，有必要通过简易程序范围的扩大，提高审判效率。对于多数案件中的证据被告人并无异议，一律出示难免流于形式。二是认罪程序适用于应当判处 10 年有期徒刑以上刑罚包括无期徒刑的案件，未免沦为轻率。当被告人对证据所证明的问题或者所起的作用存在误解，或者有的被告人因为急于得到判决结果，有的悔恨难当，更有的自暴自弃，等等。在这些状态下作出"自愿认罪"，进而导致较重的刑罚，极其不利于司法公正，容易导致冤假错案的发生，对公民合法权益影响较大，应该慎重，应该限制其适用。三是普通程序难以满足死刑案件的谨慎要求，缺乏必要的证据规则、证明标准以及庭前程序、程序性裁判规则。

我们建议，建立轻罪程序、普通程序和重罪程序并存的科学架构：

（一）以"简易＋认罪"模式，构建轻罪程序

简易程序可以使宽严相济中的"宽"在实体和程序上得到双重实现。正是通过这种诉讼程序的繁简相济，使刑事案件可以改变那种资源均占的不良状况，从单一的普通程序中进行必要的程序分流，使一部分重大、复杂、被告人期待获得较为完善的程序保障的案件，适用较为正规、烦琐而且保障程度较高的程序来处理，而那些情节简单、事实清楚、被告人也自愿放弃程序性保障的案件，则适用简易程序来处理。[②] "简易＋认罪"模式，就是综合两个模式的简化因素，包括被告人不再供述、讯问和发问简略或省略、出示证据的简略等，其他程序，如先知诉讼权利、法庭辩论、最后陈述等则不能省略。以"简易＋认罪"模式构建起来的轻罪程序所适用的案件，应当界定在可能判处 7 年以下有期徒刑、拘役、管制、单处罚金的公诉案件为宜。

（二）以"普通＋证据规则"，完善普通程序

当前普通程序存在的问题是，在法庭审判过程中，法院针对追诉行为合法性而进行的司法审查极为薄弱，难以对审判前的追诉活动进行有效的司法控制。[③] 明显地缺乏证据规则，尽管在普通程序中不需要像在死刑案件中的严格的程序性裁判，但必要的证据规则，如证据能力的规定、举证、质证规则及证据的审查判断规则等还是必不可少的。因此，要以"普通＋证据规则"模式为指导来完善普通程序。普通程序的适用范围是可能判处 7 年以上有期徒刑至无期徒刑的案件。

（三）以"普通＋程序性裁判＋复核"，构建重罪程序

重罪程序，即审理死刑案件的程序。死刑案件适用"排除可能性"的证明标准，为保证这一证明标准的贯彻落实，要有相应的配套程序为载体，目前的普通程序需要进一步地

---

① 我国刑事诉讼法第 174 条规定了三种情况：（一）对依法可能判处 3 年以下有期徒刑、拘役、管制、单处罚金的公诉案件，事实清楚、证据充分，人民检察院建议或者同意适用简易程序的；（二）告诉才处理的案件；（三）被害人起诉的有证据证明的轻微刑事案件。

② 陈瑞华著：《刑事诉讼的前沿问题》，中国人民大学出版社 2000 年版，第 412 页。

③ 陈瑞华著：《刑事诉讼的前沿问题》，中国人民大学出版社 2000 年版，第 336 页。

完善，增加前面所述的"程序性裁判制度"，为自白任意规则、传闻证据规则、非法证据排除规则等严格证据规则的适用提供平台。同时细化死刑复核程序，包括复核程序的启动方式、复核程序的审理方式、复核程序的审理范围、复核程序的审理期限、复核程序的检察监督等。以此打造我国刑事诉讼制度中对死刑适用的一种特殊程序——重罪程序，以体现"慎用死刑"的基本理念，实现"限制死刑、少杀慎杀、防止错杀"的目标，实现宽严相济刑事政策的根本落实。

（作者单位：中国刑事警察学院

吉林铁路运输法院

沈阳铁路运输法院

通化铁路运输法院）

宽严相济刑事政策视野下的刑事强制措施*

姚 莉 陈 虎

一、宽严相济刑事政策的历史考察与基本内涵

宽严相济刑事政策的提出经历了以下几个阶段：从新中国成立初期的镇压与宽大相结合，到 1956 年的惩办与宽大相结合，然后在"严打"期间该政策被废弃不用，直到 2004 年又由中央明确提出宽严相济的刑事政策。

第一，镇压与宽大相结合的刑事政策。在新中国成立初期，针对当时猖獗的历史反革命和现行反革命活动，我党延续了革命战争年代毛泽东同志所提出的镇压与宽大两大政策，后来为了更为有效地分解反革命阵营，取得政治斗争的最终胜利，镇压与宽大两个相互独立的政策开始合并，由此提出了"镇压与宽大相结合"的刑事政策。

第二，惩办与宽大相结合的刑事政策。1956 年 9 月，刘少奇同志代表中共中央向中共八大所作的政治报告中第一次提出"惩办与宽大相结合"的刑事政策，其适用范围也扩展到其他犯罪分子，正式完成了从政治斗争政策向基本刑事政策的转变："我们对反革命分子和其他犯罪分子一贯地实行惩办和宽大相结合的政策，凡是坦白的、悔过的、立功的，一律给以宽大的处置。……这个政策已经收到了巨大的成效。"[1] 罗瑞卿同志又将这一政策具体化为以下六个方面的内容："首恶必办，胁从不问，坦白从宽，抗拒从严，立功折罪，立大功受奖。惩办与宽大，两者是密切结合不可偏废的。"[2] 经过几十年的实践检验，立法者在 1979 年正式将这一政策写入刑法，该法第 1 条明确规定，刑法是依照惩办与宽大相结合的政策制定的。

第三，"严打"政策。随着社会治安形势的日趋恶化，中央从 1982 年开始，在全国范围内连续发动了几次大规模的"严打"活动，在"严打"期间，不论罪行轻重，一律从重处理，这种"严打"逻辑在一定程度上破坏了惩办与宽大相结合的政策内容，片面强调惩办的一面，而忽视了宽大政策对于减少社会矛盾、打击犯罪所具有的积极作用，正是延续了这种"严打"的逻辑，1997 年的刑法删除了"惩办与宽大相结合"的内容。尽管如此，不论从立法中，还是在实践中，惩办与宽大仍然是我国刑事法律的基本刑事政策，在这一时期，经由一些学理上的解释，区别对待，宽严相济，分化瓦解，打击少数，教育改造多数成为这一刑事政策的主要精神实质。"坦白从宽，抗拒从严"就是这一时期惩办与宽大相结合政策的集中体现。最高人民法院和最高人民检察院也多次在颁布的司法解释中强调，

* 基金项目：教育部"新世纪优秀人才支持计划"基金资助（NCET—05—0637）。

[1] 《刘少奇选集》（下），人民出版社 1985 年版，第 254 页。
[2] 罗瑞卿：《我国肃反斗争的主要情况和若干经验》，法律出版社 1956 年版，第 7 页。

司法机关办理刑事案件应该贯彻惩办与宽大相结合的刑事政策。

第四，宽严相济的刑事政策。2004 年 12 月 22 日，中共中央政治局常委、中央政法委员会书记罗干在中央政法工作会议上首次提出"宽严相济"的刑事政策："正确运用宽严相济的刑事政策，对严重危害社会治安的犯罪活动严厉打击，决不手软，同时要坚持惩办与宽大相结合，才能取得更好的法律和社会效果。"中共中央第十六届六中全会于 2006 年 10 月 11 日发布的《中共中央关于构建社会主义和谐社会若干重大问题的决定》第六部分明确指出，在刑事司法活动中，应该坚持和贯彻宽严相济的刑事司法政策。随后，最高人民法院院长肖扬就在第五次全国刑事审判工作会议上明确指出，要坚决贯彻执行宽严相济的刑事政策。最高人民检察院也随即发布《关于在检察工作中贯彻宽严相济刑事司法政策的若干意见》，赞同并肯定了宽严相济的刑事政策。

可见，宽严相济的刑事政策是旧有的惩办与宽大相结合的刑事政策的延续，并非凭空提出的一个新的概念，因此二者必然在精神内核上有许多相似之处。但是我们也必须注意到：宽严相济的刑事政策是在中央构建和谐社会的背景之下提出的，社会关系的和谐是其追求的首要价值目标，因此该政策更为强调"宽"的一面，强调"宽"的优位顺序，[①] 而在阶级斗争年代提出的"惩办与宽大相结合"的刑事政策则更多地强调"惩办"的一面，"宽大"只是次一位的选择。[②] 正如有学者指出的那样："惩办与宽大两个方面，对犯罪分子来讲也不是等量地适用。由于犯罪分子的行为是有罪的……因而首先应该考虑对其给予应得的惩办，即应当予以惩办，在这一前提下，再分不同情况予以宽大处理。宽大是相对于惩办而言的，没有惩办，宽大也就无从谈起。"[③] 而"现代法治理念以人权保障为核心，和谐地调和人权保障与法益保护之间的关系。'宽严相济'刑事政策正是现代法治理念的一部分，其主张重点在'宽'，以适当有利于行为人为出发点……"[④]

正是这一侧重点的区别使得宽严相济的刑事政策在刑事司法中呈现出与旧政策不同的特点和规律，本文就将以刑事强制措施为分析对象，研究宽严相济刑事政策在司法中的实现及其障碍。

二、我国刑事强制措施与宽严相济原则的冲突

如上文所述，尽管宽严相济的刑事政策要求在采取程序措施时应能宽则宽，以宽为主，而不是以惩罚为主要导向，但是由于"严打"斗争的惯性和传统司法理念的影响，我国刑事强制措施与宽严相济刑事政策之间存在着许多相冲突的地方，具体表现在以下几个方面：

1. 在强制措施的立法方面，我国对非羁押类强制措施的规定不尽完善，使得办案机关缺乏更多的宽大处理的选择。在我国目前的刑事强制措施中，取保候审和监视居住是主要

---

① 贾春旺检察长 2006 年 3 月 11 日在全国人民代表大会上所作的《最高人民检察院工作报告》中指出："对严重刑事犯罪坚决严厉打击，依法快捕快诉，做到该严则严；对于主观恶性较小、犯罪情节轻微的未成年人初犯、偶犯和过失犯，贯彻教育、感化、挽救方针，可捕可不捕的不捕，可诉可不诉的不诉，做到当宽则宽。"其中，可捕可不捕的不捕，可诉可不诉的不诉，就是"宽大"优先的体现。

② 参见马克昌：《论宽严相济刑事政策的定位》，载《中国法学》2007 年第 4 期。

③ 杨春洗主编：《刑事政策论》，北京大学出版社 1994 年版，第 237 页。

④ 赵秉志主编：《和谐社会的刑事法治》（上卷），中国人民公安大学出版社 2006 年版，第 329 页。

的非羁押类强制措施，但是对这两类强制措施的适用有着严格的条件限制，而且有关法律还明文规定了对于累犯、犯罪集团的主犯等情形不得适用，进一步限制了其适用范围，即使在符合适用条件的案件当中，法律也只是规定"可以"适用，而没有强制性要求必须优先采取取保候审或监视居住这两类非监禁类强制措施。这就使得侦查机关往往更为倾向于采取羁押类的强制措施，而不是尽可能采取对人身强制程度更低的非监禁类强制措施。

2. 在强制措施的适用方面，仍然以逮捕等羁押性措施为主，忽略了其他非羁押性强制措施的采用。我国刑事诉讼法规定了五种强制措施，按照强制性程度的不同依次排列，而且在逮捕的适用条件中专门列出了必要性的条件，即只有在采取取保候审、监视居住不足以防止其发生社会危险性的情况下，才可以采取逮捕措施，体现了立法者可捕可不捕的不捕的政策思想，但在实践中，由于"严打"斗争思维惯性的影响，为了侦查取证的方便，侦查人员往往倾向于首先采取逮捕措施，只有在明显不符合逮捕条件的情况之下才会转为其他非监禁类强制措施。而且，办案机关还会在考核指标中列入所谓的逮捕率对侦查人员进行考核，要求其尽量采取逮捕措施。由于我国的逮捕措施实际上已经演化为一种刑罚的预演，带有了明显的惩罚性，因此这种实践中的做法，本质上就属于一种强调惩办优先的政策思维模式，而与宽严相济刑事政策更为强调宽大的理念背道而驰。

3. 在羁押类强制措施的采取上，对比例性原则有所违背。比例性原则要求：在强制措施的采取上必须合目的性、有必要性和成比例性。也就是说，强制措施的适用必须以达到法定目的为限度，而不能过度采取；尽量适用效果同样显著的替代羁押的强制措施；应将羁押期限与涉嫌犯罪的严重程度和可能判处的刑罚相适应。① 但是，在我国，强制措施的采取往往违背比例性原则的这些要求，如逮捕的立法目的主要是程序性的：确保犯罪嫌疑人按时出庭；防止犯罪嫌疑人再犯和发生人身危险性等。但是在实践中，这一立法目的却明显违背了比例性原则的要求，蜕变为实体性目的的保证手段，逮捕后附随的羁押期限成为办案的时间保障，逮捕的羁押也成为刑罚的预演和惩罚性的手段。再比如，在采取逮捕措施之后，由于羁押期限与办案期限合而为一，使得对犯罪嫌疑人的羁押期限不再是根据其行为的严重程度和可能判处刑罚的轻重来决定，而是根据侦查机关办案的进度决定，这就可能使得一个轻微犯罪的犯罪嫌疑人被羁押时间过长，而一个严重犯罪的犯罪嫌疑人可能被羁押的时间相对较短。该宽不宽，该严不严，这些做法都是对宽严相济刑事政策的公然违背。

4. 刑事诉讼法对逮捕条件的放宽使得逮捕率居高不下。1996年修改的刑事诉讼法，将原法中"主要犯罪事实已经查清"的逮捕证据标准修改为"有证据证明有犯罪事实"，大幅度地降低了逮捕阶段的证明要求，本意是符合刑事司法规律的改革方案却导致了实践中另一后果的发生：由于逮捕证明要求的下降，势必使得更多的案件符合逮捕条件，在我国缺乏更多的替代性强制措施和基层办案力量明显不足的情况下，与其将犯罪嫌疑人取保候审或监视居住，投入更多的警力资源，不如将其关押在看守所中，既便于侦查又会防止其发生社会危险性，因此逮捕条件的放宽使得侦查人员更为倾向于优先采取逮捕措施，从而使宽严相济，以宽为主的刑事政策目标进一步落空。尽管由于逮捕错案追究制的影响，使得批捕的检察官不会过于滥用批捕权，但不容否认的一点是，在普遍重视逮捕的证据条件

---

① 陈瑞华著：《问题与主义之间——刑事诉讼基本问题研究》，中国人民公安大学出版社2003年版，第197页。

而忽视刑罚条件和必要性条件的批捕审查程序中，相对于过去较高的逮捕证据条件而言，现在的检察官存在着更大的滥用逮捕权的可能。而且在目前的检警关系体制之下，为了更好地协调与公安机关的关系，检察机关往往也会在批捕工作中顺应公安机关的意愿。有检察官就表示，如果按照逮捕的法定条件来掌握案件，一些犯罪嫌疑人肯定是可以不捕的，但这不利于公安机关的利益，检察机关为了形成一种良好的检警关系，甚至在某些案件之中通过公安机关来保障自己的利益，一般都会在具体的刑事程序中考虑或者是照顾公安机关的利益。① 因此，检察机关往往着重于从犯罪嫌疑人是否构成犯罪来决定是否批捕。②

三、宽严相济刑事政策对强制措施改革的要求

在宽严相济的刑事政策下，改革我国现行刑事强制措施的相关规定，已显得十分必要。

1. 应在立法中规定更多的非羁押类的强制措施，赋予侦查机关更多的选择。以意大利为例，该国在法律中除羁押措施以外，还确立了其他针对人身自由的强制措施，如禁止出国，向司法机关报到，禁止居住、住地逮捕等。法国也在1970年确立了多种替代羁押的司法管制制度，具体包括：要求嫌疑人定期向指定机构报到、收缴其合法证件、禁止其从事某项职业活动或社会活动、要求嫌疑人服从某些医疗检验和治疗、禁止其签发支票、禁止其离开指定的区域等，通过各种非羁押类强制措施的立法规定，使得侦查机关有了除羁押以外更多的选择，以针对各种不同的情形确立适合采取的强制措施，真正做到能宽则宽，该严则严。另外，在既有的强制措施种类中，应重点放宽取保候审的适用条件，使得更多的嫌疑人可以通过交保而不被羁押。

2. 取消逮捕率（数）的考核指标，建立科学完善的考评体系。要求以逮捕率对侦查人员的工作进行考核，如果说在当时的政策环境下，逮捕率的考核是配合"严打"的中心任务而提出来的一套工作方法的话，③ 那么在新的政策背景之下，再机械地要求逮捕率就会进一步加剧侦查人员优先采取羁押措施的工作惯性，从而与宽严相济的刑事政策相违背，因此应当取消以逮捕率作为考核指标。但是，还有另外一方面的问题，当前很多地方虽然取消了以逮捕率作为考核指标，但同时又以不捕率作为新的替代指标，我们认为，不论是逮捕率，还是不捕率，都只片面地强调了宽或严的某一方面的内容，本身都不尽科学和完善，宽严相济的核心要素就是该宽则宽，该严则严，应当针对具体个案和嫌疑人的情况决定采用，不可能用事先的一套标准去生搬硬套，也没有绝对的正确与错误之分，因此强调不捕率与强调逮捕率一样，都是从一个极端走到了另一个极端，要么强调一律从严，要么强调一律从宽，因而都是不可取的做法。笔者认为，应当建立一套事后重点审查的制度，对逮捕案件进行个案审查。只有根据案件的具体情况才能作出逮捕或不捕决定是否正确的判断，

① 已有的一些资料也证实了这一点。参见王心安：《未决羁押问题的实证分析》，载陈瑞华主编：《未决羁押制度的实证研究》，北京大学出版社2004年版；王家春、章群：《侦查监督工作中存在的三个误区》，载《检察实践》2002年第3期。

② 参见郭松：《话语、实践与制度变迁——中国当代审查逮捕制度实证研究》，四川大学法学院博士论文。

③ 在"严打"期间，由于政法机关都强调打击的效果，而批捕数量就是最为直观的打击效果的体现，因此他们都倾向于"可捕可不捕的捕"这种从严的做法。参见郭松：《话语、实践与制度变迁——中国当代审查逮捕制度实证研究》，四川大学法学院博士论文。

为了配合这一改革，有必要建立逮捕时的说理制度，即侦查人员需要在逮捕后结合逮捕条件全面阐述该案的逮捕理由，在不捕时也应当出具不捕理由书，由检察机关定期对这些案件进行重点抽查。

3. 应在刑事诉讼中确立比例性原则，并明确规定各类犯罪所应适用的羁押最高期限。

目前我国刑事诉讼法并未确立比例性原则，该原则的内涵是经由学者的解释而在实践当中加以运用的，立法中关于逮捕的必要性条件可以看做这一原则的法律化体现，但是仅此是完全不够的，我们需要在修改刑事诉讼法时将比例性原则确立为刑事诉讼的基本原则，让其发挥对所有强制措施的指导和规范作用，在时机成熟时还应像德国一样将其上升到宪法原则的高度，以在该原则被违反时启动宪法救济途径。此外，为了在制度操作中更加明确地执行这一原则，有必要确定各类犯罪和嫌疑程度所应适用的最高羁押期限，如德国就规定，未决羁押一般不得超过 6 个月，届满之后，如确有必要，应由各州高等法院裁决决定。在意大利，根据被告人可能被判处的刑罚的不同，分别确定了不同的最高羁押期限，如可能被判处 6 年以下有期徒刑的，最高羁押期限为 3 个月；可能被判处 20 年以下有期徒刑的，最高羁押期限为 6 个月；可能被判处无期徒刑或 20 年以上有期徒刑的，最高羁押期限为 1 年，等等。我国延长羁押期限的理由是根据办案的难度加以规定的，[①] 在羁押期限方面并没有根据罪行的严重程度作出明确的规定，这一缺憾应当在修改刑事诉讼法时加以更正。

4. 应结合现行法律规定的逮捕条件作出配套规定，以防止滥用逮捕措施。在 1996 年刑事诉讼法关于逮捕条件降低证明要求的情况下，为了防止滥用逮捕措施，就有必要重视刑罚条件和必要性条件对证据条件的制约作用，尽管符合证据要求的案件大幅度增加，但是只要严格掌握必要性条件，还是可以防止滥用逮捕措施的情况发生。而必要性条件不如证据条件明确清晰，因此需要在法律中明确列举或增加列举若干有逮捕必要的情形。如果侦查人员能够在必要性条件上从严掌握，就可以避免因为证据要求的降低而带来的该宽不宽的现象发生，而真正做到该宽则宽，可捕可不捕的不捕。同时，我们还应重新理顺检警关系，进一步加强检察机关对侦查机关的法律监督地位，赋予其更多的监督手段，以使其可以站在相对中立和超然的立场上通过批捕展开法律监督，而避免了为迎合公安机关的利益，放弃严格执行逮捕标准的法律职责。如果检察机关能够做到这一点，将逮捕的证据条件、刑罚条件和必要性条件等而视之，就可以有效地防止片面根据证据条件而作出更多逮捕决定的现象发生，从而更好地在强制措施的适用中体现宽严相济的刑事政策。

（作者单位：中南财经政法大学）

---

① 如我国刑事诉讼法第 126 条规定，下列案件在本法第 124 条规定的期限内"不能侦查终结"（引号为笔者所加），经省级人民检察院批准，延长羁押期限 2 个月：交通十分不便的边远地区的重大复杂案件；重大的犯罪集团案件；流窜作案的重大复杂案件；犯罪涉及面广，取证困难的重大复杂案件。

宽严相济刑事政策下刑事强制措施变更制度的完善[*]

詹建红

宽严相济是我国的基本刑事政策，它不仅对刑事司法，而且对刑事立法和刑事执行都起到了指导作用。[①] 就刑事诉讼而言，这种指导作用是指"宽严相济"的价值取向对国家的刑事诉讼立法和刑事诉讼实践活动的指引、疏导作用。宽严相济刑事政策对于刑事诉讼立法的指导意义，主要表现在扩大适用简易程序、强化证据规则、慎用羁押性强制措施等方面；而对于刑事诉讼实践活动的指导意义则主要体现于引导司法机关运用自由裁量权，节约司法资源，保护犯罪嫌疑人、被告人权利等方面。强制措施是我国刑事诉讼中的一项重要制度，该制度的实施直接涉及对公民人身、财产权利的剥夺和限制，因此理应受到立法者与司法者的高度关注。现行有关强制措施的立法与司法实践中存在的问题颇多，本文拟从强制措施制度的一个方面，即强制措施变更的视角，探讨宽严相济刑事政策对刑事强制措施制度的指导和影响。

一、我国刑事强制措施变更的样态与模式

在刑事诉讼中，强制措施发生变化的情况有三种，即强制措施的解除、撤销和变更。强制措施的解除，指的是司法机关取消原来正当采用的强制措施，使之归于消灭的诉讼行为。强制措施的撤销，指的是司法机关撤销原来采取的不当强制措施，使之不复存在的诉讼行为。强制措施的解除和撤销存在相似之处，都是使强制措施从有到无的过程，不同之处在于其对象的合法性与合理性问题。解除并不是对原来适用强制措施的否定性评价，因为按照原来掌握的案件事实，采取某项强制措施是必要的、正确的；撤销则是对原来适用某项强制措施的否定性评价，也就是按照原来适用某项强制措施时所掌握的事实、证据本不应该采取强制措施，有关主体在适用时作出了错误的判断和决定。[②] 刑事强制措施变更有广义和狭义之分，狭义的变更仅指由此种强制措施变更为另一种强制措施的情形，我国现行刑事诉讼立法采用的就是这种狭义的变更概念。本文从广义的角度理解强制措施的变更，即变更不仅包括狭义的强制措施变更，而且还包括强制措施的解除和撤销，因为解除和撤销指的是强制措施由存在变更为终止的特殊情形。

（一）我国刑事强制措施变更的样态

我国现行的刑事诉讼法规定了拘传、取保候审、监视居住、拘留、逮捕五种强制措施，

---

* 本文系中南财经政法大学法学院"科研新秀"基金项目的阶段性成果。
① 马克昌：《论宽严相济刑事政策的定位》，载《中国法学》2007 年第 4 期。
② 杨旺年：《论刑事诉讼强制措施的变更、解除和撤销》，载《法律科学》2005 年第 5 期。

他们各自适用于不同的情况，有着不同的决定和执行主体。其中拘传、取保候审和监视居住是公检法三机关都可以决定和执行的，拘留只能由公安机关和检察院决定和执行，逮捕则需要检察院或者法院决定后由公安部门执行。但是各种强制措施之间并非静态、互不发生关系的，而是在出现新的情况后，各种强制措施之间可以相互转化，即对已采取的强制措施进行变更是实践中一个极为正常的司法现象。强制措施变更的原因大致包括：司法机关认为原来的强制措施不符合法定条件；原来的强制措施是正确的，但随着案情进展，司法机关收集的证据、掌握的事实发生了变化，认为应当变更；保证人的条件发生了变化，难以继续履行保证义务；法定期限内不能结案；犯罪嫌疑人、被告人违反法定义务，或者患病、怀孕、病愈。具体而言，现行强制措施体系下各种强制措施之间变更的情形有以下几种：

1. 拘传变更为其他任何强制措施。根据刑事诉讼法和《人民检察院刑事诉讼规则》（以下简称《检察院规则》）第36条、《公安机关办理刑事案件程序规定》（以下简称《公安机关规定》）第62条规定，拘传变更为其他强制措施只需符合取保候审、监视居住、拘留、逮捕的条件即可，而其他强制措施则不能变更为拘传。

2. 取保候审可变更为监视居住，监视居住也可以变更为取保候审。我国刑事诉讼法对于取保候审和监视居住的适用规定了同样的条件，对其适用没有做过多的区分。根据最高人民检察院和公安部《关于适用刑事强制措施有关问题的规定》第5条规定，只有在采取保证人担保形式而保证人无法履行保证职责的情况下，取保候审才有可能变更为监视居住。[①]

3. 取保候审、监视居住变更为拘留。刑事诉讼法及相关司法解释没有关于取保候审和监视居住变更为拘留的直接规定，但是依照立法的精神，在取保候审期间如果出现了刑事诉讼法第61条规定的情形，则可以采取拘留，如取保人在取保期间有串供行为的，可以予以拘留。

4. 取保候审、监视居住变更为逮捕。被采取取保候审和监视居住的人符合刑事诉讼法第60条规定的情形，就可以予以逮捕。最高人民法院《关于执行〈中华人民共和国刑事诉讼法〉若干问题的解释》（以下简称《法院解释》）第82条对此明确了两种具体的情形：一是已取保候审或者监视居住的被告人，违反刑事诉讼法第56条、第57条的规定，不逮捕可能发生社会危险的；二是因为患有严重疾病、正在怀孕、哺乳自己婴儿而未予逮捕，疾病痊愈或者哺乳期已满的。

5. 拘留变更为逮捕。这是强制措施变更在司法实践中最常见的表现形式，其条件是只要符合刑事诉讼法第60条关于逮捕的规定即可。

6. 逮捕变更为取保候审或者监视居住。《法院解释》、《检察院规则》、《公安机关规定》以及最高人民法院、最高人民检察院、公安部、国家安全部、司法部、全国人大常委

---

① 原文是"人民检察院决定对犯罪嫌疑人采取保证人担保形式取保候审的，如果保证人在取保候审期间不愿继续担保或者丧失担保条件，人民检察院应当在收到保证人不愿继续担保的申请或者发现其丧失担保条件后的三日以内，责令犯罪嫌疑人重新提出保证人或者交纳保证金，或者变更为其他强制措施，并通知公安机关执行。"此处的"变更为其他强制措施"，应该是变为监视居住，原因是如果因为保证人（第三人）的原因而加重对犯罪嫌疑人、被告人限制的强度（如果变更为拘留、逮捕）在法理上是说不通的，因为犯罪嫌疑人、被告人本身的主观恶性并没有发生变化，不会影响诉讼的顺利进行。

会法制工作委员会《关于刑事诉讼法实施中若干问题的规定》均对此作了规定，具体情况主要有：（1）患有严重疾病的；（2）案件不能在法律规定的期限内审结的；（3）正在怀孕、哺乳自己婴儿的妇女；（4）第一审人民法院判处管制或者宣告缓刑以及单独适用附加刑，判决尚未发生法律效力的；（5）第二审人民法院审理期间，被告人被羁押的时间已到第一审人民法院对其判处的刑期期限的；（6）因进行司法鉴定而尚未审结的案件，法律规定的期限届满的；（7）人民检察院批准或者决定逮捕的犯罪嫌疑人羁押超过法定期限的；等等。

（二）我国刑事强制措施变更的模式：网状结构

通过比对各国强制措施变更的具体做法，按照变更的方向是确定的还是发散的为标准，我国的刑事强制措施变更模式具有明显不同于国外结构的特征。综合考察外国强制措施体系可以发现，国外大多实行逮捕和羁押相分离的制度，逮捕只是强制犯罪嫌疑人、被告人到案的手段，逮捕后是否羁押仍须经过一定的司法程序予以决定。国外对人身的强制措施的种类也比较简单，如英国、美国、日本只有逮捕和羁押，德国只有暂时逮捕、拘传和逮捕，强制措施的变更模式体现的是一种直线结构。直线结构下的强制措施变更是一维的、单向的，较轻的强制措施总是直线型地指向较重的强制措施（羁押）且不可逆转。直线结构下的强制措施变更一般要经过严格的司法审查，所以出错的几率较小，通过审查发现被采取的强制措施存在不当的情形时，其结果也是立即解除，而不存在变更为另一种强制措施的情况。为此，西方法治国家的强制措施体系中的替代性措施较为完备，通常以保释或者"羁押的停止执行"代替羁押，从而能够在审前阶段最大限度地保护犯罪嫌疑人、被告人的人身自由免受不正当侵犯。

而在我国，刑事强制措施变更的模式可归结为网状结构。具体而言，各种强制措施之间可以相互变更，每一种强制措施既可以单独直接适用，也可以由其他强制措施变更而来。对于一种确定的强制措施来说，其变更前后所指向的另一种强制措施并不是唯一的，各种强制措施在相互变更与相互交织中构成了网状结构，如在我国的强制措施变更链条中，取保候审的前者既可以是拘传或监视居住，也可以是拘留和逮捕，而其后者也可以是监视居住，或者拘留、逮捕，取保候审既不是变更中的唯一措施，也不是最终的目标。在这种变更模式下，公安司法机关往往可以随心所欲地采取任何有利于己的强制措施，如侦查期限届满不能侦查终结的可以变更强制措施（而不是解除或者撤销），证据不足需要补充侦查的也可以变更强制措施，等等。网状模式的强制措施变更体系无疑为司法机关控制犯罪嫌疑人、被告人提供了极大的便利，但这种无休止的强制措施变更模式给犯罪嫌疑人、被告人带来的却是严重的人权侵害。

二、我国刑事强制措施变更制度存在的问题

（一）变更强制措施的目的多元化

"从本质上看，刑事强制措施是以程序保障为目的的实体处分（实体权利的干预措施），只能作为保障程序进行的手段而存在，不能如同刑罚和行政处罚一样，具有实体的惩

刑事诉讼制度的科学构建

罚目的指向。"① 而在司法实践中，公安司法机关却常常违背这一目的，将强制措施用于预防犯罪、维护社会秩序、教育公民等，这样的适用理念造成了变更强制措施时糅杂了太多不应有的目的，很多场合下，公安司法机关对于应该予以解除强制措施的不是予以解除，而是适用变更；有时候则把该变更为较轻强制措施的变更为较重的强制措施；对于一些证据不足的案件本应解除强制措施，却以捕代罚；许多可以撤销或者解除的强制措施却被变更为取保候审；该变更为取保候审的却变更为监视居住；可以变更为保证人保证的却变更为保证金保证等，不一而足。

（二）变更强制措施的证明标准不明确

刑事诉讼法第73条规定，人民法院、人民检察院和公安机关如果发现对犯罪嫌疑人、被告人采取强制措施不当的，应当及时撤销或者变更。但是何为"不当"，刑事诉讼法和相关司法解释没有对此予以明确。所谓的"不当"，是仅包含合法性的要求，还是既包含合法性的要求又包含合理性的要求，就成为一个司法实践中由司法者进行自由裁量的事项。例如，取保候审的证明标准"不致发生社会危险性"实际上很难证明，而逮捕的证明标准"不足以防止发生社会危害性"又很容易证明，这就造成了公安司法机关通常习惯于适用较为严厉的强制措施的后果。而对于已经采用强制措施的犯罪嫌疑人、被告人，即使不会发生妨碍诉讼的行为也要变更为逮捕，因为要想证明犯罪嫌疑人、被告人"不致发生社会危险性"具有很大的困难，变更强制措施的证明标准在可操作性上存在较大的缺陷。

（三）变更强制措施的次数没有限制

我国现行强制措施变更制度中最明显的特点之一，就是对变更强制措施的次数没有限制：只要没有侦查终结，当事人可以无数次地被拘传；取保候审最长可以是12个月，但是没有次数的限制，公检法三机关依次取保候审下来，最长将有36个月的取保候审期限；《检察院规则》第104条规定了逮捕变更为取保候审或者监视居住，变更后还可以再次变更为逮捕。在各机关适用的刑事诉讼法的相关解释、规定里，还有大量关于程序"倒流"的规定，原本取保候审的可以在发生新情况后再次被拘留、被逮捕，并还可以因为证据不足等原因重新取保候审，再因发现新的证据而又重新被逮捕，这样反复地采取强制措施给当事人造成了极大的身心和经济上的压力，难免不使当事人和社会公众对程序的公正性产生质疑。

（四）变更强制措施的决定缺乏监督

在我国，变更强制措施的主体包括公检法三机关，但是除了公安机关逮捕犯罪嫌疑人需要提请检察机关批准以外，其他强制措施的变更基本上由各机关自行决定。其中最为突出的问题是，经过检察机关批准逮捕的犯罪嫌疑人可以在移交审判时被法院变更为取保候审、监视居住，甚至在案件的反复流转过程中再次被公安机关取保候审或监视居住，而此过程却无须受检察机关的法律监督。一般而言，检察机关作出批准逮捕的决定经过了调查、讨论和检察长的批准等环节，有着较严格的论证、决定程序，但是公安机关、法院因受各

---

① 杨雄：《宽严相济刑事政策与刑事强制措施运作模式转变》，载《法学论坛》2007年第3期。

种因素的影响，或者因对同一情况持有不同看法而就作出变更强制措施的决定，使得逮捕的批准和解除不是基于同样严格的程序作出，轻易地否定检察机关的批准逮捕决定，立法赋予检察机关的批准逮捕权①的严肃性和法律权威因此而被大打折扣。

三、宽严相济刑事政策对完善我国刑事强制措施变更制度的指引

（一）立法上明确强制措施变更应遵循的原则

在刑事诉讼法的强制措施部分，应明确规定强制措施的适用和变更应遵循的基本原则，具体法条可作如下规定："人民法院、人民检察院和公安机关需要对犯罪嫌疑人、被告人变更强制措施的，应在不影响诉讼顺利进行的前提下，以对犯罪嫌疑人、被告人人身权利、财产权利侵害最小的方式及时进行。应当撤销或解除的，应当立即执行。"这一规定确立的是强制措施变更的三项最基本的原则：单一目的原则、及时原则和比例原则。

1. 单一目的原则。强制措施制度的设置目的在于保障诉讼的顺利进行，是以程序目的为单一目的的，任何程序之外的目的赋予都会将强制措施异化为行政处罚或者刑罚的替代品或者单位创收的手段。对于没有发现犯罪事实或者证据不足的，该撤销的予以撤销，该变更的予以变更，而不能"有疑从挂"，用强制措施代替刑罚。

2. 及时原则。在强制措施的适用过程中，一经发现符合变更条件的就应当及时变更，否则要么有可能对当事人的人权造成侵犯，使之承受了不合法律规定或者不必要的人身限制，要么有可能使犯罪嫌疑人、被告人实施影响诉讼顺利进行的行为，造成严重的后果。这样的指导原则在有关机关的具体规定中也不乏其踪影，如《公安机关规定》第90条第4款规定，执行取保候审的派出所应当在取保候审期限届满10日前，通知原决定机关。第150条规定，看守所应当在犯罪嫌疑人、被告人的羁押期限届满7日前通知案件主管机关；对超过羁押期限的，应当立即通知案件主管机关，并报告所属公安机关负责人。这样规定体现了强制措施变更应及时进行的原则，完全可以吸收到立法的层面予以规定。

3. 比例原则。比例原则是宽严相济刑事政策最核心的理念，其要求通过对犯罪嫌疑人、被告人的主观恶性、人身危险性、悔罪表现等进行综合考量，对于不会影响诉讼顺利进行、能够按照要求参加诉讼的，应采取较轻的强制措施；对于已采取较重强制措施的，根据案件的情况，可适时变更为较轻的强制措施或者予以解除和撤销。此外，比例原则还要求对于可能免除刑事责任以及证据不足不能移送审查起诉或者审判的情形的，应立即解除或者撤销强制措施。

（二）完善强制措施变更制度的具体司法措施

1. 明确变更的证明标准。控制犯罪和保障人权是刑事诉讼的两大价值目标，强制措施制度的设计和适用同样体现了控制犯罪和保障人权的目的并极力在两者间寻求最佳的平衡点。总体而言，采取剥夺人身自由的强制措施种类，如拘留和逮捕更有利于控制犯罪嫌疑人使之顺利参加诉讼，而采取限制人身自由的措施，如取保候审则对犯罪嫌疑人、被告人

---

① 当然，批准逮捕权由检察机关行使的正当性问题则应该是一个另当别论的话题。

的人身自由干涉较少，更有利于保障人权。由于这两类强制措施对犯罪嫌疑人、被告人人身自由的影响差别极大，因此在这两者之间进行变更时应建立不同的证明标准。从宽严相济刑事政策的精神内核来看，更侧重于"宽"的一面，也即保障人权的一面，所以强制措施制度的设计应更有利于保障犯罪嫌疑人、被告人的人身自由，即在强制措施变更制度的设计中，变更为限制人身自由的强制措施甚至解除、撤销强制措施的证明标准应低于变更为剥夺人身自由强制措施的证明标准。

强制措施变更的证明标准应当区别于单独使用强制措施时的证明标准，因为强制措施变更适用的情况是已经对犯罪嫌疑人、被告人采取了强制措施，只有在确有必要时才应当变更，如随着案件的进展，对于那些被采取取保候审或者监视居住的人即使已完全符合逮捕条件，如果其不至于发生影响诉讼的行为，就没有必要再执行逮捕。这就要求对逮捕的适用条件重新进行界定，即应从犯罪主体、主观恶性、法定刑、认罪态度、有无从轻情节、有无可能妨害诉讼秩序等方面对"有逮捕必要"条件予以细化，如可以将主观恶性小且已被采取强制措施的排除在"有逮捕必要"之外。取保候审和监视居住虽然在适用条件上基本一致，但是两者在强度上仍存在较大差别，因此取保候审不能随意被变更为监视居住。具体就取保候审而言，与保证人保证相比，保证金保证相对更为严厉，所以由保证人保证变更为保证金保证仍应遵循一定的条件，只有在有情况证明保证人无力履行保证义务且不能再提出保证人的情况下才可以转为保证金保证。

2. 限制决定变更的主体权限，细化对变更决定的监督。批准逮捕是检察机关对侦查过程实施监督的一种形式，然而实践中公安机关、法院以取保候审否定检察机关逮捕决定的情况屡见不鲜，这极大地损害了检察机关的批准逮捕权的严肃性。因为即使在案件的具体情况发生变化，公安机关、法院在没有征求检察机关意见的情况下，仅以"通知"检察机关的形式就自行改变强制措施，无疑使得刑事诉讼法有关逮捕的严格程序规定形同虚设。因此，有必要明确要求公安机关在检察机关批准逮捕后变更强制措施的应当另行提出申请，由检察机关决定是否变更；法院认为需要变更逮捕措施的，应提出变更建议由检察院决定。

3. 扩大不服变更的救济途径，建立错误变更的责任机制。我国刑事强制措施的变更缺乏司法审查机制，不仅不利于保护犯罪嫌疑人、被告人的基本权利与自由，而且错误变更刑事强制措施的机关及其工作人员也不会受到惩罚，难以起到警戒作用。基于此，从维护人权角度，应该强化我国强制措施变更的可诉性，使强制措施变更走上司法审查的轨道。此外，应建立相应的违法责任追究制度，增强法律监督的约束力。在现行的体制框架下还应建立健全监督制约机制，加强对不当变更的依法监督。检察机关的侦查监督部门应严格审查变更强制措施的事由，对侦查部门不符合变更条件而予以变更的，一经发现，应立即向侦查部门发出纠正违法通知书，责令侦查部门立即纠正。执法人员徇私枉法，索贿、受贿，对逮捕的人不符合变更条件而变更造成严重影响诉讼进行的，应严肃对待，由纪检、监察部门立案查处有关人员的违法、违纪行为，情节严重构成犯罪的应由检察机关直接立案处理。

（三）宽严相济刑事政策下保释制度的引入

1. 保释制度与宽严相济。保释制度是西方刑事诉讼程序中的一项重要制度，是指为被羁押待侦查或审判的人提供担保，保证按照指定的期日出庭并履行必要的手续后予以释放的制度。这一制度在保障犯罪嫌疑人和被告人的人身自由权利，保证诉讼程序的正常进行以及减少关押犯罪嫌疑人、被告人费用方面发挥着重要作用。保释制度的理论基础是无罪推定原则，也就是说法律允许被羁押的犯罪嫌疑人、被告人保释在外是归还他们应有的自由权利，而不是重新赋予他们自由，更不是施舍他们自由。在西方法治国家的刑事诉讼制度中，羁押被视为一种例外措施，而保释是作为羁押的替代措施存在的。宽严相济刑事政策要求执法者在刑事司法过程中，合理地运用裁量权，做到实体公正与程序公正的平衡，惩罚犯罪与保障人权的平衡，司法公正与司法效率的平衡，法律效果与社会效果的平衡。①以保释替代羁押，保释作为犯罪嫌疑人、被告人的权利，其本身包含了"宽大"的本质；违反保释后可以加重处罚，又体现了保释制度"严厉"的一面，所以保释制度本身与宽严相济的精神是契合的，是宽严相济刑事政策指导下强制措施体系改革的必由之路。为此，在强制措施变更制度中贯彻宽严相济的刑事政策，必定要考虑在我国的强制措施体系中引入保释制度。

2. 保释制度的引入对强制措施变更制度的影响。我国未来的强制措施体系在引入保释制度后，我国现行的取保候审制度将由保释制度代替并且不再作为独立的强制措施，而是作为拘留、逮捕的一种替代措施。由此，我国的强制措施种类则将由现在的五种变为三种，即拘传、拘留和逮捕，而强制措施变更制度则相应地发生重大变化，由强制措施之间的变更转化为强制措施和保释之间的变更，这必将对保障人权起到进一步的推动作用。

（作者单位：中南财经政法大学法学院）

---

① 朱立恒著：《宽严相济视野下的刑事诉讼程序改革》，中国法制出版社 2008 年版，第 153～160 页。

"少杀、慎杀"：宽严相济语境下死刑政策适用初探

—— 一起死刑案件引发的思考

张 弘

一、引言：蔡超案件提出的问题

25 岁的安康男子蔡超因不满女友陈某提出的终止恋爱关系而产生报复杀人念头。2006 年 5 月 15 日，蔡超准备了菜刀、长尖刀、铁锤、绳子和一卷宽胶带，将陈某强行从工作地点拉至家中，逼迫陈某脱光衣服，捆绑住陈某的手脚并用胶带封住其嘴。随后，蔡超拿刀在陈某胸部、胳膊、大腿等部位刺扎、割划、挖洞，并用铁锤砸断陈某脚趾，用烟头烫烧陈某胸部、乳头，在伤口撒烟灰，用开水灌烫陈某的伤部和下体……折磨完后，蔡超最后用长刀在陈某的胸部和腹部连刺三刀后，又自残两刀。事后，陈某被赶回家的蔡超父母拨打 120 送往医院抢救。主刀医生接诊陈某时的伤情是："全身有烫伤、烧伤、绳子勒伤、多处刀伤、胸部三刀，两刀贯穿伤及心包、胳肌、肝、脾、胃（有四个刀口）、胰腺等，刀刀要命，进手术室时血几乎流尽，瞳孔已在放大，血压接近零，其他伤口已缝合，但怀疑胰腺部位内管已被刺断，为了保命只好暂将胰腺伤口缝合，现在抢救完毕，能活不能活就看她的造化了"。经过医院数月抢救，被害人陈某虽保住了性命，但肝、脾、胰、胃等多个器官重伤，构成八级伤残，花费 29 万余元，现仍在接受后续治疗。2007 年 1 月，安康中级人民法院一审以故意杀人罪判处被告人蔡超死刑，剥夺政治权利终身。二审期间，陕西省高级人民法院认为一审法院根据蔡超的犯罪事实、性质、情节和社会危害性程度，对其所判刑罚并无不当。但鉴于蔡超在二审期间有一定的悔罪表现，且其亲属能代为赔偿 12 万元损失，取得受害人一方在一定程度上的谅解，故对蔡超判处死刑缓期二年执行。①

纵观本案，罪犯蔡超心胸狭隘自私，预谋杀人，作案手段极其残忍，虽然被害人最终没有死亡，但损害后果非常严重，且其犯罪行为极大地挑战了社会道德和法律尊严，具有严重的社会危害性，引发公愤，"不杀不足以平民愤"。正因如此，一审法院才判处蔡超死刑。二审法院也认为一审判决并无不当。不过，二审的改判虽然与被告人认罪态度及家属赔偿等各种外在因素有关，但其背后的主要原因却是当时的刑事政策已悄然发生了变化。

2006 年 10 月 11 日，中共中央十六届六中全会通过的《中共中央关于构建社会主义和谐社会若干重大问题的决定》中提出："实行宽严相济的刑事司法政策"。此后，宽严相济的刑事政策在司法系统中占据了主导地位，与之相呼应，"少杀、慎杀"的死刑政策也重新在司法实践中得到强调和贯彻。蔡超案件的二审判决时间是 2007 年 9 月 6 日，正值"宽严

① 《男子因女友要分手割其乳烫下体被判死缓》，见 http://news.tom.com 2007 年 9 月 30 日 10 时 22 分华商网。

相济"和"少杀、慎杀"刑事政策在全国全面铺开之时。二审的改判可以说顺应了时代的呼声和政策精神，既在被害人和辩护律师希望之外，却也在其意料之中。

时代的趋势不容违逆。在全球多数国家已废除死刑或实际不执行死刑的国际发展背景下，"少杀、慎杀"的刑事政策无疑是正确的，但如何具体执行是关键问题。是从刑事立法上修订缩减死刑罪名并调整相应死刑判决标准和复核程序，还是赋予法官针对个案采取从严掌握的司法裁量权？"宽严相济"是既宽又严，那么"严"的范围和标准是什么？"少杀、慎杀"意味着从死刑立即执行标准上整体从宽，则原本可能判处死刑立即执行的案件会改判成死缓或无期徒刑，那么现行的量刑体系是否能承载和接纳"被下放"的案件？"整体从宽"的死刑案件标准能否化解或抚慰被害人的情感以及社会公众对犯罪的憎恨情绪？从蔡超案件看，被害人没有死亡的后果是否就是"从宽"的理由？对于严重暴力犯罪的量刑如何设定才能体现宽严相济、罚当其罪以及社会道德对司法正义的基本认同？这些问题都值得我们思考。

二、"少杀、慎杀"死刑政策的渊源

毋庸讳言，当今世界绝大多数国家的死刑政策是朝着废除死刑、严格限制死刑的方向努力的。据大赦国际的最新统计，截止到 2003 年 1 月 1 日，世界上已有 76 个国家和地区在法律上明确废除了所有罪行的死刑，15 个国家废除了普通犯罪的死刑（军事犯罪或战时犯罪除外），还有 21 个国家在实践中事实上废除了死刑（过去 10 年内没有执行过死刑、将不执行死刑或已向国际社会承诺不再使用死刑），三者加在一起共 112 个国家，这其中包括了英国、法国、德国、加拿大、澳大利亚、意大利、南非和俄罗斯等。而在剩下的保留死刑的 83 个国家中也有越来越多的国家倾向于对死刑持严格限制的态度，主要表现在：一方面从立法上大幅度地减少适用死刑的条款，将其限制在谋杀、叛逆和战时犯罪等少数几种性质极其严重的犯罪上，而不对经济犯罪等非暴力的普通犯罪适用死刑；另一方面在司法上严格控制死刑，如日本，从 1979 年到 1984 年，平均每年仅执行 1 例死刑，韩国近几年 1 例死刑也没有执行过。2002 年，有 16 个保留死刑的国家在该年度连一例死刑都没有宣判。可见，这些国家法律中的死刑规定，与其说是为了适用，倒不如说是为了震慑。①

面对国际社会势不可挡的废除死刑运动，"少杀、慎杀"的死刑政策在我国重新得到回归。

早在 1940 年 12 月，毛泽东同志在《论政策》一文中就指出："应该坚决地镇压那些坚决的汉奸分子和坚决的反共分子，非此不足以保卫抗日的革命势力。但是决不可多杀人，决不可牵涉到任何无辜的分子。"1949 年新中国成立后，毛泽东的这一"保留死刑、少杀慎杀"的死刑思想被延续下来。1951 年 5 月，他在一个有关处理从内部肃反中清理出来的反革命分子的文件中指出："凡应杀分子，只杀有血债者，有引起群众愤恨的其他重大罪行，如强奸许多妇女，掠夺许多财产者，以及最严重地损害国家利益者，其余，一律采取判处死刑，缓期二年执行，在缓期内强制劳动，以观后效的政策。"同月，他在修改第三次全国公安会议决议时再次强调："凡介在可捕可不捕之间的人一定不要捕，如果捕了就是犯

---

① 刘仁文：《死刑政策：全球视野及中国视角》，http://www.studa.net/2005/10-20/20051020141.html.

错误；凡介在可杀可不杀之间的人一定不要杀，如果杀了就是犯错误。"①

1979 年，新中国颁布的第一部刑法继承了毛泽东同志慎用死刑的政策思想，该部刑法一共规定了 15 个条文、28 种死刑罪名，与过去司法实践中可适用的死刑罪名相比，减少了很多。首先，这些死刑罪名中一半以上是"反革命罪"，该类罪名已被 1997 年修订后的刑法取消，代之以"危害国家安全罪"（本章死刑条文最多最集中，有 7 个罪名可以判处死刑），事实上该类犯罪的发案率越来越低，相应地，判处死刑的就更少；其次，在死刑罪名中，除贪污罪外，其他的罪都要求在犯罪手段上具有暴力性或破坏性。应当说，1979 刑法中死刑罪名的设置是比较适中的。但 1979 年刑法颁行后不久，我国立法机关即着手对刑法进行修改与补充，增设了不少死刑罪名。截止到 1997 年刑法修订前，刑事立法中的死刑罪名已高达 77 种。修订后的 1997 年刑法共用 47 个条文设置了 68 种死刑罪名。这其中，除 8 种情况下死刑是绝对刑外，其余死刑都是相对刑。也就是每个罪名后都有数个刑种可供选择，死刑不是必然选择。只有"罪行极其严重"，才可适用死刑。②

尽管世界上已有不少国家废除了死刑，但在我国，基于传统文化、国民的普遍道德情感和基本国情，废除死刑尚不实际，"少杀、慎杀"可谓是现实状况下的明智选择。尽管"宽严相济"和"少杀、慎杀"不是刑事立法而是刑事司法政策，但通过法官司法裁量权和严格的程序控制是能够达到上述目标的。自 2007 年 1 月 1 日死刑立即执行复核权收归最高人民法院后，15% 的未核准率已表明了这一点。③ 2002 年起，最高人民法院副院长刘家琛连续在全国范围内主持召开"关于刑罚适用及其价值取向"的课题调研与研讨，倡导公平、正义、人道、法治和效率的刑罚价值取向，主张"少杀、慎杀"的死刑政策。但如何贯彻"少杀、慎杀"和"逐步轻刑化"的思想呢？刘家琛大法官认为，在我国目前的情况下，应把希望寄托于通过科学地适用刑罚而不是通过立法废除死刑来做到，因为保留死刑也就是保留了一定的威慑力，而通过严格把握死刑关是可以控制死刑的。④

三、"宽严相济"语境下"少杀、慎杀"应考虑的问题

"宽严相济"是在新时期，面对刑事案件数量急剧增加，就刑事法律如何保持社会良好运作状态所作的新思考、提出的新理念，其背后有着积极的时代意义与实务价值。⑤"宽严相济"包括从宽和从严两个方面。宽的主要侧重基点是非犯罪化、轻刑化和非监禁化。在刑事司法的案件处理中，强调的是"可捕可不捕的不捕"、"可诉可不诉的不诉"、"可判可不判的不判"，从宽的适用对象主要是偶犯、初犯、过失犯、女犯、未成年犯。有学者指出，宽严相济刑事政策之"从严"的含义主要包括三层意思：一是指严格，作为刑事政策的严格，包括立法严密和执法严格；二是指严厉，包括刑罚苛厉和从重惩处的意思，即在法律规定的自由裁量范围内，有针对性地就高裁判；三是指严肃，即指司法活动做到循法

---

① 刘仁文：《死刑政策：全球视野及中国视角》，http://www.studa.net/2005/10-20/20051020141.html.
② 刘仁文：《死刑政策：全球视野及中国视角》，http://www.studa.net/2005/10-20/20051020141.html.
③ 2007 年，因原判事实不清、证据不足、量刑不当、程序违法等原因不核准的案件，占复核终结死刑案件的 15% 左右，载《法制日报》2008 年 3 月 21 日。
④ 刘家琛：《宽严相济逐步实现刑罚轻刑化》，载《法学杂志》2006 年第 4 期。
⑤ 黄京平：《宽严相济刑事政策的时代含义及实现方式》，载《法学杂志》2006 年第 4 期。

而治，认真有责，不徇情枉法。唯有如此，才能使犯罪分子疏而不漏，罚当其罪，体现刑罚的威慑力以及宽缓的刑罚关怀。① 具体到个案，从严的重点在于对黑社会性质组织犯罪、毒品犯罪、严重暴力犯罪等的严厉打击，绝不姑息。虽然就整体社会环境和时代背景而言，"宽严相济"刑事政策总体偏向于"宽"，但绝不意味着可以忽视"严"。郭立新教授指出，"宽严相济"的刑事司法政策的宽、严、济三者之间是一个统一的关系。济表示宽严的互动关系，表现在有宽有严，宽严并用，宽严互补和宽严有度。② 总体而言，笔者认为，"少杀、慎杀"应从以下几个方面进行把握：

第一，"少杀、慎杀"的适用范围。人的生命至高无上，就整体而言，"少杀、慎杀"应仅限于最严重的犯罪。关于何为"最严重的罪行"，按照联合国经济与社会理事会《关于保证面对死刑的人的权利保障措施》的规定，其范围"不能超过具有致命的或者其他极其严重的后果的故意犯罪"。联合国经济与社会理事会在关于死刑的第六个五年报告《死刑与贯彻〈关于保证面对死刑的人的权利保障措施〉》中明确指出："致命的或者其他极其严重的后果的含义包含着这样的犯罪应该是导致生命的丧失或者危及生命的意思。在这一意义上，危及生命是行为的一种极有可能的结果。"就此而言，我国可以考虑在适当时候尽快取消一切非致命性犯罪的死刑，尤其是那些非暴力性的经济犯罪的死刑，不仅包括破坏社会主义市场经济秩序罪等，而且还包括盗窃罪等侵财犯罪和贪污、受贿等渎职犯罪。这也是联合国对那些至今仍保留死刑的国家的要求。废除或实际减少非暴力案件死刑立即执行的数量，从整体上达到"少杀、慎杀"。

第二，"少杀、慎杀"量刑适用的酌定情节。如果没有法定从重、加重、从轻、减轻和免除的量刑情节的话，酌定情节就成为量刑主要考虑的因素。在刑法理论界，常见的酌定量刑情节有以下几种：犯罪动机、犯罪手段、实施犯罪时的环境和条件、犯罪造成的损害结果的严重程度、犯罪侵害的对象、犯罪人的一贯表现、犯罪后的态度。如果在一起案件中所有这些因素都很严重，则被判死刑的可能性就很高。在此方面，1970 年日本上智大学前田俊郎教授所发表的有关死刑、无期徒刑的计量研究引人注目。他对 1949 年 1 月到 1950 年 9 月之间已经确定的死刑犯罪的情节进行分析，并根据该情节在死刑判决中所具有的分量，换算为一定的点数，然后将该点数相加，认为得点高的话，被告人被判处死刑的可能性就大，反之就低。前田教授将与死刑、无期徒刑的选择有关的情节分为六项，其中，每一个项目中又可以分为若干个子项，每一个子项所折算出来的得点均不相同。具体而言就是：(1) 被害人的人数（单数、复数）。(2) 以着手实行为标准，考虑何时取得凶器（第一，没有使用凶器；第二，着手实行犯罪之后才取得凶器；第三，在着手实行犯罪之前就已经取得凶器）。(3) 被害人的年龄（不满 10 岁，已满 10 岁不满 50 岁，50 岁以上）。(4) 犯罪计划（有计划，没有计划）。(5) 犯人的年龄（25 岁以下，从 26 岁到 50 岁，51 岁以上）。(6) 检察官的量刑建议（请求判处死刑，请求判处无期徒刑）。将与以上各个项目相称的点数合计起来，在总和点数达到一定标准的时候，就可以判处死刑。③ 尽管如此判断有法定证据之嫌，却也为我们开阔了视野。但在具体运用中，如果犯罪人实施的犯罪手

① 张国华：《"宽严相济"之"从严"政策的理解与把握》，www.jc.gov.cn,2008 - 3 - 4.

② 《法学专家解析宽严相济刑事政策》，正义网，2008 - 3 - 16。

③ 黎宏：《日本判例中的死刑裁量标准考察》，http://www.kantsuu.com/riben/75171.shtml,2007 - 3 - 27.

段和方法极为残忍，或犯罪人主观恶性深，或某一犯罪情节或后果特别严重、民愤大等，均可考虑适用死刑。例如，郑某、段某合谋杀害林某女儿后，将林某女儿的尸体切块放在高压锅里煮后逼林某吞食。此类犯罪因犯罪人犯罪手段极其残忍，主观恶性极大而被法院依法判处死刑。在蔡超案中，被告人亦因犯罪手段令人发指而被一审法院判处死刑。

第三，民愤与"少杀、慎杀"的关系。最高人民法院院长王胜俊就任后首次就死刑问题发表意见，对适用死刑提出三点依据：一是要以法律的规定为依据；二是要以治安总体状况为依据；三是要以社会和人民群众的感觉为依据。这三个观点引发争议，主要质疑为"以人民群众的感觉为依据"是否主观性太强？笔者认为，这一死刑观点基本精神没错。社会和群众的感觉虽然不是法定量刑情节，但却反映了主流社会的价值观和情感心理，法律若是背离了民众的道德观、情感观是很难获得尊重和遵守的。另外，法官是社会化的人，也具有民众的一般感情。事实上，民众的感情对法官的量刑不可避免地会产生影响。在蔡超案中，虽然被害人没有死亡，似乎犯罪结果尚未达到不可挽回的程度，但由于被告人作案手段非常残忍而引起民愤。当陈某的代理律师在法庭上指出"蔡超的残忍行为极大地挑战了整个社会的公众良知和道德底线，是文明社会所不能容忍的"① 的代理意见时，法庭上异常安静。谁又能说判决结果没有融入法官的情感和对民意的考量呢？

"少杀、慎杀"不是不杀，对于严重恶性暴力案件以及作案手段极其残忍激起民愤的个案，处以极刑实际上是符合"宽严相济"刑事政策精神的。从传统文化、公民的法治水平和朴素的正义观而言，国家如果不能抚慰民众的情感，社会就可能处于新的动荡中。正如美国大法官霍姆斯所言："如果法律不帮助人们，人们就会通过法律之外的行动来满足自己的报仇激情，法律就别无选择，就只能满足这种渴求本身，并因此来避免私人报复的更大邪恶。"

四、"少杀、慎杀"死刑政策下量刑体系的重构

我国的死刑包括死刑立即执行和死刑缓期二年执行两种，从刑种而言，此二者都属于死刑，但结果却有质的不同。死刑立即执行是对生命的剥夺，最为严厉，没有挽回的余地，而死刑缓期二年执行一般情况下就是更高一级的有期徒刑，二者是生命与自由的差别。俗话说"好死不如赖活着"，这是国民的普遍心理，就此而言，死刑立即执行与死缓有着天壤之别。基于"少杀、慎杀"的死刑政策，必然有一部分应当判处死刑立即执行的案件会改判为死缓。因此，当民众眼中应当判处死刑立即执行的案件被改判为死缓时，法律必须对此给予一个合理的解释并设立社会民众心理可以接纳的替代的量刑处分。

依照我国刑事诉讼法的规定，被判处死缓的罪犯，在 2 年考验期内未故意犯罪的，考验期满后就减为无期徒刑或有期徒刑 15 至 20 年。依照现行的刑事执行制度，经过数次减刑，一个死缓罪犯的实际处罚相当于有期徒刑 24 年，不包括审判前羁押的时间，实际被关押的年限在 18 年左右。不包括审判前羁押的无期徒刑实际上相当于有期徒刑 22 年，实际被关押的年限在 15 年左右。15 年的有期徒刑实际执行年限在 10 年左右。不超过 20 年的数罪并罚实际执行年限是 13 年左右。可见，生刑和死刑之间存在着巨大的差异。也就是说，

---

① 安明磊：《陈晶晶案一审办案总结》，陕西省妇女研究会法律研讨资料。

一个人如果犯罪情节极其严重，要么执行死刑，使其丧生，要么判处死缓，最后被关押 18 年左右，如果加上审判期间的羁押，顶多不超过 20 年。① 以蔡超案为例，罪犯蔡超被判刑时是 25 岁，被判处死缓后一般实际羁押 20 年，在 45 岁时就可能出狱获得自由，过上正常人的生活，而被害人陈某则从此生活在残疾的世界中，饱受终身痛苦。如此现状，很难令被害人及其亲属接受。因此，如果要贯彻"少杀、慎杀"，就需要重新调整现行的不合理的刑罚结构。

"宽严相济"的刑事政策为制定合理的量刑结果提供了政策依据。以现行的量刑体系来看，量刑结构应当向宽和严两头伸展。一方面，对于轻罪实行轻刑化，扩大免罪和监外矫正处罚体系；另一方面，对于重罪应加重自由刑刑罚幅度，提高监禁年限，从而达到宽严并济。从世界范围来看，在犯罪形式严峻的现实状态下，欧美国家也较普遍采用"轻轻"、"重重"或"宽宽"、"严严"的"两极化"刑事政策，并经常随着本国犯罪趋势作出灵活的调整。例如，我国台湾地区"法务部"于 2005 年 1 月 7 日通过的"刑法修正案"中，将有期徒刑由原来的 20 年提高到 30 年，数罪并罚者的刑期上限为 40 年，以更好地体现罪责刑相适应原则的要求②。

笔者认为，可以从以下几个方面调整量刑体系，构建合理的量刑结构，达到"宽严相济"，"少杀、慎杀"的刑事政策，并能够弥补现行不合理的死刑与生刑的巨大差异。

其一，缩小死刑立即执行的案件范围，逐步将死刑立即执行案件控制在如谋杀等严重暴力犯罪范围内。对于非暴力犯罪案件，如贪污、盗窃等财产犯罪案件，应尽可能不判处死刑，从整体上减少死刑立即执行的数量。其二，限制死刑立即执行的对象。我国现行刑法规定，犯罪时不满 18 周岁的人和怀孕的妇女不得执行死刑立即执行，还可增加高龄罪犯的死刑豁免，如 80 岁以上的人不得处以极刑。我国古代就有此规定。其三，延长生刑监禁时间，将死缓、无期徒刑、有期徒刑的实际监禁时间加以延长，如规定判处死缓的罪犯实际监禁时间不得少于 30 年，判处无期徒刑的罪犯实际监禁时间不得少于 20 年等，以减少生刑与死刑之间的悬殊区别，抚慰被害人群体的情感。其四，从程序上把关，严格死刑立即执行的复核程序，在适当时将之改进为诉讼化三审方式，最大限度地防止和控制死刑立即执行的数量。其五，对于真诚悔罪、积极赔偿的犯罪分子的死刑改判，应当听取被害人亲属的意见。同时尽快设立刑事被害人的国家补偿立法，将被害人及其亲属从情感与经济赔偿只能择其一的煎熬状态中解脱出来，从而能够真实表达自己的意愿而不是迫于无奈替被告人求情。

（作者单位：西安交通大学法学院）

---

① 陈兴良：《宽严相济政策与刑罚规制》，载《法学杂志》2006 年第 4 期。
② 《台湾"刑法"大翻修 有期徒刑上限提至 40 年》，http://news.fjii.com/2002/10/28/76669.htm.

论推定与宽严相济刑事政策的实现

张云鹏　杨　明　路　军

一、引言

作为法律的专门术语，推定是指根据事物之间的常态联系，当某一或者某些确定事实存在时推断另一相关事实存在的证明方法。其中，确定的事实叫做基础事实，由基础事实推断出来的事实是推定事实。基于不同的标准，推定可以有多种分类。其中，以是否为法律所规定为标准将推定区分为法律推定和事实推定是推定最有意义的分类之一。法律推定也叫立法推定，是指由法律明文规定的推定。事实推定又称司法推定，是指由法官在诉讼活动中依据一定的经验法则和逻辑规则进行的推定。法律推定建立在事实推定的基础之上，是立法者基于一定的价值取向对司法实践中相对稳定的事实推定在法律上的确认。二者的差别主要体现在效力上。法律推定具有法定性，有严格的强制效力，即"法律要求事实认定者在特定的基础事实被证实时就必须作出推断"①；而事实推定并不具有如此的效力，在诉讼活动中，法官不被要求必须作出这种推定。当然，无论是事实推定还是法律推定，都具有可反驳的特性。

宽严相济的思想在我国有着深远的历史渊源，而今作为当前的基本刑事政策，是维护社会治安长期实践经验的总结。关于宽严相济刑事政策的内涵，目前权威的解释是："对刑事犯罪区别对待，做到既要有力打击和震慑犯罪，维护法制的严肃性，又要尽可能减少社会对抗，化消极因素为积极因素，实现法律效果和社会效果的统一。""一方面，必须坚持'严打'方针不动摇，对严重的刑事犯罪依法严厉打击，什么犯罪突出就重点打击什么犯罪，在稳准狠上和及时性上全面体现这一方针；另一方面，要充分重视依法从宽的一面，对轻微违法犯罪人员和失足青少年，要继续坚持教育、感化、挽救方针，有条件的可适当多判一些缓刑，积极稳妥地推进社区矫正工作。"② 可见，区别对待是宽严相济刑事政策的核心，针对轻重不同的犯罪，该严则严，当宽则宽，宽严相济，宽严有度。

推定与刑事政策的关系密切。刑事政策的需求可以说是推定存在的重要理由之一，或者也可以说，推定研究的学术价值在一定程度上体现为其对促进刑事政策实现的贡献。当下，宽严相济刑事政策的立法与司法实现是刑事法领域研讨的热点问题，无疑，缺乏实现路径的刑事政策只能是空洞的宣言而难以发挥其应有的作用。那么，推定与宽严相济刑事政策之实现的关系如何？推定是否可以成为宽严相济刑事政策实现的路径？本文拟就以上问题做初步的探讨。笔者以为，研究推定与宽严相济刑事政策实现之间的关系问题，无论

---

① ［美］乔恩．R. 华尔兹著：《刑事证据大全》，何家弘等译，中国人民公安大学出版社 1993 年版，第 770 页。
② 罗干在 2005 年 12 月 5 日至 6 日召开的全国政法工作会议上的讲话。

是对推定本身的深入研究，抑或是对宽严相济刑事政策实现路径的探寻，皆具有重要的理论价值和实践意义。

二、宽严相济之"严"

学界对"宽严相济"的表述林林总总，但内容基本一致，其中以陈兴良先生的提法较具代表性。陈先生认为，宽严相济之"宽"的含义应当是轻缓。刑罚的轻缓可以分为两种情形：一是该轻而轻，即对较为轻微的犯罪应当处以较轻之刑；二是该重而轻，即对所犯罪行较重的行为人，在具有坦白、自首或者立功等法定或者酌定情节的情况下在法律上予以宽宥，在本应判处较重之刑的情况下判处较轻之刑。宽严相济之"严"，是指严格和严厉两层含义，严格是指该作为犯罪处理的一定要作为犯罪处理，该受到刑罚处罚的一定要受到刑罚处罚；严厉主要是指判处较重刑罚，当然是指该重而重。宽严相济的"济"，是指救济、协调与结合之意，不仅是指对于犯罪应当有宽有严，而且在宽与严之间还应当具有一定的平衡，互相衔接，形成良性互动，以避免宽严皆误结果的发生。换言之，既不能宽大无边或严厉过苛，也不能时宽时严，宽严失当。①

就字面意思而言，宽严相济之"严"的含义不难理解。然而，如何划定"严"的范围，即针对何种犯罪适用"严"的刑事政策是一个复杂的问题。当下，在立法层面上尚无任何国家的法律能够提供明确的区分犯罪轻重的标准；理论界对此问题虽有涉及，但仅限于列举性的归纳，而非严谨的分类标准。例如，日本学者森下忠认为，犯罪的轻重应以犯罪程度或类型加以区分，适用重罚的对象是严重犯罪、帮派犯罪、药物滥用、累犯、精神病质者及恐怖分子等，适用轻罚的是轻微暴力与财产犯罪、风俗犯和交通肇事等。② 再如，我国学者蔡道通认为，严格刑事政策的适用对象包括严重的有组织犯罪、暴力犯罪、国家工作人员的职务犯罪等严重危及社会生存与发展、民众安宁与秩序的犯罪，即不能矫治或矫治有困难的犯罪或犯罪人，而对于情节较轻的刑事犯罪、偶发犯罪、无被害人犯罪、与被害人"和解"的犯罪等，也就是不需矫治或者矫治有可能的犯罪或犯罪人则适用宽松的刑事政策。③

我国最高人民检察院《关于在检察工作中贯彻宽严相济刑事司法政策的若干意见》（以下简称《意见》）对犯罪的区分采用了综合性的判断标准。该意见指出，对犯罪进行区分，"应当综合考虑犯罪的社会危害性（包括侵害的客体、情节、手段、后果等）、犯罪人的主观恶性（包括犯罪时的主观恶性、犯罪后的态度、平时表现等）以及案件的社会影响，根据不同时期、不同地区犯罪与社会治安的形势，具体问题具体分析"。综合性的标准看似合理，但操作起来却并非容易把握。于是，该意见进一步就"宽"与"严"的对象进行列举："严"的对象主要是黑社会性质组织犯罪、恐怖犯罪、毒品犯罪以及杀人、爆炸、抢劫、强奸、绑架、投放危险物质等严重危害社会的刑事犯罪；严重破坏金融秩序、侵犯知

---

① 参见陈兴良：《宽严相济刑事政策研究》，载《法学杂志》2006 年第 1 期。

② ［日］森下忠：《刑事政策的两极化》，载《刑事政策的论点 II》，日本成文堂 1992 年版，第 1 页以下。

③ 参见蔡道通：《中国刑事政策的理性定位》，载陈兴良主编：《刑事法评论》第 11 卷，中国政法大学出版社 2002 年版，第 51 页。

识产权、制售严重危害人身安全和人体健康的伪劣产品；重大环境污染等破坏环境资源犯罪以及重大贪污贿赂、渎职侵权的职务犯罪；而"宽"的对象主要是未成年人、在校学生、老年人、严重疾病患者、盲聋哑人、初犯、从犯或者怀孕、哺乳自己婴儿的妇女等。

笔者认为，宽严相济刑事政策的核心是区别对待，而区别对待的前提是区别犯罪的轻重。因此，为使刑事政策的目的得以实现，刑事立法必须设定明确的区分犯罪轻重的标准。然而，目前在刑事立法尚未完成此项任务之时，我们姑且以最高人民检察院的上述规范性文件作为我们划定"严"之范围的依据。

三、推定与"严"之实现

如前所述，严格是"严"的应有之意，是指该作为犯罪处理的一定要作为犯罪处理，该受到刑罚处罚的一定要受到刑罚处罚。对于"严"之严格意义的实现，推定的适用大有裨益。推定包括法律推定和事实推定，如下分别就法律推定和事实推定与"严"之实现关系予以阐释。

（一）法律推定与"严"之实现

刑事法的制定和修改应当以一定的刑事政策为依据，具体内容包括刑事政策为刑法划定打击范围、确定打击重点、设定打击程度、选定打击方式。[①] 法律推定，实为以程序法的语言表述的实体法规范。作为刑事实体法的重要内容，其必然与其他法律规范一样以刑事政策为指导，体现并力图实现刑事政策。我们以巨额财产来源不明罪为例。我国刑法对巨额财产来源不明罪犯罪构成的设置，正是以推定技术的运用使具体的"严格"刑事政策得以实现。

我国刑法第 395 条第 1 款规定，国家工作人员的财产或者支出明显超过合法收入，差额巨大的，可以责令说明来源。本人不能说明其来源是合法的，差额部分以非法所得论。巨额财产来源不明罪的设立与公职人员腐败的政治与社会背景密切相关，其意义旨在严密法网、堵塞漏洞，避免使持有明显超过合法收入的巨额财产因无法查明取财手段之犯罪者逃脱法律的制裁，增强对职务犯罪的打击力度。

关于巨额财产来源不明罪的本质特征亦即行为方式，存在争议。概括起来有两种代表性观点：一是认为巨额财产来源不明罪是不作为犯罪，行为人的财产与支出明显超过合法收入且差额巨大只构成前提事实，行为人不能说明巨额财产的合法来源才是实行行为。但在作为义务来源的问题上，不作为立场者内部又存在着分歧意见。有的认为来源于刑法第 395 条第 1 款规定，有的认为来源于国家工作人员如实申报财产的义务，[②] 还有的学者认为是来源于司法人员的责令。[③] 二是主张巨额财产来源不明罪的本质特征是持有，即本罪的实行行为是持有超过合法收入且差额巨大的财产，而不是行为人不能说明巨额财产的合法来

---

① 参见储槐植：《刑事政策的概念、结构和功能》，载储槐植著：《刑事一体化》，法律出版社 2004 年版，第 264 页。

② 参见周光权著：《刑法各论讲义》，清华大学出版社 2003 年版，第 525 页。

③ 参见侯国云：《有关巨额财产来源不明罪的几个问题》，载《政法论坛》2003 年第 1 期。

源。具体包含三个要素：（1）持有。（2）明显超过合法收入。（3）差额巨大的财产。① 至于"行为人不能说明来源合法"，持有论者或视为程序性条件，或视为客观的处罚条件。② 将巨额财产来源不明罪的行为方式归结为不作为，存在颇多质疑。单就不作为的基本结构而言，该罪的客观方面应同时具备三个要素：其一，行为人负有说明巨额财产真实来源的义务；其二，行为人具有说明巨额财产真实来源的能力；三是行为人没有说明巨额财产的真实来源，即只有在行为人有说明巨额财产真实来源的义务且有说明的能力而拒不说明之时，方符合不作为的构成要件。然而在巨额财产来源不明罪中，行为人既不负有说明巨额财产真实来源的义务，在某些情形下亦不具有说明巨额财产真实来源的能力。首先，我国相关法律未有关于国家工作人员财产申报义务的规定。其次，通说对"不能说明"外延的界定，一般认为包括以下四种情形：（1）行为人拒不说明财产来源；（2）行为人分辨不出财产的具体来源而无法说明；（3）行为人说明了财产来源，经司法机关查证并不属实；（4）行为人说明了财产来源，因线索不具体等原因司法机关无法查实。③ 可见，成立本罪不仅包括拒不说明的情形，也包括行为人没有说明能力的情形。笔者基本赞同第二种观点，即巨额财产来源不明罪的行为方式是持有，但对持有论者将"不能说明"要素剔除于构成要件之外，视之为程序性条件或者客观处罚条件的主张不予认同。程序性条件或者客观处罚条件通常是基于刑事政策上的考虑而设立，旨在对刑罚权的发动施加一定的限制；并且二者都与犯罪的成立要件没有关系，即既不属于不法构成要件也不属于责任构成要件。换句话说，程序性条件与客观处罚条件的存在与否，并不影响行为的违法性，而是刑法之外的目的设定相对于处刑需要获得优先考虑的结果。④ 然而，在巨额财产来源不明罪中，"不能说明"要素显然直接影响行为人的行为在法律上的定性，而不是与此无关的外在因素。笔者认为，巨额财产来源不明罪实为法律上的推定，立法将巨额财产来源具有合法性的证明责任配置由被告人承担，在控诉方有证据证明被告人的财产或者支出明显超出合法收入且差额巨大，而被告人就巨额财产来源的合法性不能说明之时，推定巨额财产为"非法所得"。

推定的一般逻辑表现为：基于基础事实与推定事实之间所具有的常态联系，当基础事实存在时推定事实亦存在。由此，推定的成立必然需要具备两个条件：一是基础事实具有客观真实性；二是没有反驳或者反驳不能成立。解说刑法第 395 条第 1 款规定的："国家工作人员的财产或者支出明显超过合法收入，差额巨大的"是基础事实，控诉方承担这一持有状态的证明责任，且一般来说，对于持有巨额财产的事实易于证明；"差额部分以非法所得论"是推定事实，在通常情况下，当国家工作人员的财产或者支出明显超过合法收入且差额巨大而本人又不能说明其来源的合法性之时，巨额财产是非法所得具有较高程度的盖然性；"不能说明巨额财产来源的合法性"是本罪的入罪条件，可视为推定中的反驳，只有被告人拒不说明或者虽有说明但并不属实或者无法查证的情况下，对"非法所得"的推定方可成立。至于"责令说明"，可以理解为裁判者为保障被告人反驳权的行使而履行的告知

① 参见储槐植：《惩治腐败的锐利武器》，载储槐植著：《刑事一体化》，法律出版社 2004 年版，第 185 页。
② 参见劳东燕：《揭开巨额财产来源不明罪的面纱》，载《中国刑事法杂志》2005 年第 6 期。
③ 参见陈兴良：《陈兴良刑法教科书之规范刑法学》，中国政法大学出版社 2000 年版，第 388 页。
④ 参见［日］大塚仁著：《刑法概说》（总论），冯军译，中国人民大学出版社 2003 年版，第 111 页。

义务。由此，本罪的客观方面只需同时包含两个方面要素即可：其一，国家工作人员的财产或者支出明显超过合法收入且差额巨大；其二，本人不能说明其来源的合法性。

推定功能的发挥以影响证明责任的分配而实现，其中法律推定是实现证明责任倒置的方式。在巨额财产来源不明罪中，部分证明被告人无罪的责任呈现倒置性配置。在该罪中，控诉方只需要完成初始推进性的证明，即用充分的证据证明被告人的财产或者支出明显超出其合法收入并且差额巨大即可，而差额部分财产来源的合法性证明则由被告人承担。如果被告人不能够证明其差额部分的财产具有合法性，则推定财产为非法，被告人要承担巨额财产来源不明罪的刑事责任。立法以推定的形式将一部分原本属于控诉一方的证明责任配置给被告方承担，降低了控诉一方的证明难度，有利于国家对公职人员职务犯罪刑罚权的实现。

（二）事实推定与"严"之实现

事实推定与法官的自由裁量权密切相关，是法官在诉讼活动中基于一定的经验法则和逻辑规则对自由裁量权的行使。法官自由裁量权具有价值取向性，即法官的自由裁量并非形式逻辑的操作，而是一种价值判断。因此，理性的法官在具体个案的审理过程中对推定的运用，必然将自身对法价值的认识融于法律的解释之中，必然体现裁判者自身对社会正义的理解与追求。换句话说，尽管事实推定的基础在于基础事实与推定事实间所具有的经验性联系，但是刑事政策的导向作用却往往成为事实推定适用的关键性因素。

上文提及的最高人民检察院《意见》将国家工作人员的职务犯罪列为打击的重点。《意见》指出："依法严肃查处贪污贿赂、渎职侵权等国家工作人员职务犯罪。加大对职务犯罪的查处力度，提高侦破率，降低漏网率，有效遏制、震慑职务犯罪。"但是，在职务犯罪的认定中，由于职务犯罪具有便利性、隐蔽性、智能化等特征，使得对诸如非法所得，贪污犯罪赃款、物的去向，"一对一"情形的受贿，亲属共同受贿，徇私情节等的证明困难重重。而且，立法对职务犯罪的设置，只有巨额财产来源不明罪适用了法律推定，因此实现对职务犯罪的有效打击与预防的刑事政策，事实推定在职务犯罪认定中作用的发挥必不可少。可以说，事实推定是实现严惩国家工作人员职务犯罪刑事政策的最佳路径。我们以"一对一"情形的受贿犯罪为例加以说明。

由于受贿犯罪的特殊性，司法实务中获得了行贿人的指证，甚至已经查实受贿人拥有巨额来源不明的财产而受贿人却拒不供认，即所谓"一对一"的情形屡见不鲜。囿于普通证据适用规则，法院往往以此情形没有达到"事实清楚，证据确实、充分"这一"客观真实"的定罪标准而作出无罪裁判，造成对严重侵害国家工作人员职务廉洁性的受贿犯罪打击不力。有鉴于此，笔者认为，在受贿犯罪的认定中适用推定规则具有相当的合理性，确立"一对一"情形受贿犯罪推定规则是有效惩治受贿犯罪的必然选择。关于"一对一"情形受贿犯罪的推定规则，可以做如下初步设计：

第一，适用范围的特定性。首先，"一对一"情形的受贿犯罪推定规则的适用范围仅限于对受贿犯罪的认定，即以行贿行为的存在为前提推定受贿事实的成立，而不能相反。受贿行为与行贿行为同属于刑法规范的对象，但是二者相比较，基于受贿行为主体所具有的国家工作人员的特定身份，刑法对受贿罪的设置从构成要件的规范到法定刑的设定均严格于行贿罪。例如，根据刑法第385条、第389条的规定，受贿罪的成立只要求"为他人谋取利益",而不论利益是否正当;而行贿罪成立的前提必须是"为谋取不正当利益",将行贿罪限定在较小的范围之内。再如,根据刑法第 386 条、第 390 条的规定,构成受贿罪的,法定最高刑可以达至死刑;而行贿罪的法定刑以无期徒刑为上限。可见,受贿犯罪是刑法惩治的重点。如此,将宽缓的政策给予行贿人,由证明行贿行为的存在推定受贿事实的成立,符合在贿赂犯罪中重拳打击受贿犯罪的立法意图。其次,"一对一"情形的受贿犯罪推定规则的效力仅及于"一对一"的情形,即行贿人与受贿人单独交接贿赂,案发后行贿人肯定贿赂存在而受贿人否定的情形。在有贿赂推定的国家,贿赂推定的适用范围往往亦仅限于某些"特定的情况",这些"特定的情况"通常是指:在案件的某一情节上,没有更多的证据证明双方争议的问题时,法官或者陪审团可以采用推定的方式判明事实真相。[①] 其类似于我国所谓的"一对一"情形。

第二,适用条件的限定性。"贿赂存在"是贿赂推定的前提,即如果贿赂犯罪中的任一方提供充分的证据证明贿赂存在,贿赂推定的前提即可成立,并由此推定另一方构成受贿罪或者行贿罪。至于贿赂推定的前提,即"贿赂存在"要求证明到何种程度,各国法律均没有明确规定,而是交由裁判者运用自由裁量的权力进行裁断。笔者认为,我国"一对一"情形的受贿犯罪推定规则的适用应当具有严格的限定性,即只有作为受贿犯罪推定的基础事实得到确实且充分的证据证明时,"一对一"情形的受贿犯罪推定规则才能够适用。一般而言,"一对一"情形的受贿犯罪推定规则的基础事实应当包括如下事实:(1)存在行贿事实。行贿是受贿的前提,证明行贿事实的存在至关重要。证明行贿事实存在的证据并不仅限于行贿人就行贿事实的陈述,还必然要包括行贿方所能提供且经过查证属实的所有旁证。(2)受贿人为行贿人谋求利益是利用职务上的便利。"利用职务上的便利"是受贿罪客观要件之一,只有受贿人为行贿人谋求利益是利用职务上的便利,即体现为一种"金钱与权力的交易",才可能成立受贿罪。因此,要有证据证明行贿人谋求的利益与受贿者的职务有关,受贿人为行贿人谋求利益是利用职务上的便利。(3)受贿人有超出合法收入的数额较大的财产。在司法实践中,对受贿案件的侦查往往开始于对受贿人占有的财产与其合法收入明显不符的合理怀疑。当国家工作人员拥有超出合法收入的数额较大的财产,又不能说明财产的合法来源,我们通常有理由相信其超额部分财产为非法所得,收受贿赂自然是其中的途径之一。

第三,适用结论的可反驳性。推定的基础在于基础事实与推定事实之间的常态联系。尽管这种常态联系具有高度的盖然性,但是常态联系并非必然联系,其中仍有例外情形存在的可能和空间,因而推定具有或然性的特征。推定的或然性要求针对推定结论必须允许被告方进行反驳。易言之,只有在没有反驳或者反驳不力的情况下,推定的结论才能够成立。"一对一"情形的受贿犯罪推定规则应当将适用结论的可反驳性设定为其成立的必备要件,只有受贿者没有就受贿犯罪推定的基础事实或者推定受贿罪成立的结论提出相反的证据或者相反的证据不能成立时,才能够认定受贿者构成受贿罪。至于对受贿罪成立的结论进行反驳应当达到的程度,鉴于受贿者在承担证明责任能力上与控诉方相比有明显的欠缺,笔者以为只需达到优势证明程度,即受贿事实的不存在比存在的可能性更大即可。

---

① 参见黄维智等著:《职务犯罪证据的收集与运用》,中国检察出版社 2006 年版,第 166 页。

四、结　语

作为"严格"刑事政策实现的技术性手段，推定在司法实务中的有效适用具有重要的实践意义。然而，在学理上，对于刑事推定问题的研讨尚处于起步阶段，研究十分薄弱。针对刑事推定的基础理论问题，有必要进行系统化的全面、准确且深入的研究，如此，不仅有利于指导和规范推定在刑事法领域的适用，更有利于宽严相济刑事政策的实现。

（作者单位：辽宁大学法学院）

恢复性司法与刑事和解论纲

朱显有　徐文艳

一、引　言

报纸上和网络上也曾报道过这样一个真实的案例，受害人王某因抗拒强奸而摔成高位截瘫，家里为其治疗已债台高筑，王某本人生不如死。犯罪人沈某实施了罪行后无经济能力进行损害赔偿，但沈家愿意拿出 20 万元换取儿子死刑的缓刑判决，希望以这种自愿代偿行为换取对儿子量刑的适当减轻，让受害人因治疗疾病面临的经济困难得以解决。但我国的刑事司法制度并无相关规定，导致王某的父亲因昂贵的医疗费用不得不掐死女儿让其"解脱"，真实案例引起了人们对报复性司法的反思。

对以恢复性正义为核心理念的刑事和解制度的关注。尊重受害人和犯罪人的利益，给双方当事人提供一个沟通的渠道，让因犯罪行为而受损害的社会关系得以修复，最终恢复到以前的和谐状态，让这样一种新的司法形式为改善我国刑事司法模式的现状带来希望。

最后，因为中国传统文化一直以儒家思想作为重要支撑，而它的一个重要方面即是"和为贵"。几千年来的道德伦理都提倡人与人之间应和睦相处，讲究友善往来，即使出现矛盾纷争，也力求"化干戈为玉帛"，并在纠纷的解决上体现一种"非讼"思想，即重视非诉讼的礼法教化，通过劝导的方式使当事人双方让渡或部分让渡自己的权利，从而实现在互谅互让的基础上自行解决纠纷。

根据 2003 年最高人民检察院和最高人民法院的工作报告，1998 年至 2002 年，检察院共批准逮捕各类刑事犯罪嫌疑人 3601357 人，提起公诉 3666142 人，比前五年分别上升 24.5% 和 30.6%，法院共审结一审刑事案件 283 万件，比前五年上升 16%，判处犯罪分子 322 万人，上升 18%。这些数据反映随着刑事犯罪的不断升级，司法资源需求的增长与投入的有限性之间的关系变得更加紧张，因此如何在控制犯罪与配置司法资源之间实现动态的平衡就成为刑事诉讼所面临的主要问题之一。

严峻的现实迫使司法实务部门和学者们去寻求新的应对机制，探索出一种较为完善的制度，使刑事诉讼程序既能有效控制犯罪又能节省诉讼成本，同时还可以兼顾公正与效率两个方面，从而早日摆脱这种尴尬的困境。

二、恢复性司法概述

（一）恢复性司法的概念

国际上对恢复性司法较为通行的定义是：恢复性司法，是指在一个特定的案件中，关涉各方共同解决犯罪问题，处理犯罪后果的过程及其对未来的意义。[①] 本文认为，所谓恢复性司法，是指对刑事犯罪通过在犯罪方和被害方之间建立一种对话关系，以犯罪人主动承担责任消弭双方冲突，从深层次化解矛盾，并通过社区等有关方面的参与，修复受损社会关系的一种替代性司法活动。这是一种新的刑事处理方式，其意义在于发挥犯罪人的能动作用，让其主动承担责任，对因自己的行为引起的损害进行赔偿，使受害人遭受的物质损失和精神损失得到补偿，社会关系得到修整，促进犯罪人重新融入社会，恢复正常的生活秩序。

（二）恢复性司法的理念基础

恢复性司法的理念基础是针对支撑和指导传统刑事司法的报复性正义而提出的恢复性正义。对报复性正义的理解应是：（1）犯罪的实质是"孤立的个人反对统治关系的斗争"，犯罪侵犯了国家的利益，国家有责任和权力对犯罪人定罪和处罚，伸张正义。（2）被害人和社会能看到的只是犯罪人受到的惩罚，但双方之间的矛盾并未解决，实际赔偿受害人和社会的也很有限。（3）这种司法模式使得被害人与犯罪人之间的冲突隐而不显，销蚀掉被害人的个性。而恢复性正义认为：（1）犯罪不仅侵犯了国家的利益，还对受害人和社会造成了伤害。应关注受犯罪侵害的社会关系和受害人，对正义的评价标准应是看受损的社会关系是否可以得到恢复，受害人遭受的损失是否可以得到弥补，因为恢复伤害要比纯粹的惩罚有价值得多。（2）在弥补犯罪所造成的损害方面，应充分重视受害人和社区的实际需要，通过受害人、犯罪人和社区等多方的努力，重新塑造一个和谐、安定的社会。相比之下，恢复性司法并不是单纯地对犯罪人施加刑罚，而是致力于修复犯罪所造成的损害，给犯罪人改过自新的机会，补偿遭受损失的受害人，使社会关系更加和谐。

"正义有着一张普洛透斯似的脸（a Protean face），变化无常、随时可呈不同形状并具有极不相同的面貌。"[②] 从这张脸可以清楚地看出刑罚中所蕴涵的报复性正义到恢复性正义的演变都是不同时代正义含义因时因地差异的变迁。

三、恢复性司法与刑事和解之间的关系

恢复性司法作为一种新型的处理犯罪的替代性司法活动，具体包括以下几个方面的内容：（1）见面：为有意愿的受害人、犯罪人和社区成员创造见面的机会，讨论犯罪及其所造成的后果；（2）赔偿：期待犯罪人采取步骤修复所造成的损害；（3）重新整合：寻求使被害人与犯罪人重新整合为完整的社会成员；（4）内容：为特定犯罪的各方当事人提供确定的机会参与犯罪问题的解决方案。[③] 由此可知，这实际上是一个关于"和解"的方案，即为实现受害人和社会所期待的公平、正义，与犯罪有关的当事人选择以见面的方式进行沟通、协商，最终形成处理犯罪问题的解决方案。这种运用恢复性司法处理犯罪问题的过

[①] 托尼 F·马歇尔：《恢复性司法概要》，刘方权译，载《恢复性司法论坛》2006 年。

[②] ［美］埃德加·博登海默著：《法理学——法哲学与法律方法》，邓正来译，中国政法大学出版社 1999 年版，第252 页。

[③] http//www. restorative justice org.（2004-2-10）.

程，事实上是犯罪人与受害人，犯罪人与社会之间进行"和解"的过程。

我国古代曾出现过类似"和解"的司法模式，当时称为"私和"。例如，明嘉靖年间（1522—1567）的乡规民约中对私和的范围进行了明确限定，订立的乡规民约中规定私和事件有九种。① 当事人双方可以进行协商，以金钱赔偿为主。只不过在现代社会，为使犯罪人与受害人达成谅解，社会关系恢复和谐，"和解"除了赔偿还包括道歉、社区服务、生活帮助、犯罪人改过自新等内容。一些西方国家把这种保护受害人，重视恢复受损的社会关系的司法模式称为"恢复性司法"，这只不过是同一内涵、相同概念的不同表达方式而已。基于各国之间传统文化和司法实践存在的差异，为了更好地使这种新的司法模式在我国被广泛地推广应用，使其被更多的人了解、认同，笔者认为，在我国采用"刑事和解"的说法比较恰当。

四、刑事和解概述

（一）刑事和解的概念

为适应我国司法实践的需要，现对刑事和解的概念进行界定：刑事和解，也称为被害人与加害人的和解，被害人与加害人会议，当事人调停或者恢复正义会商。它的含义是在犯罪发生后，经由调停人（通常是受过训练的社会志愿者）的帮助，使被害人与加害人面对面交谈，共同协商解决刑事纠纷。② 其目的是为了恢复被加害人所破坏的社会关系、弥补被害人所受到的伤害，以及恢复加害人与被害者之间的和睦关系，并使加害人改过自新、回归社会。

（二）刑事和解的主要表现形式

1. 受害人与犯罪人之间的和解

在现代社会中最先适用的方法是用于被害人与犯罪人之间的和解。而后双方之间的和解，是指由受过培训的协调人召集被害人与犯罪人、促进双方之间的协商。但在欧洲一些国家的习惯做法是：双方没有必要面谈，取而代之的是协调人来回穿梭于被害人与犯罪人之间，直到双方最终达成了一致的意见及补偿协议。③ 双方之间的和解可用于刑事诉讼前、诉讼中或诉讼后的任何阶段，或者完全独立于刑事诉讼体系。

2. 协商

协商源于新西兰，是青少年法庭处理案件的一种替代形式。协商与前文所讲的"双方和解"不同，它所涉及的是多方面的参与者，不仅包括受害人与犯罪人，而且还有间接受害人，犯罪人的支持者。他们参与进来共同协商，对达成的意见产生影响。在协商之中也有协调人，但扮演次要角色，只按规定的模式引导参与人进行讨论。协商适用于刑事诉讼

---

① 《元史·刑法志》。

② 向朝阳、马静华：《刑事和解的价值构造及中国模式的构建》，载《中国法学》2003 年第 6 期。

③ Mark Umbreit. The Handbook Of Victim Offender Mediation：AN Essential Guide To Practice And Research ［M］. San Francisco：Jossey - Bass，2001.

的多个不同阶段，比它所述的"双方和解"更早被人普遍使用。在现实中还经常被作为逮捕或启动正式诉讼程序的一种替代方式加以使用，成为恢复性司法与正常司法体系的连接点。

3. 圆形会谈

这种会谈形式允许除犯罪人与受害人之外的其他人参与进来，这一点与协商是相同的。但圆形会谈的特殊之处是允许社会中任何对本案有兴趣的人都可以参与进来，它所涉及的参加人员是最广泛的。圆形会谈运用于司法程序的任何一个阶段，也可以独立于刑事司法而被用来处理还没有构成严重犯罪或者尚不需要提起刑事指控的社会问题。①

4. 恢复性补偿

恢复性补偿，即由犯罪人补偿受害人因犯罪行为所受的损失。这种补偿可以用金钱，也可以返还财产原物或是返还价值相当的替代物，或者直接为受害人提供某种形式的服务，或是以任何对方同意的方式进行。在法庭审理结束后，可以判决强制犯罪人实施某种补偿措施，在这种强制情形下，犯罪人所返还的财产或补偿的金钱应该限定在受害人所遭受的物质损失范围之内。在强制判决的情形之下，双方没有解释、道歉、表述各自的想法及交流的机会，也使得恢复性补偿中的"恢复性"作用大打折扣，只有在恢复性司法中自愿而非强制性地返还财产、补偿损失，才具有更好的"恢复性"效果。②

5. 社区服务

这是一种比较常用的方式。它要求犯罪人为慈善机构或政府机关提供无偿的义务劳动，也可以通过强制方式实施。大多数国家在实践中的做法是：判决要求强制实施的社区劳动往往与犯罪行为及行为造成的危害关系不大。这种情形下，社区服务就和报应性的制裁一样了，即便具有恢复性的效果也是微乎其微的。最后一点，非常重要的是我们选择社区服务作为一种矫治方式不是因为它能给犯罪人带来屈辱感，使犯罪人感到丢脸。如果我们是出于这个原因而选择使用这种矫治方式，那么社区服务就只是报应惩罚刑的另一种表现方式而已。③

五、刑事和解在我国的现状

刑事和解在国外已经得到了广泛的推广，许多国家已经将这种刑事司法模式在立法上确立下来，那么刑事和解在我国的情况如何呢？下面将对此作详细的分析。

（一）自诉案件程序中存在的"和解"

自诉是被害人或者其法定代理人直接向法院提起的刑事诉讼。对于告诉才处理的案件和被害人有证据证明的轻微刑事案件，我国刑事诉讼法规定的自诉程序中，有一套类似于"刑事和解"的调解、和解程序。这一程序大致包括以下内容：人民法院对自诉案件，可以

---

① ：[美] 丹尼尔·W. 凡奈思：《全球视野下的恢复性司法》，王莉译，载《南京大学学报》2005 年第 4 期。

② 详细内容参见 Alan T Hadand. Monetary Remedies for the Victims of Crime: Assessing fk Role ofthe Criminal Courts[J]. UCLA Law Review, 1982, (1).

③ 详细内容参见 Kay Pranis, Gorden Bazemore, Mark Umbreit and Rachel Lipkin. Guidefor Implementing the Balanced and Restorative Justice Model[M]. Washington, DC: Office of Juvenile Justice and Delinquency Prevention, 1998.

在查明事实、分清是非的基础上进行调解；自诉人在判决宣告前，可以同被告人自行和解或者撤回自诉；对于已经审理的自诉案件，当事人自行和解的，应当记录在案；调解应当在自愿、合法，不损害国家、集体和其他公民利益的前提下进行；调解达成协议的，法院应当制作刑事案件调解书，调解书经双方当事人签收后即发生法律效力。从这些特点来看，自诉案件的法官调解具有刑事和解的雏形，与西方国家最初的刑事和解模式也极为相似。从本质上看，它是一种刑事和解，但尚不是一种成熟的和解形式。

（二）刑事附带民事诉讼中存在的"和解"

我国刑事诉讼法第77条规定，被害人由于被告人的犯罪行为而遭受物质损失的，在刑事诉讼过程中，有权提起附带民事诉讼。刑事附带民事诉讼，从性质上说是一种民事诉讼，适用于民事诉讼法的有关规定——包括调解与和解。按照民事诉讼程序的规定，解决赔偿问题应当适用调解，调解中应遵循自愿与合法的原则。但附带民事诉讼的请求范围，只能是犯罪行为直接造成的物质损失，至于精神损害方面的赔偿，则不在诉讼之列。由此可知，我国刑事附带民事诉讼有刑事和解的基础条件，但也要强调犯罪人在精神损害方面的赔偿。

（三）公诉程序中存在的"和解"

被害人参与公诉是我国刑事诉讼的主要特征之一。这一设计的价值基础在于回应被害人的合法报应愿望，维护国家的公权力，一般情况下是不允许和解的。但在实践中，为了适应社会发展和新发犯罪的需要，也存在类似和解的处理模式，如交通肇事案件，在处理过程中就出现过赔钱减轻量刑的情况，从本质上来说这也是一种和解。其他案件如有和解现象，司法实践中也可以作为量刑减轻的情节。

六、引入刑事和解的必要性分析

从对刑事和解在国外发展的状况和在我国现状的分析可知，作为一种新的刑事司法模式，刑事和解在国际社会和我国都有其生长的土壤。

（一）顺应刑罚目的的变迁

人类文明在不断向前发展，刑罚观念和目的也在不断更新，刑罚的目的不再以报复性的正义为指导，而是注重和谐，强调被害人、犯罪人与社会之间的融合。

（二）符合刑罚的谦抑性

按照刑事谦抑性原则，如果用刑事和解能够处理，则就不应该为了追求刑罚的惩戒和报复目的而进入严格意义上的刑事诉讼程序或刑事审判程序，应该适用相对简单、实用的程序恢复被破坏的社会关系。

（三）符合刑事便宜主义的要求

据统计，2003年1月至2004年6月，威海高区公安分局共受理轻伤害案件89起，立案后当事人自行刑事和解后公安机关作撤案处理的43起，占48.1%；威海环翠区公安分局受理轻伤害案件 165 起，当事人刑事和解后公安机关作撤案处理的 34 起，占 20.6%。[①] 因此，刑事和解使受害方、加害方面对面地直接对话，在司法诉讼之前即提供沟通、交流、化解的机会，免去了侦查、起诉、审判、执行的繁缛过程而使社会关系得到修复，使法院得以集中精力去处理更为重要的案件，从而达到诉讼经济的目的，提高了司法操作中处理刑事案件的效率。

（四）追求和谐是中国传统文化的特质之一

追求和谐是至上的理想，和谐包括人与人之间的和谐，在独尊儒术的传统中国社会，"无讼"既是儒家的理想境界，[②] 也是传统中国法律文化的基本价值取向。占主导地位的儒家思想要求官员们不要轻易就纠纷进行审判并颁布对当事人具有约束力的判决，而须就纠纷进行调解，以寻求双方当事人都乐意自愿接受的解决方案。

（五）适应国际刑事制度发展的需要

刑罚发展的趋势，"就国际社会的情况看，学者、专家已经达成了这样一个共识，认为人类刑法的发展史经历了三个阶段，正在向第四个阶段过渡。第一阶段是中世纪以前，以死刑及肉刑为主。第二阶段是 16 世纪以后，过渡到一种以监禁刑为主的刑罚阶段。第三阶段是 20 世纪 70 年代以后，刑法开始过渡到一种以非监禁刑为主的阶段。第四阶段是以调解、和解、赔偿等措施为主的一种恢复性司法阶段。"[③] 如今，世界上许多国家已经把刑事和解运用到司法实践中，以和解的形式解决矛盾冲突。为适应发展趋势，我国应借鉴西方国家关于刑事和解的相关制度措施，并根据我国的司法现状加以本土化。

（六）解决法院案件累积及监狱人满为患的困境

实际上所有的国家都面临着司法系统超负荷工作及监狱羁押人数过多的问题。案件及罪犯数量的猛增已经超过了司法机关公平有效处理的限度，英语中有一句谚语：迟到的正义等于非正义。因此，恢复性司法可以满足正义的要求。

（七）加深公众对司法活动的了解并促进司法活动的透明公开度

因为恢复性罪犯改造方式吸纳了更多的公众参与司法活动，这将促使法院更加注重自己的公平执法活动以赢得社会成员对法院及政府的信任。允许被害人与犯罪人双方共同参加案件的审理，不仅加强了在公民与政府之间的交流协作关系，而且增加了社会与政府之间在对待犯罪问题上的互动及问责。更重要的是，社会公众参与刑事案件的审理可以有效地减少司法腐败的可能性，防止拥有权利的一方滥用权利现象的出现。

（八）尊重被害人权利的需要

适用恢复性司法的原因是出于受害人权利及需要的考虑。越来越多的国家在法律中明

---

① 唐峰：《公诉程序中的刑事和解研究——以轻伤害案件为着力点》，载中国法治网 http://www.sinolaw.net.cn/news/xrcq/yczpzx/2004828212414.htm.

② 张晋藩著：《中国法律的传统与近代转型》，法律出版社 1999 年版，第 293 页。

③ 郭建安：《在"中国少年司法制度改革与探索研讨会"的发言》，中国法院网 2002 年 9 月 15 日至 17 日。

文规定：从犯罪人那里获得补偿或赔偿是受害人应有的权利，另外还有一些国家规定在法庭对被告人作出宣判之前应该给被害人陈述个人意见的机会，这种恢复性司法程序同样也有利于被害人与犯罪人的沟通。

（九）降低再犯率

调查表明：那些通过恢复性司法程序被审理结案的犯罪人的再犯率要小于那些经过传统刑事司法程序被处理的犯罪人的再犯率。此外，因为与法庭诉讼程序相比，恢复性司法程序所涉及的讨论范围及话题较广，因此很容易判断确认诱发犯罪的社会性条件有哪些。①

七、刑事和解在我国的立法规制

世界上有许多国家用刑事和解解决了刑事司法实践中的许多问题，我国也有类似于刑事和解的司法模式，但发展并不成熟。如何借鉴国外先进经验，扬长避短，汲取精华，更好地为我国的司法实践服务，就需要在立法上对刑事和解进行规制。

（一）刑事和解的适用对象

为防止刑事和解的滥用侵犯受害人和国家的利益，有必要对刑事和解的适用加以规范。根据适用和解制度的可能性，适用的对象应为：（1）过失犯罪人、初犯或者偶犯，虽对他人的人身或财产造成了损害，但由于过失犯罪并非出于犯罪人本意，初犯或偶犯容易产生悔改情绪，易积极主动地承担责任，也容易受到受害方的谅解。（2）未成年人犯罪，采取刑事和解容易帮助他们改过自新，早日回归社会。刑事和解的适用范围为：以刑事自诉案件为突破口，情节轻微，根据刑法判处3年以下有期徒刑、拘役、管制的案件。（3）其他公诉犯罪，根据案件具体情况和条件，只要双方能够达到真正自愿和解条件的均可适用。

（二）刑事和解的适用条件

刑事和解的适用条件：一是创建犯罪人向被害人悔罪的途径。刑事和解制度应为被害人提供情感的疏通渠道，让犯罪人对自己的犯罪行为进行答辩。这样就容易达到预期的和解效果。二是当事人双方自愿的原则。刑事和解不诉制度要以被害人和犯罪人的自愿为前提，在实践中更要尊重被害人，要征求其同意。三是适用的案件要在刑事和解不诉制度的适用对象和范围之内。四是犯罪人和受害人在和解的过程中必须地位平等。

（三）刑事和解的启动程序

刑事和解制度的启动应由被害人、犯罪人及各自的诉讼代理人或检察机关提出，但检察机关提出后需经双方当事人同意才能适用，提出请求后，应当从多方面审查适用刑事和解制度是否能达到预期目的：犯罪人对其犯罪行为的认识程度，是否有悔改的意思表示，被害人是否愿意与加害人共同参与刑事和解，有关案件的种类和其犯罪特点，社会影响是

---

① See：John Braithwaite. Restorative Justice：Assessing Optimistic and Pessimistic Accounts［J］. Crime and Justice：A Review of Research，1999（25）.

否强烈，侦查部门对案件的处理意见。经过审查，若适用刑事和解更有利于案件的处理、矛盾的解决，就适用刑事和解制度；若相反则按照正常途径进入公诉程序处理。

（四）刑事和解的运作程序

刑事和解的运作可以采取类似于听证的方式，但主持人员应由独立的第三方担当。例如，在现有人民调解委员会的基础上，培养专门的和解人员，进行专业培训，主持各自管辖区域内的可以和解的案件。犯罪人及其代理人、监护人和亲人，受害人及其代理人或监护人、亲人，加害人的社区或就读学校的教师以及办案的侦查机关人员参与，通过听取被害人陈述和犯罪人悔悟与道歉及侦查机关办案人员的相关意见，共同进行协商，在公平、自愿的前提下达成协议，再制作有关和解的协议书，其内容包括：（1）向被害人道歉；（2）立悔过书；（3）向被害人支付相当数额的财产或非财产的损害赔偿；（4）向政府或指定的公益机构支付一定的损害赔偿；（5）向指定社区提供 40 小时以上 240 小时以下的义务劳动；（6）保护被害人安全的义务；（7）预防再犯所为的义务；（8）终止对加害人的刑事追究。①

（五）刑事和解的效力

笔者认为，犯罪人和受害人通过刑事和解达成的协议应赋予其同判决书相同的法律效力。关于协议的执行方面，侦查机关有监督的权利。公安机关对已进行刑事和解的案件根据多年来的司法实践可以作出撤销案件的决定。

八、小　结

刑事和解制度在我国是新生事物，应在理论上和实践中不断进行探索。在我国制度的构建中应认真谨慎，借鉴国外有益的经验，逐步改革我国现行刑事司法模式中的相关制度，考虑到我国的基本国情，刑事和解制度在我国的完善需要一个长期的过程，我们应在实践中坚持不懈地探索，不断优化法律环境，使之日趋科学和完善。

（作者单位：中国人民公安大学　海南省三亚市国资委）

---

① 我国台湾地区"刑事诉讼法"第253-2条规定的检察官为暂缓起诉处分者，得命被告人于一定期间内遵守或履行各款规定。

第三部分

刑事诉讼法学研究 30 年回顾与展望

第三部分

刑事诉讼法学研究

30年回顾与展望

从"健全法制"到"依法治国"

——纪念十一届三中全会30周年

崔　敏

　　30年前的1978年底，中国共产党召开了具有划时代意义的十一届三中全会，从此开始了全面、系统的拨乱反正，开创了我国社会主义法制建设的新局面。回顾过去30年法制建设的历程，感慨颇多。一方面，为我国法制建设重新起步和取得的巨大成就感到欣慰；另一方面，又对某些与健全法制不和谐的音符深感忧虑。在十一届三中全会召开30周年之际，特撰写此文，以作纪念。

一、十一届三中全会的伟大意义

　　1978年底召开的十一届三中全会，是中国共产党和新中国历史上具有深远影响的转折点。这次中央全会解决了历史上遗留的一批重大问题和一些重要领导人的功过是非问题，进而率领全党、全军和全国各族人民同心同德，群策群力，开始了把我国建设成社会主义现代化强国的新长征。

　　十一届三中全会的重要意义，可以概括为以下三点：

（一）总结"文化大革命"的深刻教训，重新确立了正确路线

　　"实事求是"是我党的思想路线。但是，在"左"的指导思想占据统治地位时，严重混淆了两类不同性质的矛盾，动辄无限上纲、乱批乱斗，完全背离了"实事求是"的精神。1966年发动的史无前例的"文化大革命"，历时整整10年，给全国人民带来了空前的劫难。

　　在十一届三中全会召开前的1978年12月13日，邓小平同志在中央工作会议闭幕会上作了"解放思想，实事求是，团结一致向前看"的重要讲话，为随后召开的三中全会做了铺垫。十一届三中全会认真总结了"文化大革命"的深刻教训，批判了"两个凡是"的错误①，重新确立了马克思主义的思想路线、政治路线和组织路线，为党在新的历史时期举什么旗，走什么路，如何继续前进指明了方向。

（二）实现了工作重点的转移，开创了改革开放的新局面

　　在新中国成立以后相当长的历史时期，"左"的指导思想一度占据了统治地位，从1957年"反右派"，到1958年发动"大跃进"，1959年又打出一个"以彭德怀为首的反党

---

　　① 所谓"两个凡是"，是指"凡是毛主席作出的决策，我们都坚决维护；凡是毛主席的指示，我们都始终不渝地遵循"。

集团"，使"左"的错误愈演愈烈。直到 1966 年发动史无前例的"文化大革命"，造成了一场前所未有的内乱，使亿万人民深受其害。十一届三中全会果断地决定停止使用"以阶级斗争为纲"和"无产阶级专政下继续革命"的口号，把工作重点转移到社会主义现代化建设上来。随后，中央又提出"一个中心，两个基本点"①的重大决策，从此开创了改革开放的新局面。

（三）提出"发展民主、健全法制"的方针，重新开启了法制建设的大门

《中共十一届三中全会公报》指出："由于在过去一个时期内，民主集中制没有真正实行，离开民主讲集中，民主太少，当前这个时期特别需要强调民主，强调民主和集中的辩证统一关系……在人民内部的思想政治生活中，只能实行民主方法，不能采取压制、打击手段。要重申不抓辫子、不扣帽子、不打棍子的'三不主义'。……宪法规定的公民权利，必须坚决保障，任何人不得侵犯。"

《中共十一届三中全会公报》提出了"发展社会主义民主，健全社会主义法制"的方针和"要使民主制度化、法律化"的任务。从此，社会主义法制建设重新起步，它对后来国家与社会的健康、稳定、持续发展，发挥了极其重要的作用。

十一届三中全会以后的 30 年里，我国的国民经济高速发展，人民生活得到了极大改善，国家的政治、经济、文化以及社会生活都发生了翻天覆地的巨大变化。随着国力的增强，我国在国际上的地位也空前提高。中国在世界上的和平崛起指日可待。30 年后，我们再来回顾十一届三中全会，对于这次会议的重要意义和历史功绩，怎么评价都不过分。

二、"依法治国"是对"发展民主、健全法制"的升华

在《中共十一届三中全会公报》中有这样一段话，具有振聋发聩的重要意义：

"为了保障人民民主，必须加强社会主义法制，使民主制度化、法律化，使这种制度和法律具有稳定性、连续性和极大的权威，做到有法可依，有法必依，执法必严，违法必究。从现在起，应当把立法工作摆到全国人民代表大会及其常务委员会的重要议程上来。检察机关和司法机关要保持应有的独立性；要忠实于法律和制度，忠实于人民利益，忠实于事实真相；要保证人民在自己的法律面前人人平等②，不允许任何人有超于法律之上的特权。"

众所周知，我国的法制建设历经曲折。本来，在新中国成立之初，就应该尽快制定各种法律，使法律成为治国的主要依据。但由于在革命战争年代形成的高度集权的体制和依政策办事的惯性延续，在很长的时期内不重视法制建设，而是采用不断地发动群众运动的方式来推进各项工作。1957 年开展的"反右派"斗争，更是把"依法办事"当成了资产阶级反动观点进行了批判，整个法学研究都被妖魔化，使刚刚开始的法制建设遭受严重挫折。

毛泽东 1958 年夏天在北戴河的谈话是一个转折点。他说："法律这个东西没有也不成。但我们有我们这一套……不能靠法律治多数人，民法、刑法有那么多条，谁记得了？宪法

---

① 所谓"一个中心"，就是以经济建设为中心；"两个基本点"，一是对外开放，二是对内搞活。

② "要保证人民在自己的法律面前人人平等"的提法，对"法律面前人人平等"加了一个限制词，即"人民在自己的"。笔者曾对这一提法提出商榷，建议删除这一限制词。后来不再使用该提法。

是我参加制定的,我也记不得。我们基本上不靠那些,主要靠决议、开会,一年搞四次,不能靠民法、刑法来维持秩序。我们每次的决议都是法,开一个会也是一个法。"① 进而提出:"要人治,不要法治。《人民日报》一个社论,全国执行,何必要什么法律?"② 领袖的话一锤定音。此后,在相当长的时期内,人们习惯于对领袖的指示"紧跟、照办",把领导人说的话当做"法",不赞成领导人说的话就叫做"违法",领导人的话改变了,"法"也就跟着改变。到了"文化大革命"期间,更发展到以领袖的语录治天下的地步。全国人民代表大会关于加强法制建设的决议被推翻了,宪法和法律的尊严被践踏了,造成无法无天的混乱局面,使亿万人民吃尽了苦头,党的威信也蒙受了巨大损失。

总结"文化大革命"破坏法制的惨痛教训,邓小平同志提出:"必须使民主制度化、法律化,使这种制度和法律不因领导人的改变而改变,不因领导人的看法和注意力的改变而改变。"③ 后来,小平同志一再重申:"要继续发展社会主义民主,健全社会主义法制。这是三中全会以来中央坚定不移的基本方针,今后也决不允许有任何动摇。"④

十一届三中全会之后的 30 年间,我国的民主法制建设有了长足的进步,特别是 1997年召开的党的十五大,把"依法治国,建设社会主义法治国家"确立为党领导人民治国的基本方略,其后又将"依法治国"与"国家尊重和保障人权"载入了宪法,党的十六大和十七大提出"推进司法体制改革"和"深化司法体制改革",反复强调要"保证审判机关、检察机关依法独立公正地行使审判权、检察权。"这些都标志着"发展社会主义民主,健全社会主义法制"方针正在逐步向前推进,并使这一方针得到了新的升华。

但是,回顾过去 30 年法制建设的历程,发展也不是一帆风顺的,仍然不时会遇到某些波折,有时还会出现"领导人的看法和注意力改变了,'法'也就跟着改变"的情况。近来又出现将司法独立同党的领导对立起来的一些似是而非的说法。既然《中共十一届三中全会公报》要求"检察机关和司法机关要保持应有的独立性";党的十六大和十七大更反复强调"保证审判机关、检察机关依法独立公正地行使审判权、检察权",怎么能说司法独立就是否定党的领导呢?

改革开放经过了 30 年,回过头来重温《中共十一届三中全会公报》中的上述论断和邓小平的教导,倍感亲切。特别是对于亲身经历了"反右派"、"大跃进"、"反右倾"以及"文化大革命"中破坏法制,无法无天,残酷斗争,无情打击的老同志来说,更觉得珍贵。我们只能以《中共十一届三中全会公报》、邓小平同志有关讲话以及"十五大"、"十六大"和"十七大"的正式提法作为统一思想的依据,而不能与之相背离。千万不可"好了伤疤忘了痛"。

---

① 转引自张慜:《第四届全国司法工作会议的来龙去脉及其严重影响》,载《刑事诉讼与证据运用》(第 1 卷),中国人民公安大学出版社 2005 年 1 月版,第 303 页。
② 转引自张慜:《第四届全国司法工作会议的来龙去脉及其严重影响》,载《刑事诉讼与证据运用》(第 1 卷),中国人民公安大学出版社 2005 年 1 月版,第 303 页。
③ 《邓小平文选》第 2 卷,人民出版社 1994 年 10 月第 2 版,第 146 页。
④ 《邓小平文选》第 2 卷,人民出版社 1994 年 10 月第 2 版,第 359 页。

三、新中国法制建设和刑事诉讼法学研究曲折反复的回顾与反思

为了汲取经验教训，有必要再来回顾一下新中国法制建设和刑事诉讼法学研究的曲折进程。

（一）法制建设的第一个黄金期

1954 年 9 月，第一届全国人民代表大会胜利召开，制定颁布了《中华人民共和国宪法》，同时颁布了《中华人民共和国人民法院组织法》和《中华人民共和国人民检察院组织法》。同年 12 月又颁布了《中华人民共和国逮捕拘留条例》。1954 年宪法第 78 条规定："人民法院独立进行审判，只服从法律。"第 76 条规定："人民法院审理案件，除法律规定的特别情况外，一律公开进行。被告人有权获得辩护。"宪法的这两条规定确立了司法独立、公开审判和被告人有权获得辩护等原则。在人民法院组织法中，又规定了陪审制度、合议制度、两审终审制度、再审制度、回避制度以及死刑复核制度等。宪法和这几部法律的制定，标志着社会主义法制建设的开端，也为后来的法制建设奠定了基础，它也应该是刑事诉讼法学研究的基础。

1956 年 9 月，中国共产党召开了第八次全国代表大会，董必武同志在大会上指出：法制不完备的状态不应继续下去，要制定刑法、民法、诉讼法等较完整的基本法。之后，分别组织了刑法和刑事诉讼法的起草班子，并从 1957 年 5 月到 6 月先后拟出了刑事诉讼法和刑法的草稿（后来成为 1979 年制定"两法"的基础）。这一时期，法学研究也开始起步，陆续发表了若干论文，同时还翻译出版了苏联的一些法律、法学著作和教科书。后人将 1954 年下半年到 1957 年上半年这一短暂时期称为"新中国法制建设的第一个黄金期"，也可以说是刑事诉讼法学研究的第一个黄金期。

（二）"反右派"斗争使法制建设和法学研究戛然而止

1957 年夏季，一场疾风暴雨式的"反右派"斗争在中华大地猛烈展开，55 万余名知识精英被戴上"资产阶级右派分子"乃至"极右分子"的帽子，政治空气骤然间凝固起来，刚刚起步的法制建设陷于停顿，法学研究的繁荣景象如昙花一现迅速消失。许多正确的法律原理、原则和法学思想遭到猛烈批判。

当时法学界被批判的"右派观点"主要有"审判独立"、"有利被告"、"无罪推定"和"自由心证"等，"人民法院独立进行审判，只服从法律"原本是宪法的规定，但在"反右派"运动中，竟将"审判独立"说成是"以法抗党"，被当成政治上的反动观点加以鞭挞。那种严厉的政治审视和简单粗暴的文字批判使法学研究的气氛顿时消失。

（三）第四届全国司法工作会议对法制建设和法学研究的负面影响

"反右派"斗争之后，紧接着在 1958 年开始了轰轰烈烈的"大跃进"运动。在此期间对我国法制建设与法学研究产生重大影响的是 1958 年召开的第四届全国司法工作会议。这次会议从 6 月 23 日开始，至 8 月 20 日结束，历时将近两个月，重点是揭发批判"司法部党组所犯的严重错误"，将司法部党组划定为"反党集团"，将该部一些领导同志打成"极

右分子"或"反党分子"，分别给予开除党籍、留党察看的处分（此案于1983年9月由中共中央宣布平反）。最后形成的会议文件认为："司法战线近几年曾犯过违反党的方针的严重的原则性错误，主要是右倾的错误"，而"思想受资产阶级法律观点的影响是一个很重要的原因。"特别是认为主张"审判独立"就是反对党的领导，是以法抗党，是资产阶级旧法观点借尸还魂。

会议结束后，最高人民法院党组向中央报送的《关于第四届全国司法工作会议的情况报告》中，有下面一段文字："人民法院必须绝对服从党的领导，成为党的驯服工具。……把政法工作严格置于党的绝对领导之下，主动地向党委反映情况，请示和报告工作。法院工作服从党的领导，不仅要坚决服从党中央的领导，而且要坚决服从地方党委的领导；不仅要坚决服从党的方针、政策的领导，而且要坚决服从党对审判具体案件以及其他一切方面的指示和监督。"①

第四届全国司法会议造成了严重的恶果：它使干部的思想混乱，宁"左"毋右的思想普遍盛行，法律虚无主义广为传播，法制建设遭到破坏。正是以第四届全国司法会议为契机，最高领袖作出了"要人治，不要法治"的表态，为"文化大革命"中制造大量冤假错案埋下了祸根。

（四）刘少奇纠正"政法机关绝对服从各级党委的领导"的提法

1958年开始的"大跃进"运动造成工农业生产大幅度下降，粮食严重短缺，形势极度紧张。中共中央遂于1962年1月召开了"七千人大会"，总结这一时期的经验教训。同年5月，又对1958年以来的政法工作进行总结。当时主管政法工作的刘少奇同志明确指出："这几年的政法工作，就问题方面来说，总的经验教训是混淆两类不同性质的矛盾，主要是误我为敌，打击面过宽。"② 同时他还指出："法院独立审判是对的，是宪法规定了的，党委和政府不应干涉他们判案子。……不要提政法机关绝对服从各级党委的领导。它违法，就不能服从。如果地方党委的决定同法律、同中央的政策不一致，服从哪一个？在这种情况下，应该服从法律，服从中央的政策。"③

众所周知，所谓"驯服工具论"，最早是由刘少奇提出的，但少奇同志的最大优点是坚持实事求是。在"七千人大会"上，他针对把当时的困难归咎于"三年自然灾害"的不实之词，公开讲出"三分天灾，七分人祸"；随后在总结政法工作的经验教训时，他又强调"不要提政法机关绝对服从各级党委的领导"，直接否定了"驯服工具论"，表现了真正共产党人的坦荡胸怀。

（五）"文化大革命"践踏法制，使亿万人民身受其害

尽管1962年的"七千人大会"试图扭转"左"倾错误，同年5月又对1958年以来的政法工作进行了总结，但却不符合最高领袖对于形势的判断。时过不久，在1962年9月召开的八届十中全会上，毛泽东又发出了"千万不要忘记阶级斗争"的号召，说阶级斗争要

---

① 引自《董必武传》（下），中央文献出版社2006年版，第975页。
② 《刘少奇选集》下卷，人民出版社1985年版，第451页。
③ 《刘少奇选集》下卷，人民出版社1985年版，第452页。

"年年讲，月月讲"，又把全国投入到阶级斗争的旋涡中。从此，"左"祸愈演愈烈，直到1966 年发动"文化大革命"，更使法制建设出现严重的大倒退。

（六）十一届三中全会要求"检察机关和司法机关要保持应有的独立性"

十一届三中全会总结了"文化大革命"的惨痛教训，提出"检察机关和司法机关要保持应有的独立性；要忠实于法律和制度，忠实于人民利益，忠实于事实真相"，而不是忠于领袖或执政党。这显然是与"驯服工具"不同的新提法。

（七）中共中央 ［1979］64 号文件明确宣布取消党委审批案件的制度

1979 年 9 月 9 日，中共中央发布《关于坚决保证刑法、刑事诉讼法切实实施的指示》（即 ［1979］64 号文件），正式宣布取消党委审批案件的制度。许多同志认为这个文件是新中国成立以来，甚至是建党以来关于政法工作的第一个最重要的、最深刻的、最好的文件，是我国社会主义法制建设新阶段的重要标志。它为刑事诉讼法学研究开辟了新天地。

（八）1982 年宪法授权人民法院依法独立行使审判权

司法独立是现代法治的一项重要原则。这一原则已受到普世承认，并成为联合国确立的司法准则之一。我国 1954 年宪法第 78 条规定："人民法院独立进行审判，只服从法律"；1975 年宪法和 1978 年宪法取消了"人民法院独立进行审判，只服从法律"的规定；1982年宪法恢复了审判独立，其第 126 条规定："人民法院依照法律规定独立行使审判权，不受行政机关、社会团体和个人的干涉。"

（九）邓小平同志强调"坚持与改善党的领导"

大家公认邓小平同志是改革开放的总设计师，要高举邓小平理论的伟大旗帜。须知：邓小平理论的核心内容之一，是反复强调"坚持与改善党的领导"。他指出："某些同志'以党治国'的观念，就是国民党恶劣传统反映到我们党内的具体表现。"① 小平同志还指出："党的领导责任是放在政治原则上，而不是包办，不是遇事干涉，不是党权高于一切，这是与'以党治国'完全相反的政策。"② 1986 年 6 月 28 日，在中央政治局常委会议上，邓小平同志又强调指出："纠正不正之风、打击犯罪活动中属于法律范围的问题，要用法制来解决，由党直接管不合适。……党干预太多，不利于在全体人民中树立法制观念。"③

（十）党的十五大把"依法治国"确立为治国方略

1997 年 9 月召开的中国共产党十五次全国代表大会正式把"依法治国，建设社会主义法治国家"确立为党领导人民治国的基本方略。全国人大随即将"依法治国"写进了宪法。1982 年宪法第 5 条规定："中华人民共和国实行依法治国，建设社会主义法治国家。"

"依法治国"方略的正式确立并写入宪法，标志着我国社会主义法制建设的一个新的重

---

① 《邓小平文选》（第 1 卷），人民出版社 1994 年第 2 版，第 10 页。
② 《邓小平文选》（第 1 卷），人民出版社 1994 年第 2 版，第 12 页。
③ 《邓小平文选》（第 3 卷），人民出版社 1993 年第 1 版，第 163 页。

要里程碑，对于刑事诉讼法学研究具有极其重要的指导意义。

（十一）党的十六大和十七大要求"保证审判机关依法独立公正地行使审判权"

党的十六大的表述是："必须毫不放松地加强和改善党的领导……从制度上保证审判机关和检察机关依法独立公正地行使审判权和检察权"；党的十七大的表述是："要坚持党总览全局、协调各方的领导核心作用，提高党科学执政、民主执政、依法执政水平，保证党领导人民有效治理国家……深化司法体制改革，保证审判机关、检察机关依法独立公正地行使审判权、检察权。"

这两个报告都反复强调要"保证审判机关、检察机关依法独立公正地行使审判权、检察权"，是"依法治国"方略的进一步具体化。

（十二）近年来又出现了某些似是而非的不一致提法

由于历史教育的缺失，有些人似乎把从"反右派"到"文化大革命"的那一段历史都"忘记"了，或者尽量回避。就连《中共十一届三中全会公报》、邓小平同志的讲话、64号文件等，似乎也已"忘记"，于是出现了与党的十五大、十六大和十七大报告中的正式提法不一致，而与1958年第四届司法会议雷同的提法，认为司法独立就是否定党的领导，把正常的学术研究看成是与境内外敌对势力相呼应，上纲为敌我矛盾，猛然间又退回去50年。

回顾新中国成立以后将近60年法制建设的历程，可以说是举步维艰，常常在曲折反复中徘徊。可见，要真正落实"依法治国"的方略，看来并不那么容易。

四、结束语

有些同志总是摆脱不了"'左'比右好"的惯性思维，似乎越"左"越革命。"左"倾思潮有它的社会基础，当"左"的一套提出和推行的时候，往往会畅行无阻。经过若干年之后，当它的危害充分显示出来时，再回过头去总结经验教训。过不了多久，惨痛的教训又可能被淡忘。……历史竟是在这样的怪圈中反复重演。

兹引用邓小平同志的两段话，作为本文的结束语：

"要继续发展社会主义民主，健全社会主义法制。这是三中全会以来中央坚定不移的基本方针，今后也决不允许有任何动摇。"①

"怎样改善党的领导，这个重大问题摆在我们的面前。不好好研究这个问题，不解决这个问题，坚持不了党的领导，提高不了党的威信。"②

（作者单位：中国人民公安大学法律系）

---

① 《邓小平文选》（第2卷），人民出版社1994年10月第2版，第359页。
② 《邓小平文选》（第2卷），人民出版社1994年10月第2版，第371页。

复杂地看待我国的刑事诉讼法学

——刑事诉讼法哲学属性与功能的再认识

孙 记

一、问题的提出

历经 30 年的发展，我国刑事诉讼法学研究取得了显著成就。一方面，具有高水准的论著不断涌现；另一方面，几乎我国刑事诉讼的每一个领域、刑事诉讼法学的每一个基本范畴都得到了学术界的关注。特别是，伴随着刑事诉讼法再修改的研讨，学术界对我国刑事诉讼法与现代西方国家相关立法乃至联合国刑事司法准则在基本原则、具体制度方面的差距已经基本上达成了共识。但我们对差距产生的原因缺乏关注，而只有弄清差距产生的原因我们才能对能否缩短差距、如何缩短差距作出回答。因而，制度层面具体制度、基本原则的探讨固然重要，但问题的关键则在于说明差距产生的原因。要做到这一点，我们必然要超越制度层面对具体制度、基本原则的研讨，以这些研讨的结论为进一步思考的对象。这基本上超出了我国当下刑事诉讼法学乃至刑事诉讼法哲学[①]的研讨范围，我国的刑事诉讼法学便因此陷入第一重困境。

不仅如此，近年来，我国学术界逐渐出现部门法哲学（或部门法哲理化）研究的热潮。这突出表现在全国性学术会议的相继召开。其一，2004 年 12 月 18 日至 19 日，由吉林大学理论法学研究中心与中国政法大学诉讼法学研究中心（今改建为诉讼法学研究院，下同）共同策划，由中国政法大学诉讼法学研究中心承办、海南大学法学院协办，在海南博鳌成功地召开了"2004 年教育部人文社会科学重点研究基地（法学）主任联席会议暨部门法学哲理化研讨会"。会上，与会专家对部门法学哲理化的基本问题进行了深入讨论。[②] 其二，2007 年 8 月 24 日至 25 日，中国法学会法理学研究会、吉林大学理论法学研究中心与上海师范大学法与社会发展研究中心共同主办、上海师范大学法与社会发展研究中心与上海师范大学法政学院法律系承办，在上海师范大学成功召开了"法理学与部门法哲学理论研讨会"，会议的中心议题之一便是探讨部门法哲学。[③] 这对我国以往对刑事诉讼法哲学（或法理学）的理解提出了挑战，我国的刑事诉讼法学因而面临着第二重困境。

这就决定了我们有必要打破思维定式、突破既有的学科界限，吸收部门法哲学的研讨成果，重新探讨刑事诉讼法哲学的属性与功能。

---

① 如无特殊说明，笔者在同义上使用刑事诉讼法哲学或刑事诉讼法理学。
② 详见樊崇义主编：《部门法学哲理化研究》，中国人民公安大学出版社 2007 年版。
③ 参见刘诚、祝爱珍（整理）：《"法理学与部门法哲学理论研讨会"综述》，载《法学》第 11 期，第 158～160 页。

二、我国既有刑事诉讼法哲学研究的成就及其缺憾

1990年，徐友军先生在《中外法学》第6期发表了《迈向第三台阶——刑诉法理学》一文，倡导在中国建立刑事诉讼法理学，以提高刑事诉讼法学理论层次，揭开了学术界关注刑事诉讼法哲学（或法理学）的序幕。

此后，我国学者虽然一直在关注法哲学（或法理学），但是并没有对该范畴进行必要的界定。从整体上看，我们对刑事诉讼法哲学的研讨主要集中于刑事诉讼法学基本范畴或刑事诉讼基本原理，这成为我国刑事诉讼法学发展的重要推动力。其中，李心鉴博士认为：从刑事诉讼法理学的角度看，现代刑事诉讼法学是由刑事诉讼价值论和刑事诉讼构造论构成的。其中，刑事诉讼构造论则是由一定的诉讼价值观决定的，通过一系列诉讼基本方式所体现的控诉、辩护、裁判三方的法律关系及其矛盾和调和为研究对象。[①] 基于此认识，他撰写出版了《刑事诉讼构造论》一书。与之不尽相同的是，宋英辉教授以研究对象为基准，将刑事诉讼法学分为注释刑事诉讼法学、对策刑事诉讼法学和抽象刑事诉讼法学。其中，抽象刑事诉讼法学又被视为刑事诉讼法理学或者刑事诉讼法哲学，它探讨的是刑事诉讼文化，刑事诉讼的价值、目的、构造等问题。[②] 据此，宋教授撰写出版了《刑事诉讼目的论》一书。这样，此后陈瑞华教授的《刑事审判原理论》一书对刑事诉讼价值论的探讨与李文建博士的《刑事诉讼效率论》一书对刑事诉讼效率论的探讨，均属于刑事诉讼法哲学范畴。不仅如此，在提出刑事诉讼法哲学的初步命题后，宋教授持续关注这一领域，进一步将刑事诉讼法理学（法哲学）的研讨对象视为刑事诉讼原理，[③] 该思索的最终成果便是《刑事诉讼原理》一书。

与之不同，樊崇义教授等很早就主张仅仅将刑事诉讼原理中有关辩证唯物主义认识论的研讨视为刑事诉讼法哲学，认为"马克思主义哲学，既是世界观，又是方法论。其中辩证唯物主义认识论对刑事诉讼活动具有极为重要的指导意义。刑事诉讼的立法、司法活动，都是以辩证唯物主义认识论为指导的。辩证唯物主义关于事物普遍联系的观点、矛盾对立统一的观点、实事求是的观点是刑事诉讼法学的基石，在刑事诉讼法学体系中占有重要地位。但是目前我国诉讼理论界对这一问题的研究还不够深入"[④]。此后，樊教授本人继续关注这一认识论问题，质疑我国刑事诉讼证明标准上的"客观真实说"，主张"法律真实说"。也正是围绕刑事诉讼中辩证唯物主义认识论的认识，我国研究诉讼法的诸多学者参与了研讨，产生了一大批高水平的论著。[⑤] 其中，吴宏耀博士的《诉讼认识论纲——以司法裁判中的事实认定为中心》一书应该是对该问题研讨的巅峰。

最近几年，我国一些年轻学者还倾向于自觉用哲学或者是法哲学的方法研究刑事诉讼的一般问题。其中，除了前述吴宏耀博士自觉运用语义分析方法研究"诉讼认识"外，锁正杰博士与陈浩铨先生还运用哲学或者法哲学方法研究撰写了刑事诉讼法哲学的专著。具

① 李心鉴著：《刑事诉讼构造论》，中国政法大学出版社1992年版，内容提要第1页。
② 宋英辉著：《刑事诉讼目的论》，中国人民公安大学出版社1995年版，导言第1页。
③ 参见宋英辉主编：《刑事诉讼原理》，法律出版社2003年版，第5~6页。
④ 樊崇义主编：《刑事诉讼法学研究综述与评价》，中国政法大学出版社1991年版，第6页。
⑤ 参见宋英辉、汤维建主编：《证据法学研究综述》，中国人民公安大学出版社2006年版，第76~79页。

体而言：锁正杰博士以"马克思主义理论为指针，重点运用分析法学的规范分析方法和自然法理论的价值分析方法，兼顾其他法学方法"[1]，探讨了刑事程序的本体论、认识论和价值论，成功撰写出版了《刑事程序的法哲学原理》一书；陈浩铨先生则从哲学的立场出发，充分发挥哲学的批判功能，对我国现行刑事诉讼法学中的重要问题，尤其是由于某种原因被忽视和延宕的重要问题[2]进行自由的思考与阐述，以期达到"真正从以人为本的原则高度出发，通过对现实的批判性反思，去除一切意识形态的遮蔽和一切陈旧而空疏的赘述，从而使刑事诉讼的意义能够在更广阔也更深远的地平线上得以展开"[3]，其最终成果便是《刑事诉讼法哲学》一书。

应该说，上述研讨在诸多方面都发挥着至关重要的作用：一是有助于我们认识刑事诉讼的一般原理；二是为刑事诉讼法学研讨具体制度提供了指导；三是有助于我们认识到我国刑事诉讼制度与现代西方刑事诉讼制度（包括联合国刑事司法准则）间的差距。因而，即便是今后，这一研讨在我国刑事诉讼法学发展中仍将占有一席之位。问题是：这里的刑事诉讼法哲学（或法理学）研究虽然探讨了中西刑事诉讼原理、诉讼原则方面存在的差距，有助于指导学术界从应然上勾勒我国刑事诉讼现代化的"理想图景"，但是其并没有分析中西差距产生的原因。一旦有人对此展开追问，必然要对刑事诉讼法哲学研讨方式、立论前提、价值预设、研究结论产生怀疑，对刑事诉讼法哲学研讨现状展开批判。这意味着：刑事诉讼法哲学以往研究的终点将作为进一步研讨的起点，以往的研究结论将成为进一步研讨的对象。这一情况已经完全超出了前述意义上刑事诉讼法哲学的研讨范畴。因而，重新思考刑事诉讼法哲学的属性和功能成为必要，吸收我国当下部门法哲学的研究成果使该研讨成为可能。

三、刑事诉讼法哲学的再认识

笔者认为，刑事诉讼法哲学有广义和狭义之分。广义的刑事诉讼法哲学就是刑事诉讼法理学，是指对刑事诉讼法的一般研究，着重考察刑事诉讼最普遍、最抽象、最基本的理论和问题，是刑事诉讼法的一般理论、刑事诉讼法学的基础理论、刑事诉讼法学的方法论、刑事诉讼法学的价值论，它不关注刑事诉讼法中的具体规则及其适用，而是关注这些规则存在的根据及其正当性、合理性、合法性。前述我国刑事诉讼法哲学（或法理学）对刑事诉讼法学一般原理或基本范畴的考察，基本上是在这一层面进行的。狭义上的刑事诉讼法哲学是前述刑事诉讼法理学的一个分支，是指在刑事诉讼法学研究中从哲学的立场，或通过将研究哲学的方法运用到刑事诉讼法的基本问题研究之中，对刑事诉讼法学的理论前提、价值预设、研究方法、研究结论等进行反思。应该说，前述锁正杰博士、吴宏耀博士、陈浩铨先生的探讨与此密切相关。美中不足的是：他们的研讨还是偏重于刑事诉讼一般原理的建构，基本上不涉及反思（特别是深入、严密的反思）。

与一般意义上的刑事诉讼法学相比，刑事诉讼法哲学应具有如下特点：

---

① 锁正杰著：《刑事程序的法哲学原理》，中国人民公安大学出版社 2002 年版，第 10 页。
② 参见陈浩铨著：《刑事诉讼法哲学》，法律出版社 2008 年版，导言第 4~6 页。
③ 陈浩铨著：《刑事诉讼法哲学》，法律出版社 2008 年版，导言第 4 页。

第一，刑事诉讼法哲学研究对象的特定性。首先，刑事诉讼法哲学研究要从宏观的、整体的角度来研究刑事诉讼现象，探讨刑事诉讼法学的一般理论，而非考察刑事诉讼法的具体制度、具体问题；其次，刑事诉讼法哲学通过考察刑事诉讼法各种具体制度的内在灵魂，剖析刑事诉讼法律体系大厦的精神支柱来探讨刑事诉讼法学的基础理论；再次，刑事诉讼法哲学是刑事诉讼法学的方法论，这不仅是因为刑事诉讼法哲学研究对象的一般性，决定该研究本身就为人们认识刑事诉讼现象提供了方法论，而且还在于刑事诉讼法哲学本身就以刑事诉讼法学的方法论为研究对象；最后，刑事诉讼法哲学从根本上说应是对刑事诉讼法律经验的凝聚和升华，体现了一个社会对刑事诉讼法学的世界观、思维方法、价值观念、理想信念等根基性、本源性内涵的洞悉，研讨的是刑事诉讼法学的价值论。

第二，刑事诉讼法哲学的研究方法具有独特性。按照张文显教授的理解，部门法哲学的研究方法有三：一是语义分析方法；二是价值分析方法；三是反思方法。[1] 其实，这三种方法都来源于哲学，也是哲学研究方法。毫无疑问，刑事诉讼法哲学研究要运用这些研究方法。因为前述诉讼法学者在提出或回答刑事诉讼法哲学问题时，都渗透着某种价值理念，都表现出某种价值取向，所以价值分析方法得到广泛运用。就语义分析方法而言，虽然我国少数诉讼法学者在研讨中对其予以自觉运用（如吴宏耀博士），但数量有限，因而有待推广。这里，一方面囿于篇幅，另一方面基于我国刑事诉讼法哲学研究的现实，[2] 笔者仅介绍"反思方法"。根据张文显教授的归纳，反思方法有三个方面的体现：其一，"消极性"的反思，即在肯定部门法律学认知成果的同时，对部门法律学的概念、理论和原理等认知成果保持怀疑态度和质疑意识，对规范法律学家思想内容、思想方式、思想热点的那些"逻辑支撑点"（思想的根据和原则）提出大胆的怀疑和质疑。其二，"积极性"的反思，即批判。法哲学研究中的反思方法更是决定了它的批判本质和批判精神，它要求法学家用批判的眼光揭示和对待人类已经形成的全部法律思想，对待每一种法律观点，每一种法学理论体系，每一个研究范式和学术流派，试图通过敏锐的批判达到深刻的理解。作为辩证法的批判，其目的不是去否定一切，任意放纵，而是使人们的认识更加接近实际，实践更加符合客观规律。其三，追问方法，无论是对于现行的法律原则，还是对于既有的理论判断和结论，都应当追问。通过追问发现更深层次的东西，一种我们还没有认识到的、处于朦胧状态的因素；通过追问，发现既有概念和理论的内在矛盾，并加以修正。[3]

笔者认为，正是上述特点决定了刑事诉讼法哲学的学科属性，[4] 即刑事诉讼法哲学不能被简单地归属于法哲学，也不能被仅仅定位于诉讼法学，它应该是刑事诉讼法学与法哲学（或法理学）之间的一个交叉学科，具有法哲学（或法理学）与刑事诉讼法学双重属性。这是因为：一方面，刑事诉讼法哲学的研究对象尽管是刑事诉讼法学的一般理论、基础理论、方法论、价值论，但这仍然是刑事诉讼法的问题。对此，宋显忠博士指出：部门法哲

---

① 张文显：《部门法哲学引论——属性与方法》，载《吉林大学社会科学学报》2006 年第 5 期，第 8～12 页。

② 我国刑事诉讼法哲学的论著中尚未对该方法进行系统运用。同时，我国刑事诉讼法学（包括刑事诉讼法哲学）的研究成果也亟待反思。

③ 张文显：《部门法哲学引论——属性与方法》，载《吉林大学社会科学学报》2006 年第 5 期，第 11 页。

④ 张文显教授倾向于将部门法哲学定位于法哲学，参见张文显：《部门法哲学引论——属性与方法》，载《吉林大学社会科学学报》2006 年第 5 期，第 5～7 页；我国诉讼法学者大多将刑事诉讼法哲学定位为诉讼法学，其中宋英辉教授对此曾作过详细阐述，参见上文关于宋教授的引文及其对应的参考文献。

学的研究不能脱离两个基本的支撑点，即具体的法律规则和法律实践。两者限制了部门法哲学思考的空间。① 刑事诉讼法哲学研究当然如此：其一，刑事诉讼法哲学的研究也不能脱离对刑事诉讼现有制度安排的回应，如探讨我国现行刑事诉讼法的价值取向，考察我国刑事诉讼法的立法目的，分析我国刑事诉讼中的诉讼结构等；其二，刑事诉讼法哲学不是一种空洞的理论说教，而是针对刑事司法实践中的问题或者是刑事诉讼法学研究中的问题展开考察的。正是上述事实决定了刑事诉讼法哲学与一般法哲学的差异，具有刑事诉讼法学的显著特征。另一方面，刑事诉讼法哲学特定的研究方法，使其与就事论事研究的刑事诉讼法学相区别。宋显忠博士还指出："反思是部门法哲学研究的中心。"② 刑事诉讼法哲学研究，也要在肯定既有刑事诉讼法学研究（包括以往刑事诉讼法哲学、法理学）贡献的基础上进行有理有据的怀疑或质疑、批判或追问，以期达到对刑事诉讼的基本问题更深入、更客观的理解。这样，刑事诉讼法哲学的"理论资源、研究方法、研究范式和理论关怀，主要是法哲学的或来自法哲学"③，才能成为法哲学在刑事诉讼领域的延伸，具有法哲学的明显特征。

四、我国应自觉运用反思方法开展刑事诉讼法哲学研究

基于刑事诉讼法哲学的批判功能，今后我国的刑事诉讼法哲学研究，除了应继续关注刑事诉讼一般原理外，更应该在综合交叉运用其他研究方法的同时自觉运用反思方法，对学术界既有研究的理论结论、价值预设、立论前提等进行有理有据的质疑、批判和追问，我们就可以对问题的理解更加全面、深入与客观。

具体而言，对于我国当下不证自明的中西差距，如果我们稍一追问，我国刑事诉讼制度与域外刑事诉讼制度存在差距的原因是什么？我们必然要运用语义分析方法，把前述具体制度、刑事诉讼的一般原理放入其产生的历史语境中去考察。这样，我们就会发现中西诉讼发展史的进程不同，诉讼制度产生的深层背景不同，尤其是在思想观念、诉讼文化方面存在着巨大差异。因为西方自启蒙运动以来，一直在国家（或社会）与个人二者间何者优位上强调个人优位于国家（或社会），这便是自由主义的核心思想。有学者指出：自由主义"形而上和本体论的内核是个人主义"，这"涉及将个人看成是第一位的，是比人类社会及其制度和结构更为'真实'或根本的存在。也涉及将更高的价值隶属于个人而非社会或集团性团体。以这种思想方式而论，个人在任何意义上都先于社会而存在。他比社会更为真实。……他被看成是在社会之前临时存在的个体"④。其中，在反专制过程中，资产阶级以自由主义为武器，在刑事诉讼领域抨击纠问式诉讼程序。在反专制成功后，资产阶级以自由主义理念为指导，建立现代刑事诉讼制度，在国家专门机关之间实行分权，加强对被告人的权利保障（尤其是逐步确立起被告人的辩护权）。不过，自现代刑事诉讼制度确立后，随着诉讼观念的转变和为适应同时期的社会需要，该制度在不断地进行着完善，以致

---

① 樊崇义主编：《部门法学哲理化研究》，中国人民公安大学出版社 2007 年版，第 366 页。
② 樊崇义主编：《部门法学哲理化研究》，中国人民公安大学出版社 2007 年版，第 365 页。
③ 张文显：《部门法哲学引论——属性与方法》，载《吉林大学社会科学学报》2006 年第 5 期，第 6 页。
④ [英]安东尼·阿巴拉斯特著：《西方自由主义的兴衰》，曹海军译，吉林人民出版社 2004 年版，第 18 页。

其逐渐脱离自由主义语境而具有普适性，并最终为联合国刑事司法准则所吸收，这也是我国刑事诉讼法学界主张以现代西方国家刑事诉讼法及联合国刑事司法准则相关规定为参照实现我国刑事诉讼制度现代化的合理性所在。

不同的是，我国在个人与国家（或集体）的关系上，一直强调个人服从、服务于国家：在传统社会，它体现为家庭本位论；在当下，它体现为集体优位。对此，孙隆基教授（与西方存在主义对比时）指出：

中国人认为："人"是只有在社会关系中才能体现的——他是所有社会角色的总和，如果将这些社会关系都抽空了，"人"就被蒸发掉了。因此，中国人不倾向于认为在一些具体的人际关系背后，还有一个抽象的"人格"。这种倾向，很可能与中国文化中不存在西方方式的个体灵魂观念有关。有了个体灵魂的观念，就比较容易产生明确的"自我"疆界。

中国人对"人"下的定义，正好是将明确的"自我"疆界铲除的，而这个定义就是"仁者，人也"。"仁"是"人"字旁加一个"二"字，亦即是说，只有在"二人"的对应关系中，才能对任何一方下定义。在传统中国，这类"二人"的对应关系包括：君臣、父子、夫妇、兄弟、朋友。这个对"人"的定义，到了现代，就被扩充为社群与集体关系，但在"深层结构"意义上则基本未变。①

中西之间深层文化的差异，必然导致诉讼文化的不同：一是中国的追求"无讼"与西方的实现"正义"；二是西方的诉讼"程序化"与中国的诉讼"非程序化"；三是中国传统诉讼文化的"伦理性"与西方诉讼文化的"宗教性"；四是西方传统诉讼文化的"开放性"与中国诉讼文化的"封闭性"。② 这意味着：我国建立在前述文化（包括诉讼文化）基础上的刑事诉讼制度必然强调惩罚犯罪而忽视对被追诉者权利的保障。

这样，我们就会发现，我国刑事诉讼现代化的"理想图景"如果仅仅考察中西制度层面的差异，必然有"简约化"的倾向，即把我国刑事诉讼现代化等同于诉讼制度的现代化，刑事诉讼制度的现代化就是刑事诉讼立法的全面化，刑事诉讼立法的全面化就是全面移植现代西方的法律制度。殊不知，一种制度的理想运行，除了制度本身完善、实施机构权力配置合理外，最重要的便是观念。可以说，现代刑事诉讼制度与西方启蒙运动以来形成的思想观念、诉讼文化浑然一体；我国当下的刑事诉讼制度与我国长期以来的思想观念、诉讼文化总体上也是融洽的。这样，我国刑事诉讼现代化除了制度建构以外，关键就在于为该制度寻找理论支撑，即培养社会对刑事诉讼的法律信仰。道理在于："法律必须被信仰，否则它将形同虚设。"③ 不过，观念的培育、信仰的形成又是一个长期的过程。这就使以往针对我国刑事诉讼现代化研究的各种主张、各个论域都值得重新思考。

最后，应予指出，与其说本文解决了问题，不如说提出了问题。这就要求我们以开放的心态、怀疑的眼光、宽容的心胸、开阔的视野、执著的行动复杂地看待我国的刑事诉讼法学、复杂地看待我国的刑事诉讼现代化，进而善待我国的刑事诉讼法学、善待我国的刑事诉讼现代化。

（作者单位：黑龙江大学法学院　黑龙江大学哲学博士后流动站）

① ［美］孙隆基：《中国文化的深层结构》，广西师范大学出版社2004年版，第12～13页。
② 参见樊崇义主编：《诉讼原理》，法律出版社2003年版，第39～52页。
③ ［美］伯而曼著：《法律与宗教》，梁志平译，中国政法大学出版社2003年版，第3页。

刑事强制措施研究 30 年回顾与展望

杨正万　杨　影

从 1979 年颁布刑事诉讼法至今的 30 年间，我国刑事强制措施在保障诉讼顺利进行及保护人权方面发挥了积极的作用，也引起学界与实务界的重视并得到较为深入的研究，但也存在一些值得反思之处。回顾过去才能更好地面向未来，本文拟对 30 年来的刑事强制措施研究状况予以回顾、评析与展望。

一、回顾

（一）刑事强制措施宏观层面研究概述

1. 研究方法。刑事强制措施的研究方法在 30 年内经历了从一元到多元的发展轨迹。1978 年召开的十一届三中全会吸取历史的教训，明确提出发扬社会主义民主、加强社会主义法制的目标。以此为契机，再加上 1979 年刑事诉讼法的颁布，刑事诉讼法学研究开始复苏。当时的研究人员意识到在此前研究中单一运用阶级分析方法所存在的弊端，主张采用注释法学方法、历史分析方法、比较分析方法甚至系统科学方法等多种研究方法研究包括刑事强制措施在内的刑事诉讼法学。刑事诉讼法颁布后的十余年，包括阶级分析、注释法学、历史分析、比较分析在内的多种方法都在刑事强制措施的研究中发挥了作用。由于历史的局限，阶级分析方法和注释法学方法占据主导地位。随着社会经济的发展，犯罪升级和纠纷频增，司法实践需要解决实际问题的法律规则和技术体系，以及可以熟练运用这些法律规则和技术的法律职业群体。解决纠纷和司法实践的需求决定了刑事诉讼研究者会更偏重于对具体程序进行分析、解释、理论概括等技术知识层面的研究，这便带来了注释法学的繁荣。[①] 此时，虽然我国已经初步改革开放，但对外交流的程度仍较有限，比较分析方法体现得还不太明显，并且在运用中没能根本脱离阶级分析方法的桎梏，如认为资产阶级国家的保释制度实际上只是保护了资产阶级的人身权利[②]。1990 年以后，除了传统的注释法学方法仍然盛行外，实证方法与比较方法得到普遍运用[③]。比较研究方法在 1996 年刑事诉讼法修改前后得到大规模、普遍的运用。[④] 与此同时，实证研究方法也开始盛行，只是此

[①] 胡铭、黄镕：《法学研究方法论与刑事诉讼的现代化——以法律经济学研究方法论为例的检视》，载《政法论坛》（《中国政法大学学报》）2007 年第 3 期。

[②] 张子培主编：《刑事诉讼法教程》，群众出版社 1987 年版，第 150 页。

[③] 笔者曾对 1992 年至 1996 年间在中国期刊网上找到的 35 篇篇名中含有强制措施的文章进行分析，发现其中用到实证分析方法的有 10 篇，用到比较分析方法的也有 10 篇。

[④] 樊崇义、夏红：《刑事诉讼法学研究方法的转型——兼论刑事诉讼法学研究中使用实证研究方法的意义》，载《人大复印资料》（诉讼法学·司法制度）。

时实证研究的主要意义在于改变传统研究模式，使研究人员从书斋走向田野，主要成果在于发现法律在司法实践中所存在的问题。进入 21 世纪后，这几种方法的运用更具常规化、模式化，成为研究刑事强制措施的一种固定范式。① 其中尤以实证研究方法对刑事强制措施研究的影响为甚，形成以实证研究方法为中心，多种研究方法交叉运用的多元化研究方法并存的格局。

2. 基础理论问题研究状况。基础理论能够指导具体规则构建，对这一问题的研究水平直接影响并制约着制度体系的成熟与完善。在此 30 年间，刑事强制措施基础理论问题的研究随着刑事诉讼程序中惩罚犯罪与保障人权二者之间关系的演变而呈现不同的特点。1979年到 1992 年的十余年间，囿于此前阶级分析方法的影响，人权尤其是犯罪嫌疑人、被告人的人权，被贴上阶级标签而无法在刑事诉讼中受到保护，刑事强制措施作为公检法三机关与犯罪作斗争的重要手段，因打击犯罪的实用性而获得天然正当性，其功能突出表现为保障刑事诉讼活动的顺利进行，也有学者持双重功能说。以逮捕为例，有学者就主张其还应负有实际的惩罚作用、社会的影响作用、对罪犯的震慑和分化作用。② 但不管是单一功能还是双重功能，都重在强调打击犯罪。在此功能认识指导下，刑事强制措施在适用中关注的是如何有效地打击犯罪，保护广大人民群众的权利，更好地为社会主义政治服务。③ 进入20 世纪 90 年代，随着我国法学研究领域对外交流的日益深入，国外相对成熟的刑事司法理论与制度被介绍进我国，市场经济的较充分发展带来权利意识的增强，内外环境的变换使人权问题进入研究的视野。以 1991 年我国政府发布的《中国人权状况》与 1992 年召开的十二届四中全会为契机，刑事强制措施的研究开始从国家权力与公民权利两方面探讨刑事强制措施，认识到强制措施应肩负打击与保护的双重功能。④ 并尝试以刑事强制措施在打击犯罪与人权保障方面的一致性来完善其正当性基础。有学者基于公民与国家之间特殊的权利义务关系，认为对犯罪嫌疑人或被告人适用强制措施是基于国家享有司法审查权或公民负有接受司法审查的义务。⑤ 此外，以我国签署《经济、社会及文化权利国际公约》和《公民权利和政治权利国际公约》为契机，对刑事强制措施与人权保障关系的研究得到进一步发展，并以 2004 年人权与私有财产保护入宪而达到高潮。其间对刑事强制措施基础理论方面的研究更为深入。表现在刑事强制措施的正当性基础方面，有学者从伦理正当性入手，以国家统治、社会秩序及诉讼角度论证了强制措施的根据⑥。有学者从权力节制理论、程序指向性理论以及诉讼主体理论的角度论述了刑事强制措施正当性的理论基础。⑦ 在功能方面，在肯定其保障诉讼活动顺利进行、约束与限制国家权力并保护人权与预防犯罪的功能⑧

---

① 可以看到，在此期间的文章结构通常是：司法实践中存在的问题—外国相关制度介绍—我国的完善路径，这几乎成了固定的文章布局模式。

② 樊崇义主编：《刑事诉讼法学研究综述与评价》，中国政法大学出版社 1991 年版，第 133 页。

③ 康新正、王峰：《正确使用和完善刑事强制措施的基本原则》，载《中国人民公安大学学报》1992 年第 3 期，第 33～36 页。

④ 谭存灵、谭伟：《论现有强制措施的价值取向及其成因》，载《法学评论》1994 年第 6 期，第 46 页。

⑤ 谢佑平：《论刑事诉讼中的强制措施》，载《政法学刊》1996 年第 1 期，第 42 页。

⑥ 杨正万：《刑事强制措施根据初论》，载《诉讼法理论与实践》（2005 年），中国方正出版社 2005 年版，第 211～214 页。

⑦ 杨雄：《论刑事强制措施的正当性基础》（2006 年北京大学博士论文），第 24～40 页。

⑧ 宋英辉、李忠诚主编：《刑事程序法功能研究》，中国人民公安大学出版社 2004 年版，第 144～147 页。

的同时，还有学者认为教育也是其功能之一[①]。有人则在指出上述各种观点的不足后，认为刑事强制措施是一种以排除障碍为手段所达成的程序保障措施。[②] 而在适用原则方面，比例性原则、司法令状原则作为适用强制措施的基本原则基本成为共识。此外有学者认为还应遵循法定原则、救济原则。[③] 可以看出，有关刑事强制措施的适用原则的研究更加注重强制措施适用中的程序控制与权利保障。

此外，对刑事强制措施体系的研究也经历了较大的发展变化。从 20 世纪 80 年代开始，虽然有学者从必要性与可行性的角度论证应把收容审查纳入刑事强制措施之中[④]，也有学者认为刑事强制措施应该包括：拘传、拘留、逮捕、取保候审、通缉、搜查、强制检查、扣押物证、书证、械具和武器的使用、局部封锁。[⑤] 但教科书及多数学者仍采取传统刑事强制措施的范畴观念，把其限于法律规定的五种强制措施之中。近几年来，随着对外交流的日益增多、学术研究的进一步深入，对强制措施范畴的认识开始发生改变。有的认为其应该包括对人的强制措施、对物的强制措施以及对隐私的强制措施[⑥]。也有学者以被处分人的宪法权利是否受到侵犯为标准，认为我国刑事强制措施包括对人身自由的强制措施、对财产权的强制措施、对隐私权的强制措施以及对职业利益的强制措施。[⑦]

（二）刑事强制措施微观层面研究概述[⑧]

刑事诉讼法颁布之后十余年，有关人身自由的强制措施的研究主要是从注释法学的角度对法律规定的五种强制措施的适用条件、审批程序、执行程序、适用主体等问题进行解释，研究视角较为单一。但随着改革开放的推进和法治建设的加强，在刑事司法领域出现公权力对涉嫌犯罪的人的自由的剥夺的随意性和法定的强制措施的可操作性不强等问题。在刑事诉讼法颁布后的第二个十年的前半期，学界对于收容审查、拘传在实践中存在的问题、取保候审与监视居住条件的独立化和各自条件设置的科学性、拘留（包括检察机关拘留权的有无问题）、逮捕的条件、刑事强制措施的时限、刑事强制措施之间的变更[⑨]等问题进行了深入的探讨。这些研究带来了刑事强制措施立法修改的变化。例如，该法对拘传作了限制性规定，增设了金钱取保候审，明确了保证人的义务和责任，取消了收容审查，放宽了逮捕的条件等。刑事诉讼法修改之后的几年间，理论界的研究主要集中于对刑事强制措施立法修改情况的解释、分析与评价。有学者在肯定强制措施的修改体现了科学化、民

① 李忠诚：《刑事强制措施功能研究》，载《法制与社会发展》2002 年第 5 期，第 116 页。

② 杨雄：《论刑事强制措施的正当性基础》（2006 年北京大学博士论文），第 24 ~ 40 页。

③ 龙宗智主编：《徘徊于传统与现代之间——中国刑事诉讼法再修改研究》，法律出版社 2005 年版，第 175 页。

④ 李黎明：《试论完善我国刑事强制措施》，载《法律科学》1991 年第 5 期，第 81 页。

⑤ 桑希志：《刍议刑事强制措施的立法及完善》，载《法学天地》1995 年第 6 期，第 31 页。

⑥ 持这一观点的学者有宋英辉、王敏远、杨正万、汪建成、柯良栋等，可参见宋英辉主编：《刑事诉讼法修改专题研究》，中国人民公安大学出版社 2007 年版；《刑事诉讼（即将）修改座谈会记录》，载 http://www.chinalawsociety. org. cn/forum/shownews. asp? id = 923。

⑦ 杨雄：《论刑事强制措施的正当性基础》（2006 年北京大学博士论文），第 6 页。

⑧ 如上所述，现有关于刑事强制措施范畴的研究已经产生变化，笔者认为刑事强制措施应涵盖对人身自由的强制措施、对财产权的强制措施与对隐私权的强制措施。但就微观层面的研究进行回顾时，限于篇幅，本文仍只对人身自由的强制措施在此 30 年内的研究情况做一回顾。

⑨ 李忠诚：《强制措施变更权刍议》，载《法学研究》1994 年第 3 期，第 81 ~ 82 页。

主化的同时，认为还有一些值得探讨的问题。① 随着外国及国际刑事司法准则中相关内容在我国的传播，进入 21 世纪后，刑事强制措施的研究在比较中外制度的基础上，以我国刑事强制措施与国际刑事司法准则的对接为目的，开始转向如何更多地适用非羁押性强制措施以及如何限制羁押性措施的过多适用。在扩大非羁押性强制措施的适用方面，主要观点认为，应该明确取保候审制度的权利属性、增加保证方式、加强申请取保候审人的程序参与权、规定其权利救济措施、构建取保候审社会保障的措施等。对于被监视居住人的权利救济措施，有人认为应该规定被监视居住人可以申请国家赔偿和折抵刑期。② 在如何降低拘留、逮捕这些羁押性强制措施的适用率与减少超期羁押方面，主要认为应该实行司法令状主义、捕押分离制度，对未决羁押的权力、条件、程序和期限作出明确的规定，使其成为在司法权力控制之下的独立于拘捕的强制候审措施。③

二、评　析

（一）宏观方面

1. 研究方法运用方面的简要评价。研究方法的运用情况在一定程度上能够反映刑事诉讼法学界对刑事强制措施的整体研究水平。从积极方面看，首先，研究方法运用的第一个进步就是摆脱了单纯地运用阶级分析方法的束缚。长期以来，法学研究受到阶级分析思维的影响很深，法学尤其是刑事法学，被深深嵌入阶级意识的话语系统中生存。所以，对刑事强制措施制度的研究能够摆脱桎梏，把阶级分析方法置于适当的地位具有特殊的意义。其次，比较法学的方法、实证分析方法等研究方法也逐渐被运用到了刑事强制措施的研究中。例如，实证研究方法，除了初期的通过观察、访谈等途径了解司法实践现状外，开始有学者尝试通过试验方式就刑事强制措施的完善进行试点，试图实现从发现问题到解决问题的转型。再次，多学科交叉研究的方法已经在不同程度上运用到了刑事强制措施制度的研究中。但是，从整体上看，研究方法在运用上存在的问题还较为严重。有学者对实证方法运用中的问题指出：第一，只注重经验实证主义而忽略逻辑实证主义；第二，经验层面的实证方法运用也过于简单，该层面的实证虽然以实践为根基，但规范的实证研究的关键在于要超越实践，从事实上升到理论。经验实证方法运用的关键，不在于穷尽一切事实和材料，而是在对若干材料进行分析和总结之后，应当适时地提出带有通则性的假设。④ 而反观现有研究中的实证研究，只停留在对经验事实的描述上，大都无法总结出实践问题的本质所在，更无法就所归纳出的问题本质进行理论上的分析并提出通则性的假设，当然更不可能对假设进行证伪验证。此外，实证研究方法在 20 世纪 90 年代起就主要发挥着发现问

① 李忠诚：《强制措施制度的改革及其意义》，载《中外法学》1996 年第 3 期，第 35～37 页。

② 樊崇义主编：《刑事诉讼法学》，法律出版社 2004 年版，第 204 页。

③ 参见陈卫东主编：《刑事诉讼法实施问题对策研究》，方正出版社 2002 年版，第 6～49 页；宋英辉主编：《取保候审适用中的问题与对策研究》，中国人民公安大学出版社 2007 年版；宋英辉主编：《刑事诉讼法修改问题研究》，中国人民公安大学出版社 2007 年版，第 200～248 页；陈光中主编：《中华人民共和国刑事诉讼法再修改专家建议稿与论证》，中国法制出版社 2006 年版，第 50～81 页、第 350～395 页等。

④ 陈瑞华：《刑事诉讼法学研究范式的反思》，载《政法论坛》（《中国政法大学学报》）2005 年第 3 期，第 13 页。

题的功能。进入 21 世纪后,这一方法所发挥的作用仍然停留在这一层面,在解决问题领域所起的作用仍是十分有限的。在多学科方法运用方面也失于幼稚和肤浅。这不仅表现在对法学学科以外的学科方法的运用上,也表现在对法学学科范围内的学科方法的运用方面。最后,很少有学者仅仅就刑事强制措施在运用研究方法上的不足予以系统揭示。

2. 基础理论方面。刑事强制措施的基础理论研究虽然呈现从简单到复杂、从粗浅到深入的趋势,但还显得有些稚嫩。具体说来,就刑事强制措施存在的正当性根据而言,虽然自 21 世纪初以来,诸多学者开始尝试对强制措施的理论根据作出更深层次的探讨,但具有把刑事强制措施的理论根据与刑事强制措施制度的理论根据相混淆的倾向,基本上仍停留在论述刑事强制措施制度的正当性层面上,而未能揭示刑事强制措施这一措施本身存在的正当性。对刑事强制措施与无罪推定的关系的研究也仍旧比较薄弱,现有研究大多从刑事强制措施与无罪推定原则的一致性方面加以论述,或者把刑事强制措施作为无罪推定制度下不得已的例外。但不管认为刑事强制措施是否违反无罪推定原则,论证都缺乏针对性与说服力,并且缺乏在其立论基础上的进一步研究,如若认为刑事强制措施与无罪推定相矛盾,如何论证刑事强制措施存在的正当性,如何在制度设计上最大限度地调和二者的矛盾等,都没有进一步的深入研究。就刑事强制措施的功能的研究而言,虽然从过去纯粹地保障诉讼顺利进行甚至惩罚犯罪的认识上升到了保障诉讼顺利进行与保护人权并重,但具体涵盖哪些功能,学者之间的认识还存在较大的分歧,且对强制措施各功能之间的相互关系的研究不够深入。缺少对某些功能的反思,如预防性功能,我国把其视为强制措施的固有功能之一,但以犯罪嫌疑人的犯罪可能性作为强制措施的适用目的之一,正当性何在? 如若存在正当性,这种基于预防重新犯罪为目的而羁押犯罪嫌疑人的做法应在何种条件下才能实施,应受到哪些限制,这些都没有得到充分、深入的论证。与我国相比,国外对此问题的研究就显得更为细致,如预防性羁押与无罪推定的关系,国外就存在狭义、广义与折中三种不同的观点。[①] 就刑事强制措施的体系而言,究竟应该涵盖哪些措施仍旧存在分歧,且对其适用对象是否只限于人,是否可以对单位采取一些强制措施仍关注不够。

(二) 微观方面

纵观近 30 年来对人身自由权的强制措施的研究,成绩斐然,研究过程中日益注重诉讼的规律性,更加强调对人权的保护与对国家公权力的限制之间的权衡。但仍旧存在一些问题,主要表现在:

1. 全面性与深入性。一是有些问题没能引起足够重视,如各强制措施适用的证明标准问题、确保刑事强制措施内容得到贯彻的相关配套制度设立问题等,都缺乏足够的研究。二是对某些具体强制措施的研究也缺乏深入性,如对监视居住的研究就显得较为欠缺。在我国刑事强制措施制度中的被追诉者的权利的维护十分艰难的情况下,有学者仅仅以实践中监视居住适用率低就轻言废除,这不能不令人十分担忧。即使持保留论的学者也没有真正思索监视居住所出现的问题背后的本质原因是什么,该原因的出现受什么条件制约,这些条件是否可以改变,等等。缺乏有力论据支撑的简单价值评断使观点更多地类似于个人

---

① 可参见 Una Ni Raifeartaigh, Reconciling Bail Law with the Presumption of Innocence, 17 Oxf J Leg Stud, 1 – 21 (Spring, 1997).

信仰的宣扬。

2. 某些具体的改革建议在我国的适应性问题。虽然对具体强制措施的研究成果具有一定的量，但如何在借鉴国外先进经验、遵循司法规律的基础上，结合中国现实情况，构建适应我国具体现实情况以确保制度的执行效果方面，则显得欠缺考虑。现有研究虽然对取保候审的改造、拘留与逮捕的完善建言甚多，但改革思路基本效仿国外尤其是英美法系国家的法律框架，对于法律移植与本国现实的协调关系则思考不足。对于所借鉴的完美彰显人权保障的强制措施规定是否能与其他法律协调，是否能与我国的政治、经济、文化、地理等法制环境相融合还缺少充分的论证。以理论研究中备受青睐的司法审查制度为例，该项制度无疑是国外刑事司法制度中的一项重大的人权保障制度，但确立司法审查制度的关键性前提在于司法独立，引进司法审查与我国的政治结构、社会条件是否匹配，则显得论证不足。

三、展望

（一）宏观方面

1. 研究方法的运用更为自觉。工欲善其事，必先利其器。研究方法作为人类认识研究对象的途径，其科学、合理与否对能否拓宽研究视野、增加研究深度至关重要。在以多元、综合与整体为特征的现代法学研究趋势下，刑事强制措施的研究也必须继续借助于多元化的研究方法。针对目前在研究方法上的不足，在今后的研究中更应该科学、正确地适用各种研究方法。这主要体现在以下几个方面：一是需要梳理既已运用的研究方法在刑事强制措施研究中的得失。二是针对不同的研究内容适用相应的研究方法。法学研究方法作为一种认识工具，始终受制于它的研究对象，它是对象的"类似物"，只有借助它才能使主观方面与客体保持相互联系和沟通。三是科学运用具体研究方法，以使问题的揭示准确、原因的分析入木三分、相关的研究结论更为可靠。四是为具体研究方法的运用创造必要的条件。例如，实证研究方法的运用需要司法实践部门的支持。而在我国特有权力文化背景下，这将是十分困难的。正如有学者所言，司法是国家权力运作的一套系统，有它自己内在的正式的和非正式的制度。这些制度使得这一系统外的人难以进入，使得系统之内的人对外来者往往会保持一种戒心、疑心，并因此会拒绝合作。[①] 五是多学科方法的运用需要研究者具备深厚的学科背景知识。这需要整个学界的艰苦努力。

2. 基础理论的研究更为深入系统。刑事强制措施之所以在实践中几乎被异化为一种处罚犯罪的工具，就在于其作为纯粹程序保障工具的根据论证不够深入，对制度借鉴与制度生存的环境如何协调没有充分的论证。此外，包括刑事强制措施体系的完善及各具体措施之间的优化配置等在内的刑事强制措施基本理论问题也有待于学界进一步深入探讨。

（二）微观方面

1. 适用刑事强制措施的证明标准问题。确立科学的证明标准是刑事强制措施制度正当

---

① 苏力著：《送法下乡——中国基层司法制度研究》，中国政法大学出版社 2000 年版，第 431 页。

性的一个重要内容，但我国目前的研究主要关注于刑事强制措施的程序控制、权力制约等内容，而对各具体措施的证明标准问题重视不够。证明标准问题不解决，刑事强制措施的正当性不仅仍会成为问题，而且具体实施过程中的随意性也将难以避免。

2. 到案措施与候审措施的分离。强制措施有的具有到案功能，有的则具有候审功能，虽然都是为了保障刑事诉讼活动的顺利进行，但各自具体发挥作用的层面和角度并不完全相同。例如，拘留、逮捕措施都兼具到案与候审的双重功能，法律不明确界定，会导致运用的混乱。必须理清到案措施与候审措施之间的关系，使各措施的功能予以明确化，分别规定不同的适用条件，适用期限。

3. 建立更有效的非羁押性措施的执行机制，以扩大非羁押性强制措施的适用率。目前我国对降低羁押率，尽量采取非羁押性强制措施没有多大异议。存在的困难是非羁押性强制措施的执行难题仍无法破解。不管怎样，这一问题的解决必须要考虑我国的社会环境、民众文化心理、经济条件等具体因素。

（作者单位：北京师范大学）

第四部分

其　他

从修订后的律师法看检察机关保障律师阅卷权制度的完善

程荣斌　刘怀印

刑事诉讼中的阅卷权，是指辩护律师为行使辩护权而享有的查阅、摘抄、复制相关案卷材料，了解和掌握案件事实及证据的权利。在审查起诉程序中，阅卷制度的基本功能是确保辩护律师通过阅卷，提前了解案件事实和证据，为有效行使辩护权做准备。

在我国刑事诉讼中，律师阅卷权因缺乏完善的制度保障而得不到很好的贯彻实施，这不仅成为影响律师行使辩护权的重要因素，也已成为影响检察机关客观公正地对案件开展审查起诉的突出问题。2007 年 10 月，第十届全国人大常委会第十三次会议审议通过了修订后的《中华人民共和国律师法》（以下简称新律师法），其中关于审查起诉阶段律师阅卷范围的规定突破了现行的《中华人民共和国刑事诉讼法》（以下简称刑事诉讼法）的规定，该法已于 2008 年 6 月 1 日生效。随着新律师法的实施，完善保障律师阅卷权已成为司法界要认真解决的问题。笔者对此结合司法实践谈谈个人浅见。

一、律师阅卷制度的基本功能

任何一项制度都是基于一定的目的构建的。这正如卡多佐所言："如果根本不知道路会导向何方，我们就不可能智慧地选择路径。"[①] 因而，制度文明就是"以规则的方式使人们的欲望、行为、事件获得适当安置的生存方式和文化现象"[②]，我们首先通过探讨律师阅卷制度的价值功能，从而为完善保障律师阅卷权探索可供选择的路径。

（一）律师阅卷制度在两大法系审前程序中的基本功能

律师阅卷制度起源于大陆法系职权主义诉讼模式。大陆法系职权主义诉讼基于发现案件真相目的，法官在审判活动中依职权积极主持庭审活动，把握庭审进程。在这种模式下，庭前程序的作用和意义尤为重要，表现为：一是大陆法系国家普遍规定检察官在起诉时必须向法院移送案件的全部卷宗，使预审法官通过庭审前的实质审查，初步掌握案情，理清证据及案件争议焦点，从而保障庭审法官在法庭上有效地指导庭审活动，使庭审紧紧围绕案件争点集中审理，防止诉讼拖延，提高诉讼效率。二是由于职权主义诉讼模式下辩护律师调查取证能力有限，为了弥补辩方防御能力上的不足，赋予辩护律师阅卷权，使其有充分的时间和便利进行辩护前的准备，防止控方在庭审中实行"证据突袭"。[③] 可见，赋予律师阅卷权的最初动因是为了提高辩护律师的防御能力，防止证据突袭，保障辩护权。

---

① ［美］卡多佐著：《司法过程的性质》，苏力译，商务印书馆 1998 年版，第 63 页。
② 江山著：《制度文明》，中国政法大学出版社 2005 年版，第 428 页。
③ 参见万毅：《程序如何正义——中国刑事诉讼制度改革纲要》，中国人民公安大学出版社 2004 年版，第 245 页。

而在英美法系当事人主义诉讼模式下,对律师先悉权(提前了解案件证据信息的知情权)的规定则有一个发展过程。由于英美法系当事人主义诉讼模式的形成源于司法决斗,其观念上一直将诉讼视同为参与者的竞技活动。当事人在诉讼中平等对抗,共同主导程序的推进和证据的调查;法官消极被动地居中裁判,中立听审。这种诉讼模式又被称为对抗式诉讼模式。在英美学者看来,对抗式诉讼模式有其自身优势:第一,它是查明事实真相的最佳手段,因为"当事人能被激发,发现并提出有利于他们的证据,反驳有利于对方的证据。公开对抗有可能弄清真相"①。第二,对抗式诉讼模式因注重程序的正当性,有利于吸收当事人及社会公众的不满情绪。

然而,从英美法系对抗制诉讼模式的运行效果看,它也存在着机理缺陷:一是庭审过分对抗化,走向另一极端:双方当事人为求胜诉,庭审前刻意隐匿证据,在庭上实行"证据突袭"打击对方,诉讼不再是围绕事实展开,而是演变成双方辩护律师的法庭辩论技巧大赛,这就违背了诉讼"发现真实,解纷止争"的宗旨,从而丧失了诉讼机制的社会意义;二是审判过分中心化,导致庭前程序的过滤功能虚置。由于争点难以形成,庭审往往旷日持久,诉讼效率低下。为了解决上述问题,英美法系国家着手寻求程序结构的合理化改革,强化庭前程序的过滤功能,于是借鉴大陆法系职权主义庭前程序的卷宗移送模式,设立了证据开示程序,法官介入审前程序,提前整理争议焦点,并促使控辩双方信息对等交流,从而避免"证据突袭",提高了诉讼效率。②

通过两大法系审前程序的发展演变可知,在庭审前保障辩护律师阅卷权的动因是为了打破控辩双方在庭审前对证据信息掌握的不平衡状态,避免"证据突袭",使律师辩护权得以实现,提高诉讼效率。

(二)律师阅卷制度在我国审查起诉程序中的基本功能

诚如有学者所言:"刑事诉讼法具有地方性……不同民族的历史和文化是不一样的……刑事诉讼程序体现了不同的制度的安排和设想,其中一种程序中的一套含义完全不同于另一种程序"③。从我国的刑事审查起诉程序的角度考察,可以发现保障律师阅卷权制度在我国刑事诉讼中具有以下功能。

第一,贯彻有效辩护原则,维护犯罪嫌疑人的合法权益。有效辩护原则是刑事诉讼中的一个重要原则。"有效辩护原则应当包括以下几层意思:一是犯罪嫌疑人、被告人作为刑事诉讼的当事人在诉讼过程中应当享有充分的辩护权;二是应当允许犯罪嫌疑人、被告人聘请合格的能够有效履行辩护义务的辩护人为其辩护,包括审前阶段的辩护和审判阶段的辩护……三是国家应当保障犯罪嫌疑人、被告人自行辩护权的充分行使,设立法律援助制度,确保犯罪嫌疑人、被告人获得律师的帮助。"④ 根据有效辩护原则,要保障辩护律师在审查起诉中有充分的发表自己辩护意见的机会,为此必须保障辩护律师的会见权、通信权、

---

① 〔美〕迈克尔. D. 贝勒斯著:《法律的原则——一个规范的分析》,张文显等译,中国大百科全书出版社1996年版,第39页。

② 万毅:《程序如何正义——中国刑事诉讼制度改革纲要》,中国人民公安大学出版社2004年版,第244页。

③ Ronald J. Allen:《刑事诉讼的法理和政治基础》,张宝生、李哲、艾静译,载《证据科学》20071/2期,第162~169页。

④ 宋英辉主编:《刑事诉讼原理》(第2版),第112页。

调查取证权，特别是阅卷权。

保障辩护律师阅卷权不仅在两大法系国家的刑事诉讼法中均有明文规定，而且在一些国际司法文件中也有所体现。联合国《关于律师作用的基本原则》第21条规定，主管当局有义务确保律师能有充分的时间查阅当局所拥有或管理的有关资料，档案和文件……该文件和《公民权利和政治权利国际公约》都规定，当事人有权享受相当的时间和便利为自己辩护或请他人为自己辩护，而所谓"便利"是最起码应该知道自己受到哪些指控，有哪些证据。因而确保辩护律师阅卷权是有效辩护原则的要求，是保障犯罪嫌疑人辩护权在审查起诉阶段得以充分行使、维护其合法权益的必要手段，应成为我国审查起诉程序的内容。

第二，促进审查起诉的公正性，提高诉讼效率。刑事诉讼的进行应尽可能地缩短不必要的拖延，缩短被追诉者的诉讼时间和羁押时间。这正如台湾学者陈朴生所言："刑事诉讼之机能，在于维护公共福祉，保障基本人权，不计程序之烦琐，进行之迟缓，亦属于个人无益，于国家社会有损。故诉讼经济与诉讼制度之建立实不可忽视。"[1] 在刑事诉讼中，辩护律师只有享有充分的阅卷权，尽可能早地完全了解案卷材料，掌握案件事实，才能提出全面的辩护意见，这不仅有利于检察机关正确地作出起诉与不起诉决定，及时准确地做好检察环节上的案件分流和消化工作，避免错误起诉，缩短对犯罪嫌疑人的羁押期限，而且使公诉人在听取意见后，便于控辩双方整理案件争点，在此后的审判中提高庭审效率。

第三，维持控辩平衡构造，为庭审实质化做准备。控辩平衡原本是当事人主义诉讼模式的一个基本原则。其基本要求是在刑事诉讼中控辩双方都是地位平等的诉讼主体，诉讼权利和诉讼义务应当对等，辩护方应有足够的防御能力对抗控方的指控。其方法是主要通过举证责任的分配和证明标准的设定来实现控辩平衡。

我国的检察机关是国家司法机关，根据宪法和法律规定行使法律监督职责，其地位有别于英美法系国家控方当事人的诉讼地位，同时在我国刑事诉讼中，犯罪嫌疑人、被告人及其辩护人也不具备英美法系当事人主义诉讼模式下的被告人及其辩护人的诉讼地位和诉讼权利，如单独调查取证和委托专家鉴定的权利，等等。在调查取证方面，辩护律师收集证据的手段和力量与国家专门侦查机关相比显然处于劣势。新律师法赋予律师在审查起诉阶段充分的阅卷权，目的是在诉讼构造上形成对控诉机关的平衡和制约，只有保障其在案件被起诉前得以充分的阅卷，他们才能有效地行使辩护权，才能根据案件事实和法律向检察机关提出更为准确的辩护意见，使检察机关对案件作出正确的审查决定，同时保证控辩双方在法庭上的举证、质证充分进行，实现庭审实质化，保障诉讼公正。

二、我国审查起诉程序中律师阅卷制度的现状及存在的问题

（一）关于律师阅卷的立法状况

刑事诉讼法第36条规定："辩护律师自人民检察院对案件审查起诉之日起，可以查阅、摘抄、复制本案的诉讼文书、技术性鉴定材料……辩护律师自人民法院受理案件之日起，可以查阅、摘抄、复制本案所指控的犯罪事实的材料……"另外结合《人民检察院刑事诉

---

[1] 陈朴生著：《刑事经济学》，台湾地区正中书局1975年印行，第327页。

讼规则》第 319 条、第 322 条及司法部《律师办理刑事案件规范》第 43 条等法律、法规、规则的规定可知：辩护律师既可以在审查起诉阶段阅卷，也可以在审判阶段阅卷。但是，律师在审查起诉阶段所能查阅的卷宗只限于诸如拘留证、逮捕证和鉴定结论等诉讼文书和技术性鉴定材料，阅卷范围十分狭窄；在审判阶段，刑事诉讼法第 36 条第 2 款之规定的"辩护律师自人民法院受理案件之日起，可以查阅、摘抄、复制本案所指控的犯罪事实的材料"，但是刑事诉讼法第 150 条规定，检察机关向法院起诉时提供的材料也仅仅是起诉书、证据目录、证人名单和主要证据的复印件和照片。至于其他一些材料，律师无法看到。也就是说，刑事诉讼法第 36 条第 2 款规定的辩护律师在审判阶段的阅卷权被刑事诉讼法第 150 条的规定限制了。

总之，辩护律师在开庭前只能查阅部分案卷材料，不能查阅全部卷宗材料，特别是对涉及犯罪证据的大部分材料无权查阅，这既不符合设立律师阅卷制度的基本要求，也与设立保障律师阅卷权制度的立法目的相违背。

（二）律师阅卷制度在司法实践中的运行状况及产生的问题

在司法实践中，律师这种不完全的"阅卷权"也常因缺乏相配套的制度保障而难以落实。其表现为以下两方面：从客观方面看，根据目前检察机关的办案制度，案件在侦查终结移送起诉到检察院公诉部门后，一般由公诉部门内勤将案件分配给各承办案件的检察官，卷宗也由各承办人保管。律师如果申请阅卷，必须与案件承办人联系，甚至还要经公诉部门负责人或副检察长批准，其间往往会遇到诸如承办人外出办案、公诉部门负责人或副检察长不明确表态而无法阅卷的情况。从主观方面看，实务界在"重打击，轻保护"的思维定式影响下，在律师阅卷申请时常有意无意拖延拒绝，导致律师阅卷权难以得到保障。

在审查起诉阶段，律师阅卷权得不到保障往往会导致以下一系列问题：其一，它限制了律师在审查起诉阶段辩护权的行使。由于辩护律师难以全面地了解、掌握全案证据材料，在审查起诉阶段也就难以切实履行辩护职责，准确地提出有利于犯罪嫌疑人、被告人的意见和建议。其二，直接影响了检察机关审查起诉工作的质量。律师不能准确地提出辩护意见，相应地不利于检察机关在审查起诉工作中发现问题，也难以保障对案件作出准确的审查起诉决定。其三，浪费司法资源，导致诉讼效率低下。辩护律师阅卷权不能得到充分保障，将导致其对侦查部门依职权已经调取的证据和查明的事实再进行"重复劳动"，浪费诉讼资源和降低诉讼效率。其四，难以保障庭审的实质化。现行的刑事诉讼法确立的"控辩式"庭审方式强调控辩双方在法庭上充分举证、质证，法官居中裁判，从而实现庭审的实质化。如果辩护律师不能全面地阅卷，在自行调查取证困难的情况下，就难以充分地行使辩护权，从而使庭审活动流于形式。

三、新律师法对律师阅卷规定的变化及导致的认识分歧

新律师法第 34 条的规定使律师在审查起诉环节阅卷的范围扩展到"案卷材料"。由于这项制度与刑事诉讼法相冲突，并缺乏完备的保障措施，因而司法界有人持不同看法和担心，归结起来主要体现为以下几方面：

（一）"与现行法冲突，难以落实"

有人认为，新律师法较之于刑事诉讼法虽然是新法，但由于它是第十届全国人大常委会第十三次会议通过的，相对于全国人民代表大会通过的刑事诉讼法而言属于下位法，当两法效力发生冲突时，应当按照上位法优于下位法的原则处理；又因为两法不属于同一位阶的法律，所以"新法优于旧法"法理原则也不适用于解决两法效力的冲突，因此在现行的刑事诉讼法修改之前，新律师法关于审查起诉程序律师阅卷权的规定，由于与刑事诉讼法的规定发生冲突而难以得到落实。

（二）"顾此失彼，造成了司法中的新矛盾"

有人认为，新律师法扩大了辩护律师审查起诉程序的阅卷范围，法律生效实施后，公诉机关按照法律规定应当将所掌握的证据材料无保留地向辩护律师公开，但法律没有规定辩护律师也必须对等地向公诉人公开自己可能掌握的证据信息，这有可能造成新的信息不对称，为辩护律师在庭审时向公诉人发起证据突袭创造了便利条件，从而导致司法中新矛盾的产生。

（三）"规定笼统，缺乏程序保障"

也有检察人员认为，由于现行刑事诉讼法尚未修改，而司法解释和其他规范性文件关于阅卷的时间、地点、场所、阅卷范围和保障以及卷宗安全等问题没有明确规定，这些问题若不能妥善解决就难以做到有效的配合。这样，律师阅卷的法律规定将流于形式，"阅卷难"问题可能再次浮现。因此，有必要制定完备的实施措施对律师阅卷权予以保障。

四、完善保障律师阅卷权制度应遵循的原则

在两大法系各国关于辩护律师阅卷权的规定中，尽管在时间、地点、阶段、范围等方面都有所不同，但是律师享有充分的阅卷权是共同的，这显示出各国对保护辩护律师充分行使辩护职能都给予了高度重视，一些合理有效的规定和做法是值得我国借鉴的。从世界各国的规定可以发现，在刑事诉讼中构建保障律师阅卷权制度大体应遵循以下原则：

（一）全面充分的原则

"全面"，是指阅卷内容全面，检察机关要保证查阅完整的卷宗材料；"充分"，是指保障充分的阅卷时间，吃透全案卷宗材料，把握各方面证据。由于在审查起诉阶段，案件已经侦查终结并移送起诉，辩护律师查阅全部卷宗材料已经不存在影响侦查活动的情况，全面阅卷既有利于根据案件事实和法律向公诉机关提出有依据的辩护意见，也有利于公诉机关对案件作出正确的审查决定，同时避免了检察机关向法院移送全案导致庭审法官过早接触卷宗材料，形成主观预断（因为我国没有预审法官制度），还节约了复印卷宗材料的办案经费。因而，辩护律师阅卷权的保障应坚持全面充分原则。

（二）直接无碍原则

"直接"，是指对辩护律师阅卷资格只需履行形式审查手续，辩护律师只需持合法有效的证件就应被允许查阅；"无碍"，是指不得设立层层批准手续阻碍阅卷。当然，由于案件被移送起诉后，控辩双方都面临着阅卷需求，应制定具体的程序加以保障。

（三）平等交流原则

控辩双方是平等的诉讼主体，应平等交流有关证据信息。这里的"平等"不是"等量"，由于辩护律师在掌握证据方面不如控方有优势，这就要求从实际出发，不能强求与控方等量交换信息，这里是指在获取对方所掌握的证据信息权利上双方是平等的。如果辩护律师在侦查、起诉阶段收集到诸如有关犯罪嫌疑人不在犯罪现场、未达到刑事责任年龄、犯罪时属于不负刑事责任的精神病状态的证据，应当及时向侦查机关和检察机关提交，并据此向办案机关提出终止诉讼的辩护意见。这完全是为了保障犯罪嫌疑人的合法权益，是辩护律师的职责所在；同时也是为了防止不当起诉。至于案件中不可能起到终止诉讼作用的其他证据，律师完全可以根据辩护的需要和策略上的考虑自主决定何时向办案机关提出。[①] 这一原则的要求是辩护方有权查阅控方全部卷宗材料，控方有义务展示所掌握的证据资料；辩护方也有义务展示自己收集到的有利于犯罪嫌疑人的相关证据。

（四）程序保障原则

任何一项权利，如果没有具体的程序和制度作保障，那只是虚设，用制度保障权利，是现代法治的一条重要经验。辩护律师阅卷权要有一定的程序规则予以保障落实，使刑事诉讼法规定的阅卷制度在一国范围内一体化地得以落实，不得因处于不同地区而区别对待。

五、完善保障律师阅卷权制度应注意的几个方面

（一）通过修改法律，消除法律冲突

如上文所述，新律师法扩大了律师在审查起诉阶段的阅卷范围。因而，应当通过立法修改，使新律师法和刑事诉讼法关于律师阅卷权的内容保持一致，确保法律得到统一正确的实施。

（二）进一步明确辩护律师的阅卷范围

什么是"案卷材料"？检察机关不准备提交到法庭的所谓"内卷材料"是否允许辩护律师查阅？对此理论界认识各不相同。各国立法规定也千差万别。我们认为，结合阅卷权制度是出于"防止证据突袭，保护辩护权"的立法目的，以及"全面充分"的原则，律师有权查阅的案卷材料一般应当是与案件有关的所有材料，既包括准备提交法庭的案卷资料，也包括不准备提交法庭的案卷资料，特别是有利于被告人的证据。

---

① 顾永忠：《刑诉法再修改：完善辩护制度势在必行》，载《法学家》2007 年第 4 期。

当然，对于律师阅卷的范围，也应有必要的例外规定。对于控方不准备向法庭提交的证据材料中涉及国家秘密的证据，有关警方秘密力量身份的证据，根据"国家利益豁免原则"可以作为例外；另外，对于检察机关内部工作意见、讨论案件笔录等不属于证据的材料不宜公开。

（三）关于辩护律师阅卷的地点

由于我国法律没有明确规定，实践中有各种不同的做法。有人认为，应参照传统大陆法系职权主义诉讼模式中的阅卷制度，阅卷应在法院进行。也有一些学者建议，应当借鉴国外的经验，完善审前程序，设立预审法官制度，使律师阅卷问题在庭前程序中于法院预审庭得以解决。① 我们认为，结合我国目前刑事案件向法院起诉时卷宗移送方式不是全案移送，只是移送证据目录、证人名单和主要证据复印件或照片的规定，以及我国尚无构建预审法官制度的现实，特别是从保障律师全面查阅卷宗材料，进而保障犯罪嫌疑人在审查起诉阶段的辩护权得以实现，以及一些案件到不了审判环节的现实，阅卷地点宜设在检察院而不宜设立在法院。

（四）关于阅卷时间的确定

刑事诉讼法第36条和新律师法第34条都明确规定辩护律师的阅卷时间为"从案件审查起诉之日起"，以及从"人民法院受理之日起"。但我们认为在审查起诉阶段阅卷更为合理。这是因为根据刑事诉讼法的规定，检察院起诉时移送的是主要的证据复印件或照片，而非全部证据，所以在庭审前到法院阅卷反倒不如在审查起诉阶段阅卷范围广。更为重要的是，律师在审查起诉阶段阅卷，将使犯罪嫌疑人在审查起诉阶段的辩护权得以实现，也为检察机关公诉部门阅卷后听取辩护人意见，保证案件在审查起诉环节的正确处理创造条件。当然，如果刑事诉讼法仍修改为检察院起诉案件实行全案卷宗移送制度，那么律师也可以在人民法院受理案件之日起到法院阅卷，并作为到检察院不能充分阅卷的补救措施。

（五）明确检察机关保障律师阅卷权的责任

为了保障辩护律师的阅卷权得以实现，应从以下方面完善检察机关的相应责任：一是建立诉讼进程公示制度。在刑事案件进入审查起诉环节后，检察机关公诉部门应当通过适当的形式将案件的诉讼进程进行公示。二是明确检察机关履行的特定告知义务。进一步保障辩护律师在审查起诉阶段的知情权。三是建立预约阅卷制度。确保辩护律师有直接无碍的阅卷权。

（六）健全律师行使阅卷权时应承担的相关责任

对于一些证据材料，如举报信以及涉及被害人、证人的材料，为防止被打击报复，还有一些特殊的案件，如黑社会性质的犯罪、毒品犯罪、恐怖犯罪，这些证据材料不应给犯罪嫌疑人、被告人看。我们一方面要维护司法公正，另一方面也要维护国家和社会的公共利益。所以应界定范围，适当做些限制，明确辩护律师应承担的必要保密责任。

---

① 参见闵春雷：《刑事庭前程序研究》，载《中外法学》2007年第2期。

（七）完善保障辩护律师阅卷权的司法救济措施

对于因公诉人拖延导致不能阅卷，以及公诉人故意隐匿证据并在庭审中实行"证据突袭"而使辩护权受到影响的应该怎么办？一些学者提出可以借鉴英美法系国家的做法，禁止使用未经展示的证据。我们认为根据我国司法实践，对于因公诉人故意隐瞒证据导致庭审中出现"证据突袭"现象的，可以裁定中止审理，确保证据得以查证核实；对于由于隐瞒证据导致取证时机丧失，使该证据难以核实的，经辩护律师建议，法庭可以宣布该证据无效。

（作者单位：中国人民大学法学院）

审前程序律师辩护权必要性解析

管 宇

刑事审前程序承载着为法庭审判准备对象和裁判依据的重要职能。刑事审判前程序的设计，直接决定着一个国家追究犯罪的实际能力和国民的公民权利在审前阶段的保障程度。审前程序是权利和权力的竞技场，它的结构反映着一个国家的司法文明和民主程度。如果审前程序缺乏基本公正，审判公正就无从保障。这就好比一个人在黑暗中摸索太久，打开灯光时，他必然会大吃一惊，尤其是眼前伫立着一个强大的对手时，突然袭击和悲惨的结局就在所难免。审前程序的辩护权犹如在审前程序点亮一盏灯，它指引着被追诉人穿过羊肠小道，走向正义的审判。由于审前程序整个过程充满着权力和权利的冲突与追究犯罪和保障人权理念的内在冲突，因此审前程序的设计也为各国立法和司法所重视。审前程序是否必须引入律师辩护历来为世界各国理论界和司法界争论的焦点。辩护权介入审前程序不仅是刑事诉讼发展的需要，更重要的是现代辩护权本质特征的应有之义。辩护权的现代分野就是辩护权作为一项重要的政治权利参与审前程序，通过对被追诉人利益的维护，监督公权力运行，从而体现司法民主，实现司法正义。

一、审前程序辩护权是刑事诉讼的内在需求

刑事诉讼法是宪法的测震仪，宪法优位性原则是刑事诉讼必须秉持的基石。宪法要求保障公民的人身自由、生命财产权利不受非法侵害，无罪推定原则进一步确认了刑事诉讼中被追诉人的程序主体地位、公民地位。因此，宪法给予被追诉人权利保护系应有之义。然而，刑事诉讼是国家追诉机关代表国家追诉犯罪的行为。在刑事诉讼进行时，基于对审判程序顺利展开和判决依法执行保障之考量，对个人权利之侵害在所难免。一方面，宪法必须保障被追诉人的宪法性权利；另一方面，国家追诉机关必须对被追诉人采取强制处分，为调和二者之间的冲突，法治国家采取法律保留原则。国家欲实施处分并进而干预人民的基本权利时，必须有法律授权之依据，并且应当谨守法律设定之要件限制，否则即属违法侵害人民基本权利之行为。此项原则构成强制处分的"宪法"界限。同时，法治国家对于审前程序强制处分规定了一杆标尺——比例原则。在刑事追诉程序中，尽可能避免和限制强制性处分的适用，尽量采用非强制性的侦查手段，国家在行使追诉权过程中要做到过程的道德性，使之符合理性要求，做到程序正义，这也是近现代刑事诉讼程序的基本理念之一。然而，由于在刑事追诉程序中强制处分的适用是不可避免的，所以为防止滥用，要求其的采用必须适度。也就是说，强制处分的适用，应当与犯罪的严重性、嫌疑程度（掌握证据的充分性），以及案情的紧急性和必要性相适应。该项理念和原则旨在强调避免过度地或不适当地适用强制处分，以防止过多或不当地适用强制处分而侵犯犯罪嫌疑人及相关公民的人权。同时，对于上述权利的行使，法治国家普遍规定了救济原则——司法权保障之

— 501 —

原则。司法权保障原则，是指刑事审判前程序的进行应当由国家司法权提供保障或者予以控制，以促使追诉权和防御权的正当行使，抑制权力或者权利的滥用，使控辩双方有平等的机会陈述本方的理由并得到公正的待遇，以保证刑事审判前程序得以有序的运作和公平的进行。司法权保障原则的功能，旨在保障体现发现实体真实与保障人权相协调的刑事诉讼目的在刑事审判前程序中得以实现。毋庸置疑，刑事诉讼是国家职权性追诉行为，被追诉人乃是国家刑罚权行使之对象，对于强制处分应当有忍受之义务。国家竭力控制追诉权力的行使，保证权力行使的理性。如果没有强制处分和被追诉人的忍受义务，整个刑事追诉的大厦难免会倾塌。但忍受义务必须有法律规定的底线，无限制地忍受自然会导致纠问式的专横和残暴。刑事强制处分在审前程序中常有多达数十次的使用，如果法律都将其置于司法保障范围的控制之下，诉讼效率则无从保证，诉讼公正亦无从体现。因此，世界各国依据本国国情和法治理念对于一些重大的涉及人身自由和财产的强制处分给予司法令状主义，进行事前审查，而对于一些可能涉及严重危害诉讼人权，违反法律强制性规定之侦查行为予以事后审查救济，依据相关原则予以评价（如非法证据排除规则）。

审前程序中权利与权力冲突既涉及法律适用，又联结司法、执法的裁量，如此纷繁复杂，控辩双方自诉讼伊始就充斥着激烈对抗，因而寄希望于权利受到限制或蜷伏于羁押场所一角不谙法律知识的被追诉人来自行维护自己对抗国家权力机关的正当权利，实为奢望，而辩护律师的介入和健全的辩护制度乃是维护公民权利，保障国家权力理性行使的重要制度保障。

正如一句法谚所云："刑事诉讼之历史，正是辩护权扩大之历史。"现代刑事诉讼确立了被追诉人的程序主体地位，因此被追诉人应当享有广泛的防御性权利，刑事诉讼法必须保障被追诉人具有排除国家机关对其不利指控并影响程序进行方向的机会，辩护制度便是这种法治思想下的产物。据此，法治国家均立法赋予被追诉人随时选任辩护人的权利。对于审前程序中能否随时选任辩护人，学术界存有不同观念。有些学者认为，在审前程序中追诉机关调查该案件时，基于职权原则负有全面收集有利于或不利于被追诉人证据的客观义务，被追诉人也有权主张追诉机关收集、固定、保全有利于自己的证据。那么，审前程序辩护制度就根本没有存在的必要性。仅仅凭借客观性义务本身，并不足以有效保障被告人的主体地位及防御权利。首先，应当并不等于实然。客观性义务是一种应然面向的义务，但不表示个案中之实然状态。更何况正是因为法官与检察官必须彻查事实，千头万绪，所以纵使本于良知，也很可能忽略或误判某些有利于被告人的线索或证据。就此而论，辩护人的功能在于，专就被告人有利方面督促国家机关实践其应然的客观性义务，并且动摇其不利于被告人事项之判断，以便保证无罪推定原则能在具体个案中实现。其次，从司法层面来看，尽管法律赋予被追诉人无罪的地位，给予他诉讼主体资格，但纵览过往之案例，被追诉人却是"双重角色"，他一方面是程序的主体，另一方面又是证明的对象。当追诉机关行使追诉权时或将其视为证明方法，这种双重角色的地位可能会导致被追诉人作为诉讼主体的地位的降低。在司法实践中，恰恰是基于被追诉人的双重角色和追诉机关对案件事实真相的追求，常常导致被追诉人处于危险境地。加之追诉机关拥有强大的"武器库"作为支撑，被追诉人在刑事诉讼中常常被当做纯粹的信息来源。这种把被追诉人视为信息来源的做法，往往会导致对被追诉人口供的过分依赖，刑讯逼供必然在所难免。即使不刑讯逼供，这种理念也会导致追诉机关排斥辩护人的介入。缺乏辩护人介入的讯问，这种太过片面的结构，仅仅可以探寻对被追诉人不利的有罪证明的蛛丝马迹，并不能服务于澄清犯罪嫌疑的程序目的，也不利于探求事实真相。因此，在刑事诉讼中国家应当始终保障被追诉人的诉讼主体地位。通过对追诉权力的反制措施来有意识地限制和收缩自己的权力。在查明案件事实时，国家必须自我设置障碍，以避免被追诉人地位的矮化，使被追诉人不至于置身于信息来源的尴尬局面。还有些学者认为，审前程序是国家机关为追究犯罪而启动的全面收集并保全证据，并依照证据进行筛漏之过程。从侦查程序起，将不可能成为有罪裁判之案件先行过滤筛出，省却审判程序。从大陆法系国家的立法动态来看，各国均采用国家追诉机关侦查不公开原则，该原则与公开审理原则相互对照。侦查不公开原则具有多重目的：第一，就被告人之保护而言，发动侦查只是刑事程序的端绪而已，犯罪嫌疑尚未经过程序检验，若是侦查机关任意公开破案信息，容易误导为"媒体公审"或"人民公审"，甚或于起诉后造成不当外力，事实上可能减损被告人受无罪推定原则保护的机会，纵使最后判决无罪，也容易造成法官与外界无谓的对立。第二，就相关人士之权利保护而言，关系人向侦查机关透露的案件信息，或者涉及自身，或者涉及被告人的隐私、名誉乃至生命，在案件正式起诉之前，应有免于信息外流的信赖利益。第三，就侦查阶段"国家机关"的信息优势而言，信息优势往往是破案先机，信息不当走漏，常会造成保全犯人或收集、保全证据之阻碍。

从大陆法系司法实践来看，侦查不公开，绝非概括性地排除被告人或辩方地位的原则。侦查阶段，虽然并不适用指定或强制辩护，但是被告人仍得随时选任辩护人，讯问被告人时亦应告知此项权利。至于担忧由于辩护人的介入可能导致信息外泄，从而阻碍侦查的进行，完全可以通过技术性处理做到保密与公开的平衡。辩护律师不是被追诉人，在刑事诉讼中其拥有独立的诉讼地位，是具有较高素质并经过专业培训的法律职业人士，维护被追诉人的权利是其重要职责，但是辩护律师还肩负着实现社会正义之职责，日本律师法第一项就明确规定"律师以维护基本人权，实现社会正义为任务"。当然，实现司法正义并非仅限于律师，但律师是重要的实践者。律师的超然诉讼地位保证了律师一般不会基于诉讼利益导致妨碍侦查的事项发生，而对于重大案件中可能出现的例外，如日本、我国台湾地区均从立法上规定有碍侦查的情形例外予以避免。至于担心由于辩护律师的介入可能导致诉讼效率的降低，实在是对效率原则的曲解，效率和公正并不必然发生冲突，它们之间存在对立和统一的关系，其同一性是其主流，波斯纳认为"效率与公正是同一词"，并宣称"正义的第二种含义就是效率"，律师审前程序的介入，通过律师辩护权的积极行使，从事实的另一方面来揭示事情本来的面貌，可以提高追诉机关认识案件事实的能力，这种从事实的正反两个方面来看待问题，既是诉讼认识的途径，也是认识事物的最佳方法，符合马克思主义的认识论。离开公正去追求效率，只能是一相情愿，事实上就从来没有不具有公正性的效率。诚然，效率和公正在一定程度上可能存在着内在的冲突，在刑事诉讼中，效率原则要求手段的多元，控制和监督的减少，价值的单一，而所有这些都与公正原则相矛盾。审前程序辩护律师的介入，由于律师诉讼职责的要求，辩护律师从维护被追诉人的权利出发，对追诉机关权力的行使实施监督，如明示被追诉人享有不自证其罪的特权，制止追诉机关不当讯问，这些措施可能阻碍追诉机关及时查明事实。因此，辩护律师介入可能导致诉讼的迟缓，但这是维护正义的必然代价。而这种阻碍并不是绝对的，辩护律师的任务和追诉机关的客观义务在查明错误追诉这一点上是趋同的。司法实践中还存在当侦查程序启动后，侦查机关发现案件事实不清时，辩护律师提供证明被追诉人无罪的阻断性证据，从而使诉讼及时终结，这一情形不但使诉讼得以公正进行，还最大限度地提高了诉讼效率。

英美法系国家审前程序实行对抗式模式，控辩双方地位平等，法律给予控辩双方平等的取证权，基于程序正义理念的影响，在立法层面赋予被追诉人诸多保护性措施，在司法上给予控辩双方平等保护，这些权利的维护和措施的运用，没有深谙法律知识的辩护律师的帮助，权利保障势必落空，诉讼对抗流于形式。加之在其审前程序中，程序分流已成为诉讼的主要形式，控辩协商是程序分流的基础，离开辩护律师的帮助，辩诉交易根本无法进行。在司法上，缺乏辩护律师帮助的交易被看做违反程序正义的事项，为司法所禁止。因此，在英美法系国家，辩护权的介入已成为程序公正的标尺，也为广大诉讼法学者所认同。

二、审前程序辩护权是维护诉讼结构的原则保障

控辩平衡、审判中立是现代刑事诉讼的基本特征，也是现代刑事诉讼的基本要求。但在现代刑事诉讼中，由于控方掌握着信息优势，加之手握强制措施大权，控辩平衡、审判中立难以保障。审前程序辩护权可以有效弥补被追诉人与国家机关的实力落差，并保障裁判中立原则的实现。裁判中立原则作为一项国际刑事司法准则必须为各国刑事立法和刑事司法所遵守，也是各国刑事司法保障人权的最低要求。联合国《关于司法机关独立的基本原则》规定，司法机关应不偏不倚、以事实为根据并依法律规定来裁决其所受理的案件，而不应有任何拘束。《公民权利和政治权利国际公约》第14条规定："一、所有的人在法庭和裁判所前一律平等。在判定对任何人提出的任何刑事指控或确定他在一件诉讼案中的权利和义务时，人人有资格由一个依法设立的合格的、独立的和无偏倚的法庭进行公正和公开的审讯。……"并要求各成员国以此为基础保证裁判中立在各国的实现。裁判中立原则必须保证控辩双方在审判过程中平等的诉讼地位，给予控辩双方充分举证、质证、法庭辩论的机会，充分听取控辩双方的辩论意见，给予控辩双方平等的保护。现代刑事诉讼以证据裁判主义为原则，认定事实，适用法律无不建立在证据的基础上，尽管证据的出示、质证都发生在审判阶段，但证据的收集、保全均发生在审前阶段，因此审前阶段和审判阶段有着直接关联，并在一定程度上直接决定着审判结果。这意味着，要评价裁判中立性，就需要对整个刑事诉讼程序进行考察，而审前程序在这方面扮演着十分重要的角色。没有审前程序辩护律师的介入，审前阶段，控辩双方实力落差太大，被追诉人无力自行准备收集证据，也无力对抗国家追诉机关强大的追诉权的行使，也就不能为审判阶段做充分的准备。控辩审前不能平等武装，则审判过程中的平等保护、裁判中立性只能成为奢望或者流于形式。为保证裁判中立性，审前程序的构造显得尤其重要。审前程序中，追诉机关负有追究犯罪的主要职能，因此予其以国家强制力为后盾实属必要。为求发现事实真相，必须进行调查程序并发动强制处分，追诉机关较被追诉人无论是英美法系还是大陆法系均具有先天性优势。但追究犯罪并不是刑事诉讼的唯一目的。犯罪必须追究，但不得以牺牲人权，特别是被追诉人的人权为代价。人权保障和惩罚犯罪同是现代刑事诉讼的重要价值目标。确立规范是为了制约权力，保障权利，设置审前程序就是为保障审前程序有关法律规范体现的价值的实现。如何切实保障被追诉人的人权，是刑事审前程序的一个重要课题。相对于国家追诉机关，被追诉人的法律知识与国家的专职法律人员并不相当，不仅不熟谙法律之

被告人始为如此，而且即使熟谙法律之人，于成为刑事被告人时，或因失却冷静，或因心理上受压迫，或因身体自由受拘束，而不能善用其权利。因而，必须借助辩护制度弥补其间的法律知识之落差。至于羁押中的被追诉人，事实上更是欠缺防御的能力，除了借助辩护人的帮助外，难以有效地行使防御权利。虽说完完全全的"武器平等"在侦查程序中，乃至于在整个刑事诉讼中，皆属遥不可及的梦想，但是透过辩护制度适度平衡双方的差距，仍属可能，并且也是公平程序的最低要求。在法律上虽承认被追诉人具有种种权利以保护自己，但通常，被追诉人仍不能善用法律所授予之权利来保护自己，故有必要使熟谙法律之第三人来保护被追诉人。法官与检察官固应保护被追诉人之利益，奈因法官居于消极、被动之地位；检察官在诉讼上与被追诉人之立场相反，故期待法官或检察官保护被追诉人，并不切合实际。因此，在刑事诉讼中则需要有保护被追诉人利益之辩护制度。尤其为实现当事人平等原则，辩护人制度在刑事诉讼中殊为不可或缺。审前阶段倾向于脱离法律调整的范围，并因此成为各种权力滥用的理想场所，这种滥用不仅影响到审前程序本身，而且会成为危害随后审判的不良影响的源泉。因此，在这个阶段恰当地保护辩护权，对于预防和补救权力滥用是很重要的，由此可以保证在整个刑事诉讼过程中对于裁判中立性原则的尊重。

三、审前程序辩护权是公正审判权应有之义

审前程序辩护权的介入是实现公正审判权，维护法律权威性的重要措施。"公正审判权"这一概念在国际人权法中的出现源于1948年《世界人权宣言》（以下简称《宣言》）。《宣言》第10条规定，人人完全平等地有权由一个独立而无偏倚的法庭进行公正的和公开的审判，以确定他的权利和义务并判定对他提出的任何刑事指控。此后，在1950年《欧洲人权公约》第6条中，公正审判权的内涵得以扩展——无罪推定原则被纳入其中，同时确立了受刑事指控者起诉后所拥有的最低的人权保障。受本条所保护的那些权利在公约体系中占据着一种核心地位。该公约第6条的保护始于一个人被指控某种刑事违法行为之时，欧洲人权法院已经把出于公约第6条第1款目的的"起诉"界定为："由有权能的部门就一项断言给予某个个人的官方通知：该项断言的内容为他已经犯下某种刑事违法行为。"然而，这种"起诉"有可能"在某些情况下采取其他措施的形式：这些措施带有这样一项断言的暗示性含义，并且同样相当大地影响了有关嫌疑人的状况。"该公约第6条第3款c项规定了辩护权，并且在John Murray一案中确立了审判前律师介入诉讼权利，并认为，在这一阶段律师的缺乏可能会影响作为一个整体的有关诉讼程序的公正性。1966年《美洲人权公约》第8条进一步加强了对公正审判权的要求，明确规定"被告人有权自由地和私下里与其律师联系"。此后，在世界范围内，公正审判权已成为民主法治社会中公民所享有的一项重要人权。它标示着：国家对犯罪的追诉和惩罚应以保障被追诉人的公正审判权为前提，换言之，现代刑事诉讼程序的设置旨在防止由于公共权力的专横和滥用而产生的侵害。公正审判权从其理论依据来看源于英美法系中的"法律正当程序"，其他国家的法律制度中尽管没有"法律正当程序"之表述，但"法治原则"、"程序公正"原则也得到尊崇，程序被置于法律中心地位。有社会就有纠纷，于是需要防止和解决纠纷的场所、机构程序以及有关规则。刑事诉讼是国家介入刑事纠纷的重要形式，表现为以国家"合法"的暴力压制和

惩罚犯罪行为。由于拥有法律制度的支撑，这种暴力以追诉权形式出现，但是这种权力也可能被滥用。一旦它被滥用，那么任何暴政都要甘拜下风。在政府不得不作为一种"必要的祸害"介入刑事诉讼中时，就应当对其进行监督和制约，加上"手铐"，加以"禁锢"使之不能为害。从社会角度来看，人们牺牲一部分自由是为了平安无事地享受剩下的那部分自由，但每个人都希望交给公共保存的那份自由尽量少些，只要足以让别人保护自己就行了。这一份份最少量的自由的结晶形成惩罚权。一切额外的东西都是擅权，而不是公正，是杜撰而不是权利。对压制的控制（国家权力）开始于信奉规则统治这种观念的发展，必然导致程序随之成为公正使用规则的显而易见的制度保障。程序的完整性是最显著的法律价值，正当程序和公平是法院自信和信用的主要渊源，也是公民寻求保护的必然结果。法院正是基于人们的信任才得以承担维护司法正义之职责。公正审判权与其说是公民权利重要的组成部分，还不如说是法院维护自身诉讼地位，维护法律权威性的制度性保障。在西方社会语境中，法律权威性起源于神法的宣示和对宗教的崇拜。诚然，英国约翰·奥斯丁的实证主义法律哲学打破了这一从古希腊延续下来的信仰传统，奥斯丁认为，法律是统治者的命令，人民必须绝对服从。他在法律和道德之间划上泾渭分明的界限。这种法律实证主义哲学进入现代社会后，受到激烈的抨击。"神明启迪、自然法则和社会的人拟协约，这三者是产生调整人类行为的道德原则和政治原则的源泉"，"宗教、自然、政治，这是善与恶的三大类别，这三者绝不应相互对立"，它们相互作用，共同构建社会行为准则。即使在英国本土，实证主义继承人哈特指出了前辈的"命令说"不足，并进行了一定的修正，他认为对一个可行的法律体系来说，最低限度的道德内容（保护人身、财产、契约等原则）是必须的。在美国，朗．L. 富勒（Lon L. Full）提出法律"内在之德"，受其影响，亨利．M. 赫特和艾尔伯特·塞克斯两人提出司法过程的论述。20世纪六七十年代在哈佛和别的地方影响巨大。这种对司法过程道德性的关注也成为美国社会的最大特点之一。在现代社会，法律与社会通行的道德观念之间存在必然联系，每一种法律体系的权威性都具有正当性，法律的权威性取决于民主制度的设计和手段的道德性。民主制度的设计必然依据宗教、自然和政治，而这种对手段和过程的道德性追求，在刑事诉讼中势必表现为在诉讼过程中对当事人主动性和责任性的强调，给予诉讼当事人程序主体性地位，给予诉讼当事人选择和影响程序进程的机会是实现当事人主动性和责任性的重要措施。而诉讼活动的平等对话以及对话的充分性，尤其是辩护介入和辩护意见是否被充分地提出并受到有效考虑是其重要的指标。经历了平等、充分对话的诉讼程序可以吸收并化解诉讼不利方的抵触情绪，增强判决的可接受性，从而维护法律权威性。而上述所有条件的实现是以辩护权的充分性为制度保障的。

综上所述，无论是宪法性原则要求的平衡和保障，还是被追诉人程序主体地位甚或公平审判原则之理念，均要求审前程序建立和健全辩护制度。诚然，一方面，审前程序辩护制度如同其他法治程序的设计一样，辩护制度形成发现真实之界限。但另一方面，审前程序的辩护制度的建立和健全，不但有利于保障诉讼人权，使审前程序合目的性地进行。同时，辩护制度也可能有助于发现真实。但仅偏向于从被追诉人利益出发，帮助追诉机关正确查明事实。

（作者单位：中国社科院法学所）

刑事诉讼中证人出庭制度的构建

顾德镳

在刑事诉讼中，证人出庭作证难是多种因素综合作用的结果，既有历史的原因，又有现实的原因；既有立法的原因，又有司法的原因；既有证人自身的原因，又有社会环境的原因。因而，提高证人出庭作证率将是一项长期而复杂的系统工程，必须从我国的国情和现状出发，遵循循序渐进、整体着眼、重点入手、先易后难的原则，构建刑事诉讼证人出庭作证制度。

一、确立以司法裁判为核心的刑事诉讼制度

诉讼法制是现代法治的重要内容和标志之一，是一个国家、民族的进步、文明、民主和法治程序的体现。没有完善的诉讼制度，实体法律将无法实现其追求的立法目的。我国刑事诉讼法的任务是惩罚犯罪分子，保障无罪的人不受刑事追究，即惩罚犯罪，保障人权。这就决定了刑事诉讼制度的核心应当是司法裁判。正确的司法裁判不仅依赖于完善的审判制度，也依赖于完善的侦查、起诉制度。因为刑事诉讼的核心问题是证据问题，证据的收集是侦查制度的核心，证据的出示是起诉制度的核心，证据的审查既是审判制度的核心，也是侦查、起诉制度的归宿，进而作出正确的司法裁判。整个刑事诉讼过程就是一个证据的收集、出示、审查过程，司法裁判是刑事诉讼活动所要追求的目的。因此，在诉讼制度设计上应当以司法裁判为核心。由于侦查机关、公诉机关是以国家暴力为后盾，在刑事诉讼中处于优势地位，拥有优势权力，这种权力如果不被有效的制度约束，就会不可避免地出现被滥用的现象，产生证据陷阱，对司法裁判的正确性构成重大威胁，因此保护人权应当是一个诉讼制度中的应有内容，以此来制衡侦查权、起诉权的优势地位。审判权也具有国家性，但其与侦查权、起诉权不同。首先，审判权具有被动性，是由起诉权引发的。其次，审判权是建立在侦查权（自诉人有收集证据的权利和义务）基础之上的。最后，审判权具有居中性，不得针对控辩任何一方。因此，审判权的国家暴力性是被动的，要弱小得多，可控性强，一般不会产生证据陷阱，而只会因司法擅断而作出错误的司法裁判。综上所述，在制度设计上，对于侦查权、起诉权而言，应在侦查、起诉制度中加强无利害关系方的监督作用。对于审判权而言，应在审判制度中平衡控辩双方的参与作用。

二、改革审判方式，实行繁简分流

在人类历史上，关于刑事诉讼法的价值和功能，存在着绝对工具主义、相对工具主义、程序本位主义和经济效益主义几种主要学说。绝对工具主义认为程序法除了最大限度地实现实体法外，无独立的价值。该学说至今对我国的立法和司法实践还有着很大的影响，如

刑讯逼供，超期羁押，无正当、合理的理由延长审限等。那么，对刑事诉讼法的价值和功能应当树立何种法律观？笔者认为，刑事诉讼法除应对实施犯罪行为者予以追究，确立刑事责任外，还应对被追究刑事责任者的诉讼权利予以保护，通过控辩双方诉讼权利的对抗，最大限度地使法官发现事实，作出公正的裁决，并最大限度地降低诉讼成本，实现公正与效率。现行刑事诉讼法及最高人民法院的司法解释确立了三种诉讼程序，即一审普通程序、简易程序、普通程序简易审程序，其中简易程序和普通程序简易审程序可以归为快速审程序。由于规则上的缺陷，使得简易程序和普通程序简易审程序存在着适用范围狭窄、不便于操作、对当事人的权利保护流于形式，一审普通程序难以根据案件的特点实现人力、财力、物力的合理分配的问题，从而制约着公正与效率的有机统一。对此，应当借鉴英美法系的诉辩交易制度，对我国的刑事审判方式进行改革，以被告人是否认罪为核心，建立刑事诉讼快速审程序和普通程序，合理分配刑事诉讼审判资源。在快速审程序中，无论是关键证人，还是普通证人，均可以不出庭作证，只需宣读书面证言即可。当然，基于对人的生命权、自由权的尊重，有可能判处死刑、无期徒刑的案件，只能适用普通程序审理。

三、构建普通程序中的证人出庭制度

1. 建立证人保护制度

"采取一切可行的手段来保护证人是法庭的职责，否则整个法律诉讼就会一钱不值。"[1]证人有依法作证的义务，也有保障其人身安全、人格名誉和财产权利不受侵犯的权利。证人保护制度是保障证人人权的现实需要，也是保证证人出庭作证的前提。世界各国大都建立了完善的证人保护制度，从国外立法看，较为完备的证人保护系统至少包括：赋予证人就业保障权；人身保护权，即关键证人有权要求至少在作证期间由专门的保安人员保卫其人身安全；移居权，即因作证面临高度、长期危险，确已无法在原居住地生活的证人，有权要求国家秘密地将其迁至与原生活环境很少联系的其他地方居住，国家为保证证人实现这一权利还应当为证人提供完备的个人档案、证件和有关移居手续，并妥善安排好其本人及其家属的学习、就业等。[2] 我国也应建立专门性的证人保护机构，具体协调和加强公检法以及其他有关部门之间的合作，落实好证人保护工作。逐步建立事前保护制度，如对证人及其亲属的身份在出庭作证前不公开；在开庭之前为证人设置单独的等候室，避免受到不当干扰；对有人身危险的证人及其住所进行监护；提供紧急联系方式和安全住所；依据证人的申请采取其他特别保护等。完善事后保护措施，对构成打击报复证人罪的依法及时审理处罚；对因作证遭受财产损失的，给予赔偿等。加强庭上同步保护，在公开庭审中，必要时对有关证人的身份和住址可以不加询问，而由书记员或法官在庭前核实证人的身份、住址，法律文书中不注明证人的单位、职务，隐去姓名等。同时一些大陆法系国家立法规定，为保护证人的安全，法官可以决定法庭审理或其他的某些活动以不公开的形式进行。也就是说，公开审判过程中特定证人作证的部分可以不公开进行的做法也是值得我国借鉴的。

---

[1] ［英］丹宁勋爵著：《法律的正当程序》，李克强等译，法律出版社1999年版，第25页。

[2] 但伟、邓思清：《司法公正与刑事诉讼程序改革》，载《法学评论》2001年第4期。

2. 建立经济补偿制度

目前，我国经济尚不发达，人民生活并不十分富裕。对相当一部分人来讲，作证所需要的交通费、住宿费、误工费还是一笔不小的开支。我国对于刑事案件证人出庭作证没有经济补偿的法律规定，从而无法调动证人出庭作证的积极性。而证人出庭作证的经济补偿权利已被世界上许多国家的立法所确认。在美国，无论是以政府名义传唤证人，还是根据无经济能力的被告人的申请传唤证人，证人都可以获得由政府支付的费用，即有获得经济补偿的权利。① 德国则专门制定了《证人、鉴定人补偿法》，对出庭证人的费用补偿规定得非常具体。② 英国有证人酬金制度，日本刑事诉讼法规定了证人可以请求交通费、日津贴费及住宿费。我国也应通过立法对补偿的范围、标准、机构和方式等予以限定。考虑到我国的实际情况，对证人出庭补偿费宜限定在交通费、食宿费、工资、奖金损失和其他劳动收益方面，因为证人出庭作证是公民为国家应尽的义务，所以补偿费用应由国家财政负担，具体由人民法院统一支付，具体补偿标准由法院根据证人的职业、实际收入状况、当地一般人的生活水平及证人作证的实际支出等情况自行制定，合理裁量。自诉案件的证人补偿费用由败诉方承担，先由自诉人垫付。同时规定，证人受法院传唤出庭作证期间，其工作单位不得因此扣发证人的工资及其他正常收入。

3. 建立证人拒绝出庭作证的法律责任制度

权利与义务必须对等，证人不履行法定义务，就要通过国家强制力促使其履行义务，并承担相应的法律后果。许多国家对无正当理由而拒不出庭作证的证人的法律责任都加以明确规定。在美国，许多证人出庭作证并非出于自愿，但是"那些不自愿的，因为法庭所发出的传唤书具有强制性制裁，也不得不到庭，否则就会被按蔑视法庭罪论，被追究起诉。"③ 换言之，美国是以惩戒来保障证人出庭作证的。德国刑事诉讼法规定，传唤证人时应当同时告知其应传不到的法定后果（第 48 条）。同时，依法传唤而不到庭的证人要承担由于应传不到造成的费用。对其同时还要科处秩序罚款和如不能缴纳罚款易科秩序拘留。对证人也准许强制拘传；在再次应传不到的情况下，可以再一次科处秩序处罚（第 51 条）。其他国家还有拒不到庭以蔑视法庭罪论处的规定。我国最高人民法院的司法解释规定，证人作证前，应当在保证书上签字。但仍缺少对证人不履行出庭作证义务承担法律后果的相关规定。因此，我国必须通过法律强制证人的责任，在加强证人的保护，落实对证人经济补偿的基础上，增加对证人拒绝作证的处罚力度。首先，负有法定出庭义务的证人对其因无正当理由拒不出庭作证而造成的费用损失应承担民事赔偿责任。其次，证人无正当理由而拒绝出庭作证妨碍诉讼活动的正常进行，可以视情节轻重予以警告、训诫、罚款、拘传、拘留。最后，可增设新罪名追究刑事责任，对故意作伪证的也要依照刑法的有关规定及时追究刑事责任。

4. 建立证人宣誓制度，规范证人出庭作证的诉讼程序

证人宣誓制度，是指证人在向法庭提供证言时，要向法院宣誓保证他所说的是真实的，

---

① 参见《牛津法律大词典》，光明日报出版社 1986 年版，第 195 页。

② 参见《美国联邦刑事诉讼规则和证据规则》，卞建林译，中国政法大学出版社 1996 年版，第 57 页。

③ 刘卫政、司徒颖怡著：《疏漏的天网——美国刑事司法制度》，中国社会科学出版社 2000 年版，第 146～147 页。

如做虚假陈述，将构成伪证罪。[①] 无论是英美法系国家，还是大陆法系国家，大部分国家都规定了证人作证前的宣誓制度。《美国联邦证据规则》第603条规定："在作证之前，应当要求证人以宣誓或者郑重陈述的形式宣明他将如实作证。该宣誓或者郑重陈述应当以某种旨在唤醒该证人的良知并使其铭记如实作证之责任的方式进行。"日本刑事诉讼法第154条规定："除本法有特别规定的以外，应令证人宣誓。"该法第161条又规定："没有正当理由而拒绝宣誓，或者拒绝提供证言的，处以10万元以下的罚金或者拘留；犯前款罪的，可以根据情节并处罚金和拘留。"我国香港地区的《刑事诉讼程序条例》也有强制证人出庭作证的规定。实施宣誓制度的国家规定证人宣誓的义务主要有两个目的：一是对证人在良心上进行约束，使其不愿作伪证；二是使证人在严肃的法庭上作证，更清楚地了解自己如实作证的义务及作伪证的后果。考虑到我国一些公民法制观念较差，作证意识淡薄，作伪证的现象时有发生的现实情况，在刑事诉讼中确立证人作证宣誓制度就显得很有必要。根据我国国情和文化传统，我国的证人宣誓内容应当含有证人忠实地信守法律义务，如实地提供证言，承担违反义务的一切法律后果等内容。证人宣誓，可以采用立保证书或者当庭宣誓的形式。证人宣誓后，一旦发生证人陈述不实或者故意反复证言的，都应当按照伪证行为追究责任。

5. 贯彻直接言词原则，严格限制传闻证据，确立交叉询问规则

现代诉讼制度十分重视直接言词原则，这是西方国家审判制度的通例，是针对封建社会所推选的间接审理、书面审理等弊端而提出来的。它要求法官必须亲自在法庭上直接采取以言词辩论等方式呈现的事实和证据为审理判决的依据。直接言词原则包括两个方面的含义：其一，法官必须在法庭上亲自听取双方当事人、证人和其他诉讼参与人的陈述，亲自听取双方辩论，从而形成对案件事实真实性的内心确信；其二，审判程序上应以言词陈述方式进行，包括当事人之间在诉讼中就事实主张和证据的可信性进行攻击和防御，必须以言词辩论方式进行。直接言词原则的诉讼价值在于：第一，有助于实现刑事审判的公正目标；第二，符合现代诉讼结构，有助于保障控辩双方诉讼地位平等；第三，为被告人、辩护人在审判中进行切实、有效的辩护提供了可能，创造了条件；第四，有助于审判人员充分利用法庭审理的形式正确审查证据，准确认定案情。[②]

传闻证据，是指在审判或者询问时作证的证人以外的人所表述的，被作为证据提出以证实其所包含的事实是否真实的，一种口头或者书面的意见表示或者有意无意地带有某种意识表达的非语言行为。传闻证据通常有三个特点：其一，是以人的陈述为内容的陈述证据；其二，不是真实感知案件事实的人亲自到庭所作的陈述；其三，是没有给当事人对原始人证进行反询问的机会的证据。同时，传闻证据之所以不能被接纳，一是因为它未经宣誓或者正式确认；二是因为诉讼各方不能在法庭上通过交叉询问来确认这些证据的真实性以及证人是否诚实可信。

交叉询问规则是英美法系国家的传统，被誉为发现事实真相的最重要的法律装置。[③] 交

---

① 赵永海：《关于证人出庭作证问题的思考》，载毕玉谦主编：《司法审判动态与研究》（证据法专辑第2卷第1辑），法律出版社2003年版，第110页。

② 卞建林：《直接言词原则与庭审方式改革》，载《刑事诉讼法学五十年》，警官教育出版社1999年版，第56页。

③ 龙宗智：《论我国刑事审判中的交叉询问制度》，载《中国法学》2000年第4期。

叉询问是对抗式诉讼最重要的特色之一，它有两个基本的前提预设，即举证和质证由诉讼当事人负担，法官中立听证：证人分为控方证人和辩方证人，其主要规则是不得质疑己方证人和禁止诱导性询问规则。交叉询问规则赖以存在的前提条件是证人必须出庭作证。我国刑事诉讼法包含有交叉询问规则的内容，但不完善，庭审中大量使用书面证言，缩小了交叉询问的使用范围；庭审中并未完全采用对抗式，造成交叉询问制度与审问制并存，限制了交叉询问的使用效力。

贯彻直接言词原则，必须要求证人出庭作证，接受控辩双方的询问、质证，并要求排除传闻证据。目前我国的刑事诉讼法蕴涵了直接言词原则的精神，但是对传闻证据并不加以限制，这与我国引进对抗式诉讼模式是极不相称的。因此，笔者认为，为贯彻现代诉讼的直接言词原则，防止"控辩式"走过场，应当努力创造条件，扩大证人出庭的范围，逐步贯彻排除传闻证据规则，在目前情况下，只能实行"传闻证据限制规则"，即限制传闻证据之使用，凡是可能获取言词证据同时案件确实需要证人到庭作证的，不得使用书面证言等传闻证据。为此，可设立三项标准：（1）证人能否出庭。如果证人能够在指定的时间、地点出庭，应当要求其必须出庭，同时为其出庭提供最低限度的人身和经济的保障。（2）证言是否重要。如果系对案件有决定作用的关键性证据，除在十分特殊的情况下，应该要求证人出庭。（3）证言所证实的事实是否有争议。如果被告人认可了证言所证实的事实，辩护律师无异议，证人可不出庭。

6. 建立证人拒绝证言权的法律制度

所谓证人拒绝证言权，是指在特定范围内的证人，基于其特定的身份，依法享有的拒绝承担证明责任的权利，或者免除其作证义务的权利。[①] 各国在建立强制证人出庭制度的同时，也赋予了证人在某些特殊情况下免予作证的权利，即证人作证的例外。证人的免证权有四种类型：（1）公务特权。根据法律的明确规定，公职人员有权力甚至有义务拒绝某些可能导致泄露国家秘密的作证。（2）职业特权。医生、律师、宗教人员、会计师等专业人员，因业务知悉他人秘密的，有权拒绝作证。（3）亲属特权。为维系婚姻家庭关系，同时考虑到亲属证言的作用有限，可以赋予配偶以及其他近亲属拒证特权。当然，在初始立法时，可以适当限制拒证权的范围。例如，亲属特权仅赋予配偶以及直系血亲（父母子女）。通过司法实践摸索经验再考虑调整、扩大拒证权范围。同时，对行使拒证权应作出公共利益需要例外的规定，就利益冲突情况下的权利剥夺，应赋予法院一定的酌定权。（4）个人特权。即公民享有不自证其罪的权利，因此如果作证可能导致个人罪责，则该公民可以援引这一特权拒绝作证。美国《联邦宪法修正案》第4条规定："证人享有不受强迫证其罪的特权。"日本刑事诉讼法第122条规定："证人必须说明拒绝作证的理由。"证人免证权的设立，既可以减少证人无理拒证、作伪证现象的发生，又能降低司法机关审查取舍证言真实性的难度，从而促使证人作证制度更趋于合情合理，更好地体现人权法律保障和司法的人文关怀。我国刑事诉讼法第48条规定："凡是知道案件情况的人，都有作证的义务。生理上、精神上有缺陷或者年幼，不能辨别是非、不能正确表达的人，不能作证人。"这一规定否定了证人具有拒绝作证权，这是不科学、不合理的。我国法律应当对证人免证制度作出规定。具体应立法规定：（1）证人免证权，是指在特殊的情况下，负有作证义务的证人，

---

① 汪海燕、胡常龙著：《刑事证据基本问题研究》，法律出版社2002年版，第207页。

享有法律规定的免除作证的特权。如有下列情形，证人可以行使免证权：①证人提供证言，有可能导致自身或近亲属遭受刑事追诉的；②律师、医生、公证人、注册会计师、宗教人员等从事特定职业的人，基于工作中获悉的事项；③公务员、人大代表在工作中获悉的国家机密、商业秘密、个人隐私等保密事项；④其他证人免证情形。（2）司法机关应在证人作证3日前，告知证人免证权，证人行使免证权时应说明理由，亦可放弃免证权。（3）如不服有权机关作出的决定，可以在接到决定书10日内向人民法院起诉，如决定系人民法院作出的，可向其上一级人民法院起诉。审级为一审终审。（4）对不符合免证的情形又不出庭作证的，依照证人违反强制出庭作证义务的规定，追究其相应的法律责任。

7. 建立关键证人出庭制度

根据我国地域辽阔、人口众多、发展不平衡、经济实力不足等实际情况，在我国刑事诉讼中要求全部证人出庭是不现实的，建立关键证人出庭制度具有现实性和可行性。对关键证人的范围如何确定，对此就非常必要。笔者认为，应当考虑两个因素：第一，该证人出庭确实有利于查明案件事实真相；第二，该证人出庭是为了保障被告人当面质证权所必需的。因此关键证人的范围应当规定为"被告人及其辩护人对公诉方指控的犯罪事实有实质性异议的案件中，对证明影响定罪量刑的主要事实可能有重要证明作用的证人。"除根据最高人民法院《关于执行〈中华人民共和国刑事诉讼法〉若干问题的解释》第141条规定证人可以不出庭作证的三种例外情形外，从现实性和可行性两个方面出发，明确规定证人可以不出庭作证的其他情形：（1）控辩双方对证言无争议的；（2）虽然对某一证言有争议但其他证言可以证明清楚的；（3）因自然灾害等不可抗力的原因和意外事件不能出庭的以及临终的人所作的陈述，其证人客观上已不具有到庭的可能性；（4）证人在国外或者路途遥远、交通不便的；（5）证人死亡或者下落不明的；（6）证人从事特殊工作有保密义务或者不能离岗的。对法律规定可以不出庭作证的证人，除提供书面证言笔录外，应规定制作录音、录像配合作证。对有书写能力的证人，还应规定配以亲笔证词。通过制定刑事证据规则，建立关键证人出庭制度，可以规范侦、控、辩、审各方对证人证言的收集、取证、质证和认证，更好地发挥言词证据的证明作用。当然，这种方式必须受到控辩审三方经济条件及时间的限制，还要与我国审限制度的改革相配套。

8. 加强法制宣传教育，提高司法工作人员的自身素质，改善证人出庭舆论环境

如果整个社会的法律意识淡薄，公民都视作证为耻，那么司法实际中公安司法人员所做的大量保障证人出庭工作往往就会徒劳无功，也使得法律上的制裁条款失去效用。因此，笔者认为，对此应从三个方面着手：其一，通过各种渠道进行普法教育，培养公民的法制意识，从根本上改变我国公民的法制观念，以消除贱诉鄙讼的心理，强化其作证观念，让公民敢于作证、愿意作证。同时，社会舆论应该对侵害证人权利的不法行为进行谴责，以倡导依法作证的首善风范，鼓励公民积极主动作证，坚持维护证人的权利。其二，要在全社会范围内形成一种保护证人作证，支持证人作证的良好氛围，建立起广泛而严密的证人社会保障体系。因为保障证人出庭作证，不仅仅是公安司法机关的职责，最终还是取决于整个社会法制环境的优劣、社会各界支持与否、证人的权利能否得到保障等。其三，必须建立保障证人出庭的相关社会求助体系。例如，需要证人所在单位大力支持证人依法作证；需要一批企业与政府合作，为证人提供工作岗位；需要律师积极为证人提供法律帮助，根据法律援助的安排为证人提供法律咨询，代理证人进行维护其权利的诉讼；需要社会团体

为证人提供义务服务，帮助、支持证人作证等。另外，应大力加强司法队伍建设，提高司法机关工作人员的自身素质。司法机关工作人员要提高自身素质，树立良好的形象，赢得证人的信任和配合。这就要求司法工作人员要处处严格要求自己，认真学法，严格执法，切实改变过去那种"官本位"的思想。询问证人时采取的态度、方式要适当，减少证人对司法机关抱有的严重抵触对立情绪和反感态度。正确地对待证人、尊重证人的自尊，注意避免因个体形象不佳而导致司法权威整体受损，最终抑制证人出庭协助查案的愿望。作为司法机关本身，还要切实提高对证人出庭作证必要性的认识，侦查机关、检察机关也要改变过去那种只注重收集证人证言，对证人出庭作证不够重视的做法。

证人不出庭是法院目前审理刑事案件的老大难问题，证人制度成为制约庭审改革的"瓶颈"。不解决证人制度存在的问题，庭审方式改革是很难取得突破性进展的。由于证人不出庭作证的原因十分复杂，在我国现实条件之下，虽然证人不出庭作证这一问题的根本解决还需要一个漫长的过程，但是千里之行，始于足下，只要我们正视当前证人不出庭作证的现象及其原因，从制度建设入手，对证人作证问题进行立法，同时加强法律宣传教育，从诉讼领域到诉讼外领域，循序渐进，相信随着各项制度的完善和实践条件的不断成熟，刑事证人不出庭作证的问题将会逐步解决，符合我国国情的刑事诉讼证人出庭作证制度将会尽快建立和完善。

（作者单位：陕西省咸阳市中级人民法院）

改革我国刑事鉴定启动权的思考

——以被追诉人取证权的实现为切入点

韩　旭

一、引言

随着当今科技的迅猛发展，社会专业化程度的不断提高，诉讼争议的解决和案件事实的探明越来越离不开现代科技的支持和各个领域专家的运用。科学技术和知识经验作为人类文明智慧的结晶自步入刑事司法领域起，就不应为国家垄断或"独享"，人人有权分享现代科技和文明的成果。作为诉讼中重要一极、承担辩护职能的辩方更不应被排除在外。否则，知识的垄断会演变成国家的特权，刑事诉讼会因丧失基本的公正品格而成为一场"弱肉强食"的战争。鉴定结论作为我国刑事诉讼法规定的七种证据种类之一，辩护律师无论是收集"与本案有关的材料"，还是申请"收集、调取证据"都不可能将鉴定结论这一法定证据种类排除在律师取证范围之外。然而，辩方只有通过启动刑事鉴定程序才能获得自己的鉴定结论，我国现行刑事诉讼法却没有赋予辩方鉴定程序的启动权，这就使辩方在需要时无法取得鉴定结论这一科学证据。因此，有必要以我国辩方取证权的实现为切入点，对我国目前的刑事鉴定启动模式进行反思，并对我国学者提出的两种有代表性的鉴定启动模式予以评析，在此基础上提出我国刑事鉴定启动权改革的路径和发展方向。

二、我国目前刑事鉴定启动模式对被追诉人取证权的影响

（一）难以形成控辩平等的取证机制

控辩平等原则也被称作"平等武装"，它是刑事诉讼中国际公认的基本原则，它要求控辩双方地位平等、机会均等、手段对等，尤其是强调控辩双方在攻击和防御手段上能够做到大致对等。然而，侦控方可以自由任意地通过开启鉴定程序获得控诉证据，而辩方却完全受制于自己的对手，在诉讼证明和辩护防御有此需要的时候却不能启动鉴定程序，取得有利于被追诉人的鉴定证据。"这种'差别待遇'实质上是法律在鉴定方面对当事人的一种'歧视'，其程序的正当性令人怀疑。"[1] "从而造成了控辩双方在举证能力和举证权利上严重的不平等，显然有悖于控辩平等原则。鉴定作为一种特殊的证明方法，当事人理应平等享有举证的权利。"[2] 取证是举证的前提和基础，没有平等的取证权又何谈平等的举证权？

---

[1]　郭华著：《鉴定结论论》，中国人民公安大学出版社 2007 年版，第 193 页。

[2]　黄维智：《中立与合意——两大法系鉴定证据制度的融合》，载《现代法学》2004 年第 2 期。

"在刑事案件中，代表国家的法院、检察院和公安部门实际上是当事人一方，被告人则是另一方。如果举证和审判权完全寓于国家这一方，被告不具有任何举证权利，显然很容易导致专制权力的滥用。涉及政治罪行时尤其如此。因此，从维权以及遏制刑事诉讼中可能存在的国家权力滥用的角度考虑，很有必要确立被告人的取证权利。"①

（二）难以实现对侦控方取证的参与和监督

辩方的有效参与，"就意味着他作为一个积极主动的道德主体通过具体的行为促使这一过程产生符合自己真实意愿的结果；同时，作为参与者，他还必须按照自己的自主意志发动行为、影响结局，而不是仅仅作为一种客体被动地承受别人强行为自己安排的结果和命运。"② "我国刑事司法鉴定程序封闭性较大，鉴定过程中基本排除了辩护方的参与和监督。这无论是对于辩护方合法权益的维护，还是对于案件实体真相的发现都是不利的。"③ 内设鉴定机构的鉴定人"主观上对鉴定形成思维定式，导致鉴定跟着案情走，按自己设想的框框，千方百计地寻找符合自己结论需要的依据，进而作出先入为主的鉴定结论，使科学鉴定偏离客观、公正的立场。"④ 面对如此取得的鉴定结论，被追诉人只有毫无法律保障的补充或重新鉴定的申请权。因为根据《人民检察院刑事诉讼规则》之规定，补充鉴定或者重新鉴定，应由请求方承担鉴定费用。告知鉴定结论可以只告知其结论部分，不告知鉴定过程等其他内容。在不知晓鉴定结论是如何作出的情况下，又怎能提出有针对性的补充或重新鉴定的申请呢？另外，即使提出了合理的申请，如果犯罪嫌疑人承担不起鉴定费用，补充或重新鉴定程序仍然不能开启。被追诉人只能"被动地承受别人强行为自己安排的结果和命运"。"鉴定作为一种证明方法，鉴定结论作为一种证据形式在案件中往往起着重要作用，与案件处理结果有着直接利害关系的当事人，应当具有基本的参与权。缺乏当事人参与的鉴定，即使最后的鉴定结论是客观的，也难以取得当事人的信任和认可。"⑤

（三）难以构筑控辩对抗的取证空间

司法实践证明：没有平等就没有对抗，控辩平等是控辩对抗的前提，而对抗有利于更广泛全面地收集证据和发现事实。对此，英国法官戴维林男爵说："获得真相的最好方法是让各方寻找能够证实真相的各种事实，然后双方展示他们所得的所有材料。……两个带有偏见的寻找者从田地的两端开始寻找，他们漏掉的东西要比一个公正无私的寻找者从地中央开始寻找所漏掉的东西少得多。"⑥ 在一个竞争对抗的取证空间中，控辩双方能够从各自不同的角度、相对的立场提出自己的鉴定证据，有利于更全面、客观地揭示事实真相，避免裁判者过分相信和依赖侦控方的"一面之词"，从而克服认识上的局限性，防止偏听偏信。我国审判方式改革的核心是引进英美法系对抗制的因素来改造传统的职权主义诉讼结

① 黄宗智、巫若枝：《取证程序的改革：离婚法的合理与不合理实践》，载《政法论坛》2008 年第 1 期。

② 陈瑞华著：《刑事审判原理论》，北京大学出版社 1997 年版，第 62 页。

③ 叶青主编：《刑事诉讼法学专题研究》，北京大学出版社 2007 年版，第 69 页。

④ 邹明理主编：《我国现行司法鉴定制度研究》，法律出版社 2001 年版，第 62 页。

⑤ 黄维智著：《鉴定证据制度研究》，中国检察出版社 2006 年版，第 142 页。

⑥ ［英］迈克·麦考韦利：《对抗制的价值和审前刑事诉讼程序》，载《英国法律周专辑》，法律出版社 1999 年版，第 120 页。

构,更加强调控辩双方的对抗和对程序的推动作用,与此相适应,它会带来一系列制度的变革,尤其是辩方取证权的扩大和鉴定启动权的重新配置问题。正如有学者指出:"在中国的鉴定人队伍日益庞大的今天,司法鉴定的决定权和鉴定人委任权仍然被垄断在公检法三机关手里,当事人无权直接聘请自己所信任的鉴定人。这种带有高度职权主义特征的制度,显然与已经进行的'审判方式改革',无论是从立法精神还是制度设计方面都是不相符的。"①

三、"当事人启动制"抑或"法官启动制"是否可行

(一)"当事人启动制"

"当事人启动制",是指控辩双方在诉讼中根据需要,自由决定鉴定事项、自行选任鉴定人以开启鉴定程序,获得鉴定结论的模式。这种模式由于赋予了控辩双方平等的鉴定启动权,双方可以自主开展证据调查活动,因而符合控辩平等、诉讼对抗和程序正义的理念,更有利于维护被追诉人的程序性权利和实体权利,调动辩方取证的积极性,因此受到学者们的青睐。有代表性的学者,如樊崇义教授认为:"在鉴定程序的启动权方面,应当赋予控辩双方平等的决定鉴定的权利,而法院或法官不应再依职权主动启动鉴定程序,以保证法官中立、被动的诉讼地位。"② 但是,在中国目前的现实条件下,即便抛开大家已经讨论很多的诸如鉴定人可能被"收买"、鉴定结论具有倾向性、拖延诉讼、效率低下等问题不论,其可行性仍令人怀疑。理由如下:

一是辩方取得检材的问题。辩方自主启动鉴定程序,自行委托鉴定机构和人员,其所面临的首要问题就是如何能够获得鉴定所必需的检材和比对样品。例如,被羁押的犯罪嫌疑人、被告人掌握在公安机关、侦查机关手中,如果不予配合,如何进行人身同一认定和精神疾病鉴定? 又如,侦查机关在犯罪现场提取扣押的痕迹、物品,如果侦查机关不予提供,辩方又如何获取? 在我国目前的侦查体制和法治背景下,正如四川大学龙宗智教授分析的那样:"如果你是一个杀人案件的辩护律师,你能不能;甚至说敢不敢到公安局刑侦部门提出要求,让他们把现场所获血样分一点给你,让你拿去鉴定。实际上,到目前为止,中国的任何一个辩护律师都不会打这个主意,因为任何一个公安机关都不会考虑这个要求。"③ 在我们所熟知的美国辛普森被控杀妻案中,法官裁决辩方可以获得控方血滴样本的10%自行进行鉴定,这在我国目前几乎是难以想象的。

二是高昂鉴定费用的承担。即便辩方能够从侦控方获得自行鉴定所需的样品和检材,那么昂贵的鉴定费用也会令绝大多数被追诉人望而却步。我国现阶段的犯罪主体是农民和流入城市的外来人口即农民工,他们在刑事诉讼中甚至连律师都请不起,又怎能承担得起较高的鉴定费用呢? 据统计,全国刑事案件律师辩护率仅为30%,而北京更低,不足

---

① 陈瑞华著:《刑事诉讼的前沿问题》,中国人民大学出版社2000年版,第561页。
② 樊崇义等著:《刑事诉讼法修改专题研究报告》,中国人民公安大学出版社2004年版,第286页。
③ 龙宗智:《上帝怎样审判》(增补本),法律出版社2006年版,第259页。

10%。① 在绝大多数案件连辩护律师都没有的情况下，被追诉人又怎么可能自行委托鉴定人来对专门性问题进行鉴定呢？即便是社会经济和物质文化条件相对比较好的国家，如德国，辩方虽有权自行聘请鉴定人（专家证人）参与案件调查，但出于经济方面的考虑，"具有中等经济支付能力的被告人经常会放弃自己进行案件调查，只是向检察官或者审判法庭提出额外证据"②。有些国家为贫困的被追诉人设立了鉴定援助制度，我国的法律援助制度才刚刚起步，仍不发达和完善，更遑论鉴定援助的问题。

三是国家职权主义的法律文化传统。"法律是文化的一部分，并且是历史悠久和根深蒂固的一部分。"③ 1996 年刑事诉讼法的修改虽然吸收了当事人主义对抗制的因素，但我国整体上还属于职权主义的诉讼结构。我国的"鉴定"作为侦查机关的一项职权行为被列入刑事诉讼法"侦查"一章中，乃法定侦查措施之一。因此，包括我国在内的大陆法系国家都把鉴定启动权的性质视为一项司法权，鉴定人一般被认为是"帮助裁判者发现真相，实现正义"的角色，鉴定人被视为法官的助手而不是服务于双方当事人。我们的法律观念中还没有将鉴定作为辩方获取证据、增强其防御能力的途径和方法。

（二）"法官启动制"

"法官启动制"，是指控辩双方都无权自行启动鉴定程序，对认为需要鉴定的事项可以申请法官在审查后决定是否予以启动。该启动模式的优点是保证控辩双方有平等的申请权，鉴定人及其鉴定结论相对客观公正，而且可以避免"多头鉴定"、"重复鉴定"现象的出现，有利于减少诉讼资源的浪费，提高诉讼效率。因而，这种鉴定模式为我国相当多的学者所推崇。叶青教授和胡锡庆教授提出要"建立司法审查制度下的鉴定启动机制"，规定法院是唯一有权决定启动鉴定程序的主体，赋予侦查机关、检察机关和辩护方以申请法院进行鉴定的权利，经法院批准并由法院委任的鉴定人进行鉴定。④ 虽然有众多学者支持该种鉴定启动模式，认为其更契合我国职权主义的诉讼传统，也符合大陆法系国家司法鉴定制度的改革路径。即便如此，该模式在当下中国的司法体制中真的能行得通吗？

一是法院是否具有独立的地位和足够的权威来承担司法审查的重任。我国实行的是公检法三机关"流水作业式"的诉讼构造和"分段包干，各管一段"的作业模式。整个诉讼活动不是以审判为中心的"审判中心主义"，法官对审前程序的活动根本无法介入。我国现有政治体制中，检察院和法院，即所谓的"两院"平起平坐，具有相同的法律地位，它们均被定位为国家"司法机关"，甚至检察院拥有更高的地位和权威，因为检察机关被宪法定性为国家的法律监督机关，并且享有审判监督权。目前在审前程序中即便对犯罪嫌疑人实施逮捕羁押、搜查扣押等强制措施法院都无权介入、进行司法授权和司法审查，何况鉴定这种不带有强制性或者强制程度较轻的措施果真需要或者能够容许法院进行司法审查吗？

二是侦控机关所承担的有效惩罚犯罪、维护社会稳定的职责决定了鉴定权的启动难以

① 黄秀丽：《刑事案件律师辩护率不足一成》，载《北京日报》2005 年 8 月 29 日。

② ［德］托马斯·魏根特著：《德国刑事诉讼程序》，岳礼玲、温小洁译，中国政法大学出版社 2004 年版，第 155 页。

③ ［美］约翰·亨利·梅利曼著：《大陆法系》，顾培东、禄正平译，法律出版社 2004 年版，第 151 页。

④ 叶青主编：《刑事诉讼法学专题研究》，北京大学出版社 2007 年版，第 75 页；胡锡庆、蒋琦：《完善我国刑事鉴定启动权新探》，载《政治与法律》2003 年第 6 期。

实施司法审查。在强调"稳定压倒一切"、"命案必破"的政治话语下，侦诉活动经常会遇到紧急情况，不得不考虑工作的时效性，侦查的性质和特点决定了其对效率的倚重。正如我国有些学者所说："如果将公安机关、检察机关的鉴定启动权全部转由法院行使，公安机关、检察机关如果需要进行鉴定必须取得法院令状的话，势必给犯罪的侦破和起诉工作带来极大的困难和拖延，如犯罪嫌疑人可能逃逸，隐匿、毁灭罪证，转移赃物，或导致犯罪痕迹消失、送检标本变质等。这与我国打击犯罪、维护社会秩序和稳定、确保经济发展的良好环境的目标是不相符的，因此必须在一定程度上保留公安机关、检察机关的鉴定权。"[①] 事实上，2005 年全国人大常委会制定的《关于司法鉴定管理问题的决定》中之所以仍保留了公安机关、检察机关内部设立的鉴定机构，也是基于对上述问题的考虑而作出的理性选择。"我国历来赋予这两大机关鉴定的启动权，方便侦查工作的开展，而且现在国内需要同犯罪作斗争的严峻形势也增强了保留侦控机关这一权力的必要性。"[②] 因此，要取消侦控机关的鉴定启动权在实践中将会面临很大阻力。

三是大规模制度变革的条件尚不成熟以及技术层面的准备不足也是需要我们正视的问题。如果在审前程序中实行法官令状控制下的鉴定启动制度，我国就必须设置类似大陆法系国家专门的预审法官或"审查法官"，由其来具体行使鉴定的启动权，而我国目前又不可能专门为鉴定启动事项设置这一职位。如果建立预审法官制度，必然要将审前程序中的强制性侦查行为一并纳入其审查批准的范围。这一制度设计势必会引发整个刑事司法制度的重大变革，而这种重大变革的条件在我国现阶段还不成熟。且预审法官制度的设置和运行必然会加大制度成本，带来一系列技术层面的问题，在这些方面我们目前仍然缺乏准备。

四、我国刑事鉴定启动权的模式选择：渐进与重构

既然学者们提出的上述两种模式在中国当下都面临着一系列制度上和技术上的障碍，不具有现实可行性，那么我们可以采取"分步走"的战略：第一步采取"渐进式"的改革，作为一种阻力较小、相对容易实行的过渡性方案，然后积极创造条件，待条件成熟后再进行第二步改革。第二步应当对我国刑事鉴定启动权进行"重构性"的设计，这"正如每个孩子在成长的过程中需要不断变换衣服一样，社会在每一个发展阶段，都需要不断地对权利进行修正与重新阐述。"[③]

（一）渐进性的改革

渐进性的改革思路是在基本维持现有启动模式不变的情况下，改革目前鉴定启动方面存在的明显缺陷，增设一系列程序和制度来保障被追诉人获得鉴定证据的权利，使控辩双方在启动权上严重失衡的状况得到一定程度的矫正，从而抑制侦控方任意启动鉴定程序的权力，增强辩方的取证能力。具体内容包括三个方面：

---

① 周湘雄著：《英美专家证人制度研究》，中国检察出版社 2006 年版，第 286 页。
② 卞建林主编：《刑事诉讼法判解》（第 5 卷），中国人民公安大学出版社 2007 年版，第 47 页。
③ ［美］诺曼·韦尔德著：《现代国家的道德基础》，转引自［美］本杰明．N．卡多佐著：《法律的成长：法律科学的悖论》，董炯、彭冰译，中国法制出版社 2002 年版，第 175 页。

一是保留侦控方自行启动鉴定程序的权力，赋予辩方在审前程序中向公安机关、检察机关申请鉴定的权利。改革现行法中辩方只有补充鉴定或重新鉴定申请权的规定，辩方对案件中涉及的"专门性"问题认为需要鉴定而侦控机关没有鉴定的，辩方享有启动初次鉴定的申请权。如果申请不被采纳或者对侦控方的鉴定结论有异议，可以在案件进入审判程序后向法院提出鉴定申请或者补充鉴定、重新鉴定的申请。对于法院认为有助于查明事实真相、有必要鉴定的事项，由于侦控方没有及时鉴定而造成检材灭失或变质，致使到了审判阶段失去鉴定条件无法进行鉴定的，法院应当作出有利于被告人的判决，要么以事实不清、证据不足宣告无罪；要么对被告人从轻或减轻处罚。对于被告人申请的鉴定事项被驳回的，法院应当以决定或裁定的形式说明理由。同时，给予被告人必要的救济途径，可以针对鉴定问题向上一级法院提出上诉。

二是明确必须鉴定事项，建立强制鉴定制度。为防止职权机关在鉴定程序的启动上滥用自由裁量权，保障辩方鉴定启动权的落实，应当对必须鉴定的事项予以明确，对诉讼中涉及的此类问题，职权机关无自由裁量权，必须予以鉴定。可以借鉴德国、俄罗斯等国的经验，对必须鉴定的事项实行强制鉴定制度。目前可以考虑对死亡原因不明、被追诉人精神状况有疑问、身体受伤害的性质和程度以及对确定犯罪嫌疑人刑事责任能力有意义的年龄问题无法查明的等规定为必须鉴定事项，实行强制鉴定制度。同时，对法院启动重新鉴定程序的裁量权也要给予必要的规制，规定辩方的申请在满足下列情形之一时，必须进行重新鉴定，即鉴定结论缺乏根据或根据不充分；两个以上鉴定结论之间以及鉴定结论与已查明的案件事实之间存在明显矛盾；鉴定的程序和方法存在严重瑕疵；鉴定结论不符合科学基本原理；应当回避的鉴定人没有回避。

三是赋予辩方委托专家辅助人或技术顾问的权利。刑事鉴定涉及许多领域的专门知识和复杂的技术问题，"如果不引入必要的机制，会产生盲目相信鉴定意见的弊端。"[1] "尽管鉴定人是专家，但是作为人都有可能失误，他的专业知识是否全面，他的精神状态是否集中，或者因为一些疏忽，如笔误、口误，包括他的个人倾向性。如果没有其他专家，咱们可能听不到更多的意见，往往容易被某一个人误导。对鉴定结论，我们很难跟其他证据相互印证，如伤情鉴定、物价鉴定等，容易发生一锤定音的情况，所以对它的判断就更要慎重。"[2] 为了保证辩方及时发现侦控方鉴定中存在的问题，也为了获得有利于辩护的专业意见和证据材料，我国在刑事诉讼法再修改时应当建立专家辅助人制度，辩方有权委托专家协助查明案件事实。

（二）重构性的安排

重构性安排就是塑造一种以控辩双方自由启动鉴定程序为主，法官依职权启动鉴定程序为辅，并对控辩双方之间在鉴定过程中发生的争议进行裁决的权利配置模式。然而，这一切都需要时间。"中国现代法治的建立和形成最需要的也许是时间，因为任何制度、规则、习惯和惯例在社会生活中的形成和确立都需要时间。"[3] 同时，这一制度安排面临两大

---

① 陈光中主编：《中华人民共和国刑事诉讼法再修改专家建议稿与论证》，中国法制出版社 2006 年版，第 349 页。

② 张军、姜伟、田文昌著：《刑事诉讼：控辩审三人谈》，法律出版社 2001 年版，第 262 页。

③ 苏力著：《法治及其本土资源》，中国政法大学出版社 1996 年版，第 21~22 页。

制约因素：其一，侦控方对检材和样本的占有，是否能够为辩方开展鉴定所分享。其二，被追诉人的经济能力不足以承担巨大的鉴定费用开支。对于前者，在英美法系国家一般不成问题，美国著名的辛普森案就是例证。目前，美国的一些州已经将向当事人提供从犯罪现场收集的检材作为追诉方的证据开示义务在立法上进行了规定。① 在英国，"如果当事人或其律师对警察局提供的比对结论（鉴定结论）有疑义，警察局则必须向当事人提供在现场获取的指纹、鞋印、公共电视监控原本，以便当事人自己聘请专家进行重新鉴定。"② 我国刑事诉讼中尚未建立审前证据开示程序，在将来刑事诉讼法再修改时，可以考虑在构建该制度的同时，明确控方承担开示义务的证据种类和范围，赋予法官对开示过程中争议事项的裁决权及不履行开示义务的制裁权，以解决侦控方对辩方启动鉴定程序不予配合和协助的问题，法院还可以通过向侦控方发布调取证据令的方式获取辩方所需的检材和样品。对于后者，可以在我国现有法律援助制度的基础上，由国家免费向其提供鉴定服务。基于我国犯罪基数较大、被追诉人总体数量偏高可能会出现"僧多粥少"的实际，可以考虑先对有可能判处死刑、无期徒刑的犯罪嫌疑人、被告人实施鉴定援助，待条件具备时再逐渐铺开，扩大惠及面，使被追诉人的人权保障水平达到一个新的高度。

（作者单位：南华工商学院法律系）

---

① Paul C. Giannelli, Scientific Evidence, Third Edition, Volume 1, Charlottesville: Matthew Bender & Company Inc., 1999, p. 156.

② 司法部司法鉴定管理局编：《两大法系司法鉴定制度的观察与借鉴》，中国政法大学出版社 2008 年版，第 47 ~ 48 页。

略论刑事诉讼中司法鉴定制度的构建

胡锡庆　肖　好　陈邦达

随着科学技术的发展，犯罪分子应用科技手段作案的情况逐渐增多。因而，在刑事诉讼中，需要运用科学技术进行鉴定的案件也在逐渐增多，为了准确、适时地解决案件中的专门性问题，保障我国刑事诉讼的顺利进行，保证正确认定案件事实，及时惩罚犯罪，维护社会正常秩序，就要构建适应我国诉讼需要的司法鉴定制度。

新中国成立后，我国实行的是职权主义诉讼制度，以适应当时诉讼需要而建立发展起来的司法鉴定机构，基本上隶属于司法机关。1996年我国刑事诉讼进行了重大修改，实行抗辩式庭审方式，强化了当事人的诉讼权利，修改后的刑事诉讼法的贯彻施行，凸显出原有的司法鉴定制度与诉讼的不相适应。于是出现了猛烈批判自侦自鉴、自检自鉴和自审自鉴的情形。同时也凸显我国司法鉴定机构的管理较为混乱的情形，特别是鉴定人和鉴定机构的登记制度不统一，鉴定从业人员的条件和标准的掌握不统一，职业道德和专业技术技能良莠不齐，从而影响司法鉴定的客观性和准确性，损害当事人的合法权益，影响诉讼的公正和效率。为了适应新情况下诉讼的需要，2005年2月28日全国人大常委会通过并公布了《关于司法鉴定管理问题的决定》（以下简称《决定》），并于2005年10月1日起实行。

《决定》是我国立法机关第一次对司法鉴定行业作出规范，是我国司法鉴定发展的一个里程碑，《决定》的贯彻极大地推动了司法鉴定机构的发展和司法鉴定队伍的形成与壮大，但新情况、新问题仍然经常出现。司法鉴定行业的建设和发展，司法鉴定制度的构建和完善，尚有大量工作要做。

为保障诉讼公正和效率，为维护当事人的合法权益，必须构建适应诉讼需要的司法鉴定制度。现阶段构建司法鉴定制度，首先要解决以下基本问题：司法鉴定机构和司法鉴定人的准入制度；司法鉴定的启动制度；司法鉴定的管理制度。

一、建立中国特色的司法鉴定人准入制度

司法鉴定人的准入制度是发展这一行业的基础，准入条件和程序的设定，对行业队伍的质量和数量起着决定性作用。综观今日世界各国，最主要的有两种情形：一是英美法系国家庭上审查的准入制度，这种准入制度是"宽进严出"。宽进，只要当事人认可，委托他进行鉴定，他就成为专家证人，运用其所掌握的科学知识和技能进行鉴定；严出，待案件开庭审理时，专家证人出席法庭，就其资质问题、业务能力、技能水平以及他掌握的相关科学技术知识、运用鉴定的方法，接受交叉询问审查，只有法官和陪审团都认为鉴定人资质没有问题，使用方法合理，才会使其鉴定意见具有证据能力。二是大陆法系国家的庭前审查准入制度，这种制度的特点是，法律预先规定从事司法鉴定的条件，从业人员要事先向主管部门提出申请，取得"司法鉴定执业证"是从事司法鉴定业务的先决条件。

无论是大陆法系还是英美法系，其司法鉴定人的准入制度都既有其优点，也有其局限性。我国不应当照搬任何一种司法鉴定人准入制度，而应该借鉴两大法系合理的、对我国有益的经验，构建具有本土特色的司法鉴定人准入制度，这就是以庭前审查登记为主、庭上审查询问为辅的鉴定人准入制度。

（一）以庭前审查登记为主

庭前审查是相对于庭上审查而言的。庭前审查就是首先要按法定条件程序取得司法鉴定人资格，然后才能从事司法鉴定业务。要从事司法鉴定的人，必须向主管部门提出申请，说明自己有能力从事哪些事项的司法鉴定，经审核确认符合法定条件的，予以登记，发给"司法鉴定人执业证"，编入司法鉴定人名册并予以公告，申请人从而获得司法鉴定资格。《决定》第4条规定："具备下列条件之一的人员，可以申请登记从事司法鉴定业务：（一）具有与所申请从事的司法鉴定业务相关的高级专业技术职称；（二）具有与所申请从事的司法鉴定业务相关的专业执业资格或者高等院校相关专业本科以上学历，从事相关工作五年以上；（三）具有与所申请从事的司法鉴定业务相关工作十年以上的经历，具有较强的专业技能。"

强调以庭前审查登记为主，这里的"主"是指主要方面。这是基于司法鉴定是一项涉及诉讼的活动，是在刑事诉讼中进行的。《决定》第2条规定，国家对从事下列司法鉴定业务的鉴定人和鉴定机构实行登记管理制度：法医类鉴定、物证类鉴定、声像资料鉴定。《决定》第17条又规定："本决定下列用语的含义是：（一）法医类鉴定，包括法医病理鉴定、法医临床鉴定、法医精神病鉴定、法医物证鉴定和法医毒物鉴定。（二）物证类鉴定，包括文书鉴定、痕迹鉴定和微量鉴定。（三）声像资料鉴定，包括对录音带、录像带、磁盘、光盘、图片等载体上记录的声音、图像信息的真实性、完整性及其所反映的情况过程进行的鉴定和对记录的声音、图像中的语言、人体、物体作出种类或者同一认定。"上述三大类鉴定，都是刑事诉讼中最常见的鉴定，也是鉴定的主要方面。目前也有条件纳入国家登记管理。

强调以庭前审查登记为主，要求在司法实践中，如果案件事实的认定涉及专门性问题需要鉴定，凡属于登记范围的，应该委托业已依法登记的鉴定人进行鉴定，而不应该委托没有依法登记的人进行鉴定。否则应视为违法，其鉴定意见不能作为认定案件事实的依据。

《决定》实施以来，不仅法医类、物证类以及声像资料类鉴定的鉴定机构和鉴定人发展迅速，其他一些行业的司法鉴定机构，如司法会计鉴定，建设工程质量和造价的鉴定机构和鉴定人的发展也很迅速。那些鉴定人，在许多地方都进行登记管理，如果那些地方的诉讼案件涉及的专门性问题，就应该交由他们进行鉴定。

（二）以庭上审查询问为辅

庭上审查，就是在诉讼案件开庭审理时，当涉及案件中专门性问题的鉴定意见时，首先对鉴定的资质进行审查，只有该鉴定人符合法定条件，才承认其鉴定人的诉讼地位，进而才对其提供的鉴定意见，由诉讼各方通过交叉询问，确定鉴定意见的证据能力和证明能力。

把庭上审查询问放在辅助地位，是恰当的，也是必要的。它的恰当性在于：诉讼案件中的专门性问题属于登记的司法鉴定人所从事的鉴定项目之外的情形偶有发生，这种情形一般从数量上讲是少数的、不常见的，故其不能成为主要方面。虽然这些专门性问题只占少数，但还是存在且有待解决的，否则诉讼将无法顺利进行。要对那些专门性问题进行鉴定，登记队伍中没有，就只得去找登记队伍之外具有专门知识技能经验的人进行鉴定，要审查其资质问题，借鉴英美法系国家对鉴定人准入的经验，庭上审查是最恰当的。

它的必要性在于：刑事诉讼中涉及司法鉴定事项的范围是极其广泛的，随着科学技术的发展，司法鉴定的范围不断扩大，不可能将所有具有专门知识、技能、鉴定能力的人都进行登记管理。但是，当诉讼案件涉及登记范围之外的专门性问题需要进行鉴定时，就要解决这类专门性问题鉴定主体的准入问题。而庭上审查，不仅能够实现公开、公平、公正，而且能够实现诉讼效率、诉讼经济，因而是最好的途径。

在中国实行庭上审查，不能像英美法系国家那样，通过诉讼双方交叉询问审查鉴定人的资质问题，这是由于中国的律师行业没有英美法系国家发达，中国的许多刑事诉讼案件，当事人没有委托律师参加，许多当事人的法律知识非常欠缺，无法担负对鉴定人资质审查之责，因此在庭上审查鉴定人资质，是否承认其鉴定主体资格等问题，主要由负责审判的法官进行。在刑事案件中，检察官也应负有此责，协助法官审查鉴定人的资质。而当事人及其代理人、辩护人，也可以对鉴定人的资质做审查式的发问。当事人及其诉讼代理人，辩护人对鉴定人的审查发问，既可以维护当事人的合法权益，又可以补充法官审查可能存在的不足或疏忽，还可以为司法鉴定人提供广阔的展示才能的舞台。

（三）该种鉴定人准入制的优点

实行以庭前审查登记为主、庭上询问审查为辅的鉴定人准入制度，既坚持了我国传统做法，又适当借鉴、改造了英美法系的经验，取长补短，既符合国情，又适应诉讼需要。其优点是：

第一，庭前审查登记，是鉴定人通过申请活动，明确自己的从业范围、活动目的、法律责任，并向主管机关作出相应承诺，保证其在从业活动中遵纪守法，遵守职业道德规范，尊重科学，认真执行操作规程，保证鉴定质量。

第二，庭前审查登记，并随之造册公告，有利于司法机关了解鉴定机构和鉴定人的从业情况，便于司法机关需要委托鉴定时，迅速及时地找到相应的司法鉴定机构和鉴定人，保证诉讼的顺利进行。

第三，庭前审查登记，有利于社会公众了解，使他们在遇有诉讼案件需要进行司法鉴定时，可以及时获得相应司法鉴定人的指导，更好地选择司法鉴定机构和司法鉴定人。

第四，实行庭前审查登记，有利于主管机关对司法鉴定人的管理、监督和培训提高，有利于鉴定人队伍的健康发展。

第五，庭上审查恰当地弥补了庭前审查登记的不足，形成一套完整的司法鉴定人准入制度。

第六，庭上审查为司法鉴定人提供了展示自己科技知识、业务能力的不可替代的舞台，律师出名离不开法庭，司法鉴定人也应该利用法庭展示自己的魅力。

二、建立以司法机关为主，当事人为辅的鉴定启动制度

司法鉴定是根据诉讼需要，为诉讼服务的手段，这个手段运用得好，可以保障诉讼顺利进行，如果运用得不好，也会影响诉讼，拖延诉讼，损害诉讼的严肃性。在刑事诉讼中，司法鉴定的启动权应当由诉讼主体——司法机关和当事人行使，并以司法机关为主，当事人为辅。

（一）司法机关行使司法鉴定启动权

我国刑事诉讼中约90%以上的案件是公诉案件，而在公诉案件中，除国家工作人员贪污、受贿等由人民检察院受理，间谍案由国家安全机关受理外，绝大多数案件都是由公安机关立案侦查。在查明案件犯罪事实，收集到充分确凿的诉讼证据，并查获犯罪嫌疑人后，移送人民检察院审查起诉。所有的公诉案件，都要经历侦查、起诉程序，然后移送人民法院依法审判。我国刑事诉讼法第119条规定："为了查明案情，需要解决案件中某些专门性问题的时候，应当指派、聘请有专门知识的人进行鉴定。"根据该条规定，我国的公安机关、国家安全机关、人民检察院、人民法院在行使侦查权、起诉权、审判权时，遇有案件证明对象范围内的事项，仅凭侦查人员，检察人员，审判人员的直觉或者逻辑推理无法作出肯定或者否定的判断。例如，犯罪嫌疑人衣服上的血迹是否被害人的血，这时只能运用司法鉴定的方法，运用科学技术手段进行鉴别和判断。这表明，我们的诉讼模式决定了独立行使侦查权、检察权和审判权的机关，就是我们通常所说的司法机关，需要拥有司法鉴定启动权，否则就无法保证诉讼的及时性，也无法实现诉讼目的。

在这里强调了司法鉴定的启动权由司法机关行使，而不是由侦查人员、检察人员、审判人员个人行使，也就是说，办案人员认为要运用司法鉴定手段时，需说明理由，经部门领导批准后方可实施。这也是对运用司法鉴定手段的一种监督，有利于司法鉴定的正确运用，防止浪费资源，保证诉讼的顺利进行。这是由我国的诉讼模式所决定的。

从刑事诉讼总体看，由于我国刑事诉讼中的自诉案件不到10%，其他都是公诉案件，案件中遇有专门性问题，就需要运用司法鉴定手段，这就决定了运用司法鉴定启动权必须以司法机关为主。

（二）当事人刑事司法鉴定权

根据我国刑事诉讼法规定，在刑事诉讼中当事人行使司法鉴定权有下列三种情形：

第一，在公诉案件中，申请补充鉴定或者重新鉴定。刑事公诉案件，是指追诉犯罪嫌疑人刑事责任的活动，依法承担控诉职能的侦查机关和检察机关，为了查明案件事实，一般都遇有专门性问题，都会适时地启动司法鉴定。根据刑事诉讼法规定，用作定案根据的鉴定结论（鉴定意见），要告知当事人，当事人对鉴定结论（鉴定意见）若有不同意见的，可以申请补充鉴定或者重新鉴定。凡有理由申请的，通常都会获得司法机关的支持，进行补充鉴定或者重新鉴定。

第二，刑事自诉案件当事人对司法鉴定的启动权。自诉案件是由被害人以自诉人（原告）的身份，向人民法院提起诉讼，要求追究被告人刑事责任。自诉人负有举证的责任，

如张三被李四殴打致伤，只有构成轻伤才能成为自诉案件。是否构成轻伤，就需要进行司法鉴定。因此，自诉案件的自诉人作为当事人之一，应当享有独立的司法鉴定启动权，否则涉及案件的专门性问题就无法举证，就会因此而无法维护自己的合法权益。

自诉案件的被告人，也是当事人之一，当原告方提出的司法鉴定结论（鉴定意见）对自己不利，并认为该司法鉴定不全面，需要补充鉴定某些事项，或者认为该鉴定结论有错，需要重新鉴定时，被告人应当享有司法鉴定的启动权，否则就不可能维护其合法权益，也有损司法公平、公正。

综上所述，赋予当事人司法鉴定启动权是必要的。相对于司法机关启动鉴定的模式，当事人启动模式可以增强庭审对抗色彩，通过控辩双方就所鉴定的具体事项展开辩论达到全面揭示案件事实真相的目的。这种鉴定制度可以保证法官居中裁判，兼听则明。

但是，一方面，当事人启动制度由于委托方与鉴定机构存在着利益关系，在不良利益的驱使下，鉴定机构违背客观公正而顺着当事人的意愿弄虚作假的情况可能发生，并且鉴定主体通常是由当事人聘请的，自然存在着中立性不足的矛盾。另一方面，由于是否鉴定和鉴定范围由当事人决定，在缺乏必要的限制的情况下会造成不必要的重复鉴定、多次鉴定，在人力、财力、物力方面的耗费也是其不可避免的缺陷。这就决定了当事人启动司法鉴定只能处于辅助地位。

（三）实行以司法机关为主，以当事人为辅的司法鉴定启动制度的理由

第一，借鉴两大法系的经验。两大法系国家创立了各自的司法鉴定准入制度，在各自发展过程中相互融合，取长补短。我们可以从两大法系国家在推行鉴定权启动制度改革过程中吸取经验。在法国，为了减少中立鉴定制度的错判危险，采用了"双重鉴定"原则，除了简单的鉴定事项以外，预审法官必须聘请两名以上的鉴定人分别对同一事项作出鉴定，德国允许被告人在不妨碍官方鉴定人的前提下聘请自己的鉴定人参与官方鉴定活动。① 在英美法系国家，也采取了法官聘请中立的鉴定人、法官主动决定鉴定事项等做法。可见，两大法系国家在完善本国司法鉴定启动程序趋同的改革思路值得我们借鉴。

第二，适应我国诉讼制度的特点。一国的司法鉴定制度是与该国诉讼制度相适应而发展的。我国传统的诉讼制度实行职权主义与当事人主义相结合的模式，并建立与之相适的证据制度、审判制度等其他制度。在司法鉴定启动制度上，我们建立以司法机关启动为主，以当事人启动为辅的鉴定启动模式，可以遵循职权主义与当事人主义相结合的改革渐进思路，在司法机关拥有启动鉴定程序的前提下，适当赋予当事人启动鉴定程序的权利。这样的启动模式同我国的诉讼制度相符合，也同其他制度相符合，容易得到社会的理解和接受及实现制度之间的融合。

三、建立行政管理与行业管理相结合的管理制度

司法鉴定管理制度是国家对司法鉴定机构和司法鉴定人以及其职业活动进行管理和指导的制度。司法鉴定管理是国家对司法鉴定机构和鉴定人行使行政权力的体现，其目的在

---

① 何家弘主编：《司法鉴定导论》，法律出版社 2000 年版，第 104 页。

于规范司法鉴定活动的操作，保证司法鉴定活动依法、独立、客观、公正地进行，实现司法鉴定为诉讼服务的目的，促进司法公正和诉讼效率的实现。根据司法鉴定管理的权力主体不同，可以将其分为行政管理和行业管理两种制度。

（一）司法行政管理制度

行政管理是由司法行政机关对鉴定人和鉴定机构的准入登记、实施程序、技术标准、技术操作规范进行统一管理和制定统一规定的制度，通过司法行政机关的管理活动，能起到统一管理、优化司法鉴定资源的作用。我国传统的社会是权力主导型的，政府在推进国家各项制度改革中起主导的作用，司法鉴定管理体制采取以行政管理为原则是符合传统国情的。

（二）行业管理制度

行业管理是由司法鉴定行业协会通过对鉴定人和鉴定机构的专业技术标准制定，专业人才教育培训等方式协助司法行政机关管理，对具体专业业务技术进行管理的制度。协会主要的管理职能包括以下几个方面：[①]（1）组织各专业委员会起草、修改有关技术标准；（2）开展建立鉴定人准入制度和职称评定工作；（3）开展司法鉴定试验室标准化认证工作；（4）开展继续教育培训和专业学术会议工作；（5）组织重大疑难案件的司法鉴定工作。

（三）两者结合的管理制度

我国的司法鉴定管理模式在过去相当长一段时间内没有形成统一的司法鉴定管理制度，司法鉴定机构各自为政，多重设置的问题明显，司法鉴定机构分设于司法职能部门，公检法司各设有自己的鉴定机构，部门规范文件缺乏必要的沟通；在司法鉴定人准入资格的管理问题上也未能形成统一标准，而对司法鉴定统一标准的欠缺更是让法官对不同鉴定机构各异的鉴定结论感到无所适从。2005 年《决定》的实施，明确了司法鉴定管理实行行政管理与行业管理相结合的管理制度。确立司法行政机关对司法鉴定机构和鉴定人的职业活动进行指导、管理、监督和检查，并由司法鉴定行业协会依法进行自律管理。这一管理制度的确立是同司法鉴定的属性特征一致的，因而也是符合我国国情的司法鉴定管理制度。

（作者单位：《中国司法鉴定》杂志社；中共上海徐汇区委党校）

[①] 何颂跃：《司法鉴定的历史演变：从神权走向民权》，载《中国司法鉴定》2006 年第 5 期，第 17 页。

关于我国引入辩诉交易制度可行性浅议

胡小平

我国的刑事诉讼法并没有明确规定辩诉交易程序。但是，对我国的刑事诉讼实践尤其是侦查与检控制度进行考察便可发现，在我国的刑事司法实践中，不但事实上一直存在着一定数量的符合辩诉交易制度特征的做法，而且根据我国刑事诉讼的现实需要应当在立法上完善和明确建立起辩诉制度。

一、中国目前刑事司法实践中的辩诉交易

在我国的刑事司法实践中，符合辩诉交易制度特征的做法：

（一）"坦白从宽，抗拒从严"的政策

长期以来我国采取的"坦白从宽，抗拒从严"的刑事政策，可以说是我国司法实践中最为普遍的一种辩诉交易形式。一方面，所谓"坦白"，就是要求犯罪嫌疑人、被告人主动作出有罪供述；所谓"从宽"，就是犯罪嫌疑人、被告人因坦白认罪而获得主要体现为"量刑折扣"的宽缓性处罚。另一方面，"抗拒从严"则是如果不接受"坦白从宽"的交易条件可能产生的法律后果。在我国侦查检控程序中，侦检人员，尤其是讯问人员，都会告知犯罪嫌疑人这一政策，对其心理施加影响，以促使其作出有罪供述。在告知的同时，还往往会结合"使用证据"的方法促使其认清形势进而认罪。而犯罪嫌疑人则必须进行权衡，在知道侦查人员、检察官掌握证据的情况下，最终往往倾向于进行条件交换，即选择"坦白"以获得"从宽"处理。一旦其作出此种选择，检察官在指控方面通常会有适当考虑。例如，在提起公诉或法庭作公诉发言时，提出"鉴于被告人认罪态度较好，建议法庭从轻处罚"等建议；而法官在判决时，对此类被告人通常也会视情况在量刑上给予一定程度上的优惠，有时还在判决书中载明："鉴于被告人认罪态度较好，依法从轻处罚"，等等。

（二）与从犯进行交易

在共同犯罪中，尤其是在侦查难度较大的有组织犯罪中，基于取证的难度，公安司法机关为了有效地打击主犯，往往答应给予从犯一定的量刑上的好处，甚至对其免予指控，以要求从犯检举揭发主犯，或者为证实主犯的犯罪事实而积极地向公安司法机关提供证据或者线索。当然，这种从宽处理在司法实践中更多采取的是在量刑上的从轻、减轻或免除，较少采用免予指控的做法，其原因正是法律给予检察机关的操作空间较小（有罪不起诉只适用于犯罪轻微者）。从犯检举揭发主犯的做法，在某些情况下（如揭发从犯并未参与的犯罪）属于立功的范畴。但仅就存在主从关系的犯罪进行揭发的则不属于立功，因而应当把针对从犯进行的定罪量刑交易作为一种独立的交易形式。

上述两种辩诉交易，在法律程序上，一般以特定的四种方式和渠道来获得实现。

一是通过检察机关放弃指控终止诉讼而实现辩诉交易。包括两种情况，一种情况是规范允许的，即根据刑事诉讼法第142条规定的"对于犯罪情节轻微，依照刑法规定不需要判处刑罚或者免除刑罚的，人民检察院可以作出不起诉决定"。也就是"相对不起诉"，即行为已经构成犯罪，但情节轻微，可以起诉，也可以不起诉，而犯罪嫌疑人是否配合侦检机关追究犯罪是决定是否起诉的一个重要条件。另一种情况相对特殊，主要是犯罪嫌疑人犯罪情节并非轻微，依法应当起诉，但起诉会损害更大的司法利益，实践中检察机关可能做变通处理，对这些犯罪嫌疑人放弃指控。例如，在受贿案件中，很多时候要查处受贿者，就必须取得行贿者的合作，否则在证据上将会面临举证困难。但是，这势必会使行贿者"自陷于罪"，面临着刑法规定的行贿罪的追诉。在这种两难境地下，检察机关为了打击社会危害性更为严重的受贿罪，可能采取与行贿者进行交易的做法，即以放弃对其行贿罪提出指控为条件，以求获得行贿者的合作，即使这种行贿行为并非"情节轻微"。当然，这种不得已的交易行为反映了司法实践对辩诉交易的需要与现行规范的矛盾。

二是通过普通程序实现辩诉交易。从严格意义上讲，这是一种不完整的辩诉交易，因为辩诉交易的一般法律后果是免去正式的庭审程序，而我国的辩诉交易并不必然导致这一法律后果。大部分含有控辩妥协即辩诉交易的案件并未因交易而免去庭审，而是必须再经庭审，经举证辩论，检察官提出从轻处罚的建议，法官酌情从轻处罚。这是制度上的重大区别。

三是通过普通程序简易审实现辩诉交易。在现有刑事诉讼法律的框架内，对某些适用普通程序的刑事案件，在被告人作出有罪答辩的前提下，在事实清楚、证据充分的基础上，简化部分审理程序，快速审结案件。普通程序简易审的实质是对现有庭审方式作进一步的改革。目前许多基层检法机关也在推行此种审判方式。刑事案件普通程序简易审的首要条件是被告人完全承认起诉书指控的事实和罪名或承认指控的主要事实，而其交换条件是检察机关应当向人民法院提出酌情从轻处罚的量刑建议。由于是检法两家联合推行此种审判方式，因此法院在判决时都会接受这一量刑建议。因为控辩双方在开庭前已经就定罪量刑问题达成协议，而该协议又基本上都会被裁判者接受，所以虽然普通程序简易审仍要求进入正式庭审，但事实上庭审已经在很大程度上被形式化了。普通程序简易审在一定程度上使辩诉交易规范化、制度化，而且通过辩诉交易使简化诉讼程序、提高诉讼效率这一实质性要求得到实现。

四是通过刑事简易程序实现辩诉交易。对于应当判处3年以下有期徒刑、拘役、管制、单处罚金的公诉案件，事实清楚、证据充分，经人民检察院建议或者同意，可以适用刑事简易程序。这些案件的"事实清楚、证据充分"，通常都以被告人认罪为前提，因此以程序简易化为特征的这种特殊诉讼程序可以作为部分轻微刑事案件实现辩诉交易的途径。

然而，我国司法实践中运作的辩诉交易同以美国为代表的辩诉交易存在一些重要区别：

一是交易的主要目的不同。由于美国刑事诉讼的当事人主义所包含的"有罪认否程序"（Arraignment），只要被告人认罪并经审查系自愿的，就可以免去正式庭审直接由法官予以处罚，因此就控方而言，如前所述，进行辩诉交易的直接目的是换取被告人作出有罪答辩，重在认罪；而在我国刑事诉讼实践中，进行辩诉交易的目的主要是获得被告人的口供这一法定证据以增强控方的证明能力，以达到证据确实、充分的证明标准，重在取证。这一点是制度上的重大区别。

二是交易的法律后果不同。在美国法中，一旦控辩双方通过交易，达成协议，被告人在"有罪认否程序"中作出有罪答辩，则意味着被告人放弃了原本享有的一系列宪法权利，如接受公正的法院公开审判的权利，获得陪审团审判的权利、辩护权等，而且免除了控方负有的全部证明责任，同时在法官对控辩双方达成的协议进行程序性审查，认可了以后，即视为对被告人作出了有罪判决，该案不再进行正式审判，诉讼即告终止。而在我国的辩诉交易实践中，控辩双方达成协议，被告人作出有罪供述后，并不意味着被告人放弃了辩护权等权利，也未免除控方的任何证明责任，控方在审判中仍然承担证明案件事实清楚，证据确实、充分的责任；诉讼并不因为被告人作出有罪供述就终止，仍然要进行正式审判。

三是交易的规范化与明确性不同。我们所探讨的以美国为代表的辩诉交易，一般是指规范化、制度化的辩诉交易，即辩诉交易的条件、内容、程序与后果已经为制定法或判例法所认可。而我国的辩诉交易比较欠缺制度化要素，对控辩双方的协商与交易虽有一些法律规范和政策规定支持（如不起诉制度及"坦白从宽"政策等），但对交易本身缺乏明确的规定。因此，造成这种交易的模糊性和不确定性，从而损害了辩诉交易的良性运作。例如，"坦白从宽"政策不能得到事实上的兑现就是突出的反映。

四是交易的内容有所不同。我国和美国的辩诉交易都包括了指控交易和量刑交易两种形式。所不同的是，美国法中控辩双方可以就犯罪性质进行交易，如降格指控，而在我国司法实践中，对犯罪性质是不能进行交易的，不能进行降格指控，这也是我国司法实践中量刑交易要大大多于指控交易的重要原因之一。

综上所述，尽管我国司法实践中运作的辩诉交易与美国等其他国家的辩诉交易存在着一定的差异，但是不能因为与美国的辩诉交易有差别就认为我国刑事诉讼中未实行辩诉交易。

二、我国引入辩诉交易制度的必要性

当前，我国进入转型时期，犯罪案件增多与有限的司法资源之间的矛盾日益突出。目前，公安司法机关的办案压力增大，诉讼周期延长，诉讼效率低下的问题日益突出，诉讼成本不断上升，司法公正实现的时效大打折扣。此外，重大、疑难、复杂的案件日益增多，案件的侦破以及有效追诉面临严重困难。在这种情况下，仅依靠增加司法人员数量，增加司法投入并不是解决问题的根本途径。而借助于诉讼程序创新以提高效率、化解矛盾、增进社会成员对司法制度的依赖与信任，无疑是务实的态度。1996年修改刑事诉讼法时增加了简易程序，检察机关派员出庭的压力和法院审判压力有所缓解，但尚未发挥应有的功能，在简易程序之外，还应进行程序设计与创新，以完善速决程序体系。在此背景下，辩诉交易制度的借鉴成为法学界以及司法部门共同关注的话题。如前所述，辩诉交易所具有的辩诉协商机制值得我们借鉴，将辩诉交易机制引入我国具有现实的必要性。当然，辩诉交易制度在我国只能作为一种补助措施，不可能像美国那样占据司法体制中的重要位置。

在我国引入辩诉交易制度，对于控辩双方以及法院乃至社会，都将带来裨益，具体而言：

（一）有利于提高诉讼效率，节约司法资源

其表现为，在侦查阶段将会缩短破案周期。在起诉阶段，可以减轻检察机关的出庭压力，集中力量办理其他重大的刑事案件。在审判阶段，也必将大大减轻法院的审判压力并使被害人的利益得到切实维护。近年来，我国刑事案件数量逐年上升，快速便捷的诉讼程序成为必然要求。目前我国的公检法三机关的经费远远不能满足办案的需要，若再出现证据不足的情况从而不能定案时，案件久拖不决的现象十分普遍。通过辩诉协议无疑能够解决上述问题。

（二）体现了刑事诉讼的民主性，是对被告人程序主体地位的肯定

有利于培育尊重被告人程序主体地位的观念，并使其获得实际的好处，即因其认罪而免除一系列的诉讼程序，并可获得较轻的处罚。对于被采取强制措施的犯罪嫌疑人、被告人而言，他们最需要的莫过于恢复人身自由以及获得精神上的解脱。通过辩诉交易，可以尽早地结束羁押的不稳定状态并且被判处较轻的刑罚，尽快摆脱讼累，而且有利于犯罪嫌疑人、被告人心理压力和抵触情绪的减轻。

（三）有利于将我国长期实行的"坦白从宽"的刑事政策法定化并真正贯彻执行

真正体现鼓励被告人认罪的精神，有利于促使犯罪人认罪和悔罪，有利于其回归社会，在一定程度上有利于解决司法实践中普遍存在的刑讯逼供与超期羁押问题。以前司法实践中往往出现"坦白从宽，牢底坐穿；抗拒从严，回家过年"的反常现象，大大降低了被告人认罪的积极性，导致被告人形成抗拒的极端心理，不利于对犯罪人的改造。

（四）有利于被害人的权利保障

被害人在遭受人身和财产的损害后，无疑渴望尽早从讼累中解脱出来，特别是尽快获得赔偿，辩诉交易恰恰能满足被害人的这一要求而且能够节省被害人在诉讼过程中的开支，降低其诉讼成本。这一点在伤害以及交通肇事等案件中表现得尤为突出。在司法实践中，被害方往往难以实际得到被告人的民事赔偿，合法权益得不到维护。如果能够在辩诉交易的过程中考虑被害人的因素，尊重被害人参与交易权，把赔偿金额和赔偿金的支付也当做协议的内容，无疑能够使被害人的权利得到更加充分的保障。

总之，辩诉交易制度有利于增强判决结果的可预见性，有利于节省各方的诉讼投入、降低司法成本、提高诉讼效率，如果运用得当，对于实现刑事诉讼公正与效率的双重价值目标具有重要意义。引入辩诉交易制度，对于刑事司法资源相对短缺的我国来说，是有积极意义的，有着实行辩诉交易的客观需要。

值得一提的是，引入辩诉交易，通过发挥诉辩双方的协商机制在解决刑事案件中的作用，对于我国现阶段没有陪审团对法官审判权的合理分割与制约，防止法官在实践中滥用权力以及一些法官素质不高，不能适应公正司法的要求，防止司法权的过度集中等方面无疑具有重要意义。

目前，在我国辩诉交易尚未被法律认可，从维护法律程序的严肃性出发，应通过立法来规范。

三、建立中国式辩诉交易制度的初步设想

考虑到目前我国司法实践的现状，笔者认为，推行辩诉交易制度重点应从以下几方面强化：

（一）限制辩诉交易适用的案件范围

根据辩诉交易的特点，结合刑事诉讼法的规定及司法实践，下列案件不得适用辩诉交易方式：

一是犯罪性质或情节严重的案件。在国际上，辩诉交易作为速决方式，属于简易程序的一种，因此大多数实行辩诉交易的国家和地区都将适用速决程序的案件限制在处刑较轻的案件上，如英国规定不能超过 6 个月或 5000 英镑；日本规定只得适用于缓刑、没收 5000 日元以下或其他附加处分；德国不允许处 1 年以上刑罚；我国台湾地区则规定以拘役或罚金为限。1994 年 9 月 10 日在巴西里约热内卢召开的国际刑法协会第 15 届代表大会上通过的《关于刑事诉讼法中的人权问题的决议》第 23 条也明确规定："严重犯罪不得实行简易审判，也不得由被告人来决定是否进行简易审判。"就中国而言，犯罪性质或情节严重的案件通常为可能判处 7 年以上有期徒刑、无期徒刑或死刑的案件，这类案件影响恶劣、社会危害性相对较大，因此对之应严格依照法律规定定罪量刑，不宜适用辩诉交易，否则必然影响刑罚的威慑力，损害法律的公正性和严肃性，导致司法天平的倾斜。

二是事实清楚，证据确实、充分的案件。辩诉交易的目的在于减轻司法机关负担，降低诉讼成本，提高诉讼效率，因此辩诉交易只能适用于那些证据尚不非常充足，事实尚不完全清楚，有可能形成累诉的案件。而且，辩诉交易只能适用于在定罪量刑上尚有协商余地的案件，对于事实清楚、证据充分的案件，无论被告人的行为是否构成犯罪，都只能由检察机关和审判机关依法作出处理，如果对这类案件由控辩双方进行协商，就定罪量刑讨价还价，必然背离以事实为根据，以法律为准绳的诉讼原则。

三是具有法定从重处罚情节的案件。具有法定从重处罚情节，说明案件的性质严重，社会危害性相对较大，不宜通过辩诉交易方式结案；而控辩双方的协商，应以不违反法律当中的硬性规定为前提，法定从重处罚情节是必须从重处罚情节，具有必然性，因此对于法律明文规定应予以从重处罚的，必须严格依照法律从重判处。

四是被害人不同意交易以及刑事附带民事诉讼中附带民事部分经调解没有达成协议的案件。对这类案件不适用辩诉交易，主要是为了避免辩诉交易带给受害方不利后果，切实保护受害人的合法权益，保障审判的社会效果，维护法律的公正性。

（二）限制辩诉交易的内容

在国外，辩诉交易的内容涉及起诉、定罪和量刑等几个方面，控辩双方不仅可以进行量刑交易、罪状交易，也可以进行起诉交易；其交易的内容能否最终付诸实施，并不完全受制于法院，特别是在美国，在起诉便宜主义的诉讼模式下，检察官"可以发动公诉，有权中止所有的追诉，他享有独立的和世界上无与伦比的自由裁量权"，因此通过辩诉交易而不经法院审判即结案的情况极为普遍。

但是，依照我国刑事诉讼法的规定，对任何人，未经人民法院审判不得认定其有罪并处以刑罚，除法律明确规定的几种情形外，检察机关不得随意作出不起诉决定，如果以被告人认罪为条件，撤销对其的指控，无疑是由检察机关对其作出终局性的有罪认定，这与上述规定是相悖的，因此对于国外辩诉交易的习惯与传统不得完全苟同。为了维护人民法院审判权的权威和独立，保障司法制度正常运转，中国辩诉交易的内容应仅限于就被告人量刑问题上的协商，而不能就起诉与否进行协商，也不得就如何对被告人定罪达成协议。

（三）限制从轻处罚的幅度

这里的从轻处罚是广义的，既包括一般意义上的从轻处罚，即在法定刑范围以内对犯罪人处以较轻的刑种或较短的刑期，也包括减轻处罚，即对犯罪人判处低于法定最低刑的刑种或刑期。对于被告人来说，其有罪答辩的目的决定了检察机关所承诺的从轻幅度，对被告人能否作出有罪答辩有着决定性影响，从轻幅度过小往往不利于交易的达成，但控方又不能为促成交易而承诺大幅度从轻处罚，从轻幅度过大会破坏司法的公正性及刑罚的威慑性，达不到预防犯罪的效果，因此为使辩诉交易适度进行，应从立法上设立一个明确的标准，应当根据罪行轻重、证据掌握程度、法定量刑幅度中刑期和刑种、认罪态度等因素综合考虑。

（四）建立辩诉交易的司法审查机制

任何缺乏审查监督机制的制度都会失衡或失控。辩诉交易制度由于其与司法公正之间微妙的关系，更需要完善的监督机制予以制约。一方面，应从法律上确认法官拥有推翻辩诉交易协议的权力，对严重损害司法正义的交易协议，法官有权予以否决，同样对于以这种交易协议作出的判决，应通过二审程序和审判监督程序予以纠正，以切实保障司法公正和人民法院的审判权威。另一方面，必须使法院对辩诉交易的审查制度具体化，在法律上作出具体的规定，以防止这一权力的滥用。

（五）强化律师在辩诉交易中的协助作用

辩诉交易作为控辩双方的一种协议，必须体现公平自愿的原则，但是本人独自进行辩诉交易在主观上往往具有很大的盲目性，而在公诉人的诱导下，错误接受不利协议的情况自然也在所难免。因此，为确保辩诉交易的合意性和公正性，除依法保证被告人的辩护权外，对于辩诉交易中的律师介入问题，应在刑事诉讼法中予以特别规定，如辩诉交易必须在律师的参与下进行；被告人未聘请律师的，应为其指定律师，为其提供法律援助；没有律师参与的案件不得进行辩诉交易；人民法院对没有律师协助而达成的辩诉协议不得予以认可，更不得作为审判的依据。

（作者单位：山西警官高等专科学校）

谈谈刑事司法政策指导下的侦查交易制度的确立

李忠诚

毋庸讳言，中国历代统治者都十分注重在司法领域发挥刑事司法政策应有的调节功能。通过刑事政策的适用来达到弥补法律的缺失，消除法律僵化的弊端，从而更加得心应手地实现其统治，更加有效地维护其统治秩序。当然适用刑事司法政策也要有一个尺度，不能超越现有法律设置的界限，同时也应当及时把成熟的刑事政策上升为更具强制力并普遍适用的法律。

在职务犯罪侦查中如何适用刑事司法政策？如何更好地体现宽严相济的刑事司法政策？如何化消极因素为积极因素，变办案的阻力为办案的动力？一直是职务侦查机关探索的问题。人们在司法实践中思考、探索职务犯罪侦查机关与犯罪嫌疑人之间就获取必要证据，查明案件事实，建立必要的侦查交易制度，即通过与共同犯罪的胁从犯、从犯就供述犯罪事实，证明主要犯罪情节为内容达成协议，作为交换条件，在其如实供述并指证其他犯罪嫌疑人的情况下，职务犯罪侦查机关承诺不予指控或者降低指控其犯罪的一种利益交换——交易。变诱供、套取口供为真正的政策兑现的侦查行为，体现宽严相济的刑事政策，做到当宽则宽，当严则严，宽严有度，宽严有效，促进侦查工作有一个重要的推进，将有限的侦查资源集中在要案和重大职务犯罪的查办上，侦查交易制度的建立也就势在必行了。

一、建立职务犯罪侦查交易制度的现实需要

需要是事物发展的直接动力。职务犯罪侦查面临着发现难、取证难、追诉难、阻力大的困境，特别是侵权案件、贿赂案件，往往是在外界不知情的情况下，犯罪嫌疑人私下实施的。现有的侦查手段要突破这样的案件是相当困难的。特别是已经订立攻守同盟的案件更难突破。例如，侵权案件，特别是刑讯逼供致人死亡案件，犯罪嫌疑人是在与外界隔离的情况下被实施的刑讯逼供犯罪，外界无人知道，再加上个别鉴定又往死者的身体病因上引导，就会使案件扑朔迷离。又如，贿赂案件中的行贿和受贿是在一对一的情况下实施的，要突破口供拿下证据，往往比较困难，受贿人深知承认就要承担刑事责任，所以闭口不讲，行贿人知道已经得到受贿人给予的利益，一旦供述不但行贿的钱要不回来，得到的利益也可能丧失，自己还可能身陷囹圄，所以也往往闭口不讲，这给办案工作带来了困难。因此，需要在宽严相济的刑事司法政策指导下，采用分化瓦解、各个击破的策略，从薄弱环节入手，让胁从犯或者从犯开口，这就需要有政策兑现，用宽严相济的刑事司法政策来调整，在侦查机关与相关犯罪嫌疑人之间在供述犯罪事实，提供犯罪证据的情况下，得到从宽处理方面进行交易，从而达到突破案件，追究更严重的犯罪的目的。其实，这项刑事司法政策在司法实践中已经采用，只是没有很好地总结推广，形成制度。例如，某市公安人员刑讯逼供案，同案人供述了犯罪事实，而其他主犯则闭口不谈，在法庭上表现嚣张，后案件

根据鉴定结论、证人证言和同案人的证实追究了当事人的刑事责任，对供述犯罪事实的被告人宣告了缓刑处罚。又如，有的刑讯逼供案件对于参与犯罪的从犯采用另案处理的方式，主要追究当班的负责人，对其他责任人员，以其如实供述为条件不予刑事追究，从而使主犯的犯罪事实得到有效的揭露和证实。特别是重庆綦江彩虹桥垮塌案中被告人林世元因受贿罪一审被判处死刑，但是向林世元行贿的费上利的行为尽管已符合刑法关于行贿罪的犯罪构成，但检察机关考虑到费上利在林世元受贿案中积极出庭作证，而对费上利的行贿行为未提起公诉。① 因此，建立侦查交易制度是分化瓦解犯罪嫌疑人进而获取证据、突破案件的需要；是化解社会矛盾，尽可能减少社会对立面，化消极因素为积极因素的需要；是更好地体现宽严相济的刑事司法政策的需要；是解决现阶段职务犯罪侦查手段落后，有效地同严重的职务犯罪作斗争的需要。

二、建立职务犯罪侦查交易制度的理论依据

刑事诉讼中的交易应当在侦查阶段开始，只有在侦查阶段进行交易，才能保证刑事诉讼活动的顺利进行，才有进入审查起诉和审判程序的案件。尽管不是所有的案件（如抓现行的案件除外）都需要通过侦查交易来获得证据或来破解共同犯罪的取证难题，但是需要侦查交易的案件是客观存在的。因此，侦查交易是刑事诉讼中其他阶段交易的基础，或者说是有了侦查交易，其他诉讼阶段的交易才有意义，因为侦查阶段的交易对以后的诉讼阶段的进行有预决作用，即侦查交易一旦达成，其后的诉讼阶段就应当确认。所以，理论上起诉阶段的辩诉交易本质上是侦查交易的继续。没有侦查交易下的案件侦破就没有进入起诉阶段的辩诉交易。从这种意义上说，研究侦查交易问题更为重要。

侦查交易行为的直接后果是污点证人制度的确立。只有建立污点证人制度才能使侦查交易制度更具有实际价值和现实意义。污点证人，是指犯罪活动的参与者为减轻或免除自己的刑事责任，与国家追诉机关合作，作为控方证人，指证其他犯罪人犯罪事实的人，是较为特殊的一种证人。污点证人制度实际上是污点证人豁免制度。② 其实，成为污点证人不仅可以使犯罪嫌疑人减轻罪责，还可以帮助侦查机关突破案件，寻找案件的突破口，收集必要的诉讼证据。这需要双方的积极性而不是单方的积极性。建立污点证人制度，是侦查交易的要求，是交易后果使然。交易是一个协商、妥协的过程，要达到双方满意就得双方作出让步，侦查机关需要突破案件，查处更为严重的犯罪分子，必然要对罪行较轻的犯罪分子从轻处罚或者不予追究，使其反戈一击，出来揭发共同犯罪的主要犯罪成员的罪行，成为突破案件的关键"证人"。按照刑事诉讼法第48条的要求，"凡是知道案件情况的人，都有作证的义务"。同案犯罪嫌疑人能否互为证人，在理论上有争论，实践中有采用的实例，如"四人帮"案件。但是如果采用污点证人制度，则罪行较轻的胁从犯、从犯则可以通过作证不追究的方式成为案件中的必要证人，从而保证侦查工作乃至整个诉讼活动顺利进行，更好地揭露犯罪、证实犯罪、惩罚严重的犯罪。

侦查交易是建立在侦查机关与犯罪嫌疑人平等基础上的协商，以获取证据、提供指控

---

① 2006年12月4日网络文章，论文之舟：《建立与公约相适应的污点证人不起诉制度》。
② 胡亚金：《查办贿赂犯罪应考虑运用污点证人制度》，2006年12月4日正义网——《检察日报》。

和减轻、免除刑事处罚为交换条件，双方达成协议，从而使侦查机关避免因刑事指控证据不足而承担我国刑事诉讼法第 162 条规定的"证据不足，不能认定被告人有罪的，应当作出证据不足、指控犯罪不能成立的无罪判决"的不利后果。同时，犯罪嫌疑人也会因协助侦查破案，指控更为严重的犯罪，从而得到从轻、减轻或者免除刑罚的处理，甚至不以犯罪嫌疑人的身份进入刑事诉讼程序。这是尊重和保障人权的精神的体现，是经济互利关系在刑事诉讼中的体现。

因此，侦查交易是刑事诉讼中其他交易的前提和基础，只有侦查交易制度真正建立起来并发挥应有的作用，其他与侦查交易相关的制度才更有意义；污点证人制度、辩诉交易等都是与侦查交易相匹配的制度，相互作用、相得益彰，共同为推进刑事诉讼活动的顺利进行发挥应有的作用；侦查交易制度的确立是互利互惠的经济法则在刑事诉讼中运用的体现，它符合诉讼经济原则。

三、建立职务犯罪侦查交易制度的政策和法律依据

（一）建立职务犯罪侦查交易制度的政策依据

认真贯彻执行宽严相济的刑事司法政策，要把严格执行法律与执行刑事政策有机地结合起来，当严则严，当宽则宽，宽严互补，宽严有度，宽严有效。"坦白从宽，抗拒从严，立功受奖，首恶必办，胁从不问，反戈一击有功，受蒙蔽无罪。"这些在我国司法实践中应用过的刑事政策和工作口号，如何在现有的法治环境中发挥作用需要研究，特别是在侦查交易中发挥作用值得探讨。坦白从宽是侦查交易的政策基础。所谓坦白，从狭义上讲，一般是指犯罪行为被司法机关或者有关组织发现后，对犯罪分子进行询问、传讯或者在采取强制措施后，或者在法庭审理中罪犯如实交代其所犯罪行的行为。[1] 这是分化瓦解犯罪分子的有效刑事政策性措施，通过鼓励罪犯坦白，达到及时查明案情，有效追究更为严重的犯罪，减少社会对抗，化解社会矛盾，促进社会和谐。正是有坦白从宽的政策依据，侦查机关才有可能与犯罪嫌疑人进行交易，达成协议，才能使犯罪嫌疑人相信刑事政策，积极揭露同伙而获得轻、缓、免的处理。由于有了这项政策并真正兑现，才能使侦查机关有效地分化瓦解共同犯罪人，同时打消犯罪嫌疑人的侥幸心理。如果"坦白从宽，牢底坐穿，抗拒从严，回家过年"流行起来，则案件的侦破工作将会遇到相当大的阻力。想要追究犯罪，因苦于无证据难以追究，同样达不到有效惩治犯罪的目的。只有正确运用宽严相济的刑事政策，才能让犯罪嫌疑人开口，让攻守同盟瓦解，使严重的犯罪分子受到应有的惩罚。其他政策性的工作口号，其实在历史上已经发挥了应有的作用，在现阶段的适用应当与有关法律有机地结合起来，如"立功受奖，首恶必办，胁从不问"，我国刑法中规定有立功、重大立功的，从轻、减轻或者免除处罚的规定（见刑法第 68 条）。主犯从重处罚、胁从犯从轻、减轻或者免除处罚也是刑法明文规定的。"反戈一击有功，受蒙蔽无罪"从刑法中也可以得到印证，即犯罪后自首的，或者犯罪构成的四个要件要求有主观犯意，自首从轻、减轻或者免除处罚，没有犯罪故意的，不符合犯罪构成，则不按犯罪处理等。可见刑事政策

---

[1] 肖扬主编：《中国刑事政策和策略问题》，法律出版社 1996 年版，第 243 页。

对立法已经起到了相应的指导作用，在职务犯罪侦查交易中也必将产生积极的影响，发挥应有的作用。

（二）建立职务犯罪侦查交易制度的法律依据

侦查交易是以对犯罪嫌疑人在刑事追究上采取轻、缓、免措施或者以不诉为条件而获取必要指控犯罪的证据，追究更为严重的犯罪分子的利益交换协议。这项制度在现有的法律中有没有依据是侦查交易能否得到认可并有效运用的重要前提。尽管我们说，从政策层面，我们可以为侦查交易寻求到依据，从而得到认可，但是更需要在法律层面得到相应的支持。首先，从刑法的规定来看，可从轻、减轻或者免除处罚的有自首、重大立功、从犯、胁从犯。所以，只要是从犯、胁从犯，或者有自首、重大立功的情形，犯罪嫌疑人都可以依法得到从轻、减轻或者免除处罚。其次，从刑事诉讼法的规定来看，刑事诉讼法第86条规定："……认为没有犯罪事实，或者犯罪事实显著轻微，不需要追究刑事责任的时候，不予立案，并且将不立案的原因通知控告人……"刑事诉讼法第142条第2款规定："对于犯罪情节轻微，依照刑法规定不需要判处刑罚或者免除刑罚的，人民检察院可以作出不起诉决定。"这就是侦查交易的法律基础、法律依据。因此，侦查交易是有法律依据的。当然这些法律规定对于建立一个完整的、更为有效的侦查交易制度，改变现行的侦查机关自己调控的侦查交易下的不予追究状况，需要更加完备的法律调整，需要我国法律直接确立侦查交易制度。

四、建立职务犯罪侦查交易制度的构想

职务犯罪侦查交易的确立需要明确交易的案件、交易的对象、交易的条件、交易的程序、交易的后果，同时需要相应的法律规定予以确认，建立和完善相应的法律制度势在必行。

（一）侦查交易的案件

应当说并不是所有的职务犯罪都要通过侦查交易来达到侦查破案的目的，只有确实难以突破的共同犯罪案件或者影响重大、需要在短时间内突破并予以有效证明的贿赂案件才可以进行侦查交易。否则过多地适用侦查交易可能导致侦查机关不从提升自身的侦查能力和水平来研究突破案件，而热衷于侦查交易，与犯罪嫌疑人讨价还价，以寻求证据的获得，其结果只能降低侦查水平和能力，损害侦查机关的执法形象，不利于有效地追究犯罪，更为严重的是侦查交易还可能被滥用。那么，侦查交易应限定在什么样的案件范围呢？笔者认为，侦查交易的案件应当适用有较大影响的共同职务犯罪、不为外界知情的侵权共同犯罪和需要有效证实受贿犯罪的案件。其他如共同贪污案，私分国有资产案，刑讯逼供案，刑讯逼供致人伤残、死亡转化的故意伤害案或者故意杀人案、贿赂案等。

（二）侦查交易的对象

选准侦查交易的对象不仅有利于案件的突破，也有利于侦查交易政策的兑现。因为侦查交易的对象如果是知情过少，难以获得有效的犯罪信息的共同犯罪嫌疑人就不易成为侦

查交易的对象，即价值太小，因此要选择知道较多犯罪信息，能够提供有效的指控犯罪证据的共同犯罪人作为侦查交易对象，但是因为要兑现交易政策，所选择的交易对象必须是依法可以从轻、减轻或者免除处罚、不起诉的犯罪嫌疑人，通常要选择从犯、胁从犯。一般不宜选择主犯。当然如果选择了主犯则只能考虑在从轻处罚上加以考虑，不能法外开恩。

（三）侦查交易的条件

这是侦查交易的核心。交易的条件的实质是交易的砝码。从现行的做法来看，主要有以下几种条件：（1）不追究。主要包括：①不立案。对于共同犯罪的犯罪嫌疑人如果与侦查机关配合，提供共同犯罪的重要证据，或者指控主要犯罪嫌疑人的犯罪行为，侦查机关可以不予立案侦查，或者虽然已经立案侦查也可以考虑对其撤销案件。②不起诉。对于已经立案侦查的案件，如果是侦查交易的当事人，在审查起诉阶段，人民检察院可以作出不起诉的决定。（2）从轻、减轻或者免除处罚。侦查交易的当事人，在审判阶段可以依法得到从轻、减轻或者免除处罚。从犯罪嫌疑人的角度看，犯罪嫌疑人必须提供必要的诉讼证据，而且要在刑事诉讼中有效地指证其他犯罪嫌疑人，是侦查交易的必要条件。

（四）侦查交易的程序

侦查交易应当由侦查机关的侦查人员在获得领导批准后进行。也可以在侦查人员初步试探后，报机关负责人批准后进行具体交易。在交易前应当制定侦查交易方案，报机关负责人批准后实施。侦查交易的方案要经过审核，实施侦查交易要经过批准。如果共同犯罪人提出要争取宽大处理，要求交易的，侦查人员也要将此情况报告本机关负责人同意，履行交易手续后才能进行侦查交易。在具体交易时，如同讯问犯罪嫌疑人的要求一样，侦查人员不得少于二人，一个人不能进行交易。侦查交易要有必要的记录加以记载，在职务犯罪侦查内卷中有所体现。

（五）侦查交易的后果

侦查交易的后果需要在法律上得到确认，使交易的条件和内容得以实现。这就需要将交易成果法律化、制度化。也需要建立相应的配套制度。（1）不予追究制度——不予立案或者撤案。（2）污点证人制度。（3）不诉制度。（4）建立必要的保护措施。对于有人身安全的侦查交易对象可以考虑采取相应的司法保护措施，如转移居住的城市、改变工作的环境等。侦查交易的后果已经得到相关国际文件确认，《联合国打击跨国有组织犯罪公约》第26条规定："对于本公约所涵盖的犯罪的侦查或起诉中予以实质性配合者，各缔约国均应考虑根据其本国法律基本原则规定允许免予起诉的可能性。"《联合国反腐败公约》第37条第3款规定："对于在根据本公约确立的犯罪的侦查或者起诉中提供实质性配合的人，各缔约国均应当考虑根据本国法律的基本原则就允许不起诉的可能性作出规定。"

（六）侦查交易的原则

从国外的立法来看，已经确立了污点证人制度，为侦查交易开了绿灯。那么，在我国确立侦查交易制度需要坚持什么样的原则呢？笔者认为，职务犯罪侦查交易应当遵守以下原则：

1. 分化瓦解，慎重选择的原则。必须分化瓦解，尽可能利用矛盾，从中选择与能够起到突破案件作用的共同犯罪人进行交易。因此，必须慎重选择，既要选择罪行相对较轻，又要选择知道情况，能够提供证据的人，这就需要筛选，通过分析共同犯罪人的人生经历、身份背景、家庭状况以及在共同犯罪中所起的作用等，选择侦查交易的对象，真正达到获取关键证据，有效追究更为严重的犯罪的目的。

2. 掌握证据，争取主动的原则。侦查交易需要必要的砝码，需要有证据证明交易的对象有犯罪的背景，有刑事追究的后果作为相应压力，从而可以有效地交易，否则对于根本没有犯罪的人，或者无法证明其有罪的人，难以进行侦查交易。因此，只有掌握必要的证据，才能进行有效的交易，在侦查交易开始前进行必要的证据收集工作显得十分重要，否则就没有交易的砝码，就没有交易的条件，这是交易的基础性工作。在掌握相应的证据后，应当进行分析、权衡，选准对象后就应当主动进行侦查交易。当然在方法上，可以讲明侦查交易的条件和后果，使共同犯罪人明确交易带来的利益，进而主动进行交易，使侦查交易得以顺利进行。

3. 掌握政策，适度交易的原则。交易也是有尺度的，不是无限制的，应当适度，也应当节制。必须在政策指导下进行交易，注意掌握现有的法律政策，不能无边际地承诺，不用做不到、难以兑现的条件来套取口供，尽管可能个案突破了，但是可能带来翻供的后遗症，不利于有效地惩治犯罪。

4. 需经审批，二人办案的原则。侦查交易前要得到职务犯罪侦查机关负责人的审批，同时要坚持办案二人行的原则，不能由一个侦查人员与犯罪嫌疑人单个进行侦查交易，否则缺乏交易的透明度和公正性。

5. 严格控制，准确适用的原则。侦查交易可能会带来案件的突破，侦查工作会得到有效的推动，但不能完全依赖侦查交易，否则会使职务犯罪侦查这一严肃而神圣的工作成为庸俗的市井买卖，影响侦查人员侦查能力和水平的提高。要使侦查人员明白，侦查破案的关键在于提升自身的能力和水平，运用侦查谋略，增加侦查的科技含量，增强技侦手段，不能认为有了侦查交易就可以侦破案件。必须严格控制，准确适用，不能过多过滥。更不能用侦查交易代替侦查，侦查交易是为了更好地侦查，更好地获取证据，更好地揭露证实犯罪，不能因为有了侦查交易，就放弃进一步侦查而导致侦查工作功亏一篑，使侦查交易徒劳无益。

6. 制订计划，防止无序的原则。在进行侦查交易前要制订交易计划，明确交易的对象、条件，要获取的证据的内容和要求犯罪嫌疑人在刑事诉讼中完成的诉讼行为。报经职务犯罪侦查机关的领导批准后实施，不能无序进行，更不能凭侦查人员的想象进行，要使侦查交易始终在正确的引领下进行，发挥其应有的作用。

（作者单位：最高人民检察院渎职侵权检察厅）

我国建立刑事缺席审判制度构想

李良义

一、建立刑事缺席审判制度的理由

（一）缺席审判方式是刑事诉讼程序正常运转的客观要求

一方面，当被告人恶意违反法庭秩序或者故意逃避上庭义务时，如果庭审因此而被迫中止甚至被长期搁置起来，势必有违诉讼运转的规律和破坏司法的权威性；另一方面，当被告人主动放弃出庭权利或者被告人缺席并不会对诉讼的公正带来显著影响时，缺席审判不但有利于诉讼效益，而且尊重了被告人作为诉讼主体的程序选择权，避免刻板的审判方式给被告人乃至诉讼程序本身强加额外的负担。最后，也是出于保护被害人的合法权益和公共利益的客观需要。

另外，在我国司法实践中，对于犯罪嫌疑人、被告人死亡的情形，有涉案财物的，公安机关和人民检察院应当及时提出申请，由人民法院作出裁定处理，及时有效地保护相应涉案当事人的合法权益，避免长期把涉案财物"挂起来"，真正做到"案结事了"。

（二）缺席审判在世界刑事诉讼立法中相当常见

为保障实现国家刑罚权，保证被害人的民事利益以及社会整体利益，避免出现因刑事案件的被告人不到庭而无法判决的情况，法国、英国、德国、意大利、荷兰、葡萄牙、丹麦、比利时、日本以及我国的台湾地区[①]和澳门[②]地区等都规定了缺席审判制度。

以《法国刑事诉讼法典》（2005 年）[③] 为例：

[①] 我国台湾地区"刑事诉讼法"（2007）第 371 条（一造缺席判决）：被告合法传唤，无正当之理由不到庭者，得不待其陈述，径行判决。

[②] 《澳门刑事诉讼法典》中涉及"缺席审判"的主要条文：第 53 条（援助之强制性）一、在下列情况下，必须有辩护人之援助：c）在缺席审判时。第 282 条（辩论之押后）三、如嫌犯放弃其在场之权利，辩论不会以其缺席为依据而押后，此时，嫌犯须由其委托或被指定之辩护人代理。第 315 条（无嫌犯出席之听证）一、当有关案件原应采用最简易诉讼程序审理，但已移送卷宗以采用普通诉讼程序审理时，如未能将指定听证日期之批示通知嫌犯，或嫌犯无合理解释而在听证时缺席者，则法院得决定在无嫌犯出席之情况下进行听证。第 316 条（以告示及公告所作之通知）一、在不属前一条第 1 款及第 2 款之情况下，如在第 295 条第 2 款及第 3 款所规定之措施实施后，嫌犯仍无合理解释而缺席，则透过告示将指定新听证日期之批示通知嫌犯。二、告示内须载明认别嫌犯身份之资料、指明对其归责之犯罪及处罚该犯罪之法律规定，并告知嫌犯，如其在指定听证日缺席，则进行缺席审判。第 317 条（缺席审判）一、在缺席审判中，在一切可能发生之效力上，嫌犯均由辩护人代理。二、有罪判决宣读后，须发出拘留命令状。三、一旦嫌犯被拘留或自愿向法院投案，须立即将判决通知嫌犯。

[③] 罗结珍译：《法国刑事诉讼法典》，中国法制出版社 2006 年版。

1. 《法国刑事诉讼法典》的内容包括典首条文、序编（公诉与民事诉讼）、第一卷（提起公诉及预审）、第二卷（审判法庭）、第三卷（非常上诉途径）、第四卷（几种特别诉讼程序）、第五卷（执行程序）组成。

2. 法国的刑事缺席审判制度集中规定在该国法典第二卷（审判法庭）中：第一编（重罪法庭）第四章（重罪法庭开庭的预备程序）（2004 年修订）、第八章（重罪案件的缺席审判）（2004 年增加）；第二编（轻罪之审判）第一章（轻罪法庭）第六节（缺席判决以及对缺席判决提出异议）；第三编（违警罪的审判）第五章（缺席判决以及对缺席判决提出异议）。

由此可见，《法国刑事诉讼法典》对涉嫌重罪、轻罪、违警罪的被告人均可以进行缺席审判。

其中下列内容值得关注：

（1）第 270 条（2004 年修订）规定，如重罪被告人在逃或者不到庭，得按照本编第八章之规定缺席审判。

（2）第 320 条第 2 款规定：此种判决视同对席判决。

（三）随着跨国恐怖犯罪和腐败案件的增多，联合国等国际组织开始承认缺席审判制度

如《联合国反腐败公约》第 54 条（通过没收事宜的国际合作追回资产的机制）第 1 款第 3 项规定，考虑采取必要的措施，以便在因为犯罪人死亡、潜逃或者缺席而无法对其起诉的情形或者其他有关情形下，能够不经过刑事定罪而没收这类财产。这一规定就直接肯定了成员国可以行使缺席审判并没收腐败资产的权力。

如《联合国打击跨国有组织犯罪公约》第 11 条（起诉、判决和制裁）、第 12 条（没收和扣押）、第 13 条（没收事宜的国际合作）和第 14 条（没收的犯罪所得或财产的处置）中，缔约国用没收令没收[①]犯罪所得、财产、设备或其他工具和变卖犯罪所得或财产，是该公约对生效裁判的回避，是在并不严格追求刑事定罪的情况下对涉案财物的处分。这实质上是对刑事缺席审判的默认。

二、缺席审判制度对于追缴犯罪所得，保障国家、涉案当事人，特别是被害人财产权益具有重要作用

《联合国反腐败公约》第 57 条（资产的返还和处分）规定，缔约国依照公约没收的财产，基于请求缔约国的生效判决，将没收的财产返还请求缔约国，被请求缔约国也可以放弃对生效判决的要求。

从实践来看，我国的腐败犯罪形势日益严峻，大量贪污腐败分子卷走国有资产后逃往国外，造成了国有资产的严重流失。我国在抓捕这些外逃贪官、追缴境外腐败资产的司法实践中，往往需要请求他国协助返还涉案财产，但一些国家法律将法院生效判决作为司法协助的前提，我国因为刑事缺席审判制度的立法缺失而陷入跨境反腐的尴尬境地。我国刑

---

① 《联合国打击跨国有组织犯罪公约》第 2 条（术语的使用）规定："……在本公约中：（g）'没收'，在适用情况下还包括'充公'，系指根据法院或其他主管当局的命令对财产实行永久剥夺……"

事诉讼制度不允许对任何被告人进行缺席审判，这样不仅无法适应国际公约的发展趋势，也给犯罪分子以可乘之机。同时，许多其他刑事案件的犯罪嫌疑人长期在逃，因未设立刑事缺席审判制度，不仅严重损害了被害人的合法权益以及国家和社会的整体利益，也使大量的涉案财物无法处理。总之，刑事缺席审判制度的缺失使大量刑事法律关系和民事法律关系处于不确定状态，容易引发社会不安定因素。

实际上，我国最高人民法院、最高人民检察院、公安部等有关部门制定的执行刑事诉讼法的相关规范性文件中已经有所涉及。例如，最高人民法院、最高人民检察院、公安部、国家安全部、司法部、全国人大常委会法制工作委员会联合发布了《关于刑事诉讼法实施中若干问题的规定》（1998 年）。刑事诉讼法第 117 条规定："人民检察院、公安机关根据侦查犯罪的需要，可以依照规定查询、冻结犯罪嫌疑人的存款、汇款。"根据这一规定，人民检察院、公安机关不能扣划存款、汇款，对于在侦查、审查起诉中犯罪嫌疑人死亡，对犯罪嫌疑人的存款、汇款应当依法予以没收或者返还被害人的，可以申请人民法院裁定通知冻结犯罪嫌疑人存款、汇款的金融机构上缴国库或者返还被害人。

《公安机关办理刑事案件程序规定》（1998 年）第 231 条规定："对于在侦查中犯罪嫌疑人死亡，对犯罪嫌疑人的存款、汇款应当依法予以没收或者返还被害人的，可以申请人民法院裁定通知冻结犯罪嫌疑人存款、汇款的银行、其他金融机构或者邮电部门上缴国库或者返还被害人。对于冻结在银行、其他金融机构或者邮电部门的赃款，应当向人民法院随案移送该银行、其他金融机构或者邮电部门出具的证明文件，待人民法院作出生效判决后，由人民法院通知该银行、其他金融机构或者邮电部门上缴国库。"

《人民检察院刑事诉讼规则》（1998 年）第 277 条规定："在审查起诉中犯罪嫌疑人死亡，对犯罪嫌疑人的存款、汇款应当依法予以没收或者返还被害人的，可以申请人民法院裁定通知冻结犯罪嫌疑人存款、汇款的金融机构上缴国库或者返还被害人。人民检察院申请人民法院裁定处理犯罪嫌疑人存款、汇款的，应当向人民法院移送有关案件材料。"

最高人民法院《关于执行〈中华人民共和国刑事诉讼法〉若干问题的解释》（1998 年）第 294 条规定："对于人民法院扣押、冻结的赃款、赃物及其孳息，人民法院作出的判决生效后，由原审人民法院依照生效的法律文书进行处理。除依法返还被害人的以外，应当一律没收，上缴国库。法律另有规定的除外。对人民检察院、公安机关因犯罪嫌疑人死亡，申请人民法院裁定通知冻结犯罪嫌疑人存款、汇款等的金融机构，将该犯罪嫌疑人的存款、汇款等上缴国库或者返还被害人的案件，人民法院应当经过阅卷、审查有关证据材料后作出裁定。"

从上述规范性文件的相关规定可以看出，人民法院的这种裁定就体现了在没有犯罪嫌疑人、被告人参与的情况下对涉案财物的法律意义上的最终处理。但是，在司法实践中，因为法律上没有明确规定"刑事缺席审判制度"，即使是对待因犯罪嫌疑人死亡而由公安机关和人民检察院提出"申请"的这种裁定，具体办案的人民法院往往也不愿有所作为。况且对待因犯罪嫌疑人死亡而由公安机关和人民检察院提出这种"申请"的前提是"可以"。更别说犯罪嫌疑人、被告人长期逃匿的案件了。这种对于犯罪嫌疑人、被告人死亡或长期逃匿而把涉案财物长期"挂起来"的做法，也就必然引发一些涉案当事人因合法权益得不到及时有效保护而产生新的社会矛盾。

三、刑事缺席审判制度的具体方案

因为缺席审判是在被告人无法行使诉讼权利的情况下进行的，所以各国都对缺席审判设定了严格的适用条件并赋予相应的救济措施。就我国立法而言，建立缺席审判制度应包括以下内容：

（一）关于对犯罪嫌疑人不到案的侦查终结的条件

犯罪嫌疑人不到案时侦查终结的条件应当严格限定为"犯罪事实清楚，证据确实、充分，依法应当追究刑事责任"，不得低于这个条件，否则就无法保证案件的顺利起诉和审判，也无法保障犯罪嫌疑人、被告人的合法权益。同时，为保障国家刑罚权、被害人和社会整体利益的实现，有必要规定侦查机关不得停止追捕犯罪嫌疑人。

因此，建议在刑事诉讼法第 129 条中增加一款，作为第 2 款："犯罪嫌疑人长期不到案，但认定犯罪嫌疑人应当负刑事责任的证据确实、充分的，也可以移送同级人民检察院审查决定。但不得停止对在逃犯罪嫌疑人的追捕。"

（二）关于对犯罪嫌疑人不到案的提起公诉的条件

这一条件也应该达到"犯罪事实清楚，证据确实、充分，依法应当追究刑事责任"。

建议在刑事诉讼法第 141 条中增加一款，作为第 2 款："对侦查机关获得的证据依法足以认定没有到案的犯罪嫌疑人应当负刑事责任的，人民检察院应当作出起诉的决定。"

（三）人民法院在开庭前审查刑事案件时，对人民检察院提起公诉并符合刑事诉讼法第 150 条第 1 款规定的条件，即使被告人没有到案，也应当决定缺席审判

为尽可能地保障被告人的合法权利，对没有到案的被告人，有必要以公告方式送达起诉书。公告期限可设定为 1 个月。

据此，建议在刑事诉讼法第 150 条中增加三款，作为第 2 款、第 3 款和第 4 款：

第 2 款："对没有到案的被告人，应当决定缺席审判。"

第 3 款："对缺席审判被告人的起诉书以公告方式送达，公告期限为一个月。"

第 4 款："缺席被告人没有委托辩护人的，人民法院应当指定承担法律援助的律师为其提供辩护。"

（四）关于对被告人权利的救济

为避免缺席审判给被告人合法权利造成不利影响，设立缺席审判制度的国家普遍给予缺席审判的被告人在归案后要求重新审判的权利，以保障被告人享有辩护权等救济权利。我国引渡法第 8 条规定，请求国根据缺席判决提出引渡请求的，应当拒绝引渡，但请求国承诺在引渡后对被请求引渡人给予在其出庭的情况下进行重新审判机会的除外，也体现了这一原则要求。因此，在设立缺席审判制度时，有必要给予缺席审判的被告人在归案后要求重新审判的权利。

建议在刑事诉讼法第 163 条中增加一款，作为第 3 款："缺席审判的被告人在归案后有

权要求重新审判。"

（五）对于犯罪嫌疑人、被告人死亡的情形

立法机关可以把最高人民法院、最高人民检察院、公安部等有关部门制定的执行刑事诉讼法的规范性文件处理涉案财物的相关内容纳入刑事诉讼法。具体建议是：

1. 在刑事诉讼法第130条中增加一款，作为第2款："在侦查过程中犯罪嫌疑人死亡的，对于涉案财物，应当申请人民法院作出依法予以没收或者返还被害人的裁定，通知冻结犯罪嫌疑人存款、汇款的银行、其他金融机构或者邮电部门上缴国库或者返还被害人。对于冻结在银行、其他金融机构或者邮电部门的赃款，应当向人民法院随案移送该银行、其他金融机构或者邮电部门出具的证明文件，待人民法院作出生效判决后，由人民法院通知该银行、其他金融机构或者邮电部门上缴国库。"

2. 在刑事诉讼法第141条中增加一款，作为第3款："在审查起诉中犯罪嫌疑人、被告人死亡的，对于涉案财物，应当申请人民法院作出依法予以没收或者返还被害人的裁定，通知冻结犯罪嫌疑人、被告人存款、汇款的金融机构上缴国库或者返还被害人。人民检察院申请人民法院裁定处理犯罪嫌疑人涉案财物的，应当向人民法院移送有关案件材料。"

3. 在刑事诉讼法第150条中增加一款，作为第5款："对公安机关、人民检察院申请依法处理已死亡犯罪嫌疑人、被告人涉案财物的案件，人民法院应当经过阅卷、审查有关证据材料，在一个月内作出裁定。通知冻结犯罪嫌疑人、被告人存款、汇款等的金融机构，将该犯罪嫌疑人、被告人的存款、汇款等上缴国库或者返还被害人。"

（作者单位：湖北警官学院法律系）

刑事证据学研究范围的反思与展望

李克刚

当前，我国社会正处于转型期，经济、政治、文化等领域正在发生急剧的变化，社会矛盾凸显，刑事案件发案率上升势头迅猛，与此同时，我国的很多地区出现了刑事案件质量滑坡，翻供率、翻证率攀升的现象，更有个别案件引发了大型群体性事件，对我们致力建设的和谐社会造成很坏的影响。如何应对这一严峻形势应引起我们的思考。在刑事诉讼领域，无论是在立法层面还是在执法层面都存在着许多亟待解决的问题，尤其是刑事证据方面问题更多，无论是 1979 年刑事诉讼法，还是 1996 年刑事诉讼法都显得空洞、原则，缺乏可操作性，而这些问题的存在与刑事证据理论研究范围过于狭窄不无关系。

一、刑事证据学研究范围的反思

自 1979 年 7 月 1 日，第一部《中华人民共和国刑事诉讼法》经全国五届人大二次会议审议通过并正式颁布以来，学者们编写了大批刑事诉讼法教材，这些教材大多以注释法条为主，学术性不强，进入 20 世纪 90 年代以来刑事诉讼法学研究逐渐回归理性，提升了自身的学术品位。而刑事证据作为刑事诉讼研究的一个重要领域，得到了空前的重视，其理论也逐渐摆脱一元论的观点，开始走向多元化，提倡多角度、多层次对实践和理论问题进行思辨。一时间，大量的学术著作发表，形成了证据理论研究的春天，在欣喜地看到证据研究取得丰硕成果的同时，我们也不应忽略这一领域在研究范围方面存在的问题。

问题一：注重西方证据研究的借鉴意义，但研究范围狭窄，没有对西方证据学的概念、制度产生的文化差异、社会背景、经济阶段进行深入研究。进入 20 世纪 90 年代以来，证据法学理论研究似乎开始了新一轮的"洋务运动"，随着大量的来自欧洲和北美的法学著作、教科书和法典被翻译成中文，中外学者之间的交流日益频繁，一些学者言必称西方，将西方的理论和实践当成了治疗中国证据立法和实践中存在问题的起疴良方。不可否认，"洋为中用"在一定程度上具有其合理性，但绝不应将这种合理性盲目夸大，更不能割断这些制度和概念与产生它们的母体——经济、社会、文化的天然联系，而抽象地进行研究，便产生了移植的冲动。"橘生淮北则为枳"，不仅只是一种自然现象，同样也可以成为社会法则。

问题二：研究者多遵循对策式研究模式进行专题研究，理论系统化程度不够。自 20 世纪 90 年代以来，沉默权、非法证据排除规则、证据展示制度等先后成为证据法学的研究热点，不可否认，从程序正当性的角度进行分析，这些制度或规则都有其正当性，尤其是用西方的学术理论解释这些"舶来品"时，从逻辑上更足以自证。在此基础上，学界的争论基本上都会围绕"是否可以在中国建立这一制度"展开，进而提出一些理想化的制度设计，试图用自己的学术观点促进立法的变革，解决法律运行中出现的特定问题。马克思主义哲学认为，世界是普遍联系的，我们对任何事物的认知都需要一个由点到面、由局部到整体的过程，某些情况下需要数次反复才能真正把握问题的实质。诉讼证据制度也是如此，其中任何一个问题都不是孤立存在的，对其进行任何的变动都要考虑与之相配套制度的变革。因此，法学家在进行专题研究的基础上也应有全局意识，形成自己的系统化的理论体系，这样进行专题研究时，才不会一叶障目，才能将宏观和微观结合起来，保持自己学术观点的一致性。

问题三：本土法文化传统及民众对证据立法期待心理的研究没有引起足够的重视。我国是有着五千年文明史的古国，法律的发展进程脉络清晰，虽然近现代社会与古代中国社会发展阶段已经完全不同，但是息讼、厌讼等法文化心理却一直传承至今，对现今法律秩序和法律心理的形成产生着深远的影响，这决定着我们在证据理论的研究方面也不能忽略传统的作用，有必要从历史当中汲取适宜现代法治理念的营养。我国法的现代化一直是移植的法的现代化，尤其是党的十一届三中全会以后，在制度层面迅速推进，研究者多以研究西方证据理论是否符合程序正义，能否为我国立法所承认为己任，没有人深入研究受众乃至法律实践部门的传统法律情结。在过去的证据学理论的研究中，许多热衷于对策法学研究的学者与实践部门不断展开论战，竭力推动证据立法采纳更多符合自由、程序正义的制度和理念，视立法和司法实务部门为阻碍社会前进的保守派。不能否认，我国的证据立法过于强调秩序、实体公正等价值和利益，而对自由、程序正义等则重视不够，但也不能因此而矫枉过正，走向另一个极端。

二、刑事证据法学研究的展望

当前面临刑事诉讼法修改的良机，如何解决我国的刑事证据立法过于简单、原则，缺乏可操作性的问题摆到了研究者的面前，这对于证据法学的发展是一个难得的机遇，适时扩大证据法学理论研究的范围可以促使刑事证据法学研究走上理性法学的发展方向。

（一）重视证据法基础理论的创建

证据在刑事诉讼中应起着灵魂的作用，而我国尚未形成覆盖采证、取证、质证、认证等证据的采纳及运用的各个环节的证据规则，对违法采证的后果也缺乏深入研究。因此，必须加强对适应诉讼体制转型要求的证据制度及证据基础理论的研究。研究者多重视对西方证据理论的引进和介绍，还远远没有形成一个较为成熟的符合我国国情的理论体系，因此在法理上寻求突破，构建司法实践被普遍认可，既能反映诉讼规律，又符合我国实际情况的证据制度应成为当务之急。

（二）重视对本土法文化传统的梳理和民众心理的研究

法律制度作为上层建筑的一部分，是与社会的经济、政治、文化的整体发展状况不可分离的，虽然研究者多方论证了沉默权、非法证据排除规则、证据展示制度等是符合现代的程序正义理念的，但这些制度和理念皆发端于西方社会，只证明其正当性是不够的，还应研究其应于何时以何种方式引入我国的司法实践，才能最大限度地渐进地融入我国的法治现代化而不产生排异反应。我国历史上是一个有着浓厚人治传统的国家，同时也十分重视法律制度的建设，其中的证据采集运用制度不乏亮点，只是到了现代，由于研究的重点放在了西方法律文化上，没有对本土的文化成果深入研究以供当代立法及实践所继承。对本土优秀传统法文化的善加利用，也必然更容易被民众接受，产生良好的社会效果。

在法的现代化进程中，精英意识与普通民众必然存在着较大的差距，对我国普通民众而言，追求实体真实满足其报应情感应当比程序正义更贴近他们的心理。作为司法实践部门要想达到维护社会稳定的目的，必然要兼顾各方面的诉求。而作为致力于推动立法的研究者来说，也应该将普通民众对有关证据立法变动可能产生的反应及与此相伴产生的一系列问题列为研究对象。例如，热议多年的沉默权问题能否真正成为解决刑讯逼供问题的良药？对案件的查处将产生怎样的影响？对社会治安形势的影响如何？民众心理上会产生怎样的反应？犯罪嫌疑人可以保持沉默而证人不享受拒证权，从人权保护的领域怎样论证才能使理论更加完善？又如，引入讯问全程录音录像，将会在全国增加多少财政负担？在当前警力不足的情况下再增加这样一项制度会对执法产生怎样的影响？

（三）重视西方证据立法背景的针对性研究

任何文化都有孕育它的土壤，讯问全程录音录像制度、侦查官员出庭作证制度、非法证据排除规则等之所以会在西方刑事诉讼中首先创立，与其经济发展程度、文化背景密不可分。这些制度是否会最终为中国的证据立法实践所接受，需要对其作全面分析后才更有说服力。我们在研究这些问题时，要做到不被功利主义的研究目的所左右，不做浮光掠影式的引入与分析，而真正深入地研究每项制度产生前后的社会变革、产生之后的社会效益和每项制度出台之后为什么接踵而来的便是大量的例外规定，甚至例外规定反而成为常态，尤其重要的是，在进行比较研究的时候，要多视角地全面考虑问题。只有这样才能使我国的证据理论研究更好地服务于法治实践。

（四）在对策法学的研究方面要有前瞻意识

现代社会犯罪手法不断推陈出新，而我们的侦查手段却没有本质的提高，除了强调引进程序正义理念加强对犯罪嫌疑人权利的保护，我们也不应忽略对如何更好地运用证据为证明犯罪、揭露犯罪服务进行研究，因为证据法的核心功能在于确保通过证据认定案件事实的准确性，即保障真实发现功能的实现。长期以来我们的研究始终跟在立法的后面亦步亦趋，而没有超前地看到当一些传统证据的作用日渐式微的情况下，要想保持对揭露和证实犯罪斗争的有效性，必须加强对新型证据的研究。当前，加强对以下两个问题的理论研究已成为当务之急：

首先，应对如何运用好科技证据进行研究。关于科技证据的问题，我国证据法学的研究和实务部门的应用几乎仍处于空白状态，既缺少科技人员和科学技术设备，也缺少法律上的依据。只有通过促进立法，明确规定科技证据的合法性、正当性，才能引起司法实务部门的重视，从而减少对口供证据等的依赖。立法前的科学论证必不可少，这正是理论研究者应该攻克的阵地。对此樊崇义教授认为此问题的论证至少应包括五个方面的课题：（1）科技证据法定化的必要性、可行性研究；（2）科技证据的范围和含义的研究；（3）科技证据适用条件的研究；（4）科技证据收集的程序研究；（5）科技证据证明力及证据效力的研究，等等。①

其次，应该对运用特殊侦查手段收集证据的合法化进行研究。近年来，隐蔽的无明显被害人的犯罪日益增多，公安机关在侦查此类犯罪行为时，采用传统的侦查手段往往收效甚微，在这种情况下，侦查机关为了扼制犯罪便会采取超常规的侦查手段，如诱惑侦查和秘密侦查手段等特殊侦查手段在这种情况下使用的日益频繁，更有扩大使用范围的趋势。但是，侦查手段是侦查权的具体体现，应是法制化的主要对象，也就是说应当为刑事诉讼法所规制。而我国的现状是，如监听、心理测试、诱惑侦查等特殊侦查手段只是散见于人民警察法和国家安全法的模糊规定，在刑事诉讼法中则没有予以明确，这样一来，诱惑侦查等特殊侦查手段一方面被侦查机关当成打击犯罪的利器，而另一方面在是否合法、是否侵犯人权方面饱受指责。从事证据法研究的学者们围绕特殊侦查手段的价值判断和执法成本等进行了很多研究。但是对采用特殊侦查手段的必要性及可行性的论证仍显不够，对在立法中如何对诱惑侦查手段进行规制仍显粗糙，对采用特殊侦查手段收集的证据的证明能力分析不足，尤其重要的是，缺乏对特殊侦查手段进行深刻的法理解析。

（作者单位：江苏省张家港市公安局）

---

① 樊崇义：《刑事证据学理论研究面临的问题和挑战》，载《刑事诉讼与证据运用》（第1卷），中国人民公安大学出版社2005年版。

论刑事第二审程序的审判范围

——以程序功能为视角

刘根菊 封利强

刑事第二审程序的审判范围问题是刑事诉讼法学研究无法回避的重要问题之一。究竟我国应当实行全面审理，还是实行有限审理，学界有不同的看法，实务部门也有不同的做法。笔者拟以程序功能为视角，对我国刑事二审的审判范围问题作一粗浅探讨。

一、刑事第二审程序的功能分析

刑事诉讼程序功能是刑事诉讼法学中一个重要的理论范畴。[1] 对于刑事诉讼法学研究来说，不仅应当研究刑事诉讼法律条文本身，而且应当研究其功能，研究其功能的实现。[2] 所以，刑事二审程序的构建离不开对其程序功能的考察。

在我国，二审法院对于不服第一审判决的上诉、抗诉案件，并不是完全抛开一审判决进行"另起炉灶"式的重新审判，而是对第一审判决认定的事实和适用的法律进行审查，并区分不同情况，对一审判决予以维持、变更或者将案件发回一审法院重新审判。可见，我国的二审是对一审审判活动的延续。在这一审判模式下，刑事二审程序至少应当具备两个功能，即权利救济功能和裁判过滤功能。

（一）权利救济功能是刑事二审程序的基本功能

刑事二审程序设立的主要目的就在于为一审被告人提供救济。除法定例外情形外，被告人对于一审判决不服的，都可以依法提起上诉，要求二审法院予以变更或者撤销。上诉权是世界各国赋予被告人的基本诉讼权利。联合国《公民权利和政治权利国际公约》也对此项权利予以确认。该公约第14条第5项规定："凡被判定有罪者，应有权由一个较高级法庭对其定罪及刑罚依法进行复审。"此外，为公诉机关提供救济也是二审程序的设立目的之一。在控审分离的原则支配下，一审法院有可能作出不同于公诉机关指控的认定，对此公诉机关有权通过二审程序表达意见，要求二审法院纠正一审在实体上和程序上的错误。所以，权利救济功能是我国刑事二审程序的基本功能。

权利救济包括对实体权利的救济和对程序权利的救济。对实体权利的救济主要是通过纠正一审判决在事实认定和刑法适用方面的错误，来实现对刑事责任的公正评价。对于被告人来说，一审错误地认定其实施了犯罪行为，错误地认定了对其不利的情节，以及应当认定却没有认定对其有利的情节，都是对其实体权利的侵犯；此外，在罪名认定和刑罚裁

---

[1] 曾康：《刑事诉讼程序功能分析》，载《现代法学》2002年第6期。
[2] 宋英辉主编：《刑事程序法功能研究》，中国人民大学出版社2004年版，第1页。

量方面错误地适用了刑法条文，对被告人判处了过重的刑罚，也同样是对其实体权利的侵犯。而对于公诉机关来说，其依法享有求刑权，因而一审判决无论是将有罪认定为无罪，还是将重罪认定为轻罪，都可能构成对其权利的侵犯。在上述情况下，被告人和公诉机关都应当被赋予通过二审程序寻求救济的机会，以消除一审判决的不公正。对程序权利的救济主要是通过审查和发现一审在诉讼程序上的违法，将案件发回一审法院重新审判。

（二）裁判过滤功能是刑事二审程序的附属功能

我国的二审裁判并不是脱离一审判决而产生的，二审裁判建立在对一审判决认定事实和适用法律进行审查的基础上，并且，除发回重审外，二审法院应当在终局裁判文书中对一审判决予以维持或者变更。所以，二审法院应当对一审判决的全部内容予以审查和把关，预防二审裁判中所确认的一审判决内容存在重大瑕疵，确保司法裁判的权威性。可见，其审查范围应当以一审判决文书所记载的内容为限，而是否属于上诉或抗诉范围在所不论。这种对一审判决的过滤原本不是刑事二审程序设立的目的，而是由我国现行的裁判生成机制所决定的。所以，裁判过滤功能是我国刑事二审程序的附属功能。

刑事二审程序的裁判过滤功能主要是通过对一审判决的事实认定、法律适用以及诉讼程序进行审查来实现的，其审查依据应当是一审法院移送的案卷材料。我国现行刑事诉讼法规定了二审法院的庭前审查职责。该法第 187 条要求二审法院在开庭审理前以"阅卷"、"讯问被告人"，"听取其他当事人、辩护人、诉讼代理人的意见"的方式对上诉案件进行审查，并规定"对事实清楚的，可以不开庭审理。"

二、全面审理模式下刑事二审程序功能的缺失

尽管从应然的角度来看，我国刑事二审程序兼具权利救济和裁判过滤功能，但是由于种种原因，这些功能在实践中难以正常发挥。我国现行的全面审理模式便是原因之一。我国刑事诉讼法第 186 条规定："第二审人民法院应当就第一审判决认定的事实和适用法律进行全面审查，不受上诉或抗诉范围的限制。共同犯罪的案件只有部分被告人上诉的，应当对全案进行审查，一并处理。"实务部门通常依据这一规定对上诉或抗诉案件进行全面审理，由此形成了现行的"全面审理模式"。

（一）我国刑事二审程序权利救济功能的不足

在全面审理模式下，虽然二审程序的启动取决于上诉和抗诉，但二审程序一旦启动，法院便不再受上诉和抗诉范围的约束，而是对案件所涉及的全部事实问题和法律问题展开审理。这严重影响了二审程序的权利救济功能的发挥。

1. 上诉、抗诉请求及其理由得不到应有的重视

既然二审程序的设立旨在实现救济，那么上诉方或抗诉方就应该提出明确的救济请求和理由，以便法庭展开调查。同时，这一救济请求和理由应当构成对二审审判权的合理制约。然而，在全面审理模式下，二审法院对全案进行审理，不受上诉或抗诉请求及其理由的限制，法庭调查与辩论的范围完全由法院自行掌握。由于上诉和抗诉请求及其理由不构成对二审审判权的有效制约，其自然也就难以得到二审法院的足够重视。

2. 刑事二审程序并非围绕上诉和抗诉请求而展开

为了实现权利救济功能，当今世界各国立法基本上都规定了二审应当围绕上诉或抗诉的部分而展开。例如，《俄罗斯联邦刑事诉讼法典》第360条第2款规定："按照第一上诉程序或第二上诉程序审理刑事案件的法院，在检查法院裁判是否合法、是否根据充分和是否公正时，仅针对法院裁判中被提出上诉和抗诉的部分。"[①] 又如，我国台湾地区"刑事诉讼法"第366条也规定："第二审法院，应就一审判决经上诉之部分调查之。"

然而，在我国的全面审理模式下，不论上诉请求或者抗诉请求是针对何种事项，二审法院都可以对全部事实和法律问题重新进行一次审理。因此，审理活动并非集中围绕上诉和抗诉请求而展开，这就使得审理活动不能有的放矢。例如，实践中有的被告人一审因数罪并罚被判处死刑，其提起上诉不过是希望二审能够"免死"，但是在全面审理模式下，二审法院要就其被判处死刑的犯罪和其他轻罪所涉及的全部事实问题和法律问题一并进行审理。这就难免导致二审的审理偏离上诉和抗诉请求，缺乏应有的针对性，从而难以实现有效的救济。

3. 二审无法开庭审理致使控辩双方难以充分表达意见

一方面，由于承担全面审理的职责，二审法院要对案件的全部事实认定、法律适用，乃至程序合法等进行重新审理，而不仅仅限于上诉或抗诉的范围，这就大大增加了二审法官的工作量。而另一方面，司法资源又是非常有限的。所以，全面审理在实践中会导致二审法院不堪重负，这也是实践中二审一般不开庭审理的原因之一。而不开庭审理在一定程度上剥夺了控辩双方充分表达意见的机会，刑事二审的权利救济功能便因此大打折扣。

（二）我国刑事二审程序裁判过滤功能的错位

上文提到，裁判过滤功能是由我国现行的裁判生成机制所产生的附属功能。因此，它应当建立在权利救济功能得以实现的基础上，即二审法院应当在围绕上诉或抗诉请求进行审理的基础上，就对一审判决所涉及的其他事实问题和法律问题加以审查。但是，在全面审理模式下，刑事二审的裁判过滤活动被异化为重新审理活动。

1. 审查依据可能超出一审法院移送的案卷材料

与权利救济功能要求围绕上诉或抗诉请求展开重新审理不同的是，裁判过滤功能要求对一审判决进行审查，并且其审查依据应当限于一审法院移送的案卷材料，而不得调查新的事实和证据。然而，在我国的全面审理模式下，二审法院抛开一审法院移送的案卷材料，以调查新事实和新证据的方式对一审判决进行"审查"的情况比比皆是。这不仅违背了不告不理原则，还违背了裁判过滤的基本要求，实际上是对裁判过滤功能的扭曲。

2. 审查结论可能侵犯一审法院的自由裁量权

在我国，上下级法院之间是监督与被监督的关系，而非领导与被领导的关系，所以下级法院对一审案件独立审判，不受上级法院的干预。这种层级独立要求二审法院不得对一审判决随意加以变更，否则就可能构成对一审法院自由裁量权的否定，层级独立也就成为一句空话。域外立法和理论通常都强调二审法院对一审法院裁判权的尊重。例如，在美国，

---

① 黄道秀译：《俄罗斯联邦刑事诉讼法典》，中国人民公安大学出版社2006年版，第294页。

"但职司事后法律审的上诉审，却对事实审的下级法院极为尊重，审查非常'宽松'。"① 我国台湾学者认为，"上级审的裁判，也未必就比一审正确"②，"未上诉的部分产生部分之既判力，二审法院不得审判"③。有鉴于此，二审法院在裁判过滤过程中只能对一审判决存在重大瑕疵的部分予以纠正。

然而，我国的全面审理模式难以体现二审法院对一审裁判权的尊重，只要二审法院与一审法院认识不一致，不管控辩双方是否就此提出了上诉或抗诉，也不论一审法院的裁判存在何种性质的错误，一概主动调查并积极纠正。例如，某地法院对刘某等五人涉嫌绑架犯罪一案进行审理后，分别对被告人刘某等四人判处 9 年至 12 年不等的有期徒刑，对瞿某判处 3 年有期徒刑缓期 3 年执行。后来，刘某等四人提出上诉，瞿某没有上诉。但在对上诉案件的审理中，二审法院对瞿某的定罪量刑问题也一并进行了审查。合议庭认为，一审判决对刘某等四名上诉人定罪正确、量刑适当，予以维持；但未上诉的瞿某的立功表现未在一审的量刑上得以体现，从而对其依法改判免予刑事处罚。可以说，在全面审理模式下，二审法院对一审判决的无限度审查很容易侵犯一审法院的裁量权，进而危及上下级法院之间层级独立的实现。

三、重构我国刑事二审程序审判范围的基本思路

鉴于全面审理模式不仅违反诉讼原理，还妨碍了刑事二审程序功能的发挥，笔者主张在未来刑事诉讼法修改过程中，确立复审与复查并行的双轨制，重构刑事二审程序的审判范围，以确保刑事二审程序功能的实现。

（一）确立复审与复查并行的双轨制

尽管我国目前刑事二审奉行全面审理模式，然而值得注意的是，我国刑事诉讼法第 186 条所采用的表述却是"全面审查"，而非"全面审理"。并且，与该条的"审查"提法不同的是，该法第 187 条、第 188 条、第 189 条采用了"审理"的提法。可见，立法者并未将"审理"与"审查"混为一谈。

从域外立法来看，"审理"与"审查"是两个不同的法律概念。在大陆法系国家，二审法院通常在对案件重新进行证据调查、事实认定和法律适用的基础上作出新的裁判，不受一审判决的拘束。在此情况下，刑事二审是对案件重新进行的审理（trial），而非对一审判决加以审查（review），故而有人称之为"第二个第一审"（eine zweite Erstinstanz）。④ 在英美法系国家，二审法院通常只根据初审记录（record）、书证（documents）和法庭记录（transcript）来审查一审裁判有无错误，不再调查新的事实和证据，当事人和证人等可以不到庭参加诉讼。在此情况下，刑事二审并不是对案件重新进行的审理（trial），而是一种审查（review）。

---

① 王兆鹏著：《美国刑事诉讼法》，北京大学出版社 2005 年版，第 572 页。

② 蔡墩铭主编：《两岸比较刑事诉讼法》，台湾五南图书出版公司 1996 年版，第 366 页。

③ 林钰雄著：《刑事诉讼法》（下册），中国人民大学出版社 2005 年版，第 246 页。

④ 林钰雄著：《刑事诉讼法》（下册），中国人民大学出版社 2005 年版，第 239 页。

可见，刑事二审中的"审理"与"审查"至少存在两个方面的区别：审理的对象是案件本身，而审查的对象则是一审裁判；审理的依据是经过重新调查的事实和证据，而审查的依据则是一审法院移送的案卷材料。正是由于我国学者长期以来混淆了这两个概念，才导致了二审程序审理对象究竟是"案件"还是"一审判决"的争论。①

根据两大法系刑事二审程序对"审理"和"审查"的不同侧重，我们可将二者分别归纳为"复审模式"和"复查模式"。前者偏重于权利救济，后者偏重于裁判过滤。由于我国刑事二审兼具权利救济和裁判过滤的双重功能，所以我国应当确立"复审"与"复查"并行的双轨制，即二审法院对于上诉或抗诉范围内的事项采取"审理"的方式予以处理，而对于上诉或抗诉范围以外的事项则采取"审查"的方式予以处理。由此，刑事二审的审判范围问题也就分解为"审理范围"与"审查范围"两个层面的问题了。

（二）刑事二审的审理范围：有限审理原则

鉴于全面审理模式导致二审程序权利救济功能的不足，笔者建议确立有限审理原则，即二审的审理原则上以上诉或抗诉范围为限。

1. 上诉与抗诉均应提出明确的请求和理由

我国现行立法对抗诉的请求和理由有明确规定，但对于上诉的请求和理由却未作规定。实践中，很多被告人只是笼统地表示对一审判决不服，而没有明确的请求和理由，这常常使得二审的救济无从下手。从实践来看，被告人对于一审判决所认定的犯罪行为是否为其本人所为是十分清楚的，而对于是否量刑过重，被告人也会有自己的感觉和判断，所以要求上诉人提出明确的请求和理由并非强人所难。

我国应当在刑事诉讼法中明确规定，上诉和抗诉都应当明确提出具体的诉讼请求和理由，同时借鉴俄罗斯刑事诉讼法第 363 条第 2 款和第 375 条第 3 款的规定，在立法上明确，对于上诉和抗诉请求和理由不明确，导致二审法院无法确定审理范围，二审法院可以要求上诉人或抗诉机关补正，不予补正或者补正后仍然不合要求的，可裁定不予受理。

2. 审理范围原则上不应超出上诉和抗诉范围

不告不理是现代诉讼的一项基本原则。它至少包含两层含义：一是审理以起诉为前提，没有起诉就没有审理；二是审理范围受起诉限制，不得超出诉讼请求的范围。我国目前在刑事二审程序的启动上体现了不告不理原则，然而在二审程序启动后法院却可以随意超出上诉和抗诉范围进行审理，其对不告不理原则的贯彻是不全面的。这种片面的不告不理使得二审程序难以紧密围绕上诉和抗诉请求而展开，显然不利于实现权利救济。

我国应当在法律上明确，刑事二审的审理范围原则上以上诉和抗诉请求的范围为限，二审法院应当重点审查上诉和抗诉理由是否能够成立。需要注意的是，"以上诉和抗诉请求的范围为限"的原则不宜被绝对化。首先，与上诉、抗诉请求紧密相关、不可分割的部分也应当纳入审理范围。我国台湾地区"刑事诉讼法"第 348 条第 2 款就规定："对于判决之一部上诉者，其有关系之部分视为亦已上诉"。对此，我国立法可予以借鉴。那么，何谓"与上诉、抗诉请求紧密相关、不可分割的部分"呢？笔者认为，至少应当包括共同犯罪人

---

① 学界关于第二审程序审理对象的争论，参见陈卫东著：《刑事二审程序论》，中国方正出版社 1997 年版，第 32 页。

的刑事责任问题。这是因为，共同犯罪涉及主犯、从犯等地位的确定以及其他相互联系的问题，无论是事实认定，还是法律适用，对于共同犯罪部分都无法分开进行处理。所以，只要共同犯罪人中的部分人提起上诉或者被提起抗诉，所有共同被告人涉及共同犯罪的部分都应当被纳入二审审理范围。① 其次，对于上诉案件可以设置若干例外。目前我国实践中绝大多数被告人得不到律师的帮助，且大部分被告人文化水平较低，这使得很多被告人难以准确、全面地提出上诉请求。针对这一现状，二审法院在确定上诉范围时不应当拘泥于上诉书的文字表述，一切有利于实现被告人诉求的因素都应当被考虑。

（三）刑事二审的审查范围：全面审查原则

既然刑事二审程序中的"审理"仅限于上诉和抗诉的范围，那么上诉和抗诉范围以外的事项便只能通过"审查"活动来予以处理。从保障裁判过滤功能的角度来讲，二审法院有必要以一审法院移送的案卷材料为依据，对一审判决的内容进行全面审查。由于"审理"与"审查"是两个不同的概念，所以这里的"全面审查"与前述的"有限审理"其实并不矛盾。

1. 审查依据应当限于一审法院移送的案卷材料

二审法院应当针对上诉或抗诉请求未涉及的一审判决内容进行审查，以确定一审判决在事实认定、法律适用以及诉讼程序方面有无重大瑕疵。审查原则上通过阅卷方式进行，必要时可以听取控辩双方的意见，即以书面审查为原则，以开庭审查为例外。但是，无论采取何种审查方式，二审法院的审查依据均不得超出一审法院移送的案卷材料，不得调查新的事实和证据。

值得一提的是，由于审查的对象通常是上诉或抗诉请求范围以外的事项，因此二审法院对于被告人提出的超出上诉书范围的请求以及支持抗诉机关提出的超出抗诉书范围的意见，都可以进行审查。只不过其审查的依据也只能是一审法院移送的案卷材料。

2. 审查结论应当体现对一审法院裁量权的尊重

二审法院对一审判决的附带审查旨在纠正一审判决在事实认定、法律适用以及诉讼程序方面的重大瑕疵，以确保二审终局裁判的权威性不受损害，但不能因此而损害一审法院的裁判权，违背层级独立的司法原则。所以，围绕上诉和抗诉范围以外的事项而对一审判决所进行的处理应当加以必要的限制。笔者认为，二审法院审查后的处理应当限于显而易见的错误和根本性错误两种情况。

（1）显而易见的错误。对于一审判决存在的显而易见的错误，二审法院不应当置之不理，否则就会违背司法机关的基本职责要求，使得终局裁判难以被社会接受。其实，美国的"未提出视为放弃"法则（raise - or - waive rule）也规定了一项例外，即"明显错误"（plain error）例外。根据这一例外，即使错误没有在初审的时候适时提出并适当保存，上诉法院也可以基于明显的错误而推翻一审判决。②

---

① 我国刑事诉讼理论之所以没有关注刑事必要共同诉讼问题，主要是因为全面审理模式在一定程度上遮蔽了刑事必要共同诉讼理论的价值。

② ［美］伟恩·R·拉费弗、杰罗德·H·伊斯雷尔、南西·J·金：《刑事诉讼法》（下册），卞建林、沙丽金等译，中国政法大学出版社 2003 年版，第 1418 页。

由于事实认定方面的错误往往需要通过庭审来加以确定，这里所谓的"显而易见"的错误，主要是指法律适用或者诉讼程序方面的错误。例如，邓某所触犯的三个罪名分别被判处5年、1年和6个月有期徒刑，一审判决却决定合并执行7年，从而违背了数罪并罚的相关规定。对于这类显而易见的错误，不予纠正必然会有损司法权威和裁判的可接受性。

（2）根本性错误。如果一审判决出现了违反宪法或者其他有损法治理念和精神的根本性错误，二审法院也应当予以纠正。例如，一审法院对案件基本事实的认定错误就属于此类。举例来说，实践中有的案件所涉犯罪并非被告人所为，但其由于各种原因，自愿或被迫替人顶罪，从而导致一审法院的错误裁判。对此类错误不予纠正可能损及司法根本利益，包含这一错误的生效裁判也可能需要通过再审程序予以改判。在此情况下，与其将来通过再审程序来纠正终局裁判中的错误，不如在二审程序中加以解决，否则就会出现类似于上诉不加刑原则适用过程中出现的"先维持、后再审"的司法悖论。

需要注意的是，由于二审法院只能以一审法院移送的案卷材料为依据进行审查，不得调查新的事实和证据，所以二审法院对于根本性错误，在必要的时候可以裁定发回一审法院重新审判；如果仅仅通过阅卷、讯问等方式进行审查即可作出裁判的，二审法院应当在裁判作出前就此向控辩双方作出提示，允许双方发表意见和展开辩论。

综上所述，权利救济与裁判过滤是刑事二审程序不可或缺的两个重要功能。尽管不告不理的原则要求将二审的审理局限于上诉或抗诉范围，但是在某些情况下，对上诉或抗诉范围以外的内容不予审查，可能会使我们在刑事司法的权威性和刑事裁判的可接受性方面付出沉重的代价。所以，采取有限审理与全面审查相结合的模式既有助于贯彻包括不告不理在内的一系列诉讼原则，也有助于实现刑事二审的程序功能，从而有助于摆脱全面审理模式所陷入的困境。

（作者单位：中国政法大学）

刑事司法理念与刑事审判前程序改革

刘月楚 贾丽英

公正与效率，是刑事诉讼的两大主题，也是现代法治国家普遍追求的价值目标。任何一个诉讼程序的建构，只有兼顾公正和效率的双重价值目标，才能得以良性运行。因此，本文将围绕现代司法理念中的"公正与效率"两大主题，来探讨我国刑事审判前程序的改革和完善。

一、国外刑事审判前程序比较研究

鉴于审判前程序在我国刑事诉讼中尚不具有完善的运行模式，因此我们有必要先对国外不同法系的预审程序（国外一般将审判前程序称为预审程序，与我国侦查机关的预审程序有着本质的区别）进行比较研究，探索审判前程序的运行机制和诉讼价值，为我国刑事审判前程序的改革与完善提供有益的借鉴和合理的根据。

（一）大陆法系法、德预审模式

1. 法国

在法国，刑事案件分为轻罪、违警罪、重罪三大类。重罪案件必须进行预审；轻罪案件（处 5 年以下监禁及高额罚金的案件）可以选择性进行预审；违警案件（处 2 万法郎以下罚金的案件）依据检察官要求进行预审。[1] 对于违警罪和轻罪案件，预审法官经审查分送驻院检察官准备正式起诉；对于重罪案件，预审法官不能直接移送重罪法院，而是要由上诉法院起诉审查庭进行二级预审，以决定是否交付重罪法院审判。审查庭的审查方式包括对案卷材料的书面审查和举行庭讯两种方式，[2] 必要时可以进行补充侦查。

2. 德国

在德国，刑事案件经检察官提起公诉后，在正式开庭审理前，需要经过对起诉审查的"中间程序"。检察官提起公诉，应当将起诉书连同案卷一并移送管辖法院[3]。审判庭首席法官指定一名职业法官从实体到程序进行全面审查，然后召开只有职业法官参加的评议会，由评议会就本案是否进入法庭审判程序作出决定。对于不能认定被告人有足够的犯罪嫌疑或具备其他法律规定的不予追究情形时，法院可以作出拒绝开始审判程序的裁定；如果被告人罪行轻微，法院经征求检察官和被告人同意后可以撤销案件。对于决定进入法庭审理程序的案件，在开庭前应进行法庭审理的准备工作，辩护人可以到法官处查阅摘抄控方证

---

① 参见《法国刑事诉讼法典》第 79 条。
② 参见《法国刑事诉讼法典》第 199 条。
③ 参见《德国刑事诉讼法典》第 199 条。

据材料。

综上所述，大陆法系法、德预审模式的特点：（1）起诉采用"案卷移送主义"，普遍存在法官预断问题。（2）预审都具有公诉制约功能。通过将缺乏合理根据的起诉予以排除，防止不必要的或不适当的审判发生。（3）允许辩护方在审前到法院查阅案卷材料。通过查阅案卷材料，辩护方可以充分了解案情及证据，有利于庭审辩护职能的发挥。

（二）英、美法系英、美预审模式

1. 英国

在英国，大多数可诉罪案件在移送刑事法院审判之前，都要经过由治安法官主持的预审程序。目的是要确定控诉方有无充分的指控证据，案件是否有必要移送刑事法院，从而保证被告人免受无根据的起诉和审判。在案件移送刑事法院后，正式庭审前还存在一个审判前程序，即"答辩与指导程序"（plea and directions hearing），这是英国近年来司法改革的结果，其原因是法官审判前能够进行的活动太少，法庭审判经常被中断。被告人在此程序答辩有罪，法官应直接考虑量刑的问题；被告答辩无罪或控诉方不接受答辩，则法官将要求控辩双方就证据展示、证据可采性等问题提交法庭，法官在此程序主要解决法律适用及证据的有关问题。

2. 美国

在美国联邦和半数的州，对重罪案件提起公诉由大陪审团审查决定（不属于预审程序）。在不实行大陪审团制的州，预审由地方法院法官主持进行。对于公诉案件是否要经过预审，被告有选择权。预审时，控辩双方均应到庭，控诉方必须提出足够的证据，使地方法官确信指控的犯罪成立，被告方可以出示证据，也可以对控诉方的证据提出质疑。预审后，如果地方法官认为指控有理由，就可以作出将被告人交付管辖法院审判的决定。管辖法院收到案件时应及时安排提审（Arraignment）。提审的意义在于法官听取被告人对起诉书的答辩。提审公开进行，被告人必须到庭，并对指控作出答辩。被告作有罪答辩，法官确认这种答辩出于自愿，并且被告充分懂得其后果和意义，一般不再开庭而直接进入量刑程序；被告作无罪答辩，法院则应尽快安排正式审判。

综上所述，英美法系英、美预审模式的特点：（1）较好地贯彻了预审法官与庭审法官、庭审法官与裁判事实的陪审团相分离的制度，有效防止了法官审前预断的产生。（2）控辩双方在预审程序中通过证据展示实现信息共享，有效防止了"举证突袭"。（3）审判前程序不仅要解决起诉是否有合理根据问题，还要解决案件的法律适用问题，防止庭审不必要的中断和迟延。

（三）日本、意大利审判前程序

1. 日本

日本奉行严格的起诉状一本主义，取消了法官预审制度，未设置由法官主持的专诉审查程序，检察院的起诉具有必然发动审判的效果。检察院提起公诉后，并不立即进入审判程序而是进入审判的准备程序。控辩双方在此阶段应尽量收集、整理证据；相互协商以明确诉因和案件争点；相互公开证据。法院在此阶段进行诸如送达起诉书副本、告知被告方有权委托辩护人等准备性工作，但不能接触案件的实体部分和证据内容。

2. 意大利

在意大利，案件移送到法院后，首先由一名预审法官对案件进行初步庭审（即预审），以决定对案件是否提交审判。公诉人和辩护人必须参加初步庭审，审查的内容主要是检控方提供的证据材料，控辩双方可以进行讨论，被告人可以要求接受讯问。对经过初步审查决定起诉的案件，向审判庭移送的案件材料受到限制，除随卷移送有关提起刑事诉讼和行使民事诉讼权的文书以及不需要另地保存的犯罪物证和与犯罪有关的物品等证据外，其他证据由当事人在庭审时当庭提出，辩护人有权在庭审前到公诉人处查阅上述以外的证据材料。[①] 此外，被告人可以放弃参加初步庭审的权利，有权要求立即审判。

综上所述，日、意审判前程序的特点：（1）对移送法院的案卷材料及证据作了严格限制。其目的是防止庭审法官因庭前过多接触案卷材料而形成预断。（2）审判前程序缺乏公诉制约功能，检察官的起诉具有必然发动审判的效果，不利于保障被告人的人权，也使不必要的审判增多，对诉讼效益造成了负面影响。

通过对国外审判前程序现状的考察和比较，各国在审判前程序的模式设计和具体运作上各有利弊，但也有共同的轨迹可循。这些共同点是：（1）各国的审判前的审查活动均是由履行审判职能的机构和官员来完成的，这些官员可能是预审法官，也可能是庭审法官。（2）各国一般都规定了对于严重犯罪案件必须进行预审，对于轻微犯罪可以选择预审。（3）预审程序在设计上一般都具有公诉制约功能，是启动正式审判的必经程序。之所以呈现出以上共同点，是与刑事诉讼"控制犯罪与保障人权"的诉讼目的，"公正与效率"的诉讼理念分不开的，也是诉讼民主性、科学性、进步性的必然要求。

二、构架刑事审判前程序的理论透析

通过对外国刑事审判前程序的比较研究，我们不难看出，刑事审判前程序有其存在的合理性和必要性。下面我们就进一步探讨建立刑事审判前程序的理论基础。

（一）刑事审判前程序存在的理论基石

1. "权利保障"的诉讼理念

"权利保障"，是指司法机关在刑事诉讼活动中，要切实保障公民依法享有的实体权利和诉讼权利。西方国家之所以关注刑事审判前程序的改革，强调审判前程序在刑事诉讼中的作用，是因为按照西方人的传统观念，刑事诉讼始于法院审判，在此之前所进行的侦查、起诉活动都被认为是诉讼前活动。对犯罪嫌疑人起诉并交付审判才标志着正式追究其刑事责任的开始，这是涉及人权的重大问题，必须慎重对待。如果轻率地将公民交付法庭审判，即使审理以后可能宣告被告人无罪，但审判本身已经对被告人的精神、名誉、财产等各方面造成极大的损害。因此，应当尽可能地把不适当的刑事追诉阻挡在审判的大门之外，避免因不必要的审判给被告人造成伤害。

2. "权力制约"的诉讼理念

"权力制约"，是指应当加强国家机关之间的相互制约，约束权力的行使，以防止权力

---

① 意大利刑事诉讼法第 431 条、第 432 条。

的滥用。西方国家检察机关大都属于国家行政体系，检察机关所享有的对犯罪的起诉权属于国家行政权，而法院享有的审判权则属于司法权的范畴。在刑事诉讼中，检察院代表国家提起公诉，并享有是否起诉的裁量权，检察院的起诉权作为一种行政权必须由另一种性质的权力加以监督和制约，以防止其滥用，而这种权力反映在刑事诉讼中即是法院的审判权，是由中立无偏的法官行使的司法权。审判前程序的设置正是基于审判权对起诉权的监督制约，防止检察机关滥用起诉权的考虑。

通过以上分析，我们不难看出，"权利保障"和"权力制约"的诉讼理念是审判前程序得以存在的理论基石。

（二）刑事审判前程序的基本功能

完善的审判前程序应当具备以下几项功能：

1. 公诉制约功能

这是审判前程序具有的一项最原始的功能。世界上大多数国家都在其刑事诉讼程序中设置了专门的审判前程序，由中立的法官主持进行，对检察院的起诉材料进行审查，以确定对被告人的指控是否存在合理根据，应否开启正式的审判程序。通过庭前审查，将那些缺乏证据支持的起诉予以排除，防止将被告人轻率交付审判。

2. 信息共享功能

这是审判前程序具有的一项重要功能。目前英美法系国家大都通过证据展示制度，大陆法系则通过允许辩护方在审判前到法院或检察院查阅案卷材料的方法，来实现控辩双方证据信息的共享，平衡控辩双方在取证能力和诉讼资源分配上的严重不对等。

3. 证据排除功能

目前世界上许多国家都比较注重刑事程序的人权保障性，在证据运用上确立了"非法证据排除规则"。各国一般都将非法证据排除问题放在审判前程序加以解决。之所以要将部分证据可采性问题放在庭前解决，有两方面原因：一是为了避免这些"非法证据"给陪审团或负责事实裁判的法官造成不利影响；二是为了避免法庭审判的拖延，提高诉讼效率。

4. 案件分流功能

考虑到正式审判的高成本和低效率，各国都力求寻找多种途径来加快刑事案件的处理。在审判前程序中也力求使案件实现有效分流。例如，英国在"答辩与指导程序"中，被告人作有罪答辩时，法官可以直接考虑量刑问题，而不再进入正式审判程序。美国也允许被告人在提审程序中通过有罪答辩而直接进入量刑程序。在意大利，案件经过预审后，法官可以根据案件情况决定适用简易程序或进入辩诉交易程序，而不必适用普通程序。

（三）刑事审判前程序设置所遵循的原则

一个行之有效的审判前程序应当围绕以下基本原则构建：

1. 以庭审为中心的原则

以庭审为中心，是指整个刑事诉讼应当以法庭审理为中心，有关事实、证据都应在庭审中提出，通过控辩双方的质证、辩论加以查明，法官的审判结论也应在庭审中形成。审判前程序应当服务于法庭审判，作为庭审把关和庭前准备程序加以设计和运作。实践证明：法官只有在公开的法庭上，平等地接触控辩双方的证据，亲自听取控辩双方就案件争点的辩论和质证，并对案件事实和证据进行充分的查证核实后所形成的心证，才更趋于真实。那种通过庭前片面接触控方证据所形成的心证，往往由于缺乏来自辩护方的有效反驳而具有极大的危险性。因而我们在设计审判前程序时，要坚持庭审的中心地位。

2. 促进审判集中、迅速进行的原则

审判集中、迅速进行原则，是指法庭审判一经开始，就应当迅速而无间断地进行下去，以保证法官从连续的开庭审理中获得对案件清晰、完整的印象，确保裁判的准确性和公正性。但如果在庭审前不对案件的事实和证据进行整理，不对双方的诉讼争点加以明确，控辩双方在庭审中就难以形成有效对抗；如果将所有的证据可采性问题、证据展示问题、法官回避问题都留待法庭上解决，庭审将不得不一次又一次地中断或延期。法官也就很难从不断中止和延长的庭审中获得对案件清晰、明确的认识。因此，在设计审判前程序时，应从促进审判功能发挥、促进集中迅速审判的角度出发，注重发挥审判前程序在庭审准备方面的积极作用。

三、我国刑事审判前程序存在的问题与改革构想

结合我国刑事诉讼法第150条的规定，我国现行审判前程序具有以下特征：（1）审判前程序设置简化。主要表现为：庭前审查附属于庭审，不是独立的诉讼阶段；庭前审查活动由庭审法官主持进行，未设置与庭审法官相分离的预审法官；庭前审查仅就起诉是否具备形式要件进行审查，不涉及案件的实体内容。（2）审判前程序功能单一。我国审判前程序由实体审改为程序审后，丧失了庭前审查的公诉制约功能，而且我国的审判前程序也不具有信息共享、证据排除、案件分流功能。

（一）我国刑事审判前程序存在的问题

我国现行刑事审判前程序是立法者综合西方国家的预审制度和日本的起诉状一本主义所作的折中选择。同旧刑事诉讼法确定的庭前审查程序相比，目前的审判前程序更符合程序公正的诉讼理念。但由于立法本意和司法实践之间未能找到真正的契合点，使目前审判前程序在实践运作中也存在一系列问题。

1. 防止法官审前预断的立法意图并未真正实现

我国刑事诉讼法对审判前程序的改革，其主要目的就是防止法官对案件形成"先入为主"的预断，确保法官客观中立的地位。立法者的出发点是好的，但在实践中却未达到预期效果，甚至出现了"穿新鞋走老路"的情况。其主要原因是：立法对"主要证据"的范围规定过宽，除极少数只能对案件起辅助性作用的证据外，几乎所有对案件定罪量刑起证明作用的证据都可以纳入"主要证据"的范畴。法官通过对"主要证据"复印件的审查往往就已经掌握了全部案情，从而为法官审前预断打开了方便之门。

2. 对抗式庭审的功能未得到有效发挥

我国刑事诉讼法对审判前程序进行改革的另一个重要目的就是要强化庭审功能，确立庭审的中心地位。在实践中，我国虽建立了对抗式的庭审模式，但其功能却远未得到发挥。当然，这与我国庭审模式设置过程中的一些缺陷有关，但不可否认，审判前程序不能良好运作也是制约庭审功能发挥的一个重要因素。此外，我国目前的审判前程序中未设置证据

展示制度，控辩双方可能隐瞒重要证据留待庭审举证。控辩双方的"举证突袭"严重影响法庭审判中的充分质证、辩论，使庭审功能难以有效发挥。

3. 诉讼效率和司法效益受到冲击

在我国目前的诉讼模式下，对于人民检察院提起公诉的案件，人民法院都应当受理并且不能以移送的证据材料不足为由拒绝开庭审判，从而使起诉具有必然发动审判的功能，法院对检察院起诉的案件照单全收，其结果是：一方面，不必要的审判发动增加了诉讼成本的投入，造成司法资源浪费，无形中加重了法院审判工作的负担；另一方面，不必要的审判也使被告人难以通过有效的庭前程序迅速摆脱讼累，延长了诉讼时间，降低了诉讼效率。

（二）我国刑事审判前程序的改革构想

根据上文对两大法系刑事审判前程序的考察，并结合我国的司法实践，我国审判前程序的改革应着眼于以下几个方面：

1. 刑事审判前程序的主体

审判前程序作为制约公诉、开启审判的中间程序，其任务主要是进行公诉审查，为开庭审判做准备，因而这个中间程序的主持者应当是具有中立地位的法官。目前世界上大多数国家都实行审判前程序的法官与庭审法官相分离制度。对此，我国刑事诉讼法学者结合刑事审判的实践情况，提出了预审分离制度的两种模式：一种是在人民法院内部专设起诉审查庭，由专职法官负责预审；另一种是在法院刑事审判庭内部任意指定一名法官担任预审法官，但预审法官不得参加本案的庭审活动。笔者认为，采用后一种做法更具有现实可行性，并且具有法律依据。与我国现行的审判方式改革相适应，目前可以考虑由法官助理来主持审判前的庭前审查活动，专职法官在开庭前不再接触任何与案件有关的证据材料。

2. 刑事审判前程序的阶段安排

我国的刑事审判前程序应划分为两个阶段：一是起诉审查阶段；二是庭审准备阶段。两个阶段互相衔接，共同为庭审程序服务。

第一，起诉审查阶段。起诉审查阶段由法官助理主持，其任务是对起诉是否具有合理根据进行审查，以决定是否将案件交付正式审判。审查的内容不仅包括程序性问题，还应涉及案件事实和证据等实体性问题。笔者认为，在起诉审查阶段，法官助理原则上应采用书面阅卷的方式进行，并以控诉方提供的案卷材料和证据为主，必要时可以听取被告人及其律师的意见，不允许控辩双方在庭前审查程序中进行言词辩论，辩论应留在庭审中进行。法官助理裁判的不是被告人的刑事责任问题，而是起诉是否达到审判标准的问题。对于起诉具备法定理由和初步证据加以支持，就应决定交付审判，缺乏合理根据支持的起诉，法官助理有权裁定予以驳回。对于预审法官驳回起诉的裁定，允许控诉方上诉，若上级法院经审查接受上诉的，应裁定发回原审法院开庭审理，而不必再经过起诉审查程序。

第二，庭审准备阶段。在法官助理决定将案件交付审判后，即进入庭审准备阶段。庭审准备阶段是在法官助理的主持下，由控辩双方共同参加的，为正式开庭审判进行各项准备活动的阶段。其任务是通过控辩审三方在庭前的积极准备，为庭审顺利进行奠定基础。笔者认为，在法官助理主持的庭审准备程序开始前，控辩双方应先进行一定的准备工作：如控辩双方各自收集、整理证据，相互展示证据，协商明确诉讼争点，并对证据进行初步筛选。庭审准备程序开始后，法官助理应首先告知被告人享有的权利并宣布庭审的合议庭组成人员。接下来控辩双方要以书面形式向法官助理提出将在审判中要求法庭解决的问题，进一步明确诉讼争点并整理证据，辩护方可以请求法院调取证据，请求法院命令控诉方展示特定证据，可以就证据可采性问题请求法院先行解决；控诉方也可以要求辩护方展示证据等。法官助理可以就双方提出的法律适用问题及证据可采性问题先行裁决，也可以根据控辩双方的请求主持证据展示活动，对于辩方提出的管辖权异议、回避申请等在此阶段也应先予解决。

3. 刑事审判前程序的适用范围

根据诉讼效率与诉讼公正相结合的原则，审判前程序不宜设计为所有案件的必经程序。参考世界上大多数国家的做法，笔者认为，应将审判前程序设计为严重犯罪案件的必经程序，轻微刑事案件不必经过此程序，而直接适用简易程序。此外被告人自愿认罪的严重犯罪案件，也可以不经过审判前程序，直接进入普通程序案件的简便审判程序。同时对于严重犯罪案件，被告人有权选择是否进入审判前程序，若被告人主动放弃预审，可以直接进入庭审准备程序。之所以这样规定，主要是考虑到预审是人权保障措施，对于被告人来说，是否预审是一项权利，被告人有权选择。

我们对审判前程序的改革根植于对程序公正的不懈追求，同时兼顾对诉讼效率的始终追求。但在司法实践中，审判前程序的有效运转和功能的充分发挥不是一朝一夕能实现的，还有待于我国立法的不断调整、诉讼观念的不断更新以及配套制度的不断完善。我们相信，随着司法改革的不断深入，我国审判前程序必将日趋合理和完善，从而为我国刑事诉讼实现"公正与效率"的目标奠定坚实基础。

（作者单位：中国对外建设总公司　北京市朝阳区人民法院）

当前办理轻微刑事案件简易程序的完善

卢德权

目前，在刑事诉讼司法实践中，办案时间长、诉讼效率低的问题比较突出。造成这种状况的其中一个重要原因就是，没有对案件实行繁简分流，没有合理配置司法资源，案件不论繁简，均按部就班办理，各个诉讼环节均用足法定期限才转入下一个环节，浪费了有限的司法资源。特别是对于大量的轻微刑事案件，占用了大量的司法资源，侦查、起诉、审判所需羁押时间都比较长，既不利于集中精力办理重大案件，对于犯罪嫌疑人、被告人也很不公平。正如贝卡里亚所言："惩罚犯罪的刑罚越是迅速和及时，就越是公正和有益"。因此，将轻微刑事案件与严重刑事案件区别对待，繁简分流，建立依法快速办理轻微刑事案件的工作机制，在保证公正的前提下简化程序，快速办理轻微刑事案件，以便把有限的司法资源集中于办理重大、疑难、复杂的案件，不仅是提高诉讼效率所必需，也是保证司法公正、保障犯罪嫌疑人和被告人人权的需要。

所谓简易程序，从其最普遍的意义上来看，是指通过对刑事诉讼程序的一些环节、步骤加以不同程度的简化，从而使案件得到快速处理的特定程序。简易程序只是相对于普通程序而言。若从诉讼过程的角度来进行分类，可以分为简易侦查程序、简易起诉程序、简易审判程序、简易救济程序等。而人们通常所说的简易程序，一般主要是指简易审判程序。设立简易程序是提高诉讼效益的需要，是为了在刑事诉讼中降低经济成本而采取的必要步骤。但诉讼效益的提高并不是简易程序建立的唯一基础，简易程序还具有一些特有功能。建立简易程序，可以确保刑事诉讼中的司法资源投入得到合理的配置，并在此基础上保证普通诉讼朝着正当化方向改革的努力获得成功。为了使司法资源配置不合理的情况得到减少，在普通诉讼程序之外设立简易程序就显得十分必要了。通过这种诉讼程序的繁简分流，刑事案件在进入法庭正式审判之前进行必要的分流：一部分重大、复杂、被告人期待获得较为完善的程序保障的案件，采用较为正规、烦琐而且保障程度较高的程序来处理；而那些情节简单、事实清楚、被告人也自愿放弃程序性保障的案件，则适用简易程序来处理以提高诉讼效益。从一些国家的刑事立法的发展情况来看，简易程序在适用范围上还出现了日益扩大的发展趋势。这种为合理配置司法资源所作出的刑事程序的繁简分流设计，实际是为解决公正与效益之间的价值冲突所采取的必要措施。这恰恰是简易程序赖以存在的主要依据。

轻微刑事案件的快速办理机制恰恰属于广义上的刑事简易程序，即对于轻微刑事案件，不仅适用简易审判程序快速审判，而且快速侦查，快速审查起诉，各个诉讼环节都在保证公正的前提下，做到迅速、简便，尽快摆脱讼累，降低诉讼成本，节约诉讼资源，化解矛盾，恢复稳定，从而能集中人力、物力查办严重刑事犯罪，突出打击重点和效果，落实宽严相济的刑事司法政策。

一、目前办理轻微刑事案件简易程序中存在的问题

2006 年 12 月 28 日，最高人民检察院出台的《关于依法快速办理轻微刑事案件的意见》（以下简称《意见》），就对检察机关如何落实宽严相济的刑事司法政策，依法快速办理轻微刑事案件提出了具体要求。随后各地司法机关在办理轻微刑事案件机制上立足于实际，积极探索、实践，取得了明显的成效。各地公检法机关往往通过协调在思想上达成共识，出台规范性文件对轻微刑事案件办理流程予以规范，从而保证快速办理机制的有效落实，形成三机关的合力，实现快速办理轻微刑事案件的无缝连接。但是，由于受司法理念、考评机制、司法环境等诸多因素的影响，在办理轻微刑事案件过程中仍然存在诸多不尽如人意的地方。主要问题有以下几个方面：

（一）法律不健全，无法形成良好的运行机制

刑事诉讼法中只规定了刑事审判的简易程序，没有快速侦查、快速审查起诉的相应规定，虽然检察机关出台了关于办理轻微刑事案件的司法意见，但是与检察机关有着相互配合、相互制约关系的公安机关、人民法院却没有类似的规定，导致各机关的执法思想还达不到完全的统一，有些地方的公检法机关虽然联合下发了关于快速办理轻微刑事案件的规范性文件，但往往法律根据不足，程序设计粗糙，适用理念矫枉过正等，又加之各司法机关同样存在案多人少的困难，所以多是各自集中主要力量用于办理严重的刑事案件，而对一些轻微案件的快速办理却无暇顾及，不能适用简易程序，一般情况下都要用满办案期限。在保证质量的前提下加快办案流程，需要公检法机关的相互配合与制约，现实中这方面的探索有的过于注重司法机关之间的配合，导致办理轻微刑事案件时程序过简，失之过宽，简单地把犯罪嫌疑人送上"高速公路"，从而损害了司法公正；有的过于注重制约，相互之间缺乏配合，孤军奋战，导致流程不畅，时快时慢。

（二）缺乏科学的考评机制

我国司法机关对业务工作的考评，目前只侧重于批捕率、起诉率、不起诉率、无罪判决率、缓刑判决率等司法公正方面，而对办案期限的考评则被忽视，只要在刑事诉讼法规定的期限内办结案件，一般不会影响到考评的总体成绩，即片面注重公正而对效率缺乏考评。在现行考评机制下，若缩短办案期限，会增加办案人员的工作压力，同时带来一定程度的办案风险，所以基层司法人员对缩短办案期限、简化办案程序往往存在内心抵制，贯彻不力的情况。刑事司法实践中不拘、不捕、不诉案件办理程序也很烦琐，这些都直接影响了司法人员办案的积极性，造成一些司法人员片面地认为贯彻宽严相济的刑事政策工作量大、难度高、风险大，从而产生畏难情绪，按"老办法、老经验"办案保险的想法由之而生，导致宽严相济的刑事政策无法真正落实。检察机关对不起诉率的控制，也给快速办案轻微刑事案件带来一定的障碍，使得一些原本可以在检察环节终结的案件却进入审判程序。

（三）缺乏正确的司法理念

司法人员是否具有正确的司法理念是决定简化程序、又快又好地办理轻微刑事案件的重要因素。当前有的司法人员对宽严相济的刑事司法政策学习不够，领会不深，在一定程度上还存在"重公正、轻效率"，"重打击、轻保护"，"重实体、轻程序"，"重惩治、轻人权"，"重配合、轻制约"的执法观念，影响和制约着宽严相济刑事政策的贯彻执行。有的虽然已经了解这些政策，但由于缺乏相应的保障制度和机制，在工作中"等"、"靠"，不能积极、主动地执行、贯彻；且目前办理轻微刑事案件的相关规定还不够完善，在司法实践中存在许多漏洞，甚至不能排除个别办案人员利用快速办理轻微刑事案件的机会徇私枉法，借简化程序之名而行以权谋私之实。

（四）办案程序僵化

公安机关、检察机关、法院缺乏相应的简化后的具体办案程序，往往只能按照原来的流程办案。相反，如果和解、不捕、不诉案件程序烦琐，将会增加办案人员的工作量，又加之基层办案单位案多人少的矛盾比较突出，导致成立快速办理轻微刑事案件办案小组或者指定专人办理显得困难重重。虽然一些办案单位成立了轻微刑事案件专门办案小组或者指定专人办理，但在加快办案流程方面操作难度较大，容易落入形式主义窠臼。

二、完善办理轻微刑事案件简易程序的方法

在一项新的制度的探索过程中，必然会出现种种问题，但也就是这些问题使我们能更加深入地思索解决问题的办法，从而使制度不断完善，机制不断健全。在办理轻微刑事案件简易程序的探索道路上也是如此。笔者上面分析了我国目前在办理轻微刑事案件简易程序上存在的问题，针对这些问题，提出以下方法以供参考：

（一）在修改刑事诉讼法时专章规定办理轻微刑事案件简易程序

根据我国刑事诉讼的制度设计，一个刑事案件要经过侦查、逮捕、起诉、审判等环节，而且环环相扣，联系紧密，只有在不同的办案阶段、不同的办案部门之间紧密配合、密切协同，才能使快速办理轻微刑事案件的刑事政策落到实处。

笔者认为，在修改刑事诉讼法时，应专章设立办理轻微刑事案件的简易程序，对设立简易程序的目的、任务和轻微刑事案件的范围予以明确，以方便简易程序的适用，并就侦查、审查起诉、审判各环节作出简化程序、快速办理的具体要求，在缩短办案期限的同时又有一定弹性。具体来说，对于事实清楚，犯罪嫌疑人承认所实施的犯罪行为，对法律适用无异议的，且属于可能判处 3 年以下有期徒刑、拘役、管制或单处罚金的轻微刑事案件可以适用简易侦查。在保证执法公正的前提下，适当简化侦查程序，如对于符合快速办理条件的犯罪人认罪的轻微案件，应依法迅速收集并固定主要证据。讯问犯罪嫌疑人可以在固定主要证据后尽量减少制作笔录次数；从认罪开始后的下一次讯问开始，主要核对原有笔录，对重复的内容可不再记录。收集、固定案件主要相关证据后，询问被害人、证人等其他证据的收集可以适当简化。查清事实后快速提请逮捕，快速移送审查起诉，简化制作

提请逮捕意见书、侦查终结报告等。对于被取保候审、监视居住的犯罪嫌疑人，在保证案件事实确实、充分后可以硬性规定缩短移送审查起诉的期限，而不必等同于办理普通案件所要求的期限。至于审查起诉阶段和审判阶段，因通过前面的侦查已经获取犯罪证据，主要是审查证据和适用法律的问题，因此在这两个诉讼阶段可以将案件更快地提速。应简化审查逮捕意见书、审查起诉终结报告等工作文书，认定事实一致的，应当予以简要说明，不必重复叙述；可以简单列明证据的出处及其所能证明的案件事实，不必详细抄录；应当重点阐述认定犯罪事实的理由和处理意见。应该更明确地规定简化办理程序与缩短办案期限。同时，在简易程序的专章里，应把简易程序扩大到整个诉讼程序，因此规范侦查、起诉和审判机关之间的关系也就十分重要，可以设计"适用简易程序建议书"、"适用简易程序决定书"等法律文书予以协调、制约，而为避免侵犯轻微刑事案件犯罪嫌疑人的合法权益，如聘请律师、通知家属等权利应严格予以保障，不得随意剥夺。

笔者认为，若在刑事诉讼法修改时专章规定办理轻微刑事案件的简易程序，则使案件繁简分流的机制从法律的层面上予以确定，从而真正地建立起公正和效率的合理关系，对统一执法思想，落实宽严相济的刑事司法政策，节约诉讼资源具有极为重大的意义。当然，要想在新的刑事诉讼法中专章规定办理轻微刑事案件的简易程序，目前还面临着比较大的困难，还需要对简易程序的含义有更深的理解和认识，还需要相应的配套制度建设。

（二）加强学习，转变执法理念，提高执法办案能力

正确的执法理念是做好任何工作的前提，要想把科学的、反映时代要求的最新刑事司法政策得以贯彻和落实，关键在于办案人员思想是否重视，学习是否积极，能力是否适应，行动是否自觉。因此，要把加强办案人员的学习培训作为建立科学的办理轻微刑事案件的简易程序的重要任务来抓。要采取讲座辅导，集中学习，个人自学，讨论研讨等灵活多样的形式，让宽严相济的刑事司法政策的原则和精神真正进入办案人员的头脑，并指导他们的办案行动；要完善学习的激励机制，最大限度地调动民警参加学习的积极性、主动性和创造性。通过学习，自觉培育广大司法人员在保障公正的前提下提高效率，惩治犯罪与保护人权并重，实体正义与程序正义并重，法律效果与社会效果、政治效果并重的司法理念，使办案人员深刻认识到贯彻宽严相济刑事司法政策的重要意义，增强适用简化程序办案的主动性、积极性。要强化岗位练兵，不断提高广大办案人员的业务素质，以自身业务素质的提高赢得办案速度的提升。

（三）完善考评机制，调动积极性

要积极开展案件考评机制创新，改变不适当控制批捕率、起诉率的做法。要严格尊重法律、尊重客观事实、尊重人权，只要案情事实不符合刑拘、逮捕、起诉的条件，就坚决不予刑拘、逮捕和起诉，不人为设置指标实行控制。要加强对不批准逮捕、不起诉案件的程序的控制，防止出现错误和徇私枉法现象。要完善快速办理轻微刑事案件的激励机制。把各个环节刑事案件的办案数量、办案时限、批捕起诉、开庭判决、矛盾化解率和有理上访率等综合情况与年度目标责任制挂钩考核兑现，促进了办案人员进一步增强办案质量效果意识，特别是主动化解矛盾纠纷的意识。建立合理的考评机制，这样才能从根本上解决实践中轻微刑事案件办理过程中存在的与宽严相济刑事司法政策相冲突

的问题。

（四）完善各种保障机制

依法快速办理轻微刑事案件，适用相应的简易程序，必须在遵守法律的前提下进行，要坚持公正与效率相统一、充分保障诉讼参与人诉讼权利、化解社会矛盾等原则。在适用办理轻微案件简易程序时，不能为了追求办案速度而忽视法律规定，忽视公正，忽视保障诉讼参与人诉讼权利的有关程序，忽视社会矛盾的化解，因此有必要建立健全的系列保障机制，使轻微刑事案件的办理达到公正与效率相统一，法律效果和社会效果相统一的良好后果。一是要建立不捕轻微刑事案件书面说理制度。对经审查后认定的所有不捕案件，侦查监督部门要以书面形式阐明不批捕事实和法律上的理由并及时送交公安机关和被害人，避免引起公安机关、被害人的误解，增进办案机关之间的相互理解和互相制约。二是要建立诉前考察制度。对决定适用快速办理的轻微刑事案件，要全面调查犯罪嫌疑人的一贯表现、当地群众对犯罪嫌疑人的评价和态度、家庭情况、监护能力、帮教条件等，以保证决定的正确性，同时要建立被害人联系卡制度，及时向被害人反馈处理意见，耐心做好被害人的思想工作，减少缠诉上访现象的发生。三是建议尽快出台与刑事和解相配套的法律制度。充分发挥刑事和解制度维护司法公正和当事人合法权益等方面的内在价值，为快速办理轻微刑事案件提供法律保障。四是要加大人力、物质保障。各级司法机关要积极整合办案资源，积极培养和选派思想素质过硬、办案经验丰富、沟通协调能力强的人员承办快速办理的刑事案件，同时在办案设备、车辆、经费等方面给予倾斜照顾。五是要建立大协调、大配合机制。要积极寻求司法保护和社会保护相互衔接、相互配合的工作机制，充分发挥地方综治委、社会、家庭、学校、社区的作用，对那些相对不起诉，法院判处管制、拘役、缓刑等监外执行的轻微犯罪当事人，予以跟踪帮教，使他们尽快回归社会，成为和谐社会建设的积极分子。

（五）完善监督制约机制

快速办理轻微刑事案件是一种新生的事物，在目前的探索运行过程中难免会出现问题，因此加强监督制约势在必行。要加强内部监督，严格各种审批程序，对轻微刑事案件的办理实行严格的备案审查制，审查承办人员和主管负责人要各司其职、各负其责，严把案件质量关，防止在适用快速办理轻微刑事案件程序时忽视现行法律的规定，忽视对当事人不可或缺的诉讼权利的保障，忽视社会矛盾的化解。要注意监督个别办案人员以简易办理之名行个人私利之实的行为。在运行办理轻微刑事案件简易程序的同时，要注意推出风险评估机制，确保办案质量，防止错案发生。要进一步强化外部监督，在适用撤销案件、刑事和解、不起诉、暂缓起诉等制度时，可以探索适用听证程序，在作出决定之前公开听取犯罪嫌疑人、被害人、公安机关有关人员的意见，并允许关注该案的群众参与旁听。要强化公安机关的复议、复核权和当事人的申诉权。应将适用快速办理轻微刑事案件简易程序的选择权授予犯罪嫌疑人，即简易程序的适用应当取得犯罪嫌疑人的明确同意，并给予选择简易程序的犯罪嫌疑人法律明确规定的减刑幅度。

在新的历史形势下，效率与公正对未来的司法工作而言，将不再是鱼与熊掌的关系。追求效益的目标并不意味着放弃其他目标，相反只有兼顾、协调好其他目标，才能最大限度地达到效益目标。设立办理轻微刑事案件简易程序的目的是在确保司法公正的基础上提高诉讼效益，并使司法资源的投入得到合理的配置。通过各地各级司法机关在轻微刑事案件简易程序的道路上的积极探索，目前已经就办理轻微刑事案件的简易程序达成一些共识，只要我们继续立足于实际，坚持宽严相济的刑事司法政策，认真面对并积极思索、解决工作中发现的问题，一定能形成科学、有效的办理轻微刑事案件简易程序，提高办理轻微刑事案件的质量和效率，充分保障诉讼参与人的合法权益，取得良好的法律效果和社会效果的统一。

（作者单位：河南省中原油田公安局）

轻微刑事案件二元制起诉模式修正

罗欣

在我国轻微刑事案件中，当事人仅在自诉案件中享有自主决定权，已远远不能满足因被害人主体地位日益提高而带来的自主诉求，重新审视我国二元制起诉模式构造，在轻微刑事案件诉讼机制中弘扬当事人自治的精神，符合司法的民主化走向规律。笔者认为，修正完善轻微刑事案件二元制起诉程序，构建刑事案件诉前合意机制，扩大当事人对刑事诉讼程序的参与，对于实现司法制度的公正、高效、权威，优化检察权配置、深化司法体制改革具有积极意义。

一、二元制起诉模式中当事人自治的法理问题

在传统的刑事司法模式中，"对犯罪的追诉和惩罚是对国家、社会利益的维护，而国家、社会利益包含了个人利益，追究和惩罚犯罪也就自然实现了被害人的利益，所以被害人的利益就只能是刑事诉讼的附带保护利益。"[1] 除少数轻微的犯罪在一些国家保留传统允许被害人自诉外，国家几乎全部掌控对犯罪者的追诉与实施惩罚的权力，保护国家社会总体之利益的考虑远远大过对被害人诉求的满足。而在当今私法文化日益发达的趋势下，保障公民的权利成为法律的基本指向，而公民的权利得到切实保障又是法治社会的终极目的，可以预测，包括刑法在内的法律制度的公法特征也会逐渐弱化而呈私法化态势。因此，对自诉案件以外的轻微刑事案件引入民事诉讼的处理方式，即在司法机关对刑事案件的处理中赋予当事人一定的自治权，提高当事人的诉讼主体地位，已得到学界认同。

从诉讼理念上看，国家一方面应是犯罪的追究者，另一方面也是被害人的保护者。在刑事诉讼中，惩罚犯罪与保障人权是不可分割的两个方面。这里惩罚犯罪的含义不言而喻，保障人权则是强调在刑事诉讼惩罚犯罪的过程中保障犯罪嫌疑人或被告人的人权不受非法侵害。从实体公正与程序公正的诉讼理念出发，保障被告人合法权益与保障被害人及其他诉讼参与人的实体性权利和程序性权利不受非法侵害应予以并重。国家既要保护犯罪人的合法权益，也要注意保护被害人的合法权益，运用相关刑事立法来平衡国家、犯罪人和被害人三方利益。

从法律价值上看，特定案件中赋予当事人一定的自治权与刑法维护社会秩序的价值目标没有冲突。因为根据法律价值位阶原则，自由在特定情况下是可以优先于秩序的。在轻微刑事案件中，如果被害人表示对犯罪行为不予追诉，则意味着被害人自动放弃了自己所属法益的保护权，自主处分了自己的私法益。这种情况可以视为被害人同意（承诺）了犯

---

[1] 陈光中、葛琳：《刑事和解初探》，载《中国法学》2006 年第 5 期。

罪行为对自己法益的侵害，而被害人承诺在刑法理论上是具有正当性的。从一定意义上讲，司法公正与否，取决于司法权运行过程中是否做到尊重民意，诉讼参与人特别是当事人的程序参与权、自由处分权是否得到法律保障，刑事案件也概莫能外。因此，在刑事司法运行中对司法公正基本价值的追求，必然体现在尊重当事人的民主性诉求之中。

此外，在刑事案件的处理中赋予当事人一定的自治权，有利于提高司法效率。美国学者波斯纳指出，"正义的第二种意义，简单说来，就是效益。"① 因此，我们不应把眼光只停留在公正与效益的表面冲突排斥上，我们的任务就是寻求公正和效率的最佳平衡，实现司法权运行于社会的理想状态。因此，在刑事司法运行中对司法公正基本价值的追求，必然体现在尊重当事人的民主性诉求之中。在各国刑事司法的改革运动中，当事人对刑事司法的参与呈日益扩大趋势。我国刑事诉讼当事人仅在轻微刑事案件中的自诉案件中享有自主决定权，已远远不能满足因被害人主体地位的日益提高而带来的自主诉求，更不符合人权保障的现代刑事法治精神，对轻微刑事案件刑事追诉方式的改革已是大势所趋。

二、对我国轻微刑事案件二元制起诉模式简评

从追诉机制上看，各个国家无一例外都是或以公诉程序或自诉程序、公诉程序并用两种方式追诉犯罪。依据各国立法中追诉方式的不同可划分为两种模式：一种是起诉垄断主义，也称一元制起诉立法模式，以日本、法国为代表。另一种是以公诉为主、自诉为辅，也称二元制起诉立法模式，即刑事案件的起诉，大都由检察机关代表国家实行公诉，部分案件允许公民个人自诉，国家不主动干预，以德国、意大利、俄罗斯为代表。我国刑事案件的起诉在大体上采取了后一种立法模式，即除刑事诉讼法规定的由人民法院直接受理的少数案件以外，对绝大多数刑事案件都实行公诉。在公诉案件中，被害人主要起协助公诉方行使控诉权的作用；在自诉案件中，被害人则能自主地决定是否对加害人行使追诉权。

但是，我国的自诉案件中基本上排除了被害人一方依靠公诉机关救济权利的可能性。表现在以下两方面：

一是公诉转自诉程序与公诉优先理论矛盾，并因被害人举证困难，自诉的成本过高等，并未达到解决百姓告状难的设立初衷，而深受学界诟病：如有观点认为，该程序"在一定意义上是对检察机关公诉权的质疑，也是对检察机关不起诉决定和终止诉讼的权威性造成的一种损害。"② 还有观点认为，公诉转自诉的弊端有：造成了诉讼法律关系上的变化，使此种自诉案件不完全适用自诉案件的审判程序，其程序介于公诉与自诉之间；分割了检察院提起公诉的职权，既与法律规定的职权分工相矛盾，又与公诉案件的起诉权归属的法理相违背；使欲通过自诉途径寻求救济的被害人由于收集证据的力量太弱，而检察机关又不参与，无法承担沉重的举证责任从而面临败诉，而合法权益仍得不到维护的局面，等等。③ 有鉴于此，有学者呼吁在我国废除"公诉转自诉"制度，而代之以确立被害人申请司法审

---

① ［美］理查德．A．波斯纳著：《法律的经济分析》，蒋兆康译，中国大百科全书出版社1997年版，第74页。

② 龙宗智、左卫民：《法理与操作：刑事起诉制度述评》，载《现代法学》1997年第4期。

③ 刘根菊、刘少军：《我国民事原告人制度评价与借鉴——兼论我国公诉转自诉制度的改革与完善》，载《比较法研究》2004年第3期。

查的制度。

二是自诉转公诉程序可能因司法机关互相推诿而使其设立无实际意义。最高人民法院、最高人民检察院、公安部、国家安全部、司法部、全国人大常委会法制工作委员会《关于〈中华人民共和国刑事诉讼法〉实施中若干问题的规定》第4条规定:"……上述所列八项案件中,被害人直接向人民法院起诉的,人民法院应当依法受理,对于其中证据不足、可由公安机关受理的,应当移送公安机关立案侦查。被害人向公安机关控告的,公安机关应当受理。"该规定即自诉转公诉程序。《公安机关办理刑事案件程序规定》第160条规定:"经过审查,对于告诉才处理的案件和被害人有证据证明的轻微刑事案件,应当将案件材料和有关证据送交有管辖权的人民法院,并告知当事人向人民法院起诉。"据此,公安机关可以与人民法院互相推诿,被害人对轻微案件的起诉权因缺乏法律救济机制而难以实现。

总之,正如有学者指出,虽然自诉转公诉与公诉转自诉两条渠道并驾齐驱,有利于加强追究犯罪的机制,但同时意味着被指控人诉讼负担的加重。在实践中,立法上公诉转自诉的规定使自诉可能成为刑事案件最终的解决途径,从而背离了公诉为主的起诉原则。[①] 因而,如何协调公诉与自诉的关系、促进保护被害人与保护被告人之间的平衡是我国刑事起诉制度面临的问题之一。

三、二元制起诉模式修正与检察权的重新架构

在各国刑事司法的改革运动中,当事人对刑事司法的参与呈日渐扩大趋势。因而,架构保证当事人的程序参与实体自治的刑事诉讼模式,乃是深化司法体制改革的重要举措之一。笔者认为,在我国二元制起诉模式架构中,对于当事人仅在轻微刑事案件中的自诉案件中享有自主决定权,已远远不能满足因被害人主体地位的日益提高而带来的自主诉求,更不符合人权保障的现代刑事法治精神,对轻微刑事案件刑事追诉方式的改革已是大势所趋。笔者对此探讨如下:

1. 赋予当事人在刑事诉讼中的实体处分权,构建刑事案件的诉前合意机制。我国将刑事案件分为公诉案件和自诉案件两类,在刑事诉讼过程中,被害人的告发是引起刑事追诉程序启动的主要原因之一,但被害人主要是协助检察机关行使控诉权,享有的是一种"从属告诉权",只有在自诉案件中被害人才享有完整的起诉权。"在权利意识深入人心的今天,给私人权利较大的空间不仅是广大民众的基本要求,也逐步成为政府制定、调整多项制度的基本导向。在这种背景之下,我国刑事诉讼制度中原有的公诉与自诉范围的划分已经不能满足形势的需求,赋予公民更多的纠纷解决自主权,扩大私权利在刑事诉讼中的行使范围是我国现阶段的一种现实需求。"[②]

为保障当事人在刑事案件中的程序参与及实体自治,笔者认为,可以考虑在刑事诉讼中引入民事诉讼的处理程序,即建立刑事案件的诉前合意机制,赋予被害人在轻微刑事案件中一定的实体处分权,其理论上的正当性和实践中的普适性,已为大多数国家的实践所证明。例如,在比利时,当存在有条件地放弃起诉的可能性时,就可以使用一种称作刑事

---

① 熊秋红:《论刑事司法中的自诉权》,载《环球法律评论》2003年第4期。
② 陈光中、葛琳:《刑事和解初探》,载《中国法学》2006年第5期。

调停的制度。如果控方认为所犯的罪行不可能判处 2 年以上的监禁，那么犯罪者就会同意采纳或者修复计划，或者医治计划，或者教养计划，或者社区服务计划。这些选择可以结合运用。又如，1994 年德国刑法典第 46 条 a 规定：如果犯罪行为人的刑罚不超过 1 年自由刑，犯罪行为人如果已经补偿他的行为对被害人所造成的损害了，检察机关可以不起诉终止诉讼程序。目前德国对于刑事诉讼和解的范围已有扩大的趋势。构建司法机关主导的刑事案件诉前合意机制的核心内容，是指在司法机关的主持下，当事人之间在平等、自愿、合法的基础上达成协议，司法机关则按照当事人之间达成的协议结案的处理方式。具体表现为：犯罪人为取得被害人的宽恕所作的种种努力，包括真诚的悔罪和对损害的积极赔偿，在征求被害人意见的前提下，若为轻罪，检察机关可以据此作出不起诉决定；若为重罪，检察机关可以据此提出量刑建议。由于合意不违背当事人的自愿原则，还可以维护司法权的被动性与效益性特征，减少司法官对司法公正的影响。

有观点认为，刑事诉讼是一个公权力与私权利博弈的空间，尊重双方当事人的自主意愿，在实质上意味着公权力范围对私人权力范围的适度让步。笔者认为，在刑事诉讼中赋予当事人实体处分权与检察机关的起诉裁量权并不冲突，从一定意义上讲，公权力的存在正是为了保障私权利的实现，二者统一并服务于司法公正的价值目标。此外，赋予轻微刑事案件当事人自治的选择权，被害人为争取自己的最大利益化，多数情况下会选择使犯罪人得到非刑罚化方式的处理结果，不仅可以减少司法成本的投入，也可以使诉讼活动的各种资源配置优化。

需要指出的是，目前我国在司法改革中出现了一种暂缓起诉方式，即对于某些已经达到提起公诉标准的犯罪行为，基于犯罪嫌疑人的自身状况、刑事政策以及诉讼经济的考虑，通过设定一定的暂缓起诉期间和条件暂时不提起公诉，而是在暂缓起诉期间终结时再根据犯罪嫌疑人的悔过情况等作出最后处理决定的一种诉讼制度。这种融入了被害人与加害人和解因素的暂缓起诉制度，对于当事人权利保护、诉讼效率的提高以及刑事案件的合理分流具有重要意义，同时也为刑事案件诉前合意机制的建立提供了良好的法律空间和实践土壤。

2. 明确检察机关在轻微刑事案件中的实体处分权。从实然层面考察，中国的检察权独具特色，主要包括三方面内容：（1）法律监督权；（2）公诉权（准司法权）；（3）侦查权（行政权）。其中，根据法律规定，我国检察机关的公诉权有起诉决定权、不起诉决定权、公诉变更权、出庭支持公诉权和抗诉权，贯穿于刑事诉讼的各种程序。通常认为，公诉权本质上是一种诉权，检察机关通过"诉"与"不诉"终止刑事诉讼程序，只是一种程序终结权，而非对当事人权利的实体处分。但事实上，由于检察权的司法属性，在作出对犯罪控诉与否的决定时必然伴随着一定的处分权能。换言之，检察机关驳回案件的权力与赋予义务的权力是相辅相成、互为救济的。从检察权行使代表公共利益的角度看，也不是所有的犯罪都适合被起诉。英国前总检察长肖劳斯勋爵曾对国会表示："凡涉嫌犯罪的行为都必须自动地成为起诉的对象——我国从来没有这样的规则，我希望将来也不会有。"2000 年颁布的最新的《王室检察官条例》明确规定："在决定某个案件是否该起诉到法院时，王室检察官应当考虑起诉的替代方式"，起诉符合公共利益被认为是应当考虑的首要问题。[①]

---

① ［英］麦高伟、杰弗利·威尔逊编：《英国刑事司法程序》，姚永吉译，法律出版社 2003 年版，第 155 页。

此外，1990 年 8 月第八届联合国预防犯罪和罪犯待遇大会审议通过的《关于检察官作用的准则》第 18 条规定："根据国家法律，检察官应在充分尊重嫌疑者和受害者的人权的基础上，适当考虑免予起诉、有条件或无条件地中止诉讼程序或使某些刑事案件从正规的司法系统转由其他办法处理。……"

因此，笔者认为，在刑事诉讼法修改时明确检察机关对轻微刑事案件的实体处分权，有助于刑事案件审前分流，符合诉讼经济的规律，可以最大限度地保障当事人的合法权益。具体而言，检察机关对于轻微刑事案件犯罪嫌疑人，除了根据刑法第 37 条规定作出实体处理之外，还可以予以各种形式的强制惩戒，包括警告、罚款、[①] 社会劳动、社区矫正、收容教养、资格限制、强制医疗、强制戒毒等；对于未成年犯罪人可以适用家庭管教、工读教育、社区服务、社会帮教等刑罚以外的其他处理方法。

3. 修正二元制起诉模式，保障当事人在轻微刑事案件中的自治权。

我国刑事司法制度中二元制起诉模式的不完善之处，突出表现在公诉与自诉交叉转换设置上的不合理，笔者对此提出如下修正建议：

（1）完善选择性自诉案件中自诉转公诉的法律救济机制。对于刑事诉讼法第 170 条第 2 款规定的被害人有证据证明的八类轻微刑事案件，如果当事人因证据不足等原因，要求提起公诉程序的，检察机关应该提起公诉，并对公安机关进行立案监督。一方面，从性质上看，这类案件"性质上与刑事诉讼法规定的第一类自诉案件——告诉才处理的案件不同，并不是纯粹意义上的自诉案件，而是公诉与自诉案件的交涉与结合"；另一方面，从实践上看，被害人对犯罪进行私人追诉很难成功，因为私人并不拥有侦查机关所拥有的证据收集的能力，在法庭审理中没有能力履行举证责任而承担败诉风险。在德国的司法实践中，自诉案件只占较小的比例，在知道可用自诉来维护自己权益的被害人中，只有 10% 提起自诉；在所有自诉案件中，只有 6% 的案件作出了有罪判决。其中原因之一是立法并不鼓励被害人提起自诉。依据诉讼费用法第 67 条，自诉人有义务事先支付诉讼费用；依据刑诉法典第 383 条第 2 项，法院如认为行为人责任轻微时，可以随时终止诉讼程序。这样的规定起了限制被害人提起自诉的作用。[②]

（2）取消刑事诉讼法第 170 条第 3 款公诉转自诉案件的规定。据统计，结合 1998 年最高人民法院《关于执行〈中华人民共和国刑事诉讼法〉若干问题的解释》，就刑事诉讼法第 170 条前两款规定的自诉案件多达几十个罪名，而根据刑事诉讼法第 170 条第 3 款规定，在理论上几乎可以将自诉案件扩大到刑法所有罪名，更与世界范围内限制自诉案件范围的立法趋势相悖。如前所述，根据司法权合理配置的角度、控审分立法治原则等，修改刑事诉讼法时可以废除该款规定，而代之于设立不起诉听证程序制约机制。

（3）完善对自诉案件的法律监督。"各国检察机关之所以要对警察侦查权和法官审判权实施监督，是因为在大陆法系国家，检察机关是'法律的守护神'，在英美法系国家，检察机关是'国家和公共利益的代表'，为了法律利益和公共利益实施监督，是其职责所

---

① 在有着独立司法权的苏格兰，地方检察官有着广泛的选择权，包括给被告人个人警告，检察官也可以在犯罪者同意的情况下对普通法规定的犯罪（包括偷窃）处以 25 英镑的固定罚款。在许多国家，尤其是北欧，这种控方案件都是处理不太严重案件的通常选择。

② 熊秋红：《论刑事司法中的自诉权》，载《环球法律评论》2003 年第 4 期。

在。"① 因而，检察机关对刑事诉讼的法律监督不仅包括对公诉案件的全面监督，也包括对自诉案件的全面监督，这也是检察机关的职责所在。对自诉案件的立案检督，应以事前监督为主，可以比照对公安机关的立案监督程序建立；对自诉案件的审判、执行环节的监督，则与检察机关对民事、行政案件的监督程序相同，不必另行设计。

（4）检察机关是公共利益的代表，对所有自诉案件，根据公诉优先理论，如果检察官认为有必要，可以提起公诉。在通常情况下，被害人对应受处罚的行为放弃刑事追诉，不仅仅是刑事诉讼程序的阻碍或终止，而是一种直接与价值判断直接关联的私人处分权的行使。因而，被害人放弃告诉导致的诉讼终止并非真正意义上的诉讼终结，被害人应该还保有再次提起控诉，启动刑事诉讼的权利。

但是，被害人的追诉决定权不是没有限制的，许多实践中的轻微刑事犯罪在被害人没有控诉的情况下，如果检察院认为加以追诉符合"特殊的公共利益"，同样可以加以追诉。例如，德国通说认为，检察院对具有"特殊的公共利益"的决定，法院是无从审核的。由此，被害人的自由决定被检察官的自由决定所替代。②

（作者简介：检察日报社理论部）

---

① 朱孝清：《中国检察制度的几个问题》，载《中国法学》2007 年第 2 期。
② ［德］汉斯·海因里希·耶赛克、托马斯·魏根特：《德国刑法教科书》，徐久生译，中国法制出版社 2001 年版，第 1084 页。

论我国减刑假释程序的正当化改造

马贵翔　蔡震宇

在刑罚执行中，对确有悔改的服刑人员予以减刑或假释对于实现刑罚的惩罚与教育相结合的目的具有重要意义。然而，长期以来，我国减刑与假释的实际执行状况令人担忧。外在的主要表现是实体上的非法减刑假释[①]现象较为突出，这在相当程度上损害或阻碍了我国刑罚目的的实现。根据数据显示，全国的检察院系统自 1999 年至 2003 年间，每年对刑罚执行提出的纠正意见基本保持在 8000 件次左右。在 2004 年会同公安部、司法部组织开展的减刑假释、保外就医专项检查活动中，对检查发现的问题提出的纠正意见激增至 20472 件次。[②] 我国现行的减刑假释程序到底存在怎样的制度隐患？在我国目前的司法体制下，减刑假释程序又该如何完善以实现程序的正当化？本文将以减刑假释程序的基本理论为基础，探讨我国减刑假释程序中所存在的制度缺陷，并结合我国的司法传统以及目前的司法体制现状，提出我国减刑假释程序的改革方案。

一、减刑假释程序正当化的内涵与基本结构解读

刑法上规定了减刑假释并规定了尽可能详尽的适用条件和操作标准，其目的是尽可能准确地适用减刑假释。它包含两个方面的含义，一是就个案来说，作出符合规定标准的正确的减刑假释裁决，主要在于把握法律规定的减刑假释条件是否具备，减刑还要考虑减刑最终确定的幅度是否符合刑法规定的减刑到这一幅度所具备的条件；二是就所有有权获得减刑假释的服刑人员来说都能够平等享有获得减刑假释的机会，防止把应该获得减刑假释的人阻挡在减刑假释的门外。上述两方面的目的可以概括为：一是准确，二是平等。那么，如何来实现这一目标呢？一个显而易见的问题是，如果减刑和假释的作出只有刑法的实体规定的约束而没有任何程序的保障，裁决机关极有可能恣意妄为，出现不应该减刑假释的予以减刑假释，而应该减刑假释的不予以减刑假释这样的后果，由此将严重损害甚至挫伤刑法规定的减刑假释的目的。那么，如何设计一整套尽可能科学的减刑假释的启动与审理的操作规程，实现准确平等的减刑假释裁决就是我们所要研究的减刑假释程序的正当化问题。减刑假释的正当化问题是通过程序实现程序正义的基本理念在减刑假释制度中的运用。

减刑假释正当化程序的一般模式遵循在裁决者中立前提下的当事者参与的自然正义[③]的

---

① 即不按照刑法规定如实减刑假释。

② 参见 2005 年《最高人民法院工作报告》和 2000—2005 年的《最高人民检察院工作报告》。获得以上数据的官方途径为：http://www.court.gov.cn/和 http://www.spp.gov.cn/site2006/region/00018.html.

③ 自然正义是英国普通法上的一个重要概念，有两个主要原则：a. 任何人就自己之诉讼不得自任裁判官（Nemo Judex in Sua Causa）；b. 任何人之辩护必须被公平地听取（Audi Alteram Partem）。

最基本原则。当事者参与意味着程序的参与和意见的表达两方面。当事者应当是与程序结果具有直接关系的任何一方，就减刑假释而言，利害关系人应当包括服刑人员、被害人以及代表公共利益的检察院①。大陆法系各国的刑事诉讼法典，如《德国刑事诉讼法典》第454条、《意大利刑事诉讼法典》第666－4条、《法国刑事诉讼法典》第712－6条和第712－7条均规定了减刑假释裁定的作出应当征求服刑人员的意见。被害人作为犯罪行为的直接受害者，其对案件的判决结果以及执行情况享有直接的利益，法院在对服刑人员的改造表现及其社会危险性进行评价时，被害人的意见显然应当得到应有的重视。在英美法系国家中，被害人的意见通常会在一定程度上对减刑假释决定的作出产生影响。"据宾夕法尼亚的一项随机抽样调查中发现，在100例被害人于假释程序中进行陈述的案件中，假释被拒绝的比例为45%，在100例被害人没有进行陈述的案件中，假释被拒绝的比例只有7%。"②

减刑假释正当化程序的特殊结构主要涉及以下三方面问题的讨论：

第一，减刑假释的结果与判处被告人刑罚的一个显而易见的重大差别是，减刑假释属于权利享受型的程序运作过程。这种权利享受型的程序运作与剥夺权利的程序运作是不能相提并论的。剥夺一个人的权利时如果出现裁决错误将造成对被裁决人人权上的重大侵犯，其程序运作过程强调在严格的证明标准和证据规则之下的较为严密的诉讼过程，刑事诉讼的侦查起诉审判就是这样一个过程。减刑假释最终作出的裁决是肯定服刑人员对减刑假释权利的享受，即使裁决发生错误，服刑人员因此而遭受的人权方面的损害至少不像错误判处一个人刑罚所遭受的人权损害那样大，也由此形成了减刑假释程序运作上的正当化程度相对较低，如不必遵循严密而烦琐的证据规则，不必实行具有强烈对抗色彩的控辩交叉询问。减刑假释程序这种正当化程度相对较低的运作模式在国外具有普遍性。在英美法系国家中，减刑假释权一般属于行政权，其运行程序与诉讼程序显然存在明显的区别。以行政权为决定主体的减刑假释程序一般以听证会的形式存在。根据美国联邦最高法院在1995年桑丁诉康纳案的判决，假释听证会不必保证宪法第五修正案所要求的正当程序。听证会所采取的多元结构、非对抗形式与诉讼程序的等腰三角结构、对抗形式有着天然的区别，诉讼程序中最引人注目的陪审团审判与以控辩对抗为基础的交叉询问在听证程序中更是难觅踪影。在大陆法系国家中，减刑假释权一般属于司法权，但是并非所有国家的减刑假释程序都适用诉讼程序的相关制度，其运行程序在不同的国家仍然存在一定的区别。根据《德国刑事诉讼法典》③ 第454条的规定，假释请求由服刑人员提出申请，法院不经言词审理而作出裁定。法院应当听取检察院、监狱的意见和服刑人员的口头陈述。德国的假释程序与诉讼程序最大的区别便是假释不完全适用与诉讼程序相同的直接言词原则，检察院和监狱的意见既可以口头作出，也可以书面提出。在假释程序运行的过程中也不存在检察院、监狱与服刑人员的辩论过程。法国的减刑假释程序的审理程序与诉讼程序颇为相似，根据

---

① 事实上国家也是程序的利害关系人之一，但哪一主体可以代表国家发表意见却是一个值得深入讨论的问题。就我国的减刑假释程序而言，参与程序的国家机关包括法院、检察院和监狱，到底哪一机关或者哪些机关代表国家？代表国家的机关以外的机关代表的又是什么？这些问题的讨论显然已经超出了本文的主旨，故本文将只讨论服刑人员和被害人的参与权问题。

② 郭建安：《被害人研究》，北京大学出版社1997年版，第221～222页，转引自谢小剑：《论我国减刑假释审理程序的正当化》，载《江西公安专科学校学报》2003年第4期。

③ 本文所涉德国刑事诉讼法典的条文均引自《德国刑事诉讼法典》，李昌珂译，中国政法大学出版社1995年版。

《法国刑事诉讼法典》① 第712－6条、712－7条的规定，减刑假释的请求由服刑人员提出，执行法官和刑罚执行庭应听取监狱管理部门代表的意见，并在检察院与服刑人员的对审辩论中听取检察院的要求、服刑人员的陈述说明和服刑人员的律师的意见说明。《意大利刑事诉讼法典》② 第666－1条明文规定了执行法官根据公诉人、关系人和辩护人的要求进行诉讼，其中便包括了减刑假释程序。

第二，适用减刑假释的服刑人员是集中在监狱或其他劳改场所进行统一管理的，而且监狱往往按照罪犯分类理论分监区进行集中管理，监狱对服刑人员的量化考核实行的是统一标准，这种状况决定监狱或监狱管理机关对服刑人员的表现状况（包括某一服刑人员与其他同类服刑人员相比较的表现状况）是最为清楚的，如果任由服刑人员个人向法院申请减刑假释将给法院尽可能准确判断服刑人员的表现状况造成一定困难。由监狱或监狱管理机关向法院集中申报不仅有利于减刑假释裁决的准确性，而且也有利于避免个人随意申报造成的司法资源的浪费。当然由监狱或监狱管理机关申报减刑假释也存在重大弊端，如监狱或监狱管理机关有可能伪造材料，把不符合减刑假释条件的服刑人员报送减刑假释，更有可能把符合减刑假释条件的服刑人员排除在报送名单之外。防止这些重大弊端的措施：一是赋予服刑人员单独向法院申请减刑假释的权利；二是在程序设计上发挥检察院、被害人乃至其他服刑人员在程序运作中的监督作用。

第三，监狱或监狱管理机关报送的减刑假释申请或服刑人员直接申请，在预先获得检察院、被害人同意或认可的情形下，其法院审理模式因事实调查的必要性大为减弱可以大幅度简化而实行司法审查模式，这种司法审查模式的特点是可以实行书面审查作出裁决。

二、我国减刑假释程序的缺陷分析

以现代减刑假释程序正当化的基本理念、基本结构反观我国现行减刑假释程序，可以看到我国现行减刑假释程序存在的主要缺陷是：

第一，服刑人员程序启动请求权的缺失。根据我国刑事诉讼法第221条和监狱法第30条的规定，我国现行减刑假释程序的主体是刑罚执行机关即监狱和裁决机关即人民法院。在这样一个二元结构的程序中，监狱和法院之间是一种类似于行政机关上下级之间的审批关系，由执行机关提出建议书，由人民法院经审核后作出裁定。在现行减刑假释程序中，法院与监狱的这种类似于上下级的审批关系使得司法权与行政权无形中发生了一种密切合作的二元结构关系，并且这种二元结构垄断了整个减刑假释程序从启动到决定的全过程。在这样的一种程序中，服刑人员的利益并不能得到应有的程序性保障，正当程序最核心的价值却被忽略了，那便是服刑人员的参与权。

---

① 本文所涉及的法国刑事诉讼法典的条文均引自《法国刑事诉讼法典》，罗结珍译，中国法制出版社2006年版。

② 本文所涉及的意大利刑事诉讼法典的条文均引自《意大利刑事诉讼法典》，黄风译，中国政法大学出版社1994年11月版。

第二，被害人的利益没有得到应有的重视。① 现行有关减刑假释程序的法律法规中对于被害人的权利只字未提。换句话说，被害人实际上被排除在了整个刑罚执行程序的全过程之外。

第三，法院的"审核监督"存在着严重的形式化倾向。根据最高人民法院《关于执行〈中华人民共和国刑事诉讼法〉若干问题的解释》第363条的规定，人民法院审查的仅仅是执行机关所移送的材料，② 监督内容单一，仅涉及实体问题，对象仅为服刑人员。从我国目前减刑假释程序中监狱与法院的关系来看，法院发挥的仅仅是一个"橡皮图章"的作用。虽然最高人民法院表示在减刑假释程序中应当推行公示和听证制度，但由于服刑人员的参与度非常有限，这两项制度实际发挥的作用也相当有限。法院为了防止行政权的滥用，便采取了一种程序外的政策手段，那便是事先设定减刑假释率③，以此来促使监狱更加慎重地提出减刑假释建议。

第四，检察院的事后监督具有滞后性。根据《人民检察院刑事诉讼规则》第428条的规定，检察院审查的内容包括：（1）被减刑、假释的罪犯是否符合法定条件；（2）执行机关呈报减刑、假释的程序是否合法；（3）人民法院裁定减刑、假释的程序是否合法，涉及实体问题和程序问题，对象包括服刑人员、监狱和法院。司法部《监狱提请减刑假释工作程序规定》第15条规定，监狱在向人民法院提请减刑、假释的同时，应当将提请减刑、假释的建议，书面通报派出人民检察院或者派驻检察室。根据这一规定，检察院在监狱向法院提交减刑假释建议的同时便已经知晓其建议的内容。但由于法院对监狱所提交的减刑假释建议采取书面审核的方式，现行法律也没有关于检察院介入法院审核过程的具体规定，检察院即使在对监狱的减刑假释监狱持有异议的时候也不能在法院的审核过程中将这种异议通过法定的程序向法院提出。根据刑事诉讼法第222条、《人民检察院刑事诉讼规则》第429条和监狱法第34条的规定，人民检察院仅有权在收到裁定书副本后20日以内，向人民法院提出书面纠正意见。可见，检察院对减刑假释程序的监督相当于法院对监狱进行形式上的"审核监督"之后所设置的实质上的"事后监督"。由于检察院监督的滞后性，法院不得不在检察院提出纠正意见后重新组成合议庭对本已终结的案件重新进行审核，影响了程序的效率和稳定，造成司法资源的浪费。正因为事后监督的滞后性以及内容的广泛性，检察院对减刑假释程序提出纠正意见的次数每年都居高不下。从检察系统对法院系统的刑事审判监督和减刑假释监督的情况来看，前者在全部刑事审判案件中所占的比例远远低于后者在全部减刑假释案件中所占的比例，这种比较也可以从一个侧面反映出我国现行减刑

---

① 在早期的刑事诉讼中，对犯罪的追诉是由被害人自己完成的。随着公诉制度的出现，被害人逐渐淡出了刑事诉讼的各个领域。在区分公诉案件和自诉案件的国家，被害人只在自诉案件中有权对犯罪人进行追诉。在奉行起诉垄断主义的国家，被害人完全沦为证人的角色，追诉犯罪的任务完全由国家承担。我国现行刑事诉讼法中虽然确立了被害人在诉讼程序中的当事人地位并享有一定的权利，但是被害人仍然无权启动程序（这一权利被检察官垄断）、无权对案件实体进行处分（这一权利被告人和检察官均在一定程度上享有，被告人可以选择作有罪答辩，检察官可以根据具体案情作不起诉处理，控辩双方有权进行辩诉交易）、无权就案件结果寻求救济（这一权利为被告人所享有）。故在现实的运行过程中，被害人所发挥的作用与其当事人地位并不匹配，从整体而言被害人仍然依附于检察院。

② 包括：（一）减刑假释建议书；（二）终审法院的判决书、裁定书、历次减刑裁定书的复制件；（三）罪犯确有悔改或者立功、重大立功表现的具体事实的书面证明材料；（四）罪犯评审鉴定表、奖惩审批表等。

③ 我国目前每年的减刑率在20%左右，假释率则在2%左右，并且逐年会有微小的增加幅度，详细数据参见李豫黔：《改革和完善我国假释制度的理性思考》，载《中国监狱学刊》2001年第2期。

假释案件所存在的问题。

三、我国减刑假释启动程序改造：双轨制运作与法官预审

双轨制运作，是指减刑假释的启动方式应当包括两种，即监狱依职权启动和依服刑人员申请启动。监狱在准备程序中认为服刑人员符合减刑假释条件的，应当依职权向法院提出减刑假释建议；监狱没有向法院提出减刑假释建议，服刑人员认为自己符合减刑假释条件的，有权直接向法院提出减刑假释申请。

监狱依职权启动应设置减刑假释程序名单筛选程序，以尽可能保证监狱报送减刑假释名单的准确性并提高诉讼效率。此程序是在监狱内部运行的一个预先筛选程序，监狱根据全体服刑人员的刑罚执行情况选取其中表现比较好的服刑人员进入"依职权启动减刑假释程序名单"。准备程序可以听证的形式进行，在这个程序中，监狱将根据服刑人员接受教育改造的表现初步认定服刑人员是否有权接受法院的减刑假释。在准备程序中，检察院有权参与监狱的预先筛选程序。虽然检察院对监狱只有监督职能而没有指挥权，但是检察院在准备程序中所掌握的情况将对检察意见的作出具有重要的意义，在启动程序、审理程序中发挥重要的作用。

减刑假释程序名单筛选程序可以说是对减刑假释案件的第一层筛选程序，由监狱对全体服刑人员的表现进行考量，从中选取优异者给予减刑假释，但并不是所有进入"名单"的服刑人员最终都能够得到减刑假释，也不是其他没有进入"名单"的服刑人员就无权获得减刑假释。进入"名单"的服刑人员的刑罚执行情况在减刑假释的决定程序中还将接受检察院审查，被害人也有权依法发表意见，最终是否获得减刑假释将由法院作出决定。没有进入"名单"的服刑人员如果认为自己符合减刑假释的法定条件的，有权直接向法院提出减刑假释的申请，并接受检察院的审查，被害人也有权发表意见，最终仍然由法院作出决定。

监狱报送的减刑假释申请材料应当有服刑人员签字认可以示授权委托。拒绝签字认可的视为放弃由监狱代为申请的权利。从便利法院预审的角度讲，监狱报送的减刑假释申请材料应当签注检察院和被害人的意见。

法官预审，是指法官对减刑假释申请进行正式审理前的审查以实现程序分流的制度。不论是依申请启动还是依职权启动，法院收到减刑假释的申请或者建议后，将对申请材料进行预先审核，在确定服刑人员根据书面材料显示将有可能获得减刑假释的，对于检察院和被害人签字同意的申请实行司法审查审理方式作出裁决。如果检察院或被害人签署了反对意见的，则通知检察院、被害人出庭应诉实行对抗审理模式。对于服刑人员直接申请的，则通知检察院、被害人到法院发表意见，如检察院、被害人都同意，则实行司法审查模式审理，如果检察院、被害人有一方不同意的则实行对抗审理模式。此外，对于明显无法获得法院支持的减刑假释申请或者建议（如服刑人员具有依法不得减刑假释的情形），法院有权不予受理。

四、我国减刑假释审理程序改造：审查模式与对抗模式

（一）司法审查审理模式

在司法审查模式下，由于检察院、被害人对于服刑人员的申请或者监狱的建议不存在反对意见，法院在进行审查的过程中无须严格遵守直接言词原则，可以直接依据各方的书面意见直接作出裁决。例如，《德国刑事诉讼法典》第454条规定，当检察院与监狱同意服刑人员的申请，法院也认为服刑人员符合假释的情形时，或者当服刑人员的申请不符合法定的时间条件时，法院可以不听取服刑人员的口头陈述而作出裁决。《法国刑事诉讼法典》第712-6条规定，在对审双方均同意不进行辩论的情况下，执行法官也可以径直作出裁决。

司法审查模式是对我国现行的减刑假释决定程序进行改良的结果。与现行的减刑假释程序相比，司法审查模式的优点在于检察院和被害人介入减刑假释程序中来，解决了检察院事后监督滞后性与被害人利益被忽视的问题。同时，服刑人员享有向上一级法院寻求救济的权利，其利益能够得到更充分的保障。更为重要的是，在这种模式下，程序各方对减刑假释的申请或建议并不持反对意见，故整个程序的运作是在一种非对抗的态势下进行的，法院和检察机关的审查监督重点主要是监狱是否存在违法违规行为。

（二）对抗审理模式

在检察院或被害人作出反对意见之后，减刑假释的决定程序将依对抗模式进行运作。在经过监狱筛选程序后能够进入对抗模式的减刑假释案件的数量无疑在所有减刑假释案件中所占的比例将会非常低，但此类案件却又是各方争议最大、最需要用司法权来作出最后决断（其所耗费的司法资源也将是巨大的）的案件。故在对抗模式下，法院的审理程序应当是采用公开审理、言词审理的方式，程序的运作将基本按照诉讼程序进行：

第一，对抗式审查模式的基本结构是在中立的法官之下设置对抗的双方。当检察院或被害人不同意减刑假释申请时，对抗的一方当然是提出减刑假释申请的服刑人员和其代理律师，另一方是提出反对意见的检察院或被害人（如果检察院、被害人都反对减刑假释则共同作为对抗一方；如果检察院、被害人只有一方反对的，则由单方作为对抗一方）。如果服刑人员一方无正当理由不出庭的视为撤回申请；如果检察院、被害人一方无正当理由不出庭的视为同意申请。

第二，监狱或其管理机关对服刑人员的表现情况较为熟悉，在审理过程中应当由其代表以证人的身份出庭作证。这又分两种情形：一种是如果监狱或其管理机关同意减刑假释的，应作为服刑人员方的证人出庭作证；另一种是监狱或其管理机关不同意减刑假释的，应作为检察院或被害人方的证人出庭作证。

第三，审理过程是法官在听取对立双方的提证和辩论后就是否给予减刑假释作出裁决。在审理过程中如为查明事实所必需，对立双方均有权出示各种证据，包括传唤证人出庭作证，但不必进行严格的交叉询问，也不必遵循刑事诉讼中的严格的证据规则。

第四，赋予法院司法变更权。当涉及减刑所要缩减刑期时，法院应当在对服刑人员的

刑罚执行情况进行综合判断的基础上，做到同等情况同等对待，不同情况不同对待。何种情况下多减，何种情况下少减或者不减，都应当有一个大概的标准体系，法院的自由裁量权一般只能在这一法定的范围内行使。为了达到这一要求，法院在减刑程序中应当拥有一定的司法变更权，即当法院认为服刑人员可以获得减刑，但是当法院认定的减刑幅度和服刑人员的减刑申请或者监狱的减刑建议存在差异时，应当以法院认定的幅度为准，法院有权对减刑申请或者建议中的刑期进行变更。法院在行使司法变更权的时候，应当注意对对抗双方特别是服刑人员利益的保护，在充分听取双方意见的基础上始得作出最终决定。

此外，法院作出裁定后，应当将裁定书送达服刑人员、检察院和被害人，以保证其及时行使程序救济权。服刑人员、检察院和被害人不服裁定的，均有权申请上一级的法院进行复审。

（作者单位：复旦大学　浙江工商大学）

我国刑事侦讯制度的完善

牟　军

一、我国刑事侦讯法律规范体系的特点

完善刑事侦讯制度的问题，首先是确立一个什么样的刑事侦讯法律规范体系的问题。刑事侦讯法律规范体系的样态，除受我国传统法律规范立法范式的影响外，同样受制于我国刑事侦讯程序的基本属性和侦讯的现实环境。虽然对我国未来的刑事侦讯法律规范体系尚难以作出具体的设计，但在总体上，这一法律规范体系应该具有以下几个特点：

（一）刑事侦讯法律规范体系的规模是受限的

一方面，刑事侦讯法律规范调整对象的有限性。侦讯法律规范所调整的侦讯要素主要是侦讯程序以及相应的侦讯保障措施。这些侦讯要素是保证侦讯正当性和实现侦讯目标的主要形式，侦讯法律规范可以就有益于侦讯正当性和有效性的这些侦讯要素加以确认、设立和保护。然而，对于侦讯环境、侦讯者个体情况和侦讯资源等其他因素需保持一定的法外活动空间。因为刑事侦讯的这些要素实际上是刑事侦讯行政化属性得以落实的方式和条件，它主要服务于刑事侦讯效率的提高，不宜将其纳入正式的侦讯法律规范的调整范围。另一方面，侦讯程序规范的设置也有一定限度。从侦讯者的角度看，侦讯程序及其保障措施为侦讯的展开制造了一种相对"硬性"的条件，由于其实际功效主要在于制约侦讯者的行为并为侦讯有形结果（口供）的产生创造相应的限制条件，因此对侦讯程序及其措施具体法律规范的设置应有一定的限度，以使侦讯的有效性与正当性之间取得某种平衡。关于这一问题，下文将进一步论述。

（二）非典型侦讯法律规范的作用更加重要

就刑事侦讯领域而言，全国人大制定和颁布的刑事诉讼法因效力和位阶的因素而成为规范侦讯的典型法律。非典型法律规范则指最高人民检察院根据上述法律制定的《人民检察院刑事诉讼规则》等司法解释以及公安部制定的《公安机关办理刑事案件程序规定》等行政法规。上述两类法律规范均对侦讯的主体、地点、方式、方法、步骤、侦讯成果的制作和固定等侦讯程序的基本问题作了规定，只是后者的功能又在于对前者的细化和修补。从我国刑事侦讯法律规范的布局来看，两类法律规范并行运用，并不存在前者对后者的排斥。但非典型侦讯法律规范的实际运用又存在以下问题：一是侦讯机关对非典型侦讯法律规范的运用受到相当大的制约。在侦讯过程中，出于侦讯可操作性和效率的考虑，侦讯机关以适用非典型侦讯法律规范为主，而在审判阶段，法庭对案件的处理又以刑事诉讼法为依据。二是《人民检察院刑事诉讼规则》、《公安机关办理刑事案件程序规定》等作为细化

和补充刑事诉讼法的非典型规范，在有些方面并未发挥细化和补充的功能。例如，在对侦讯中禁止性方法的规定中，对"其他非法方法"没有列举，其范围难以划定。对刑讯、威胁、引诱和欺骗的具体特征和程度也无说明和解释。违反禁止性侦讯方法的行为后果也不够明确，尤其是对实体性后果并无规定，从而影响了法律规范的可操作性。应该指出，作为刑事侦查调查取证活动的关键一环以及行为方式和手段上所具有的浓厚的行政化特征，侦讯本应具有动员侦讯资源上的更大灵活性、手段的多样化、适当的自由裁量权和保持较高的反应能力。相对于典型的法律规范而言，由参与刑事侦讯的最高机构主导制定的非典型侦讯法律规范，由于侦讯的程序、方式、手段等得以科学配置和细化，侦讯规范又能随司法实践情况的变化而及时作出改变，因而更能适应刑事侦讯的上述要求。所以，从制度上解决非典型侦讯法律规范在侦讯实践中的运用并加大非典型侦讯法律规范的创制力度是必要的。

（三）刑事侦讯法律规范的地方性特征明显

"法律是地方性知识，而不是与地方性无关的原则。"① 对于刑事侦讯而言，法律规范的地方性不仅是由刑事侦讯活动本身的地方性以及由此体现的法律规范所具有的某种地方属性所决定的，而且也是由刑事侦讯的固有属性所决定的。如前所言，刑事侦讯活动围绕获取犯罪嫌疑人口供而展开，侦讯是否通畅、有效，则是必须关注的问题。地方性法律规范的推行可以成为解决这一问题的有效方法之一。因为法律的地方性体现了法律的差异性，强调在法律统一的前提下，根据不同地域的实际情况作出不同的制度安排，通过法律的灵活变通，有效和低成本地执行法律和推动规范事务所要达到的目标。这种法律特性与侦讯的灵活性、手段多样化、适当的自由裁量权等特性是相适应的。由于地方性侦讯法律规范仍以全国统一法律规范为依据，法律的基本原则和精神不变，地方性侦讯法律规范的推行对侦讯所应有的规范性和基本正当性的要求也不会产生影响。在我国侦讯实践中，这一地方性的侦讯规范可以在适当的地区有步骤、有重点地推行。

二、犯罪嫌疑人权利的完善

如上所言，在我国现行侦讯制度中，犯罪嫌疑人基本权利的缺失和弱化是我国侦讯制度的主要缺陷，然而犯罪嫌疑人权利的改善又是对上述刑事侦讯制度构建需关注的两个要素冲突最集中的反映，对于犯罪嫌疑人权利的改善可能需要运用更多的策略和技巧，在关照程序正当性的同时，正视并尊重侦讯上述基本的现实因素，尽量减少和避免对侦讯目标的实现造成实质的损害或阻碍。

（一）确立犯罪嫌疑人陈述的自愿性原则

取消刑事诉讼法第 93 条有关犯罪嫌疑人应当如实回答侦查人员提问的规定，代之以犯罪嫌疑人有权根据自己的意愿选择是否作出陈述，侦查人员不得违背犯罪嫌疑人的意愿强制其作出陈述，对于犯罪嫌疑人不愿作出陈述的事实，在以后的庭审中不得作为对被告人

---

① ［美］克利福德·吉尔兹：《地方性知识》，王海龙、张家瑄译，中央编译出版社 2004 年版，第 277 页。

不利的证据甚至视为变相的供述对待，法庭也不得以此作出对被告人不利的推断。犯罪嫌疑人根据自己的意愿作出供述或进行辩解，既是犯罪嫌疑人享有的基本权益，又有助于其作出可靠口供，提高刑事侦讯的质量，对于刑事侦查总体目标的实现是有益的。犯罪嫌疑人作出陈述的自愿性，虽对于刑事侦讯的强制性有很大的削弱，但对刑事侦讯的顺利进行不会产生根本的影响。因为犯罪嫌疑人即便在侦讯过程中根据自己的意愿不愿陈述，也并不会导致讯问的立即停止，在合法讯问的情形下，犯罪嫌疑人仍负有接受讯问和作出陈述的道德义务，根据英美等国的具体做法，还可劝说犯罪嫌疑人通过弃权申明书的形式放弃沉默权，并且对于已放弃沉默权而作出的口供即便以后反悔，也可在法庭审理中用作控方指控的证据。同时，考虑到刑事侦查的总体利益和刑事侦讯整体结构的基本公正性，对于犯罪嫌疑人陈述的自愿性也应有一定限制。借鉴英国对沉默权限制的做法，对于具有下述情形的，在侦查阶段对侦讯人员的提问不予回答，而到审判阶段才予以解释和说明，法庭可以对其在侦查阶段不予回答的事实和态度作出对被告人不利的推断：（1）在其身边或住所发现有犯罪证据的；（2）有证据证明其在案发时在犯罪现场并有犯罪嫌疑的；（3）在涉嫌贪污、受贿等职务犯罪案件中，有证据证明其财产或者支出明显超过其合法收入的，应对其财产来源进行说明和解释；（4）在涉嫌组织、领导、参加恐怖组织或者黑社会组织犯罪的案件中，有证据证明其是该组织成员的。[①]

（二）完善犯罪嫌疑人的律师帮助权

侦讯阶段的律师帮助权与整个侦查阶段律师帮助权的状况有密切关系，完善侦讯中的律师帮助权需与整个侦查阶段律师帮助权的完善进行通盘考虑，现阶段对于刑事侦讯有重要影响的基础性律师帮助制度应首先考虑：

（1）对介入侦查阶段的律师身份重新进行定位。在法律中不再将受委托的律师表述为犯罪嫌疑人的法律帮助者，明确确立律师的辩护人身份。律师作为辩护人的身份类似于庭审中的律师身份，有利于确立和提高侦查阶段律师的地位，也为扩大律师在侦查阶段的权利，合理利用辩护资源和条件，提高律师帮助的有效性提供了法理和正当性依据。

（2）赋予律师对案件的知情权和一定的调查取证权。律师为侦讯阶段犯罪嫌疑人提供的必要帮助，主要在于对犯罪嫌疑人是否作出口供、作出口供的时机、口供的内容等提供意见，保护犯罪嫌疑人陈述的意志自由、人格尊严、人身权利和对于侦查人员讯问的合法性、正当性的监督等。律师对犯罪嫌疑人的帮助需建立在对犯罪嫌疑人涉嫌的罪名、犯罪事实和情节了解的基础上，而对犯罪嫌疑人合法权益的维护和侦讯合法正当性的监督，又须通过收集有利于犯罪嫌疑人的证据和侦讯过程的相关信息才得以实现，因此赋予律师诸如对案件的知情权和一定的调查取证权显然是必要的。

（3）保持律师与犯罪嫌疑人联系渠道的畅通。律师与犯罪嫌疑人的会见和通信是律师了解和知悉案件事实、掌握犯罪嫌疑人个人情况以及侦讯过程情况的重要渠道，而且与刑事侦讯在时间上存在直接的先后联系，能及时为犯罪嫌疑人接受讯问和回答提问提供"场外指导"，帮助犯罪嫌疑人在作出口供与否、口供的状况等方面作出合理的选择，在我国刑事司法尚不具备对律师制度采取大幅改革的现实条件下，完善律师会见和通信制度则较为

---

① 参见孙长永：《论侦讯程序的立法改革和完善》，载《江海学刊》2006年第3期。

现实。因此，对律师这两项权利的完善可采取如下做法：一是涉及国家机密的案件，是否准许律师会见犯罪嫌疑人可以设置一定的审批程序，但审查批准的权限应交人民法院，而非负责侦查的公安机关或检察机关。同时，并非涉及国家秘密的案件都应一律经过有关机关的批准，法律应制定需经审批程序的涉密案件范围。人民法院的审查也应以保障犯罪嫌疑人的基本辩护权和侦查正当性为原则，除特别情况之外，应倾向于作出有利于犯罪嫌疑人的决定。二是明确规定律师会见或与犯罪嫌疑人通信的时间。现行法律规定，从侦查人员第一次讯问或采取强制措施之日起，犯罪嫌疑人有权聘请律师为其提供法律帮助。这一规定不能保证犯罪嫌疑人在被讯问前得到律师的帮助，因此应该删除第一次讯问后才得以有律师帮助的规定，代之以犯罪嫌疑人一旦被采取强制措施或决定对其进行讯问的时候，犯罪嫌疑人律师帮助的需要应得到满足，尤其在讯问前，犯罪嫌疑人应享有与律师会见和通信的权利。同时对于律师与犯罪嫌疑人会见和通信的次数不应作硬性规定，只要属于合理和正当的范围都应予以满足。三是取消侦查人员在律师会见犯罪嫌疑人时可以在场的规定。侦查人员在律师会见时在场，是犯罪嫌疑人难以吐露案件全部真实情况和细节，律师难以为犯罪嫌疑人提供具体的辩护策略和方法的重要原因所在，这可能直接影响到犯罪嫌疑人在侦讯中因缺乏法律知识和对侦讯形势的把握而对侦查人员的言行作出误判或对已作出口供的不当把握等，使自己的正当利益受到损害。因此，律师会见犯罪嫌疑人时侦查人员不应在场是合理的。有学者提出对这一问题可采取灵活的方法处理，即侦查人员应以看得见但听不见的方式介入律师的会见。

至于在讯问过程中律师是否享有在场权的问题，这项权利虽对犯罪嫌疑人侦讯中的权益有直接的保障作用，也可有效监督侦查人员的侦讯行为，但基于国内外情况不规定律师的这一权利可能较为合理：（1）现有的国际准则只要求保障犯罪嫌疑人有足够的便利和条件获得律师的法律帮助，并没有明确规定律师在侦讯时有权在场，法国、德国、日本等西方国家也无这一权利的规定。（2）目前我国律师总体数量的不足和区域分布的不平衡也无条件保证律师在讯问时在场，如果硬性推行律师在场制度可能付出过于高昂的司法成本。（3）我国律师在场缺乏相应的配套制度。从英国等国的经验来看，律师在场的作用在于为犯罪嫌疑人提供法律咨询，律师能够发挥这一作用的前提是警察必须向到场的律师开示已经掌握的证据情况，在我国目前还无法满足这一条件，律师到场的作用可能要打折扣。[①]（4）替代性措施在一定程度上可弥补讯问中律师的缺位而造成的损失。目前司法解释中允许采用的录音、录像措施，在侦讯实践中尤其在检察机关的侦讯中被广泛运用，这一措施通过可视的方式对侦查人员讯问的合法性实施监督，约束其侦讯行为，对犯罪嫌疑人作出陈述的意志自由和其他权益也有相应的保障作用，因此在一定程度上可以弥补讯问中律师不在场对犯罪嫌疑人利益和讯问的正当性造成的损害。

（三）完善犯罪嫌疑人的知悉权

根据犯罪嫌疑人在侦讯中所享有的权益以及维护自身利益的需要，从法律的角度看，犯罪嫌疑人在侦讯阶段应享有的知悉权范围大致如下：（1）有权了解侦查人员的身份和职务。在原有法律规定出示证件或其他证明文件的基础上，应规定侦查人员有向犯罪嫌疑

---

① 参见孙长永：《论侦讯程序的立法改革和完善》，载《江海学刊》2006 年第 3 期。

作出口头解释和说明的义务，以使其更清楚地了解讯问者资格和讯问的合法性。（2）有权知悉与侦讯有关的法定权利。这些权利除应由法律明确规定的陈述自愿性利益（陈述自愿选择权）和律师帮助权以外，也包括在侦讯中可能受侵害的人身权、人格名誉权等基本人权。（3）有权知悉与案件有关的信息和事项。这些信息和事项包括被指控的罪名和犯罪事实，以及支持这一罪名和犯罪事实的有关证据情况；有关实体法规定的定罪量刑内容和程序法追诉的根据；国家有关刑事司法的基本政策，如"严打"政策、可获得从宽处理的政策等。与案件有关的这些信息和事项都是犯罪嫌疑人需要了解而又对其有用或有利的信息和事项，犯罪嫌疑人应当有知悉的权利。（4）有权知悉在侦讯中享有的待遇。例如，在侦讯期间，犯罪嫌疑人的居住条件、饮食情况、文化生活状况、犯罪嫌疑人与亲属接触和通信等待遇。如上所述，这些待遇对于犯罪嫌疑人和侦讯人员的心理均有直接或间接影响，可能影响到二者在侦讯中的具体行为，犯罪嫌疑人应该有所了解，也有权知道这一安排的正当依据，以利于对相关机构的监督，改善侦讯的"硬"环境。

三、刑事侦讯程序的完善

刑事侦讯程序规范在人们看来大多属于技术性规范，但这些程序规范的具体内容实际上与程序的正当性、犯罪嫌疑人在侦讯中的基本权益保障乃至侦讯的效率和侦查的利益也具有密切的关系。因此，针对我国刑事侦讯程序存在的问题，结合我国侦讯的实际情况，对现有刑事侦讯程序有关方面作出适当调整是有必要的。

（一）讯问主体和讯问启动条件的限制

在法律上明确规定讯问的主体仅限于对本案负有侦查任务的侦查人员，即该案的承办人员，杜绝本机关或本系统内的其他侦查人员或工作人员等参与该案的侦讯工作。在侦查机关内部，对某一案件的侦查，一般都由若干人员组成的办案组负责，本办案组成员有负责人员或主办人员和参与人员之分，他们均有权参与讯问。但也有的案件因案情简单或易于调查而由一名侦查人员承办案件，刑事诉讼法要求不少于两人参与讯问，因此在侦讯中可以由本单位其他具有办案资格的人员协助其讯问，这一做法并不违法。

讯问启动条件主要在于讯问的对象必须是犯罪嫌疑人。对于已被逮捕、拘留的人，由于法律规定这些措施的适用需具备证据证明犯罪事实存在或属于现行犯等条件，因而对这类人可以确定为犯罪嫌疑人而进行讯问。但对于未被逮捕、拘留的人，或案件正式立案前进行初查活动中需要盘查有关人员或其他调查活动，并从有关人员获取陈述打算作为指控证据的，就应明确这类人员作为犯罪嫌疑人的基础性条件。这一条件应包括两项：一是事实条件。认定该人为犯罪嫌疑人须有一定的事实根据，即有证据证明该人实施了危害事实或与该案有直接关系。二是法律条件。根据刑法规定，该人的行为已经构成犯罪，应该追究刑事责任。不具备上述两项条件或其中一项条件的，都不能作为犯罪嫌疑人进行讯问，否则讯问属违法行为，将影响口供的效力。

（二）讯问方式、方法的完善

从西方主要国家的情况看，法律规定的讯问方式、方法主要是侦讯中禁止使用的方式、方法，我国法律的规定与之类似，这种规定的方式较为合理，只是对其存在的问题应做如下改进：

（1）讯问禁止性方法的范围。从西方国家的立法和理论来看，欺骗行为尽管不正当，但并不属于法定禁止的非法方法之一，我国法律将欺骗作为侦讯的非法方法之一，显然与侦讯的固有规律性不符，而且也不可行，但排除欺骗方法的非法性也不是绝对的。从英美等国来看，对于特定的欺骗行为，如警察装扮成牧师或犯罪嫌疑人的辩护律师而套取犯罪嫌疑人口供的，也被视为非法行为，将产生不利于控方的程序性后果。在我国，可以对欺骗的合法性限定一定的条件，或者由法庭根据诉讼公正性原则作出裁量，以决定侦讯是否合法及口供的取舍。同时，我国法律对典型的禁止性方法列举不够，虽然其他非法方法可包容未列举的禁止方法，但影响法律的操作，也不够严谨。所以，其他较典型的非法方法，如使用药物、采用催眠等方法也可由法律作出禁止性规定。

（2）讯问禁止方法的细化。法律对禁止方法的规定不应是笼统的，而应是具体和具有可操作性的。法律对禁止性方法需确立一定的标准，如对被禁止方法的形态、特征和程度需进行规范，尤其是对口供取舍有直接影响的禁止性方法更应有相应的衡量标准，它所禁止的方法应具有典型性。例如，刑讯方法有直接的暴力方法和间接或变相的刑讯方法，威胁、引诱等方法也有典型、非典型、一般等层次之分，法律在一定范围内作出具体的分类和不同的取舍标准是必要的。对于侦讯禁止性方法的细化，可由相应的司法解释和其他法规作出具体的规定。

（三）讯问时间和场所的调整

被逮捕、拘留的犯罪嫌疑人一旦履行相应手续将被关押至法定的场所（看守所或其他固定场所），应在 12 小时内进行讯问，讯问开始时间在夜间的除外。当然，对上述讯问开始时间也应设置一定的例外情形：（1）犯罪嫌疑人要求聘请律师提供法律帮助，侦查机关不能在上述时间内满足其要求的；（2）犯罪嫌疑人是未成年人或聋哑人等生理有缺陷的人，他的监护人、通晓聋哑手势的人在 12 小时内无法到达讯问场所的；（3）侦查人员无法在上述规定时间内进行讯问的其他客观情况。

无论犯罪嫌疑人是否已被逮捕、拘留，对其连续讯问的时间长度都应有合理的限制，可以采取以下做法：除确定适当的进餐时间外，明确规定犯罪嫌疑人适当的午休时间和夜间连续休息不得少于 8 小时，在上述时间内不得进行讯问。这样规定比较灵活，将注意力集中于排除对犯罪嫌疑人身心有较大影响的时间段进行讯问，既维护了犯罪嫌疑人的基本人权，也有利于犯罪嫌疑人在自愿原则下作出陈述，保证犯罪嫌疑人陈述的全面性和可靠性。

至于讯问犯罪嫌疑人的场所，应考虑从以下方面进行改革：（1）公安、检察机关讯问场所的专门化。对于未被羁押的犯罪嫌疑人和部分已被羁押的犯罪嫌疑人，决定在公安、检察机关讯问的，应在其专门的审讯室进行，并应配备相应的审讯设备，避免在办公室或其他场所讯问。（2）建立侦押分管制度。设立隶属于司法行政机构的专门羁押场所，也可在现行的监狱或其他已决犯改造机构中设立专门的未决犯羁押场所，在如此羁押场所内的提讯室讯问犯罪嫌疑人更利于满足讯问规范性和正当性的要求，对侦查利益也不会产生实质性的消极影响。（3）犯罪嫌疑人对讯问场所的确定应有一定的发言权。对未被羁押犯罪嫌疑人讯问地点的确定，侦查机关应适当征询被讯问者的意见或者听取他对讯问地点的要求，尤其是地点的选择可能影响到犯罪嫌疑人隐私、名誉权或者讯问的环境等因素从而可能阻碍其正常陈述的时候，尊重其意见对侦查机关和犯罪嫌疑人均是有利的。

（四）讯问笔录制作程序的完善

（1）讯问笔录的内容。讯问笔录应全面、客观地反映讯问的具体内容，如果讯问方式是自然问答式，笔录内容应反映问答的全部情况，问和答的内容都要全部记录清楚，不应进行取舍或删节；如果讯问方式是自然陈述式的，笔录内容应记载犯罪嫌疑人陈述的全部情况，包括对犯罪嫌疑人有利和不利的内容都应记录清楚，禁止概括式记录、摘录或断章取义式记录。（2）讯问笔录的核对和认可。讯问笔录记载的文字必须清晰可辨，犯罪嫌疑人识字而无法辨别文字的，如果属于其中一部分字迹不清的，可以就该部分内容在讯问犯罪嫌疑人后进行更改；如果笔录中的大部分内容记载不清，就应恢复讯问程序，重新制作讯问笔录。笔录应交犯罪嫌疑人逐字逐句核对，如有错误有权改正，确认无误签字；如果犯罪嫌疑人不能阅读，侦查人员应以清晰的语言逐页向犯罪嫌疑人宣读，如有错误有权要求改正，确认无误后签字。（3）犯罪嫌疑人自书的要求。是否自写陈述书应由犯罪嫌疑人自己决定，侦查人员所要做的是审查犯罪嫌疑人是否具备书写能力，如果具备此能力的应允许，但侦查人员无权要求犯罪嫌疑人自写陈述书，因为讯问和制作讯问笔录是侦查人员的责任。犯罪嫌疑人自写的陈述书须当着侦查人员的面在讯问场所内完成，而不应在讯问前或其他场所私下完成，犯罪嫌疑人书写过程须进行录像或有犯罪嫌疑人的律师或其他见证人在场。自写的陈述书须有犯罪嫌疑人及侦查人员、律师等见证人的签名。

（作者单位：西南政法大学法学院）

公共利益：刑事起诉中应当考量的要素[*]

潘金贵

犯罪既是对被害人利益的侵犯，也是对社会利益或公共利益的侵犯。对犯罪进行追诉，不仅是维护被害人利益的需要，也是维护公共利益的需要。因此，刑事司法机关在对犯罪进行追诉的过程中，一方面要维护被害人的个体利益，同时也必须将公共利益纳入考量的要素。公共利益（public interest）是一个内涵丰富而抽象的概念。哈耶克就曾指出："公共利益的概念，决不可定义为所要达到的已知的特定结果的总和，而只能定义为一种抽象的秩序。作为一个整体，它不指向任何特定的具体目标。"[①] 从法社会学的角度看，"社会存在市民社会和政治国家这两个领域，特殊的私人利益关系总和构成市民社会，普遍的公共利益总和构成政治国家，公共利益表现为社会利益或国家利益"。[②]

在刑事诉讼中，检察机关代表国家对犯罪进行追诉，从根本上说，是为了维护公共利益，因为被害人的个人利益只不过是公共利益的组成部分。对此，我国理论界也予以了肯定。有学者就指出："社会主义国家检察机关，在整个检察活动中也贯彻着维护国家利益和社会利益的原则。这是社会主义国家检察机关应遵循的首要原则。"[③] 有学者进一步明确提出："公共利益是我国公诉的刑事政策，符合我国法律的基本精神"。[④] 但是，我国刑事诉讼法并未明确规定将公共利益原则作为起诉裁量的依据，现有的理论在这一问题上也缺乏有力的论证和指导。在司法实践中，检察机关进行起诉裁量时对公共利益原则的认识和把握存在不足，在很多时候并未把公共利益衡量纳入起诉裁量应当予以考虑的范畴。笔者认为，我国公诉制度改革应当确立"公共利益衡量原则"，"公共利益"应当作为检察机关在行使起诉裁量权过程中予以考量的一个重要因素，起诉必须衡量是否有利于公共利益的维护。这种建立在公共利益衡量之上的裁量权，既符合检察机关的性质和公诉的基本职能要求，也可以有效地防止裁量权的不当使用。

一、起诉裁量中公共利益衡量的法理依据

（一）维护公共利益是检察机关产生和存续的正当性基础

"检察制度发源于法国，检察官初为国王之代理者参与诉讼。以图国王之利益为其职务

（注释）

* 本文系笔者主持的教育部人文社会科学青年项目"刑事公诉制度改革研究"的前期成果之一，项目批准号为：05JC820049。

① 邓正来著：《哈耶克法律哲学的研究》，法律出版社 2002 年版，第 189 页。

② 赵震江主编：《法律社会学》，北京大学出版社 1998 年版，第 253 页。

③ 金明焕主编：《比较检察制度概论》，中国检察出版社 1991 年版，第 56 页。

④ 姜伟：《论公诉的刑事政策》，载《中国刑事法杂志》2002 年第 3 期。

（西历14世纪）。至于现今，为国家之机关参与民刑事案件，以图公益为其职务。"[①] 在沙皇俄国，检察官被称为"君主的眼睛"，但同时又承认检察机关的公益性。沙皇司法活动家穆拉耶夫给检察机关下了如此定义："检察机关乃是由等级体系所建立的由个别进行活动的公职人员所构成的具有政府性质的经常的国家机关，这种公职人员的使命，按其职务来说，主要是使他们在司法方面成为法律的监督者，公共利益和政府的代表"。[②] 在英国，虽然传统上检察机关是以女王的名义起诉，但检察机关代表的是公益而非君主的私益。在现代诉讼中，检察机关和公诉制度存在的正当性基础就在于维护法律和维护公共利益。法国学者卡斯东·斯特法尼就指出："公诉是一种具有总体利益性质的诉讼，或者说，是一种公共利益性质的诉讼。"[③] 正是由于检察官以维护公共利益为根本，联合国《关于检察官作用的准则》第11条、第13条等对检察官维护公共利益之义务作出了明确规定，检察官应在刑事诉讼（包括提起诉讼）中根据法律授权，在调查犯罪、监督调查的合法性、监督法院判决的执行和作为公共利益的代表行使其职能中发挥积极作用；检察官应始终一贯迅速而公平地依法行事，尊重和保护人的尊严，维护人权；检察官在履行其职责时应保证公共利益，按照客观标准行事，适当考虑犯罪嫌疑人和受害者的立场等。可见，在起诉裁量中维护公共利益已经是联合国刑事司法准则中对检察官的基本要求。

（二）公共利益是决定公诉权行使的范围和路径的重要标准

检察机关行使对犯罪起诉与否的裁量权时，应当遵循公益原则，并且把公益原则作为正确行使公诉权的重要标准。《德国刑事诉讼法典》第153条规定："程序处理轻罪的时候，如果行为人责任轻微，不存在追究责任的公众利益的，检察院可以不予以追究"，将公共利益视为检察官决定是否起诉的基本条件。在英美等国，社会的公共利益更是检察官决定是否起诉时应首先考虑的问题。公诉实践中的公共利益具有明显的具体性特征。公共利益中包含了被害人的利益，同时又包括了被告人的利益。被告人的正当权益同样体现了国家利益，保护被告人的权益同样体现了国家对公共利益的保护，而且对被告人的正当利益的保护程度更能反映社会的文明程度和法治水平。被告人利益牵涉公众的根本利益，国家对被告人持一种公平公正的理性态度，这种态度体现了文明社会中国家对每个公民权益的尊重。正如香港终审法院首席法官李国能所说："在一个秉行公义的社会，判有罪的人有罪合乎公众利益，判清白的人无罪释放也合乎公众利益，这一点至关重要。"[④]

（三）起诉裁量必须考虑公共利益是利益最大化原则的客观要求

当今世界是一个多元化的社会，其价值目标同样也是多元的。在不同的利益之间、利益群体之间，利益冲突的情况是普遍客观存在的。因此，社会要稳定和发展，必须在这些不同的利益之间取得相对的平衡，才能既使社会结构保持相对稳定，又能促进社会的进步和发展。而这种相对的平衡，正是社会利益最大化的表现，也是相互冲突的不同价值目标

[①] ［日］冈田朝太郎等：《检察制度》，中国政法大学出版社2003年版，第90页。

[②] ［前苏联］卡列夫：《苏联法院和检察署组织》，东欧所译，中国人民大学出版社1957年版，第90页。

[③] ［法］卡斯东·斯特法尼等著：《法国刑事诉讼法精义》（上），罗结珍译，中国政法大学出版社1998年版，第114页。

[④] 王新环著：《公诉权原论》，中国人民公安大学出版社2006年版，第174页。

同时达到他们的最大化的表现。利益平衡的实现，关键是要综合考虑各种利益因素，从而作出权衡和选择。检察官起诉裁量中的公共利益包括了各种利益因素，因此以公共利益作为检察官起诉裁量的标准，有利于各种利益之间的平衡，协调不同利益之间的冲突，从而实现利益的最大化，满足社会的需求，推动社会的进步。

（四）公共利益衡量是实行起诉便宜主义的基本准则

在确立起诉便宜主义的国家，在立法、理论或实践上，都将公共利益衡量视为如何实行起诉便宜主义的至关重要的核心问题。这主要有两个方面的原因：一是公诉的性质决定了检察机关是公共利益的代表者，在是否提起公诉、追诉犯罪的问题上，必须从公共利益出发，在全面衡量公共利益的基础上作出恰当的决定。二是公共利益衡量既为检察官自由裁量权的行使提供了依据，又对检察官行使自由裁量权形成了制约。起诉便宜原则的本质特征是检察官就不起诉享有自由裁量权，但是自由裁量不是绝对的，必须具备合理的根据和适当的制约。作为公共利益的代表者，检察官不能依据个人的好恶或者某种个人利益、局部利益作出是否起诉的决定，而必须对支持起诉和不支持起诉的各种公共利益进行全面衡量，以此为基础作出裁量决定。因此，公共利益衡量一般都被认为是实行起诉便宜主义的基本准则。

二、起诉裁量中公共利益的构成要素

从有关国家和地区的立法来看，起诉裁量中公共利益的构成要素主要包括三个方面的利益：国家利益、社会利益和个人利益。其中的国家利益主要是指侧重于国家政治方面的利益，包括国家安全、社会稳定、国际关系等；社会利益与国家利益有一定的共同之处，但是其主要侧重于经济利益和社区利益，包括公共财产、集体财产、社区生活秩序等；个人利益主要是指犯罪嫌疑人、被害人及其家属成员的利益，包括犯罪嫌疑人将来的生活以及定罪量刑对其家人的影响、被害人对追究犯罪的主观心理以及经济损失，等等。检察官在基于公共利益的考虑行使起诉裁量权时必须综合考虑和平衡国家利益、社会利益和个人利益。

在英国，检察机关的审查起诉分为两个步骤：第一阶段为证据审查，第二阶段为公共利益审查，即案件符合起诉的证据条件后，检察官还应当确认起诉是否符合公共利益。对于如何判断是否符合公共利益原则，英国《1994年皇家检察官守则》第6条从正反两个方面列举了支持起诉和反对起诉的公共利益因素。其中支持起诉的公共利益因素包括：（1）定罪后可能导致处以实刑的；（2）在实施犯罪行为过程中使用武器或者以暴力相威胁；（3）针对公务人员所实施的犯罪；（4）被告人是权力机构或者信用部门的现职人员；（5）有证据表明被告人是犯罪行为的策划者或组织者；（6）有证据证实犯罪行为是事先预谋的；（7）有证据证实犯罪行为是由团伙实施的；（8）受害人无力保护自己，或受到严重的恐吓，或曾遭受人身攻击、人身事故或骚扰；（9）犯罪动机在于对受害人的民族或国籍、性别、宗教信仰、政治观点或性取向的歧视，或者犯罪嫌疑人曾对受害人以上特征的敌意；（10）被告人和受害人的生理或心理年龄存在明显差别，或涉及任何不道德的因素；（11）被告人以前受到过与此次犯罪相关的判决或警告；（12）被告人被指控在法庭命令管制期间犯下该犯罪行为；（13）有理由相信犯罪行为可能继续进行或者再度发生；（14）尽管犯罪性质并不严重，但在其犯罪地有广泛的涉及面。总之，犯罪性质越严重，起诉越有可能符合公共利益。反对起诉的一些公共利益因素包括：（1）法庭可能处以非常轻微或者只是名义上的刑罚；（2）因错误判断或误解而实施的犯罪行为；（3）罪行的确是因为一次失误或误会引起的（这些因素必须与罪行的严重性相互权衡）；（4）损失或伤害很小，而且是一场事故的结果，特别是如果是因为错误的判断引起的；（5）起诉可能会对被害人的身心造成极坏影响；（6）被告人年迈或者患有明显的疾病的；（7）被告人已经弥补了其所造成的损害或伤害；（8）细节如果被公开，能够使情报来源、国际关系或者国家安全受到损害。该守则第6条第6款还特别指出：就公共利益所作出的决定不是将各个方面的因素简单相加，皇家检察官应当确定各个因素在每一起案件情况中的重要性并在此基础上进行通盘考虑。

在美国，公共利益是检察官在决定是否起诉时应当首先考虑的问题。在司法实践中，检察官一般要考虑具体罪行的严重性，特别是该犯罪行为在当地居民心目中的严重性和恶劣性。另外，检察官在决定起诉时往往还要考虑其他一些因素，如犯罪嫌疑人的因素，包括其健康状况、精神状态、主观恶性及年龄等；犯罪受害人的因素，包括其对犯罪嫌疑人的态度，是否强烈要求惩罚罪犯等；公众关注因素，包括公众对这类行为的关注和公众对案件当事人的关注等；检察资源因素，包括人力资源的消耗和财力资源的耗费，等等。例如，华盛顿州的法律允许检察官在具备下列情况之一时对嫌疑人作出不起诉的决定：（1）该犯罪行为对法律的违反属于形式上的而不是实质性的；（2）对该犯罪行为的起诉不符合公共利益或者无助于遏制犯罪；（3）对该犯罪行为的起诉成本大大超过了起诉该犯罪的社会意义。[①]

澳大利亚《联邦刑事检控指南》明确指出：在每一起案件中，都必须认真考虑被害人的利益、涉嫌犯罪者的利益和社会的整体利益，以确保作出正确的决定。在判断公共利益是否要求提起诉讼时，可能考虑的因素包括：（a）犯罪的严重性，或者相反，犯罪的轻微程度，或者仅仅是属于"法律上认为"的犯罪；（b）任何减轻或加重情节；（c）被告人、证人和受害人的年龄、智力、身体健康状况、精神健康状况或者特别缺陷；（d）被告人的经历和生活背景；（e）犯罪是否已过追诉时效；（f）与犯罪相关的被告人应受到的谴责性程度；（g）对公共秩序和道德的影响；（h）法律的滞后性和模糊性；（i）起诉是否会被认为有副作用，如损害法律的尊严；（j）起诉替代措施的可能性及其效果；（k）犯罪的普遍性以及个别威慑与一般威慑的需要；（l）定罪的后果是否过于严厉苛刻；（m）被控犯罪是否引起了公众的广泛关注；（n）如果提起诉讼，会不会导致联邦或其他团体、个人具有了请求刑事赔偿、刑事补偿或罚款的资格；（o）犯罪被害人对起诉的态度；（p）审判时间的长短和费用；（q）被告人是否愿意在对他人的侦查或起诉中予以合作，或者被告人已经合作的程度；（r）如果认定被告人有罪，考虑到法院现有的判决选择，可能的判决结果是什么；（s）被控犯罪是否只能依公诉书按正式起诉程序的形式予以审判；（t）维持公众对国家基本机构，如议会和法院信心的必要性。如何适用和权衡这些因素以及其他因素，取决

---

① 杨诚、单民主编：《中外刑事公诉制度》，法律出版社2000年版，第109页。

于每个案件的具体情况。①

在加拿大，检察官在进行公共利益衡量时，应当注意个案的下列情形：（1）犯罪的严重性；（2）犯罪的情节；（3）被告人的年龄、智力水准、身心健康状态、合作态度；（4）被告人的背景情况，如有无前科以及家庭情况；（5）起诉本案对公共安全和公共信心的影响、民众关心程度；（6）有无适应的替代处分办法；（7）起诉本案对犯罪的遏止和预防作用；（8）起诉后定罪判刑是否过于严厉、刑期长短；（9）被害人对被告人的态度；（10）刑事赔偿和处分的受益者；（11）审判的成本和现有资源；（12）本案的证据披露是否会危害国家安全和国际关系；等等。②

德国同样强调起诉中的公共利益衡量。《德国刑事诉讼法典》虽然没有对公共利益的含义和内容作出明确的规定，但该法典第 153 条至第 154 条 e 具体规定了基于各种公共利益的不起诉，包括轻罪暂时不予起诉、国外行为不追诉、出于政治原因不追诉、以行动自责时不予起诉、对不重要的附加刑不予追诉等情形。据此，德国检察官在起诉裁量中考虑的公共利益因素主要包括：犯罪的情节与轻重、被告人和被害人的情况、政治利益因素、诉讼资源等。

三、我国起诉裁量中公共利益衡量原则的确立

（一）起诉裁量中公共利益衡量的适用条件

1. 证据条件，即检察机关已经获得了足以将犯罪嫌疑人交付审判的证据。这是检察机关在决定是否起诉过程中首先必须解决的问题。如果检察人员发现案件事实不清，或证据不符合提起公诉的条件，则应依法直接作不起诉处理。只有在案件的证据足以证明犯罪事实存在或犯罪嫌疑人就是实施犯罪的人之后，才有可能产生起诉裁量的问题。

2. 罪责条件，即犯罪嫌疑人的行为根据现有法律的规定已经构成犯罪，应当追究刑事责任。如果依照法律犯罪嫌疑人的行为根本不构成犯罪或者已经符合免责条件，则应直接作出不起诉处理决定。只有在依法犯罪嫌疑人的行为已构成犯罪的情况下，检察官在决定是否起诉时才能考虑公共利益的问题。

（二）起诉裁量中公共利益衡量的适用原则

1. 国家利益和社会利益优先原则。国家利益和社会利益无疑是最主要的公共利益。对于严重危害国家利益和社会利益的犯罪，如危害国家安全的犯罪、危害公共安全的犯罪依法提起公诉，这既是国家追究犯罪、维护公共安全和公共秩序的需要，也是现代检察机关的重要使命。

2. 维护个人利益原则。国家利益和社会利益优先并不等于在公共利益衡量中不注意维护个人利益。在现代民主社会，对个人利益的关注是司法过程中的一个重要内容。由于起诉裁量的结果直接影响到犯罪嫌疑人和被害人的利益，因此在进行起诉裁量时，必须考虑

① 周长军、宋燕敏译：《澳大利亚联邦刑事检控指南》，载徐静村主编：《刑事诉讼前沿研究》（第二卷），中国检察出版社 2004 年版，第 400 ~ 403 页。

② 杨诚、单民主编：《中外刑事公诉制度》，法律出版社 2000 年版，第 68 页。

它们的利益需要。

3. 诉讼经济原则。司法资源是有限的，合理的程序应当尽可能地减少法律实施过程中经济资源的耗费，节约司法成本。西方经济分析法学派的代表人物波斯纳认为，法律程序在运作过程中会耗费大量的经济资源，为了提高司法活动的经济效益，应当将最大限度地减少这种经济资源的耗费作为对法律程序进行评价的一项基本价值标准，并在具体的司法活动中实现这一目标。[①] "程序的公正完全可以并且应当以效益进行评价。"[②] 因此，衡量一起案件是否具备不起诉的公共利益，应当判断其是否符合诉讼经济原则的要求。

（三）起诉裁量中公共利益衡量的基本要素

具体而言，我国起诉裁量中关于公共利益标准的检验应该综合考虑以下因素：（1）被告人的具体情况，包括年龄、身份、性格、成长环境、生活经历、有无前科、家庭成员及生活状况等。对被告人的具体情况考虑的主要目的在于明确对被告人改造的必要性和可能性。（2）被害人的具体情况。主要包括被害人的心理创伤、精神伤害、财产损失以及追诉犯罪的意愿等。对被害人具体情况的考虑，主要目的在于防止被害人再次受到伤害和尽量保证被害人对司法处理的尊重。（3）犯罪的轻重与情节。这主要包括所犯罪行法定刑的轻重、有无法定加重或减轻情节、危险后果的严重程度、作案的动机、原因、手段、有无预谋等。考虑犯罪的轻重与情节主要着眼于一般预防。（4）公众意见。这主要包括公众、媒体对被告人、被害人的心理和态度。考虑公众意见主要是为了起诉裁量法律效果与社会效果的统一。（5）特定时期的犯罪状况和刑事政策。这主要是指在某些特定时期对某些犯罪的"严打"。（6）诉讼经济的考虑。（7）出于国家安全、政治、外交关系的考虑。（8）其他公共利益因素。[③] 鉴于公共利益标准的检验因素涉及多方面的内容，起诉裁量时必须综合考虑这些因素，在国家利益、社会利益和个人利益之间寻求平衡，从而实现公共利益的最大化。

四、结语

贝卡里亚曾经指出："犯罪对公益的危害越大，促使人们犯罪的力量越强，制止人们犯罪的手段就应该越强有力。"[④] 公共利益衡量并非只对是否不起诉进行衡量，也包括对应当提起公诉的因素的衡量。检察官作为"公益或整体的代表"，在公诉活动中应当遵循公共利益衡量原则，应当以"维护国家利益、公共利益，维护自然人、法人和其他组织的合法权益"[⑤] 为己任，如肖克罗斯勋爵所指出的那样："起诉无论到头来成功与否，都要考虑对公众情绪和秩序造成的影响，及其对任何其他公共政策的影响"，[⑥] 把握好惩罚犯罪与保障人权的尺度，兼顾公正与效率，实现法律效果和社会效果的有机统一。

（作者单位：西南政法大学）

---

① 陈瑞华：《程序价值理论的四个模式》，载《中外法学》1996 年第 2 期，第 4 页。

② 王利明著：《司法改革研究》，法律出版社 2000 年版，第 76 页。

③ 陈学权：《论公诉裁量中的公共利益标准》，载《国家检察官学院学报》2004 年第 3 期。

④ ［意］贝卡里亚：《论犯罪与刑罚》，黄风译，中国大百科全书出版社 1996 年版，第 29 页。

⑤ 检察官法第 8 条。

⑥ 王新环著：《公诉权原论》，中国人民公安大学出版社 2006 年版，第 173 页。

论有效复审

彭海青

1996 年刑事诉讼法在程序方面的修改基本集中于一审程序，然而国内外的司法实践均表明，无论一审程序如何完善，都难以将大部分的社会冲突消解。因而，复审与再审程序之存在价值不容忽视。然而，为维护裁判的既判力与法律的安定性，再审程序的启动、审判的内容等都应当尽可能体现谦抑性，因而再审不可能承担平息冲突的主要角色。这样，绝大部分社会冲突应该在普通程序内解决。这样，居于一审与再审之间的复审程序，其解决社会冲突的作用就在一审程序力所不及与再审力所不能的状况下凸显出来。

在我国，虽然早在 1979 年刑事诉讼法中就有复审程序的规定，但复审程序的功能一直未能得到有效发挥。本文试提出有效复审这一理论，对其进行阐释，并以其为指导，调整我国复审制度，期望有助于促进我国复审制度功能的有效发挥，优化审判权内部的权力配置，进而推动司法体制改革的进程。

一、有效复审的标准

一般而言，复审制度是指上级法院或其指定的法院有权对已经依法审理作出裁判，但裁判尚未发生法律效力的案件，进行再次或多次审判的制度。有效复审的标准应当是绝大多数刑事案件都能够在复审程序中得以解决，而无须诉诸再审程序或者其他途径解决。

美国社会理论家希尔斯在其《合意的概念》一文中指出，"在社会成员中不存在自然的利益和谐。人们的倾向是多种多样的，他们所追求的物质对象和象征对象就其需求而言是稀缺的。他们的'利益'处于冲突之中。此外，因时代、职业、身份和文化而分化的社会——特别是大规模的社会——自然会在关于权威行动的正确性和现存社会秩序的公正性的信仰上趋于分化。"[①] 国内也有学者指出，"由于个人生物性的冲突倾向、社会性的冲突本能为冲突提供了主观条件，构成了感知并超越具体制度化价值的意识基础，一旦社会主体对现实制度下所形成的权力、利益和威望分配格局产生不满时，在具体的制度秩序以及制度化的公正、文明程度对其调节失灵的情况下，各种社会冲突就会发生。"[②] 在诸种社会冲突中，犯罪是和平年代最激烈的冲突形式，其侵犯了被害人、国家、社会的利益，被马克思称为"孤立的个人反对统治关系的斗争。"[③] 虽然经验表明，产生犯罪的根源难以消除，犯罪就难以避免，而且犯罪行为一旦发生，无论刑罚对已然之罪的事后报应多么公正，

---

① ［美］E. 希尔斯：《合意的概念》（原载美国《国际社会科学百科全书》），载苏国勋、刘小枫主编：《社会理论的诸理论》，生活·读书·新知三联书店 2005 年版，第 542 页。
② 顾培东著：《社会冲突与诉讼机制》（修订版），法律出版社 2004 年版，第 12 页。
③ 顾培东著：《社会冲突与诉讼机制》（修订版），法律出版社 2004 年版，第 379 页。

都不可能改变犯罪行为已经发生这一事实，也不可能弥补犯罪所造成的恶害，或者恢复犯罪行为发生前的原状。但经验也表明，在发生了犯罪行为以后，如果处理得当，这种社会冲突是可以解决的。

对于社会冲突解决的内涵或标准，国内外有不同的理解。大致可以分别概括为以下两种学说：

1. "形式"说。以法院裁判的作出作为社会冲突解决的判断依据的为"形式"说。例如，有英国学者认为，"解决一项冲突即是作出一种权威，或关于孰是孰非的具有约束力的决定，亦即关于谁的观点在某种意义上能够成立，谁的观点不能成立的一种判定。"①

2. "实质"说。以社会冲突在权利、义务、责任的履行、社会秩序的恢复等为判断标准。例如，有日本学者指出，"虽然可以期待纠纷根据具有中立性的第三者的权威判断得到解决，不过在现实中的许多情况下，法官即使作出了决定，纠纷也不能就此得到解决。但是，以对规范进行逻辑操作作为主要方法的传统的法解释学并不十分关心判决之后可能发生的事情，即纠纷在多大程度上能够得到事实上的解决。这是因为公共权力能够进行强制且一般对审判的公正性有某种信任感，法官的决定通常就意味着纠纷的解决；在假定判决内容能够得到自动实现的基础上展开议论，也不致与现实之间发生太大的矛盾。"② 我国有学者也指出，"社会冲突'解决'的内涵应当是多层次主观效果的综合体，具体包括化解和消除冲突、实现合法利益和保证法定义务的履行、法律或统治秩序的尊严与权威得以回复，在更高层次上，社会冲突的解决还意味着冲突主体放弃和改变藐视以致对抗社会统治秩序和法律制度的心理与态度，增强社会的共容性，避免或减少冲突（至少是同类冲突）的重复出现。"③

笔者主张"双重标准"说，认为社会冲突是否得到了解决，对于诉讼案件来讲，法院作出的裁判当然是一项重要的形式标准，否则处于争议中的利益关系难以理顺。但在法院作出裁判后，还应当关注该裁判的实质性效果，如裁判是否得到了实际执行，人们是否能够从心理上接受这一裁判，遭受犯罪行为所破坏的人际关系、社会秩序与和谐是否得以恢复，等等。

二、有效复审的条件

复审制度有效运行，充分发挥其功能，需要具备以下若干条件：

（一）案件提交复审的可能性

根据控审分离原则，复审法院无权自行启动复审程序，根据各国的法律规定，有权提起再审的主体主要是原审的控辩双方，即被告人及其法定代理人和检察机关。因而为保障复审程序有可能被启动，复审制度有可能被适用，应当尽量减小复审程序开启的阻碍，维护原审控辩双方提起复审的积极性，或最起码保障其不畏惧将案件提交复审。

---

① 参见［美］马丁·P. 戈尔丁著：《法律哲学》，齐海滨译，生活·读书·新知三联书店1987年版，第217页。

② 参见［日］棚濑孝雄著：《纠纷的解决与审判制度》，王亚新译，中国政法大学出版社2004年版，第1~2页。

③ 参见顾培东著：《社会冲突与诉讼机制》（修订版），法律出版社2004年版，第27~29页。

由于实践表明，绝大多数的上诉都是由被告人提出的，因而各国对被告人和为被告人利益提起的上诉都予以特别保障。这种特别保障主要体现在以下两个方面：一方面，对于上诉的理由往往控制不严。一般而言，只要有上诉书或口头表明对原裁判不服即可，上诉的具体理由并非成为上诉的法定条件。另一方面，各国一般都确立了上诉不加刑原则。

（二）原审法院的独立性

原审法院的独立性主要指原审法院应独立于复审法院。因为原审法院在审判时，如果受到复审法院的影响，主动或被动地贯彻了复审法院对本案的处理意见，那么复审制度的意义往往就大打折扣了。现代法治发达国家大都将司法独立作为一项宪法原则确立下来，司法独立被称为"现代法治的基石"。[①] 通常认为，司法独立包括实质独立、身份独立、集体独立以及内部独立四个方面，其中内部独立就包括上下级法院独立的内容。在复审制度中，同样要求原审法院的独立性，并且原审法院的独立性是保障复审制度有效发挥作用的重要条件之一。

（三）复审法院的中立性

复审法院的中立性有两层含义，一是复审法院在原审控辩双方之间是中立、无偏袒的。二是复审法院对原审法院裁判的态度也应当保持中立、持超然的态度，不应当有要维护或推翻原审裁判的偏见。"法官中立，控辩对等"是现代理性诉讼结构的要求，这种"正三角形"的诉讼结构符合程序公正的要求，也有助于实现实体公正。然而，对于复审而言，这种诉讼结构的要求显然不足以诠释复审法院中立要求的全部内涵，复审法院对原审法院裁判的中立立场是复审法院中立的特有内容，对于维护复审制度的实效性具有重要意义，不容忽视。因而由原审法院进行复审显然就违背了这一要求。因此，在国外，案件发回重审的审理法院，一般都规定上诉法院在裁定发回重审的时候，应发归原审法院同等级的另一法院进行审理，以避免使新的审判程序又为原裁判机关所掌控，因先前之成见而影响公正审判。

（四）复审审判对象的全面性

复审审判对象的全面性，是指原审法院所有的裁决都应当可以成为复审的对象，包括判决、裁定、决定、命令等。这样，法院所有的认定事实、适用法律的行为都有可能通过复审检验其正误，有利于复审制度积极作用的充分发挥。例如，国外的立法，在这些裁判生效以前，都提供有救济途径。

此外，我国有不少学者主张我国二审应当开庭审理，笔者认为，基于诉讼必要性和司法资源有限性方面的考虑，多方参与性并非复审制度有效运行的必要条件。而要根据具体情况决定其是否需要开庭审理。例如，在国外，一般涉及事实问题的审理都实行开庭审理，要经过法庭上的质证和辩论，才能最终作出判决。而仅就法律问题进行的审理要求则没有这么严格，允许书面审理。根据2007年8月21日人权事务委员会关于《公民权利和政治权利国际公约》第32号一般性意见对于原第14号一般意见做了修改与补充，其中指出，

---

① Shimon Shetreet, supra note[21].

复审不要求是重复审理或"听审"。

<h2 style="text-align:center">三、我国复审制度有效性的阙如与促进</h2>

在我国，复审制度主要是指二审制度，其在纠正原审裁判错误、保障统一适用法律方面发挥了一定的积极作用。但实践表明，我国二审制度存在若干问题，实效性不强，因而亟待完善。

（一）上诉不加刑原则的立法问题

我国上诉不加刑原则的规定见于刑事诉讼法第 190 条，该条规定："第二审人民法院审判被告人或者他的法定代理人、辩护人、近亲属上诉的案件，不得加重被告人的刑罚。人民检察院提出抗诉或者自诉人提出上诉的，不受前款规定的限制。"由于这一规定过于抽象，导致实践中很多情形在是否适用上诉不加刑原则问题上分歧很大。为此，1998 年最高人民法院《关于执行〈中华人民共和国刑事诉讼法〉若干问题的解释》对刑事诉讼法的这一规定作了细化补充，明确了适用上诉不加刑原则的具体情形。然而，笔者认为，最高人民法院《关于执行〈中华人民共和国刑事诉讼法〉若干问题的解释》第 257 条"对原判认定事实清楚、证据充分，只是认定的罪名不当的，在不加重原判刑罚的情况下，可以改变罪名"的规定，会影响被告人上诉的积极性。据前述，上诉不加刑原则自确立以来，其内涵一直是向维护被告人利益的方向不断发展的，法治发达国家目前法律规定的上诉不加刑原则就包含了不得变更适用更重的法律和罪名的内容。其原因即是变更适用更重的法律和罪名的内容对被告人也是不利的。因为正如有学者指出的，"罪名不单单是某种犯罪的符号，从罪刑关系上来讲，不论是在立法上还是在司法上罪名都是刑罚的前提和基础，没有罪名就没有刑罚；而且在立法上，刑罚的轻重与罪名有着密切的关系，严重的罪名，法定最高刑可以重至无期徒刑甚至死刑，较轻的罪名，法定最高刑可以是 2 年或者 3 年有期徒刑。虽然在司法上不同的罪名可能被判处同样的刑罚，但不同的罪名，政治法律意义是不同的，社会道德评价是不同的，当事人及其家属的感受也是不同的。"[1] 相同的刑罚，更重的罪名，也会使得被告人畏于上诉，影响上诉制度的有效适用。因而，笔者建议，删除司法解释中"对原判认定事实清楚、证据充分，只是认定的罪名不当的，在不加重原判刑罚的情况下，可以改变罪名"的规定，在刑事诉讼法第 190 条上诉不加刑原则规定的基础上增加"不得变更适用更重的法律和罪名"的内容。

（二）人民检察院和人民法院之间"重配合，轻制约"问题

宪法第 135 条和刑事诉讼法第 7 条都规定了人民法院、人民检察院和公安机关进行刑事诉讼，应当分工负责，互相配合，互相制约。但在实践中，为顾全各自的利益，人民检察院和人民法院之间是"重配合，轻制约"的。实践中，人民检察院对人民法院裁判抗诉的情况往往不多。这是因为，人民检察院提起抗诉后，若最终被二审法院判为错案，将对一审法院法官的考评产生极为不利的影响。人民检察院之所以甘愿如此配合人民法院的原

---

① 顾永忠著：《刑事上诉程序研究》，中国人民公安大学出版社 2003 年版，第 90~91 页。

因在于，法院对检察机关提起公诉的案件，应当作出无罪判决的，也往往不作出无罪判决，因为无罪判决将对检察官的考评产生不利的影响。实践中的做法是建议检察院撤诉，以使检察官得以解脱。这种非正常的"重配合、轻制约"机制，由于使人民检察院抗诉的积极性不高，影响了复审制度的有效适用。笔者认为，解决问题的关键是改变人民检察院和人民法院之间的这种非正常的利益交换关系，具体可以从禁止实践中人民法院建议人民检察院撤诉的做法入手。目前我国刑事诉讼法和司法解释中没有人民法院建议人民检察院撤诉的规定，实践中的做法是于法无据的。根据权力行使的一般法理，"法无明文规定不得为"，因而应当被禁止。人民法院对于人民检察院起诉的应判无罪的案件，应当严格依照刑事诉讼法的规定作出无罪判决，体现人民法院和人民检察院之间的制约关系。这样，随着利益交换关系的解除，人民检察院抗诉权的行使也会逐渐正常化，从而保障复审制度的有效适用。

（三）原审法院独立问题

在我国，案件请示制度的存在，是导致原审法院不能独立于上级法院的重要原因之一。案件请示制度，是指下级人民法院在案件的审理过程中，就案件的实体处理或程序处理请求上级人民法院予以答复的制度。其并非一项立法制度，而是在实践中形成并为最高人民法院的规范性文件所确认的一项制度。由于案件请示制度有损法院独立审判原则，易使上诉审程序虚置，所获诟病甚多。因而，最高人民法院对案件请示制度的改革也一直在进行，如以改变管辖制度取代请示制度。但据调研显示，传统的案件请示制度的做法仍然在适用。[①] 笔者认为，其原因在于改变管辖制度本身存在的问题，影响了其在实践中的适用。因而需要结合刑事诉讼法现有移送管辖制度、《人民法院第二个五年改革纲要（2004—2008）》中的改变管辖制度以及实践中案件请示的现实需求，进行综合考虑，既顾及公正，又不遗忘效率，来思考移送管辖这种诉讼内方式对案件请示制度的功能替代问题。笔者认为，现有刑事诉讼法有关管辖制度的内容规定得太过笼统，几乎没有具体的程序规范，而相关司法解释所规定的程序规范又仅限于基层人民法院向中级人民法院移送的情形，因而以现有移送管辖制度的规定难以充分满足实践的需要，替代请示制度所发挥的作用。

基于上述分析，笔者建议立法应当对移送管辖制度从移送的案件范围、允许移送的审级、移送的内容、移送的程序、报送与备案、违反规定的法律后果等方面予以完善。

（四）复审的审理对象问题

刑事诉讼法中有关于程序性复审的规定，学界也注意到了程序性复审的强化问题，但笔者认为，学术研究应当与法律适用相对接才能体现其价值。程序性裁判与实体性裁判仅是理论上的分类，有些裁判难以区分其属于实体性裁判或是程序性裁判，而且程序性裁判也不能划一对待，按照裁判的法定分类来解决复审审理对象问题才会比较周延。

在我国刑事诉讼中，复审的审理对象仅包括判决和裁定，而不包括决定和调解书。

关于刑事决定，根据国家赔偿法第15条、第16条、第20条的规定，对错误逮捕、拘留、违法查封、扣押、追缴、冻结财产的，受害人有权取得赔偿，被要求的机关不予确认

---

① 参见徐建新、毛建青、吴翠丹：《案件请示制度的问题与实践分析》，载《法律适用》2007年第8期。

的，赔偿请求人有权申诉。通过申诉，这些刑事决定有可能得以复审。但复审的范围仅局限于以上列举的内容，显然是不够的。对于其他刑事决定，以情况紧急为借口，或者仅允许向作出决定的法官进行复议，或者甚至根本不允许救济是不合理的。笔者认为，情况紧急的原因不能必然推导出截断救济途径的结果，二者不存在逻辑上的因果关系。对于情况紧急，需要及时处理的决定，若当事人认为决定有错误，侵犯了其合法权利的，仍应当允许救济，这样才符合"有权利就有救济"的法理。虽然复议可以在一定程度上保证刑事决定的正确性，并且比较迅速，可以兼顾诉讼效率，但是由于利害关系人没有参加救济程序的机会，因而不是最理想的方法。

基于上述考虑，笔者认为，应当取消复议规定，根据不同的决定设置不同的真正诉讼意义上的救济途径。

至于刑事诉讼法对于刑事决定的附带救济方法仍可保留，如若在当事人、人民检察院没有对决定提出异议时，二审人民法院发现一审人民法院的决定违反法律规定的，仍然可以撤销原判，发回重审，以作为一种补充性的救济手段而存在。

关于刑事调解，我国刑事诉讼法对其没有提供任何救济渠道。笔者认为，调解虽然在很大程度上是当事人意思自治的产物，但其中不乏权利与权力处分的内容，根据"有权利就有救济"及"权力与责任相一致"的一般法理，对于协商裁判应当提供救济渠道。协商裁判作出后，可以不立即生效，留有适当的缓冲时间，双方当事人及其辩护人或代理人，在符合法定理由时，可以向人民法院申诉，人民检察院可以向人民法院提起抗诉，请求将其撤销。这些理由包括：不属于法定协商裁判案件范围的；违反自愿原则的；没有进行权利告知的；没有律师参加，而当事人并没有主动放弃聘请律师权的；当事人对于协商而成的协议的内容有重大误解的；协议违反法律规定，有损国家、社会公共利益的；具有其他合理的理由的。

（五）发回重审问题

发回重审，是指上级法院认为原审法院的裁判存在错误，而将案件发回原审法院，重新进行审理的制度。由于原审法院一般是犯罪地法院，或被告人居住地法院，由其进行审判，比由上级法院审判，更便于核查证据，更利于查清案件事实，所以发回重审制度是世界法治发达国家所普遍采用的制度现象。在我国，上诉审和再审制度中都存在发回重审问题。

笔者认为，我国发回重审制度存在以下问题，影响了复审制度的有效运行，亟须解决：

1. 重新审理的法院问题。根据刑事诉讼法的规定，在我国，发回重审都是发回原审人民法院重新审理。虽然法律要求原审法院应当另组合议庭进行审判，但在我国法院独立而非法官独立的背景下，另组合议庭也不能保证其审理的中立性。因而，为保证复审法院的中立性，笔者主张借鉴国外立法的经验，发回重审的审理法院应当由原审法院改为原审法院同级的另一法院。

2. 发回重审的理由问题。根据刑事诉讼法的规定，我国发回重审的理由主要包括以下三种情形：原判决事实不清或者证据不足的；违反法律规定的某些诉讼程序；被告人虽然不具有刑法规定的减轻情节，但是根据案件的特殊情况，也可以在法定刑以下判处刑罚，报上一级人民法院，上一级人民法院不同意的。在这几种情形中，笔者认为，将"原判决事实不清或者证据不足"作为发回重审的理由之一，会影响被告人提起上诉的积极性。如前所述，上诉制度的建立主要为了维护被告人的利益。在诉讼法学中，犯罪嫌疑人、被告人涉嫌的罪名"事实不清，证据不足"时，被称为"疑罪"。关于疑罪的处理原则，基于原则上控方负有举证责任的刑事诉讼举证责任的分配理论，当控方不能提出法律所要求的证据，使法院不能认为案件已经达到证明标准时，控方应当承担败诉的后果。于是，现代刑事诉讼中确立了疑罪从无原则。该原则要求，"当有罪、无罪难以确定时，按无罪论。"根据这一要求，第二审法院对于第一审法院裁判认定事实不清或者证据不足的，应当直接作出无罪判决。而依现行法律的规定，第二审法院对于"原判决事实不清或者证据不足"的，却要发回原审法院重新审判，显然违背了疑罪从无原则的要求，不利于被告人利益的维护，因而建议第二审法院经审理认为原裁判"事实不清或者证据不足"的，应当参照刑事诉讼法第 162 条第 3 项的规定，作出无罪认定。

（作者单位：中国法学会法律信息部（研究中心））

我国刑事证明标准的再探讨

沈德咏　江显和

刑事证明标准是我国刑事诉讼法学研究中一个历久弥新的话题，经过多年的激烈争论，各种观点依然异彩纷呈，莫衷一是。但是，这一论题又是刑事司法中不容回避且亟待解决的重大理论及实践问题，因此我们有必要再行深入探讨，以期能够达成共识。

一、国外关于刑事证明标准的两种理论

何谓证明标准？对此存在不同认识。英国证据法学家墨菲（Murphy）认为："证明标准是指证明责任被卸除所要达到的范围和程度，它实际上是在事实裁判者的大脑中证据所产生的确定性或可能性程度的衡量标尺；也是负有证明责任的当事人最终获得胜诉或在所证明的争议事实获得有利的事实裁判结果之前，必须通过证据使事实裁判者形成信赖的标准。"[1] 这一定义从卸除证明责任的角度出发，把证据的质量和说服力应当达到事实裁判者对待证事实存在的信赖程度作为标尺，应当说是比较缜密和可取的。刑事诉讼中的证明标准，是指事实裁判者作出有罪认定时所要达到的证明程度。英美法系国家刑事诉讼的证明标准是分层次的，针对不同的证明对象和不同的诉讼阶段有不同的证明要求，其中作出有罪认定证明标准是"排除合理怀疑"（beyond reasonable doubt），这是诉讼证明方面的最高标准。英美法系理论普遍认为，由于认识能力的限制，人们对案件事实的认识在任何情况下都无法达到绝对确定，因此无论出于任何法律目的均无这样的证明要求。

"排除合理怀疑"作为刑事证明标准在英美国家已经适用了两百多年，足见其生命力之强大，但是对这一标准的确切含义理论和实务却一直争论不休。大多数法官都拒绝向陪审团给出"合理怀疑"的定义，而将这一标准视为不言自明。正如一位法官所言："对'合理怀疑'一词来说，没有比其本身更清楚明确的定义了。"[2] 有的学者从正面界定"排除合理怀疑"标准，认为"它不只是可能的怀疑；因为任何与人有关、依赖于人的证明的事情都存在着某种可能或想象的怀疑空间。它指的是案件的一种状态，在对所有证据作了总体比较和考虑之后，陪审团不能说他们感到已对指控的真实性形成了定罪方面的道德上的确定性……证据必须使事实的真实性达到合理的和道德上的确定性的程度；一种说明和标示这种理解，并且令理性和判断满意的确定性……我们将其称为排除合理怀疑的标准。"[3] 有的学者从反面界定"排除合理怀疑"，认为"所谓合理怀疑，当然只是一种可以说出理由

---

① Peter Murphy, *Murphy on Evidence*, Blackstone Press Limited, 6th Ed, 1997, p. 109.

② ［美］乔恩. R. 华尔兹：《刑事证据大全》，何家弘等译，中国人民公安大学出版社2004年版，第394页。

③ Barbara J. Shapiro, *"Beyond Reasonable doubt" And "Probable Cause"—Historical Perspectives on the Anglo - American Law of Evidence*, University of California Press, 1991, pp. 24 - 25.

的怀疑，而不是无故质疑。否则对于任何发生纠纷的人和事，都可以发生想象的或幻想的怀疑。因此，所谓合理怀疑，并非以下各种怀疑：　（1）非任意妄想的怀疑（fanciful doubt）；（2）非过于敏感机巧的怀疑（ingenious doubt）；（3）非仅凭臆测的怀疑（conjecture）；（4）非吹毛求疵、强词夺理的怀疑（captious doubt）；（5）非于证言无征（unwarranted by the testimony）的怀疑；（6）非故为被告解脱以逃避刑责（to escape conviction）的怀疑。如果属于以上各种怀疑，即非通常有理性的人所为合理的、公正诚实的怀疑。"① 墨菲用百分比对"排除合理怀疑"进行解释则别具一格："在刑事诉讼中，当控方的主张证明到49%的可能性，辩方的主张为51%的可能性时，辩方胜诉；当控方的主张证明到51%的可能性，辩方的主张为49%的可能性时，仍然是辩方胜诉，只有当控方的主张证明到远远超过90%的可能性时，控方才能胜诉。"② 在立法上，美国加利福尼亚刑法的解释被广为引用："它不仅仅是一个可能的怀疑，而是指该案的状态，在经过对所有证据的总的比较和考虑之后，陪审员的心理处于这种状况，他们不能说他们感到对指控罪行的真实性得出永久的裁决已达到内心确信的程度。"③

大陆法系没有明确的证明标准概念，其证明标准是和法官的自由心证紧密联系在一起的，当"心证"达到深信不疑的程度，便可以作出有罪认定。因此，"内心确信"被认为是大陆法系的刑事证明标准。"内心确信"要求达到高度的盖然性，即这种盖然性要达到接近必然发生的程度。德国刑事诉讼法理论一般认为："在裁判中要求证据的绝对确定性是毫无道理的，内心确信的形成一般只需要建立在法官的认识能力之上，法律只要求法官尽可能地收集更多的认识资料和认识依据，形成具有高度盖然性的认识结论"。④ 早在1885年，德国帝国法院就指出："由于人们的认识方法受到若干限制，无法就要件事实获得确切真实的认识。因此，若以彻底的良心尽其所能利用实际生活中现有的认识方法已获得高度盖然性时，即视为真实。将这样获得的高度盖然性称之为获得了真实的确信就是十分妥当的。"⑤ 德国的证明标准理论后被日本法所继受，第二次世界大战后日本又受到英美法系"排除合理怀疑"证明标准的影响，形成了"紧接确实性的盖然性"、"排除合理怀疑的证明"以及古典的"内心确信"等表达方式。日本学者认为："要作出裁判，法官必须对认定为判决基础的事项取得确信，这是一个原则。而达到这种确信状态时，就叫做该事项已被证明。这种诉讼上的证明所必要的确信的程度不同于丝毫无疑义的自然科学的证明，而是只要通常人们在日常生活中不怀疑并且达到作为其行为基础的程度就行。"⑥

纵观两大法系的刑事证明标准，英美法系国家受怀疑主义的影响，从试错法和反证法两个角度表述为"排除合理怀疑"；而大陆法系国家基于理性主义的思维传统，则从正面界定为"内心确信"。两种标准虽然措辞不同，但本质内容却是一致的，都是事实裁判者内心的一种主观性标准。排除合理怀疑就意味着内心确信，反之亦然，这其实是同一判断互为表里的两种表述。例如，英国学者塞西尔·特纳就认为："所谓合理的怀疑，指的是陪审员

① 李学灯著：《证据法比较研究》，台湾五南图书出版有限公司1992年版，第667页。

② Peter Murphy, *Murphy on Evidenc*, Blackstone Press Limited, 6th Ed, 1997, p. 110.

③ 《美国联邦刑事诉讼规则和证据规则》，卞建林译，中国政法大学出版社1996年版，第21页。

④ RGST, Bd. , 61, S. 205. 转引自陈浩然著：《证据学原理》，华东理工大学出版社2002年版，第186页。

⑤ 转引自雷万来：《民事证据法论》，台湾瑞兴图书股份有限责任公司1997年发行，第88页。

⑥ ［日］兼子一、竹下守夫著：《民事诉讼法》，白绿铉译，法律出版社1995年版，第101页。

对控告的事实缺乏道德上的确信、对有罪判决的可靠性没有把握时所存在的心理状态。因为控诉一方只证明一种有罪的可能性（即使是根据或然性的原则提出的一种很强的可能性）是不够的，而必须将事实证明到道德上的确信程度。"① 可见，排除合理怀疑和内心确信在事实裁判者的主观思维中是无法分离的，要达到内心确信，就必须排除合理怀疑，两者可以视为同一标准。两大法系虽然理论背景和发展轨迹迥然不同，但其刑事证明标准的内容却可以认为是殊途同归。

二、对我国"客观真实说"刑事证明标准的质疑

在我国刑事诉讼中，全案证据的综合认证标准为"证据确实、充分"，在此基础上达到"案件事实清楚"。证据确实，即每个证据都必须真实，具有相应的证明力；证据充分，即证据必须达到一定的量，足以认定犯罪事实。"确实"是对全案证据质的要求，"充分"是对全案证据量的要求。质与量的辩证统一，构成刑事证据的证明标准。根据我国刑事证据理论与实践，关于证据是否确实、充分的认定标准概括如下：（1）据以定案的证据均已查证属实，即均具有客观性、相关性和合法性；（2）案件事实、情节都有必要的证据予以证明；（3）证据之间、证据与案件事实之间的矛盾得到合理排除；（4）全案证据得出的结论是唯一的，排除了其他可能性。上述（1）是证据确实的要求，（2）、（3）、（4）共同构成证据充分的要求，欠缺其中任何一点都不能认为证据已经确实、充分。② 这种刑事证明标准观被认为是"客观真实说"，它要求公安司法人员的主观认识必须完全符合案件的客观事实，达到绝对的、确定无疑的程度。尽管近年来部分坚持"客观真实说"的学者对此说进行了一定程度的修正，但仍然主张对定罪事实的认识必须达到绝对真实的程度。

这种高标准、严要求的刑事证明标准，对于在刑事诉讼中防止冤枉无辜是具有积极意义的。但是，这种标准在现实中到底有多大的科学性和可行性则不无疑问。笔者认为，"客观真实说"是一种过于乐观的观点，其理论的缺陷在于片面强调了马克思主义认识论的反映论和可知论，却忽略了认识论的辩证法，割裂了认识能力的至上性与非至上性、绝对真理与相对真理的辩证关系，实际上是违背了马克思主义认识论。作为一种特殊的社会认识活动，诉讼认识受到主客观诸多因素的制约，具有其内在的特殊性，这种特殊性决定了运用证据认定案件事实在大多数情况下只能达到相对真实，而不可能是绝对真实。

一是认识主体的局限性。人的认识能力是一个逐步发展的历史过程，具有明显的渐进性和阶段性，人们在具体案件中对案件事实的认识，在能力上只能是不至上的和有限的，都必然受到其自身主观能力，如感受能力、记忆能力、理解能力、表述能力的限制，这些都必然对运用证据认定案件事实产生一定的影响。更何况还有认识主体的社会经验、职业技能、思维定式、情感甚至偏见的影响，证据认识发生某些偏差实属在所难免。

二是认识客体的局限性。一切案件都是发生在过去的事件，法官不可能亲眼目睹案件发生的过程和结果，只能依据控辩双方在法庭上提交的证据，遵照法定的程序，通过恰当的推理、判断，认定案件的有关事实，而绝不可能通过数学证明或者科学仪器进行具有可

---

① ［英］塞西尔·特纳著：《肯尼刑法原理》，王国庆等译，华夏出版社 1987 年版，第 549 页。
② 陈一云主编：《证据学》，中国人民大学出版社 1991 年版，第 117~118 页。

重复性的认识检验。这就不可避免地要受到各种主客观因素的影响，难以达成绝对性的认识。而且，由于认识手段和社会物质条件的制约，证据的来源通常是有限的。作为证据来源和提供者的当事人和证人，出于自身利益的考虑或者认识能力的制约，也可能提供并不完全符合客观事实的证据材料，这种证据人为"斧凿"的痕迹非常明显。

三是诉讼程序的制约。案件事实认定是在法律规范下的认识活动，有严格的诉讼程序要求。首先，证据认识有严格的时间要求和地域限制，不可能为发现某一案件事实而不分场合无限地进行下去。尽管诉讼中争议事项的解决通常以客观事实为基础，但是证据的最终运用有时并不必须以发现客观真实为唯一价值目标。为了防止案件久拖不决，法官只能根据已有的证据认定事实、作出裁判，这种事实认识必然带有某种不确定性。其次，证据的收集、固定和提供均须遵循严格的法定程序，证据的展示必须遵循公平合理的规则，证据的质证和辩论必须在法庭公开进行，证据的认定和采信必须符合法定的证据规则。

四是伦理要求的制约。"在刑事诉讼领域，为达目的不择手段的马基雅维里式的信条已遭摒弃，正当程序的理念产生了前所未有的影响力，手段的正当性得到极大尊重。"[①] 为了保障诉讼人权、提高诉讼效率、维护社会正义，认定事实的手段必须符合基本的伦理准则，遵循正当程序原则，彰显出强烈的伦理性要求。此外，事实认定的伦理性原则还要求事实认识须受制于合理的成本，不能为寻求某一案件的绝对真实而不惜成本，不计代价，无尽耗费有限的司法资源。

总之，由于各种主客观因素和条件的限制，诉讼认识在很多情况下都难以达到与案件客观事实完全一致的程度，因此承认认识的相对性原理具有现实的合理性。"在司法裁判中，法官对诉讼事实的认定，是受到多种因素制约的，是有很大局限性的，是与案件的客观事实有一定差距的。可以说，任何高明的法官、任何准确的裁判都不可能完全再现案件的客观事实。"[②]

需要特别指出的是，我们否定认识的绝对确定性是就案件事实的整体而言的，并不否认在很多情况下对案件事实某些环节的认识可以达到客观真实的程度，如谁是犯罪的实施者就必须确凿无疑。但是，这与整个案件事实的客观真实绝不可同日而语，即使把范围缩小至定罪事实，绝大多数案件也难以达到客观真实的程度。例如，犯罪构成中的主观要件事实和客观要件事实，基本上都难以做到绝对确定。因此，在承认相对真实中也必然内含有绝对真实的成分，并不意味着我们应当坚持"客观真实说"。客观真实可以作为刑事诉讼的理想目标去追求，但作为衡量有罪认定的证明标准，则是不科学和不可行的。

在世界范围里，不论是英美法系的"排除合理怀疑"标准，还是大陆法系的"内心确信"标准，都一概否定绝对确定的证明。以洛克为代表的实证主义哲学家则将人类知识分为两个领域，认为在第一个领域可能达到数学证明的绝对确定性，如一个直角三角形的斜边的平方等于其他两边的平方之和；在另一个领域，即对事件进行实证证明的领域，达到绝对的确定性是不可能的。在关于事件的领域，正因为绝对的确定性不可能达到，我们不应将每个事物仅视为一种猜测或者一种意见。在这个领域，存在着不同程度的可能性。当我们所得到的证据的量和质增加时，我们达到越来越高的可能性。在实证领域，不可能达

① 张建伟：《证据法学的理论基础》，载《现代法学》2002 年第 2 期。

② 沈德咏著：《司法改革精要》，人民法院出版社 2003 年版，第 10 页。

到绝对的确定性，在这一领域所能达到的最高程度的可能性，称之为"道德上的确定性"，一种没有理由怀疑的确定性。① 关于这一点，日本最高裁判所1958年的判旨也指出："诉讼上的证明原本就不同于自然科学工作者基于实验所作的理论上的证明，是一种历史性证明。理论证明的目标是'真实'，与此不同，历史性证明只要具有'高度盖然性'就可以了。换言之，即确信达到了普通人无论谁都不再怀疑程度的真实，证明就成立了。对于理论上的证明，在当时的科学水平上，没有反证的余地，而历史性证明作为诉讼上的证明则留有反证的余地。"② 国外的相关理论为我们反思我国的证明标准提供了一个很好的注解和参照，因为把绝大多数案件中都难以企及的"客观真实"作为证明标准，必然使其缺乏现实性和可行性，这只能是一个理论上不能成立、实践中没有价值的证明标准。

三、我国刑事证明标准的合理建构

笔者认为，确立我国的刑事证明标准，应当考虑以下几方面的因素：首先，证明标准应当是有罪认定的最低标准。作为法律上的一杆标尺，这种标准是所有刑事案件在特定的时空范围内和有限的资源情况下所能达到的标准，因此不宜高不可攀。虽然事实裁判者的认识越接近客观真实越好，最好是能达到百分之百的符合程度，但是我们不能以人的认识能力的上限为基本尺度来认定犯罪。其次，证明标准应当是一种具有可操作性的法律标准，因为我们确立证明标准的目的就是为事实裁判者评判证据、认定事实、作出裁判提供基准和参照，因此将证明标准理解为一种应然模式和理想状态不符合诉讼实践的需要，也没有任何实质意义。最后，证明标准应当是一种主观性标准。证明标准离不开一定的客观基础，但它本身却是主观的，是裁判者在综合考虑所有证据的基础上对事实作出的主观判断。"在一定意义上说，诉讼裁判中所描绘出的冲突事实，实际上总是法官以一定的证据为基础而形成的主观感觉。回复冲突事实的真实程度，决定于法官这种感觉对证据基础的偏异或贴近。"③ 黑格尔也指出："关于事实的裁决，最后总是依赖主观信念和良心，同样，以他人的陈述和保证为根据的证明是以宣誓为其最后证实方法，而宣誓乃是主观的。"④ 既然诉讼认识不能摆脱主观性，就不应脱离主观而设定所谓的纯粹的客观证明标准。

基于以上分析，笔者认为我国刑事诉讼应设立"排除合理怀疑"的证明标准。虽然"排除合理怀疑"和"内心确信"的实质内涵一致，但是"内心确信"属于证实主义，是从事实裁判者的角度出发，认为对指控犯罪的证明已经达到深信不疑的程度，这让人觉得"心证"是因人而异的东西，具有较浓的主观色彩，容易被误解为法官的主观臆断；而"排除合理怀疑"属于证伪主义，不仅意味着裁判者对指控事实的确信无疑，而且被告人及其辩护人、其他诉讼参与人甚至是案外人也不能提出合理的怀疑，这种经得起所有反证考验的证明结论，自然容易为社会和国民所普遍接受和认可。因此，在"内心确信"和"排除合理怀疑"两种表述之间进行选择时，选择后者比选择前者更具有合理性和可接受性。

---

① See Barbara J. Shapiro, *"Beyond Reasonable doubt" And "Probable Cause" – Historical Perspectives on the Anglo – American Law of Evidence*, University of California Press, 1991, P. 41.

② ［日］小林秀之：《证据法》，弘文堂1996年版，第66页。

③ 顾培东著：《社会冲突与诉讼机制》（修订版），法律出版社2004年版，第76页。

④ ［德］黑格尔：《法哲学原理》，范扬、张企泰译，商务印书馆1995年版，第234页。

同时，笔者注意到近几年来学者们在剖析"客观真实说"的弊端时，纷纷提出了"法律真实"、"形式真实"、"内心确信真实"或"确定无疑"等新的证明标准。其实，这些提法的内容均大同小异，共同点都是否定绝对真实，主张相对真实，与两大法系的证明标准基本一致，只是为了体现中国特色或者强调有所理论创新，才冠以不同的名称。笔者认为，既然这些表述与国外通行的证明标准没有本质差异，我们完全可以采取拿来主义，没有必要在名称上标新立异，刻意追求所谓的"理论创新"。

以"排除合理怀疑"代替"客观真实"，是否意味着我国刑事证明标准的降低，从而增加枉及无辜的概率？笔者认为并非如此。这种代替其实是以诉讼实际代替诉讼理想，以实然代替应然，使证明标准更加规范、务实和具有可操作性，从而能真正落到实处，成为法官和控辩双方衡量指控犯罪的有效标尺。其实，"排除合理怀疑"是很高的刑事证明标准。这种标准并非不追求诉讼证明的"确定性"、"排他性"，相反它十分强调诉讼证明的"确定性"，只不过它将这种确定性称之为"道德上的确定性"。在英美法系法律史上，确立"排除合理怀疑"的证明标准，旨在为刑事司法中发现事实真相的假设建立一种正当性和合法性的机制，从而使公民的生命和自由得到法律的保护。为法官擅断大开方便之门、允许法官在不确定的情况下判定被告人有罪，这些恰恰是"排除合理怀疑"的证明标准极力想避免的情况。[①] 因此，担心确立"排除合理怀疑"的证明标准会导致侵犯人权、冤枉无辜的观点是没有根据的。正如有学者指出："英美法系国家刑事证明标准中的'排除合理怀疑'，仅是一种理念化的标准，是无法数量化的。证据理论中有90%的盖然性的解释，这种解释或许是不准确的，并不能如此具体量化，但也绝不能认为这就意味着有10%的错判率，决不能用这么简单的数学计算方法来衡量。"[②] 其实，90%的确信并不等于10%的错判，这是两个完全不同的范畴，无法等量类比，在现实中90%的确信往往就是100%的正确。"排除合理怀疑"的客观基础是证据，裁判者只有在排除任何不当干扰，本着公正诚实的立场，对单个证据的真实性、关联性和合法性进行认证并在全案证据的综合审查判断基础之上，形成强烈的内心确信，进而才能作出有罪认定。如果在考量所有证据之后，仍无法排除合理怀疑，只能作出无罪判决，这也可以理解为刑事诉讼法第162条第（三）项的立法原意。因此，我国在立法上确立"排除合理怀疑"的刑事证明标准，有助于无罪推定原则的贯彻落实，从而更有利于准确定罪和保障人权。

（作者单位：最高人民法院）

① 参见熊秋红：《对刑事证明标准的思考——以刑事证明中的可能性和确定性为视角》，载《法商研究》2003 年第 1 期。

② 陈卫东、刘计划：《关于完善我国刑事证明标准体系的若干思考》，载《法律科学》2001 年第 3 期。

从证据法学向证明法学的转变

——证据法学研究存在的问题

宋 强

诉讼中的证据问题一直是从事三大诉讼法教学、研究的学者共同关注的问题。近十年来，学界对证据问题探讨的热情一直持续不退，形成了许多科研成果，涉及证据的各个方面，这对我国现行证据实践及今后证据立法具有积极的推动作用。然而审视学界对证据的研究，存在的一些问题也不容忽视，如证据法学研究范围较窄、研究视角偏差、研究方法单一等，这些问题已使证据法学研究处于徘徊状态。以证明为中心研究证据，可以克服目前的弊端，进而在证据理论上取得新的突破。

一、对证据科学的命名不规范

目前学界对证据这门科学的命名并不统一，大多数冠名为"证据法学"或简称为"证据学"[1]，笔者认为，证据科学命名方面存在的问题有两个方面：

（一）命名与研究范围不符

对证据法学的研究范围，国内学者有两种看法：其一，狭义证据法学。认为证据法学是研究诉讼过程中如何运用证据认定案件事实及其法律规范的科学，如"证据学或诉讼证据学，是研究诉讼过程中如何正确运用证据认定案件事实和有关法律规范的学科，所以又称为证据法学"。[2] 其二，广义证据法学。认为证据法学不仅研究诉讼过程中如何运用证据认定案件事实及其法律规范，还包括其他法律事务中的证据运用问题，如"证据法学是研究司法、执法、仲裁、公证、监察等活动中运用证据证明案件事实或其他相关事实的规律、方法及证据法律规范的学科，亦可称为'证据学'"。[3]

以上两种观点的分歧在于，证据法学研究范围是否包含其他非诉讼法律事务中的证据运用。狭义证据法学观点将证据法学与诉讼证据法学等同，将其他非诉讼法律事务中证据运用问题排除在外，无疑缩小了证据法学的研究范围，不利于从证据的总体层面概括和总结证据法的原理、规则和方法。

依作者之见，证据法学有两个限定词：一是"证据"，二是"法学"。证据法学，顾名思义，是关于证据的法学，证据法学的本质是法学，它是有别于其他法学的专门研究证据的法律科学，因此凡是有法律规范调整证据运用的领域，均应纳入证据法学的研究范围，

---

① 但也有个别例外，如胡锡庆主编：《诉讼证明学》，中国法制出版社2002年版。

② 陈一云主编：《证据学》，中国人民大学出版社2000年版，第3页。

③ 何家弘主编：《新编证据法学》，法律出版社2000年版，第1页；卞建林主编：《证据法学》，中国政法大学出版社2007年版，第1页。

而不仅仅限于诉讼证据。因而，广义证据法学观点更为可取。

近年来，学界出版的证据法学教材、涉及证据研究的专著及有关论文，大多关注诉讼证据，或多或少地忽视对其他非诉讼法律事务证据的研究，由此造成了证据法学只研究诉讼证据之趋势。即使是主张广义证据法学的学者，对其他非诉讼法律事务中的证据几乎没有涉及①。因而，从实际情况看，即使主张广义证据法学的学者，但实际研究的还是诉讼证据，没有逃脱狭义证据法学的樊篱，不自觉地与狭义证据法学合流。

鉴于诉讼证据的运用涉及人的财产权利、自由权利得失，甚至造成生命权利可能被剥夺的严重后果，诉讼法律对诉讼证据的规范比其他法律对证据的规范更加细致和严格，因而诉讼证据成为证据法学研究的重点，应在情理之中。它的原理、规则和方法有利于指导其他非诉讼法律的证据实践。然而，与法律有关的证据不仅仅包含诉讼证据，还包括其他非诉讼法律事务中的证据，如公证证据、仲裁证据、行政执法证据等。因而，有关证据的法学不应仅研究诉讼证据，而且还应研究其他非诉讼法律规范调整的证据。学界将仅研究诉讼证据的科学命名为证据法学与其名称不符合，是一种"大题小做"之举，是不严密的。

（二）现行证据法学的命名很难体现证明这一属性

按学界观点，现行证据法学不仅研究诉讼证据，同时也研究诉讼证据的运用，即诉讼证明，且将其置于与诉讼证据并重的地位②。诉讼证据与诉讼证明是两个不同的法律概念：其一，从性质来看，诉讼证据是证明案件事实的依据，是一个能够被人们认识并能够把握的客观存在的事物，具有存在形式的静态性特点；诉讼证明是运用已知证据查清未知案件事实的过程，是人们在主观意识支配下进行的一种行为活动，其存在形式具有动态性特点。其二，从内容来看，诉讼证据的内容通常包含证据含义、证据特征、证据形式、证据标准、证据规则等；诉讼证明的内容通常包括证明主体、证明原则、证明依据、证明程序、证明标准、证明对象、证明责任等。其三，从彼此地位来看，诉讼证明包含诉讼证据，诉讼证据仅仅是诉讼证明中一个极为重要的构成因素，诉讼证明与诉讼证据之间具有主次关系。因而，学界以诉讼证明中的一个要素——证据来命名证据法学，将具有不同性质、不同内容与不同地位的诉讼证明纳入其中，很难体现诉讼证明的属性，不利于从诉讼证明的角度研究诉讼证据，有"以偏赅全、主次颠倒"之嫌。

在英美国家的论述中，通常将证据与证明明确区分。研究证据与证明的科学，很少有证据法学（Law science of the evidence）的称谓，一般称为"证据与证明"（Evidence and Proof）③或称为"证据法"（the Law of Evidence）④。这种称谓揭示了证据与证明的差异，有其合理性。

综上所述，如果证据科学仅仅研究诉讼证据而不涉及其他法律证据，则应加上"诉讼"一词，命名为诉讼证据法学或诉讼证据学更为适宜。只有这样命名才能使命名与其研究范

---

① 何家弘主编：《新编证据法学》，法律出版社 2000 年版；卞建林主编：《证据法学》，中国政法大学出版社 2007 年版。

② 国内关于证据法学的教材结构，大多采用导论（或绪论）、证据论、证明论的编排体例，将证据与证明放在同等地位。

③ 如 William Twining and Alex Stein：Evidence and Proof, New York University Press, 1992.

④ 如 Graham C. Lilly：an introduction to the law of evidence, west publishing go. 1978.

围相符。如果证据科学不仅研究诉讼证据，同时也研究诉讼证明，则应命名为诉讼证明法学或诉讼证明学更为适宜，以将诉讼证据置于诉讼证明一个构成要素的地位进行研究。只有如此，才能体现证据与证明的不同层次关系。

二、证据法学研究视角存在偏差

目前，我国证据法学的研究角度呈现以下两个不足：

（一）从部门证据法角度研究证据法学

现行的证据法学著作仍有一部分反映出，从刑事、民事、行政诉讼的一种诉讼角度展开而不是从三大诉讼总体角度进行研究，证据法学演变成部门证据法学。究其原因，这与证据在诉讼中地位的变化从而导致学界研究重点的转向有关。学界对证据的集中关注应当是从1996年开始的。1996年之前，学界虽也研究诉讼证据，但并没有像现在一样引起学者的重视。其表现有两个方面：一是对证据相关问题的探讨虽被写进教材，但仅仅是作为教材的例行结构设置而没有深度。二是有关证据研究的专著和论文较少。1996年，我国修改后的刑事诉讼法一改传统的职权主义庭审模式，继而以"既具备当事人主义诉讼的某些形式特征，又不乏职权主义的技术性因素，同时带有浓厚的'中国特色'"的一种"混合式庭审方式"代之①，增强了控辩双方在诉讼中的对抗性，而这种对抗的实质是庭审中控辩双方证据的较量，证据问题在新的刑事诉讼实践中凸显出来，由此证据问题引发刑事诉讼法学界关注。部分原从事刑事诉讼法研究的学者转而集中研究证据法，由于受到专业知识的限制和原有研究方向的影响而自然地侧重于从刑事诉讼角度来探讨。在刑事诉讼法学界对证据问题关注的推动下，民事、行政诉讼法学界继而也兴起对证据问题的关注，然而大多也只是从各自领域出发。这种研究的缺点在于，研究带有局限性和片面性，不利于从理论上对三大诉讼证据规律的概括和总结。令人欣喜的是，这一问题已引起部分敏锐学者的注意，并尽量从证据法学教材的结构和内容上加以规范②。

（二）以证据的视角研究证明

从证明角度看，证明包括证明主体、证明原则、证明对象、证明责任、证明标准、证明程序、证明依据等要素，而证据属于证明当中的证明依据范畴，仅仅是证明当中的一个必要要素。从证明角度来研究证据，类似于从树干角度来认识树叶，这种研究方法可称为"顺向研究"方法，它有利于研究者理清证据与证明之间的关系，把握证据在证明中的地位与作用。

现行的证据法学研究带有"就事论事"的特点。在研究视角的选择上，一般学者都是以证据为中心展开研究，先研究证据，后研究证明。这种从证据到证明的研究思路，是一种从树叶到树干的"逆向研究"方法。这种研究方法可能造成"只见树木，不见森林"的错误，其缺陷是：其一，容易造成证明基础理论研究不足，不利于对支撑证据的证明深层

① 龙宗智著：《相对合理主义》，中国政法大学出版社1999年版，第232、238页。

② 卞建林主编：《证据法学》，中国政法大学出版社2007年版。

次理论的探讨与构建。其二，对证明相关要素的研究被忽视，如证明主体、证明原则、证明程序等。其三，难于摆正证据与证明的关系。

三、证据法学的研究方法单一

国内法学界对法律的研究通常有两种做法：第一种是对法律的立法方式、立法目的、适用范围及法律规范的构成、存在问题等进行解释、说明。第二种是透过法律规范本身去系统归纳、总结其基础理论。由此形成了两种研究方法——注释方法与理论研究方法，并形成两种法学——注释法学与理论法学。一部新的法律出台，首先要正确理解其立法原意和把握其基本内容，这是正确适用的前提，因而注释方法对于法律的正确适用是有益的。在保证正确理解和适用的前提下，还需要进一步探讨其法理，以利于指导法律的修改及实践对疑难问题的处理，因而理论方法对于构建法律的基本理论也是有益的。无论是从实践还是理论角度讲，这两种方法都是科学的方法。

我国现行的法学研究正处于注释法学与理论法学并存的阶段。然而应看到，法学最终是为实践服务的，法学研究不是目的，研究目的是保障、促进法律在实践中的正确适用及立法完善。因而，法学研究的最高阶段应是应用法学阶段，即研究法律在实践中能否运用、如何运用、如何完善的阶段，由此形成的法学可以被称为应用法学——以司法实践中存在的问题及出现的典型的或带有普遍性的案例为研究对象，其采用的研究方法是实证研究方法——从实践案例探寻法律理论的方法。

我国的证据法学与其他法学一样，同样处于注释证据法学与理论证据法学并存的阶段。对证据法律规范的注释或纯理论研究较多，对案例的实证研究较少。这不利于及时发现证据的实践问题，不利于对证据实践经验和规律的总结，也不利于对证据法律规范的修改和完善。

四、证据法学对部分问题的研究还较弱

我国证据法学研究虽已涉及证据的诸多方面，但仍还有需进一步研究之处，表现在两个方面：

（一）对基础性问题探讨不足

如证据与证明的关系问题，诉讼证明与历史证明、逻辑证明、精确证据的关系问题，宣誓与保证的关系问题，等等。如果对这些问题有更深入的探讨，对诉讼证据及证明的把握会更全面和深刻。现以诉讼证明与证明标准之关系为例试探讨确立证明标准的必要性。以证明结果与事实之间的差异大小为标准，将证明分为盖然性证明与精确性证据。盖然性证明，是指证明结果只能达到一定的程度，与事实本身之间会产生一定差距的证明，诉讼证明就属此类。精确性证明，是指证明结果能达到非常精确的程度，与事实之间没有差距或差距甚微的证明，物理、化学、数学证明就属此类。诉讼证明之所以是盖然性证明，原因在于，其一，受证明案件事实的证据限制。诉讼证明是证明者现在对过去已发生事实的证明，案件发生在先，证明发生在后。假定案件发生时能够证明案件事实的证据为百分之

百，然而证明者对证据的收集时间与案件发生时间之间毕竟有一个时间差，随着时间的流逝，案件证据数量会逐渐减少，有的证据力可能降低甚至消失，证明者对证据的收集已难于达到案件发生时百分之百的程度，正所谓"一个人不可能两次踏进同一条河流"。其二，受到证明者本身的限制。一是证明者主观认识能力有限。诉讼证明是证据证明而不是逻辑证明，因而需要收集证据，而证据通常不是集中的、明显的，而是零散的、隐藏的，这就需要证明者充分发挥其认知事物的主观能动性，但证明者主观能动性会受到证明者本身的认识能力、知识结构、经验等因素限制。二是证明者证据收集能力有限。证明者对证据的收集程度与其收集能力密切相关。证明者的证据收集能力除受到认识能力限制外，还可能受到收集技术、收集方法、收集设备等因素限制，从而造成证据收集不到或收集不完全。鉴于诉讼证明受到上述因素的限制，对案件事实的诉讼证明结果与事实本身之间必定会产生一定的差距而具有盖然性，通常只能证明到一定的程度。如果在法律上不确立一个判断事实是否查清的证明标准，诉讼证明将可能永无休止，不仅证明者的证明责任将难于解除，而且还可能极大地浪费司法资源并损害诉讼效率。因而，从诉讼证明具有盖然性特点这一角度考虑，确立诉讼证明标准也就理所当然。相反，精确证明主要依靠的是逻辑而不是证据，而逻辑本身具有严密性、精确性特点，只要证明方法科学，证明的结果就能达到相当精确的程度。并且精确证明只有达到精确的程度，才具有科学价值并服务于人类。因而，对精确证明无须确立某种证明标准。

（二）对实践新问题探讨不足

随着司法实践的不断发展，近年来，证据实践也出现了许多法律尚未规范的新问题，如强制提取血液样本的问题，以公示方式取证的问题，模拟实验取证问题；取证补偿、赔偿问题；法院依当事人申请取证的程序问题；取证中的诚信问题，等等。现以 2001 年北京市中级人民法院审理的北京方正集团诉北京高术公司侵权案为例来说明取证诚信这一新问题①。该案表面上是方正集团的取证方式是否违法的问题，而透过这一现象，实质上触及另外一个值得思考的问题，即是否应当将诚实信用确立为程序法原则的问题。

根据我国民法通则第 4 条"民事活动应当遵守诚实信用原则"的规定，诚实信用已被

---

① 北大方正集团公司、北京红楼计算机科学技术研究所（以下合称北大方正）是方正 RIP、方正文台、方正字库等计算机软件的著作权人。上述软件投放市场后一直受到用户的欢迎，但也因此成为盗版者疯狂攫取的目标。通过调查，北大方正怀疑北京高术天力科技有限公司、北京高术科技公司（以下合称高术公司）有制售上述软件的嫌疑。自 2001 年 6 月起，北大方正委派下属公司职员以普通用户的身份对高术公司的盗版行为进行取证，为保持取证的真实、有效，北大方正职员聘请北京市国信公证处对取证过程进行全程公证。北大方正职员先以个人名义多次和高术公司员工联系商谈购买其照排机及安装方正 RIP 等软件相关事宜，并与高术公司签订了相关合同，分两次向其支付货款共 394250 元（占货款总额的 95%），高术公司为上述款项出具了收据，让员工为北大方正的员工进行了照排机的安装、调试工作，并在主机中安装了盗版方正软件，留下装有盗版软件的光盘及加密狗等。在获取有关证据后，2001 年 8 月 23 日，北大方正将有盗版行为的高术公司告上法庭，索赔 300 余万元。

庭审中，原被告争议的焦点之一就是原告的取证方式是否合法。2001 年 12 月 21 日，北京市第一中级人民法院经审理后认为，原告采用的取证方式并未为法律所禁止，法院予以认可，判决被告赔偿原告经济损失 100 万余元。被告不服，上诉至北京市高级人民法院。2002 年 7 月 15 日，北京市高级人民法院作出终审判决，认为原告采取的取证方式违背诚实信用原则，因此撤销一审判决，改判北大方正获赔 13 万元经济损失费（一套软件的价格）和 1 万元公证费。此案的报道可参见《方正盗版"迷局"》，载中央电视台《今日说法》2002 年 9 月 24 日；李欣：《维权的困惑》，载《中国计算机报》第 4 期，2003 年 4 月 10 日；贾鹏雷：《盗版迷局》，载"计世网"2002 年 8 月 8 日。

民法通则确立为民事活动的一项基本法律准则。适用民法原则来解决民事案件实体问题是正确的,但北京市高级人民法院认定的是取证方式,它属于程序问题而非实体问题。如果高级人民法院适用的诚实信用原则是民法通则规定的原则,则高级人民法院用实体法原则解决了一个程序法问题。按照不同法律调整不同法律关系的理论,民法通则规定的诚实信用原则调整的是民事实体关系,而不应适用于处理民事程序问题。如果北京市高级人民法院所依据的诚实信用原则是民事程序法原则,然而纵观我国现行民事诉讼法,并没有诚实信用原则的明文规定,因而北京市高级人民法院以取证方式违背诚实信用原则而作出的改判,既缺乏法理支持,又缺乏法律依据。由此引出的思考是,诚实信用是否应当被民事立法确立为一项基本原则? 或者更进一步,我国三大诉讼法虽没有诚实信用原则的明文规定,但都有不同程度的体现①。那么,在三大诉讼法层面是否应当确立诚实信用为一项诉讼原则? 这些问题都是值得思考与探讨的新问题。

(作者单位:海南大学法学院)

---

① 如我国刑事诉讼法第 38 条规定,辩护律师和其他辩护人,不得帮助犯罪嫌疑人、被告人隐匿、毁灭、伪造证据或者串供,不得威胁、引诱证人改变证言或者作伪证以及进行其他干扰司法机关诉讼活动的行为。第 43 条规定,审判人员、检察人员、侦查人员必须按照法定程序,收集能够证实犯罪嫌疑人、被告人有罪或者无罪、犯罪情节轻重的各种证据,严禁刑讯逼供和以威胁、引诱、欺骗以及其他非法的方法收集证据。第 44 条规定,公安机关提请批准逮捕书、人民检察院起诉书、人民法院判决书,必须忠实于事实真相。故意隐瞒事实真相的,应当追究责任。第 85 条规定,接受控告、举报的工作人员,应当向控告人、举报人说明诬告应负的法律责任。第 93 条规定,犯罪嫌疑人对侦查人员的提问,应当如实回答。2002 年最高人民法院《关于〈民事诉讼证据的若干规定〉》第 68 条规定,以侵害他人合法权益或者违反法律禁止性规定的方法取得的证据,不能作为认定案件事实的依据。同时,我国刑法为惩罚非诚实信用行为还专门规定了伪证罪,等等。

论取保候审制度运作模式转变

宋智勇　黄作颖

如果把刑事诉讼法看做宪法的测震器，那么强制措施就是公民宪法权利的试金石，作为世界各国刑事诉讼中不可或缺的部分，强制措施承担了诉讼保障的角色，同时也是刑事司法程序所"必须承受之重"——对人身权利、自由的限制或剥夺。[①] 取保候审是我国刑事强制措施体系中的一项非羁押性措施，对于保障刑事诉讼的顺利进行，减少不必要的关押，保障犯罪嫌疑人、被告人的合法权益，减少司法资源的投入等，有着十分重要的作用。虽然 1996 年刑事诉讼法对取保候审制度进行了完善，使得取保候审向着科学化、民主化、法制化的方向迈进了一步，但十余年的实践表明，当前取保候审适用比例较低，司法实践中长期存在"高押低保"、"超期羁押"、"久押不决"等现象。一方面，这与我国社会整体处于转型之中、犯罪数量激增、人口流动性增强等因素有关；另一方面，也与我国取保候审制度本身及其在司法实践中的具体操作方式上的不完善密切相关。[②]

现阶段，我国正处于加快建设法治国家，深化司法体制改革的新时期，以刑事诉讼法的再修改为契机，针对取保候审实践中存在的问题并根据我国国情进行制度上和操作方式上的改革，有利于解决目前取保候审适用中的困境，最终将推动整个刑事诉讼强制措施体系的完善。

一、我国取保候审制度现状分析

（一）立法规定上的欠缺

当前，包括刑事诉讼法在内的各项法律法规、司法解释以及相关规章制度中涉及取保候审的立法规定有 152 条，内容涉及取保候审制度的方方面面，但就这些规范条文本身而言，某些规定不合理，或过于原则和抽象而缺乏可操作性，或存在漏洞，尚不能完全符合司法实践的需要。

1. 强制性权力属性。取保候审与我国长期奉行的"犯罪控制"的刑事诉讼模式相一致，并非犯罪嫌疑人、被告人的一项"权利"，而是公安司法机关对犯罪嫌疑人、被告人实施的一项人身"强制措施"，具有鲜明的强制性权力属性。虽然取保候审作为一种非羁押性措施，其强制性和严厉性要比拘留、逮捕等羁押性措施轻缓，但仍具备两个基本属性，即取保候审是公安司法机关根据法律所赋予的权力来决定是否适用，属于国家权力的覆盖范

---

①　元轶：《取保候审制度与保释制度的比较法考察及其改良》，载《比较法研究》2008 年第 2 期。

②　何挺、王贞会：《取保候审：亟待完善制度摆脱适用困局——"取保候审适用中的问题与对策"研讨会综述》，载《人民检察》2007 年第 14 期。

围，在适用时具有强烈的职权属性；价值取向首先是保证诉讼的顺利进行。取保候审的权力属性在很大程度上决定了其在实践中适用比例低和程序单向、封闭的适用状况。[①]

2. 适用标准、期限不明确。取保候审的某些规定过于原则，缺乏可操作性。刑事诉讼法规定的"不致发生社会危险性"过于抽象，现行的相关解释也没有对其予以明确，究竟什么情况才构成"不致发生社会危险性"，在实际办案中，更多的是由办案人员进行主观判断，缺乏确切的评判标准；"人民法院、人民检察院和公安机关对犯罪嫌疑人、被告人取保候审最长不得超过 12 个月"，其中"12 个月"是指公安司法机关采取取保候审的期限总和，还是指各个机关单独适用取保候审的期限，立法上也没有作出明确的规定。

3. 保证方式失之灵活。取保候审存在保证金和保证人保证两种方式，在具体案件中择一而用，但均有不足之处。法律并未对保证金的数额作出明确规定，司法解释只规定了下限而未规定上限，又不能以房屋等其他财产作为抵押，导致在司法实践中选用性较差；保证人担保对于流动人口来说难以在短时间内在当地找到合适的担保人，且保证人保证由于缺乏保证人责任及违反责任的相关制裁措施，使得公安司法机关在适用过程中顾虑重重。

4. 参与性与救济性权利缺失。取保候审呈现出行政裁决的单向模式，决定的作出完全是公安司法机关单方面的行为，且对取保候审的审查实行的是书面审查，整个过程不公开、不透明，没有被取保候审一方的参与。在立法上没有设置取保候审救济程序，关于犯罪嫌疑人、被告人或保证人对不予取保候审的决定或有关取保候审处罚不服的，应当如何予以救济，并无规定。

(二) 司法适用中存在的问题

当前，从取保候审的案件类型来看，自侦案件取保候审率最高，未成年人犯罪案件取保候审率次之，普通刑事案件取保候审率最低；从被取保人的特征来看，不同性别、学历、年龄、地域的犯罪嫌疑人在取保候审措施的适用上存在差异；从取保候审的原因来看，"罪行较轻"是适用取保候审措施的主要原因；从取保候审的决定机关来看，侦查机关决定取保候审占到绝对多数；从地域上看，本地籍犯罪嫌疑人的取保候审适用率明显高于外地籍犯罪嫌疑人。[②] 在司法实践中，我国取保候审的问题主要表现在：

1. 高押低保，取保候审适用率低。在实践中，犯罪嫌疑人、被告人在羁押状态下接受讯问以及等候审判，是绝大多数刑事案件的"常规"，我国每年的刑事案件中，有 90% 的案件都在适用羁押措施。[③] 犯罪嫌疑人在审前阶段羁押的过多，虽然我国刑事诉讼法规定了取保候审的强制措施，但在实践中，却没有得到充分运用。相反，逮捕措施的适用范围被人为扩大，只要有证据证明犯罪嫌疑人、被告人实施了犯罪，无论罪行轻重，均尽量适用逮捕。[④] 取保候审率低，不当羁押对于犯罪嫌疑人、被告人来说，侵犯了其合法权益，导致精神痛苦，看守所内犯罪交叉感染也给未来罪犯的改造增加了困难；对于公安司法机关来说，加大了司法成本，耗费了国家大量的人力、物力和财力，且面临违反程序的压力和指

① 宋英辉、何挺：《我国取保候审制度之完善——以加拿大的保释制度为借鉴》，载《法学评论》2007 年第 5 期。

② 刘中发、戚进松、曾静音：《取保候审制度运行现状调查》，载《国家检察官学院学报》2008 年第 2 期。

③ 陈卫东主编：《羁押制度与人权保障》，中国检察出版社 2005 年版，序言第 2 页。

④ 陈光中、张小玲：《中国刑事强制措施制度的改革与完善》，载《政法论坛》2003 年第 5 期。

责，执法形象受到损害。①

2. 申请取保候审难以发挥作用，且质量不高。取保候审的性质是一种强制措施，是公安司法机关在刑事诉讼中行使职权的表现，法律赋予了犯罪嫌疑人、被告人及其律师享有申请取保候审的权利，但是并未规定其可以在申请的同时或者申请后的审查决定程序中发表意见，而只能听从公安司法机关的决定，在得知不批准取保候审的理由时，也没有提出异议或上诉的途径。某些犯罪嫌疑人、被告人被取保候审并非诉讼的需要，而是为让一些有嫌疑但无证据或者有嫌疑但难以认定的案件有"台阶下"，"保而不审"的问题比较突出。

3. 取保候审监管流于形式，脱保现象较严重。取保候审的执行机关是公安机关，实践中，取保候审主要由犯罪嫌疑人、被告人居住地的派出所来具体负责执行，但派出所忙于应对社会治安管理而无力对被取保人进行监管，造成"保而不管"的状态。由于保证责任没有落到实处，同时缺乏相应的追究机制，被取保人脱保现象较严重，导致很多本来已经移送审判的案件又被法院层层退回公安机关，公安机关重新报请批捕，增加了诉讼环节和成本，浪费了司法资源，降低了诉讼效率。②

4. 取保候审与案件实体处理过于紧密，程序属性受扭曲。是否取保候审会影响到其后的诉讼环节中案件的起诉、判决，即将是否取保候审作为是否起诉、是否轻判的理由。公安司法机关在考虑是否取保候审时主要考虑是否可能判处实刑，法院对于之前被取保候审的犯罪嫌疑人、被告人多判处有期徒刑缓刑以下刑罚。受到羁押的犯罪嫌疑人、被告人很少被宣告无罪和适用缓刑，其中本应被宣告无罪或者可以适用缓刑的人被宣告实刑的一个重要原因，是法官考虑到所判处的刑期能够折抵判决作出前的羁押期间。

我国取保候审制度虽然体现了保障犯罪嫌疑人、被告人免受羁押的精神，但刑事诉讼法将其作为保障诉讼顺利进行的一种强制措施加以规定。公安司法机关在决定是否对犯罪嫌疑人、被告人适用取保候审时，优先考虑的是侦查的需要和不妨碍刑事诉讼的顺利进行，而不是犯罪嫌疑人、被告人合法权益的保护问题，再加上侦查技术的制约、侦查资源的匮乏和"以捕代侦"、"通过羁押获取口供"等传统做法，大幅适用取保候审对被害人及公众将可能产生一定的不公正及不安全感的担心，这就导致在司法实践中不敢轻易对犯罪嫌疑人、被告人决定取保候审。

① 晏向华：《保释制度的借鉴意义及我国取保候审制度的改革——保释制度国际研讨会述要》，载《人民检察》2003年第5期。

② 鉴于案件被诉至法院后被告人不到案接受审判的情况屡屡发生，2007年某基层法院向该区检察院发出司法建议函："刑事被告人脱保在逃的行为一再发生，已经到了必须引起我们高度重视的时候。为了维护国家法律的尊严，做到执法必严、违法必究，保障刑事诉讼的顺利进行，我院建议你院加大对取保候审强制措施的监督力度，对于累犯、再犯以及罪行严重的犯罪嫌疑人，依法不予取保候审或及时变更强制措施；督促公安机关对脱保在逃的被告人采取网上追逃等相关措施，尽快将脱保人缉拿归案。"参见梁彤、霍丽娜：《宽严相济刑事政策司法透视——以海淀检察院侦查监督部门的司法实践为视角》，载《中国检察官》2008年第3期。

二、域外保释制度的借鉴意义

（一）保释制度简述

保释制度，通说认为起源于英国，是指在刑事诉讼中，在一定的条件下，将被逮捕或羁押的人予以释放的制度。保释是与无罪推定原则相互协调的，并以权利保障为基础，与刑事辩护权紧密相连，被视为被追诉人的一项诉讼权利，任何人都可以享有，"保释是一种权利，而不是一种特权"。现代保释制度已经成为刑事司法权力保护的有力措施，是刑事司法发达和文明的标志，也是寻求司法公正的措施，与联合国《公民权利和政治权利国际公约》精神相一致，即"任何因刑事指控而被逮捕或拘禁之人……有权在合理的时间内受审判或被释放。等候审判的人受监禁不应作为一般规则。"

英美法系国家有着悠久的保释历史，保释制度已发展成一种相当完备的制度，针对犯罪嫌疑人、被告人的保释权，普遍设置了较为完善的程序，以保障其人身自由免遭不当侵害。审前羁押与保释之间的关系为保释是诉讼中的常态，而审前羁押是例外，"在我们的社会里，自由是一种常态，而对于审判前或尚未经过审判的羁押则是应当小心加以限制的例外。"① 英美法系国家通过成文法，对保释的条件和程序、确定保释金的原则和参考因素以及不服保释裁定的救济办法作出了明确、具体的规定。

（二）可借鉴性分析

任何制度的考察和引进，首先应当分析其历史演变、赖以存在的社会背景和整体的体系构建。对保释制度的借鉴，要特别关注其法律传承上的差异性和自身结构的整体性。

保释移植论认为，保释制度是根据"人的自然权利"和"无罪推定原则"所必然推出的结论，对于犯罪嫌疑人、被告人，没有法定情形应予释放；引进保释制度有利于诉讼经济原则，避免审前羁押的交叉感染，是解决超期羁押的良方，应当将取保候审制度改造为保释制度。② 保释不适宜论认为，保释制度赖以产生和发展的理论基础无罪推定和人身自由权利原则，在我国立法中尚未真正确立；英美法系保释制度一个重要的价值体现在保障辩方对证据的收集，而我国刑事诉讼法尚未赋予辩方在侦查阶段的取证权，从社会背景、历史、法律传统和公众观念等方面来看，我国均不具备移植保释制度的基础。③

我国取保候审制度改革路在何方？吸收、借鉴域外经验必不可少。保释制度和我国取保候审有着不少相似之处，如不对被追诉人实施羁押而予以释放；无论被追诉人是否被羁押，法定机关可以准予保释或者取保候审；要求被释放或不被羁押者提供必要的保证或担保；要求被追诉人必须遵照指定的时间和地点听候审讯或审判等。保释制度重在保障人权、约束和限制国家行为，使审前羁押真正成为一种例外，且通过一定的附加条件来防止获得

① Lloyd L. Weinreb, Leading Constitutional Cases on Criminal Justice, Westbury, N. Y, The Foundation Press Inc, 1997, p. 793.

② 晏向华：《保释制度的借鉴意义及我国取保候审制度的改革——保释制度国际研讨会述要》，载《人民检察》2003 年第 5 期。

③ 元轶：《取保候审制度与保释制度的比较法考察及其改良》，载《比较法研究》2008 年第 2 期。

保释的犯罪嫌疑人、被告人逃脱、妨碍诉讼。保释制度还具有保证犯罪嫌疑人、被告人有充分时间准备辩护以及通过减少羁押的适用而节省司法资源等方面的积极意义。①

根据我国国情，借鉴国外保释制度，改革与完善取保候审制度，将获得取保候审界定为被追诉人的一项基本权利，改变传统观念，提高取保候审的适用率，消除因大量审前羁押而带来的漠视人权、浪费诉讼资源的弊端。②

三、取保候审运作模式转变

为了适应社会转型时期的客观需要，解决刑事司法实践中存在的种种问题，缩小与联合国刑事司法准则的差距，应当对取保候审制度进行改革，使取保候审权利化及完善其程序性机制，最终实现取保候审运作模式的转变。

（一）取保候审的权利化

改变取保候审的性质，使之从强制措施变革为权利，成为保障公民人身自由和安全的手段，使得取保候审的制度结构由"权力主导型"转变为"权利主导型"，从而引导取保候审的功能从控制犯罪向保障人权转变。一方面，其与世界大多数国家的通行做法相一致，符合刑事司法发展的趋势和潮流；另一方面，与我国签署的《公民权利与政治权利国际公约》所确立的"羁押不应当是一种常态"的要求相吻合，同时也是遵循我国宪法修正案确立的"国家尊重和保护人权"的基本要求。具体而言，确立一种以原则和例外相结合的取保候审体系，除法律另有规定的以外，犯罪嫌疑人、被告人有权获得取保候审。在规定一般条件的同时，明确不得取保候审的具体情形，最大限度地避免对犯罪嫌疑人、被告人的直接关押，除非具有必须羁押的理由，保障犯罪嫌疑人、被告人的人身自由权、辩护权及获得公正审判权得以充分实现。

（二）取保候审程序机制的完善

1. 适用条件。采取"原则与例外相结合"的立法模式，明确细化取保候审的适用条件，犯罪嫌疑人、被告人在任何诉讼阶段都有权申请取保候审，公安司法机关在没有取得合法拘留、逮捕许可前或法律规定的特殊情形下，对犯罪嫌疑人、被告人应当准予取保候审。明确不准予取保候审应当遵循的基本原则，包括审查并判定犯罪嫌疑人、被告人是否可能继续犯罪；是否会逃避侦查、起诉和审判；是否可能毁灭、伪造证据，串供、干扰或报复证人；是否有自杀迹象等。凡是有证据和事实表明可能发生以上情形的，原则上应当不准予取保候审，并针对案件具体情况确定不得取保候审的情形，如案件的性质；可能的量刑幅度；是否累犯或有过违反取保候审规定的记录；是否属于有组织犯罪的首犯或主要成员或是否流窜犯罪等。③

---

① 宋英辉、王贞会：《对取保候审功能传统界定的反思》，载《国家检察官学院学报》2007 年第 4 期。

② 英美法系保释制度的改革发展的轨迹表明，保释制度的重心也一直在调整。20 世纪 70 年代英国保释制度的重心在减少关押候审上，而从 80 年代末则开始转向被控犯有严重罪行者的保释权上。美国 1966 年保释改革法案主要体现了正当程序模式的价值，而 1984 年保释改革法案集中体现了控制犯罪的价值追求。

③ 周伟：《保释解读与我国取保候审制度改革》，载《法学》2004 年第 12 期。

2. 适用规则。取保候审可以分为应当取保候审和申请取保候审。前者指凡是未经合法程序确定予以羁押的，都应当立即释放或取保候审；后者指已经被合法程序确定予以羁押者，可以依法申请取保候审。犯罪嫌疑人、被告人在侦查阶段、审查起诉阶段和审判阶段均可以申请取保候审。确立申请取保候审的条件，如对超过法定羁押期限的，或超过法院在准予取保候审时决定的羁押期限的，或有法律规定的其他条件的，或案件侦查结束而无须继续羁押的等。设立多元化保证方式体系，在原有保证金和保证人保证的基础上，适当增加其他保证方式，如个人具结、附条件取保、财产保证等。

3. 监管方式。对被取保人的监管，由公安机关指派地方派出所负责具体执行，鉴于地方派出所人员少、工作忙，难以完全顾及监督执行取保候审，并且法律对如何执行没有明确规定，应采取由公安机关负责执行监督、社区共管机制，如街道办事处、居民（村民）委员会或者专门的社会组织参与监管，由被取保人自动报告的监督方式。根据不同案情规定被取保人每日或每周一至两次到派出所报告，并制作笔录存档。监管机构有权对被取保人随时检查或调查，以监督其遵守法律或准予取保候审决定书的规定（包括对附加条件的遵守），取保候审期间的检查评估，了解被取保候审人在取保候审期间的风险值有无变化。

4. 建立救济制度。赋予犯罪嫌疑人、被告人在被拒绝取保候审时的申请救济的权利，并明确具体的救济途径和程序，在不同的诉讼阶段，可对取保候审救济程序做不同设置。对于不予取保候审的决定不当的，或取保候审附加条件不当的，或由于条件变化应当变更强制措施为取保候审，而未适用取保候审的，犯罪嫌疑人、被告人及其律师有权申请重新审查，并可向检察机关或法院寻求司法救济。

5. 违反取保候审的制裁。对违反取保候审规定或准予取保候审决定书附加条件的，应当依照一定程序予以处罚。情节较轻的，可以采取刑事诉讼法规定的处罚方式，即没收保证金，或重新提出保证人，并办理取保候审手续；情节较严重的，可以在没收保证金后，处以罚款，并在增加保证金数额的基础上重新办理取保手续；情节更为严重的，除取消取保候审、没收保证金外，可以决定还押收监，羁押期满后，再根据其表现决定是否准予取保候审；情节特别严重或有迹象表明该犯罪嫌疑人、被告人可能逃跑，毁灭伪造证据，加害证人或被害人及其家属的，应当决定逮捕，不得保释，实施羁押。[1]

6. 诉讼风险评估制度的建立。建立诉讼风险评估制度，对公安司法机关来说，可以消除"办关系案"等非议的影响；对犯罪嫌疑人、被告人来说，风险评估也为其行使权利提供了保障。评估方式应当程序化，做到评估内容的层次性，在实践中，公安司法机关在对适用取保候审进行风险评估时，考虑的主要因素应包括有无继续犯罪的人身危险性、会不会逃避追诉、会不会妨害作证。评估指标应当定量化、规范化。[2]

① 周伟：《保释解读与我国取保候审制度改革》，载《法学》2004年第12期。
② 何挺、王贞会：《取保候审：亟待完善制度摆脱适用困局——"取保候审适用中的问题与对策"研讨会综述》，载《人民检察》2007年第14期。

取保候审制度改革不仅仅是一项刑事强制措施的改革，而是牵一发而动全身的改革，涉及诉讼理念、实体法以及刑事侦查机制等诸多方面内容的同步改革，有赖于发达的社会管理体系的存在，有赖于物质基础和社会控制能力的支撑。借鉴域外保释制度，实现取保候审常态化是制度改革要坚持的目标，但体现这个目标的具体指数在特定的社会发展阶段应该是具体的、历史的，需要综合考虑社会的控制力、社会对犯罪率的承受力、刑事侦查的水平、人权保障理念的发展进度、整个社会诚信体系的建立。①

（作者单位：江西省人民检察院）

　　① 门金玲：《对我国取保候审适用的实证研究——以某市基层侦查机关为视角》，载《北京人民警察学院学报》2008 年第 2 期。

刑事拘留问题探讨

陶 东

刑事诉讼中的拘留，是指公安机关、国家安全机关、人民检察院在法定的紧急情况下，对现行犯或者重大嫌疑分子采取的暂时剥夺其人身自由，予以羁押并进行审查的一种强制措施。在实践中，刑事拘留是侦查机关最常用的措施之一，在侦查工作中发挥了十分重要的作用。但是在实际运用中，刑事拘留也存在不少突出问题，需要认真研究解决，特别是需要从立法的角度对刑事拘留加以完善。

一、当前刑事拘留存在的主要问题和原因

（一）缺乏拘留前的审查措施

根据刑事诉讼法第 61 条规定，适用拘留措施必须具备两个条件：一是拘留对象必须是现行犯或者重大嫌疑分子，二是必须具有法定的紧急情形。应当说，从刑事诉讼法第 61 条的规定看，刑事拘留的适用条件是比较宽松的。但是，刑事诉讼法第 89 条规定："公安机关对已经立案的刑事案件，应当进行侦查，收集、调取犯罪嫌疑人有罪或者无罪、罪轻或者罪重的证据材料。对现行犯或者重大嫌疑分子可以依法先行拘留，对符合逮捕条件的犯罪嫌疑人，应当依法逮捕。"这就意味着，必须在立案以后才能采用拘留措施。而根据刑事诉讼法的规定，只有在人民法院、人民检察院或者公安机关经过审查，"认为有犯罪事实需要追究刑事责任的时候"，才能立案。现实中，在紧急情况下要迅速确认"有犯罪事实"、"需要追究刑事责任"难度很大。更何况刑事诉讼法第 64 条第 1 款还规定："公安机关拘留人的时候，必须出示拘留证。"《公安机关办理刑事案件程序规定》第 106 条第 1 款规定："拘留犯罪嫌疑人，应当填写《呈请拘留报告书》，经县级以上公安机关负责人批准，签发《拘留证》。……"可见，要采用拘留措施，除了前面提到的两个实质条件外，还要具备立案和签发拘留证这两个程序条件。在紧急情况下要满足这两个程序条件，是根本不可能的。这就使得拘留失去了紧急措施的意义。

为了解决在紧急情况下来不及办理拘留手续的问题，《公安机关办理刑事案件程序规定》第 106 条第 2 款规定："对符合本规定第一百零五条所列情形之一，因情况紧急来不及办理拘留手续的，应当在将犯罪嫌疑人带至公安机关后立即办理法律手续。"这里的"法律手续"，应该包括立案手续和拘留手续。而在实际办案中，公安机关往往十分慎重，将犯罪嫌疑人带至公安机关后，一般并不是立即办理拘留手续，而是严格进行审查，以犯罪嫌疑人是否能够达到逮捕标准来掌握拘留的条件，因为一旦不能逮捕，很可能会引起国家赔偿。这就带来一个问题，即这种拘留前的审查手段和时限在法律上不明确。实践中，有些地方的侦查机关使用传唤手续，但根据刑事诉讼法第 92 条的规定，传唤只适用于不需要逮捕、

拘留的犯罪嫌疑人，而且持续的时间最长不得超过 12 小时，不少案件很难在这么短的时间内审查清楚，确定犯罪嫌疑人是否达到逮捕标准。拘传的时间同样也只有 12 小时，不能满足实际需要。

（二）拘留期限不合理

拘留在实际运用中的一个突出问题是任意扩大延长拘留期限的适用。刑事诉讼法第 69 条规定："公安机关对被拘留的人，认为需要逮捕的，应当在拘留后的三日以内，提请人民检察院审查批准。在特殊情况下，提请审查批准的时间可以延长一日至四日。对于流窜作案、多次作案、结伙作案的重大嫌疑分子，提请审查批准的时间可以延长至三十日。"从目前掌握的情况来看，基层公安机关办理刑事案件平均每次实际拘留时间约为 15 日，有些地方平均每次实际拘留时间达 20 日以上。可以说，延长拘留期限的情况较为普遍，其中有些超出了法律规定的对象范围。只有极少数单人单次作案的简单案件，拘留后无须延期，在 3 日内就可报捕，而强奸、交通肇事、寻衅滋事、故意伤害案件以及经济犯罪案件、毒品案件等需要做鉴定的案件，还有结伙作案、流窜作案、多次作案等复杂、疑难案件以及异地执行拘留的案件，所需拘留时间都较长，即使用足 7 日或 30 日，往往仍然不够用。

延长拘留期限适用范围扩大的原因是多方面的，这里面既有部分侦查人员执法水平低、取证能力差的原因，也有少数侦查人员法制观念淡薄、责任心不强的原因，但是最主要的是因为目前检察机关掌握逮捕条件很严格，要求按照起诉甚至定罪的标准报捕案件，导致逮捕门槛过高。由于提请逮捕时的证据要求过高，需要尽可能地把犯罪事实查清，获取充分确实的证据，直接导致大量本应属于在逮捕后侦查羁押期间开展的工作要提前到拘留期间来做，给公安机关提请审查逮捕前的工作带来很大压力，因而实践中公安机关在拘留犯罪嫌疑人期间的取证任务十分繁重，3 至 7 日的拘留期限根本不够用，不得不延长办案时间。例如，伤情鉴定、技术鉴定、司法会计鉴定、价格鉴定等鉴定都需要相当长的时间，有些伤情鉴定必须在伤情稳定甚至痊愈以后才能作出。而一些复杂、疑难案件取证难度大，短时间内难以获取充分的证据。有的异地拘留案件，由于路途遥远，将犯罪嫌疑人从外地带回就需要几天时间，来不及在规定的期限内调查取证。为了在规定的期限内把主要的犯罪事实调查清楚，获取足够的证据，确保检察机关批捕，侦查人员只好加班加点、连续作战，很少有休息时间，从这个角度说，既不利于保护侦查人员的身体健康，同时也增加了办案成本。如果遇有法定长假等情况时，期限更是不够用（检察机关节假日不受案）。

而且，这样也导致侦查期限前紧后松，不能发挥逮捕应有的作用。因为定罪量刑的证据在逮捕前已经基本获取了，除了复杂的团伙犯罪案件和系列案件需要进一步侦查，补充证据以外，一般的案件在逮捕犯罪嫌疑人以后侦查工作量很小。由于现在案件多发，警力不足，每个侦查员要同时办理多起刑事案件，而逮捕后的侦查羁押期限显得较为宽松，侦查人员借此时间忙于办理其他案件，特别是那些犯罪嫌疑人被拘留的案件，而并不急于将犯罪嫌疑人已被逮捕的案件移送起诉，无形中又增加了犯罪嫌疑人逮捕后的羁押时间，从而形成一种恶性循环。

二、正确认识刑事拘留等强制措施的功能及其与国情的关系

有些人认为，现在我国的羁押率太高，严重侵犯人权，主张严格限制拘留、逮捕等强制措施的使用，向西方国家学习，大量适用取保候审、监视居住等非羁押性强制措施。这种主张忽视了刑事拘留等强制措施所起的重要作用，也脱离了现阶段中国的国情。

（一）刑事拘留等羁押性强制措施的功能

拘留、逮捕等羁押性强制措施在刑事诉讼中具有十分重要的作用，主要表现在以下几个方面：

1. 保障刑事诉讼

拘留等强制措施暂时剥夺犯罪嫌疑人的人身自由，也就能够有效防止犯罪嫌疑人自杀、逃跑，隐匿、毁灭、伪造证据，干扰证人、被害人作证或者串供，以及威胁、报复报案人、控告人、举报人，既保证了侦查机关全面地收集、固定证据，包括犯罪嫌疑人的供述和辩解，也保证了起诉、审判活动的顺利进行乃至审判以后刑罚的顺利执行。

2. 预防犯罪

有些犯罪嫌疑人实施的是系列犯罪，如不及时制止，很可能继续实施犯罪，对社会的危害会更大。还有些犯罪嫌疑人为了掩盖其原先的犯罪行为或者逃避法律追诉，也可能实行新的犯罪行为。因此，为了防止犯罪嫌疑人进一步危害社会，就必须对其人身自由进行必要的限制直至暂时剥夺。同时，这样也能教育、震慑社会上一些有犯罪倾向的不稳定分子，警告其不得轻举妄动、以身试法，从而起到预防犯罪、减少犯罪的作用。

3. 保障人权

拘留等强制措施保证了刑事诉讼的顺利进行，使犯罪分子及时受到应有的法律制裁，还被害人一个公道，体现了社会的公平正义；防止了犯罪嫌疑人、被告人因为逃跑而终日担惊受怕、身心疲惫，或者继续犯罪，加重罪行，甚至自寻绝路；也有效预防了犯罪，维护社会和谐稳定，防止治安状况恶化，从而保障广大人民群众安居乐业。而且由于有效防止了犯罪嫌疑人、被告人实施妨碍刑事诉讼的行为，也避免了司法机关因事后采取补救措施而耗费大量的司法资源，而这些司法资源是属于全体人民的共同财富。可以说，拘留等强制措施不仅保障了被害人的人权，也保障了犯罪嫌疑人、被告人的人权，更保障了最广大人民群众的人权。

（二）刑事拘留等强制措施制度与国情密切相关

采取什么样的强制措施，同一个国家的国情密切相关，这其中包括经济发展状况、历史文化传统、社会治安形势、刑罚严厉程度、司法效率、社会信用体系、社会福利制度、地理环境，等等。例如，如果由于司法资源有限或者由于为当事人规定了许多其行使需要一定时间的程序性权利等原因，一个国家的刑事审判需要持续较长的时间，那么羁押的替代措施就会被鼓励使用，否则长时间的羁押可能会给当事人的权利造成损害；如果一个国家的刑罚较重，犯罪嫌疑人逃避侦查、审判的可能性就会升高，这会对是否羁押及羁押期限的长短产生影响；如果建立了健全的社会信用体系，会使一个人逃跑变得更为困难；如

果存在完善的社会福利制度，犯罪嫌疑人一旦逃跑，就会失去享受这些社会福利的机会。①

我们应当看到，我国的国情同西方发达国家存在很大差异，尤其是经济发展状况差距相当大，我们不能超越历史发展阶段，对诉讼制度包括强制措施的适用提出过高的要求。根据刑事诉讼法的规定，对于犯罪嫌疑人可以取保候审或者监视居住，这样更有利于保障人权。但是，取保候审、监视居住目前在实践中的适用效果较差，在迫不得已的情况下，只能将犯罪嫌疑人羁押起来。这是由于当前我国的社会诚信体系尚不健全，社会控制力较弱，公安司法机关人力、财力有限，保障未被羁押的犯罪嫌疑人遵纪守法的社会环境、经济环境尚不成熟，取保候审后犯罪嫌疑人失去控制，逃避侦查、起诉、审判，侵扰、报复证人、被害人以及继续犯罪的情况时有发生，尤其是当犯罪嫌疑人属于流动人口时，这种情况就更为突出。而监视居住需要耗费较多的人力、财力，成本高昂，公安机关难以承受，可操作性不强。因此，在现有的社会条件下，刑事拘留和逮捕就成为当然的选择。

现阶段我国人口基数很大，犯罪总量一直在高位徘徊，有些地方重大恶性案件数量居高不下，重新犯罪的人数占相当大的比例，目前的羁押率应属正常。需要注意的是，我国有治安案件和刑事案件之分，西方国家则没有这种区分。我国的治安案件相当于西方国家的轻微刑事案件，而治安案件没有也不能适用刑事强制措施。2007 年全年全国公安机关共查处违反治安管理行为 765 万起，如果按照西方国家的犯罪标准来计算，实际上我国并不存在羁押率过高的问题。

三、完善拘留措施的建议

为了贯彻宽严相济的刑事政策，我们应该准确把握拘留条件，对于轻微刑事案件的犯罪嫌疑人，以及初犯、偶犯、未成年犯罪嫌疑人等社会危险性较低的犯罪嫌疑人，可以根据实际案情，采取非羁押性强制措施，以进一步降低羁押率。但是，我们不能片面地单纯强调降低羁押率，不能把拘留、逮捕和保障人权对立起来。贯彻宽严相济的刑事政策，必须准确把握其科学内涵。宽严相济刑事政策的核心是区别对待，当宽则宽，当严则严。要做到宽严并用、宽严有度、宽严互补、有机统一。特别要反对将宽与严进行简单化的理解，认为有宽就不能有严，有严就不能有宽。必须充分认识到宽与严都是宽严相济刑事政策的有机组成部分，在立法上完善拘留措施，在实践中正确适用，充分发挥拘留在刑事诉讼中的重要作用。

（一）明确规定无证拘留

西方国家的逮捕类似于我国的拘留，它们一般将逮捕分为有证逮捕和无证逮捕两大类。"无证逮捕是法律赋予警察的一种应对案件紧急情况的特殊权力，是指警察可以在没有取得逮捕证的情况下实施的逮捕，是'令状主义'的例外。有的国家称之为'紧急逮捕'，也有的称之为'暂时逮捕'。"② 例如，英国法律规定任何公民都有权无证逮捕正在实施或有充分理由怀疑正在实施可捕犯罪的人。警察不仅可以无证逮捕正在实施犯罪和已经实施犯

---

① 参见郎胜主编：《欧盟国家审前羁押与保释制度》，法律出版社 2006 年版，第 53~54 页。
② 陈卫东主编：《刑事诉讼法资料汇编》，法律出版社 2005 年版，第 166 页。

罪的人，而且在有充分理由怀疑的情况下可以无证逮捕那些准备实施犯罪行为的人。① 在美国，大多数逮捕都是无证进行的。无证逮捕可以由警察或私人进行。私人进行无证逮捕只能针对重罪现行犯；警察无证逮捕的对象除本人当场目睹的犯罪人（包括轻罪）外，还可以是任何有"合理根据"相信犯了重罪的人，并非必须存在紧急情况不可。部分州甚至允许警察在有"合理根据"时无证逮捕不是当着他的面实施轻罪的人。② 德国法律规定了暂时逮捕。根据德国刑事诉讼法第127条第1款的规定，任何人（包括警察、检察官）可以逮捕犯罪嫌疑人，但这时逮捕的嫌疑人应当是正在实施犯罪或者正在被追捕，为了防止其逃跑或者确认身份而有必要进行逮捕。③ 日本法律允许在某些情况下紧急逮捕，即检察官、检察事务官或者司法警察，在有充分理由足以怀疑被疑人已犯有相当于死刑、无期惩役或无期监禁以及最高刑期为3年以上的惩役或监禁之罪的场合，由于情况紧急而来不及请求法官签发逮捕证时，可以在告知理由后逮捕被疑人。紧急逮捕后，应当立即请求法官签发逮捕证，否则应当立即释放被疑人。此外，对现行犯，任何人都可以没有逮捕证而予以逮捕，称为现行犯逮捕。④

我国刑事诉讼法第63条规定，对于正在实行犯罪或者犯罪后即时被发觉的、通缉在案的、越狱逃跑的以及正在被追捕的人，任何公民都可以立即扭送公安司法机关处理。公安民警依法履行职责，当然应该可以无证抓捕犯罪嫌疑人。而且，无论犯罪嫌疑人是被扭送还是被抓捕到公安机关，公安机关都应当能够在一定时限以内，积极开展侦查工作，以确定能否对其适用拘留。这也是避免发生冤假错案，切实保障人权的需要。建议将《公安机关办理刑事案件程序规定》第106条第2款的规定纳入刑事诉讼法中，明确规定无证拘留，即对符合刑事诉讼法第61条规定所列情形之一，因情况紧急来不及办理拘留手续的，以及公民扭送至公安机关的犯罪嫌疑人，可以在将犯罪嫌疑人带至公安机关后立即进行侦查，在24小时内确定是否需要办理拘留手续。

（二）规定合理的拘留期限

1. 某些重大案件和异地作案的犯罪嫌疑人可以延长拘留至30日

建议将刑事诉讼法第69条第2款修改为："对于危害国家安全犯罪、危害公共安全犯罪、金融犯罪、走私犯罪、计算机犯罪、侵犯知识产权犯罪、毒品犯罪、黑社会性质犯罪、贪污贿赂犯罪等重大、疑难、复杂的案件，以及异地作案、结伙作案、多次作案的重大嫌疑分子，提请审查批准的时间可以延长至三十日。"异地作案，是指犯罪嫌疑人离开居住地到外市、县作案。将"流窜作案"改为"异地作案"，是因为按照公安部《公安机关办理刑事案件程序规定》的解释，流窜作案"是指跨市、县管辖范围连续作案，或者在居住地作案后逃跑到外市、县继续作案。"现在流动人口中犯罪率较高，跨地区犯罪十分普遍，侦查机关很难在拘留犯罪嫌疑人后，迅速查明他们在其他地方是否曾经作案，是否属于"流窜作案"。同时，有些案件，如危害国家安全犯罪、危害公共安全犯罪、金融犯罪、走私犯

① 宋世杰主编：《比较刑事诉讼法学》，中南工业大学出版社1999年版，第216页。

② 宋英辉、孙长永、刘新魁等著：《外国刑事诉讼法》，法律出版社2006年版，第176页。

③ [德]托马斯·魏根特著：《德国刑事诉讼程序》，岳礼玲、温小洁译，中国政法大学出版社2004年版，第94页。

④ 宋英辉、孙长永、刘新魁等著：《外国刑事诉讼法》，法律出版社2006年版，第613页。

罪、计算机犯罪、侵犯知识产权犯罪、毒品犯罪、拐卖妇女儿童犯罪、黑社会性质犯罪、贪污贿赂犯罪等重大、疑难、复杂的案件，取证难度很大，在3日内或者延长1至4日难以完成提请批准逮捕前的取证工作，但是延长拘留期限又于法无据。对于这些重大、疑难、复杂案件以及异地作案的犯罪嫌疑人，规定一个相对较长的、能够适应执法实际需要的拘留期限，既可以减少执法中的问题，也可以确保刑事诉讼的顺利进行。

2. 鉴定的期间不计入办案期限

刑事诉讼法第122条原来只规定对犯罪嫌疑人作精神病鉴定的期间不计入办案期限。鉴定结论往往是认定犯罪事实的重要证据甚至是关键证据。如前所述，在司法实践中，许多鉴定都需要较长时间，在短短几天时间内根本无法给出鉴定结论。而在当前取保候审、监视居住执行效果较差的情况下，侦查机关要么由于担心羁押期限届满仍拿不到鉴定结论，不敢采取强制措施，致使犯罪嫌疑人逃之夭夭；要么在拘留或逮捕后，为了等待鉴定结论，又不敢变更强制措施放人，不得不延长犯罪嫌疑人的羁押期限，这是超期羁押特别是拘留期限延长的重要原因。将鉴定期间从办案期限中去除，这样既维护了法律的权威，又避免了使侦查人员陷入违法的境地。《治安管理处罚法》第99条第2款已规定："为了查明案情进行鉴定的期间，不计入办理治安案件的期限。"刑事诉讼法完全可以以此为参照，作出相似的规定。

3. 在异地执行拘留后的路途时间不计入羁押期限

现行刑事诉讼法第79条第3款规定："法定期间不包括路途上的时间。……"应该理解为拘留后的羁押时间不包括路途上的时间，但是由于法律没有明文规定，实践中争议很大。由于现代经济社会形势快速发展，人、财、物交流迅猛增加，流动人口空前增多，跨地区犯罪以及作案后逃往异地的现象十分普遍，公安机关有大量案件是在异地执行拘留。我国幅员辽阔，南北、东西都相隔数千公里。公安机关在异地执行拘留时，如果距离较近或者交通便利，将犯罪嫌疑人带回本地羁押的路途时间不长，对羁押期限影响不大。但有不少案件两地相距遥远或者交通不便，乘坐火车也要几天时间。特别是一些欠发达地区财政困难，要么是当地没有机场，要么是公安机关财力有限，根本不可能乘坐飞机。即使能够押送犯罪嫌疑人乘坐飞机，办理相关手续也较为烦琐，需要花费较长时间。而一般的拘留期限最多只有7天，除去路上花费的时间，调查取证的时间根本不够用。为了保证有足够的调查取证时间，不少侦查人员都是将犯罪嫌疑人带回本地后才向其宣布拘留，实际上已将路途时间排除在外，但这样做又有违法之嫌。因此有必要在法律上明确规定，将被拘留人带回本地羁押的必要的路上花费的时间从羁押期限中去除，但是可以折抵刑期。

（三）规定合理的逮捕条件

根据刑事诉讼法的规定，拘留只是逮捕的先行措施，主要侦查工作应当在逮捕以后开展。但实践中由于逮捕条件过高，迫使大量侦查工作在拘留阶段完成，二者关系严重失衡。因此，有必要进一步明确规定逮捕条件，使拘留与逮捕之间的关系回归法律原有的规定，这样既能保证侦查工作顺利进行，又能充分保障犯罪嫌疑人的合法权利。建议将刑事诉讼法第60条修改为："对有证据证明有犯罪事实或者重大犯罪嫌疑，可能判处徒刑以上刑罚的犯罪嫌疑人、被告人，采取取保候审尚不足以防止发生社会危险性，而有逮捕必要的，应立即依法逮捕。"即增加了"有重大犯罪嫌疑"的规定，使得逮捕条件适当降低。同时，明确规定"有逮捕必要"的具体情形，便于实践中具体操作。

（四）修改国家赔偿法

建议修改国家赔偿法第 15 条。可由全国人民代表大会常委会作出立法解释或者最高人民法院作出司法解释："公安机关依照刑事诉讼法规定的拘留条件先行拘留的，即使后来出现了因证据不足撤销案件或者不批捕的情况，也不承担错误拘留的刑事赔偿责任。检察机关依照刑事诉讼法规定的逮捕条件批准逮捕的，即使后来出现了因证据不足撤销案件或者不起诉的情况，也不承担错捕的刑事赔偿责任。"

在实际办案中，公安机关往往十分慎重，一般是以犯罪嫌疑人是否能够达到逮捕标准来掌握拘留的条件，因为一旦不能逮捕，很可能会引起国家赔偿。为了避免承担错误拘留的赔偿责任，无形中大大提高了拘留的条件。现在司法实践中普遍存在的窘境是：一方面对拘留的条件控制过严，不敢轻易拘留人，反过来又造成为获取足够的证据而延长传唤、拘传的时间，甚至变相拘禁犯罪嫌疑人；另一方面，排除了犯罪嫌疑时或者证据不足时，因为担心刑事赔偿而又不敢轻易放人，只有想方设法给予行政处罚或劳动教养，或者转为取保候审以后不了了之。既然先行拘留是在紧急情况下采取的强制措施，对象是现行犯或者重大嫌疑分子，期限也较短，那么拘留的后果也就有较大的不确定性。当拘留后通过侦查排除了犯罪嫌疑时，放人便是理所当然的，这就意味着抓人和放人都没有错。这样做，不仅有利于提高公安司法机关的办案效率，也有利于保护犯罪嫌疑人的权利。逮捕也是如此，这里不再赘述。

但是，在上述情况下，公安机关、检察机关不承担刑事赔偿责任，并不意味着对被拘留、逮捕的人的合法权益遭受的损害置之不理，而是应当根据公平原则给予相应的救济，也就是补偿，这样才能体现国家对公民权益的保护。只不过这种补偿与赔偿性质是完全不同的。

（作者单位：安徽省合肥市公安局）

刑事推定若干基本理论之研讨

汪建成　何诗扬

近年来，学术界对推定这一确认案件事实的特殊方法展开了初步研究；司法实践部门也因为其所具有的减轻证明负担的功能而对这一问题表现出浓厚的兴趣。然而，推定制度是一个非常复杂的问题。欲使其理论研究进一步深化，以推动刑事推定制度的立法进程，有必要澄清其中的几个重大理论问题。

一、推定不是诉讼证明，而是诉讼证明的替代方法

有不少学者将推定视为司法证明的一种方法，认为"推定是证明的重要方法之一"[①]："推定是认定事实的特殊方法，所谓认定事实的特殊方法也就是司法证明的特殊方法"[②]。我们不赞成这种观点，我们认为，推定不是证明，也不是证明的特殊方法，而是司法证明的替代方法，是司法证明的例外。

在一般情况下，要确认一项待证事实成立，必须经过严格的诉讼证明。诉讼证明活动必须经历"论据—论证—结论"的过程。其中，论证是证明活动的核心，即根据已有的证据，经过求证或推导活动得出案件的事实。在这一论证过程中，司法证明者无疑会利用诸如归纳、演绎、证实、证伪、排除等多种论证方法，并结合经验法则，来揭示证据承载的案件信息，确定它们同案件事实之间的关联性和证明力，以最终获得对案件事实的确定性认识。而在推定的情况下，则显然无须经过上述这样严密的论证过程，只需通过一定的证据证明基础事实的存在，通过常态联系即可得出推定事实，因此可以将其简称为"论据—结论"模式，这一模式缺少论证过程作为中间环节，而代之以常态联系作为连接的纽带。可见，论证过程的缺失是推定与证明在结构上的重大区别。

从逻辑层面上看，上述推定的"论据—结论"模式，由于缺少可靠的论证，没有对其他可能性进行逐一排除，因此在逻辑联系上并不是必然和严谨的。显然，基础事实成立，推定事实可能成立，也可能不成立，两种结果都有可能，而将其中一种确定为推定事实，这不是逻辑推理的结果，而是基于二者并存的高度可能性而进行假定的结果，无法从逻辑上获得确定性解释。由于推定产生对两种可能性的选择与取舍，因此推定在本质上是"二选一"，这种选择是基于基础事实与推定事实之间高概率的常态联系进行的。正如美国学者华尔兹所说："推定产生于下面这种思维过程，即根据已知的基础事实的证明来推断出一个未知的事实，因为常识和经验表明该已知的基础事实通常会与该未知事实并存。"[③] 经验法

---

① 张云鹏：《论推定的概念》，载《中国法学会刑事诉讼法学研究会 2007 年年会论文集》，第 505 页。

② 裴苍龄：《再论推定》，载《法学研究》2006 年第 3 期。

③ ［美］乔恩·R. 华尔兹：《刑事证据大全》，何家弘等译，中国人民公安大学出版社 1993 年版，第 314 页。

则表明，在一般情况下，基础事实与推定事实通常会相生相伴，但经验法则也同时表明，既然有常态，就一定会有非常态，即例外存在。例如，在巨额财产来源不明罪中，国家工作人员的财产或者支出明显超过合法收入，差额巨大部分的财产很可能是非法收入，但也可能是通过继承、受赠等合法来源取得；被查出持有毒品的个人通常情况下可能知道是毒品，但也可能的确不知道自己所持为何物。但基于"已知的基础事实通常会与该未知事实并存"这一认识，这些例外的可能性较低，因而对那些难于证明的事项设置推定，忽略例外情况的概率。

因此，有理由认为推定制度存在的正当性基础不是逻辑理性，而是价值理性。推定是立法上基于某些举证困难甚至举证不能的特殊情况，而设置的减轻证明责任方证明负担的一项制度，通过该项制度的设计免除了负证明责任方对推定事实的证明义务。它越过了传统的逻辑法则，基于已确定存在的基础事实，根据常态联系选择了推定事实作为处理案件的依据。申言之，推定在本质上是对证明的否定，一切有关严格证明的规则在推定上都是不适用的，从推定制度中受益的是证明责任的承担者，而不是相对方。

由此看来，在刑事法领域确立推定制度必须把握两个基调：其一，刑事推定的范围应当严格控制，否则有违证据裁判主义原则；其二，控方作为推定制度的受益者，必须付出相应的对价（如指控罪名的变更和量刑幅度的大大降低等），否则有损刑事司法的公平性。

二、刑事推定与无罪推定和有利被告原则并不矛盾，而是这两项原则的例外

我国不支持事实推定的学者普遍持这样一种观点：认为事实推定违反了无罪推定原则与有利被告原则，会导致法官自由裁量权的滥用。[①] 笔者暂且无意讨论承认事实推定是否会导致法官自由裁量权的滥用，因为这更多的是司法技术和法官素质方面的问题，但是就事实推定是否违反了无罪推定原则和有利被告原则这一定性问题，笔者持不同的观点。笔者认为，刑事司法中的推定，在绝大多数情况下，都是不利于被告人的，推定制度本身就是无罪推定原则和有利被告原则的例外，事实推定作为推定的一种，自然不符合无罪推定与有利被告的原则，不能以此为理由否定事实推定。

应当承认，无罪推定原则与有利被告原则确定了刑事诉讼的常态价值体系。无罪推定原则与有利被告原则均属于刑事诉讼的基本原则范畴，它们都体现了现代刑事诉讼人权保障的功能与程序正义的价值理念，彼此间有密切的联系。根据无罪推定原则，犯罪嫌疑人或被告人在经法定程序判决有罪之前，应当假定或者推定为无罪之人，追诉方必须承担证明被告人有罪的任务，若不能证实有罪，被追诉者即获无罪。[②] 面对强大的国家机关的指控，犯罪嫌疑人或被告人没有自证无罪的义务，因此必须由提出主张的一方承担证明责任。有利被告原则将无罪推定原则进一步扩展，成为处理存疑案件的基本原则，它是指在刑事诉讼过程中，当案件事实在证明过程中出现不确定因素的时候，应作出有利于被告人的解释或认定。有利被告的思想在我国古已有之，《尚书》中"与其杀无辜，宁失有罪。与其增以有罪，宁失过以有赦"便贴切地体现了这种思想，再看我国现行刑事诉讼法第 140 条

① 参见龙宗智：《推定的界限及适用》，载《法学研究》2008 年第 1 期。

② 汪建成：《从逻辑理性到价值理性的转变——论无罪推定原则的现实适应性》，载《人民检察》2005 年第 11 期。

第 4 款所规定的存疑不起诉制度，第 162 条第 3 项所规定的疑罪从无制度等，也是有利被告原则的具体运用和体现。[①] 无罪推定原则与有利被告原则确立了诉讼证明的逻辑起点与价值标准，确立了追诉方的证明责任，必须经过严格的证明才能认定被告人有罪，被告人在立法及程序上受到倾斜性保护，以确保个人权利在与国家权力的对抗中得到"平等武装"，这是刑事诉讼中普遍适用的原则。

然而，基于价值平衡和价值选择的一般原理，有原则就应当有例外，刑事推定正是限制无罪推定原则和有利被告原则的例外情形。刑事推定是在某类缺乏足够的证据直接证明待证事实的案件中，根据基础事实的存在，通过常态联系来认定推定事实。本来，在通常情况下，此类案件应当被认定为存疑案件，并根据有利被告原则作出有利于被告人的认定。然而，在适用推定的案件中，国家一改谦抑的风格，保持一种介入的姿态，这是基于特定案件中认定主观方面的困难以及特殊刑事政策的考量，自然需要以一定的民权损失为代价。由此，在立法和实践中出现了以推定代替证明的情况，在控方用证据证明基础事实存在后，即卸除了证明责任，并转移给被告，若被告不能提出相反的证据证明，则认定推定事实成立。通过法律确定下来的推定，更明确排除了无罪推定原则和有利被告原则的适用。因此，推定作为负载着特殊价值考量的制度，与无罪推定原则、有利被告原则之间是具体司法技术与基本规则的关系，也是例外与原则的关系，通过例外对原则的适用范围作出了限制。例外并不是对原则的否定，恰好相反，正是规定了例外，才确立了原则。因此，推定与无罪推定原则、有利被告原则之间不仅不矛盾，而且可以并存，共同为刑事诉讼的目的服务，如果我们认识了推定的这一属性，也就不会以无罪推定为理由反对事实推定了。

值得注意的是，有学者将无罪推定视为推定的一种，[②] 这种观点是值得商榷的。推定是一种具体的司法技术方法，体现了国家打击某种犯罪或者保护某种利益的决心，而无罪推定是刑事诉讼的基本原则，体现了刑事诉讼人权保障的功能，是现代刑事诉讼的基石，二者既不是同一逻辑层面的概念，功能和任务也各异。另外，推定需要一定基础事实的存在，这是推定不可缺少的要素，而无罪推定则不需要基础事实的存在，它只表明犯罪嫌疑人、被告人在未经司法审判前的法律身份状态。因此，不能简单地因为都有"推定"二字就将无罪推定看做推定的一种。

三、刑事推定不是首选规则，而是末位规则

刑事推定"例外"于无罪推定原则和有利被告原则的属性，极有可能导致刑事诉讼中国家权力的扩张与个人权利的萎缩，因此必须对刑事推定的适用范围进行严格的限制。在我国民事诉讼中，使用推定的情况较多，有一些是对被告人有利的推定，但刑事诉讼中使用的均为对被告人不利的推定，刑事推定在刑事诉讼中的适用必须有限度，不能任意化、扩大化，否则将会对个人权利造成严重的威胁。

在刑事诉讼中，设置推定的主要目的是为了缓解司法证明的困难，体现国家的刑事政策，减轻检察官的诉讼负担。因此，推定的范围应该主要限于检察官难以进行司法证明，

---

① 参见俞毅刚：《存疑有利于被告原则的理解与适用——兼谈几则案件的处理》，载《法律适用》2004 年第 8 期。
② 参见邓子滨著：《刑事法中的推定》，中国人民公安大学出版社 2003 年版，第 79～91 页。

同时又是国家刑事政策重点针对的特定犯罪。例如，与职务腐败有关的犯罪（如巨额财产来源不明罪、受贿罪），国家从严打击的犯罪（如毒品型犯罪），为保护特殊法益而设定的犯罪（如奸淫幼女罪、交通肇事逃逸罪），隐蔽性较高证明有困难的犯罪（如金融诈骗罪、赃物犯罪），等等。

应当注意的是，刑事政策因国家的不同而有所差异，因此不应将目光局限于国外设立推定的具体罪名，① 而要结合我国刑事司法的现实问题和特殊需要进行探索。但是，尽管如此，仍然要时刻将限制推定的适用作为研究推定问题的首要观念，不能将不属于推定领域的问题笼统地纳入推定范围，② 应当将推定作为一种末位的方法，是证明的替代方法，只有穷尽一般证明方法仍无效的情况下才能使用。

刑事推定虽然是一种末位规则，但其在犯罪控制方面所起的震慑作用却是巨大的。因为它体现了国家从严打击某种犯罪的决心，是为严密法网而设计的，较之一般的法律规定，对公民更具有威慑力，以此控制某种犯罪行为的发生率。

例如，交通肇事逃逸罪便运用了推定，我国刑法第 133 条规定："……交通运输肇事后逃逸或者有其他特别恶劣情节的，处三年以上七年以下有期徒刑；因逃逸致人死亡的，处七年以上有期徒刑。"这是典型的推定的运用，只要有交通肇事逃逸这一基础事实发生，便无须经过证明，直接推定司机对交通肇事负有责任，法条背后的训诫是：如果交通肇事，不要逃逸。再如非法持有毒品罪，只要有持有行为，就推定为明知，法律的背后意在遏制毒品的泛滥。又如我国刑事诉讼法与刑法学界近年来争论不休的"奸淫幼女罪"，③ 刑事诉讼法学者认为让检察官拿出证据证明行为人"明知"幼女不满 14 周岁是非常困难的，应该从立法中对这一要件予以排除，推定被告人"明知"，由被告人自己承担"确实不知"的证明责任；刑法学界则坚持主客观相统一原则，认为"明知"是不可缺少的主观要件，必须证明。其实，刑法第 236 条第 2 款之所以单独列出强奸幼女罪，其立法意图是对幼女进行特殊保护，对与幼女发生性关系者进行从严打击，以此警戒世人，从而积极预防这类犯罪的发生。而设置推定恰好体现了法律的这一规训目的，符合其立法本意，因此大可不必形式主义地坚持主客观相统一的原则。

四、刑事推定不会导致证明责任倒置，但会引起证明责任转移

国内有学者认为，在刑事推定中对推定事项实行证明责任倒置。④ 笔者不同意这种观

---

① 例如，《加拿大刑事法典》第 177 条规定："不能证明有合法原因，夜间在他人住宅附近的产业上游荡或潜行者，构成简易罪。"这种游荡罪完全是基于以保护国家和社会治安为宗旨的，与加拿大本土的犯罪情况与治安情况密不可分，这种罪名属于一种身份犯，在其他多数国家已经绝迹，在我国作出这种规定也难以想象。

② 参见劳东燕：《认真对待推定》，载《法学研究》2007 年第 2 期。文中列举了 44 种推定，很多都只是假以"推定"之名，没有"推定"之实，甚至不属于证据法推定的领域。

③ 我国刑法第 236 条第 2 款规定："奸淫不满十四周岁的幼女的，以强奸论，从重处罚。"2003 年 1 月 17 日最高人民法院颁布的《关于行为人不明知是不满十四周岁的幼女，双方自愿发生性关系是否构成强奸罪问题的批复》指出，行为人明知是不满 14 周岁的幼女而与其发生性关系，不论幼女是否自愿，均应依照刑法第 236 条第 2 款的规定，以强奸罪定罪处罚；行为人确实不知对方是不满 14 周岁的幼女，双方自愿发生性关系，未造成严重后果，情节显著轻微的，不认为是犯罪。

④ 何家弘教授持此种观点，详细内容可参见卞建林、汪建成、何家弘：《证据法三人谈》，载何家弘主编：《证据学论坛》第 6 卷，第 391 页。

点，笔者认为刑事推定中被告人虽对推定事实承担一定的证明责任，但这种承担证明责任的性质是证明责任的转移，而不是倒置。

在证明责任的分配理论中，证明责任的倒置和转移存在着重大区别。前者完全不同于证明责任的正置规则，事实的主张方被免除了全部的证明责任，改由否定方承担，行政诉讼中的被告方承担证明责任以及在特殊的民事侵权案件中，侵权人承担证明责任即属于此。后者则只是部分改变了证明责任的正置规则，它未完全免除事实主张方的证明责任，而是在主张方履行了法律预设的部分证明责任之后，将证明责任转移给了否定方。也就是说，在证明责任的转移中，事实的主张方和否定方在证明责任上是一种接力关系；而在证明责任的倒置中，双方是一种非此即彼的关系，而不是接力关系。

在刑事诉讼中，不管是在运用诉讼证明方式的常态情况下，还是运用推定的特殊情况下，控方永远都是案件事实的主张方。基于无罪推定的基本原则和理念，控方的证明责任都是不可免除的。所不同的是，在诉讼证明的情况下，控方要承担全部证明责任；在刑事推定的情况下，控方要承担基础事实的证明责任，只是在控方尽此证明责任之后，辩方若想推翻推定的事实，辩方对推翻推定事实的主张产生证明责任。这种情况符合证明责任转移的全部特质，而与证明责任倒置相距甚远。

基础事实是推定的基石，在刑事诉讼中，推定多是对被告人主观方面和客观方面的推定，且大多对被告人不利，因此基础事实的证明必须牢固、扎实，这是适用推定的前提保证。基础事实只能证明，不可以推定；基础事实必须建立在充分的证据基础上，通过严格的司法证明，达到高度盖然性或者排除合理怀疑的证明标准。因而，推定过程并不完全排除证明的存在，而是以基础事实的证明作为起点，但证明的目的是引出推定的使用。

推定具有或然性。对一个事实的推定，既可能为真也可能为伪，推定不过是基于常态联系将其中一种可能忽略掉，而视另一种可能为通常结果。当通过基础事实与常态联系得出推定事实后，并不能直接确定行为人必然有罪，推定的或然性决定了推定都是允许反驳的，不应当有所谓"确定的推定"，那属于法律拟制和预决的范畴。

反驳既是辩方的权利，也是辩方的义务，或许这种义务不为法律所明确规定，但是一旦辩方放弃反驳，或者反驳无法达到令法官信服的程度，则要承担对其不利的诉讼后果。从这个意义上来说，无论是法律明文规定的"法律推定"，还是颇受争议的"事实推定"，都在实质上引起了证明责任的转移，虽然在大陆法系国家，事实推定更多地由法官自由心证来解决，但是如果辩方不能以积极的证据反证推定事实，法官也很难以自由心证来推翻推定事实。由此我们可以说，证明责任的转移是推定在证据制度上的最大特色。

在英美法系及大陆法系，学者普遍承认推定导致证明责任的转移，所不同的是转移的是举证责任还是同时包括说服责任。例如，在美国，赛耶和威格摩尔认为只是转移了提出证据的责任（举证责任），摩根则认为还包括说服责任。[1] 美国的传统理论采用了威格摩尔的观点，认为推定只具有转移提出证据责任的效力，它不转移说服责任，"许多谨慎的法庭和学者都只将'推定'一词用于代表分配提出证据责任的一种装置"。[2] 这与美国对推定的合宪性审查有很大关系，在美国，刑事诉讼法与宪法的关系非常密切，对推定的合宪性审

---

① ［美］麦考密克：《麦考密克论证据》，汤维建等译，中国政法大学出版社 2003 年版，第 665 页。

② 刘晓丹主编：《美国证据规则》，中国检察出版社 2003 年版，第 429 页。

查是其推定制度的主要特点，美国宪法修正案中的正当程序条款对被告人权利的保障提出了很高要求，因此不能任意规定被告人的说服责任。这种传统理论近年来已经遇到了越来越多的障碍。举例来说，一般的推定是正常交给邮局发送的邮件到达了收件人的手中，但如果收件人出庭作证说他从未收到过该邮件，那么依照传统惯例法庭就只能裁定上述推定终结，即该收件人未收到邮件。这一结论显然是不公平的，因为它只考虑了所举证据的充分性，而未涉及所举证据的可靠性。因此，现代理论认为，推定有时也转移说服责任，甚至将其规定在立法上，如《加利福尼亚州证据法典》将推定划分为"影响提出证据责任的推定"（Presumptions Affecting the Burden of Producing Evidence）与"影响证明责任的推定"（Presumptions Affecting the Burden of Proof）。[①]

我们认为，我国刑事诉讼中的推定的效力应该同时及于举证责任与说服责任。以巨额财产来源不明罪为例，如果认为推定只会引起提出证据责任之转移，则被告人只需要"说明"财产的来源，而不需要"证明"财产的来源，只要求提出证据或证据线索即可，这显然是不符合客观实际的。在我们看来，说服责任转移是推定的应有之义，肯定了推定，就必然发生说服责任的转移，否则如果被告人简单地提出相反证据而不加以证明，无异于架空了推定的功能。不过，基于推定功能的特殊性，被告人的证明并不需要达到确实、充分，只需要达到优势证据的标准即可。

五、刑事推定的目标不是客观真实，而是法律真实

经由推定得出的事实，到底该不该追求其客观真实？很多刑法学者坚持大陆法系主客观相统一的原则，批评推定的使用，认为推定带来客观判断上的不确定因素，违反了法治原则。我们认为，刑事诉讼与刑法是相互依存的，立法者立法时必须考虑到司法时证明的可能性，如果一项犯罪构成要件的证明难度极高，甚至成为现实中的不可能，则必须以特殊的立法技术克服这一问题，否则立法便成为一纸空文，程序法的不可操作性必然导致实体法的虚置。

刑事推定制度设置的正当性基础来自两个方面：一方面，事实之间的常态联系为推定制度提供了事实基础。"常态联系"是从基础事实"跳跃"到推定事实的"桥梁"，没有了这个桥梁，推定就失去了发挥作用的空间。所以，日本学者田口守一认为"必须肯定推定规定中前提事实（基础事实）与推定事实之间存在一般的合理的密切关系（常态联系），只有满足这种条件的推定规定，才能支持允许的推定说。"[②] "常态联系"、"通常会并存"意味着并存的概率非常高，通过基础事实的存在可以基本充分地得出推定事实存在的结论，这是人们敢于在法律中运用推定的首要条件。另一方面，刑事推定制度满足了国家刑事政策的需要，国家在某些特殊情况下，出于严密法网，最大限度地实行犯罪控制的需要，也有可能通过设立推定制度，克服诉讼证明的困难，减轻作为控方的检察官的证明负担。我们可以将这一基础界定为政策性基础。

从推定制度的上述两个正当性基础进行分析，都可以确定推定制度追求的目标不是客

① 参见刘晓丹主编：《美国证据规则》，中国检察出版社 2003 年版，第 429~430 页。

② ［日］田口守一著：《刑事诉讼法》，刘迪、张凌、穆津译，法律出版社 2000 年版，第 29 页。

观真实，而是法律真实。从政策性基础上看，推定制度的特殊性决定了它的目标必然不是发现真实，而是突破司法困境，在法律上将某种关系固定下来。从事实基础上看，"常态联系"并不等于"必然联系"。所谓常态联系，就是通常有联系，并不排除个别情况下没有联系；通常会并存也只是一般情况下会并存，并不排除个别情况下不并存。① 因此，这种"常态联系"体现了推定的或然性与假定性，也决定了行为人的反驳权利的该当性。这就更进一步说明，推定事实其实是一种法律拟制，而不是客观真实。

以此看来，推定是对认识论的否定，要正确理解推定的属性，就必须走出认识论的误区。举个例子，民法中的宣告死亡制度是典型的推定，公民失踪 4 年既可能由于死亡，也可能出于走失、失忆、逃避等原因，但基于对特定法益的保护，经近亲属申请，则可以对该公民宣告死亡。宣告死亡是一种法律真实，是法律对某种事实状态的认定，它未必符合客观真实，就像被宣告死亡的公民并不一定已经自然死亡一样。推定的结论与客观真实状况无关，它不反映一个事物的客观状态，而是出于某种价值抉择，确定一个法律上的真实。结论是：推定当谨慎，拒之则不该。

（作者单位：北京大学）

---

① 参见裴苍龄：《再论推定》，载《法学研究》2006 年第 3 期。

刑事普通救济程序功能的类型化分析

王 晶 孙 锐

刑事诉讼中的救济程序包括对未生效裁判的救济和对已生效裁判的救济，前者属于审级范围内普适性的救济程序，可称为普通救济程序，后者属于审级之外的非常态的救济程序，可称为特别救济程序。普通救济程序一般也被称为上诉审程序，但笔者认为，上诉只是引起普通救济程序的方式，上诉审程序的表述无法反映普通救济程序的基本特征，因此本文拟采用普通救济程序的称谓。

一、刑事普通救济程序的功能分类

所谓功能，是指事物的功效和作用。[①] 事物往往既具有正面的功效和作用，又可能产生负面的功效和作用，刑事诉讼中的普通救济程序亦不例外，因此我们可以将其功能分为正功能和负功能两个方面，其中正功能又可以分为目标功能和附带功能两个方面。

（一）刑事普通救济程序的正功能

1. 目标功能

刑事普通救济程序首要的目标功能就是其救济功能。救济，是指纠正、矫正或改正业已造成伤害、危害、损失或损害的不当行为，[②] 救济程序的救济功能正是指通过对案件的再次审理或审查以纠正给当事人利益造成不正当损害的原裁判及原程序。这种救济功能又包括事实救济和法律救济两个方面，事实救济，是指通过纠正原裁判在认定事实方面的错误来对受损害的当事人利益予以救济，法律救济则是指通过对原裁判及原审程序在适用法律方面的错误来对受损害的当事人利益予以救济，由于"下级法院在审判中所存在的'法律错误'可以分为'实体性法律错误'与'程序性法律错误'两类，前者指下级法院的判决结果违背了刑事实体法的规定，以至于在违反刑法的情况下作出了错误的定罪或量刑结论。后者则是指下级法院在审判过程中违反了法定的诉讼程序。"[③] 因此，刑事普通救济程序对因法律错误而受损害的当事人利益的救济又可分为实体法救济和程序法救济两个方面。

有很多学者更倾向于以纠错功能来标表救济程序的首要功能，这主要有两方面的原因：其一，我国学者如此表述的主要原因是出于职权主义诉讼中习惯于从国家专门机关的角度去考虑问题的思维定式，这种思维定式使得我们不是从当事人的角度出发首先将二审乃至再审程序视为对当事人利益予以救济的途径，而是从审判机关的角度出发，在"以事实为

---

① 《辞海》（缩印本），上海辞书出版社 1989 年版，第 580 页。
② 《牛津法律大辞典》，光明日报出版社 1988 年版，第 920 页。
③ 陈瑞华：《刑事诉讼中的程序性上诉》，载《社会科学战线》2005 年第 5 期。

根据，以法律为准绳"原则的指导下，将审判机关的纠错任务看做二审乃至再审程序承载的首要功能。其二，一些奉行当事人主义诉讼模式的国家的学者如此表述的主要原因是，救济程序要从事实和法律两个方面去纠正原裁判或原程序的错误，而对原裁判或原程序法律错误的纠正并不仅仅承载着在该诉讼中救济当事人利益的功能，还承载着超越该诉讼本身从宏观上统一法律适用的功能，这一功能显然是救济功能所不能涵盖的。

但是，笔者仍然主张使用救济功能的表述，其理由如下：其一，随着人权保障观念的提升，程序越来越被视为规制国家权力、保障当事人利益的途径，救济程序的设置首先应当出于救济因错误裁判或不正当程序而遭受不正当损害的当事人利益的考虑，而非出于有错必纠的考虑。不利益变更之禁止原则的确立与适用正反映了对救济程序之救济功能的理性认识。当然，在有些国家，救济程序也可能根据公诉人的抗诉而对原裁判作出不利于被告人的变更，但与对被告人利益的救济相比，后者显然更加体现了现代刑事诉讼救济程序确立的初衷。因此，救济功能的表述有利于立法者在程序设计中和司法者在司法实践中能够转换思维，注重对当事人，尤其是对被告人权利的保障，这与现代刑事诉讼所提倡的人权保障、人文精神和我国构建和谐社会的目标都是相一致的，也更能容纳不利益变更之禁止等与纠错功能并不相容的原则。其二，与纠错功能相比，救济功能确实无法涵盖救济程序的法律统一功能，因为其所针对的仅为当事人利益，但正因为如此，才产生了将法律统一功能与救济功能相并列而加以强调的必要性，从而明确和提升了法律统一功能的独立地位。而纠错功能的表述则很容易使法律统一功能沦为依附于纠正原裁判或原程序法律错误之功能的附带功能，尤其是在我国不区分事实审和法律审程序的传统中，极易使得救济程序的法律统一功能湮灭其中，从而难以受到应有的重视。

刑事普通救济程序的法律统一功能和其对原裁判或原程序法律错误的救济功能在实现途径上具有事实上的重合性，该程序正是在对原裁判或原程序法律错误的救济中实现对实体法规范的统一解释和保障对程序法规范的一致恪守的。但是，实现途径的重合并无损于刑事普通救济程序之法律统一功能的独立性。如果说该程序的法律救济功能强调的是个案中法律的正确适用，那么其法律统一功能强调的则是所有案件中法律的统一适用，虽然法律的统一适用是以法律的正确适用为基础和途径的，但却不能为正确适用所涵盖，它是超越个案救济之上的一种宏观层面的调控，从某种意义上说，后者是上级法院更根本的任务。"上诉法院给审判法院提供关于它们决定适当性的反馈信息。通过这个复审程序，上诉法院将法律传达给管辖区内的所有法院和法院参与者。上诉法院的这种监督和制定政策的作用对于司法制度来说，其重要性至少等同于在纠正影响个人的错误方面所起的作用。"[①]

2. 附带功能

除了救济功能和法律统一功能之外，刑事普通救济程序还具有制约预防功能和安抚说服功能，前者是指该程序的存在可以敦促原审法官认真履行职责，依法裁判，减少错判概率；后者是指其可以缓解和吸纳受到不利裁判的一方对法院裁判的不满和增强裁判的可接受性。如果说在设计和运作刑事普通救济程序时，救济功能和法律统一功能是作为目标功能而存在的，也就是说，我们在设计和具体运作刑事普通救济程序时必须考虑如何设计和

---

① ［美］爱伦·豪切斯泰勒·斯黛丽、南希·弗兰克：《美国刑事法院诉讼程序》，陈卫东、徐美君译，中国人民大学出版社2002年版，第599页。

运作才有利于这两项功能的发挥，那么制约预防功能和安抚说服功能则可以说是该程序在发挥目标功能的过程中所产生的附带功能。

（二）刑事普通救济程序的负功能

刑事普通救济程序同时也不可避免地具有负面的功效和作用。一方面，该程序具有导致诉讼效率降低，增加诉讼成本的负功能；另一方面，该程序延长了被告人利益的不确定性，使得被告人遭受双重危险，不利于原受有利裁判之被告人利益的保障。在各国普遍面临诉讼资源短缺问题和人权保障观念日益提升的今天，如何在合理实现该程序目标功能的前提下，尽量弱化其在诉讼效率和人权保障方面的负功能，是各国刑事普通救济程序的设计、改革和运行中所面临的共同问题。

二、各国刑事普通救济程序目标功能的实现和负功能的弱化

如上文所述，刑事普通救济程序的制约预防功能和安抚说服功能是在该程序发挥目标功能的过程中所实现的附带功能，因此这两方面功能的实现并不是我们这里研究的重点。我们所要研究的问题是：如何才能实现该程序的目标功能和尽量弱化其负功能。

（一）刑事普通救济程序之目标功能的实现

综观世界各国的刑事普通救济程序，其目标功能的实现途径可以按其所能实现的功能分为三类：

1. 可全面实现所有目标功能的途径

有些国家要求无论上诉理由如何，二审法院都应对案件予以重新审理，这可以全面实现救济程序的事实救济、法律救济和法律统一功能。在对案件的重新审理中，为了避免诉讼成本的过分支出和诉讼效率的过度降低，各国一般都规定对初审中已经作证的证人的证言可以根据相关笔录进行裁判，除此之外，重审的调查方式与初审无异。例如，在德国，第二审之审判程序不仅是在检验就第一审当时所收集到的事实数据为基础所作成之判决正确与否，其亦许可新证据之提出及顾及新发生之事实。为此，该第二审上诉于某种程度上亦为第二次的第一审。但是，在第一审中已被讯问过的证人之讯问笔录得被朗读。[①] 在法国，轻罪上诉庭的程序与轻罪法庭的程序没有任何区别，但上诉法院没有义务一定要再次听取已经在一审法庭作证的证人的证言，而可以按照在一审法院提供的并在书记员制作的庭审记录中已经记载的证人证言进行判决。在所有情况下，上诉法院均有权派一名审判官进行补充侦查。[②]

2. 可选择性实现目标功能的途径

有些国家对初审判决既允许就事实问题，也允许就法律问题提起上诉，但一般不要求二审法院对案件予以重新审理，而仅要求其进行书面审查或听取控辩双方的意见和辩论，

---

① ［德］克劳思·罗科信著：《刑事诉讼法》，吴丽琪译，法律出版社 2003 年版，第 504～505 页。

② ［法］卡斯东·斯特法尼等著：《法国刑事诉讼法精义》，罗结珍译，中国政法大学出版社 1998 年版，第 833 页。

只有根据上诉理由和具体情况确实需要开庭审理的，才要求二审法院开庭审理。这种程序既可能仅实现法律救济和法律统一的功能，也可能实现事实救济的功能。例如，在意大利，上诉审一般采用书面审理，由上诉法官在合议室根据书面材料即可进行裁决。但如果上诉人的上诉请求中要求进行法庭调查，调取新的证据时，则应进行开庭审理，开庭审理首先由庭长或者由他指定的审判委员报告上诉的原因，其他程序同一审程序基本相同。[①] 在日本，控诉审的程序要求检察官和辩护人根据控诉意见书进行辩论，只有在有必要调查时，才根据检察官、被告人或辩护人的请求或依照职权，进行事实调查。[②] 但意大利和日本的事实调查范围并不相同，意大利实行"续审制"，仅对新的证据予以调查，日本则实行"事后审查制"，仅在上诉理由所涉及的范围内进行调查。

3. 仅能实现法律救济和法律统一功能的途径

各国对二审裁判的上诉和对初审裁判的越级上诉（如果允许的话）一般都规定仅能就法律问题提起。例如，在德国，第三审上诉为受限制的法律救济，其只得为法律问题之审核。不服区法院之判决，得提起第二审上诉，不服第二审上诉，得提起第三审上诉。该不服判决之人亦得直接对区法院之判决提起第三审上诉。[③] 在英国，除向刑事法院上诉外，被治安法院判决有罪的被告人可以向英国高等法院的地区法庭提起上诉，该上诉被称为"规定案件的上诉"，其条件是法院的判决存在法律错误或者是超出司法管辖权限。[④] 有些国家甚至对初审裁判的普通上诉也规定仅能就法律问题提起，如美国。单纯针对法律问题的救济程序往往仅采书面审查或听取有关方面陈述、辩论的方式。例如，在美国，上诉法院审理上诉案件由于主要是进行法律审，所以审判组织中没有陪审团，由职业法官进行，一般进行书面审，不再传唤证人，不再审查证据，也不进行辩论。但任何一方都可以申请口头辩论，法院可以命令口头辩论。[⑤] 在英国，高等法院王座法庭审理以"判决要点陈述"方式向高等法院提出上诉（上文称"规定案件的上诉"）的案件，在审判过程中，法庭不对案件的证据和事实问题进行任何形式的调查，而只是听取控辩双方就法律适用问题进行的口头辩论。[⑥]

从以上的比较中可以看出，各国刑事普通救济程序法律救济和法律统一功能的实现途径一般都多于事实救济功能的实现途径，以上三种途径都可以实现法律救济和法律统一功能，但最后一种途径却不能实现事实救济的功能。这主要是因为维护法制统一是高级别法院的主要任务，其正确适用法律的能力一般也确实高于下级法院，但其发现真实的能力却未必高于下级法院，因为二审程序距离案件发生的时间久远，发现新的有效证据的可能性已大为降低，原有的证据，尤其是证人证言也可能已经发生了改变。此外，由于实现事实救济功能的程序远比实现法律救济和法律统一功能的程序更为严格、正式，从防止诉讼效率过分降低、诉讼成本过度耗费的角度，也应当对前者予以更多的限制。

[①] 王以真主编：《外国刑事诉讼法学》，北京大学出版社 2004 年版，第 293 页。

[②] ［日］松尾浩也著：《日本刑事诉讼法》，丁相顺、张凌译，中国人民大学出版社 2005 年版，第 241 页。

[③] ［德］克劳思·罗科信著：《刑事诉讼法》，吴丽琪译，法律出版社 2003 年版，第 500 页、第 512 页。

[④] ［英］麦高伟、杰弗里·威尔逊主编：《英国刑事司法程序》，刘立霞等译，法律出版社 2003 年版，第 440 页。

[⑤] 卞建林、刘玫主编：《外国刑事诉讼法》，人民法院出版社、中国社会科学院出版社 2002 年版，第 217 页。

[⑥] 王以真主编：《外国刑事诉讼法学》，北京大学出版社 2004 年版，第 449 页。

（二）刑事普通救济程序之负功能的弱化

综观世界各国的刑事普通救济程序，其负功能的弱化主要是通过限制上诉和简化审理方式的途径来实现的。

1. 限制上诉

首先，对上诉主体和上诉对象的限制。这种限制又可分为两种情况：一是为了保障被告人的利益，防止其遭受双重危险，很多国家限制控方的上诉权或禁止对无罪判决的上诉。例如，在美国，缺乏特别的法定授权，在刑事案件中，控方无权就不利的判决上诉。[1] 在英国，一般情况下，对于刑事法院所作的无罪裁断，控方律师无权向上诉法院提出上诉。[2] 二是为了防止诉讼效率的过分降低和诉讼成本的过度支出，很多国家限制对轻微刑判决的上诉。例如，在法国，对违警罪法院作出的裁判决定向上诉法院提出上诉，一般仅在具备某些条件时才予受理。[3] 在意大利，如果对违警罪仅适用了罚金刑，不得针对有关的处罚判决向上级法院提出上诉，也不得针对涉及仅被判处了罚金或替代刑罚的违警罪的开释判决向上级法院提出上诉。[4]

其次，对上诉理由的限制。由于救济程序距离案件发生的时间久远，发现新证据的可能性很低，并且无论是新证据还是原有证据的可靠程度都有所降低，救济程序发现真实的能力未必强于初审，尤其是在初审判决为较高级别的法院所作出或关于事实问题的裁决为陪审团所作出时，因此有些国家禁止对较高级别的法院所作出的判决或对陪审团裁决事实的判决就事实问题提起上诉。例如，在法国，对重罪案件作出的裁判决定（重罪法庭作出的判决），始终不得向上诉法院提出上诉。[5] 在美国，上诉人不得对陪审团对事实问题作出的裁决提出异议，只能就法官使用法律上的错误，包括适用实体法和程序法方面的错误提出上诉。[6]

最后，通过增设上诉许可程序来对上诉予以限制。例如，在美国，第一次上诉以后的上诉几乎都是酌情处分的。上诉人，即旨在向更高级别法院上诉的当事人，其第一步是申请调卷令。调卷令的申请是向法院递交请求考虑上诉的必要的申请书。[7] 在英国，除非对有罪判决的上诉只涉及法律问题，否则对通过起诉正式审判作出的有罪判决进行上诉则必须得到上诉许可。[8]

---

① ［美］伟恩.R.拉费弗、杰罗德.H.伊斯霍尔、南西.J.金：《刑事诉讼法》，卞建林、沙丽金等译，中国政法大学出版社 2003 年版，第 1405 页。

② 王以真主编：《外国刑事诉讼法学》，北京大学出版社 2004 年版，第 117 页。

③ ［法］卡斯东·斯特法尼等著：《法国刑事诉讼法精义》，罗结珍译，中国政法大学出版社 1998 年版，第 819 页。

④ 王以真主编：《外国刑事诉讼法学》，北京大学出版社 2004 年版，第 293 页。

⑤ ［法］卡斯东·斯特法尼等著：《法国刑事诉讼法精义》，罗结珍译，中国政法大学出版社 1998 年版，第 819 页。

⑥ 卞建林、刘玫主编：《外国刑事诉讼法》，人民法院出版社、中国社会科学院出版社 2002 年版，第 217 页。

⑦ ［美］爱伦·豪切斯泰勒·斯黛丽、南希·弗兰克：《美国刑事法院诉讼程序》，陈卫东、徐美君译，中国人民大学出版社 2002 年版，第 599 页。

⑧ ［英］麦高伟、杰弗里·威尔逊主编：《英国刑事司法程序》，刘立霞等译，法律出版社 2003 年版，第 443 页。

2. 简化审理方式

除了通过以上途径限制上诉以弱化刑事普通救济程序的负功能外，各国刑事普通救济程序都采取了较初审程序更为简单的审理方式，以抑制诉讼效率的降低和减少诉讼成本的支出。例如，上文中提到的，在仅就法律问题予以救济的程序中，各国一般仅采取书面审查或听取有关方面陈述、辩论的方式；在对事实和法律问题予以全面救济的程序中，有的国家也仅采取听取有关方面的陈述、辩论或者书面审查的方式，而只当存在特殊需要时，才采取更为严格的程序来进行事实救济；即便是在采取重新审理方式的国家，对初审中已经作证的证人一般也不再进行交叉询问，而是根据相关笔录进行裁判。

三、我国刑事普通救济程序功能的完善

与两大法系的主要国家相比，我国的刑事普通救济程序在目标功能的定位、目标功能的实现途径和负功能的弱化途径等方面都存在一些问题，因此需要从以下几个方面来予以改革和完善：

（一）目标功能本身的完善

从我国刑事普通救济程序目标功能的定位来看，其主要存在以下两方面的问题：一是忽视刑事普通救济程序的法律统一功能；二是强调刑事普通救济程序的纠错功能，忽视从救济当事人利益的角度出发来认识其救济功能。

如前文所述，法律统一功能是救济程序应当承担的重要功能，而救济功能的提法则有利于立法者和司法者转换思维，注重对当事人，尤其是对被告人权利的保障，也有利于法律统一功能独立价值的彰显，因此我们认为，应当将法律统一功能确立为我国刑事普通救济程序的独立的目标功能，并强化救济功能的提法。

（二）目标功能实现途径的完善

与两大法系各主要国家相比，我国刑事普通救济程序目标功能的实现途径有以下两个方面的特点：

其一，没有单纯实现法律救济与法律统一功能的途径。在我国，除最高人民法院审判的第一审案件不存在二审程序和判处死刑的案件需再经死刑复核程序外，其他案件一律实行两审终审，从事实和法律两个方面对原裁判的错误予以全面纠正，而没有为当事人提供可以单就法律问题再次向更高级别的法院上诉或直接向更高级别的法院越级上诉的途径。

我们认为，鉴于上级法院维护法制统一之任务的根本性和法律统一功能的独立性与重要性，应当为当事人提供在二审之后，就法律问题再向上级法院提起上诉甚至向更高级别的法院越级上诉的途径，及对初审裁判就法律问题直接向更高级别的法院越级上诉的途径。

其二，我国目前的刑事普通救济程序一律实行全面审理的原则，但却根据提起上诉（抗诉）的主体不同而分别采用了两种审理方式，对人民检察院抗诉的案件，一律开庭审理，实际上也就是对这类案件要予以重新审理；对仅有被告人一方上诉的案件，则规定合议庭经过阅卷，讯问被告人，听取其他当事人、辩护人、诉讼代理人的意见，对事实清楚的可以不开庭审理，言下之意，对于经这种方式仍查不清楚事实的，则应当开庭

审理。

这种根据上诉（抗诉）主体的不同而适用不同审理方式的做法是各国所未有的。其确立的初衷是从救济程序的纠错功能和人民检察院的法律监督地位出发的，认为人民检察院提起抗诉的案件更有可能存在错误，因此有必要予以重新审理。而从救济功能的角度出发，我们则可以这样理解，因为人民检察院抗诉的案件可能导致对被告人的不利益变更，因此从保障被告人利益的角度来说确实应采取更为谨慎、严格的审理方式。但即便如此，对仅有人民检察院一方仅就法律问题提起抗诉的案件也要重新开庭审理还是值得商榷的，这个问题我们将留待下文讨论。

对仅有被告人一方提起抗诉的案件，我国设计了可以由合议庭阅卷、讯问、听取意见向开庭审理转化的程序，其转化的条件是"经这样的方式仍无法查清事实"，也就是说，可以通过这样的方式来进行事实调查。而综观世界各国的刑事普通救济程序，凡涉及事实调查的，一般均需采取较为严格的程序，法国和德国一律要求开庭审理，意大利对要求调查新的证据的也要开庭审理，笔者认为，我国的刑事普通救济程序如果要进行事实调查，也应当一律开庭审理，无论提起上诉（抗诉）的是人民检察院还是被告人。鉴于我国被告人获得律师帮助的比例很低，控辩平等对抗难于实现，加之法官的素质本身也存在问题，初审裁判存在错误的可能性较大，因此如果任何一方就事实问题提出了上诉（抗诉），那么应对案件予以重新审理，也即采复审制，而不采仅对新证据予以调查的续审制和仅对上诉理由涉及的部分予以调查的事后审查制。

但是，我们在下文中将要论述到，很多通过限制上诉来弱化救济程序负功能的途径在我国并不适用，因此我国比别国面临着更严重的司法资源紧缺问题，在这种情况下，我们还要实行很多发达国家都没有条件实行的全面审查原则（法国和德国虽然实行全面审查原则，但其对上诉本身有诸多限制），这种做法是非常不现实和不理智的。因此，我们认为，对于控辩双方都仅针对法律问题提起上诉（抗诉）的，不应再就事实和法律问题予以全面审查，而只需针对法律问题予以书面审查即可，但对双方之任何一方申请口头辩论的，法院应当听取口头辩论，法院也可以依职权要求控辩双方进行口头辩论。

综上所述，我国的刑事普通救济程序目标功能的实现应采取上文所述的选择性实现目标功能的途径，但又应带有自己的特色。

（三）负功能弱化途径的完善

如前文所述，很多国家都通过限制上诉的方式来弱化刑事普通救济程序的负功能，但这种方式在我国的适用却往往存在特殊的障碍。例如，由于我国的公诉机关同时又是法律监督机关，因此我们不能禁止其提起抗诉，我国注重保障被害人权益的司法传统和文化传统也不允许我们禁止对无罪判决提起抗诉或上诉。再如，由于我国的被告人获得律师帮助的比例很低，控辩平等对抗难于实现，法官的素质本身也存在问题，因此即便是较高级别的法院所作出裁判的正确率和可接受度也并不很高，而其所审理的一般都是重罪案件，一旦发生错误，后果将非常严重，因此禁止对较高级别法院所作出裁判的上诉在我国也不适用。

但是，我国可以尝试限制对轻微刑判决的上诉，如限制对罚金刑的上诉。再者，如果我国确立了当事人在二审之后可以就法律问题再向上级法院提起上诉，甚至向更高级别的法院越级上诉的制度和对初审裁判就法律问题直接向更高级别的法院越级上诉的制度，那么应当就此种上诉增设上诉许可程序。

正是由于限制上诉的方法在我国缺乏广泛的适应性，因此我们的刑事普通救济程序无力实行全面审查原则，而应当采取上文所述的有自己特色的选择性实现目标功能的途径。此外，即便是在需要开庭审理的时候，对初审中已经作证的证人一般也无须进行交叉询问，而可根据相关笔录进行裁判。这种选择性实现目标功能的途径本身在一定程度上弱化了刑事普通救济程序的负功能。

（作者单位：中国社会科学院法学研究所　中国政法大学）

保外就医执行制度的改革和完善

魏 彤

1. 关于征求公安机关意见问题。

在对罪犯保外就医的办理过程中，其中程序上有一个重要环节就是征求公安机关的意见。在实际操作中，往往将其作为一个必备程序条件，也就是说，即使罪犯完全符合刑事诉讼法第 214 条及监狱法第 25 条规定的罪犯保外就医条件，只要公安机关不同意保外就医的，就不能办理保外就医。对此笔者认为不够合理。

理由如下：

第一，根据刑事诉讼法第 214 条和监狱法第 25 条规定的罪犯保外就医的实体条件有两个。一是患有严重疾病需保外就医的。二是在刑种上的限制性条件，即在押的必须是被判处有期徒刑或拘役的罪犯。在程序上，规定了由监狱提出书面意见，报省、自治区或直辖市监狱管理机关批准。批准机关应当将批准保外就医决定通知公安机关，并抄送人民检察院、原判人民法院。从上述规定我们可以看出，只要罪犯符合保外就医的实体条件，并由监狱提出书面意见，报省级监狱机关批准，即是合法的。当然为了防止或尽量避免被批准保外就医的罪犯在保外就医期间实施危害社会的行为，监狱管理机关在办理保外就医案件时，还对"是否系涉黑犯罪及罪犯现实危险性"方面作了进一步控制。公安机关在罪犯入狱后，对罪犯的改造实际并不了解，是否具有现实危险性，也应由监狱管理机关掌握较为妥当。

第二，根据刑事诉讼法、监狱法有关规定，省（自治区、直辖市）监狱管理机关为保外就医审批决定机关。公安机关是保外就医的执行机关。监狱管理机关对保外就医应有独立的决定审批权，不必征求公安机关意见。

第三，我国对罪犯保外就医制度体现的是现代行刑制度的文明、进步以及社会主义人道主义精神，依法保障罪犯应有的合法权利。

在办理保外就医征求公安机关意见的过程中，有的公安机关出于怕麻烦的考虑，有的公安机关本来就是罪犯犯罪时案件的承办单位，为侦破案件，抓获罪犯花费了大量警力、物力，往往对罪犯服刑期间的保外就医持消极态度，以被害人不谅解及当地民愤较大为由不同意保外就医。使得一些罪犯虽然符合法定保外就医条件，病情极为严重，但无法得以保外就医。笔者认为，这有悖于我国保外就医制度的宗旨。从这一角度来说，也不应把征求公安机关意见作为保外就医的一个必备程序条件，而只应作为一个参考条件。

在调查中，山西监狱管理局强烈反对"公安机关一票否决制"①。重庆监狱局建议采取

---

① 2007 年 4 月 6 日、7 日、9 日笔者分别在山西省女子监狱、阳泉第一监狱和第二监狱、山西省监狱管理局举办的三个座谈会上，与会干警强烈反对"公安一票否决制"，呼吁改革。

"告知"程序①。

2. 关于罪犯骗取保外就医以及保外就医期间未经批准擅自外出期间刑期的审批决定程序问题。

《罪犯保外就医执行办法》第 16 条规定了罪犯骗取保外就医以及未经公安机关批准擅自外出期间不计入执行期，但对于不计入执行期应如何办理，则未作出规定。刑事诉讼法、监狱法对此也未作出任何规定。

根据 1989 年 8 月 30 日最高人民法院、最高人民检察院、公安部、司法部《关于依法加强对管制、剥夺政治权利、缓刑、假释和暂予监外执行罪犯监督考察工作的通知》第 5 条第 2 项规定："……对于未经批准而擅自离开所在地域的监外罪犯，其外出期间，不得计入执行期。扣除的执行期，由县级公安机关在其法律文书上注明，并加盖公章，通知本人。"另根据《司法部监狱管理局关于办理罪犯采取非法手段骗取保外就医期间不计入执行刑期的法律手续问题的批复》的规定，原关押监狱发现罪犯骗取保外就医的情况后，应立即将罪犯收监，并提出该罪犯保外就医期间不计入执行刑期的意见，报请省监狱管理局作出决定。这样得出两个结论：一是对于未经批准擅自离开所在地域的监外罪犯，外出期间不计入执行期的由执行地县级公安机关决定。二是对罪犯非法骗取保外就医的，其保外期间不计入执行期的由省级监狱管理机关决定。

笔者认为这样的规定是不妥当的。主要理由如下：第一，执行机关只能严格执行人民法院生效的判决，而无权更改法院判决；第二，刑罚执行的起止日期作为人民法院刑事判决的重要内容，在判决及《执行通知书》上都做了明确记载，未经人民法院判决或裁定，任何单位或个人都无权更改；第三，公安机关作为保外就医的执行机关，省级监狱管理局作为监狱管理行政机关，所作出的"不计入刑期"决定必然导致止刑日期后推，实质上是对人民法院判决内容的更改，超越了自身权限范围，丧失了法律严肃性。

笔者建议，发现罪犯骗取保外就医以及保外就医期间罪犯擅自离开所在地域的情况，执行地公安机关应协助监狱机关立即将罪犯收监，并将相关材料移交监狱，由监狱向监狱所在地人民法院提出不计入刑期建议，由监狱所在地人民法院裁定不予计入执行期。

3. 关于加强和落实实地考察的问题。

现实考察中存在以下问题：一是与执行监管的公安机关难以协调；二是与部分保外罪犯难以见面；三是取保人难见面及不尽责。在调研中发现，江西省监狱局探索并收效良好的"划地区管理办法②"值得学习，即从 2005 年以来采取的由省监狱局统一将保外就医的罪犯根据其居住地划归就近监狱管理，结合保外就医罪犯联系卡制度，建立和巩固了与公安机关的长效工作协调机制。

江西省监狱管理局为进一步加强和规范罪犯保外就医考察工作，根据规范执法行为、促进执法公正和与时俱进、改革创新的要求，针对罪犯保外就医考察工作中存在的突出问题，对现行的罪犯保外就医考察办法进行改革，规范完善内部执法机制，在执法方法上进行创新，作出了有益的探索，收到了良好的效果。

---

① 2007 年 7 月 26 日，笔者在重庆监狱管理局座谈会上，与会干警提出此项建议。

② 2007 年 4 月 14 日上午，笔者在江西省景德镇监狱座谈会上，监狱干警谈及划片管理试行办法。

4. 关于保外就医罪犯出现新情况新问题给予正确对待。

在考察中，监狱普遍强烈反映，不能因为保外就医的罪犯在社会上重新犯罪，社会就谴责监狱为什么把罪犯放到社会上危害社会而由监狱承担全部责任。

保外就医是有风险的，对于罪犯严格按照规定与程序审批保外就医，即使保外就医罪犯发生问题，如重新犯罪，也不应追究当初作出保外就医决定的机关和决定人。因为犯罪是由各种复杂因素形成的，并非保外就医单纯造成的，不能因此追究当初保外就医决定者的责任。当然，对于有证据证明违法程序、以权谋私、徇私舞弊者应依法追究其刑事责任。正确区分这两种不同性质的情况，才能使监狱执法者放下思想负担，正确适用保外就医，使符合条件的罪犯保外就医，查处和预防腐败行为。

5. 建议增加保外就医专项经费①。

贵州省海子监狱、太平监狱、毕节监狱等建议增加保外就医专项经费，并立法予以保障。确保罪犯保外就医执法工作从疾病鉴定到批保出狱以及监督考察、续保等整个执法环节不因执法经费困难而落实不彻底，影响监狱执法公正，同时，罪犯保外就医出狱后，家庭治疗出现困难的，应实施治疗救济。

四川成都监狱针对监狱医疗检查条件太差的现状，明确提出，财政上加大对监狱医院医疗设备的投入。

6. 针对保外就医罪犯脱管、漏管的情况，完善保外就医的执行。

通过此次调研活动，分析总结针对保外就医涉及法律、法规较多，工作范围广，涉及面广等特点，提高认识是前提，协调配合是关键，完善制度是保证，落实责任是手段，加强保外就医工作，解决脱管、漏管问题，应从以下几个方面入手：

（1）提高加强监外罪犯执行工作重要性的认识。各级司法机关应充分认识到保外就医罪犯的脱管、漏管将严重影响刑罚的正确执行，不利于罪犯的教育改造和社会的稳定，损害了司法机关在人民群众心目中的形象。要从提高党的执政能力、巩固党的执政地位、完成党的执政使命的高度，深刻认识新形势下加强保外罪犯执行工作的重要性，进一步加强刑罚执行工作，切实提高运用司法手段化解社会矛盾的能力，确保经济建设和社会秩序的稳定。

（2）建立长效机制。监狱部门针对保外就医工作中所暴露出的底数不清、管理不严、责任不明、脱管漏管等问题，要认真加强制度建设，建立和完善各种规章制度，将工作中行之有效的措施制度化，把完善相应的长效机制作为一个重要课题，积极开展调研工作，研究制定出加强保外执行工作的长效机制，从制度上和源头上杜绝脱管漏管问题的发生，探索保外检察监督的有效办法。监狱管理部门在各地建立长效机制的基础上，出台具体工作细则，重点对保外就医执行的内容、程序和方法，工作制度，对违法活动的处理作出明确的规定。

（3）监外罪犯交付执行应确保到位。有关部门应在现有的交付执行规定的基础上，制定更为明细的规定，便于各执行机关在实践中具体操作，保证保外罪犯从监狱到执行地派出所之间的交接到位，避免交接过程中的脱管失控。特别要补充规定，保外就医罪犯的裁定、决定要向执行地检察机关监所部门送达，防止监督不到位。监狱决定执行保外就医的

---

① 实地考察的9个省监狱管理局都谈到这种建议。

罪犯，决定机关要向当地公安派出机关送达法律文书，防止脱管漏管。同时，建议由中央政法委牵头，公检法司四机关联合制定《监外罪犯刑罚执行监督管理制度》，在制度上规范各部门的职权、任务、职责范围。

（4）建立保外就医罪犯近亲属担保追究制。针对有些保外罪犯出监后，不到当地派出所报到接受管理监督，随意出走，脱管失控，甚至流窜外地重新犯罪，给社会造成危害的问题，有必要建立监外罪犯近亲属担保追究制，实行保证金制度。保外就医罪犯在监外执行期间有违法犯罪行为时，可根据有关法律规定予以收监执行，并予以没收保证金。促使监外罪犯的近亲属积极参与对罪犯的监督管理教育，促进监外执行罪犯认罪服法，遵守法律规定，自觉地规范自己的行为。在目前警力紧张的情况下，可以起到很好的辅助作用。

（5）强化监外罪犯监督责任。一是检察机关应强化对保外就医罪犯执行工作的监督，加强对监外执行中违法行为的处罚，尤其要着重查办牵涉其中的职务犯罪，通过查办案件，带动和促进保外就医执行工作依法公正地进行。二是执行地派出所要统筹安排，把监管任务分配给片区民警，专人负责，依靠基层组织、单位保卫部门、治保会，动员保外罪犯家属进行帮教。三是完善奖惩制度，把该工作列入考评内容，对成绩突出的予以表彰奖励，对于不能履行职责，造成保外罪犯漏管、脱管、失控或重新犯罪的，追究一定责任。

（6）纳入综合治理，加强回访考察。应将保外执行检察工作纳入社会治安综合治理的总体格局，一起安排部署，一起总结检查，积极调动人民群众和社会组织参与社会治安综合治理的积极性，共同矫正保外罪犯的思想意识和行为规范。可由政法委牵头，每年组织司法部门联合对保外执行情况进行一至二次全面的回访考察，发现问题及时纠正，通报有关情况，推广经验做法，把保外就医罪犯刑罚执行真正落到实处。

（7）加强对脱管漏管罪犯的追捕力度，落实监督考察措施。①对脱管失控的罪犯由公安机关发出通告，限期到辖区派出所报到，接受监督考察，否则以逃犯对待，追捕后予以收监执行。②公安机关应指定专人进行追捕，追回后将视其表现给予治安处罚，依法延长考验期限。③鉴于个别派出所管辖多个乡镇，因警力不足，导致监管落实不到位或不能落实的情况，应在地方党委、政府的统一领导下，加大派出所和司法所的协调配合，对当地的监外罪犯的刑罚执行可由派出所委托司法所代为监管，派出所可不定期进行督察。④公安机关对保外就医的罪犯应严格管理，扎实有效地落实各项管理措施，要定期不定期地向罪犯所在的村委会、社区、单位了解改造情况。对保外罪犯每季度的思想改造汇报情况和派出所对罪犯的改造情况写出的评定意见书应整理入档，切实管紧管好。同时派出所要加强身份证管理，对外迁人口一律收回本地身份证，防止利用身份证在外地犯罪。

（8）建议实行保外就医罪犯季签到制度。保外就医罪犯每季度到住所地的公安机关报到并汇报现实表现和思想动态。签到制度要贯穿于监外执行的全过程。在监督管理工作中，罪犯要在每季度的最后 10 天内到居住地派出所签到，派出所应发给监外执行罪犯签到卡，每次签到时，罪犯本人应在卡上简要说明表现情况，所在的村委会、社区、群众监督矫正小组要加注意见，派出所要写明审查意见、签到时间并由审查人签名。派出所要建立监外执行罪犯台账制度，对监外罪犯的基本情况、刑种类型、执行期限、判决机关等建立详细的图、表、卡、册，做到档案齐全、管理规范、措施到位，记载每次签到情况，罪犯签到卡要备案存查，全面掌握监外执行罪犯的现实表现。

（9）加强出监前教育，提高遵纪守法意识。监狱在作出保外就医决定后，对保外执行罪犯应加强遵纪守法和接受公安机关监督的教育，告知其在监外执行保外就医期间必须遵守的法律、法规和公安机关关于会客和外出需批准的规定，使其明确具体的监管部门和应履行的法定义务。司法所要做好监外罪犯的安置、帮教、转化工作。

7. 关于精神病罪犯的保外就医问题。

重庆市监狱管理局提出，国家应正视精神病罪犯问题，精神病罪犯已丧失服刑能力，在监狱内长期带着戒具，给监管带来长期沉重的精神和物质负担，不能体现人道主义精神。鉴定为精神病的罪犯，应出监放到社会上的精神病院进行治疗。国家应设立专门经费、专门机构进行管理①。上海监狱管理局也持相似观点②。江西省新康医院③主张，国家应投入资金，建立精神病院，将精神病罪犯全部收入精神病院，有利于社会安全稳定，有利于和谐社会的建立。

虽然 1955 年联合国通过的《囚犯待遇最低限度标准规则》当中没有类似我国保外就医的规定④，但在其第一部分中的医疗方面、第二部分针对精神病罪犯的具体待遇作了详细的规定。第 82 条规定⑤，（1）经认定精神错乱的人不应拘留在监狱之中，而应作出安排，尽快将他们迁往精神病院。（2）患有其他精神病或精神失常的囚犯，应在由医务人员管理的专门院所中加以观察和治疗。（3）这类囚犯在监狱拘留期间，应置于医官特别监督之下。（4）监所的医务室或精神病服务处应向需要此种治疗的其他一切囚犯提供精神治疗。第 83 条规定，应该同适当机构设法采取步骤，以确保必要时在囚犯出狱后继续精神病治疗，并确保社会和精神治疗方面的善后照顾。《俄罗斯联邦刑事诉讼法典》⑥ 第 362 条规定，因患有慢性精神病或者其他重病，可以免除服刑。解读联合国、国外的相关规定，结合国内理论和实践的强烈呼吁，笔者建议在法律中明确规定将监狱内的精神病罪犯送到社会精神病院进行治疗和管理，免除刑罚处罚。贯彻人道主义精神，减轻监狱刑罚执行中的负担。

8. 对保外就医执行活动的监督职责应按属地原则确定。

检察机关对暂予监外执行活动无疑负有监督职责，但是这项监督职责究竟是由担负监狱检察任务的检察院承担，还是由罪犯居住地的检察院承担，或是由两地检察院共同承担，现行规定并不十分明确。这导致有的地方两地检察院都去监督以致重复劳动，或者相互推诿，视路途远近和人力经费状况等非法定因素酌情为之，监督随意性大。有的地方暂予监外执行活动不规范，公安机关执行措施不严，罪犯脱管漏管甚至重新犯罪，与检察机关职责不清、分工不明、监督不力也有一定的关系。笔者认为，为加强对保外就医执行活动进行全面及时有效的监督，高级人民检察院应当按属地原则划定两地检察院的监督权限，即公安机关对暂予监外执行罪犯的执行情况，由罪犯居住地县级检察院实施监督，监狱的暂予监外执行活动由担负监狱检察任务的检察院实施监督。同时两地检察院既要分工负责，

① 2007 年 7 月 27 日笔者在重庆市监狱管理局座谈会上，与会干警谈到的观点。

② 2007 年 4 月 23 日笔者在上海市监狱管理局座谈会上，与会干警谈到的观点。

③ 2007 年 4 月 18 日笔者在江西市监狱管理局座谈会上，新康监狱与会干警谈到的观点。

④ 陈光中、［加］丹尼尔·普瑞方廷主编：《联合国刑事司法准则与中国刑事法制》，法律出版社 1998 年版，第 440 页。

⑤ 冯建仓、陈文彬著：《国际人权公约与中国监狱罪犯人权保障》，中国检察出版社 2006 年版，第 334 页附录《囚犯待遇最低限度标准规则》。

⑥ 苏方遒、徐鹤喃、白俊华译：《俄罗斯联邦刑事诉讼法典》，中国政法大学出版社 1999 年版，第 206 页。

又要相互配合加强协调，如可以建立两地四方联席会议制度，定期或不定期互通情报，以促进工作。

9. 建议完善收监执行的情形，收监执行的办法可增强灵活性、可操作性。

对患有严重疾病或者生活不能自理的罪犯批准暂予监外执行，目的就是让罪犯能够在扶养义务人的照料下更好地生活和医疗。当罪犯在监外无法得到和维持这样的生活和医疗时，刑罚执行机关就不应再采取监外执行的方式。笔者在实践调研座谈会中发现确有一些罪犯因经济困难无法继续就医要求监狱收监[①]等。这已经成为一个应当面对的现实问题。

建议对确有困难无力就医的，监狱可酌情予以补助或收监；如罪犯的扶养义务人死亡或者丧失劳动能力或者对罪犯有虐待、遗弃甚至加害行为的，监狱可予收监。这样做不但符合立法的初衷，也有利于消除罪犯因求助无门可能引发的不安定因素。对于后一种情形，如取保人死亡或者丧失劳动能力或者不尽职责、不愿继续为罪犯担保的，监狱应要求罪犯重新提供担保人，罪犯不能重新提供担保人的，监狱可考虑收监执行。上述三种情形可称之为酌定收监情形，建议纳入立法，应当尽快弥补。

针对收监办法，建议从两方面加以改进：一是增设罪犯主动回监制度，规定保外就医情形消失后罪犯应当在3日内主动回监服刑。为此，首先应当解决如下几个问题：（1）明确规定何种情况属保外就医的情形已经消失，并作为司法部狱务公开内容向社会公布，有针对性地告知罪犯及其担保人及有关基层组织等，以利于执行和监督。（2）建立相应的奖罚制度。罪犯依照规定及时回监的可根据计分考核规定予以加分或给予表扬等，对符合减刑、假释条件的应与不主动回监罪犯区别对待。规定罪犯不主动回监服刑的，自保外就医的情形消失次日起至收监执行之日止的时间不计入刑期。（3）规定监狱对主动回监的罪犯应及时作出处理。监狱审查认为保外就医的情形确已消失的应当立即收监，反之应当向罪犯说明情况，通知其继续暂予监外执行。罪犯因主动回监而支出的必要费用监狱可酌情补助。二是规定收监执行由公安机关负责并在时间上作出限定，监狱应当予以协助。因为公安机关与监狱相比能够更及时全面地掌握罪犯的情况，如保外就医的情形是否已经消失，罪犯住址有无变动，社会关系及行踪等，对那些应收监而监狱难以收监的罪犯，更要依靠公安机关的优势才可达到。

10. 关于部分罪犯保外后难以就医问题。

在保外就医实际执行工作中，通过考察，发现部分罪犯，特别是欠发达地区的农村籍罪犯，虽然保外，却因经济条件差，医疗费用昂贵，很难得到很好的医治，只能靠草药偏方治疗。一些罪犯本可通过规范治疗收到较好的疗效，但因经济困难"久保不医、久保不愈"。保外就医制度的宗旨得不到充分实现。

笔者认为，罪犯作为犯了罪的公民，其在服刑期间被限制人身自由的同时，其获得社会救助及福利保障的权利并未被剥夺，仍依法享有。建议将罪犯的医疗纳入社会医疗保障体系。可在经济较发达地区的监狱搞试点逐步建立罪犯"低工资"制，通过从罪犯劳动报酬中出资以及国家适当补贴的方式解决资金来源。这样做的好处在于：（1）在保证监狱服刑罪犯有病得到及时有效治疗的同时，减轻国家财政负担。（2）能使罪犯（特别是生活困

---

① 2007年7月30日下午，在云南第二女子监狱座谈会上谈到保外就医罪犯要求回监服刑的情况。2007年9月24日下午，笔者在甘肃省监狱管理局座谈会上，甘肃女子监狱具体谈及此问题。

难的罪犯）保外后有条件就医，充分体现人道主义精神。（3）向后延续通过与社会救助机构挂钩，解决刑释人员刑满释放后一定时期内的医疗保障问题，对帮扶刑释人员早日走向自食其力，预防重新犯罪有着极其重要的意义。

11. 建立保外就医的配套措施。

一是对患有疾病需要治疗但不符合保外就医条件的罪犯，本应由监管部门进行医治，但监管场所医疗条件十分落后，经费难以保障，难以适应罪犯就医的需要。二是有的罪犯患有疾病，且符合保外就医条件，但罪犯家属或出于对罪犯的痛恨，或由于家庭困难，不愿接受罪犯，对罪犯保外就医不予配合。

针对上述种种问题，笔者认为应从如下几个方面规范保外就医：

（1）建立规范的保外就医考察机制和工作机制。对保外就医的考察是一项系统的社会治安综合治理工程，不仅需要各执法机关协同配合，而且需要全社会力量的支持和参与。因此，应明确规范在对保外就医的考察中，公安派出所负责日常考察，监狱或未成年管教所负责全面考察，人民检察院进行监督，全社会力量特别是基层组织或医院积极参与的一整套有效机制。

（2）充分发挥检察机关的职能作用。检察机关要结合职能，对保外就医的审批、交接、考察、收监等方面加强监督，发现问题及时通知纠正。同时，要加大对医院出具虚假鉴定证明及有关人员贪污受贿、徇私舞弊、枉法进行保外就医等方面的监督力度，深入查办相关职务犯罪。

（3）建立和完善奖惩制度和公开宣告制度。对保外就医期间违反监管规定情节严重的，及时予以收监；对保外就医期间认真接受医治和考察、改造表现好的，可以延长保外就医时间或依法予以假释、减刑等。做到奖罚分明，充分发挥保外就医考察的约束激励作用。对依法延长保外就医时间予以假释、减刑的，执行机关应到公安派出所及基层组织予以宣告，体现"惩办与教育"相结合的刑事政策，从而达到预防和减少犯罪的目的。

（4）完善配套措施①。国家要加大监管场所基础设施特别是医疗条件的资金投入力度，以适应罪犯监内就医的需要，来解决对不符合保外就医条件的罪犯，但因监内就医条件的限制不得不降格保外就医的问题。同时明确符合保外就医条件罪犯的亲属接收罪犯及承担医疗费用的义务，必要时采取强制方式要求其履行义务，解决无人接收的问题。

（作者单位：司法部预防犯罪研究所）

---

① 《"保外就医"漏洞百出：程序不严监督不力配套不够》，载《法制日报》2001 年 12 月 29 日。http://news.so-hu.com/44/04/news147540444.shtml

刑事鉴定认证问题研究

魏玉民

在刑事诉讼中，证据经过取证、举证、质证阶段，则进入认证阶段。认证是诉讼证明中最后一个环节，它不是单一的行为，而是一个过程。认证，是指审判人员在证明主体提出证据材料并进行质证的基础上，对证据材料审查确认其能否作为定案根据的诉讼活动。在诉讼中，认证以质证为前提，是质证活动的结果。

刑事诉讼中经常涉及专业性问题的鉴定，鉴定结论只有经过认证才能作为定案的根据，司法鉴定认证的正确与否直接关系到案件的实体处理是否正确。司法鉴定的认证是证据认证的一部分，它是审判人员对证明主体提出的司法鉴定在质证的基础上，进行审查确认其能否作为定案根据的诉讼活动。司法鉴定认证制度的内容包括司法鉴定认证主体、认证的对象、认证内容。通常认为认证的主体是审判人员。但笔者认为应当将当事人纳入认证的参与主体，因为虽然审判人员是进行认证、作出判断的主体，然而将当事人纳入认证的参与主体，可以强化当事人对认证的参与性，保护当事人在认证中的权利。认证的对象是诉讼中经委托由专门的鉴定机构作出的鉴定结论。认证内容包括对证据可采性的认证和对证据证明力的认证。这主要涉及司法鉴定科学性与合法性的审查，同时也包括了对关联性的审查。可见，司法鉴定的认证制度与一般证据的认证制度基本相同，二者的主要区别在于认证的对象和内容不同。

司法鉴定的认证在诉讼中居于重要的地位，但是当前我国司法鉴定的认证制度却存在着诸多不合理的地方。本文拟对刑事司法鉴定认证所存在的问题进行研究，并分析其中的原因，探讨司法鉴定认证制度改革与完善的措施。

一、刑事司法鉴定认证所面临的问题

刑事司法鉴定认证制度是刑事证据认证制度的一个重要组成部分，刑事证据认证制度中存在的诸如缺乏认证程序、具体的认证规则等问题，在刑事司法鉴定认证制度中同样存在。除此之外，在刑事司法鉴定认证制度中，还存在以下特殊的问题：

（一）刑事司法鉴定认证难

在刑事诉讼中，法官面对司法鉴定，往往无从下手，难以认证。主要体现在以下几个方面：

1. 司法鉴定专业性强，法官缺乏专业人员的辅助，认证、采信司法鉴定时面临专业性的困难。

刑事司法鉴定是解决刑事诉讼中专门性问题的专业鉴定行为，其专业性极强。法官是法律方面的专家，但对于专业鉴定领域里的专业问题，不可能完全精通。因此，法官在认证司法鉴定时，往往面临难以逾越的专业知识屏障。同时，我国的诉讼制度中又缺乏专门人员为法官认识、鉴别司法鉴定提供帮助的专门程序。这导致法官在认证司法鉴定时，既困难又无助。而因某些鉴定人员素质低所导致的虚假鉴定的存在，更加深了法官认证司法鉴定时的困难性。①

2. 多头鉴定、重复鉴定，导致审判中出现多个司法鉴定，甚至各个鉴定相互矛盾，法官难以抉择。

目前，由于我国鉴定机构设置混乱，司法鉴定运作无序等原因，导致多头鉴定、重复鉴定等现象频繁发生。在同一起案件中，相同的专门性问题在不同的诉讼阶段往往可能形成完全不同的数个鉴定结论。而参与诉讼的各方各持对自己有利的鉴定结论向法庭举证，致使案件事实无法查清，法官难以对司法鉴定进行认证，更难以决定应该采信哪个司法鉴定。

（二）司法鉴定认证随意性大

目前，我国法律对于包括鉴定结论在内的证据的认证缺乏完善的规则，法官对证据的认证具有很大的自由裁量权。主要表现为：现行法律和有关司法解释对证据能力的规定较少，且仅限于对非法证据的排除，而其中有关鉴定结论的非法排除规则几乎没有；至于鉴定结论的证明力的规定更少，并且存在不合理的规定，如规定鉴定结论的证明力一般高于其他书证、视听资料和证人证言。法官在认证司法鉴定时的自由裁量权过大。当司法鉴定只有一个时，法官容易采用一律采信司法鉴定的态度，表现出对司法鉴定的过于信赖。而当出现多个司法鉴定时，有些法官总会以鉴定机构的级别高低决定结论采信和证据效力；有些法官凭自己的喜好来采用多个鉴定中的一个鉴定机构的结论，有人对我国某基层法院进行调查后发现，对于法院委托的司法鉴定结论，被采用率为100%②；个别法官或受亲友关系的影响，或受利益驱动，故意采用偏袒一方当事人的鉴定结论，甚至将已质证过的鉴定结论，无正当理由而推翻。③ 这严重影响了司法活动的严肃性，造成司法鉴定的信誉危机。

（三）所采信的司法鉴定公信力不高

在涉及专业性问题的诉讼中，司法鉴定通常是诉讼的争议焦点，采信什么样的司法鉴定是诉讼的关键。在现实中，法官经认证决定采信某个司法鉴定，但是这种认证却往往缺少权威性，得不到控辩双方甚至社会的认同。因而，二审推翻一审的司法鉴定结论、当事人重新委托鉴定等情形经常发生，进而不断申诉的情形时有发生，甚至出现由于不同的鉴定导致案件处理结果多次反复的荒谬事件。④

---

① 奉晓政：《司法鉴定结论采信问题研究》，载《广西社会科学》2006 年第 2 期。

② 马琍：《对法官审理民商事案件中审查运用鉴定结论现状的调查与思考》，四川大学 2002 年硕士论文，第 5 页。

③ 王军：《民事司法鉴定制度的主要缺陷及其完善》，载《实事求是》2005 年第 4 期。

④ 祁建建：《变革中的中国刑事鉴定体制及其法律服务功能》，载范方平主编：《建构统一司法鉴定管理体制的探索与实践》，中国政法大学出版社 2005 年版，第 116 页。

二、司法鉴定认证存在问题的原因分析

刑事司法鉴定认证制度发生上述问题，有着深层次、多方面的原因，需要全面加以分析研究。

（一）司法鉴定认证难的原因分析

法官缺乏专家的辅助，无法克服专业障碍。

司法鉴定是由鉴定人借助科学技术手段对专业问题作出的科学判断，专业性很强。法官对于司法鉴定的审查认证，关键是要发现和认识司法鉴定的科学性。但是，法官缺乏相关专业的科学知识，往往无法对此进行认识和甄别。而在我国刑事诉讼中，缺乏专门的专家提供辅助制度为法官提供专业性帮助。这导致法官无法逾越专业障碍，顺利对司法鉴定进行审查认证。从司法实践常用的审查认证方法来看，法官只能就几个客观形式方面对司法鉴定进行审查认证，而对一些专业知识性很强的问题根本无法审查认证，即使审查了，也仅仅是一种个人的主观推测，很难对鉴定结论的证明作用作出一个客观的评价，进而影响到鉴定结论的正确使用。

另外，管理制度、实施制度混乱，导致多头鉴定、重复鉴定、虚假鉴定等问题，增加了法官认证的困难。

（二）司法鉴定认证随意性大的原因分析

司法鉴定认证随意性大存在的核心问题是法官的自由裁量权过大。解决问题的根本在于如何约束法官在认证过程中的裁量权。在刑事司法鉴定认证中，导致法官自由裁量权过大的原因很多，主要有以下几方面：

1. 司法鉴定认证规则的缺乏。

法官对司法鉴定的认证也应该遵循一定的认证规则，否则容易出现随意认证的情况。我国目前缺乏统一的司法鉴定认证规则，法官在法庭上对司法鉴定应该如何认证、认证的内容、认证的范围、认证的步骤等问题，都没有法律规定。这导致法官在认定司法鉴定时无章可循，因而也无法受到法律的约束，从而产生司法鉴定认证问题上的随意性。

2. 司法鉴定的质证流于形式，质证对法官失去约束力。

我国刑事诉讼法第 151、154、156 和 157 条对法庭询问鉴定人的程序进行的原则性规定，大致勾勒出了我国刑事诉讼中对鉴定人进行法庭询问的程序。但上述规定缺乏系统性和完整性。在我国鉴定人出庭作证不是庭审质证的必备条件，绝大多数鉴定人都不出庭作证，法庭仅仅通过宣读书面的鉴定结论，对这一极为重要的证据进行调查。这种书面和间接式的审判方式，一方面难以对鉴定结论的科学性和鉴定人的权威性作出准确的审查；另一方面也不利于对法官的认证形成约束，从而容易导致法官的随意认证。

此外，法官心证不公开，法官对司法鉴定的认证采信不需要陈述理由，也加重了法官认证的随意性。

（三）所采信的司法鉴定公信力不高的原因分析

1. 当事人[①]对司法鉴定认证过程的参与权、异议权未能获得保障。

当事人对司法鉴定认证过程的参与，是当事人对司法认证施加影响的重要途径，同时也是吸收当事人不满的重要路径。在现实中，对司法鉴定进行质证是当事人对司法鉴定认证施加影响的主要方法，但是逐渐虚无化的质证程序，严重影响了当事人对司法鉴定质证的意义，当事人对司法鉴定认证的参与程度十分有限。自然影响了司法鉴定认证的公信力和认同度。

保障当事人对法官违法行为、不合理行为的救济权，是维护当事人合法权益的重要手段，也是吸收当事人不满、增加程序的认同度的重要措施。赋予当事人对司法鉴定认证的异议权，一方面可以约束法官的自由裁量权，另一方面也增加了司法鉴定认证程序的权威性。但是，我国目前并没有为当事人设置这样的权利，这无疑是司法鉴定认证程序公信力不高的另一个原因。

2. 法官心证不公开，判决不说理影响了司法鉴定认证的权威性。

法官在审查判断司法鉴定时，应该及时公开其心证，这有利于当事人对法官心证程度的了解，及时进行补充质证，从而充分辨明真伪。我国不要求法官在认证过程中公开心证，这导致当事人无法了解法官的心证程度，影响了当事人对质证、认证程序的参与，催生了当事人对司法鉴定认证的不满情绪。按照我国当前司法实践的做法，在裁判文书上，法官对于证据的采信不需要说明理由。法官判决不说理，导致判决的说服力不高，难以使当事人信服。法官在当庭认证时不公开心证，在裁判认证时不说明理由，影响了司法鉴定认证的说服力，削弱了司法鉴定认证的权威性。

三、我国刑事司法鉴定认证制度的改革完善

（一）刑事司法鉴定认证制度的比较研究

"现代世界各国法律体系都不是封闭的、不与其他体系交往地发展的。可以这样说，没有一个国家的法律体系的制度、规则、概念、法律实践、法律意识等因素都完全是自己创造的，不吸收其他法律体系的相互因素。"[②] 我国刑事司法鉴定认证制度的改革完善，应当吸收其他法律体系的合理因素。对两大法系的司法鉴定认证制度进行比较研究，无疑对我国司法鉴定认证制度的完善大有裨益。

1. 英美法系司法鉴定认证制度。

英美法系实行当事人主义的诉讼模式，当事人在诉讼中占据主导地位，证据的提出、质证等都由当事人负责，法官消极中立。法官对司法鉴定通常在庭审前只作程序性审查，在庭审中依据证据法则对证据材料进行判断，当庭确认司法鉴定的可采性。"由于英美法系国家的认证方式是单一的当庭认证而非多层次的，所以没有认证程序规则；又由于英美法

---

① 此处的当事人泛指控辩双方和被害人。
② 朱景文著：《比较法导论》，中国检察出版社1992年版，第168页。

系国家的法官在认证时，严格区分证据的证据能力和证明力，法庭上法官认证的范围仅限于证据能力，而对于证据的真实性法官一般不加判断（当庭认证特别是当即认证的方法也决定了对此无能为力），因此英美法系国家也没有证据真实性判断规则，而只有证据能力规则。"①

2. 大陆法系司法鉴定认证制度。

大陆法系国家的诉讼制度推行职权主义，司法鉴定人被定位为法官的辅助人，保持中立性。在法庭上，法官对司法鉴定仅进行证据调查，对于控辩双方出示并质证的司法鉴定并不公开作出裁断，对司法鉴定的认定是在庭审评议阶段秘密完成，因此大陆法系国家认证模式为裁判认证，即在裁判文书中决定对证据采信与否。不需要专门的认证程序规则，对司法鉴定的认证，通常需要经过质证程序，法官对司法鉴定进行审查的重点通常放在了"鉴定人的资格"、"鉴定人意见加工的对象"和"加工证据资料的方法"三个方面。

（二）我国刑事司法鉴定认证制度的改革完善

刑事司法鉴定认证制度的改革，是一个系统工程，牵一发而动全身。要解决当前司法鉴定认证中存在的问题，就要对庭审中的认证制度进行改革。

1. 建立统一的司法鉴定认证规则。

为了保证鉴定结论认证的准确性，在鉴定结论的认证过程中就要求遵循一定的认证规则，依照这些规则来分析、判断鉴定结论的客观性、关联性、合法性，从而合理地认定鉴定结论的证据能力和证明力。

（1）司法鉴定认证主体与参与主体。证据的审查认定是法官的职权，法官对证据的认证是法官行使裁判权的重要体现。对证据的认证只能由法官进行，而不能由其他主体进行代替。因此，司法鉴定的认证只能由法官进行，法官是司法鉴定认证的主体。但是，司法鉴定的审查认定应该有当事人的参与，这一方面是对当事人程序参与权的保障，另一方面也是当事人对法官自由裁量权进行约束的需要。当事人对司法鉴定认证参与的主要方式是参加质证程序，除此之外，还包括当事人对法官心证的了解，对法官认证提出异议等。

（2）司法鉴定认证的内容。对于司法鉴定认证的内容，学界主要存在两种观点：第一种观点认为，对司法鉴定的认证就是对司法鉴定的合法性、关联性、客观性进行认定；第二种观点认为，对司法鉴定的认证就是对司法鉴定的证明力有无和大小作出认定。笔者认为，对司法鉴定的认证应该以审查司法鉴定的基本证据特征为基础。司法鉴定作为证据的一种，具有证据的证明力和证据能力两方面要素。对司法鉴定的审查理应包括这两方面内容。

一是对司法鉴定证据能力的认证。对于一般证据的证据能力的审查认证，通常涉及非法证据排除规则、传闻排除规则、关联性规则等。对司法鉴定的认证，上述规则同样适用。但是，司法鉴定与其他证据又有所不同，它是专门机构对诉讼所涉及的专业性问题作出的专门意见。而我国又采取"司法鉴定人法定主义"，强调司法鉴定机构的中立性。因此，对司法鉴定的认证，应当重点审查司法鉴定机构、鉴定人的合法性，司法鉴定作出过程的合法性等问题。具体而言，主要包括以下内容：其一，审查司法鉴定人、司法鉴定机构的资

---

① 胡锡庆、张少林：《刑事庭审认证规则研究》，载《法学研究》2001 年第 4 期。

格，从而排除无资格者作出的司法鉴定。其二，审查司法鉴定作出过程的合法性；对于鉴定程序的审查，则应看其是否符合相应的程序规范，包括鉴定活动自身的一般程序规范和鉴定活动在整个诉讼中的程序规范，如是否符合鉴定的申请、决定、委托、实施以及对鉴定结论的举证、质证和认证等程序规定，是否符合鉴定材料的提取、包装、保管、送检、检验等规范。①

二是对司法鉴定证明力的认证。对司法鉴定证明力的审查认证，主要涉及司法鉴定科学性的审查，因为司法鉴定的科学性是其证据价值的核心体现。对司法鉴定科学性的审查，重点应审查鉴定结论对相关专业领域的技术标准的遵循程度。目前这类标准有：公安部的《刑事技术鉴定规则》、国务院的《医疗事故处理办法》、《人民检察院法医工作细则（试行）》、卫生部的《关于〈医疗事故处理办法〉若干问题的说明》、《精神疾病司法鉴定暂行规定》、《人体重伤鉴定标准》、《人体轻伤鉴定标准（试行）》等，但这其中有些规定缺乏可操作性，有些不能适应鉴定的需要，有待于修改和完善。

此外，司法鉴定人的职业操守也是审查的一大重点，因为司法鉴定人的职业道德将直接影响司法鉴定的可靠程度。2005 年 9 月司法部颁行的《司法鉴定人登记管理办法》第 27 条明确规定了鉴定人诚信档案制度，这一制度的实施为司法鉴定人职业操守的审查提供了依据。

2. 完善司法鉴定的质证程序。

我国现行诉讼法对司法鉴定的质证制度进行了规定，但是相关的规定过于原则，对于与司法鉴定质证有关的程序、方式、规则以及质证权的行使、救济、质证在程序上的效力等未加规定。我国的司法鉴定质证制度应该进行完善。

（1）建立庭前的鉴定结论开示制度。为了提高鉴定结论质证的效率，在开庭审理之前，法院应组织双方当事人交换证据，将鉴定结论向双方当事人出示，询问双方当事人是否有异议，并告知双方当事人对司法鉴定的质证进行准备。

（2）建立鉴定人出庭作证制度。作出司法鉴定的鉴定人无特殊情况必须出庭作证，对司法鉴定进行说明、解释，接受当事人以及法官对司法鉴定的质证、询问，从而揭示司法鉴定结论本身的科学性。如果司法鉴定人不出庭作证，法官可以不采信该证据。

（3）初步确立对鉴定结论的交叉询问制度。我国刑事诉讼法规定的质证制度，以法官的询问为主。这种质证模式不利于当事人主体作用的发挥。可以借鉴英美法系的做法，引进交叉询问规则，由双方当事人就司法鉴定问题进行交叉询问。询问的内容可包括鉴定人的资格、鉴定结论的科学依据、鉴定的方法、步骤、鉴定标准等。通过当事人的交叉询问，发现鉴定结论中存在的问题，从而方便法官对鉴定结论认证采信。

（4）建立鉴定人出庭补偿制度。鉴定人出庭作证是对国家司法行为的协助，其出庭作证行为要支付一定的交通费、餐旅费等，同时也会耗费一定的时间。为了补偿鉴定人的损失，国家应当建立鉴定人出庭补偿制度，明确补偿的范围和补偿的标准，为鉴定人出庭作证提供充分保障。

3. 建立专家辅助人制度。

司法鉴定涉及诉讼中的专业性问题，当事人和法官因为缺乏相关专业的知识，无法对

---

① 李学军、陈霞：《鉴定结论的证据地位及其质证、认证》，载《中国人民公安大学学报》2002 年第 4 期。

司法鉴定进行有效的质证，也难以真正识别司法鉴定的真伪。为了解决这一问题，有必要在庭审中引入专家辅助人制度。专家辅助人，是指在科学、技术以及其他专业知识方面具有特殊的专门知识或经验的人员，根据当事人的委托并经法院准许，出庭辅助当事人对讼争的案件事实所涉及的专门性问题进行说明或发表专业意见和评论的人。我国《关于民事诉讼证据的若干规定》第61条规定："当事人可以向人民法院申请由一至二名具有专门知识的人员出庭就案件的专门性问题进行说明。人民法院准许其申请的，有关费用由提出申请的当事人负担。审判人员和当事人可以对出庭的具有专门知识的人员进行询问。经人民法院准许，可以由当事人各自申请的具有专门知识的人员就有关案件中的问题进行对质。具有专门知识的人员可以对鉴定人进行询问。"该规定初步在民事诉讼中确立了专家辅助人制度。但遗憾的是，我国的刑事诉讼尚未确立专家辅助人制度。刑事诉讼中涉及的专业性问题更多，使用司法鉴定的情形也远比民事诉讼普遍。在刑事诉讼中确立专家辅助人制度完全是有必要的。专家辅助人的存在，可以为法官提供专业性的咨询，受当事人的委托在法庭上向鉴定人进行发问，从而弥补法官和当事人在专业知识上的不足。

4. 建立认证错误救济制度，赋予当事人认证异议权。

对司法鉴定认证发生错误是在所难免的。一旦发生错误，应当采取适当的方法予以救济。赋予当事人对错误认证的异议权，能够发挥当事人作为直接利害关系人的积极性，推动法院更正错误的认证结果。具体而言，在庭审活动中或者庭审结束后，当事人对法官的认证行为认为有误的，可以提出异议。法院应当对异议进行审查，如果异议成立，应当改变原有的认证结果。如果错误在庭审结束前发现，应当重新质证、认证；如果错误是在庭审结束后发现的，应当重新开庭进行质证、认证；如果错误在判决结束后发现，依法定程序予以纠正。①

5. 建立认证公开制度。

认证公开，是指法官对证据的认证过程以及认证结果应当向诉讼各方公开的制度。认证公开有利于当事人了解法官的心证，同时有利于对法官的监督。认证公开首先是认证过程公开。认证的过程可以延伸到举证、质证过程，认证过程的公开，有利于当事人更透明、全面地参与到认证活动中去。其次，公开认证理由与结论。这一方面是法官要公开心证，对证据的采纳与否，应该及时告知当事人，使得当事人能及时决定举证、质证的进行与停止。另外，法官对证据的采信与否应当阐明理由。在认证过程中法官笼统地对某一证据予以采信或不采信，在判决书中简单陈列理由甚至不载的理由，当事人在得到一纸判决后很难对诉讼结果认同，诉讼应有的机能无法发挥。因此，应改革判决书的制作方式，要求判决书详细记载法官对证据认定或排除的理由及对证据事实的推理与断决，这既是对法官分析、逻辑、表达能力的提高，也是总结司法经验的途径和需要。②

---

① 胡锡庆、张少林：《刑事庭审认证规则研究》，载《法学研究》2001年第4期。
② 参见宗会霞：《认证制度若干问题思考》，载《延安大学学报》（社会科学版）2006年第2期。

四、结　语

　　司法鉴定认证制度是司法鉴定最终作为定案根据的重要环节。在我国司法鉴定认证制度中，存在认证难、认证随意性大等问题。这些问题需要对司法鉴定认证制度进行全方位的改革完善。

（作者单位：山东省东营市检察院）

浅论刑事诉讼中的程序回逆

吴高庆

刑事诉讼本应从立案侦查，向起诉、一审、二审不断推进，直至执行而终止。但在我国刑事诉讼中却出现了不少程序回逆的现象。本文拟就对程序回逆问题作一深入探讨。

一、程序回逆的概念界定

诉讼"是一系列不断向前推进的程序化活动"。[①] "刑事诉讼程序是按照侦查、提起公诉、第一审庭审程序、作出判决，上诉以及其后程序这样的顺序进行的。当然，不同的案件，有时在侦查阶段就结束了全部程序，有时要持续到作出判决阶段才结束。有时在提起公诉阶段以后需要进行侦查。但基本上可以对程序演进的大致过程作出这样的概括。"[②] 可见，刑事诉讼程序是一个不断向前演进的过程，一般情况下这个流程是不能回逆的，这就是程序的不可回逆性。当然，在特定的阶段及特定的情形下，向前演进的诉讼程序也不得不回流，如在审查起诉时发现事实不清或证据不足而退回补充侦查，此即程序回逆。也就是说，程序回逆是指在刑事诉讼中，程序进行到某一阶段时，由于出现了一定情形而退回之前的阶段或者重新进行业已完成的诉讼程序。程序的回逆主要有如下几个特征：

1. 刑事诉讼程序已经进行到某一阶段，一般情况下至少已经完成了一个以上的阶段，即诉讼程序至少进行到提起公诉阶段。众所周知，"刑事诉讼从开始到结束，是一个向前运动、逐步发展的过程。在刑事诉讼过程中，按照一定顺序进行的相互连接的一系列行为，可以被划分为若干相对独立的单元，称为刑事诉讼阶段。"[③] 一般来说，刑事诉讼可以被划分为侦查、起诉、第一审程序、第二审程序、执行等阶段，死刑案件往往还要经过死刑复核程序。除了批准逮捕时退回补充侦查外，程序回逆只能在起诉及其以后的阶段才可能产生，侦查阶段不存在回逆的问题。

2. 程序回逆是刑事诉讼程序从后面的阶段退回到前面的阶段，甚至是退回到前面的几个阶段。例如，检察机关在审查起诉时，由于某种原因将案件退回到公安机关补充侦查。再如法院在审判时，由于某种原因检察机关将案件撤回，退回公安机关补充侦查。

3. 程序回逆存在一定原因，没有特殊的原因不应发生程序回逆。导致程序回逆的原因既包括实体性因素，也包括程序性因素。例如，检察机关审查起诉阶段和法院二审阶段发现事实不清、证据不足，而退回公安机关补充侦查和发回一审法院重新审理，此即实体性因素；二审法院发现一审严重违反法定程序而发回一审法院重审，此即程序性因素。

---

① 陈光中主编：《刑事诉讼法学》，中国人民公安大学出版社、人民法院出版社2004年版，第3页。
② ［日］松尾浩也著：《日本刑事诉讼法》，丁相顺、张凌译，中国人民大学出版社2005年8月版，第25页。
③ 陈光中主编：《刑事诉讼法学》，中国人民公安大学出版社、人民法院出版社2004年版，第4页。

4. 程序回逆有法定回逆和非法定回逆之分。刑事诉讼法明确规定可回逆而回逆的是法定回逆，如检察机关退回补充侦查、二审法院发回重审、按审判监督程序审理案件等。没有法律规定而进行的回逆系非法定回逆，如有的法院一审审理完毕后由于事实不清、证据不足而退回检察机关补充侦查。

二、我国立法及司法实践存在的程序回逆情形

由于我国长期坚持"实事求是，有错必纠"的刑事政策，而且强调公检法三机关在刑事诉讼中的相互配合，因此程序回逆在刑事诉讼中大量存在。主要可以概括为下列六种情形：

（一）侦查阶段的补充侦查

在侦查阶段，对于公安机关提请批准逮捕的案件，人民检察院认为需要进一步收集证据的，可要求公安机关进行补充侦查。刑事诉讼法第 68 条规定："人民检察院对于公安机关提请批准逮捕的案件进行审查后，应当根据情况分别作出批准逮捕或者不批准逮捕的决定。对于批准逮捕的决定，公安机关应当立即执行，并且将执行情况及时通知人民检察院。对于不批准逮捕的，人民检察院应当说明理由，需要补充侦查的，应当同时通知公安机关。"在侦查阶段，因不批准逮捕而补充侦查的，没有次数的限制。

（二）检察机关审查起诉时退回公安机关补充侦查

刑事诉讼法第 140 条规定："人民检察院审查案件，可以要求公安机关提供法庭审判所必需的证据材料。人民检察院审查案件，对于需要补充侦查的，可以退回公安机关补充侦查，也可以自行侦查。对于补充侦查的案件，应当在一个月以内补充侦查完毕。补充侦查以二次为限。补充侦查完毕移送人民检察院后，人民检察院重新计算审查起诉期限。对于补充侦查的案件，人民检察院仍然认为证据不足，不符合起诉条件的，可以作出不起诉的决定。"

（三）法院进行第一审程序时退回检察机关补充侦查

在一审阶段的补充侦查可分为两种情形。一种是在法庭审理过程中检察人员要求撤回补充侦查。刑事诉讼法第 165 条和第 166 条规定，在法庭审理过程中，检察人员发现提起公诉的案件需要补充侦查，并提出补充侦查建议的，人民法院可以延期审理，补充侦查应当在 1 个月以内完毕。根据这一规定，法庭审理阶段补充侦查的决定权属于人民检察院，人民法院无权要求补充侦查。另一种是法庭审理结束后但尚未判决时的退回补充侦查。例如，有的法院在法庭审理结束后，即被告人最后陈述后，在合议庭评议过程中，发现案件事实不清、证据不足，无法判处被告人有罪，出于与检察机关的"相互配合"，不作出无罪判决，而主动与检察机关协商退回检察机关补充侦查。

（四）上级法院进行第二审时发回下级法院重审

二审发回重审的情形有两种：一是原判决事实不清或者证据不足的案件。刑事诉讼法

第189条第（三）项规定："原判决事实不清楚或者证据不足的，可以在查清事实后改判；也可以裁定撤销原判，发回原审人民法院重新审判。"二是二审人民法院发现一审人民法院的审理严重违反法定程序的案件。刑事诉讼法第191条规定："第二审人民法院发现第一审人民法院的审理有下列违反法律规定的诉讼程序的情形之一的，应当裁定撤销原判，发回原审人民法院重新审判：（一）违反本法有关公开审判的规定的；（二）违反回避制度的；（三）剥夺或者限制了当事人的法定诉讼权利，可能影响公正审判的；（四）审判组织的组成不合法的；（五）其他违反法律规定的诉讼程序，可能影响公正审判的。"

（五）死刑复核时发回重审

人民法院对死刑案件进行复核后，发回重审的情形有两种：一是认为原审判决认定事实错误或者证据不足的，裁定撤销原判，发回重新审判；二是认为一审人民法院或者二审人民法院违反法律规定的诉讼程序，可能影响正确判决的，裁定撤销原判，发回一审或者二审人民法院重新审判。

（六）对生效判决的再审

我国专门设立了审判监督程序以纠正错误判决。审判监督程序，是指人民法院、人民检察院对已经发生法律效力的判决和裁定，发现在认定事实或者适用法律上确有错误，依法提出并由人民法院对案件重新进行审判的诉讼程序。刑事诉讼法第205条规定，人民法院和人民检察院认为生效裁判"确有错误"可以启动审判监督程序。该法第204条还规定："当事人及其法定代理人、近亲属的申诉符合下列情形之一的，人民法院应当重新审判：（一）有新的证据证明原判决、裁定认定的事实确有错误的；（二）据以定罪量刑的证据不确实、不充分或者证明案件事实的主要证据之间存在矛盾的；（三）原判决、裁定适用法律确有错误的；（四）审判人员在审理该案件的时候，有贪污受贿，徇私舞弊，枉法裁判行为的。"

三、对我国所存在的程序回逆的利弊分析

在刑事诉讼中，为了有效地惩罚犯罪，存在一定的程序回逆是不可避免的，也是必要的。例如，上述第一种和第二种程序回逆，即检察机关认为公安机关提请批准逮捕的案件需要进一步收集证据，而要求公安机关进行补充侦查和检察机关审查起诉时退回公安机关补充侦查。由于公安机关和检察机关同属于追诉机构，作为审查批准逮捕的机构和作为直接向人民法院追诉被告人刑事责任的检察机关，对于公安机关缺乏罪证的逮捕请求和犯罪事实不清、证据不足的而移送审查起诉的案件，退回公安机关补充侦查是合情合理的，而且这两种程序回逆也不致侵犯被追诉者的合法权益和诉讼权利。然而，上述第三种至第六种程序回逆情况就大不一样了，它们或者违背了刑事诉讼法设立的目的，或者与刑事诉讼法的基本原则相抵触，或者违背了刑事诉讼的基本理念。

（一）程序回逆违反无罪推定原则，使刑事诉讼法确立的罪疑从无规则形同虚设

无罪推定原则，是指在刑事诉讼中任何被怀疑犯罪或者受到刑事指控的人在未经司法

程序最终被确认有罪之前，在法律上应被推定或假定为无罪，或者说不得被认定为有罪的人。我国刑事诉讼法第12条规定："未经人民法院依法判决，对任何人都不得确定有罪。"这是刑事诉讼法的一项基本原则，该原则吸收了无罪推定原则的精神，明确了只有人民法院享有定罪权的法治要求。这一基本原则的一个基本要求就是疑案做无罪处理，即疑罪从无规则。刑事诉讼法第162条第（三）项规定："证据不足，不能认定被告人有罪的，应当作出证据不足、指控的犯罪不能成立的无罪判决。"而在法庭审理过程中的程序回逆，即"检察人员发现提起公诉的案件需要补充侦查，提出建议的"，人民法院可以延期审理，退回检察机关补充侦查。更有甚者，有的法院将已经审理完毕并经过合议庭评议的案件也退回检察机关补充侦查。① 这样一来，任何案件经过审理，如果证明被告人有罪的证据不够充分，不能认定被告人有罪时，法院都可以以退回补充侦查来替代无罪判决。事实上，在司法实践中，当经过审判无法认定被告人有罪时，人民法院出于与检察机关的"相互配合"，基本上都将案件退回人民检察院处理，而极少直接作出无罪判决，因而疑罪从无规则被束之高阁，形同虚设，基本上没有发挥其应有的功能。刑事诉讼法第162条确立的疑罪从无规则，从1997年1月1日开始实施以来，11年多过去了，全国各级各地人民法院几乎没有作出过"证据不足、指控的犯罪不能成立的无罪判决"便是最好的例证。

此外，二审程序中"原判决事实不清楚或者证据不足的……可以裁定撤销原判，发回原审人民法院重新审判"以及死刑复核程序中"认为原审判决认定事实错误或者证据不足的，裁定撤销原判，发回重新审判"，也同样违背了疑罪从无规则。既然一审审理后认为"证据不足，不能认定被告人有罪的，应当作出证据不足、指控的犯罪不能成立的无罪判决。"那么，在二审或死刑复核程序中认为"原判决事实不清（事实错误）证据不足"，更应作出无罪判决。显而易见，二审或死刑复核程序中"原判决事实不清（事实错误）证据不足"的发回重审，与刑事诉讼法第162条第（三）项规定存在明显的冲突。这样的程序回逆实质上必然导致疑罪从无规则形同虚设，无法实现其应有的功能。

（二）程序回逆违反上诉不加刑原则，使上诉不加刑原则的功效大打折扣

上诉不加刑原则，是指第二审人民法院审理仅有被告人一方提出上诉的案件时，不得改判重于原判刑罚的原则。② 刑事诉讼法第190条第1款规定："第二审人民法院审判被告人或者他的法定代理人、辩护人、近亲属上诉的案件，不得加重被告人的刑罚。"上诉不加刑原则是刑事诉讼法的一项极其重要的原则，对于保障被告人的上诉权，保证两审终审制的贯彻执行具有十分重要的意义。然而，二审中的程序回逆破坏了上诉不加刑原则的贯彻执行。主要表现在三个方面：第一，由于原判决事实不清楚或者证据不足的，二审法院可以裁定撤销原判，发回原审人民法院重新审判。这一规定，从逻辑上分析，并没有排除只

---

① 如2001年，浙江省某县人民检察院以涉嫌聚众扰乱社会秩序罪将洪某某、陈某某、张某起诉到该县人民法院，法院开庭审理，由于被告人洪某某及其辩护人作无罪辩护，法庭辩论异常激烈，被告人最后陈述后，法庭休庭，合议庭进行评议，重新开庭后，审判长宣布说："本案经过法庭调查、法庭辩论，控辩双方都充分发表了意见。合议庭经过评议，认为被告人洪某某、陈某某、张某的犯罪事实已经基本查清，但考虑到本案的社会影响较大，决定择日宣判。"然而，过了十几天，该法院并没有宣判，却将案件退到检察院，又过了十几天，检察院又将案件退回该县公安局，又过了十几天，该县公安局撤销了该案，并释放了洪某某、陈某某、张某。

② 陈光中主编：《刑事诉讼法学》，中国人民公安大学出版社、人民法院出版社2004年版，第410页。

有被告人一方上诉而被加刑的可能性，被告人仍然存在着上诉被加刑的危险。第二，"第二审人民法院发现第一审人民法院的审理有下列违反法律规定的诉讼程序的情形之一的，应当裁定撤销原判，发回原审人民法院重新审判"的规定更是如此。由于被告人一方的上诉导致案件被发回重审，同样存在着被加刑的危险。第三，也是最为严重的就是明明案件事实清楚、证据充分，二审法院为加重被告人的刑罚而以事实不清为由发回原审法院重审。[①]二审的程序回逆造成被告人的上诉是否被加刑处于不明状态，使上诉不加刑原则的功效锐减。

（三）程序回逆违反禁止重复追究原则，破坏了生效判决的稳定性

禁止重复追究原则的基本含义是，对被追诉者的同一行为，一旦作出有罪或者无罪的确定判决，即不得再次启动刑事诉讼程序予以审理或处罚。这一原则在大陆法系国家的诉讼制度和理论中被称为"一事不再理"原则，侧重于强调生效判决的"既判力"，以维持法的安定性，维护司法程序的权威性。在英美法系国家的诉讼制度和理论中被称为"禁止双重危险"原则，侧重于强调任何人不得因同一行为而遭受两次不利的处境，以防止官方滥用追究犯罪的权力，保障公民个人的基本人权。禁止重复追究原则在有关国际性文件和许多国家的宪法或者法律中都有明确规定。联合国《公民权利与政治权利国际公约》第14条第7款规定："任何人已依一国的法律及刑事程序被最后定罪或宣告无罪者，不得就同一罪名再予审判或惩罚。"美国联邦宪法第五修正案规定："人们不得因为同一罪行而两次被置于危及生命或肢体之处境。"日本宪法第39条规定："对于同一犯罪，不得重复追究刑事责任。"加拿大宪法第11条也规定，被追诉者如果已经终局性地被宣告无罪，不得因该行为再次受到审理；如果已经终局性地被认定为有罪并且因该罪受到处罚，不得因该犯罪再次受到审理或者处罚。

我国宪法和法律没有规定禁止重复追究原则，相反刑事诉讼法第五章还专门设立了"审判监督程序"，对生效判决"在认定事实或者适用法律上确有错误"的案件，进行重新审判。同时，最高人民法院《关于执行〈中华人民共和国刑事诉讼法〉若干问题的解释》第117条规定，对于人民法院依据刑事诉讼法第162条规定以指控证据不足而宣告被告人无罪的案件，如果人民检察院依据新的事实、证据材料重新起诉的，人民法院应予受理。由此不难看出，我国不但没有确立禁止重复追究原则，而且在法律和司法解释中明确规定了可以对被告人的同一行为进行重复追究。这是最彻底的程序回逆，它违反了禁止重复追究原则，破坏了生效判决的安定性。从程序法治的立场来看，这样程序回逆违反了国际上通行的司法准则。[②]

---

① 例如，2004年，杨某、王某、屠某涉嫌故意杀人罪被起诉到某省某市中级人民法院，2004年6月该院经审理判处被告人杨某死刑，判处被告人王某、屠某无期徒刑。被告人王某、屠某不服一审判决而提出上诉，检察机关没有抗诉。某省高级人民法院经二审审理，于2005年7月以"部分事实不清"为由裁定发回原审人民法院重新审判，某市中级人民法院重新审理后判处王某死刑立即执行，判处屠某死刑缓期二年执行。王某、屠某不服提出上诉，某省高级人民法院于2006年11月经审理裁定维持原判，并对王某执行死刑。

② 参见龙宗智、杨建广主编：《刑事诉讼法》，高等教育出版社2003年版，第118页。

四、完善程序回逆的建议与对策

基于上述对不同情形的程序回逆的分析可以看出，有的程序回逆是合理且必要的，也有的程序回逆是不够科学的：或者违反刑事诉讼法确立的罪疑从无规则，或者违反上诉不加刑原则，或者违反国际通行的司法准则。因此，有必要对有关法律规定和司法解释进行修改，以完善相关诉讼程序和制度。

（一）保留有必要且合理的程序回逆的规定

刑事诉讼程序是一个不断向前演进的过程，但有时诉讼程序也不得不回逆，而且这样的程序回逆也是合理的。例如，上述所分析的第一种、第二种程序回逆就是如此。刑事诉讼法第 68 条 "……对于不批准逮捕的，人民检察院应当说明理由，需要补充侦查的，应当同时通知公安机关" 和第 140 条第 2 款 "人民检察院审查案件，对于需要补充侦查的，可以退回公安机关补充侦查，也可以自行侦查。" 这些的程序回逆有利于保证办案质量，惩罚犯罪，而且也不致严重损害犯罪嫌疑人、被告人的诉讼权利。因此，这些规定应当继续保留。

（二）废除无必要且不合理的程序回逆的规定

对于不合理且没有必要的程序回逆应当予以废除。笔者建议修改刑事诉讼法时删除如下程序回逆性规定：（1）刑事诉讼法第 165 条第（二）项 "检察人员发现提起公诉的案件需要补充侦查，提出建议的" 和第 166 条 "依照本法第一百六十五条第二项的规定延期审理的案件，人民检察院应当在一个月以内补充侦查完毕" 的规定。（2）最高人民法院《关于执行〈中华人民共和国刑事诉讼法〉若干问题的解释》（以下简称《司法解释》）第 177条 "在宣告判决前，人民检察院要求撤回起诉的，人民法院应当审查人民检察院撤回起诉的理由，并作出是否准许的裁定" 和第 178 条 "人民法院在审理中发现新的事实，可能影响定罪的，应当建议人民检察院补充或者变更起诉" 的规定。（3）刑事诉讼法第 189 条第（三）项 "原判决事实不清楚或者证据不足的……也可以裁定撤销原判，发回原审人民法院重新审判" 的规定。（4）《司法解释》第 257 条第（五）项 "对事实清楚、证据充分，但判处的刑罚畸轻，或者应当适用附加刑而没有适用的案件……必须依法改判的，应当在第二审判决、裁定生效后，按照审判监督程序重新审判" 的规定。（5）《司法解释》第 278条第 2 款 "高级人民法院对于报请核准的死刑缓期二年执行的案件，按照下列情形分别处理：……（二）认为原判事实不清、证据不足的，应当裁定发回重新审判" 的规定。（6）《司法解释》第 262 条 "第二审人民法院审理对附带民事诉讼部分提出上诉、抗诉，刑事部分已经发生法律效力的案件，如果发现第一审判决或者裁定中的刑事部分确有错误，应当对刑事部分按照审判监督程序进行再审，并将附带民事诉讼部分与刑事部分一并审理" 的规定。（7）《司法解释》第 285 条 "对判处死刑的案件，复核后应当根据案件情形分别作出裁判：……（二）原审判决认定事实错误或者证据不足的，裁定撤销原判，发回重新审判" 的规定。

（三）限制有必要但欠科学的程序回逆的规定

限制欠科学的程序回逆的规定，主要包括两个方面：

1. 对于二审人民法院因一审人民法院的审理违反法律规定的诉讼程序而发回重新审判的案件，明确规定重审后不得加重被告人的刑罚；对于高级人民法院复核死刑缓期二年执行的案件，如果因原审人民法院违反法律规定的诉讼程序而发回重新审判，也应明确规定重审后不得加重被告人的刑罚。

2. 对于按照审判监督程序对生效判决再审，应当规定具体的再审事由。我国刑事诉讼法第205条规定的再审理由"确有错误"过于笼统模糊，很不明确，影响到确定裁判的稳定性。正如台湾地区有学者所言，"再审系对于已经发生法律效力裁判之救济程序，在任何国家之诉讼法规，均严定其条件，以免影响法律秩序的安定……"。[1] 审判监督程序的性质不同于一审和二审，它不是一个正常的审级，不是一审和二审的后续程序，而是对生效裁判的特殊救济程序。作为特殊救济程序，审判监督程序应当规定具体的事由，以限制再审程序的滥用。

（作者单位：浙江工商大学法学院）

---

[1] 杨建华著：《大陆民事诉讼法比较与评析》（增订本），台湾三民书局1994年版，第158页。

"上诉不加刑"原则在中国的立法及实践问题分析[*]

武小凤

一、上诉不加刑原则在中国的具体适用情况

1. 二审中不存在直接"上诉加刑"的情况。

由于刑事诉讼法明确规定了对于提起上诉的被告人不得加重刑罚，因此无论一审法院对于被告人判处的刑罚是否过轻，二审法院都必须遵循这一原则。而在实践中，就二审程序本身而言，也的确做到了上诉不加刑。对此，根据中国政法大学刑事法律研究中心"刑事二审程序改革"课题组（后简称"课题组"）与各地法官的座谈访问以及从对石家庄市中级人民法院、北京市第二中级人民法院、江西省高级人民法院进行阅卷的情况来看，上诉不加刑原则在二审程序中得到了严格的遵循。在上诉法院的二审卷中，对于只有被告人或者他的法定代理人、辩护人、近亲属上诉的案件，找不到一起直接作出加重被告人刑罚的案例。

2. 少数二审法院直接以维持原判的方式严格执行了上诉不加刑原则。

如前所述，由于受刑事诉讼法关于上诉不加刑原则规定的约束，二审程序中不存在对上诉被告人直接加刑的情况。但是，根据课题组所做的调研，只有极个别的二审法院或法官真正彻底做到了上诉不加刑。也就是说，对于这极小部分的二审法院或法官来说，即使他们在二审中发现一审法院对上诉被告人判处的刑罚过轻，有违罪刑相适应之嫌，但他们不仅没有通过改判的方式直接加重上诉被告人的刑罚，而且也没有因此将案件发回重审，而是直接通过维持原判的裁定对一审判处的刑罚予以认可和肯定。虽然在这种情况下，有些二审法院或法官也会对原审法院发出相应的内部函以告知其法律适用中的错误，但其发函的目的仅仅在于提醒一审法院以此为鉴，避免再犯。

3. 二审法院通过"发回重审"或"再审"的方式变相加刑的情况普遍存在。

就绝大多数被访问或调研的二审法院及法官来说，如果其在二审中发现一审法院的量刑过轻，那么尽管其不会直接通过二审判决的方式对上诉被告人予以加刑，但这并不妨碍他们采用将案件发回重审或先裁定维持再提起再审的迂回方式间接实现"上诉加刑"的效果。对此，调研中有的法官指出，他们在二审过程中发现，有些案件一审质量并不是很高，如主刑与附加刑不相协调、共同犯罪的各被告人主次认定不符合事实，有必要通过"加刑"的方式来予以纠正，或者有些案件一审判决的主刑没有问题，但漏掉了附加刑，对此，如果二审法院自行加上去就会违反上诉不加刑原则，而如果让一审法院裁定补正又不完全符

---

　　* 本论文参考了由陈光中教授主持的"中国刑事二审程序改革"课题的相关调研资料。

合裁定补正的规定；或者有时一审认定了未遂或者其他一些减轻刑罚的法定情节，并且据此而减轻处罚，但是经二审审理后发现这些情节不应该认定，等等。在此情况下，二审法官认为，除了一审判决的刑罚相差不是很大，二审法官能勉强维持原判的外，他们都面临着既要改变一审的认定又不能直接加刑的困境。而突破这一困境的办法无外乎以下两种曲线方式：（1）直接以事实不清为由发回原审法院重审，同时给其发一内部函，告知其适用法律错误；（2）先维持原判，同时建议院长提起审判监督程序，然后再改判。

4. 检察机关提起抗诉的案件不受上诉不加刑原则的拘束，并且对既有被告人上诉又有检察机关抗诉的案件，依照抗诉程序审理，也不受上诉不加刑原则的拘束。

在我国，为了与被告人上诉的地位与性质有所区别，对于代表国家追诉犯罪的检察机关提起的上诉，无论其是因为自身不服一审判决而提起的上诉，还是受被害人请求而提起的上诉，都被特别界定为"抗诉"。因此，就上诉不加刑原则的含义本身而言，其不包括检察机关的上诉。而且，由于刑事诉讼法第190条第1款规定了对于上诉的被告人不得加重刑罚后，又在第2款特别规定检察机关抗诉或自诉人上诉人除外，因此刑事司法实践中，对于检察机关或自诉人因认为一审判决过轻而提起上诉的案件，如果二审法院审理认为一审判决过轻，通常都会依法直接通过改判而加重被告人的刑罚。

在实践中，绝大部分的二审案件都由被告人经上诉提出，少数由检察机关抗诉提出，但被告人与检察机关同时提出上诉和抗诉的也并不少见，同时被告人先提出上诉，后因其上诉"惹怒"控诉机关而由检察机关再提起恶意抗诉的情形也偶有发生。由于我国刑事诉讼法对于这种既有上诉又有抗诉或者先有上诉后有抗诉的案件是否应当遵循上诉不加刑原则没有规定，而实践中又普遍认同"同时上诉抗诉以抗诉论"的观点，因此二审法院只要认为一审判决过轻，那么通常都是通过直接加刑的方式对一审判决进行改判，从而加重被告人的刑罚。

二、实践中变相加刑的方式所存在的问题

1. 变相加刑的方式有违上诉不加刑原则的立法目的，使上诉不加刑原则名存实亡。

上诉不加刑原则最初是从"禁止不利益变更"原则中引申出来的，立法上最早可见于1808年的《法国刑事诉讼法典》。该法典规定，刑事案件于一审判决后，被告人或者他的近亲属、监护人以及辩护人不服而为被告人的利益提起上诉的，上诉审法院不得判处比原判决更重的刑罚；只有在为被告人之不利益而提起上诉时，上诉审法院才可以处以比原判决更重的刑罚。上诉不加刑原则被认为是近代民主、自由、人道主义精神在刑事诉讼法中的体现，它的设立标志着封建时期不许被告人上诉或因上诉而招致更重的刑罚等公开专制的制度的终结，体现了一种历史的进步。目前，上诉不加刑原则是世界各国普遍适用的一项基本刑事诉讼原则。

现代刑事诉讼更加注重保障被告人的人权，而保障人权的重要途径即在于保障被告人的基本诉讼权利。就被告人的上诉权而言，它不仅是其辩护权的充分延续，也是进一步获得公平、公正审判的必备条件。但是，如果被告人上诉以后，法律不能保障其免遭更坏的待遇，那么被告人上诉时可能就会心存余悸。其结果当然是即便法律赋予被告人上诉权，其上诉权也会被置空。正是为了保障被告人充分行使法律所赋予的上诉权，世界各国，包

括我国刑事诉讼法都纷纷确立了上诉不加刑原则，其目的也即在于通过立法上承诺被告人不会因上诉反被加刑而使被告人没有顾虑地提出上诉。

但是，如前所述，对于我国适用上诉不加刑的现实而言，它却在一方面明确设立了上诉不加刑原则的同时，另一方面又在实践中普遍存在着借发回重审或再审进行的变相加刑。这两种变相加刑，虽然从表面上来看，由于它们并没有在二审过程中直接加重上诉人的刑罚而不违反上诉不加刑的规定，但实质上，无论是通过发回重审进行的加刑，还是通过先维持原判再启动再审程序进行的加刑，都是二审为了实现加刑的目的而迂回周转产生的，因此它实际上导致了上诉不加刑原则形同虚设或名存实亡。其结果不仅使被告人在基于对刑事诉讼法基本原则的信赖而无所担忧地提起上诉后实际遭受了重罚，而且也确实违背了刑事诉讼法上诉不加刑原则的立法承诺。这一结果自然与刑事诉讼法确立上诉不加刑原则的立法初衷相悖。

2. 有违"不告不理"的诉讼原理。

现代刑事审判制度贯彻"不告不理"的诉讼规则。其基本特征为，在现代刑事诉讼体系中，法院不能自行启动审判程序，也不能代追诉机关控诉犯罪，它只能根据控辩双方对犯罪事实的陈述以及对证据判断而居中裁判。除了启动程序的特征外，"不告不理"还表现为在裁判的范围方面，如果没有某一方当事人提出请求，法院不应主动对特定的问题作出裁判。

我国刑事审判实行两审终审制。其中，"不告不理"的诉讼原理在单纯的上诉二审程序中具有如下的要求和体现：首先，二审的启动来自于被告人或者他的法定代理人、辩护人、近亲属提起的上诉。也就是说，如果在一审后的法定上诉期限内被告人或者他的法定代理人、辩护人、近亲属不提出上诉，那么一审判决即将成为发生法律效力的终审判决。在此情况下，二审即失去了存在的前提，而原审判决对被告人的定罪是否正确、量刑是否过当等，都不会与"二审"法院或上级法院有什么关系。可见，正是被告人一方的主动上诉，才使二审能够对上诉案件行使审判权并发挥其审判职能。其次，在单纯的上诉二审案件中，由于被告人上诉的目的总是为了被重新认定为无罪、罪轻或重新判处较轻的刑罚等有利于自己的新的裁决，或至少在最低限度上，他不希望因自己而启动的二审程序反而引发对自己更为不利的结果，因此被告人上诉一旦成立并进入二审程序，本身就意味着二审法院接受了被告人的上诉请求，因此二审法院本来就不存在对上诉被告人作出加重处罚裁决的理由。最后，就启动上诉二审程序的动力，也就是就被告人上诉的动力而言，虽说被告人上诉的目的是为了通过二审来改变其自认为较重的一审定罪量刑，但如果被告人没有把握保证自己的上诉不会引起加刑的结果，那么即便原审判决确实重于被告人应当负担的罪名与刑罚，即使被告人有上诉权，被告人面对上诉权仍可能会有犹豫、会有选择，也有可能放弃该项权利。而一旦被告人放弃上诉，那么一审判决就势必生效。在这种情况下，也就谈不上二审法院对被告人的程序救济，更谈不上对原审判决进行改判或发回重审。但是，由于刑事诉讼法规定的上诉不加刑原则使被告人消除了上诉加刑的后顾之忧，并通过实际行使上诉权而启动刑事二审，因此上诉不加刑原则对被告人上诉权的保障为启动上诉二审程序提供了动力。

由以上内容可以看出，一方面，依据"不告不理"的诉讼原理，对于被告人上诉的案件，在检察机关并未就原审判决提出异议的情况下，二审法院应当针对被告人的上诉请求，根据查明的案件事实和证据确定一审判决的定罪量刑是否超出了被告人所应当负担的罪名或刑罚，即审查并认定一审判决是否将无罪判为有罪、轻罪判为重罪或判决的刑罚是否偏重、过重，并根据认定的结果裁决是否将原有罪判决改判为无罪，或是否将原较重的罪名、刑罚改判为较轻的罪名或刑罚。至于一审判决是否轻于或过轻于案件本身应当负担的罪名或刑罚，则不应当在二审认定范围之内。另一方面，由于刑事诉讼法规定上诉不加刑原则，不仅只是为了充分保证被告人行使上诉权，同时也是对"不告不理"的刑事诉讼原理的支持和遵循。因此，根据上诉不加刑原则与"不告不理"的诉讼原理之间存在着内在的逻辑推演关系，对于被告人上诉的案件，如果原判刑罚确实过轻，二审法院应当保障其不受加重的处理。为此，二审法院只能作出依法维持的裁定，除非其作出的其他裁定也能够保障上诉被告人不受加重的处罚。

但是，现实中普遍存在的借原审判决事实不清或者证据不足之名发回重审，或有意通过先裁定维持原判再发回重审变相加刑的做法，却完全颠覆了"不告不理"的审判原理。它不仅改变了正常的刑事诉讼方向，而且直接造成了"不上诉不加刑，一上诉却加刑"这样一种使被告人自己引火烧身、自讨苦吃的荒谬结果。

3. 破坏了"应当改判"与上诉不加刑原则之间的正常逻辑联系，且违背了相应的法律规则，人为造成了不必要的"诉讼倒流"。

（1）两种变相加刑的做法破坏了"应当改判"与上诉不加刑原则之间的正常逻辑联系。

由于刑事诉讼法第 189 条第（二）项明确规定了"原判决认定事实没有错误，但适用法律有错误，或者量刑不当的，应当改判"后，紧跟着即在第 190 条规定了对于上诉被告人不得加重刑罚。因此，在"应当改判"与上诉不加刑原则之间本身就具有这样一种特定逻辑关系：刑事诉讼法用第 190 条规定的上诉不加刑对第 189 条第（二）项规定的量刑偏轻或过轻的情形进行了专门的排除和限定，即对于被告人上诉的案件，原判决认定事实没有问题，但适用法律有错误或量刑不当的，应当改判。但是，改判只限于原判适用法律有错误或量刑不当，但量刑偏重或过重的；对于原判适用法律有错误或量刑不当，但量刑偏轻或过轻的案件，则只能对罪名进行改判，而不能对原判刑罚进行改判并予以加重。由此可见，刑事诉讼法关于上诉不加刑原则的规定，本身就是专门针对原审判决认定事实没有问题，但量刑偏轻或过轻这一情形设定的，否则它就失去了存在的意义和价值。同时，这一逻辑关系也清楚地表明，尽管对于原审判决认定事实清楚，但量刑偏轻或过轻的案件，如果不对上诉被告人改判以加重刑罚，很可能具有"罚不当罪"甚至放纵被告人的嫌疑，但刑事诉讼法对此已经予以了认可和接受，并承诺不因原审判决的量刑错误而对被告人加重刑罚。或者说，虽然量刑偏轻或过轻的不当判决与上诉不加刑的结果之间存在相应的矛盾，但刑事诉讼法选择了维护上诉不加刑原则而放弃追求对上诉被告人进行"适当"刑罚，并以此解决了对原判量刑偏轻或过轻案件的处置规则。

上述"应当改判"与上诉不加刑原则之间的逻辑联系，不仅直接限制了二审法院亲自以直接改判的方式予以加刑，而且也从总体上排斥了二审法院借其他途径通过间接改判的方式对上诉被告人进行加刑。这大概也就是有关上诉不加刑原则的司法解释禁止二审法院对原审判事实清楚但量刑畸轻的案件以事实不清或证据不足为由重审的原因。然而遗憾的是，同样的司法解释同时却又允许二审法院对于事实清楚但量刑畸轻的案件，可以先裁定维持原判再依审判监督程序提起再审并进行改判。

（2）为变相加刑而发回的重审不符合发回重审的正当条件和目的。

根据刑事诉讼法第189条第（三）项及第191条的规定，所谓"发回重审"包括两种情形：其一，在原审判决存在实体性问题的前提下，由二审法院选择发回。具体而言，对于经审查发现确实事实不清或者证据不足的原审判决，如果二审法院通过二审自己已经查清了事实，或者对二审法院自己能够查清事实的，二审法院就不能直接发回原审法院重审，而是直接进行改判；但如果二审法院自己也没有查清事实或无法查清事实的，二审法院就应当发回原审法院重审。从上述这一选择情形中可以看出，首先，发回重审必须具备两个实体性条件：第一，原审判决确实存在事实不清或证据不足的问题；第二，二审法院自己难以查清事实和证据。其次，就发回重审的目的而论，由于原审判决在事实不清或者证据不足的前提下作出的定罪量刑缺乏充分的依据，本身就无法确定其是否适当，因此发回重审的目的首先是要求一审法院通过重审查清案件事实或证据，然后再根据新查清的事实或证据重新就被告人是否构成犯罪、构成何种犯罪以及应当负担何种刑罚作出裁决。其二，原审因违反相关诉讼程序而必须由二审法院发回重审。在该情况下，由于无论原审判决认定的事实和证据本身是否有问题，只要二审法院发现原审过程中存在刑事诉讼法第191条规定的违反诉讼程序的情形，二审都必须将案件发回原审法院重新审理。因此，就该情形下发回重审的条件而论，原审判决认定的事实或证据，以及判决结果本身都对其没有意义；而就发回重审的目的而言，只能是要求原审法院依据刑事诉讼法规定的相关程序重新审理案件。

但是，就实践中为变相加刑而发回的重审，往往也就是对于原审判决事实清楚，证据确实、充分，也没有违反诉讼程序的依据，但量刑过轻的单纯由被告人上诉的案件，二审法院因上诉不加刑原则的约束不能直接改判，最终裁定撤销原判，再以事实不清或证据不足为由，并通常以附法院内部函的形式发回重审。由于这种情形下的发回重审，主要是二审法官为借原审法官之手对上诉被告人进行变相加刑而发回的重审，因此其结果往往也就是重审法院在其原审认定案件事实和证据的基础上重新作出重于原判决的定罪量刑的判决（当然，实践中也有原审法院仍然支持自己原审判决的个案）。这种变相加刑的发回重审不符合发回重审的正常条件和目的，也违背了发回重审的正常程序和规则。

（3）为变相加刑提起的再审不符合再审的程序规则。

首先，根据刑事诉讼法的规定，启动再审只能是因为"对于已经生效的判决、裁定，发现在认定事实或适用法律方面确有错误"，因此就决定或提起再审的时间条件来说，只能是先有生效的判决或裁定，后来才发现生效的判决或裁定确有错误，并因此而决定或提起再审。但是，就二审法院先裁定维持原判等原判决生效以后提起的再审而言，尽管它实际是在原裁定生效以后再提起的，但它并非因为事后发现其裁定有错误并因此提起再审，而是二审法院在尚未作出裁决前就已经发现一审判决有错误，并且是为了事后提起再审而事先有意维持原判形成的"错误裁定"，因此这是一种在裁定生效以前就决定了的再审。其次，由于启动再审的实质条件只能是已经生效的判决或裁定确有错误，但二审对一审判决认定事实没有问题，但量刑偏轻或过轻的案件依据上诉不加刑原则维持原判本身并没有错误，或者说，即使一审在量刑方面有偏差，但在二审法院根据上诉不加刑原则对其予以认可后，也已经消除了原有的量刑错误，因此即使是二审法院维持了原判，也不存在再提起再审的条件。

综上所述，实践中为了变相加刑而以事实不清或者证据不足为由发回的重审，以及为了事后能够提起再审而事先故意裁定维持原判，并依此再提起再审的做法，尽管其因追求对上诉被告人"罚当其罪"的实体价值而具有相应的正义性，但它们却直接颠覆了刑事诉讼制度中上诉不加刑原则的程序正义价值，并导致被告人因上诉而加刑的结果。同时，它们不仅与刑事诉讼法规定的发回重审、审判监督程序规则完全相左，也与刑事诉讼法设立该两项制度的初衷大相径庭。而且也人为地造成了诉讼程序的随意倒流。浪费了诉讼资源，拖延了案件的审结期限。

三、原因分析和结论

由于刑事诉讼法第 189 条第（三）项及第 191 条规定对于原判决事实不清或者证据不足，以及原审过程中存在违反相关诉讼程序的案件，二审法院即可以或应当将案件发回重审，却并没有同时规定对于被告人上诉案件重审后不得加重刑罚。因此，它为实践中二审法院利用发回重审对上诉被告人进行变相加刑提供了机会；而在反复出台的关于上诉不加刑原则的司法解释中，有关量刑过轻可以通过再审改判的内容，使实践中以先裁决维持原判，再提起再审程序的方式对上诉被告人变相加刑的做法表面上看起来具有了"准合法性"。此外，法官在面对一审判决量刑过轻且检察机关不履行抗诉职能的案件时，总是习惯性地忽略了自己是刑事诉讼中的中立裁判者地位，而认为自己仅具有追诉或协助追诉犯罪的职能，这种原动力促使法官在不能直接改变加刑的情况下，只能选择其他变相加刑的方式以实现其"不能让被告人活脱应有的刑罚制裁"的正义愿望。这一动力也是实践中在上诉不加刑原则之外变相加刑普遍存在的最根本原因。

但是，既然刑事诉讼法规定了上诉不加刑原则，既然它不仅符合世界各国刑事诉讼的基本规则，同时也符合我国保护被告人诉讼权利的现实需要，那么其效力就不能因任何理由或条件而受到限缩，并在实践中不折不扣地得以实现。为此，就应当严厉禁止并排除任何形式的变相加刑。至于具体措施，事实上很简单，只需做如下两方面补充和完善：（1）立法方面，在刑事诉讼法第 190 条关于上诉不加刑原则的规定之后，补充规定"对于被告人上诉后发回重审的案件，也不得加重刑罚"；在刑事诉讼法第 205 条关于提起审判监督程序的主体及理由的规定中增加一款："对于因上诉不加刑原则维持原判的生效裁定，不得以原审判决确有错误为由进行再审"。（2）动员法院及法官改变职能观念，使法院及法官改变职能观念，放弃犯罪追诉者或协助追诉者的角色定位，回归中立裁判者的本位。这一方面也是最根本的、最重要的一个方面，做到这一方面，立法不进行修改也无妨。

（作者单位：中国政法大学）

论共犯陈述的证据性质及证明力规则

肖　铃　张亚茹

在共同犯罪案件中，某被告人陈述在内容上通常不仅包含自己行为的事实，还包含其他被告人行为的事实。该陈述在用于证明本人是否构成犯罪时属于犯罪嫌疑人、被告人的供述和辩解，这一点没有疑义，但是它的用途不仅限于此，它通常还会被用做证明其他被告人是否构成犯罪的证据，此即共犯陈述[①]。共犯陈述只是学理称谓，并非我国法定的证据种类，在证据的性质上应将其界定为何种证据，是犯罪嫌疑人、被告人供述和辩解，还是证人证言？这是理论界和实务界讨论得很热烈、分歧也非常大的问题。在此基础上，还会衍生出共犯陈述是否要遵循刑事诉讼法第 46 条的补强规则等重要问题，本文拟就此发表看法。

一、共犯陈述的证据性质——口供还是证言

依据共犯是否合并审理，可以将共犯陈述分为同案共犯陈述和异案共犯陈述。为行文方便，下文仅以同案共犯陈述为例展开讨论，并将其简称为"共犯陈述"。

（一）口供说

关于共犯陈述的证据性质，总体上看，认为属于犯罪嫌疑人、被告人供述和辩解的占多数，其理由主要有[②]：

（1）认为我国刑事诉讼中被告人和证人存在本质区别，被告人与案件的处理结果存在直接的利害关系，证人与案件的处理结果没有直接的利害关系，二者的地位不同，导致被告人口供和证人证言的可靠性也不相同。

（2）被告人和证人有不同的诉讼权利和义务，证人有如实作证的义务，被告人不承担虚假陈述的伪证责任。

（3）如果把共犯陈述视为证人证言，无须遵守刑事诉讼法第 46 条规定的口供补强规则，从而在共犯互证时定罪，这是与我国证据制度的原则和精神相悖的。因为在只有共犯口供的情况下，其真实性和可靠性仍然是不能确定的。"以口供证实口供，无异于以一个不确定的因素去证明另一个不确定的因素，其结论将依旧是不确定的。"[③]

（4）如果将同案被告人的口供互相作为证人证言对待，实际上是人为地制造了一种口

[①] 学界多使用"口供"、"供述"、"攀供"等词，笔者认为本文的目的既然是探讨其证据定性，将其表述为"陈述"这一中性词比较妥当。

[②] 胡常龙、汪海燕：《论共犯口供的性质及其证明力》，载《人民司法》2001 年第 8 期。

[③] 崔敏主编：《刑事证据理论研究综述》，中国人民公安大学出版社 1990 年版，第 143 页。

供以外的"其他证据"，它曲解了立法精神，而且极容易造成冤假错案。

分析上述理由，除了列举一些被告人和证人在诉讼地位、诉讼权利和义务上的区别之类的理由以外，"口供说"的关键理由是，共犯陈述的证明力弱。"共犯口供的最大特点是其内容与本人的犯罪事实利害攸关，即'你中有我，我中有你'。攀供中有可能互相包庇或互相推诿，也有可能在刑讯逼供下胡乱咬供，造成真假难辨的情况。正是由于共同被告人互相检举揭发存在着不同于证人证言的许多复杂的因素，因此，绝不能把被告人的这部分口供视为证人证言，否则有冤枉无辜的危险。"①

笔者认为，"口供说"以证明力的强弱、真实性和可靠性的程度作为主要论据犯了逻辑混乱的错误，证明力的强弱不应成为界定共犯陈述的证据性质时考虑的因素。

首先，证明力的强弱不是必然规律，只是经验的总结，"证言的证明力强于口供"这一论断具有一定的参考意义和警示作用，但是在实践中还要委诸裁判者自己判断。事实上，口供真实、证言虚假的例子屡见不鲜。对于共犯陈述来说，证明力的强弱也因人因案而异，如果以证明力强弱作为划分证据种类的依据，则是不是也可得出"证明力强的共犯陈述是证言，证明力弱的共犯陈述是口供"的结论？这是非常荒谬的。

其次，证明力的强弱可以成为决定是否设置证明力规则，如口供补强规则的依据，但不能成为划分证据种类的依据，这是两个不同性质的问题，不能纠缠不清。虽然和证人证言相比，口供的证明力一般较弱，但不能因此将同样证明力一般较弱的共犯陈述归入口供，正如虽然和男性相比，女性的个子一般较矮，却不能因此将某尚不知性别的矮个子归入女性的范围一样，这是简单、武断的做法。

（二）证言说

近年来，认为共犯陈述是证人证言的"证言说"得到了越来越多论者的支持，其论证有从反驳"口供说"的理由入手的，② 有从考证两大法系证人资格扩大化的历史趋势入手的，③ 还有我国台湾地区学者认为这是个简单的"对他人刑案为陈述者应为证人"的问题④，都非常有道理。

笔者也赞同"证言说"，并认为要确定共犯陈述的证据性质，即是证言还是口供，要回到二者的本质区别上来。

1. 证言与口供的本质区别——陈述人与证明对象的关系不同

在单一被告人案件中，口供与证言的区别是简单明显的，被告人提供的就是前者，证人提供的就是后者。但是，这种简单明显的表象之后隐藏的是二者更本质的区别，即本人和证明对象的关系。在单一被告人案件中，证明对象是被告人是否实施了指控的犯罪，所以被告人本人的陈述是犯罪嫌疑人、被告人的供述和辩解，而和该证明对象无关的人的陈述就是证人证言或被害人陈述。

可以从侧面佐证这一判断的例子是在刑事自诉和反诉案件中，如甲自诉乙故意伤害

① 胡常龙、汪海燕：《论共犯口供的性质及其证明力》，载《人民司法》2001 年第 8 期。
② 童颖颖：《共犯口供的诉讼价值及其程序保障》，载《社会科学家》2005 年第 3 期。
③ 聂昭伟：《同案被告人口供的证据价值研究》，载《现代法学》2005 年第 6 期。
④ 林钰雄著：《刑事诉讼法》（上册），中国人民大学出版社 2005 年版，第 383 页。

（轻伤），乙反诉甲诽谤。在合并审理时，对甲、乙陈述的定性分别为：在证明对象是乙是否构成故意伤害罪时，乙的陈述是口供，甲的陈述是被害人陈述；在证明对象是甲是否构成诽谤罪时，甲的陈述是口供，乙的陈述是被害人陈述。可见，决定某陈述属于何种证据的关键是陈述人与证明对象的关系：证明对象是本人的犯罪事实的，其陈述是犯罪嫌疑人、被告人的供述和辩解；反之，就是证人证言或被害人陈述，而后二者的区别是清楚明显的。

2. 多被告人案件中证明对象的多样化

在多被告人案件中，证明对象也呈现出更复杂的情况，不是笼统的"被告人整体是否实施了指控的犯罪"，而是依被告人和犯罪事实进行分解，每一被告人的每一犯罪事实构成一个证明对象。这一判断有下列理由：

（1）理论依据：证明对象与案件事实的单一性理论。

案件事实的单一性，是指"刑事诉讼中进行起诉和审判的案件，为单纯的一个不可分割的案件，法院对此案件只能行使一个刑罚权，进行一次裁判，如经判决确定后，不能重新作为诉讼客体"。它包含两个要件："（1）被告必须为一人。……对于两人以上的共同犯罪案件，国家对于每一个犯罪人均有一个刑罚权，并且分别加以行使，分别确定其刑罚权是否存在及其适用的范围。……则此数被告人，虽在同一个诉讼程序中进行审判，但诉讼的客体并非单纯的一个，而应当根据被告的人数而确定。（2）犯罪之事实须为一个。……如一人犯数罪，此数罪能各自独立成罪，国家对一人所犯之数罪应分别行使刑罚权，不能视为单一的一个刑事案件。"[1]

因此，在多被告人或多犯罪事实案件中，证明对象（诉讼客体）[2] 的数量可依照"案件事实的单一性"理论确定：有多少个单一性的案件事实，就有多少个证明对象，即每一被告人的每一犯罪事实都是一个证明对象。

（2）法律依据：司法解释对证明对象的规定。

最高人民法院 1998 年 9 月 2 日发布的《关于执行〈中华人民共和国刑事诉讼法〉若干问题的解释》第 52 条规定："需要运用证据证明的案件事实包括：……（二）被指控的犯罪行为是否存在；……（六）被告人的责任以及与其他同案人的关系；……"。可见，证明对象指的是单一被告人的单一犯罪事实，在多被告人案件中存在两个以上的证明对象，每一被告人的每一犯罪事实单独成立一个证明对象。

（3）实务依据：裁判者的心证过程和判决书的结论部分。

例如，控方起诉甲、乙共同盗窃，甲单独实施诈骗。经过庭审后，法院要查明的是甲有没有参与盗窃，扮演什么角色，有什么证据证明；乙有没有参与盗窃，扮演什么角色，有什么证据证明；甲有没有实施诈骗行为，有何证据证明，并据此分别对甲的盗窃行为和诈骗行为、乙的盗窃行为作出判决。可见，虽然同一诉讼程序的结果都体现在一张判决书上，但是法官的心证过程却是依每一被告人的每一犯罪事实进行的。在判决书的结论部分，法官要分别就甲是否构成盗窃罪、诈骗罪，乙是否构成盗窃罪作出判断。这从实务上说明

---

① 卞建林主编：《刑事证明理论》，中国人民公安大学出版社 2004 年版，第 167 页。

② 证明对象和诉讼客体是互为表里的关系："所谓诉讼客体，是指刑事诉讼主体实施诉讼行为，进行刑事诉讼活动所指向的对象。……证明对象则是证明主体进行证明活动所指向的对象，由于诉讼活动在很大程度上是一种证明活动，导致诉讼客体与证明对象形成互为表里的关系，证明对象可视为诉讼客体的派生或投影。"参见卞建林主编：《刑事证明理论》，中国人民公安大学出版社 2004 年版，第 163 页。

证明对象的数量是依每一被告人的每一犯罪事实确定的。

3. 证明对象的多样化决定共犯陈述属于证人证言

正是因为在多被告人案件中证明对象要按照每一被告人的每一犯罪事实进行分解，所以口供与证言的区别就不能仅以诉讼角色作为划分的标准，而要透过现象看本质——依据陈述人和证明对象的关系而定。在存在多个证明对象的多被告人案件中，要先确定证明对象，而后才能界定某被告人陈述的证据性质。每一被告人的陈述仅在证明对象为本人的犯罪事实时方属于犯罪嫌疑人、被告人的供述和辩解，对于其他证明对象来说，同样的这份陈述性质上就是证人证言。例如，甲和乙被指控共同盗窃，同样是甲的陈述："我和乙一起盗窃，我望风，乙入室"，该陈述被用于认定甲的盗窃行为时是口供，被用于认定乙的盗窃行为时就是证言。

从常理来判断，这种界定也是合情合理的。虽然是共犯，但毕竟每个被告人都是独立的个体，都要承担独立的刑事责任，他们之间的关系是错综复杂的，既存在联合起来对抗控方指控的机会，也会因为各自利益的不同、利害关系的差异反而削弱了辩护方的辩护力度，使控方坐享渔翁之利。"从共犯人与被告人本人之间的关系看，共犯人是被告人以外的人时，与被害人及其他单纯的证人没有本质的区别。"① 同理，对于一个被告人来说，其他被告人所提供的共犯陈述与普通的证人证言也没有本质的区别。

二、共犯陈述与刑事诉讼法第 46 条的适用

对共犯陈述证据性质的争论本身并不是论者的终极目的，刑事诉讼法第 46 条"只有被告人供述，没有其他证据的，不能认定被告人有罪和处以刑罚"的规定是否适用于共犯陈述才是争论的焦点，这涉及两种情形：只有共犯陈述，或者只有被告人供述和共犯陈述，没有其他证据时，能否认定被告人有罪？

对此，"口供说"有两种不同意见，一种意见认为刑事诉讼法第 46 条中的"被告人供述"既包括被告人本人供述也包括共犯陈述，所以不论是上述哪种情况，都属于案件中"只有被告人供述，没有其他证据的"，都不能对被告人定罪处罚，需要补强证据。②

还有一些学者持折中意见，认为"共犯口供的性质仍然是口供，共犯不能互为证人，对待共犯口供的原则仍是刑事诉讼法第 46 条的规则……但是，当确实无法取得其他证据的情况下，如果同时具备下列条件，可以在非常谨慎的前提下将共犯口供作为定案的根据：……"③

"证言说"认为共犯陈述是证人证言，因此当案件中出现上述两种情况时，并不在刑事诉讼法第 46 条的口供补强规则的规制范围内，除了要符合孤证不能定案的要求外，"从理论上来说，在既有被告人本人的供述，又有作为证人的同案被告人供述的前提下，可以对被告人进行定罪处罚。"④ 同理，在有两份以上共犯陈述、没有其他证据时，理论上也可以

① ［日］松尾浩也著：《日本刑事诉讼法》，丁相顺、张凌译，中国人民大学出版社 2005 年版，第 83 页。

② 胡常龙、汪海燕：《论共犯口供的性质及其证明力》，载《人民司法》2001 年第 8 期。

③ 陈光中：《刑事诉讼法学（新编）》，中国政法大学出版社 1996 年版，第 177 页。

④ 聂昭伟：《同案被告人口供的证据价值研究》，载《现代法学》2005 年第 6 期。

对被告人定罪。

笔者赞同"证言说"的观点，认为共犯陈述是证人证言，和其他单纯的证人证言一样，其适用并不受刑事诉讼法第 46 条的规制，所以理论上在上述两种情况出现时对被告人定罪并不违反刑事诉讼法第 46 条的规定。

在这一点上，日本曾有过类似的争论。日本刑事诉讼法第 319 条第 2 款的规定和我国刑事诉讼法第 46 条类似，其规定："不论是否被告人在公审庭上的自白，当该自白是对其本人不利的唯一证据时，不得认定被告人有罪。"① 争论的问题是，当案件中只有未接受共同审理的共犯陈述（或只有共同被告人陈述）而没有其他证据时，是否可以认定被告人有罪？

有观点认为共犯陈述是肯定自己的犯罪事实，是'坦白'，只要没有补强证据就不能认定被告人有罪。但是多数观点认为，对被告人来讲，共犯陈述"不是'坦白'而只是一个'证言'，因此不适用宪法第 38 条第 3 款和刑事诉讼法第 319 条第 2 款的规定，最高法院也采纳了这种观点。……在判断共犯人的供述是否需要补强证据时指出，'从共犯人与被告人本人之间的关系看，共犯人是被告人以外的人时，与被害人及其他单纯的证人没有本质的区别'。"② "没有经过共同审理的共犯人的自白不需要补强证据，即使是接受共同审理的共犯人（共同被告人），从共犯人与被告人本人的关系上看，他也是被告人本人以外的人，他作出的涉及共犯人或者共同被告人犯罪事实的供述，有独立的、完全的证明力……因此，至少在理论上可以说，共犯人的自白是唯一证据时，可以认定被告人有罪。"③ 可见，在和我国有类似争论的日本，多数观点以及日本最高法院的意见都是共犯陈述属于证人证言，并且理论上可以仅凭共犯陈述给被告人定罪，不违反口供补强规则。

虽然共犯陈述不受刑事诉讼法第 46 条的规制，但是考虑到其证明力上的特点，是否有必要为其另行设置合适的证明力规则呢？笔者认为确有必要。

三、共犯陈述的证明力

证明力强弱不能作为界定共犯陈述的证据性质时的主要理由，但这并不意味着我们可以忽视共犯陈述的证明力特点。相反，只有在认识、正视这些特点的基础上，才有可能找到合适的途径和方法，在运用它时扬其长，避其短。

（一）共犯陈述的证明力特点

共犯陈述在性质上是证人证言，所以理论上除了要符合孤证不能定案的要求外，是不需要补强证据就可以认定被告人有罪的。但是从实践来看，如果将共犯陈述完全等同于普通证人证言，赋予其和后者相同的证明力，是极其危险的。共犯陈述因为与被告人本人存在犯罪事实上的密切联系，所以如果其陈述真实，则证明价值大，但是事关自己和其他同案人的罪责，共犯陈述的虚假可能性也比较大，原因主要有两方面，一是共犯常"避重就

---

① 宋英辉译：《日本刑事诉讼法》，中国政法大学出版社 2000 年版，第 73 页。

② ［日］松尾浩也著：《日本刑事诉讼法》（下），丁相顺、张凌译，中国人民大学出版社 2005 年版，第 83 页。

③ ［日］田口守一著：《刑事诉讼法》，刘迪、张凌、穆津译，法律出版社 2000 年版，第 260 页。

轻，诬攀他人"[1]，或者相互之间串供，故意提供虚假证据；二是侦查机关偏重口供，以刑讯或变相刑讯的方法逼取口供。

这导致共犯陈述虽然在性质上属于证人证言，但是在证明力的特点上更类似于犯罪嫌疑人、被告人的供述和辩解：证明价值大，可能提供案件的关键证据，但是在内在或外在因素的影响下虚假的可能性也较大。这提示我们在运用共犯陈述时，要更多地注意到它证明力上的这种特点，为其设置适合的证明力规则。

（二）共犯陈述的证明力规则

共犯陈述在证明力上近似于被告人口供的特点，是否意味着对其也可以设置和刑事诉讼法第 46 条相同的证明力规则，即"只有共犯陈述，或者只有被告人供述和共犯陈述，没有其他证据时，不能认定被告人有罪和处以刑罚"。笔者认为这种"一刀切"、完全照搬刑事诉讼法第 46 条的做法不妥。毕竟在共同犯罪案件中，只要被告人口供和共犯陈述之间能相互印证，或者共犯陈述之间能相互印证，其真实性、可靠性要高于只有被告人口供的情况。笔者认为，可以借鉴刑事诉讼法第 46 条，按照原则加例外的思路为共犯陈述设置下述证明力规则：

（1）只有共犯陈述，或者只有被告人供述和共犯陈述，没有其他证据时，一般不能认定被告人有罪和处以刑罚。

这意味着共犯陈述虽然是证人证言，但是其并不具有和证人证言同等的证明力，法官在心证的时候，要遵守法律对共犯陈述的证明力限制。

（2）确实无法取得其他证据的时候，在符合一系列前提条件，确保不存在攀供、串供、逼供等情况时，可以对被告人定罪处罚，具体条件可以参考"口供说"之折中意见派的总结："（1）各被告人分别关押，能够排除串供的可能性；（2）各被告人的口供都是在没有任何违法的条件下取得的，能够排除刑讯逼供或引诱、欺骗的因素；（3）各被告人供述的犯罪事实细节上基本一致，在分别指认的前提下可以确认他们到过现场；（4）共犯只有二人时，原则上不能仅凭口供的相互印证定案，共犯为三人以上时，才可谨慎行事。"[2]

为共犯陈述的运用设置上述原则加例外的证明力规则是必要且可行的，既尊重了共犯陈述一般证明力较弱的经验总结，防止裁判者过高评估其证明力，防止侦查机关对其过于倚重导致刑讯发生，又灵活地兼顾到在没有不利因素影响，真实性、证明力得到保障的情况下共犯陈述得以充分发挥它的证明价值。为共犯共同被告人设置的这种证明力规则实际上已经得到了最高人民法院的认可，如《全国法院审理毒品犯罪案件工作座谈会纪要》中规定，在处理被告人翻供等毒品案件时，"仅凭被告人口供依法不能定案。只有当被告人的口供与同案其他被告人供述吻合，并且完全排除诱供、逼供、串供等情形，被告人的口供与同案被告人的供述才可以作为定案的证据。对仅有口供作为定案证据的，对其判处死刑立即执行要特别慎重。"

（作者单位：华南师范大学法学院　中共陕西省委党校）

---

① 李学灯著：《证据法比较研究》，台湾地区五南出版社 1992 年版，第 541 页。

② 陈光中主编：《刑事诉讼法学》（新编），中国政法大学出版社 1996 年版，第 177 页。

小议刑事起诉替代措施

徐黎明

一、刑事起诉替代措施内涵

措施，从字面上来看，是指针对某种情况而采取的处理办法。起诉替代措施，简而言之，是指代替起诉的一系列处理办法。起诉替代措施不是我国本土的概念，而是一个舶来品，国内的学者很少使用这个概念。[①] 在法国，起诉替代措施又叫刑事措施（composition penale），是检察官采用的介于提起公诉和简单不起诉之间的，对轻罪和部分违警罪（违警罪中的暴力行为和破坏行为）的犯罪行为人采取的措施，目的是提高检察官处理轻微的城市违法行为的效率，以及避免因采取起诉或简单不起诉措施的不当，而导致刑罚在整个社会中不能产生预期的效果。1989 年法国检察官开始适用起诉替代措施，其目的是减少简单不起诉的情况。在当时检察官可以根据违法行为的性质和程度，采取刑事调解、补救条件下的不起诉、赔偿、延迟决定等。[②] 起诉替代措施使检察院能以适合犯罪人的措施作出快速反应。笔者认为，所谓刑事起诉替代措施是指公诉机关对特定的构成犯罪的刑事案件，在案件进行审查起诉的环节，即作出终止诉讼的处理，转换为非刑罚性处分措施，而不再进入刑事审判程序提交法庭审理的制度和做法。其实施的主体是依法行使公诉权的检察机关；适用起诉替代措施的案件范围一般限于犯罪性质较轻、情节相对简单或者被追诉人认罪的案件和未成年人、老年人犯罪案件等；起诉替代措施的种类包括不起诉、暂缓起诉、促成刑事和解的不起诉以及训诫、责令具结悔过、赔礼道歉、赔偿损失、无偿进行社区公益性劳动、建议有关主管机关予以行政处罚或行政处分等非刑罚处理办法。

目前，我国刑事诉讼法中明确规定的起诉替代措施有不起诉和非刑罚处理办法两类。其中不起诉包括刑事诉讼法第 140 条第 4 款规定的存疑不起诉、第 142 条第 1 款规定的法定不起诉以及第 142 条第 2 款规定的酌定不起诉；非刑罚处理办法根据刑事诉讼法第 142 条第 3 款以及《人民检察院刑事诉讼规则》第 291 条的规定，包括：训诫、责令具结悔过、责令赔礼道歉、责令赔偿损失、建议有关主管机关对被不起诉人给予行政处罚、行政处分等。

[①] 与起诉相对的概念，一般用的是不起诉；对不起诉制度的关注是学界的热点，大多数主张扩大检察机关不起诉的自由裁量权，增加暂缓起诉制度、附条件起诉制度、加强对不起诉权的制约，等等。国内学者使用起诉替代措施的概念很少。本人查询到的有：冯亚景、蔡杰：《公诉机关起诉替代措施研究》，载《中国刑事法》2006 年第 1 期；蔡杰、冯亚景：《我国起诉替代措施的理论与实践》，载《刑事诉讼前沿研究》（第四卷），中国检察出版社 2005 年版；中国政法大学硕士生柴云的硕士论文《刑事起诉替代措施研究》。

[②] 刘立宪、谢鹏程主编：《海外司法改革的走向》，中国方正出版社 2000 年版，第 18 页。

（一）刑事起诉替代措施体现了刑法谦抑思想是非刑罚化的产物

"刑法的谦抑是指立法者应当力求以最小的支出——少用甚至不用刑罚（而用其他刑罚替代措施），获取最大的社会效益——有效地预防和控制犯罪。"① "刑法调整的对象是受严重威胁破坏又攸关个人和社会生存发展的社会关系，刑法正是作为一种最严厉的也是最后的规范防线而存在的。由此，刑法是一种不得已的恶。用之得当，个人和社会两受其益；用之不当，个人和社会两受其害。因此，对于刑法之可能的扩张和滥用，必须保持足够的警惕。不得已的恶只能不得已而用之，此乃用刑之道也。"② 刑法谦抑原则决定了刑法在罪与刑两方面的紧缩性、补充性和经济性，由此推动了以非犯罪化和非刑罚化为主题的世界性刑法改革运动。各国在第二次世界大战后大都实行过所谓的"非刑事化政策"，即对犯罪行为不一定均需诉诸法院而运用刑罚，可以采用保安处分、社会监督等其他手段来代替。③ 其目的不仅在于减轻法院对于审判各类刑事案件的过重负担，而且也避免犯罪嫌疑人受到不必要的审前拘留、起诉和定罪的污名，以及避免监禁可能带来的各种不利后果。④ 非犯罪化和轻刑化的刑事政策在刑事诉讼中的具体体现就是各国赋予检察机关在刑事案件的审查起诉程序中拥有一定的不起诉裁量权，这使得起诉替代措施的运用具有了一定的必然性，因此说起诉替代措施是非刑罚化的现代刑罚改革运动的产物。

（二）刑事起诉替代措施是起诉便宜主义思想的产物

所谓起诉便宜主义，是指虽然具有犯罪的客观嫌疑，具备起诉条件，但起诉机关斟酌各种情形，认为不需要起诉时，可以裁量决定不起诉。⑤ 起诉便宜主义体现了社会注重刑事犯罪的特殊预防的倾向，即在追诉和适用刑罚时充分考虑犯罪人的特性，以实现刑罚的个别化，促进犯罪人悔过自新。⑥ 起诉便宜主义在刑事诉讼中的贯彻和直接体现就是检察机关在刑事案件的审查起诉程序中拥有一定的起诉裁量权，即对于一定案件的起诉与不起诉的自由裁量权。正是由于起诉便宜主义的推行，使得检察机关可以依据不起诉裁量权，根据案件的具体情况决定是否对犯罪嫌疑人提起诉讼或者适用其他的起诉替代措施。

（三）刑事起诉替代措施是诉讼经济思想的产物

刑事诉讼是国家依法惩罚犯罪、保障无辜的一种专门活动，是一项以高昂的诉讼成本为代价的国家追诉犯罪的活动，这就涉及诉讼过程的经济性问题。诉讼经济思想强调刑事诉讼的效率价值，主张刑事司法资源的有效使用和优化配置。从 20 世纪 70 年代开始，一种以突出诉讼效率价值为主导的司法改革趋势在西方各国刑事诉讼理论和实践中发展起来，

---

① 陈兴良著：《刑法的价值构造》，中国人民大学出版社 1998 年版，第 353 页。

② 陈兴良著：《刑法的价值构造》，中国人民大学出版社 1998 年版，第 10 页。

③ 卞建林著：《刑事起诉制度的理论与实践》，中国检察出版社 1993 年版，第 159 页。

④ 陈真、邓剑光著：《建构与价值——刑事司法的若干制度研究》，四川大学出版社 2004 年版，第 16 页。

⑤ 宋英辉：《刑事诉讼原理》，法律出版社 2003 年版，第 280 页。

⑥ 吴明生：《略论相对不起诉制度及其立法完善》，载《刑事起诉与不起诉制度研究》，中国人民公安大学出版社 2007 年版，第 458 页。

并得到了各国立法与司法机关的肯定。① 提高诉讼效率已成为刑事诉讼制度改革的当务之急和重要特点，刑事起诉替代措施的出现顺应了这种改革趋势。起诉替代措施通常在公诉机关审查起诉程序的初期采取。在司法审判程序开始之前，通过起诉替代措施将刑事诉讼程序分流，被用于追诉个人的司法资源就可以用于其他目的。另外，因为起诉替代措施的灵活性，其可能包容更多的计划和项目作为刑罚替代措施，可以吸纳更多的社会资源用于刑事程序，弥补了司法资源的不足。起诉替代措施的适用使一部分案件不经过审判程序即告终结，减轻了法院的工作压力，另外它通过一系列帮教矫正措施，避免了长期的羁押和监禁刑的适用，使有限的司法资源能得到更合理的配置和使用。

二、实施刑事起诉替代措施之必要性

（一）我国刑事司法实践的需要

我国正处在有史以来最剧烈的社会变革、转型时期，伴随这一过程，刑事案件的高发态势已经形成并将继续加剧。据有关统计资料显示，从 1998 年到 2005 年，刑事案件的立案数从 1986068 件增加到 4648401 件，增长了 134%，同期被逮捕的人数从 598101 人上升到 876419 人，增加了 46.53%，法院审判的公诉案件的被告人也从 584763 人增加到 981009 人，增加了 67.76%。② 2003 年至 2007 年，共批准逮捕各类刑事犯罪嫌疑人 4232616 人，提起公诉 4692655 人，比前五年分别上升 20.5% 和 32.8%。③ 根据 2003 至 2006 年《中国法律年鉴》有关统计资料显示，在 2003 至 2006 年间，每年生效裁判宣告无罪，判处免刑、拘役、缓刑、管制、单处附加刑的被告人数占当年生效裁判所涉被告人总数的比例为 28.45% 至 35.36%。这意味着即使经过了法院审判，这些被告人绝大多数并没有被实际执行刑罚或只执行了比较轻的刑罚。如果对他们中的部分人由检察机关根据案件的具体情况适用起诉替代措施加以处理，不仅可以减少因交付审判而支出大量的司法资源，更重要的是，可以免除因对他们进行审判而对社会诸方造成的负面影响，有利于将社会消极因素转化为积极因素。此外，在历年生效裁判所涉及的被告人中，未成年人占 7.08% 至 9.79%。对于该部分未成年被告人，只要不是必须判处刑罚或执行刑罚的，也可以尽可能适用起诉替代措施加以处理，这对挽救、教育他们悔过自新、重新做人具有重要的意义。上述数据表明，目前存在着适用起诉替代措施处理案件的相当大的现实空间。

（二）顺应国际潮流的需要

1990 年 9 月 7 日通过的《联合国关于检察官作用的准则》第 18 条规定："根据国家法律，检察官应在充分尊重嫌疑者和受害者的人权的基础上，适当考虑免予起诉、有条件或无条件地中止诉讼程序或使某些刑事案件从正规的司法系统转由其他办法处理。为此目的，

---

① 李文健著：《刑事诉讼效率论》，中国政法大学出版社 1999 年版，第 57 页。
② 以上数据引自 1999 至 2006 年《中国法律年鉴》上的有关统计资料。
③ 摘自 2008 年《最高人民检察院工作报告》，http://www.gov.cn/2008lh/content_926172.htm，2008 年 8 月 5 日访问。

各国应充分探讨改用非刑事办法的可能性，目的不仅是减轻过重的法院负担，而且也可避免受到审前拘留、起诉和定罪的污名以及避免监禁可能带来的不利后果。"由此可见，检察官在起诉时拥有自由裁量权已得到国际社会的普遍认可。现在无论是大陆法系国家还是英美法系国家，都加强了庭外非刑罚化措施的使用，使得相当一部分的刑事案件通过检察机关的自由裁量得以消化，并且这种权力有日渐扩大的趋势，显现出旺盛的生命力。①

（三）有利于被害人利益的恢复

在实践中，相当一部分轻微刑事案件采取公诉方式进行处理，虽然最终法院作出了附带民事赔偿的有罪判决，但是被害人的民事赔偿请求权大多难以实现，法院的附带民事判决部分往往成为"法律白条"。从实际效果上看，有罪判决虽然使犯罪人得到了应有的惩罚，但并没有平和地解决犯罪人与被害人之间的纠纷，不能实现的附带民事判决会加剧犯罪人与被害人之间的矛盾。而经检察院调停，被害人与犯罪嫌疑人和解的话，则犯罪人会向被害人真诚地道歉，被害人的民事赔偿权也能得到比较充分的实现，这更容易修复被害人在心理上所受到的伤害，使其利益得以恢复。以广西崇左市为例，在该市两级检察机关在2004年至2007年所办理的20余件刑事和解案件中，双方当事人对处理结果均未提出异议，未出现申诉、上访和再次犯罪的现象。

（四）有利于保障被追诉者的人权

实践表明，刑事追诉程序一旦启动便不可避免地会对被追诉者的人身、财产、名誉等方面造成一定的损害，而随着程序的不断推进，这种损害的程度也在不断加深。尤其是对于未成年人，到了起诉和审判阶段，他们将不得不面对起诉方正式的强烈指责而在心理上承受巨大的压力，而这种压力常常会对其造成强烈的，甚至是难以愈合的心理创伤。此外，由于有相当多的被追诉者在诉讼过程中被采取了各种各样的强制措施（甚至是羁押措施），随着诉讼程序的深入进行，这些强制措施的适用常常会被延长，这就给被追诉者的工作、生活、学习等造成了一定的不利影响。即使被追诉者没有被采取强制措施，其涉嫌刑事犯罪这一事实本身便会使社会和他人对其作出否定性评价，而这种否定性评价往往会随着诉讼程序的深入进行而进一步地肯定化和明确化。然而在实际上，有相当多的刑事案件完全没有必要经历每一个诉讼阶段，如对那些社会危害性不大，不进行进一步的追诉或者进行诉讼外的处理对预防和控制犯罪没有影响或者影响不大的案件，完全可以在诉讼的早期即排除在诉讼程序之外。我国目前适用审前羁押的比例非常高，因而我国的刑事诉讼程序对被追诉者权利造成的影响也就相对很大。在这种情况改观之前，执法者也有必要结合具体案件的情况，在追诉利益不充足的情况下尽早实施起诉替代措施，以使被追诉人早日回归社会，回归正常生活。

---

① 种松志：《论我国不起诉制度的科学构建》，载《刑事起诉与不起诉制度研究》，中国人民公安大学出版社2007年版，第203页。

三、完善我国刑事起诉替代措施的设想

（一）重视检察机关所适用的非刑罚的处理方法

1. 确立对被不起诉人的跟踪教育和考察制度

检察机关依据不起诉裁量权作出不起诉决定之后，对被不起诉人绝不能放任不管，而应当借助村民委员会、居民委员会、街道、学校等基层组织，尽可能地做好对被不起诉人的跟踪教育和考察工作。被不起诉人户籍所在地或者经常居住地的村民委员会和居民委员会等基层组织也应当组织成立有关针对被不起诉人教育和管理的帮教组织，对其管辖范围内已经构成犯罪而由检察机关作出不起诉决定的被不起诉人进行教育、挽救和管理。同时，对被不起诉人进行教育和管理的有关基层组织应当定期向作出不起诉决定的检察机关报告被不起诉人的生活、学习状况和改造情况，协助检察机关做好对被不起诉人的跟踪教育和考察工作。

2. 引进无偿服务制度，扩大并推广社区服务令的适用

在检察机关依据不起诉裁量权对犯罪嫌疑人作出相对不起诉决定之后，通常会因为被不起诉人无力向被害人支付赔偿金或者无力缴纳罚款而导致被害人的相关经济赔偿问题无法得到彻底的解决，最终导致被害人常常因为经济赔偿问题未能得到及时彻底的解决而提出申诉或者上访，引发新的社会矛盾，并可能造成再次浪费有限的司法资源。

为有效地解决上述问题，在立法上规定检察机关依据不起诉裁量权作出不起诉决定时，对于无力缴纳罚款或者无力赔偿被害人经济损失的被不起诉人，检察机关可以在被害人与被不起诉人已经达成谅解的前提下，并且被不起诉人必须悔过态度好，没有人身危险性的前提下，责令被不起诉人向被害人或者有关社区提供一定期限的无偿服务。[①]

（二）引进并规范暂缓起诉制度

1. 在立法上明确规定暂缓起诉的适用条件

在案件的事实方面，检察机关已经对犯罪嫌疑人所实施的行为进行严格的审查，案件事实已经查清，证据确实、充分，犯罪嫌疑人所实施的行为已触犯刑法，应当承担一定的刑事责任；在适用对象方面，暂缓起诉只适用于轻罪的犯罪嫌疑人，即依照刑法规定可能判处 3 年以下有期徒刑、拘役或者管制的犯罪嫌疑人，可以适用暂缓起诉；[②] 在案件性质上可以限定在非严重侵犯国家安全、公共安全、公民人身和财产权利以及涉嫌过失犯罪的一般刑事案件上；在犯罪嫌疑人的人身特点及其对案件的态度上，可以限定在未成年人、初犯、偶犯、案发后自首、立功、积极防止损害结果发生或积极赔偿、弥补被害人损失的案件上。

---

① 冯亚景、蔡杰：《公诉机关起诉替代措施研究》，载《中国刑事法》2006 年第 1 期，第 202 页。

② 韩超：《暂缓起诉制度初探》，载《刑事起诉与不起诉制度研究》，中国人民公安大学出版社 2007 年版，第 651 页。

2. 确立适用暂缓起诉的配套制度与措施

（1）规定检察机关在一定情形下撤销暂缓起诉决定的制度。如果犯罪嫌疑人在暂缓起诉考验期内没有按照检察机关的规定履行特定的义务，或者违反了检察机关对其设定的相关规定，或者再次故意实施新的犯罪，这就表明犯罪嫌疑人并没有真正悔过自新和彻底反省。检察机关应当根据犯罪嫌疑人行为的情节轻重程度，依法决定是否对其撤销暂缓起诉决定而提起公诉。

（2）保障犯罪嫌疑人享有要求检察机关提起诉讼和通过法院进行审判的权利。检察机关依据不起诉裁量权所作出的暂缓起诉决定并不是对所有的犯罪嫌疑人都有利。如果犯罪嫌疑人事实上是无罪的，但却遭受侦查机关的指控，而检察机关再作出暂缓起诉的决定，就可能剥夺了犯罪嫌疑人因无罪而由检察机关作出绝对不起诉决定或者由法院作出无罪判决的权利。何况在暂缓起诉期间，检察官不但施加强制命令和行为规则，还保留了起诉权。因此，为了对检察机关的不起诉裁量权进行有效的制约，防止检察机关因滥用不起诉裁量权而作出错误的暂缓起诉决定，应当保证犯罪嫌疑人享有不同意检察机关作出暂缓起诉的决定而选择由检察机关提起诉讼和交由法院审判的权利。

（三）完善酌定不起诉制度

1. 适当扩大酌定不起诉的适用范围

我国刑事诉讼法将犯罪嫌疑人的"犯罪情节轻微，依照刑法规定不需要判处刑罚或者免除刑罚"作为检察机关依据不起诉裁量权对犯罪嫌疑人作出不起诉决定的共同条件，这事实上已经将检察机关的不起诉裁量权严格限定在非常小的范围之内，致使相对不起诉制度的适用范围过于狭窄，从而影响了相对不起诉制度在审前程序分流方面所应当发挥的积极作用。为充分体现起诉替代措施在审前程序中所应当具有的价值，酌定的情节还应该考虑被害人与犯罪嫌疑人之间的关系。例如，经检察机关调停，犯罪嫌疑人与被害人达成和解，检察机关在不起诉决定时，责令犯罪嫌疑人履行赔礼道歉、精神抚慰、赔偿财产损失等义务，并赔偿被害人及亲属一定的精神抚慰金。犯罪嫌疑人取得了被害人的谅解，也就逐渐淡化了犯罪嫌疑人与被害人之间的矛盾，从根本上解决被害人因对损害赔偿问题不满而申诉、上访的现象，从而使得作为起诉替代措施之一的酌定不起诉制度更好地发挥其在刑事审前程序中的积极作用。

2. 确立针对酌定不起诉决定的听证程序

为了防止检察机关滥用不起诉裁量权作出错误的相对不起诉决定，增加检察机关适用酌定不起诉制度的透明度，确保被害人、被不起诉人对检察机关办理的酌定不起诉案件拥有知情权、参与权、辩护权以及监督权。笔者认为，应当在检察机关行使不起诉裁量权的过程中引入社会监督机制，将检察机关行使不起诉裁量权的活动予以公开，规定相关当事人针对检察机关依据不起诉裁量权作出不起诉的决定有权要求适用听证程序。

（作者单位：广西民族大学政法学院）

由"真实"走向"共识"

——对法律事实①正当性标准的反思与重构

杨 波

法官应用特定法律规范解决某一个案件时，其任务不仅仅是给出一个决定（判决），更为重要的是通过各种方式对这一决定作出正当性说明（justification）。在证明其决定的正当性的同时，法官就拥有了要求当事人双方必须接受此决定的理由；反之，当事人自可无视这一决定的法律效力。② 所以，从判决结论必须获得可接受性这一角度来说，对于司法判决的正当性必须加以必要的证明。何谓正当？这属于一种价值判断，对不同的问题，作出"正当性"的评断，就会出现不同的概念和标准，本文则主要是从所谓的"合理合法性"上来界定正当性。那么，法官究竟是如何证明其判决的正当性的呢？法官当然可以利用多种方式证明其判决的正当性，其中最理想的一种方式莫过于证明作为其判决基础的法律事实与案件实际发生的情况一般无二，即如果能够证明据以作出司法判决的法律事实都是真实的，那么司法判决的可接受性问题就迎刃而解了。如果不能，那就还需要寻找其他的证明方式。下面，本文就从判断法律事实正当性的"真实"标准入手，全面反思并论证法律事实正当化的标准问题，以期为法律事实的正当化判断提供一个合理、有效的标准。

一、"真实"标准的困难

棚赖孝雄曾经指出，大部分诉讼案件是由当事人在什么是事实真相这一点上产生争议所致，一般说来，争议事实往往对诉讼纠纷的解决具有决定性的意义；特别是案件当事人对争议事实是否存在某种感情上的强烈执著时，司法公正对事实真相会具有更强的依赖性。不难理解，无论是通过何种方式解决纠纷，"基于事实本身的说服力往往具有一种迫使当事人接受的力量。"③ 英美法系国家也有学者指出，为了强调事实之客观性的重要，甚至有人认为法律事实的发现过程与其他领域的事实发现没有区别。④ 在我国，传统的事实发现理论也选择"真实"作为自己的目标，并为此作出了执著的理论努力。例如，以事实发现理论为指导的"法律真实论"与"客观真实论"都预设了一个"真实"的目标，并试图从不同的角度论证哪种程度的"真实"作为司法判决的依据更能使司法判决具有正当性，尤其是"客观真实"理论，可以说是这种理论努力的典型形态。

实际上，没有人否认，如果有效的话，"真实"将是论证法律事实正当化的最好选择，

---

① 需要说明的是，本文是在刑事诉讼领域探讨法律事实的正当性问题的，且本文所称的法律事实是指法官据以作出司法判决的案件事实，在刑事诉讼中，其是由控、辩、裁三方在审判过程中建构起来的一个关于案件事实的结论。

② ［德］汉斯·霍曼著：《普通法的性质与法律推理的比较研究》，何兰译，载《比较法研究》1991 年第 4 期，第 65 页。

③ ［日］棚赖孝雄著：《纠纷的解决与审判制度》，王亚新译，中国政法大学出版社 1994 年版，第 93 页。

④ William Twining & Aex Stein, Evidence and Proof, Cambridge University Press, 1992, p. 249.

关键是"真实"能否胜任？对此，我们可以从考察事实发现理论入手来进一步加以分析。事实发现理论主张司法过程就是一种主体认识客体事实的过程，在这一过程中，只有查明某一特定案件的真实情况，揭示出案件事实的真相，才能为法律的正确适用提供基本的条件。概括来说，事实发现理论以对于"真"或"真理"的追求为理论原点，强调发现真实的结果对于诉讼的至关重要的意义。这一理论的基本理论结构是这样的：第一，预设一个独立于人（心灵）的客观事实的存在。这是一种不受人的认识能力限制的、独立于人（心灵）的纯客观实在（reality）。① 第二，主张对于客观事实的认识过程是一个排除了价值干扰的过程。也就是说，这里的认识主体基本上是价值无涉的。第三，坚信能够获得一个客观的与先前的客观事实相符合的认识结论。这种理论以主客二分为基本的思维模式，始终确信主体在正确的方法论的指导下能够按照其本来面目反映真实，或者说主观认识可以与客观真实相符。以上三个方面共同构成了事实发现理论的基本理论结构。

真与善是人类的永恒追求，事实发现理论对于真的向往与执著追求本身无可厚非，但是由于"我们没有时间机器可以让法官与当事人一起回到过去，看一看究竟发生了什么事。"② 所以，将理想化的事实发现理论诉诸于司法过程之中却具有不可克服的弊端：其一，为司法活动预设一个客观事实目标的同时就为诉讼主体的诉讼行为施加了潜在的限制，致使全部诉讼活动蜕变成一种单纯的围绕案件事实真相而展开的封闭性活动。这种封闭性的事实发现活动不但排斥多元价值的介入，而且制约了主体积极能动性的发挥，使司法机关或司法人员垄断对事实的发现，当事人的诉讼权利遭到蔑视，更无从保障，最终只能堕入本质主义的泥潭。其二，主客二分思维模式下的主体认知与客体事实的符合之间存在逻辑上的矛盾，因为符合是以事先存在着对于客体事实的准确认知为前提的，但是如果事先存在这一认知，那么，法官的再行认知便是没有必要的。③ 正如有学者所说的："如果法官要判断自己的认定是否与'客观真实'相符，他就必须先知道案件事实是什么，而他如果已经知道案件事实是什么，那么，诉讼中就不存在事实问题了。"④ 其三，一旦当事人与法官对客体事实的判断不同，这种分歧就将会严重损害司法判决的既判力，即当事人会因为法官的判决没有建立在其所认为的客体事实的基础之上而表示怀疑并提出异议，这就使得多数判决都会因此而无法获得既判力，从而使纠纷一直处于待定状态，司法判决的正当性更无从谈起。⑤ 其四，在事实发现理论的指导下，将导致人们在面对案件事实时，只片面关注抽象的客观性，而忽视作为主体经验性认识的限度或者对具体认识条件的限制，促使诉讼活动走向探知案件事实真相的不归路，法律事实的意义——人类自身生活的价值与意义便被抛弃了。

严格来说，对真实标准的追求其实是与人们那种崇真向善的理想追求密不可分的，可以说，正是那种追求永恒真理、探寻终极原因、表述世界本体的强烈渴望导致人们对于客观真实的迷恋，这种本体论的情结是任何时代、任何国家的人们都会具有的。没有人会赞同一种公开对无辜者进行惩罚的制度，只有特定公民确实实施了犯罪行为才应受到相应的

---

① ［美］H. 普特南著：《理性、真理与历史》，童世骏、李光程译，上海译文出版社 1997 年版，第 55 页。

② David A. Binder & Paul Bergman, Fact Investigation: Form Hypothesis to Proof, West Publishing Co. ,1984, p. 5.

③ 陈景辉：《事实的法律意义》，载《中外法学》2003 年第 6 期，第 663 页。

④ 喻敏：《证据学问题的语言哲学初步思考》，载《北大法律评论》第 4 卷第 2 期，第 432 页。

⑤ 陈景辉：《事实的法律意义》，载《中外法学》2003 年第 6 期，第 663 页。

惩罚。所以，真实性的标准如果有效，其对于司法判决的正当性自然就具有不可质疑的证明力。但是，在司法过程中，求得真实只是一个无法预知的理想，能否实现，在何种程度上得到了实现是不能证实的，理想化的本体论诉求无法成为论证法律事实正当化的标准。如果一味地坚持这种理想化的真实标准，只会给实践带来巨大的危害。例如，在我国司法实践中，为了追求所谓的事实真相，案件判决生效后又被多次推翻的实例屡见不鲜，这对我国司法的权威性和程序的及时终结性都造成了严重的损害。这种只强调实体公正，甚至以牺牲程序公正来保证实体公正的实现的做法就是求真理论危害实践的一个典型体现。总之，以"真实"作为判断法律事实正当化的标准存在诸多的理论困境和实践难题，是不可行的。

二、"共识"标准的提出

与事实发现理论不同，本文认为，诉讼过程不是单纯的主体认识客体的过程，它同时还是一个基于主体个性化认识而发生的主体间的交往过程。在这个过程的背后体现的是一个对事实进行解释、阐发乃至建构的过程，其中交织着各种利益、权力之间的相互博弈，夹杂着证据收集者和判断者的偏见、意志和情感等极不确定和稳定的因素，也存在着添加、删减、遗漏甚至伪造证据的可能性，事实从来就没有发声的机会，它们只凝固在文字或者物品中。极端地说，客观的事实在诉讼中从来就不可能存在，事实从来都是社会性的，烙上了人的活动的深深印记。[1] 进一步来说，由于人类理性的有限性和诉讼过程的交往性，"司法审判并不是追求过去发生之事实的最终真相的探索过程，而是建立一种关于发生过什么事情的版本"。[2] 在这里，法律事实这一认识结果可能因不同的诉讼认识主体的一致性认识而得到强化，却无法像规律性认识那样接受实践的检验，所以作为认识对象的案件事实能否再现对于诉讼认识主体来讲已经不再那么重要，再现案件事实已经成了诉讼认识主体在认识过程中形成共同认识的手段；也即再现案件事实仅仅是为了证明认识的正确性，而如果人们能够就认识的正确性给出一个共同认可的标准，案件事实能否再现便无实际的意义。[3] 那么，这种能够为各方所共同认可的标准是什么呢？本文认为，排除种种制约性条件的限制，这种共同认可的标准就是主体之间达成的共识。因为在不同主体建构法律事实的过程中，任何主体都无法断言其观察对象的陈述是否唯一正确和真实，因此对此作出判断的唯一途径只能是主体间的对话。只有在与别的观察者对同一对象进行的讨论和辩论中，陈述的真实性与正确性才能得到检验。在充满陈述、怀疑与辩论的对话过程中，陈述不断被修正，以至于不再有新的疑问与诘难。最终，当获得一致结论时，该结论才可以被认为是真实、正确的。[4] 所以，这个最终的一致结论——主体间达成的共识就是能为各方主体所

---

① 左卫民著：《在权利话语与权力技术之间——中国司法的新思考》，法律出版社2002年版，第196页。

② Peter Murphy, Murphy on Evidence, Blackstone Press Limited 6th ed, 1997, p. 2.

③ 李力、韩德明：《解释论、语用学和法律事实的合理性标准》，载《法学研究》2002年第5期，第9页。

④ 章国锋著：《关于一个公正世界的"乌托邦"构想——解读哈贝马斯〈交往行为理论〉》，山东人民出版社2001年版，第142页。

认可的标准。由此，评价法律事实正当化的标准也就由那种工具理性标准①转变为交往合理性标准。按照哈贝马斯的观点，"合理性很少涉及知识的内容，而主要是涉及具有语言能力和行动能力的主体如何获得和运用知识"，"合理性归根结底就是通过论证演说促使自愿联合和获得认可的中心经验"。"交往性实践的合理性表现在：一种通过交往所获得的意见一致，归根结底必须以论证为依据；交往性实践参与者的合理性是根据他们是否能按适当的情况论证自己的表达来进行衡量的。"② 可见，哈贝马斯对于交往合理性的阐释实际上也是在强调主体意志的参与性和共识的形成过程——论证过程的正当性，即所谓的合理性是通过论证的充分展开来实现的。所以，法律事实的正当化"不是依据于实际承认的经验情况，而是依据于每次作为基础的行为规范与评价标准提出的有效性要求，通过对话可以兑现的可能性。"③ 也就是本文所指的诉讼主体通过运用知识对自己的主张加以充分论证后所取得的"共识"结论。

需要说明的是，刑事诉讼语境中所指的"共识"并非一种主体间的简单的合意，即各方主体意志相契合下或相互妥协后得出的一个能被共同接受的结论。本文中所强调的共识仅是一种正当程序的结果，其既包括主体间的合意，也包括经由正当程序所得出的一种结论，而且更多的时候表征的是后者，即强调"共识"结论之达成过程的正当性。因为众所周知，在刑事诉讼中，存在着大大小小严重程度不同的犯罪行为，对于犯罪行为的追究与惩罚是控诉机关和被害人的主要指向，这种冲突与矛盾并不像一般的民事纠纷那样容易并且可能被加以调和。虽然在被告人主动认罪的情况下，控辩双方的共识就基本可以达成，但在绝大多数案件中，被告人都会选择隐瞒、逃避甚至否认犯罪行为。这样一来，在前述所指的主体间合意意义上的共识的达成是很困难的。所以，本文中所指的"共识"是指经由一个正当程序所得出的一个确定性的结论，其并不是严格意义上的纯粹的合意。虽然这种结论没有在控辩双方之间获得一致的意见，但由于其是经过正当程序达成的，所以也具有为双方所接受的效力，可被作为一种正当化的判断标准。

可以说，共识标准的提出彻底颠覆了事实发现理论那种藉由司法过程所获得的客观真实来彰显法律事实自身之正当性的要求，并为我们解决法律事实的正当化问题提供了一个新的可能的出路。因而，这一标准的提出具有重要的意义。具体来说，由于判决的权威性并不是来自于司法的强制性，以共识作为评判法律事实正当化的标准能够加强当事人对于司法判决结论的认同，实现其法律效力，最终有利于纠纷的彻底解决。具体来说，共识是各方诉讼主体在特定的语境和规则的限制下对案件事实进行的理解和评价，其或者是当事人之间的一种合意，或者是经由正当程序论证得出的一种可被接受的结论。在共识得出的过程中，当事人不仅可以借助于一个理性的制度平台来主张自己的权利，积极地参与法律

---

① 一般来说，工具理性指的是一种科学技术统治，是反人道的，它把人变成了物、工具、机器。例如，韦伯就认为，科学技术是工具合理性，讲究效率原则，是价值中立的。费尔哈姆则说，工具理性使得人丧失了目的价值，缺乏创造性，成为无根的人，无个性的人，没有安全感的人，把爱与性欲等同，只知享乐，毫无否定意识的人。在此，工具理性强调的是对主体意志及其价值诉求的无视，把人异化为一种单纯的发现事实的工具。参见王首昌、李伟中：《启蒙理性与工具理性——对当代资本主义的一种批判》，马克思主义研究网，http://myy.cass.cn/file/2004072114353.html。上网时间 2007 年 6 月 12 日。

② ［德］尤尔根·哈贝马斯：《交往行动理论》（第一卷），洪佩郁、蔺青译，重庆出版社 1994 年版，第 22 页以下。

③ ［德］尤尔根·哈贝马斯：《认知与兴趣》，台湾学林出版社 1999 年版，第 319 页。

事实的建构,将自己的意志和主张融入其中。而且更为关键的是,共识意味着主体的权利得到了充分的尊重,以之作为法律事实的正当化标准,自然会使当事人心悦诚服地接受法律事实结论,服从司法判决。同时,当事人达成共识后,便会心服口服,不会再出现申诉、上访、抗拒执行等方式使对抗继续进行,从而也就使纠纷得到了彻底的解决。

总之,在主体间互动的过程中,由于法律规则的作用,可能会切中所谓的案件事实真相,但是正当性的标准并不能因此而落在真实上。在这里,虽然事实主张的真实性和客观性问题仍然受到关注,毕竟经验者需要以直接来自于经验或感知的解释来证明自己的主张,然而真实性与客观性的价值仅仅在于使一个特定的事实主张能够被接受为"共识",其对于最终的诉讼认识结果的合理性却并无直接的意义,真实的标准已经被主体间的"共识"所取代了,主体间达成的"共识"才是法律事实具有正当性的标准。

三、程序优先的安排

本文提出的共识标准更多地表征的是一种正当程序的结论,所以其具有非纯粹性以及对于正当程序的依赖性。进而要想彻底解决法律事实的正当化问题,还必须对共识与程序的关系加以进一步的论证。在这里,首先需要对共识的具体限度作出具体的说明。

首先,保障共识达成的"理想化"的交往情境在刑事诉讼中很难达成。根据哈贝马斯的主张,任何处于交往活动中的人,在实施交往行为时,必须满足若干普遍有效性的要求并假定它们可以兑现。所以,为了达成共识,需要构造出一个"理想(话语)交往情境"。具体来说,这种理想交往情境包括如下要求①:第一,一种话语的潜在参与者均有同等参与话语论证的权利,任何人都可以随时发表任何意见或对任何意见表示反对,可以提出质疑或反驳质疑。第二,所有话语参与者都有权利作出解释、主张、建议和论证,并对话语的有效性规范提出疑问、提供理由或表示反对,任何方式的论证或批判都不应遭到压制。第三,话语活动的参与者必须有同等权利实施表达式话语(言语)行为,即表达他们的好恶、情感和愿望。第四,每一个话语参与者作为行为人都必须有同等的权利实施调节性话语行为,即发出或拒绝命令,作出允许或禁止、作出或拒绝承诺、自我辩护或要求他人进行自我辩护。只有这样才能为平等的话语权利和这种权利的实际使用提供保障,以避免现实强制。总之,为保障"理想(话语)交往情境"必须设计出一套公正、合理的程序,使得每一个话语主体享有平等、自由的话语权利,彻底摒弃其暴力或压制的手段强行达到合意的做法。② 应该说,与理想交往情境相比,诉讼尤其是审判程序所提供的条件还有很大的差距,前面提到的作为保障共识达成的"理想化"的交往情境在现实世界中尤其是在诉讼中是很难达成的。虽然可以设计出一套行之有效的程序,但是这也不能保证在任何时候都可以将任何形式的暴力与强制手段排除出去。保障每一交往行为主体享有平等、自由权利的论调则更近似于幻想。因此,这只是一个具有先验性的条件。③

① 章国锋著:《关于一个公正世界的"乌托邦"构想——解读哈贝马斯〈交往行为理论〉》,山东人民出版社 2001 年版,第 152~153 页。

② 章国锋:《哈贝马斯访谈录》,载《外国文学评论》2000 年第 1 期,第 39 页。

③ [德] 卡尔·奥托·阿佩尔:《作为社会科学先验前提的交往共同体》,载卡尔·奥托·阿佩尔:《哲学的改造》,孙周兴、陆兴华译,上海译文出版社 1997 年版,第 156~206 页。

其次，在诉讼过程中，还存在着如下几个方面对于主体间达成共识的限制①：第一，先定的、有效的法律的限制。事实都存在于一定的推理系统之中，在普遍推理系统中，任何问题都可以讨论；然而，在法律推理系统中，与有效的法律相关的问题是不容讨论的。也就是说，法律推理的进行始终都要受到先定的、有效的法律的限制。第二，时间的限制。主体间性理论要求交往的过程是一个不受时间限制的讨论过程。但是，在法律的领域内，针对某一问题的讨论必须在有限的时间内得出结论，决不允许无休止地进行下去。因为纠纷若不能得到及时、有效的解决，对当事人权利真正的保护也无从谈起。第三，纠纷本身的限制。虽然任何讨论都存在达成共识的可能性在理论上是具有可行性的，但是在法律领域中，尤其是在刑事诉讼中，由犯罪行为所引发的控辩双方之间的矛盾与分歧往往使得法律事实中的共识性认识很难达成，尤其是想在某一特定时间内达成共识就更为困难。第四，法官在诉讼中拥有的权力的限制。在诉讼即将结束之时，法官的判决是必须建立在某一相对确定的法律事实之上的，如果诉讼主体间就法律事实难以达成共识，那么法官必然拥有选择或确定某一事实的权力。

综上所述，在诉讼过程中，要达成共识存在着诸多很难克服的困难。但是，本文认为，对于共识的正当化诉求可以通过正当程序的保障来实现。正如有学者所主张的，在共识与程序的关系中，一般来讲，共识是居于首要地位的，程序应当只是保证共识达成的必要手段，甚至为了平息主体间激烈的矛盾与冲突以达成共识，在必要的时候，以论证为核心的程序可以一直进行下去，直到达到目的为止。但是，由于在诉讼中，共识的达成面临着上述诸多难以克服的困难，所以应该改变共识与程序的排列顺序，即共识退居于程序之后，将程序的重要性置于共识之上。不但在正常的情况下，强调法律程序所具有的重要功能，即限制恣意、保证理性的选择、"作茧自缚"的效应以及反思性整合；同时，在时间期限与共识无法达成的双重限制下，为法官运用自身权力选择某一事实作为判决基础提供正当性说明。这是因为程序可以在诉讼过程中呈现为法官"任意"选择法律事实的同时，尽最大可能地保障法官对于当事人诉讼权利的绝对尊重，使得其决定在可能的情况下融入当事人的意志与要求。这就为法官的决定提供了除其自身权力之外另一个正当化的途径。② 由此，正当程序在运作的过程中就保证了产生于其间的法律事实结论的正当性。

总之，在这里，"裁决的结果均与双方争议事态的实际状况没有直接关系。因为一个事实不能证成为相应的法律事实，这同样是程序的一种结果，是当事人试图通过司法程序，通过取得法官的支持而满足其预期的途中遭遇的问题，尽管就此作出的判决会导致当事人无法达到其预期的结果。因而司法裁决仅仅是程序性的而非定位于庭外的实际结果。"③ 程序对于法律事实的正当化具有极为重要的意义，诉讼程序是当事人展开协商对话的制度平台，以当事人之间的共识为正当化标准的法律事实理论只能通过程序来论证其正当性。

（作者单位：吉林大学法学院）

① 陈景辉：《事实的法律意义》，载《中外法学》2003 年第 6 期，第 677～678 页。
② 陈景辉：《事实的法律意义》，载《中外法学》2003 年第 6 期，第 678 页。
③ 宋显忠：《正当法律程序与开放社会的制度化》，吉林大学法学院 2003 年博士论文，第 10 页。

论刑事程序的轻轻重重

杨　明　　张云鹏

一般认为，"宽严相济"作为我国当前的一项基本刑事政策，其含义是要求对刑事案件以及被追诉者的处理当宽则宽，该严则严，宽严相济，宽严有度。当下，宽严相济刑事政策的立法与司法实践是刑事法领域研讨的热点问题。就刑事程序法而言，遵循比例原则的要求，立基于预期刑事责任的大小而设计轻重有别的多样化程序，对于宽严相济刑事政策的实现无疑大有裨益。

一、刑事程序的严厉与轻缓

刑事诉讼程序是围绕犯罪的查明和确认展开的一系列活动，其中主要是国家权力机关的活动，而且这些国家权力常常是强制性的，不以权力相对人的志愿性为前提。在以国家权力为主导的刑事程序中，诉讼参与人的活动基本上都是配合性的。传统理论一直强调刑事诉讼中的国家权力（主要指强制措施）与国家刑罚权的区别是是否具有惩罚性，认为前者是为了诉讼的顺利进行而采取的保障性措施，具有临时性，只要诉讼顺利进行需要就可以适用，预期的"罪"与"刑"不是诉讼中国家权力适用的决定性因素。[①] 至于强制措施以外的其他侦查手段由于基本上不涉及人身自由问题，更是根据需要而定，不必考虑案件中犯罪的严重程度。似乎不以惩罚为目的的国家权力就无须区别情形并严格控制。然而，虽然不是确定的惩罚，诉讼中的强制性国家权力对犯罪嫌疑人、被告人公民权利的侵犯，不但是不可避免的，还常常是十分严重的。这些权力让被追诉者承受了诉讼之外的人无法想象的折磨，因为除了某些权利被剥夺、被限制产生了与惩罚同样的效果外，对事关自身重大利益的结果没有明确的预期，在争取有利于自身利益的结果中，被迫的等待和挣扎比起对确定刑罚的承受所产生的痛苦更加深重。

（一）涉及权利的性质决定诉讼措施的严厉与轻缓

刑罚的轻重往往视所剥夺和限制的权利的性质而定，对适用对象产生的"剥夺性痛苦"程度又决定了权利的性质。制造的痛苦越大，刑罚就越严重。现代各国刑法对所有刑罚的轻重排序大体相同，即剥夺生命的死刑是最为严厉的刑罚，其次是剥夺人身自由的徒刑，再次是财产刑，最后才是荣誉刑。刑事诉讼中的各种国家权力只是不涉及被追诉者的生命权，其他权利在诉讼过程中都有可能被限制。那么，诉讼过程中的"侵权"首先是对人身自由的剥夺最为严厉，其次是限制人身自由，再次是对财产性权利的限制，最后是对名誉

---

① 参见陈光中主编：《刑事诉讼法》，北京大学出版社、高等教育出版社2005年版，第221～223页；宋英辉主编：《刑事诉讼法》，清华大学出版社2007年版，第132～133页。

权的影响。应当说，几乎所有的刑事诉讼程序都会对犯罪嫌疑人、被告人的名誉权造成影响，因为只有早期的侦查和个别的侦查活动可能不公开进行外，侦查、起诉和审判活动是必须向社会公开的，不论是怀疑其犯罪还是控告其犯罪，都是对行为人的"准否定性"评价。对财产性权利和人身权利的限制与剥夺，是侦查犯罪和保障诉讼所不可避免的，但是由于每起案件的诉讼需要不同，并非一切控制人身权利和财产权利的措施在所有的案件中都要采取。于是，不同案件中的被追诉者感受到的诉讼压力和痛苦程度就存在明显的差异，诉讼过程的严厉程度就表现得有所不同。

（二）诉讼期限与强制性措施影响程序的严厉与轻缓

刑事诉讼因其以认为可能存在犯罪为前提，所以即便是国家在整个诉讼过程中都没有采取任何强制性措施，侦查、起诉和审判的活动也使被追诉者承受了"可能犯罪"的名誉损失和精神压力。因此，诉讼过程的长短在相当大程度上决定着犯罪嫌疑人、被告人的痛苦程度。所以，没有采取强制性措施的诉讼，也不是没有时间限制的必要。贝卡里亚曾言："法官懒懒散散，而犯人却凄苦不堪，这里，行若无事的司法官员享受着安逸和快乐，那里，伤心落泪的囚徒忍受着痛苦，还有比这更残酷的对比吗？""惩罚犯罪的刑罚越是迅速和及时，就越是公正和有益。""说它比较公正是因为：它减轻了捉摸不定给犯人带来的无益而残酷的折磨，犯人越富有想象力，越感到自己软弱，就越感受到这种折磨。"[①]

诉讼中财产权利受到限制的，往往是实施了扣押、冻结等侦查措施，这必然影响对财产处分权和支配权的行使，继而可能影响到经营和收益；至于被拘留、逮捕的，羁押时间的长短，直接反映出其人身自由权被侵犯的程度。羁押不仅使诉讼中的犯罪嫌疑人、被告人应对诉讼的能力严重受限，长期的羁押还会使他们行使诉讼权利的积极性降低，甚至对诉讼丧失信心。据美国的"统计资料显示，被保释的犯罪嫌疑人、被告人比没有被保释的犯罪嫌疑人、被告人获得了更为有利的诉讼结果"。美国宪法修正案第6条规定了被告人有获得迅速及公开审判的权利。美国联邦最高法院认为，规定这一权利的目的在于防止被告人在审判前受到过度的、压制性的羁押，把由于刑事追究所带来的焦虑不安和担心降到最低限度，减少由于长期推迟审判而损害被告人自我保护能力的可能性。[②] 长期的羁押不仅侵犯了被追诉者的人身权利，还同时威胁着其诉讼利益。所以，尽量缩短羁押期限是保障诉讼公正的一个有力措施。所有的强制性措施都在不同方面、不同程度上影响着被追诉者的利益，所以一切强制性措施的采用与否以及时间的长短当然决定着程序的严厉程度。

（三）被追诉者诉讼权利的多少标志着诉讼过程的严厉与轻缓

犯罪嫌疑人、被告人的诉讼权利的有无和多少取决于其在诉讼中的地位，即是否诉讼主体。人的主体性是一种现代观念，之前主体性不属于人而属于神。明确的主体性观念开始形成于近代，是近代哲学对人、人的思维和存在加以反思的产物。我们所谓的人的主体性，是人作为活动主体的质的规定性，是在与客体互相作用中得到发展的人的自觉、自主、

---

① ［意］贝卡里亚：《论犯罪与刑罚》，黄风译，中国大百科全书出版社1993年版，第44页。
② 宋英辉等著：《外国刑事诉讼法》，法律出版社2006年版，第166～172页。

能动和创造的特性。① 司法程序应当体现"以人为本"的人文精神,即以维护人的自由权利、发挥人的创造本性、追求人的全面发展为价值追求。人文关怀是诉讼法永恒的情结。再完善的诉讼程序,如果失去了对人自身命运和价值的关怀就注定要违背人类诉讼的初衷。"司法程序的存在与发展,永远是与程序主体的存在、程序主体权益的存在、程序主体社会关系的存在相联系的,是程序主体的生存、发展所必需的,是实现程序主体权益的形式。"② 对人的尊重要求将人作为一切活动的主体对待,这就要求法律将犯罪嫌疑人、被告人作为刑事诉讼的主体,赋予其自我保护、对抗国家追诉的诸多权利,因为全社会的每一个公民都是潜在的犯罪嫌疑人和被告人。然而,不同国家的法律,赋予被追诉者的诉讼权利存在较大的差异。在人权观念较强的国家,犯罪嫌疑人、被告人的诉讼权利就规定得比较充分、细密、周到,而且有力、有效,如被追诉者享有沉默权、获得律师帮助权、选择陪审团审判权、辩诉交易权、选择简易程序处理权,等等,都能够使被追诉者积极参与诉讼,有效对抗权力,充分保护自己。对解决自身"罪"与"刑"的程序享有有效的参与权、程序选择权、实体处分权,标志着主体的自觉性、自主性和能动性,意味着他对自己事务的管理权利和决定权利。当程序充分地尊重了自己,赋予了足够的权利对抗怀疑和控告,犯罪嫌疑人、被告人就会有参与程序后的满足感,因为对方的某些观点通过程序中的特有方式说服了自己,自己的某些观点也会通过程序过程被对方接受。充分的诉讼权利使被追诉者认可程序的公正性,继而增强了裁判的可接受性。日本法学教授谷口安平曾说:"我们的世界已变得越来越错综复杂,价值体系五花八门。常常很难就实体上某一点达成一致。一个问题的正确答案因人而异,因组织而异。程序是他们唯一的能达成一致的地方,而且他们能达成一致的唯一程序是能保证程序公正的程序,因为他们一旦同意了程序,则无论是何结果,都必须接受所同意的程序带来的结果。"③

相反,如果法律没有赋予被追诉者足够的诉讼权利,他们就会感受到被压迫而无力反抗,就会不相信一切怀疑和指控的正确性。因为查明犯罪、认定犯罪的过程没有他们积极、充分、有效地参与,他们的意见就没有被倾听和尊重,所以他们的意见即便是正确的也不可能被采纳。这样的程序本身就会让他们感受到专横和欺压,通过该程序形成的裁判当然对其不具有说服力。

可见,被追诉者诉讼权利的多少是程序人性化程度的标志。诉讼权利充分的程序会让他们相信程序的公正,继而接受其产生的实体裁判,在被追诉中感受到人道主义关怀,会使他们产生对法律程序的尊重和接受,因此体会到程序的轻缓;诉讼权利缺乏的程序不仅会使被追诉者不接受其产生的实体结果,更会使他们厌恶程序本身的野蛮,从而感受到程序的严厉。

二、轻重有别多样程序的根据

犯罪是对社会秩序破坏最严重的危害社会行为,除了侵犯被害人的权益,还侵犯了或

---

① 郭湛著:《主体性哲学——人的存在及其意义》,云南人民出版社 2002 年版,第 31 页。
② 樊崇义主编:《诉讼原理》,法律出版社 2003 年版,第 213 页。
③ 宋冰编:《程序、正义与现代化》,中国政法大学出版社 1998 年版,第 376 页。

者威胁着整个社会的利益。对这种行为的制裁方式——刑罚，比起任何其他制裁都是最为严厉的。确定犯罪行为过程的刑事诉讼程序与其他性质的纠纷解决过程相比也存在其自身的内在规定性——严厉。例如，追诉权由国家垄断行使，被害人的意见不能左右诉讼的方向和进程，在诉讼过程中允许剥夺、限制人身自由，可以采取威胁公民权利的监听、诱惑、资讯拦截等方法获取证据，起诉权必须在极少数法定的情形才可以放弃，法院一般贯彻有罪必罚的原则，等等。但是，由于刑法规定的犯罪轻重差异悬殊，刑罚也是从死刑到名誉刑存在多级的阶梯状态，刑事诉讼程序的统一性已经不能满足诉讼中多种价值追求的需要，于是，轻罪的简易速决程序和缺席审判程序、重罪复杂且烦琐的审判程序、死刑的复核程序、被告人认罪的特殊诉讼程序等不同类型的程序，在各国的刑事诉讼法中就应运而生。

（一）重罪案件适用复杂烦琐程序是实现人权保障的需要

针对严重的犯罪案件，可能科处较重的刑罚，甚至是剥夺生命的极刑，作为其过程的诉讼环节就必须表现得十分谨慎。世界各国立法在对待重罪的程序设计中采取的"谨慎方法"有所不同。在审判主体和适用程序方面，比较统一的规定是：重罪案件的审判不能在下级法院进行，不能适用简易程序，不能由法官独任审判，死刑判决需要审判组织的绝对多数赞成，死刑还适用特殊的复核程序。有的国家对不同程度的重罪的审判主体进行了较为严格的限制，如英国就规定：一级罪行（如谋杀罪、国家秘密罪），只能由高等法院法官审理，除非某一具体案件由主持工作的法官经首席法官批准后授权给巡回法官审理。二级罪行（如其他类型的杀人罪、强奸罪），必须由高等法院法官审理，除非某一具体案件由主持工作的法官授权给巡回法官审理。三级罪行（如夜盗加重罪、鲁莽驾驶致人死亡罪），可以由刑事法院的三种法官中的任何一种法官审理。四级罪行（如所有的两可罪、抢劫、重伤害），一般不是由高等法院法官审理而是由巡回法官审理。[①] 美国除成文法或法院规则另有规定的以外，联邦地区法院审理案件一般由 1 名法官或者陪审团进行，当事人放弃接受陪审团审理的权利时，由 1 名法官独任审判；涉及成文法违宪审查的重大案件，则由 3 名法官组成合议庭进行审理；特别重大的案件，由该司法区的全体法官一起开庭审理。可见，对审判主体的级别限制和人数限制，表明法律对重罪案件审判的重视、谨慎与严格。重罪案件的诉讼程序的复杂与烦琐，主要体现在审判阶段，如不可以缺席审判，审判没有明确的期限要求（一般有迅速审判和集中审理的原则性要求），对陪审团成员的回避要求可以没有原因限制，延期审理可以由当事人双方提出，重要证人必须出庭作证，法庭应当为控辩双方的举证和辩论提供充分的时间保障，有罪判决必须由陪审团绝对多数赞成，等等。

重罪案件中的犯罪嫌疑人、被告人的诉讼权利比较充分。重罪案件的被追诉者一般有权获得国家提供的免费律师帮助，几乎所有国家中可能被判处死刑的被告人都享有这一权利。重罪案件的被告人还享有某些特殊的保障性权利，如根据美国联邦最高法院的判例，在刑事诉讼中，接受陪审团审判的宪法权利只适用于重要案件以及对被告人可能判处超过 6 个月监禁的轻罪案件，不适用于其他更轻微的刑事案件。可见，罪名和刑期都是决定特殊权利存在的根据。

处理特殊罪名和较长刑期案件以及死刑案件，特定的司法主体、复杂的程序、更多的

---

① 宋英辉等著：《外国刑事诉讼法》，法律出版社 2006 年版，第 90 页。

诉讼权利等规定，显然都是为了保障实体结果的公正性，以避免公民重大权益遭到司法的错误处分。保障人权应当首先从关心、照顾、保全公民个人重大权益开始，重视和关照被追诉者重大的实体权利，是司法走向文明的第一选择。"社会对犯罪的反应不是一种本能的、专断的、盲目的反应，而是经过深思熟虑的、有规则可循的、本质上具有司法裁判性质的反应。"① 针对重罪设计复杂的程序是程序法与实体法之间内在协调性的要求，也是一个国家法律体系完善的重要标志。

（二）轻罪案件适用简易程序是实现诉讼效率价值的保障

对所有被怀疑、被控告实施犯罪行为的人给予足够的重视和周到的司法关怀，赋予其充分的诉讼权利并以细密的程序保障实体裁判的公正，当然是理想的刑事诉讼程序。但是，有限的司法资源决定了人类社会现阶段还无法实现这个理想。尽管"不是所有的司法判决都能产生正义，但是每一个司法判决都会消耗资源"。② 世界各国几乎都在犯罪数量大、司法资源缺乏的背景下，选择了对轻微犯罪、轻罪的简易处理程序。所谓简易程序，就是删掉、简化一般刑事诉讼程序的某些环节，使程序易于操作，以追求迅速处理刑事案件的效果，达到节约司法资源的目的。不可否认，简易程序不能像普通程序那样能保障实体裁判的公正，公民个人在简易程序中可能承担案件事实不清、法律责任不准的结果。但是，各国的司法实践都表明，试图在现阶段以复杂的程序追求一切案件的实体公正，是理想化的和不切实际的，也是十分幼稚的。

在无法实现对所有案件的实体公正同样追求的客观事实面前，我们除了在轻罪案件中降低对实体公正的苛求转而侧重追求诉讼效率，是绝无其他选择的。这样的选择在个别轻罪案件的处理上可能显得不公正，但是从法律的整体设计角度和司法公正的全面评估方面考察，立法依然实现了最大的公正。因为在大量轻罪的案件处理中节约了足够的司法资源，投入到重大而有争议的案件中，使司法程序产生的裁判更加公正，使公民个人的重大利益不至于被侵犯，使社会秩序稳定，社会关系和谐。日本学者小岛武司认为："生活的每一个角落能否都得到适当的救济，正义的总量——也称整体正义，是否能达到令人满意的标准，这才是衡量一国司法水准高低的真正尺度。"③ 另外，轻罪案件的简易处理程序也不当然损害犯罪嫌疑人、被告人的利益，因为更多的人不会选择投入太多的时间、精力、财力去保护较小的权益，以避免事倍功半的后果。波斯纳所说的"正义的第二种含义——也许是最普遍的含义——是效率"，不仅印证了经济学领域的"需要决定市场"这个朴素原理，即多种程序类型不仅满足了不同诉讼主体对刑事程序的需求，而且还保证了司法整体上对公正的追求。庞德这样看待法律："为了理解当下的法律，我满足于这样一幅图景，即在付出最小代价的条件下尽可能地满足人们的各种要求。我愿意将法律看成这样一种社会制度，即在通过政治组织的社会对人们的行为进行安排而满足人们的需求为条件而尽可能地满足社会需求——即产生于文明社会生活中的要求、需要和期望——的社会制度。"④

---

① ［法］卡斯东·斯特法尼等：《法国刑事诉讼法精义》（上），罗结珍译，中国政法大学出版社1998年版，第1页。

② 白岱恩：《民事诉讼供求的经济分析》，载《政法论丛》2003年第4期。

③ ［日］小岛武司等著：《司法制度的历史与未来》，汪祖兴译，法律出版社2000年版，第35页。

④ ［美］埃德加·博登海默著：《法理学——法律哲学与法律方法》，邓正来译，中国政法大学出版社1999年版，第147页。

各国的刑事诉讼立法表明，设计轻罪案件的简易处理程序使案件及时分流是当今世界刑事诉讼发展的一个主要趋势。

（三）公法私法化的趋势催生了多种类型程序

传统意义上的公法和私法划分主要以利益上的国家与公共利益和私人利益，主体上的国家主体和私人主体，权力上的国家权力和公民、法人权利，对象上的公权关系和私权关系等为划分与区别标准。"所谓'公法'、'私法'，是在一定意义上讲的，事实上任何法（实证法）都是与公共权力（国家权力）的运用相联系的，在这种意义上讲，任何法都是'公'的，私人是不能立法的。公私法的划分在于国家对不同社会生活领域采取的法律调整方法不同，公法更多强调的是国家权力的行使，私法则着重社会生活主体的意思自治。即公法强调的是公共权力的'管'，私法着重的是公共权力的'放'。"① 刑法、刑事诉讼法体现了国家的强制性力量，应属于公法。"刑罚的主体只能是作为法共同体的国家。通过特殊的国家刑事司法机关（警察、检察机关、法院、刑罚执行机关）对受刑人行使刑罚权，得依据权属原则（Prinzip der Ueber – und Unterordnung）来进行。刑法中规定的处罚方法（刑罚、处分、刑事诉讼中的强制措施，刑罚执行中的惩罚措施），属于国家强制力的适用范畴。""很难与刑法的公法特征相吻合的，是在司法实践中经常出现的不正常现象：（作为对被告人坦白的一种回报）法院与检察官作为一方，被告人和辩护人作为另一方，于审判前在一定范围内约定刑罚"。② 20 世纪以来，公私法的划分出现了一些新的情况，公法与私法相互渗透，产生了公法调整方法渗入私法领域，私法调整方法引入公法领域等新现象。世界各国不论是英美法系国家还是大陆法系国家，不论是以成文法明确规定的方式还是以司法实践认可的方式，都在不同程度上允许刑罚的讨价还价。因为现代社会是"主权在民"的社会，公民成为国家政治生活的一个重要的主体，公民权益之保障成为国家性的宪法义务。公民社会的实质就是国家政治主体的二元性，而非国家本身的一元化统治。

和解是民事法律领域的典型案件处理方式，刑事和解是刑事法场域公法私法化最为典型的变化。刑事和解，是指在刑事诉讼程序运行过程中，加害人对于被害人以认罪、赔偿、道歉等方式达成谅解以后，国家专门机关不再追究加害人刑事责任或者对其从轻处罚的一种案件处理方式。它是恢复性司法理念派生的法律制度，是刑罚轻缓化的要求，是宽严相济的刑事政策的体现；它还在实践中收到了节省司法成本、提高诉讼效率、化解民间矛盾、促进社会和谐等效果。刑事和解——传统的公法问题以典型的私法方式解决的制度，受到越来越多国家的欢迎。

允许双方当事人以协商的方式解决犯罪和刑罚问题，便在诉讼程序方面产生了刑事和解、辩诉交易、被告人认罪程序等以放弃犯罪追究和以刑罚让渡为条件的多种类型程序。

（作者单位：辽宁大学法学院）

---

① 孙国华、杨思斌：《公私法的划分与法的内在结构》，载《法制与社会发展》2004 年第 4 期。
② ［德］汉斯·海因里希·耶赛克、托马斯·魏根特：《德国刑法教科书》，徐久生译，中国法制出版社 2001 年版，第 20～21 页。

一种选择：审前羁押性强制措施适用的公开听证程序设计

叶 青①

近年来，刑事诉讼中引人注目的问题几乎都发生在审前程序，"刑讯逼供"、"超期羁押"、"非法取证"、"以捕代侦"等现象屡禁不止。这些现象的共同本质便是对犯罪嫌疑人合法权益的侵犯和对国家公权力的滥用。正是由于这些问题的存在，使得司法机关的形象大大受损，更关键的问题在于司法公正与人权也无法保障。因此，刑事审前程序的改革与完善势在必行。笔者在此仅对审前程序中羁押性强制措施适用程序的诉讼化问题作一理论研究，以期更好地推动中国特色的刑事审前程序的诉讼化建设。

（一）羁押性强制措施适用程序的现状

所谓羁押性强制措施，是指司法机关对于现行犯或犯罪嫌疑人在一定期限内依法剥夺其人身自由并予以羁押的强制方法。刑事诉讼中适用羁押性强制措施的目的在于防止被羁押对象继续犯罪、危害社会，逃避或妨碍侦查、起诉和审判，以保证诉讼顺利进行。在我国，羁押性强制措施一般是指拘留和逮捕。

从现行刑事诉讼法及有关司法解释的规定看，逮捕的适用条件较之于拘留要更为严格，但我国刑事诉讼中逮捕和拘留两种强制措施在适用时除少部分由人民法院决定外主要的决定权是掌握在公安机关和人民检察院手里。② 而并未设立"人身保护令"制度，即羁押性强制措施的适用由法官负责审批，被羁押人对于羁押性强制措施可以申请法官予以复查以决定是否可以保释。在我国侦查阶段法官一般不介入，因此公安机关和人民检察院采取的羁押性强制措施也就不会形成由中立的司法机构进行的司法审查和司法救济。由于缺乏中立的法官的司法审查，致使被追诉人申请司法救济的制度不健全，导致司法实践中出现如下问题和弊端：

1. 公安机关随意拘留犯罪嫌疑人。首先，对于拘留决定的作出，公安机关无须经过人民法院的审查和批准即可决定；其次，在犯罪事实同犯罪嫌疑人之间的联系不确定时，为了揭露犯罪、防止犯罪嫌疑人逃跑，公安机关往往倾向于先对其进行拘留再收集证据证实犯罪系该嫌疑人所为。

2. 检察机关"以捕代侦"的现象。检察机关对公安机关移送的案件或自行侦查的案件进行审查，为防止犯罪嫌疑人、被告人逃避侦查、起诉和审判，往往通过批准逮捕的形式

---

① 华东政法大学诉讼法学研究中心主任、教授、法学博士。
② 最高人民检察院检察长贾春旺在 2008 年 3 月 10 日向十一届全国人大一次会议作工作报告时指出，2003 年至 2007 年，全国检察机关共批准逮捕各类刑事犯罪嫌疑人 4232616 人，比前五年上升 20.5%。对涉嫌犯罪但无逮捕必要的，决定不批准逮捕 149007 人。可见审前程序适用羁押性强制措施的比例还是很高的，也大都是由公安机关提请检察机关批准的。参见《法制日报》2008 年 3 月 11 日第 1 版。

羁押犯罪嫌疑人和被告人，借此进一步收集控诉证据。实际上使检察机关的批捕权变成了服务于其行使控诉职能的手段和工具。

3. 刑讯逼供现象屡禁不止。侦查人员为查明犯罪事实，最直接有效的依据便是犯罪人的供述，加之侦查人员在观念上往往把被羁押的犯罪嫌疑人当做犯罪行为的实施人，为获取口供查明案情，便对拒不交代的犯罪嫌疑人进行刑讯逼供或变相刑讯。从个案意义上说刑讯逼供可能会收集到对案件十分重要的证据，但却不能推而广之。因为侦查人员并不能确定犯罪嫌疑人就是犯罪行为的实施者，也不能保证逼供所获证言的真实性；并且刑讯逼供最大的危害就在于侵犯了犯罪嫌疑人的合法权利，不利于人权保障。

4. 犯罪嫌疑人、被告人的合法权利得不到有效的司法救济。对于拘留和逮捕的适用，犯罪嫌疑人、被告人对超期羁押依法有权要求公安、检察机关解除强制措施，但对于这种请求无法像国外诉讼程序中那样能得到独立的司法机构的审查以及决定是否可以解除强制措施，使得庭审前的强制措施的适用可以通过司法最终解决的方式来决定。在我国，这种异议的提出并无相应的诉讼程序对其加以规定，也就是说羁押性强制措施的适用和异议都不具有一种诉讼的形态。

5. 超期羁押导致侵犯人权甚至放纵犯罪。对于羁押性强制措施，报批机关（公安机关）和批准机关（人民检察院）由于意见不一致而无法确定是否应当采取强制措施时，往往不是先释放犯罪嫌疑人，而是在继续羁押的过程中通过补充收集证据，或者公安机关认为应当采取羁押措施未获批准的通过复议、复核的方式以决定是否采取拘留或者逮捕。这样做实际上延长了对犯罪嫌疑人羁押的时间，侵犯了其合法权利。这种羁押不仅缺乏充分合理的依据，而且容易导致错捕、乱捕现象的发生，还有可能使得真正的罪犯逍遥法外、使无罪的人遭受拘禁。

（二）现行司法问题的原因分析

之所以会出现上述现象，笔者认为可以从立法、程序和制度以及诉讼观念三个方面分析其产生的原因：

1. 立法方面。对于拘留的适用，根据我国刑事诉讼法，公安机关在对现行犯或者重大犯罪嫌疑人进行拘留时，应经过县级以上公安机关负责人批准后才能获得拘留证予以拘留；人民检察院对自己直接受理的案件，认为需要拘留的，享有决定权并由公安机关负责实施拘留。对于逮捕的适用，除人民法院直接受理的案件认为需要逮捕的由人民法院自行决定逮捕送公安机关执行外，逮捕均由人民检察院审查批准。

与国外不同的是，我国对于拘留、逮捕的决定不是由中立的司法机构作出的，而是由承担控诉职能的公安、检察机关作出的。在英国，警察对任何公民实施的逮捕或搜查行为，都必须事先向治安法官提出申请，并说明实施逮捕和搜查的正当理由；在美国，被告人享有的一系列诉讼权利则被上升为宪法权利，警察对任何人实施逮捕、搜查必须首先向一名中立的司法官员提出申请，并证明被逮捕或搜查者实施的犯罪行为具有"可成立的理由"以及说明予以逮捕或搜查的必要性。[①]

从事后救济的角度来看，对于逮捕，刑事诉讼法只规定人民法院、人民检察院和公安

---

① 陈瑞华著：《刑事诉讼的前沿问题》，中国人民大学出版社 2000 年版，第 289、293 页。

机关如发现对犯罪嫌疑人、被告人采取强制措施不当的应及时撤销或变更，犯罪嫌疑人、被告人及其法定代理人、近亲属对公检法三机关采取强制措施超过法定期限的，有权要求解除强制措施。可以看出，对于羁押性强制措施的适用的变更只能由侦查机关提出，只停留在"自我否定"上从而缺乏必要的外部监督，被羁押人一般不享有请求中立机构予以复查的权利。而且对这种强制措施是否予以变更的审查过程也不具有公开性和透明性，容易造成暗箱操作。在国外涉及人身羁押的强制措施的实施，被羁押人可以申请中立的司法机构进行复查以维护其合法权益。例如，意大利的刑事诉讼中，被告人及其辩护人有权针对预审法官作出的限制人身自由的强制措施的裁决，向法官所在地的省府驻地法院申请复查。①

关于羁押期限，我国刑事诉讼法规定的拘留期限最长为30天，但对逮捕的期限，则作出了"延长"、"补充侦查"、"发回重审重新计算期限"的规定，使羁押的期限无限延长，这固然有利于侦查机关有足够的时间用于收集证据查明案情，但由此造成的超期羁押却严重侵犯了犯罪嫌疑人的合法权利。

综上所述，从我国现行立法来看，对于羁押措施的适用，受羁押人不享有申请中立司法机构复查的权利；羁押性强制措施往往是作为服务于侦查工作的手段，批准决定采取羁押措施带有浓厚的行政色彩，而不是以一种诉讼的形式作出决定。古老的西方法谚有云："任何人不得成为自己案件的法官。"由公安机关负责人决定拘留、检察院的检察长决定逮捕显然有违基本的诉讼法理。

2. 程序和制度方面。从我国现行立法来看，刑事诉讼法对公安机关负责侦查的案件中拘留和逮捕的审批程序规定得比较详细，而对检察机关自侦案件的批捕程序规定得则相对原则化。而且批准或决定逮捕与否，除少部分由法院决定外，人民检察院享有最终的决定权。无论采取何种羁押性强制措施，法律未赋予受羁押人申请复查的权利，更谈不上从程序上给予其必要的救济。同时，对于人民检察院作出不批准逮捕的决定，刑事诉讼法规定公安机关认为有错误的时候可以要求复议，意见不被接受可以向上一级人民检察院提请复核。尽管法院也规定提请复议时须先释放被拘留的人，但公安机关往往并未解除对补充拘留的人的羁押，而是在羁押的同时提请复议。

这一情况存在的深层次原因在于诉讼制度的不完善。首先，我国立法没有确立犯罪嫌疑人、被告人有反对强迫自证其罪的权利。与之相对应的是长期以来我国在刑事司法中实行的是"坦白从宽，抗拒从严"的刑事政策，其基本价值取向是发现真实、揭露犯罪、分化瓦解犯罪分子。其次，犯罪嫌疑人获得律师帮助权受到诉讼阶段的制约。在普通公诉案件中律师一般只有到移送审查起诉阶段才能介入诉讼，在侦查阶段则受到种种限制。犯罪嫌疑人、被告人合法权利在受到侵害时也就无法得到律师的及时帮助。再次，非法证据排除法则尚未完全确立。在国外对于侦查人员在超期羁押时间内所获取的口供，即使被告人是自愿陈述的法庭也不予采纳，对于刑讯或者变相刑讯获得的口供则更是予以排除。尽管我国禁止非法取证行为，但是对于非法证据的使用并未确立严格的排除法则。最后，国家赔偿制度不健全。在羁押性强制措施适用发生错误的情况下，国家赔偿法只将人民检察院和人民法院作为赔偿义务机关，而对于检察机关的错捕案件往往是由于公安机关的错误拘

---

① 陈瑞华著：《刑事诉讼的前沿问题》，中国人民大学出版社2000年版，第311页。

留所造成的，对此则不予考虑，公安机关就会因为错拘或超期羁押不会带来赔偿责任而不予重视。

3. 诉讼观念方面。审前程序中出现的超期羁押、刑讯逼供现象除了立法和诉讼程序上的缺陷外，还在于侦查、检察人员诉讼观念上的偏差，具体表现为：（1）有罪推定思想并未彻底根除。在一些侦查人员看来，凡是被采取羁押性强制措施的人必定是同犯罪有着密切联系。出于揭露犯罪的需要，对其采取羁押性强制措施也就成了理所当然的事。对案件事实难以查明的，延长羁押时间以进一步展开侦查以及出于强烈的追究犯罪的心理采取刑讯逼供、诱供的现象也就随之产生。（2）对口供的片面追求和依赖。在侦查过程中，侦查人员为了查明真相往往选择以犯罪嫌疑人、被告人的口供为突破口来收集证据证实犯罪，对于拒不交代的就会采取刑讯的手段。这不仅有可能造成冤假错案，也使得诉讼程序变成一种"暴力"的发现真实程序，这有违诉讼的和平性和人权保障的精神。（3）重实体、轻程序的思想。尽管司法改革强调诉讼程序的重要性，但是对于一些侦查人员来说，查明案件事实才是最重要的。为了查明案情，对犯罪嫌疑人、被告人采取超期羁押、刑讯逼供似乎成了"迫不得已的变通手段"。

（三）羁押性强制措施公开听证程序的适用问题

纵观我国羁押性强制措施适用的程序以及由此产生的问题，笔者认为其主要弊端可归纳为：带有浓厚的行政色彩，缺乏司法活动所应当具有的公开性，不利于犯罪嫌疑人、被告人合法权利的保护。完善现行的羁押性强制措施的适用的突破口是将其改造成以一种诉讼的形态作出决定的程序，并赋予受羁押人申请中立司法机构审查的权利。

对此，我国学术界有不同看法。第一种观点认为，将拘留权和逮捕权赋予承担控诉职能的公安、检察机关，而犯罪嫌疑人、被告人没有实质的程序救济手段，缺乏必要的制约机制，这不利于法制的统一和人权的保障，故建议取消人民检察院的批捕权和公安机关的拘留权，由法官统一行使强制措施的审查权，且被告人有权要求法官对强制措施的合法性和公正性进行审查。[①]

第二种观点从逮捕权的现状出发，认为前种方案能有效地根除逮捕中的各种弊端，符合国际刑事诉讼立法的趋势，但在我国现行体制下，侦查阶段的批捕也一律须经法官审查，由法官掌握批捕权、签发逮捕令的做法，需要对现行司法体制做较大的变动，实施时的阻力可能较大，其可行性有待论证。故建议将逮捕批准决定权保持原状，仍由检察机关掌管，但在逮捕后需增加一项事后司法复查的补救措施，也即主张通过引入英美法系国家的"人身保护令制度"[②] 来完善我国的审前羁押性强制措施制度。

笔者认为，上述观点都有合理之处，它们分别代表了完善羁押性强制措施的理想与现实。就目前而言，采取第一种观点所主张的大变动，难度较大而且也涉及整个司法制度的变革，因此其可行性不大。第二种观点实质上是主张将西方的"人身保护令"制度移植于

① 陈卫东、郝银钟：《被告人诉讼权利与程序救济论纲》，载《中外法学》1999 年第 3 期，第 78 页；郝银钟：《论批捕权与司法公正》，载《中国人民大学学报》1998 年第 6 期，第 64 页。

② 柯葛壮、张亚杰：《刑诉法再修改若干问题研究》，载张海棠主编：《程序与公正》（第三辑），上海社会科学院出版社 2007 年版，第 30 页。

审前羁押性强制措施的适用中来，所谓"人身保护令"制度，就是法院根据被羁押人的申请而签发的将被羁押人带到法庭以审核该羁押是否合法的命令，以保障被羁押人的人身权利不受非法侵犯。这种事后司法审查的构造却与第一种观点一样，也需要对我国目前的司法体制做较大的变动，且目前法院也面临案件剧增所带来的巨大的审判压力，[①] 很难再分担对审前程序的批捕的合法性审查的任务，加上审前程序批捕量如此巨大，其可行性也是值得论证的。考虑到我国的司法体制现状，特别是宪法的规定性，笔者建议可增设批捕公开听证程序，使逮捕的决定必须经过由犯罪嫌疑人及其辩护人参与的公开听证程序后方能决定其效力，似乎更加切合我国的现实国情。其依据在于，首先是保障人权的需要，适用强制措施应以保障人权为出发点；其次是使侦查活动具备诉讼形态的需要。我国强制措施的适用具有浓厚的行政色彩，拘留、逮捕决定的作出往往是公安、检察机关单方决定的结果。然而刑事诉讼不仅包括审判活动，也包括审判前的侦查和起诉活动，既然这些都是属于刑事诉讼的范畴，那么审判前活动的诉讼决定也应以一种诉讼的形态作出。这正是司法与行政的最大区别。同时以一种诉讼的形态作出决定也体现了"司法最终解决原则"的精神。

羁押性强制措施的公开听证程序应遵循以下原则：

一是自愿原则。要求提起公开听证程序须基于犯罪嫌疑人、被告人的申请以体现这一程序的设置是对犯罪嫌疑人、被告人合法权利的一种救济，同时尊重其自主决定。

二是公开原则。羁押措施听证会应当公开举行，以体现司法的公开性、透明性。对于涉及国家机密、个人隐私的案件可以不公开。

三是辩论原则。在中立机构的主持下，控辩双方通过口头辩论的方式以维护各自的主张，而不仅仅是提供书面材料。这也体现了刑事诉讼中的直接言词原则。

四是持续听证的原则。公开听证程序的举行应当是持续不断的，一方面是出于诉讼效率的考虑，另一方面则是出于诉讼公正的考虑。

关于羁押性强制措施的公开听证程序（以下简称羁押听证程序），笔者试提出以下构想：

第一，羁押听证程序的主体。根据羁押性强制措施改造成具有诉讼形态的程序的思路，羁押听证程序应当体现诉讼中的三方构造，即控辩双方加上居中裁判的中立机构。控方是提请采取羁押强制措施的侦查人员或检察人员；辩方是犯罪嫌疑人及其辩护人；中立的裁判方则要求具有类似于法官的中立性，故建议由检察机关的法律监督部门人员担任。如果犯罪嫌疑人因羁押等原因不能参加的，可以由其律师代为提出其对羁押措施的意见。在必要时双方还可以传唤证人、鉴定人到场。对于被害人明确表示不参加听证的可以不参加，但被害人委托的诉讼代理人可以参加。

第二，羁押听证程序提起的条件。犯罪嫌疑人、被告人不服公安、检察机关的拘留、逮捕决定，或者认为在采取强制措施时存在违法情形，包括刑讯逼供、超期羁押等均可以要求提起公开听证程序。

---

① 2006 年全国各级人民法院共审结各类案件 7943745 件，比 2002 年全国各级人民法院共审结各类案件的 5930707 件增长了近 1/3，而一些法院审判设施落后，交通通信装备短缺陈旧，业务经费严重不足，影响审判工作的正常开展，这些长期存在的问题尚未得到根本解决，不能适应形势发展的需要。参见最高人民法院院长肖扬代表最高人民法院所做的 2002 年、2006 年《最高人民法院工作报告》，中国法律年鉴社出版的《中国法律年鉴》2003 年版、2006 年版。

第三，羁押听证程序提起的期限。犯罪嫌疑人、被告人要求举行公开听证程序的，自羁押措施决定作出之日起到审判前羁押措施持续过程中的任何时间都可以提出听证要求。对此在立法上应当作出相应的规定，赋予犯罪嫌疑人、被告人享有要求举行听证的权利，公安、检察机关在作出强制措施决定后应当告知犯罪嫌疑人、被告人有权要求听证。

第四，羁押听证程序中的律师帮助。在举行听证程序前，犯罪嫌疑人没有委托辩护人的，公安、检察机关应告知其委托辩护人，必要时应指定承担法律援助义务的律师为其担任辩护人。新律师法的改革，即辩护律师参加诉讼的时间可以提前至侦查阶段的规定，便于犯罪嫌疑人对拘留、逮捕的决定要求听证时可以得到律师的及时帮助。

第五，羁押听证程序的阶段设计。公开听证程序举行时，由检察机关的法律监督部门主持召开，听证双方当事人到场参加。首先，由决定采取强制措施的控方陈述其作出决定的理由；其次，由控方承担举证责任，提交证据证明采取羁押措施的必要性与合理性；然后，由犯罪嫌疑人及其辩护人就控方提出的证据同控方展开质证，双方可以就羁押措施的适用及相关证据发表意见，并可以相互辩论；再次，由中立的裁判方在听取双方意见的基础上，结合有关证据进行评议；最后，根据评议的结果作出适用羁押程序是否合法与必要的决定。对于控方证据足以证明有必要采取羁押措施的予以支持，对于不足以证明其必要性的作出解除拘留或逮捕的决定。双方当事人可对中立机构的决定要求复议。

（作者单位：华东政法大学）

论刑事诉讼中律师若干权利的保障

于绍元　任　穗

辩护律师在刑事诉讼中扮演何种角色，其地位和作用如何，是社会进步程度和政治文明发展水平的一个标志。党的十六大提出，社会主义的司法制度应当保证在全社会实现公平和正义。社会主义的司法制度要担当起如此重任，绝不能忽视律师的地位和作用。司法公正没有辩护律师的积极参与，便没有可靠的保证；而辩护律师如果不能取得应有的法律地位，便不可能有真正的司法文明。

一、刑事辩护制度的理论基础

（一）刑事辩护制度的起源

作为刑事诉讼制度组成部分的刑事辩护制度必然与作为整体的刑事诉讼结构之间存在着一种共生关系，刑事诉讼结构的历史类型影响和制约着刑事辩护制度的产生和发展。人类历史上交替出现过三种刑事诉讼模式，即奴隶制社会的弹劾式诉讼模式、封建社会的纠问式诉讼模式和现代社会的控辩式诉讼模式。① 与之相适应的刑事辩护制度的形成也经历了这样的发展过程。

刑事辩护制度的产生最早可追溯至古罗马时代，在古罗马帝国实行的弹劾式诉讼模式下，刑事控诉并不是由国家公权力机关所提起的，而是由被害人以私人身份直接向审判机关自诉，控辩双方在诉讼中的地位平等、权利对等。②

封建社会取代奴隶制社会之后，弹劾式诉讼模式因为不适应统治阶级专制统治的需要而被废除，封建社会普遍推行纠问式诉讼模式，它是中央集权的政治制度在诉讼领域中的反映，把社会利益放在个人利益之上。因此，辩护被视为是犯罪者的无理抵赖，而辩护人被认为是"帮助囚犯无理抵赖的最好工具"。可见，纠问式诉讼模式缺乏刑事辩护制度赖以存在的制度基础和观念前提。③

这种刑事辩护制度的缺失，导致了刑事诉讼机制人权保障功能的障碍。近代以来，在实现了控、审职能分离的基础上实现了现代意义上的控辩式诉讼模式。"刑事诉讼程序，应当保护社会，也应当保护个人的自由与辩护权利。没有对个人权利的尊重，就不可能有真正公正的制裁。"④ 控辩式诉讼模式以无罪推定为前提，被告人与作为国家代表的控诉机关

---

① 谢佑平主编：《司法公正的建构》，中国检察出版社 2005 年版，第 167 页。
② ［法］卡斯东·斯特法尼等：《法国刑事诉讼法精义》（上），罗结珍译，中国政法大学出版社 1998 年版，第 67 页。
③ 谢佑平主编：《司法公正的建构》，中国检察出版社 2005 年版，第 170 页。
④ ［法］卡斯东·斯特法尼等：《法国刑事诉讼法精义》（上），罗结珍译，中国政法大学出版社 1998 年版，第 3 页。

在法律地位上趋于平等。于是，刑事辩护制度得以重生。

（二）刑事辩护制度的扩大与发展趋势

原本意义上，刑事辩护权应该属于被告人本人，但由于被告人自己行使辩护权有着主客观方面的诸多现实障碍。因此，客观上要求被告人能够获得其他途径的救济，从而促使辩护人角色的产生。

在现代刑事诉讼中，辩护人不再被视为犯罪嫌疑人、被告人的代言人，而是被视为犯罪嫌疑人、被告人权利的保护者，而且辩护人的活动范围在不断扩大，辩护人不仅在审判阶段出庭为被告人进行辩护，而且在侦查阶段就可以介入诉讼为犯罪嫌疑人提供法律上的帮助[1]。这一角色的转变，对犯罪嫌疑人、被告人的权利保障具有重大的意义。

另外，从刑事诉讼构造的历史类型来看，虽然现代法治国家均采用了以控审职能分离为基础的控辩式诉讼模式，但是由于诉讼文化背景的不同，在控辩式诉讼模式之下仍存在着大陆职权主义诉讼模式与英国当事人主义诉讼模式的分别。但是，第二次世界大战以后，在刑事辩护制度发展民主化、文明化、科学化的世界性趋势的推动下，大陆职权主义诉讼模式与英国当事人主义诉讼模式之间出现了相互借鉴、融合的潮流和趋势，两种制度正在从不同方向融汇成为一种大体相当的混合的刑事诉讼制度[2]。受此影响，作为整体诉讼制度的一部分的刑事辩护制度也开始相互协调、接近。

二、律师辩护的作用

律师在法律秩序建构中作用的发挥，离不开律师及律师职业自产生之日起便具有的优越性。律师辩护的价值，不仅在于这一制度对犯罪嫌疑人、被告人合法权利维护的巨大作用，而且还是实现程序正义不可缺少的条件。具体作用体现在以下几个主要方面：

（一）保障犯罪嫌疑人、被告人的基本权利

在现代法治国家，往往将保障被追诉人权利的价值置于刑事诉讼的首位，明确提出对于犯罪控制的追求必须服从人权保障的价值目标，在两者发生矛盾时，原则上人权保障优先于犯罪控制。律师辩护有其天然的优越性，主要体现在：

1. 律师精通法律。无论是协助公民了解法律，正确行使权利，还是协助公民行使被侵害的权利，律师这一条件都为其提供了可能性，这是一般社会主体所不具有的。不仅如此，律师还养成了从法律角度思考问题的能力，能把眼前的具体案件与实体法、程序法规范恰当地联系起来，而这种活动总是带有创造的、动态的性质。

2. 律师依法执业受法律保护。例如，根据我国刑事诉讼法的规定，能够在侦查阶段为犯罪嫌疑人提供法律帮助者，只能是律师，没有律师资格的公民不能进入侦查阶段为犯罪嫌疑人辩护。在所有能够为犯罪嫌疑人、被告人担任辩护的人中，律师享有特殊的权利，如阅卷权、调查取证权、会见权等，而这些权利不为一般公民所有。

---

① 汪建成、杨雄：《重塑辩护律师与当事人的关系》，载《中国律师》2004 年 10 月。
② ［美］约翰·亨利·梅利曼：《大陆法系》，西南政法大学法制教研室编译，知识出版社 1984 年版。

（二）促进程序正义的实现

美国著名的刑事辩护律师，哈佛大学法学院教授艾伦·德肖微茨曾担任著名的"辛普森杀妻案"的辩护律师，他在为辛普森辩护时，抓住的辩护要点是警方为证明辛普森有罪而人为地制造了一个袜子上有血迹的假证。而警方既然能制造第一个假证，是否有可能第二、第三个证据也是伪造的呢？这就是陪审团成员最后作出辛普森无罪的结论的重要原因。作为辩护律师打赢了这场著名的诉讼，实际上使一个很有可能犯了罪的人逃脱了法律的制裁。[①]

这难道就是辩护律师的职业价值吗？如果辩护律师的职业价值仅仅定位在这里，岂不成了罪犯的帮凶，但是法律的精神就在于其公正性而非真实性，刑事诉讼法的作用更多的是通过权利来制衡权力而不单纯是为了保障打击犯罪的力度和效率。如前所述，德肖微茨律师通过自己的辩护，虽然使一个很可能有罪的人逃脱了刑事法律制裁，但他却给全美国的警察机构提出了一个警示——不许制造假证。强调程序公正的重要性，强化个人权利的保护，这就是一个刑事辩护律师在辩护工作中的价值取向。当然，律师的辩护作用不仅是上述几点，还有其他一些方面，笔者只讲主要的几个方面。

三、我国律师辩护制度的现状

律师辩护既然承担着维护国家法治精神的重要责任，那么其辩护行为理应受到合法有效的保护。我国刑事诉讼法、律师法中对律师在刑事诉讼中的权利均作出了规定。但是，在我国的司法实践中律师依法执业仍存在一些障碍和问题。

（一）侦查阶段律师的会见权受到不合理的限制

会见权具有双重性，是刑事诉讼中的一项基本权利。一方面，会见权是犯罪嫌疑人获得律师帮助权的重要组成部分。另一方面，会见权又是律师权利的主要内容，如果律师不能见犯罪嫌疑人，则很难了解案件的真实情况、犯罪嫌疑人所受到的待遇及最迫切的需要，因而难以展开有效的辩护。

我国刑事诉讼法和相关司法解释对律师会见权作了规定，但在会见权的落实上还存在着各种困难，尤其是侦查阶段，律师会见往往受到会见批准、会见时间、会见内容的限制，具体表现在以下几个方面：

1. 制约会见的时间。最为普遍的情况是在侦查机关没有对犯罪嫌疑人完成讯问工作之前，一般都不会批准律师会见。

2. 限制会见的次数。有的侦查机关在侦查阶段只同意律师会见一至二次。

3. 限制会见谈话的内容。例如，侦查机关一般都会派员在场，而且一般都会限制律师了解及解答犯罪嫌疑人问题的内容。[②] 当然，目前这种现象已有所改观。

---

① 左卫民、周长军著：《刑事诉讼的理念》，法律出版社 1999 年版。

② 陈茵明：《辩护律师权利的保障》，载《律师与法制》2004 年。

（二） 侦查讯问时律师没有在场权

在场权是律师作为犯罪嫌疑人的辩护人所享有的一项重要诉讼权利，是律师辩护权的重要组成部分。辩护律师在场权应贯穿于刑事诉讼的整个过程。"整个刑事诉讼程序犹如一座大厦，而侦查程序犹如这座大厦的地基。……中外刑事诉讼的历史反复证明，错误的审判之恶果，从来都是结在错误的侦查之病树上的。"①

在我国，刑讯逼供的历史可谓源远流长。目前侦查机关在讯问犯罪嫌疑人时，律师无权在场，侦查人员的讯问行为无法监督，所以尽管刑事诉讼法第 43 条规定："……严禁刑讯逼供和以威胁、引诱、欺骗以及其他非法的方法收集证据。……""但是，事实上警局是警察的地盘，警察的控制力量是无可争议的"。② 据报道，国家在 1998 年就查办了国家机关工作人员刑讯逼供的有关案件 1469 件。而这些案件之所以被披露基本上都是由于被刑讯者或重伤或死亡。

（三） 辩护律师的调查取证权和阅卷权得不到保障

任何一件事情都存在风险，但刑事辩护的风险却大不同于其他的风险，它可以使一名优秀的律师沦为阶下囚。而刑事辩护风险目前又集中体现在律师的调查取证行为上。

律师调查取证是刑事诉讼中弄清事实真相最重要的一环，但却是律师在办理刑事案件中困难最大而又最无可奈何的一环。

我国刑法第 306 条规定："在刑事诉讼中，辩护人、诉讼代理人毁灭、伪造证据，帮助当事人毁灭、伪造证据，威胁、引诱证人违背事实改变证言或者作伪证的……"这个在 1997 年修订刑法时加上的条款，在司法实践中往往变成了有罪推定，这种规定对于律师业的发展、法制文明的建设是有很大的消极作用的。刑事诉讼法的修改反而使律师的阅卷权在诉讼的全过程受到了限制：（1） 在侦查阶段，律师没有阅卷权。（2） 在审查起诉阶段，律师不能查阅大部分资料（仅限于刑事诉讼法第 36 条第 1 款规定的"本案的诉讼文书、技术性鉴定材料"）。（3） 提起公诉后，律师也只能看到有限的控诉证据。实际上也是将律师的阅卷范围限制在检察院向法院移送的案卷材料范围内。

（四） 保守职业秘密的权利未能确立

我国立法上并没有明确规定对于律师在履行职责过程中获悉的不利于犯罪嫌疑人、被告人的事实和证据，是否应当保密。我国理论和实践上对此也意见不一。我国律师法第 38 条虽然规定："律师应当保守在执业活动中知悉的国家秘密、商业秘密，不得泄露当事人的隐私。"但是，律师法同时又规定"律师在执业活动中不得隐瞒事实"，我国刑事诉讼法第 48 条规定："凡是知道案件情况的人，都有作证的义务。"第 38 条又规定："辩护律师和其他辩护人，不得帮助犯罪嫌疑人、被告人隐匿、毁灭、伪造证据或者串供，不得威胁、引诱证人改变证言或者作伪证以及进行其他干扰司法机关诉讼活动的行为。"

我国律师职业秘密保守义务的缺失，使得律师与当事人之间难以建立起亲密无间的信

---

① 李心鉴著：《刑事诉讼构造论》，中国政法大学出版社 1992 年版，第 179 页。

② 陈光中、江伟主编：《诉讼法论丛》（第 4 卷），法律出版社 2000 年版，第 218 页。

赖关系，辩护律师如果充当控方的证人，就是对刑事诉讼结构的严重破坏，诉讼公正必将难以实现。

（五）律师缺乏刑事辩护的豁免权，抑制了辩护功能

刑事诉讼法实施以来，据统计数据表明，我国刑事案件的律师辩护率仅为 30% 左右，而在办理刑事案件中因各种罪名自身落入"法网"的律师数量却在直线上升。针对我国目前司法实践中刑事辩护存在的这种困境和现状，赋予律师刑事辩护豁免权具有特别重要的价值。

受传统"有罪推定"及国家主义司法观念的影响，社会公众包括很多司法工作人员在观念上对犯罪嫌疑人是推定有罪的，没有辩护权可言。其最直接的原因在于，修改后的刑法第 306 条关于律师刑事辩护的禁止性规定，由于其本身明显带有对律师行为特别规制的价值判断与价值选择的主观色彩，在实践中极易被一些公安、检察机关人为地曲解，成为追究律师"引诱"、"威胁"证人的法律责任的根据。因此，与那些律师职业有着悠久的历史并受到广泛支持和理解的西方法治国家尚且赋予律师刑事辩护豁免权相比，我国存在很大的差距。[1] 以上这些障碍和问题不止于此，还有一些更有待深入探讨的重要问题。

四、关于我国律师刑事辩护制度的修改完善与立法建议

1996 年刑事诉讼法的修改，创立了具有中国特色的审判方式，即所谓"控辩式"审判方式。这种诉讼改革，强调控辩双方的举证、质证。这种改革对于发挥控辩作用，加强审判功能，保证诉讼公正应该说具有积极的意义。然而当时的改革具有一定的过渡性。从实践中暴露出来的弊端就有：所谓"三难（会见难、取证难、阅卷难）一怕"（律师伪证罪）已形成对我国刑事诉讼中人权保护制度的发展以及刑事诉讼整体功能改善的严重限制。

此次刑事诉讼法再修改有着 1996 年修改时所不具备的四大有利条件与背景：一是 1996 年之后，宪法进行了两次修正，特别是人权保障观念的弘扬为刑事诉讼法的再修改创造了空间；二是 1996 年之后，《公民权利和政治权利公约》的加入也是推动此次刑事诉讼法再修改的重要契机；三是近年来先进的社会理念正在逐步形成，特别是"以人为本"、"和谐社会"的观念对于某些刑事诉讼制度的创新具有积极作用；四是 1996 年之后，刑事诉讼法学界理论研究取得了跨越式的发展，为刑事诉讼的再修改进行了充分的理论准备。[2]

然而，立法修改不仅要进行制度设计方面的技术处理，同时也意味着各种冲突利益的平衡。2004 年的宪法修正案规定："国家尊重和保障人权。"人权入宪、人权保障给我们修改刑事诉讼法提出了一项重要任务。针对现行刑事诉讼法在保障人权，尤其是保障犯罪嫌疑人、被告人人权方面的不足，笔者建议应做以下修改：

（一）取消律师会见的不合理限制

可以说会见是辩护的起点和基础，无会见就无辩护。借鉴发达国家和先进地区的立法

---

① 支果：《刑事辩护的价值与律师豁免权探析》，载《四川理工学院学报》2005 年第 1 期。

② 蒋安杰、程雷：《热议刑事诉讼法再修改》，载中国法学网（www.iolaw.org.cn）。

经验，笔者认为在我国应实行如下的会见原则：

1. 侦查机关原则上不能拒绝律师会见犯罪嫌疑人，并应及时安排。

2. 侦查机关或看守部门均不得限制会见的次数，并给予充分的时间。

3. 会见时，不可监听、旁听律师与犯罪嫌疑人的谈话内容。

4. 谈话内容不受限制。可了解如犯罪嫌疑人无罪、罪轻的辩解；被采取强制措施的程序、手续是否合法；被采取强制措施后其人身权利、诉讼权利是否受到侵犯等。

5. 明确刑事诉讼法第 96 条第 2 款规定的会见受限制的案件的类型。

（二）建立证据开示制度，保障律师的阅卷权。在刑事诉讼中建立完善的证据开示制度

1. 明确规定控方有义务向辩方展示全部的起诉证据和相关案卷材料（但允许存在特殊例外）。

2. 在控方已向辩方开示证据的情况下，辩方也有义务向控方开示准备在法庭上使用的证据，防止证据"空袭"。

3. 开示地点原则上在检察院进行，即由律师带上辩方证据到检察院进行双向开示。检察院应提供时间、场所和复制上的便利。

（三）保障律师的调查取证权

由于律师并无国家权力做后盾，不享有强制证人、被害人协助调查作证的权利，所以法律应当规定相关机构和人员配合律师调查，否则这项权利将形同虚设。主要针对刑事诉讼法第 37 条第 1 款规定的"辩护律师经证人或者其他有关单位和个人同意，可以向他们收集与本案有关的材料"。由此，笔者认为，可以考虑删除刑事诉讼法第 37 条第 1 款和第 2 款中"经……同意"的字句。

（四）在一定诉讼阶段确立律师在场权

考虑到平衡打击犯罪的需要，在我国应设立律师在场权，但同时也应进行适当的限制。例如，可以基于讯问的紧迫性或秘密性的要求，在重大犯罪案件，如恐怖活动犯罪，黑社会犯罪、危害国家安全犯罪、涉及国家机密的案件中排除律师的在场权。[①] 另外，虽然律师有权始终在场并及时对侦查人员的不法讯问提出抗辩，但不得干扰侦查人员的不法讯问，不得替代犯罪嫌疑人回答问题或阻止其回答、引导其回答。由此，笔者认为应该：

1. 在立法上，明确律师在场权。

2. 在证据法上，限制违反该制度获得的证据的证明资格。

3. 在司法实践中，通过法律援助和筹集经费为律师在场制度的运作奠定基础。

（五）享有保守职业秘密的权利

虽然说允许律师保守职业秘密，可能会使一些事实上有罪的人逃避法律制裁。但是在查明事实真相，追究和惩罚犯罪的同时，不能不考虑律师制度的社会价值。而当这一价值大于追究某一特定犯罪者的刑事责任的时候，立法者就必须选择更为重要或更为重大的利

---

① 许兰亭：《论我国刑事侦查中辩护律师在场制度的构建》，载《律师实务》2005 年第 9 期。

益。刑事诉讼法和律师法均应明确规定律师享有拒证权。同时，立法应尽量具体、完善，使之具有可操作性。能具体解决如是在作为辩护人期间保守职业秘密，还是永远都要保守秘密；律师在被委托前获知的秘密是否也要保守等现实问题。

（六）赋予律师刑事辩护豁免权

赋予律师刑事辩护豁免权是由辩护律师所担负的职责所决定的，辩护律师作为司法公正天平上另一端的砝码，其主要职责是针对控方获取的有罪证据，帮助犯罪嫌疑人、被告人更有效地行使辩护权。如果仅仅因为律师在辩护中的言论和事实不符，就可以追究法律责任，势必导致其畏首畏尾，不敢据理力争、有效维护犯罪嫌疑人和被告人的合法权益。最终牺牲的却是共同追求的诉讼目标的实现及刑事诉讼价值的体现。因此，针对这种现状，废除备受争议的刑法第306条，建立律师刑事辩护的豁免权，明确赋予律师在辩护中发表的言论不受法律追究及律师在刑事辩护中向法院提供或出示文件、材料失实的，不受法律追究等内容在内的刑事辩护豁免权就显得非常重要。这样才能真正实现司法公正，切实保障宪法赋予公民的神圣权利。[1]

综上所述，充分地认识辩护律师在刑事司法过程中的地位和作用，保障其在执业过程中的基本权利，相关司法制度及法律制度的建立和完善是一个极为重要的基础和保障，否则必将严重影响律师刑事辩护业务的发展，并最终损害公民特别是犯罪嫌疑人、被告人的合法权利。

（作者单位：浙江工商大学法学院　浙江天册律师事务所）

---

[1]　支果：《刑事辩护的价值与律师豁免权探析》，载《四川理工学院学报》2005年第1期。

论刑事自诉制度的合理性重构

张　曙

在人类历史上，对犯罪的控告和追究经历了一个漫长的发展过程。最初，受害人遭受犯罪的侵害后，有权采取以报复为主要形式的私力救济。在国家成立后，国家出于维护社会秩序的考虑，将对犯罪的控告、追究和惩罚逐步纳入国家刑事诉讼的轨道中。其中，弹劾式诉讼程序实行绝对的不告不理，将对犯罪的追诉决定权交由被害人。纠问式诉讼程序则实行国家主动追究原则，对犯罪的追究不再取决于被害人的控告，无论被害人是否提出控告，只要司法机关发现犯罪就可以行使追诉和审判权力。在司法官员权力极度膨胀的情况下，被害人的权利则几乎处于绝对缺失的地位。后来，各国在刑事程序中逐渐加强了对被害人权利的保障。一些国家在意识到没有必要全部包揽对犯罪的追诉后，将一部分比较轻微的刑事案件之追诉决定权交由被害人行使。实行以公诉为主、自诉为辅的起诉方式，在一定程度上尊重了被害人的愿望和要求。中国自近代以后，法律开始允许私人对特定刑事案件（如必须亲告的诽谤、通奸等罪）提起诉讼。在国家掌握绝大多数犯罪的追究主动权、决定权的情况下，法律允许将一小部分对犯罪的追诉权交由被害人行使，有利于对这部分被害人权利的尊重和保障，也有利于这一部分刑事案件的处理和解决。但是，对于更有利于维护被害人个人权益的刑事自诉制度，如何在法律上保障被害人个人意愿的正当表达，却是刑事自诉制度中的难题。如果被害人表达了其要追诉和惩罚犯罪的意愿，但是该种意愿的行使却无法得到实践上的保障，法律也对此没有任何回应和救济，或者被害人无限制地表达其追诉犯罪的意愿，而国家对此也没有丝毫控制，这必然会导致国家设立刑事自诉制度目的的落空。

我国现行刑事自诉制度总体上体现了对被害人权利和要求的尊重。但是，由于对刑事自诉制度的认识有偏差，我国关于刑事自诉的立法和司法实践均存在不少缺陷。这一方面表现在被害人或自诉人的权利在一定程度上得不到维护。另一方面，自诉权在一定范围内存在被滥用的情形。这两方面的缺陷都需要国家刑事司法职权的介入加以克服。对此，笔者结合刑事诉讼的相关理论，并针对实践中的若干问题，提出自己的一点看法，以期对我国的刑事自诉制度的完善有所裨益。

一、刑事司法职权介入刑事自诉制度的价值

国家权力的配置和运作，只有为了保障主体权利的实现，协调权利之间的相互侵犯，维护和促进权利平衡，才是合法的、正当的、合理的。① 因此，在刑事自诉制度中刑事司法

---

①　张文显著：《法哲学范畴研究》，中国政法大学出版社 2001 年版，第 396～397 页。

职权的介入，并不是为了压制甚至侵犯被害人或自诉权人行使权利，而是为了保障权利人权利的行使，并且平衡自诉制度中各种诉讼主体之间的权利。

一般说来，刑事自诉人是指遭受犯罪直接侵害的被害人。虽然自诉案件的被害人与公诉案件的公诉机关在刑事诉讼中实际上均处于原告的地位，但是两者在许多方面都不相同。国家公诉机关有国家的强制力作后盾，能够在刑事诉讼中依法采取限制、剥夺被追诉者人身自由的强制措施，在调取证据方面拥有丰富的人力、物力和财力作保障，等等。比较而言，被害人的力量显得薄弱很多，尤其在要求其举证的情况下可能会无法有效地控诉和追究犯罪。正是在此意义上，意大利犯罪学家加罗法洛曾对刑事自诉制度作出了批判："至少就我们可定义的自然犯罪而言，适用于刑事起诉的'自诉'这一表述是毫无意义的。对殴打和伤害、恐吓、强奸、欺诈、伪造等犯罪，不管是否有投诉，一旦社会了解到这些犯罪，社会是不可能无动于衷的。因此，如果国家制度采取措施，罪犯是不可能像现在某些地方经常发生的那样，通过恫吓受害人使其撤回投诉而挫败争议的。"[①] 我国虽然将自诉案件的范围主要限定在轻微的刑事案件内，但由于被害人权利的行使存在种种障碍并且得不到有效救济，有可能不能实现法律设置自诉制度的最终目的，即为了更好地维护被害人的合法权益。由于"无救济即无权利"，因此法律必须为被害人权利的行使提供公权力上的救济，从而实现法律制度的实质性效果，避免刑事自诉制度流于形式。

同时，虽然自诉的对象主要涉及公民人身、财产等个人权益方面的犯罪，但既然构成犯罪，从根本上说都是危害了国家或社会利益的行为。因此，国家虽然将这些案件的起诉权交由被害人行使，是否追究犯罪由被害人处分，但并不是对此放任不管。当刑事自诉制度中权利人在一定范围内行使权利过于消极或滥用，国家刑事司法职权应当对其进行合理控制，以正确维护社会的法秩序，同时平衡被害人、追诉机关、被告人之间的利益。

因此，以国家刑事司法职权介入自诉制度的实质目的为根据，笔者将介入自诉制度中的刑事司法职权区分为救济型刑事司法职权与控制型刑事司法职权两种。救济型刑事司法职权侧重于针对被害人无法合理地表达诉讼意愿，或者表达意愿后无法实际、有效地行使其自诉权的情形，对被害人予以法律上的救济，帮助维护被害人的合法权益。控制型刑事司法职权侧重于针对被害人不恰当地行使自诉权的情形，将被害人的自诉权限定在一定的合理范围内，解决的是由于被害人个人意愿的不当表达而导致的被害人与国家公诉机关、被告人之间利益的失衡问题。

二、救济型刑事司法职权在刑事自诉制度中的介入

一般来说，如果在法律上一种权利只是得到了文本上的确立，但在实践中根本无法行使，或者在行使权利时总是会遭到各种各样的障碍，那么客观地说，这种权利往往只是徒具虚名。在我国刑事自诉制度中，包括很多被害人个人的正当诉讼意愿无法得到保障的情形，此时应当由国家刑事司法职权参与进来进行救济。具体来说，包括以下几个方面：

---

① ［意］加罗法洛著：《犯罪学》，耿伟、王新译，中国大百科全书出版社 1996 年版，第 302 页。

（一）对于第二类自诉案件，刑事司法职权应当对被害人进行实质性救济

我国刑事诉讼法第 170 条将被害人有证据证明的轻微刑事案件作为自诉案件来规定。最高人民法院、最高人民检察院、公安部、国家安全部、司法部、全国人大常委会法制工作委员会《关于刑事诉讼法实施中若干问题的规定》第 4 条则对该类案件作了进一步的规定。应当说，法律为了尊重被害人的意愿，在一定程度上将追诉决定权赋予被害人来行使。同时，并不排斥刑事司法职权的介入。因此，对于该类自诉案件，被害人享有选择自诉或公诉程序的权利。但正是在这个问题上，法律的模糊规定导致了公安机关、法院之间的互相推诿和扯皮。《关于刑事诉讼法实施中若干问题的规定》第 4 条第 2 款规定："上述所列八项案件中，被害人直接向人民法院起诉的，人民法院应当依法受理，对于其中证据不足、可由公安机关受理的，应当移送公安机关立案侦查。被害人向公安机关控告的，公安机关应当受理。"但是，公安机关受理被害人的直接控告之后如何处理，法律却没有规定。根据公安部《公安机关办理刑事案件程序规定》第 160 条规定："经过审查，对于告诉才处理的案件和被害人有证据证明的轻微刑事案件，应当将案件材料和有关证据送交有管辖权的人民法院，并告知当事人向人民法院起诉。"因此，公安机关在受理控告和审查后，又因为该案件属于自诉案件范畴而将之抛给了人民法院。公安机关认为被害人应向法院起诉，法院认为被害人应向公安机关控告，致使被害人疲于奔命而无法通过诉讼这种公力救济的方式来维护自己的权利。

应当说，当被害人控告和追究犯罪的愿望及要求得不到满足时，其会对法律表示失望，可能会采取私力救济的方式来实现其权利。在这种场合，权利的实现方式主要指"报复"。这在故意伤害罪这种侵害公民人身权利的情形下尤其容易发生。通过报复来实现报应正义，在一定程度上是被害人正义感最直接的反应。"报应观念之所以深入人心，是因为它贴近人性要求和生理本能，是最原始、最基本、最直觉和最具渗透力的正义反应。基于报应实现的报应正义，表现为一种'适得其所'的原始朴素直觉的正义观念、心理感受。"① 但是，基于报应正义上的刑事私力救济容易造成社会秩序的失控和更大的社会冲突。当私力救济作为一种普遍社会现象退出人类文明史后，诉讼便成为人类解决纠纷的主要手段。这一现象表征着一个极有意义的社会现象，即人类不再依靠冲突主体自身的报复性手段来矫正冲突的后果，尤其不再用私人杀戮式冲突来平息先前的冲突。在日益强调法治社会的今天，我们无理由让这样一种纠纷的解决方式成为刑事被害人实现正义和权利的主要手段，我们也没有理由让我们的法律成为被害人得不到公力救济时转而寻求刑事报复和黑道盛行的助孽者。"人民的安全在于他们安全地享有他们的权利。确保人的权利的必要条件，乃是应无人干涉他的权利，或应有足够的权力来捍卫权利。"② 在我国刑事自诉制度中也是如此。当被害人希望通过诉讼来寻求救济和维护权利时，其有理由能够享有足够的国家权力来捍卫自身的合法权益。

因此，刑事诉讼法必须对该类刑事案件的处理方式作出明确的规定。只要是被害人向公安机关控告而不向法院起诉的，公安机关都无权要求被害人向法院起诉。因为对于这类

---

① 徐昕：《通过私力救济实现正义——兼论报应正义》，载《法学评论》2003 年第 5 期。
② ［英］亚当·弗格森：《道德哲学原理》，孙飞宇译，上海人民出版社 2003 年版，第 160 页。

刑事案件，法律赋予了被害人有选择公诉和要求公安机关公权力介入的权利。在被害人不向法院提起自诉的情况下，这类案件仍属于公诉案件，应当由公安机关立案侦查。

（二）侵占罪案件中侵占人逃逸而下落不明的，应有刑事司法职权介入以维护自诉人权益

我国刑法第 270 条将侵占罪规定为告诉才处理的犯罪。告诉才处理的犯罪，如果不告诉，国家机关不得主动予以追诉。由于侵占罪属于轻罪范围，并且在大多数情况下是侵害公民个人的私有财产。因此，在一定程度上对于那些和公民个人有特殊关系的犯罪人由公民个人决定是否行使追诉权是合适的。但是，正如我们在前面所指出的那样，自诉人在行使权利时由于各方面的限制难免会遭遇许多障碍。在侵占案件中，如果侵占人逃逸而下落不明的，根据最高人民法院司法解释的规定，自诉人即使提起自诉，法院也应当说服自诉人撤回自诉，或者裁定驳回起诉。这样，由于公权力不能介入，自诉人的合法权益无法得到保护，并且有可能实际上怂恿了该类犯罪的发生。而从各国规定来看，大部分国家将侵占罪规定为公诉罪，由追诉机关对侵占事实进行侦查和公诉。我国将侵占罪案件规定为自诉案件，实际上给司法实践部门正确和及时处理案件带来了不少困难，也不利于保护自诉人的合法权益。因此，在法律修改之前，如果出现上述侵占人逃逸的情况，可以通过司法解释规定，公安机关应自诉人的请求可以代为调查事实、查获犯罪嫌疑人，通过公权力的介入追究侵占人的刑事责任。

（三）完善自诉人在庭前向法院申请调取证据的权利，以弥补和救济自诉人在取证方面的种种不足

我国刑事自诉案件主要限于侵犯公民人身、财产权利等轻微刑事案件。其中故意伤害、虐待、重婚、侮辱等案件居多。许多自诉案件发生在基层农村。而"乡土社会"的一个重要属性是熟人社会。主要由熟人关系构成的社交网络导致了许多人对于这一部分轻微刑事案件不愿作证。"这一类案件或许也需要提起自诉之人收集、保全证据，以利于将来在法庭上指控成功，但是这种证据收集与保全活动与公诉案件中之侦查活动并非同一概念。其主要区别在于，国家机关之侦查活动，通常具有一定的强制性；而自诉人收集、保全证据的活动，不具有强制他人意志或行为之效果，只能以任意方法为之。"① 加上愿意作证的人少之又少，不能想象这一部分自诉人的诉讼请求有充分的证据予以证明。这样，自诉人的权益很有可能会因取证上的限制而遭受损害。有人曾经作过研究，在审判实践中自诉案件的审理有四大问题，其中调查取证难是一个重要的方面。因为自诉人证据不足而导致许多自诉案件判决无罪。因此，法律必须为自诉人的举证机制提供保障和救济。笔者认为，可以从以下两个方面考虑完善：一是许多证据自诉人在紧急情况下无法有效取得而有可能毁损或灭失，因此应当明确规定法院受理申请后作出决定的时间。可以考虑规定，人民法院在受理申请后应在 48 小时内作出是否同意调取证据的决定。二是如果人民法院不同意调取证据的申请，就应当向自诉人说明理由，并赋予自诉人不服时的申请复议权。

---

① 易延友著：《刑事诉讼法》，法律出版社 2004 年版，第 360 页。

三、控制型刑事司法职权在刑事自诉制度中的介入

应当说，在过去有关对刑事自诉制度的改革和完善的讨论中，论者往往侧重于如何对刑事自诉制度中自诉人行使权利进行救济和保障。原因可能在于这些年理论和立法界纷纷加强了对刑事诉讼人权保障的深刻认识。但是，正如我们前面所指出的，自诉人权利的行使并不是绝对的，而应受到一定的规制，否则将会给理论和实践带来一系列的混乱和弊端。有鉴于此，笔者认为，应由刑事司法职权介入刑事自诉制度，以便对自诉人权利的行使进行一定的控制。

（一）对于侦查机关已经追诉之犯罪，被害人不得再行提起自诉

在我国，法律将被害人有证据证明的轻微刑事案件作为第二类自诉案件来规定。但这一类案件并不排斥侦查机关将之作为公诉案件立案和侦查。因此，对于这一类案件，既可以走公诉程序，也可以走自诉程序。这便产生了一个问题：侦查机关启动公诉程序和被害人启动自诉程序有可能发生冲突。当被害人向法院提起自诉而启动自诉程序，刑事司法职权为尊重被害人的意愿和自主权，一般不再对该案件进行立案、侦查，这也符合刑事自诉制度的法律设置目的。但是，当国家侦查机关已经对该案件进行追诉，法律是否还以尊重被害人的意愿为根据而允许被害人提起自诉？犯罪发生后，被害人对待犯罪的态度在实践中多种多样。被害人对轻微犯罪也不例外。有的是被害人遭受犯罪侵害后，知道了自己的权益被犯罪侵害后，出于种种原因而不向有关机关告发或向法院自诉；有的在犯罪发生后不知道自身权益被犯罪所侵害。后一种情形在知识产权犯罪案件中尤其常见。知识产权犯罪的被害人在权利受到侵害时，往往还没有察觉。不仅难以发现实施侵害的人，而且难以察觉到自己的权利被侵害。被害人往往要经过一段时间后，或在发觉自己的收益、无形资产损失较大时，才知道自己被侵害，这在侵犯商业秘密权案件中表现得尤为明显。这和人身权、物权受到侵害的犯罪被害人是有明显区别的。同时，由于知识产权的对象具有无限再现性的特点，加之跨地区、跨国性的侵害以及危害行为与危害结果的分离（如在甲地制造假冒商标，在乙地生产假冒商标商品，在丙地销售），使侵犯知识产权犯罪呈现出高度隐蔽性。另外，知识产权犯罪人还往往借助于高科技手段，智能性较强，使得侵害也难以被发现。这样，轻微犯罪的被害人在得知自身权益受侵害后，有可能在侦查机关已经开始追诉犯罪的情形下（包括被害人在向侦查机关报案后），才向法院提起自诉。

我们认为，当国家侦查机关的公权力介入刑事轻微自诉案件的追诉后，便阻断了刑事被害人向法院提起自诉权的行使。因此，对于侦查机关已经开始追诉之犯罪，被害人不得再行提起自诉。原因主要有以下两点：

第一，这是刑事诉讼及时追究犯罪原则的要求。如果法律允许被害人再行提起自诉，一般来说，侦查机关便需退出追诉程序，由被害人单独进行追诉。这样，先前侦查机关所做的侦查工作（包括收集到的犯罪证据、侦查线索等）便成了"为他人做嫁衣"的努力。当这部分轻微犯罪发生后，侦查机关工作人员可能会产生这样一种惯性思维：反正被害人会向法院提起自诉，为何要多此一举呢？这显然不利于保护侦查机关追诉犯罪的积极性，也容易使侦查机关在追诉犯罪上产生惰性。同时也违反了诉讼及时原则的要求。"只有使犯罪和刑罚衔接紧凑，才能指望相连的刑罚概念使那些粗俗的头脑从诱惑他们的有利可图的

犯罪图景中立即猛醒过来。推迟刑罚只会产生使两个概念分离开来的结果。推迟刑罚尽管也给人以惩罚犯罪的印象，然而它造成的印象不像是惩罚，倒像是表演。"① 显然，这不利于实现刑事诉讼惩罚犯罪的目的。

第二，比较法上的借鉴。我国台湾地区原"刑事诉讼法"规定，同一案件经检察官终结侦查者，不得再行自诉；在侦查终结前检察官知有自诉者，应及时停止侦查，将案件移送法院。因此，自诉人在国家侦查机关侦查期间，可以随时提起自诉，以取代公诉。但是，这种立法有诸多弊病，如导致司法资源的严重浪费和诉讼效率的极度降低，因而招致理论界的反对。由此可见，允许自诉人在国家追诉机关侦查期间再行追诉是台湾地区自诉滥行的重要原因之一。正是基于此，台湾地区修订后的"刑事诉讼法"第323条规定，同一案件经检察官开始侦查者，不得再行自诉；但告诉乃论之罪，经犯罪之直接被害人提起自诉者，不在此限。这样立法就大大限制甚至在一定程度上剥夺了自诉人在侦查期间提起自诉的权利。

（二）对于第三类自诉案件，应当加强法院对自诉的审查功能，从而维护检察院、被告人及被害人的权益之间的平衡

第三类自诉是由公诉案件转化而来的，即为"公诉转自诉"案件。应当说，立法赋予被害人对国家追诉机关不追究被告人刑事责任的案件提起自诉的权利，目的是为了解决司法实践中老百姓告状难的问题，从而更好地维护被害人的利益，同时这也是对国家追诉机关正确行使权力、严格执法的一种制约。从这一层面上讲，立法原意是非常好的。但是，被害人对这类案件的直接自诉制度，在一定程度上导致了被害人自诉否定了公诉机关的不起诉决定，是对其不起诉决定的稳定性的一种损害，从而分割了一部分公诉案件的起诉权。并且，这一制度在一定程度上漠视了被告人的权益。对于依法不应当追究或不需要追究被告人刑事责任的案件，被追诉人理所当然地应当享有一种可预见的利益，即不再受到追诉之苦。如果被害人滥用诉权，并且能够轻易启动审判程序，将会对被告人的合法权益造成很大的损害。被害人自诉救济制度对被告人的权利影响极大，但在我国刑事诉讼法中却未见有相应加强被告人权利保障的内容。德国刑事诉讼法则规定，法院在收到被害人申请后，可将申请通知被指控人在规定期限答辩并设立被害人担保制度，规定裁判申请前，法院可裁定要求被害人对裁判申请程序可能给国库、被指控人产生的费用提供担保，在规定期限内未提供的，法院宣布申请撤回。日本在准起诉制度中也有类似规定。这样的规定无疑有利于限制被害人滥诉，保障被告人的合法权益。

我们认为，在被害人不服公安机关不立案决定、检察机关不起诉决定的案件中，应当将刑事司法职权介入而增设过滤机制，即被害人不能直接向法院提起自诉，而应向法院提起司法审查的申请，由法院对公安机关、人民检察院所做的不予追究刑事责任的决定进行审查；法院审查完毕，根据下列情形，分别处理：被害人申请有理，作出继续追究刑事责任的决定，移交公安机关、人民检察院执行。被害人申请无理的，作出驳回申请的决定。这样既体现了对被害人的利益和愿望慎重对待的态度，同时也合理平衡了被害人与追诉机关、被告人之间的利益。

（作者单位：浙江工业大学法学院）

---

① ［意］贝卡里亚：《论犯罪与刑罚》，黄风译，中国大百科全书出版社1993年版，第56~57页。

论刑事推定

张　旭　张　曙

近年来，诉讼中的推定受到了前所未有的关注，不仅学术理论上在不断研究，而且司法实务中也时有运用。在法律修改过程中，专家拟制的诉讼法修改稿几乎都有推定规则的规定。关于刑事推定，有不少学者从其适用对象、规则建构等多方面做了有益的探讨。但是，由于刑事推定直接涉及犯罪的认定，与是否保障被追诉者基本人权有关，因此对刑事推定的基础理论研究有必要进一步加强。特别是刑事推定的本质究竟是什么？它究竟是不是一种有罪推定？其与无罪推定的关系如何？需不需要以无罪推定的内在精神来审视它的潜在风险？诸如此类的问题不解决，会使理论研究显得空洞与薄弱，还会导致司法实践部门运用刑事推定时的"底气不足"或者不当滥用。本文将就此展开论述。

一、刑事推定的法律意蕴与功能

刑事推定是指在认定刑事案件事实的过程中，司法人员在不得已的情况下，根据法律规定或经验法则，在没有相反证据反驳推翻的情况下，从已知的基础事实推导出另一未知事实（推定事实）存在的一种证明方法。在此概念中，包含三项重要内容。第一，刑事推定中的推定事实并不是用证据直接证明而得以认定的，它是通过已知的基础事实间接推导而来的。这种推导的基础在于对已知基础事实与未知事实之间常态联系的肯定。所谓常态联系，是指在一般情况下事物所具有的联系。推定的最根本的机理在于肯定已知事实与未知事实的常态联系，就是肯定一般与常规。[1] 具体于刑事推定，这种常态联系是指未知事实（推定的犯罪事实）与已知基础事实（已被证明的与推定的犯罪事实有关的事实）之间存在的一般联系，正是基于这种联系，未知事实才成为已知基础事实演绎的逻辑结果，即在已知基础事实的基础上，即使没有直接证据证明也可以推导出与已知基础事实相联系的事实（推定事实）。第二，推定事实只有在没有相反证据反驳推翻的情况下才能得以认定，如果有相反证据足以推翻，那么不能得出推定事实或推定事实不能成立。由于推定的机理是基于事物之间的常态联系，即人们通过长期、反复的实践取得了一种经验法则，这种经验被实践证明绝大多数情况下是真实的，具有高度的盖然性，只有在非常特殊的情况下才产生例外。因此，推定存在的基础不是事物之间的绝对和必然关系，而是事物之间的高度盖然性。既然是高度的盖然性，也就不能在理论上排除存在例外或者或然的可能，即存在推定错误的可能。因此，刑事推定必须允许被追诉者反驳。第三，刑事推定是一种不得已的证明方法，也有学者称之为"末位的证明方式"，[2] 即相关事实难以用证据来证明时才允许

---

① 裴苍龄：《再论推定》，载《法学研究》2006 年第 3 期。

② 张悦：《论事实推定》，载《证据学论坛》（第 5 卷），中国检察出版社 2002 年版，第 306 页。

用推定来认定，如果能够用证据证明就不能运用推定来认定。由于推定的基础实际上在于一种高度盖然性，但在个别或例外情况下会出现偏差，因此无论是从理论认知还是从实务操作上说，推定与证据证明相比较，它只能是认定案件事实的辅助方法，而不能成为代替证据证明认定事实的主要方法。

在刑事诉讼中，刑事推定的运用主要有以下三方面功能：第一，帮助指控的功能。在以无罪推定为根本理念和基本原则的现代文明刑事诉讼中，为了实现人权保障，诉讼证明的责任由行使国家权力的追诉方全部承担，这几乎成为一种定式和共识。刑事证明责任的如此划定，相对于有罪推定原则下无视人权的野蛮刑事诉讼无疑是一个重大的进步。但是，事物不可能是绝对的，刑事诉讼的客观规律证明，要通过举证揭示案件真实，实现裁判的客观公正，刑事诉讼证明责任完全由追诉一方全部承担是很难做到的，是一种绝对化的要求。科学地运用推定可以合理地分配证明责任，消除了某些事实举证和证明上的困难。由于推定事实不需要证据证明，因此对于这部分事实控方就免除了证明责任，而被追诉方要否定推定的事实，则必须承担起证明责任。这样，对于某些控方难以直接用证据证明的事实，运用推定使控方的追诉更容易进行。第二，政策实现功能。推定经常被用来表达立法者所倡导的某种价值取向，实施立法者所提出的某种社会政策。由于刑事推定是针对一些特定的、难以追诉的，但又必须惩罚的犯罪而有条件地采用的，方便、鼓励追诉（免除控方证明责任）的证明方法。刑事诉讼中允许采用这种有利于指控的刑事追诉，是向社会公众彰显国家（国际社会）对某些带有倾向性的重要、重大犯罪予以特别关注，对其必须采取严厉的刑事追究。在近期，刑事推定的政策实现功能最典型地表现在国际社会对打击腐败犯罪和有组织犯罪的严厉态度中。第三，直接认定犯罪的功能。笔者认为，对于大多数一般刑事案件来讲，通过追诉方承担证明责任是能够达到刑事诉讼证明标准和要求，完成诉讼任务的。但是，证明犯罪是一项十分复杂、困难的事情，需要实事求是地根据诉讼实际情况，采取相应的有效证明手段和方式，特别是对一些隐蔽性、复杂性极高的腐败犯罪、有组织犯罪等案件，如果只是机械地、绝对地强调追诉一方承担证明责任，把原本有条件、可以合理举证的被追诉方完全排除在外，这就会人为地造成刑事追诉难以实现，有碍惩罚犯罪。刑事推定的运用减轻了控方的证明责任，减少了控方需要证明的某些重要的证明对象，尤其是推定事实一旦成立（反驳不成立），就是对犯罪的确认。因此，这就等于在法律能够允许的范围内，一定程度上可以不用证据证明犯罪而用逻辑推理来确认犯罪事实的存在，这实际上就是不按常规（常规条件下，认定犯罪必须满足必要的证据条件）直接认定犯罪。

二、刑事推定与有罪推定的区别

在刑事推定中，基于基础事实与推定事实的推导关系，实际上是由被追诉者承担起对某些事实的证明责任，如果被追诉者无法反驳推翻推定事实的，推定事实即告成立，即在此情形下可认定犯罪的成立。基于此，有人认为，刑事推定实质上属于一种有罪推定。但这很可能是对刑事推定本质与功能认识的重大误解。

首先，从字面上直观刑事推定和有罪推定，这两个概念的文字组合的共同点是都有"推定"，也许正因为如此，二者稍不留神就容易被误认为同类。其实，即使都有"推定"，但是当"推定"与"刑事"组合和与"有罪"组合后，所形成的两个不同概念下的"推定"含义也是不同的，更何况在特定的诉讼制度、条件背景下二者存在的差异更大。望文生义很容易使我们陷入理解的误区。刑事推定的"推定"作为一种诉讼证明方法，它体现的是从已知的基础事实推导出另一未知事实（推定事实）存在的动态过程；而有罪推定的"推定"作为特定社会制度下的主导诉讼原则，它体现的是在诉讼证明前对证明对象的某种诉讼状态和身份的设定，从这一设定出发来展开全部的诉讼活动。这是我们应当看到的两个概念字面中的"推定"的最表象的区别。

其次，有罪推定是一种在特定社会制度和诉讼模式下的特定诉讼原则和诉讼观念。在封建专制制度下，诉讼开始前就将被告人推定（设定）为有罪，从这一推定（设定）出发，被追诉者完全沦为诉讼的客体，没有辩解和沉默的权利，只有供述的义务，口供必然要成为定罪最主要的证据，刑讯是合法地发现真实的最主要手段；对被设定为有罪的被告人，国家不承担刑事追诉的证明责任，被告人则必须承担证明自己无罪的责任，证明不了无罪就要被认定为有罪；如果被告人实施犯罪的事实存在疑问时，则要以有罪论处。而无罪推定原则彻底否定了诉讼开始前就将被告人推定为有罪，确认诉讼应当从假定被告人无罪开始。有罪推定（Presumption of guilty）是一个与无罪推定（Presumption of innocence）相对立的、处于同一层面上的概念范畴，它们分别表征着刑事诉讼制度的黑暗与民主、野蛮与文明、落后与先进、专横与人道。

刑事推定不是与有罪推定（Presumption of guilty）同一层面的概念，它不具有反映封建专制制度下基本诉讼模式和根本诉讼原则、理念的本质属性。在现代证据法中，刑事推定只不过是有限使用的特定证明手段。刑事推定减轻了控方证明上的困难，使得指控得以顺利进行。因此，刑事推定实际上是发挥着"推定有罪"的技术功能。在这里，"推定有罪"（Presumed guilty）并不像"有罪推定"，它不是在诉讼证明开始之前将证明对象事先设定为有罪，也不是从有罪设定的基点出发来对待犯罪人，展开诉讼活动的。作为一种特殊的证明方法的"推定有罪"（Presumed guilty），是有限地运用于诉讼过程之中，是在假定被追诉者无罪的前提下，追诉方针对证明对象的关键性难点，运用一般性经验法则进行的推理证明活动。

更具体地说，它与"有罪推定"的主要不同之处可以归纳为：第一，"有罪推定"原则要求下的诉讼，以立法的形式将刑事证明责任全部分配给被追诉方。在诉讼中，被推定为有罪的犯罪嫌疑人必须以供述的方式承担证明责任，证明义务不能履行或不能完全履行，被追诉者即被认定为犯罪，受到刑事处罚。"推定有罪"运用时，追诉方首先必须承担主要的、大部分的证明责任，必须以确实、充分的证据完成对基本事实的证明，在此基础上推定的有罪事实允许反驳，被追诉者享有充分的辩护权，但也要承担反驳的证明责任，反驳成立，被追诉者就不被刑事处罚。第二，有罪推定实行强迫被追诉者自证其罪的规则，将刑讯合法化，通过刑讯来获取被追诉者口供，主要以口供定案。刑事推定运用时，允许被追诉者对追诉者应当证明的基础事实保持沉默，拒绝回答，追诉方不得强迫被追诉者供述涉嫌犯罪的基础事实，更不能在相关证据不足、不能得到确实的证明时，用刑讯来查明相关的基础事实。第三，在有罪推定的诉讼理念下，法官即使对被告人实施犯罪的事实存有疑问，经过刑讯后仍不能查明真相的，仍然会对被告人作出不利的判决。推定有罪时，如果受到被追诉方的反驳，致使推定事实不成立或者处于真伪不明的状态，"推定有罪"就会失去效力，被追诉者应当得到不起诉或者无罪判决，即实行"有利于被告人"的原则。

总之，刑事推定与有罪推定二者无论是在概念的所处层面和概念内容的诠释，或是在相对宏观层面上所体现的本质特性和内涵，还是在诉讼运行中的具体操作规则、程序等方面都是根本不同的。

三、刑事推定与无罪推定的关系

关于刑事推定与无罪推定的关系，英国学者特纳在《肯尼刑法原理》一书里将无罪推定归到了推定证明这一节。[①] 我国也有学者在相关证据法学的著作中将"无罪推定"归到"推定"这一章。[②] 这样一种划分似乎让人感到无罪推定是刑事推定的一种类型。笔者认为，对两者的关系至少还需要从以下几个方面来认识。

（一）作为证明方法的推定与作为诉讼保障机制的无罪推定

如前所论，刑事证据法之推定，是通过基础事实与推定事实的常态联系，推导出未知事实的存在，而无须用证据来证明。这就消除了对某些事实证明的困难，便捷了指控和审判。因此，在英美证据法上，推定往往是与司法认知、自认一起作为"无须证据的证明"的特殊方法。[③]

作为刑事诉讼的特有原则，无罪推定是针对刑事诉讼中控辩双方存在力量明显不平衡的特点，为了保障被追诉者的合法权益，防止国家侦控机关滥用权力，侵害被追诉者的合法权利，专门为被追诉者设计的一项诉讼保障机制。无罪推定要求任何人在被依法确定有罪之前，应假定其无罪，即在没有判决为罪犯之前的犯罪嫌疑人、被告人具有法律上无罪的诉讼主体地位。作为一种诉讼保障机制，无罪推定并不具有刑事证据法上推定的特点。这是因为，无罪推定并不需要证明任何基础事实，而是直接假定某人在被判决有罪之前在法律上的地位是无罪的，控方必须反驳推翻这种无罪的假定，用证据证明达到法定的证明标准，才能实现追诉。无罪推定之所以不需要证明任何基础事实，是因为任何人在无确凿证据证明并被法院判决确定为有罪之前，在法律上都是无罪的，这是不证自明的。

因此，与作为认定事实的证明方法之推定相比，无罪推定只是以事先假定无罪来确认被追诉者的法律主体地位，以此为出发点开展诉讼，根本不具有刑事证据法上的，依据经验法则逻辑演绎出待证事实的"推定"的实质含义。

（二）刑事推定与证明对象

证明对象是诉讼证明的重要组成部分，在某种意义上说它是证明活动的起点和归宿。由于"刑事诉讼的首要证明对象就是构成要件事实"，因此无论是大陆法系国家还是英美法系国家，控方为了证明其指控成立，对犯罪构成要件事实都必须用证据加以证明。而在无罪推定原则下，控方要对全部的犯罪构成要件事实作出证明，否则被追诉者基于无罪推定

① ［英］塞西尔·特纳著：《肯尼刑法原理》，王家庆等译，华夏出版社1989年版，第485～487页。
② 陈一云主编：《证据学》（第三版），中国人民大学出版社2007年版，第142页。
③ Murphy: Murphy on Evidence, Blackstone Press Limited 2000, p. 572.

的保护，有权得到无罪判决。

但是，一旦在刑事诉讼中运用推定，则必然会减少对犯罪构成要件事实的证明。实际上，刑事推定的实质就在于通过减少控方的证明对象从而实现减轻控方的证明负担。例如，收购赃物罪中的"明知"，属于构成要件中的主观方面，对于这种属于人内心的主观状态，在被追诉者不做供述的情况下，一般是没有证据可以加以证明的。运用推定，控方可以免去用证据对"明知"这一主观要件事实的证明。因此，减少证明对象的刑事推定在某种程度上构成了对无罪推定原则普适性的修正，推进了无罪推定的科学适用。

（三）刑事推定与证明责任

无罪推定原则要求：在刑事诉讼中，控方承担提供证据证明被告人有罪的责任，且必须达到法定的证明标准，被追诉者有辩护的权利，但没有证明自己无罪的义务，不能因为被追诉者没有证明自己无罪而认定其有罪。而在刑事推定中，从基础事实与推定事实的常态联系中可以推导出推定事实，对推定事实就不再需要通过证据加以证明，因此实际上就免去了控方对推定事实的证明责任。被追诉方如果要反驳推翻这种推定的，就必须要用证据证明推定事实的不存在。这在客观上造成了被追诉方承担了一定的证明责任。这种由推定导致的被追诉者承担证明责任的情形，也是对蕴涵着控方承担证明责任这一总要求的无罪推定原则的修正和完善。

（四）刑事推定与证明标准

无罪推定要求，控方证明被告人有罪必须达到法定的证明标准，如果控方不能证明其有罪或者不能达到法律规定的要求，被告人应被判无罪。法定的证明标准在许多西方国家是"排除合理怀疑"，在我国是"事实清楚，证据确实、充分"。并被具体化为：（1）据以定案的证据均已查证属实；（2）案件事实均有必要的证据予以证明；（3）证据之间、证据与案件事实之间的矛盾得到合理排除；（4）得出的结论是唯一的、排除了其他可能性。但是，在刑事推定中我们看到，案件中相关的事实并没有必要的证据予以证明，如巨额财产来源不明案中，按照无罪推定的要求，控方应当证明这种财产确实是非法所得，但是由于对该罪的追诉实行推定，因此对于被追诉者的这种财产并不需要用必要的证据来证明其来源非法，而只需要在被追诉者无法说明来源的情况下即可认定为非法。因此，从理论上说，通过推定认定的案件事实在证明程度上不是以"事实清楚，证据确实、充分"这一证明标准来要求的。

四、无罪推定视野下刑事推定的风险防范

上面从证明对象、证明责任、证明标准等几个角度说明了刑事推定在一定程度上修正了无罪推定原则的普适性。这同时也说明，无罪推定并非一项绝对性的原则和权利，它在特定情况下（如公共政策、公平原则等需要时）会受到一定的限缩。外国也有学者认为："被告人拥有控方需要以法定的证明标准证明其有罪的无罪推定之权利，能够被相反的举证责任条款所削弱，而且这种削弱是正当的，因为被告人个人所拥有的无罪推定权利不能以

社会整体上所享有的政治、经济权利的牺牲为代价。"① 但是，必须注意的是，刑事推定并未从根本上否定无罪推定的重要价值。我国学者在分析被告人承担证明责任这一问题时曾指出：无罪推定作为一项总的、概括性的原则，要求控方承担证明责任，在例外情况下被追诉方需要承担证明自己无罪的证明责任，即被告人不负证明自己有罪的责任这一点是绝对的、无条件的，而被告人不负证明自己无罪的责任这一点是相对的、有条件的。② 而从整体上说，刑事推定作为一种"末位式"的证明，只能在无法用证据证明的前提下运用，因此这就决定了运用推定认定事实的案件只能是追诉案件总量的一小部分，通常意义上的无罪推定仍然在绝大多数案件中发挥着作用。而且，刑事推定与无罪推定在刑事司法理论和实践中并存，并不妨碍我们用无罪推定的视角来审视刑事推定的潜在风险，防止其运用不当导致的错误起诉甚至错误定罪。

（一）基础事实必须真实可靠

在刑事推定中，推定事实的成立首先取决于基础事实的可靠性。只有基础事实得到了充分的证明，控方对相关事实的证明责任才能被免除，才能够适用推定认定事实。也就是说，推定免除的是控方对推定事实的证明责任，对于基础事实控方必须用证据予以充分的证明，以使推定所依据的基础事实真实可靠。如果基础事实尚未得到确实、充分的证明，则不得适用推定。例如，在贿赂犯罪的追诉中，控方没有其他证据，仅举出行贿人证言，被追诉者否认受贿时，就不能适用推定规则。因为在此时推定，控方的证明对象已经减少到接近于无，案件的所有事实几乎完全要由被追诉者来承担证明责任。这显然根本背离了无罪推定，推定发生错误的概率极高。

（二）反驳推定事实必须符合必要条件但不应过严

根据我国和国际刑事司法实践，反驳只要具备以下底线条件即可考虑成立：（1）反驳不是简单地否定推定事实，如犯罪嫌疑人针对非法持有毒品的"明知"推定，仅以"我不知道行李箱内装的是毒品"的回答作出反驳；（2）反驳有具体明确的证据支撑或可调查的证据线索，如犯罪嫌疑人反驳非法持有毒品的"明知"推定，举出了装有毒品的行李箱并非其本人而是某人的行李单据，或举出可以证明自己以前从未接触过此箱的有关证人的姓名、住址、联系电话等；（3）反驳的证据或证据线索经查是真实的，并已构成对推定事实的合理怀疑，推定事实存在被推翻的可能性很大。

（三）被追诉者反驳权的程序保障

无罪推定要求下的刑事推定的正确适用，还必须对被追诉者反驳权进行程序上的充分设计和保障，才能真正使反驳权成为推定是否成立的关键所在。否则被追诉者名义上具有了反驳权，但在实践中却根本无法提出有力的反驳，将会导致推定过于容易成立，不足以防范适用推定的潜在风险。鉴于我国目前刑事司法中的控辩力量对比现状以及职权主义的

---

① NDIVA Kofele – Kale: Presumed Guilty: Balancing Competing Rights and Interests in Combating Economic Crimes, 40 Int'l Law. 914 (2006).

② 卞建林主编：《刑事证明理论》，中国人民公安大学出版社 2004 年版，第 211 页。

诉讼模式，我们认为，至少要从以下两个方面保障被追诉者的反驳权：（1）法官职权调查义务的确立。如果被告人在审判阶段只能提出相关的证据线索，无法提出进一步的证据，此时法官应承担相应的调查取证责任。如果法官经调查核实，发现被告人提出的证据线索确实存在，足以推翻推定事实的，则不能认定推定事实。（2）辩护制度的完善。由于我国现阶段大多数刑事案件尚未有辩护律师参与，而刑事推定对于被告人的权益影响甚大，因此对于犯罪嫌疑人因经济困难或其他原因没有委托辩护人的刑事推定案件，法院在开庭前应当为被告人指定承担法律援助的律师，以帮助被告人充分地行使反驳权。

（作者单位：浙江工业大学法学院）

从"权力"到"权利"，再到"义务"

——取保候审制度的价值归宿

郑良军

  取保候审，是指在我国刑事诉讼过程中，公安机关、国家安全机关、人民检察院、人民法院责令犯罪嫌疑人、被告人提出保证人或交纳保证金，以保证犯罪嫌疑人、被告人不逃避或妨碍侦查、起诉、审判，并随传随到的一种强制措施。而目前对取保候审作出法律规定的除刑事诉讼法外，还有最高人民法院、最高人民检察院、公安部、国家安全部、司法部、全国人大常委会法制工作委员会公布的《关于刑事诉讼法实施中若干问题的规定》、公安部发布的《公安机关办理刑事案件程序规定》、最高人民检察院颁布的《人民检察院刑事诉讼规则》、最高人民法院《关于执行〈中华人民共和国刑事诉讼法〉若干问题的解释》以及最高人民法院、最高人民检察院、公安部、国家安全部发布的《关于取保候审若干问题的规定》等，因而容易造成令出多门，各执法部门在法律规定理解上不尽一致，在适用取保候审上相互衔接、配合不够。

  我们认为，由此导致在司法实践中出现诸多不协调的根源在于价值导向的偏差。在我国立法上，首先是将取保候审定位为保障国家权力行使，有效追诉犯罪的强制措施之一，其次才把它作为犯罪嫌疑人、被告人的一项诉讼权利。这不同于国外的保释制度，国外保释制度是以保障被检控者的人身自由和安全为价值趋向，以无罪推定为理论依据，体现当事人主义的诉讼模式，而我国取保候审以保障刑事诉讼的顺利进行为价值取向，理论依据是打击犯罪和有罪推定，体现了职权主义的诉讼模式。正是在这种价值理念的指导下，取保候审制度运行的各个环节就出现以围绕"诉讼侦查"为中心的局面。鉴于此，本文试对适用取保候审过程中的几个问题略作浅析，管中窥豹。

一、取保候审的几个问题浅析

（一）司法自由裁量权过宽，缺少限制

  取保候审的适用范围由刑事诉讼法第 51 条、第 60 条、第 65 条、第 69 条、第 74 条作出了相关规定，其中第 51 条明确规定："人民法院、人民检察院和公安机关对于有下列情形之一的犯罪嫌疑人、被告人，可以取保候审或者监视居住：（一）可能判处管制、拘役或者独立适用附加刑的；（二）可能判处有期徒刑以上刑罚，采取取保候审、监视居住不致发生社会危险性的。……"这是一个典型的授权性规定，司法实践中司法工作人员通常将这项权利理解为"对于符合取保候审法定条件的犯罪嫌疑人、被告人可以适用取保候审，也可以不适用取保候审"，理由在于法律规定中的"可以"本身是个或然性规定，当规定可以做某事时，这里就包含着可以做某事和可以不做某事的两种权利，而选择任何一种都是

合法的。这在一定程度上使取保候审的权利取决于司法工作人员的自由心证，而导致现实司法实践中自由裁量权的扩散、滥用，造成司法实践中一种普遍存在的现象：即当申请人以可能判处管制、拘役或者独立适用附加刑或可能判处有期徒刑以上刑罚，采取取保候审不致发生社会危险性为由向司法机关申请取保候审时，司法工作人员在不能推翻申请人理由的情况下，也能随意地拒绝申请人的取保候审。因为这样做并不违反刑事诉讼法第51条的规定，是法律赋予的权利。例如，甲涉嫌窝藏、转移、收购、销售赃物罪（刑法第312条"明知是犯罪所得的赃物而予以窝藏、转移、收购或者代为销售的，处三年以下有期徒刑、拘役或者管制，并处或者单处罚金"）被立案侦查，侦查中甲供认自己的罪行，但因未能提供侦查人员要求提供的要求其窝藏赃物的其他犯罪嫌疑人的，被侦查人员认为不配合侦查，存在通知其他犯罪嫌疑人或同其他犯罪嫌疑人串供的可能，遂以刑法第60条为根据，认为甲属于"有证据证明有犯罪事实，可能判处徒刑以上刑罚，采取取保候审、监视居住等方法，尚不足以防止社会危险性，而有逮捕必要"的犯罪嫌疑人，申请批准逮捕获准后，对甲依法逮捕。数周后其他犯罪嫌疑人全部落网归案，甲律师便以原逮捕理由不存在，现对甲适用取保候审足以防止社会危险性为由向公安机关申请取保候审，承办人员在不能推翻律师理由的情况下仍拒绝取保，并告知依刑事诉讼法第51条规定只是"可以"取保，办案人员有权依据办案需要选择同意取保或不同意取保，而办案人员选择了不同意取保，因为办案人员认为继续羁押能够方便办案的需要。这种做法在司法实践中很具有代表性，但这样是否能真正准确地反映立法者的本意呢？我们认为这种认识不能全面、准确地反映第51条的立法原意，理由如下：

1. 从逻辑学角度看，"可以 A"这一或然性表达式当然包含"既可以 A 也可以非 A"的内容，但这并不意味着在任何情况下"既可以 A 也可以非 A"都是"可以 A"所要反映的唯一内容。因为"可以 A"这一表达式是在多种意义上使用的，需要考虑到事实和某些规范的联系的。一般而言，对表示"可以 A"的或然性命题存在两方面的理解——单向的可能性和双重的可能性。法律条文所表述的："人民法院、人民检察院和公安机关对于有下列情形的犯罪嫌疑人、被告人，可以取保候审或者监视居住"并不能简单等同于"人民法院、人民检察院和公安机关对于有下列情形之一的犯罪嫌疑人、被告人，既可以取保候审又可以不取保候审"。

2. 从立法角度看，如果将"可以取保候审"完全等同于"既可以取保候审又可以不取保候审"，有悖于我国立法法的规定。如果将"可以取保候审"当做"既可以取保候审又可以不取保候审"来理解，一则使得公民在理解上出现重大困惑，二则违反国家机关权力和责任必须遵循权利义务相一致、权利制约的原则。会造成：（1）这种理解使得取保候审的法定条件失去效能，不仅普通人甚至专业的法律人都无法确认适用取保候审的最终适用条件。刑事诉讼法第51条规定的"可能判处管制、拘役或者独立适用附加刑的"或"可能判处有期徒刑以上刑罚，采取取保候审、监视居住不致发生社会危险性的"适用条件，在这种理解中，似乎成为一种前提而非条件。因为即使在符合这两种情况下，司法人员仍然可以在"可以取保候审"或"不可以取保候审"间进行选择，但司法人员是以什么作为判断是否取保候审的法定依据呢？这就完全取决于司法人员的自由裁量，存在着明显缺陷，不够客观公正。（2）在这种理解下，司法人员决定是否适用取保候审的权利事实上变得无限大。司法人员可以自由地判断是否对犯罪嫌疑人、被告人适用取保候审，因为在这种理解下，"可以取保候审"被解释为绝对的授权性规定，包含"既可以取保候审也可以不取保候审"两种判断的权利，而且这两种判断的权利既无明示的法律条文的直接限制，也无法理上的间接限制。其导致的后果是司法人员可以凭个人好恶来决定是否适用取保候审，无须任何理由也无须为此承担任何责任。或许有人认为这是法律赋予司法人员行使自由裁量权的一种表现，无须过分夸大其后果。但我们认为这是对自由裁量权的一种曲解，自由裁量权从来都不是一项无限制的权利，它在法理上有着明显的限制条件。

所以我们认为，对"可以取保候审"不能绝对理解为"对于符合取保候审的犯罪嫌疑人、被告人既可以适用取保候审，也可以不适用取保候审"，而应当作附条件理解，即司法机关对于符合取保候审的法定条件的犯罪嫌疑人、被告人，在一般情况下可以适用取保候审，但在特殊情况下不能适用取保候审。在我国目前的司法实践中，人民法院表面上放弃了这一自由裁量的权利，最高人民法院《关于执行〈中华人民共和国刑事诉讼法〉若干问题的解释》第68条、第80条、第81条有所规定，但存在冲突；人民检察院和公安机关保留了自由裁量的权利，但未作明确的限制。最高人民检察院《人民检察院刑事诉讼规则》第37条、第38条，公安部《公安机关办理刑事案件程序规定》第65条都规定得比较笼统、隐晦，都未能解决取保候审这一自由裁量权的范围问题。

（二）"社会危险性"的客观标准问题

刑事诉讼法第51条规定了适用取保候审的两种情形：一是可能判处管制、拘役或者独立适用附加刑的；二是可能判处有期徒刑以上刑罚，采取取保候审、监视居住不致发生社会危险性的。相比而言，第一种情形司法人员较好掌握些，而第二种情形中所谓的"不致发生社会危险性"则值得探讨。什么是不致发生社会危险性的情况呢？如何确定一个犯罪嫌疑人、被告人不致发生社会危险性呢？现行法律中没有对"社会危险性"定义的明确规定，也没有确认"社会危险性"的客观标准，使得这一取保候审的条件成了最不具有客观性的条件。社会危险性本身是质与量的统一，只有当行为人的行为可能性达到一定的程度时才具有社会危险性，但这个可能性的区间范围是多少，现行法律无明确量化的规定，而目前司法实践中对"社会危险性"的解释权基本归于承办案件的司法工作人员，给了他们极大的自由心证空间，从而变相地扩大了司法工作人员的自由裁量权。在实际工作中，办案机关的具体承办人往往不是从保障人权的角度去理解这一条文规定，而多是从方便诉讼的方面去考虑，对"不致发生社会危险性"作扩张性解释，为防止犯罪嫌疑人逃跑、妨碍侦查和审判，从职业观念上倾向于能拘留就拘留，能逮捕就逮捕，而非尽可能考虑是否可以取保候审。只有当案件出现事实不清、证据不足的情况下，取保候审才被适用，以防错拘、错捕。

反观英国的保释制度，保释条例原则上适用于任何情况，除某些特殊案件（如杀人、强奸、走私、毒品犯罪、持枪抢劫等）外，而且法庭只有在符合保释条例规定的理由出现时才能拒绝保释。因此在英国保释是一种常态，而羁押才是一种特殊情况，而我国现行司法实践中却是以羁押为常态，以取保候审为例外。

（三）欠缺权利救济的法律保障程序

1. 犯罪嫌疑人、被告人的法律救济。从法理上讲，既然法律赋予了诉讼主体一定的权利，那么它应当同时赋予该诉讼主体相应的程序性救济权利，以保障该权利的不受侵犯或最终实现。程序性救济权利，是指"对国家追诉机构、裁判机构所作出的对其不利的行为、决定或裁判，要求另一机构予以审查并作出改变或撤销的程序性权利"。在我国的取保候审程序中尤其需要这样的程序性救济权利。刑事诉讼法第75条、《人民检察院刑事诉讼规则》第62条都规定被取保候审人认为取保候审超过法定期限的只能向作出取保候审的机关提出解除请求，而是否解除则由受申请的机关决定，缺乏有效的制约和最低程度的公开性，被取保候审救济的途径相当狭窄。我国规定的救济方式行政色彩浓厚，并不属于司法救济模式。在整个取保候审过程中，公检法三机关起单方面的作用，犯罪嫌疑人、被告人除了提出申请权外，不能起任何作用，也没有规定复议、复核的权利，更无上诉权。反映在超期取保候审方面就是被取保候审人无法向中立的第三方请求救济，是否取消取保候审仍由当初作出取保候审的机关决定不公开进行，而且对作出的否定决定，被取保候审人无任何救济途径，并不被告知决定的理由和依据。

2. 被害人的法律救济。应当允许被害人对犯罪嫌疑人、被告人的取保候审进行监督制约，因为被害人也是当事人之一，即使在公诉案件中，如果被害人认为对犯罪嫌疑人、被告人进行取保候审将损害到他的合法权益或者将对其人身安全造成危险，他应当有权向司法机关提出意见，要求变更强制措施，而司法机关则应当予以充分考虑。所以，应赋予被害人在公安、司法机关作出取保候审决定后的救济权，即被害人认为犯罪嫌疑人、被告人不符合取保条件的，有权向决定机关申请复议，对复议不服的，可向决定机关的上级机关请求复核。该复核决定为终局决定。

（四）违法行为的法律制裁缺位

1. 程序性违法的制裁措施缺失。司法实践中之所以出现相当多的取保候审超期的现象，不仅在于制度本身的不足和被取保候审人救济途径的狭窄，而且还在于对"公检法三机关"违反我国法律取保候审的行为没有确立任何消极性的法律后果。毕竟对于"三机关"而言，取保候审期限越长，越有利于办案。法律虽然规定被取保候审人的法律救济的保障措施却没有规定相关机关违反该程序的法律后果，则使犯罪嫌疑人仅有的一点程序性权利被剥夺殆尽。按照"三机关"具有天然违法动力的原则，这些机构本来就有不受法律程序控制的动机，而在刑事诉讼法对其权利控制不力的情况下，这种违反法律程序的愿望将变得越来越大，机会也将变得越来越多，程序性违法的成本也将变得越来越小。

2. 脱保行为的制裁不足。现行取保候审的法律规定对于逃跑的被取保候审的犯罪嫌疑人、被告人来说，不会有任何刑事上的不利后果。按现行刑事诉讼法和相关司法解释，采取财保的犯罪嫌疑人、被告人如果逃跑，执行机关可以没收其保证金；采取人保的犯罪嫌疑人、被告人如果逃跑，被取保候审人违反刑事诉讼法第56条规定的，保证人未及时报告的，执行机关可以对保证人处以罚款，但在被保证人的刑事责任上，却无任何规定。造成了司法实践中，被取保候审的犯罪嫌疑人、被告人不能及时到案接受审理的情况时有发生，妨碍了诉讼进程的顺利进行，牵扯了大量的司法资源；同时对被害人的救济不力，民事赔偿遥遥无期。

比较保释制度，在英国，嫌疑人在保释期间脱保的，产生的法律后果具体而明确：一是撤销具结保释，并令重新具结保释；二是逮捕归案；三是没收担保物；四是独立构成犯罪，构成潜逃罪和藐视法庭罪，被判处罚金或监禁。可借鉴这种做法，对脱保的犯罪嫌疑人、被告人的行为可单独定罪，将这种行为作为脱逃罪的一种形式，与犯罪嫌疑人、被告人原先的罪进行数罪并罚。在脱逃罪上，应当与被关押的犯罪嫌疑人、被告人脱逃罪区分开来，定相对较轻的处罚。

二、完善取保候审制度的几点建议

在谈到取保候审制度的完善时，很多学者都建议全面引进西方国家的保释制度，将取保候审权利法定化，一劳永逸地解决我国刑事诉讼中取保候审权利保护不足的问题。但是在我国目前许多法律制度、理念处于新旧交替的过渡阶段，不可能短期内全面接受西方的保释制度，我们只能针对现行取保候审制度的缺失，进行对策性的改造。

我们认为，要完善取保候审制度，应当在主客观方面有一个正确的定位。一方面在观念上将取保候审定位为追诉工具的强制措施是一种错位，它应当是一项公民权利和公安、司法机关的一项义务。取保候审是基于对犯罪嫌疑人、被告人的信任而成立，并以犯罪嫌疑人、被告人自愿的轻微的自由牺牲为基本代价，在自由意志支配下与公安司法机关达成的一项契约，意味着一种建立在互相信任基础上的配合和协作。应当把国外保释制度的自由理念、权利保障理念和无罪推定原则吸收进来，让任何公民在受到刑事追究时，都享有一种以自愿放弃部分自由换取免受羁押的权利成为一种一般原则。如果"三机关"无正当合法的理由拒绝公民的请求时，公民有权提出意见或者提出诉讼，甚至要求赔偿，以保障公民的合法权益不受任何不法侵害。因此，取保候审制度应当是如下一种发展路线：从"权力"到"权利"，再到"义务"。

另一方面在立法上应当明确可操作性强之标准，填补法律救济之空白，强化法律制裁之孱弱。具体的思路是：

（一）对公安、司法机关审批取保候审申请的自由裁量权作出明确限制，即对公安、司法机关在审查取保候审的申请后的处理权限制度化、具体化、公开化

1. 公安、司法机关应当在收到书面取保候审的申请后规定的时日内作出是否批准的书面决定。

2. 对符合取保候审条件的犯罪嫌疑人、被告人，公安、司法机关有权决定对其不适用取保候审的强制措施。但在决定不适用取保候审的同时，不能对符合取保候审条件的犯罪嫌疑人、被告人适用其他剥夺人身自由的强制措施，而只能决定释放被羁押的犯罪嫌疑人、被告人（符合取保候审条件即可排除其同时符合羁押的条件，刑事诉讼法的确未规定对符合取保候审条件者必须适用取保候审，但其自由裁量权的范围应当只能是取保候审和强度弱于取保候审的强制措施）。

3. 对不符合取保候审条件的犯罪嫌疑人、被告人，公安、司法机关有权决定对其不适用取保候审的强制措施，但应当在不批准决定书中说明不批准的具体事由。

（二）明确"社会危险性"的内涵，并提出判断"社会危险性"大小的客观标准

《意大利刑法典》曾规定判断是否具有公共危险性时，应以下列事实作为衡量的标准：

（1）犯罪动机及行为人之性格；（2）刑事及裁判上之前科以及行为人犯罪前之行为及生活状况；（3）犯罪时或犯罪后之态度；（4）行为人个人、家庭或社会关系。

我们认为，"社会危险性"应是指犯罪嫌疑人、被告人继续危害社会或他人，妨碍刑事诉讼正常进行的可能性。就社会危险性本身而言它是一种对尚未发生事实的预测，因而在判断社会危险性的有无、大小时必须依据其他已存在的客观情况进行综合分析。首先从静态的角度可以分成以下三个层次：

1. 犯罪嫌疑人、被告人的生理因素，这是判断社会危险性的第一层面的依据。通过对其生理状况的分析，判断犯罪嫌疑人、被告人是否具备继续危害社会或他人，妨碍刑事诉讼正常进行的生理能力，以及在该生理能力支持下所能达到的程度。只有对被确认为有足够能力者才有做进一步分析的必要，对缺乏能力者如受重伤者、年迈者、重度残疾者等均可降低其社会危险性。

2. 犯罪嫌疑人、被告人的心理因素，这是判断社会危险性的第二层面的依据。行为人具备了危害社会的生理能力，但却非必然地会实施危害社会的行为，更为重要的在于其心理上是否有实施危害社会行为的意思表示。它包括性格特征、爱好习惯、人格气质、文化知识、道德观念、政治思想等。分析犯罪嫌疑人、被告人的心理因素要比分析生理因素复杂得多，这里可参照《人民检察院刑事诉讼规则》和《公安机关办理刑事案件程序规定》的禁止性规定，从犯罪嫌疑人、被告人所涉嫌犯罪的性质、严重程度、是否累犯或主犯、是否采取自残自伤的手段等方面，来分析其心理上是否有触发社会危险性的内心起因。

3. 犯罪嫌疑人、被告人的社会因素，这是判断社会危险性的第三层面的依据。通过司法实践中形形色色的案例，可以发现从犯意的产生到实施犯罪会是一个复杂的过程，在这其中社会环境的影响是巨大的。这就涉及婚姻家庭、亲戚朋友、职业经历、经济状况等方面。

其次从整个犯罪过程动态看，可以从三个方面来认定：

1. 犯前情况。这里主要指行为人准备实施犯罪到开始实施犯罪这一段时间的情况。包括犯罪动机、犯罪目的、犯罪起因以及犯罪的罪过形式等。犯罪前表现出的内心世界和心理活动直接体现人身危险性，对人身危险性的大小具有重要作用。

2. 犯中情况。犯中情况指的是行为人犯罪过程中的表现，主要包括犯罪行为，犯罪性质，犯罪的手段、方式、时间、地点、对象，犯罪的中止、未遂、既遂，犯罪后果等。

3. 犯后情况。犯后情况指的是行为人犯罪后的表现。包括认罪悔罪态度。行为人对所犯罪行的性质及其后果有一定认识，并对其行为给国家、集体或者他人造成的损害后果有痛苦感，其人身危险性相对较小。

（三）在取保候审制度中设立法律救济程序，并呈梯度完善

1. 首先为现行取保候审申请设置一个可行的法律救济程序。现阶段可以尝试在取保候审制度中增设复议申请程序，赋予申请人申请复议的权利。公安司法机关在审查取保候审申请后，作出不批准取保候审并继续羁押的决定，如申请人认为该决定有错误，可向决定机关申请复议一次；如决定机关仍维持原决定，申请人可向作出该决定机关的上级机关申请复核一次。但这种复议申请程序仅仅为最低层次的程序救济，可能会受到职业利益、行政因素等多方面的干扰，并且这种决定机关的复议、复核较难保证公正性。同时这在一定程度上会增加公安司法机关的负担，在现有法律规定的办案期限内能否真正得到落实，也是面临的问题。但在目前来说，不失为解决犯罪嫌疑人、被告人权利救济途径狭窄问题的一种方式。

2. 在日后法律环境成熟时，可为取保候审申请设置一个以诉讼为主体的法律救济程序。参照国外的保释制度，赋予申请人起诉权。使公安机关、司法机关的这种行为具有可诉性，从而解决这种自由裁量权的限制问题。例如，申请人认为决定机关作出的不批准取保候审并继续羁押的决定有错误，可以直接以决定机关程序违法为由向人民法院提出诉讼，人民法院可以适用简易程序进行程序审理、裁决，如申请人不服裁决，可向上级法院提出上诉，上诉法院的裁决为终审裁决。这种救济程序能够较好地保护取保候审权利，将程序问题和实体问题分开审理也有理论依据所在，但这种改革跨度较大，涉及的司法领域较广。同时此类诉讼归于何类诉讼形式，尚值得研究。

（作者单位：江西婺源县检察院）

刑事诉讼的刑事政策化及其限度

周长军

法律与政策的关系是一个常说常新的话题。由于在新中国成立后很长一段时间内政策凌驾于法律，司法机关重政策、轻法律，导致出现了很多实践性问题，以至于现在一提及司法活动的政策化，学者们往往就会高度紧张起来，并本能性地予以排斥。

不过，倘若我们抛却情绪化的成分，理性地审视一下我国当下活生生的法制实践的话，就不难注意到这样一种相当明显的法制现象：刑事诉讼的刑事政策化。这不仅体现在刑事诉讼立法关于审判程序的繁简分流等修正动态，也体现在司法机关对缓起诉①、辩诉交易②、缓判决③、刑事和解④、社区矫正等新型诉讼制度或做法的尝试与探索上，还反映在缓刑、罚金刑等刑罚制度适用的扩大化以及死刑复核程序的改革等方面。在实践中，上述制度或者做法的推行曾经或者正在引发学界、实务界的关注和热议。

那么，刑事诉讼的刑事政策化何以发生？运作状况怎样？有何意义？又存在什么样的危险？未来前景如何？如何把握其合理限度？诸如此类的深层次问题颇值得刑事法研究者和司法实务人员深入思考。本文在此提出自己的一孔之见，并就教于大家。

一、刑事诉讼的刑事政策化之含义与特质

（一）刑事诉讼的刑事政策化之含义

刑事诉讼的刑事政策化，简单讲就是指刑事诉讼法律的设计与刑事诉讼活动的开展具有浓厚的刑事政策色彩。

那么，何谓刑事政策呢？应当说，中外学者的认识差异颇大。我国大陆学者传统上多将刑事政策限定在刑法的视阈中讨论，在某种意义上视其为刑罚政策，主要讨论报应刑思想与教育刑思想的论争、刑罚一般预防目的与特殊预防目的的位序排列问题，刑事诉讼法

---

① 缓起诉，又称为附条件的不起诉。尽管我国法律中尚无相关的规定，但实践中，一些地方的检察机关在未成年人或者大学生轻微犯罪案件中开展了这方面的探索，即先不提起公诉，而是留出一定的考察期，如果犯罪嫌疑人在考察期内满足一定的条件，则作出不起诉的决定；反之，检察机关就对其提起公诉。

② 辩诉交易，是指刑事案件中被告方与检察官达成的并经法院同意的相互满意的解决办法的过程。2002年4月黑龙江省牡丹江铁路运输法院第一次试用辩诉交易方式审结了一起刑事案件，此种做法尽管后来被最高司法机关叫停，但在酌定不起诉、简易程序等适用实践中，仍可看到辩诉交易的影子。

③ 缓判决是一些地方法院针对未成年人犯罪创设的一种刑事裁判制度，即法院在开庭审理后，对构成犯罪并符合一定条件的未成年被告人，先确定罪名，暂不判处刑罚，待经过一定期间的考察后，再结合悔罪表现予以判决。

④ 刑事和解，是指在加害人认罪和被害人自愿的基础上，经过加害人和被害人直接交谈、协商，最后由加害人道歉、赔偿，双方达成和解协议，国家司法机关便不再对加害人追究刑事责任或者依据和解结果对其从轻或免除处罚的一种制度。

方面的刑事政策则一直没有得到应有的关注和研究。

西方学者对刑事政策则多持一种更为宽泛的解释立场，将刑事诉讼法方面的刑事政策纳入关注的视野。例如，日本著名刑事法学者大谷实认为，刑事政策的概念有三种观点：一是最广义的刑事政策说，认为刑事政策是指国家有关犯罪的所有对策；二是最狭义的刑事政策说，认为刑事政策是指对犯罪人及具有犯罪危险性的人所采取的强制措施；三是中间说，这也是他本人的观点，该说认为，刑事政策是指国家机关（国家和地方公共团体）通过预防犯罪、缓和犯罪被害人及社会一般人对于犯罪的愤慨，从而实现维持社会秩序的目的的一切措施政策，包括立法、司法及行政方面的对策①。根据中间说，除刑罚层面的措施以外，在刑事诉讼阶段所采取的措施如不起诉等，也是刑事政策的重要内容②。英国有学者也认为，"'刑事政策'可以将'刑罚政策'和'刑事司法'归入其中，但决不仅限于此，它还包括对个人权利和对犯罪预防（或者更确切一点说，对减少犯罪）的关注。"③

笔者认为，刑事政策作为国家与社会互动过程中形成的解决犯罪问题的对策与方略，本质上是对刑事资源进行合理配置的一种方式，因而不应当仅限于对犯罪人及具有犯罪危险性的人所采取的强制措施，即单纯刑法层面的政策，还应当包括国家司法机关所采取的各种影响犯罪控制与预防的政策。刑法方面的刑事政策主要关涉法定犯罪圈的大小、刑罚与保安处分的立法配置等；刑事诉讼法方面的刑事政策则既考虑刑罚目的的实现，还关注司法公正与诉讼效益等问题。在犯罪案件日趋增加而司法资源相对有限的现代社会，刑事诉讼法方面的刑事政策，特别是旨在追求诉讼效率的刑事政策，在学者和立法、司法人员的视野中占据了越来越显著的位置。

概言之，本文所说的刑事诉讼的刑事政策化，不仅指刑事诉讼充当了刑罚目的之实现的日益重要的载体，而且指刑事诉讼越来越重视犯罪被害人的利益救济，也指旨在提升诉讼效率的程序制度的大量涌现。

（二）刑事诉讼的刑事政策化之特质

由于我国特定的政治、经济、文化和社会背景，客观地说，传统上我国刑事诉讼就具有鲜明的"政策实施型"色彩，"严打"政策的影响全面而深入。这种状况随着我国人权保障和程序正义理念的张扬以及1996年修正后的刑事诉讼法的颁行而慢慢消解，尽管仍有一定的影响。

相比之下，当下我国刑事诉讼的刑事政策化则具有鲜明的特质，即除对一部分严重犯罪仍保持"严打"态势的同时，主要表现为对一些危害不大或者人身危险性较小的犯罪采取轻缓化的处理方式（前述一系列制度实践多是其适例），并强化了旨在提升诉讼效率的诉讼制度的构建，充分彰显了宽严相济刑事政策④的精神。应当说明的是，宽严相济的刑事政策尽管在2006年才被中央正式确立，但司法部门基于对长期"严打"实践之偏差的反思，

---

① 参见〔日〕大谷实著：《刑事政策学》，黎宏译，法律出版社2000年版，第3页。

② 参见〔日〕大谷实著：《刑事政策学》，黎宏译，法律出版社2000年版，第160页。

③ See Andrew Rutherford Ed. , Criminal Policy Making, Dartmouth Publishing Company Limited, 1997, p. 1.

④ 关于宽严相济刑事政策的性质，学界有不同的认识。有人视之为刑事司法政策；另有人认为，它不仅是刑事司法政策，而且是我国现阶段的基本刑事政策。笔者持后一种观点。

早已于 20 世纪末、21 世纪初就开始进行了宽严相济的实践探索①。

此外，从运行效果来比较，过去刑事诉讼的"严打"政策化主要表现为单一的快判和重判，过于强调对国家利益、社会利益的维护，而且对于刑事犯罪，不分轻重、不加区别地统一适用同一诉讼程序，导致实践中该快速处理的案件快不起来、不该快速处理的案件反而可能被快速了结，诉讼的民主性、科学性和正当性均存在重大不足，对被告人的权利保障较为薄弱。而当下刑事诉讼的刑事政策化则从总体上大大提高了刑事诉讼活动的科学性、民主性和公众的可接受性，被告人利益、被害人利益和国家、社会利益均被纳入刑事诉讼立法和司法者关注的视野。

二、刑事诉讼的刑事政策化之形态与成因

（一）刑事诉讼的刑事政策化之表现形态

刑事诉讼的刑事政策化在实践中具有多种表现形态，依据不同的标准也可以作不同的分类。粗略地看，至少可以分为以下几类：刑事诉讼立法层面的刑事政策化与司法层面的刑事政策化；侧重于刑罚目的的刑事政策化（惩罚与报应，还是教育与矫正，抑或协商与修复）与侧重于诉讼效率的刑事政策化；宽松的刑事政策化与严厉的刑事政策化。下面主要以后者为范例加以展开。

简单地讲，宽松的刑事政策化与严厉的刑事政策化主要是以对被告人的利害关系为标准而划分的两种形态，其基本内容如下：

1. 宽松的刑事政策化

宽松的刑事政策化主要适用于轻微犯罪、无被害人犯罪、偶犯、初犯、过失犯罪以及未成年人犯罪等案件的诉讼中，其在我国的主要表现是：非刑事程序化；审判程序的简易化；缓判决的探索；缓刑、减刑、假释的扩大化；刑事执行层面的非机构化。

首先是非刑事程序化。非刑事程序化在西方国家又被称为"转向"，是指刑事案件的处理过程偏离通常的刑事司法程序规则②。在我国，非刑事程序化具体包括在侦查阶段通过调解而对轻伤害等轻微犯罪的撤案制度、检察起诉阶段的酌定不起诉和缓起诉制度等。刑事和解的兴起为非刑事程序化搭建起了更便利的平台。在刑事和解实践中，对于一部分轻罪案件，加害者与被害者通过交涉、协商而达成和解方案后，就可以不经法院的诉讼程序了结。具体而言，在犯罪侦查阶段，公安机关可以对一些经刑事和解程序达成协议的轻微刑事案件作出撤案或不移送起诉的决定；在审查起诉阶段，检察机关对经刑事和解程序达成协议的轻微刑事案件可以作出酌定不起诉或缓起诉的决定。

其次是审判程序的简易化。为节约诉讼资源，提高诉讼效率，我国在 1996 年修正刑事诉讼法时，在传统的普通一审审判程序之外，增设了适用于轻微刑事案件的简易程序。在实践中，简易程序尽管发挥了相当积极的功能，但由于其法定适用范围过窄、相对忽略了被告方的利益等原因，因而存在一定的局限性。1999 年，北京市海淀区人民检察院、海淀

---

① 这契合了世界法制发展的一条规律：实践往往走在理论和立法的前面。
② 参见［日］大谷实著：《刑事政策学》，黎宏译，法律出版社 2000 年版，第 168 页。

区人民法院适应实践的需要，开始进行普通程序简化审的改革活动，以进一步提高诉讼效益。2003 年，最高人民法院、最高人民检察院、司法部印发了《关于适用普通程序审理"被告人认罪案件"的若干意见（试行）》，将普通程序简化审的做法推向全国。

最后是裁判阶段缓判决制度的探索、缓刑适用的扩大化，以及刑事执行层面的非机构化，即减刑、假释和社区矫正等工作的加强。

2. 严厉的刑事政策化

在重视以宽松的刑事政策指导刑事诉讼的同时，对于一部分严重刑事犯罪，如有组织犯罪或者具有严重人身危险性的被告人，司法机关依然采取着从重从快的"严打"政策。例如，程序从快、量刑从重、假释从严以及侦查机关享有更充分的强制侦查手段，采取"公拘/捕大会"的形式对犯罪嫌疑人进行拘留、逮捕等，以维护基本的社会秩序，保护国家利益。

但是，遗憾的是，在这方面，我国至今并没有像许多西方国家那样，设立专门针对有组织犯罪、恐怖犯罪、毒品犯罪等严重刑事犯罪的特殊诉讼程序①，以适应追诉和惩治此类犯罪的现实需要。对于此类犯罪的侦查和追诉，我国法律规定与普通刑事犯罪适用同一种诉讼程序，侦查机关因而往往缺乏有效的手段来应对此类严重犯罪，以至于不得不通过一些内部文件来强化侦查人员的强制侦查手段，从而在一定程度上违背了法治原理。

（二）刑事诉讼的刑事政策化之形成原因

刑事诉讼的刑事政策化现象之出现，是多种因素影响下的结果。

首先，这是有效化解犯罪数量日趋增加与司法资源相对不足的矛盾之必须。众所周知，我国目前正处于社会转型时期，面临着犯罪案件数量急剧增加、诉讼成本日趋增长等诸多问题，加之从司法改革的总体进程看，我国刑事诉讼正不断地吸取当事人主义诉讼模式的有益内容，而当事人主义诉讼是一种程序公正但资源消耗较多的诉讼类型，由此司法资源极为紧缺，司法机关的办案压力很大，有些地方甚至超负荷运转，效率自然成为我国刑事诉讼中一大日益突出的问题。为此，就需要加强审前的诉讼转向和分流，扩大简易审判程序的适用范围。

其次，这是有效实现刑罚目的的需要。近些年来，随着犯罪率的升高以及"严打"活动的不断推行，监狱人满为患，监禁机关的监管压力过大，监禁刑的执行效果下滑，重新犯罪率上升且趋于恶性化。因此，需要改革犯罪应对方式，降低再犯率，同时减少监禁刑的适用，给监管机构"减压"。

最后，这也与我国构建和谐社会的目标息息相关。和谐社会的构建，要求刑事诉讼必须能有效地回应被告人的正当程序保护、被害人的利益救济以及犯罪控制等多元的社会需求，积极发挥其化解人际纠纷、提升法律威信、稳定社会秩序的重任，由此必须转变过去那种对犯罪一味地高压和"严打"的做法，向多管齐下、宽严相济的综合防范方向发展。

---

① 如美国于 1910 年制定了《组织犯罪管制法》，1986 年制定了《洗钱防止法》，"9·11"恐怖事件后又出台了《爱国者法案》；德国于 1992 年制定了《组织犯罪对抗法案》，1994 年又再次修订了《组织犯罪对策法案》。

三、刑事诉讼的刑事政策化之意义与危险

（一）刑事诉讼的刑事政策化之积极意义

当前，刑事诉讼的刑事政策化现象昭示我们：刑事诉讼已经抛弃了僵硬地执行程序法律，或者不顾程序正义和被害人的需求而单一地对犯罪进行快判和重判的做法，因而较好地回应了社会对于控制犯罪、救济被害人与程序正义等多元甚或常常冲突着的利益要求。

1. 刑事诉讼的刑事政策化使得一部分刑事案件得以合理分流，不再进入正规的审判程序，或者即便进入审判程序，也可以采取简易化的形式审结，因而有助于节省司法资源和有效地控制犯罪。

2. 刑事诉讼的刑事政策化使更多的犯罪人因此不被贴上罪犯的"标签"，促进了这部分犯罪的人的更生改善，同时能减轻监管压力，提升监禁刑的改造效果。

3. 刑事诉讼的刑事政策化，特别是刑事和解的兴起，由于充分地吸纳了被害人和加害人参与协商活动，在重视被害人利益和需求的同时，客观上也使犯罪人受益，因而减少了当事人因不满司法部门的处理意见而不断申诉、上访事件的发生，而且有助于节约司法资源，提高控制犯罪和稳定社会秩序的水平，因而成为构建和谐社会的重要一环。

（二）刑事诉讼的刑事政策化之潜在危险

刑事诉讼的刑事政策化必然扩张了司法机关的裁量权，因而其在使刑事诉讼活动的开展具有浓厚裁量性色彩的同时，也隐含着一些潜在的危险。

1. 伴随着司法权力行使的权宜性、灵活性，法律程序的自治性和稳定性受到冲击，大量的法外因素由此可能堂而皇之地渗入诉讼结论的制作过程中，权力、势力、人情等交互压迫，容易出现司法腐败，进而损害司法的形象和法律的权威。

2. 容易被社会公众批评为出卖正义。一方面，无论是有罪不诉，还是辩诉交易，都未经公开的法庭审理，运作过程的非正式性、秘密性色彩较重，容易让人产生不公正的怀疑；另一方面，对被告人的刑罚或者刑罚替代措施的科处往往不是建立在罪罚相当的基础之上，而在公众看来，罪罚不均衡就等于出卖正义。

3. 选择性的追诉活动容易被视为对法律面前人人平等原则的损害。在实践中，无论是酌定不起诉、缓起诉，还是辩诉交易等，均由司法人员基于利益权衡的原则采行，容易出现同案不同诉/判的现象。

4. 容易使被告人的合法权利受到不应有的侵害。由于法律援助制度的薄弱，刑事诉讼的刑事政策化极可能导致法网的不当扩张，将本应无罪释放的"存疑"案件的被告人拖入非正式的刑事处理程序；在刑事和解等制度实践中，无辜被告人面临协商压力以及法庭证明的困难而被迫接受协商条件的危险也显然存在。

5. 更大的问题在于，在当下刑事诉讼的刑事政策化现象中，有不少是司法机关依据刑事政策突破现行刑事诉讼法的规定进行的探索，如缓起诉、辩诉交易、对犯罪嫌疑人的"公拘/捕大会"以及污点证人的刑事责任豁免等，都属于刑事政策指导下的法外程序化现象。对于其中那些有利于犯罪嫌疑人、被告人的诉讼制度，尽管也存在着师出无名的合法

性问题以及规范不够、容易滥用的危险，但在贯彻宽严相济刑事政策、构建和谐社会的背景下，其出现有可以理解之处。关键是其中那些不利于犯罪嫌疑人、被告人的诉讼制度或者做法，如对犯罪嫌疑人的"公拘/捕大会"等，严重违背了无罪推定原则和程序正义、人权保障的现代理念，损害了犯罪嫌疑人、被告人的合法权利。

四、刑事诉讼的刑事政策化之语境与限度

综上可见，刑事诉讼的刑事政策化现象的出现有一定的历史和现实必然性，在实践中发挥了相当积极的作用，也存在一些必须警惕的危险。

权衡之下，笔者认为，在目前的法制语境中，我们不宜过于强化这种现象，而必须合理限定刑事诉讼的刑事政策化的边界，并加以必要的规范，以减少其可能引发的危险。其原因主要有两方面：一是刑事诉讼的刑事政策化本身具有某些不合时宜的后现代色彩，与我国现实的社会治理结构并不完全契合。二是它容易片面强调政策的优势与作用，使法律沦为政策的奴婢。如前所述，我国在新中国成立后很长一段时间内都处于政策治国的状态，而今刚刚走上法治之路，当务之急显然不是大力强化刑事政策对刑事诉讼的影响，而应当是确立正当法律程序，保障司法程序的稳定和自治。

为此，目前应特别注意如下几个问题。

（一）严格区分刑事政策与一般的经济、社会政策

依据前文的界定，刑事政策仅指以犯罪预防与控制为主要目的的政策，因此区别于以经济发展、社会管理为主要目的的经济、社会政策。在现实生活中，后一类政策尽管也可能涉及犯罪的追诉与处理问题，但不属于刑事政策的范畴。不仅如此，由于经济、社会政策的制定目的重在服务于经济发展、社会管理，有可能违背诉讼法律或者法理，因而司法机关对之必须予以警惕，在理性辨识的基础上区别处理，只有符合诉讼法律或者法理精神的，才能遵照执行。

（二）加强刑事政策的法律程序化

如前所述，我国当下刑事诉讼的刑事政策化存在一定的失范问题。在贯彻宽严相济刑事政策的诉讼制度中，不仅一些有利于被告人的诉讼制度于法无据，而且一些不利于被告人的诉讼制度也由司法机关自行创设或者自我赋权，这是极不妥当的，也是相当危险的。

鉴于此，当前亟须加强刑事政策的法律程序化，即通过刑事诉讼立法或者修法，将实践中运行良好的或者理论上认为需要吸纳而法律中缺失的一些政策性诉讼制度法律化，变成法定的诉讼制度，以实现法律程序与刑事政策的制度对接，使这些政策性诉讼制度取得合法性。当然，对于司法实践中正在推行的一些违背无罪推定原则和程序正义、人权保障理念的诉讼做法，则不仅不能法律化，还应坚决废止。

通过对刑事政策的法律程序化，法律程序因而可以随着刑事政策的变化而不断调整，实现了法律程序与刑事政策的良性互动，既增强了刑事诉讼回应社会需求的能力，也避免了政策性诉讼制度的失范性问题。

（三） 明确刑事诉讼的刑事政策化的原则和方向

由于不同刑事政策的关注重心有别，因而立法应当合理兼顾不同政策取向的诉讼制度的建构和完善，不能走极端。换言之，从制度安排的科学性、正当性考虑，刑事诉讼必须在被告人权利保护、被害人利益救济、诉讼效率提升以及犯罪控制等功能的实现中保持整体的平衡，这是刑事诉讼的刑事政策化的基本原则。该原则要求，对于旨在被告人矫正与教育的政策性诉讼制度的设置或者推行，不能损害被害人的基本权益，也不能突破社会公众可以容忍的底线；对于旨在被害人利益保护的刑事和解制度的推行，被告人必须自愿认罪，且能够有效参与和解程序，同时又不能突破社会公众可以容忍的底线；而在旨在提升诉讼效率的政策性诉讼制度中，非刑事程序化不能损害被害人的基本权益，也不能突破社会公众可以容忍的底线，程序简易化则不能违背程序正义的最低国际标准。

具体到刑事诉讼的刑事政策化的方向，笔者认为，由于当前我国诉讼法治建设的重点是加强权力制衡和被告人的权利保障，因而缓起诉、缓判决乃至于未成年人前科消灭等制度都可以在先前试点的基础上逐步法律化；诉讼效率尽管仍需大力提升，但相应的制度设计应当慎重，非刑事程序化与程序简易化都必须确保底线正义，并严密防范裁量权力的恣意行使，具体可考虑废除实践中推行的普通程序简化审做法，扩大法定的简易程序的适用范围，同时引入德国的刑事处罚令程序；刑事和解与控辩协商等带有较强沟通、协商色彩的程序制度虽有利于更好地化解纠纷，减少申诉、信访率，但应特别警惕强力压服和不当的利益诱服现象，并严加规范；对于有组织犯罪、毒品犯罪、贿赂犯罪等特别案件，可以考虑构建污点证人的刑事责任豁免制度。

（四） 构建刑事被告人、被害人的权利救济机制

政策性诉讼制度或者做法即便通过法律化取得了形式上的合法性，也并不必然就具有社会正当性和可接受性。这是因为在实践中，确保刑事诉讼的刑事政策化之科学性的基本原则可能被弃之不顾，刑事政策的法律程序化也可能因为立法程序的不够民主或者司法机关对不当政策侵蚀的抗拒能力较差而演化为"立法暴力"、"程序暴力"，[①] 进而损害被告人或者被害人的基本权利，因此确保刑事诉讼的刑事政策化的社会正当性的最终之道可能是，构建相应的刑事被告人、被害人权利救济机制。在这方面，西方法治国家的基本经验是：把被告人乃至被害人的诉讼权利救济转化为宪法救济问题，与宪法权利的保障对接，通过违宪审查来控制刑事政策法律程序化的风险。[②]

当然，在我国，这种解决方案的实施目前尚面临较大的困境：一是我国的违宪审查权力由立法机关行使，实践中很难也很少启动；二是在我国，刑事被告人、被害人的诉讼权利普遍还没有被上升为宪法性权利，这就使得被告人、被害人更难以通过违宪审查的途径实现权利的救济。

由此，在违宪审查制度作出重大改革以及被告人、被害人的诉讼权利宪法化之前，我们必须另觅他途。笔者认为，目前最为现实可行的方法是加强立法程序的民主性，要求在

---

① 参见马明亮：《刑事政策法律程序化的初步思考》，载《政治与法律》2004 年第 3 期。
② 参见马明亮：《刑事政策法律程序化的初步思考》，载《政治与法律》2004 年第 3 期。

政策性诉讼制度法律化之前，必须经过多方的深入论证，以确保立法的科学性、合理性。

最后，为减少刑事诉讼的刑事政策化可能引发的危险，当前还应当进行以下配套性制度建设：不断强化司法机关的独立性和司法程序的自治性，提升司法机关在国家权力体系中的地位和对不当政策侵蚀的抗拒能力；加强司法职业伦理建设，不断提高司法机关的公信力；强化公检法三机关之间的制约关系，特别是加强法院对侦查行为的控制和对检察起诉裁量权的制约，未来可以考虑，通过修法，赋予法院对强制侦查措施的审批权和基于当事人的申请对检察起诉裁量结论的司法审查权；加强对被告人乃至被害人的法律援助制度，确保被告人认罪的自愿性和辩护权的充分行使，确保被害人能实质参与刑事诉讼并有效地表达其真实诉求；完善社区矫正制度，提升行刑效果。

（作者单位：山东大学法学院）

新律师法对刑事诉讼制度的完善及其实施问题

庄春英

1996 年律师法施行后，在规范律师执业行为、维护当事人合法权益、维护法律正确实施、推进社会主义法制建设等方面发挥了积极作用。在刑事诉讼方面，律师法与刑事诉讼法从不同角度，共同对刑事诉讼活动有效顺利开展发挥着规范作用。1996 年修改的刑事诉讼法吸收了无罪推定原则、取消了收容审查、废除了免予起诉制度、规定了律师提前介入诉讼、改革了庭审方式等，表明人们思想认识水平的提高，显示了对刑事诉讼民主性、科学性和进步性的追求。但随着我国经济社会的发展及依法治国基本方略的实施，刑事诉讼制度已经越来越不能适应社会发展的客观要求。在刑事诉讼法实施的过程中，出现了律师参与刑事诉讼的"三难"问题（即律师会见当事人难、阅卷难、调查取证难），致使律师参与刑事诉讼案件数量逐年下降，尽管有关部门采取了一定的措施，但难以从根本上改变律师参与刑事诉讼面临的制度和现实难题。律师在刑事诉讼活动中的职能作用的发挥受到诸多限制，律师的职能作用与律师作为制约国家权力，保护犯罪嫌疑人、被告人合法权益、维护公平正义的要求还有很大距离。基于此，近年来修改刑事诉讼法、改革完善刑事诉讼制度的呼声越来越高。刑事诉讼法修改是一个复杂的系统工程，短期内难以完成修改。自2004 年 6 月起，律师法修改正式启动。囿于刑事诉讼法的规定，律师法的修改直至报送全国人大常委会审议阶段之前并没有突破刑事诉讼法的规定。经全国人大常委会审议修改，律师法的修改中增加了突破刑事诉讼法的内容，从而回应了修改完善律师参与刑事诉讼的实践需求。如何从理论角度来看待律师法修改对刑事诉讼制度的完善，以及如何看待这种修改完善及其适用，是本文探讨的两大问题。

一、新律师法在从国家权力优位向国家权力与社会权力、个人权利平衡转变方面实现了突破

我国刑事诉讼法虽然在追求民主、科学方面有所进步，但是不可否认，我国刑事诉讼法中存在严重的国家本位主义观念。这种观念突出表现在刑事诉讼法总则中。刑事诉讼法第 1 条规定该法的目的是"为了保证刑法的正确实施，惩罚犯罪，保护人民，保障国家安全和社会公共安全，维护社会主义社会秩序。"此条规定把刑事诉讼法仅仅当做保证刑法实施的手段和工具，忽略了保障犯罪嫌疑人、被告人合法权益的定位，忽略了程序法本身的内在价值，忽视了程序正义是实体正义的前提，没有程序上的公平正义就没有实体的公平正义等理念。第 7 条"人民法院、人民检察院和公安机关进行刑事诉讼，应当分工负责，互相配合，互相制约"的规定，将参与刑事诉讼的重要主体之一律师排除在外，仍然表明的是国家权力本位（至少是优位）的理念。总之，刑事诉讼法第一编总则关于刑事诉讼法的指导思想、目的和任务等规定包含了浓重的"国家本位"、"为民做主"的思想观念。在

这样的思想指导下，才有了第 14 条"人民法院、人民检察院和公安机关应当保障诉讼参与人依法享有的诉讼权利"的规定，社会权力和个人权利的"保障"不应来源于其直接的对立面，而应是法律保障；同时，如果这些机关违反了本条规定有何惩罚、诉讼参与人有何救济措施却没有相应的条文予以保障；该条规定设定了法院、检察院和公安机关的主体地位，是"为民做主"的思想观念的反映。有权力必然产生滥用权力的可能性，诉讼参与人的权利不能单靠参与其中的国家机关来保障，更要靠法律制度来保障，应设定在保障诉讼参与人的权利时国家机关的义务及违反义务时诉讼参与人的救济途径和对违反者的处罚措施。在这种国家权力本位思想观念的指导下，才有了国家权力主体调查取证权的不受限制且有国家强制力作保障，而辩护人的调查取证权受到极大限制，侦查人员、检察人员对犯罪嫌疑人的讯问可以随时进行且犯罪嫌疑人有义务回答，而律师会见犯罪嫌疑人则要有侦查机关派员在场或经批准；检察院承担审判监督职能而同是诉讼参与人的辩护律师无此权力，司法鉴定完全由国家权力主体主导而无任何社会制衡力量与之抗衡，等等。在这种国家权力本位的制度安排下，实践中就导致了许多司法不公现象的发生。刑事诉讼制度的价值是公正、高效，这就必须给予国家权力足够的动力，以保障高效；同时又要给予国家权力足够的制衡，以保障公正；增加动力的同时又要增加制衡，二者不可偏废。就给予国家权力主体足够的动力而言，就是在加强对国家机关监督和制约的同时，必须使侦查机关具有足够的手段和能力承担起打击犯罪、保护国家和公民的任务，特别是科学技术的高速发展使犯罪手段呈现出新的特点，刑事诉讼法也应赋予侦查机关充分利用现代科学技术手段为刑事侦查服务，要向现代科技要高效，同时要向法律要高效，实现科技强警、法制强警。就给予国家权力足够的制衡而言，就是要强化辩护人权利、强化当事人个人权利、强化社会鉴定对侦查鉴定的制衡能力，目的是保障国家权力不被滥用以及公正地运用。综上所述，转变观念，从国家权力本位转变为国家权力、社会权力和个人权利制衡，应成为解决我国刑事诉讼法诸多问题的根源和钥匙。所谓国家权力与社会权力、个人权利制衡，具体内容包括：国家权力内部制衡，如检察权与警察权之间的制衡、起诉权与审判权之间的制衡、羁押权与侦查权之间的制衡等。社会权力内部的制衡，如辩护律师与被害人代理律师之间的制衡，不同社会鉴定人之间的制衡等。个人权利内部的制衡，如被告人权利与被害人权利之间的制衡，证人之间的制衡等。国家权力与社会权力之间的制衡，如控辩之间的制衡、辩护权与侦查权之间的制衡，辩护权与审判权之间的制衡等。国家权力与个人权利之间的制衡，如被告人个人辩护，被告人不能被强迫自证其罪，沉默权等。个人权利与社会权力之间的制衡，如辩护律师不能无原则地按委托人的意志行事，辩护人要忠于法律，被告人有权撤换律师等。

新律师法（全国人大常委会于 2007 年 10 月 28 日审议通过了修改的律师法，以下简称新律师法）不可能从根本上解决所有刑事诉讼法中存在的国家权力本位问题，但还是对这一观念进行了反思。相对于国家权力而言，律师居于特殊的地位。就个案而言，律师作为犯罪嫌疑人、被告人的辩护人行使辩护权，是个人权利的代表；就整个刑事诉讼制度而言，律师是社会权力的代表。律师连接国家权力与个人权利，起到承接上下的作用。新律师法转变国家权力本位观念、寻求国家权力与社会权力、个人权利平衡的主要表现是：首先，新律师法明确了律师的职业属性和法律定位，即"律师应当维护当事人的合法权益，维护法律的正确实施，维护社会公平和正义"。这一规定明确和强调了律师所肩负的"三个维护"的职责和使命，扬弃了长期存在的律师仅仅是为当事人服务的观点。其次，新律师法科学地扩大、完善了律师执业权利的保障（新律师法第 31 条辩护律师职责定位、第 33 条律师受托及会见、第 34 条律师阅卷、第 35 条律师调查取证权、第 37 条律师法庭言论豁免及例外和人身权利保障机制）。这种保障是基于律师"三个维护"职责的定位而规定的，是对律师本质属性认识深化的逻辑必然。律师执业权利是律师依法正确履行职责、实现其使命的必要条件。科学地扩大律师执业权利就是对国家权力进行必要的平衡和限制。新律师法对于律师执业权利的修改完善，使得刑事诉讼活动中国家权力与社会权力的平衡又向前迈出了一大步。最后，新律师法加强了律师的法律责任（主要是新律师法第六章法律责任）。权利义务统一是现代法治的重要原则，新律师法在赋予律师更多权利的同时加大了律师的法律责任，无论是赋予权利还是科以义务，都是实现律师"三维护"职责使命定位所必要的。

二、新律师法在从控诉权优位向控诉权与辩护权平衡转变方面实现了突破

辩护制度是防止国家权力滥用的重要制约机制，辩护律师作为刑事诉讼的参与者，是国家司法权的制约平衡力量。辩护权与控诉权平衡是实现刑事诉讼公正价值的重要保障，而辩护权与控诉权严重不平衡是我国刑事诉讼法中的一个关键问题，其根源是国家权力本位思想在控辩关系制度安排中的反映。如果说国家权力本位问题只是刑事诉讼中意识和观念层面的问题，控辩双方权力（利）配置就是在此意识和观念基础上的具体层面的问题。新律师法从律师执业权利保障角度着力追求从控诉权优位向控诉权与辩护权平衡转变，主要表现在以下几个方面：

第一，强化了律师会见权。同时，会见犯罪嫌疑人、被告人的程序得到简化。律师会见权与侦查机关、检察机关的讯问权密切相关。侦查机关、检察机关对犯罪嫌疑人的讯问权力几乎是无限的，而且规定犯罪嫌疑人必须如实回答讯问（刑事诉讼法第 93 条）。与之相对应，刑事诉讼法第 96 条虽然规定"犯罪嫌疑人在被侦查机关第一次讯问后或者采取强制措施之日起，可以聘请律师为其提供法律咨询、代理申诉、控告"，1998 年 1 月最高人民法院、最高人民检察院、公安部等六机关联合发布的《关于刑事诉讼法实施中若干问题的规定》第 11 条也明确规定"对于不涉及国家秘密的案件，律师会见犯罪嫌疑人不需要经过批准"，但律师会见难是一个普遍性问题，实践中有关执法机关对辩护律师要求会见犯罪嫌疑人几乎都作了必须经过批准的规定。刑事诉讼法第 96 条规定"律师会见在押的犯罪嫌疑人，侦查机关根据案件情况和需要可以派员在场"，这里的"可以派员"在实际中变成了"当然派员"，律师会见肯定有侦查人员在场，甚至有的地方规定律师会见不许谈案情，使律师会见形同虚设。律师不能全面倾听犯罪嫌疑人对案情没有顾虑、没有保留的诉说，律师的辩护权就会大打折扣。联合国第八届预防犯罪和罪犯待遇大会通过的《关于律师作用的基本原则》第 8 条明确规定："遭逮捕、拘留或监禁的所有的人应有充分机会、时间和便利条件，毫无迟延地、在不被窃听、不经检查和完全保密情况下接受律师来访和与律师联系协商。"联合国《囚犯待遇最低限度标准》规定，未经审讯的囚犯可以会见律师，警察或者监所官员对于囚犯与律师间的会谈，可以用目光监视，但不得在可以听见谈话的距离内。这种监督意在防止犯罪嫌疑人越狱或发生其他事故。新律师法针对实践中的问题，吸

收了联合国《关于律师作用的基本原则》中的合理因素，规定受委托的律师"凭律师执业证书、律师事务所证明和委托书或者法律援助公函，有权会见犯罪嫌疑人、被告人并了解有关案件情况"，也就是说，律师只要凭"三证"就可以会见犯罪嫌疑人、被告人，不需要批准。此外，"律师会见犯罪嫌疑人、被告人，不被监听"，使会见权的内容更加充实，消除了会见权只具有形式性意义的弊端，使得犯罪嫌疑人、被告人可以消除顾虑同其律师进行自由的交谈，从而使律师能够更有针对性地行使辩护权。

第二，扩大了律师阅卷权。根据刑事诉讼法，律师在侦查阶段不能查阅案卷材料，在审查起诉阶段和法院审判阶段，律师的阅卷权也受到很大限制。在审查起诉阶段，辩护律师可以查阅、摘抄、复制案件的诉讼文书、技术性鉴定资料，可以同在押的犯罪嫌疑人会见和通信。据此，律师获悉的只是罪名和大概情况。自法院受理案件之日起，辩护律师可以查阅、摘抄、复制本案所指控的犯罪事实的材料，但在实际中律师看到的只是一本卷，不是全部的证据材料。律师掌握的证据材料与控方掌握的证据材料严重失衡，辩护权就不可能完全实现。关于律师阅卷权，《关于律师作用的基本原则》第21条规定："主管当局有义务确保律师能有充分的时间查阅当局所拥有或管理的有关资料、档案和文件，以便使律师能向其委托人提供有效的法律协助，应该尽早在适当时机提供这种查阅的机会。"新律师法扩大了律师阅卷的范围，在审查起诉阶段，受委托的律师有权查阅、摘抄和复制与案件有关的诉讼文书及案卷材料。"案卷材料"的范围要大于"技术性鉴定材料"的范围，这是毋庸置疑的；在法院审判阶段，受委托的律师有权查阅、摘抄和复制与案件有关的所有材料，"与案件有关的所有材料"的范围要大于"本案所指控的犯罪事实的材料"的范围，这也是显而易见的。扩大律师阅卷权范围，让律师全面了解控方所掌握的全部证据材料情况，有利于切实履行辩护职责，更好地维护被告人的合法权益。

第三，扩大了律师调查取证权。律师的调查取证权在刑事诉讼法中受到了诸多限制。辩护律师的调查取证权不仅仅是犯罪嫌疑人、被告人权利的延伸，应该说律师权利源于当事人又高于当事人，属于社会对国家权力进行制约的一种机制，可以称之为社会权力。限制律师的调查取证权不仅限制了犯罪嫌疑人、被告人的权利，而且更为重要的是限制了控方对立面的对抗权利，导致控辩双方在调查取证方面的失衡。犯罪嫌疑人、被告人往往因被采取强制措施，实施调查取证权有许多不便，而且他们缺乏法律知识，不知道何种证据对自己有利，如何收集。但法律又不允许律师在侦查阶段行使调查取证权，事实上在侦查阶段剥夺了犯罪嫌疑人收集证据证明自己无罪的权利。与律师的调查取证权相比较，侦查机关、检察机关包括法院拥有完全的调查取证权，其权力以及采取的相应措施和手段都被赋予了国家强制力，而且其在行使此项权力时如果违反了法律怎么办，是否应受到刑事追究，如何追究，这些刑事诉讼法都无规定。刑事诉讼法在对律师调查取证权的制度设计上，把律师与当事人等同，没有把律师定位为与以侦查机关、检察机关为代表的国家权力相抗衡的社会权力主体。辩护律师自行取证要经证人或其他有关单位和个人同意；如果向被害人或其近亲属、被害人提供的证人取证，要经他们和检察院或法院的许可。在实践中，几乎没有人同意，这严重阻碍了律师调查取证权的行使。新律师法第35条取消了律师取证须经同意的规定，规定只要凭执业证书和律师事务所证明，就可以向有关单位或者个人调查与承办法律事务有关的情况。另外，新律师法规定的调查取证权的主体是"受委托的律师"而非刑事诉讼法规定的"辩护律师"，这就将律师行使调查取证权的时间提前到侦查阶段，实际上使律师在侦查阶段就享有了辩护权，可以更好地制约侦查权的滥用，使侦查程序从开始就具有对抗性，从而能够更好地保护犯罪嫌疑人的人权，体现了对公正和民主的价值追求。

第四，扩大了对律师人身权的保护。律师人身权保护的缺失，将使律师在参与刑事诉讼中难以发挥应有的职能作用。新律师法强化了律师参与刑事诉讼活动中的人身权利保障，规定律师在参与诉讼活动中因涉嫌犯罪被依法拘留、逮捕的，拘留、逮捕机关应当在拘留、逮捕实施后的 24 小时内通知该律师的家属、所在的律师事务所以及所属的律师协会。对律师人身权的保护有利于建立律师与委托人之间的信任关系，同时也从一定程度上有利于实现刑事诉讼活动中国家权力主体与社会权力主体（辩护权主体）之间的平衡。

三、新律师法在追求从重口供向重证据、从重讯问向重收集证据转变方面作出了努力

刑事诉讼法第 46 条和第 162 条第（三）项的规定确立了我国刑事诉讼重证据、疑罪从无的原则，是巨大的进步。但与之相配套的程序设计与这个原则并不完全相符。例如，刑事诉讼法第 93 条规定："……犯罪嫌疑人对侦查人员的提问，应当如实回答。……"侦查人员对犯罪嫌疑人的讯问可以随时进行，不需要有律师在场。这使得重证据原则流于形式。重口供是我国刑事诉讼中刑讯逼供顽疾长期存在的根源之一，要彻底解决这个问题需要从观念到制度的全面变革。新律师法的下列规定给出了解决方案，受委托的律师凭律师执业证书、律师事务所证明和委托书或者法律援助公函，有权会见犯罪嫌疑人、被告人并了解有关案件情况，律师会见犯罪嫌疑人、被告人，不被监听。律师提前介入刑事诉讼和会见权的强化能够形成对犯罪嫌疑人权利的切实保护，在一定程度上将促使侦查人员转变重口供、重讯问的传统习惯，从加强证据收集入手提高业务能力和水平。最高人民检察院有关部门负责人这样表示，"过去，一些侦查机关过分依赖口供，对其他证据重视不够，这是我国传统侦查模式的主要特点，而现在律师会见犯罪嫌疑人不需要经过批准，意味着控辩双方的较量从侦查阶段就开始了，这就促使侦查机关必须提高收集口供以外的其他证据的能力，而且要从公诉的角度收集，使每个证据基本能达到庭审要求。"①

四、如何理解新律师法与刑事诉讼法的关系

新律师法于 2008 年 6 月 1 日起实施。新律师法关于律师权利义务的规定明显突破了刑事诉讼法的规定，因此其实施必然存在如何理解新律师法与刑事诉讼法的效力关系。关于这个问题，存在着不同的观点。有些司法人员认为，司法机关要维护社会整体利益，而律师则是维护当事人的利益，两者在价值取向上并不一致，要协调好双方执行律师法的关系恐非易事。律师权利的扩大，可能会出现滥用会见权、阅卷权、调查取证权的情况。② 上述

---

① 杜萌、赵阳：《新修订律师法对侦查机关提出新要求——检察系统侦查模式将改变》，载《法制日报》2008 年 4 月 30 日。

② 王洪伟、范森：《浅谈〈律师法〉的修改及对刑事诉讼理念的影响》，载《中国司法》2008 年第 7 期。

观点的要旨是，新律师法是全国人民代表大会常委会制定的法律，刑事诉讼法是全国人民代表大会制定的基本法律，按照上位法优于下位法原则，全国人民代表大会制定的法律效力高于全国人民代表大会常委会制定的法律。所以，律师法在刑事诉讼法修改之前与刑事诉讼法冲突的部分处于越权状态。

法学界占主导地位的观点是，新律师法与刑事诉讼法冲突部分适用"新法优于旧法"原则，新律师法优先于刑事诉讼法适用。① 其理论根据是，"根据我国现行宪法和立法法的规定，全国人民代表大会的立法权和其常委会的立法权之间不存在上下位关系"，"全国人民代表大会与全国人民代表大会常委会之间并非简单的上位与下位的关系，而是相互制约的纵横交错的关系。因此，由全国人民代表大会常委会通过的新律师法与由全国人民代表大会通过的刑事诉讼法之间的冲突与适用，不能用'上位法优于下位法'这个原则来解决。"②

笔者认为，新律师法突破刑事诉讼法的规定应当优先适用，但理由与上述法学界占主导地位的观点有所不同。根据宪法，全国人民代表大会的职权是修改宪法，制定和修改刑事、民事、国家机构的和其他的基本法律；全国人民代表大会常委会的职权是解释宪法，监督宪法的实施，制定和修改除应当由全国人民代表大会制定的法律以外的其他法律。这说明全国人民代表大会与全国人民代表大会常委会的立法权限存在上下位关系，当两者制定的法律发生冲突时，上位法应优于下位法适用。但如何理解新律师法的适用呢？根据宪法第 67 条第（三）项规定，全国人民代表大会常委会"在全国人民代表大会闭会期间，对全国人民代表大会制定的法律进行部分补充和修改，但是不得同该法律的基本原则相抵触"。全国人民代表大会常委会在审议律师法修订草案时，许多委员主张律师法修订应当突破刑事诉讼法的规定，为律师参与刑事诉讼提供法律保障，同时提出了新的修订条款（即突破刑事诉讼法的规定）并获得常委会高票通过，因此应该认为，新律师法是全国人民代表大会常委会对刑事诉讼法的补充和修改。新律师法中关于律师执业权利保障的规定与刑事诉讼法的基本原则不相抵触，所以新律师法突破刑事诉讼法的新规定属于刑事诉讼法修改的特殊方式。新律师法对于律师法庭言论豁免权和举报作证义务豁免权的规定是对刑事诉讼法的补充，而对律师会见权、阅卷权、调查取证权的扩大是对刑事诉讼法的修改。吴邦国委员长在十届全国人民代表大会上所作的常委会工作报告（包括对律师法的修订等工作），已经获得全国人民代表大会通过，这表明了对常委会律师法修订工作的认可。据此，新律师法对刑事诉讼法的突破，作为刑事诉讼法修改的一种特殊形式，获得了全国人民代表大会的认可。综上所述，刑事诉讼法有关律师参与刑事诉讼的相关规定应当自新律师法生效之日起失效；自新律师法生效之日起，律师参与刑事诉讼应当全面使用新律师法的相关规定。

（作者单位：司法部司法研究所）

---

① 樊崇义、冯举：《新〈律师法〉的实施及其与〈刑事诉讼法〉的衔接》，载《中国司法》2008 年第 5 期。
② 樊崇义、冯举：《新〈律师法〉的实施及其与〈刑事诉讼法〉的衔接》，载《中国司法》2008 年第 5 期。